2015 年 1 月 15~16 日，全国证券期货监管工作会议在北京召开。中国证监会党委书记、主席肖钢作重要讲话。

2014 年 11 月 1 日，中国上市公司峰会在北京举行。中国证监会副主席庄心一在峰会上发表演讲。

2014 年 10 月 30~31 日，中国上市公司协会 2014 年年会在北京京西宾馆召开。图为大会会场。

● 2014年10月30日，中国上市公司协会2014年年会暨第一届理事会第四次会议、第一届监事会第六次会议在北京召开。图为参加会议的会长、副会长、监事长、副监事长合影。

● 2014年10月30日，中国上市公司协会第一届监事会第六次会议在北京召开。图为参加会议的监事会成员代表合影。

● 2014年11月1日，中国上市公司峰会在北京举行。图为“混合所有制与企业竞争力”主题论坛现场。

2014 年 3 月 19 日，中国上市公司协会会长王建宙（左二）、执行副会长姚峰（右二）一行，前往深圳市格林美高新技术股份有限公司荆门城市矿产资源循环产业园考察调研。

2014 年 6 月 26 日，联合国全球契约中国网络举行“生态文明，美丽家园”关注气候中国峰会，中国上市公司协会联合深圳证券交易所共同主办其中的“绿色生态 荒漠治理——我们在行动”分论坛。图为中国上市公司协会副会长李小雪在会上发言。

2014 年 10 月 30~31 日，中国上市公司协会 2014 年年会在北京召开。中国证监会上市监管部主任欧阳泽华发表演讲。

● 2014 年 10 月 28 日，由中国上市公司协会、中国证券投资者保护基金有限责任公司联合中国证券业协会、中国投资基金业协会、《证券日报》共同举办的“最受投资者尊重的上市公司评选活动”启动仪式在北京举行。中国上市公司协会执行副会长姚峰（中）出席启动仪式。

● 2015 年 1 月 27 日，地方上市公司协会负责人工作会议在长沙召开，中国上市公司协会副会长郭润伟（前排右）出席会议并讲话。

● 2014 年 12 月 19 日，中国上市公司协会监事长周军（左二）一行赴重庆力帆股份进行调研，就如何完善上市公司监事会制度进行探讨。图为力帆股份董事会秘书汤晓东（左一）、监事长李光炜（左三）介绍公司情况。

● 2014年7月10日，中国证监会上市公司监管部、中国上市公司协会共同举办“2014年第2期上市公司董事长、总经理研修班”。中国证监会上市公司监管部巡视员、副主任赵立新（前排中）出席并讲话。

● 2014年2月27日，中国上市公司协会副监事长杨琳（中）一行赴广西柳工调研，就如何完善上市公司监事会制度进行探讨。图为广西柳工董秘黄华琳（右一）介绍公司情况。

● 2014年10月31日，中国上市公司协会独立董事委员会第二次工作会议在北京举行。中国上市公司协会副会长毕晓颖（中）出席会议。

2014 年 10 月 31 日，中国上市公司协会金融服务专业委员会成立大会暨工作研讨会在北京举行。中国上市公司协会副秘书长刘榕（中）出席会议。

2014 年 9 月 12 日，《独立董事履职指引》发布仪式暨中国上市公司协会独立董事委员会成立大会在北京举行。图为大会会场。

2014 年 8 月 15~16 日，《中国上市公司年鉴》（2014）编纂工作会议暨《中国上市公司年鉴》（2013）发布会在北京京西宾馆召开。图为参加会议的各证监局、交易所、证券公司代表合影。

● 2013 年 11 月 23 日，由大连重工与中国航天三江集团共同研制的国内首台世界矿用车减速机（1500kNm）在大连重工中革基地减速机厂试验成功，标志着大连重工成功迈进矿用车减速机研制领域。

● 2013 年 4 月 26 日，山西汾酒向贫困山区小学生捐赠多功能字典。图为山西省交口县领导对汾酒公益基金会小学生字典捐赠表示感谢。

● 2013 年 7 月 16 日，西山煤电集团与河南省安阳市和林州市相关领导就招商引资、交流合作、共同发展进行交流洽谈。

● 2013 年 4 月 23 日，振东制药为四川雅安芦山地震灾区紧急捐款 200 余万元，捐助救灾药品和物资价值共计 525 万元，并在第一时间送往灾区。

● 2013 年 11 月 5 日，在团中央“岗位技能促振兴 青工建功中国梦”寻找“最美青工”暨第九届“振兴杯”全国青年职业技能大赛上，大秦铁路股份有限公司太原车辆段动车随车机械师王晓睿当选全国前十名特别关注“最美青工”荣誉称号。

● 2013 年 4 月 21 日，潞安环能组织安全心理学培训，注重心理安全、打造本质员工队伍。图为常村煤矿班组长安全心理学培训现场。

● 2013 年 12 月 9 日，山西三维集团股份有限公司荣获中国石油和化学工业联合会、中国化工报社联合举办的“2013 年度中国石油和化工 · 企业公民楷模榜”科技创新奖。

● 2013 年 3 月 29 日，万科发起的“城市乐跑赛”在深圳起跑。

以上图片由下列单位提供：

中国证监会

中国上市公司协会

中国证监会大连监管局

中国证监会山西监管局

中国证监会深圳监管局

全球股票市场基本情况图

图 1　全球主要交易所股票市值（截至 2013 年 12 月 31 日）

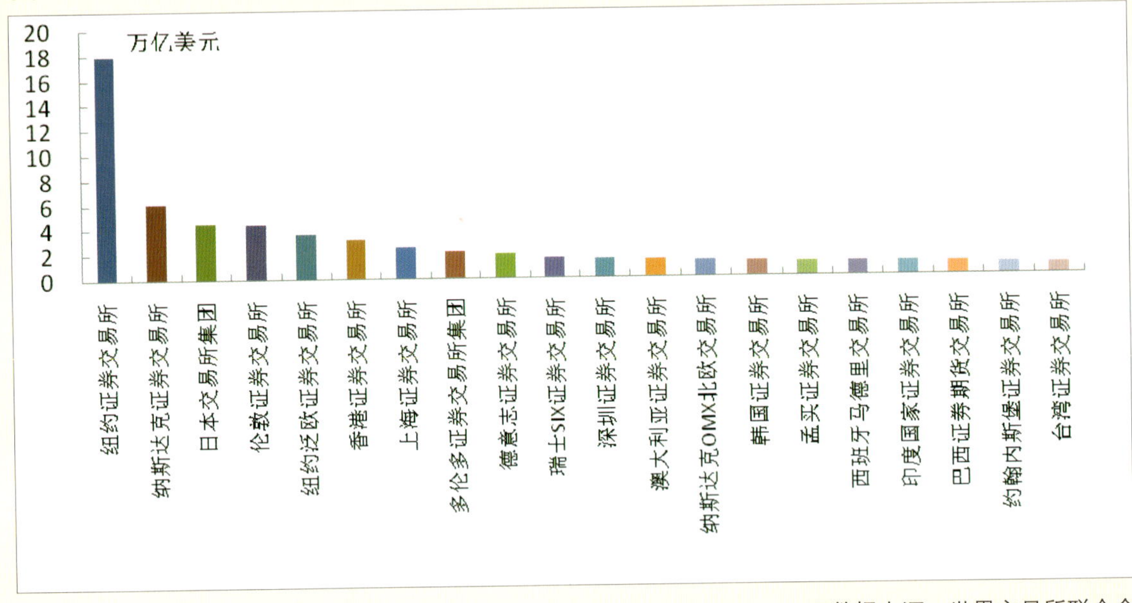

■数据来源：世界交易所联合会

图 2　2013 年全球主要股票指数变动情况（%）

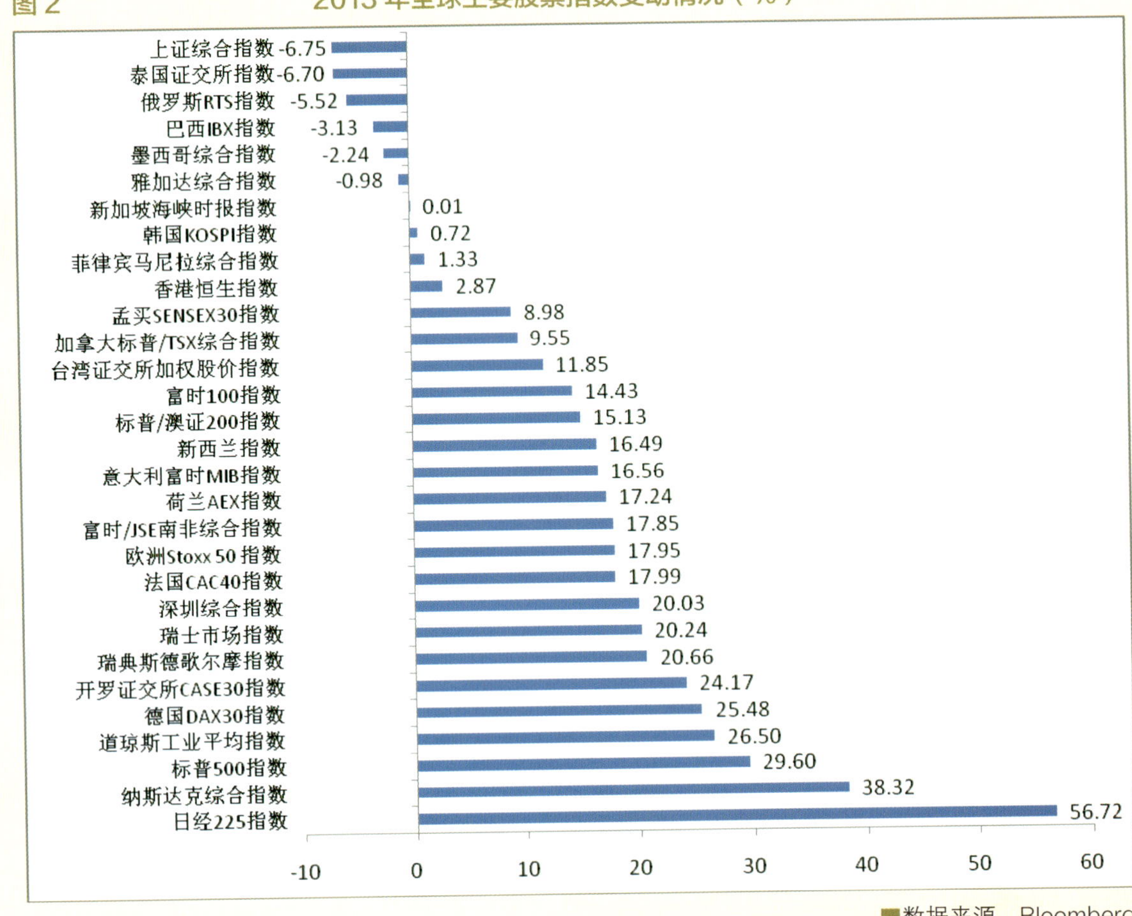

■数据来源：Bloomberg

图 3　全球股票总市值历年变化情况

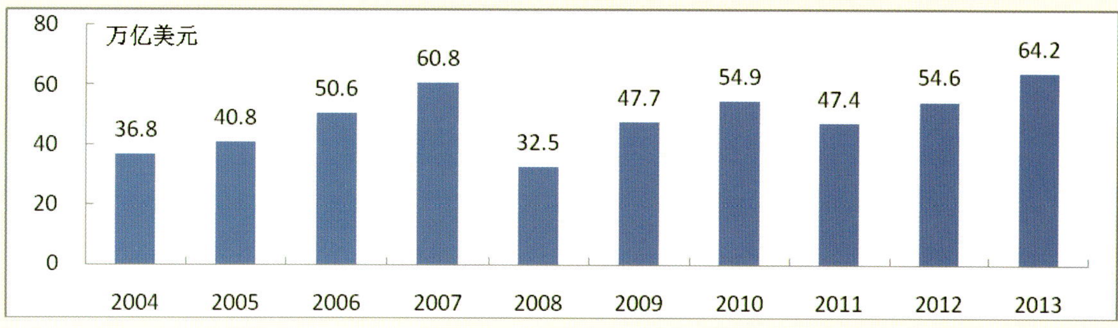

■数据来源：世界交易所联合会

图 4　上证综指和深证综指走势

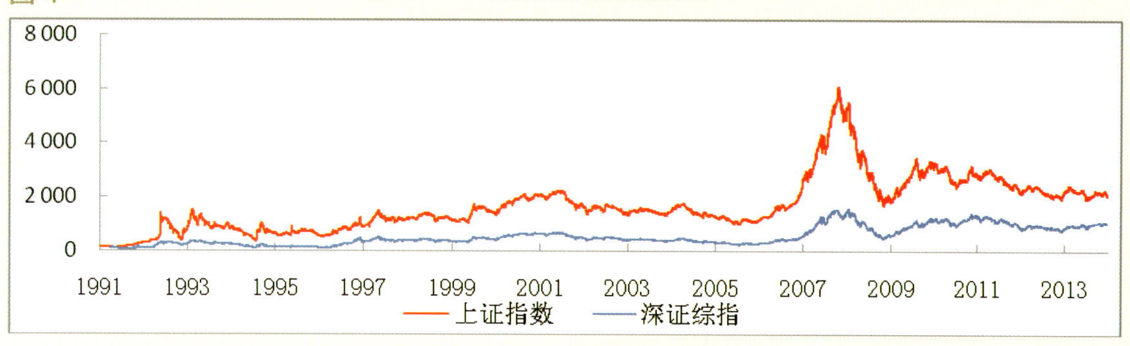

■数据来源：上海证券交易所深圳证券交易所

图 5　沪深 300 指数、中小板综指和创业板综指走势

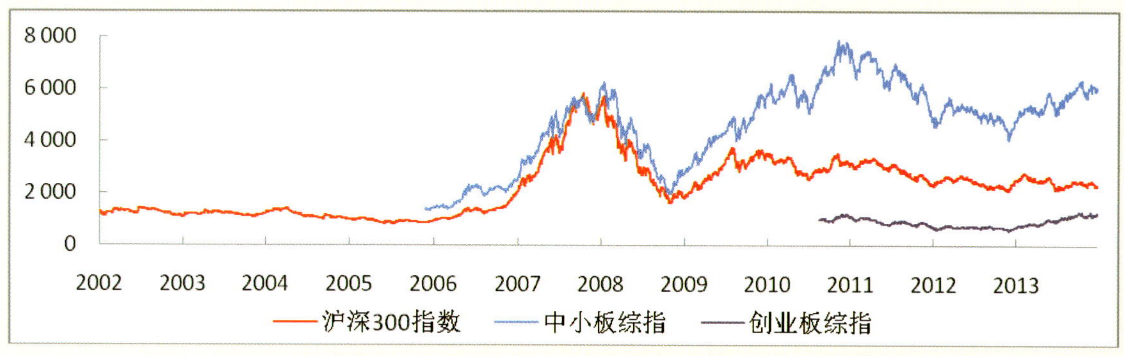

■数据来源：上海证券交易所深圳证券交易所

图 6　摩根士丹利全球股票指数走势

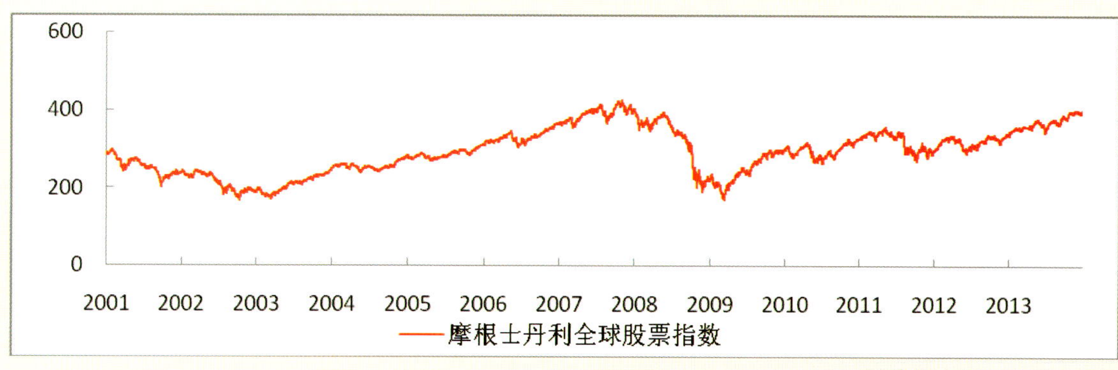

■数据来源：Bloomberg

图 7　摩根士丹利全球发达国家股票指数走势

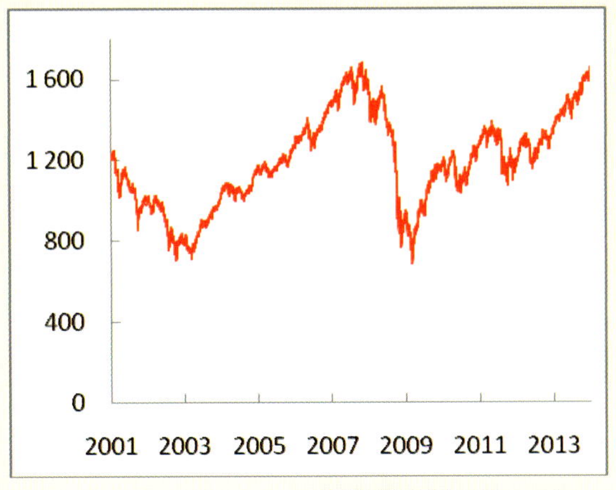

■数据来源：Bloomberg

图 8　摩根士丹利发展中国家股票指数走势

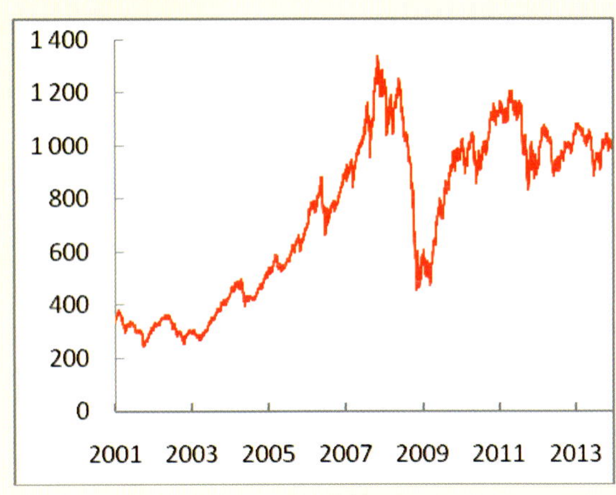

■数据来源：Bloomberg

图 9　摩根士丹利欧洲国家股票指数走势

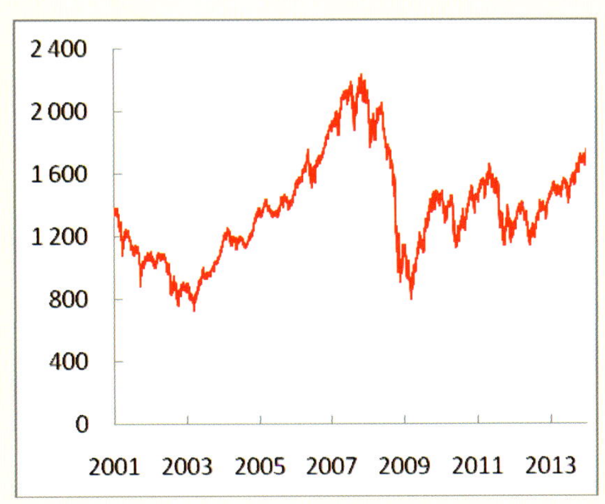

■数据来源：Bloomberg

图 10　摩根士丹利金砖四国股票指数走势

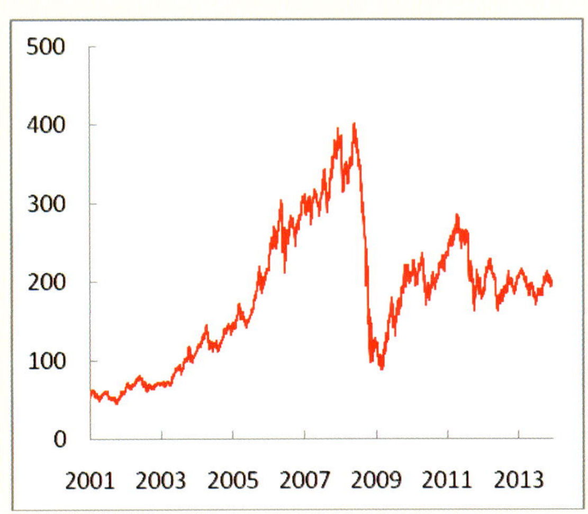

■数据来源：Bloomberg

图 11　摩根士丹利东欧国家股票指数走势

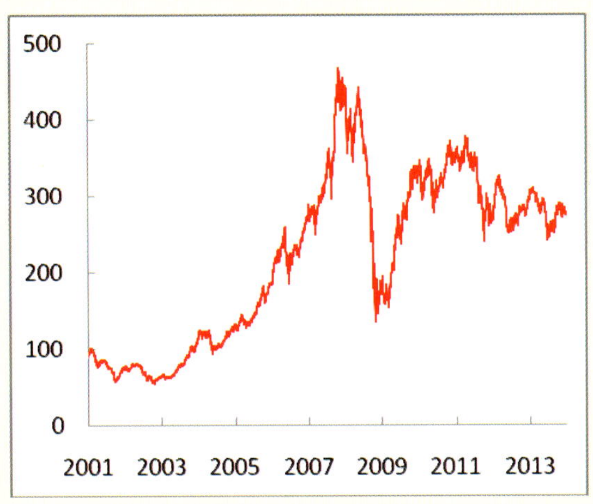

■数据来源：Bloomberg

图 12　摩根士丹利拉美国家股票指数走势

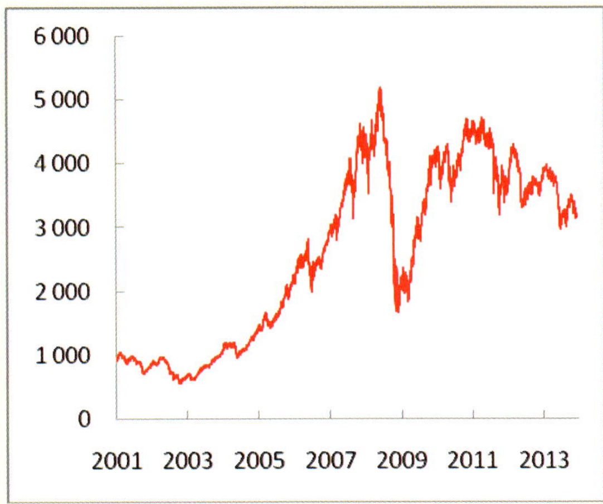

■数据来源：Bloomberg

ALMANAC OF THE
CHINESE LISTED COMPANIES

中国上市公司年鉴

2014

中国证券监督管理委员会
中 国 上 市 公 司 协 会/编

经济管理出版社

图书在版编目（CIP）数据

中国上市公司年鉴. 2014/中国证券监督管理委员会、中国上市公司协会编. —北京：经济管理出版社，2015.6
ISBN 978-7-5096-3794-4

Ⅰ. ①中… Ⅱ. ①中… Ⅲ. ①上市公司—中国—2014—年鉴 Ⅳ. ①F279.246-54

中国版本图书馆 CIP 数据核字（2015）第 107198 号

责任编辑：杨国强　赵晓静　许　兵
责任印制：司东翔
责任校对：雨　千　赵天宇　张　青

出版发行：经济管理出版社
（北京市海淀区北蜂窝 8 号中雅大厦 A 座 11 层　100038）
网　　址：www. E-mp. com. cn
电　　话：（010）51915602
印　　刷：北京晨旭印刷厂
经　　销：新华书店
开　　本：880mm×1230mm/16
印　　张：92
字　　数：1846 千字
版　　次：2015 年 6 月第 1 版　　2015 年 6 月第 1 次印刷
书　　号：ISBN 978-7-5096-3794-4
定　　价：768.00 元

《中国上市公司年鉴》编辑部电话：(010) 63923681
邮　　箱：ssgsnj@sina.com

《中国上市公司年鉴》（2014）编辑委员会

方良平	中国证券监督管理委员会重庆监管局	局　长
冯鹤年	中国证券监督管理委员会山东监管局	局　长
吕逸君	中国证券监督管理委员会浙江监管局	局　长
刘青松	中国证券监督管理委员会河南监管局	局　长
闫　勇	中国证券监督管理委员会河北监管局	局　长
安青松	中国证券监督管理委员会青岛监管局	局　长
孙才仁	中国证券监督管理委员会山西监管局	局　长
严伯进	中国证券监督管理委员会上海监管局	局　长
李秉恒	中国证券监督管理委员会湖北监管局	局　长
杨　光	中国证券监督管理委员会贵州监管局	局　长
邱　勇	中国证券监督管理委员会厦门监管局	局　长
初乃祯	中国证券监督管理委员会黑龙江监管局	局　长
张海文	中国证券监督管理委员会天津监管局	局　长
陈士轰	中国证券监督管理委员会宁夏监管局	局　长
陈小澎	中国证券监督管理委员会福建监管局	局　长
陈家琰	中国证券监督管理委员会内蒙古监管局	局　长
邵锡秋	中国证券监督管理委员会宁波监管局	局　长
周四波	中国证券监督管理委员会海南监管局	局　长
赵胜德	中国证券监督管理委员会西藏监管局	局　长
柳　磊	中国证券监督管理委员会大连监管局	局　长
侯外林	中国证券监督管理委员会广东监管局	局　长
姜　岩	中国证券监督管理委员会辽宁监管局	局　长
郭文英	中国证券监督管理委员会安徽监管局	局　长
梁世鹏	中国证券监督管理委员会青海监管局	局　长
焦津洪	中国证券监督管理委员会深圳监管局	局　长
管兴业	中国证券监督管理委员会甘肃监管局	局　长
熊国森	中国证券监督管理委员会湖南监管局	局　长
滕必焱	中国证券监督管理委员会江西监管局	局　长

主　　编：姚　峰

执行主编：石世雄

执行编委：（按姓氏笔画排序）

丁学东　于海联　万建华　王东明　王林君　王春峰　王瑞媛
王鑫惠　牛冠兴　石世雄　朱晓俊　刘兴兵　刘谷庭　关　文
许延滨　孙春生　苏文贤　李立国　李永春　李建良　吴锦才
宋庆三　张文鑫　张海山　张　智　陆意琴　陈有安　陈明键
茅剑刚　林义相　孟　强　洪　琳　宫少林　贺　玲　郭元忠
黄立新　董文敬　韩少平　韩汝俊　程才良　程催禧　傅　依
储晓明　温子建　蒋潇华　谢镇江　赫荣祥

编写组成员：（按姓氏笔画排序）

丁庆玥　马昕晔　马春艳　王玉宝　王　伟　王传起　王佳炜
王战平　王　娜　王　勇　王　真　王海燕　王　强　王　微
王　颖　王德文　王　璟　车　玺　计　刚　邓　建　毋剑虹
卢　平　叶向辉　叶志燕　付　瑜　白云飞　边潇男　毕子男
曲孝生　吕　梁　朱成云　朱智敏　任　思　任宪功　华　立
伊晓奕　伊　韬　刘小勇　刘东贵　刘伟杰　刘向阳　刘志军
刘宏程　刘　佳　刘荣华　刘艳玉　刘琨磊　刘辉珲　刘　斌
汤文浩　汤梅梅　孙卫党　孙　林　孙晓光　纪跃华　运　巍
花金钟　严　莹　严　野　杜彦晖　李云龙　李世飞　李　平
李东升　李宏杰　李君倩　李　苗　李　金　李胜兵　李振月
李铁军　李　彬　李赐芬　李　骥　杨　晔　杨　锐　杨　柳
肖雪维　吴姬君　邹　高　邹新京　汪丹霓　汪　浩　宋　爽
张　华　张庆昌　张　良　张　顺　张　浩　张蓉蓉　张　煜

张　磊　张　騄　陆钱松　陈　宇　陈　玲　陈　政　陈钰星
陈嘉明　陈　聪　林开盛　林振超　罗　胤　金国斌　金　萍
周小峰　周　羽　周星辰　周海东　郑武生　定田充司　孟　奎
赵凤霞　赵　宇　赵其新　赵金厚　赵雪芹　郝飞飞　胡　昂
胡才华　胡　岩　胡　皓　郜　翔　侯　迪　施　妍　洪文志
洪　亮　袁同济　袁宏生　袁　劲　袁慧娟　耿思琦　索朗顿珠
夏　天　倪一帆　徐　冉　徐　洋　徐　勇　郭　锐　唐国强
涂储斌　黄　山　黄王侯　黄孚曙　黄润彬　黄　彬　黄慧丽
曹玲燕　龚毓幸　盛峰英　梁玉梅　宿伟娜　逯家乡　董志刚
董琳琳　韩永宁　舒　萍　温丽萍　温科银　缑丽萍　裘孝锋
翟太煌　樊慧远　滕兆滨　颜旭若　颜　艳　潘建平

参与编写单位：（排名不分先后）

中国国际金融有限公司　　上海证券交易所
中信证券股份有限公司　　深圳证券交易所
国泰君安证券股份有限公司　　纽约证券交易所
申万宏源证券有限公司　　伦敦证券交易所
中国银河证券股份有限公司　　德意志证券交易所
招商证券股份有限公司　　多伦多证券交易所
天相投资顾问有限公司　　东京证券交易所
山西证券股份有限公司　　渤海证券有限责任公司
华融证券股份有限公司　　新时代证券有限责任公司
浙商证券股份有限公司　　世纪证券有限责任公司
《中国证券报》　《上海证券报》　《证券时报》　《证券日报》

编写说明

《中国上市公司年鉴》由中国证监会、中国上市公司协会组织编撰，是一部全面反映中国上市公司经营、发展和改革状况，以及上市公司监管政策、法律法规体系的专业性、权威性、综合性年鉴。《中国上市公司年鉴》从2007年起，每年一卷，以作为上市公司、投资者、监管工作者、研究机构、证券公司、基金公司、有关中介机构等共享和沟通上市公司信息资源的平台。

《中国上市公司年鉴（2014）》全方位、多角度、跨地区、跨行业地汇集了上市公司2013年度的基本状况，尤其是对不同行业、不同地区上市公司经营状况及相关数据进行了详尽的采集和深度的分析，使读者可以全面、细致、深入地了解上市公司的经营状况和发展前景。

《中国上市公司年鉴（2014）》共设有9个篇目，各篇目按具体内容分为章、节、目、段多个层次。篇目内容依次为：重要文献篇、综合发展篇、上市公司行业篇、上市公司地区篇、上市公司治理篇、上市公司并购重组篇、大事记、政策法规篇及统计篇。为方便读者，本年鉴配有CD-ROM电子出版物。另外，因篇幅所限，政策法规篇和统计篇的内容只进入了电子出版物。

《中国上市公司年鉴（2014）》"上市公司行业篇"中，上市公司的行业归属系根据中国证监会2013年第四季度发布的最新行业划分标准分类，该分类标准与2012年度相比变化较大，致使部分新增行业分类或调整变化较大行业的历史数据无可比参照，对应图表数据以"—"列示。

《中国上市公司年鉴（2014）》由中国证监会、中国上市公司协会、各证监局、上海证券交易所、深圳证券交易所、部分证券公司、相关媒体等单位及部分专家、学者共同参与编写，各种资料和数据权威、可靠，均经各撰稿单位审阅。

《中国上市公司年鉴（2014）》由中国上市公司协会首任会长陈清泰、中国证监会副主席庄心一任编委会名誉主任，中国上市公司协会会长王建宙、中国上市公司协会副会长李小雪任编委会主任，中国证监会上市部、上海证券交易所、深圳证券交易所、中国上市公司协会的负责人任编委会副主任，各证监局负责人任编委会委员。

《中国上市公司年鉴（2014）》“上市公司行业篇”中的数据，除特别说明外，由天相投资顾问有限公司整理提供。

《中国上市公司年鉴（2014）》中的资料、数据，除特别说明外，截止时间为 2013 年 12 月 31 日。

《中国上市公司年鉴（2014）》的编撰工作，得到了各撰稿单位及撰稿人的大力支持，在此谨表示衷心的感谢！对本年鉴的不足之处，诚请提出批评和改进意见，以使《中国上市公司年鉴》日臻完善。

《中国上市公司年鉴》编辑部

2015 年 5 月　　北　京

目　录

第一篇　重要文献篇

第二篇　综合发展篇

第三篇　上市公司行业篇

第四篇　上市公司地区篇

第五篇　上市公司治理篇

第六篇　上市公司并购重组篇

大事记

注：限于篇幅，以下内容只进入随书 CD-ROM，目录只做列示

政策法规篇

行政法规、法规性文件

内容与格式准则类

附　录

司法解释

其他部委发布的相关部门规章及规范性文件

统计篇

一、概　况

二、股　票

三、上市公司

四、附　录

第一篇　重要文献篇

- **大力推进监管转型**　（肖　钢）
- **为上市公司发展提供更好环境和更大空间**　（庄心一）
- **在 2014 CCTV 中国上市公司峰会上的致辞**　（王建宙）
- **在第三届“生态文明·阿拉善对话”活动上的讲话**　（李小雪）

大力推进监管转型

——在2014年全国证券期货监管工作会议上的讲话

（中国证监会主席　肖　钢　2014年1月21日）

这次会议的主题是，深入贯彻落实党的十八大，十八届二中、三中全会和中央经济工作会议精神，研究部署2014年证券期货监管工作。关于2013年的工作总结和2014年的工作要点，已印发给大家讨论，我就不再重复讲了。下面，我重点围绕监管转型问题，谈几点意见，供大家讨论。

一、为什么要推进监管转型

加快转变政府职能，深化行政体制改革，是党中央、国务院作出的重大决策，是推动上层建筑适应经济基础的必然要求。转变政府职能，就是要处理好政府与市场、政府与社会的关系，通过简政放权，发挥市场在资源配置中的决定性作用和更好发挥政府作用，激发市场主体活力，增强经济社会发展内生动力，创造良好的发展环境，提供优质公共服务，维护社会公平正义。推进监管转型是证监会贯彻落实党中央、国务院部署必须要完成的任务，是资本市场改革创新的内在要求，是顺应时代发展潮流的必由之路。

监管转型是指监管理念、监管模式和监管方法的革新和转变过程，是对社会主义市场经济条件下现代证券期货监管规律的新探索。大力推进监管转型的重要意义主要体现在以下几个方面：

第一，推进监管转型是进一步发挥资本市场功能，激发经济活力的迫切需要。资本市场是市场化配置资源的重要平台，主要功能是促进资本形成、资本聚集和资本流转，在激发民间活力、鼓励创新创业、完善市场体系、健全公司治理、推动经济转型、服务财富管理和促进社会和谐方面具有不可替代的作用。20多年来，我国资本市场发挥后发优势，取得了巨大成就，促进了经济社会持续快速发展。但是，市场总体处在“新兴加转轨”阶段，服务经济社会发展的能力不足，现有监管模式不适应新形势的要求。因此，要推进监管转型，让更多市场主体有机会公平参与资本市场，提高市场效率和活力，使市场更加规范有序、公平公正，从而助推经济社会发展。

第二，推进监管转型是促进资本市场长期稳定健康发展的内在要求。我国资本市场在创造奇迹的同时，也经历了诸多曲折、矛盾和困难，有一些久攻不破、久解不决的难题，市场结构和市场功能存在缺陷，市场效率和公信力不足，新老问题相互交织，决策面临“多难”窘境。由于资本市场处在改革前沿，参与者众多，利益关系复杂，市场化、法治化、透明化程度的要求比较高，因此，推进监管转型有利于解决我们遇到的种种困难和症结，为资本市场创造有利于长期稳定健康发展的环境。

第三，推进监管转型是全面增强证券期货服务业竞争力的重要举措。强大的证券期货服务业与充满活力的资本市场是相辅相成的。加快培育和发展功能齐备、服务优质、竞争力强的证券期货服务业是资本市场发展的重要任务。推进监管转型，就是要进一步简政放权，放宽准入，扩大开放，鼓励竞争，加大创新，允许更多机构从事证券期货服务业，支持其围绕经济社会发展的实际需要自主创新，依法合规稳健经营。通过活力充分释放、促进归位尽责、制约激励有效的监管安排，引导有条件的证券期货经营机构提升综合实力，促进形成一批具有国际竞争力的现代投资银行和现代资产管理机构，切实服务实体经济的投融资和风险管理需要。

第四，推进监管转型是提升监管效能、切实履行核心职责的现实选择。长期以来，我们对监管工作倾注了大量心血，付出了艰苦努力，也取得了很大成效，但在实际工作中，监管越位、缺位、不到位的情况确实客观存在，一些政策前瞻性、整体性、坚定性不够，“堵窟窿、补漏洞”的现象时有发生，有些监管职责交叉，规则不一，力量分散，效能不高。随着市场规模快速扩大，市场主体日益增加，上述问题会越来越突出，有限的监管资源越来越难以适应繁重的监管任务，“人盯人”、“当保姆”的模式难以为继。因此，我们要坚持有所为、有所不为，加快推进监管转型，形成集中统一、优势互补、功能配套、信息共享、协同高效的监管体系，切实把该管的事情管住、管好，努力建设市场、社会和群众满意的监管机构。

推进监管转型要实现“六个转变”：

一是监管取向从注重融资，向注重投融资和风险管理功能均衡、更好保护中小投资者转变。保护投资者就是保护资本市场，保护中小投资者就是保护全体投资者。要把维护中小投资者合法权益贯穿监管工作始终，落实到制度建设、日常监管、稽查执法的各个环节。

二是监管重心从偏重市场规模发展，向强化监管执法，规模、结构和质量并重转变。正确处理市场发展与监管执法的关系，既要加快发展、改善结构、提高质量，更要加大监管执法力度，维护市场公平正义。

三是监管方法从过多的事前审批，向加强事中事后、实施全程监管转变。减少前端审批，不是一放了之，必须加强事中事后监管，尽快形成放而不乱、活而有序的新手段、新规则和新机制。

四是监管模式从碎片化、分割式监管，向共享式、功能型监管转变。切实改变条块分割、各自为战的现状，强化监管信息共享和功能协作，整合监管资源，提高监管效能。

五是监管手段从单一性、强制性、封闭性，向多样性、协商性、开放性转变。要开展积极行政监管，丰富监管工具，综合运用各种手段，广泛动员各方力量参与市场、建设市场、维护市场，构建伙伴共赢、开放多元、有序互动的监管格局。

六是监管运行从透明度不够、稳定性不强，向公正、透明、严谨、高效转变。坚持平等对待各类市场主体，实行政务公开，提高决策科学化水平，增强快速反应能力，稳定监管预期。

长期以来，证监会系统各级领导和广大干部职工在加强和改进监管工作中做出了坚持不懈的努力，特别是长期处在市场监管一线的部门、单位和派出机构工作卓有成效，做出了重要贡献，保障了资本市场的快速、稳定、健康发展，也积累了很多有益的经验，奠定了良好的基础。自去年以来，结合群众路线教育实践活动，全系统充分动员，开动脑筋，集思广益，对当前监管工作面临的形势进行了分析研判，对推进监管转型的必要性和紧迫性形成了普遍共识。要顺应新形势、新任务的要求，在过去工作的基础上，充分利用多种有利条件，抓住机遇，解放思想，加快改革。客观地讲，推进监管转型面临不少困难和风险，也有不确定性，有些问题现在可以想到，但有些问题还预料不到，特别是我国资本市场处在“新兴加转轨”阶段，各方面措施不健全、不配套，外部环境制约很多，对监管转型有疑虑、有担心是正常的。面对现实，我们必须抉择。不改革，没出路；要转型，有风险。但是，只有转型和改革，才有解决问题的机会，才是希望所在。因此，我们必须坚定不移地推进监管转型，把问题想在前面，把困难和风险估计得更充分一些，把措施想得更周全一些，把工作做得更扎实一些。

二、监管转型的主要任务

（一）进一步精简行政审批备案登记等事项

2002 年以来，我会分批次共清理取消了 138 项行政审批事项。总体来看，改革力度很大，但目前审批事项还是偏多。

行政审批制度改革是推动监管转型的基本前提。目前，我会已经确定未来 3 年将继续取消 21 项行政审批事项，有些今年就要取消。下一步，会机关要继续研究进一步取消和下放审批事项，规范审批事项管理。对派出机构、交易所、协会和会管单位的审批备案等事项，按业务条线列出清单，由会机关业务部门协同相关单位进行甄别清理，力争在今年 6 月底前完成。

总的原则：一是会机关及派出机构凡法律法规没有规定的行政许可审批事项，一律取消；二是会机关及派出机构非行政许可审批事项清理规范后该取消的取消，该调整的调整，逐步废止非行政许可审批事项；三是会机关及派出机构在其他行政管理行为中，不得以任何名义或任何方式实施或变相实施行政审批；四是系统各单位凡没有法律规定的各类事前备案、报告等事项，一律取消，确实有必要的，改为事后备案；五是系统各单位对审批事项以外的登记、考试、验收等事项以及要求市场主体报送的数据表格、资料等文件进行全面清理，提出废除、整合、简化的意见并予以公告；六是系统各单位所有审批备案事项，都必须公布标准、流程、期限和方式，不公布的不得实施。

对于清理后继续保留的行政许可事项，要做好评价工作，提出“去、留、改、并”的建议和意见，为深入推进行政审批制度改革提供决策依据。会机关和派出机构要开展许可事项自我评价，协会、交易所、投资者保护基金要组织开展社会评价，提出每个项目的保留、取消、调整、合并、下放的具体意见，并抓紧研究制定工作方案，认真组织落实。

（二）推进股票发行注册制改革

注册制改革是推进监管转型的重要突破口，牵一发而动全身，必将带动和促进其他方面的改革。目前，对于注册制的内涵，大家的看法不尽相同，不同国家和地区的做法也不完全一致。但都有一个共同特点，就是股票发行审核以信息披露为中心，监管部门不对发行人进行价值判断，发行人和中介机构对信息披露的真实性和准确性负责，发行时机、价格由发行人和中介机构根据市场情况决定。

当前，我国已具备了向注册制过渡的基本条件，但实施还需要一个过程，并且要以《证券法》修改为前提。要抓紧制定过渡期安排，做好今年的新股发行审核工作。

初步设想，注册制改革总的思路是：证监会依法设定和核准股票发行及上市条件，统一注册审核规则。发行人是信息披露第一责任人，其言行必须与信息披露的内容相一致。发行人、中介机构对信息披露的真实性、准确性、完整性、充分性和及时性承担法律责任。投资者自行判断发行人的盈利能力和投资价值，自担投资风险。证券监管部门依法对发行和上市全程进行监管，严厉查处违法违规行为。

在过渡期内，要全面落实《关于进一步推进新股发行体制改革的意见》，在现有法律框架内做好审核工作，提高发行审核效率。优化发行审核流程，清理发行审核中的备案、登记、验收等不必要的环节或前置程序。增强发行审核透明度，梳理现有的信息披露要求和审核标准并及时向社会公布，公开审核流程及审核意见，发审会过程向公众公开。

（三）确立以信息披露为中心的监管理念

由于证券产品的复杂性、虚拟性和交易方式的特殊性，信息不对称问题特别突出，决定了信息披露在整个资本市场运行过程中处于中心和基础地位。只有确保信息真实、准确、完整、及时，才能形成合理的市场定价，发挥资本市场有效配置资源的作用；才能引导市场预期，促进理性的投融资决策和股权文化；才能及时充分地揭示和评估市场风险，提高市场运行的稳定性。因此，必须加强信息披露监管，重点打击虚假信息披露、欺诈发行、价格操纵等违法违规行为，确保市场机制有效发挥作用。

强化市场主体信息披露的法律责任。信息披露是向社会公众作出的承诺，信息披露义务人必须严格履行法律义务，其言行必须与所披露信息一致。如信息发生变化，应当及时按规定进行持续公开披露。市场主体要强化公司治理及内控体系建设，建立健全规范化运作流程并有效执行，从源头上确保信息披露质量。保荐机构、财务顾问、会计师和律师事务所、资产评估机构要勤勉尽责，发挥好信息披露把关作用。证券交易所全面负责上市公司定期报告、临时公告等信息披露的一线监管，树立信息披露监管权威，加强自律管理。

坚持以投资者需求为导向，使信息披露更好地为投资者服务，而不是以监管自身需求为中心。信息披露规则是否科学，不仅对投资者决策有重大影响，也直接影响信息披露监管的质量。要把满足投资者的需求作为出发点和落脚点，建立起发行上市、日常监管等各个环节有机衔接的信息披露规则体系。在股票发行环节，要完善招股说明书的格式、语言和内容，针对不同行业制定适应其特点的差异化信息披露要求，增强信息披露的有效性。在日常监管环节，要把现行对同业竞争、关联交易、并购重组、再融资、公司治理、财务会计等方面的监管要求纳入信息披露监管。要根据日常监管中发现的问题，充实和调整信息披露要求，完善信息披露规范制定机制。

在加强市场主体信息披露监管的同时，要加快建设透明证监会。秘密是公正的天敌，阳光是最好的消毒剂。证监会要维护“三公”，必须增强透明度。政府信息要以公开为原则，以不公开为例外，做到规则公开、过程公开、结果公开。要加大新闻宣传和舆论引导工作力度，强化沟通交流互动，及时解疑释惑，让市场各方充分理解和支持监管工作。

（四）理顺监管与执法的关系

监管与执法既紧密相连又有所区别。执法有广义与狭义之分。广义执法是机关及派出机构执行法律、法规和规章履行监管职责的行政行为，从这个意义上讲，日常监管属于广义执法范畴，所有监管人员都是执法人员。狭义执法是指对涉嫌违法违规行为进行专门调查，并对其作出行政处罚或移交公安司法机关的行为。我们通常说的执法，是指狭义执法，即稽查执法。推进监管转型，需要进一步厘清和处理好日常监管与稽查执法的关系，证监会行政监管与交易所、协会自律管理的关系，监管措施、行政处罚措施与自律措施的关系。

厘清日常监管与稽查执法的关系。日常监管有两方面：一个是对市场主体进行合规性与审慎性监管，主要目的是促进市场主体依法合规、稳健运营，防范机构风险和市场风险。另一个是及时制止违法不当行为，或者发现有关线索后及时移送稽查执法部门。可见，日常监管和稽查执法不是割裂的，不能两张皮。日常监管要按照稽查执法的程序、证据标准和认定条件开展检查、核查工作，提高发现违法违规线索的能力。符合立案条件的，及时立案调查或移送稽查执法部门，并采取相应监管措施，监管措施的实施要与立案调查、行政处罚有效衔接。制定日常监管和稽查执法协调工作规则，促进派出机构、稽查执法部门、日常监管部门在现场检查、适用各种措施、对外发布信息等方面的及时沟通、有序衔接和协作配合。

厘清证监会与交易所、协会的关系。行政监管和自律管理都是市场监管的重要方式。交易所和协会既负有法定职责，也具有自律管理权限，必须严格依照法律法规和自律规则，积极主动、全面及时履行职责，不能以任何理由疏于履责，也不能回避矛盾或上交难题。证监会要大力支持交易所和协会开展工作，对于依法确实需要由证监会批准的事项，要明确标准、流程和期限，提高透明度。积极研究进一步增强交易所、协会权责的政策措施，激发交易所、协会的活力。

厘清监管措施与行政处罚措施、自律管理措施的关系。三类措施在表现形式上存在交叉，但其性质、功能有所不同。监管措施是对市场主体合规性和审慎性监管过程中实施的矫正性措施，主要作用是防止风险蔓延和危害后果扩散，对时效性要求较高。依据我会有关规定，监管措施包括责令整改、出具警示函、公开谴责等18项。行政处罚措施是对违法违规行为实施的惩罚性措施，具有实体性、结论性等特点，主要作用是惩戒。根据《行政处罚法》，行政处罚措施包括警告、罚款、没收违法所得、责令停业等6项。这两类措施的依据在于法律、法规和规章授权，具有国家公权力和强制性。自律管理措施是自律组织基于行业整体利益、依据自律规则对其成员实施的纪律惩戒性措施，具有自治性的特点，其依据主要是自律组织成员的权利让渡。当自律管理能够发挥作用时，行政监管一般不宜介入；但当行业利益与公众利益发生冲突、自律管理失效时，行政监管必须介入，以维护公共利益。会机关及派出机构、交易所、协会要根据自身不同性质和职能定位，严格规范实施监管措施、行政处罚措施或自律管理措施。需要强调的是，这三类措施各有所适用，并行不悖，可以相互补充但不能互相替代。要认真梳理现有监管措施，符合适用条件的，要坚决适用；同时符合立案条件的，还要及时立案或移送稽查执法部门立案调查；日常监管部门不能因为移送了稽查执法部门，就不及时采取监管措施。交易所、协会对违反自律规则的行为要采取自律措施，违法违规的要及时移交证监会，不能以自律管理代替行政监管。同时，要注意解决好同一事项多头监管、同一违规多头查处的问题，建立健全事前沟通会商机制。对市场主体行为有较大影响的监管措施的实施，要审慎评估，健全审批程序。

（五）强化派出机构职责

派出机构是所在辖区事中、事后监管主力军，主要职责是按照证监会的统一部署和要求，做好辖区内一线监管工作，完成全系统协作监管任务。修订《派出机构监管工作职责》，及时将非上市公众公司、私募业务等纳入监管范围，加强投资者保护、打击非法证券期货活动等职能。针对不同辖区的市场情况，建立科学的派出机构资源配置和评价体系。

派出机构要重点开展辖区内上市公司、挂牌公司和拟上市公司、证券期货经营机构的监管执法工作，对各类违法违规行为和风险苗头要及时查处、制止。加强与地方党委、政府和有关部门沟通交流和监管协调，完善在公司上市、退市、多层次市场建设、稽查执法、相关风险处置等方面的协作机制。深化与公安机关的协作，探索快捷有效的平行移送模式。派出机构要依法行使监管权力，提高监管执法水平，及时向会机关报告辖区重大事项，积极谏言献策。同时，增强大局意识和责任意识，自觉维护整个证券期货监管系统的统一性、权威性和公信力。

会管单位是承担公共服务职能的监管支持平台。要进一步明确定位，把职责之内的事情做好，切实把市场运行保障、投资者服务、风险监测监控、市场教育培训及研究等职能落实到位，努力提高服务水准和运行效率。

会机关要进一步加强与派出机构、交易所、会管单位的沟通交流，从实际出发、合理可行地部署工作。重大决策要会商派出机构、交易所和会管单位，制定监管规则要充分征求他们的意见，意见不一致的要如实作出说明。加大业务指导和政策培训力度，精简考核评估、报告报送等事项，为他们履行职责创造良好条件。

（六）促进证券期货服务业提升竞争力

建立机构业务牌照管理体系。适应综合经营趋势，实施公开透明、进退有序的证券期货业务牌照管理制度。公开各类业务的牌照准入标准、条件，制定并公示相应业务规范，向符合条件的机构开放，逐步解决大市场与小行业的矛盾。打破证券、期货、基金等机构业务相互割裂的局面，允许相关机构交叉申请业务牌照。区分公募和私募，探索建立与私募业务相适应的业务牌照管理方式，明确投资者适当性要求，加强监管协作，支持私募业务创新发展。

放宽证券期货经营机构准入。扩大行业对内对外开放，支持符合条件的主体设立证券期货经营机构，形成国有、民营、内资、外资并存的多元化竞争格局和优胜劣汰机制。大力发展专业证券投资机构，支持社会保险资金、养老金、企业年金等长期资金委托专业机构投资运营，拓宽资金进入资本市场的渠道。按照准入前国民待遇加负面清单的管理模式，推动相关法律法规修改，并在此基础上逐步放宽证券期货业外资准入限制，取消外资金融机构持股比例限制，允许外资证券期货经营机构设立独资子公司或分公司，取消合资公司业务牌照限制。支持境内证券期货经营机构通过跨境并购和开展跨境业务做强做大。

促进中介机构创新发展。逐步推进原则监管，增强监管规则的弹性和包容性，最大限度地减少对证券期货经营机构具体业务活动和内部事务的管理力度。支持证券期货经营机构围绕实体经济和客户需求，依法自主开展业务与产品创新，扩大业务范围、丰富产品种类、提升服务质量和经营效益。丰富证券期货经营机构组织形式，鼓励特色化经营、差异化发展。规范发展证券期货经营机构柜台业务，稳步发展机构间市场。促进会计审计评估机构、评级增信机构、法律服务机构提升执业质量和公信力。促进证券投资基金管理公司向现代资产管理机构转型。支持引导证券期货服务业利用网络信息技术创新产品和服务，规范发展互联网金融业务。

（七）提高稽查执法效能

深入落实我会《关于进一步加强稽查执法工作的意见》，全面深化执法体制机制改革，加大执法力度，严厉打击违法违规行为。

优化线索处理、案件快速反应和移送机制。在线索处理方面，组建线索分析处理中心，建立异动、异常、举报线索快速检查制度，完善交易所线索直接报送标准和机制，建立有奖举报制度。在立案调查方面，建立快速反应机制，线索基本清晰的直接转立案调查；线索需要核实的，尽量缩短核实时间。要切实做好上市公司立案调查、执法处罚的信息披露工作，对案件复杂、调查期限长的，应分阶段持续披露，最大限度让投资者公平及时地得到事关投资决策的基本信息，经检查和调查没有发现问题的，也要及时公告。稽查局不再对拟移送处罚事项进行复核，对于拟处罚的案件，调查部门在移送审理的同时，应报稽查局备案。涉嫌犯罪案件及线索需要移送公安部门的，原则上报送稽查局统一移送；确有必要的，经稽查局同意后可由派出机构就地平行移送。对于重大、敏感、复杂的涉嫌犯罪线索，探索行政调查与刑事侦办同步立案、联合取证机制。

继续深化查审分离体制改革。建立主任委员负责、审理委员定案的行政处罚工作机制，将案件审理主审合议制度和全体委员参加的审理会制度，调整为5名委员组成的主审合议定案制度，切实提高案件审理效率、质量和权威。提高行政处罚的独立性，取消案件会签机制，会领导只可以依法对案件提出予以处罚或加重处罚的意见，不允许提出不予处罚或减轻处罚的意见。各派出机构领导也要比照办理。建立案件审理监督问责机制，继续推进审理公开，在案件数量较多的地方建立案件巡回审理工作机制。合理配置全系统行政处罚的执法资源，处罚委负责办理大案要案、复杂疑难案件等重大案件，以及个别派出机构难以审理的案件。处罚委对派出机构行政处罚工作进行指导、服务、支持和监督。派出机构案件审理的程序可以适当简化。

（八）推进资本市场中央监管信息平台建设

建设集中统一、信息共享的中央监管信息平台，是推进监管转型的重要措施。长期以来，全系统信息分散，部门单位之间沟通交流文来文往、函来函去，信息处理方式落后，效率低下。建设这个平台，既是对全系统数据和资源的统一整合，更是监管业务和流程的集中再造。要改变会机关、派出机构、交易所、行业协会和会管单位不同信息系统“各自为战”、重复建设、信息采集不规范、口径和时点不统一的现状，适应“大数据”时代监管工作对信息分类、整合、挖掘的需求，全面提高监管信息化水平。

今年要全面启动中央监管信息平台建设，作为各单位“一把手”工程。中央监管信息平台由基础设施模块和业务功能模块两部分组成。基础设施模块包括统一数据报送系统、中央数据库、外部数据交换系统、公众信息发布反馈系统等；业务功能模块用于支持证监会行政许可、稽查办案、日常监管、宏观监管以及内部管理工作等，各功能模块根据使用层级和权限，为系统各单位、各部门工作提供信息支持。

全力推进业务监管系统逻辑集中，实现监管数据信息的统一、全面、共享。推进逻辑集中是金融业发展的趋势，是信息科技发展的内在规律，是一条被国内外同行业实践所检验的成功道路，也是符合我会实际、促进我会监管转型的必然选择。逻辑集中即通过统一规划、统一业务需求、统一数据标准、统一数据采集和处理、统一管理信息运行维护，形成一套涵盖数据信息全、服务功能全、数据信息充分共享的应用系统。

坚持统一规划、分工协作、分步实施的原则，正确处理好集中统一与差异化需求之间的关系。中央监管信息平台是证监会系统各单位、各部门的应用平台，是按照各单位、各部门的需求建设的平台，是我会的最高监管信息平台。平台建设工作启动后，原则上不再单独建设新的监管系统，新开发的业务监管系统应纳入中央监管信息平台统筹考虑。已有业务监管系统可照常运行，但数据须全部纳入中央数据库，待系统升级改造时纳入平台。根据业务需求，按“急用先行”原则，逐步推进实施。平台建设将适当考虑监管单位的差异化需求，给部分单位一定自由开发空间。

加强组织领导，力争用3年左右时间全面完成系统建设，时间服从质量。信息系统建设是一项打基础、利长远的工作，工程复杂庞大。系统各单位、各部门负责人要亲自抓信息系统需求管理，安排骨干人员参与建设。2014年底前，完成全系统业务需求的调研，制定平台建设的总体规划、实施方案、管理制度和各项标准；基本完成统一数据报送系统、中央数据库等基础模块以及公司监管、稽查办案系统等第一批监管系统建设。2015年底前，以满足行政许可、风险监测、律师监管、行政复议和舆情监测等急用需求为出发点，整合并建成外部数据交换系统、公众信息发布反馈系统等，搭建监管信息平台的基础框架，完成部分新业务监管系统的开发工作，原则上全系统不再以函件往来形式通报情况。2016年底前，进一步推进业务系统整合，继续开展相关数据收集工作，完善中央监管信息平台数据模型建设；根据业务发展需要完成各部门新增的业务功能开发；对数据模型、应用功能进行评估与优化；实现在新增需求建设的同时，完成老系统的升级改造工作，以及老系统历史数据的导入与整合，并同时开展大数据处理及应用建设。

（九）建设法律实施规范体系

资本市场法律体系建设规划主要有两方面内容：一是进一步完善法律、行政法规和司法解释，这项工作主要依靠立法机关和司法机关，证监会主要是推动和配合。关于证券法修改、期货法制定，现在已经全面启动，这是全系统的一件大事，会机关具体牵头部门要担负起统筹协调、综合判断的职责，系统各单位要积极行动起来，按照各自分工，切实负起责任，提高工作效率。二是集中开展证监会规章和规范性文件的清理和整合工作，这项工作要靠我们来完成，主要任务是构建由融资与并购、市场交易、产品业务、市场与机构主体、投资者保护、监管执法、对外开放、审慎监管8个子体系组成的法律实施规范体系。今后，证监会出台的制度规则，只要涉及规范行政相对人权利义务内容的，原则上一律采用规章的形式，规范性文件只能用来规定一些解释性、指引性、操作性的事项。为做好这项工作，要把握好以下方面：

明确工作责任。总的考虑是，按照功能监管的原则，明确一个职能部门牵头负责一个子体系的清理整合工作。牵头部门必须切实负起责任，制定实施方案，明确工作要求。其他相关部门和单位要按照牵头部门的要求，全力配合做好立法研究、制度论证、条文起草完善等方面的工作，共同完成好清理整合任务。

明确工作步骤。清理整合工作要以法律、行政法规等上位法为依据，但相关子体系的建设工作也不能被动等待，要主动关注、统筹协调相关立法工作的进程，同步考虑规章、规范性文件的制定工作。要结合法律制度建设的总体方向和要求，在向立法机关提出法律修改或者制定建议的同时，形成对我会规章、规范性文件的思路和建议，为相关法律修改或者制定后及时出台相应的配套制度规则创造条件。对于私募基金、场外市场、投资者保护以及监管执法等不涉及法律修改或者近期国务院明确政策措施的相关领域，则要抓紧推进相关工作，争取在今年年内完成规章、规范性文件的清理整合工作。

明确工作要求。清理整合工作，要尊重立法工作规律、遵循立法工作程序，运用科学的立法方法，确保质量和效果。要针对实践中亟待解决的问题，提出有效的监管制度安排和保障其实施的有力制裁措施，确保制度规范能管用、有效果，真正做到“法意”准确，“法条”严谨。要广泛征求意见，尤其是要采取有效方式直接听取市场主体特别是中小投资者的意见，今后立法征求意见采纳或者不采纳情况和理由都要向社会公开。立法起草部门要认真研究不同意见，该吸收的吸收，不能吸收的要主动做好沟通协调工作。要严格规章、规范性文件的审议要求，重点围绕体制、职责、重大制度安排以及存在重大分歧意见的事项讨论决策，提高审议决策效率。

三、监管转型关键在人

为政之要，唯在得人；监管转型，关键在人。面对繁重的转型任务，必须切实加强系统各级领导班子和干部队伍建设，以监管转型带动自身建设，以自身建设保障监管转型。

（一）加强作风建设

总体上看，证券期货监管系统干部队伍的主流是好的，但也存在一些问题。在党的群众路线教育实践活动中，会党委针对“四风”问题提出了八个方面的整改措施，我们要狠抓落实。要密切联系群众，深入市场一线，了解情况、发现问题、听取意见。要完善决策制度，建立健全重大政策公开征求意见、实施效果评估反馈机制，提高决策的科学性和透明度。要继续贯彻中央“八项规定”，切实加强内部管理，厉行勤俭节约，压缩会议数量，精简文件简报，把各级干部的时间和精力更多地用在监管工作上。

（二）完善干部选拔任用和考核机制

要认真贯彻修订后的《党政领导干部选拔任用条例》，结合资本市场监管转型，完善干部考核评价与激励约束机制，让想干事的人有机会、能干事的人有舞台、干成事的人受奖励，让坚持原则、敢于碰硬、秉公办事的人受尊重、受爱护、受重用，打造一支与监管转型要求相适应的高素质干部队伍。要按照注重实绩、群众公认的选人标准，优化公开选拔、竞争上岗、民主推荐、民主测评的具体办法，使真正有能力、有业绩、有担当的干部脱颖而出。要坚持五湖四海、任人唯贤的用人导向，只要符合干部任用标准的，都要一视同仁，做到唯贤是举、选贤任能。各单位、各部门要严肃工作纪律，明确责任要求，建立健全有效管用的督办、考核、反馈、问责机制。严格执行“三定”方案，依法和按规定实行领导班子成员任期制。各级领导干部特别是一把手必须树立大局意识、责任意识，对不在状态、无所作为、不敢担当、能力不适应的领导干部要坚决调整。

（三）优化机构设置

会党委经认真研究，拟适当调整会机关的一些部门。有关方案还有待中央编办和国务院领导批准。在获批后的实施过程中，会涉及一些部门和人员的调整，有关部门的领导要切实负起责任，各级领导和干部职工要正确处理部门与全局、个人意愿与组织需要的关系，自觉服从组织安排，积极支持机构调整。各部门要切实做好职能划转、人员定岗和工作交接等工作，派出机构也要结合实际，调整相应内设处室。要精心组织和实施这次机构调整，确保队伍稳定、工作不断、秩序不乱、平稳过渡。

（四）加强干部队伍能力建设

面对新任务、新要求，能力不足的问题不同程度地存在着，有些同志专业素质和知识储备跟不上，习惯于一成不变的工作方式，对事前审批轻车熟路，对事中事后监管缺乏办法和经验。系统各级领导班子和广大干部职工要有本领不够、能力不足的危机感，紧紧围绕监管转型的要求，提高统筹兼顾、开拓创新、破解难题的能力。要大兴学习之风，注重实践锻炼，加大干部轮岗交流力度，提高干部队伍素质。

（五）严格规范权力运行

各级领导班子要严格执行民主集中制，按照领导班子议事规则和程序作出决策，坚决防止“一言堂”、一个人说了算。进一步健全“三重一大”决策程序。建立稽查执法和行政许可说情备案制度，减少和规范监管执法自由裁量权。严格执行廉洁自律的各项规定，加强和改进纪检监察工作，切实做到反腐倡廉常抓不懈、拒腐防变警钟长鸣。

四、监管转型重在落实

监管转型是一项长期任务和系统工程，不可能一蹴而就。落实监管转型工作，要注意处理好几个关系：

一是要处理好推进监管转型和促进市场发展的关系。要自觉地把推进监管转型与促进资本市场稳定健康发展、服务实体经济紧密联系起来，不能“为转而转”，更不能自娱自乐。检验监管转型成功与否的关键，要看是否有利于“两维护、一促进”。

二是要处理好全面转型和重点推进的关系。监管转型要做好通盘筹划、全面推进，也要在关键领域、关键项目上力争取得重点突破。要集中精力、全力以赴做好党中央、国务院关于资本市场改革发展部署的重点项目，各单位要紧紧围绕这些项目开展工作，不要另出新题目。确有需要新增的，要深思熟虑、科学论证，在充分协商后提出。

三是要处理好推进监管转型和维护市场稳定的关系。推进监管转型，胆子要大，步子要稳，要统筹考虑改革、发展和市场稳定，守住不发生系统性、区域性风险的底线。做好突发事件应对准备，不能掉以轻心。

四是要处理好推进转型坚定性和政策措施灵活性的关系。坚持转型方向不动摇，立足市场实际，及时研究新情况、解决新问题，不僵化、不蛮干，讲究策略，稳扎稳打，积小胜为大胜。

五是要处理好转型统一性和创新性的关系。注重监管转型顶层设计，加强统筹协调，同时“摸着石头过河”，鼓励各系统单位结合实际，大胆创新，勇于探索，积累经验。

一分部署，九分落实。监管转型要达到预期目标，归根到底要以咬定青山不放松的毅力，扎扎实实做好各项工作。

第一，思想要统一。各单位、各部门要认真抓好学习宣传，充分认识监管转型的重要意义。各级领导班子特别是一把手要带头转变观念，做好表率。要强化机遇意识和责任担当，以钉钉子精神打好转型攻坚战。

第二，责任要落实。要按照监管转型的要求，做好任务分解，确定各项任务的牵头部门和单位，明确责任。各单位、各部门要按照任务分工和时间表，不折不扣地做好所承担的工作。会机关、派出机构、交易所、协会、会管单位要加强统筹协调，形成监管转型合力。

第三，工作要衔接。要加强日常工作和监管转型的有序衔接，强化补位意识，确保市场监管不断档、不空档。要稳妥调整监管资源配置，做到有序地“放”、有效地“接”、有重点地“管”，实现放开事前管制与加强事中事后监管同步推进。要严肃组织纪律，对于在监管转型过程中，推诿扯皮、敷衍搪塞、贻误工作的单位和个人，要严肃处理。

第四，督查评估要有效。各单位、各部门要根据分工建立专项督办机制，定期报告进展情况。加强对转型工作中新情况、新问题的分析研究，及时总结交流经验，做好形势预判与综合评估，及时完善相关政策措施，确保监管转型平稳进行。

为上市公司发展提供更好环境和更大空间

（中国证监会副主席　庄心一　2014年11月1日）

20多年来，中国上市公司的规模不断扩大，质量逐步提高，在经济社会中的重要性日益突出，已经成为国民经济的主力军。截至今年9月底，上市公司2569家，市值29.4万亿元，位居全球前列。上市公司在国民经济中的作用越来越重要。上市公司也已经成为国民财富的重要源泉，2013年境内上市公司实现营业总收入27万亿元，占GDP的47.8%，净利润2.26万亿元，占全国规模以上工业企业利润总额近36%，缴纳税费总额2.2万亿元，占全国税收总额的21%。2013年1806家上市公司实施了现金分红，分红金额6833亿元。同时，上市公司也成为了产业转型升级的发动机，2013年上市公司参与的并购重组2091单，涉及交易金额8892亿元。一批新兴产业借助资本市场实现了跨越式发展，展示了资本市场优化资源配置、促进经济转型升级的重要功能。

国有上市公司也始终是国有企业改革的排头兵，截至今年9月底，境内共有国有控股上市公司1007家，占上市公司总数的39%，总股本2.6万亿元，占上市总股本的71%，总市值16.2万亿元，占上市公司总市值的55%。它们在建立现代企业制度，形成市场化运行机制，建立资本市场平台，实施发展改革战略等方面始终走在前沿，推动国有企业布局和结构的优化，促进国企改革的不断深化。加快资本市场的改革开放和稳定发展，是打造中国经济升级版的重大举措，是落实十八届三中、四中全会精神，全面深化改革，发挥市场在资源配置中起决定作用的重要内容，也是全面推进依法治国，完善社会主义法治经济的必然选择。

作为资本市场的基石，上市公司将在今后的市场化改革和法治化建设中，适应更高要求，承担更重责任，发挥更大作用。同时，也实现了更好的自我发展。中国证监会将按照党中央、国务院提出的转变政府职能的决策部署，加快推进监管转型和职能转变，为上市公司发展提供更好的环境和更大的空间。

结合最近正在做的调研就上市公司监管提出一些看法。资本市场千变万化，许多事态的发展是动态而且立体的，解决办法不能简单化地一蹴而就，应该采取针对性的差异化的思维。例如，如何有效地建立信息披露制度以满足不同投资者的需求，如何有效地进行行业分类以适应当前经济社会的快速发展、满足政府行为和市场行为、管理需要和投资需要相结合的实际，如何优化投资者回报机制等政策设计，都需要认真思考。中国上市公司协会设立了若干个行业、专业委员会的做法，是一个很好的平台机制，能够把资本市场和上市公司的某个细分子类或某个特定行业的问题、特点、需求以及解决问题的智慧都汇聚起来，能够更有针对性地解决问题。

在2014 CCTV中国上市公司峰会上的致辞

（中国上市公司协会会长　王建宙　2014年11月1日）

各位领导、各位来宾，女士们、先生们：

欢迎大家来参加中国上市公司协会与中央电视台联合主办的2014 CCTV中国上市公司峰会。峰会以中央电视台财经频道为权威发布平台，发挥中国上市公司协会的专业服务力量。这次峰会，正值中国上市公司协会举行2014年年会，汇集了中国上市公司的优秀代表。在峰会上，上市公司的高层与专家学者一起，共同交流和讨论，致力于促进上市公司不断完善治理结构，健全市场化经营机制，规范经营决策，改进信息披露，努力提高效益，增强持续回报投资者的能力，为股东创造价值。

峰会的主题是：深化改革，突破创新。党的十八届三中全会提出，紧紧围绕使市场在资源配置中起决定性作用，深化经济体制改革，坚持和完善基本经济制度，加快完善现代市场体系、宏观调控体系、开放型经济体系，加快转变经济发展方式，加快建设创新型国家，推动经济更有效率、更加公平、更可持续发展。

上市公司积极投入到深化改革之中。中国上市公司协会通过广泛的调研了解到，中国上市公司积极实践混合所有制经济，努力在发展混合所有制经济中发挥作用。

国有资本、集体资本、非国有资本等交叉持股、相互融合的混合所有制经济，是基本经济制度的重要实现形式。混合所有制有利于各种所有制资本取长补短、相互促进、共同提高。混合所有制有多种形式，上市公司是实现混合所有制经济的重要形式。上市公司作为股权结构多元化的企业形态，可以更好地发挥混合所有制优势。通过上市公司这种形式，不仅可以规范地实现各种资本的交叉持股，而且，可以通过健全的公司治理体系来保障各方投资者的利益。

我们看到，许多上市公司通过引进战略投资者、通过分拆业务吸引投资等方式在推进混合所有制经济。在这个过程中，加强了市场化的经营管理机制，包括经营决策机制和人力资源管理机制。在推动混合所有制的同时，上市公司继续完善公司治理结构，规范控股股东的行为，充分发挥董事会和管理层的作用。

有的上市公司开始实行员工持股计划。按照依法合规、自愿参加、风险自担的原则实施员工持股计划，有利于形成资本所有者和劳动者利益共同体，促进发展混合所有制经济。

许多上市公司积极探索推行职业经理人的制度，努力创造培育职业经理人的环境，探索对职业经理人的市场化选聘和契约化管理方法。

面对企业转型，许多上市公司都十分注重创新，加大对研发的投入，培养创新人才，开发出各种新产品、新服务，开拓新的领域。

围绕着“深化改革，突破创新”这个主题，这次峰会讨论的内容涉及到宏观经济展望、优化投资者回报机制、互联网、新媒体、企业转型和兼并收购等各个方面。

中国上市公司协会与上市公司一起，共同推动企业的改革创新，改善上市公司治理和发展环境。此前，我们已经发布了《上市公司独立董事履职指引》，还有一批具有社会影响力的研究报告正在形成，稍后还将正式发布《中国企业发展环境报告》(2014）和《中国上市公司治理报告》。

感谢中国证监会的指导和支持，感谢各证券交易所的帮助。

谢谢大家！

在第三届“生态文明·阿拉善对话”活动上的讲话

（中国上市公司协会副会长　李小雪　2014年8月30日）

各位来宾，女士们、先生们：

大家上午好！

首先，我谨代表中国上市公司协会向专程来阿拉善参加本次活动的心一同志及证券期货监管系统的各位同仁，内蒙古自治区、军分区、阿拉善盟的各位领导，各地方协会及部分上市公司的代表致以最热烈的欢迎和诚挚的感谢！

今年是第三次在阿拉善地区召开有关生态治理和社会责任方面的研讨会。这三年来，我们通过不断努力和改进，将“阿拉善对话”打造成一个为国内外各方交流分享生态文明建设经验、促进企业履行社会责任的重要平台。今年的“阿拉善对话”将主题定位于“绿色变革·社会责任·可持续发展”三个方面。绿色变革是企业走可持续发展的必由之路，生态文明建设是企业社会责任的题中应有之义，这三方面的和谐共赢是企业做“百年老店”的必然选择。资本市场一方面能够提供交流与分享的平台，一方面能够汇聚证券系统以及上市公司群体。我们搭建对话平台，意在充分发挥资本市场各方力量，共同关注阿拉善地区的生态文明建设，以实际行动植树造林、防风治沙，积极履行社会责任，遏制阿拉善地区沙漠化，实现“美丽中国从阿拉善走来”的美好愿望。

今天，我想借着“生态文明·阿拉善对话”活动的平台，就上述几个方面与大家分享我个人的看法和感受：

一、生态文明建设要坚持环境保护与生态修复的平衡，我们要探索多种方式，以社会组织和公益基金会为纽带，支持、参与阿拉善的防沙治沙事业

正如国家副主席李源潮在生态文明贵阳国际论坛上的主旨发言所说：“我们现在面对的是一个已经遭到破坏的自然。‘亡羊补牢，犹为未晚。’面对不断恶化的生态环境，我们必须及时采取补救措施。当前应将生态环境修复作为重大基础工程，摆在经济社会发展的突出位置来抓。”这正是我们现在阿拉善所做工作的意义之所在。我们欣喜地看到，在各方的共同努力下，阿拉善地区的生态面貌发生了可喜的变化，植树面积不断增加，沙尘暴的爆发天数进一步减少。

总结起来可以看出，阿拉善地区防沙治沙的主要经验就是：在地方政府的关心和支持下，发动军地两股力量，以社会公

益组织为核心，搭建企业和个人积极参与的生态文明建设平台，构建“社会组织—企业—个人”完整的三位一体体系，通过坚持不懈的努力，积极实施生态修复，努力实现“美丽中国从阿拉善走来”的目标。

在此，我向大家介绍下中国上市公司协会在这方面正在发挥的动员、倡导和搭建平台的作用。

一是“中上协”努力当好宣传员发挥动员作用。大家可以看到，我们联合各地的上市公司协会在上市公司中掀起了“阿拉善”热潮，今天来自北京、上海、内蒙古、湖南等多个地区的多家上市公司都加入了“上市公司生态林”的建设，已种植林木12000余亩，阿拉善的“绿色版图”迅速扩大。

二是倡导会员企业意识到建设生态文明是企业社会责任的一个重要内容，并将之纳入企业发展战略，成为企业可持续发展的重要抓手。“中上协”与证券时报合作，连续发布《中国A股上市公司社会责任报告研究》，利用董秘论坛、阿拉善对话等不同场合与平台，倡导广大会员自觉披露社会责任报告，积极履行社会责任。

三是成为上市公司会员交流、分享开展社会责任工作经验的平台，通过这个平台使会员能够了解更多生态文明建设的新信息、新技术，并帮助会员参与国际交流，向国际社会展示中国企业在履行社会责任方面的成果和意愿，提升中国上市公司的整体国际形象和品牌效应。

二、绿色变革是实现企业转型升级的必由之路，上市公司应该抓住机遇在绿色产业中抢抓时机，做好文章

当前，中国正在通过改革推动生态资源利用方式的全面转变，通过制度和技术创新实现节约型的生产和消费。我们的企业应该把握全球经济绿色发展趋势，加快产业结构优化升级，大力发展绿色、循环、低碳产业。加大科技创新力度，实现投入驱动向创新驱动转变，通过技术变革拉动绿色增长。加强制度创新，形成严格的制度规范、有效的治理体系、严厉的法治约束，为生态文明建设提供根本保障。

我们欣喜地看到，今天到场的许多企业都是绿色产业方面的典范，他们或是利用新技术、新模式进行绿色生产的代表，或者是在节能减排方面做出了表率，或者是为阿拉善的种树防沙工程积极提供财力、物力及智力支持。他们已经意识到，绿色变革与经济转型孕育着重大的发展机遇。在实现经济效益的同时也能够实现社会效益。我们期待着更多的企业和企业家改变思路，自觉践行社会责任，寻找能为企业和社会创造共享价值的机会。

三、企业社会责任是可持续发展理念中的最重要的内容之一，是推动企业向百年老店发展的核心竞争力

在去年的演讲中我曾指出，当前企业履行社会责任时存在的一个误区，即将社会责任等同于一次性公益事业和社会捐赠等公益性活动，不将其与企业自身的战略需求相结合。这种认识是有局限性的。

今天我们仍然要强调，企业不能泛泛而谈公益慈善，公益慈善只是社会责任的具体表现方式之一。社会责任是能够与企业发展战略融合的一种特别的“生产力”，只有将社会责任融入到公司治理和企业行为的各个环节，才能够切实帮助实现企业的可持续发展、社会的可持续发展。

我们注意到，今天的对话活动中安排了多位企业领袖演讲，他们将与大家分享自己在履行社会责任和贯彻可持续发展战略中的经验。在此，我想向更多的企业发出倡议，尽快将社会责任纳入本企业战略中，并与企业精神结合起来，从而促进企业发展方式的转变，并通过规范的社会责任报告进行披露，以增强社会的信任，加深客户的忠诚度，提升企业的持续竞争力。

再次感谢各位嘉宾朋友光临“生态文明·阿拉善对话”活动。

谢谢大家!

第二篇　综合发展篇

- 2013 年上市公司基本情况
- 2013 年沪市上市公司年报整体分析报告
- 2013 年沪市上市公司年报会计问题分析报告
- 2013 年沪市上市公司重大资产重组专题分析报告
- 2013 年沪市上市公司治理分析报告
- 2013 年沪市上市公司现金分红专题分析报告
- 2013 年上交所上市公司年报披露监管专题分析报告
- 深交所多层次资本市场上市公司 2013 年年报实证分析报告
- 2013 年深市上市公司并购重组分析报告
- 深市上市公司内控报告披露情况分析
- 2013 年深市上市公司治理与社会责任报告披露情况分析
- 结合国企改革分析深市国企上市公司独立性现状、问题及监管对策
- 2013 年海外股票市场基本情况

2013 年上市公司基本情况

在 2012 年经济下行的背景下，2013 年我国继续采取积极的财政政策和稳健的货币政策，经济运行总体平稳，呈现弱复苏格局。受益于投资稳定以及出口和消费逐步增长，我国 2013 年 GDP 同比增长 7.7%，走势平稳。全年 CPI 有所上升，但整体温和可控；PPI 同比降幅不断收窄，显示出社会需求不断改善。同时，经济结构调整初见成效，全年第三产业增加值为 275887 亿元，第三产业增加值占比为 46.9%，首次超过第二产业；航天设备、通信等新兴业态投资增速上升，房地产、钢铁等行业投资增速下降，国民经济结构日趋合理。2013 年，我国拉开了新一轮改革的序幕，深入推进行政体制改革，加快推进财税、金融、投资、价格等领域改革，积极推动民生保障、城镇化和统筹城乡相关改革，实现了经济和社会整体的良好运行。作为我国现代企业制度的先行者，上市公司是国民经济中最为活跃、最具创造力和竞争力的部分，证券市场较好地反映了我国经济的变化，发挥着经济“晴雨表”的功能。

截至 2013 年底，我国境内上市公司数量为 2489 家，上市公司总资产规模达到 133.0 万亿元，净资产规模达到 17.5 万亿元，归属于上市公司净利润达到 2.25 万亿元。

2013 年我国经济稳中向好，上市公司经营业绩也呈现明显改善。上市公司在所属行业中的地位更加突出，业务占比进一步扩大；大盘蓝筹公司依然是市场业绩的中坚力量。

一、IPO 暂停上市公司数量减少

2012 年 11 月至 2014 年 1 月，证监会展开史上最严厉的 IPO 自查与核查，新股发行暂停 14 个月之久，是 A 股历史上 8 次 IPO 暂停中最长的一次，因此 2013 年全年无新增上市公司。截至 2013 年底，市场上市公司总数为 2489 家，较 2012 年减少 5 家，其中 *ST 创智、*ST 炎黄因业绩原因退市，天方药业被中国医药吸收合并，白云山 A 被广州药业吸收合并，金马集团被神华国能要约收购。另外，美的股份退市，美的集团整体上市；东电 B 股退市，大股东浙能电力在 A 股整体上市。

截至 2013 年底，我国上市公司数量为 2489 家（见图 1），其中上交所上市的公司为 953 家，较 2012 年减少 1 家；深交所上市的公司为 1536 家，较 2012 年减少 4 家。

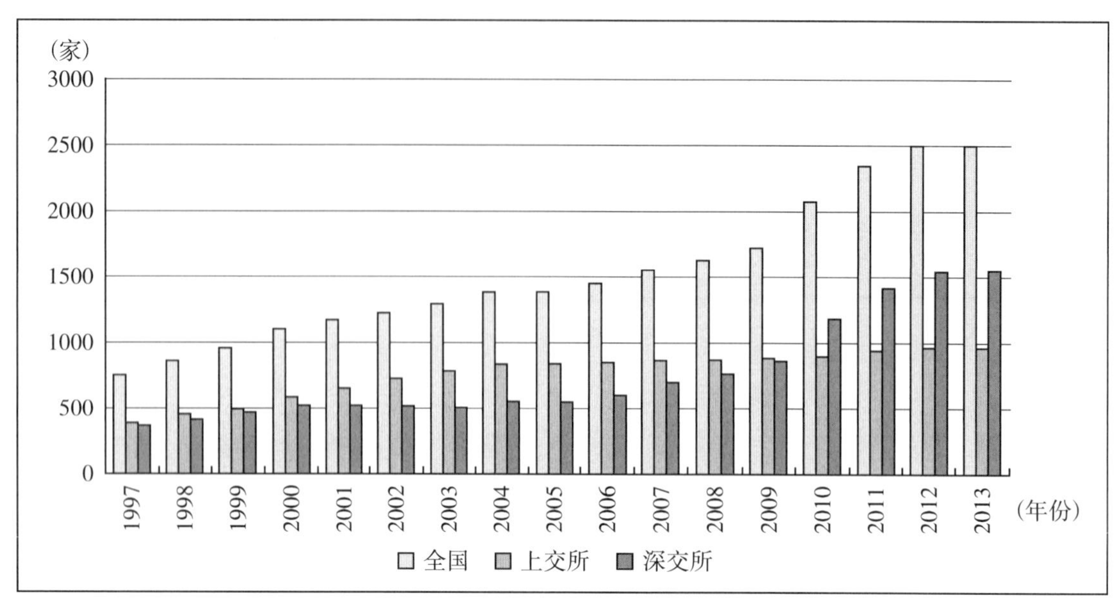

图1　1997~2013年全国证券市场上市公司数量

数据来源：沪深交易所，天相投资分析系统。

截至2013年底，2489家上市公司中仅发行A股的数量为2383家，仅发行B股的上市公司为21家，A+B股上市公司为85家。

二、上市公司股本规模继续增加

2013年，上市公司数量虽未增加，但增发规模大幅上升，因此上市公司的股本规模仍然呈现扩大趋势。截至2013年12月31日，上市公司总股本（包括A股、B股和H股）达40658亿股，其中境内股本规模（A股和B股）为33822亿股，境内流通股本规模（流通A股和流通B股）为29997亿股。

根据统计数据，1996年底，总股本规模在5亿股以上的上市公司数量为5家，2012年底为921家，而这一数据截止到2013年底为1012家；总股本规模在10亿元以上的企业在1996年底仅为10家，2012年底为433家，2013年底增至478家（见表1）。

表1　　2013年底上市公司按股本规模数量分布　　单位：家

总股本规模	上　海	深　圳	合　计
1亿以下	5	60	65
1~2亿	55	381	436
2~3亿	103	317	420
3~5亿	216	340	556
5~10亿	255	279	534
10亿以上	319	159	478
合　计	953	1536	2489

数据来源：沪深交易所，天相投资分析系统。

总股本达到100亿股以上的公司数量为48家，较2012年增加2家（见表2）。其中，银行业公司共11家，总股本达14643亿股，占这一区间股本总数的64%。

表2　　2013年底总股本超过100亿股的48家公司股本情况　　单位：亿股

代　码	名　称	总股本	A股	H股
601398.SH	工商银行	3514	2646	868
601288.SH	农业银行	3248	2941	307
601988.SH	中国银行	2793	1957	836
601939.SH	建设银行	2500	96	2404
601857.SH	中国石油	1830	1619	211
600028.SH	中国石化	1166	911	255
601328.SH	交通银行	743	393	350
601998.SH	中信银行	468	319	149
601818.SH	光大银行	463	399	64
601668.SH	中国建筑	300	300	0
600016.SH	民生银行	284	226	58
601628.SH	中国人寿	283	208	74
600036.SH	招商银行	252	206	46
600018.SH	上港集团	228	228	0
601899.SH	紫金矿业	217	158	59
601390.SH	中国中铁	213	171	42
600050.SH	中国联通	212	212	0
601088.SH	中国神华	199	165	34
601618.SH	中国中冶	191	162	29
601166.SH	兴业银行	191	191	0
600000.SH	浦发银行	187	187	0
600795.SH	国电电力	172	172	0
600900.SH	长江电力	165	165	0
600019.SH	宝钢股份	165	165	0
601800.SH	中国交建	162	117	44
601989.SH	中国重工	155	155	0
601006.SH	大秦铁路	149	149	0
600011.SH	华能国际	141	105	36
601766.SH	中国南车	138	118	20
601600.SH	中国铝业	135	96	39
000725.SZ	京东方A	135	122	0

续表

代　码	名　称	总股本	A 股	H 股
601991.SH	大唐发电	133	100	33
601898.SH	中煤能源	133	92	41
601111.SH	中国国航	131	85	46
601727.SH	上海电气	128	99	30
601018.SH	宁波港	128	128	0
600115.SH	东方航空	127	85	42
601186.SH	中国铁建	123	103	21
600221.SH	海南航空	122	118	0
601866.SH	中海集运	117	79	38
600104.SH	上汽集团	110	110	0
600030.SH	中信证券	110	98	12
000002.SZ	万科 A	110	97	0
600688.SH	上海石化	108	73	35
000709.SZ	河北钢铁	106	106	0
601299.SH	中国北车	103	103	0
601919.SH	*ST 远洋	102	76	26
600005.SH	武钢股份	101	101	0

数据来源：沪深交易所，天相投资分析系统。

三、上市公司行业分布合理地区分布仍不平衡

上市公司作为资本市场的主体，已经成为我国区域经济发展的中坚力量。但是，由于自然地理、历史文化、地区政策、市场结构和投资环境等各个方面的差异，我国各地区的经济增长呈现较大差别，这种不平衡性也反映在上市公司的数量、规模和盈利能力上。

截至 2013 年底，全国拥有上市公司数量前五名的地区为江苏 235 家、北京 219 家、浙江 204 家、上海 201 家和深圳 184 家，均为发达地区，也符合我国经济增长的区域格局。而上市公司数量排名靠后的则为西藏、青海、宁夏、贵州和甘肃等相对落后的地区（见表 3）。

表 3　　2013 年上市公司按省市区数量分布　　单位：家

地　区	上市公司数量	地　区	上市公司数量
江　苏	235	吉　林	39
北　京	219	天　津	38
浙　江	204	重　庆	37

续表

地 区	上市公司数量	地 区	上市公司数量
上 海	201	山 西	34
深 圳	184	江 西	32
广 东	183	黑龙江	31
山 东	134	广 西	30
四 川	90	厦 门	29
湖 北	84	云 南	28
安 徽	77	大 连	27
湖 南	71	海 南	26
河 南	66	内蒙古	25
福 建	59	甘 肃	25
河 北	48	贵 州	21
宁 波	42	青 岛	19
辽 宁	41	宁 夏	12
陕 西	39	青 海	10
新 疆	39	西 藏	10

数据来源：沪深交易所，天相投资分析系统。

从区域分布上，华东地区比重最大，共有1032家上市公司，占全部上市公司比例的41.46%；中南地区次之，上市公司数量为644家，占比25.87%；而上市公司分布最少的为西北地区，仅有125家，占比5.02%。由此可见，我国上市公司区域分布不平衡，且与我国目前的经济格局基本一致（见表4）。

表4　2013年底全国上市公司区域分布

地 区	数量（家）	比例（%）	包括省份
华东地区	1032	41.46	鲁、苏、皖、浙、沪、赣、闽
中南地区	644	25.87	鄂、湘、桂、粤、琼、豫
华北地区	364	14.62	京、津、冀、晋、内蒙古
西南地区	186	7.47	滇、黔、蜀、藏、渝
东北地区	138	5.54	辽、吉、黑
西北地区	125	5.02	陕、甘、宁、青、新
合 计	2489	100.00	—

数据来源：沪深交易所，天相投资分析系统。

截至2013年底，我国制造业上市公司数量占上市公司总数的比例为63.28%；批发和零售业上市公司数量占比为6.19%；房地产业上市公司数量占比为5.58%。由于无新增上市公司，因此各项比例于2012年底未发生变化或发生微小变化（见表5）。

表5　**2013年底全国上市公司按门类行业比例分布**

行　业	上市公司家数	占比（%）	行　业	上市公司家数	占比（%）
制造业	1575	63.28	农、林、牧、渔业	40	1.61
批发和零售业	154	6.19	水利、环境和公共设施管理业	26	1.04
房地产业	139	5.58	文化、体育和娱乐业	24	0.96
信息传输、软件和信息技术服务业	123	4.94	综合	23	0.92
交通运输、仓储和邮政业	83	3.33	租赁和商务服务业	22	0.88
电力、热力、燃气及水生产和供应业	81	3.25	住宿和餐饮业	12	0.48
采矿业	65	2.61	科学研究和技术服务业	12	0.48
建筑业	63	2.53	卫生和社会工作	3	0.12
金融业	43	1.73	教育	1	0.04

数据来源：沪深交易所，天相投资分析系统。

制造业上市公司细分为29个行业大类，其中公司总数超过100家的子行业分别是计算机、通信和其他电子设备制造业，化学原料和化学制品制造业，电气机械和器材制造业，医药制造业和专用设备制造业（见表6）。

表6　**2013年底全国制造业上市公司按行业大类分布**

行　业	上市公司家数	占比（%）	行　业	上市公司家数	占比（%）
计算机、通信和其他电子设备制造业	212	13.46	黑色金属冶炼和压延加工业	32	2.03
化学原料和化学制品制造业	175	11.11	纺织服装、服饰业	28	1.78
电气机械和器材制造业	155	9.84	造纸和纸制品业	28	1.78
医药制造业	137	8.70	仪器仪表制造业	24	1.52
专用设备制造业	128	8.13	化学纤维制造业	24	1.52
通用设备制造业	97	6.16	食品制造业	22	1.40
汽车制造业	79	5.02	石油加工、炼焦和核燃料加工业	18	1.14
非金属矿物制品业	72	4.57	其他制造业	14	0.89
有色金属冶炼和压延加工业	51	3.24	文教、工美、体育和娱乐用品制造业	10	0.63
橡胶和塑料制品业	50	3.17	木材加工和木、竹、藤、棕、草制品业	9	0.57
纺织业	43	2.73	印刷和记录媒介复制业	7	0.44

续表

行　业	上市公司家数	占比（%）	行　业	上市公司家数	占比（%）
金属制品业	42	2.67	皮革、毛皮、羽毛及其制品和制鞋业	6	0.38
农副食品加工业	37	2.35	家具制造业	6	0.38
酒、饮料和精制茶制造业	35	2.22	废弃资源综合利用业	1	0.06
铁路、船舶、航空航天和其他运输设备制造业	33	2.10			

数据来源：沪深交易所，天相投资分析系统。

四、中国证监会发布《关于进一步推进新股发行体制改革的意见》

2013年11月30日，中国证券监督管理委员会制定并发布《关于进一步推进新股发行体制改革的意见》（以下简称《意见》）。

《意见》以市场化、法制化为导向，以保护投资者，特别是中小投资者合法权益为宗旨，其中涉及多项具体流程的变动，对新股发行体系改革具有实质性推动作用。《意见》中涉及的主要修改内容包括：股票发行审核以信息披露为中心，拟上市企业为信息披露第一责任人；证监会必须三个月内对申请文件作出答复；发行人过会并履行会后事项程序后即核准发行，发行人和主承销商自主选择时间窗口，核准文件有效期放宽至12个月；新股业绩“变脸”，将处罚保荐机构；通过业绩造假上市的，不仅要回购全部新股，还要赔偿投资者损失；新股发行价格由发行人与承销的证券公司自行协商确定；新股定价取消了“25%规则”限制；在发行中剔除不低于申购总量10%的最高报价部分；网下配售的股票中至少40%优先向公募基金和社保基金配售；发行不同规模的新股，有效报价的机构数量规定不同等。

《意见》的发布标志着我国股票发行从核准制向以市场化、法制化为导向的注册制过渡向前推进了一大步，在完善事前审核的同时，更加突出事中加强监管、事后严格执法。对发行人、大股东、中介机构等，一旦发现违法违规线索，及时采取中止审核、立案稽查、移交司法机关等措施，强化责任追究，加大处罚力度，切实维护市场公开、公平、公正。

五、2013年上市公司经营概况

根据上市公司2013年年报披露数据，2013年度全部上市公司共实现营业收入27.06万亿元，按可比口径计算，较2012年同比增长9.69%；实现利润总额3.09万亿元，同比增长14.31%；实现归属于母公司股东的净利润2.25万亿元，同比增长14.36%。

2013年上市公司年报数据呈现出以下特点：

（一）宏观经济开始复苏　上市公司整体业绩改善

上市公司的盈利能力与国民经济发展状况密切相关。2013年，我国宏观经济开始复苏、稳中向好。受此影响，全年上市公司业绩明显改善。一方面，2013年2489家上市公司归属于母公司股东的净利润按可比样本计算，累计同比增长14.36%，较营业收入的同比增幅高4.67个百分点，而2012年按可比样本计算，归属于母公司股东的净利润同比增速较营业收入同比增速低7.85个百分点，表明上市公司增收不增利的现象在2013年得到了明显改善。

根据年报披露情况，按可比口径计算，2013年上市公司盈利公司的数量为2269家，同比增加0.09%，占全部上市公司总数的91.16%；2013年上市公司亏损公司的数量为220家，较2012年减少2家。

根据上市公司盈利水平分布状况统计，按可比口径计算，2013年实现归属于母公司股东的净利润超过6000万元的上市公司数量为1444家，较2012年的1422家增加22家，增加幅度为1.55%；实现归属于母公司股东的净利润超过1亿元的上市公司数量为1144家，较2012年的1075家增加69家，增加幅度为6.42%；实现归属于母公司股东的净利润超过10亿元的上市公司数量为187家，较2012年的168家增加19家；实现归属于母公司股东的净利润超过100亿元的上市公司数量为29家，较2012年的27家增加2家。

（二）周期性行业年度业绩有所改善

从2013年全年来看，我国经济呈现平稳增长态势，GDP同比增速第一季度为7.7%，第二季度为7.6%，第三季度为7.7%，第四季度仍为7.7%，经济在中期开始稳住并逐步向好，周期性行业盈利能力有所改善。

根据上市公司2013年年报数据，按可比口径计算，除农、林、牧、渔业以及住宿和餐饮业之外，其他各行业的营业收入都实现了不同程度的增长，其中，周期性较强的制造业（包括汽车、钢铁、工程机械和船舶等）整体表现较2012年有所改善，营业收入同比增长10.63%，归属于母公司股东的净利润同比增长24.39%；而同样周期性较强的农、林、牧、渔业营业收入则表现不佳，收入同比下降2.74%，归属于母公司股东的净利润同比下降53.66%，但整体来看，2013年周期性行业在宏观经济复苏的背景下，盈利能力有所改善。毛利率方面，电力、热力、燃气及水生产和供应业，水利、环境和公共设施管理业，教育，住宿和餐饮业，制造业，卫生和社会工作，农、林、牧、渔业毛利率同比分别增长4.48个百分点、2.33个百分点、2.29个百分点、0.99个百分点、0.84个百分点、0.45个百分点和0.40个百分点，其他各行业毛利率均呈现不同程度的下滑，其中，房地产业，交通运输、仓储和邮政业的毛利率降幅最为显著，分别为4.07个百分点和1.64个百分点（见图2~图8）。

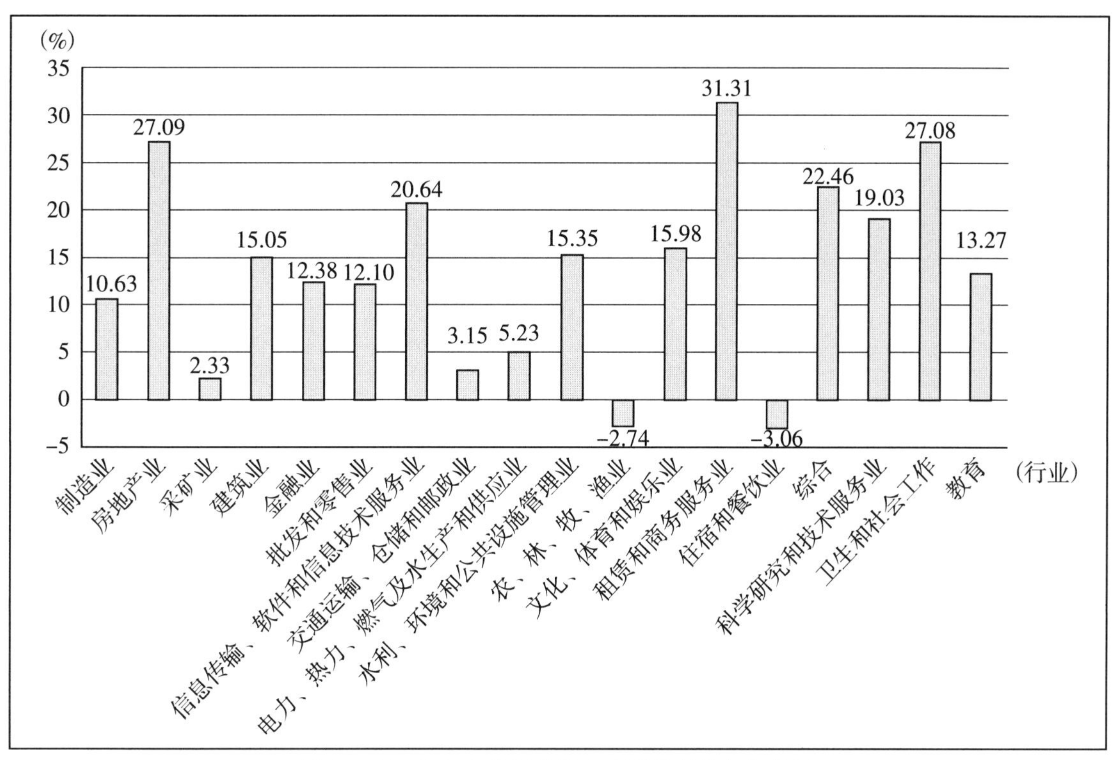

图2 2013年上市公司分行业主营业务收入增长率

数据来源：沪深交易所，天相投资分析系统。

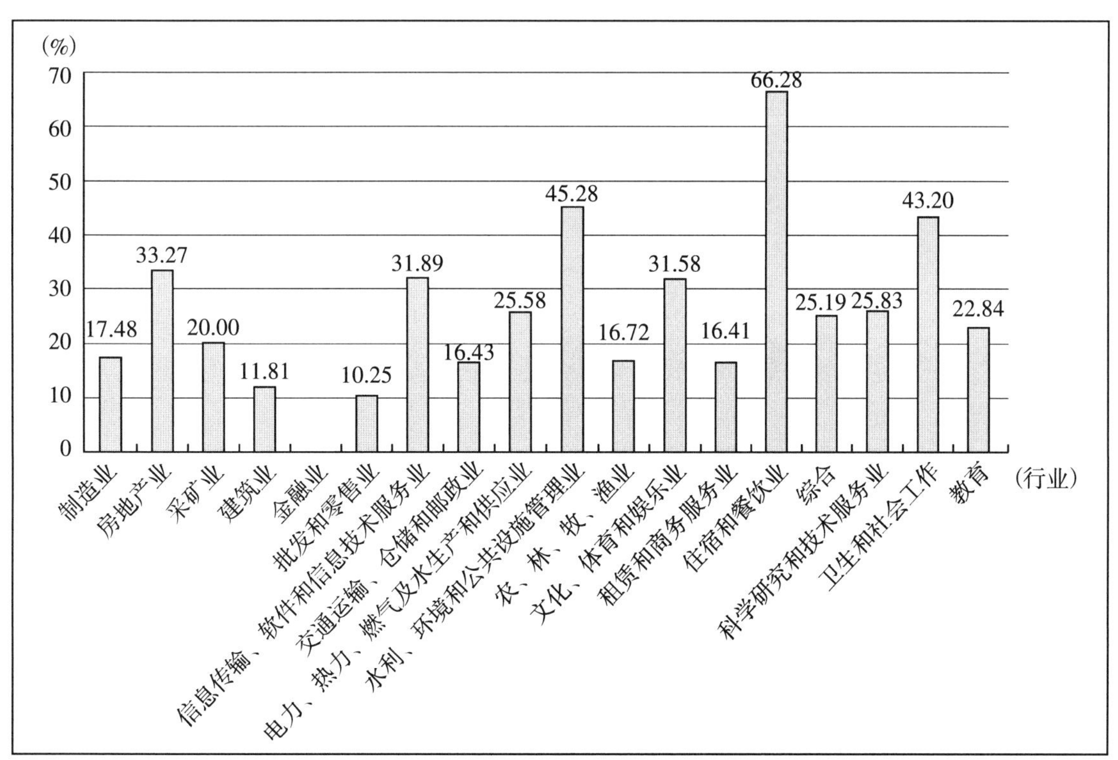

图3 2013年上市公司分行业毛利率

注：金融业不以毛利率作为盈利指标，故不在图中列出。

数据来源：沪深交易所，天相投资分析系统。

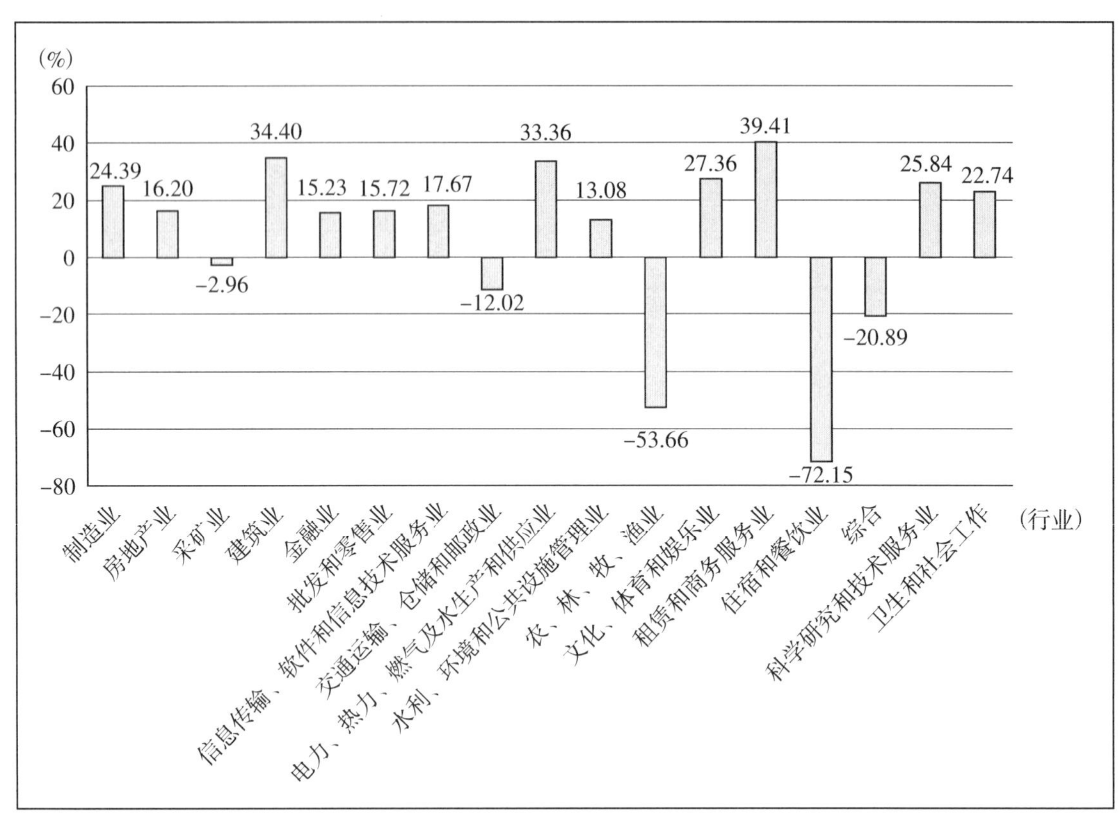

图 4 2013 年上市公司分行业归属于母公司净利润增长率

注：教育行业仅有一家上市公司，可比性较低，故不体现在图 4 中。

数据来源：沪深交易所，天相投资分析系统。

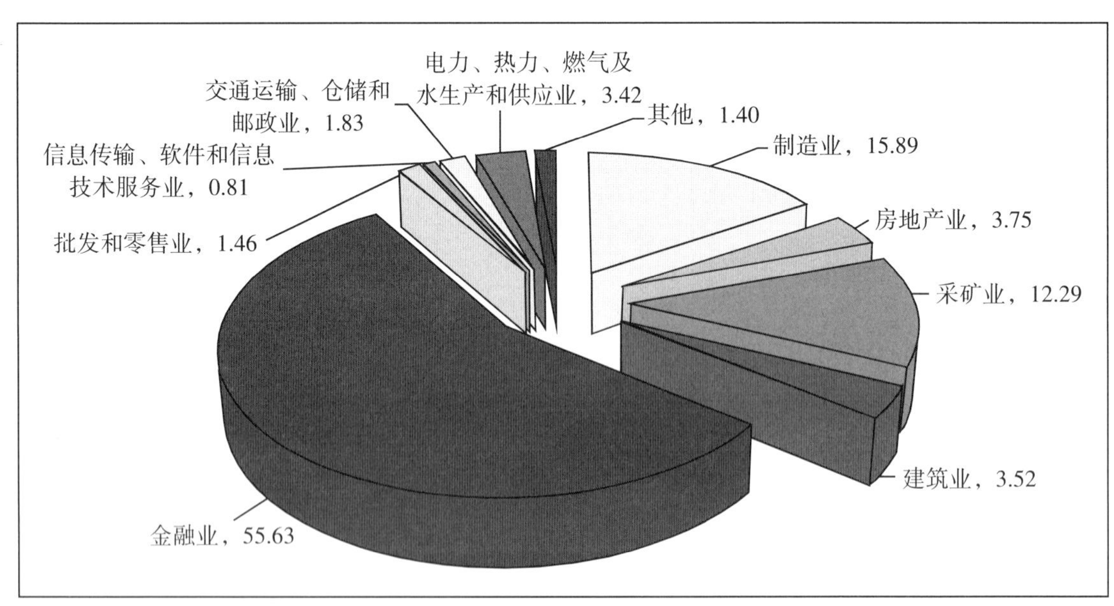

图 5 2013 年上市公司净利润分行业构成（%）

注：图中的其他行业包括水利、环境和公共设施管理业，农、林、牧、渔业，文化、体育和娱乐业，租赁和商务服务业，住宿和餐饮业，科学研究和技术服务业，卫生和社会工作，教育，综合业。

数据来源：沪深交易所，天相投资分析系统。

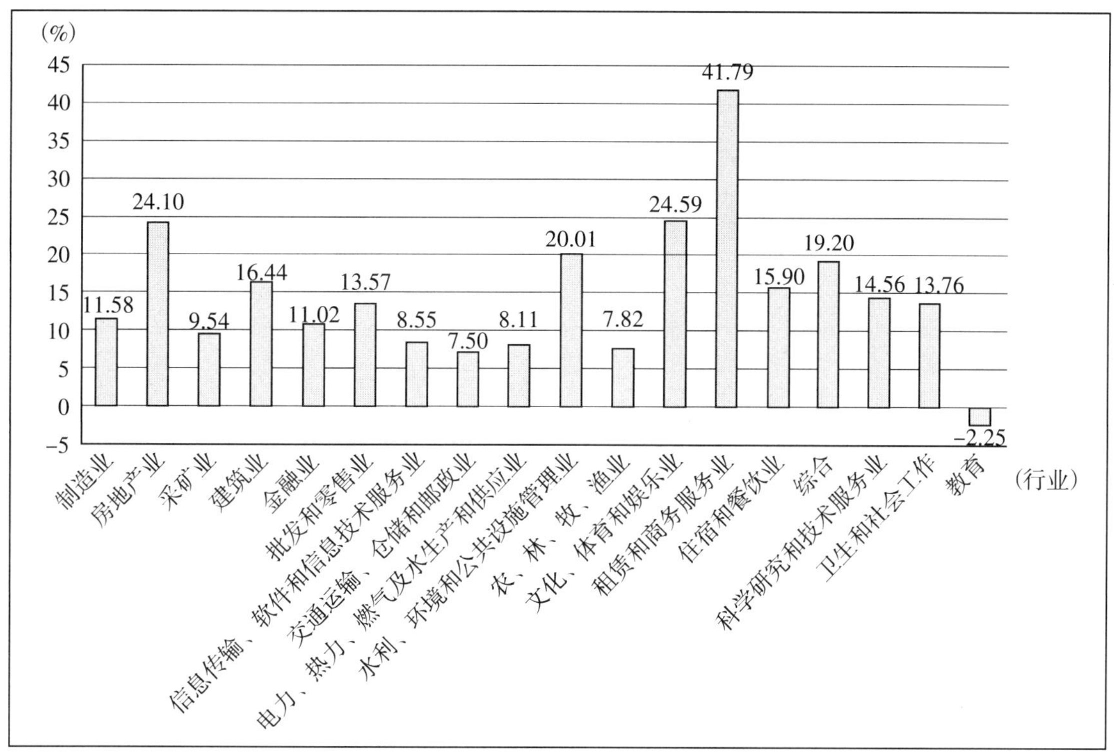

图 6 2013 年上市公司分行业总资产增长率

数据来源：沪深交易所，天相投资分析系统。

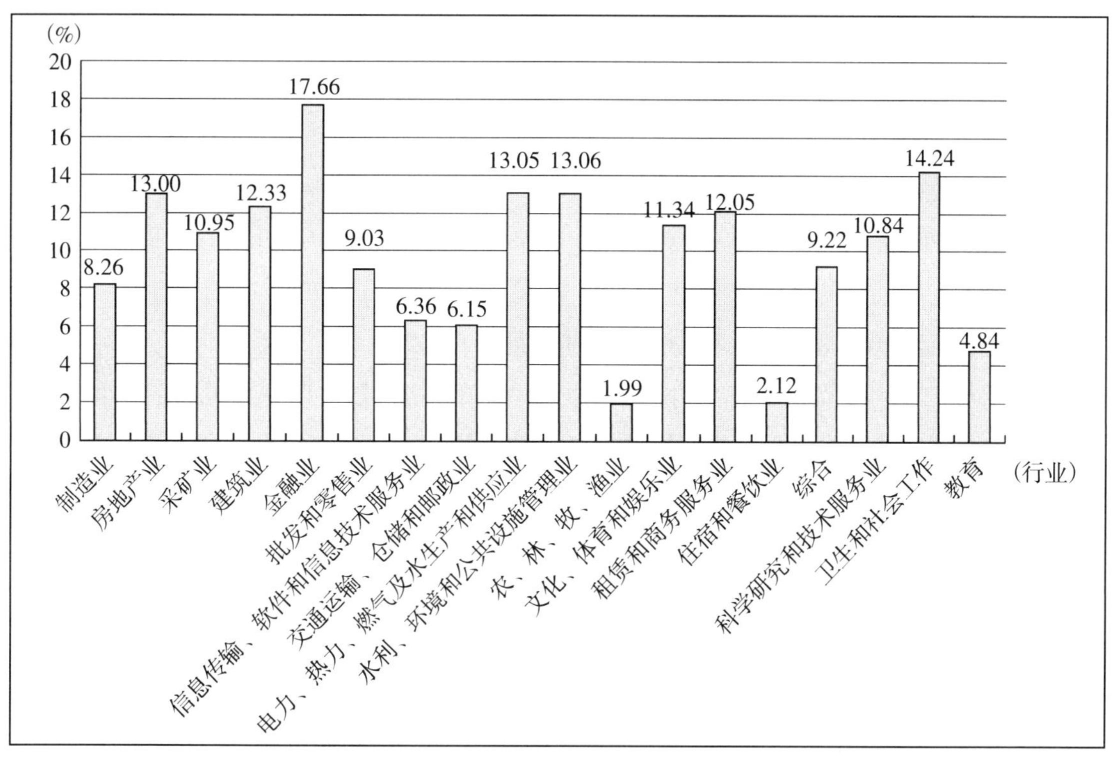

图 7 2013 年上市公司分行业净资产收益率

数据来源：沪深交易所，天相投资分析系统。

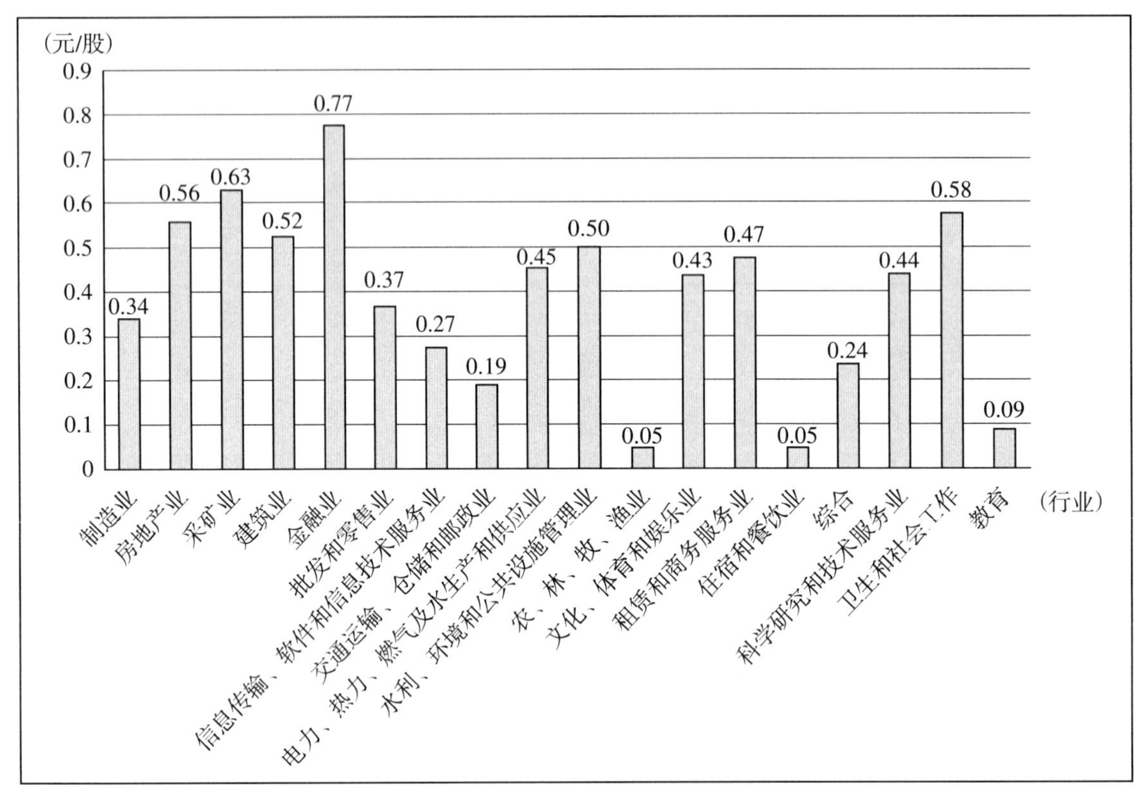

图 8　2013 年上市公司分行业平均每股收益

数据来源：沪深交易所，天相投资分析系统。

（三）上市公司经营状况两极分化

根据年报数据统计，2013 年，占全部上市公司总数 20%的上市公司（盈利居前的 498 家公司）实现营业收入 212268 亿元，占所有上市公司营业收入的 78.44%；实现归属于母公司净利润 21577 亿元，占所有盈利上市公司归属于母公司净利润的 92.83%，占全部上市公司归属于母公司净利润的 95.94%。

2013 年，所有上市公司中归属于母公司净利润排名前 10 位的分别是工商银行、建设银行、农业银行、中国银行、中国石油、中国石化、交通银行、招商银行、中国神华和民生银行。这 10 家上市公司共实现营业收入 78035 亿元，占全部上市公司营业收入的 28.84%；实现营业利润 15628 亿元，占全部上市公司营业利润的 53.09%；实现归属于母公司净利润 11993 亿元，占全部上市公司归属于母公司净利润的 53.32%。

2013 年我国上市公司的盈利能力两极分化现象与 2012 年基本一致，随着国有大型企业整体上市、资产注入步伐加快以及优质红筹公司的回归，预计这一现象将会持续。我国证券市场上市公司两极分化趋势与国际成熟市场的发展趋势相似，这也说明随着市场主体结构的变化，资源不断向优质企业集中的趋势越来越明显。

（四）各地上市公司的经营状况呈现地域差异

根据上市公司2013年年报，平均每家上市公司营业收入靠前的省市依次是北京、上海、山西、江西和河北，排名靠后的依次是西藏、宁夏、陕西、吉林和海南。北京的上市公司平均营业收入达580.10亿元/家，是西藏上市公司平均营业收入的35倍，差距较上年同期保持不变，仍呈现悬殊的格局。我国这种各地上市公司经营成果悬殊的状况与大部分国有大型企业总部设在北京且注册在北京的背景相符。

我国上市公司的盈利情况也存在区域性差异。2013年，平均每家上市公司归属于母公司净利润靠前的省市依次是北京、上海、深圳、福建和贵州，排名靠后的依次是宁夏、云南、陕西、黑龙江和湖北，其中宁夏上市公司的平均净利润为0.33亿元/家，与2012年同期相比整体扭亏为盈，但12家公司中有4家亏损，亏损比例达33.33%；而湖北与2012年同期相比差距较大则是由于ST凤凰大幅亏损；北京上市公司的平均净利润达62.36亿元/家。与西部经济欠发达地区的上市公司相比，东部的经济发达地区上市公司数量较多且经营业绩更好，反映出我国经济实力东强西弱的整体格局（见表7）。

表7　2013年全国各省区上市公司平均营业收入和归属于母公司净利润状况

省　区	上市公司数量（家）	营业收入（亿元）	归属于母公司净利润（亿元）	平均营业收入（亿元/家）	平均归属于母公司净利润（亿元/家）
北　京	219	127040.82	13656.94	580.10	62.36
上　海	201	29358.22	2018.73	146.06	10.04
山　西	34	4100.31	189.78	120.60	5.58
江　西	32	3707.01	99.00	115.84	3.09
河　北	48	4902.73	176.31	102.14	3.67
厦　门	29	2815.55	59.54	97.09	2.05
青　岛	19	1822.40	95.38	95.92	5.02
深　圳	184	15519.04	1677.94	84.34	9.12
云　南	28	2237.82	23.13	79.92	0.83
内蒙古	25	1976.16	134.93	79.05	5.40
天　津	38	2936.13	141.44	77.27	3.72
安　徽	77	5072.11	236.46	65.87	3.07
甘　肃	25	1621.88	44.13	64.88	1.77
辽　宁	41	2596.05	79.99	63.32	1.95
大　连	27	1560.02	110.09	57.78	4.08
四　川	90	5051.74	220.53	56.13	2.45
青　海	10	557.24	20.85	55.72	2.08

续表

省　区	上市公司数量（家）	营业收入（亿元）	归属于母公司净利润（亿元）	平均营业收入（亿元/家）	平均归属于母公司净利润（亿元/家）
福　建	59	3239.66	533.31	54.91	9.04
广　东	183	9967.70	686.41	54.47	3.75
湖　北	84	4452.05	110.56	53.00	1.32
山　东	134	6995.04	336.84	52.20	2.51
河　南	66	3365.90	144.09	51.00	2.18
重　庆	37	1774.59	91.28	47.96	2.47
新　疆	39	1756.54	74.79	45.04	1.92
贵　州	21	899.98	184.06	42.86	8.76
广　西	30	1268.35	39.57	42.28	1.32
湖　南	71	2816.92	127.09	39.67	1.79
黑龙江	31	1125.89	33.44	36.32	1.08
江　苏	235	8475.82	383.42	36.07	1.63
宁　波	42	1442.62	140.77	34.35	3.35
浙　江	204	6806.77	451.82	33.37	2.21
海　南	26	811.51	39.58	31.21	1.52
吉　林	39	1193.47	68.74	30.60	1.76
陕　西	39	941.19	41.52	24.13	1.06
宁　夏	12	243.94	3.94	20.33	0.33
西　藏	10	164.83	14.18	16.48	1.42
总　计	2489	270618.01	22490.59	108.73	9.04

数据来源：沪深交易所，天相投资分析系统。

（新时代证券有限责任公司）

2013 年沪市上市公司年报整体分析报告

摘　要：2013 年，在我国经济发展处于转型调整期、面临多重困难的背景下，沪市公司作为国家经济建设的主力军，积极应对挑战，改善经营，不断做优做强，总体业绩增幅较大，盈利质量稳步提升。以上证 50 和上证 180 为代表的大盘蓝筹股公司继续保持平稳增长，战略新兴产业公司崭露头角，展现出蓬勃活力。同时，沪市公司在发展过程中，也存在行业结构有待调整完善、抗周期经营能力有待加强、区域发展不平衡以及部分公司经营风险较大等情况。为此，有必要因势利导，认真贯彻党的十八届三中全会精神和“新国九条”的要求，引导促进混合所有制经济改革，推动发展战略新兴产业，壮大活跃蓝筹股市场，以不断提高沪市公司质量，提升资本市场服务实体经济的能力。

沪市上市公司（以下简称“沪市公司”）是国家经济建设的主力军，在国民经济发展中发挥着中流砥柱的作用。对沪市公司年报进行分析和总结，不仅可以了解公司发展的整体概貌，也可以从一个侧面反映我国当前经济总体运行情况。截至 2014 年 4 月 30 日，沪市 959 家上市公司中，除博汇纸业和 ST 成城外，其余 957 家上市公司均已按期对外披露 2013 年年报。本报告对沪市公司 2013 年年报相关数据进行了统计和分析，归纳总结了沪市公司的总体情况、发展特征以及存在的不足。在此基础上，提出推动沪市公司发展、提升沪市公司质量的建议。

一、沪市公司整体表现

2013 年，在宏观经济结构调整、债务规模居高不下以及利率市场化改革的多重压力下，中国经济进入了增速下滑的阵痛期和发展转型调整期。在此背景下，2013 年沪市公司积极应对，改善经营，主动依托资本市场，通过并购重组、资产整合、投融资等不断做优做强，整体表现稳中向好。

（一）整体业绩增幅较大，盈利质量稳步提升

从整体看，沪市公司业绩增幅较大，多项财务指标创近年新高（见图 1）。2013 年，沪市公司共实现营业收入 21.48 万亿

元，同比增长 8.27%，经营规模继续稳步扩张；实现净利润 1.94 万亿元，同比增长 13.06%，不仅走出了 2012 年盈利低谷，而且创近三年新高；净资产收益率达到 13.86%，同比增长 2.24%，盈利能力稳步增强。同时，共计有 514 家公司实现净利润同比增长，其中 149 家公司增长 50%以上，明显高于以往年度。

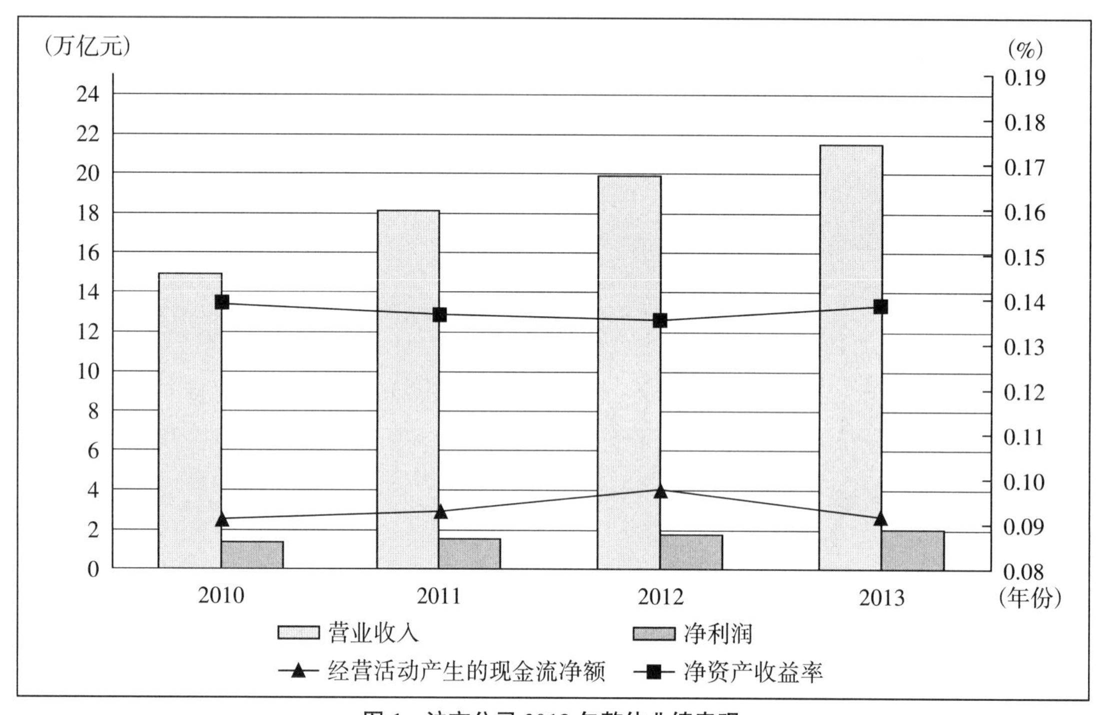

图 1 沪市公司 2013 年整体业绩表现

从非金融类企业情况看，实体经济稳中向好，关键指标三年来首次出现正增长。2013 年非金融类企业实现营业收入 17.46 万亿元，同比增长 7.45%，占沪市公司整体营业收入的 81.28%，是国民经济的创收主力；实现净利润 0.71 万亿元，同比增长 9.78%，摆脱了前两年增收不增利的低迷局面；经营活动产生的现金流量净额共计 1.28 万亿元，同比增长 6.39%，经营质量向好；尤其值得一提的是，每股收益和净资产收益率近三年来首次出现正增长，同比分别增长 2.24%和 1.41%，实体经济盈利能力稳步回升。

从利润来源看，主营业务是推动利润增长的主要动力。沪市公司 87.45%的利润来源于主营业务，各项成本费用与营业收入相比增长均衡。统计表明，沪市公司营业成本总体上涨，毛利率水平有所下降，但营业收入规模有较大增长，营业利润同比增长了 2.05%。销售、管理和财务三项费用总体同比增长 9.12%，与营业收入增长基本相符。从资产负债表看，非金融企业资产负债率 62.09%，与 2012 年的 61.34%相比略有上涨；非金融企业存货较上年同期增长 13.86%，高于同期营业收入增长率，未来可能存在一定的去库存压力。

（二）并购重组迭创新高，跨境并购日趋活跃

为淘汰落后产能，解决相关行业产能过剩，加快经济结构转型升级，工信部、国资委、证监会等部委联合出台政策大力支持、推进并购重组。在此背景下，沪市并购重组十分活跃，交易金额屡创新高，交易模式创新层出不穷。据统计，2012年和2013年，共有737家（次）启动了重大或非重大的资产重组和吸收合并事项，合计交易金额达6560亿元。其中，2013年，涉及重大资产重组的公司116家，其中实施完毕重大资产重组的公司36家。按购买资产交易金额口径计算，36家公司的重组交易金额合计达1128亿元，另有5家公司重组完成后市值跃升到百亿级以上。

在2013年发生的并购重组案例中，涌现出部分在A股市场极具创新意义的案例，这些案例不仅为市场上面临类似问题的公司提供了新的解决路径，也对未来的制度创新提供了新的思路和角度。例如，浙能电力吸收合并东电B股，实现首家B股转A股上市，为解决B股历史问题探索了全新的路径；广州药业跨市场吸收合并白云山，成为第一家跨市场吸收合并深市公司的沪市A+H公司。

此外，在自身发展内生动力的推动下，许多沪市公司选择通过跨境并购收购海外优质资产，以增强企业竞争力，提升公司价值，实现产业升级和技术创新，打破市场的技术壁垒，推进全球化战略，实现多元化资产配置。2012年和2013年，有12家沪市公司收购海外资产（其中2013年有7家），涉及交易金额近500亿元，比较典型的有三一重工收购德国机械巨头普茨迈斯特公司、中信证券收购法国里昂证券、建设银行收购巴西工商银行、洛阳钼业收购澳洲铜矿等。同时，境外投资者收购境内上市公司也时有出现，如嘉士伯收购重庆啤酒、帝亚吉欧收购水井坊等。

（三）现金分红再创新高，蓝筹股投资价值凸显

总体来看，2013年沪市公司派现公司家数继续增长，派现金额创历史新高，分红比例继续保持历史高水平，蓝筹股仍是现金分红的主要来源（见图2）。经统计，已披露2013年年报的957家沪市公司中，674家公司提出派现方案，超过2012年的653家，占公司总数的70.43%。合计拟分配现金红利达6707亿元，超过2012年的5959亿元。整体分红比例（即股利支付率）为34.62%，相比2012年的35.16%略有下降，但仍保持历史高位水平。各板块中，上证50公司和上证180公司的派现公司家数占比分别达到96.00%和93.33%，拟分派现金红利总额分别为4025亿元和6058亿元，分别占沪市公司拟分派现金红利总额的60.14%和90.52%；“四大商业银行”及中石油、中石化合计拟分派现金红利3655亿元，占沪市公司拟分派现金红利总额的54.61%。

尤其值得关注的是，2013年沪市高比例派现公司数量继续增长，高股息公司群体效应开始显现，投资价值凸显。2013年

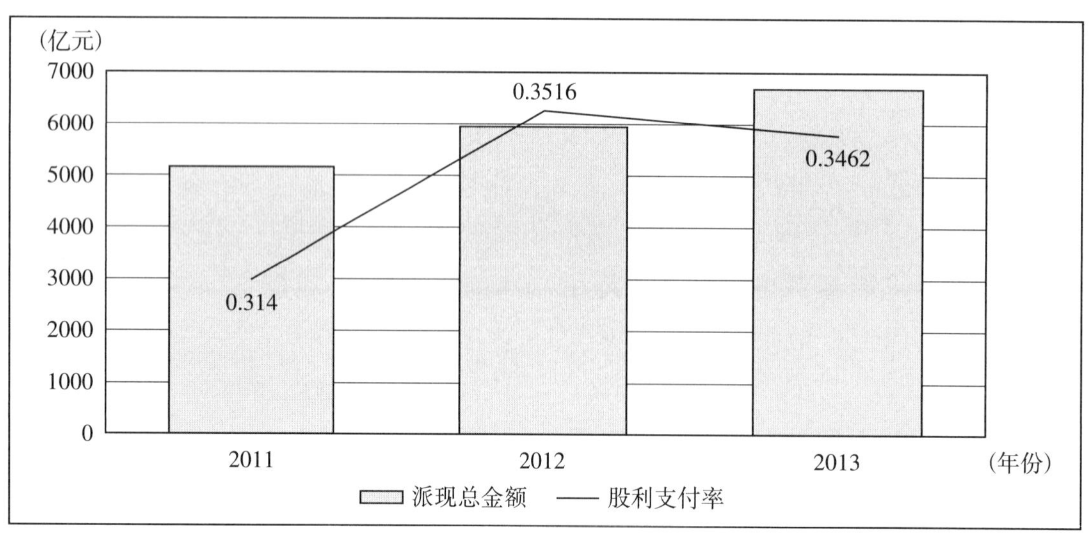

图 2　沪市公司分红派现概况

分红比例超过 30%的公司家数达 538 家，超过 2012 年的 513 家。派现规模达到 10 亿元以上的公司有 64 家，超过 2012 年的有 56 家。以 2014 年 4 月 30 日的收盘价计算，沪市公司股息率超过 3%的公司达 100 家，超过 5%的公司达 39 家。沪市已经涌现出一批分红稳定可预期的高回报蓝筹公司。

进一步分析，上市公司现金分红稳定性提高，可预期性加强。2013 年连续 3 年派发现金红利的公司达 490 家，与 2012 年的 391 家相比，数量大幅增加，其中 185 家公司连续 3 年的分红比例超过 30%。同时，在公司章程中明确高分红比例的公司数量有所增长，包括长江电力等在内的 40 余家公司在章程中均明确规定了超过 30%的现金分红比例，稳定了高分红预期。

(四) 创新发展能力提高，对国民经济和社会发展的贡献巨大

沪市公司利用资本市场加大了创新力度。2013 年，沪市公司研发支出平均每家公司达 1.57 亿元，同比增长 17.2%，提升了创新动力。与此同时，在创新产业发展上，沪市一批企业，特别是新兴产业借助资本市场平台实现了跨越式发展。2013 年，与新兴产业有关的公司市值合计达到 1.47 万亿元，同比增长 24%，占沪市总市值的比重由上一年的 7.7%上涨到 9.9%，这些公司逐渐成为国民经济运行中具有一定影响力和成长优势的企业群体。

沪市公司在自身发展壮大的同时，也在税收、就业、投资等方面对国民经济与社会发展做出了巨大贡献。税收方面，现金流量表反映沪市公司所支付的各项税费共计 2.01 万亿元，同比增长 4.01%；就业方面，沪市公司创造了 1178 万个就业岗位，同比增加 100 多万就业人数，合计支付职工薪酬 1.6 万亿元，同比增加 1702 亿元，促进了就业和国民收入增长；投资方面，沪市公司固定资产投资 1.6 万亿元，与 2012 年投资水平相当，但是在电力热力

生产供应业，交通运输业，科学研究和技术服务业，文化、体育和娱乐业等国民经济结构调整中的重点领域有明显增长，有效助力经济结构调整和转型升级。

二、沪市公司板块及行业发展特征

目前，沪市公司在结构上已经形成相对清晰的层次。2013年，不同板块、行业的公司呈现出鲜明的特征。

（一）上证50、上证180平稳增长，上证380经营态势相对分化

作为国民经济的支柱，以金融、传统工业、能源为主的上证50、上证180等大盘蓝筹股经营规模大、业绩优，在资本市场中继续占主导地位。2013年，上证50、上证180指数成份股的平均营业收入900亿元以上，平均净利润高于100亿元，平均每股收益0.7元以上，净资产收益率15%以上，明显高于沪市整体水平。市场较为关注的“四大商业银行”及中石油、中石化合计实现净利润近1万亿元（9973亿元），占沪市公司整体净利润的51.40%，与2012年和2011年持平。受益国家出台成品油价格调整机制、炼油亏损大幅减少等因素，中石油、中石化业绩同比分别增长12.36%和5.80%。

代表细分行业龙头和区域经济重要公司的上证380指数成份股，受所处行业周期性等因素影响，经营态势相对分化。数据表明，上述公司平均营业收入93亿元，经营规模适中；平均净利润3.6亿元，盈利良好。其中，有很大一部分公司已成为沪市中坚力量，例如建发股份、广汽集团、京能电力、申能股份等公司均实现盈利20亿元以上。但是，也有一部分属于产能过剩、强周期行业的公司，经营状况持续下滑，例如酒钢宏兴、招商轮船、大同煤业等公司均亏损10亿元以上。

从市场估值看，大盘蓝筹股与上证380等的差距拉大，与其业绩表现不符。以2014年4月30日收盘价计算，上证50与上证180静态市盈率分别为7.13倍和7.34倍，与2013年相比显著下降。而上证380与战略新兴产业公司静态市盈率则分别达到21.44倍和23.17倍，相比2013年略有提升。受市盈率下降影响，大盘蓝筹股公司平均市值出现缩水，而上证380与战略性新兴产业公司在业绩、估值的双轮驱动下，平均市值规模快速增长。沪市各板块公司盈利能力见图3。

（二）国民经济重点行业稳中向好，产能过剩行业持续下行

从行业分布来看，金融、制造、电力热力生产供应等多个国民经济重点行业业绩向好，采矿、交通运输仓储等个别行业不容乐观（见图4）。

金融业稳步增长，但增速放缓。2013年，金融业实现净利润1.22万亿元，同比增长15.06%。其中，银行类上市公司受益于业务规模的增长和稳定的利差收益，业绩继续大幅提升，净利润同比增长12.14%；保险类和证券类公司受益于金融

(亿元)
2000
1500
1000
500
0
2211
15.95%
15.68%
11.74%
907
7.73%
238
100
93
3.6
88
6.63
上证 50
上证 180
上证 380
战略新兴产业公司
(公司类型)
平均营业收入
平均净利润
净资产收益率

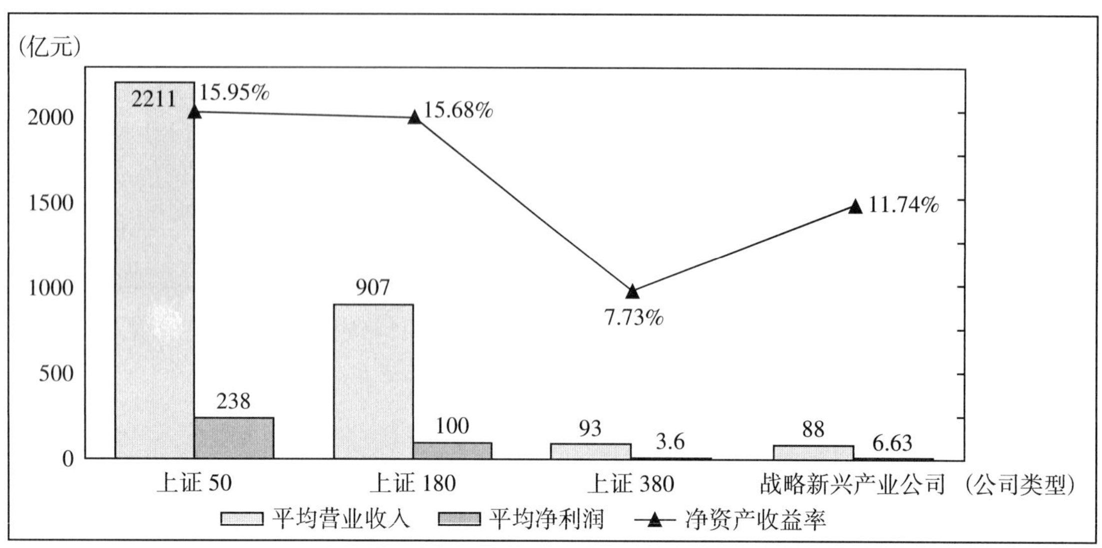

图 3　各类型公司盈利能力比较

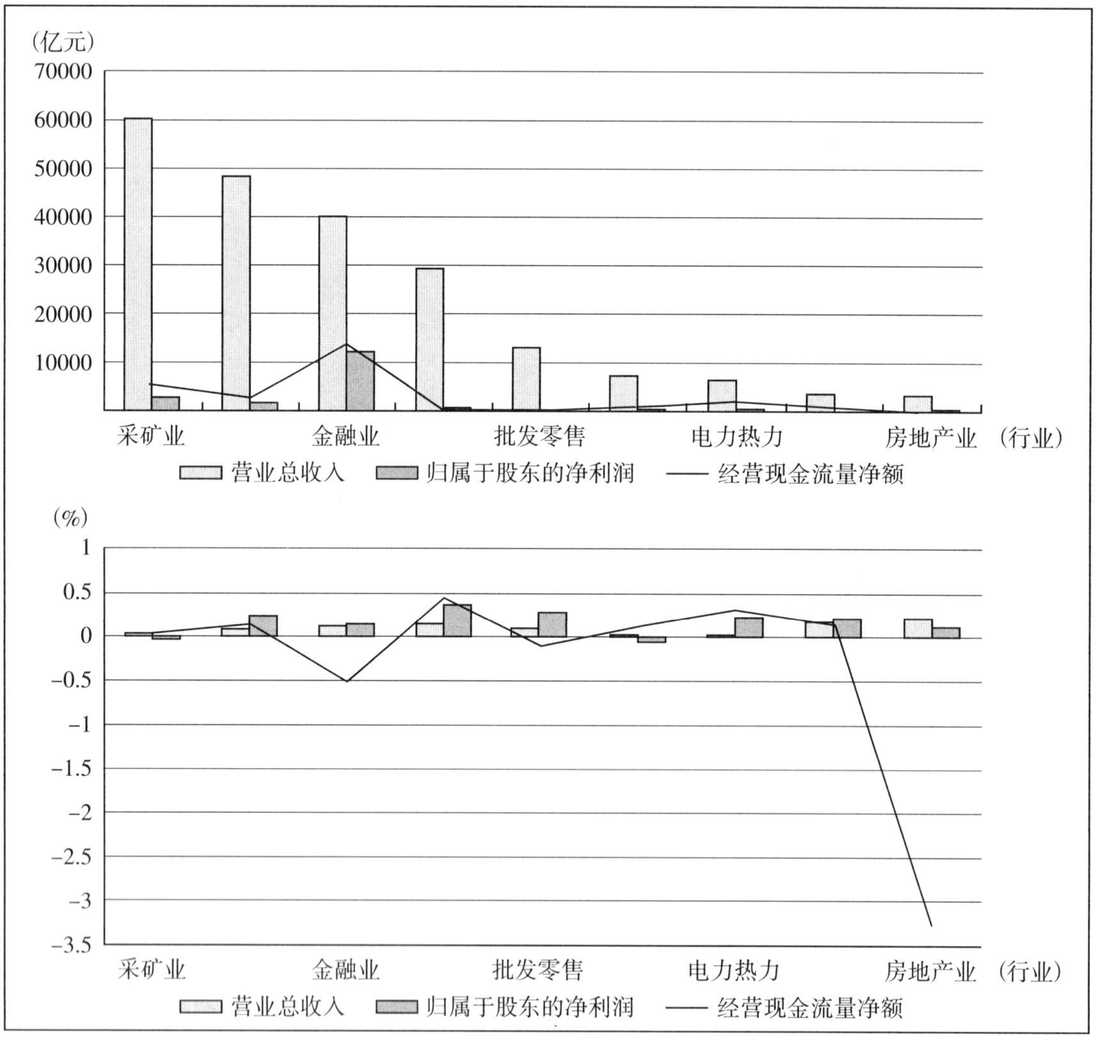

(亿元)
70000
60000
50000
40000
30000
20000
10000
采矿业
金融业
批发零售
电力热力
房地产业
(行业)
营业总收入
归属于股东的净利润
经营现金流量净额
(%)
1
0.5
0
−0.5
−1
−1.5
−2
−2.5
−3
−3.5
采矿业
金融业
批发零售
电力热力
房地产业
(行业)
营业总收入
归属于股东的净利润
经营现金流量净额

图 4　沪市主要行业 2013 年业绩情况及同比变动情况

服务业政策利好和金融创新业务等带来的收益，逐步走出低迷，净利润同比分别增长70.25%和26.29%。需要注意的是，随着国家金融体制改革和利率市场化推进，银行类上市公司较2012年增速回落5个百分点，未来业绩增速或进一步回落。另外，同业存款的大幅减少，导致金融业经营活动产生的现金流量净额同比大幅下降50.79%，其中建设银行、农业银行同比下降近90%，工商银行、中信银行、光大银行2013年经营活动产生的现金流量净额均为负值。

电力热力生产供应、房地产等行业持续增长，制造业企稳回升。数据表明，受煤价维持低位、电价稳定、用电量稳步上升等因素影响，电力热力生产供应业继续2012年的高增长，净利润同比增长23.32%。受益于投资和居民住房需求，房地产业实现净利润同比增长10.92%，但同期经营活动产生的现金流量净额由正转负，金额达-383亿元，相关企业需对此予以重视。制造业公司实现净利润1780亿元，同比增长24.34%。制造业中，汽车行业、医药、食品等细分行业受益于消费升级，净利润增长明显；钢铁行业通过压缩生产规模和费用实现扭亏，但是仍不容乐观，龙头企业宝钢股份净利润出现近50%的下滑；受产业结构调整和过剩产能影响，化工、造纸等出现行业性亏损。

采矿业、交通运输仓储业业绩下滑。其中，受有色金属和煤炭价格低迷影响，采矿业延续2011年以来的行业不景气，整体业绩出现负增长，同比下降3.47%；交通运输仓储业实现净利润406亿元，同比下降6.48%，特别是航运业持续下行，中国远洋依靠非经常性损益实现盈利，长航油运巨亏59亿元并被决定终止上市。

（三）战略新兴产业公司展现蓬勃活力

近两年，政府密集出台了大力扶持战略性新兴产业发展的相关政策，为其创造了健康有利的环境，新兴产业呈现良好发展态势。目前，沪市属于国家发展规划的战略新兴产业公司，虽然市值规模和盈利规模较小，但是展现了蓬勃活力。从经营业绩看，新兴产业公司2013年实现平均营业收入88亿元，同比增长10.4%，实现平均净利润6.6亿元，同比增长16.5%，高于沪市整体增长率，表现出较好的成长潜力。从盈利能力看，2013年新兴产业公司实现净资产收益率11.74%，销售净利率11.1%，远高于沪市非金融类公司整体水平，反映出具有更强的盈利能力和更高的行业壁垒。新兴产业公司的创新特征也更为明显，从研发投入来看，2013年新兴产业公司研发费用占营业收入的比重平均为4.4%，而所有沪市公司均值仅为2.6%。

突出的成长性和盈利能力，使新兴产业类公司指数在沪市市场中脱颖而出。2013年，沪市属于战略新兴产业类公司形成的指数上涨40.74%，媲美纳斯达克及道琼斯工业指数，而同期上证综合指数却下降6.7%。2013年，沪市新兴产业公司指数与国际重要指数走势对比见图5。

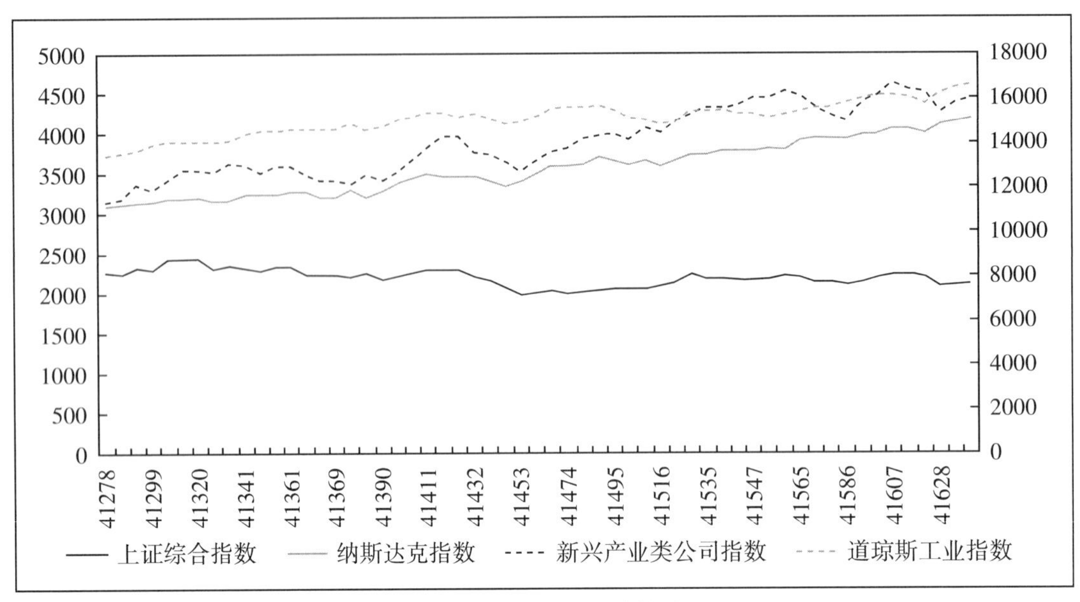

图5 2013年重要指数走势对比

三、沪市公司存在的不足和经营风险

从整体看，2013年沪市公司稳中向好，展现出良好的发展态势。但是，沪市公司在行业结构、区域发展及生产经营等方面也存在着一些需要加强调整或改进之处。

（一）行业结构需要进一步调整，抗周期经营能力有待加强

在行业结构上，沪市银行以及采矿、房地产、汽车、钢铁、有色金属等周期性传统行业所占比重过高，造成市场结构发展不均衡、市场稳定性较差以及某几个行业对整个市场影响力过大等不利局面。从沪市公司行业的营业收入结构和利润结构看，金融业“一支独大”，其净利润总额占沪市整体的63.21%，排名前三的行业净利润合计占沪市整体的86.51%。从市值规模看，金融、采矿、传统工业的市值合计占沪市总市值的比重超过60%。而新一代信息技术（互联网）、新能源、生物医药等战略新兴产业公司，由于普遍轻资产，基本难以达到现有上市标准，导致这类公司在沪市所占比重可谓微乎其微。据统计，与新兴产业较为相关的医疗保健、信息技术和电信服务三个行业的营业收入仅占沪市总量的3.6%，净利润仅占2.4%。

近几年国家经济数据和沪市公司的经营业绩数据表明，沪市周期性传统行业公司的经营状况与外部宏观经济环境高度正相关，且抗周期经营能力普遍不强，导致经营业绩容易随经济周期发生大幅波动。因此，在国家加快经济转型和产业结构调整，支持战略新兴产业发展等宏观政策背景下，一方面，要进一步调整和完善沪市公司的行业结构，扶持战略新兴产业类等非周期性行业公司的发展；另一方面，现有周期性行业公司要在市场竞争中培育起

核心竞争力，增强抗周期经营能力，并能在宏观经济周期中抵御各种风险，真正成为国民经济发展的重要支撑。

（二）区域发展不平衡，中西部及东北地区公司盈利能力整体偏弱

从各公司区域分布看，沪市公司呈现出发展不平衡的状态。东部地区，公司数量、质量及规模等均占据显著的优势地位；中西部及东北地区，不仅公司数量占比小，而且优质公司数量不多，整体盈利能力相对偏弱。据统计，位于中西部及东北地区（19个省市自治区）的沪市公司有359家，占比37.44%，2013年度实现净利润1216亿元，仅占沪市整体的6.28%。而且，因受该地区较集中的煤炭等采掘业公司业绩同比大幅下降50%以上等因素影响，该地区沪市公司的净利润和净资产收益率均出现了不同程度的下降，与沪市公司整体的上涨趋势相背离。

但在一些细分领域，中西部及东北地区公司的表现优于沪市整体公司的状况。例如，该区域内的交通运输仓储业公司实现净利润190亿元，占全行业的47.07%，同比增长2.39%，相对于全行业的整体下降情况，表现出一定的优势。其中，行业龙头公司大秦铁路实现净利润127亿元，同比增长10.32%。又如，该区域的文化产业蓬勃发展，实现净利润34.87亿元，占全行业的70.22%，同比增长18.72%。其中，博瑞传播、中文传媒等公司已成为战略新兴文化产业的领军力量。

总体上看，中西部及东北地区公司的局部亮点，仍无法掩盖该地区在上市公司数量、质量和规模等发展不足的现状，迫切需要资本市场加大服务力度，以促进该地区公司全面均衡发展。

（三）部分公司经营风险较大，投资者需高度关注

2013年，沪市部分公司出现业绩滑坡甚至亏损，统计数据表明，435家上市公司净利润同比出现下降，其中230家公司同比下降50%以上；160家公司主营业务亏损，依靠政府补助、资产处置收益等非经常性损益项目实现盈利；88家公司经营业绩出现亏损，占公司总数的9.20%，其中17家公司因连续两年亏损被实施退市风险警示（*ST），*ST二重因连续三年亏损被予以暂停上市，长航油运因连续四年亏损被决定终止上市。

2013年，沪市盈利公司中，部分公司盈利质量不高。统计数据表明，861家盈利公司中，218家公司经营活动产生的现金流净额为负；27家存货周转率同比下降50%以上，除因行业经营特性因素导致存货周转率较低的房地产、建筑业公司外，另有29家公司存货周转率在1以下；44家应收账款周转率同比下降50%以上，有7家公司应收账款周转率在2以下。此外，沪市非金融类公司中部分公司存在杠杆比率较高的现象，有210家公司资产负债率高达70%以上。

另外，部分公司在财务报表信息质量和会计处理方面存在瑕疵，41家公司年度报告被年审会计师出具非标准审计意见，2

家公司未按期披露年报；部分公司会计政策调整、会计估计变更决策程序和会计处理不规范，对财务报表结果产生不当影响；少数公司涉嫌利用会计差错追溯调整、调节收入确认和资产减值计提时点等方法调节盈亏。

四、多举措推动沪市公司发展，提升沪市公司质量

2014年，宏观经济放缓、经济结构转型升级的进程仍将继续，上市公司面临的经营压力较大。5月9日，国务院发布《国务院关于进一步促进资本市场健康发展的若干意见》（以下简称“新国九条”），其中明确提出要壮大主板市场，提升上市公司质量。基于此，采取有效措施，为沪市公司发展增添新动力，不断提升沪市公司的规范运作和生产经营水平，将始终是沪市蓝筹股市场建设的重要任务。

（一）引导促进混合所有制经济改革，推动公司良性发展

党的十八届三中全会提出，深化国有企业改革，发展混合所有制经济。2014年政府工作报告进一步提出，优化国有经济布局和结构，加快发展混合所有制经济。“新国九条”再次强调，推动混合所有制经济发展，更好发挥资本市场优化资源配置的作用，促进创新创业、结构调整和经济社会持续健康发展。为此，提高国有企业运行质量和效益，发展混合所有制已成为多地国企改革的着力点。

沪市市场中，国有上市公司占据主导地位，且不少公司存在大股东“一股独大”的现象。因此，沪市市场应当成为国企改革和发展混合所有制经济的主战场和试验田。统计表明，2013年末，沪市国有公司（包括金融类）数量占比达60%以上，净资产、营业收入、净利润分别占沪市整体比例为75.66%、84.17%、72.68%；以2014年4月30日收盘价计算，沪市国有公司的市值达13.05万亿元，占沪市总市值的80%以上。目前，中石化、中海油、中冶、中石油等多家央企和不少地方国有上市公司已相继启动混合所有制改革。今后，沪市国有公司应该借助政策支持，依托透明化的资本市场，积极践行混合所有制改革，引入多种经济成分，完善公司治理结构，释放企业活力，促进公司健康、良性发展。

（二）积极扶持战略新兴产业，推进落后产能公司转型升级

沪市战略新兴产业公司所占市场份额相对不足，战略新兴产业得到的支持力度还不够，代表未来经济发展方向的战略新兴产业企业在沪市市场体系中尚未得到充分体现。以融资渠道为例，战略新兴产业公司通过资本市场股权和债券的直接融资占比不足20%，仍然是通过银行贷款等传统间接融资方式获得发展资金。因此，在国家经济结构转型升级调整的背景下，要加大资本市场对战略新兴产业公司的扶持、服务力度，降低沪市市场门槛，松绑各类体制、机制束缚，在提高新兴产业公司比重的同时，增强新兴产业公司的核心竞争

力，力争在沪市市场形成一批支撑经济社会可持续发展的支柱性和先导性公司。

在积极扶持战略新兴产业的同时，还要推进落后产能公司转型升级。近年来，国家不断加大淘汰落后产能力度，沪市钢铁、煤炭、冶金、水泥等多个行业的部分公司也被列入工信部淘汰落后产能企业名单。因此，对于这部分公司，一方面，可以推动其淘汰关停落后产能，改造升级，提质增效；另一方面，可以通过并购重组等措施，促进其做优做强，保障落后产能行业公司平稳过渡。

（三）研究完善市场机制，增强沪市服务实体经济的能力

沪市大盘蓝筹股经营稳健、业绩稳定、分红能力强、股息率高，投资价值十分突出，但市场估值与成交活跃度却与之存在巨大背离。2013年，上证50指数全年下跌15.23%，上证180指数下跌9.19%。指数的下跌带动了估值水平的下滑，截至2014年4月底，上证综指静态市盈率为10.65倍，上证50指数静态市盈率为7.13倍，上证180指数静态市盈率为7.34倍。与此同时，大盘蓝筹股的交易活跃度明显不足，与成熟市场相比存在较大反差。2013年，沪市市值占比87%的大型企业成交额占比仅约65%；而沪市市值占比13%的中小型公司，其成交额占比高达35%。同期WFE数据显示，全球股市中市值超13亿美元的大盘股成交额占整个市场的86%，说明大盘股活跃度远高于中小市值股。

沪市蓝筹股市场不够活跃，一定程度上削弱了资本市场服务实体经济的能力，优质蓝筹公司难以充分利用资本市场开展并购重组、投融资等经济活动，公司发展受到限制。为此，有必要创新改革，结合沪市大盘蓝筹股具有交易流动性好、抗操纵性强等特点，在交易机制设置上，可以与其他板块股票有所区分，给予更多的交易自由度，以提升蓝筹股活跃度。例如，可继续研究推进大盘蓝筹股“T+0”交易等差异化交易机制；又如，继续推进制度创新，通过推进、实施“沪港通”等为蓝筹股市场带来资金活水，改善投资者结构，提振市场信心和活跃度。通过挖掘蓝筹股被低估的投资价值，发现蓝筹股的股价，为蓝筹股公司提高直接融资比重和蓝筹股公司投资者的投资收益增值奠定基础。

（上海证券交易所年报分析课题小组）

2013 年沪市上市公司年报会计问题分析报告

摘　要： 信息披露是投资者了解上市公司的主要渠道，也是公司与投资者沟通以实现投融资功能的重要基础。作为信息披露中的重要组成部分，真实公允的财务信息披露有利于保护投资者利益，优化资本市场资源配置，增强市场透明度，进而推动资本市场健康发展。近年来，特别是 2008 年国际金融危机爆发以来，在国际财务报告准则持续进行重大变革、我国会计准则国际趋同大步推进、国内创新业务和商业模式日趋复杂多变的背景下，财务报告信息越来越差异化、复杂化，对财务报告编制和披露的要求也越来越高。综观 2013 年财务信息披露，除因政策变化的影响导致的会计政策变更，上市公司会计差错和审计非标意见的数量呈现逐步下降的趋势，反映公司会计处理能力增强、财务信息质量日渐提高。当然，部分上市公司在会计政策变更、会计估计变更、重大交易事项等方面的会计处理仍值得商榷。本报告全面分析 2013 年年报财务报告反映的会计差错、会计估计、会计政策变更、A+H 股公司境内外报表差异、政府补助等情况，归纳总结实务中存在的重大会计处理问题，并在此基础上，探讨提升财务信息披露质量，推动资本市场健康发展的建议。

一、会计处理基本情况

2013 年以来，在经济结构转型调整、并购重组迭创新高、创新业务层出不穷的背景下，财务报告作为公司经营和财务状况的反映，相关会计处理也日趋复杂。与此同时，财政部顺应中央深化改革以及国际趋同的需要，实施了自 2006 年以来最大一次企业会计准则改革，修订并颁布了长期股权投资等七项准则。值得称道的是，在经济和政策环境的双重压力下，从会计政策执行力度、会计差错等方面看，沪市公司会计处理能力有所上升，财务信息披露质量逐步提高。

一是会计政策执行稳定。2013 年共有 79 家公司进行了会计政策变更，占全部 959 家公司的 8.23%。变更家数和占比分别较 2012 年增加 61 家、提高 6.34 个百分点。虽然较以前年度大幅提升，但是其中有 60 家系因执行新会计准则而实施的政策变更。扣除上述公司，仅 19 家公司实施了会计政策变更，较 2012 年略有上升，整体趋势保持平稳（见图 1）。

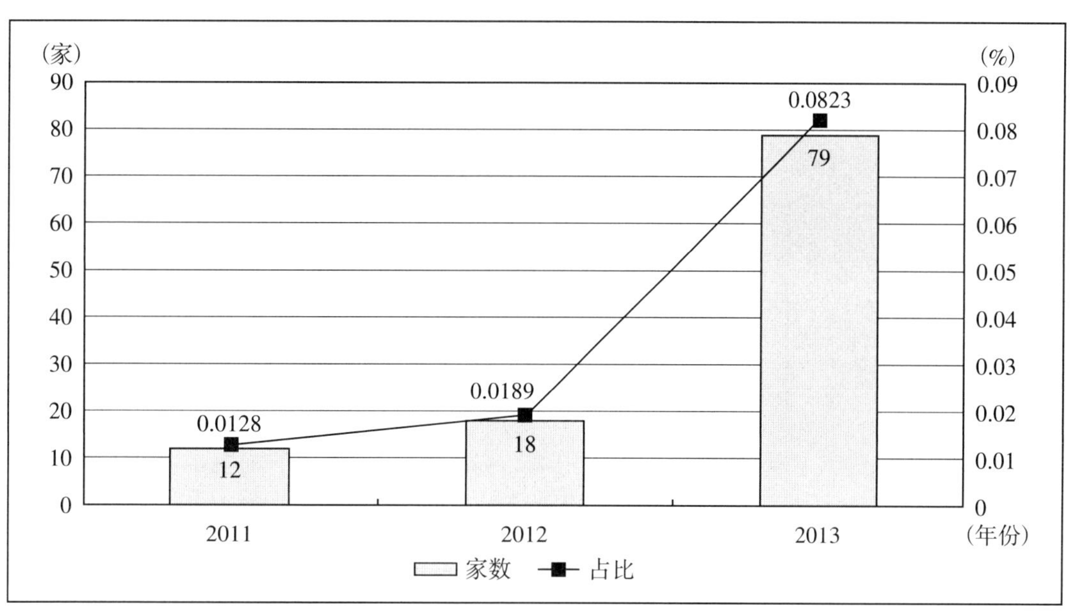

图1 会计政策变更情况

二是会计估计变更逐年减少。2013年共有46家公司进行了会计估计变更，占全部959家公司的4.80%。变更家数和占比分别较2012年减少33家、下降3.48个百分点，公司对经济事项影响的估计判断趋于稳定（见图2）。

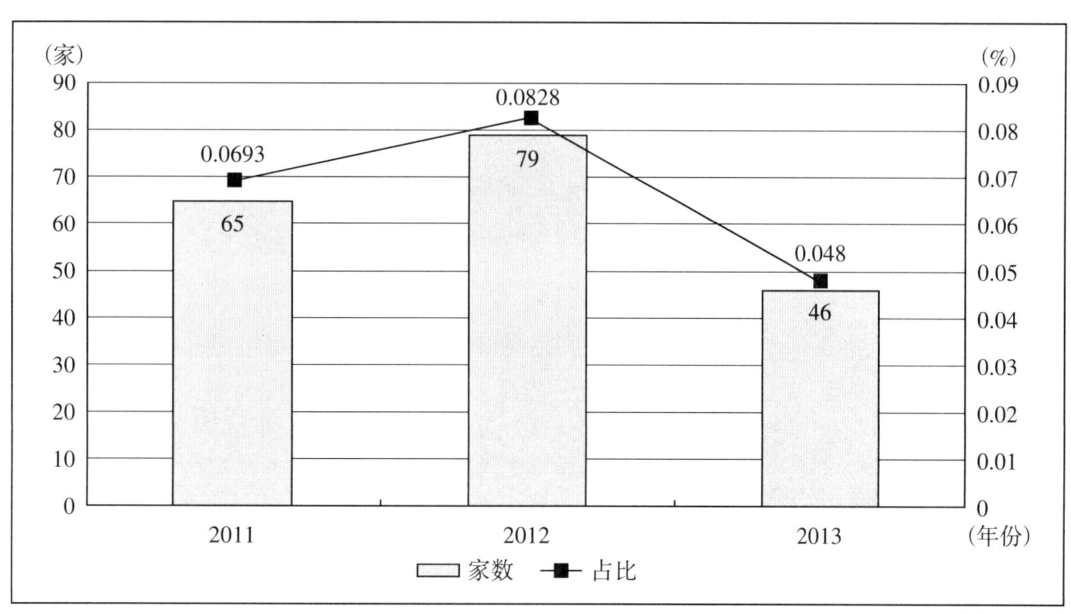

图2 会计估计变更情况

三是会计差错更正有所改善。2013年共有21家公司进行了会计差错更正，占全部959家公司的2.19%。变更家数和占比分别较2012年减少3家、下降0.33个百分点。会计差错近三年来呈现逐步下降趋势，侧面反映报表编制者会计处理能力逐步增强，公司财务信息质量日渐提高（见图 3）。

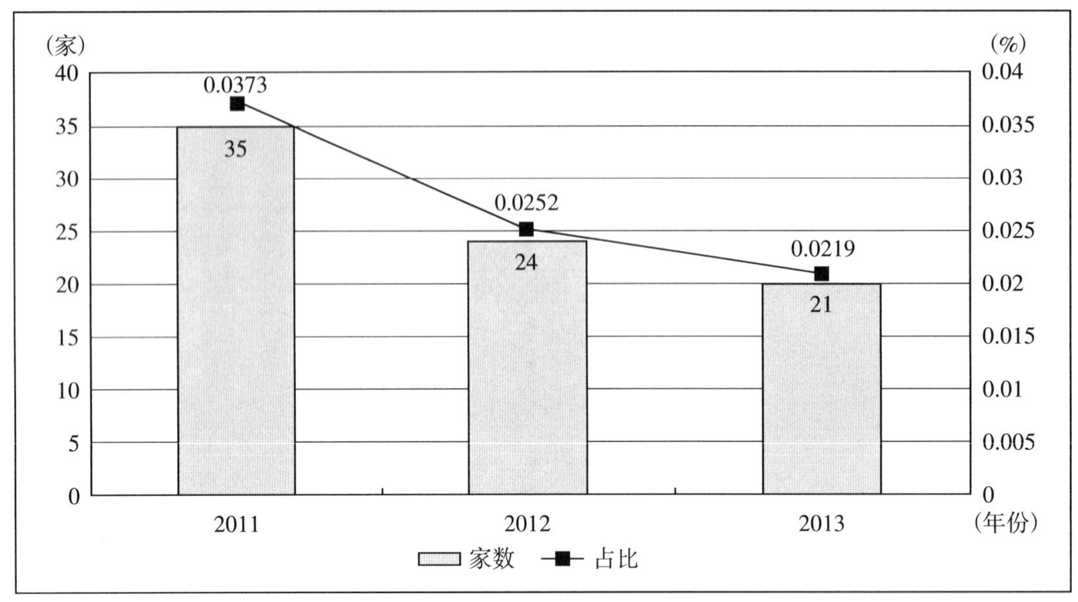

图 3　会计差错更正情况

四是 A+H 股境内外准则差异数量趋于稳定。2013 年共有 24 家公司披露了境内外准则差异事项，占 70 家沪市 A+H 股公司的 34%，与 2012 年的占比基本一致，境内外准则差异的内容也与 2012 年基本相同，主要系以前年度遗留的差异事项。自香港联交所于 2010 年准许在港上市的内地企业（H 股）采用内地会计准则编制其财务报表后，除几类主要遗留事项以及准则层面的差异以外，大部分 A+H 股公司境内外报表差异已经被消除，大部分遗留事项将随着时间的推移逐步消除。

五是政府补助金额小幅下降。2013 年计入非经常性损益的政府补助合计 459.77 亿元，比 2012 年减少约 6 亿元，降幅约为 1%。本年政府补助占归属于母公司股东净利润的比例为 2.77%，较 2012 年小幅下降（见图 4）。

二、会计处理主要问题

面临日趋复杂的外部环境，原则导向的会计准则涉及大量职业判断，准则执行中的实务问题更加复杂多变，同时部分公司存在脱困境、保盈利的压力和动机，沪市上市公司的会计处理仍存在一些值得关注的问题。

（一）会计政策变更问题

2013 年，沪市公司会计政策变更原因多种多样（见表 1），但是会计政策变更执行中仍存在一些问题。

一是会计政策变更的执行存在差异。2013 年底，财政部颁布了《关于印发〈证券公司财务报表格式和附注〉的通知》（财会〔2013〕26 号），对证券公司财务报表

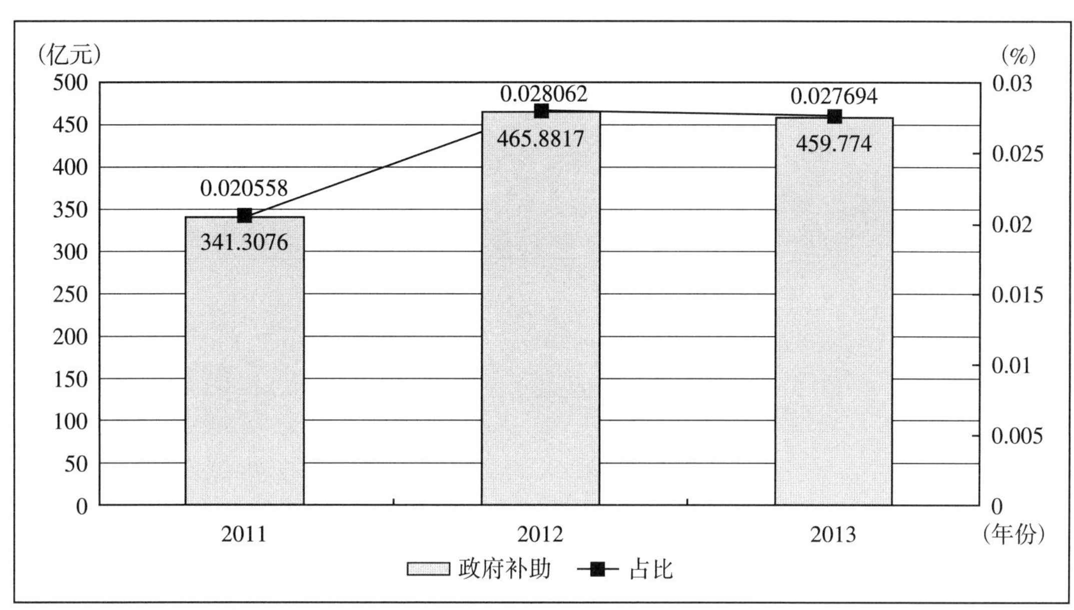

图 4　政府补助变更情况

表 1　2013 年会计政策变更情况表

变更类型		家　数	变更公司名单
投资性房地产后续计量方法从成本模式到公允价值模式		2	中茵股份、迪康药业
并购重组导致会计政策变更		1	哈飞股份
执行新政策导致会计政策变更	营改增试点企业会计处理	1	航天动力
	证券公司财务报表格式和附注	7	方正证券、西南证券、华泰证券、太平洋证券、海通证券、国金证券、中信证券
	《企业会计准则第 2 号——长期股权投资》等七项准则	60	中国电建及 AH 公司等 60 家
存货核算方法		4	云天化、合肥三洋、兰生股份、龙宇燃油
其他自主选择会计政策		4	海油工程、黄山旅游、方大炭素、动力源
合计		79	

格式和附注列报进行了重新规范。在沪市 19 家上市证券公司中，仅有 7 家选择按会计政策变更履行相关决策与披露程序。经了解，其他公司未执行该政策，主要是判断认为该项列报不属于会计政策变更。根据《企业会计准则讲解 2010》，“一般地，对列报项目的指定或选择属于会计政策，其相应的变更是会计政策变更”，上述新政策在资产负债表中新增了包括“在建工程”、“融出资金”等若干行项目，属于对列报项目的变更，适用政策应当属于会计政策变更，适用该新政策的证券公司应履行相关程序并充分披露。

二是会计政策变更的披露尚需提高。会计政策不得随意变更，除法律、行政法规或者国家统一会计制度等要求变更外，仅有能提供更可靠、更相关的会计信息时才可以进行会计政策变更。因此，自主变更会计政策应当充分说明其性质、内容和原因，并披露相关科目的影响金额。部分公司在会计报表附注中，对会计政策变更是否能提供更可靠信息的原因披露尚有欠缺。

三是会计政策变更的确认值得商榷。例如，某公司依据财政部发布《营业税改征增值税试点有关企业会计处理规定》（财会〔2012〕13号），就相关增值税留抵税额进行了列报。但是该政策已于2012年颁布实施，公司在2013年适用，应当是前期（2012年）错误地运用了会计政策，所以作为会计政策变更值得商榷。又如，某公司因《风景名胜区条例》的规定，对收取的风景区门票分成收入、索道票收入，由原来的总额法改为净额法，即按扣减代风景区管理委员会收取的门票收入、相关基金和维护费后的门票、索道票的收入净额确认。如确认所扣除的收入和费用性质确为代收代付，公司前期会计处理应当属于对收入确认准则应用的错误，本次变更作为会计差错变更更为妥当。

（二）会计估计变更问题

2013年，会计估计变更主要涉及固定资产折旧、坏账准备计提、成本费用的计提、无形资产摊销等方面内容（见表2）。会计估计变更家数少于2012年，但在对公司的利润影响和估计变更适用时点上仍存在值得关注的问题。

表2　　2013年会计估计变更情况表

变更类型	家　数	变更公司名单
固定资产残值率调整	2	大智慧、兴业证券
固定资产折旧年限调整	23	包钢股份、中国医药、东方金钰、中原高速、深高速、云天化、乐凯胶片、首旅酒店、五洲交通、安源煤业、大有能源、百利电气、西昌电力、东百集团、一汽富维、国电电力、宁波海运、山西汾酒、兴业证券、大智慧、中国石油、宁沪高速、哈飞股份
固定资产分类调整	2	山西汾酒、刚泰股份
无形资产摊销方法调整	2	强生控股、昊华能源
坏账计提比例调整	17	中国医药、云天化、金健米业、乐凯胶片、国中水务、首旅酒店、红星发展、安源煤业、用友软件、南京医药、佳都科技、晋亿实业、大智慧、人民网、郑煤机、复旦复华、宝诚股份
坏账计提方法调整	1	国中水务
存货核算方法调整	1	金瑞科技
保险准备金变动	4	西水股份、中国人保、中国人寿、新华保险
安全费用计提标准调整	2	国投新集、潞安环能
其　他	2	西部资源、华北制药
合计（同一家公司不重复计算）	46	

一是对部分公司利润影响较大。2013年会计估计变更的原因与2012年基本一致，主要集中于固定资产折旧年限和坏账准备计提比例等方面。在披露了财务影响的41家公司中，19家公司对2013年归属于母公司股东净利润的影响达到了10%以上。其中，包钢股份、红星发展、南京医药、宁波海运4家公司对净利润影响达到了100%以上，表明会计估计变更已影响到公司的净利润盈亏变化，存在盈余管理的倾向。

二是部分公司估计变更的适用日期不当。根据证监会会计部《上市公司执行企业会计准则监管问题解答》(2011年第2期)，“会计估计变更应自估计变更被正式批准后生效，为方便实务操作，新会计估计最早可以自最近一期尚未公布的定期报告开始使用，原则上不能追溯到更早会计期间”。中原高速、西水股份、西昌电力、大智慧、复旦复华五家公司的会计估计变更适用时点早于上述规定的最早时点，违背了会计估计变更应采用未来适用法的基本原则。

(三) 会计差错更正问题

公司进行会计差错的原因各不相同(见表3)，在进行会计差错更正的各种情形中，公司存在差错更正依据不明确、信息披露不当、财务影响重大等问题。

表3　　2013年会计差错情况表

更正原因	家　数	更正公司名单
税收调整	5	南山铝业、海南椰岛、华银电力、宝诚股份、晶方科技
收入、成本、费用的确认	12	三峡新材、园城黄金、佳都科技、湖南海利、上海家化、恒源煤电、大唐发电、青鸟华光、*ST贤成、风神股份、秋林集团、阳煤化工、天津磁卡
联营合营参股企业会计差错	3	青松建化、博闻科技、大恒科技
合计	21	(上述合计已经剔除同时存在两种及其以上变更情形)

一是会计差错更正的原因多种多样。主要包括税收的预计与税收优惠的调整、收入成本费用的确认、对联营公司会计处理差错的确认，其中有4家为监管部门检查发现，另有16家为自查发现。造成差错的原因并非全是公司的主观故意，也有非公司控制的客观因素。例如，大恒科技由于联营公司会计处理差错等客观原因造成会计处理的差错。

二是部分公司差错更正的财务影响巨大。2013年，三峡新材、园城黄金、华银电力、宝诚股份、青鸟华光、*ST贤成6家公司的差错更正累积影响数占2013年归属于母公司的净利润的50%以上。三峡新材、园城黄金、宝诚股份、*ST贤成，共计4家公司的累积影响数占2013年归属于母公司的净资产的10%以上。特别是*ST贤成，其会计差错对2013年归属于母公司的净资产和总资产的累积影响数达到了约60.90%和61%，影响重大。

三是部分公司存在会计差错与会计估计的判断依据不明确的问题。例如，某公司于2013年4月收到通过高新技术企业复审的通知文件，确定公司适用15%的所得税优惠税率，认定有效期为2012年1月1日至2014年12月31日。公司于2013年3月20日公布2012年年报，其中2012年度企业所得税已按25%的税率计提。故公司于2013年年报中就上述所得税税率差异进行了会计差错更正并追溯调整。根据会计准则相关规定，公司根据税法相关规定计提税款属于会计估计，是否应就相关事项进行差错更正仍需进一步分析。公司应根据年报编制时可以获得的可靠信息，结合实际情况对是否能继续获得税收优惠进行估计，即根据对《中华人民共和国企业所得税法》、《关于实施高新技术企业所得税优惠有关问题的通知》及其他相关规定的理解估计未来期间适用的税率。即使后续情况证明公司的会计估计结果与实际情况存在差异，只要公司在编制前期报表已充分利用当时可取得的相关信息，相关影响均应按照会计估计变更处理，而不是作为会计差错进行追溯调整。

四是部分公司会计差错更正事项可能存在信息披露违规。会计差错影响数占超过调整年份的归属于母公司的净资产、归属于母公司的净利润、总资产、营业收入四项指标中任何一项10%以上的公司有三峡新材、海南椰岛、园城黄金、华银电力、博闻科技、宝诚股份、青鸟华光、*ST贤成、阳煤化工、天津磁卡共计10家，均达到上市规则的信息披露标准。考虑产生差错的主观或客观影响因素，存在会计差错的公司可能违反了信息披露真实性、准确性、完整性的规定。

（四）A+H股境内外准则差异问题

随着内地企业会计准则与国际财务报告准则的持续趋同，以及在港上市的内地企业（H股）可采用内地会计准则编制其财务报表后，A+H股上市公司已基本不会产生新的境内外准则差异。部分A+H股上市公司仍然存在的境内外准则差异主要是以前年度遗留的差异事项。主要分为以下两类：

一是由于境内外会计准则尚未完全趋同造成的差异。目前，我国企业会计准则与国际财务报告准则尚未一致的规定包括同一控制下的企业合并的会计处理和长期资产减值准备转回两个方面。对于同一控制下的企业合并问题，国际会计准则中并不区分同一控制下和非同一控制下的企业合并，所有企业合并均以购买法处理，按照公允价值入账。而我国企业会计准则规定，同一控制下的企业合并按照被合并方的账面价值入账。对于长期资产减值准备转回，国际财务报告准则允许转回已计提的固定资产等长期资产的减值准备。我国现行会计准则规定长期资产的减值准备不得转回。2013年年报中，华能国际、华电国际、兖州煤业等公司仍然存在由于前期发生同一控制下企业合并而产生的境内外准则差异。而广汽集团则存在由于长期资产减值准备转回产生的会计处理差异。这两项差异都将随着相关资产的折旧摊销和处置而逐步减少并最终消除。

二是除准则差异之外其他原因造成的

差异。由于国内外经济政策和环境的不同，境内外准则对于同一事项的会计处理有不同的要求。例如，维简费、安全生产费及煤矿行业专项基金的处理，根据我国现行企业会计准则，高危行业应根据开采量计提安全生产费及维简费，计入生产成本并在所有者权益中的专项储备单独反映。使用专项储备时，对于费用性质的支出发生时直接冲减专项储备，对于资本性支出于完工时转入固定资产，同时按固定资产成本冲减专项储备，并全额确认累计折旧。而在国际财务报告准则下，对已计提但未使用的安全生产费以及维简费应予以冲回，相关费用于发生时确认，相关资本性支出于发生时确认为固定资产，并计提折旧。2013年，披露该项差异的上市公司主要是煤矿行业的公司，例如，中国神华、中煤能源、大唐发电等。又如因政府补助产生的境内外准则差异，根据我国企业会计准则，按照国家相关文件规定作为资本公积处理的政府补助应计入资本公积。而国际财务报告准则下企业仍需根据交易实质判断，如根据规定作为资本公积但实际并未增加政府投资的，仍应按照政府补助准则进行处理。海螺水泥2013年披露存在该项差异。

（五）政府补助问题

上市公司取得的政府补助的形式多样，如经营性补贴、搬迁补偿款、产业结构升级补偿款、税收返还等。由于政府补助的会计准则规定较为原则化，实务中上市公司对政府补助会计准则的理解和把握不完全一致，部分政府补助的会计处理值得探讨。

一是对搬迁补偿在收到政府补助时的会计处理问题。近年来，由于我国城镇化步伐的加快以及环保治理的落实，越来越多的上市公司因停产或搬迁而收到政府大额的补偿款。按照《企业会计准则解释第3号》的规定，如果企业收到的搬迁补偿满足“公共利益”和“政府从财政预算直接拨付的搬迁补偿款”两个条件，则应当将收到的政府补偿款作为专项应付款核算。其中，属于对企业在搬迁和重建过程中发生的固定资产和无形资产损失，有关费用性支出、停工损失及搬迁后拟新建资产进行补偿的，应自专项应付款转入递延收益。结余的部分，作为资本公积处理。

然而，在实务中，地方政府往往通过市场化操作委托专门的公司对拆迁改造进行操作，普遍存在搬迁补偿款不通过财政拨款直接拨付而由上述专门公司转付给上市公司的情况。在这种情况下，由于补偿款并非直接由政府支付，上市公司往往对该款项是否应当按照上述规定进行处理产生分歧。

二是与资产相关还是与收益相关的政府补助问题。依据我国现行企业会计准则，“与资产相关的政府补助，是指企业取得的、由于购建或以其他方式形成长期资产的政府补助；与收益相关的政府补助，是指除与资产相关的政府补助之外的政府补助”。然而，由于政府补助的形式千变万化、名目品种繁多，上市公司对政府补助是与资产相关还是与收益相关只能自行判断和分类，因此也导致出现对同一类型政府补助判断不一致的情况。

（六）其他会计问题

实务中，除了上述由于会计估计变更、会计政策变更以及会计差错等特殊事项引发的会计问题之外，还存在一些值得关注的会计处理问题。

一是公允价值计量问题。依据准则规定，对于在活跃市场没有报价的资产、负债或权益工具，可以采用估值技术确定其公允价值。由于估值技术中涉及较多的假设和参数，其选择的恰当性和客观性难以保证，公允价值的确定存在较大空间，某些情况值得深入探讨。例如，某公司以折价方式收购一公司股权，并确认了9600万元的投资收益，从而使公司扭亏为盈。在该交易中，其股权的公允价值的确定依赖于其拥有的一个煤矿的评估值。但是在该煤矿的评估中，资产评估师估计煤矿未来现金流量时使用的销售价格和销售数量不尽合理。首先，在2010~2012年煤炭价格波动较大的情况下，资产评估师简单地将近三年销售价格的算术平均数认定为本次评估的销售价格。其次，近三年的销售总量远低于其生产能力，而资产评估师按照销售最大产能采掘的煤矿来估计相关收益。由于相关价值评估存在一定的主观性，其评估的合理性可能会影响交易标的价值的公允性，进而给企业盈余管理留下空间。

二是辞退福利的确认。某公司两大股东于2013年着手重组并拟终止公司彩电业务的经营。为此，2014年2月19日发布相关《协商解除劳动合同补偿方案通告》，其后于2014年4月24日召开董事会就全体员工协商解除劳动合同事宜进行审议，并通过了《拟定职工安置计划及预提相关费用的议案》。公司按照上述通告方案，并以该事项为期后事项、属于重组义务且符合负债的定义为由，确认经济补偿金1.9亿元并计入2013年损益。公司对该事项的会计处理值得进一步探讨。首先，公司以股东的重组义务确认预计负债，核算主体不明确。其次，准则明确辞退计划的确认应以“企业已经制定正式的解除劳动关系计划或提出自愿裁减建议，并即将实施”。这里所称的“正式”是指经过董事会或类似权力机构的批准。公司在2014年初才批准该计划的情况下，将预计负债计入2013年值得商榷。

三是一揽子交易的确认。2013年，某公司拟收购一稀土公司，协议约定，交易对方如未按协议完成全部附件中所列示的作为收购前提条件的全部工作，影响了目标公司的生产经营成果，将给该公司造成的损失进行补偿。截至2013年12月4日，交易对方未按协议履行相关工作，因此依据上述协议承诺补偿。2014年3月31日，公司才召开董事会审议承诺补偿事项，明确补偿金额。上市公司将相关补偿8000万元计入2013年营业外收入。在该项交易中，该补偿是作为营业外收入还是合并对价的一部分，值得探讨。如果从一揽子交易的角度出发，该事项应作为收购成本的一部分，而不宜单独确认收入。依据财政部的《企业会计准则解释第5号》，符合

"一项交易的发生取决于其他至少一项交易的发生"的交易构成一揽子交易。公司公告说明，该补偿是由于收购稀土公司而导致的，并且如果不存在该收购事项，则不可能发生该项补偿。因此，除非有其他证据，该补偿确认为收购成本的一部分可能更符合其经济实质。

三、提高会计信息披露有效性，维护资本市场健康发展

综观 2013 年，上市公司财务信息披露质量有所提高，并在证券市场的资源配置中发挥了重要作用。但是也应看到，部分公司在财务信息的披露和会计准则执行中仍存在着急需改善的问题。我们应当进一步加强财务信息披露的规范、监管等方面的工作，减少信息不对称，提高信息的有效性，保护投资者权益，进一步推动资本市场的健康发展。

（一）优化会计信息披露质量，提高信息披露的充分性、有效性

目前，会计信息披露的主要问题在于其充分性、有效性不足，特别是影响公司业绩的重大交易、会计政策、会计估计信息的披露，千篇一律的照抄准则式的披露比比皆是，严重影响投资者的投资决策。因此，建议优化会计信息披露质量。一是强化披露的充分性。对重大会计处理，例如，对会计估计变更的判断，管理层应当充分说明其判断的依据、影响因素和影响结果，便于投资者作出投资决策。二是强化披露的有效性。特别是会计政策的披露中，公司不应仅仅照搬准则的原话，而是应有针对性地依据公司的经营特点、商业模式、结算方式等具体要素，说明其具体会计政策，从而让投资者通过个性化的信息披露，更好地分析判断公司的价值与风险。

（二）细化会计准则执行规范，增强会计实践的指导作用

随着我国经济的发展，各类交易日益复杂化，原则导向的企业会计准则给予使用者较多的职业判断空间，导致实务中公司对准则理解和执行存在一定的差异，进而影响财务信息披露的质量。在此提几点建议：一是对现行会计准则相关规定进行细化，借鉴国际会计准则的做法，通过实例指南的形式，对会计实务提供可操作、可理解的指引，提高会计实践的规范性和可比性；二是及时跟进创新业务和新型商业模式的会计处理问题，对准则尚未明确的问题及时颁布监管问答或解释公告，引导实务发展；三是强化会计准则培训，提高会计从业人员认识和职业水平，进而促进会计信息披露质量提升。

（三）强化会计监管力度，维护资本市场"三公"原则

目前，会计准则原则化的规定，给予企业选择和判断的余地，也为企业执行者进行盈余管理甚至操纵利润留下了一定空间。为维护市场的公开、公正和公平，需要监管者强化监管力度，深化监管协调。

一是强化公司的会计信息披露监管，特别是会计差错更正披露监管，对存在违反信息披露规则的会计差错要快速反应，加大处罚力度，净化市场环境；二是深化监管协调。会计处理和信息披露主观判断的影响因素较多，需要深入了解整个交易背景，专业化较强。特别是重大会计监管案例，更需要监管部门共享监管信息，加强研究讨论，对重大疑难会计问题的处理形成共识，从而防微杜渐，树立监管权威。

（上海证券交易所年报分析课题小组）

2013年沪市上市公司重大资产重组专题分析报告

摘　要：2013年度，沪市上市公司重大资产重组交易活跃。全年共有116家公司涉及重大资产重组事项，占沪市公司的12%。其中，36家公司完成重大资产重组，交易金额合计1128亿元。在宏观经济结构调整、国内经济下行压力加大的复杂形势下，沪市上市公司重大资产重组为增强企业实力、推动产业转型升级发挥了重要作用。目前，沪市上市公司重大资产重组也存在着区域发展不平衡、支付手段单一、跨境并购数量和规模有待提升等问题。有必要落实国务院《关于进一步促进资本市场健康发展的若干意见》和《关于进一步优化企业兼并重组市场环境的意见》等文件精神，完善各项配套机制，健全服务体系，营造良好资本市场环境，推动并购重组，壮大蓝筹股市场，提升资本市场服务实体经济的能力。

资本市场并购重组在我国经济结构调整和产业升级中发挥着日益重要的作用。上市公司可以通过并购重组实现行业整合，改善基本面，提高持续经营能力。对沪市上市公司（以下简称“沪市公司”）重大资产重组的分析总结，可以反映资本市场在推动国家经济结构调整和资源优化配置方面发挥的作用和基本情况。本报告对沪市公司2013年度重大资产重组交易情况和相关数据进行了统计和分析，归纳了沪市公司重大资产重组整体情况和总体特征，总结了存在的问题和不足，并在此基础上，进一步提出推动并购重组、壮大蓝筹股市场、服务实体经济发展的建议。

一、2013年沪市公司重大资产重组的主要特征

（一）交易日趋活跃，重组后公司市值实现较大增长

2013年，在国家调结构、稳增长宏观经济政策的影响下，在工信部等12部委加快推进企业兼并重组、中国证监会并购重组审核分道制等政策的推动下，沪市重大资产重组趋于活跃。

2013年，沪市共有116家公司涉及重大资产重组事项（见图1）。其中，84家当年进入重大资产重组程序。全年有36家公司完成了重大资产重组，交易金额合计1128亿元。沪市不构成重大的资产重组共

发生332家（次），较2012年度增长23%；交易金额合计2624亿元，较2012年度增长71%。另外，全年有9家公司经重组委审核通过或取得证监会核准文件等重大进展，14家公司完成重组配套融资，融资金额100.58亿元，有39家公司终止重组（除被证监会不予核准后终止重组的1家外，其余主要是公司自身原因终止重组）。

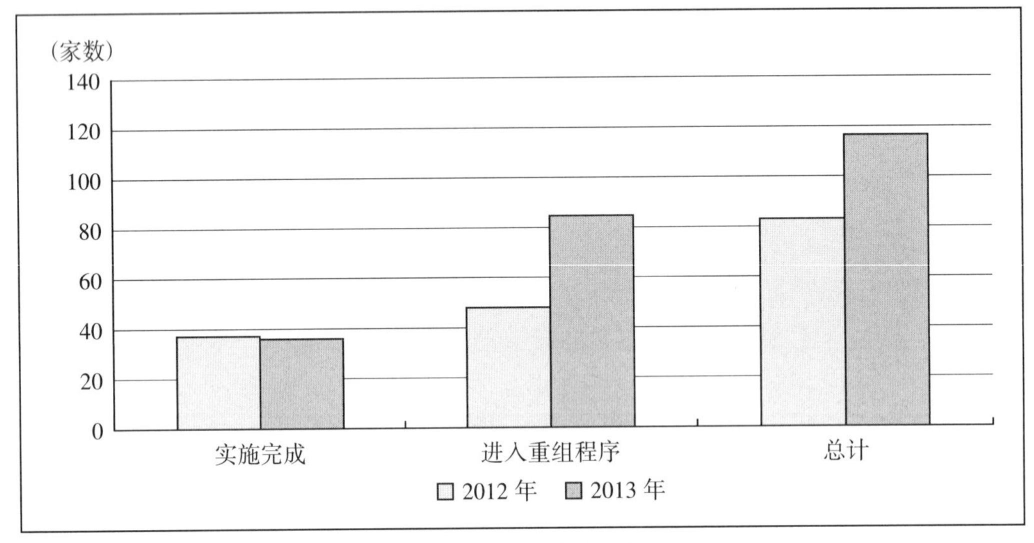

图1　沪市公司重大资产重组家数

从整体市值看，公司重大资产重组实施完成后市值大幅增长。2013年，从启动重组日到完成重组日[①]的市值增加值看，36家完成重组的公司合计增加市值为2023亿元，同比增长29%。从个体市值看，上述36家完成重组的公司重组后市值平均增幅为133%，较2012年完成重组公司市值平均增幅同比增长49个百分点。完成重组后，市值增长在100%以上的有14家，市值增长在0~100%的有16家，仅6家公司市值下降（见图2）。值得关注的是，4家公司完成重组后，市值增幅超过500%，其中3家属于借壳上市，另一家为吸收合并（浙能电力换股吸收合并东电B股），均属于脱胎换骨式重组。此外，有5家公司重组完成后市值增加至百亿元以上，促进了企业做大做强。

（二）产业结构整合力度加大，新兴产业重组增多

2013年，沪市公司依托资本市场，大力进行行业整合，有力地促进了产业集中度的提升和结构的调整。

一是行业整合力度增强。2013年，未

① 启动重组日指重大资产重组停牌起始日，完成重组日为刊登“重大资产重组实施情况报告书”的日期，对于个别未刊登实施情况报告书的公司，以刊登非公开发行股票发行结果暨股份变动公告（适用于发行股份购买资产情形）或者资产交割公告（适用于未发行股份情形）日期作为完成重组日。

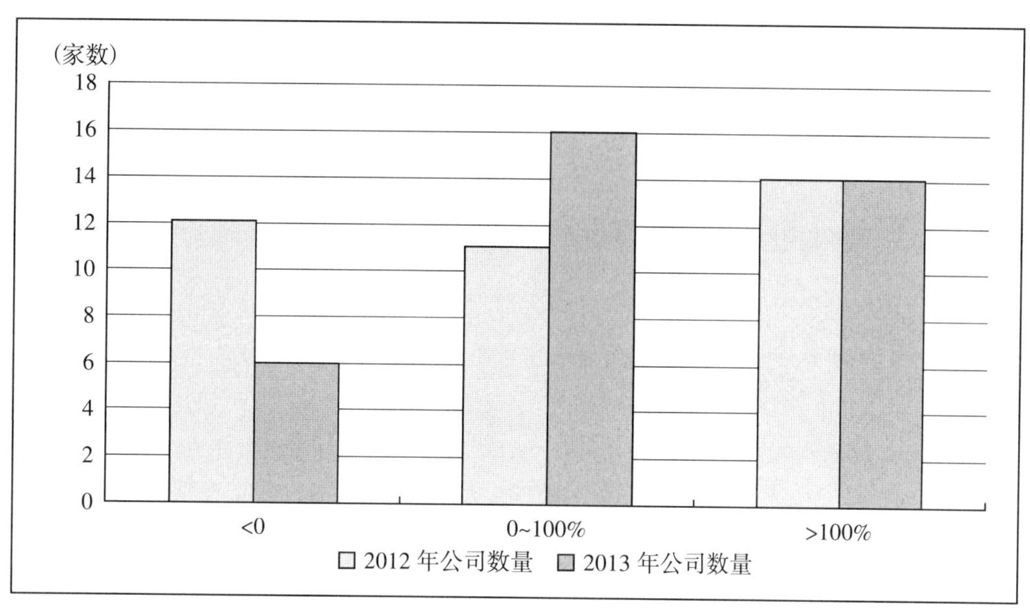

图 2　沪市公司重大资产重组市值变化情况

终止重组的 77 家公司中，重组标的资产所属行业与上市公司行业相同或相关的行业整合类重组共有 53 家，占比 69%，较 2012 年增长 4 个百分点。在非行业整合类重组中，部分公司倾向于并购市场热点资产，似有进行市场炒作迹象。此类重组的后续效果值得进一步关注。

二是制造业公司重组较为集中，产业结构优化力度较大。2013 年，41 家制造业公司涉及重大资产重组，占比 53%（见图 3），分别属于化学原料及化学制品制造业（7 家）、医药制造业（7 家）、计算机、通信和其他电子设备制造业（5 家）、专用设备制造业（3 家）、纺织业（3 家）等。此

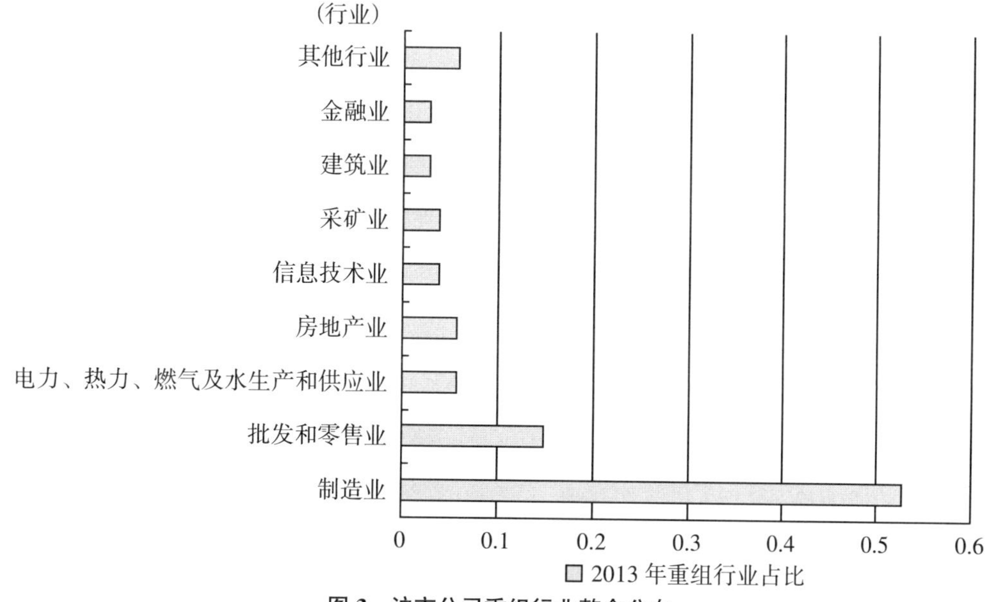

图 3　沪市公司重组行业整合分布

外值得关注的是，由于2013年房地产行业并购重组和再融资政策的变化，报告期内出现6家房地产重组公司，截至2014年4月30日，其中2家已收到证监会核准文件。

三是战略新兴产业重组不断涌现。2013年末终止重大资产重组的77家公司中，有18家公司属于节能环保、高端装备制造、新材料、新能源、新能源汽车、生物、新一代信息技术等战略新兴产业，占比23%，截至2013年12月31日市值合计1220亿元。其中，完成重组公司9家，净利润合计13.87亿元。例如，哈飞股份通过重组基本实现中航工业集团体系内民用直升机业务的整体上市；瀚蓝环境拟重组收购国内固废处理行业企业创冠中国，实现全国性的业务扩张。

（三）并购创新动力增强，境外收购有所增加

2013年，中国证监会大力推进监管转型，促进并购重组市场化改革。在此背景下，部分公司积极创新，扩展了运用吸收合并方式进行重大资产重组的领域和范围。浙能电力吸收合并东电B股，其中换股过程中的账户转换等事项较A股公司吸收合并均存在较大差异，该次吸收合并的顺利实施，实现了首家B股转A股上市，为解决B股历史问题探索了全新的路径。同期，广州药业跨市场吸收合并白云山，成为第一家跨市场吸收合并深市公司的沪市A+H股公司，其中换股过程涉及股份跨市场登记，广州药业同时向广药集团发行股份购买资产，通过吸收合并及购买资产，上市公司实现了集团医药资产的整体上市。

在境外收购方面，2013年，在提升公司价值，打破市场技术壁垒，推进全球化战略的促动下，沪市公司开始选择通过跨境并购收购海外优质资产。2013年，较典型的有7家沪市公司收购海外资产，涉及交易金额473.84亿元，其中部分公司构成重大资产重组，如卧龙电气和时代新材。但具体分析目前情况，跨境并购的数量和规模仍较为有限。有必要在完善相关政策和服务机制上，促进上市公司积极开展境外收购，实现多元化资源配置，增强上市公司的全球竞争力。

（四）公司重组后效益提升，承诺实现良好

2013年，沪市公司重大资产重组正向效应显著，在促进企业发展的同时实现社会效益的提升。

一是多数公司重组实施完成后净利润增长，实现企业做优做强。2013年，完成重组的36家公司中，除天方药业被吸收合并退市外，其余35家公司①2013年度归属于上市公司股东的净利润（以下简称“净利润”）总和117亿元，同比增长49.8%。从单家公司净利润来看，完成重组的36家公司中，26家公司实现净利润同比增长，5家公司2013年净利润增幅在100%以上，增长最多的公司增幅达到578%（见图4）。

① 其中东电B股按浙能电力2012年、2013年净利润计算。

从利润绝对金额来看，36家公司中，33家公司2013年度均实现了盈利，其中3家实现扭亏为盈，完成重组后公司净利润绝对金额最大的达到57.57亿元。

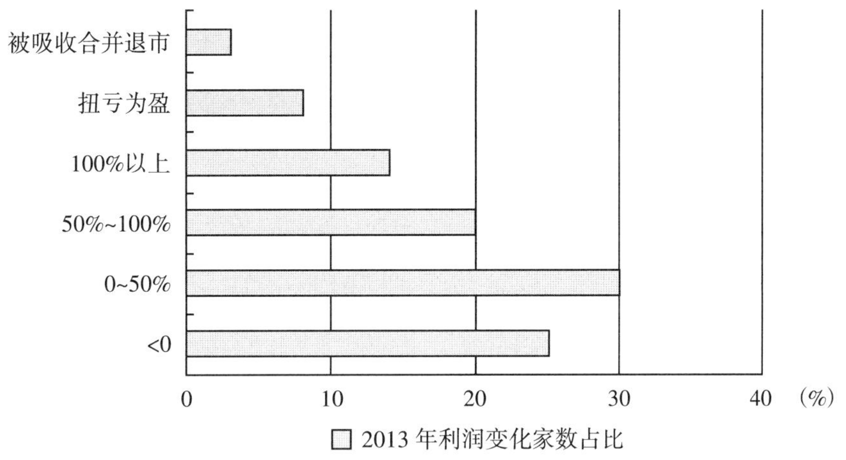

图4　沪市公司重组后盈利变化情况

二是绝大多数公司完成业绩承诺，保障了重组效益实现。2013年度涉及利润承诺补偿的重组公司共有62家，其中51家公司完成了业绩承诺，占比82%，同比提高了14个百分点。11家公司未完成业绩承诺需要补偿的公司中，4家采用股份补偿、7家采用现金补偿，除2家变更补偿方式外，多数公司补偿事项取得实质进展。

二、沪市重大资产重组实践中反映的主要问题

从2013年沪市公司重大资产重组情况看，一方面，上市公司并购重组积极性比较高，市场创新意识比较强。但另一方面，仍然存在部分制约性因素，对进一步活跃并购重组市场形成了障碍。

（一）支付手段相对单一，并购融资方式有限

从支付方式来看，股份仍是上市公司重组主要支付手段。目前，从税收优惠、现金流量管理等多方面考虑，上市公司重大资产重组多数采用发行股份方式进行，特别是在购买资产的情形下。2013年未终止重组的77家公司中有63家涉及发行股份购买资产，占比高达82%，同比增加4个百分点。但是，与境内市场不同，多元化的并购重组支付方式一直是境外成熟并购市场的重要特征。成熟资本市场中，很多金融工具，包括优先股、可转债、期权等，均可用来协助并购。

从金融支持来看，目前并购重组融资方式有限，融资成本较高，商业银行并购贷款规模总体偏小、利率较高，难以满足上市公司并购发展的需要。例如，跨境并购中，目前国内上市公司进行海外并购的

支付手段大多数为大股东先行发起收购或上市公司通过小规模现金交易进行收购，境内银行及其他境内金融机构无法提供以收购标的资产或股权做抵押的贷款或同类定向债务工具，银行融资也较为有限。此外，目前财务顾问提供过桥融资也受到限制。

有限的支付手段和融资方式在一定程度上影响了并购重组的动力。历史和实践表明，并购融资工具的创新可以极大地推动并购重组市场的发展，为产业发展注入新的动力。因此，急需研究推进优先股、定向可转换债券等新型支付方式，增强发行股价定价弹性，推动开展股权投资基金、创业投资基金、产业投资基金、并购基金等并购重组融资业务，以充分挖掘利用资本市场进行并购重组的优势。

（二）平均重组时间缩短，但多部门审批时间跨度仍较长

从重组完成时间来看，完成重组的36家公司平均重组时间为13.5个月，同比缩短1.5个月。自2012年10月起，中国证监会实现并购重组审核全流程公示，审核效率大大提升。但从重组全过程来看，从停牌到完成重组，平均每家公司需一年以上，仍存在较大改进空间。

从停牌时间来看，2013年，沪市84家启动重组公司平均停牌时间为2.75个月，同比延长0.15个月。根据现行规定，公司重大资产重组累计停牌时间原则不得超过3个月。2.75个月的平均停牌时间几乎接近3个月的时间上限。

从影响重组效率的原因看，除标的资产不规范，清产核资、改制等环节占用较多时间外，企业兼并重组涉及多部门审批，时间跨度较大也是重要因素。例如，涉及国资的公司重组在召开审议重组事项的股东大会前需取得国资委的正式批复，部分重组公司因审批时间较长，导致股东大会的召开时间延期或股东大会通知迟迟不能发出；又如，对于重大跨境并购，除了在签署正式收购协议后取得发改委核准外，在签署协议或递交约束力标书前，还需获得发改委的事前确认，拉长了交易周期，增加了操作难度，对并购效率有一定影响。今后，可以考虑采取并联式审批等机制优化流程，提升效率。

（三）部分重组迎合市场炒作，内幕交易仍是监管难点

现阶段市场形势下，并购重组往往是市场热点。为杜绝利用并购重组损害上市公司利益和中小投资者利益的行为，防范内幕交易、股价炒作都是监管重点工作。

实践中，部分上市公司倾向于独立第三方跨行业并购市场关注度较高的相关业务，追逐市场热点。但被收购业务往往与上市公司主营业务没有任何关联，其并购理由往往是公司现有业务盈利能力不强，通过并购可以挖掘新的利润增长点。该类型并购重组目的似乎在于迎合市场热点，报表性重组的短期化现象明显，不排除有炒作公司股价嫌疑，存在内幕交易的可能性较高。为促进并购重组市场健康发展，明确市场主体责任，强化并购重组持续信

息披露要求，防范上市公司或相关主体的股价炒作和内幕交易等违规行为，仍然是日常监管中常抓不懈的工作。

（四）区域发展不平衡，中西部及东北地区整体较弱

从地区分布来看，经济发达地区仍是重大资产重组的活跃地带，中西部及东北地区并购重组整体较弱。2013年，经济发达地区的上市公司重组相对更为活跃，报告期内重组公司数量排名前五位的地区分别为上海（12家）、北京（9家）、江苏（6家）、广东（5家）、山东（5家）。77家未终止重组公司中，上述五个地区共37家，占比48%。位于中西部及东北地区（19个省市自治区）的沪市公司有28家公司进行重大资产重组，占36.36%。

与东部省份相比，中西部及东北地区上市公司数量、质量、规模及效益等各方面均有一定差距，特别优质公司数量较少，中西部及东北地区359家公司，2013年度实现净利润仅为1216亿元，仅占沪市整体的6.28%。这些地区更需要发挥资本市场并购重组的优势，盘活存量资产、淘汰落后产能、加快资源整合，以提升上市公司质量，实现产业升级和区域优化，改善区域发展不平衡情况。

三、继续大力推进并购重组，促进实体经济转型升级

2014年，国务院先后发布《关于进一步优化企业兼并重组市场环境的意见》和《关于进一步促进资本市场健康发展的若干意见》（以下简称“新国九条”），明确要求营造良好的市场环境，充分发挥企业在兼并重组中的主体作用。从实践情况看，目前并购重组市场仍存在支付方式单一、融资成本高、重组效率有待改进、区域发展不平衡等问题，有必要进一步释放改革活力，以沪市蓝筹股市场为依托，推动解决相关体制机制问题，提高市场服务能力，促进实体经济转型升级。

（一）借力混合所有制经济改革，引导促进产业升级

从所有制形式来看，2013年度沪市77家重大资产重组公司中，46家是国有控股上市公司，占比60%，国有上市公司及其重大重组数量在沪市市场占比较大。并购重组已成为沪市国有公司调整优化产业结构、提高企业竞争力的重要途径。但从上市公司经济运行情况看，仍存在部分产业结构不合理、重复建设和产能过剩的问题。

党的十八届三中全会提出，深化国有企业改革，发展混合所有制经济。“新国九条”再次强调，要推动混合所有制经济发展，更好发挥资本市场优化资源配置的作用，促进创新创业、结构调整和经济社会持续健康发展。从数据统计看，截至2013年末，沪市国有公司（包括金融类）数量占比达60%以上。沪市市场可以通过提高服务水平，引导国有公司通过并购重组促进其产业升级，使并购重组成为发展混合所有制经济的重要抓手。并购重组特别是发行股份购买资产，可以为非国有资本投

融资项目和民间资本进入提供规范透明的平台，同时实现上市公司做大做强和股权结构多元化。

（二）继续优化审批方式，提高并购重组效率

2014年，国务院发布的《关于进一步优化企业兼并重组市场环境的意见》等文件，为营造良好的市场环境，充分发挥企业在兼并重组中的主体作用，有针对性地提出了一系列要求。但是，目前上市公司并购重组涉及证券、银行、国资、外资等多个监管部门，仍存在审批环节较多，时间跨度较长等问题。

为此，应当继续坚持简政放权，加强部门协作，优化审批方式，释放市场活力，充分发挥企业在并购重组中的主体作用。在具体做法上，可以考虑将目前递进式的审批方式调整为并联式的审批方式，即将目前公司重组过程中国资委、商务部、教育部等其他部委先行审批、证监会最后把关的审批方式改为证监会与其他单位同时审批的审批方式。同时，也需要采取有效措施，着力减少并购重组跨地区、跨所有制壁垒，消除企业并购重组的外部障碍，提升上市公司并购重组的动力和意愿，推进转型升级。

（三）丰富并购支付手段，促进市场并购创新

2014年，要继续在上市公司并购重组中发挥市场的资源配置决定性作用，进一步加大创新力度。针对目前上市公司重组中股份仍是主要支付手段且支付手段单一和定价机制缺乏弹性的问题，尽快丰富并购支付方式，对发行股份定价进行市场化改革，拓宽融资渠道，减少并购重组外部障碍。

2013年，国务院发布了《关于开展优先股试点的指导意见》，允许上市公司和非上市公众公司发行优先股；2014年3月证监会发布《优先股试点管理办法》，为上市公司发行优先股明确了具体要求。今后，市场参与者可以在发行股份购买资产、要约收购、吸收合并、回购股份等并购重组活动中使用优先股作为支付手段。多种支付手段的使用，一方面可以避免支付大额现金，另一方面避免发行普通股导致的现有股东持股稀释。对于交易对方而言，由于优先股、定向可转债等工具兼有债权和股权工具特点，一方面能获得较为固定的收益；另一方面可以在适当时机将上述工具转为普通股，享受并购整合完成后的上市公司股份溢价。

（四）继续支持跨境并购，提升公司国际竞争力

目前，我国跨境并购的数量和规模仍然有限。究其原因，既有从商业角度，跨境并购整合难度大、交易结构复杂、法律风险多等问题，也有相关外资审批政策相对管控严格等问题。实践中，有不少上市公司反映，现行国家政策对外国投资者的要求过高：外国投资者的资产规模需达到一定要求，且该外国投资者最终获得的上市公司股份比例不低于10%；即使实施后，

股份需锁定三年，较境内投资者锁定期更长。此类规定导致上市公司跨境并购一般采用现金方式，或者向大股东发行股份购买其境外资产。

“新国九条”提出，在符合外商投资产业政策的范围内，逐步放宽外资持有上市公司股份的限制，完善对收购兼并行为的国家安全审查和反垄断审查制度；随着相关配套办法、措施的出台，相信采用发行股份方式的跨境并购会逐渐增多。为此，应当继续优化落实企业跨境并购的相关政策，支持和鼓励具备实力的企业开展跨境并购，提升企业的国际竞争力和境内上市公司的整体实力。

（五）大力推进监管转型，强化并购重组事后监管

2013年以来，上交所先后发布了重大资产重组九号、十号备忘录，严格规范终止重组公司信息披露和重组公司持续信息披露行为，在防范虚假重组、恶意重组行为方面取得了一定成效。

今后，沪市市场应当继续大力推进监管转型，强化并购重组事后监管，明确信息披露要求，打击内幕交易活动，为资本市场的并购重组活动创造良好的市场环境。在信息披露方面，督促上市公司做好并购重组持续性信息披露工作，要求公司及时披露相关进展、潜在风险特别是可能导致并购重组失败的风险，鼓励上市公司通过召开投资者说明会等方式与投资者特别是中小投资者进行及时沟通，保护中小投资者的知情权。在内幕交易防控方面，要求上市公司做好内幕知情人登记和保密工作，对于重大资产重组继续实行“每单必查”，加强二级市场核查。有重大违规嫌疑的，及时报送证监会立案稽查。

（上海证券交易所年报分析课题小组）

2013年沪市上市公司治理分析报告

摘　要：我国实行经济体制改革，探索并建立现代企业制度之路已经走过了三十多年。建立现代企业制度，旨在通过决策权、经营权、监督权三权分离的制度设计，实现对经营决策层的有效监督与激励，保证公司决策的有效性和科学性，维护公司整体利益。二十多年前建立的资本市场，承担了国企改制的历史使命，成为了我国现代企业制度不断改进完善的最重要推进力量。股份公司通过资本市场发行股票大量引入外部投资者的同时，也引入了公司治理的外部制衡力量。二十多年来，上市公司投资者结构发生了巨大变化，从资本市场设立之初以个人投资者为主，经过政府多年精心培育以及市场的自主发展，机构投资者不断发展壮大，已和个人投资者一起，成为了资本市场的主要参与者，共同见证并推动了公司治理的发展与完善。

截至2014年4月30日，沪市959家上市公司中，除博汇纸业和ST成城外，其余957家上市公司已按期对外披露了2013年年报。本报告对年报中有关公司治理披露的信息和数据进行了统计分析，结果显示沪市公司治理整体情况积极向好，股权结构更趋合理，三会运作更加有效，已成为促进沪市蓝筹市场建设的重要因素。同时，报告对沪市公司治理存在的待改进之处，提出了相关建议。

一、沪市公司股权结构与实际控制人情况

从公司股权结构来看，沪市上市公司实际控制人仍以国有为主，第一大股东平均持股仍较集中，但第一大股东持股比例呈现下降趋势，除第一大股东外的其他机构投资者持股比例持续上升，大盘蓝筹股更受金融机构投资者青睐。

（一）第一大股东平均持股仍较集中

沪市公司第一大股东平均持股较高，且上证50公司、上证180公司第一大股东平均持股更为集中。沪市上市公司第一大股东平均持股比例为37.68%，上证50公司、上证180公司第一大股东平均持股比例分别为41.22%和41.92%。在上证50和上证180板块中，第一大股东持股比例最大值是中国石油，持有上市公司86.35%的股份；第一大股东持股比例最小值是中国平安，持股比例为6.08%。以持股25%以

上作为控股股东标准，沪市上市公司存在单一控股股东的公司比例为 68.23%，其中上证 50 板块和上证 180 板块存在单一控股股东的比例分别为 64%和 71.11%。

从所有制性质来看，国有控股上市公司股权集中度较高，国有控股公司的第一大股东持股比例的平均值、中位数分别为 41.79%和 41.66%，均显著高于非国有控股公司。但沪市上市公司中第一大股东持股比例最高值和最低值均出现在非国有控股公司，第一大股东持股比例最高的沪市公司是环旭电子，其第一大股东环诚科技有限公司持有上市公司 88.55%股份；第一大股东持股比例最低的是梅雁吉祥，其第一大股东持股 2.20%（见表 1）。

表 1　沪市上市公司第一大股东持股比例概况　单位：%

公司类型	公司家数	平均值	最高值	最低值	中位数
沪市公司	957	37.68	88.55	2.2	36.07
国有控股公司	598	41.79	86.35	9.34	41.66
非国有控股公司	359	30.83	88.55	2.2	27.91
上证 50	50	41.22	86.35	6.08	40.8
上证 180	180	41.92	86.35	6.08	41.66

（二）第一大股东持股比例呈现下降趋势

通过与 2012 年第一大股东持股比例平均值进行对比（见表 2），发现 2013 年沪市上市公司的第一大股东持股比例整体有所下降。无论是国有控股公司还是非国有控股公司，上证 50 公司或上证 180 公司，各个板块上市公司第一大股东持股比例都出现了不同程度的下降。其中，非国有控股公司下降 0.28%，下降程度略高于国有控股公司；上证 50 公司和上证 180 公司分别下降了 0.36%和 0.34%，在沪市全部上市公司中下降速度最快。通过大股东减持或控制权转让等，沪市公司第一大股东持股比例逐渐下降，沪市蓝筹公司控制权结构更趋合理。

表 2　沪市上市公司第一大股东持股比例变化情况

公司类型	2012 年 第一大股东持股比例平均值（%）	2013 年 第一大股东持股比例平均值（%）	2013 年相对于 2012 年 变化（百分点）
全部沪市	37.85	37.68	–0.17
国企	41.90	41.79	–0.11
非国企	31.10	30.82	–0.28
上证 50	41.58	41.22	–0.36
上证 180	42.26	41.92	–0.34

（三）除第一大股东外的其他机构投资者持股比例上升

整体而言，沪市蓝筹市场的机构持股比例较高。公开数据统计结果显示，机构平均持股比例为45.81%，主要是非金融机构持股。在第一大股东持股比例下降的同时，2013年沪市上市公司其他机构持股显著增加。据不完全统计，其他机构持股比例为8.13%，机构投资人成为沪市的中坚力量。机构持股比例的提高主要来自于非金融机构的持股增加。相对于2012年，非金融机构持股增加了2.65%，其中一般法人持股增加了2.72%。而金融类机构持股下降了1%，且基金、券商和保险公司的持股比例均有不同程度的下降（见表3）。

表3 沪市上市公司机构投资者持股变化情况 单位：%

沪市上市公司整体机构持股比例		2012年	2013年	2013年相对于2012年变化（百分点）
机构持股比例合计		44.16	45.81	1.65
金融类机构持股	金融类机构持股合计	6.63	5.63	-1.00
	基金持股	4.8	4.02	-0.78
	券商持股	0.36	0.35	-0.01
	保险公司持股	0.7	0.47	-0.23
非金融机构持股	非金融类机构持股合计	37.53	40.18	2.65
	一般法人持股	36.07	38.79	2.72

注：机构持股比例计算包括：上市公司定期报告中披露的十大股东、十大流通股东；基金定期报告中披露的前十大重仓股（季报）、全部持仓明细（中报、年报）、各理财产品定期报告中披露的重仓股。全部数据源公开可获得。

（四）蓝筹股更受金融机构投资者青睐

2013年尽管金融机构持股比例有所下降，金融机构平均持股比例合计为5.63%，但同时，金融机构投资者更倾向于持有以上证50、上证180公司为代表的大盘蓝筹公司的股票，持股比例分别为12.26%、10.64%（见表4）。

表4 沪市上市公司机构投资者持股情况 单位：%

公司类型	机构持股比例合计	金融类机构持股				非金融类机构持股	
		基金持股	券商持股	保险公司持股	金融类机构持股合计	一般法人持股	非金融类机构持股合计
沪市公司	45.81	4.02	0.35	0.47	5.63	38.79	40.18
国有控股公司	50.82	3.19	0.34	0.51	4.75	44.37	46.07
非国有控股公司	37.45	5.40	0.38	0.41	7.05	29.49	30.40
上证50公司	63.62	7.22	0.26	2.92	12.26	50.53	51.36
上证180公司	57.54	7.50	0.35	1.36	10.64	46.03	46.90

注：金融类机构包括：基金、券商、保险、QFII、社保、银行、信托、企业年金、财务公司；非金融类机构包括：一般法人、非金融类上市公司、阳光私募。比例计算方法为算术平均计算。

（五）实际控制人仍以国有为主

截至年报披露到期日，在披露年报的957家沪市公司中，受国有实际控制人（包含国务院国资委、地方国资委、中央部委以及地方各级政府或部门）控制的公司共计598家，占沪市上市公司总数的62.49%，实际控制人为自然人（包含境内自然人和境外自然人）的公司294家，占比30.72%，境外法人控制及不存在实际控制人的公司共占6.79%。与上一年度相比，国有控制公司与自然人控制公司比例基本稳定，变化不大。

二、沪市公司“三会”运作情况

从三会运作情况来看，沪市公司按照现代企业制度要求，三会各司其职，共同为上市公司的发展保驾护航。

（一）股东大会

1. 八成以上公司召开临时股东大会

据不完全统计，沪市上市公司召开股东大会的平均次数为3.27次。其中，股东大会召开次数最多的公司有1家达14次，大部分上市公司召开股东大会2次以上，但也有17.82%的上市公司仅召开年度股东大会，未召开临时股东大会审议公司重大事项（见表5）。

表5　沪市上市公司股东大会召开次数统计

股东大会召开次数（次）	公司数（家）	占沪市上市公司比例（%）	股东大会召开次数（次）	公司数（家）	占沪市上市公司比例（%）
1	170	17.82	8	13	1.36
2	235	24.63	9	7	0.73
3	186	19.50	10	6	0.63
4	162	16.98	11	2	0.21
5	89	9.33	13	1	0.10
6	53	5.56	14	1	0.10
7	29	3.04	合计：3088	954	100

注：选取样本为954家公司，剔除了3家2014年新上市的公司。

2. 股东大会网络投票更受重视

近年来，监管层倡导上市公司召开股东大会时增加网络投票，便于中小投资者更广泛地参与公司治理。2013年，沪市公司召开股东大会共计3088次，其中采用现场投票方式的为2552次，占比82.64%。共有419家上市公司采用过现场投票加网络投票方式召开股东大会，共计召开现场投票加网络投票方式的股东大会共536次，占沪市公司全部股东大会比例为17.36%。

同时，采用网络投票方式召开的股东大会的股东参与人数分布不均。最多的为5120人，最少的仅为1人；但是网络投票人数占总投票人数平均值较高，达到76.61%（见表6）。

表6　现场加网络投票方式股东大会情况统计

	平均值	中位数	最大值	最小值
参与投票的总人数（网络+现场）（个）	143	48	5120	1
参与网络投票人数（个）	129	36	5113	1
参与网络投票股数占流通股本比例（%）	4.18	1.16	48.17	0
网络人数占总投票人数比（%）	76.61	84.62	99.81	8.33
网络股数占投票总股数比（%）	9.87	2.38	84.37	0

注：表6统计的是536次现场投票加网络投票的股东大会情况。

（二）董事会

整体而言，沪市公司董事会规模与公司规模相关，公司规模越大，董事会成员包括独立董事越多，召开的董事会会议次数也越多，独立董事逐渐成为公司治理中的重要力量。

1. 董事会规模与公司规模呈现相关性

沪市上市公司中，董事会平均为10.3人，众数为9人，有51.72%的上市公司集中在8~10人之间。其中，345家公司的董事会规模为9人，占比36.05%。同时，上证50和上证180公司的董事会平均人数均高于全市场平均水平，上证50公司董事会平均为13.12人，众数为11；而上证180的成份股公司中，董事会平均为11.36人，众数为9人。董事会规模与公司规模呈现出一定的相关性（见表7）。

表7　沪市上市公司董事会规模概况　单位：人

单　位	平均值	最高值	最低值	中位数	众　数
沪市公司	10.29	33	5	9	9
上证50	13.12	22	6	12	11
上证180	11.36	23	5	11	9
分段统计	5~7	8~10	11~13	14~16	16以上
公司数量（家）	111	495	244	64	43
占比（%）	11.60	51.72	25.50	6.69	4.49

2. 董事会会议召开次数与公司规模相关联

据统计，沪市上市公司召开董事会的平均次数为9次，有437家公司召开董事会的次数在7~10次之间，占比达45.67%。同时，上证50和上证180公司召开董事会的平均次数均为10次左右，显著高于沪市的平均水平（见表8）。由此可见，总体上，公司规模越大，其召开董事会会议次数越多，其董事会决策越频繁。

表8　沪市上市公司董事会会议次数　单位：次

	平均值	最高值	最低值	中位数	众　数
沪市公司	9.02	46	3	8	8
上证50	10.14	31	3	9	8
上证180	10.49	46	3	9	7
分段统计	3~6	7~10	11~15	16~20	20以上
公司数量（家）	250	437	215	40	15
占比（%）	26.12	45.67	22.46	4.18	1.57

3. 绝大部分董事亲自参与重要事项决策

据2013年年报相关数据统计，绝大多数沪市公司的董事能勤勉尽责，亲自参与公司重大事项决策，并能积极地参与股东大会。2013年，沪市公司董事亲自出席董事会的平均比例为96.63%，其中近半数董事现场参加董事会会议，董事因故缺席董事会会议的比例为0.26%，连续两次未亲自参加董事会的董事比例为1.43%。另外，沪市公司董事参加股东大会的平均次数为1.75次，70.48%的董事能够出席公司的年度股东大会，参加股东大会的比例较高（见表9）。

表9　沪市公司董事出席董事会情况

	亲自出席比例	其中：以通信方式参加	委托出席比例	缺席率
沪市公司（%）	96.63	46.73	3.11	0.26

注：各种参会形式比例为董事以各种形式参加董事会的次数除以其2013年应该参加的董事会会议总次数。本统计剔除了新上市公司以及未披露参加会议次数的公司样本。

4. 独立董事人数与公司规模相匹配

沪市上市公司平均独立董事的人数为3.75人，独立董事人数分布在2~3人的公司占比达到56.64%。其中，53.92%的上市公司的独立董事人数为3人。且超过64%的上市公司的独立董事占董事会全体董事的比例集中在33%~40%之间。同时，国有控股公司的平均独立董事人数为3.8人，多于非国有控股公司的3.66人。

从公司规模来看，总体上，独立董事人数与公司规模相匹配。上证50公司的独立董事平均人数为4.82人，高于上证180公司的独立董事平均人数4.28人，而上证180公司的独立董事人数高于沪市上市公司的平均水平（见表10、表11）。

5. 独立董事积极参与公司重要事项的决策

据统计，2013年沪市公司独立董事亲

表 10　　沪市上市公司独立董事人数概况　　单位：人

	平均值	最高值	最低值	中位数	众　数
沪市公司	3.75	11	2	3	3
上证 50	4.82	10	3	4.5	4
上证 180	4.28	10	2	4	4
分段统计	2~3	4~5	6~7	8~9	10 以上
公司数量（家）	542	331	69	9	6
占比（%）	56.64	34.58	7.21	0.94	0.63

表 11　　沪市上市公司独立董事人数概况　　单位：人

	平均值	最高值	最低值	中位数	众　数
沪市公司	3.75	11	2	3	3
国有控股公司	3.80	11	2	3	3
非国有控股公司	3.66	9	2	3	3

自参加董事会的平均比例接近非独立董事，为 96.61%，独立董事亲自参加董事会的比例较高，能够较多地参与到公司治理当中，其中接近半数独立董事能够现场亲自出席董事会。但是，仍有平均 3.1%的独立董事委托他人出席董事会（见表 12）。

表 12　　沪市公司独立董事亲自出席董事会情况（公司独立董事平均数）

	亲自出席比例	其中：以通信方式参加	委托出席比例	缺席率
沪市公司（%）	96.61	51	3.1	0.29

注：各种参会形式比例为独立董事以各种形式参加董事会的次数除以其 2013 年应该参加的董事会会议总次数。

6. 独立董事“不独立现象”大有改观

2013 年，沪市上市公司中，共有 17 家公司的 54 名独立董事提出异议表决，从提出异议的内容来看，内容涵盖经营运行、公司薪酬、公司管理等诸多方面。独立董事在公司重要事项决策、公司治理中发挥了更积极的作用，沪市公司独立董事履行职责的意识和能力不断加强，公司治理有效性得到进一步提升。

7. 审计委员会的审计意见被广泛采纳

2013 年披露年报的 957 家沪市公司均设有审计委员会，且独立董事在审计委员会中参与度较高，审计委员会中包含独立董事最多有 7 人，平均 2.65 人，且 98.5%的审计委员会中独立董事占比超过一半。在上证 50 和上证 180 公司中，独立董事在审计委员会中的平均人数均超过 3 人，高于沪市的平均值（见表 13）。

沪市公司中审计委员会工作效果较好，950 家公司的审计委员会提出的审计意见被公司采纳，采纳比例超过 99%；同时，733 家公司强制召开了外部审计会议。

表13　沪市公司审计委员会包含独立董事概况　单位：人

	平均值	最高值	最低值	中位数
沪市公司	2.65	7	1	2
上证50	3.20	7	2	3
上证180	3.01	7	2	3

（三）大部分监事会对监督事项无异议

2013年度，沪市上市公司监事会主要对公司定期报告、财务状况、信息披露情况、规范运作情况、关联交易情况、对外投资、收购与出售资产等方面履行了监督职责。年报披露的监事会工作显示，绝大部分公司的监事会对公司报告期内的监督事项无异议，未发现存在风险的事项，未发现公司存在违法违规的情况。仅个别公司监事会关注到公司对外投资风险、应收账款风险、账务报告内部控制缺陷等问题，提出了整改建议，督促公司完善相关制度，加强内部管理、规范运营，避免公司损失。

三、管理层薪酬与激励效果

2013年，董事及高管薪酬总体水平随公司业绩小幅增长，大盘蓝筹公司由于限薪政策执行薪酬水平略有下降，董事及高管薪酬与公司业绩呈正相关，薪酬激励作用显著，股权激励成为促进公司长远发展实现管理层和股东共赢的工具。

（一）董事及高管薪酬总体水平随公司业绩小幅增长

统计分析显示，2013年沪市全部上市公司董事及高管薪酬总额共计59.17亿元，较2012年增长了4.41%，这与沪市公司营收增长和利润增长的趋势相一致，且其增长速度显著低于沪市公司营业收入（8.27%）和净利润（13.06%）的增长速度。其中，国有控股公司支付董事和高管的薪酬总额为34.19亿元（2012年为32.89亿元），相比2012年增长了3.95%；非国有控股公司支付董事和高管的薪酬总额为24.98亿元（2012年为23.78亿元），相比2012年增长了5.05%，非国有控股公司的薪酬增长速度高于国有控股公司。

2013年，沪市公司支付给其全体董事及高管薪酬总额的平均值为618.24万元，薪酬总额最高的公司达到9437.53万元。国有上市公司的平均值为571.73万元，低于沪市平均水平，更低于非国有上市公司董事及高管平均薪酬总额的697.65万元（见表14）。

值得注意的是，上证50公司的薪酬总额为10.46亿元，与2012年（10.87亿元）相比降低了3.77%；上证180公司支付薪酬总额为22.78亿元，与2012年（22.94亿元）相比降低了0.70%。大盘蓝筹股的薪酬整体水平不升反降，与近年我国深化收入分配制度改革，加强国有控股公司高管薪酬管理相关政策执行有关。

表 14　　沪市公司董事和高管薪酬总额概况　　单位：万元

	公司总额平均值	公司总额最高值	公司总额最低值	公司总额中位数	非独立董事人均薪酬	高管人均薪酬
沪市公司	618.24	9437.53	30.60	413.83	68.39	58.44
国有控股公司	571.73	3821.07	44.96	420.91	60.27	54.02
非国有控股公司	697.65	9437.53	30.60	402.98	78.97	65.93
上证 50 公司	2092.90	9437.53	118.90	1408.58	172.14	149.67
上证 180 公司	1265.45	9437.53	118.90	909.63	123.09	102.80

注：本部分的统计数据剔除了未披露董事薪酬的样本。

(二) 董事及高管薪酬激励效果显著

以每家公司薪酬排名前三的董事作为样本进行分析，沪市公司薪酬排名前三的董事的薪酬总额平均值为 180.79 万元，最高值为 2825.76 万元，最低值为 9 万元，最高值和最低值公司的薪酬总额差距较大。从企业性质来看，国有控股公司薪酬排名前三的董事的薪酬总额的平均值为 153.26 万元，明显低于非国有控股公司的平均值 226.19 万元。

从行业来看，金融业、房地产业以及租赁和商务服务业的薪酬排名前三的董事的薪酬总额的平均值较高，金融业更是达到 658 万元，而教育业以及农、林、牧、渔业的平均水平较低。上证 50 公司和上证 180 公司的平均值分别为 505.18 万元和 321.19 万元，均高于沪市平均水平（见表 15）。

表 15　　沪市上市公司前三名董事薪酬总额概况　　单位：万元

	平均值	最高值	最低值	中位数
沪市公司	180.79	2825.76	9	124.64
国有控股公司	153.26	1933.11	9	118.33
非国有控股公司	226.19	2825.76	12	140
上证 50 公司	505.18	2825.76	9	330.25
上证 180 公司	321.19	2825.76	9	220.8

注：本部分的统计数据剔除了未披露董事薪酬的样本。

以每个公司薪酬排名前三的高管作为样本进行分析，沪市公司薪酬排名前三的高管的薪酬总额平均值为 205.19 万元，最高值为 3265.79 万元，最低值仅为 7.4 万元。国有控股公司薪酬排名前三的高管的薪酬总额平均值为 186.85 万元，中位数为 150 万元，低于沪市平均水平。而非国有控股公司平均值为 235.94 万元，中位数为 155 万元，显著高于沪市平均值（见表 16）。

从行业性质来看，金融业和房地产业薪酬排名前三的高管的薪酬总额平均值较高，最高的金融业达 683 万元，而农、林、

表16　　沪市上市公司前三名高管薪酬总额概况　　单位：万元

	平均值	最高值	最低值	中位数
沪市公司	205.19	3265.79	7.40	151.12
国有控股公司	186.85	1446.29	9.67	150.00
非国有控股公司	235.94	3265.79	7.40	155.00
上证50公司	570.51	3265.79	61.7	353.82
上证180公司	375.48	3265.79	56.47	265.10

注：本部分的统计数据剔除了未披露高管薪酬的样本。

牧、渔业以及电力、热力、燃气及水生产和供应业等公共事业型行业平均值较低。上证50公司和上证180公司的平均值分别为570.51万元和375.48万元，蓝筹公司的平均薪酬水平均高于沪市平均水平。

用沪市公司的盈利与公司薪酬最高的前三名董事和前三名高管的薪酬总额与公司绩效指标做相关性分析，可以得出董事及高管的薪酬水平与公司的绩效水平表现出高度的相关关系，且相关系数均为正，表明董事高管的薪酬越高，公司的绩效表现越好，薪酬的激励效应比较明显（见表17）。

表17　　沪市上市公司高管董事薪酬总额与盈利水平的相关性分析

	董事高管薪酬总额	公司薪酬前三名董事薪酬总额	公司薪酬前三名高管薪酬总额	每股收益	总资产收益率	净资产收益率	净利润
董事高管薪酬总额	1	—	—	—	—	—	—
前三名董事薪酬总额	0.89***	1	—	—	—	—	—
前三名高管薪酬总额	0.92***	0.92***	1	—	—	—	—
每股收益	0.35***	0.32***	0.33***	1	—	—	—
总资产收益率	0.41***	0.13***	0.13***	0.49***	1	—	—
净资产收益率	0.09***	0.08**	0.09***	0.27***	0.55***	1	—
净利润	0.11***	0.16***	0.18***	0.16***	0.09***	0.06	1

注：选取每股收益、净资产收益率、总资产收益率以及净利润来表示沪市公司的盈利水平；***、**、*分别表示1%、5%和10%的显著性水平。

（三）独立董事薪酬与公司规模正相关

据统计，沪市公司独立董事的平均薪酬为7.9万元，中位数为6万元，最高薪酬达到100.5万元，而最低薪酬只有0.25万元，薪酬差异较大。但总体上，独立董事领取的薪酬与公司规模正向相关，公司规模越大，其独立董事薪酬越高。如上证50公司和上证180公司独立董事的薪酬平均值分别为15.14万元和11.25万元，均高于市场平均值（见表18）。

表 18　　沪市上市公司独立董事薪酬概况　　单位；万元

	平均值	最高值	最低值	中位数
沪市公司	7.90	100.5	0.25	6
国有控股公司	7.08	48.5	0.4	6
非国有控股公司	7.59	100.5	0.25	6
上证 50 公司	15.14	100.5	2.5	11.32
上证 180 公司	11.25	100.5	0.60	8.33

注：本部分的统计数据剔除了上市公司独立董事平均薪酬为 0 的样本。

（四）股权激励成为激励管理层的重要工具

据统计，沪市上市公司进行股权激励的标的物主要是股票和期权。截至 2013 年，共有 101 家沪市公司正在实施或者准备实施股权激励计划，占沪市公司的 10.55%。其中，选择股票激励的公司 57 家，选择期权激励的公司 55 家，同时选择两种激励方式的公司有 11 家。在激励数量方面，股票激励的总数占总股本的平均比例为 2.28%，平均有效期为 5 年；而股权激励的总数占总股本的平均比例为 3.16%，平均有效期也是 5 年（见表 19）。

表 19　　沪市上市公司实施股权激励的概况

	公司数量（家）	激励总数占总股本比例（%）	有效期（年）
股票激励	57	2.28	5
期权激励	55	3.16	5

注：股票激励和股权激励方案均为上市公司正在实施或者是已经得到股东大会或者董事会通过实施。

分析结果显示，实行股权激励公司的盈利平均水平高于沪市公司的平均水平。以每股收益为例，进行股权激励公司的平均每股收益为 0.49 元，高于整个沪市公司的 0.32 元。同时，非国有控股公司是进行股权激励的主要群体，占实施股权激励公司的 70%；且从行业分布来看，进行股权激励的公司主要分布在制造业、房地产业以及批发零售业，占所有实施股权激励沪市公司的比例达 82%，而采矿业、公共事业以及金融业鲜有公司进行股权激励。

四、沪市公司践行社会责任情况

2013 年，共计 395 家沪市上市公司披露了社会责任报告，合计占沪市公司的 41%。自 2008 年上海证券交易所鼓励上市公司发布社会责任报告以来，沪市上市公司认真履行社会责任，社会责任报告披露数量不断增加，披露质量不断提升，披露工作日趋成熟。沪市上市公司对社会责任管理日益重视，将其融入到企业战略决策、日常运作和公司核心价值理念当中，对倡导社会责任价值投资理念具有重要的作用（见表20）。

表20　　社会责任报告披露情况对照表　　单位：家

年　份	2013	2012	2011	2010	2009	2008
社会责任报告披露总数	395	379	351	327	318	290

2013年沪市上市公司社会责任主要体现在爱心公益、绿色环保、员工发展等方面，并呈现出以下特点：

一是国有控股公司披露比例较高。从披露公司的所有制情况看，285家为国有控股公司，占披露公司总数的72%；非国有控股公司为110家，占比为28%。同时，报告编制内容呈现出国有控股公司编制质量好于民营企业、中央企业编制质量好于地方企业的特点。

二是上证50公司披露质量较高。上证50公司在编写社会责任报告时，较广泛地聘请了第三方审验和披露每股社会贡献值。报告总体质量较高，多家公司达到国际规范水准。同时参照了多项国内外应用较广的社会责任相关指南，从报告的框架上看，大部分公司依据准则形成了较为规范和固定的模式，报告清晰性和可比性较高。从报告的内容上看，大多数报告图文并茂，内容翔实，特色鲜明。

三是披露公司行业多元。从披露公司的行业来看，披露社会责任报告的公司在各个行业均有分布，其中，有191家制造业公司披露社会责任报告，占披露公司总数近50%。其他披露的公司较多的行业是交通运输、仓储和邮政业以及金融业，分别占披露公司总数的9%和8%。

四是公司更注重社会责任报告的严肃性，更多地聘请第三方机构审验。2013年，共有36家上市公司聘请了第三方机构为企业社会责任报告进行审验，占披露公司总数的9%，较2012年增加8家，增幅为29%。其中，22家为国有控股公司，14家为非国有控股公司。在聘请的第三方机构中，21家为会计师事务所，15家为其他社会责任审验机构。

五、结论和建议

尽管随着公司治理相关制度不断完善，沪市公司治理取得长足发展，但少数上市公司仍存在内部人控制，侵害上市公司利益之事，三会运作效率仍需提高。

2013年，上海证券交易所共做出132份纪律处分和监管措施决定，其中公开谴责6次，通报批评23次，涉及监管对象301人次。其中，部分公司是因规范运作违规受到了上海证券交易所的自律监管措施。此类违规行为的发生，侵害了上市公司利益，反映出公司治理结构存在缺陷，董监高未能履行忠实勤勉义务，主要表现：一是越权审批，如重大交易未经上市公司的股东大会、董事会审批等；二是三会的制衡作用未能有效发挥，少量侵害公司利益的交易行为仍能通过公司的三会决策程序；三是公司违规行为罕有由董事会、监事会成员发现后主动向上海证券交易所报告的情况。

综上所述，沪市公司的公司治理还须从以下几方面进一步完善：

（一）强化董事勤勉义务，提高董事会决策能力

董事勤勉义务要求，董事应从公司最佳利益出发，对上市公司待决策事项做出审慎决策，因部分董事没有足够的时间和精力参与上市公司事务，目前董事会会议超过半数以通信表决方式召开，董事会会议对待决策事项讨论不够深入充分，董事可能对待决策事项的利益和风险考虑不全面，致使损害公司利益的决策仍能通过。

公司应采取有效措施，保证董事现场参与决策，在条件限制现场不能召开董事会会议时，提供相关技术手段，确保全体董事能就待决策事项进行深度沟通，进行审慎决策，使董事真正成为上市公司的第一道风险防范堤。

（二）明确监事会职能定位，促进监事会作用全面发挥

在公司中设立监事会的立法本义是完善上市公司内部监督体系，减少代理成本，实现公司的良好治理，因此《公司法》第五十四条对监事的职权列举了六项具体规定及一项兜底规定。但从上市公司监事会的运作实践看来，部分公司的监事会未能有效地对公司的经营、管理或者风险进行监督。部分公司监事会未能独立于董事会履行其监督职责，少数公司的监事会形同虚设。绝大部分公司监事会对报告期内的监督事项无异议，只有极少数公司的监事会对公司的经营、管理或者风险提出改进建议。如何进一步明晰监事会的职能定位、落实监事会的监督职责、确保公司规范运作，还有待在实践中结合我国公司治理的实际情况，改进相关制度设计。

（三）完善股东大会网络投票制度，推动中小投资者参与公司治理

尽管沪市公司已逐渐采用网络投票形式召开股东大会，但网络投票仍然没有广泛采用，且在股权集中度较高的蓝筹市场，网络投票的股东持股占投票平均总股数仅为9.87%，中小股投资者参与投票比例低，致使个别有损上市公司利益的决策仍能通过公司股东大会。中小股东参与公司治理的权利需要进一步保障，一方面，应从制度上优化中小投资者参与公司治理的环境和手段，推动公司更多的采用网络投票召开股东大会；另一方面，也应增强中小投资者参与公司治理的权利意识，鼓励中小投资者发出更多的声音，促进公司决策的合理、有效，使中小投资者成为损害公司行为的制衡力量。

（四）改善公司薪酬制度设计，实现高管报酬与公司业绩增长双赢

总体上，公司董事及高管的薪酬水平

与公司的规模、公司的业绩呈现正相关，公司董事及高管薪酬水平越高，管理的公司规模越大，公司业绩越好。但采取股权激励的公司数量不多，股权激励效果还有待时间检验，部分公司的董事或高管薪酬存在畸高现象，与公司规模及经营业绩不相称。上市公司应进一步改进薪酬制度，在薪酬体系中增加绩效薪酬系数，鼓励公司实施股权激励计划，奖优罚劣，实现高管报酬与公司业绩增长双赢。

（上海证券交易所年报分析课题小组）

2013年沪市上市公司现金分红专题分析报告

摘　要：2013年，除2家公司外，沪市957家上市公司中，共有674家公司提出派现方案，占公司总数的70.43%，超过2012年的653家，为历年之最；合计分配现金红利达6707亿元，超过2012年的5959亿元，创历史新高。沪市已涌现出一批分红稳定、可预期的高回报蓝筹公司。另外，沪市公司还存在分红稳定性和可预期性尚待进一步强化、市场分红结构尚不合理等情况。在我国经济处于转型调整期、股票市场相对低迷的背景下，继续推动上市公司现金分红，对提升股票市场的投资价值，服务国民经济建设大局尤其具有重要意义。为此，有必要凝聚共识，探索新方法、新思路，破解制度性障碍，引导形成市场化导向的现金分红机制，提高投资者回报水平，促进市场健康发展。

现金分红是衡量上市公司投资者回报水平的重要标准，也是年报披露中市场各方关注的重点。本报告对沪市公司2013年年报与现金分红相关的数据进行了统计和分析，归纳总结了沪市公司分红的总体情况、行业板块特征，分析了在当前市场环境下推进上市公司现金分红工作的制约因素。在此基础上，提出进一步强化上市公司现金分红机制的建议。

一、沪市上市公司2013年现金分红的整体情况

数据显示，沪市公司2013年度的分红情况继续趋好，已经初步形成较为有效的现金分红市场机制，涌现出一批分红稳定可预期的高回报蓝筹公司。总体看，沪市已经具备较高的投资价值。

（一）派现公司家数逐年增长，派现金额创历史新高，分红比例继续保持历史高水平

经统计，已披露2013年年报的957家沪市上市公司中，674家公司提出派现方案，占公司总数的70.43%，超过2012年的653家，为历年之最。合计拟分配现金红利达6707亿元，超过2012年的5959亿元，创历史新高。整体分红比例为34.62%，相比2012年的35.16%略有下降，但仍保持历史高水平。分红比例下降的原因是上市公司2013年现金分红总额虽然比上年度增长了12.56%，但低于净利润的增长比例13.06%。图1为沪市近5年派现金额和分红比例情况。

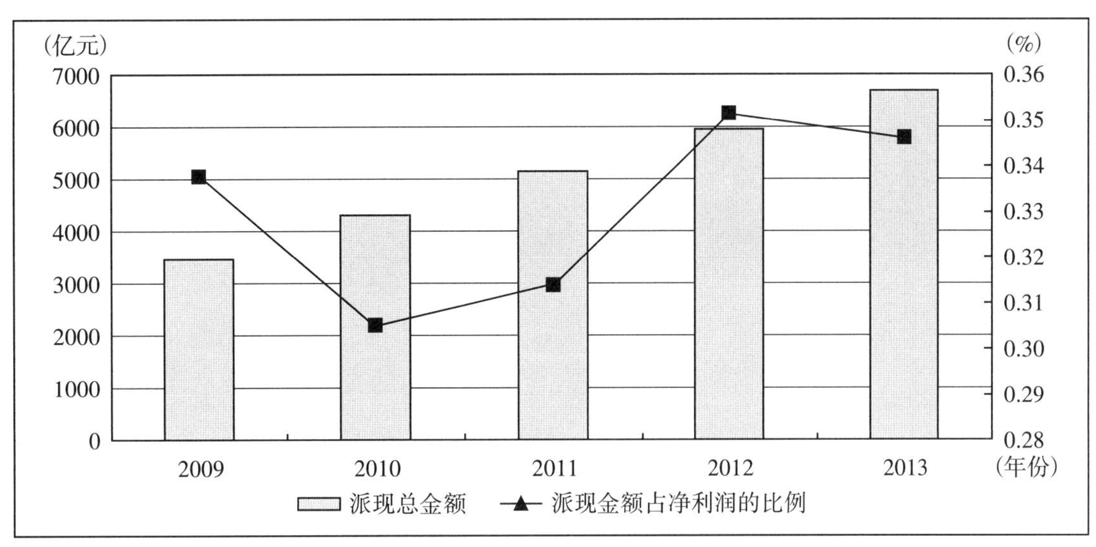

图1 沪市上市公司近五年的派现额和分红比例

(二)高比例派现公司数量继续增长，大额派现公司群体持续扩大

2013年，沪市公司中，分红比例超过30%的公司家数达538家，超过2012年的513家，占沪市公司总数的56.21%，占派现公司总数的79.82%。其中现金分红比例超过50%的公司家数达到127家，相比2012年的135家略有下降，占沪市公司总数的13.27%，占派现公司总数的18.84%。

从派现金额看，大额派现公司集中于大型绩优蓝筹公司，大额派现公司的群体持续扩大。2013年，派现总额超过100亿元的公司共12家，公司派现总额高达4559亿元，占沪市派现总额的67.97%；派现金额达到10亿元以上的公司有64家，超过2012年的56家，派现金额高达5916亿元，占沪市派现总额的88.20%（见表1）。

表1　沪市公司派现金额分布简表

分布区间	公司家数	分红总额（亿元）	分红均值（亿元）	占沪市比重（%）
100亿元以上	12	4559	379.92	67.97
50~100亿元	5	390	78.00	5.81
10~50亿元	47	967	20.57	14.42
1~10亿元	223	641	2.87	9.56
1亿元以下	387	150	0.39	2.24
合计	674	6707	9.95	100.00

(三)上市公司现金分红稳定性提高，可预期性增强，高回报公司投资价值凸显

2013年，连续3年派发现金红利的公司达490家，较2012年的391家大幅增长，其中185家公司连续3年的分红比例超过30%。以华能国际、上港集团等为代表的40余家公司连续3年分红比例超过

50%。同时，大部分公司在公司章程中已经明确了现金分红政策及未来三年规划，在公司章程中明确高分红比例的公司数量有所增长，包括长江电力等40余家公司在章程中均明确规定了超过30%的现金分红比例，稳定了高分红预期。

从股息率看，按上市公司2013年度现金分红金额和2013年12月31日的收盘价计算，2013年末沪市整体的股息率达到了3.31%。其中，个股股息率超过3%的公司达84家，超过5%的公司达34家。若以2014年4月30日收盘价计算，沪市公司股息率超过3%的公司达100家，超过5%的公司达39家。

从现金红利收益率（拟派发的现金红利与归属于上市公司股东净资产的比例）看，2013年度沪市整体的红利收益率达到了4.80%，现金分红比例超过30%且现金红利收益率超过三个月定期银行存款利率（2.6%）的公司高达302家，现金分红比例超过50%且现金红利收益率超过一年定期银行存款利率（3%）的公司也达到了80家。

二、沪市现金分红的板块和行业分布特征

年报数据显示，2013年沪市多层次蓝筹股市场各板块、各行业分红情况普遍趋好，现金分红的板块分布清晰。但受宏观经济因素等的影响，不同行业分红比例存在较大的差异。

（一）上证50和上证180板块是沪市分红主力，上证380分红比例高于市场平均水平，红利指数板块体现高回报特征

上证50和上证180板块集中了我国关系国计民生的大型成熟企业和各行业龙头企业，是沪市的分红主力军，现金红利收益率都超过5%，股息率都超过4%，与其在市场中的地位相匹配。上证红利板块集中了高分红的优质蓝筹股，分红比例为35.52%，高于市场整体分红水平，现金红利收益率和股息率分别达6.01%和5.59%，体现出高回报特征。上证380包含大量高成长性的中小企业，现金分红占市场的比重仅有8%，现金红利收益率和股息率分别为3.05%和1.79%，体现规模较小和高市盈率特征。但从分红比例看，上证50和上证180的板块分红比例分别为33.83%和33.79%，远低于上证380板块的39.02%，也低于沪市整体分红比例的34.62%。

数据表明，市场分红主要来自于传统行业的经营成熟期大型企业，战略新兴产业公司分红比重较低，分红板块结构有待优化。受宏观经济因素和现金流下降等影响，市场分红传统板块趋于谨慎。现金分红的具体板块分布情况，见表2。

（二）绝大多数行业派现总额实现增长，金融业、采矿业贡献突出

从行业分布看，受益于沪市上市公司2013年度业绩的持续增长，CSRC行业分类中的18个门类中，仅有2个行业分红总

表2　　现金分红的板块分布情况　　单位：%

样本范围	派现金额（亿元）	占市场分红的比重	分红比例	现金红利收益率	股息率
沪市整体	6707	100	34.62	4.80	3.31
上证50	4025	60	33.83	5.39	4.52
上证180	6059	90	33.79	5.30	4.08
上证380	539	8	39.02	3.05	1.79
红利指数	4988	74	35.52	6.01	5.59

注：股息率以2013年12月底的市值计算。

额出现下降，大部分行业保持不同比例的同步增长。从派现总额看，金融业派现总额遥遥领先于其他行业；采矿业、制造业派现总额位居前列，电力、热力、燃气及水生产供应业、房地产业、建筑业、批发和零售业等行业位居中游；只有水利环境和公共设施管理业、农林牧渔业的派现额大幅度减少。

金融业仍然一枝独秀，2013年派现总额高达3917亿元，占市场分红总额的58.41%，分红比例为32.01%。金融业中银行类上市公司又是主力，净利润和现金红利均占全部上市公司总额的一半以上。2013年，14家上市银行派现高达3692亿元，占沪市上市公司红利总额的55.04%。其中，仅“四大银行”就贡献2502亿元的现金红利，占沪市上市公司红利总额的37.30%。工商银行蝉联A股公司的派现之最，预计现金分红额高达920亿元。

除金融业外，采矿业公司在沪市现金分红中也占据重要地位。2013年共计派发现金红利1151亿元，占沪市分红总额的17.17%，分红比例高达41.92%，远高于市场平均水平。采矿业公司中，分红的主力为以中国石油、中国石化和中国神华为代表的煤炭类和有色金属类上市公司，三家公司现金分红金额达1044亿元，占行业分红金额的90.72%。

（三）不同行业分红比例差异较大，分红比例升降不一

分行业看，不同行业分红比例差异较大。住宿餐饮业和交通运输仓储业分红比例居各行业之首，分别高达56.32%和50.30%。以交通运输业的代表宁沪高速为例，连续三年的分红比例达70%以上。采矿业，制造业，电力、热力、燃气及水生产供应业保持高比例，分红比例分别高达41.92%、44.11%和42.88%。备受关注的贵州茅台，以每10股分红43.74元蝉联A股每股分红之最。金融业、信息传输软件和信息技术服务业、文化体育娱乐业、农林牧渔业位居中游，分红比例分别为32.01%、31.10%、34.15%和36.32%。其他9个行业分红比例都在30%以下，其中受宏观经济因素影响较大的房地产业和建筑业的分红比例分别仅为22.08%和22.49%，包括中国铁建、保利地产、冠城大通等在内的40余家企业分红比例出现不同程度的下降。

从分红比例的增速看，各行业升降不一，整体稳中有降。受宏观经济因素和经营性现金流的影响，部分行业经营业绩下滑导致分红比例下降，部分行业现金分红比例增速小于净利润增速。CSRC 行业分类中的 18 个门类中，11 个行业的净利润实现不同程度的增长，只有 6 个行业的分红比例不同程度提高，包括金融业在内的大部分行业出现不同程度的小幅下降。

其中，金融业业绩稳步增长，但增速放缓，虽然净利润同比增长 15.06%，但因同业存款的大幅减少，导致金融业经营活动产生的现金流量净额同比大幅下降 50.79%，分红比例同比下降 0.35 个百分点。电力、热力、燃气及水生产供应业，建筑业，房地产等行业业绩持续增长，制造业业绩企稳回升，净利润分别增长 23.32%、37.78%、10.92%和 24.34%，其分红比例相对平稳，在小范围内增减变动。

此外，采矿业、综合行业、交通运输、仓储和邮政等行业均出现净利润下降但分红金额增加的情况。例如，以广汇能源为代表的综合类公司净利润大幅下滑 20%以上，仍逆势提高分红比例，派现额增幅达 93%。

三、推进上市公司现金分红工作的制约因素

经过长期努力，市场各方对推进现金分红工作已形成一定共识，上市公司重视现金分红、提高投资者回报的意识已得到加强。近两年沪市公司的现金分红情况也得到了市场和投资者的肯定。但从实践情况分析，推进现金分红工作仍存在不少制约因素。

（一）现金分红的稳定性和可预期性不强，尚不足以树立投资者长期价值投资的信心

对投资者来说，股票投资的投资回报主要包括现金红利收益和二级市场股票差价收益，投资收益的大小决定其行为方式。当现金红利收益较高且预期性强时，公司二级市场股价也将相对稳定，并可能出现增值收益，投资者会选择长期投资行为，减少获取短期股票差价的投机行为，以期获取派发的现金分红和未来股票增值收益，进而减缓股价波动，形成股价走势与长期投资回报之间的良性循环。因此，增强上市公司现金分红的稳定性和可预期性是股市稳定发展与形成长期投资理念的基础。

目前我国处于新兴加转型时期，实体经济发展遇到瓶颈，周期性传统行业所占比重过高，市场结构发展不均衡，部分公司抗风险能力较弱，上市公司分红稳定性和可预期性不强，对投资者长期价值投资的信心造成较大影响。年报数据显示，虽然沪市 2013 年连续 3 年派发现金红利的公司达 490 家，但大部分公司持续分红的比例还相对较低；尚有 226 家具备分红条件的公司因缺乏稳定盈利和持续回报投资者的分红文化等原因，未实现三年连续分红。另外，我国股票市场波动幅度较大，作为投资回报重要衡量标准的股息率也相应变化较大，投资者难以形成稳定的预期。

（二）市场各方对引导、鼓励上市公司现金分红，形成有效现金分红机制的必要性仍未达成高度共识

目前部分上市公司在现金分红对股市稳定发展的重要性方面还存在一定程度的分歧，认为上市公司分红是公司内部行为，监管部门没有必要采取干预措施，导致对现金分红的积极性不高，或进行低分红以应对市场压力的情况。

一般而言，现金分红属于上市公司自治范畴，在公司内部治理完善且外部约束条件充分有效的情况下，公司自主地进行利润分配决策，可以有效地达到回报股东的目标。但实际情况中，难以存在公司充分自治的理想状态，上市公司经常发生内部治理存在缺陷，外部对上市公司现金分红决策约束弱化的情况。当公司治理失效时，外部监管力量的介入成为一种必要的有效手段。如“安然事件”发生后，美国监管机构就针对公司治理出台了一系列监管措施。从各国现金分红实践看，美国、韩国等许多国家在市场成长过程中，也都曾采取过强制或半强制现金分红制度，直至市场机制成熟后才转向市场化导向的、以信息披露为核心的现金分红机制。

在新兴加转轨的市场环境下，我国上市公司长期存在着漠视投资者权益，现金分红意识淡薄，分红较低、不稳定和可预期性不强等一系列突出问题。当上市公司利润分配政策无法满足甚至损害股东利益时，现金分红机制无法发挥应有的基础性作用，作为阶段性过渡措施，监管机构引导、鼓励和支持上市公司建立持续、清晰、透明的现金分红机制，对提高股票市场的投资功能和吸引力，让投资者可以分享我国经济建设成果，提升资本市场服务于国民经济建设具有重大意义和必要性。

（三）上市公司内部治理不够完善，外部约束力尚待进一步强化，上市公司提高现金分红水平的积极性不高

目前沪市上市公司一方面尚未普遍形成内部激励机制，现金分红与公司管理层及员工利益相关度不高，持续关注股价、有效管理市值的积极性和主动性不够，有关现金分红的信息披露不够透明，投资者回报高度受制于股价表现，被动投资，不利于引导投资者形成长期价值投资理念。另一方面，上市公司现金分红的外部约束力不够，投资者参与现金分红决策的渠道较为有限，知情权和话语权不够，积极性不高，未能充分有效发挥对上市公司现金分红决策的参与和监督作用，导致部分公司分红意愿不强。从统计数据看，除不具备分红条件的公司外，沪市2013年度尚有182家公司按规定具备分红条件，未进行分红或分红比例低于30%。

（四）现行红利税政策形成的交易成本相对偏高，投资者通过现金分红获得投资收益的意愿不强

长期以来，市场对取消或降低红利税的呼声不断。2013年，我国实施了差别化红利税政策，持股超过1年的，税负为5%；持股1个月至1年的，税负为10%；

持股1个月以内的，税负为20%。但是，有部分市场参与主体认为该政策对增加投资者红利净收入的实际效果有限，也有投资者认为红利税作为一种税后税，既存在不合理的重复征税现象，还存在税负不公平现象，个人投资者要交红利税，机构投资者不交红利税。从实际效果看，新红利税政策实施以来，对市场和投资者信心提振力度不强。

当前，我国经济处于转型调整期，急需资本市场服务实体经济。对相对低迷的股票市场在税收政策上给予倾斜与扶持，提高投资者回报，有利于提振投资者信心，引导价值投资理念，促进资本市场的健康发展，提升资本市场服务实体经济的能力。换言之，实体经济依托资本市场实现发展，其能贡献给国家和社会的利益要远高于目前收取的红利税，也更加有利于市场各方共同受益于整个国民经济的健康发展。

四、继续完善上市公司现金分红市场机制

在我国经济处于转型期、股票市场相对低迷的背景下，继续推动上市公司现金分红，对提升股票市场的投资价值尤其具有重要意义。国务院分别于2013年12月和2014年5月发布了《关于进一步加强资本市场中小投资者合法权益保护工作的意见》和《国务院关于进一步促进资本市场健康发展的若干意见》（简称“新国九条”），明确提出要优化投资回报机制，保护投资者合法权益。为此，有必要采取有效措施，进一步完善以市场化为导向的现金分红机制。

（一）大力发展蓝筹股市场，支持实体经济健康持续发展，提高上市公司现金分红的稳定性和可预期性

实体经济是资本市场发展的基础，资本市场又服务于实体经济，二者高度相互依赖。沪市蓝筹股市场是国家经济建设的主力军，在国民经济发展和资本市场中发挥着中流砥柱的作用。促进实体经济发展，提高上市公司盈利能力，是提高上市公司现金分红稳定性和可预期性的基础，也是建立持续、透明、有效的现金分红机制的保障。

“新国九条”强调，要更好发挥资本市场优化资源配置的作用，促进创新创业、结构调整和经济社会持续健康发展。因此，沪市公司需借助政策支持，依托透明化的资本市场，积极践行混合所有制改革，完善公司治理结构，释放企业活力，提高盈利能力，增加股东回报。数据表明，2013年沪市分红主要来自属于传统行业的经营成熟大型企业，战略新兴产业公司分红比重较低，分红板块结构有待优化。在国家经济结构转型升级调整的背景下，上交所应当加大扶持、服务力度，扩大战略新兴产业公司群体，改善市场分红结构，提高沪市蓝筹股市场多样化投资标的吸引力。

（二）保持监管政策稳定性，坚持不懈地引导形成市场共识，培育形成市场化导向的现金分红机制

培育成熟现金分红机制有赖于增加投

资者回报水平和形成稳定的市场预期。因此，应以这两个条件为主线，保持监管政策稳定性，加大宣传力度，坚持不懈地引导形成市场共识，同时采取有针对性的监管措施，积极为培育成熟、有效的现金分红机制创造条件。

可研究考虑对现金分红长期稳定的公司实施“绿色通道”，对长期不分红或者分红不符市场预期公司的再融资行为进行适度限制，促进上市公司提高现金分红水平，引导上市公司合理配置资源，提高资金使用效率。同时建议继续采取有效措施，支持长期资金入市，稳定市场预期，提高分红公司的投资价值。另外，数据显示，沪市已经出现一批分红稳定且可预期的高回报蓝筹公司群体，吸引长期资金入市已经具备良好的市场基础。可考虑以红利相关主体指数为载体，将分红意愿和分红能力较高的股票纳入指数，并基于红利指数开发相关指数化产品，多维度细化高分红蓝筹公司群体，提高机构投资者对投资标的股选择的便捷性，打消长期资金入市顾虑，既可以稳定市场估值重心，又可以让中小投资者持续分享到经济增长的成果。

（三）完善公司内部治理，建立外部市场约束，提升上市公司现金分红主动性

培育成熟、有效的现金分红机制有赖于完善上市公司内外部治理机制，提高现金分红的主动性和积极性。针对上市公司分红意愿不强的现状，建议推进实施上市公司员工持股计划，优化管理层股权激励制度，建立包括管理层在内的员工利益和公司利益的良性结合机制，增强管理层持续关注股价、有效管理市值的积极性和主动性，形成上市公司积极分红的内生动力，改变漠视被动受制于股价表现的中小投资者利益的局面。同时充分发挥投资者的作用，提高投资者在公司现金分红决策方面的话语权，加大对上市公司现金分红决策的参与力度，提升上市公司自觉分红意识。丰富投资者参与现金分红决策渠道，引导上市公司完善投资者沟通机制，切实改善上市公司重形式、轻沟通的实际情况，引导形成有效的现金分红外部市场约束机制。

（四）着眼市场长远发展，优化红利税政策，提高现金分红的投资收益实际水平

当前国民经济处于转型调整期，急需加大资本市场服务于实体经济的力度。建议在深入调研和研究的基础上，着眼于支持资本市场服务国民经济结构转型升级大局，考虑进一步优化现金分红税收政策，减轻投资者的红利税负，提高现金分红在投资回报中的比重，降低税收因素对投资者心理预期的影响，提高投资者参与资本市场的积极性，充分发挥现金分红的基础性机制作用。

（上海证券交易所年报分析课题小组）

2013年上交所上市公司年报披露监管专题分析报告

摘　要：上市公司年度报告是投资者高度关注的重要信息，也是交易所信息披露监管的重点。2013年，上交所贯彻落实中国证监会大力推进监管转型的工作部署，事前精心组织、事中快速反应、事后加强监管，着力提高上市公司信息披露的有效性和针对性。本报告从加强技术保障、明确审核重点、充分揭示风险、严肃处理违规、推进监管公开等方面总结了2013年沪市上市公司年报监管总体情况。在此基础上，分析梳理了2013年年报在披露生产经营、财务信息、公司治理、规范运作等方面存在的问题。报告归纳了针对前述问题采取的具体措施，并提出了下一步改进年报监管工作的建议。

上市公司年度报告是上市公司对其全年生产经营、财务状况、投资发展、治理内控等情况的总结分析，是投资者高度关注的重要信息。上市公司年报也一直是上交所信息披露自律监管的重中之重。本报告介绍了2013年沪市上市公司年报监管工作的总体情况，分析总结了监管中发现的主要问题及采取的自律监管措施，提出了下一步改进年报监管工作的建议。

一、上交所2013年上市公司年报监管工作总体情况

2013年年报审核工作中，上交所认真贯彻落实证监会关于推进监管转型的部署，切实转变监管理念、监管方式，以投资者需求为导向，全面实施事中事后监管，统筹安排，有序开展年报披露监管工作，较好地履行了信息披露一线监管职责。年报披露期间，主要开展以下六个方面的工作：

一是保障“信息披露直通车”业务正常运转。2013年7月，上交所正式实施“信息披露直通车”业务，上市公司可以通过信息披露电子化系统直接提交公告，并对外披露信息。2013年是上交所实施“信息披露直通车”后的首个年报披露周期。为保障年报披露“放而不乱、活而有序”，在年报披露前，上交所着重加强事前引导工作，发布《关于做好上市公司2013年年度报告工作的通知》，对年报信息披露的内容、形式和时间等提出明确要求，同时对有关现金分红、承诺事项、会计政策调整、会计估计变更及差错更正等市场重点关注问题的披露形式与要求做出详细指引。同

时，上交所不断完善XBRL年报报送系统功能，要求公司在年报发布时，通过XBRL系统软件对年报数据前后匹配、勾稽关系进行检验，极大地提高了年报数据的完整性和准确性。总的来说，2013年上市公司年报披露的市场效率显著提升，投资者获取年报信息的路径也更加便捷。投资者可于披露当日的19点之前，浏览到当日95%以上的公司年报。

二是将年报审核重点转移到投资者关注的事项。2013年，上交所以投资者需求为导向，重点审核投资者关注的事项，如公司业务模式、行业趋势、风险揭示、财务预测等可能对投资者决策产生较大影响的重大信息。针对年报偏重财务信息披露的特点，上交所确立了以财务审核为重点，提高年报监管专业性和有效性的基本目标。为此，在2013年年报审核中，除监管人员对所有公司年报进行初审、复审外，还成立由会计、审计、法律等专业人士组成的专门审核小组，对风险公司、疑难会计问题进行定期审核和会商，形成了两级年报审核体系。并针对部分上市公司经营风险说明不充分、收入成本分析大而化之、非经常性损益产生的影响披露不完整、减值准备计提不充分等情况，进行重点审核。

三是积极推动上市公司提升现金分红水平。现金分红直接体现上市公司回报投资者情况，上交所一直高度重视并积极推动，近年来，上交所蓝筹股的现金分红率呈现越来越高的趋势。2013年，上交所进一步强化了现金分红专项监管，开通热线解答问题，对符合分红条件而未进行分红，以及分红比例低于30%的182家公司，督促其按照《上市公司现金分红指引》，召开说明会、将利润分配方案交股东大会网络投票并分段披露表决结果，以提高中小投资者的话语权，引导形成对上市公司现金分红的外部市场约束机制。据统计，截至2013年5月30日，已有154家公司召开了现金分红说明会，有130家公司进行了网络投票及分段披露。

四是认真做好风险警示和退市工作。2013年报告披露期间，根据《股票上市规则》的规定，上交所及时对16家触及退市风险警示情形和3家触及其他风险警示情形的公司，实施了风险警示；对符合撤销风险警示条件的21家退市风险警示公司和2家其他风险警示公司撤销了风险警示。2013年，上交所还对连续四年亏损的*ST长油作出终止上市决定。*ST长油是2012年退市制度改革后首家按照新退市规则被实施强制退市的公司，市场高度关注。为保障退市工作顺利进行，上交所成立专门工作小组，做好信息披露、组织保障、技术准备等工作。目前，公司股票在30个交易日的退市整理期交易后摘牌，公司转板工作正在顺利进行。

五是严肃处理各类信息披露违规行为。2013年年报审核中发现，部分上市公司业绩预告不谨慎、程序不完备，影响投资者的决策判断。对此，上交所对存在业绩预告差异过大等违规事项的10余家公司采取监管措施或纪律处分。年报审核中还发现，部分上市公司在资产收购出售、政府补助、关联交易等方面存在信息披露不及时或是决策程序不完备的情况，在报表数据和会计处理等方面存在常识性错误。对年报审核发现的违规线索，上交所快速反应、严肃查处，对已核实的违规行为及时采取监管措施或纪律处分；对特别重大的疑点，及时提请证监会相关部门进行核查或者稽查。

六是多措并举推进年报监管公开。2013年年报审核过程中，上交所加强了年报监管公开工作，主动回应投资者关切的问题，传递监管政策导向。对部分投资者关心或风险揭示不充分的公司，要求公司公开交易所审核问询情况，共计140余家公司充分说明并披露了上交所对公司经营财务状况的关注问题。上交所还通过新闻发布会、微信、微博等多种形式，及时向市场和投资者介绍年报审核进展情况。2013年4月29日对外公开上交所年报初步审核情况。4月30日公开沪市上市公司年报披露情况。5月4日公开关于年度业绩预告违规的处理情况。5月9日召开媒体通气会，通报年报披露与监管初步情况，提高监管的透明度。

二、上交所2013年上市公司年报监管发现的主要问题

2013年年报审核工作以投资者需求为导向，将审核重点放在投资者关注的事项上。在对957家沪市上市公司2013年年报进行审核的基础上，上交所完成383家公司年报的重点事后审核工作。据统计，审核中共提出问询事项3546项，平均每份询问函涉及关注事项9.26项，其中财务会计事项占比40%，经营业绩事项占比15%，信息披露事项占比16%，公司治理、内部控制、募集资金、关联交易等合规运作事项占比27%，其他事项占比2%（见图1）。审核中，主要发现六个方面的问题。

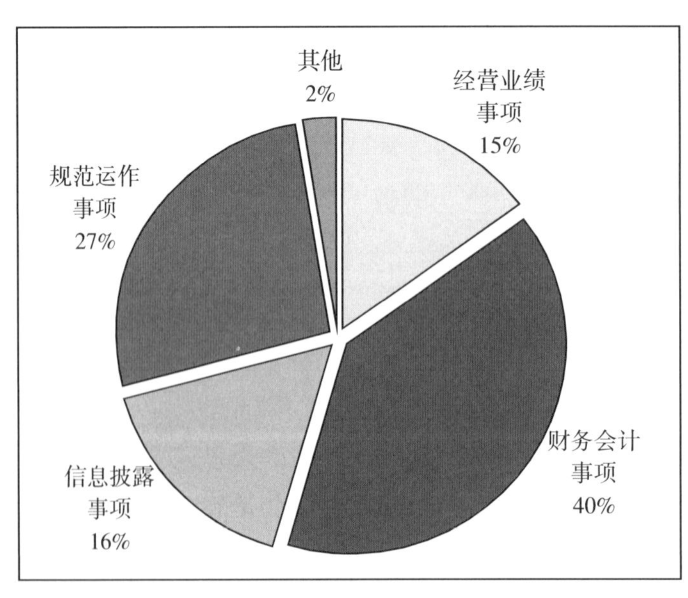

图1　2013年年报事后审核关注事项类型统计

（一）会计政策、会计估计及会计差错事项的信息披露存在随意性

会计政策调整方面，沪市共有79家公司进行了会计政策变更，占全部公司的8.23%，其中有60家系执行新会计准则而实施的政策变更。审核中发现两类问题：一是部分公司存在会计政策调整的披露过于简单，未详细说明其性质、内容和原因，同时也未充分披露相关科目的金额；二是部分公司存在会计政策决策程序不明确、不到位的问题。

会计估计变更方面，沪市共有46家公司进行了会计估计变更，占全部公司的4.80%。变更家数和占比分别较2012年减少33家、下降3.48%，涉及的会计科目包括固定资产、应收账款、无形资产等。审核中发现主要问题有两类：一是部分公司的会计估计变更对财务报表影响较大，甚至影响公司盈亏变化，存在盈余管理的可能；二是部分公司会计估计变更的适用日期不当，存在违反未来适用法的调整事项。

会计差错调整方面，沪市共有20家公司进行了会计差错更正，占全部公司的2.09%。变更家数和占比分别较2012年减少4家、下降0.43%。会计差错更正近3年来呈现逐步下降趋势，会计信息质量有所提高，但是部分公司仍存在相关决策程序或会计处理不规范现象。

（二）收入确认的合理性和披露的充分性有待提高

事后审核主要关注收入确认标准、确认时点、收入构成，以及大幅变动原因等事项。审核中发现四类问题：一是报告期销售收入较上年同期存在较大幅度变化的，公司对主要产品的销售数量、销售价格、收款情况等信息披露不充分；二是收入确认时点不恰当，一些公司在收入确认时点及金额的判断上依据不充分，会计处理与相关业务的经济实质并不相符，对主要财务指标影响较大；三是政府补助收入的确认依据不足，在区分与收益相关和与资产相关政府补助的会计处理方面存在误区；四是对于一些特殊行业或涉及特殊交易的上市公司，收入确认未严格区分总额法和净额法，随意放大收入规模。

（三）财务信息披露的准确性、完整性存在不足

年报事后审核发现，部分上市公司年报财务信息准确性不足，信息披露存在不规范、不完整情形，很难满足投资者价值判断需要。主要表现在两个方面：一是不符合会计准则要求。例如，对应交税金借方余额的重分类、预付工程款的列报、财务报表项目发生大幅变动的原因披露不准确；对长期股权投资采用权益法或成本法的依据披露不完整；对未纳入合并范围的子公司披露不完全。二是不符合年报披露规则要求。例如，成本构成、研发支出的具体情况未充分披露；具有重大影响的供应商或客户缺少必要的介绍或说明；收入、费用、成本等年度经营计划未进行定量披露；主要子公司或参股公司经营情况及业绩披露不到位；应收款项、预付款项、存

货、长期股权投资、固定资产以及商誉等科目的减值准备计提依据披露不充分。

（四）部分公司年报叙述性信息披露流于形式、风险揭示不足

2013年，上交所重点审阅可能对投资者投资决策产生较大影响的公司业务特点、行业趋势、风险揭示、财务预测等年报信息。事后审核发现，部分上市公司年报叙述性信息内容笼统空洞，缺乏个性化、差异化信息，无法满足投资者价值判断需要，主要表现在对未来经营风险未能进行充分揭示说明、对当年收入成本的分析大而化之、非经常性损益产生的影响分析不到位、投资项目情况轻描淡写等情况。例如，上交所对中航黑豹未来经营计划、应收账款大幅增长、主要销售客户集中、土地补偿和减值计提等风险事项提出质询，同时要求公司补充披露质询事项。

（五）部分公司规范运作存在缺陷

上市公司的公司治理及规范运作，反映了公司经营风险的大小。经事后审核，发现主要存在六个方面的问题：一是部分公司“一股独大”，小股东维权困难，存在大股东侵占上市公司利益的风险；二是部分公司股权分散，大股东对上市公司管理缺位或争夺控制权现象较为突出；三是“三会”运作存在缺陷，部分董监高未做到勤勉尽责，缺席董事会及股东大会次数较多；四是部分关联交易未履行必要的决策程序，关联交易必要性、公允性存疑，且部分公司关联交易日趋增多，影响公司独立性；五是部分公司与大股东存在同业竞争的情形；六是少数公司对外担保的必要性存疑，且仍存在违规担保或为风险较大的公司提供大额担保现象。此外，还有部分公司存在现金分红披露不充分、决策程序不到位等现象。

对于公司内控制度建设情况，上交所在年报审核中，督促公司按照相关要求披露内控报告，并根据公司披露的内控评价报告及内控审计报告，核查公司内控制度是否健全，是否能够有效防范风险。审核发现四类问题：一是上市公司内控评价报告内容与格式差异较大，可比性有待加强；二是部分公司内控缺陷披露不充分，存在回避内控缺陷的问题；三是部分内控审计意见类型差异较大、审计标准不明确；四是一些公司内控报告的客观性、充分性存疑。

（六）部分公司审计报告尚需规范

审计报告是公司年度报告的全面审核和总结，是公司年报信息的补充说明，也是年报审核的重要参考依据。对公司年报审计报告事后审核发现五类问题：一是部分非标准审计报告未按规定明确表述非标事项是否涉及明显违反会计准则的情形；二是部分审计报告中，强调事项段的使用和表述不符合审计准则及相关应用指南的规定；三是对创新业务的风险评估不足，审计程序不充分；四是对异常重大交易未充分关注可能存在的舞弊风险；五是对企业会计政策和财务报表总体列报的恰当性未给予有效关注。

三、上交所年报监管采取的主要措施

针对年报监管中发现的主要问题，上交所公司监管部门及时采取有针对性的各项措施，督促上市公司补充披露重大信息，揭示潜在风险。加大监管力度，严肃处理公司信息披露违规行为，维护投资者权益。

（一）充分运用多种监管措施，提高监管针对性和有效性

根据年报披露中出现的不同问题，上交所在 2013 年的事中事后审核中，着力提高监管针对性和有效性，采取了诸如要求召开投资者说明会，要求公开更正澄清、停牌自查等监管措施，以进一步加强对投资者尤其是中小投资者合法权益的保护。

一是要求公司发布澄清、更正公告，督促公司更正年报中的典型错误，澄清投资者关注的问题。针对取消事前把关后，公告错误有所增多的现象，上交所在年报披露后第一时间开展事后审核，审阅主要财务指标、股东情况等投资者比较关心的内容，及时要求公司对发现的典型错误进行更正。另外，上交所加强年报舆情监控，重点关注媒体、投资者对年报的解读报道，对公司经营风险、财务状况等提出合理质疑，督促公司及时予以澄清或更正。据统计，上市公司根据上交所要求发布补充更正公告 377 份，发布澄清公告 103 份。

二是督促存在重大风险的公司补充揭示风险事项，提醒投资者及时关注。年报审核发现，部分公司存在主营业务规模较小、盈利能力较弱、净资产偏低、抵御风险能力较弱等风险。有部分公司采取变卖资产、接受政府补助、接受关联方的资产赠予或债务重组收益等非经常性损益方式实现盈利或净资产转正，公司基本面并未明显改善。针对此类情况，上交所以充分信息披露为中心，综合运用要求发布风险提示公告、业绩预告、举行公开说明会、通过 E 互动加强与投资者沟通等方式，督促相关公司充分完整地揭示后续经营或业绩风险，避免误导投资者。

三是针对触发上市规则的紧急情形及时开展事中监管。第一时间对审计师审计意见进行审核，重点关注被出具非标意见的公司，要求审计师对是否明显违反会计准则发表明确意见，如存在明确违规情况，则对公司股票及其衍生品种立即实施停牌，督促其对违规事项予以纠正。另外，对不能按期披露年报的高风险公司，如博汇纸业、ST 成城，上交所对公司股票及其衍生品种立即实施停牌，督促及时披露，并对公司或相关人员启动问责程序。针对可能存在违规担保、关联方资金占用等重大风险事项予以重点防控，如情节严重、触发风险警示条件的，应及时进入相关实施程序，例如，对成城股份违规担保等情形给予风险警示。

（二）加大监管力度，严肃处理各类违规行为

2013 年年报披露监管过程中，上交所强化了快速反应机制，提高响应速度。对

市场反响强烈、投资者高度关注的违规行为，加大了监管力度，以形成有效的监管威慑，保护投资者的权益。

一是完善快速反应机制，提高监管执法效率。在年报披露取消事前把关的背景下，上交所整合监管资源，提高事后监管的效率，针对审核中发现的信息披露违规事项，快速反应、及时处理。初步统计，年报披露期间，上交所上市公司监管部门共召开15次部门纪律小组工作会议，讨论涉及上市公司115家（次），其他监管对象约204人（次）的违规行为的处理建议。2013年1~5月，共作出104份纪律处分和监管措施决定，同比增长642.86%，涉及上市公司、董事、监事、高级管理人员等监管对象共计249人（次），同比增长465.91%。另外，对11家上市公司及相关信息披露义务人发出了纪律处分意向，目前正按照相关程序进行调查核实和反馈审核，并将根据核查结果及时作出处分决定。通过快速采取纪律处分和监管措施，及时惩戒相关责任主体，为净化市场环境起到积极的警示作用。

二是严厉打击重大恶意违规案件，提高监管威慑力。从违规类型看，年报相关的违规主要包括：上市公司的业绩预告违规、关联交易和重大交易的决策程序以及信息披露违规、诉讼和补贴等重大事项以定期报告代替临时公告、募集资金违规使用、资金占用、违背承诺以及中介机构不尽责等。对发现的重大恶意违规案件，上交所保持高压态势，着力强化监管执法威慑力。例如，对存在财务造假和业绩预告变脸等重大违规行为的三峡新材，上交所对公司拟予以公开谴责，对主要责任人拟予以公开认定；对未在法定期限内披露年报，造成恶劣影响的ST成城、博汇纸业，上交所对公司和相关责任人拟予以公开谴责。再如，上交所还对无故多次不按原定日期披露年报，严重扰乱投资者预期的天目药业及其相关责任人予以通报批评。

三是通过探索案件类型化处理，统一监管执法标准。一直以来，为保障监管的公平性和权威性，上交所努力通过案件类型化的方法，总结同一类型违规行为的主要特点，确定相对统一的处理标准，确保同类案件得到相同处理，确保监管执法与违规行为的性质、情节及危害程度相适应。例如，针对年报审核中发现的业绩预告违规和日常关联交易违规频发的特点，上交所在2013年的事后监管中，进一步明确了这两类违规行为的处理标准。针对业绩预告的处理标准，区分了未披露、逾期披露、预告差异过大、预告变脸等主要情形，在此基础上综合考虑各种主观、客观因素及具体情节，给予相应的监管措施或纪律处分。在2013年发现的案例中，三峡新材实际业绩增长幅度低于预告增长幅度约120%，可能导致投资者产生重大误解，违规性质情节严重，将对其予以纪律处分；同时也发现有公司在报告期发生重大资产重组导致业绩大幅变动，出于对规则理解不到位而未做预告，违规情节以及市场影响相对较轻，将予以监管关注。

四、进一步改进年报监管工作的设想

总体看，沪市 2013 年的年报披露监管工作贯彻了证监会大力推进监管转型的工作要求，通过事前精心组织、事中快速反应、事后加强监管，上市公司信息披露的有效性和针对性得到了加强。从实际工作看，今后的年报审核工作还可以在以下三个方面做进一步的改进：

一是继续加强事后监管，推动市场主体归位尽责。目前，上市公司年报已全部由其自行披露，上交所不再做事前把关。前端放开必然要求进一步加强事后监管。在法制约束和市场约束仍不完全有效的市场环境下，如不能对各类投资者高度关注的热点问题采取及时有效的应对手段，将不可避免地使自律监管工作陷入被动，遭受质疑。因此，有必要继续探索市场约束与自律监管的最佳结合点，加强事后监管，探索在前端放开条件下更好保护投资者合法权益的有效做法，为市场自身激励和约束机制的发挥创造条件。

二是推进行业监管，提高年报监管的专业性和有效性。为推进监管转型，可以考虑研究推进信息披露行业监管，即以行业为主、辖区为辅，实行监管人员按行业分类对上市公司进行监管。按行业分类对上市公司进行监管，可以通过同行业比较揭示上市公司的风险，及时发现和处置重大问题。在年报审核中，通过分析同行业公司的共性特征，归纳其典型的异常情况，可以及时发现上市公司存在的潜在风险，督促公司披露投资者需要的信息。

三是完善快速反应机制，提高监管效率。自媒体时代，信息来源和传播方式多元化，有必要及时应对，维护市场健康秩序。在年报审核中，需要丰富信息来源，强化集体研判，抓早抓小，在异常情形发生的初期和重大风险产生的早期，主动采取相应的监管行动，及时回应；综合使用问询、公告、说明会、停牌自查、纪律处分等多样化监管手段，准确妥善应对，切实提升监管效果。另外，在采取监管行动的同时，要着力推进过程公开，及时向市场公开应对异常情形的动态过程，澄清事实、表明态度，形成交易所与市场的良性互动。

（上海证券交易所年报分析课题小组）

深交所多层次资本市场上市公司2013年年报实证分析报告

截至2014年4月30日，深交所1578家上市公司中有1577家披露了2013年年报或年报数据，其中主板公司479家（ST国恒未披露），中小企业板公司719家，创业板公司379家。深交所上市公司分布广泛，在新兴产业和中小企业群体中的代表性较强，年报数据不仅能够从一个侧面反映出过去一年里国民经济运行的整体情况，在很大程度上也能够折射出我国经济转型的过程、方向和正在形成的突破口。

全样本统计分析显示：①上市公司营业收入稳步增加，利润增长由负转正。上市公司积极创新，战略性新兴产业表现尤其突出；投资结构趋于优化，募投项目成效逐步显现；并购重组继续活跃，产业整合持续推进。现金分红力度进一步增强。②三个板块差别化发展特征更为明晰。主板蓝筹创新发展继续领跑，支撑市场平稳运行。中小板助力结构转型凸显成效，领军企业已成规模。创业板创新特征突出，正成为新经济“晴雨表”。③行业分化继续加剧，凸显经济转型期特征和压力。上市公司盈利增长的驱动因素还需进一步观察。资本市场对西部地区的支持有待继续增强。

一、2013年度上市公司总体情况分析

2013年是“稳增长、促改革、调结构”持续进行的一年。面对国内经济下行压力加大、外部环境存在较大不确定性等诸多困难，深交所各板块上市公司依托资本市场做优做强的意识和能力不断增强，整体经营状况较好。

（一）营业收入稳步增加，利润增长由负转正

2013年，深市1577家上市公司实现营业总收入56674.61亿元，同比增长11.71%，其中主板、中小板和创业板增长率分别为8.85%、16.30%和23.99%。回顾2011~2013年，各板块公司在募投项目建设、产能扩大、营销网络铺设、人才引进、技术创新等多重因素推动下，营收规模逐年稳步增长。以各期末上市公司为样本，3年间主板、中小板、创业板公司平均营收规模分别增长36.17%、53.04%和56.97%，对应的年复合增长率分别为10.84%、15.24%和16.22%。

2013年，深市上市公司归属母公司净

利润合计3236.65亿元，同比增长17.34%，其中主板、中小板和创业板分别增长26.65%、5.18%和10.48%。在经历了2012年的净利润下滑后，上市公司盈利状况已明显好转。2013年有129家公司亏损，平均亏损2.16亿元，亏损公司数量虽然比2012年增加17家，但是平均亏损额小于2012年的2.86亿元。2013年净利润增长超过50%的公司有242家，比2012年增加68家（见表1）。

表1 2013年深市上市公司总体业绩情况

板块	平均营业总收入增长率（%）	平均净利润增长率（%）	平均每股收益（元/每股）	平均销售毛利率（%）
全部公司	11.71	17.34	0.39	20.21
主板	8.85	26.65	0.41	18.84
中小板	16.30	5.18	0.37	21.00
创业板	23.99	10.48	0.37	34.06

注：销售毛利率的计算中，已剔除金融行业。

（二）普遍加大创新力度，战略性新兴产业尤其突出

深市共有国家级高新技术企业1021家，其中主板86家，中小板577家，创业板358家，分别占板块公司总数的17.92%、80.25%和94.46%。这1021家企业大多数属于七大战略性新兴产业。按照较为严格的标准划分，深市战略性新兴产业上市公司共有532家，占公司总数的33.08%，其中主板、中小板和创业板各82家、221家和229家，分别占对应板块公司总数的17.08%、30.74%和60.42%。

2013年，这532家战略性新兴产业公司平均销售毛利率24.23%，高于深市20.21%的平均水平；累计完成固定资产投资（现金流量表中“购建固定资产、无形资产和其他长期资产支付的现金”，下同）1425亿元，同比增长13.34%，远远高于1.67%的深市全体公司平均增速。数据表明新兴产业作为新的经济增长点，当前发展态势良好，前景可期。

在国内外产业分工格局发生调整的过程中，为把握发展机遇和应对日益激烈的市场竞争，更多上市公司加大研发投入，寻求创新和突破。2013年，深市上市公司研发投入金额合计1336.06亿元，平均每家0.85亿元，较2012年增加2.67%；有21家公司研发投入规模超过10亿元，其中10家超过20亿元；397家公司研发强度（即研发投入占营业收入比例）超过5%，占公司总数的25.15%，较上年高出0.91个百分点；中小板和创业板分别有171家和194家公司的研发强度超过5%；以战略性新兴产业企业为主的创业板，公司平均研发强度达到7.76%，居三板块之首（见图1）。

此外，按窄口径计算，不含偏重制造业的设计服务与艺术品制造，2014年4月30日深市共有文化类上市公司54家，比

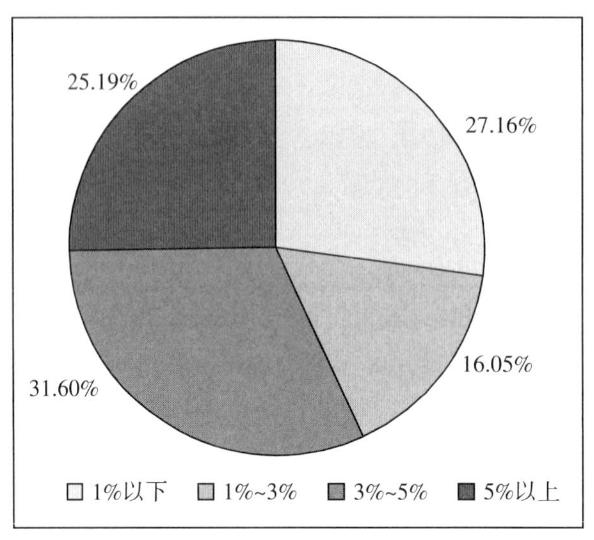

图 1　深市上市公司研发强度的公司数量分布

2012 年增加 4 家。2013 年收入较上年增长 24.51%，高于 11.71%的整体平均水平。

（三）投资结构趋于优化，募投项目成效逐步显现

剔除金融行业，深市上市公司固定资产投资平均增速在 2010 年和 2011 年分别为 25.14% 和 27.82%，2012 年下降了 6.57%。2013 年有所企稳，平均增长 1.67%，且不同行业有较大差距，稳增长与调结构并重的发展思路得到体现，资本市场引导资源向优势行业、优质企业配置的功能发挥较好。

高耗能、高排放以及资源性行业，固定资产投资持续回落。例如，采矿业固定资产投资在 2012 年下降 7.36%的基础上，2013 年继续下降 22.99%；非金属矿物制品业，其固定资产投资在 2012 年和 2013 年分别下降了 23.94%和 13.69%。传统支柱产业以及基础设施行业保持平稳增长，在一定程度上支持了宏观经济稳定运行。房地产行业的固定资产投资在经历了 2011 年和 2012 年两年连续下降之后，2013 年实现了 94.66%的增长；2013 年建筑业的固定资产投资实现正增长，增速为 5.52%；作为基础设施的电力、热力、燃气及水生产和供应业，2013 年的固定资产投资增速为 14.42%。

2013 年，新兴产业、高技术制造业保持较快增长。计算机、通信和其他电子设备制造业固定资产投资增速高达 35.30%；医药制造业固定资产投资延续 2012 年的增长态势，2013 年增长 7.13%；废弃资源综合利用业，水利、环境和公共设施管理业，信息传输、软件和信息技术服务业，仪器仪表制造业 2013 年固定资产投资增速分别为 10.69%、9.86%、7.40%和 16.51%。

同时，募投资金使用效果逐步显现，投资回报趋于改善。截至 2013 年底，中小板募投资金累计使用 75.08%，平均投资收益率 11%；创业板募投资金累计使用 71.89%，平均投资收益率 15%。2013 年，

深市上市公司净资产收益率为 9.14%，较 2012 年有所提高。

（四）并购重组继续活跃，产业整合持续推进

2013 年，深市上市公司披露发起 324 起并购重组，包含重大资产重组、发行股份购买资产以及通过购买或增资标的公司股权实现控股但未达"重大"标准的并购。涉及交易金额 1951.82 亿元，较上年增加 68.24%，其中主板、中小板和创业板公司并购重组涉及金额分别较上年增长 48.33%、116.15%和 130.29%。产业升级型、市场扩张型、技术和人才引进型等旨在推动企业做优做强的并购重组占主导地位。出现了一批影响较大、金额较高的并购重组和吸收合并事件，例如：美的集团股份有限公司换股吸收合并广东美的电器股份有限公司，涉及金额 305.83 亿元；西部建设通过资产收购扩展营业区域、扩大公司规模，涉及金额 23.82 亿元，掌趣科技收购玩蟹科技等，增强移动网络游戏和网页游戏的开发能力，涉及金额 8.1 亿元（见表 2）。

表 2　各板块公司披露的并购事件数量和交易金额（2012~2013 年）　单位：起，亿元

板　块	项目名称	2012 年	2013 年	合　计
主　板	并购事件数	64	97	161
	交易金额	838.93	1244.37	2083.3
中小板	并购事件数	107	123	230
	交易金额	228.52	493.93	722.45
创业板	并购事件数	82	104	186
	交易金额	92.72	213.52	306.24
深市合计	并购事件数	253	324	577
	交易金额	1160.17	1951.82	3111.99

数据来源：深交所统计。

（五）现金分红的力度和意识进一步增强

2013 年，证监会发布《上市公司监管指引第 3 号——上市公司现金分红》。深市公司现金分红以回报股东的意识和力度进一步增强。2013 年深市共 1171 家公司推出现金分红预案，较 2012 年增加 16 家，分红公司占比 74.30%，较上年增加 1.02 个百分点；涉及分红金额 933.48 亿元，同比增加 2.23%；剔除亏损公司，有 233 家公司股利支付率超过 50%；截至 2013 年底，885 家公司连续 3 年以上分红（见图 2）。

此外，就业人数保持增长，股权激励的正向效应明显。深市 1577 家上市公司领薪员工总人数为 604.75 万人，同比增加 5.34%，主板、中小板和创业板就业人数分别增长 1.53%、8.43%和 12.69%。上市公

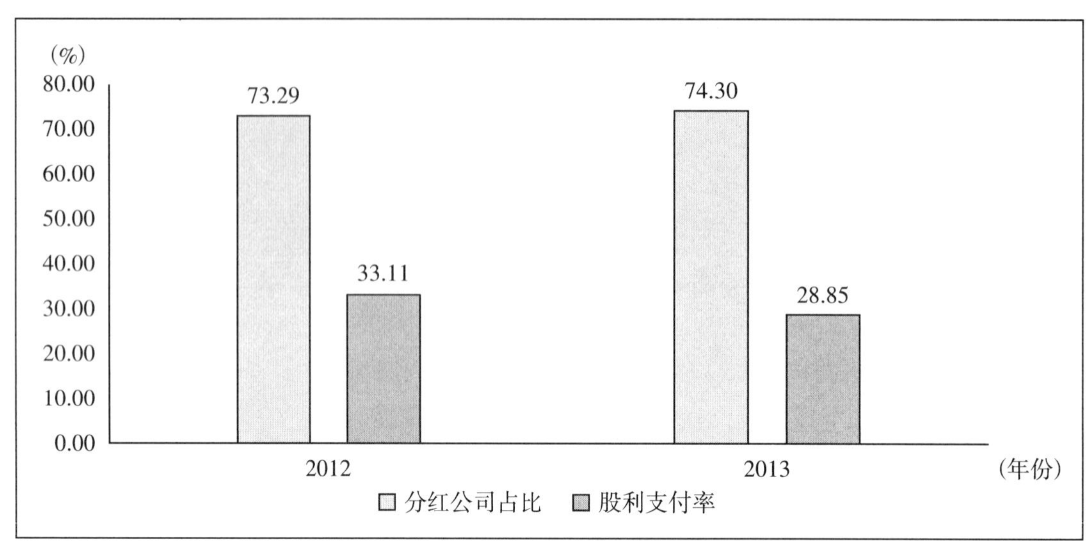

图 2　深市上市公司现金分红状况

司股权激励日益活跃。以创业板为例，截至 2013 年 12 月 31 日，有 149 家公司推出过股权激励计划，占上年末创业板公司总数的 42%，激励对象覆盖 1.96 万名核心人员，其中董事、高级管理人员 785 人，占比 4.01%。截至 2012 年底，创业板已有 107 家公司的股权激励计划实施完成，这些公司在 2012 年、2013 年营业收入增长率分别为 35.92%和 35.84%，净利润增长率分别为 16.54%和 29.30%，远远高于板块业绩增长率。

二、三个板块差别化发展特征进一步明晰

深市各板块公司在规模、毛利率、负债状况等方面继续呈现阶梯状特征。

2013 年，主板、中小板、创业板公司平均营业收入依次为 75.83 亿元、24.86 亿元和 6.57 亿元，资产规模依次为 159.63 亿元、41.26 亿元和 14.04 亿元。公司资产和营收的阶梯状反映了各板块企业的规模和发展阶段等方面的差异。

同年，主板、中小板、创业板平均毛利率分别为 18.84%、21.0%和 34.06%。这一由低到高依次排列的规律，体现出不同板块的公司特征。如创业板公司轻资产结构相对明显，轻资产企业毛利高于重资产型企业，加之公司营销模式、所处行业等的影响，一定程度上决定着毛利率的阶梯状分布。

截至 2013 年底，主板、中小板和创业板剔除金融业的平均资产负债率分别为 64.09%、48.50%和 28.93%。其中 2013 年主板资产负债率较 2012 年略有下降，中小板、创业板则有所提高。从绝对指标看各板块资产负债率差异依然明显，并且短期内其差异的微观基础仍将存在（见表 3）。

表3　　深市多层次资本市场各板块发展概况

	平均毛利率（剔除金融业）（%）	资产负债率（%）	平均营业收入（亿元）	平均资产规模（亿元）
主　板	18.84	64.09	75.83	159.63
中小板	21.0	48.50	24.86	41.26
创业板	34.06	28.93	6.57	14.04

（一）主板平稳运行，优质蓝筹公司领跑

2013年，主板净利润排名前10位的上市公司合计实现净利润749.9亿元，占主板公司总体净利润的40.54%，较2012年下降6个百分点，利润分布结构有所改善。这10家公司多处于银行、房地产等传统行业以及食品饮料、家电等消费型行业，通过各种创新，在公司规模相对较大的基础上仍保持较快发展，2013年平均净利润增速达24.10%。

借助资本市场平台，更多主板蓝筹企业实现自我积累与外延扩张的紧密结合，继续做优做强，成为市场稳定运行的重要支撑。2013年，主板有5家公司营业收入超过1000亿元，其中万科、美的电器、格力电器在A股同行业上市公司收入规模领先，行业地位进一步巩固。

深市主板2/3为国有企业。剔除金融行业，2013年主板国有企业的收入和净利润增速分别低于该板块民营企业6.4个和16.7个百分点，净资产收益率低2.5个百分点。总体而言，国企仍有通过市场化手段进一步推动改革，激活发展动力的空间。

（二）中小板助力结构转型成效凸显，领军企业已成规模

中小板经过十年发展，行业覆盖面不断扩大，既包括零售、建筑、化学制品相对传统行业的细分领域，也涵盖生物医药、电子（安防）等新兴行业。在由中国制造向中国创造的转变以及经济结构转型的过程中，中小板公司的积极作用不断显现，整体业绩表现稳定、良好。2013年中小板净利润超过5亿元的公司有39家，较2012年增加8家，海康威视、金螳螂、歌尔声学、欧菲光等23家公司净利润增长率超过30%。

目前中小板已经涌现出一批颇具规模、富有特色、带动效应明显的领军企业，其板块代表性也不断增强。2013年中小板净利润前100家公司中，在板块公司数量占比不足14%，净利润占比达61.58%，市值占比达37%（2014年4月30日）。其中部分企业已经跻身深市市值前列。深市市值排名前20的公司中，海康威视、比亚迪、歌尔声学等7家来自中小板，较2012年同期增加1家。

（三）创业板创新特征突出，成为新经济“晴雨表”

创业板设立四年多来，成为创新型企

业借力资本市场发展壮大的重要平台，已具备新经济晴雨表功能。创业板公司主要集中于电子信息技术、环保、新材料、新能源、高端制造、生物医药等行业，创新特征更加突出。2013年，创业板战略性新兴产业公司占比和平均研发投入占营业收入比例，均居三板块之首。

2013年创业板公司净利润超过2亿元共29家，较上年增加5家，其中碧水源、华谊兄弟、汇川技术、蓝色光标、汤臣倍健等在细分市场已经成为具有较强影响力和创新力的企业。2011~2013年，创业板3年净利润复合增长率超过30%的公司共63家，占该板块公司总数的16.62%，其中19家复合增长率超过50%。

三、问题和趋势

深交所汇集了为数众多、分布广泛、模式多样的企业，较为集中地体现了新兴产业、创新型企业和民营企业的发展特征，在经济转型时期能够较为全面地反映出国民经济运行的新特点，以及转方式、调结构进程的阶段性特征。2013年深市上市公司整体业绩向好，亮点不少，但以下问题也值得关注。

（一）行业分化继续加剧凸显经济转型期特征和压力

行业分化加剧的现象更加明显，在整体净利润实现17.34%的较高增长背后，有5个一级行业、10个制造业二级行业出现利润负增长。

消费升级带动的新兴行业保持较高增长态势。如文化、体育和娱乐业2012年和2013年净利润增幅分别为34.38%和61.32%；卫生和社会工作行业2012年和2013年净利润增幅分别为13.48%和27.54%；科学研究和技术服务业2012年和2013年净利润增幅分别为23.05%和26.85%。受技术创新和产业升级的驱动，制造业中的高端制造业业绩突出。计算机、通信和其他电子设备制造业、汽车制造业、医药制造业、仪器仪表制造业收入和利润均有较大幅度的增长。

然而，部分传统行业受制于产能过剩的持续存在，经营业绩继续恶化。如化学原料和化学制品行业、采矿业净利润连续两年下滑，其中采矿业2012年和2013年下滑幅度分别为26.62%和27.73%，化学原料和化学制品行业同期下滑幅度分别为15.04%和43.27%；黑色金属冶炼和压延加工行业2013年虽扭转2012年行业整体性亏损，但营业收入仍然是负增长，且资产负债率达66.85%，存在一定程度的财务风险。

涉农上市公司的整体经营状况不容乐观。54家涉农企业中，2013年营业收入较上年增长6.65%，低于市场整体平均水平，净利润下降17.01%，并且连续两年下滑；有10家出现亏损，比2012年增加3家。

（二）上市公司盈利增长的驱动因素有待进一步观察

2013年深市非金融类上市公司净利润同比增长16.90%，除收入增长因素外，投资收益增加、成本及费用下降等因素也对盈利改善有不同程度的贡献。

以制造业公司为例，2013 年收入增长 8.65%，净利润增长 19.97%；其中投资收益增长 41.22%，而 2012 年的投资收益下降了 20.26%；2013 年投资收益占利润总额的比例较大，为 12.5%。剔除净利润增加 500%及以上的公司，资产减值损失的增长率为 22.34%，比 2012 年降低 11.05%，这部分金额占到利润总额的 13.18%。从成本端看，2013 年工业品出产价格指数（PPI）同比低于 2012 年，且全年保持稳定，一定程度缓解了公司成本压力。据统计，制造业公司营业成本增速的降低贡献了毛利率约 1 个百分点。钢铁行业在营业收入下降 1%的情况下，营业成本下降 3.06%，三项费用下降 6.45%，最终实现扭亏为盈。

值得注意的是，2013 年深市公司应收账款周转率和存货周转率较 2012 年均有所下降，其中应收账款周转次数为 8.11 次，比上年同期下降了 7.95%。在当前宏观经济不确定性较大的情况下，上市公司利润增长的质量及其背后驱动因素的可持续性，仍有待进一步观察。

（三）资本市场支持西部地区有待继续增强

深市多层次资本市场的发展，促进了区域均衡发展，但对西部地区的渗透率仍需进一步提高。2013 年，西部地区公司总数为 196 家，比 2012 年增长 4 家，占深市上市公司总数的 12.4%，占比较低。西部地区经济增长率近年来持续高于全国平均水平，2013 年该地区 GDP 约占全国的 22%，但该地区公司市值占深市总市值比重不到 13%；2013 年这批公司净利润下降 12.92%，落后于同期深市整体表现，也明显低于 2012 年该地区公司 9.16%的净利润增幅。需要继续加大资本市场对西部发展和西部企业做优做强的支持力度。

（深交所综合研究所年报分析课题小组）

附件：数据说明

1. 行业分类采用中国证监会 2014 年第一季度的分类标准。

2. 涉农上市公司样本由中信证券“农林牧渔”行业加上吉峰农机构成。

3. 文化创意产业根据 2012 年国家统计局最新修订的《文化及相关产业分类》确定，并未包含偏重制造业的设计服务与艺术品制造企业。

4. 上市公司地区分布按照国家统计局关于东部、中部、西部以及东北地区的口径划分。

5. 报告中毛利率及资产负债率的计算，均剔除了金融行业，其他全样本指标，如未专门说明均包含了金融行业。

6. 并购重组包含重大资产重组、发行股份购买资产以及通过购买或增资标的公司股权实现控股但未达“重大”标准的并购。

7. 股权激励：提出股权激励家数包含提出方案后撤销或终止方案的公司。两次或两次以上提出激励方案的公司，仍按照一家计算。

2013年深市上市公司并购重组分析报告

在并购重组市场化改革的持续推进、上市公司外延式扩张的意愿强烈、IPO暂停审核等多重因素的共同推动下，2013年度以来深市上市公司的并购重组越加积极踊跃，重组交易的市场化程度和产业整合力度也较以往大幅提升，二级市场对于绝大部分的重组交易也给予了正面的评价、肯定和支持。

为了全面反映深市公司2013年并购重组的发展情况，本报告首先系统梳理了深市2013年度并购重组交易的基本情况，包括停牌筹划情况、重组方案的统计分析、重组审核情况以及重组实施完成四个方面；其次，本报告第二部分重点分析了2013年度并购重组出现的新特点，尤其是在重组交易的市场化发展方面呈现的新特点；最后，回归监管本源，根据2013年并购重组的发展情况，总结出监管中需要关注的几个方面的问题，并提出了目前迫切需要改革和完善的四个方面的建议，以进一步优化并购重组的市场环境，积极推动和支持上市公司利用并购重组发展壮大。

一、深市上市公司2013年度并购重组基本情况分析

（一）并购重组停牌筹划情况

1. 停牌筹划及终止筹划情况

以筹划资产重组停牌日期计算，2013年度深市共有202家公司申请重大资产重组停牌，占全部深市公司的比例为13.15%，而同期沪市仅有84家公司进入重大资产重组停牌程序，筹划重组公司占比为8.81%，由此可见，深市上市公司筹划并购重组的积极性相对更高。就各个板块而言，创业板上市公司的并购重组最为活跃，全年筹划重组停牌多达81家次，远大于过去三年的总和（30家次），停牌筹划重组的公司占比达到23%（见表1）。

表1　2013年深市上市公司停牌筹划重大资产重组情况

板　块	主　板	中小板	创业板	合　计
停牌筹划公司数量（家次）	47	74	81	202
公司数量（2013年末）	480	701	355	1536
筹划公司占比（%）	9.79	10.56	22.82	13.15
停牌期间终止筹划公司数量（家次）	15	14	21	50
终止筹划比例（%）	31.91	18.92	25.93	24.75

由于2013年深市上市公司的并购重组以产业整合为主，即使是重组停牌后，交易双方也会因为核心交易条款无法达成一致等原因终止交易筹划，加之为了降低内幕信息泄露的风险，部分公司在停牌后才进行重组谈判，重组筹划失败的比例有所增加，2013年，50家公司在停牌期间主动终止了重大资产重组的筹划而股票复牌，失败率达到25%。

2. 停牌筹划公司行业分布

对申请股票停牌筹划并购重组的公司的行业分布而言，深市并购重组集中于计算机、电子、电气设备、机械设备和化工五大行业，这五大行业公司重组筹划数量约占深市筹划总数的一半。2013年，以计算机、电子等为代表的TMT行业的并购重组表现得更加活跃，充分说明这些热点行业内的公司积极借助并购重组进行转型升级。

中小板、创业板筹划重组公司的行业分布较为类似，前五大行业中均包括计算机、电子、机械设备和电气设备，唯一区别的是中小板包括化工（10家次）、创业板包括传媒（10家次）；主板筹划重组公司的行业分布与创业板、中小板差异相对较大（见表2）。

表2 深市2013年筹划重组停牌公司的行业分布 单位：家次

深　市	筹划数量	主　板	筹划数量	中小板	筹划数量	创业板	筹划数量
计算机	24	房地产	10	计算机	10	计算机	12
机械设备	21	通信	4	化工	10	机械设备	12
电　子	20	化工	3	电子	7	电子	11
电气设备	17	机械设备	3	机械设备	6	传媒	10
化　工	17	医药生物	3	电气设备	6	电气设备	10
合计占比	49%	合计占比	49%	合计占比	53%	合计占比	68%

3. 停牌前股票交易核查情况

根据并购重组相关规则的规定，上市公司申请重大资产重组停牌后，应于5个交易日内向交易所申报内幕信息知情人名单，由市场监察部对公司股票停牌前6个月的交易情况进行核查。根据市场监察部门的统计数据，2013年共进行重组交易核查210单，其中交易存在明显异常，上报异动快报的公司数量达到66家次，占比31.43%，这说明并购重组内幕交易的防控形势仍然较为严峻（见表3）。

表3 2013年重大资产重组停牌前股票交易核查情况

板　块	主　板	中小板	创业板	深市合计
交易存在明显异常，上报异动快报（家次）	19	22	25	66
重组交易核查总单数（单）	47	80	83	210
交易存在异常的占比（%）	40.43	27.50	30.12	31.43

4. 筹划重组公司停牌前一年度经营业绩分析

2013 年深市公司筹划并购重组的积极性相对较高，尽管是以产业整合型重组为主，但不排除其中部分公司筹划并购重组是迫于业绩压力，试图通过报表型的财务重组缓解未来业绩下滑或亏损趋势。经统计，2013 年筹划重组的 202 家公司中，有 115 家公司停牌前一年度净利润亏损或同比下滑，占比达到 57%，其中净利润同比下滑 50%以上或亏损的公司有 57 家，占比全部筹划公司的比例达到 28%。这也在一定程度上反映出上市公司较为看重并购重组对于业绩成长的助推作用（见表 4）。

表 4　2013 年筹划重组的公司上一年度业绩情况统计

2012 年净利润	筹划公司数量	占比（%）
同比增长	87	43.07
同比下滑 0~20%	18	8.91
同比下滑 20%~50%	40	19.80
同比下滑 50%以上	36	17.82
亏　损	21	10.40
合　计	202	100.00

（二）重组方案披露情况

1. 2013 年并购重组披露单数和金额均呈现大幅增长

以重组方案的首次披露日期为统计口径，2013 年度深市上市公司共披露重组方案 125 单，涉及交易金额 2642.17 亿元，而 2012 年度深市上市公司共披露重组方案 57 单，涉及交易金额约 1069.59 亿元，2013 年度重组方案披露单数和金额较 2012 年同期分别增长 119.30%和 147.03%，呈现出快速增长的趋势（见表 5）。

表 5　深市上市公司 2012~2013 年重组方案披露情况

	板　块	主　板	中小板	创业板	合　计
2013 年度	披露方案数量（单）	37	42	46	125
	交易金额（亿元）	1744.31	610.77	287.09	2642.17
2012 年度	披露方案数量（单）	28	17	12	57
	交易金额（亿元）	900.74	127.81	41.04	1069.59
同比增长	披露方案数量（%）	32.14	147.06	283.33	119.30
	交易金额（%）	93.65	377.87	599.54	147.03

2013 年度，深市三个板块披露的重组交易单数和交易金额均较 2012 年同期大幅上涨，其中创业板重组方案披露单数较 2012 年同期增长 283%，交易金额较 2012

年同期增长近6倍，成为2013年并购重组最为活跃的板块，也在一定程度上支撑了2013年创业板指数的上涨。当然，由于创业板公司规模相对较小，每单并购重组的交易金额平均仅为6.24亿元，远低于中小板（14.54亿元）和主板（47.14亿元）的平均交易规模。

2. 上市公司积极进行配套融资

2012年1月19日，证监会发布了《〈关于修改上市公司重大资产重组与配套融资相关规定的决定〉的问题与解答》，明确了配套融资的实施细则，并购重组配套融资正式实施。2013年，随着并购重组的日趋活跃，上市公司在并购重组的同时配套募集资金的积极性也逐渐提高，先后共有78家公司在重组交易的同时配套募集资金，占重组公司总数的62.40%，计划募集金额总计335.08亿元，占重组交易金额（不含配套融资）的12.68%。由于创业板市场启动四年来再融资政策一直未能出台，部分公司面临较大的资金压力，因此，近七成的创业板重组公司同时配套融资，平均每家计划融资金额2亿元（见表6）。

表6　深市上市公司2013年度配套融资基本情况

板　块	主　板	中小板	创业板	合　计
配套融资公司数量（家）	17	29	32	78
配套融资金额（亿元）	160.83	108.48	65.77	335.08
配套融资公司数量占重组公司的比例（%）	45.95	69.05	69.57	62.40
配套融资金额占重组交易金额的比例（%）	9.22	17.76	22.91	12.68

配套融资政策为部分资金紧张的公司提供了便利的融资渠道，目的是为了上市公司利用配套融资提高并购整合效率，但是部分资金较为充裕或资产负债率相对较低的上市公司也计划配套融资，还有部分公司将配套融资金额用于补充上市公司流动资金，引起了市场的质疑和监管的关注。2013年7月证监会以问答的方式对外发布了“关于并购重组配套融资问题”，明确了不得以补充流动资金配套融资的情形，其后多家上市公司在证监会审核期间取消或调减了配套融资。以创业板为例，2013年度先后有9家公司被证监会要求取消或调减配套融资，取消或调整的主要原因包括上市公司在手货币资金较为充裕、资产负债率明显低于行业平均水平、IPO募集资金尚未使用完毕、收购少数股权不得配套融资用于补充流动资金等（见表7）。

表7　2013年创业板公司配套融资调整情况

公司代码	公司名称	拟配套融资金额（亿元）	配套融资金额调整情况
300157	恒泰艾普	1.17	取消配套融资
300263	隆华节能	1.8	取消配套融资
300182	捷成股份	0.8	取消配套融资

续表

公司代码	公司名称	拟配套融资金额（亿元）	配套融资金额调整情况
300088	长信科技	1.3363	取消配套融资
300166	东方国信	0.7	取消配套融资
300133	华策影视	5.5	调减为 2.9 亿元
300148	天舟文化	4.18	调减为 2.5 亿元
300099	尤洛卡	0.32	取消配套融资
300104	乐视网	3.995	调减为 3 亿元

3. 并购重组以产业整合为主、股份支付成为最主要的支付方式

并购重组的交易类型通常可以划分为借壳上市、整体上市和产业整合三大类。2013 年，深市公司并购重组以产业整合为主，占比达到 65%，其中创业板产业整合的比重最高，披露的 46 单重组全部为产业整合，中小板、主板产业整合的比重分别为 64.29%和 21.62%。

2013 年深市共有 18 家公司涉及借壳上市，占比为 14.40%，其中主板和中小板各有 9 家公司。共有 3 家公司涉及整体上市，分别为主板的美锦能源（000723）、美的电器（000527）、秦川发展（000837）三家公司，另有 23 家公司的重组交易为控股股东注入资产，占比为 18.40%，其中主板 17 家公司、中小板 6 家公司（见表 8）。

表 8　　深市上市公司 2013 年重组交易类型

板　块	主　板	中小板	创业板	合　计
产业整合（家）	8	27	46	81
占比（%）	21.62	64.29	100.00	64.80
整体上市（家）	3	0	0	3
占比（%）	8.11	0.00	0.00	2.40
借壳上市（家）	9	9	0	18
占比（%）	24.32	21.43	0.00	14.40
控股股东注入资产（家）	17	6	0	23
占比（%）	45.95	14.29	0.00	18.40

就交易性质而言，2013 年深市公司的重组交易中，关联交易和非关联交易各占一半，其中创业板 38 家公司的重组为向无关联的第三方购买资产，非关联交易占比达到 82.61%，重组交易的市场化程度最高（见表 9）。

表 9　　深市上市公司 2013 年度重组交易性质　　单位：单

板　块	主　板	中小板	创业板	合　计
关联交易（单）	31	24	8	63
占比（%）	83.78	57.14	17.39	50.40
非关联交易（单）	6	18	38	62
占比（%）	16.22	42.86	82.61	49.60

在现行重组规则下，重组交易对价的支付手段只有现金和股份，资本市场提供的并购支付手段相对单一。2013 年深市公司的重组交易方式可以分为四大类，分别为现金支付、股份支付、现金 + 股份、资产 + 股份，其中纯现金支付的交易仅有 10 单，占比仅为 8%，其他 115 单重组均使用了股份作为全部或部分的支付对价，占比达到 92%，相对于现金，股份支付成为更优的支付工具（见表 10）。

表 10　　深市公司 2013 年重组交易对价支付方式统计　　单位：单

板　块	主　板	中小板	创业板	合　计
现金支付	6	3	1	10
股份支付	23	23	9	55
现金 + 股份	4	9	36	49
资产 + 股份	4	7	0	11

4. 标的资产的评估、估值情况

目前上市公司并购重组中，标的资产的定价仍然以资产评估作价为准，常用的资产评估方法包括资产基础法、收益法、市场法，其中收益法成为最主要的评估定价方法。2013 年，采用收益法进行评估定价的交易达到 100 单，占比为 80%。而创业板并购标的大都为轻资产公司，基于未来预期业绩的收益法评估能够更好地反映标的资产的价值，因此收益法评估占比达到 91.30%，明显高于主板公司（见表 11）。

表 11　　2013 年深市上市公司并购重组评估方法选择　　单位：单

板　块	资产基础法	收益法	市场法	收益法、基础法混合	合　计	收益法占比（%）
主　板	11	22	3	1	37	59.46
中小板	4	36	1	1	42	85.71
创业板	2	42	1	1	46	91.30
合　计	17	100	5	3	125	80.00

2013年，随着并购重组市场的火爆，标的资产的估值水平也水涨船高。主板、中小板、创业板公司收购的标的资产平均溢价率为1.13倍、2.67倍和3.01倍，从三个板块对比来看，创业板并购标的估值水平最高，远远高于主板公司，体现了创业板轻资产收购的特征。但是，若以标的公司收购当年承诺的净利润测算，创业板标的资产的平均PE为11.94倍，低于主板公司并购的标的资产12.31倍的平均市盈率（以可获取数据的23家公司为样本），更是远远低于2013年度创业板市场近60倍PE的整体估值水平。因此，尽管创业板重组标的的账面溢价率较高，但是基于未来盈利水平的PE估值并没有明显高于其他板块，说明创业板重组标的估值水平总体上处于合理水平（见表12）。

表12　　2013年各板块重组标的估值水平对比

板　块	主　板	中小板	创业板
平均溢价率（倍）	1.13	2.67	3.01
最高溢价率（倍）	15.70	27.82	38.07

当然，2013年度深市也有部分高估值的并购案例引起了市场的广泛关注，尤其是部分网络游戏类公司溢价率达到20倍以上，但是，由于网络游戏公司未来较高的成长预期，他们的PE作价基本维持在15倍以内，并没有明显高于其他行业的并购标的（见表13）。

表13　　部分网络游戏并购标的估值情况

证券代码	证券简称	标的资产	标的资产作价（万元）	标的资产账面价值（万元）	标的资产溢价率（倍）	标的资产承诺业绩	标的资产PE
300315	掌趣科技	上游信息	122883	3144.89	38.07	11326	10.85
300315	掌趣科技	玩蟹科技	174336	5984.8	28.13	12031	14.49
300002	神州泰岳	壳木软件	121700	4342.86	27.02	8012	15.19
300148	天舟文化	神奇时代	125413	5790.48	20.66	8614	14.56
002555	顺荣股份	三七玩	192500	7157.81	25.89	22000	8.75

5. 重组方案披露后的股价表现分析

2013年度上市公司筹划并购重组的积极性较以前年度大幅提高，同时二级市场对于上市公司的并购重组行为也给予了正面的评价和肯定。经统计，深市披露重组方案的125家公司中，共有95家公司重组方案披露后首日股价涨停，占比达到76%，仅有19家公司的重组方案披露后股价暴跌，占比仅为15%，这说明市场普遍认为并购重组将会提升上市公司的业绩和质量（见表14）。

表14　　重组方案披露后首日公司股价走势　　单位：家

板　块	主　板	中小板	创业板	合　计
方案披露首日微涨	1	4	6	11
方案披露首日下跌	8	9	2	19
方案披露首日涨停	28	29	38	95
总　计	37	42	46	125

就各个板块而言，主板、中小板和创业板分别有28家、29家和38家公司重组方案披露后出现数量不等的涨停，涨停公司占比分别为76%、69%和83%，平均涨停数量分别为3.2个、4个和2.5个。其中主板*ST太光复牌后连续15个涨停（涨跌幅限制为5%），中小板威华股份和江苏宏宝复牌后分别出现了12个涨停，成为2013年A股市场涨幅最大的股票之一，引起了市场的高度关注。

尽管2013年度存在一定程度的并购重组行情炒作，但是市场也有其理性判断的一面，有19家公司重组方案披露后出现下跌，其中广宇发展（000537）重组方案披露连续两个跌停、招商地产（000024）重组方案披露后也报收于跌停。如果将时间窗口进一步放宽至重组方案披露后的半个月内，有19家公司出现50%以上的累计涨幅，其中江苏宏宝、银润投资、天舟文化和顺荣股份4家公司的股价快速翻番，涨幅分别为185%、164%、149%和115%；当然，也有35家公司在此区间下跌，平均跌幅9.94%。

（三）并购重组审核情况

1. 证监会重组审核单数和审核结果

2013年，深市公司共有57单并购重组事项经证监会并购重组委审核，其中仅有4单重组交易被否，审核通过率达到93%。而创业板仍然维持着100%的重组审核通过率，截至目前尚未出现一单重组审核被否的情形。一方面，这反映出监管层对于上市公司并购重组的支持力度之大；另一方面，也说明交易所前端的形式审核，较好地帮助上市公司进一步完善交易方案，为证监会的审核提供了良好的基础（见表15）。

表15　　2013年深市公司并购重组委审核情况　　单位：单

板　块	主　板	中小板	创业板	合　计
重组委审核单数	19	17	21	57
被否单数	3	1	0	4

表15中重组交易被否的四家上市公司分别为上海莱士、华润锦华、建投能源和*ST天一，重组被否的原因及被否后采取的措施分别如下：

2013年10月17日，上海莱士（002252）发行股份购买资产并配套募集资金事项被证监会并购重组委否决，否决原因为标的资产2013年底前能否取得相关认证存在不确定性，如不能取得，将影响标的资产的正常经营，与《重组管理办法》第四十二条不符。重组方案被否后，公司对相关材料进行补充、修订和完善，于2013年12月19日将修订后的材料重新提交中国证监会审核，并于2014年1月24日收到证监会相关核准批复。

2013年11月20日，华润锦华（000810）重组方案被重组委否决，审核意见为："根据香港联交所上市规则，黄宏生夫妇持有创维数码30%以上的股份，系创维数码的控股股东；根据中国法律法规及中国证监会的有关规定，黄宏生夫妇应该被认定为本次交易的收购人。本次交易不符合《上市公司收购管理办法》第六条第（四）项的规定。"华润锦华决定继续推进重组事项，12月27日公司重组方案再次获证监会受理，目前该重组事项仍在审核中。

12月18日，建投能源（000600）重组方案被否决。审核意见为："标的资产宣化热电尚未取得供热许可证和部分土地权属证书，不符合《上市公司重大资产重组管理办法》第十条第四项'重大资产重组所涉及的资产权属清晰，资产过户或者转移不存在法律障碍，相关债权债务处理合法'的规定。"2014年1月4日，建投能源公告继续推进重组。2014年1月24日，公司发行股份购买资产并配套融资暨关联交易事宜获并购重组委2014年第7次会议审核无条件通过。

12月25日，*ST天一（000908）重组方案被否决，审核意见为："不符合《上市公司重大资产重组管理办法》（证监会令第73号）第十条第（三）项重大资产重组所涉及的资产定价公允的规定。"2014年1月20日*ST天一公告继续推进重组，并于2014年3月26日经2014年第17次并购重组委会议审核无条件通过。

2. 并购重组审核效率和暂停审核情况分析

自2012年10月15日起，证监会对并购重组行政许可审核流程和审核进度进行了公示，其后并购重组审核进程有所加快，以创业板公司为例，2013年度以前从受理至并购重组委审核通过历时平均为145天，而2013年度则下降为65天，审核时间缩短了55%，批文获取时间由2013年以前的125天下降为2013年的99天，获取批文时间也同比缩短了20%。但是值得关注的是，统计2014年前五个月的审核情况可以发现审核时间和获取批文的时间周期较2013年度又有所延长（见表16）。

表16　创业板公司并购重组审核效率对比

年　份	2013年以前	2013年	2014年前五月
并购重组委审核数量（件）	4	20	13
受理至并购重组委审核通过天数（天）	145	65	87
获取批文数量（件）	10	18	16
受理至获取批文天数（天）	125	99	125

2012年12月17日，证监会《关于加强与上市公司重大资产重组相关股票异常交易监管的暂行规定》正式实施，进一步强化并购重组相关的内幕交易监管，确立了"涉嫌即暂停、排除即恢复、违规即终止"的审查原则，此后，先后有多家公司的重组交易因为有关方面涉嫌违法稽查立案而被暂停审核。以创业板为例，已先后有8家公司并购重组被暂停审核，其中6家消除影响后恢复审核，而东方日升暂停审核已近半年，至今仍未恢复审核（见表17）。

表17 创业板并购重组暂停审核情况 单位：天

证券代码	证券简称	暂停审核日期	恢复审核日期	暂停审核天数
300038	梅泰诺	2012/12/14	2013/1/11	28
300025	华星创业	2013/3/29	2013/5/24	56
300133	华策影视	2013/11/18	2013/12/6	18
300148	天舟文化	2013/11/29	2014/2/21	84
300118	东方日升	2013/12/20	尚未恢复	—
300114	中航电测	2014/4/4	2014/6/13	70
300292	吴通通信	2014/5/9	2014/6/13	35
300044	赛为智能	2014/5/30	尚未恢复	—

3. 并购重组分道制实施情况分析

2013年10月，并购重组分道制正式实施，由交易所负责汇总集成各相关单位的分享评价信息后，根据分道制评价原则确定上市公司并购重组的审核通道类型，上报证监会。截至2014年5月底，深圳证券交易所共向证监会报送了105份分道制评价信息，尚没有出现一单豁免/快速审核通道的公司，共有19单重组适用审慎审核通道，占比为18.10%。19单审慎审核，除了绿大地是因为交易所信息披露考核为D外，其他18单均是因为财务顾问评价为C或无评价（国信证券）导致的。直到2014年6月12日，A股并购市场才出现首单豁免/快速审核的并购重组事项（时代新材（600458），现金购买资产）（见表18）。

表18 深市公司并购重组分道制评价结果

板 块	主 板	中小板	创业板	合 计
审慎审核（单）	3	7	9	19
正常审核（单）	20	38	28	86
合计（单）	23	45	37	105
审慎审核占比（%）	13.04	15.56	24.32	18.10

（四）并购重组实施完成公司分析

2013 年，深市共有 58 家公司完成并购重组的实施，完成交易金额 1562.47 亿元，而 2012 年同期深市共有 43 家公司完成重组实施，涉及交易金额为 928.10 亿元，2013 年重组交易完成单数和实施金额较 2012 年同期分别增长 35%和 68%（见表 19）。

表 19　　深市公司 2013 年重组实施完成情况

板　块	主　板	中小板	创业板	合　计
实施完成数量（家）	25	19	14	58
完成交易金额（亿元）	1328.07	167.97	66.43	1562.47

一方面，就重组公司的业绩表现而言，2013 年度完成重组的 58 家深市公司收入、净利润同比增长达 34.20%和 94.12%，重组公司的净利润增长率远大于收入增长率，说明并购重组较好地提升了上市公司的盈利能力。另外，重组公司的收入和净利润增长率均远高于深市其他公司，反映出并购重组对公司业绩的增长具有积极的正面效用。重组实施完成后，上市公司的总资产和净资产规模也分别呈现 51.41%和 82.70%的增长，借助并购重组上市公司的资产规模和质量得到了提升（见表 20）。

表 20　　2013 年深市重组公司业绩增长对比　　单位：%

板　块	总资产增长率	净资产增长率	收入增长率	净利润增长率
主板重组公司	45.57	98.76	29.04	94.92
主板全部公司	15.69	14.87	8.85	26.65
中小板重组公司	68.00	57.13	67.29	99.87
中小板全部公司	17.57	10.97	16.30	5.18
创业板重组公司	68.05	63.23	49.03	78.08
创业板全部公司	17.89	9.10	23.99	10.48
深市重组公司	51.41	82.70	34.20	94.12
深市全部公司	16.29	12.84	11.71	17.34

另一方面，2013 年度大部分并购重组的标的公司能够实现承诺业绩，以创业板为例，曾作出业绩承诺的 20 单重组案例中，有 17 单重组的标的公司完成了业绩承诺，但值得关注的是，其中有 11 单重组刚好完成承诺业绩（承诺业绩实现率在 100%~110%），不排除存在通过业绩调控或操纵而完成业绩承诺的可能性。

2013 年，深市共有 13 单重组的标的公司未能实现承诺业绩，其中有 4 家公司的承诺业绩实现率低于 50%，而中小板公司金利科技（002464）所收购的标的公司宇瀚光电承诺业绩的实现率最低，实现率不足5%，后续这些公司将根据收购协议的约定，进行相应的现金或股份补偿（见表21）。

表21　　2013年重组标的公司未实现承诺业绩情况

证券代码	证券简称	承诺业绩（万元）	实际业绩（万元）	承诺业绩实现率（%）	未实现业绩（万元）
300057	万顺股份	13506.62	9388.08	69.51	4118.54
300043	星辉车模	3400.00	3198.17	94.06	201.83
300071	华谊嘉信	4677.00	4441.24	94.96	235.76
000693	华泽钴镍	18753.36	10780.30	57.48	7973.06
000876	新希望	163837.47	161805.75	98.76	2031.72
000935	四川双马	47568.45	23807.40	50.05	23761.05
000793	华闻传媒	4750.00	3174.00	66.82	1576.00
000856	冀东装备	3804.00	602.80	15.85	3201.20
000415	渤海租赁	26668.75	18643.75	69.91	8025.00
000703	恒逸石化	77305.00	38569.00	49.89	38736.00
002464	金利科技	4497.00	201.64	4.48	4295.36
002471	中超电缆	7000.00	5768.00	82.40	1232.00
002204	大连重工	88072.00	38112.97	43.27	49959.03

二、2013年深市并购重组呈现出的新特点

相对于2012年，2013年深市上市公司的产业整合型并购重组越发地积极活跃，重组的停牌筹划、方案推出以及实施完成单数和金额较以往年度均有大幅提升。除此之外，随着市场环境的变化以及并购重组市场化改革的持续推进，2013年度深市公司的并购重组还呈现出以下一些较为明显的新特点。

（一）IPO后备企业借助并购重组实现间接上市

自2013年IPO财务核查以来，有近300家的发行人撤回IPO申请终止上市之路，加之IPO审核进程的暂停，部分拟上市企业开始转变思路，积极参与到上市公司的并购重组中，以实现间接上市的愿望，极大地推动了上市公司并购重组的活跃。根据金证互通在2013年4月IPO财务专项核查第一阶段收官时对168家终止IPO申报企业做的调查，约40%的企业对并购重组间接上市的意愿非常强烈。

2013年度以来，在财务顾问和PE股东等市场主体的牵线下，深市先后有多家上市公司并购重组整合拟上市企业，包括借壳上市和产业整合等。IPO审核的暂停为上市公司借助并购重组进行转型、升级提供了难得的机遇（见表22）。

表 22　　2013 年深市公司并购拟上市企业情况

证券简称	上市公司	标的公司	标的公司 IPO 申报情况	标的资产作价（亿元）	静态 PE	增值率（%）
000555	ST 太光	神州信息	终止 IPO 申报	30.15	9.79	81.30
002071	江苏宏宝	长城影视	终止 IPO 申报	22.91	16.12	381.06
002190	成飞集成	同捷科技	2009 年创业板 IPO 被否	5.45	12.48	44.00
002252	上海莱士	邦和药业	终止创业板 IPO 申报	18.00	25.09	583.81
002642	荣之联	车网互联	终止 IPO 申报	5.62	17.06	368.20
300010	立思辰	汇金科技	终止 IPO 申报	4.00	13.07	125.74
300020	银江股份	亚太安讯	证监局辅导备案	6.00	14.53	229.00
300044	赛为智能	金宏伟	终止中小板 IPO 申报	9.90	14.50	143.75
300208	恒顺电气	沧海重工	终止 IPO 申报	4.65	9.81	25.58
002004	华邦颖泰	福尔股份	终止 IPO 申报	8.50	12.06	117.73
		凯胜新材	证监局辅导备案	3.90	10.55	185.00

（二）财务顾问首尝过桥融资，进一步拓宽了交易融资渠道

以前的并购重组案例中，财务顾问一般只为上市公司的并购重组提供交易估值、方案设计、出具专业意见等专业服务，较少涉及资本层面的合作和安排。2013 年以来，华泰联合证券在为蓝色光标（300058）和立思辰（300010）的重组交易提供财务顾问服务的同时，率先尝试了过桥融资服务，进一步拓宽了并购重组的融资渠道。

创业板公司立思辰（300010）收购汇金科技的案例中，根据交易安排，标的公司的大股东龙彧需要先以现金收购上海裕通股、博奕安泰、普凯沅澧、苏州大恩、和谐盛世、巩建党持有的汇金科技 20.7%的股权，为了满足龙彧的资金需求，财务顾问华泰联合的子公司华泰创新与龙彧签署《股权质押合同》，向龙彧提供资金 4000 万元，龙彧将其持有的汇金科技 87.37%的股权质押给华泰创新，财务顾问的过桥融资为交易方案的成功实施提供了便利。

蓝色光标（300058）收购博杰广告的案例中，为了解决原股东对博杰广告的资金占用问题，财务顾问华泰联合旗下的华泰紫金投资向博杰投资过桥融资 1.3 亿元，博杰投资以其持有的博杰广告 36.85%的股权向华泰紫金投资进行质押，博杰投资融资的 1.3 亿元用于偿还对标的公司的资金占用，经过此番安排，标的公司历史遗存的资金占用不规范问题得以解决，保证了本次重组交易的顺利实施。

除了在具体的并购案例中提供过桥融资，华泰联合、中信证券、硅谷天堂等专业机构还联合上市公司设立产业并购基金，构建“PE＋上市公司”并购基金的业务模式，帮助上市公司寻找并购标的、进行交易方案设计、撮合交易完成、提供交易资金支持，而硅谷天堂还直接入股了部分上市公司，包括长城集团、立思辰和赛维智

能等，与上市公司的利益绑定更加紧密。当然，“PE+上市公司”的模式也面临一定的质疑，由于PE与上市公司的合作关系较为紧密，PE牵头和主导了上市公司未来并购的方向和标的公司的选择，甚至参与到相关并购项目的落实和执行，PE所掌握的内幕信息较早、较多，其事先入股上市公司存在一定的法律和道德风险（见表23）。

表23 创业板部分公司参股成立产业并购基金

证券代码	证券简称	上市公司认缴金额	基金管理人	基金规模
300015	爱尔眼科	1亿元	华泰瑞联基金管理有限公司	10亿元
300315	掌趣科技	1亿元		
300058	蓝色光标	1亿元		
300006	莱美药业	6000万元	天毅伟业医药投资管理中心	4.22亿元
300015	爱尔眼科	2000万元	东方创业金融控股有限公司	2亿元
300104	乐视网	1000万元	领势资本管理有限公司	5亿~10亿元

（三）单向业绩对赌向双向业绩对赌过渡，增加了交易的灵活性

现行重组管理办法要求上市公司基于未来收益预期的估值方法对标的资产进行评估并作为定价参考依据的，应当就盈利预测制定明确可行的补偿协议。因此，2013年度以前的重组案例中，交易对手方对标的公司未来3年的业绩进行承诺的单向业绩对赌较为普遍。2013年，并购重组中首现基于双向业绩对赌的超额业绩现金奖励制度，并被迅速效仿和推广。在交易方案中，交易双方约定业绩承诺期内标的公司实际实现的业绩超出承诺业绩的，以超额实现利润的一定比例（20%~80%不等）向交易对手方进行现金奖励。

另外，蓝色光标收购博杰广告的案例中，交易双方商定的交易基准价格为16亿元，与此对应的是，交易对手方承诺未来3年净利润年均复合增长率不低于15%。如果复合增长率超过30%的，交易对价调整为基准价格的1.25倍；复合增长率在25%~30%的，交易对价调整为基准价格的1.15倍；复合增长率在20%~25%的，交易对价调整为基准价格的1.1倍；交易对价超出基准价格的部分届时以现金支付。

现在的并购重组交易方案设计中，之所以大量引入超额业绩奖励或对价调整的双向对赌机制，是因为在实际交易的谈判过程中，交易双方对于标的资产的估值预期存在差异是很正常的现象，因此国外大量的并购案例中对于标的资产的估值是一个区间值而非绝对值，属于可变交易对价。在现行并购重组规则体系下，双向业绩对赌机制可以有效地弥补交易双方估值预期的差异，增加交易谈判的成功率，提高交易效率。

可以预期，未来基于双向业绩对赌的交易方案将成为主流，但是根据现有发行审核机制，交易对价支付的股份数量必须

在向证监会提交申请文件时就确定，因此后续的超额业绩奖励或对价调整只能以现金进行支付，而不能以股份的方式支付，增加了上市公司后期交易和整合的资金压力。对于可变交易对价的收购，如果能够引入附行权条件的期权作为支付对价，将会在很大程度上缓解上市公司的资金压力，因此有必要尽快丰富并购重组支付工具，引入期权、定向可转债等支付工具，满足差异化的并购重组需求。

（四）标的股权同股不同价的交易逐渐增加，更加适应市场需求

在以往的并购重组中，标的资产评估作价确定后，上市公司基本是按照同股同价的原则根据交易对手方所持标的公司股权的比例支付收购对价。2013年以来，随着并购重组市场化改革的推进，出现了较多的同股不同价的交易案例。尽管，同股不同价的交易会受到公平性的质疑，但是作为交易双方市场化的约定，深圳证券交易所予以尊重，并要求公司在交易方案中充分披露同股不同价的理由及其合理性，并提请投资者予以关注，交由投资者自主判断。目前，相关案例也已获得了证监会的审核通过。

首航节能（002665）收购新疆西拓100%股权的案例中，新疆西拓100%股权的交易价格约为10.50亿元。其中控股股东首航波纹管持有的新疆西拓51%的股份作价6.50亿元，其他股东持有的新疆西拓49%的股份作价4亿元，标的公司控股权相对于少数股权每股作价高出56%，充分体现了控制权溢价。

而在掌趣科技收购动网先锋的案例中，动网先锋100%股权作价8.1亿元，其中王贵青等4名交易对手方持有的58.05%的股权作价31542万元，而宋海波等6名管理层股东持有的41.95%的股权作价49467万元，管理层股东每股交易价格较非管理层股东高出117%，主要是因为这6名管理层股东承担了所有的业绩承诺。

（五）上市公司管理层和核心员工积极参与并购重组配套融资，深化并购重组的整合效果

2013年，部分上市公司在进行并购重组的配套融资时，向公司管理层和核心员工定向发行股份，将类股权激励与并购重组融为一体，让管理层和核心员工更好地参与到并购重组的整合中。相对于单独实施股权激励，该安排具有以下几方面的优势：一是不需要设置强制性的股权激励业绩行权条件；二是混合实施按资本利得而非薪酬所得缴纳个人所得税，税率相对较低；三是对于国有企业而言，可以免去股权激励国资委备案审批程序，提高激励的便利性；四是可以有效激励管理层，使得管理与交易对手方形成一致利益诉求，为并购后的整合和发展提供保障。

创业板国有控股公司中航电测（300114）在发行股份收购汉中一零一股权的同时，向佳恒投资以11.57元/股的价格定向发行股份210万股中航电测股票进行配套融资，佳恒投资是由上市公司内部董事、高级管理人员及其他管理人员共22名自然人设立

的有限合伙企业。按最新的18.72元/股计算，管理层股东所获股份已经浮盈1500万元。

创业板国有控股公司华录百纳（300291）发行股份购买蓝色火焰股权的同时，向华录百纳10名核心员工的持股公司苏州谦益以38.72元/股的价格发行464.88万股进行配套融资，按最新的复权价65元/股计算，核心员工所持股份已浮盈1.22亿元。

当然，上述安排也可能诱发上市公司管理层调节上市公司或标的资产的业绩，从而实现资本增值的道德风险，增加了后续监管难度。

（六）地产并购重组政策明确，地产股重组开始活跃

2013年9月，证监会下发《关于上市公司并购重组、再融资涉及房地产业务提交相关报告的函》，进一步明确房地产上市公司并购重组和再融资政策，房地产上市公司并购重组需求迅速释放。随后深市主板先后有6家房地产上市公司停牌筹划重组。其中，招商地产（000024）、广宇发展（000537）已披露重组预案并复牌，莱茵置业（000558）变更为非公开发行后复牌，昆百大（000560）、华联控股（000036）和荣丰控股（000668）因条件不成熟或相关事项存在重大不确定性主动终止筹划重组事项。

三、并购重组监管需要关注的主要问题和建议

（一）并购重组监管中需要关注的主要问题

2013年以来，受多重因素的影响，深市上市公司的并购重组越发地积极和踊跃，重组交易的市场化程度和产业整合力度也较以往大幅增加，越来越多的公司将并购重组作为公司发展的战略选择，二级市场对于绝大部分公司的并购重组也给予了正面的评价和肯定，而并购重组的良好发展势头在2014年上半年也得以延续。作为监管机构，在积极支持和推动上市公司利用并购重组谋求转型发展的同时，还需要充分关注并购重组存在的一些问题，做好相应的风险防范和揭示工作。

1. 合理关注并购重组的动机

正如上文表4所列，2013年筹划重组的公司中一半以上面临着或大或小的业绩压力，部分上市公司进行并购重组并不是基于产业整合的战略目标，更多的是希望通过并表型的财务重组暂缓业绩压力，迎合投资者的炒作需求并达成自身的其他目的。尤其是在2013年并购重组行情的刺激下，越来越多的公司热衷于财务型重组，跃跃欲试停牌筹划重组，甚至很多公司停牌后再去寻找并购标的，或者停牌期间不断更换并购标的，此类重组难免会为企业未来的发展埋下隐患。

2014年5月发布的“新国九条”，明确

鼓励上市公司建立市值管理制度，而这一轮并购重组行情中，越来越多的公司将并购重组作为市值管理的最佳工具，甚至是跨越行业和主业主动涉及市场热点题材，并购重组大有“全民运动”的发展趋势。因此，在后续的监管中，需要合理关注上市公司并购重组的动机，要求公司在重组方案中重点提示本次重组的真实目的，并根据市场交易情况及时采取停牌核查、要求澄清说明和风险揭示等监管措施。

2. 强化对标的资产估值溢价合理性和公允性的信息披露

2013 年，以网络游戏等新兴产业为代表的并购标的溢价相对较高，引发了市场较多的关注和质疑。估值定价是重组交易能够达成最为关键的环节，是交易双方基于市场化谈判协商的结果。作为监管机构，交易所不宜对交易定价进行实质性判断，但是可以要求上市公司在重组方案中充分披露估值定价的依据、合理性和公允性，并向投资者进行相应的重大事项提示或风险揭示。

交易所可以从以下几方面强化估值定价信息的披露要求：一是关注本次交易价格与标的资产过去 3 年的交易作价的对比，要求公司详细披露作价差异的原因及合理性；二是关注同行业可比交易案例，对比说明本次交易定价的合理性和公允性；三是对于基于收益法评估确定的估值定价，要求公司充分披露收入、净利润等关键业绩指标的预测假设及其可实现性，包括在手订单、行业平均增长速度等；四是对于网络游戏等新兴行业，除了财务信息外，还可以要求公司补充用户数量、ARPU 值等关键业绩指标，作为估值定价的支撑性信息。

3. 关注公司重组后的整合情况和承诺业绩实现情况

国外并购重组发展的历史实践证明，重组交易完成后的整合是并购重组能否最终成功的最大拦路虎，一半以上的并购重组最后都是以失败告终的。2013 年作为 A 股市场并购重组的元年，大量的交易仍然处于筹划或交易过户阶段，很多交易后续的整合还未大规模开始，未来监管中需要持续关注重组实施完成的公司整合情况及其对公司生产经营的正面或负面影响，做好并购重组持续性的信息披露。

现行规则体系下，交易对手方通常会对标的公司未来 3 年的业绩做出承诺，尽管目前 A 股市场还没有大面积的出现并购标的承诺业绩无法完成的现象，但是 2013 年度深市已有 13 家公司的重组承诺业绩无法完成，将按照协议的约定履行现金补偿和股份补偿。而且随着并购重组市场化改革的推进，未来业绩补偿的强制性要求取消后，业绩不达承诺将缺乏硬性约束，并购标的的业绩风险将进一步加剧。而与之相对应的是，并购重组中形成的大额商誉减值的风险也会放大，以创业板为例，2013 年度合并报表商誉总额已达到 150 亿元，同比增长了 146%，其中商誉占总资产比重超过 10%的公司已达到 24 家，如果因并购交易未达预期而计提大额减值将对公司未来业绩产生极大压力和负面影响。

4. 加强对利用重组炒作配合股份减持等情形的监管

2013年度，与并购重组火热的炒作行情相伴随的，还有部分上市公司的大股东等主要股东和管理层股东在交易方案披露后的推进和实施过程中，乘股价上涨之机进行股票减持，引发了市场和投资者较多的质疑。

在重组方案的形式审核中，我们已经重点关注重组方案披露的时点是否临近大股东限售股份解禁，如是，则要求公司在重组方案中充分提示大股东所持股份即将解限的提示以及未来的减持计划。后续监管中，需要进一步关注大股东以外的其他主要股东、管理层股东的股份减持情况，强化对利用重组炒作配合股份减持情形的监管，充分保护中小投资者权益。

5. 继续做好内幕交易防控，净化并购重组的外部环境

2013年以来，监管层启动了多维度的内幕交易防控工作，包括投资者教育、内幕交易警示展、加大内幕交易查处力度等多个方面，取得了较好的成效，保障了并购重组的快速发展。但是，2013年度仍然有30%以上的重组公司股票停牌前存在交易异常，又不断有公司的并购重组在证监会审核期间因有关方面涉嫌违法违规被暂停审核，影响了并购重组的审核效率。由此可见，内幕交易防控工作仍然任重而道远，全方位的内幕交易防控工作仍需持续和深化，更为迫切的是要加大内幕交易的违规处罚责任，强化市场的约束和震慑作用。

6. 严格执行借壳上市标准，防止公司刻意规避借壳上市的监管

2013年11月30日，证监会发布了《关于在借壳上市审核中严格执行首次公开发行股票上市标准的通知》，明确上市公司重大资产重组方案构成借壳上市的应当符合首发管理办法规定的发行条件，同时不得在创业板借壳上市。该政策的发布，增加了借壳上市的实施难度，部分公司就可以采取其他路径规避借壳上市，引起了市场广泛的质疑，后续监管中需要严格执行借壳上市标准，防范上市公司刻意规避借壳上市监管，使得监管政策形同虚设。

（二）进一步完善并购重组规则体系的建议

2014年3月，国务院发布了《关于进一步优化企业兼并重组市场环境的意见》（国发〔2014〕14号，以下简称《意见》），《意见》直指并购重组实施过程中存在的主要问题，并提出了具体的改革方案，包括加快推进审批制度改革、改善并购重组的金融服务、完善相关财税政策、加强产业政策引导等多个方面，随着《意见》的深入实施和推进，资本市场并购重组的市场环境将会进一步优化。除了《意见》规定的各项改革措施外，结合2013年并购重组发展的现状及存在的问题，建议还应尽快在以下4个方面进行调整和完善。

1. 进一步完善分道制评价体系，真正实现“奖优”

本着“奖优罚劣”原则的并购重组分道制实施半年来，“罚劣”方面，已有19

家公司的重组审核进入审慎审核通道，取得了一定的成效，但是“奖优”方面，深市上市公司还没有一家公司的并购重组能够享受“豁免/快速”审核通道，“奖优”的政策红利还无法释放。现在的分道制评价体系涉及11个方面的评价指标，以上文提及的已完成的105单分道制为样本，各主要指标符合快速审核的比例分别为：产业政策41%、交易所信息披露考核9.5%、证监局考核16.19%、财务顾问50.47%，每个指标的比例看似不低，但是将这四个指标的概率相乘得到的结果为0.32%，这就意味着即使不考虑其他评价指标，仅仅考虑这四个指标，同时满足这四个指标而进入快速审核通道的概率仅仅为0.32%，这充分反映了快速审核通道的高门槛。

因此，为了充分发挥分道制的“奖优”效用，建议进一步优化分道制评价体系，增加上市公司进入快速通道的概率。一是现有评价体系中支持的9大行业还是以传统产业为主，建议增加节能环保、新能源等战略性新兴产业类别；二是将证监局和交易所的评价调整为“或”的关系，只要有一方评价为A即为A；三是暂时不考虑“交易是否存在明显异常”指标，取而代之选择“是否被立案稽查”指标，因为根据现有规则，被立案稽查的并购重组证监会不会受理，而受理后也会暂停审核。

2. 优化交易定价方式，突破评估定价的限制

从上文表11可以看出，现有并购重组的交易定价仍然是以资产评估结果为依据，而评估方法选取上80%为收益法，但是实际交易过程中，交易双方对标的资产定价，仍然是以通行市盈率定价模式为主，根据标的资产最近一年净利润或未来预测净利润，给予一个合理的市盈率，进而确定交易价格，随后中介机构根据已确定的标的资产交易价格倒推各年度的利润预测数，计算评估过程中的增长率等各种参数，编制相关资产评估报告，以满足监管要求。

上述资产评估一系列过程，不仅降低了重组筹划的效率，增加了重组交易成本，而且资产评估过程中倒算出来的一系列未来预期收益数据又极大地误导了市场和投资者，进而引发股价爆炒、预期业绩能否实现、业绩承诺执行等一系列监管问题。因此，建议尽快优化交易定价方式，尊重市场化的交易习惯和定价原则，突破评估定价的限制，鼓励交易双方直接使用PE定价等市场化的定价方式。

3. 丰富对价支付手段，满足市场化的定价需要

上文表10显示，2013年披露的交易方案中92%的交易使用了股份作为全部或部分的交易对价，说明资本市场为上市公司的并购重组提供了较大的支持。在现行规则体系下，上市公司在重组方案中必须明确股份发行的数量、发行价格以及与此相对应的交易金额，随着并购重组市场化的发展，越来越多的交易方案中，交易双方难以对标的资产定价达成绝对金额的共识，而是对标的资产定价形成一个价格区间，但是可变交易对价的支付将难以使用股份作为支付工具，增加了上市公司的资金压力，也不利于交易的后续整合。因此建议

尽快丰富对价支付手段，推出期权、定向可转债等浮动型支付工具，满足市场化的交易需要。

4. 进一步提高审核效率，满足上市公司交易效率需求

2013年度，证监会并购重组审核效率大幅提升，有效降低了重组交易的时间成本，提高了重组交易的效率，但是基于既往的审核惯例，上市公司前一单重组审核通过前不宜启动新的重组交易，因此算上重组停牌筹划时间、方案披露和公司内部审批时间，上市公司一年内很难完成两单并购重组交易。建议证监会进一步梳理重组审核流程，提高审核效率，便于上市公司在并购重组的大好形势下，抓住市场机遇，积极利用并购重组将企业做大做强。

深市上市公司内控报告披露情况分析

一、内部控制报告披露的政策背景及规则体系

内部控制，是由公司的董事会、监事会、经理层和全体员工实施，旨在实现控制目标的过程。狭义的内部控制仅指财务报告内部控制，广义的内部控制已扩展至为主体战略制定、实现经营的有效性和效率、财务报告的可靠性、符合适用的法律和法规的各类目标提供合理保证的全面风险管理过程。加强上市公司内部控制的监管，对提高上市公司质量、保护投资者利益、推进资本市场发展具有重要意义。

建立一套全方位的内部控制机制，可以提高企业的风险防范能力。财政部、证监会、审计署、银监会和保监会等部委十分重视加强和提升企业内部控制，制定了一套完整的内部控制规范体系。2008 年 6 月 28 日，中国证监会等五部委联合发布《企业内部控制基本规范》，首次制定统一的内部控制规范。2011 年 1 月 1 日起，《企业内部控制基本规范》和《企业内部控制配套指引》已率先在境内外同时上市的公司中施行和试点。2012 年 8 月，为稳步推进主板上市公司有效实施企业内部控制规范体系，财政部会同证监会联合发布了《关于 2012 年主板上市公司分类分批实施企业内部控制规范体系的通知》，要求中央和地方国有控股上市公司在披露 2012 年公司年报的同时，披露董事会对公司内部控制的自我评价报告（以下简称“内控自评报告”）以及注册会计师出具的财务报告内部控制审计报告（以下简称“内控审计报告”），鼓励公司在自愿的基础上提前执行企业内部控制规范体系的披露要求，同时明确了因进行破产重整、借壳上市或重大资产重组以及新上市两种特殊情况下的披露要求。

深圳证券交易所一直非常重视推动上市公司实施内部控制规范体系，以多种形式有效推进上市公司内部控制信息披露。2006 年 9 月，深圳证券交易所针对主板上市公司发布了《深圳证券交易所上市公司内部控制指引》，鼓励主板上市公司建立健全内部控制机制，同时在年报期间披露年度内部控制自我评估报告及注册会计师就公司财务报告内部控制情况出具的评价意见。2010 年 7 月，深圳证券交易所发布了《深圳证券交易所主板上市公司规范运作指引》，为进一步促进上市公司提升规范运作水平、深化企业内控体系建设提供指引。另外，针对非强制披露的中小板和创业板上市公司，深圳证券交易所也通过制定《中

小企业板信息披露业务备忘录第 4 号：定期报告披露相关事项》、《中小企业板上市公司规范运作指引》、《创业板信息披露业务备忘录第 10 号：定期报告披露相关事项》、《创业板上市公司规范运作指引》等规则加以要求，引导公司按照有关规定对与财务报告和监管重点相关的内部控制制度的建立和实施情况，出具年度内部控制自我评价报告。

同时，深圳证券交易所每年发布的《年度报告披露工作通知》就上市公司内部控制信息披露提出了具体要求。深圳证券交易所从 2006 年年报开始鼓励上市公司披露内部控制制度建立和执行情况；从 2008 年年报开始鼓励上市公司披露内控自评报告，并对披露内容的范围做出规定，但不强制要求披露内控审计报告；从 2011 年开始分类分批推进内控试点企业、A+H 股公司、主板中央和地方国有控股上市公司实施内部控制规范体系，披露内控自评报告和会计师事务所出具的内控审计报告。在后续的年报信息披露工作中，深圳证券交易所还将按照《关于 2012 年主板上市公司分类分批实施企业内部控制规范体系的通知》的要求，继续推动主板上市公司内部控制信息披露工作，同时在对中小板、创业板发行上市环节要求进行财务报告内控鉴证的基础上，分类分批区分公司推进中小板和创业板执行内控工作并予以规范披露。

二、内部控制报告披露的总体情况

从 2008 年起，深圳证券交易所引导主板、中小板公司披露年度内控自评报告。经过几年来的提高和完善，上市公司在内部控制及其披露方面有了一定进步。内控自评报告披露格式规范程度不断提高、披露内容更具有实质意义；内控审计报告数量持续增加，内控审计意见也更为丰富，出具非标意见的数量显著增加、内控审计报告质量显著提升。内部控制信息披露水平的不断提高，对促进公司建立健全内部控制体系起到积极的推动作用。

（一）内控自评报告的披露情况

2008~2013 年，深市主板、中小板、创业板披露内控自评报告的上市公司比例始终维持在 90%以上（见表 1、表 2、表 3），显示出深市上市公司十分重视内部控制体系建设，并积极履行信息披露义务。

表 1　　2008~2013 年深市主板上市公司内控自评报告的披露情况

年　度	披露公司数（家）	上市公司总数（家）	占上市公司总数的比例（%）
2008	443	488	90.78
2009	485	485	100.00
2010	484	485	99.79
2011	483	484	99.79
2012	479	482	99.40
2013	475	480	98.96

表2 2008~2013年深市中小板上市公司内部控制自我评价报告的披露情况

年　度	披露公司数（家）	上市公司总数（家）	占上市公司总数的比例（%）
2008	271	273	99.27
2009	358	358	100.00
2010	554	554	100.00
2011	653	653	100.00
2012	701	701	100.00
2013	719	719	100.00

表3 2009~2013年深市创业板上市公司内部控制自我评价报告的披露情况

年　度	披露公司数（家）	上市公司总数（家）	占上市公司总数的比例（%）
2009	58	58	100.00
2010	188	188	100.00
2011	292	292	100.00
2012	355	355	100.00
2013	355	355	100.00

按照分类分批实施原则来看，主板480家上市公司中有289家属于中央和地方国有控股上市公司，应当在2013年披露内控自评报告，其中富奥股份、渤海股份因为借壳上市或重大资产重组豁免披露，新中基、*ST锌业因为进行破产重整豁免披露。主板64家内部控制试点公司和10家境内外同时上市的公司均按照要求披露了内控自评报告。除此之外的其他上市公司中，部分公司触碰市值及财务指标（按照总市值及2009~2011年净利润值的口径统计，剔除中央或地方国有控股上市公司、境内外同时上市公司和内控试点公司共计35家公司触碰该等财务指标）须在2013年强制披露内控自评报告，其余均为自愿披露。另外，非强制披露公司中建新矿业、神州信息因为重大资产重组豁免披露。

截至2014年4月30日，中小板719家上市公司全部披露了2013年年度报告，并全部按照要求披露年度内部控制自我评价报告。中小板上市公司2013年年报内部控制披露总体情况较好，能够按照证监会和交易所的规定披露内部控制相关情况，内部控制相关信息披露充分，能真实反映公司内部控制的实际执行情况和存在的问题。截至2014年4月30日，创业板355家上市公司全部披露了2013年年度报告，并全部按照要求披露年度内部控制自我评价报告。此外，中小板和创业板公司还需要披露内部控制规则，落实自查表以明确公司及相关主体内部控制规则的落实及实施情况。

（二）内控审计报告的披露情况

2008~2013 年，注册会计师出具的内控审计报告（包括规范的内部控制审计报告、内部控制鉴证报告、内部控制审核报告等，本分析报告对于主板上市公司严格以规范的内部控制审计报告为统计口径，对于中小板、创业板上市公司以规范的内部控制审计报告、内部控制鉴证报告、内部控制审核报告等为统计口径）的披露数量持续增长（见表 4、表 5、表 6）。2013 年共有 1066 家上市公司披露内控审计报告，占上市公司总数的 68.60%。这意味着，在披露内控自评报告的上市公司中，约 68.86%同时披露了内控审计报告，上市公司越来越重视利用外部力量对内部控制设计和运行的有效性进行审视。

表 4　　2008~2013 年深市主板上市公司内部控制审计报告的披露情况

年　度	披露公司数（家）	上市公司总数（家）	占上市公司总数的比例（%）
2008	141	488	28.89
2009	170	485	35.05
2010	153	485	31.55
2011	167	484	34.50
2012	305	482	63.10
2013	353	480	73.54

表 5　　2008~2013 年深市中小板上市公司内部控制审计报告的披露情况

年　度	披露公司数（家）	上市公司总数（家）	占上市公司总数的比例（%）
2008	109	273	39.93
2009	281	358	78.49
2010	294	554	53.07
2011	447	653	68.45
2012	359	701	51.21
2013	489	719	68.01

表 6　　2009~2013 年深市创业板上市公司内部控制审计报告的披露情况

年　度	披露公司数（家）	上市公司总数（家）	占上市公司总数的比例（%）
2009	39	58	67.24
2010	120	188	63.83
2011	187	292	64.04
2012	212	355	59.72
2013	224	355	63.10

2013年深市主板内控审计报告披露家数较2012年增加48家，主要原因为强制披露家数本年度有所增加。按照分类分批实施原则来看，353家上市公司中，有289家属于中央和地方国有控股上市公司，应当在2013年披露内控审计报告；10家中央或地方国有控股上市公司未披露内控审计报告，其中，8家因进行破产重整、借壳上市或重大资产重组豁免披露；金路集团由于报告期内发生实际控制人变更，因而未披露内控审计报告；众合机电考虑到公司处在转型升级关键阶段，内部控制存在较多不足，特向浙江证监局申请不披露内控审计报告并获批准；首钢股份披露了内控鉴证报告。主板64家内部控制试点公司和10家境内外同时上市的公司全部披露内控审计报告。部分公司触碰市值及财务指标（按照总市值及2009~2011年净利润值的口径统计，剔除中央或地方国有控股上市公司、境内外同时上市公司和内控试点公司共计35家公司触碰该等财务指标）须在2013年强制披露内控审计报告，其中金浦钛业因重大资产重组豁免披露。

中小板上市公司中共5家A+H股上市公司和6家内控试点上市公司，均按照要求披露注册会计师出具的财务报告内部控制审计报告，且上述内部控制审计报告意见均为无保留意见。其余230家上市公司均为触碰“应当至少每两年要求会计师事务所对上市公司与财务报告相关的内部控制有效性出具一次内部控制审计报告”的要求而披露内控审计报告。创业板上市公司应当至少每两年要求会计师事务所对上市公司与财务报告相关的内部控制有效性出具一次内部控制鉴证报告。2013年度创业板上市公司出具的内控审计报告均为自愿性披露。

三、内控自评报告的格式及内容分析

（一）内控自评报告的格式

目前，深市上市公司在编制内控自评报告时可以参考的内容与格式披露指引有3个：

（1）证监会会同财政部于2014年1月3日发布的《公开发行证券的公司信息披露编报规则第21号——年度内部控制评价报告的一般规定》（以下简称“21号规则”）。

（2）证监会于2011年4月发布的《上市公司实施企业内部控制规范体系监管问题解答（2011年第1期）》中提供的财务内部控制评价报告参考格式（以下简称“证监会格式”）。

（3）财政部于2012年2月发布的《企业内部控制规范体系实施中相关问题解释第1号》中提供的企业内部控制评价报告参考格式（以下简称“财政部格式”）。

21号规则属于强制性适用规则，相比较而言，其综合了证监会格式的精简结构和财政部格式的涵盖内容，对于内部控制评价工作的总体情况、评价范围、评价程序和方法、定性和定量缺陷认定标准及整改情况等多个方面作出了要求，并严格对财报内控、非财报内控进行全面评价。2013

年纳入强制性披露范畴的上市公司中均按照21号规则编制了内控评价报告，缺陷认定标准的披露和有效性结论的论证较往年有了明显提升。

（二）内部控制建设及评价

深市上市公司主要以《企业内部控制基本规范》及其配套指引作为建立及评价企业以财务报告内部控制为核心的内部控制体系的主要依据,《上市公司规范运作指引》也被上市公司广泛使用。《会计法》、《公司法》、《证券法》、《审计法》也被部分公司作为建立内部控制的依据。其他法律规范主要有行业内部控制指引、中央企业全面风险管理指引、企业会计准则、美国萨班斯法案、联交所企业管制常规守则等。

由于内部控制外部中介机构在内部控制建设与评价方面具有相对丰富的实践经验，聘请外部会计师事务所从财务控制角度或咨询机构从管理控制角度协助开展内部控制建设和评价工作仍然是上市公司较为普遍的选择。部分公司明确披露聘请了外部咨询机构协助公司开展内控体系建设工作，例如，华塑控股聘请专业的咨询机构浙江凯通企业管理咨询公司帮助公司制定相关内部控制制度、*ST霞客聘请深圳友联时骏企业管理顾问有限公司为公司内控体系建设咨询服务机构，共同对发展战略、企业文化、投资管理、质量管理、生产与运营等重要领域的内控制度进行排查和诊断，促进公司较快提高内部控制体系运行水平。

（三）内部控制缺陷的认定及披露情况

1. 内部控制缺陷的认定标准

根据《内部控制评价指引》的规定，内部控制缺陷按其成因分为设计缺陷和运行缺陷，按其影响程度分为重大缺陷、重要缺陷和一般缺陷。重大缺陷，是指一个或多个控制缺陷的组合，可能导致企业严重偏离控制目标。重要缺陷，是指一个或多个控制缺陷的组合，其严重程度和经济后果低于重大缺陷，但仍有可能导致企业偏离控制目标。一般缺陷，是指除重大缺陷、重要缺陷之外的其他缺陷。而重大缺陷、重要缺陷和一般缺陷的具体认定标准，由企业根据上述要求自行确定。

从2013年披露的内控自评报告看，绝大部分深市上市公司都能够结合公司风险评估、行业状况和公司规模等因素，制定并披露适用于公司自身的内部控制缺陷具体认定标准。目前，公司认定缺陷的普遍做法是，将内部控制缺陷分为财务报告内部控制缺陷和非财务报告内部控制缺陷，并分别制定定性标准及定量标准（见表7）。

2. 内部控制缺陷的披露情况

内部控制缺陷认定及整改情况的披露是整个内控自评报告的一个关键内容。据统计，2013年纳入强制披露范围的主板上市公司中共有20家公司披露了内部控制缺陷的个数或具体内容，约占披露内控自评报告公司总数的4.2%，与2012年相比提高0.9个百分点，缺陷披露公司数量有所增加，质量提高。共发现重大缺陷10个，

表 7 上市公司内部控制缺陷认定标准

缺陷类型	认定标准			
	定量标准		定性标准	
	财务报告缺陷	非财务报告缺陷	财务报告缺陷	非财务报告缺陷
重大缺陷	财务报告的潜在错报金额超过财务报表重要性水平	缺陷所造成的直接财产损失金额超过为重大缺陷设定的比例	1. 企业更正已公布的财务报告 2. 注册会计师发现当期财务报告存在重大错报，而内部控制在运行过程中未能发现该错报 3. 监管部门责令公司对以前年度财务报告存在的差错进行改正 4. 企业审计委员会和内部审计机构对内部控制的监督无效	1. 缺乏民主决策程序导致重大失误 2. 违反国家法律法规受到重罚 3. 中高级管理人员和高级技术人员严重流失 4. 媒体频现负面新闻，波及面广，引起相关部门关注并展开调查 5. 重要业务缺乏制度控制或制度系统失效 6. 董事、监事和高级管理人员舞弊 7. 内部控制重大缺陷未得到整改
重要缺陷	财务报告的潜在错报金额未超过财务报表重要性水平，但超过了实际执行的重要性水平	缺陷所造成的直接财产损失金额超过为重要缺陷设定的比例	1. 注册会计师发现当期财务报告存在一般错报，而内部控制在运行过程中未能发现该错报 2. 企业审计委员会和内部审计机构对内部控制的监督存在重要缺陷	1. 民主决策程序存在但不够完善，导致出现一般失误 2. 违反国家法律法规受到轻微处罚或违反企业内部规章形成损失 3. 关键岗位业务人员流失严重 4. 媒体出现负面新闻，波及局部区域 5. 重要业务制度控制或系统存在缺陷 6. 中层员工舞弊 7. 内部控制重要缺陷未得到整改
一般缺陷	财务报告的潜在错报金额未超过实际执行的重要性水平	缺陷所造成的直接财产损失金额超过为一般缺陷设定的比例	1. 注册会计师发现当期财务报告存在小额错报，而内部控制在运行过程中未能发现该错报； 2. 企业审计委员会和内部审计机构对内部控制的监督存在一般缺陷	1. 决策程序效率不高 2. 违反企业内部规章，但未形成损失 3. 一般岗位业务人员流失严重 4. 媒体出现负面新闻，但影响不大 5. 一般业务制度或系统存在缺陷 6. 一般员工舞弊 7. 内部控制一般缺陷未得到整改

与上年同比增加 9 个，重大缺陷认定的公司及数量增幅较大，内控自评的效果趋好；重要缺陷 30 个，与上年同比减少 13 个。有 4 家公司披露具体缺陷数量在 3 个以上，其中南宁糖业披露财务类重要缺陷 4 个、非财务类重要缺陷 1 个，隆平高科披露非财务类重要缺陷 5 个。（详见附件）

根据主板上市公司披露的缺陷内容，报告期内在发现缺陷的基础上，公司整改情况如下：10 个重大缺陷中 7 个缺陷已在报告期内或报告出具日前完成整改，1 个在报告出具日期后得到整改，1 个已落实整改方案将继续整改，*ST 国恒对子公司的内控管理完全失效且尚无法整改；重要缺陷中 20 个已在报告期内或报告出具日前完成整改，10 个未完成整改，主要原因是相应的内控治理制度尚未制定并落实。

目前，中小板、创业板上市公司尚未按照《企业内部控制基本规范》和配套指引执行企业内部控制规范体系，较多中小板、创业板上市公司未严格按照 21 号规则的要求编制内控自评报告并结合缺陷认定标准披露存在的重大缺陷、重要缺陷及一般缺陷情况，缺陷的性质存在遗漏描述、笼统表述的情形，且出现公司内部缺陷相关信息披露不准确的情况，例如，*ST 超日披露存在重要缺陷的具体内容，而其评价结论却描述为自身存在非财报重大缺陷。根据统计，中小板上市公司中共计 6 家披露了自身存在的具体重大缺陷，与 2012 年的 6 家持平。(详见附件)

四、内部控制审计情况分析

(一) 内控审计报告内容分析

1. 内部控制审计依据

财政部等 5 部委于 2010 年发布了《企业内部控制审计指引》，中国注册会计师协会也于 2011 年发布了《企业内部控制审计指引实施意见》。这些文件对注册会计师开展内部控制审计工作提出了指引性规范要求，也成为注册会计师出具内控审计报告的审计依据。2013 年注册会计师出具的内控审计报告对审计依据一般表述为：《企业内部控制审计指引》及中国注册会计师执业准则的相关要求。

2. 内部控制审计意见披露情况

2011 年新华制药被出具上市公司第一份否定意见的内控审计报告，2012 年深市主板泰达股份被出具否定意见的内控审计报告，2013 年深市主板 353 份内控审计报告中，347 份为标准无保留意见，5 份为带强调事项段的无保留意见，1 份为否定意见。注册会计师以强调事项段说明的重大事项主要包括：部分业务控制流程存在缺陷、关联方交易的审批和实施不规范、大股东干预公司高管薪酬、应收账款可回收性存在不确定性、破产重组的不确定性、存在可能导致对持续经营能力产生重大疑虑的重大不确定性等。

泰达股份由于下属子公司担保均未按照公司内部控制制度的规定履行授权审批、信息披露等程序，与之相关的财务报告内部控制执行失效，该重大缺陷可能导致公司因履行担保责任而承担损失的风险，因而被出具否定意见的内部审计报告。

另外，2013 年中小板、创业板上市公司 713 份内控审计报告（主要为内部控制鉴证报告、内部控制审核报告等）中还有 3 份为否定意见，2 份为保留意见。

科伦药业由于财务报告流程中有关完整识别关联方关系的内部控制存在重大缺陷，而该重大缺陷可能对公司 2013 年度财务报表附注中有关前期会计差错更正的披露，以及关联方及关联方交易、相关交易余额披露的准确性和完整性产生影响，另外，若有未被识别出的关联方交易也可能对在财务报表中进行的会计处理产生影响，因此被出具否定意见的内控审核报告。

*ST 超日由于公司在销售业务控制、财务报告控制、资产管理控制以及部分重要事项决策程序及信息披露存在重大缺陷，且 2012 年度、2013 年度财务报告连续发生重大前期差错更正，同时近两年皆因未能提供相应的审计条件，导致注册会计师出具非标意见审计报告，另外诉讼事项、关联交易、对外担保等多项信息未能及时

披露，并因涉嫌未按规定披露信息被中国证券监督管理委员会上海稽查局立案调查。因此被出具否定意见的内控鉴证报告。

迪威视讯由于财务报告内部控制存在以下重大缺陷：公司因涉嫌信息披露违规被中国证券监督管理委员会立案调查，缺乏有效的财务报告内部控制；公司对公司部分销售业务的销售、发货和收款环节缺乏有效的会计系统控制，因此被出具否定意见的内控鉴证报告（见表8）。

表8　深市上市公司内控审计否定意见情况

公司代码	公司简称	内部控制审计会计师事务所	内部控制审计意见类型及报告类型	会计师事务所出具非标准意见的内部控制审计报告的说明
000652	泰达股份	中审华寅五洲会计师事务所（特殊普通合伙）	否定意见（规范化的内控审计报告）	导致否定意见的事项：公司下属子公司扬州昌和工程开发有限公司在2013年存在为贵公司其他下属子公司及外部单位提供担保；公司下属子公司扬州声谷信息产业发展有限公司在2013年存在为公司其他下属子公司提供担保；公司下属子公司扬州广硕信息产业发展有限公司在2013年存在为外部单位提供担保。上述担保均未按照公司内部控制制度的规定履行授权审批、信息披露等程序，与之相关的财务报告内部控制执行失效，该重大缺陷可能导致公司因履行担保责任而承担损失的风险。公司尚未在2013年度完成对上述重大缺陷的内部控制的整改工作，但在编制2013年度财务报表时已对上述内控失效可能导致的会计差错予以关注、避免和纠正
002422	科伦药业	毕马威华振会计师事务所中国注册会计师（特殊普通合伙）	否定意见（内控审核报告）	导致否定意见的事项：公司财务报告流程中有关完整识别关联方关系的内部控制存在重大缺陷。该重大缺陷可能对公司2013年度财务报表附注中有关前期会计差错更正的披露，以及关联方及关联方交易、相关交易余额披露的准确性和完整性产生影响，另外，若有未被识别出的关联方交易也可能对在财务报表中进行的会计处理产生影响。有效的内部控制能够为企业及时防止或发现财务报表中的重大错报提供合理保证，而上述重大缺陷使贵公司内部控制失去这一功能
002506	*ST超日	大信会计师事务所（特殊普通合伙）	否定意见（内控鉴证报告）	导致否定意见的事项：公司销售业务控制、财务报告控制、资产管理控制以及部分重要事项决策程序及信息披露存在重大缺陷，且2012年度、2013年度财务报告连续发生重大前期差错更正，同时近两年皆因未能提供相应的审计条件，导致注册会计师出具非标意见审计报告，另外诉讼事项、关联交易、对外担保等多项信息未能及时披露，并因涉嫌未按规定披露信息被中国证券监督管理委员会上海稽查局立案调查
300167	迪威视讯	大华会计师事务所（特殊普通合伙）	否定意见（内控鉴证报告）	导致否定意见的事项：财务报告内部控制存在以下重大缺陷：公司因涉嫌信息披露违规被中国证券监督管理委员会立案调查，缺乏有效的财务报告内部控制；公司对公司部分销售业务的销售、发货和收款环节缺乏有效的会计系统控制

3. 审计机构发现的非财务报告内部控制重大缺陷情况

钱江摩托的内控审计报告披露了注册会计师天健会计师事务所在进行内部控制审计时发现的非财务报告内部控制重大缺陷，重大缺陷的内容为：钱江摩托公司之子公司浙江钱江摩托进出口有限公司及境外子公司 BENELLI Q.J.SRL 的非财务报告内部控制存在重大缺陷，在外销业务中，对终端客户所在国的政治经济风险缺乏系统的评价体系，无法及时应对因其变化带来的经营风险，由此可能给钱江摩托公司的发展战略带来重大影响。该缺陷不影响审计师对财务报告内部控制有效性发表的审计意见，审计师出具了带强调事项段的无保留意见。会计师在内部控制审计中发现重大缺陷并予以认定可以更好地督促公司进行客观真实有效的内部控制自我评价，揭示公司实际内控情况及公司治理风险，极大发挥了外部机构的市场监督作用。

键桥通讯的内控自我评价报告披露了年报审计机构瑞华会计师事务所（特殊普通合伙）发表的审计结论。该审计结论的保留意见中会计师认为公司于 2013 年初分次支付给深圳天中亿科技发展有限公司、深圳市瑞博利贸易有限公司、深圳华智圣贸易有限公司、深圳市福田区赛格电子市场兴百易得经营部资金共计 255158550.00 元，未及时进行账务处理，延迟约半年时间补记入账，显示出公司管理货币资金的内部控制制度的执行有效性存在重大缺陷。公司在未进行内部控制审计的情形下，年审机构对其财务报告重大缺陷进行了认定，显示出财务报告审计和内控审计具有天然的关联性：内控审计如认定公司存在财务重大缺陷，往往极易导致财务报告审计出现非标意见。加强内部控制审计可以有效印证财务报告审计的客观与真实程度。

（二）内控审计报告审计意见与内部控制评价结论差异情况分析

根据深市上市公司披露的内控审计意见与内控自评结论，有 2 家公司的内控审计意见与内控自评结论存在明显差异：

（1）泰达股份的内控自评报告评价结论为“公司已构建完整的内控体系，运转正常”，内控整体有效。而公司内审机构中审华寅五洲会计师事务所将公司董事会内控自评认定的一般缺陷事项确定为重大缺陷，认为公司下属子公司的对外担保行为会导致与之相关的财务报告内部控制执行失效，并由此出具否定意见的内控审计报告。公司和内控审计机构对缺陷的认定存在差异并导致内控自评结论与内控审计意见产生差异。

（2）*ST 霞客的内控自评报告评价结论为“公司建立了较为完善的法人治理结构，内部控制体系较为健全，符合有关法律法规和证券监管部门的要求”、“在所有重大方面保持了对财务报表有效性的内部控制”，公司内控自评结论为整体有效。而公司内审机构立信会计师事务所认为“公司虽然已经建立了与财务报表相关的内部控制制度，但由于 2013 年内公司内部人员发生变动，在执行销售成本核算等财务制度中存在缺陷，公司公布的 2013 年度业绩快报中的经营业绩数据存在重大差错”，为此出具了保留意见的内控鉴证报告。公司内控自评结论与内控审计意见存在差异。

五、存在的问题及思考建议

（一）内控报告披露存在的问题

1. 内部控制缺陷及其整改信息披露不足

第一，披露的缺陷信息含量不足，存在选择性披露。往往披露本年度内控工作、成效、作用等，较少涉及具体问题，避重就轻，未触及实质的缺陷内容。第二，披露发现财务报告内控缺陷，尤其是重大缺陷的情况较少，部分公司认定财务缺陷与内控审计机构存在差异。第三，部分违规公司不但没有自查并披露内控重大缺陷，反而披露内控有效或基本有效，例如，金谷源在因涉及承担负债的违规信披被处分后仍认为自身内控整体有效未发现重大缺陷。第四，对缺陷的产生原因、控制目标的影响、缺陷整改计划及整改情况等信息披露不足。

2. 内控评价范围的披露情况不够充分

在内控自评报告中，部分公司内控评价范围披露情况不够充分，未详细披露纳入评价范围的原因及其选取标准。例如，部分公司对于评价范围仅简单表述为“涵盖了公司及所属各单位的主要业务和事项，未明确纳入范围标的公司的具体名称及选取标准”，内容过于宽泛，使得信息使用者无法对报告的适用性做出评价。

3. 内部控制信息披露格式不规范

2013 年纳入强制性披露范畴的上市公司基本都按照了 21 号规则编制了内控评价报告，但仍然有部分非强制披露公司沿用财政部《企业内部控制规范体系实施中相关问题解释第 1 号》等格式进行披露，导致投资者等报告使用主体无法较好地对上市公司内部控制信息进行可比阅读。另外，由于在内控审计方面要求不一，内控审计报告存在较多类型，特别是中小板、创业板公司较多披露内控鉴证报告及内控审核报告，不同类型报告的审议依据和保证程度存在差异，部分审计报告类型无法为企业内部控制提供合理保证。

4. 内部控制评价结论与审计意见存在差异

部分公司内控审计机构对公司内部控制出具了否定意见或保留意见，公司内控自评报告却未披露相关重大缺陷或重要缺陷，且结论为有效。两者之间出现明显不一致，公司内控自我评价未严格按照要求进行、未得出严谨有效的结论，容易对投资者产生误导，影响信息披露的真实性和准确性。

5. 内部控制咨询机构信息披露较少

根据《企业内部控制基本规范》第十条第二款的规定，内控咨询机构与内控审计机构不得相同。2014 年上市公司披露内控咨询机构信息的数量及内容仍然较少，部分公司主动披露了聘请内控咨询机构的名称，但是内控咨询机构相关信息披露较少，使得监管机构、投资者等报告使用主体无法判断内部审计机构的独立性。

6. 风险评估工作仍需要进一步加强

财政部发布的《企业内部控制评价报告

模板》要求内部控制评价的范围涵盖公司及其所属单位的各种业务和事项，重点关注高风险领域，并列示根据风险评价结果确定的前“十大”风险，并以此为基础框定内部控制实施范围。但大部分公司的风险评估工作执行力度偏弱，也未披露风险评估结果，未制定相应的措施。

（二）内控报告披露的思考建议

1. 推动中小板创业板上市公司执行内控工作

目前证监会已经关注 IPO 企业内控制度的健全性和执行的有效性，强调对发行人内控信息的充分披露并且对内控存在明显缺陷的公司要求明确披露内部控制存在的问题和采取的监管措施。基于监管的连贯性，中小板和创业板上市公司应当在上市后继续执行内控工作，且中小企业本身风险相对较高，为更好地保护投资者，推动中小板创业板公司执行内控工作有其必要性。

2. 重点加强上市公司财务报告内控

财务信息是上市公司最关键的经营信息，是决定上市公司投资价值的核心指标，且其具有天然的直观性，公司的内控规范应重点关注财务报告内控。财务报告的编制需要汇总公司各环节的运营结果，以加强财报内控为着力点可以以较小的成本对公司的运营合规性进行控制，增加造假成本，易于发现违规线索。分阶段设置内控建设要求，可以控制公司内控成本、把握公司内控真实情况。

3. 内控落实情况自查活动常态化

内部控制的完善是一个漫长而持续的过程，需要上市公司不断地审视自身，寻找内部控制体系的缺陷加以整改。建议进一步要求上市公司定期开展内控缺陷及整改的自查活动，同时监管机构监督公司自查活动的开展从外部监管机制上对上市公司形成制约，促使上市公司时刻审视自身内部控制体系的完整性以及运行的有效性，有效地提高上市公司的内部控制水平和内控报告信息披露质量。

4. 继续加强对上市公司内控相关培训

深圳证券交易所历来重视对上市公司开展现场和视频的相关培训，并积极引导要求公司严格落实股票上市规则等信息披露规则。建议继续强化内控相关培训，加大内控培训的频度、拓展内控培训的对象主体范围、广泛收集内控报告披露及内控工作执行的意见建议，强化公司、董监高、控股股东及实际控制人的内控合规意识。

5. 充分发挥中介机构在改善公司内控方面的作用

部分上市公司暴露的内控问题较严重，在遵守相关规范性文件方面还有很大的提升空间，建议内控缺陷明显的上市公司积极聘请中介机构帮助完善内控制度及工作体系，监管机构可以进一步加强中介机构在此方面的辅导和监督责任，并加大对中介机构的问责力度，督促中介机构尽职尽责。促使中介机构帮助上市公司改善其内部控制体系，提高公司信息披露质量和治理水平，促使上市公司提高其内部控制运行的有效性，切实落实相关规则。

6. 强化内部控制失效的监管力度

内部控制的有效与否很大程度上决定了上市公司的违规风险程度，内控存在缺陷或者失效意味着公司治理存在问题且极易触发风险事件。根据目前上市公司披露的内控整体结论及缺陷情况可以看出，存在重大缺陷的上市公司基本都存在一定程度上的违规行为，但是内部控制失效的违法成本极低，现有规则只能规制导致内控失效的具体违规行为，内部控制失效的事后责任追究制度存在立法空白。建议制定相关制度明确上市公司董事会及其成员对内部控制失效承担的法律责任，以及对内部控制的有效性发表不实声明应承担的责任，增加中介机构对内部控制督导渎职或发表不实鉴证声明的法律责任等。

附件：2013年深市上市公司披露的内部控制重大缺陷及其整改情况

股票代码	公司简称	重大缺陷	整改情况
000061	农产品	非财务报告内部控制重大缺陷：2013年8月公司下属子公司成都农产品中心批发市场有限公司（以下简称“成都市场”）原出纳非法盗用公司印章，以盗开现金支票和转账支票等方式，盗取公司资金3025万元用于个人买卖白银期货；案发后，公安机关立案介入，并追回1413.67万元，目前该案件已提起刑事诉讼。剩余1611.33万元正在追讨中，预计通过民事诉讼方式对相关责任人提起诉讼，可能追回金额约669.80万元。该事件属于个人盗窃犯罪行为，但是给公司造成了重大损失，损失金额达到公司非财务报告内部控制缺陷评定标准	成都事件发生后，公司立即采取了应急措施，在成都市场内部开展了资金安全检查、整改，并对相关责任人进行了处理 成都事件发生后，公司对资金安全风险管理进行了深刻的反思，并以此为鉴，在全公司范围内开展了资金安全管理培训、检查等工作。包括以下几方面： 公司在全员范围内通报，并组织了各层级管理人员特别是财务人员进行业务培训和职业道德培训，提高员工风险防范意识及对犯罪行为的认知水平。同时更加细化管理制度和业务操作流程，审计部门加大对子公司资金安全的审计稽查力度，各子公司加大内部资金安全稽查力度 截止到内部控制评价报告基准日，以上培训、检查等工作已完成，总部及各子公司资金安全管理风险防控体系更加健全，公司的资金安全得到进一步保障
000155	川化股份	非财务报告内部控制重大缺陷：四川化工控股（集团）有限责任公司为我公司的控股股东，公司及所属子公司高管薪酬由四川化工控股（集团）有限责任公司考核确定。公司高管薪酬受控于控股股东，缺乏独立性	公司于2014年4月21日召开第五届董事会第八次会议上进行了整改，公司将在每年董事会中对高管薪酬兑现方案进行审议，在年度报告中对高管薪酬进行披露
000652	泰达股份	公司下属子公司扬州昌和工程开发有限公司在2013年存在为贵公司其他下属子公司及外部单位提供担保；贵公司下属子公司扬州声谷信息产业发展有限公司在2013年存在为贵公司其他下属子公司提供担保；贵公司下属子公司扬州广硕信息产业发展有限公司在2013年存在为外部单位提供担保。上述担保均未按照公司内部控制制度的规定履行授权审批、信息披露等程序，与之相关的财务报告内部控制执行失效，该重大缺陷可能导致公司因履行担保责任而承担损失的风险	公司为确保上述承诺的履行，在2013年年报披露日先后三次发文通知子公司南京新城发展股份有限公司（以下简称“南京新城”）落实整改，明确告知其修改对外担保制度，特别强调“公司三级及以下公司禁止对外担保行为”。同时责令子公司南京新城对违规担保事项持续跟踪、按期督办、逐级落实，并将督办情况每日书面上报我公司备案。为有效排查担保风险，我公司及时开展全系统“担保业务大排查”活动，要求子公司对照自查担保风险，并签署担保责任保证书。截至5月15日，公司已召开第七届董事会第三十九次会议，会议通过了转让扬州声谷信息产业发展有限公司100%股权的议案，由于此笔股权变更，继而解除了其中一笔4.5亿元的违规担保；其余三笔违规担保的被担保人也已于5月15日提前归还银行借款，至此上述四笔违规担保已全部解除
000912	泸天化	非财务报告内部控制重大缺陷： （1）高管薪酬未经公司董事会确定 （2）用银行存款为控股股东质押担保未按照《四川泸天化股份有限公司对外担保管理制度》的规定及时履行信息披露义务	（1）公司编制《泸天化股份有限公司高管薪酬考核方案》，通过董事会审议批准，于2014年度对高管薪酬进行考核兑现 （2）该项质押已于2014年4月25日解除，未给上市公司造成利益损失，未损害其他股东利益。公司将进一步建立健全《四川泸天化股份有限公司对外担保管理制度》，规范公司对外担保行为，提高信息披露的准确性和及时性

续表

股票代码	公司简称	重大缺陷	整改情况
000913	钱江摩托	非财务报告内部控制重大缺陷：公司之子公司浙江钱江摩托进出口有限公司及境外子公司 BENELLIQ.J.SRL 的非财务报告内部控制存在重大缺陷，在外销业务中，对终端客户所在国的政治经济风险缺乏系统的评价体系以及时应对因其变化带来的经营风险，由此可能给钱江摩托公司的发展战略带来重大影响	（1）向中信保浙江分公司投保。公司出口业务按年向中信保浙江分公司投保，本期获批的投保金额约 1.2 亿美元，按委内瑞拉客户获批信用额度 4500 万美元及 80%赔付率，预计可获 3600 万美元赔款 （2）对委内瑞拉客户实施资金监管和资产抵押等资产保全措施。公司在委内瑞拉派驻人员对其财务支付实施监管，待其外汇申请获批后立即支付公司货款。该客户已将其现有货币资金及存货办理托管手续，并已获银监部门批准，相关后续手续正在办理。以上资产将实行监管，该客户现有存款及存货变现只能用于支付货款，不得他用。同时已出具经当地公证部门公证的承诺函，在未付清货款前，保证其在银行的存款余额不少于 10 亿玻利瓦尔，并将库存 8 万套成套摩托车配件抵押，接受监管。上述银行存款及存货的变现，只能用于支付货款，不得他用 （3）2014 年暂缓对委内瑞拉客户的整车（CKD）出口。待该客户恢复付汇、应收账款余额下降至可控风险范围后，再向其恢复出口 （4）为规避美元汇率下跌对美元外汇的影响，公司与工商银行温岭支行、中国银行温岭支行、交通银行温岭支行分别签订了合计 1.71 亿美元的远期结售汇合约，期限自 2014 年 4 月至 2015 年 11 月不等
000048	康达尔	非财务报告内部控制重大缺陷： （1）工程方面缺陷：西乡山海上园项目在四证不齐的情况下先开工，监理合同在四证齐全后才签订，导致项目工程现场管控存在缺陷，对前期工程部分子项目三方鉴证及时确认工程量有影响 （2）关联方交易方面缺陷：关联方交易的审批制度和合同签订操作规范未得到始终一贯有效执行，对于关联方交易定价、合同签订等重大事项和程序未完全严格按照规范控制流程实施，未能及时履行信息披露程序	针对报告期内发现的内部控制缺陷，公司内控领导小组向相关单位和部门提出整改建议，要求其限期整改。各责任部门根据整改建议制定了具体的整改方案和措施，内控领导小组委派专人对整改措施的落实情况进行了跟踪。截至报告期末，部分内部控制缺陷已经整改完成，部分内部控制缺陷正在整改过程中。针对报告期末未完成整改的内部控制缺陷，公司将进一步采取相应的措施加以整改
000611	四海股份	非财务报告内部控制重大缺陷：信息披露中存在的重大问题，公司自因 2013 年 4 月以来未按规定披露濮黎明（时任公司董事长、总经理、原实际控制人）与北京大河之洲集团有限公司签订的《关于股权转让及重组框架协议之补充一》，公司于 2013 年 7 月 12 日收到中国证券监督管理委员会内蒙古监管局下发的《关于对内蒙古四海科技股份有限公司采取责令改正、责令公开说明措施的决定》（内证监措施字〔2013〕3 号）。	针对信息披露出现的问题，公司采取下述具体措施： （1）组织公司董事、监事和高级管理人员学习《公司法》、《证券法》、《上市公司信息披露管理办法》以及公司各项内部控制制度，聘请律师事务所律师对上述法规进行讲解，并将此类学习形成长效机制，今后定期不定期采取各种方式学习相关法律法规，尤其是信息披露方面的法律法规，以此来提升上市公司董事、监事和高级管理人员的规范意识、信息披露意识，提升上市公司规范运作的基础

续表

股票代码	公司简称	重大缺陷	整改情况
000611	四海股份		(2) 由整改小组牵头，董事会秘书负责，证券部和法务部配合，在 2013 年 9 月 30 日前制定各部门内部信息报告制度执行细则，以提升内部控制制度的执行力度 (3) 由公司董事长负责，公司控股股东于 2013 年 9 月 30 日前制定和完善向上市公司报送重大信息的相关制度，建立与公司控股股东及其关联人的长效互动机制 (4) 上市公司定期向控股股东及其他与上市公司信息披露相关的个人和单位发送询问函，要求其及时报送《上市公司信息披露管理办法》及公司制度规定的事项，以便公司能及时对外披露，保证信息披露的公平、及时、准确、完整
000594	*ST 国恒	非财务报告内部控制重大缺陷：公司董事会治理结构失衡、各控股子公司大多处于停产或经营瘫痪状态，公司对各子公司的内控管理完全失效，导致公司未按期披露 2013 年度报告和 2014 年第一季度报告，公司面临暂停上市风险	公司尚未提出切实可行的整改方案，面临暂停上市风险
002044	江苏三友	财务报告内部控制重大缺陷：根据公司控股子公司江苏三友环保能源科技有限公司 2014 年第一季度的实际经营情况，公司发现 2013 年度能源公司对四条生产线设备资产减值准备计提不足。经再次对相关资产进行减值测试并补提资产减值准备后，导致公司《2013 年度业绩快报》披露的经营业绩数据存在重大差错。对照财务报告内部控制缺陷认定标准，该缺陷为财务报告内部控制的重大缺陷。该缺陷整改前公司 2013 年度合并财务报表与实际资产状况和经营成果存在重大差异	为更真实地反映公司截止到 2013 年 12 月 31 日的财务状况、资产价值及经营成果，公司已对上述事项进行了整改。根据《企业会计准则》和公司相关会计政策的规定，基于审慎的原则，公司对控股子公司相关资产再次进行了资产减值测试，并补提了资产减值准备，公司亦发布了《2013 年度业绩快报修正公告》对公司 2013 年度的主要财务数据进行了修正。整改后，公司 2013 年度财务报表能更真实反映公司的财务状况、资产价值及经营成果
002066	瑞泰科技	非财务报告内部控制重大缺陷：公司对子公司管控方面的内部控制制度在实际执行过程中针对个别子公司无法得到有效执行，导致 2013 年逐渐不能对子公司湖南瑞泰硅质耐火材料有限公司（以下简称“湖南瑞泰”）的经营层进行管理，公司派出的财务负责人无法履行职责，导致公司失去对湖南瑞泰的控制	该情况发生后，公司董事会高度重视，结合公司的实际情况，制定了整改计划，完善了对子公司管控方面的内部控制制度，梳理了相应的业务操作流程。截至内部控制评价报告发出日，公司已经对上述缺陷进行了整改。经过上述整改，董事会认为于内部控制评价报告发出日，公司不存在未完成整改的非财务报告内部控制重大缺陷、重要缺陷

续表

股票代码	公司简称	重大缺陷	整改情况
002422	科伦药业	财务报告内部控制重大缺陷：公司财务报告流程中有关完整识别关联方关系的内部控制存在重大缺陷，无法保证关联方及关联方交易被及时识别，并履行相关的审批和披露事宜，影响财务报表中关联方及关联方交易完整性和披露准确性。有效的内部控制能够为企业及时防止或发现财务报表中的重大错报提供合理保证，而上述重大缺陷使公司内部控制失去这一功能	公司高度关注在内控过程中出现的问题，指定公司总经理为内部控制事项整改责任人，通过制度梳理、规则完善以及体系建设等行之有效的措施，增强公司内部控制方面的风险防范意识。公司将组织公司董监高及相关人员认真学习包括信息披露、关联方识别与确认等上市公司规范运作的相关法规，杜绝类似情况的发生
002647	宏磊股份	财务报告内部控制重大缺陷： （1）公司控股股东控制的关联企业发生占用公司资金的事项，其资金、票据的内部控制运行部分失效 （2）公司及子公司从事铜材贸易业务，未严格执行对供应商、客户资信评审程序；贸易商品仓单等凭据流转不及时；与贸易业务相关的采购付款、销售收款内部控制执行不到位，存在不按合同约定的结算方式和期限进行交易和收、付款的情况，存在大额预付款项退回的情形	公司拟对贸易业务内控管理的薄弱环节进行整改，整改责任人为公司总经理戚建萍女士，预计于2014年内全面整改完毕。具体整改计划如下。 （1）建立健全公司贸易业务内部控制制度，严格分工，明确责任，形成有效授权机制。强化制度的培训及执行力度 （2）法务部加强对贸易业务合同的审核，建立贸易供应商和客户资信的书面评审程序，详尽地调查客户的资质、资产情况，防范经营风险 （3）财务管理部、销售管理部和采购部共同实施对贸易业务合同执行的监控，加强客户的信用管理及预付、应收款项的管理，加强款项收付方面的审核，认真做好应收款项账龄分析，并分析客户欠款情况。建立预警机制，对拖欠款客户制定应收账款回收计划，及时采取相应的处理措施 （4）法务部、审计部联合组织对公司销售、财务、采购部门的相关部门的人员进行内部控制、合同管理、风险防范、证券法规等方面业务知识培训，有效提高了公司内控水平和员工工作能力
002506	*ST超日	财务报告内部控制重大缺陷： （1）缺陷性质及影响运行缺陷。公司对于重大投资项目在《公司章程》、《股东大会议事规则》、《董事会议事规则》、《总经理工作细则》和《对外投资管理制度》中明确了审批权限，制定了相应的审批程序，但长期股权投资和固定资产方案未进行严格的可行性研究与分析，未制定投资计划，未合理确定投资规模，导致盲目投资、投资的现金流量在规模和时间上不能与筹资现金流量保持一致 （2）设计和运行缺陷。公司对境外电站的投资欠缺管理制度，缺乏有效控制。2013年，意大利9个电站项目已签订股权转让协议并移交给收购方，确认了电站转让损益，该转让事项未进行必要的审计及评估，亦未经董事会及股东大会批准，直接影响财务报表的准确性	鉴于公司目前所面临的实际经营情况，虽经公司管理层的努力，但是公司尚未在2013年度完成对上述存在重大缺陷的内部控制的整改工作，但在编制2013年度财务报表时已对这些可能存在的差错予以关注、避免和纠正。公司已制定后续整改计划

续表

股票代码	公司简称	重大缺陷	整改情况
002506	*ST 超日	(3) 运行缺陷。公司制定《货款回收管理制度》，对定价原则、收款方式以及涉及销售业务的机构和人员的职责等相关内容作了基本规定。但销售后客户追踪管理特别是对应收账款、其他应收款回收的管理力度不足，未定期与客户进行对账，导致应收账款、其他应收款金额巨大，部分款项不能按期收回，对公司的经营特别是运营资金造成巨大的影响 (4) 设计和运行缺陷。关键业务活动如销售、采购、投资、筹资等未对审批权限进行明确的制度规定，未履行对外担保的相关审批程序。2013 年对关联方施科特光电材料（昆山）有限公司提供担保，担保金额 3200 万元，该事项未事先履行董事会及股东大会审议程序	
002316	键桥通讯	财务报告内部控制重大缺陷：公司于 2013 年初分次支付给深圳天中亿科技发展有限公司、深圳市瑞博利贸易有限公司、深圳华智圣贸易有限公司、深圳市福田区赛格电子市场兴百易得经营部资金共计 255158550.00 元，未及时进行账务处理，延迟约半年时间补记入账，该等事项显示公司对货币资金管理的内部控制制度执行的有效性存在重大缺陷 非财务报告内部控制重大缺陷：公司对担保业务的识别及由此产生的决策程序和信息披露存在重大缺陷。2013 年披露担保业务不完整，存在担保事项应经董事会审议并提交股东大会审批，及时进行临时信息披露而未履行程序的情形	针对报告期发现的内部控制缺陷，公司采取了相应的整改措施： (1) 公司对 2013 年年报审计机构现场审计检查发现的问题高度重视，所发现的问题倒逼管理层要切实增强内控制度执行力。要严明责任机制，把落实内控制度细节进行梳理、分解到部门、落实到岗位。组织董事、监事和高管人员等进行有关法律法规和规范文件方面的内部、外部学习与培训。进一步提升公司科学决策能力和风险防范能力。进一步提高高级管理人员勤勉尽责的意识，实现公司稳定发展目标。2013 年新修订了包括《公司货币资金管理办法》、《公司采购与付款管理暂行办法》、《公司存货管理暂行办法》、《公司费用报销管理办法》等各项业务制度，进一步规范并完善了公司财务管理制度体系，保证会计信息质量，防范财务风险 (2) 公司根据证监会的立案调查通知和 2013 年年报审计结论，决定在 2014 年聘请“瑞华会计师事务所（特殊普通合伙）”对公司 2009~2013 年度应收账款第三方代客户回款情况进行核实，对公司编制的 2009~2013 年度应收账款第三方代客户回款明细表及说明（以下简称“应收账款代付情况表”）执行经双方共同协商确定的程序。事务所对应收账款代付情况表执行下列由双方商定的程序并向公司报告得出的结果：对公司编制的应收账款代付情况表之应收账款代付凭证等资料进行检查，以核查应收账款代付情况表的真实性及完整性；对公司编制的应收账款代付情况表对应销售合同等收入确认资料进行检查、对客户执行现场走访程序等，以检查营业收入的真实性及完整性；对公司编制的应收账款代付情况表对应大额采购合同等成本确认资料进行检查、对大额供应商执行现场走访程序等，以核查营业成本的真实性及完整性

续表

股票代码	公司简称	重大缺陷	整改情况
002316	键桥通讯		(3) 对于公司无意识向“优源供应链”公司提供质押担保 1.5 亿元事项，因有关人员工作疏忽和不认真，公司及有关领导均未意识到与“优源供应链”之间的融资属担保业务，因而未将有关业务作为“担保业务”来执行相关审批程序，造成 2013 年度报表的审计结果出现“保留意见”的审计结论，截至 2014 年 4 月，该事项的会计处理已全部完毕，公司在资金方面没有形成任何损失。公司在 2014 年度加大了对资金的管理力度，对大额的资金使用和往来增加了法律顾问审查环节，确保资金使用的合法、合理、有效、真实

2013年深市上市公司治理与社会责任报告披露情况分析

摘　要：经初步统计，截至2014年4月30日，深市共325家公司发布独立社会责任报告或在年报中披露社会责任情况。总体而言，随着环境法律责任的增强、企业责任意识的提高，上市公司对社会责任报告重视程度不断提高。

统计发现，深市披露社会责任报告的公司在财务特征、行业分布等方面呈现出一定的规律性。就报告的内容而言，已经涌现出一批具有较高质量的社会责任报告，但是也有部分公司对社会责任的理解存在一定偏差，报告质量不尽如人意。

针对公司披露现状，分析认为，深市公司中小型企业居多，企业履行社会责任须因地制宜，且责任披露应寻求差异化解决路径，中小型企业更适宜“小而美”的责任报告。与此同时，交易所或中介组织还可通过高质量社会责任报告的示范，对企业发布社会责任报告提供引导和支持。

一、披露公司家数，以及自愿披露情况

（一）披露家数继续增加，披露自愿性进一步提高

截至2014年4月30日，深市共计325家上市公司披露社会责任报告，[①]较上年增加35家，增长12.07%。披露社会责任公司家数占全部上市公司的20.61%，较上年增加2个百分点。2013年深市上市公司自愿披露社会责任报告的积极性进一步提高。325家公司中，除“深证100指数”属于强制披露之外，其余225家公司均为自愿披露，自愿家数较上年增加18.42%（35家），自愿披露家数占比提高3.71个百分点（见图1）。

2013年，主板、中小板、创业板披露社会责任报告公司家数分别为130家、168家和27家，占对应板块公司比例为27.14%、23.37%和7.12%，主板占比最高，而中小板的披露家数和本年新增披露家数为三板块最高。

① 本文关于社会责任报告的数据来自于深交所、全景网、证券时报以及Wind。

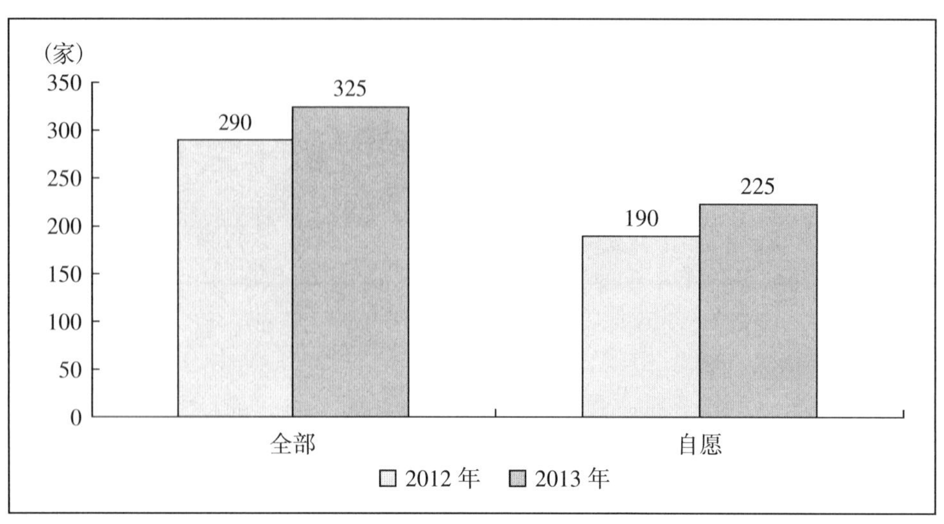

图 1　深市上市公司社会责任报告数量

（二）发布责任报告的企业规模相对较大

从企业财务特征看，发布社会责任报告公司，不论是总资产还是营业总收入，其规模均明显高于深市公司。2013 年发布社会责任报告的公司平均总资产为 222.15 亿元，[①] 高于深市公司平均水平的 213%，平均营业总收入 94.05 亿元，高出市场 167%。以利润规模衡量，2013 年发布责任报告的公司平均净利润 6.13 亿元，远远高于深市 2.05 亿元的平均水平，结果类似。综上可知，发布社会责任报告的公司往往是规模相对较大的公司。究其原因，随着企业规模的扩大，一方面，企业履行社会责任的资源和能力得以积累，履行意愿逐步增强；另一方面，一些公司开始借助社会责任报告增强对外宣传，并积极与利益相关者开展沟通。

（三）发布报告的积极性行业差异较大，金融业以及对环境影响较大行业发布比例居前

深市公司各行业发布责任报告的积极性差异较大，并呈现显著特征。剔除公司数量低于 5 家的行业（制造业细分到二级行业，其余为一级行业），在剩余 40 个行业中，有 23 个行业发布比例超过深市 20.85%的平均水平，8 个行业进一步超过 30%。其中金融业上市公司发布比例最高，达到 100%，其余行业由高到低依次为“有色金属冶炼和压延加工业”、“黑色金属冶炼和压延加工业”、“石油加工、炼焦和核燃料加工业”、“酒、饮料和精制茶制造业”（见图 2）。此外，“住宿和餐饮业”、“家具制造业”没有公司披露社会责任报告，“科学研

① 财务数据来自 Wind。

究和技术服务业”、“交通运输、仓储和邮政业”发布比例不足一成。总体而言，金融行业作为消费者（储户、投资者等）群体大、影响面较广的行业，社会责任披露比例最高，而冶金、石化等行业由于具有较高的能源消耗或对环境影响较大，更多公司选择发布社会责任报告，并重点传递公司的环保、节能、循环经济等类似信息。

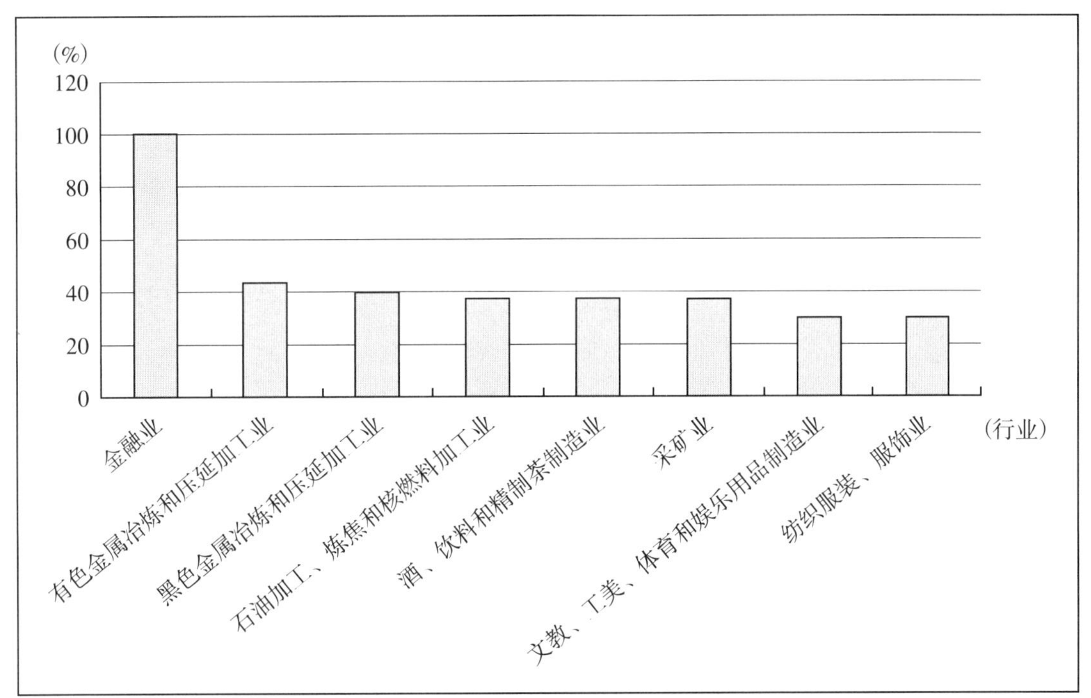

图2　深市公司发布社会责任报告比例超过30%的行业情况

（四）深市公司整体的披露连续性较好，部分公司已经连续5年以上发布报告

深市公司社会责任报告发布的整体连续性较好。2012年发布社会责任报告的公司约95%在2013年继续发布报告。2013年发布报告的325家公司中，约17%的公司为首次发布社会责任报告或恢复发布。① 此外，有271家公司连续两年发布社会责任报告，占比83.38%。部分公司已经连续5年以上发布社会责任报告，如万科连续7年发布社会责任报告，农产品、云南白药、中兴通讯等连续6年发布报告。值得关注的是，格力电器等少数公司已经连续8年发布报告，并且也是深市最早发布社会责任报告的公司。

二、披露内容的情况分析

（一）披露形式与名称

绝大多数公司的社会责任报告为独立报告，并与年报同时发布。少部分的报告

① 其中也包含了公司以前年度曾发布社会责任报告但发生中断、2013年恢复发布的情形，但占比应较小。

内嵌于年报之中，以“社会责任报告”或“社会责任情况”专门章节予以披露。总体而言，公司以独立报告形式发布责任报告成为最主要模式。就报告称谓而言，283家独立发布社会责任报告的公司中，98%使用“社会责任报告”，另有2%分别使用“可持续报告”、“可持续暨社会责任报告”或“环境报告”等标题。总体而言，公司报告标题与监管部门的要求保持一致。此外，锡业股份、中金岭南等公司在发布社会责任报告的同时，根据环保部门的要求编制并发布“环境报告书”，对环境责任的履行情况进行较为详细的披露。

（二）内容构成

深市公司社会责任报告涵盖内容整体较为全面。整体而言，责任报告较为广泛地覆盖了对债权人、客户、供应商、员工、社区、环境等多个维度。多数公司在内容广覆盖的同时，进一步根据行业或公司产品、工艺特征等突出信息的披露。除上述核心内容，一部分公司进一步拓展其他相关信息，提升报告的完整性和可读性。如披露公司的战略与目标，作为社会责任报告的解读基础，披露社会责任报告的主体界定、期间界定、数据来源等附属信息，增强披露的规范性。

就具体内容而言，绝大多数公司采用对各社会责任维度的基本理念、做法、成效等披露模式，且以定性描述为主。与此同时，有一部分公司依照理念、具体做法、目标、完成情况的脉络披露社会责任履行情况，并且广泛借助案例、数据等定量化信息予以佐证，突出披露的深度。

（三）披露依据

深市公司发布社会责任报告始于2006年深交所发布的《上市公司社会责任指引》（以下简称《责任指引》），随后《责任指引》被吸收进各板块《上市公司规范运作指引》。根据公司披露，交易所指引是公司编制社会责任报告的最主要依据。此外，中国社科院的《中国企业社会责任报告编制指南》、中国纺织工业联合会的《中国纺织服装企业社会责任指标体系》等，也成为公司编制报告的重要参考依据。总体而言，公司披露以深交所指引为主要依据，但也同时参照国内其他标准，呈现多样化。

与此同时，约18.5%的公司还参照国外（国际）标准，如GRI和SA8000、ISO26000等。概览发现，参照国外（国际）标准的公司多为B股、A+B股、A+H股，以及在境外有较大业务、作为境外企业供应商的公司，反映了公司在资本市场、产品市场国际化环境下，社会责任报告与国际标准接轨的现实压力和发展趋势。总体而言，同时参照国外（国际）标准的公司，社会责任报告的内容相对更为全面、详细，报告篇幅更长。

三、社会责任报告披露存在的问题

（一）部分公司对社会责任的理解存在一定偏差

从披露来看，个别公司对社会责任的

理解相对较窄，局限于环保、捐赠，对员工、社区建设、上下游客户等的关注和披露不足。此外，受到历史传统等多种因素的影响，社会责任在早期曾被片面理解或等同于企业办社会，事实上混淆了企业社会责任与部分应该由政府承担的职责或由市场其他主体实现的功能。以上理解偏差不同程度地影响了公司对社会责任的有效披露。

社会责任报告一般按年发布，旨在反映报告主体在特定期间的社会责任战略、行动及其绩效等。部分公司将过去若干年的社会责任纳入当年的社会责任报告范畴。如果是基于历史比较，则有其合理性和必要性，但是仅仅将过去社会责任作为本年度社会责任的内容填充，不利于外部准确地了解和认识企业在报告期的社会责任履行状况。

（二）部分公司重形式轻实质，披露质量不高

发布社会责任报告也是企业“责任营销”的一部分，但是有的企业责任报告中意欲宣传的责任品牌或责任形象，与实际的责任表现存在差距。由此导致的结果是社会责任报告形式重于实质，突出表现在：一是关于社会责任的理念规则、制度建设描述多，具体行动、做法、取得的成效等描述少；二是关于社会责任的定性描述多，但是定量化的信息以及例证支持不足；三是部分披露空泛和模板化，甚至照搬各类指引条款。有的报告看似站在更高的宏观和行业高度，实则缺乏与公司产品、业务等相结合的针对性信息。

（三）报告的平衡性、准确性仍有待提高

主要表现在社会责任报告“报喜不报忧”，对亮点和成绩详细披露，而对负面信息避而不谈或一笔带过，甚至对已被媒体曝光的环保问题等不加披露，损害报告的中立性和平衡性。此外，部分公司虽对已被媒体或政府监管部门公开的社会责任问题予以披露，但只有寥寥数语，并被“有力措施”、“积极成效”等掩盖，不利于利益相关者全面客观了解上市公司社会责任情况。值得注意的是，近年来有媒体或民间机构调查并发布“漂绿”[①]榜，即企业标榜绿色却反其道而行的现象，屡屡出现上市公司名单。随着社会监督力量的增强，通过社会责任报告美化来提升公司形象和透明度，可能适得其反。

四、启示与建议

（一）当前环境对上市公司社会责任及社会责任报告的要求不断提高，压力之下企业表现不一，但是一部分企业已经从被动适应转到主动管理

中国经济正在经历转型，面对不断恶化的自然环境和日渐稀缺的自然资源，企

① “漂绿”（green washing）是由“漂白”一词演化而来，指公关或市场营销团队用作欺骗性宣传报道的一种形式，以此向大众宣称某个组织的目标和政策都是环境友好型的（来自360百科）。近年来《南方周末》等连续发布年度漂绿榜，揭示一些企业宣称保护环境，实际上却反其道而行之，上榜企业包括沃尔玛等知名跨国公司，以及一些A股上市公司。

业面临的环保压力越来越大。与此同时，在产品安全、社区环境员工利益等其他社会责任维度，面对不断增强的政府监管、法律约束、媒体监督，以及大众维权意识的提高，社会责任问题已经无法回避。这在近年来的“瘦肉精”、“什邡事件”、“血汗工厂”等事件中得到充分的体现。履行社会责任，并通过发布责任报告向利益相关者传递信息，在当前大环境下已成为企业的现实选择。尽管企业的表现不一，但是我们注意到一部分公司已经从被动的适应，开始向主动管理转变，这在一些大型上市公司，以及从事国际化业务的公司中表现得更为明显。阅读发现，有一部分公司通过社会责任管理及发布社会责任报告，向外界传递企业的社会责任理念、行动、成效等，其披露内容超越于监管部门的指引要求，并且摆脱了信息由企业到利益相关者的单向传递，鼓励利益相关者的参与、互动、反馈等。

（二）企业社会责任须因地制宜，责任披露应寻求差异化解决路径，中小型企业更适宜“小而美”的责任报告

尽管企业履行社会责任已是大势所趋，但是由于区域经济发展水平、企业成长阶段、所从事具体业务等方面的差异，企业社会责任的重点、主要实践方式、投入资源大小不可等量齐观。例如，规模较小的科技企业，其在创新、就业方面贡献相对于捐赠、环保等方面可能更具代表性。对规模较大、行业龙头企业，社会责任的层次和覆盖面则可以更高更广，甚至不局限于自身，还可进一步延伸到供应商的责任管理（如万科的社会责任实践）。以上差异对深市上市公司尤其具有现实意义：以中小板、创业板企业为例，85%以上为高新技术企业，相对沪深主板其规模较小。因此，社会责任的范围因内外环境而异，尤其对于中小企业须因地制宜、循序渐进。

相应的，社会责任报告作为社会责任实践的凝练总结，应该与企业社会责任特色和责任重点相结合。规模大、实力强的企业，责任报告须在有效识别利益相关群体的基础上，体现报告的重要性、全面性与完整性。相对而言，中小型企业特别是社会责任尚处于起步和探索阶段的企业，其报告更应突出企业在有限资源下最具特色的内容，“小而美”的责任报告更容易聚焦内容、言之有物；面面俱到但内容空洞可能适得其反。

（三）以高质量社会责任报告为示范，对企业发布社会责任报告提供引导

通过搜集文献可以发现，已有一批社会责任报告的较为优秀的案例，如万科、中兴通讯、农产品等，[①] 在报告结构安排，

① 以万科为例，公司社会责任报告至少有以下亮点：一是突出特色，体现披露的相关性。如结合自身战略、业务分析环境保护，如住宅产业化、绿色建筑、绿色技术创新等；二是内容安排方面，层次清晰，分析描述有大量的数据和例证，并且在呈现结构方面较好地运用了图、表、索引等方式，提高可理解性；三是对于报告中的术语、数据计算方法或口径等予以解释说明，提高披露的可理解性和可靠性；四是对于关键指标，均提供历年数据比较，以增强可比性。

再如，五粮液披露责任报告的编制依据，并且较为详细列出报告内容与参照的依据的对照和索引关系。整份报告紧扣公司的业务，内容的整体架构、披露重点的选择、具体内容的组织等方面，充分结合公司所属行业，所从事业务、技术等特点，提高披露的针对性、相关性。

披露的可理解性、可比性、相关性、准确性等方面，呈现出较高的质量水平。高质量社会责任报告不仅有助于企业自身与利益相关者的有效沟通，对其他公司也不乏示范意义。因此，交易所或中介组织，可梳理实践中好的披露做法和披露案例，通过细化指引、最佳实践展示或提供培训等方式，为深市上市公司编制社会责任报告提供引导和支持。

结合国企改革分析深市国企上市公司独立性现状、问题及监管对策

本文基于深市国企上市公司2013年年报，从关联交易、资金占用、同业竞争及“五分开”情况等方面对选取的上市公司独立性现状进行了分析。结果显示，深市上市国有企业已基本做到“五分开”，2013年未新增实质性资金占用，对部分公司仍存在的同业竞争问题，报告期内多家公司通过股权收购、资产重组等方式予以减轻或解决，而国企上市公司与其关联方之间发生的关联交易成为影响公司独立性表现的重要因素。本文在分析结果基础上，总结问题特征，结合目前国企改革提出对策和建议。

一、2013年深市国企上市公司独立性现况

为了达到对2013年深市国企上市公司独立性的全面性和整体性的分析，选取截至2013年12月31日深市三个板块国企上市公司，共409家，其中主板288家，中小板109家，创业板12家。在此基础上，从关联交易、资金占用、同业竞争及“五分开”情况等方面对选取的上市公司独立性现状进行了分析。

（一）关联交易情况

1. 关联购销

关联购销为上市公司持续进行日常经营中与关联方发生的持续交易，通常有单笔金额小、发生频率高的特征。上市公司发生的关联购销金额及其在公司营业收入、成本中的占比，可以反映公司是否拥有完整产业链，在企业日常经营方面是否独立于控股股东及关联方。

2013年深市上市国企向关联方销售产品及提供劳务金额占营业收入比例为7.3%，较2012年略涨0.5个百分点；向关联方采购产品、接受劳务金额比例高于关联销售占营业收入的比重为11.9%，但同比2012年略降0.2个百分点。总体而言，深市上市国企运营独立性较2012年无重大变化，基本独立于控股股东及其关联方，对关联购销的依赖程度基本可控，相对而言，采购方面更加依赖关联方（见表1）。

分板块而言，主板关联购销总额度、平均额度皆显著高于中小板及创业板，但关联销售占营业收入比例7.2%低于其他两板，关联采购占营业成本比例低于创业板。与上年同期相比，主板关联销售占营业收入比例上升0.5个百分点，关联采购占营

表 1　　深市 2012 年、2013 年关联购销金额及占比

		2013 年		2012 年	
		金额（亿元）	占营业收入/成本比例（%）	金额（亿元）	占营业收入/成本比例（%）
向关联方销售产品提供劳务	主　板	1949.6	7.2	1691.0	6.7
	中小板	245.4	7.9	211.8	7.6
	创业板	8.0	9.2	8.5	12.6
	总　计	2203.0	7.3	1911.3	6.8
向关联方采购产品接受劳务	主　板	2696.2	12.2	2614.8	12.6
	中小板	207.4	8.8	167.5	8.0
	创业板	7.4	12.5	3.5	7.8
	总　计	2911.0	11.9	2785.8	12.1

业成本比例下降 0.4 个百分点；中小板关联购销占比同比均略有上升，其中关联采购占营业成本比例同比上升 0.8 个百分点，但占比 8.8%仍低于深市总体水平。

从单个公司角度来看，2013 年度公司关联购销占比统计中，关联销售占营业收入比例无 80%以上的公司，50%~80%的 9 家，30%~50%的 11 家，10%~30%的 58 家，超过 50%的是中航飞机、露天煤业、富奥股份、中航动控、许继电气、启明信息、攀钢钒钛、东方热电、龙源技术。关联采购占营业成本比例 80%以上的 2 家，50%~80%的 7 家，30%~50%的 16 家，10%~30%的 69 家，超过 50%的是大庆华科、岳阳兴长、一汽轿车、深深宝、建投能源、粤电力、河北钢铁、北化股份、三钢闽光（见表 2）。上述占比较高的公司主要分布在能源、化工、钢铁、汽车、电力相关行业，其在销售或采购方面较为依赖关联方，存在潜在的独立性问题。

表 2　　2013 年关联购销占比统计

	关联销售占营业收入比例家数	关联采购占营业成本比例家数
≥80%	0	2
50%~80%	9	7
30%~50%	11	16
10%~30%	58	69
5%~10%	37	37
<5%	294	278
合　计	409	409

2013年关联购销金额前10名主要集中在钢铁、汽车、有色金属等行业，该类公司原料资源和销售渠道较为依赖关联方，采购和销售“两头在外”，缺乏完整的“产供销”链条。其中，关联销售金额前十大公司中，中航飞机因公司军机产品通过关联方进行销售，关联销售额达122.32亿元，占比70.76%；攀钢钒钛属于资源性企业，其主要产品钒钛磁铁矿向关联钢铁企业销售，发生关联销售额92.20亿元，占比59.10%；其余公司关联销售占营业收入比例均未超过30%。关联采购金额前十大公司中，一汽轿车向控股股东及其关联方关联购买原材料达159.86亿元，占比70.37%；粤电力向合营企业购买燃料及河北钢铁和三钢闽光关联采购原材料金额占其营业成本比例也超过50%（见表3）。

表3　　2013年关联购销金额前10名公司列表

序　号	向关联方销售产品和提供劳务			向关联方采购产品和接受劳务		
	公司名称	金额（亿元）	占营业收入比例（%）	公司名称	金额（亿元）	占营业成本比例（%）
1	河北钢铁	314.61	28.53	河北钢铁	537.49	53.28
2	格力电器	149.07	12.57	鞍钢股份	236.38	35.32
3	中航飞机	122.32	70.76	太钢不锈	172.26	17.51
4	攀钢钒钛	92.20	59.10	一汽轿车	159.86	70.37
5	潍柴动力	62.66	10.74	粤电力A	128.51	56.65
6	云南铜业	59.08	11.79	中国重汽	95.55	49.42
7	中国重汽	58.31	27.18	三钢闽光	94.12	50.47
8	长安汽车	56.18	14.60	潍柴动力	93.52	20.20
9	太钢不锈	56.03	5.34	本钢板材	86.38	22.88
10	韶钢松山	50.10	26.13	韶钢松山	78.28	42.26

总体而言，深市上市国企的关联购销总体水平可控，但仍存在个别公司在业务经营上对关联方存在较大依赖性，尤其体现在原料资源采购方面对关联方的依赖，关联方可能通过集中采购、关联定价等方式影响公司业绩表现、进行利益输送。

2. 关联购买、出售资产

对上市公司披露的2013年年报关联购买、出售资产情况进行统计，2013年向控股股东、实际控制人及其关联企业出售资产的关联交易共完成32起，对其中标的资产原存有账面价值的出售交易进行统计，加权平均溢价率为1.13；2013年向控股股东、实际控制人及其关联企业收购资产的关联交易共完成43起，对其中标的资产原存有账面价值的收购交易进行统计，加权平均溢价率为1.91。关联收购的溢价率明显高于关联出售资产，说明上市公司在关联资产交易中存在高买低卖的情形。

对2013年向关联方出售资产产生利润

金额进行排序（附件 1）可见，前 4 名公司通过关联资产出售产生利润占公司 2013 年净利润比例均超过 100%，其中：中水渔业出售资产溢价率高达 44.48，贡献净利润的 178%；河池化工出售资产溢价率为 18.76，贡献净利润的 696%。河池化工已连续两年亏损，面临退市风险；煤气化、南宁糖业 2012 年亏损，如 2013 年继续亏损，将会被实行退市风险警示；中水渔业 2013 年扣非后净利润为负。上述公司资产出售都发生在 11~12 月，公司为达到避免退市、避免被实施特别处理等目的而在年底突击向控股股东及其关联方出售资产的动机较为明显。如抛开此类向上市公司输送利益以保壳或避免 ST 的关联资产出售，上市公司关联资产交易的高买低卖情形更加明显。

2013 年向关联方购买资产的交易中，对收购价格和账面价格的差额进行排序，前五名情况参见附件 2，其中 4 家公司通过发行股票向控股股东收购集团内其他资产，其中靖远煤电、西部建设通过向控股股东或其关联方收购资产以减少同业竞争、降低关联交易。冀中能源以现金方式置入的关联方所持厦门航空 15%股权为财务投资，与公司主业无明显联系，难以形成协同效应，上市公司溢价收购的意义存疑，有向关联方利益输出的嫌疑。

3. 关联担保

根据 2013 年年报数据，共有 15 家深市上市国企为股东、实际控制人及其关联方提供担保共计 81.21 亿元，占该 15 家公司对外担保（含对子公司担保）的 36.2%，占所有上市国企对外总担保（含对子公司担保）的 3.4%。

上述担保行为中，3 家公司为向控股股东提供反担保，1 家公司为向上市公司联营公司按比例提供担保，其余 12 家公司为对上市公司控股股东及其关联方提供贷款担保（见表 4），此类担保增加了上市公司的或有财务风险。

表 4　为股东、实际控制人及其关联方提供担保的公司

公司代码	公司名称	为股东、实际控制人及其关联方提供担保的金额（万元）	占公司担保总额（含对子公司担保）比例（%）	备　注
000429	粤高速 A	150000	100	对控股股东提供反担保
000707	双环科技	133400	86	为湖北宜化提供 1400 万元反担保，7 亿元债券提供，6.2 亿元贷款担保
000882	华联股份	114000	100	为控股股东提供贷款担保
000962	东方钽业	104300	100	为控股股东提供贷款担保
002386	天原集团	80000	24	对控股股东提供反担保
000422	湖北宜化	71400	15	为双环科技提供反担保 7 亿元，提供贷款担保 1400 万元
000591	桐君阁	38910	63	为控股股东及关联方提供贷款担保

续表

公司代码	公司名称	为股东、实际控制人及其关联方提供担保的金额（万元）	占公司担保总额（含对子公司担保）比例（%）	备　注
000912	泸天化	31350	21	为控股股东提供贷款担保，未履行审议程序和披露义务
000737	南风化工	23850	100	为同受控股股东控制的关联方提供贷款担保
000428	华天酒店	18000	16	控股股东子公司对控股股东担保，因收购子公司股权转为上市公司担保业务，控股股东已出具反担保
000815	美利纸业	16084	61	为控股股东提供贷款担保且已涉诉
000468	宁通信B	8400	55	对控股股东提供反担保
000024	招商地产	6436	2	向大股东控股的上市公司联营公司按比例提供借款担保
002189	利达光电	5000	100	为同受控股股东控制的关联方提供贷款担保
000925	众合机电	5000	8	与大股东就银行贷款提供互保

其中，美利纸业2012年以公司拥有的40025.7亩林木资产为其控股股东贷款提供抵押担保，2013年该贷款涉及诉讼，一审判决公司控股股东偿还贷款，同时公司承担连带责任，公司可能因该担保面临实际利益流出。泸天化为其控股股东提供的3.135亿元担保未履行规定的审议程序及披露义务，2014年4月该担保解除，公司管理部年报事后审查中发现该违规担保后给公司出具了监管函。

4. 关联存贷款

近年来，国有控股集团为整合内部资源，强化对控股上市公司的控制力度，纷纷组建财务公司，要求上市公司将资金存放在集团财务公司统一管理。目前深市上市公司与关联财务公司签订关联存贷款协议的有78家，其中主板有61家，中小板17家，涉及40家关联财务公司（详见附件3）。协议基本均约定存款利率不低于中国国内主要商业银行同期同类存款利率，贷款利率不高于同期从其他金融机构取得的同期同档次信贷利率及费率水平，定价较为公允。

2013年，66家公司实际发生关联存贷款行为，2013年12月31日存款为231.64亿元，贷款291.93亿元，总体贷款额度大于存款额度。但其中33家公司存款金额大于贷款金额，差额最大的是潍柴动力、平庄能源、许继电器，分别在山东重工集团财务有限公司、国电财务有限公司、中国电力财务有限公司净存款40.75亿元、13.98亿元、10.33亿元。平庄能源、许继电器等15家公司2013年度仅在财务公司发生存款业务，未发生贷款业务，如平庄能源自2009年与国电财务公司开展关联存贷业务以来，据年报显示，未发生关联贷款业务，但关联存款业务持续发生，2013年期末余额约13.98亿元。部分公司虽然期末关联存款金额较小，但期间发生了大额的存款流水，如太钢不锈，2013年期末关联存款金额仅为8.09亿元，但当年累计发生存款增加1079.5亿元，且公司关联存款额度为日最高不超过60亿元，此类公司可能存在通过操纵期末存款余额以掩饰公司通过关联存款向集团提供资金的情况。

2011年深圳证券交易所三个公司相继推出对外财务资助信息披露业务备忘录，限制向控股股东及其关联方提供财务资助，上市公司可以进行关联存款的方式，避开规定，更具隐蔽性地对控股股东提供资金支持。

（二）同业竞争

根据对2013年年报披露情况统计，共有76家公司可能涉及同业竞争问题（详见附件4）。其中属于明显同业竞争的主要集中于央企或企业集团控股的多家公司，如川化股份、泸天化主营均为化肥生产；一汽轿车、一汽夏利与大股东一汽集团控股的一汽丰田、一汽大众均从事轿车生产。另外，也有公司表示虽与控股股东及其关联方存在同业经营，但因地域分割、产品差异等原因，未构成实际同业竞争或同业竞争给上市公司影响较小，如7家发电企业表示由于上网电量额度制，上市公司与控股股东实质上属于“同业不竞争”。

分行业看，31家可能涉及同业竞争问题的公司为制造业公司，其中黑色金属、化工公司分别为5家，有色金属4家，汽车制造业3家。除制造业外，其他主要同业竞争行业为电力、热力、燃气及水生产和供应业，房地产业，采矿业，交通运输、仓储和邮政业，分别为12家、6家、5家、5家，其中电力、热力、燃气及水生产和供应业中10家公司二级行业分类为电力、热力生产和供应业（见表5）。

表5　　同业竞争公司行业分布

制造业	数字（家）	占上市公司总比重
电力、热力、燃气及水生产和供应业	12	16.44
房地产业	6	8.22
采矿业	5	6.85
交通运输、仓储和邮政业	5	6.85
其　他	14	19.18

2013年，国药一致、中航地产等14家公司以受托经营、租赁资产等方式暂时减少或消除同业竞争。但此类方式仅能短期奏效，不能彻底解决同业竞争问题，且可能会增加与控股股东的持续关联交易，如本钢板材12月份股东大会议案，通过议案向控股股东子公司租赁热轧机生产线及配套设备以降低关联交易，但租赁生产线后，需向出租方采购部分连铸钢坯等原材料，同时接受其提供的能源介质，预计将会与

北营公司增加年度日常关联交易85亿元，超过本钢板材13年营业成本的20%。

靖远煤电、河北钢铁等18家公司筹划通过重大资产重组、股权收购方式向上市公司注入资产以减少或消除同业竞争，11家公司已完成资产重组或股权收购，其中，云南白药、本钢板材通过关联交易收购与公司存在同业竞争的控股股东子公司，消除了与控股股东的同业竞争。另有大地传媒、银星能源、华润锦华资产重组仍在进行中。通过资产重组、股权收购等方式可以长期有效地减少或消除同业竞争，有助于上市公司做大做强，但同时需要关注资产价格的合理性，是否存在以收购关联方资产进行利益输送的情况。尤其是部分上市公司控股股东以减少同业竞争之名向上市公司注入瑕疵资产，需要监管人员予以重视。如2013年12月，漳州发展拟增值114%收购与上市公司同样从事房地产开发业务的控股股东全资子公司100%股权，但该收购标的目前无拟开发土地的权属证明，且土地开发规划尚未获得有权部门的批准，存在重大瑕疵，后因无法合乎逻辑地解释交易的合理性而终止了收购资产的关联交易。

上述的漳州发展拟收购的控股子公司为2013年新设立，还涉及新增同业竞争，类似的情况还有华天酒店控股股东2012年底设立与公司构成同业竞争的控股子公司，东方宾馆实际控制人岭南集团拟投资开发大角山酒店，上市公司选择放弃参与机会而新增同业竞争。尽管《上市公司治理准则》（证监发〔2002〕1号）规定“控股股东及其下属的其他单位不应从事与上市公司相同或相近的业务。控股股东应采取有效措施避免同业竞争”，但监管实践中，尚缺乏有效的监管手段能彻底禁止新增同业竞争。同时，控股股东目前通常采取的将同业竞争资产出售给上市公司的解决措施，又易引发上述的交易标的存在瑕疵、价格有失公允等各种问题。

（三）控股股东及其附属企业非经营性占用资金

2013年度仅有1家深市上市国企发生控股股东及其附属企业新增对上市公司非经营性占用，即新大新材向控股股东转让上市公司原控股孙公司后，对原控股孙公司的316.36万元代垫费用未及时结清而转为非经营性占用，非实质性资金占用（见表6）。

表6　非经营性占用资金表

公司代码	公司名称	发生原因	新增占用额（元）	期末数（元）
300080	新大新材	备用金	30000.00	20000.00
300080	新大新材	备用金	14000.00	10200.00
300080	新大新材	代垫工程款项	18590600.00	3163600.00
300080	新大新材	代垫电费、社保	19308700.00	1033600.00
300080	新大新材	代垫电费、社保	3504200.00	3504200.00

（四）“五分开”分析

经过多年持续规范，2013年年报数据统计数据显示，大部分深市上市国企已做到“五分开”，存在问题的公司共有19家（详见附件5）。其中最主要的问题是资产未彻底分开，共有15家涉及此类情况，其中柳工、海螺型材等10家公司主要产品的商标所有权为控股股东所用并许可给上市公司租用，顺鑫农业、精华制药等6家公司向其控股股东租赁生产用地等部分经营资产。业务方面，深市上市国有公司基本做到业务独立，仅有岳阳兴长、粤传媒等3家公司存在对控股股东或关联方的部分依赖。机构方面，中房地产与控股股东总部部分机构存在职能交叉重叠。人员、财务方面，未有公司报告存在影响独立性的情况。

二、问题总结

由于在我国证券市场发展早期，股票发行实行额度分配制度。受发行额度的限制，大多数公司只能部分上市，部分资产仍留在集团，致使上市公司难以形成独立完整的供、产、销体系，市场独立性差，对集团公司在原材料供应和产品销售等方面存在依赖性。且在现有体制下，国资管理单位既管资本又管人，往往由其决定上市公司重要经营管理人员的任免。综合影响下，上市公司难以真正实现业务、财务、机构、人员和资产等方面和集团分开，为控股股东利用通过关联交易等手段侵占上市公司利益提供了机会和条件。

从2013年年报数据分析，通过多年持续规范，深市上市国企影响公司独立性的问题中，资金占用、违规担保等较为明显的问题已经得到了较好的控制，转而主要体现在隐蔽性较好的关联购销、关联购买出售资产、关联存贷款等关联交易。

而关联交易中，筹划的涉嫌存在向关联方输送利益、通过操纵关联交易以实现特定目的、关联交易非关联化等重大事项的关联交易操作手段更为复杂、隐秘。主要情形有以下几种：

（一）通过资产买卖直接向关联方输送利益

与关联方之间进行临时性买卖交易是最常见也最容易被察觉的涉嫌向关联方进行利益输送的手段之一。此类关联交易一般具有以下一种或几种显著特征：操纵评估值高买低卖，交易价格偏离其他同类交易价格；将优质资产出售给关联方，购买与公司主营业务无明显关系的资产或关联方的存在重大瑕疵或风险的资产；关联方仅短期持有交易标的后即大幅增值出售给上市公司等。如前述冀中能源收购关联方所持厦门航空15%股权，又如高鸿股份控股股东联合2个关联方收购了高扬迅捷公司股权，并于两个月后再次增值27%作价2.8亿元出售给上市公司。

（二）通过间接的关联交易变相输送利益

除直接出售、购买资产的关联交易外，

上市公司还可能利用日常关联交易、关联存贷、关联担保、拍卖、放弃权利等隐蔽性较高的方式向关联方输送利益。

上市公司一般仅披露日常关联交易全年额度及发生额，对于日常关联交易价格公允性，只能依靠独立董事意见及年度报告时审计机构出具的意见进行判断，监管部门及投资者难以对其价格的公允性进行监管和监督，从而为控股股东操纵上市公司利润提供了便利的条件。当前，部分上市公司原材料采购通过招标过程进行，但通过设置指向性条件确保关联方中标，关联交易过程更加隐蔽。例如，2013 年惠天热电在股东大会否决向控股股东的全资子公司采购燃煤及接受运输服务后，采纳中小股东意见对年度燃煤采购采用招标方式进行，但其设定的招标条件明显偏向关联方，在经过一次流标后，由关联方中得90%的标量，被股东大会再次否决。

关联存贷目前也日益普遍，现有披露标准要求披露日最高额度、每年存贷实际发生状况。签订协议时，公司贷款额度通常高于存款额度，但公司的实际发生存贷情况不会及时披露，监管部门及投资者难以对关联存贷情况进行监管和监督，从而为控股股东通过关联存贷利用上市公司资源提供了空间。

（三）利用关联交易调节利润，规避退市

为达到避免退市、避免被实施特别处理等目的，部分上市公司会筹划关联交易、依靠控股股东利益输入以增加利润，其中最常见也最容易被察觉的手段是在年底突击出售资产，如前述的河池化工关联资产出售；对于采购、销售等方面高度依赖大股东的上市公司，则更倾向于通过利用日常关联交易等相对隐蔽的方式调节利润。

（四）关联交易非关联化

关联交易非关联化一直是难以发现、难以认定的监管难点，对与政府间存在着天然联系的国资控股上市公司而言，存在着通过政府将关联交易彻底非关联化的可能，进一步加大了监管难度。

例如，沈阳化工 2012 年净利润为负，2013 年公司面临特别处理的风险，2013 年 12 月，公司刊登了公告披露沈阳市铁西区人民政府拟收购上市公司位于沈阳市铁西区卫工北街 42 号面积为 55735 平方米和沈阳市铁西区北三西路 2 号面积为 10543 平方米的土地之上的建筑物及配套设施。政府收购价较相关建筑物、设备的账面值分别增值 404.28%和 393.56%，且收购后拟对上述房产进行拆除。本次交易将增加沈阳化工 2013 年利润 1.94 亿元，公司依此摆脱特别处理的风险。

三、监管对策及建议

针对影响上市公司独立性的问题，日常监管中目前采取的监管措施和方针主要有以下几方面：

(一) 坚持强化以信息披露为核心的监管方式

(1) 监管人员及时发现问题，通过及时与上市公司、派出机构沟通，督促上市公司将充分披露落到实处，充分披露交易内容、交易实质及对公司的影响，并不断提高披露内容的逻辑合理性。

(2) 加大中介机构责任，进一步重视中介机构意见，充分发挥第三方中介机构作用，请审计、评估、财务顾问、律师等第三方机构对重大关联交易等可能影响公司独立性的事项发表意见并充分披露，并通过建立评估机构执业质量档案、设置“黑名单”予以重点关注、定期上报有权部门等方式，引导中介机构提升执业力度及执业质量。

(3) 重视投诉及媒体质疑的力量，一方面，增加上市公司及关联方筹划损害上市公司独立性事项的压力和顾虑；另一方面，也有助于发现线索实施有效监管。通过以上措施，切实加强上市公司信息披露的及时性、充分性，增强交易风险披露与提示，为投资者合理判断以保障自身权利提供充分信息支持。案例证明，通过加强披露，推动网投，为上市公司可以在一定程度上防止有失公允的关联交易发生，维护上市公司独立性。如前述的漳州发展等公司因无法合乎逻辑地解释交易的合理性而终止了关联交易；华映科技等公司针对审核中发现的风险修改了关联交易条款，增加了有利于公司的安排。惠天热电、东方宾馆等多家公司的关联交易议案在按照深圳证券交易所公司监管部门的要求充分揭示交易实质及对公司的不利影响后，被非关联股东否决。

(二) 推动全面网投，提高中小投资者的参与度

证监会 5 月 28 日发出的《上市公司股东大会规则 (2014 年修订)》明确提出“股东大会……应当按照法律、行政法规、中国证监会或公司章程的规定，采用安全、经济、便捷的网络和其他方式为股东参加股东大会提供便利”。监管实践证明股东大会审议大股东需回避表决的关联交易案例中，为中小投资者参与表决提供便利的网络投票方式明显增加了问题交易的被否决概率，有利于上市公司维护独立性。

(三) 结合承诺梳理，规范上市公司同业竞争、关联交易问题

2013 年 12 月，证监会发布《上市公司监管指引第 4 号——上市公司实际控制人、股东、关联方、收购人以及上市公司承诺及履行》(以下简称“4 号指引”)，要求对前期的承诺进行梳理规范。深市上市国企控股股东、实际控制人一般都曾作出关于同业竞争、关联交易、资金占用方面的承诺，但部分承诺不符合 4 号指引标准，无明确的履约时限，或虽然有明确履约时限，但作出承诺后，未及时履行。根据证监会发布，针对上述承诺，交易所及证监局要求公司在 6 月底前予以规范和明确。

例如，云南铜业控股股东在 2007 年非公开发行时曾作出在两年之内逐步将所拥

有的全部铜矿山资产及其股权以适当的方式全部投入上市公司的承诺，但截至目前，承诺尚未履行，与上市公司长期存在潜在同业竞争。在本次规范承诺的过程中，公司控股股东应监管要求，对承诺予以规范，承诺在本年内启动将云铜集团所持有的凉山矿业股份有限公司股权注入云南铜业的工作。

（四）进一步完善规则，强化对关联交易、资金占用等有损公司独立性事项的监管力度及有效性

一方面，完善本所相关规定，如整理、完善各类相关规则，制定适用于主板上市公司的规范中介机构的规定等；另一方面，积极推动、协调其他相关部门完善规则，如推动《关联交易披露准则》等上位规则的完善、推动《会计准则》关于关联交易的规定修订以解决定期报告正文与附注不一致的问题等。

（五）加快推进上市公司并购重组

在监管工作中加深对上市公司业务了解，对公司和股东的资产情况加强了解。结合当地国资委动向，梳理各省市国资改革情况，并有针对性地向有关政府提交建议报告，推动国有公司通过并购重组实现整体上市，从根本上解决公司独立性问题。

十八届三中全会通过的《中共中央关于全面深化改革若干重大问题的决定》中提出，要“积极发展混合所有制经济，推动国有企业完善现代企业制度，支持非公有制经济健康发展”。多个地方国资主管部门也提出了“大力发展混合所有制经济”、“推进国有资产重组和国有企业改革”、提高国有企业“证券化率”等改革目标，为推动国有控股上市公司实施重大资产重组、实现整体上市，从而解决国企独立性问题创造了有利条件。结合国企改革，对改善解决上市国企的独立性问题，有相关建议如下：

（1）加强与国资管理单位沟通，形成监管合力，共同推动提升国有企业治理水平。上市国企基本处于证券监督管理部门与国资主管部门双头监管中。在国资主管部门推进国资改革、转变监管方式之际，应进一步加强与国资主管部门沟通，推动其以股东身份行使自身权利，放权于国有上市公司，进一步建设现代企业管理制度、用人制度，提升上市公司决定自身业务发展的能力，增强上市公司独立性。

（2）继续推动具备条件的国有企业登陆深交所，进一步推进资产资本化。支持已有上市平台的企业通过资产注入、并购重组等方式，实现主营业务整体上市。通过整体上市，把集团母子公司之间的关联交易转换成上市公司内部的资源调配，消除同业竞争。同时，国企资产整体置于资本市场的监督下，也能提升公司治理水平，间接提高国资监管效果，降低影响关联的国有已上市公司独立性的事项发生的可能性。可以考虑以合并同业、突出主业为基本思路，将某些关键领域分属不同企业的资产整合到一家龙头企业，形成该行业的唯一上市集团，将有利于提升企业的整体实力和核心竞争力，同时有效降低同业竞

争和关联交易。

（3）以解决同业竞争问题为契机，进一步推进产权多元化。进一步发展混合所有制经济，引进战略投资者，降低关联交易、减少同业竞争，增强重点国有企业的独立性。上市公司在股权结构上天然就是混合所有制。对于“一股独大”、股权结构高度集中的企业，尤其是竞争性领域的企业，逐步降低国有资本的持股比例，通过产权多元化，实现治理结构合理化，借助产业投资基金、并购基金等吸引中小民营资本参与国企上市公司的增资扩股，扩大中小投资者的发言权，发挥中小投资者的作用，限制公司与控股股东间的关联交易、同业竞争、资金占用等问题发生。

（4）实行股权激励、员工持股计划等制度安排，进一步推进激励股权化。股权激励、员工持股计划是混合所有制的重要体现，也是完善公司治理机制的基础。可以考虑进一步推动通过限制性股票、股票期权、技术入股、增量奖股等方式实行股权激励和员工持股，探索建立与经济增加值紧密挂钩的中长期激励机制。可以通过鼓励相关企业实行股权激励和员工持股，对暂不具备条件以本企业股权为标的开展激励的公司，也可探索建立与经济增加值、市值紧密挂钩的虚拟股权激励方案，通过合理的制度安排，加强管理层和员工与企业的纽带联系，提升公司治理水平，避免由于人员任免不独立而引发的上市公司独立性问题。

附件 1：交易溢价前五名关联资产出售情况

代码	公司名称	对手方关联关系	关联交易内容	资产账面价值（万元）	转让价格（万元）	资产溢价率	交易溢价（万元）	资产出售利润占净利润比例（%）	资产转让日期	备注
000953	河池化工	同一实际控制人	转让国海证券股权	1413.64	26526.40	18.76	23850.21	696	2013/11/4	2011 年、2012 年亏损
000968	煤气化	控股股东	转让关停工厂区资产及相关债权、负债和劳动力	93051.79	113694.85	1.22	20643.06	454	2013/12/4	2012 年亏损
000911	南宁糖业	同一实际控制人	转让蒲庙造纸厂资产	48179.39	69148.00	1.44	9885.00	198	2013/12/8	2012 年亏损
000798	中水渔业	控股股东及关联企业	转让中水金海（北京）房地产有限公司92%股权	216.18	9615.00	44.48	9285.00	178	2013/12/31	
000753	漳州发展	控股股东	转让福建漳州农村商业银行股份有限公司8%股权	11097.22	23492.35	2.12	7901.59	11	2013/12/31	

附件 2：交易溢价前五名关联资产购买情况

代码	公司名称	对手方关联关系	关联交易内容	资产账面价值（万元）	转让价格（万元）	资产溢价率	交易溢价（万元）	资产转让日期	备注
000519	江南红箭	同一实际控制人	中南钻石 100%的股权	125482.46	397023.02	3.16	271540.56	2013/9/10	
000552	靖远煤电	控股股东	靖煤集团煤炭生产、经营类资产及与之相关的经营性资产及负债	113353.73	296513.01	2.62	183159.28	2013/3/8	解决同业竞争，减少关联交易
002302	西部建设	同一实际控制人	中建商混 100%股权，天津新纪元 100%股权及山东建泽 55%股权	129347.30	238168.22	1.84	108820.92	2013/4/3	解决同业竞争
000937	冀中能源	同一实际控制人	厦门航空 15%股权	111246.38	191900.00	1.73	80653.62	2013/2/4	
002059	云南旅游	控股股东	云南世博出租汽车有限公司、云南旅游汽车有限公司、云南世博花园酒店有限公司、云南旅游酒店管理有限公司 100%的股权	31339.14	65661.91	2.10	34322.77	2013/11/26	

附件 3：关联存贷公司列表

代　码	公司名称	财务公司名称	关联存款余额（万元）	关联贷款余额（万元）
000338	潍柴动力	山东重工集团财务有限公司	427457.80	20000.00
000539	粤电力 A	广东粤电财务有限公司	283848.12	451067.00
000780	平庄能源	国电财务有限公司	139847.32	—
000400	许继电气	中国电力财务有限公司	103296.32	—
000983	西山煤电	山西焦煤集团财务有限责任公司	94522.95	10000.00
000768	中航飞机	中航工业集团财务有限责任公司	94147.54	76400.00
000825	太钢不锈	太钢集团财务有限公司	80866.95	20000.00
000625	长安汽车	兵器装备集团财务有限责任公司	79073.57	149000.00
000898	鞍钢股份	鞍钢集团财务有限责任公司	76800.00	171100.00
000629	攀钢钒钛	鞍钢集团财务有限责任公司 攀钢集团财务有限公司	76233.13	37000.00
000680	山推股份	山东重工集团财务有限公司	75501.66	48900.00
000767	漳泽电力	大同煤矿集团财务有限责任公司	70416.27	419900.00
000021	长城开发	中国电子财务有限责任公司	59959.51	—
000951	中国重汽	中国重汽财务有限公司	50589.95	—
002140	东华科技	中化工程集团财务有限公司	50493.54	—
000882	华联股份	华联财务有限责任公司	49558.60	—
002128	露天煤业	中电投财务有限公司	47304.86	—
000709	河北钢铁	河北钢铁集团财务有限公司	34887.24	—
000921	海信科龙	海信集团财务有限公司	31809.38	—
000031	中粮地产	中粮财务有限责任公司	28454.78	46500.00
000800	一汽轿车	一汽财务有限公司	28251.87	100000.00
000698	沈阳化工	中国化工财务有限公司	27769.43	—
000965	天保基建	天津天保财务有限公司	24000.00	—
000878	云南铜业	中铝财务有限责任公司	23460.49	—
000738	中航动控	中航工业集团财务有限责任公司	22409.65	98400.00
002314	雅致股份	中开财务有限公司	19094.29	—
000748	长城信息	中国电子财务有限责任公司	17346.57	5000.00
002423	中原特钢	兵器装备集团财务有限责任公司	17102.09	47250.00
000950	建峰化工	重庆化医控股集团财务有限公司	15373.25	—
000032	深桑达 A	中国电子财务有限责任公司	14164.42	2408.00
000422	湖北宜化	湖北宜化集团财务有限责任公司	13780.29	18000.00

续表

代　码	公司名称	财务公司名称	关联存款余额（万元）	关联贷款余额（万元）
000543	皖能电力	安徽省能源集团财务有限公司	11993.53	46900.00
002419	天虹商场	中航工业集团财务有限责任公司	10000.00	—
000953	河池化工	中国化工财务有限公司	9658.71	—
000565	渝三峡 A	重庆化医控股集团财务有限公司	9044.40	—
002080	中材科技	中材集团财务有限公司	8453.81	—
000551	创元科技	苏州创元集团财务有限公司	8399.64	24000.00
000966	长源电力	国电财务有限公司	7164.73	85000.00
000880	潍柴重机	山东重工集团财务有限公司	7130.50	197150.18
002053	云南盐化	云南云天化集团财务有限公司	7125.49	1000.00
000553	沙隆达 A	中国化工财务有限公司	6857.35	13000.00
000054	*ST 建摩 B	兵器装备集团财务有限责任公司	6687.79	5000.00
000901	航天科技	航天科工财务有限责任公司	6282.26	30500.00
000852	江钻股份	中国石化财务有限责任公司	5701.39	42000.00
002046	轴研科技	国机财务有限责任公司	5656.76	9000.00
000877	天山股份	中材集团财务有限公司	5296.38	20000.00
000635	英力特	国电财务有限公司	4005.90	—
002025	航天电器	航天科工财务有限责任公司	3143.72	—
002232	启明信息	一汽财务有限公司	2782.51	—
002189	利达光电	兵器装备集团财务有限责任公司	2643.88	4000.00
000727	华东科技	中国电子财务有限责任公司	2598.07	14700.00
002179	中航光电	中航工业集团财务有限责任公司	2585.36	58300.00
000519	江南红箭	兵器财务有限责任公司	2161.57	63500.00
000958	东方热电	中电投财务有限公司	1508.14	—
000930	中粮生化	中粮财务有限责任公司	736.18	55000.00
000707	双环科技	湖北宜化集团财务有限责任公司	371.34	40500.00
002013	中航机电	中航工业集团财务有限责任公司	214.00	243625.00
000731	四川美丰	中国石化财务有限责任公司	211.03	15000.00
000600	建投能源	河北建投集团财务有限公司	157.10	1014.95
000028	国药一致	国药集团财务公司	27.28	32000.00
000404	华意压缩	四川长虹集团财务有限公司	3.29	—
000927	一汽夏利	一汽财务有限公司	1.24	112000.00
002302	西部建设	中建财务有限公司	—	60000.00
002190	成飞集成	中航工业集团财务有限责任公司	—	2000.00
002039	黔源电力	中国华电集团财务有限公司	—	15000.00
002246	北化股份	兵工财务有限责任公司	—	8200.00

附件 4：同业竞争公司列表

代 码	公司名称	同业竞争（经营）对象	已采取的解决方案
000011	深物业 A	控股股东下属公司（深深房）	
000021	长城开发	实际控制人下属公司存在少量同业竞争	
000022	深赤湾 A	实际控制人	
000028	国药一致	控股股东及实际控制人下属公司	受托经营
000029	深深房 A	控股股东下属公司（深物业）	
000039	中集集团	控股股东关联公司	
000043	中航地产	控股股东	受托经营
000054	建摩 B	控股股东下属公司（中国嘉陵、济南轻骑）	
000155	川化股份	控股股东下属公司（泸天化）	重大资产重组（已终止）
000156	华数传媒	控股股东下属公司存在同业经营	重大资产重组（已完成）
000400	许继电气	控股股东下属公司存在少量同业竞争	
000410	沈阳机床	控股股东下属公司	
000429	粤高速 A	控股股东下属公司存在同业经营，但不构成实质性同业竞争	
000498	山东路桥	控股股东下属公司存在同业经营，但分属于不同业务领域	
000501	鄂武商 A	控股股东下属公司（武汉中商、中百集团）	
000514	渝开发	控股股东下属公司	不再新增项目
000520	*ST 凤凰	控股股东下属公司	
000524	东方宾馆	控股股东下属公司	
000532	力合股份	关联股东下属子公司存在潜在同业竞争	
000537	广宇发展	控股股东及其下属公司	
000539	粤电力 A	控股股东	重大资产重组（已完成）
000543	皖能电力	控股股东	
000544	中原环保	控股股东存在同业经营，但发生同业经营的集中供热业务各自区域明确，未有重叠	
000552	靖远煤电	控股股东下属公司存在潜在同业竞争	重大资产重组（已完成），受托经营
000553	沙隆达 A	控股股东下属公司存在少量同业竞争	
000557	*ST 广夏	控股股东存在潜在同业竞争	控股股东不开展同业竞争业务，仅向上市公司提供原材料
000582	北部湾港	控股股东	受托经营
000600	建投能源	控股股东	

续表

代　码	公司名称	同业竞争（经营）对象	已采取的解决方案
000625	长安汽车	控股股东下属公司	资产注入、对外转让同业业务
000629	攀钢钒钛	控股股东	受托经营
000630	铜陵有色	控股股东存在少量同业竞争	
000657	中钨高新	实际控制人下属公司	重大资产重组（已完成）
000665	湖北广电	控股股东	重大资产重组（已完成）
000666	经纬纺机	实际控制人下属公司	
000677	恒天海龙	控股股东	
000695	滨海能源	控股股东关联公司	上市公司租赁经营
000709	河北钢铁	控股股东及其下属公司	重大资产重组（已完成），受托经营
000717	韶钢松山	实际控制人下属公司（宝钢股份等）	
000719	大地传媒	控股股东下属公司	重大资产重组（进行中）
000759	中百集团	控股股东下属公司（武汉中商、鄂武商）	重大资产重组（股东会未通过）
000780	平庄能源	控股股东下属公司	
000785	武汉中商	控股股东下属公司（中百集团、鄂武商）	重大资产重组（股东会未通过）
000791	甘肃电投	控股股东下属公司	受托经营
000798	中水渔业	控股股东关联公司	
000800	一汽轿车	控股股东	
000810	华润锦华	控股股东	重大资产重组（进行中）
000813	天山纺织	控股股东	
000815	美利纸业	控股股东下属公司	
000819	岳阳兴长	控股股东关联公司	
000828	东莞控股	控股股东存在潜在同业竞争	
000831	五矿稀土	控股股东	重大资产重组（已完成）
000862	银星能源	控股股东	重大资产重组（进行中）
000875	吉电股份	控股股东	
000888	峨眉山 A	控股股东下属公司	受托经营
000897	津滨发展	控股股东	
000899	赣能股份	控股股东	受托经营
000912	泸天化	控股股东下属公司（川化股份）	内部产权整合，重大资产重组（已终止）
000920	南方汇通	控股股东存在少量同业竞争	

续表

代　码	公司名称	同业竞争（经营）对象	已采取的解决方案
000927	一汽夏利	控股股东子公司和合营公司	
000932	华菱钢铁	控股股东下属公司	受托经营
000933	神火股份	控股股东下属公司	受托经营
000937	冀中能源	控股股东	
000953	河池化工	控股股东关联公司	
000958	东方热电	控股股东	
000959	首钢股份	控股股东	重大资产重组（已完成）
000966	长源电力	控股股东	受托经营
000983	西山煤电	控股股东	
001896	豫能控股	控股股东	委托经营
002110	三钢闽光	控股股东及其下属公司	受托经营，委托加工
002125	湘潭电化	控股股东	
002267	陕天然气	控股股东	
002268	卫士通	控股股东	
002307	北新路桥	控股股东	

附件 5：存在影响独立性潜在因素公司列表①

公司代码	公司名称	影响独立潜在因素
000099	中信海直	向控股股东租赁部分生产经营资产
000528	柳工	注册商标由控股股东拥有
000619	海螺型材	注册商标由控股股东拥有
000729	燕京啤酒	注册商标由控股股东拥有
000736	中房地产	控股股东总部上市公司部分机构存在职能交叉重叠
000768	中航飞机	注册商标由控股股东拥有，不完全独立拥有部分工业产权、非专利技术等无形资产
000771	杭汽轮 B	部分销售依赖控股股东下属公司
000819	岳阳兴长	部分辅助生产系统依赖于第一大股东的关联企业
000825	太钢不锈	注册商标由控股股东拥有，向控股股东租赁部分生产经营资产
000837	秦川发展	注册商标由控股股东拥有，向控股股东租赁部分生产经营资产
000860	顺鑫农业	向控股股东租赁部分生产经营资产

① 因创业板公司年报中无“公司相对于控股股东在业务、人员、资产、机构、财务等方面的独立完整情况”，列表未含创业板国企情况。

续表

公司代码	公司名称	影响独立潜在因素
000909	数源科技	注册商标由控股股东拥有
000927	一汽夏利	注册商标由控股股东拥有
000938	紫光股份	注册商标由控股股东拥有
000977	浪潮信息	注册商标由控股股东拥有
002181	粤传媒	控股股东存在持续关联交易
002349	精华制药	向控股股东租赁部分生产经营资产
002461	珠江啤酒	控股股东同在一厂区办公
002544	杰赛科技	向控股股东租赁部分生产经营资产

2013年海外股票市场基本情况

一、美国

2013年美国实际GDP增长率为2.2%，增速略低于2012年。尽管受到财政政策和债务问题的困扰，美国经济依然在温和中缓慢复苏，2013年下半年多项领域数据得到了改善，经济复苏提速。

（一）2013年美国经济增长情况

1. 经济增长前低后高

美国商务部公布的美国2013年4个季度的GDP年化环比增速分别为2.7%、1.8%、4.5%和3.5%。2013年美国继续经历财政危机的考验，民主党与共和党虽然最终达成了预算协议，但消费者和投资者信心受到了考验。整体来看，经济增长得到了缓慢复苏，各方面数据表现良好。

2. 物价指数波动较大

2013年美国物价走势波动较大，CPI、PPI上半年先降后升，下半年也是如此。核心通胀水平均不及2.0%，核心CPI下半年保持稳定在1.7%左右，核心PPI呈上升趋势。原油现货价格在年初时攀升至高位后一路下跌，4月份达到低谷后又强力反弹，9月份重新回到最高点位，之后在110美元左右波动。金属价格也是在年初攀上高位后，年中下滑至谷底再次反弹并在一定范围内波动（见图1）。

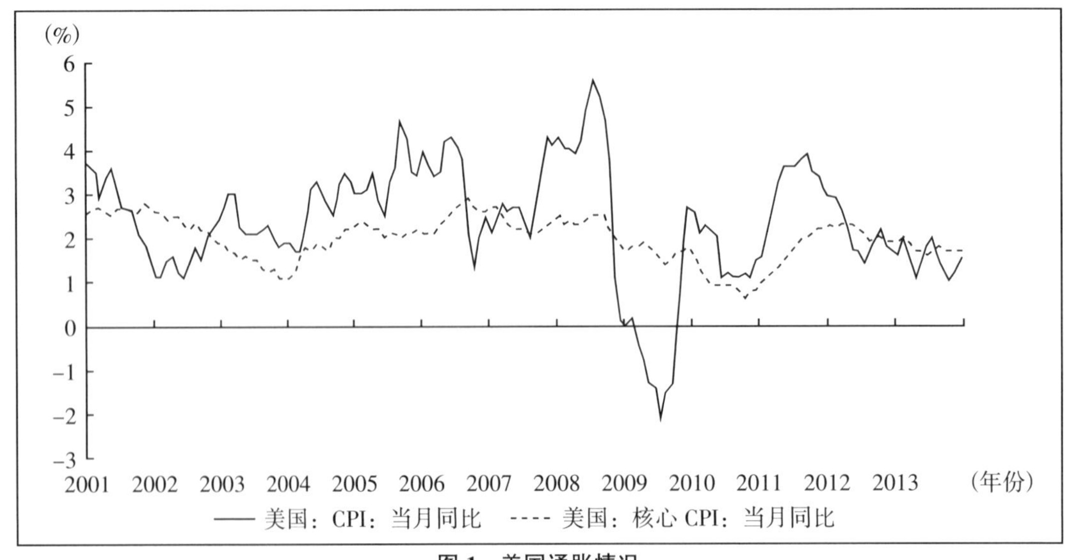

图1 美国通胀情况

数据来源：Wind资讯。

3. 就业情况有所好转

2013 年美国失业率整体呈下降趋势，其中 12 月失业率仅为 6.7%，为 2009 年以来最低值。全年失业率在第二季度保持稳定后继续下降，第四季度降速明显。新增非农就业上半年表现较好，下半年 10 月、11 月份有所回升，12 月份新增非农就业大幅下滑（见图 2）。

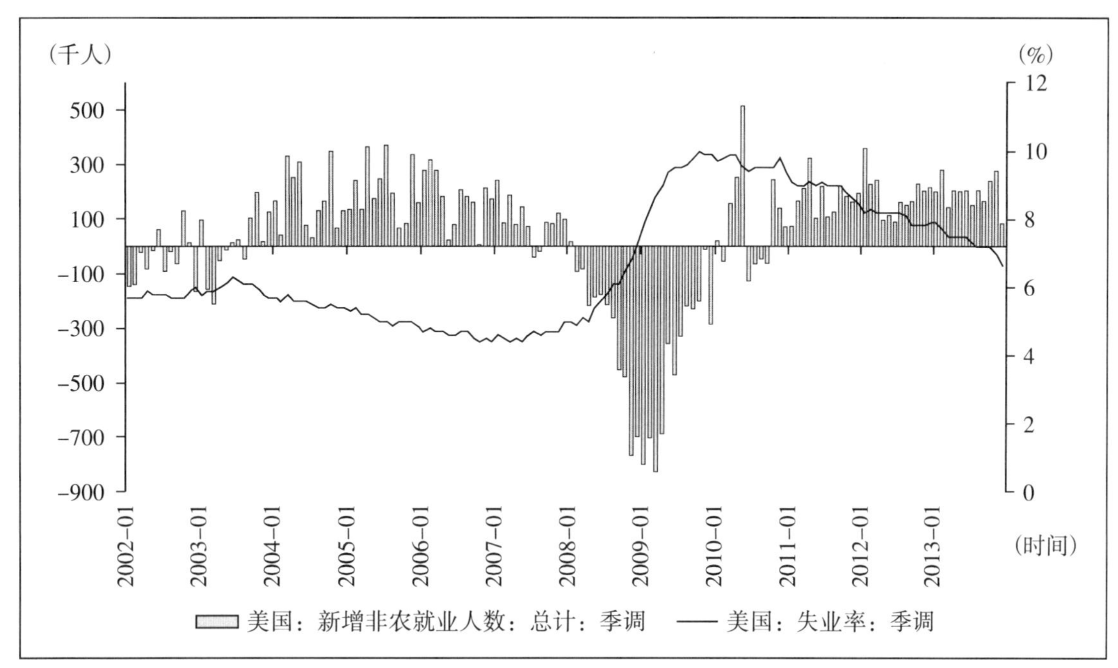

图 2　美国就业情况

数据来源：Wind 资讯。

（二）2013 年美国三大股指走势

2013 年美国经济逐渐走上复苏之路，三大股票指数均有明显增长。截至 2013 年 12 月 31 日，道琼斯工业平均指数报收 16576.66，较 2012 年 12 月 31 日的 13104.14 增长 26.49%。标普 500 指数报收 1848.36，较 2012 年 12 月 31 日的 1426.19 增长 29.60%。纳斯达克指数报收 4176.59，较 2012 年 12 月 31 日的 3019.51 增长 38.32%（见图 3、图 4、图 5）。

美国道琼斯工业平均指数包括 30 家著名的平均工业指数。其中，前十大权重股分别为维萨集团、国际商业机器、高盛、3M 集团、波音、雪佛龙德士古、联合技术、埃克森美孚石油、麦当劳和强生，所在行业主要集中于大型制造业、能源以及食品行业。

（三）2013 年美国股票市值及占比情况

随着美国经济好转，美国主要股票指数也应声上涨。截至 2013 年 12 月 31 日，美国股票总市值高达 22.3 万亿美元，为历史最高，占全球股票总市值比重的 35.91%，高于 2012 年的 16.9 万亿美元（见图 6）。

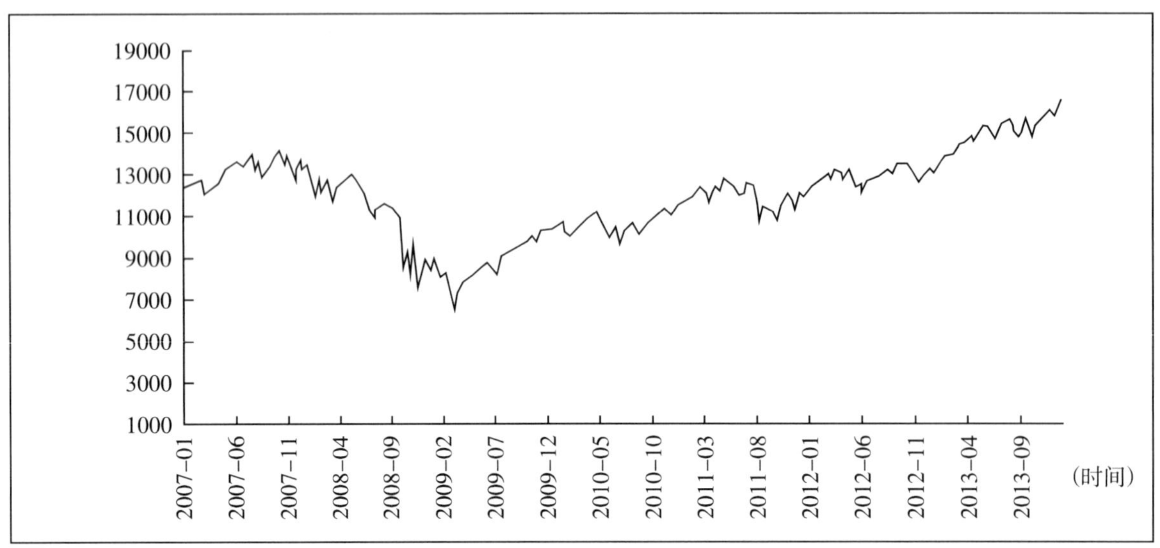

图 3　美国道琼斯工业平均指数走势

数据来源：Wind 资讯。

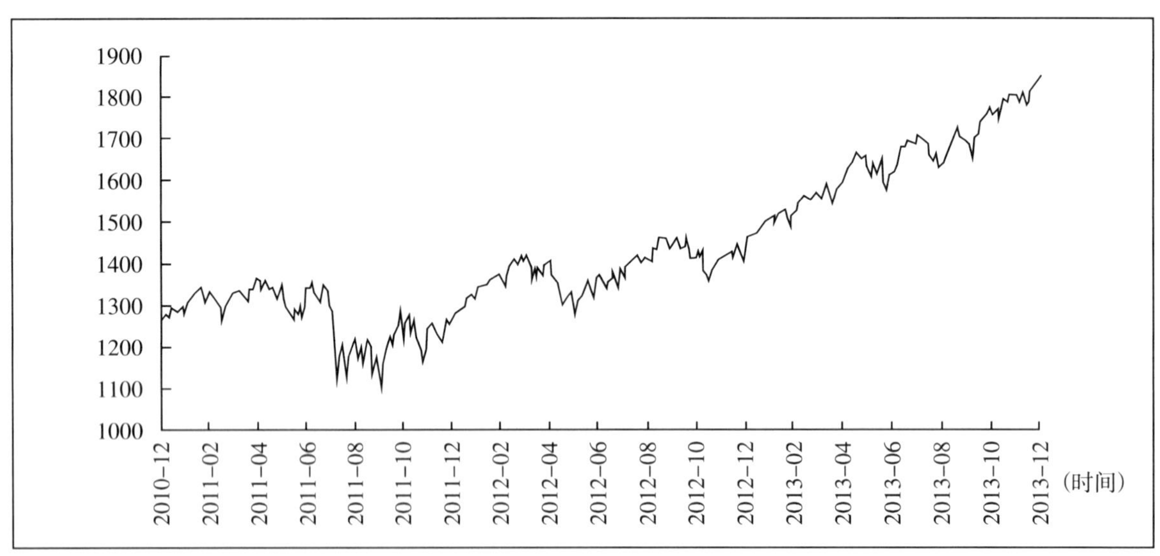

图 4　美国标普 500 指数走势

数据来源：Wind 资讯。

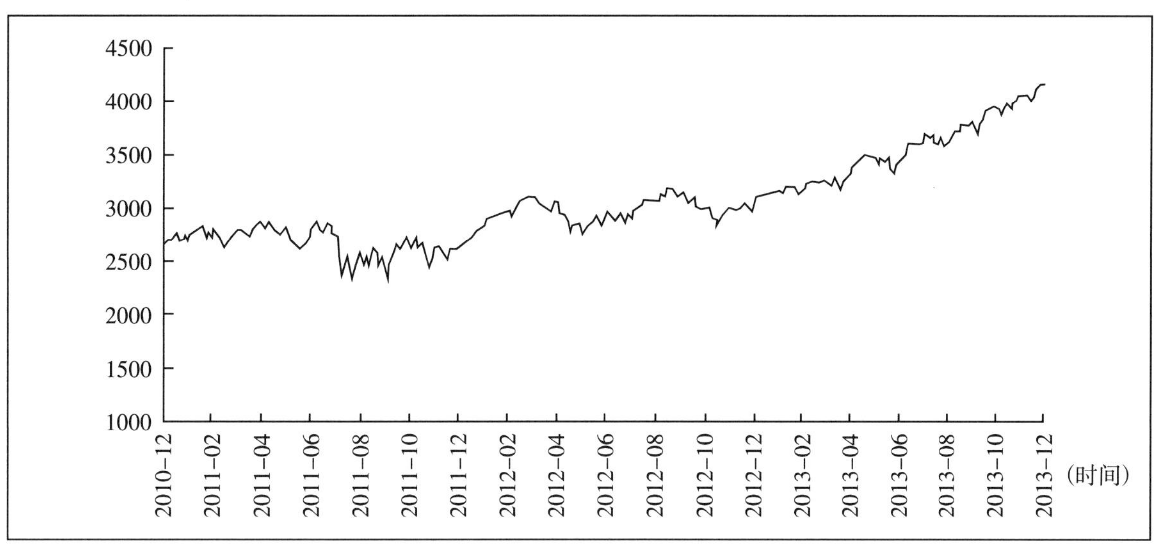

图5　美国纳斯达克综合指数走势

数据来源：Wind资讯。

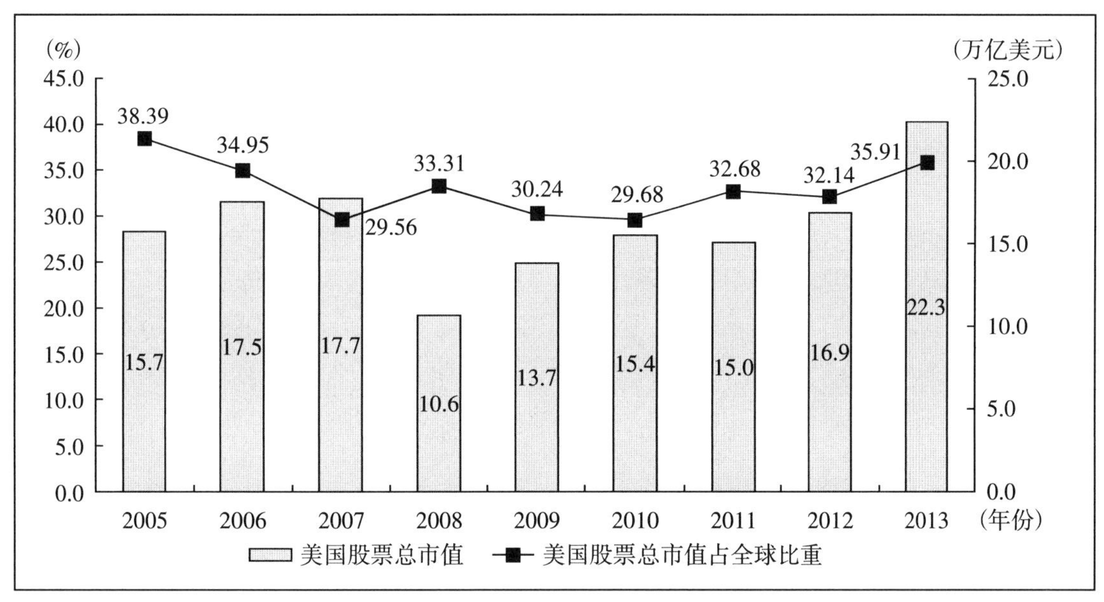

图6　美国股票总市值及其占全球比重

数据来源：Wind资讯。

二、欧元区

（一）2013年欧元区经济增长情况

1. 经济增长开始回升

2013年，欧洲经济增长出现部分回升，但整体增长比较疲软。2013年欧元区四个季度GDP环比增长率为–0.4%、0.3%、0.2%和0.2%。分国家来看：2013年德国四个季度GDP环比增长率为–0.40%、0.79%、0.30%和0.45%；法国四个季度GDP环比增长率为0%、0.67%、–0.09%和0.21%；

意大利四个季度 GDP 环比增长率为-0.9%、-0.2%、0%和-0.1%（见图 7）。

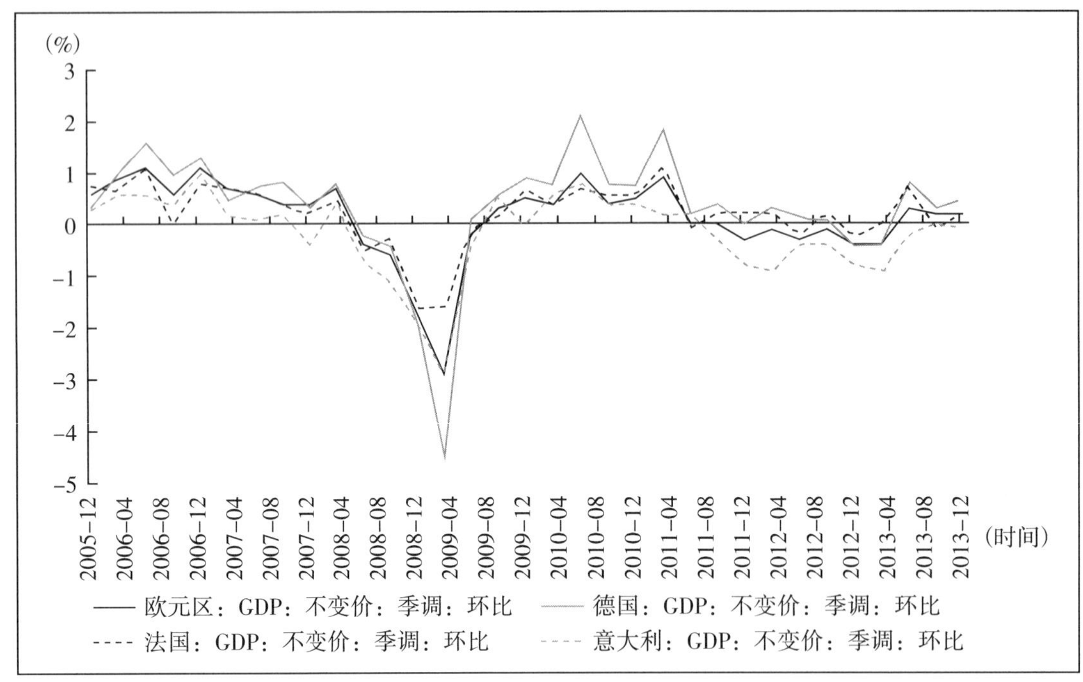

图 7　欧元区经济增长情况

数据来源：Wind 资讯。

2. 物价指数继续走低

2013 年，由于欧洲经济继续相对疲软，需求不足，因此物价持续回落。2013 年欧元区 CPI 物价指数逐渐下降，由 1 月份的最高 2%下降到 10 月份的 0.7%，12 月份略回升到 0.8%。分国家来看，德国、法国、意大利的物价指数都呈现下降趋势。其中，德国表现相对较好，年中出现 CPI 上涨，7 月最高为 1.9%，后又开始下降，4 月和 10 月最低为 1.2%。法国由 1 月份的最高 1.2%下降到 10 月份的 0.6%，最后 12 月略回升到 0.7%。意大利由 1 月的 2.2%一路下滑到 12 月的 0.7%，物价指数持续走低（见图 8）。

3. 就业情况表现疲软

2013 年，欧洲就业并没有得到改善，除了德国外，欧元区整体、法国、意大利就业市场表现均不理想。欧元区失业率 2 月上升至 12%，后持续了 8 个月才开始下降，12 月份回落至 11.8%。分具体国家来看，德国失业率由年初的 5.3%逐渐下降至年末的 5.1%。法国大部分时间维持 10.3%的失业率，年终略有下降，达 10.2%。意大利失业率继续攀升，由年初的 11.8%上升至年末的 12.5%（见图 9）。

（二）2013 年欧元区主要国家股指走势

2013 年欧洲整体经济复苏缓慢，危机改革取得了一定成效，资金流入，股票指数呈现上扬态势。其中德国在消费、投资和出口“三驾马车”的拉动下表现抢眼，而意大利则受到高失业和低通胀的困扰，

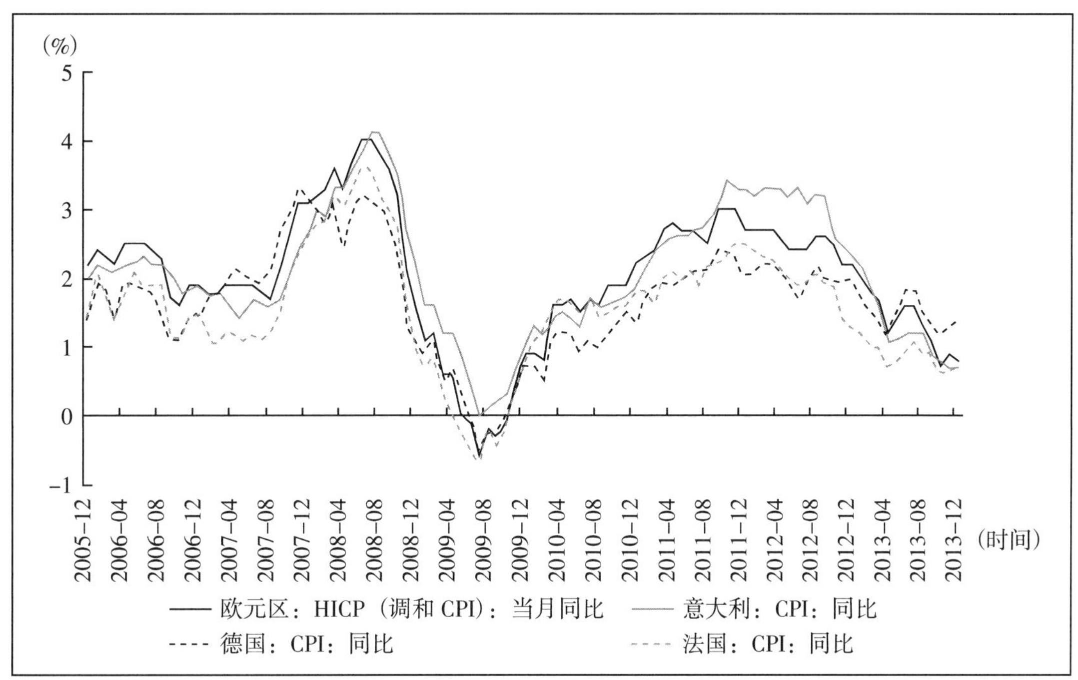

图8 欧元区及主要国家CPI同比增长情况

数据来源：Wind资讯。

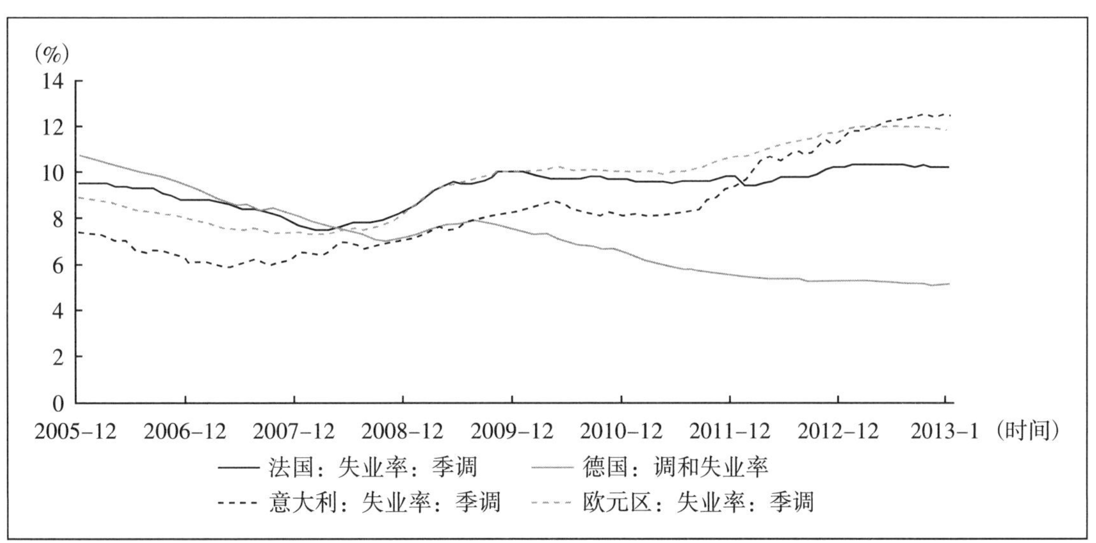

图9 欧元区及主要国家失业率

数据来源：Wind资讯。

股票上涨幅度较小，股票市场出现两极分化。德国法兰克福指数由2012年底的7612点上升到2013年底的9552点，上涨25.47%。法国CAC40指数由2012年底的3641点上升到2013年底的4296点，上涨18.67 %。意大利ITLMS指数由2012年底的17175点上升到2013年底的20204点，上涨17.63%。

德国法兰克福DAX指数的权重股包括安联保险、宝马汽车股份有限公司、德国商业银行、德意志银行等；法国 CAC40 指数的权重包括道达尔公司、法国 LV 公司、法国液化空气公司等；意大利 ITLMS 指数的权重股包括菲亚特股份公司、意大利裕信银行、意大利电信银行等（见图 10）。

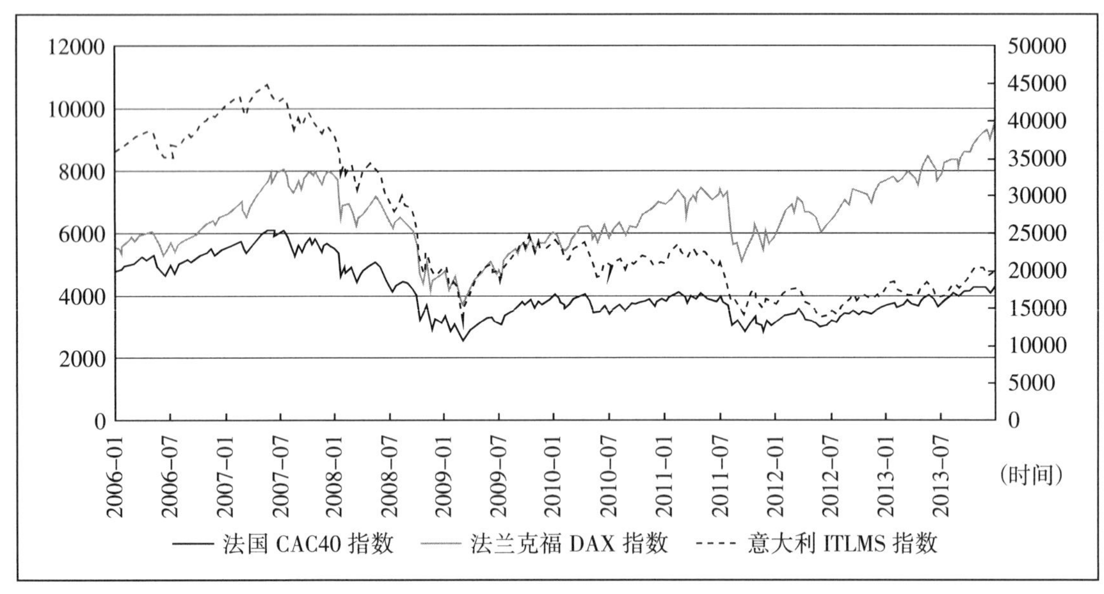

图 10　欧元区主要国家股指走势

数据来源：Wind 资讯。

（三）2013 年主要国家股票市值及占比情况

截至 2013 年 12 月 31 日，德国股票总市值为 2.03 万亿美元，占全球总市值的 3.27%，较 2012 年的 2.99%有所增长。法国股票总市值为 2.14 万亿美元，占全球总市值的 3.45%，较 2012 年的 3.17%有所增长。意大利股票总市值为 0.63 万亿美元，占全球总市值的 1.02%，与 2012 年比重持平（见图 11、图 12、图 13）。

三、金砖国家

（一）2013 年金砖国家经济增长情况

1. 经济增速普遍降低

2013 年金砖国家经济增长降速，遭遇发展“瓶颈”。分国家来看，巴西经济较 2012 年呈现好转态势，4 个季度的 GDP 同比增速分别为 1.89%、3.46%、2.43%和 2.18%。巴西经济依然受到铁矿石价格变化的影响，未能恢复 2011 年的高增长水平。南非经济整体趋缓，4 个季度的 GDP 同比增速分别为 1.84%、2.19%、1.84%和 2.95%。印度经济与 2012 年表现差别不大，4 个季度的 GDP 同比增速分别为 4.9%、4.21%、

5.17%和 4.42%。俄罗斯经济增速下降，4 个季度的 GDP 同比增速分别为 0.80%、1.00%、1.30%和 2.00%（见图 14）。

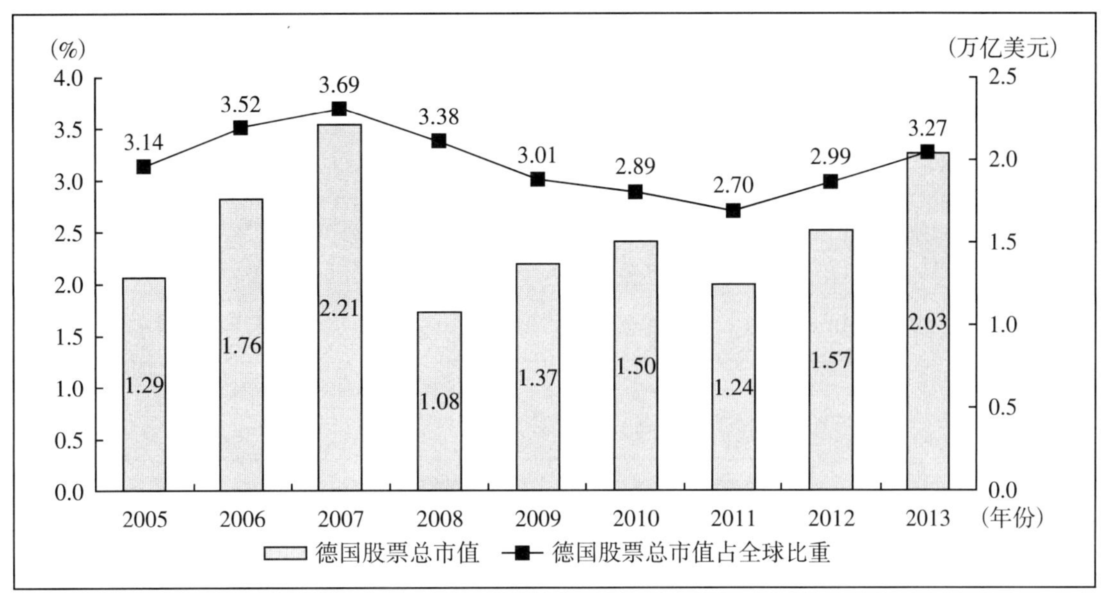

图 11 德国股票总市值及其占全球比重

数据来源：Wind 资讯。

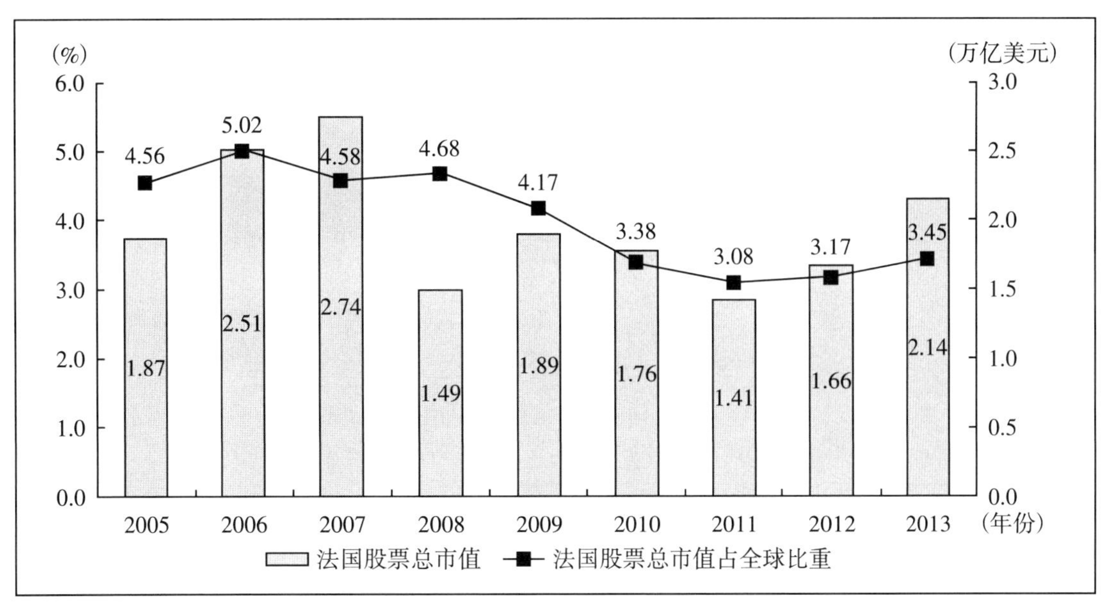

图 12 法国股票总市值及其占全球比重

数据来源：Wind 资讯。

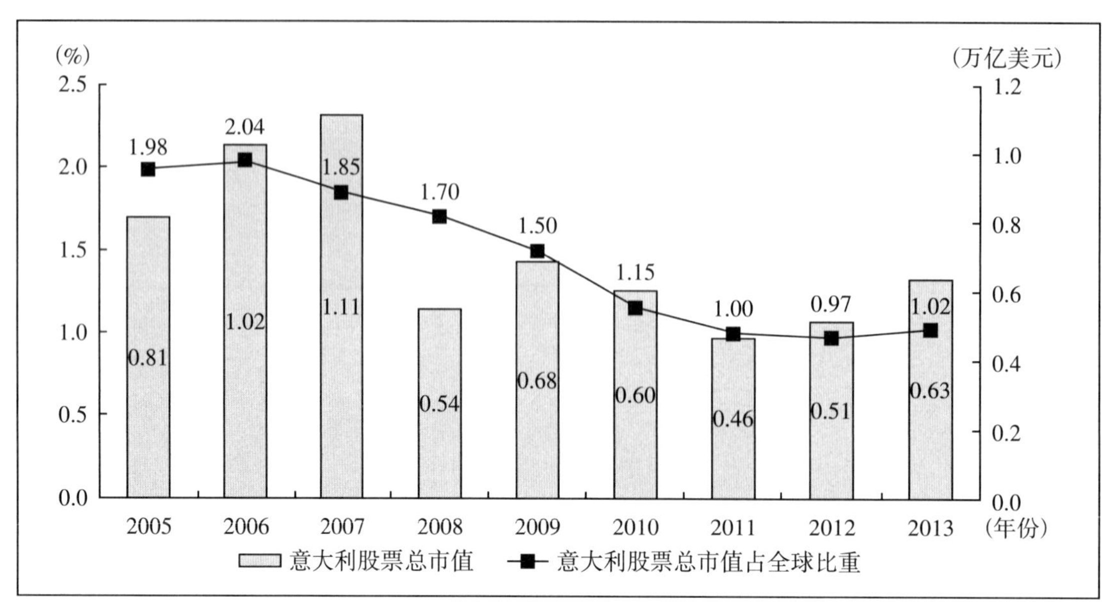

图 13 意大利股票总市值及其占全球比重

数据来源：Wind 资讯。

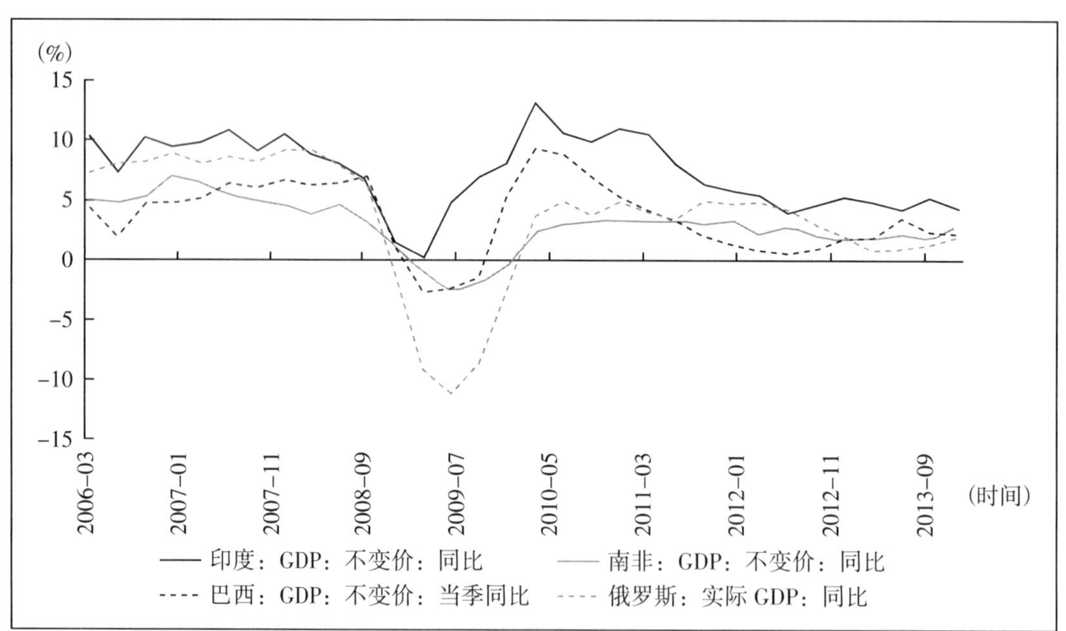

图 14 金砖国家经济增长情况

数据来源：Wind 资讯。

2. 通胀压力较大

2013 年，金砖国家通胀压力较大。分国家看，俄罗斯通胀指数先高后低，2013 年 5 月 CPI 增速高达 7.5%，后降至 2013 年 9 月的 6.1%，之后略有回升，12 月 CPI 同比 6.5%。南非物价呈现两头低、中间高的趋势，8 月 CPI 同比高达 6.44%后回落到 12 月的 5.3%。巴西物价上半年抬头，下半年整体呈现下降趋势，6 月 CPI 同比最高为 6.7%，11 月最低为 5.77%。印度物价整体保持较高水平，除12月CPI同比为9.13%外，整体保持在10%以上的通胀水平，其中2月最高为12.06%，后虽略有降低，但通胀压力依然不小（见图15）。

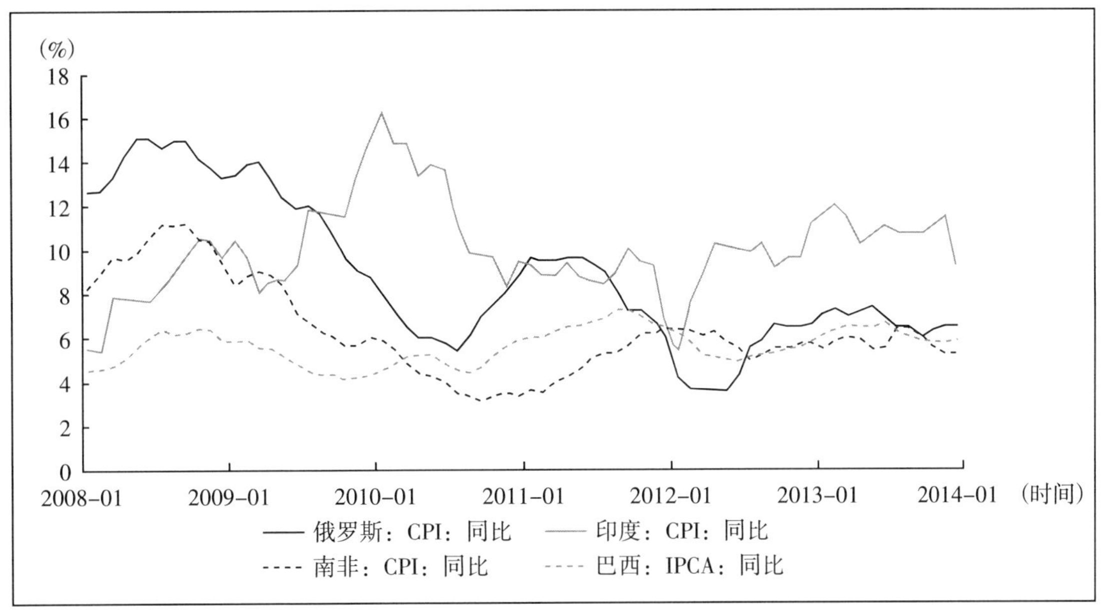

图15 金砖国家通胀情况

数据来源：Wind资讯。

3. 就业市场表现不及2012年

2013年，金砖四国经济增长降速，就业市场表现趋缓。分国家来看，巴西六大城市失业率呈现中间较高、年尾较低的态势，6月失业率最高为6%，12月最低4.3%。欧洲经济不景气，新兴国家经济整体放缓，巴西为了抑制通胀减少了刺激政策，一定程度上影响了就业。俄罗斯失业率表现两头高、中间低，较上一年有所增加，1月最高为6%，8月最低为5.2%。公用事业单位和建筑单位不景气的拖累，需求和出口下降，经济增长不及预期，都是打击俄罗斯就业市场的原因。2013年，印度失业率8.8%，较2012年的8.5%略有上升。南非的失业率较高，依然为困扰经济增长的主要因素，四个季度失业率分别为25%、25.3%、24.5%和24.1%。

（二）2013年金砖国家股指走势

2013年，金砖国家股指波动中起伏，整体表现不及上年。分国家来看，中国上证综合指数较2012年下降了6.7%，印度孟买Sensex30指数较2012年上涨了8.7%，俄罗斯RTS指数较2012年下降了5.5%，巴西圣保罗IBOVESPA指数较2012年下降了14.75%，富时/JSE南非综合指数较2012年上涨了17.85%（见图16、图17、图18）。

中国上证综合指数的前五大权重股包括中国石油、中国工商银行、中国建设银行、中国农业银行以及中国银行。印度孟买Sensex30指数的主要权重股包括ITC有限公司、Infosys科技有限公司、印度瑞来

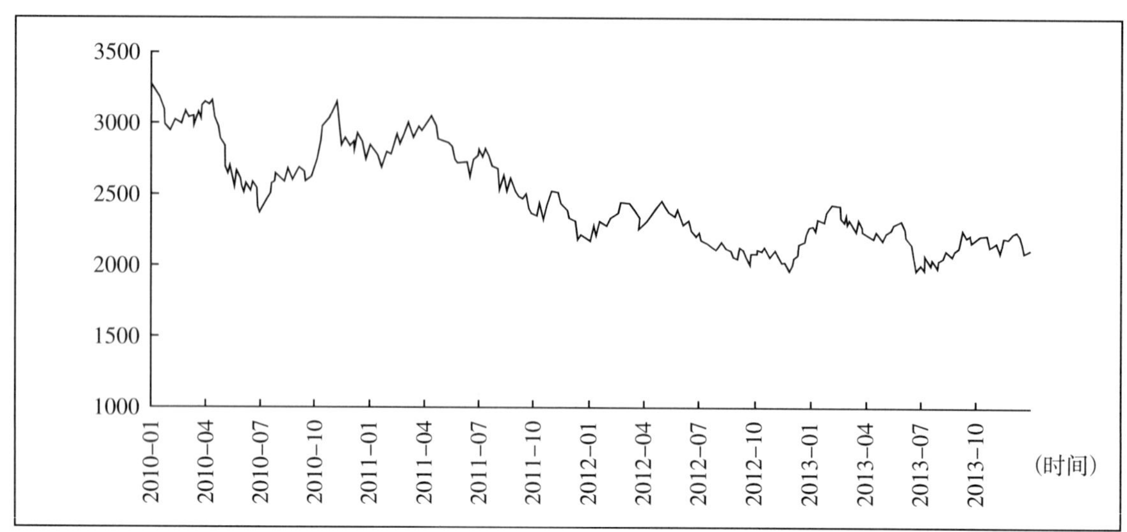

图 16 中国上证综合指数走势

数据来源：Wind 资讯。

图 17 孟买 Sensex30 和俄罗斯 RTS 指数走势

数据来源：Wind 资讯。

斯实业公司、印度房产开发融资公司、HDFC 银行有限公司。巴西圣保罗交易所指数的前五大权重股包括淡水河谷公司、巴西石油公司、BanconaItau 金融银行控股公司、巴西布拉得斯科银行股份公司、巴西银行股份公司。俄罗斯 RTS 指数的权重股包括俄罗斯联邦储蓄银行、俄罗斯天然气工业公司、卢克石油公司、苏尔古特石油天然气公司等。南非综合指数的主要权重股包括 ABSA 集团有限公司、Acucap Properties 有限公司等。

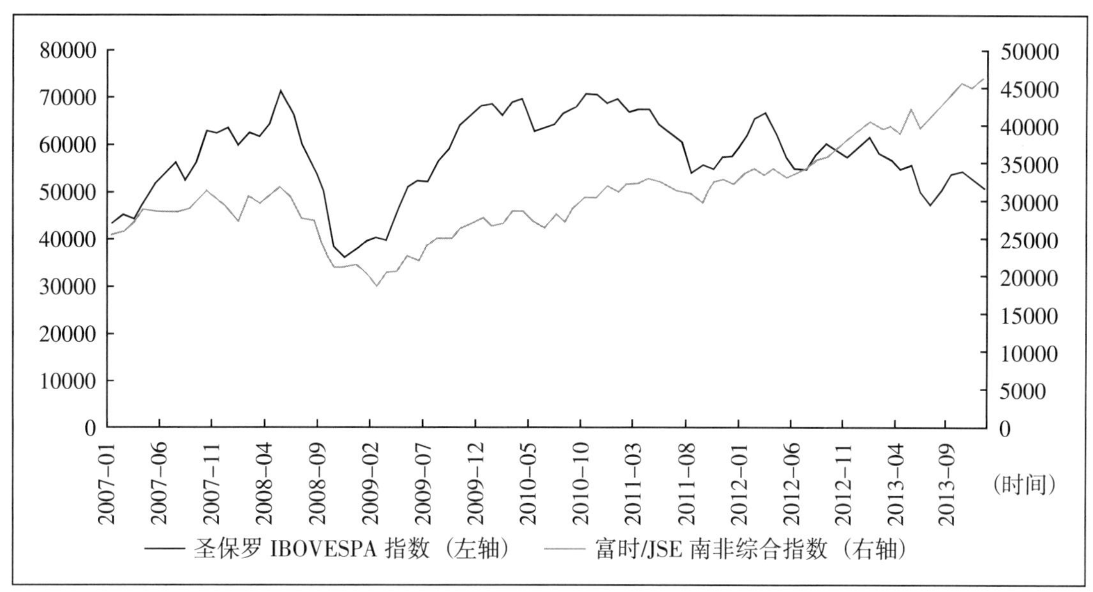

图 18　巴西圣保罗交易所指数和富时/JSE 南非综合指数走势

数据来源：Wind 资讯。

（三）2013 年金砖国家股票市值及占比情况

2013 年 12 月 31 日，中国股票市场股票总市值为 23.91 万亿元人民币；印度股票市场股票总市值为 1.14 万亿美元，占全球比重的 1.84%；巴西股票市场股票总市值为 0.97 万亿美元，占全球比重的 1.57%；俄罗斯股票市场股票总市值为 0.77 万亿美元，占全球比重的 1.23%；南非股票市场股票总市值为 0.48 万亿美元，占全球比重的 0.77%（见图 19~图 23）。

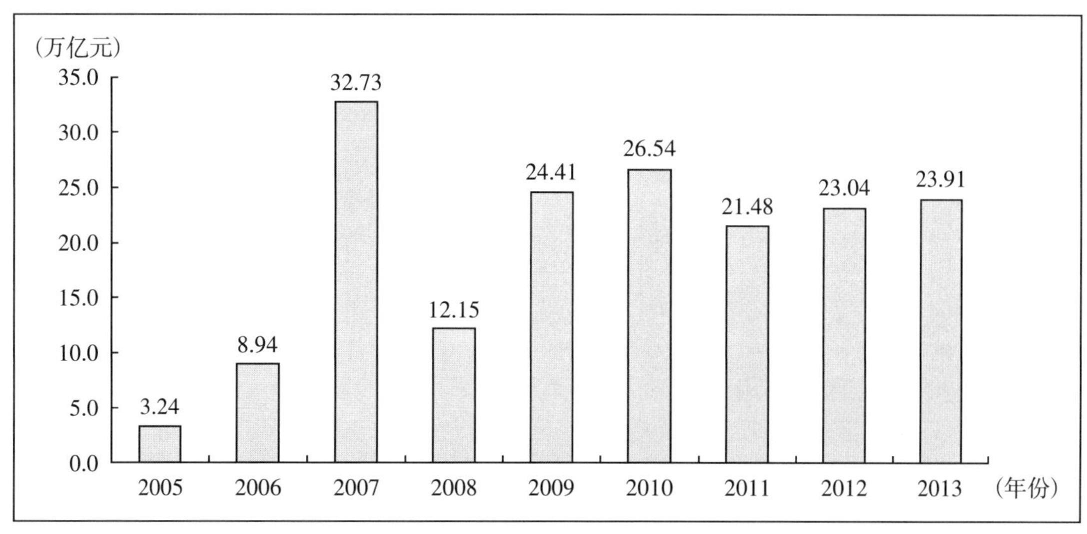

图 19　中国内地股票总市值

数据来源：《中国证券期货统计年鉴》。

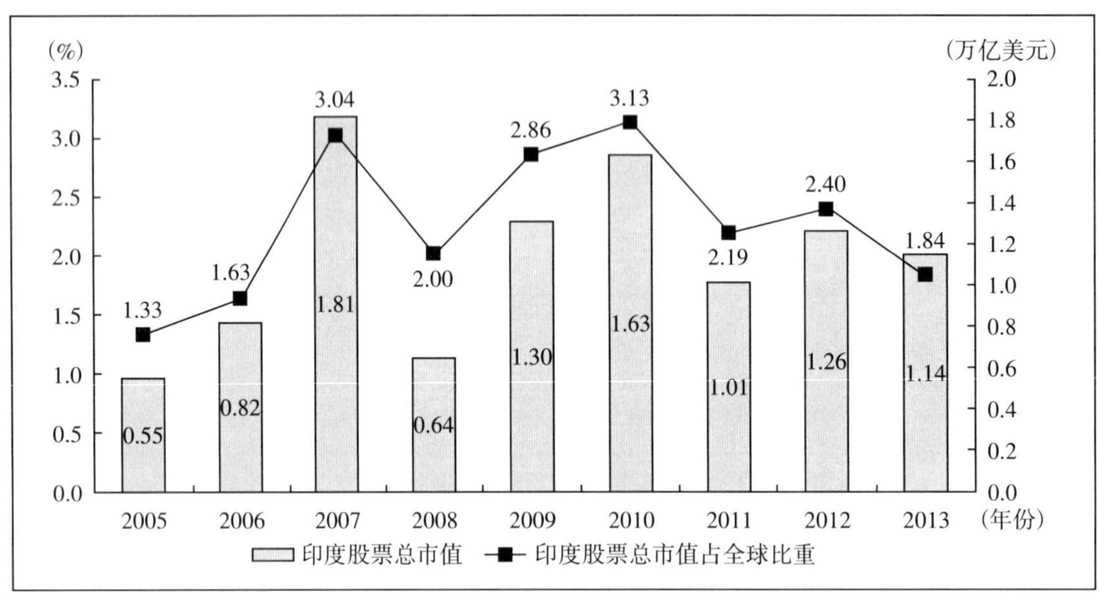

图 20 印度股票总市值及占全球比重

数据来源：Wind 资讯。

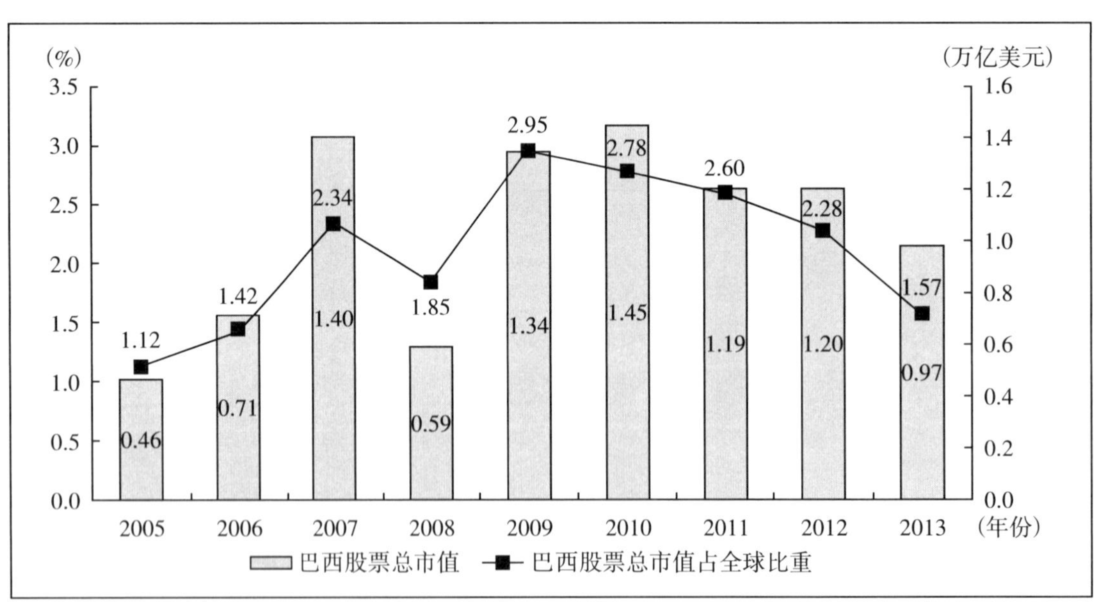

图 21 巴西股票总市值及占全球比重

数据来源：Wind 资讯。

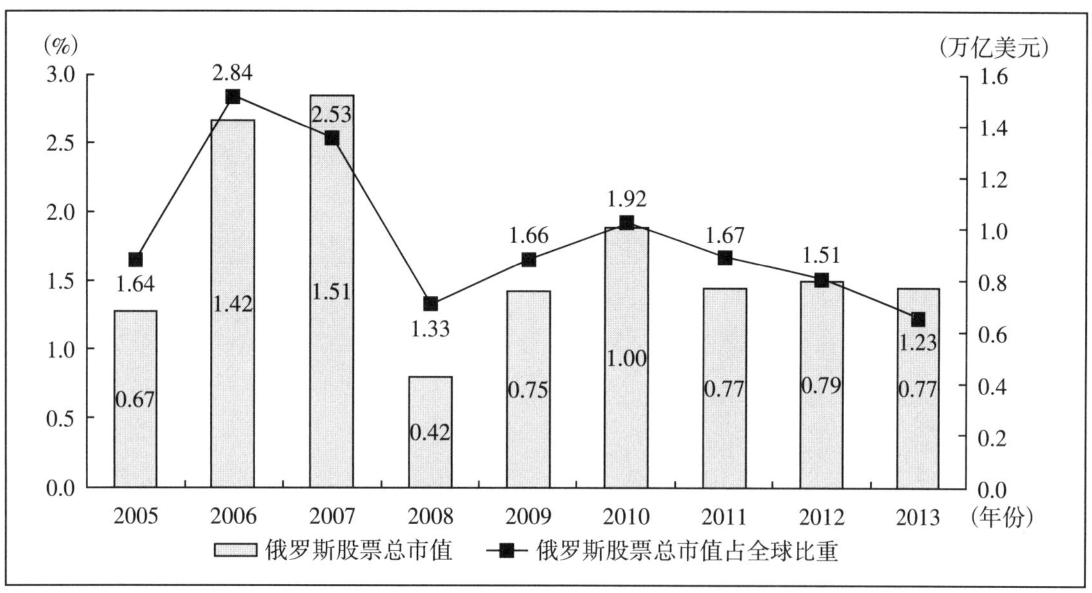

图 22 俄罗斯股票总市值及占全球比重

数据来源：Wind 资讯。

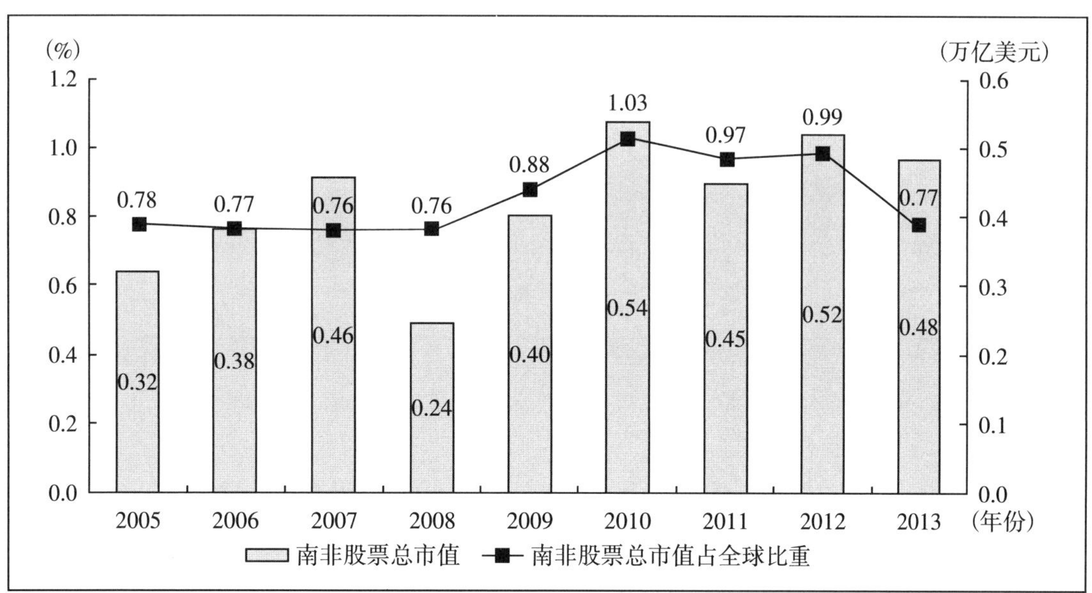

图 23 南非股票总市值及占全球比重

数据来源：Wind 资讯。

四、亚洲主要国家和地区

（一）2013 年亚洲主要国家和地区经济增长情况

1. 经济普遍缓慢增长

2013 年中国香港和中国台湾地区的经济增长有所回升。2013 年 4 个季度，中国香港地区 GDP 同比增速分别为 2.9%、3%、3%和 2.9%，中国台湾地区 GDP 同比增速分别为 1.41%、2.6%、1.45%和 3.4%。2013 年中国周边地区经济普遍保持低速增长的态势，个别国家增长较快。分国家来看，日本上半年经济表现疲软，但下半年开始好转，2013 年 4 个季度日本 GDP 同比增速分别为 0.5%、1.4%、2.2%和 2.3%；韩国经济也有所增长，尤其是下半年增幅较大，2013 年 4 个季度韩国 GDP 同比增速分别为 2.1%、2.7%、3.1%和 3.4%。新加坡经济增幅较大，2013 年 4 个季度新加坡 GDP 同比增速分别为 1.5%、4%、5%和 4.9%。泰国经济增速下降明显，尤其是下半年表现欠佳，2013 年 4 个季度泰国 GDP 同比增速分别为 5.34%、2.94%、2.74%和 0.63%。马来西亚和印度尼西亚经济增速也不及上年：2013 年 4 个季度，马来西亚 GDP 同比增速分别为 4.24%、4.54%、5.03%和 5.12%，印度尼西亚 GDP 同比增速分别为 6.03%、5.76%、5.63%和 5.72%。菲律宾经济增长略有上升，2013 年 4 个季度菲律宾 GDP 同比增速分别为 7.67%、7.87%、6.96%和 6.32%（见图 24、图 25）。

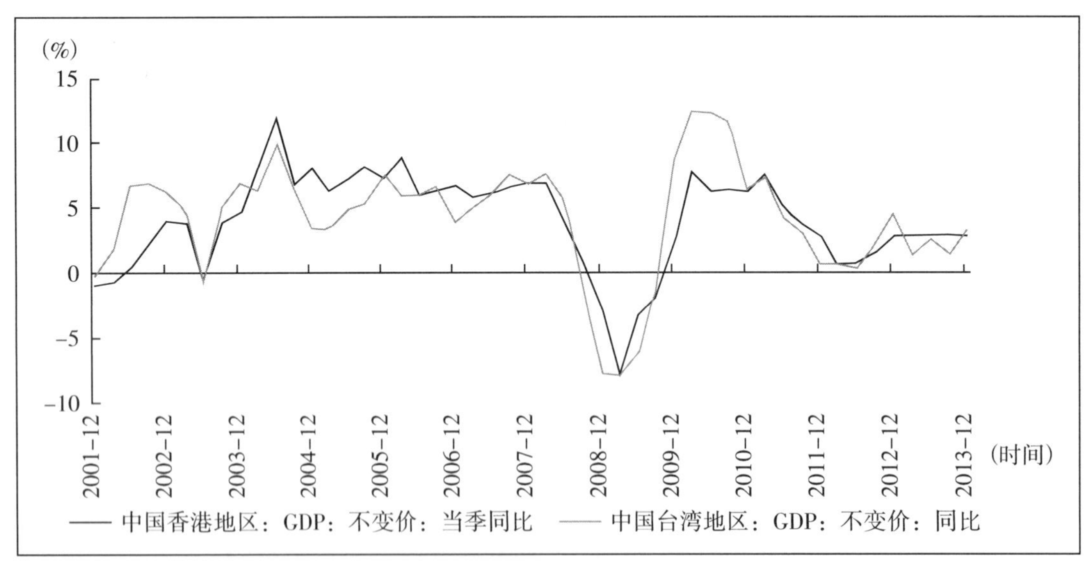

图 24　中国香港地区和中国台湾地区经济增长情况

数据来源：Wind 资讯。

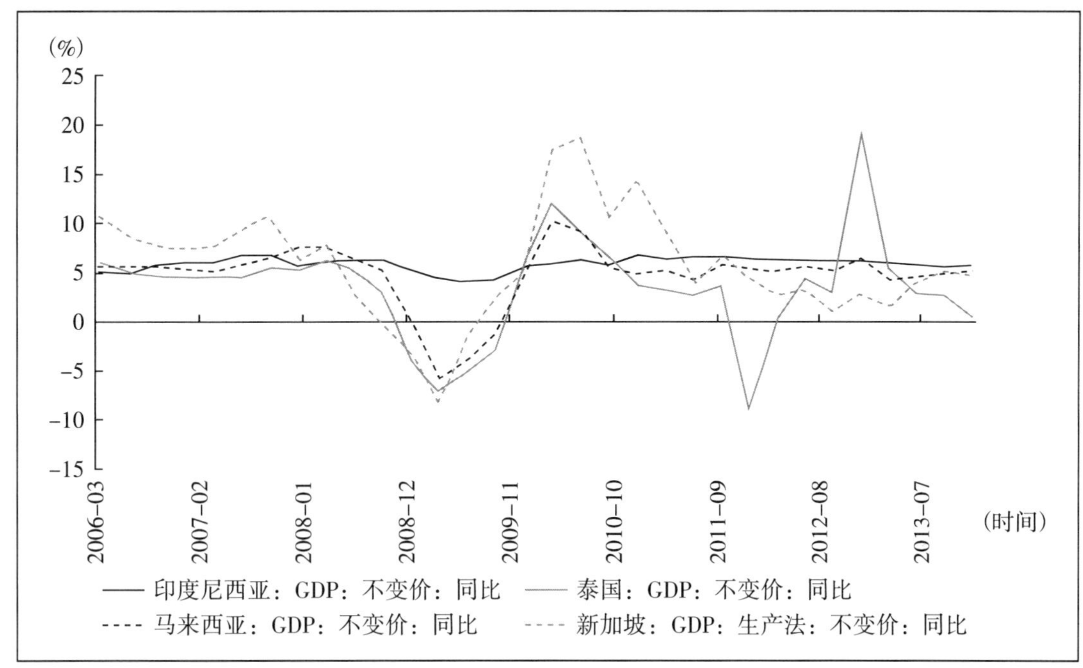

图 25 中国周边国家经济增长情况

数据来源：Wind资讯。

2. 通胀水平

2013年，中国香港地区通胀大幅上升，CPI物价同比增速从年初的3.0%上升到12月的4.3%。而中国台湾地区继上年的大幅上升后，物价水平开始回落，同比增速由1月的1.12%下降到12月的0.34%，8月甚至出现-0.78%。日本长期的通缩状况在2013年下半年有所好转，虽然在1~5月仍然处在通缩状态，但自6月起CPI同比增速持续上升，12月CPI同比增速达到1.6%。2013年韩国物价水平下降，CPI同比增速从1月的1.64%下降到12月的1.14%。新加坡物价水平下滑严重，从1月的3.6%下降到12月的1.5%。2013年泰国CPI物价指数也呈现下降态势，CPI同比增速从1月的3.4%下降一半到12月的1.7%。马来西亚物价水平上涨，CPI同比增速从1月的1.3%上升到12月的3.2%。菲律宾物价水平较低，CPI同比增速全年保持1%以下，12月CPI同比增速0.7%。印度尼西亚通胀水平最高，CPI同比增长全年在5%~8%左右，年末通胀高达8.38%，1月为4.57%（见图26、图27）。

3. 就业市场表现平平

2013年，中国香港地区和中国台湾地区就业市场基本保持稳定，较2012年整体略有上升。其中，中国香港地区失业率（经季调）主要在3.3%~3.5%之间波动，从1月到10月都保持在3.4%或3.5%左右，年末下降到3.2%。中国台湾地区失业率主要在4.1%~4.3%左右波动，下半年初期较高，8月最高为4.33%，年末下降到4.08%。中国周边地区失业率整体表现比较平稳，日本失业率年初较高，年末较低，4月份失业率最高为4.4%，年末下降到3.4%；韩国失业率（经季调）主要在3%~

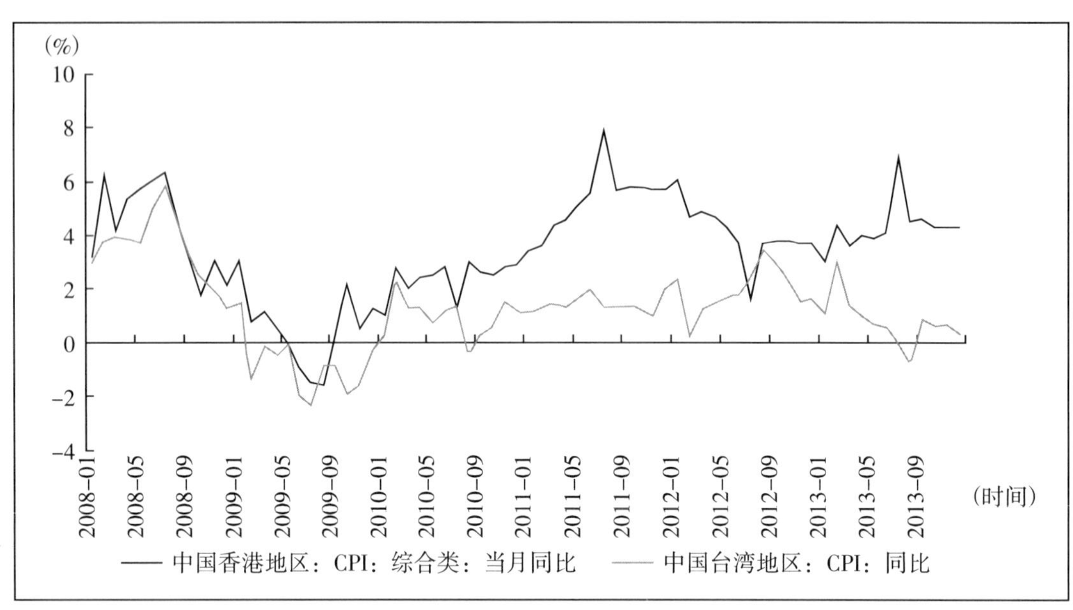

图 26 中国香港地区和中国台湾地区通胀情况

数据来源：Wind 资讯。

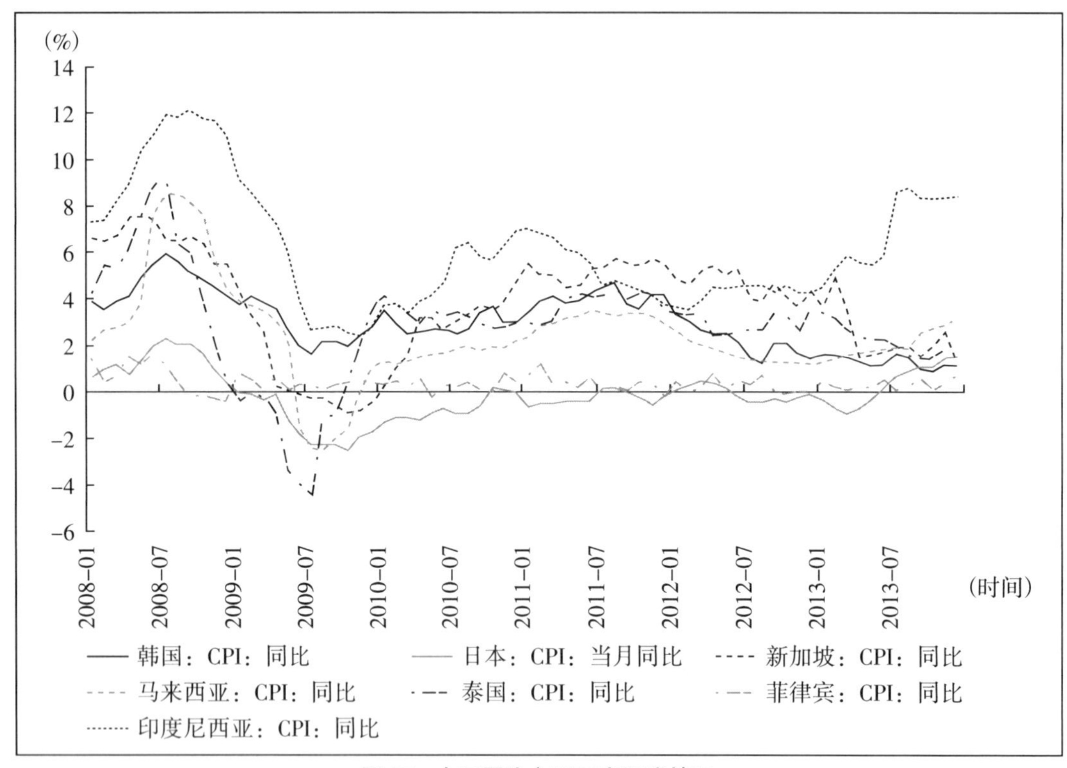

图 27 中国周边主要国家通胀情况

数据来源：Wind 资讯。

3.2%区间内波动，其中 2 月份达到 3.4%。新加坡第四季度失业率为 1.8%，与 2012 年第四季度表现持平；泰国 2013 年 12 月失业率为 0.62%，低于 1 月的 0.83%，但仍高于2012年底的0.48%，马来西亚12月失业率为3%，低于年初的3.3%；菲律宾2013年第四季度失业率为6.4%，低于2012年第四季度的6.8%（见图28、图29）。

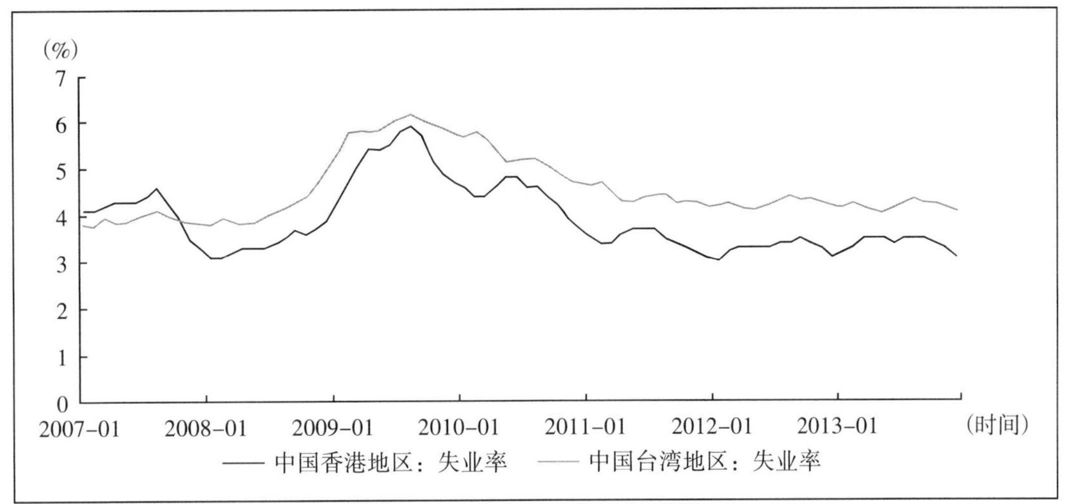

图28　中国香港地区和中国台湾地区失业率走势

数据来源：Wind资讯。

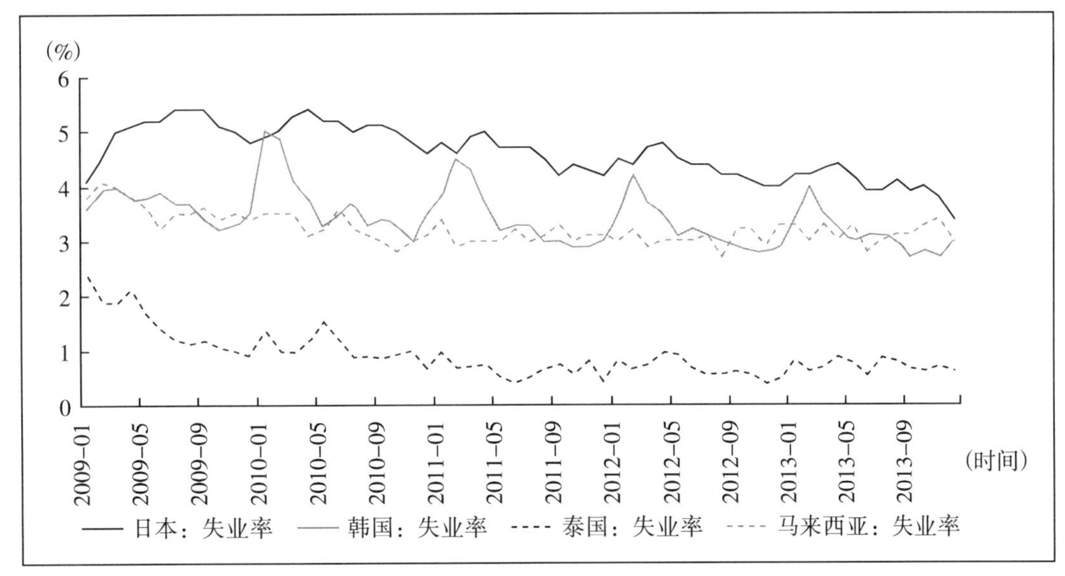

图29　中国周边国家失业率走势

数据来源：Wind资讯。

（二）2013年亚洲主要国家和地区股指走势

2013年，中国香港恒生指数和中国台湾加权指数均有所上涨，其中中国台湾加权指数涨幅较大，中国香港恒生指数波动较大但涨幅较小，较2012年末分别上涨11.8%和2.82%。中国周边国家股指表现各不相同，除少数国家表现较好外，大部分股票市场表现不及上年。具体来看，日本表现抢眼，日经 225 指数上涨 56.71%，韩国综合指数上涨 0.71%，新加坡海峡指数下降 1.2%，泰国 SET 指数下降 6.7%，马来西亚吉隆坡指数上涨 10.67%，印度尼西亚雅加达指数下降 2.4%，菲律宾综合指数上涨 1.3%。

中国台湾地区加权指数的前五大权重股包括台积电、鸿海精密工业股份有限公司、联发科技股份有限公司、中华电、台塑石化。中国香港地区恒生指数的前五大权重股为汇丰控股、腾讯、中国建设银行、中国移动、安邦保险，其中汇丰控股占权重的 15%。日经 225 指数的前五大权重股为迅销公司、日本软银股份有限公司、发那科株式会社、KDDI 株式会社和京瓷公司。韩国综合指数的主要权重股为三星电子有限公司、现代汽车公司、现代摩比司株式会社、浦项制铁公司、海力士半导体公司。新加坡海峡指数的前五大权重股为星展集团、华侨银行有限公司、新加坡电信有限公司、新加坡大华银行、吉宝企业有限公司。泰国证交所的权重股包括 PTT 股份有限公司、亿旺资讯服务（ATS）股份有限公司、暹罗商业银行股份有限公司、PTT 勘探与生产股份有限公司、暹罗水泥股份有限公司等。马来西亚吉隆坡综合指数的主要权重股包括大众银行有限公司、马来西亚银行有限公司、联昌集团控股有限公司、森达美有限公司、亚通集团有限公司。印度尼西亚雅加达综合指数的前五大权重股包括阿斯特拉国际股份有限公司、中亚银行股份有限公司、印尼电信股份有限公司、印尼联合利华股份有限公司、印尼人民银行股份有限公司（见图 30~图 33）。

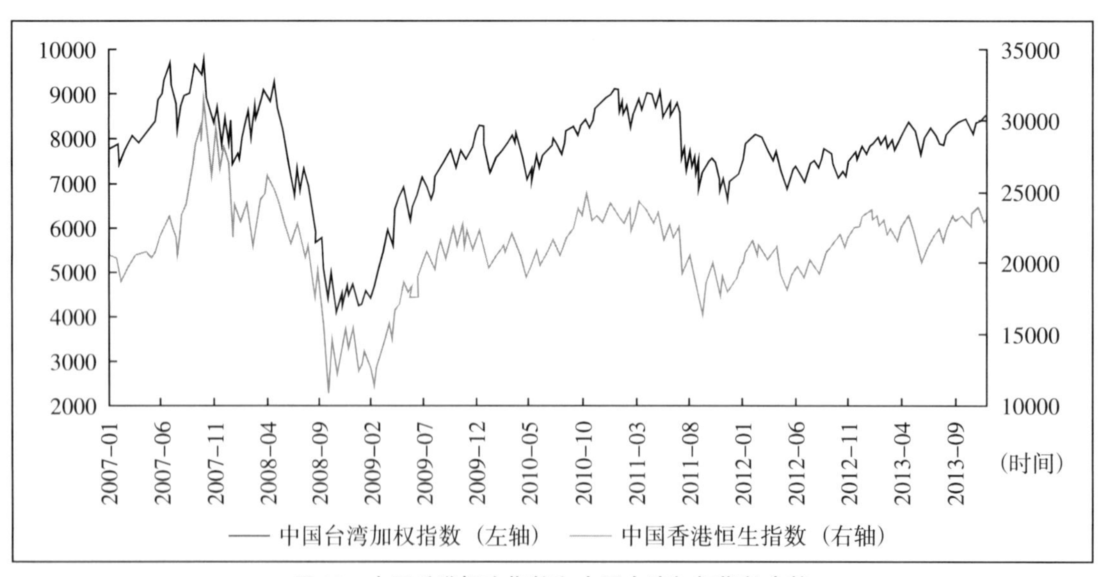

图 30　中国香港恒生指数和中国台湾加权指数走势

数据来源：Wind 资讯。

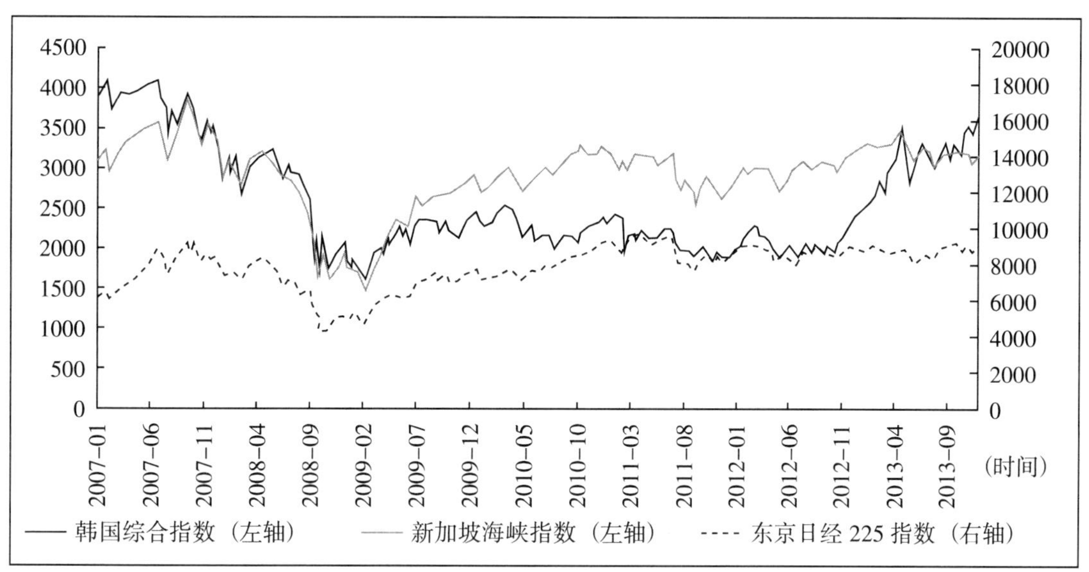

图31　韩国综合指数、新加坡海峡指数和东京日经225指数走势

数据来源：Wind资讯。

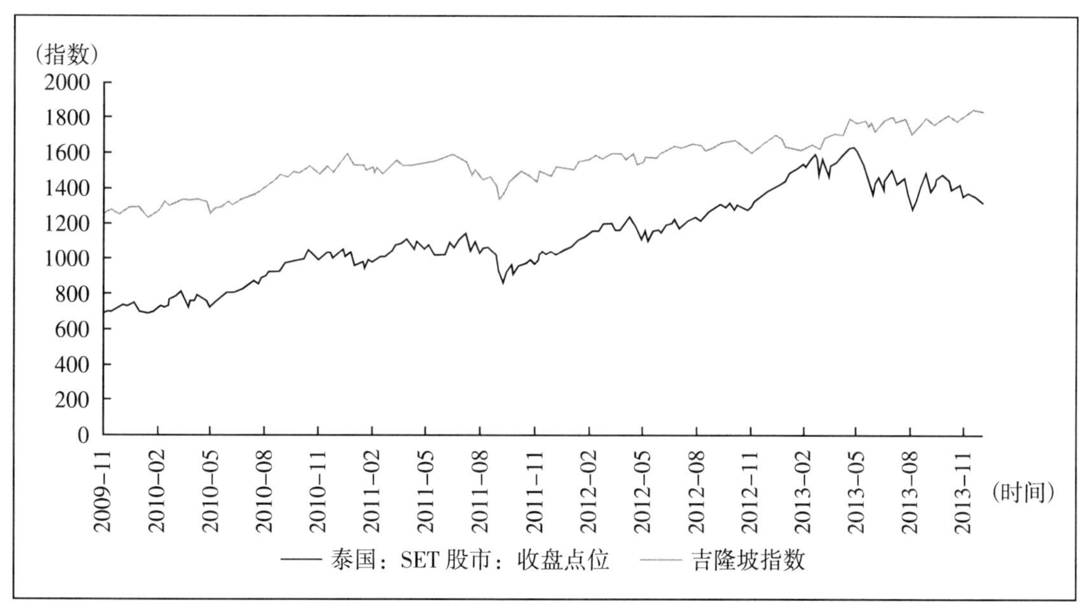

图32　泰国SET股市指数和马来西亚吉隆坡指数走势

数据来源：Wind资讯。

（三）2013年亚洲主要国家股票市值及占比情况

截至2013年12月31日，中国香港地区股票总市值为3.55万亿美元，占全球股票总市值比重的5.72%，低于2012年的6.43%。中国台湾地区股票总市值为0.93万亿美元，占全球股票总市值比重的1.49%，低于2012年的1.55%。日本股票总市值为4.60万亿美元，占全球股票总市值比重的7.41%，高于2012年的6.94%。韩国股票总市值为1.20万亿美元，占全球

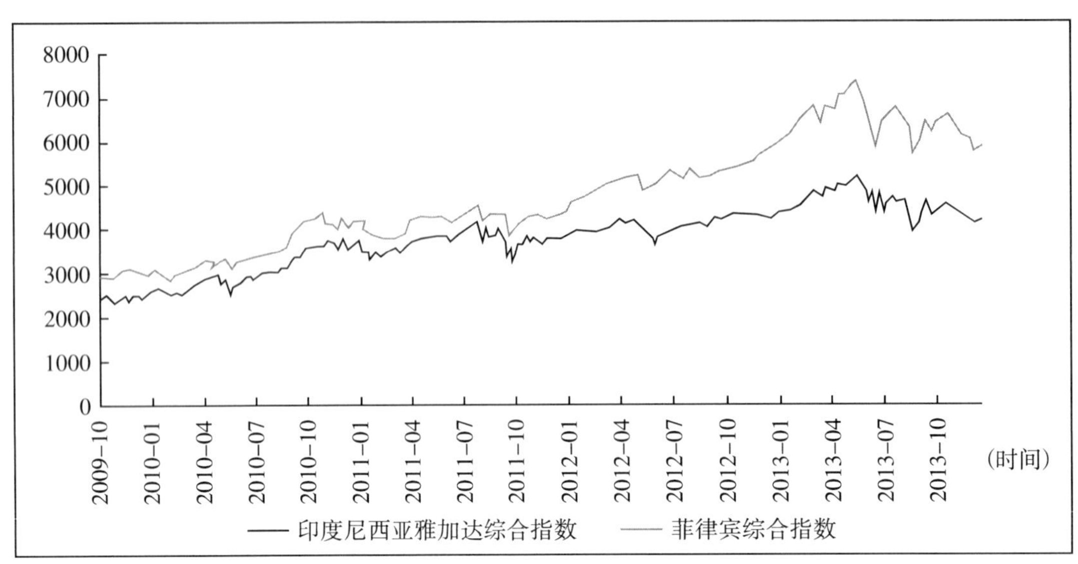

图 33 印度尼西亚雅加达综合指数和菲律宾综合指数走势

数据来源：Wind 资讯。

股票总市值比重的 1.93%，低于 2012 年的 2.21%。新加坡股票总市值为 0.58 万亿美元，占全球股票总市值比重的 0.93%，低于 2012 年的 1.14%。印度尼西亚股票总市值为 0.35 万亿美元，占全球股票总市值比重的 0.56%，低于 2012 年的 0.81%。马来西亚股票总市值为 0.50 万亿美元，占全球股票总市值比重的 0.80%，低于 2012 年的 0.89%。泰国股票总市值为 0.35 万亿美元，占全球股票总市值比重的 0.56%，低于 2012 年的 0.73%。菲律宾股票总市值为 0.21 万亿美元，占全球股票总市值比重的 0.34%，低于 2012 年的 0.42%（见图 34~图 42）。

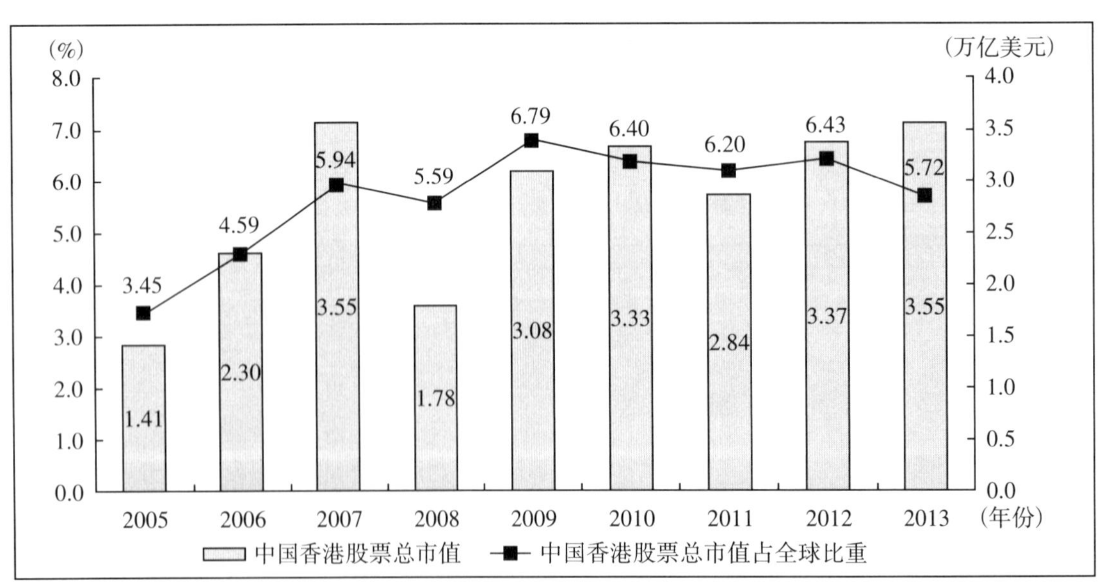

图 34 中国香港地区股票总市值及其占全球比重

数据来源：Wind 资讯。

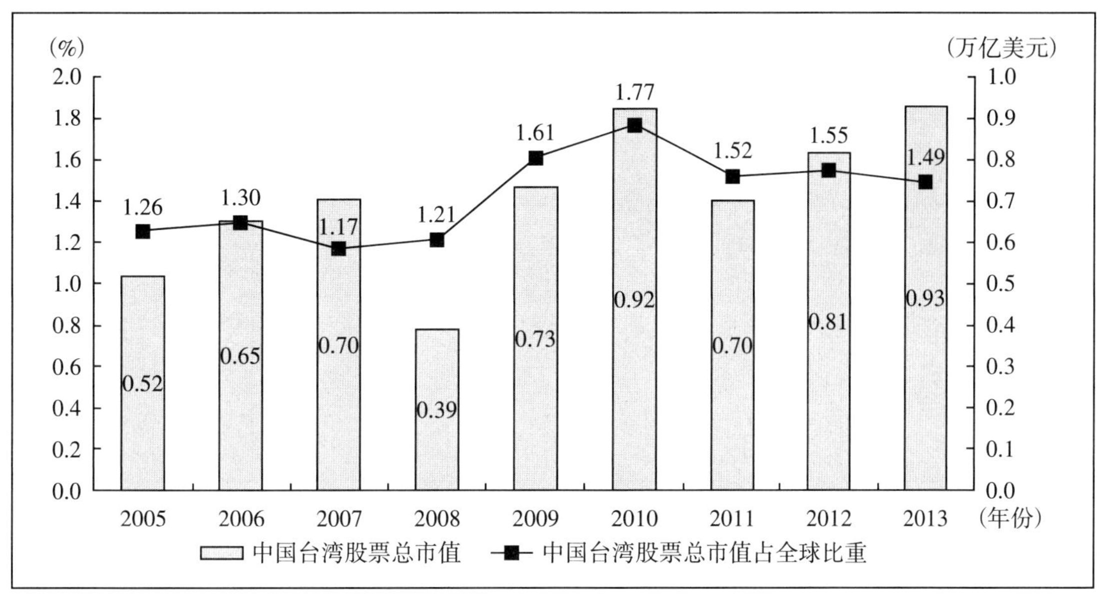

图 35　中国台湾地区股票总市值及其占全球比重

数据来源：Wind 资讯。

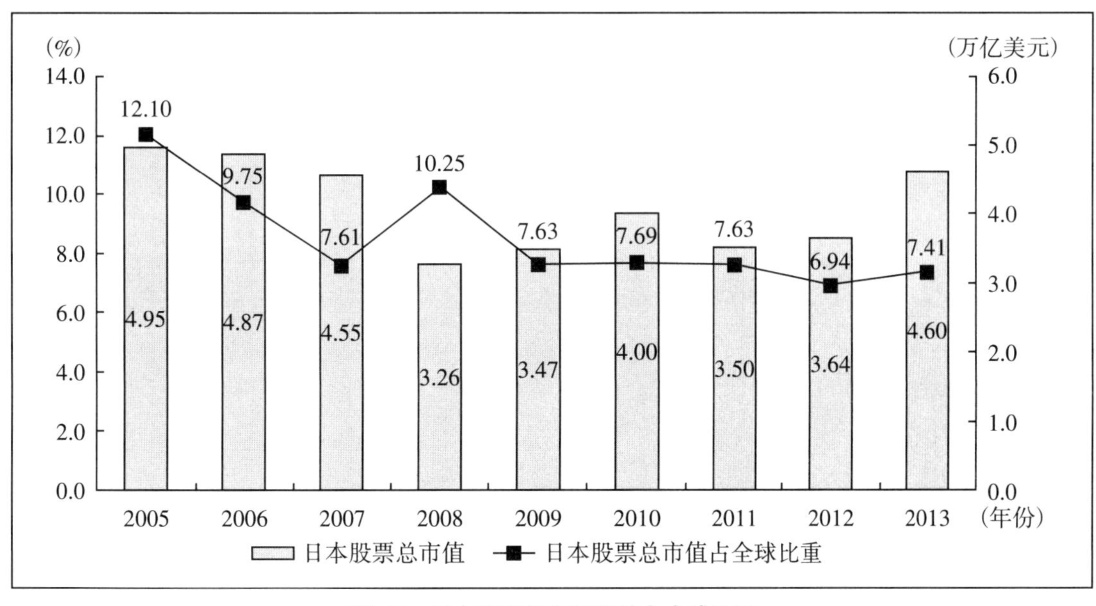

图 36　日本股票总市值及其占全球比重

数据来源：Wind 资讯。

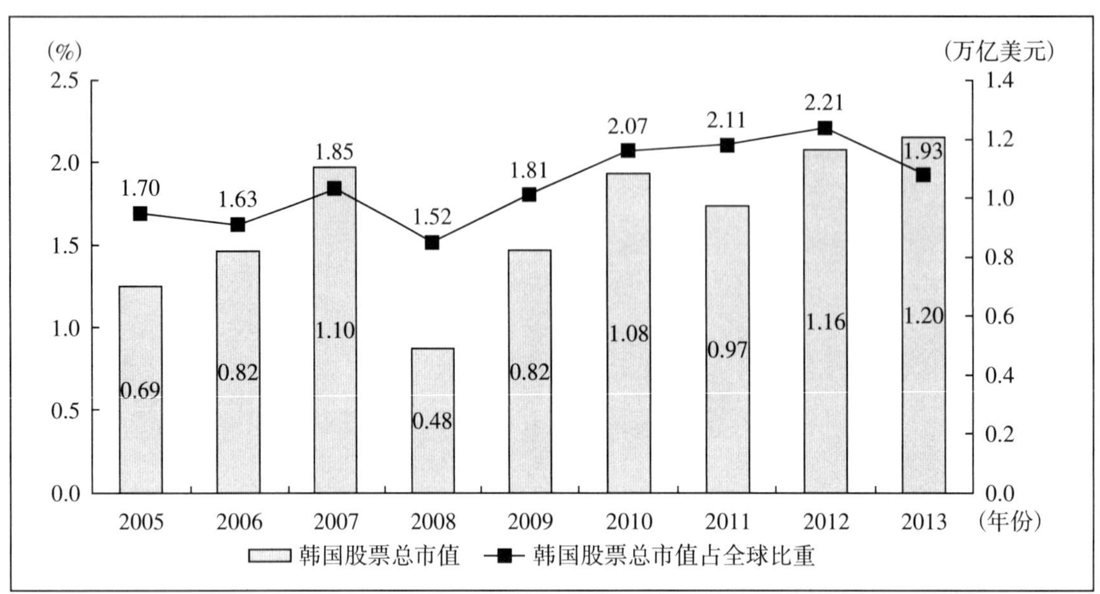

图 37　韩国股票总市值及其占全球比重

数据来源：Wind 资讯。

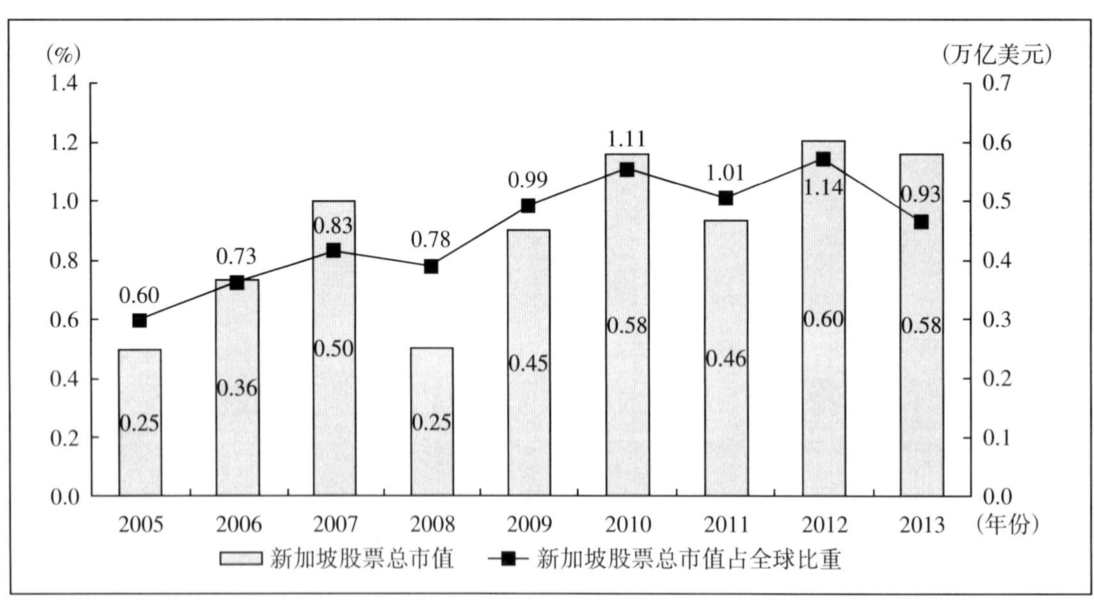

图 38　新加坡股票总市值及其占全球比重

数据来源：Wind 资讯。

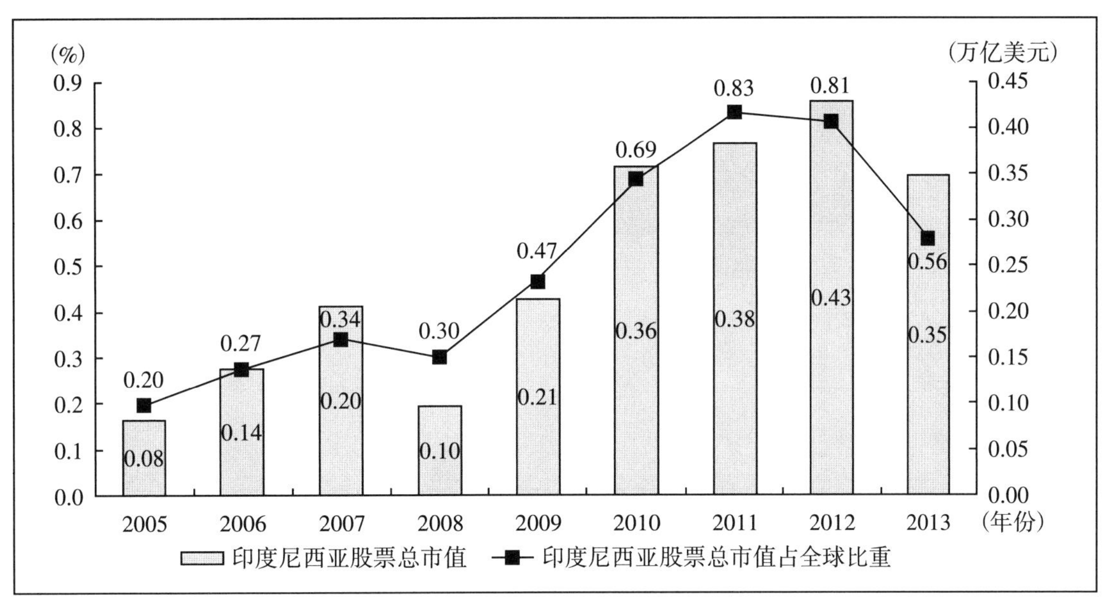

图 39 印度尼西亚股票总市值及其占全球比重

数据来源：Wind 资讯。

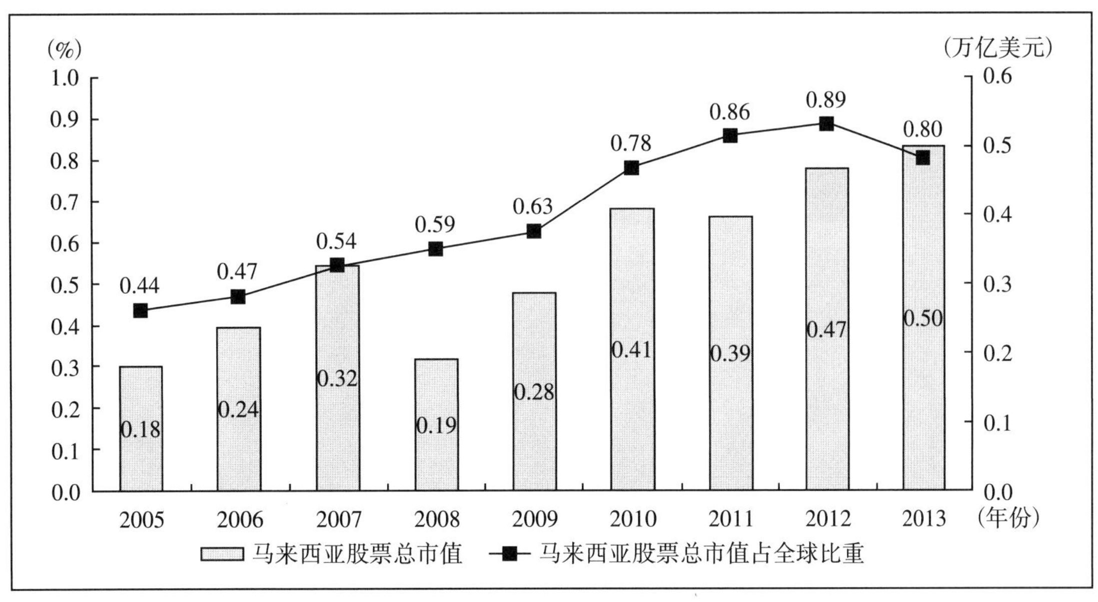

图 40 马来西亚股票总市值及其占全球比重

数据来源：Wind 资讯。

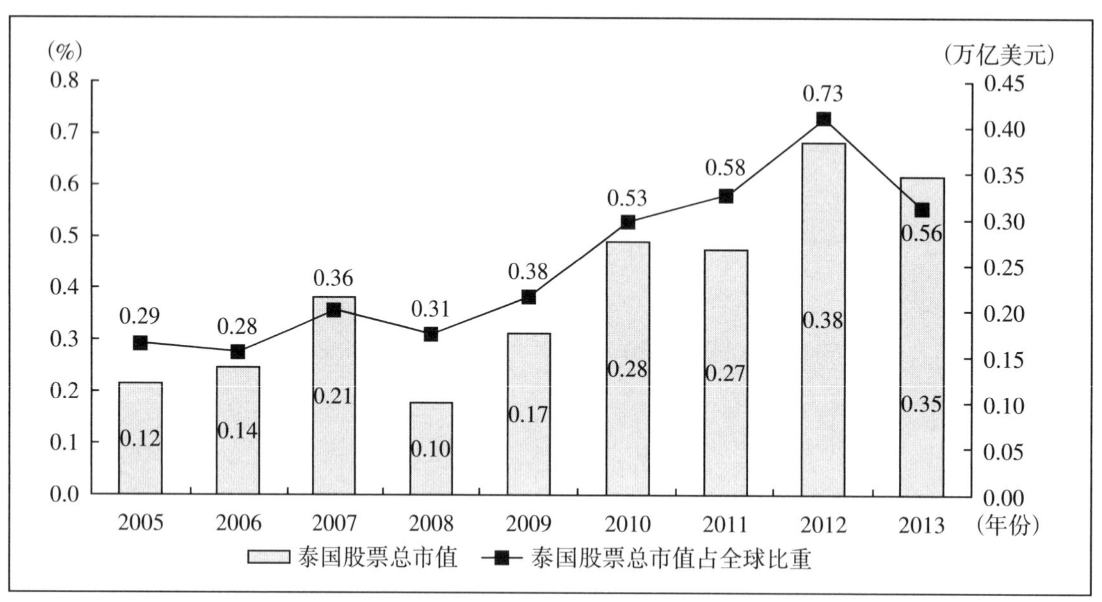

图 41　泰国股票总市值及其占全球比重

数据来源：Wind 资讯。

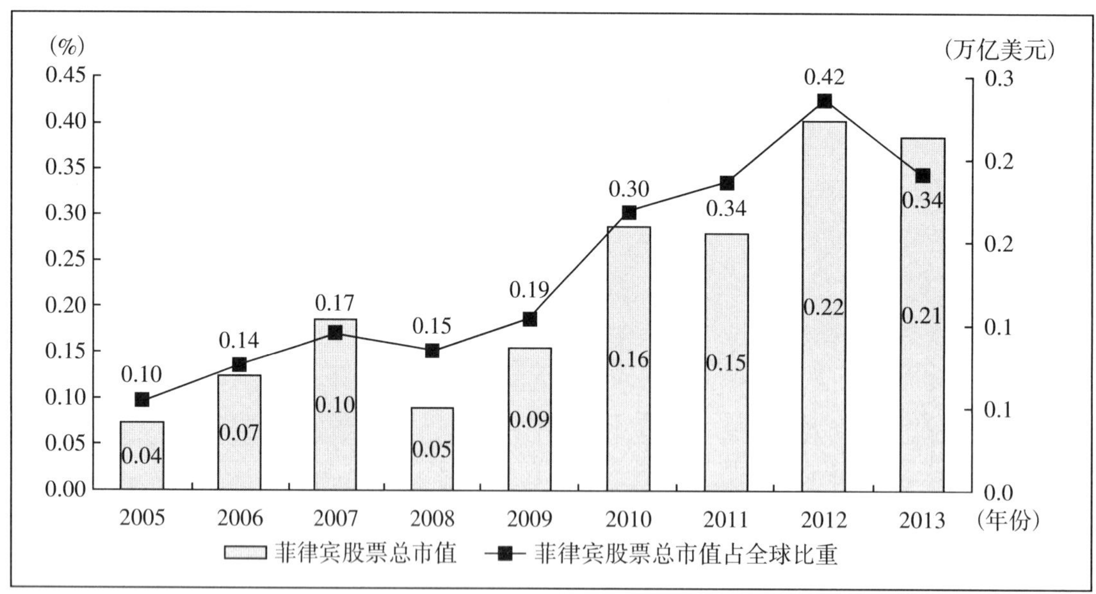

图 42　菲律宾股票总市值及其占全球比重

数据来源：Wind 资讯。

五、2013 年中国企业赴海外上市基本情况

（一）2013 年中国企业赴美上市概况

兰亭集势 6 月 6 日正式在纽约证券交易所挂牌，成为 2013 年首家在美国市场上市的中概股，打破了过去 8 个月中概股在美国资本市场上市的冰封局面。值得注意的是，与 2012 年赴美上市的两家公司遇冷不同，兰亭集势受到市场追捧，上市首日股价上涨 22%，截至 11 日收盘的四个交易日中累计上涨 50%。

2013 年，中国企业赴美上市明显回暖，共有 8 家来自中国的公司在美国上市："兰亭集势"、"中国商务信贷"、"澜起科技"、"58 同城"、"去哪儿网"、"久邦数码"、"500 彩票网" 和 "汽车之家"。其中 "去哪儿网"、"500 彩票网"、"58 同城"、"汽车之家" 表现优异，上市首日股价分别较发行价上涨 89.3%、53.9%、41.9%、76.9%。

2013 年中国企业赴美上市的一大特点是由顶级承销商作主承，可以增加投资者的兴趣和信心。德意志银行证券公司担任 500 彩票网发行的账簿管理人，久邦数码的承销商则是摩根大通和瑞士信贷。其他几家公司的承销商包括摩根士丹利、花旗、高盛等。

2013 年中企赴美上市活跃度有所回升，主要有以下原因：一是境内新股发行暂停，部分企业不得不转道海外市场；二是境外资本市场的回暖。

（二）伦敦证券交易所及中国企业赴英上市概况

1. 伦敦证券交易所概况

伦敦证券交易所隶属于全球最为国际化和多元化的交易所集团——伦敦证券交易所集团。伦敦证券交易所下设 4 个市场：主板市场（Main Market），另类投资市场（Alternative Investment Market，AIM），专业证券市场（Professional Securities Market，PSM）以及特别基金市场（Special Fund Market，SFM）。2013 年 3 月，继高级上市（Premium）和标准上市（Standard）之后，伦敦证券交易所又推出专门服务于欧洲和英国本土中型企业的第 3 条上市路径：高成长板块（High Growth Segment，HGS）。

截至 2013 年 12 月 31 日，伦敦证券交易所上市公司总数为 2448 家，市值 4.26 万亿英镑，累计融资额 5599.18 亿英镑。2013 年 1 月 1 日至 12 月 31 日，伦敦证券交易所新增 IPO151 家，首发融资额 126.97 亿英镑；再融资 2354 笔，募集资金 157.49 亿英镑，年度累计融资额 284.46 亿英镑。2013 年在伦敦证券交易所上市的非英国注册的海外公司多达 821 家，占上市公司总数的 33.54%。值得注意的是，此处并未统计那些仅在英国注册，但实际运营都在英国之外的公司。事实上，在伦敦上市的海外公司的实际数目远远超过上市公司总数的 50%以上。

2. 中国企业赴英上市概况

截至 2013 年 12 月 31 日，共有 58 家

中国概念公司①在伦敦证券交易所上市，其中主板市场7家，高增长市场51家；总市值169.49亿英镑，累计融资额69.04亿英镑，分别占伦敦证券交易所整体数字的0.4%和1.23%。

2013年度有5家中国概念公司登陆伦敦证券交易所高增长市场，首发融资额1490万英镑。在这一年度中，已上市的中国概念公司共进行了28笔再融资，募集资金1134万英镑（见表1、表2、表3）。

表1　2013年在伦敦证券交易所高增长市场上市的5家中国概念公司

公司名称	行　业	上市时间	首发融资额（百万英镑）	市值**（百万英镑）
All Asia Assetcaptial	金　融	2013年5月2日	3.57	17.57
Greka Engineering & Technology Ltd.	支持服务	2013年9月30日	0	13.31
China Rerun Chemical Group Ltd.	化　工	2013年10月16日	0.18	34.53
Gowin New Energy Grp Ltd.	家庭耐用品	2013年11月7日	1.15	22.77
Jqw Plc.	零　售	2013年12月9日	10	143.23

注：** 市值统计时间为2013年12月31日。
数据来源：伦敦证券交易所。

表2　在伦敦证券交易所主板上市的中国概念公司（截至2013年12月31日）

No.	上市时间	公司名称	股票代码	市值**（百万英镑）
1	20/03/1997	Datang Intl Power Generation	DAT.IL	0.00
2	05/05/2000	Zhejiang Expressway Co.	ZHEH.IL	808.82
3	18/10/2000	China Petroleum & Chemical Corp.	SNP.IL	9682.58
4	15/12/2004	Air China	AIRC.IL	1584.94
5	19/04/2010	Fidelity China Special Situations	FCSS.L	629.17
6	30/06/2010	Macau Property Opportunities Fund	MPO.L	202.11
7	03/11/2010	Az Electronic Materials S.A.	AZEM.L	1504.61

注：** 如市值统计当日无交易量，市值数据显示为0。
数据来源：伦敦证券交易所。

表3　在伦敦证券交易所高增长市场上市的中国概念公司（截至2013年12月31日）

No.	上市时间	公司名称	股票代码	市值**（百万英镑）
1	30/06/1997	Griffin MINING	GFM.L	60.97
2	02/07/2004	Rcg Hldgs Ltd.	RCG.L	17.75

① 中国概念公司：公司位于中国境内，或公司70%以上的业务或现金流来自中国。

续表

No.	上市时间	公司名称	股票代码	市值 **（百万英镑）
3	03/08/2005	Asian Citrus Hldgs	ACHL.L	205.42
4	16/12/2005	Univision Engineering	UVEL.L	2.88
5	06/02/2006	Bodisen Bioteching	BODI.L	0.85
6	15/03/2006	China Growth Opportunities Ltd.	CGOP.L	0.91
7	19/05/2006	Hutchison China Meditech	HCM.L	322.96
8	23/06/2006	Geong International	GNG.L	2.03
9	26/06/2006	Arc Capital Hldgs Ltd.	ARCH.L	116.90
10	31/07/2006	Tinci Holdings	TNCI.L	0.00
11	17/08/2006	Green Dragon Gas Ltd.	GDG.L	375.49
12	21/09/2006	Pacific Alliance Asia Opportuntyfd	PAX.L	281.44
13	05/10/2006	Asian Growth Properties	AGP.L	155.11
14	16/10/2006	Mineral & Financial Investments Ltd.	MAFL.L	0.10
15	23/10/2006	Led Intl Hldgs Ltd.	LED.L	1.66
16	17/11/2006	Terra Capital Plc.	TCA.L	53.10
17	14/12/2006	Taihua Plc.	TAIH.L	2.96
18	21/12/2006	Walcom Group Ltd.	WALG.L	2.07
19	14/02/2007	Haike Chemical Group Ltd.	HAIK.L	8.25
20	02/05/2007	Netdimensions（Hldgs）Ltd.	NETD.L	16.30
21	22/11/2007	Pacific Alliance China Land Ltd.	PACL.L	138.40
22	10/12/2007	China Food Company Plc.	CFC.L	6.43
23	30/09/2008	Sorbic International Ltd.	SORB.L	4.57
24	19/10/2009	China Private Equity Invest Hldgs	CPEH.L	0.00
25	14/12/2009	Origo Partners Plc.	OPP.L	26.35
26	02/06/2010	Northwest Investment Group Ltd.	NWIG.L	4.36
27	06/09/2010	Asia Ceramics Holdings Pld.	ACHP.L	5.99
28	12/10/2010	Global Lock Safety（Intl）Grp Co. Ltd.	GLOK.L	7.97
29	01/11/2010	Cic Capital Ltd.	CICC.L	10.95
30	31/12/2010	Leyshon Resources	LRL.L	14.56
31	08/03/2011	Greka Drilling Ltd.	GDL.L	54.80
32	01/04/2011	Qihang Equipment Co. Ltd.	QIH.L	3.77
33	23/05/2011	China New Energy Limited	CNE.L	0.00
34	01/08/2011	China Africa Resources Plc.	CAF.L	6.00
35	31/08/2011	Moneyswap Plc.	SWAP.L	3.20

续表

No.	上市时间	公司名称	股票代码	市值 ** (百万英镑)
36	30/03/2012	Rare Earths Global Ltd.	REG.L	55.76
37	02/04/2012	Auhua Clean Energy Plc.	ACE.L	32.37
38	05/04/2012	Naibu Global Intl Company Plc.	NBU.L	44.52
39	22/06/2012	Global Market Group Limited	GMC.L	30.81
40	28/06/2012	New Trend Lifestyle Group Plc.	NTLG.L	5.75
41	05/07/2012	Kada Technology Holdings Limited	KADA.L	21.73
42	17/08/2012	Lzye Group Plc.	LZYE.L	2.34
43	20/08/2012	China Chaintek United Co., Ltd.	CTEK.L	77.40
44	09/11/2012	Vmoto Ltd.	VMT.L	22.85
45	19/12/2012	Green China Holdings Limited	GCH.L	33.51
46	24/12/2012	Camkids Group Plc.	CAMK.L	63.36
47	02/05/2013	All Asia Asset Captial	AAA.L	17.57
48	30/09/2013	Greka Engineering & Technology Ltd.	GEL.L	13.31
49	16/10/2013	China Rerun Chemical Group Ltd.	CHRR.L	34.53
50	07/11/2013	Gowin New Energy Grp Ltd.	GWIN.L	22.77
51	09/12/2013	Jow Plc.	JQW.L	143.23

注：** 如市值统计当日无交易量，市值数据显示为 0。
数据来源：伦敦证券交易所。

（三）东京证券交易所及上市公司概况

1. 东京证券交易所概况

东京证券交易所（东京证券取引所）是日本的证券交易所之一，总部位于东京都中央区日本桥兜町。在东京证券交易所上市的国内股票分为第一部和第二部两大类，第一部的上市条件要比第二部的条件高。新上市股票原则上先在交易所第二部上市交易，每一营业年度结束后考评各上市股票的实际成绩，据此作为划分部类的标准。

2013 年上半年，安倍政权推行“安倍经济学”，日本央行主导实施“异次元”金融宽松政策，下半年东京获得 2020 年奥运会举办权。受上述利好因素的影响，日本股市总体呈上扬态势。2013 年反映东交所一部（相当于主板）总体股价动向的 TOPIX 较 2012 年 12 月末的 859.80 点提高了 442.49 点，以 1302.29 点结束了当年交易。其中，TOPIX（Tokyo Stock Price Index）是根据东交所市场一部上市所有企业的股价计算得出的指数。将基期（1968 年 1 月 4 日）定为 100 点，为表示当前总市值［东交所市场一部上市的整体股票的总市值（“股价 × 上市股数”的总和）］变化的指标（见图 43）。

2013年的日均成交额为27865亿日元，比2012年的12536亿日元约增长120%。245个全部交易日中，日均成交额超过30000亿日元的达78个工作日，而低于20000亿日元的仅有6个工作日。全年交易均处于活跃状态（见图44）。

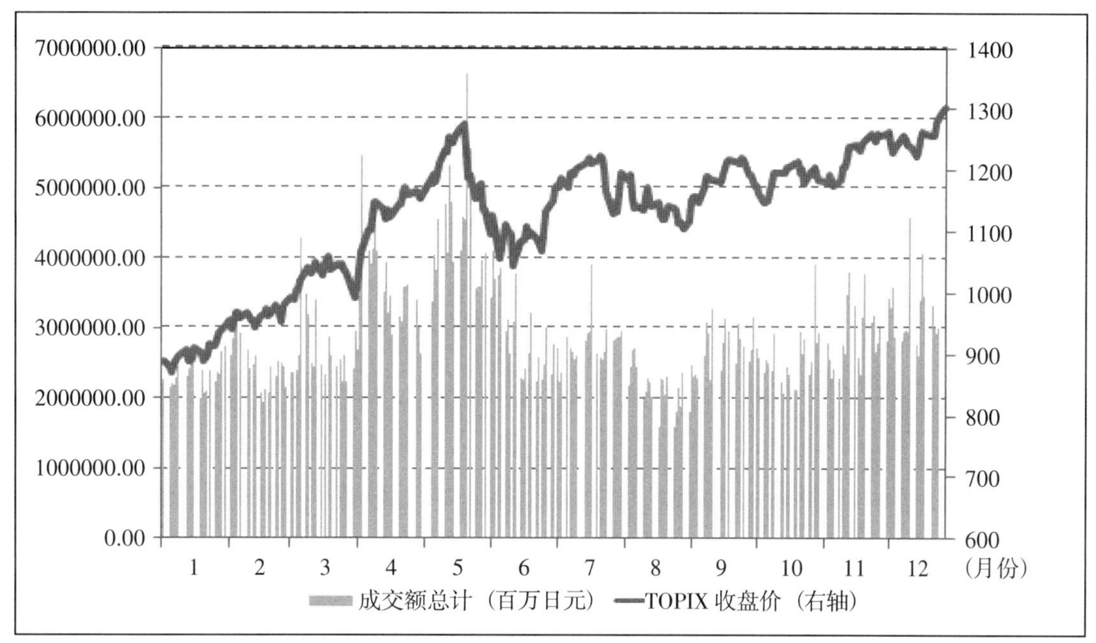

图43 2013年TOPIX及成交额

数据来源：东京证券交易所。

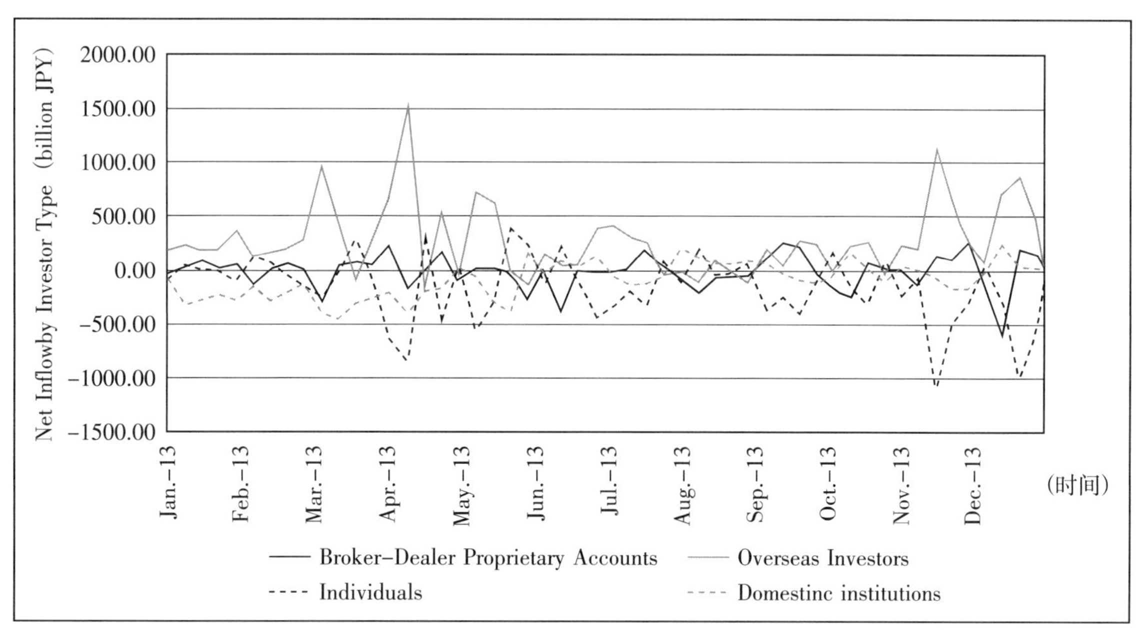

图44 各投资部门交易净转入额

数据来源：东京证券交易所。

因2013年整个市场呈增长趋势，东交所上市的33个行业的股票均超过2012年指数。增幅非常大的行业为：信息通信业、证券业、商品期货交易业、海运业。33个行业中，18个行业比2012年翻一番以上。相反，涨幅不是特别大的行业为：矿业、煤和石油业、水产与农林业，仅比上年增长20%多。

2013年全年股票成交额比2012年增长119.6%，达6827021亿日元，仅次于纽约证券交易所、NASDAQ，名列世界第三。日均成交额为27865亿日元，2013年的股票换手率（成交额）大幅超过2012年的111.7%，达175.4%。

2013年的委托交易中海外投资者所占比例为62.3%，较2012年的67.7%下降5.4个百分点。个人投资者在东京证券交易所的地位强于往年。此外，按地区来看全国证券交易所的海外投资者交易情况：欧洲占59.4%，北美30.7%，亚洲9.3%，其他地区0.4%。

2. 上市公司概况

2013年末，东京证券交易所上市公司达3536家，比2012年少13家，其中，东交所上市企业（不含11家外国企业）为3406家，占总数的96.3%，东交所单独上市企业为3104家，另外的302家在其他交易所重复上市（见图45）。另外，受到2013年7月大阪交易所股票市场与东京证券交易所市场合并的影响，东交所单独上市企业较2012年约翻了一番。2013年末上市公司股票总市值为477.5万亿日元，比2012年末增加了176.7万亿日元。

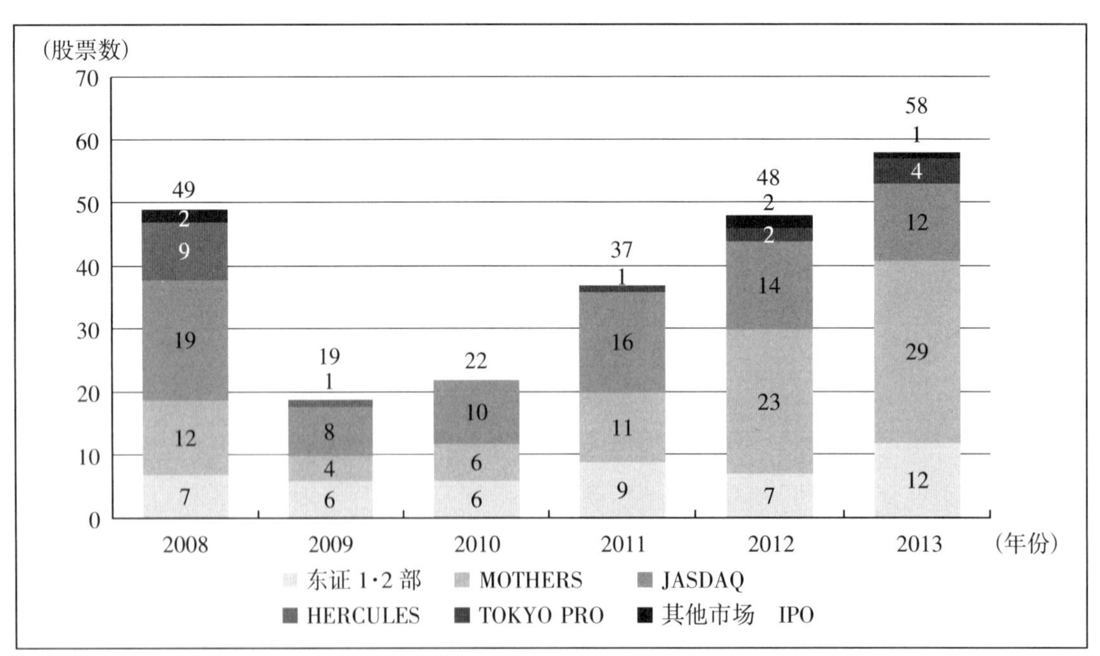

图45 2008~2013年东京证券交易所IPO公司数量变化情况

数据来源：东京证券交易所。

2013年数据显示，IPO公司数共达58家，比上年增加10家，超过了2008年金融危机的最低水平，连续4年保持增势（见图46）。从市场分布来看，东交所MOTHERS（相当于创业板）IPO数量达29家，比上年增加6家，占IPO总数的一半。

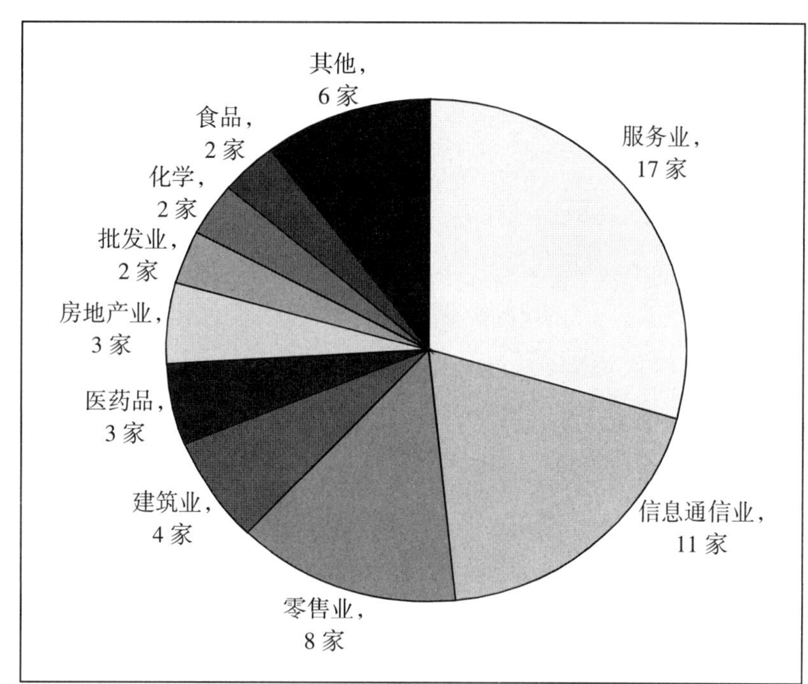

图46　2013年东京证券交易所58家IPO公司行业分布

数据来源：东京证券交易所。

IPO数量的增加，主要得益于IPO融资环境的改善。2013年，通过融资完成IPO的54家公司中，52家的上市首日开盘价超过发行价，尤其是MOTHERS上市的29家公司首日开盘价均超过发行价，受到二级市场中个人投资者的广泛关注。同时，上述29家公司中，11家的开盘价PER超过100倍，显示出新兴企业的IPO的过高人气。

同时，2013年在东交所一部及二部（相当于中小板）上市的企业共有12家，较2012年增加7家。其中，大型IPO有三得利食品国际，按首日开盘价计算的总市值超过9600亿日元，融资额超过3800亿日元。此外，在TOKYO PRO Market上市的企业有4家，相比2011年的1家和2012年的2家，上市公司数量稳步增长，今后有望进一步提高其在IPO市场的地位。

2013年58家IPO公司中，17家（29%）为服务业，11家（18%）为信息通信业，较2012年均增加3家。零售业为8家（13%），与2012年一样，位居第3。

（四）多伦多证券交易所及中国企业赴加拿大上市概况

1. 多伦多证券交易所概况

多伦多证券交易所拥有主板和创业板两个市场，为处于不同阶段的公司提供进入资本市场的渠道。按上市公司数量排名，为世界第二大证券交易所；按股权资本融资额排名，为世界第三大证券交易所；按总市值排名，为世界第七大证券交易所。截至2013年12月31日，多伦多证券交易所共有上市公司3673家，其中创业板2141家，主板1532家，全年新上市公司共266家。[①] 2013年交易量1140亿股，交易额达1.16万亿加元。融资额超过436亿加元，总市值达2.4万亿加元。多伦多证券交易所主板和创业板的上市公司行业分布非常多元化，如矿业、石油天然气、清洁技术、多元化产业、生命科学、房地产、林业、技术、公共事业和金融业等。

截至2013年底，多伦多证券交易所全年完成IPO 34家，比上年减少40%，融资额55.72亿加元。其中，主板新增IPO 19家，比上年减少了66%，融资额54.53亿加元；创业板新增IPO 15家，比上年减少66%，融资额1.18亿加元。

多伦多证券交易所的自然资源行业在全球居领先地位。在多交所的矿业上市公司共有1618家，数量居世界第一，占全球上市矿业公司数量的56%，全年新上市矿业公司73家。2013年多交所矿业融资额高达1409笔，融资额达69亿加元，占全球矿业融资的46%。矿业公司的股票交易量超过500亿股。截至2013年底，石油天然气行业共有369家上市公司，居上市油气公司数量世界第一，总市值为3757亿加元。实现融资总额52亿加元，占全球的15%。交易额达2450亿加元。

2. 中国企业赴加拿大上市概况

截至2013年12月31日，共有42家中国概念企业在多伦多证券交易所上市，其中主板12家，创业板30家，总市值35.26亿加元。中国概念公司行业分布较为广泛，包括矿业、石油天然气、清洁技术、金融、房地产以及多元化产业等（见表4）。

2013年新上市公司一家。中国海洋石油有限公司于2013年9月18日以美国存托凭证方式上市，市值16亿加元。中国海洋石油有限公司从事勘探、开发、生产和销售原油、天然气和其他石油产品。2013年2月中国海洋石油有限公司斥资151亿美元收购加拿大石油天然气公司尼克森有限公司，随后向多伦多证券交易所提出上市申请。多伦多证券交易所于北京时间9月18日批准了该公司的美国存托凭证在多伦多证券交易所挂牌交易。中海油实现了在中国香港地区、美国和加拿大的三地上市。

---

① 多伦多证券交易所上市方式包括IPO、RTO、CPC。

表4　　中国概念上市公司一览表

序　号	公司名称	上市时间	2013年底市值（单位：加元）
1	Asia Bio-Chem Group Corp.	20100920	3838782
2	Boyuan Construction Group Inc.	20100614	18636725
3	China Gold International Resources Corp Ltd.	20061006	1070317133
4	GLG Life Tech Corporation	20071211	16563300
5	Hanfeng Evergreen Inc.	20040922	24077486
6	Hanwei Energy Services Corp.	20070917	4621071
7	Migao Corporation	20070510	53546084
8	Minco Gold Corporation	19971229	9068349
9	Minco Silver Corporation	20051201	41529660
10	Silvercorp Metals Inc.	20051024	416949782
11	CNOOC Limited	20130918	1591759818
12	Sunwah International Limited	20021017	6003715
13	Asia Now Resources Corp.	20060306	1110108
14	Asia Packaging Group Inc.	20100916	10122561
15	Baikal Forest Corp	20081203	735321
16	Brand Marvel Worldwide Consumer Products Corporation	20081110	6584966
17	CanAsia Financial Inc.	20090219	342125
18	Changfeng Energy Inc.	20080204	21968530
19	China Education Resources Inc.	20041216	3789199
20	China Health Labs & Diagnostics Ltd.	20100111	38707945
21	China Keli Electric Company Ltd.	20070103	7134602
22	China Minerals Mining Corporation	20070425	1898733
23	China Wind Power International Corp.	20090805	—
24	Dynex Power Inc.	20081008	18517081
25	GINSMS Inc.	20091218	6442187
26	GobiMin Inc.	20051012	19770994
27	Grand Power Logistics Group Inc.	20040401	4241059
28	GreenStar Agricultural Corporation	20100510	12813641
29	Huaxing Machinery Corp.	20091007	5182815
30	IEMR Resources Inc.	20090212	116864
31	Kam and Ronson Media Group Inc.	20060329	104360
32	Maple Leaf Green World Inc.	20050303	864864
33	Mountain China Resorts（Holding）Limited	20020905	6566071

续表

序　号	公司名称	上市时间	2013 年底市值（单位：加元）
34	Primeline Energy Holdings Inc.	19950714	65185166
35	Sunshine Agri-Tech Inc.	20100120	1764531
36	Symax Lift (Holding) Co. Ltd.	20091211	2572714
37	Kaiyue International Inc.	20100812	1580885
38	Liuyang Fireworks Limited	20061023	828474
39	Quartet Resources Limited	20120910	240000
40	Spackman Equities Group Inc.	20071011	7445009
41	Triox Limited	20120629	184000
42	Yongsheng Capital Inc.	20120425	40000

数据来源：多伦多证券交易所。

（五）德意志证券交易所及中国企业赴德上市概况

1. 德意志交易所集团概况

德交所集团成立于 1992 年，是依照德国交易所制度专门为运营公立性质的交易所机构而成立的股份有限公司，其前身为法兰克福证券交易所股份有限公司。截至 2013 年底，德交所集团旗下已拥有 20 多家法人实体，其中包括德意志交易所股份有限公司、欧洲期货交易所苏黎世股份有限公司、欧洲期交所清算行股份有限公司、明讯国际结算托管行股份有限公司、斯托克指数有限责任公司、德意志交易所系统软件股份公司、债券现货与回购交易有限责任公司等。其业务领域涵盖了证券发行上市，证券及衍生品的交易与清算，交易后结算与托管服务，全球证券融资业务，指数计算与授权，信息产品和信息技术开发与服务的整个价值链。德意志交易所目前设有 3 个市场：高级市场（Primary Standard）、一般市场（General Standard）、初级市场（Entry Standard）。

作为一家世界领先的交易所，德意志交易所在工业、汽车、化工、银行、公用事业、消费、保险、科技、软件开发和绿色能源等多个行业具有全球领先优势。截至 2013 年 12 月 31 日，德意志交易所共有上市公司 733 家。其中高级市场有 325 家上市公司，总市值为 1.01 万亿欧元；一般市场有 219 家上市公司，总市值为 2599.6 亿欧元；初级市场有 189 家上市公司，总市值 18.7 亿欧元。

截至 2013 年 12 月 31 日，德交所上市公司来自 14 个国家，涉及 18 个行业和 57 个细分行业。2013 年除公用事业板块下跌 12.19%以外，其余各板块均有不同程度的上涨。其中传媒板块上涨最多，达到 70.92%。有 4 个板块涨幅超过 30%，分别是交通运输 38.00%，零售 36.90%，通信 34.49%和消费品 30.42%。有 6 个板块涨幅超过 20%，分别是科技 29.35%，基础资源

27.09%，汽车26.90%，建筑21.80%，工业21.44%和制药与医疗21.16%。涨幅超过10%的板块有食品与饮料18.11%，保险16.21%和化学14.90%。涨幅不足10%的板块有金融服务8.36%，银行7.71%和软件7.01%。

2013年德交所高级市场新上市公司8家，上市当日总市值为350亿欧元；一般市场上市公司1家，上市当日总市值为1400万欧元。

2. 中国企业赴德上市概况

截至2013年12月31日，共有24家中国概念企业在德交所上市，占整个交易所上市公司数量的3%。其中11家在消费品行业、5家在工业品行业、2家在能源/原材料行业、2家在房地产行业、1家在科技行业、1家在传媒行业、1家在化工行业、1家在软件行业。在24家公司中，在高级市场上市的有14家，一般市场上市的有2家，初级市场上市的有8家。

受海外上市中概股危机影响，2013年在德交所上市的中国概念企业数量较2012年有所下降。2013年共有2家中国概念公司上市，分别是6月上市的尚誉控股有限公司和10月上市的西域骆驼股份公司。西域骆驼股份公司上市后股价在2013年内上涨25%，而尚誉控股有限公司则出现了破发（见表5）。

表5　2013年中国赴德新上市公司

交易类型	上市时间	所在板块	名　称	行　业	发行价格（欧元）
LI	2013年6月7日	一般市场	尚誉控股有限公司	消费品	2.25
LI	2013年10月11日	高级市场	西域骆驼股份公司	消费品	2.10

数据来源：德意志交易所集团（LI：准入交易）。

2013年，赴德上市的中国概念公司的业绩表现良好。其中收入涨幅较大的是中国特种玻璃股份公司，业绩增长35.8%；业绩增长超过20%的公司包括名乐体育股份公司和大中华精密部件有限公司；2013年收入较2012年增长的还有西域骆驼股份公司、福斯特股份公司、快节奏休闲服饰股份公司、索力股份公司、中宇股份公司、中国商务传媒集团和网格软件集团股份公司。

伦敦证券交易所有限责任公司北京代表处
德意志交易所股份有限公司北京代表处
加拿大多伦多证券交易所北京代表处
东京证券交易所株式会社北京代表处
国泰君安证券股份有限公司：张庆昌

第三篇　上市公司行业篇

- 农、林、牧、渔业
- 采矿业
- 制造业
- 电力、热力、燃气及水生产和供应业
- 建筑业
- 批发和零售业
- 交通运输、仓储和邮政业
- 住宿和餐饮业
- 信息传输、软件和信息技术服务业
- 金融业
- 房地产业
- 租赁和商务服务业
- 科学研究和技术服务业
- 水利、环境和公共设施管理业
- 教　育
- 卫生和社会工作
- 文化、体育和娱乐业
- 综　合

农、林、牧、渔业

一、农、林、牧、渔业总体概况

2013 年，中国农业经济总体保持平稳增长，农业生产形势较好，畜牧业生产稳步发展，但受国内经济增速放缓等影响，农业增速出现下滑，下降至近三年最低水平。2013 年，农、林、牧、渔业总产值为 96995 亿元，较 2012 年增长 8.5%，其中，农、林、牧、渔各自产值占比分别为 53.1%、4.1%、30%、12.8%，各行业均保持增长态势。2013 年，全国农业气象灾害影响程度偏轻，农业气象条件属偏好年份，在国家加强农田水利设施建设和强化现代农业科技支撑等强农惠农政策扶持下，中国农业获得丰收。

二、行业内上市公司发展概况

（一）行业内上市公司基本情况

表 1　　2013 年农、林、牧、渔业上市公司发行股票概况

门　类	A、B 股总数	A 股股票数	B 股股票数	境内总市值（亿元）	流通 A 股市值（亿元）	流通 B 股市值（亿元）
农、林、牧、渔业（家）	40	39	1	2005.52	1565.64	5.15
占沪深两市比重（%）	1.52	1.48	0.04	0.84	0.79	0.31

资料来源：沪深交易所，天相投资分析系统。

（二）行业内上市公司构成情况

表 2　　2013 年农、林、牧、渔业上市公司构成情况

门　类	沪　市			深　市			ST/*ST
	仅 A 股	仅 B 股	A+B 股	仅 A 股	仅 B 股	A+B 股	
农、林、牧、渔业（家）	14	0	0	25	1	0	0/2
占行业内上市公司比重（%）	35.00	0.00	0.00	62.50	2.50	0.00	0/5

资料来源：沪深交易所，天相投资分析系统。

（三）行业内上市公司融资情况

表 3　　2013 年农、林、牧、渔业上市公司与沪深两市融资情况对比

	融资家数	新　股	配　股	增　发
农、林、牧、渔业（家）	2	0	0	2
沪深两市总数（家）	370	0	13	357
占比（%）	0.54	—	0.00	0.56

资料来源：天相投资分析系统。

2013 年，农、林、牧、渔业共有 2 家上市公司进行增发融资，2 家上市公司均属畜牧业，其中，1 家位于沪市主板、1 家位于深市中小企业板。

2013 年农、林、牧、渔业上市公司融资情况明细见附录。

（四）行业内上市公司资产及业绩情况

表 4　　2013 年农、林、牧、渔业上市公司资产情况　　单位：亿元

指　标	2013 年	2013 年可比样本增长（%）	2012 年	2012 年可比样本增长（%）	2011 年
总资产	1159.09	7.82	1074.99	8.00	1223.23
流动资产	581.00	0.64	577.29	2.84	714.78
占比（%）	50.13	-3.58	53.70	-2.69	58.43
非流动资产	578.09	16.15	497.70	14.67	508.46
占比（%）	49.87	3.58	46.30	2.69	41.57
流动负债	458.61	15.43	397.31	5.73	503.96
占比（%）	39.57	2.61	36.96	-0.79	41.20
非流动负债	87.13	7.70	80.91	45.71	65.24
占比（%）	7.52	-0.01	7.53	1.95	5.33
归属于母公司股东权益	575.34	2.40	561.88	4.71	622.06
占比（%）	49.64	-2.63	52.27	-1.64	50.85

资料来源：沪深交易所，天相投资分析系统。

表 5　　2013 年农、林、牧、渔业上市公司收入实现情况　　单位：亿元

指　标	2013 年	2013 年可比样本增长（%）	2012 年	2012 年可比样本增长（%）	2011 年
营业收入	623.49	-2.74	641.05	8.42	710.21
利润总额	14.84	-42.57	25.84	-37.97	48.41
归属于母公司所有者的净利润	9.85	-53.66	21.26	-43.48	42.70

资料来源：沪深交易所，天相投资分析系统。

（五）利润分配情况

2013年，农、林、牧、渔业共有19家上市公司实施分红配股，19家公司都实施了派息。其中，2家公司既实施派息又实施了送股、转增。每股派息最高的是开创国际和万向德农，均达到了0.2元；送股比例最高的是雏鹰农牧，为6.00。

（六）其他财务指标情况

1. 盈利能力指标

表6　2013年农、林、牧、渔业上市公司盈利能力情况　单位：%

指　标	2013年	2013年可比样本变动	2012年	2012年可比样本变动	2011年
毛利率	16.72	0.40	16.32	–4.59	21.51
净资产收益率	1.99	–1.96	3.95	–3.08	6.86
销售净利率	1.95	–1.72	3.67	–3.02	6.01
资产净利率	1.09	–1.19	2.28	–1.91	3.69

资料来源：沪深交易所，天相投资分析系统。

2. 偿债能力指标

表7　2013年农、林、牧、渔业上市公司偿债能力情况

指　标	2013年	2013年可比样本变动	2012年	2012年可比样本变动	2011年
流动比率	1.27	–0.19	1.45	–0.04	1.42
速动比率	0.65	–0.13	0.78	–0.03	0.75
资产负债率（%）	47.08	2.63	44.46	1.13	46.53

资料来源：沪深交易所，天相投资分析系统。

3. 营运能力指标

表8　2013年农、林、牧、渔业上市公司营运能力情况　单位：次

指　标	2013年	2013年可比样本变动	2012年	2012年可比样本变动	2011年
存货周转率	2.28	–0.18	2.46	–0.05	1.79
应收账款周转率	7.54	–4.59	12.13	–1.83	14.91
流动资产周转率	1.08	–0.05	1.13	0.04	1.05
固定资产周转率	2.01	–0.37	2.37	–0.21	2.48
总资产周转率	0.56	–0.06	0.62	–0.01	0.61
净资产周转率	1.03	–0.07	1.10	–0.03	1.18

资料来源：沪深交易所，天相投资分析系统。

三、重点细分行业介绍

表9　2013年农、林、牧、渔业上市公司数量分布及市值情况

大类	上市公司家数(家)	占行业内比重(%)	境内总市值(亿元)	占行业内比重(%)
农业	13	32.50	1049.63	52.34
林业	5	12.50	151.71	7.56
畜牧业	11	27.50	427.66	21.32
渔业	10	25.00	348.78	17.39
农、林、牧、渔服务业	1	2.50	27.74	1.38

资料来源：沪深交易所，天相投资分析系统。

(一) 农业

1. 行业概况

2013年，中国农业保持平稳增长，在国家种粮补贴和粮食生产奖励等政策的扶持下，我国农业产业继续向集约化、专业化、组织化、社会化相结合的新型农业经营体系迈进，现代化农业建设取得一定的成效。2013年，全国大部分地区光、温、水匹配良好，利于作物生长发育和产量形成，总体受气象灾害影响程度偏轻，农业气象条件属偏好年份，农业再获丰收。

2013年，全国粮食产量实现“十连增”。全国粮食总产量达到60194万吨，同比增产2.1%。其中，夏粮、早稻、秋粮产量分别为13189万吨、3407万吨和43597万吨，同比分别增产1.5%、2.4%和2.3%。在主要粮食品种中，稻谷、小麦、玉米产量分别为20329万吨、12172万吨和21773万吨，同比分别增产-0.5%、0.6%和5.9%。

2013年，棉花明显减产，油料、糖料增产，茶叶显著增产。全年棉花产量631万吨，同比减产7.7%；油料产量3531万吨，同比增产2.8%；糖料产量13759万吨，同比增产2.0%；茶叶产量193万吨，同比增产7.9%。

2. 行业内上市公司发展情况

表10　2013年农业上市公司收入及资产增长情况　单位：亿元

指标	2013年	2013年可比样本增长(%)	2012年	2012年可比样本增长(%)	2011年
营业收入	326.38	-13.65	377.99	8.32	472.15
利润总额	9.08	-37.83	14.60	12.60	18.36
归属于母公司所有者的净利润	5.30	-50.97	10.81	4.47	14.59
总资产	534.09	0.19	533.09	-1.24	708.16
归属于母公司股东权益	271.16	1.67	266.69	5.96	317.98

资料来源：沪深交易所，天相投资分析系统。

表 11　　2013 年农业上市公司盈利能力情况　　单位：%

指　标	2013 年	2013 年可比样本变动	2012 年	2012 年可比样本变动	2011 年
毛利率	19.67	2.73	16.94	−2.88	20.55
净资产收益率	2.75	−1.83	4.58	0.07	4.59
销售净利率	2.49	−1.05	3.53	0.03	3.09
资产净利率	1.52	−0.97	2.49	0.18	2.10

资料来源：沪深交易所，天相投资分析系统。

表 12　　2013 年农业上市公司偿债及营运情况

指　标	2013 年	2013 年可比样本变动	2012 年	2012 年可比样本变动	2011 年
资产负债率（%）	44.67	−0.57	45.24	−4.42	51.75
存货周转率（次）	2.64	−0.23	2.88	0.24	2.01
总资产周转率（次）	0.61	−0.81	1.42	0.76	0.68

资料来源：沪深交易所，天相投资分析系统。

（二）林业

1. 行业概况

2013 年，全国林业产业保持快速发展，又一次刷新林业产业统计指标纪录。全年林业产业总产值达到 4.73 万亿元，增幅 19.93%。国家林业局提出，2014 年力争实现林业产业总产值 5 万亿元的目标。

广东、山东两省的林业产业总产值已超过 5000 亿元，福建、江苏、浙江、广西四省区也均超过 3000 亿元。2013 年，全国林产品进出口贸易额达到 1250 亿美元，同比增长 5.2%。全年木材产量达 8367 万立方米，木本油料、干鲜果品等特色经济林产量达 1.34 亿吨。全国花卉种植面积 1680 万亩，比 2012 年增长 9.38%；油茶种植面积达到 5750 万亩，比 2012 年增长 4.55%；全国森林等自然资源旅游达 7.8 亿多人次，比 2012 年增长 15%。

林业发展作为生态建设的关键，正逐步向产业化迈进，加之我国林业支持性政策的不断出台，林业产业将会有更长远的发展。

2. 行业内上市公司发展情况

表 13　　2013 年林业上市公司收入及资产增长情况　　单位：亿元

指　标	2013 年	2013 年可比样本增长（%）	2012 年	2012 年可比样本增长（%）	2011 年
营业收入	21.86	21.15	18.04	3.40	29.12
利润总额	1.45	扭亏为盈	−0.19	−87.96	−0.81
归属于母公司所有者的净利润	1.33	扭亏为盈	−0.33	−80.50	−0.96

续表

指　标	2013 年	2013 年可比样本增长（%）	2012 年	2012 年可比样本增长（%）	2011 年
总资产	66.30	14.52	57.90	12.39	67.36
归属于母公司股东权益	24.66	3.68	23.78	19.72	28.52

资料来源：沪深交易所，天相投资分析系统。

表 14　　2013 年林业上市公司盈利能力情况　　单位：%

指　标	2013 年	2013 年可比样本变动	2012 年	2012 年可比样本变动	2011 年
毛利率	23.23	3.74	19.49	1.15	16.61
净资产收益率	5.04	6.05	-1.01	6.72	-3.35
销售净利率	6.40	7.89	-1.48	8.43	-3.29
资产净利率	2.25	2.74	-0.49	2.75	-1.41

资料来源：沪深交易所，天相投资分析系统。

表 15　　2013 年林业上市公司偿债及营运情况

指　标	2013 年	2013 年可比样本变动	2012 年	2012 年可比样本变动	2011 年
资产负债率（%）	58.13	3.96	54.17	-2.38	52.96
存货周转率（次）	0.76	-0.04	0.80	-0.06	1.09
总资产周转率（次）	0.35	-0.27	0.62	0.30	0.43

资料来源：沪深交易所，天相投资分析系统。

（三）畜牧业

1. 行业概况

2013 年，中国畜牧业总产值为 28435.49 亿元，较 2012 年增长 4.58%。2013 年，全国的肉、蛋、奶产量分别为 8535.02 万吨、2876.06 万吨和 3531.42 万吨，较 2012 年同期增速分别为 1.76%、0.52%、-5.67%。目前，我国的肉类产量约占世界总产量的 30%，蛋产量约占 40%，奶类产量约占 5%，人均肉类占有量已经超过了世界的平均水平，蛋占有量达到发达国家平均水平，而奶类人均占有量仅为世界平均水平的 1/13。

畜牧业经过多年的发展，生产规模不断扩大，特别是近些年来，随着强农惠农政策的实施，畜牧业呈现出加快发展势头，畜牧业生产方式发生转变，规模化、标准化、产业化和区域化步伐加快。未来，畜牧业将继续由数量型向质量效率型转变，逐渐发展成为现代化畜牧业。

2. 行业内上市公司发展情况

表 16　　2013 年畜牧业上市公司收入及资产增长情况　　单位：亿元

指　标	2013 年	2013 年可比样本增长（%）	2012 年	2012 年可比样本增长（%）	2011 年
营业收入	152.39	17.10	130.14	11.47	115.99
利润总额	-5.88	由盈转亏	3.18	-81.32	16.75
归属于母公司所有者的净利润	-6.33	由盈转亏	3.25	-80.58	16.45
总资产	312.43	19.43	261.61	29.18	200.77
归属于母公司股东权益	134.22	0.97	132.93	-1.59	133.89

资料来源：沪深交易所，天相投资分析系统。

表 17　　2013 年畜牧业上市公司盈利能力情况　　单位：%

指　标	2013 年	2013 年可比样本变动	2012 年	2012 年可比样本变动	2011 年
毛利率	8.51	-1.87	10.38	-11.70	21.86
净资产收益率	-4.75	-6.89	2.14	-10.06	12.29
销售净利率	-4.44	-6.71	2.27	-12.17	14.19
资产净利率	-2.35	-3.63	1.27	-8.14	9.27

资料来源：沪深交易所，天相投资分析系统。

表 18　　2013 年畜牧业上市公司偿债及营运情况

指　标	2013 年	2013 年可比样本变动	2012 年	2012 年可比样本变动	2011 年
资产负债率（%）	54.48	7.41	47.07	15.36	31.71
存货周转率（次）	3.27	-0.18	3.46	-0.92	3.43
总资产周转率（次）	0.53	-0.46	0.99	0.34	0.65

资料来源：沪深交易所，天相投资分析系统。

（四）渔业

1. 行业概况

2013 年是渔业发展史中十分重要的一年，国务院在颁发指导海洋渔业发展的文件后，相继召开以现代渔业建设为主题的全国性会议，开启了全面推进现代渔业建设的新征程。2013 年，全国渔业经济总产值 19351.89 亿元，同比增长 11.72%。其中，渔业产值 10104.88 亿元，同比增长 11.67%；渔业工业和建筑业产值 4521.05 亿元，同比增长 9.55%；渔业流通和服务业产值 4725.96 亿元，同比增长 13.99%。

2013 年，渔业生产稳定发展，产业结构逐步优化，水产品产量稳步增加。全国水产品总产量达 6172 万吨，同比增长

4.47%，水产品供给充分。水产品产量的增长主要体现在养殖产量上，全年养殖产量4541.68万吨，同比增长5.91%；捕捞产量1630.32万吨，同比增长0.68%，表明渔业产业走向现代化。

2013年，水产养殖面积稳定增长。全国水产养殖面积832.17万公顷，同比增长2.88%。其中，海水养殖面积231.56万公顷，同比增长6.17%；淡水养殖面积600.61万公顷，同比增长1.67%。

2. 行业内上市公司发展情况

表19　2013年渔业上市公司收入及资产增长情况　单位：亿元

指　标	2013年	2013年可比样本增长（%）	2012年	2012年可比样本增长（%）	2011年
营业收入	105.92	9.82	96.45	4.97	67.42
利润总额	9.59	27.54	7.52	-40.69	11.79
归属于母公司所有者的净利润	9.00	31.40	6.85	-41.45	10.64
总资产	226.28	10.95	203.96	11.33	192.51
归属于母公司股东权益	132.42	4.73	126.44	6.63	98.62

资料来源：沪深交易所，天相投资分析系统。

表20　2013年渔业上市公司盈利能力情况　单位：%

指　标	2013年	2013年可比样本变动	2012年	2012年可比样本变动	2011年
毛利率	18.14	-2.52	20.66	-3.45	28.47
净资产收益率	6.56	1.24	5.33	-4.40	10.79
销售净利率	8.36	1.28	7.07	-5.65	15.79
资产净利率	4.12	0.59	3.52	-3.59	6.24

资料来源：沪深交易所，天相投资分析系统。

表21　2013年渔业上市公司偿债及营运情况

指　标	2013年	2013年可比样本变动	2012年	2012年可比样本变动	2011年
资产负债率（%）	40.40	3.17	37.23	2.81	48.01
存货周转率（次）	1.56	-0.01	1.56	-0.27	0.74
总资产周转率（次）	0.49	-0.45	0.95	0.39	0.40

资料来源：沪深交易所，天相投资分析系统。

（五）农、林、牧、渔服务业

1. 行业概况

农、林、牧、渔服务业指对农、林、牧、渔业生产活动进行的各种支持性服务活动，包含灌溉服务、农产品初加工服务等，但不包括各种科学技术和专业技术服务活动。2013年，国内农、林、牧、渔服务业仅1家上市公司，可见该行业发展在国内尚处于初步阶段，且行业内公司规模小、所处地域分散。然而，随着农业专业化、规模化等进一步的发展，农、林、牧、渔业对各自支持性服务的需求将日益增加，并且对公司专业化程度的要求也将更高，相信将来该领域内会有越来越多能为农、林、牧、渔业带来增值性服务的专业服务公司。

2. 行业内上市公司发展情况

表22　　2013年农、林、牧、渔服务业上市公司收入及资产增长情况　　单位：亿元

指　标	2013年	2013年可比样本增长（%）	2012年	2012年可比样本增长（%）	2011年
营业收入	16.94	-8.10	18.43	13.80	25.53
利润总额	0.60	-18.66	0.74	23.17	2.33
归属于母公司所有者的净利润	0.56	-18.47	0.68	24.91	1.96
总资产	19.98	8.40	18.44	0.18	54.43
归属于母公司股东权益	12.90	7.12	12.04	5.44	43.05

资料来源：沪深交易所，天相投资分析系统。

表23　　2013年农、林、牧、渔服务业上市公司盈利能力情况　　单位：%

指　标	2013年	2013年可比样本变动	2012年	2012年可比样本变动	2011年
毛利率	16.38	-3.28	19.66	-0.82	24.86
净资产收益率	4.35	-1.29	5.63	0.89	4.56
销售净利率	3.33	-0.37	3.71	0.33	7.69
资产净利率	2.94	-0.77	3.71	0.77	4.15

资料来源：沪深交易所，天相投资分析系统。

表24　　2013年农、林、牧、渔服务业上市公司偿债及营运情况

指　标	2013年	2013年可比样本变动	2012年	2012年可比样本变动	2011年
资产负债率（%）	34.99	0.77	34.21	-3.14	20.11
存货周转率（次）	2.64	-0.08	2.72	0.05	1.85
总资产周转率（次）	0.88	-1.12	2.00	1.13	0.54

资料来源：沪深交易所，天相投资分析系统。

四、重点上市公司介绍

（一）中牧股份

中牧股份成立于1998年12月，由国务院国资委直接管理的唯一中央农业企业——中国农业发展集团控股58.46%。中牧股份主营产品是兽用生物制品，公司拥有畜用生物制品逾60多种、禽用生物制品逾40多种、兽用化药约46种。此外，公司还经营饲料、饲料添加剂、畜禽制品及其相关制品的加工生产和销售，以及畜牧业生产资料贸易和进出口业务。目前，集团拥有4个生物制品分公司、1个生物制品控股子公司、3个兽用化药分公司与2个兽用化药控股子公司。公司长期的核心竞争力在于成熟的研发体系和营销网络有助于产品持续创新与市场推广。

2013年，公司实现营业收入36.40亿元，总资产37.14亿元，归属于上市公司股东净利润2.35亿元，分别较2012年同期上升17.07%、23.42%和0.51%。基本每股收益0.59元，净资产收益率11.41%。2013年，公司财务状况基本稳定，资产负债率为23.61%。资产周转情况与2012年大致相同。

目前，中国动物保健行业发展处于行业升级阶段。近几年，公司主营业务发展迅猛，中牧股份正处于公司转型变革及行业升级的关键时期，在传统招标业务优势的基础上，公司加速发展常规疫苗、兽用化药、饲料添加剂业务，全面布局产能扩增与新品储备。中牧股份作为国内老牌动物保健龙头企业，抓住行业升级机遇，全面扩增各大业务产能，引进悬浮培养生产工艺，并凭借其持续的研发投入与产学研结合优势，布局储备常规疫苗、兽用化药新品，公司转型变革启动，新一轮发展蓄势待发。

（二）金宇集团

2013年是公司发起成立20周年，上市15周年，生物制药成为集团主要产业的元年。2013年，在剥离房地产业务后，生物制药成为集团唯一主营业务，集团将生物制药产业发展定位于市场化、国际化道路，做国际型企业。公司长期核心竞争力在于先进的生产工艺、养殖规模化趋势的跟进及有力的市场开拓与销售模式创新。

金宇集团主营业务是兽用生物制品—动物疫苗，主要产品包括口蹄疫疫苗（猪、牛、羊）、猪蓝耳病疫苗、猪瘟疫苗、山羊痘疫苗，其他业务包括羊绒制品等。2013年末，集团生物制药产业销售收入、净利润为6.3亿元和4.5亿元，分别较上年增长45.3%和78.38%。

2013年，公司实现营业收入6.71亿元，归属于上市公司股东净利润2.51亿元，分别同期上升20.65%和92.34%。2013年，每股收益0.89元，净资产收益率21.35%。公司财务状况基本稳定，资产负债率为25.12%。资产周转情况与2012年大致相同。

五、上市公司在行业中的影响力

农业一直是中央“十二五”以来持续大力推进的产业，2013 年中央一号文件仍聚焦农业，部署三大任务，即加快建设现代农业、深化农村经营体制改革、推进城乡公共服务，政策扶持力度的推进，体现了农业在中国蕴含巨大的投资机会。但农业上市公司市值与农业在国民经济中的地位仍有很大差距，参照农业的巨大产业容量以及国外成熟市场农业公司的发展路径，农业上市公司未来成长性可期。

由于重工农业劳动力多，户均耕地面积较小，短时间内难以实现规模化经营。因此，依靠生物技术的投入和使用适量机械，提高单产水平和人均生产量，以及随着国家加大农业投入、农业从业人员持续减少，这种精细密集农业道路将更适用于中国现阶段农业状况。

具体来说，在农业现代化持续推进的大环境下，以下几类公司将受益：①农业自然资源、土地资源拥有者；②低毒、高效农化以及大型农机制造企业；③农业生产中循环模式的实践者；④开展生物育种研究的种业企业等。

审稿人：赵金厚

撰稿人：龚毓幸

采矿业

一、采矿业总体概况

采矿业是国民经济的基础性产业。采矿业的发展为各个部门提供了丰富的矿物原料，对国民经济发展具有支撑作用。

根据国家统计局的数据，2013年，煤炭开采和洗选业规模以上工业企业主营业务收入32404.7亿元，同比下降2.6%，利润总额2369.9亿元，同比下降33.7%，主营活动利润2034.9亿元，同比下降44.1%；石油和天然气开采业规模以上工业企业主营业务收入11691.1亿元，同比增长0.4%，利润总额3657.8亿元，同比下降10.5%，主营活动利润3931.2亿元，同比下降13.7%；黑色金属矿采选业规模以上工业企业主营业务收入9828.3亿元，同比增长11.8%，利润总额1050亿元，同比增长1.8%，主营活动利润1104亿元，同比增长0.5%；有色金属矿采选业规模以上工业企业主营业务收入6158.9亿元，同比增长9.7%，利润总额628亿元，同比下降17.2%，主营活动利润677.1亿元，同比下降17.8%。

二、行业内上市公司发展概况

（一）行业内上市公司基本情况

表1　2013年采矿业上市公司发行股票概况

门　类	A、B股总数	A股股票数	B股股票数	境内总市值（亿元）	流通A股市值（亿元）	流通B股市值（亿元）
采矿业（家）	65	65	0	26430.71	25461.10	0.00
占沪深两市比重（%）	2.46	2.46	0.00	11.06	12.86	0.00

资料来源：沪深交易所，天相投资分析系统。

（二）行业内上市公司构成情况

表2　2013年采矿业上市公司构成情况

门　类	沪　市			深　市			ST/*ST
	仅A股	仅B股	A+B股	仅A股	仅B股	A+B股	
采矿业（家）	39	0	0	26	0	0	0/0
占行业内上市公司比重（%）	60.00	0.00	0.00	40.00	0.00	0.00	0/0

资料来源：沪深交易所，天相投资分析系统。

（三）行业内上市公司融资情况

表 3　　2013 年采矿业上市公司与沪深两市融资情况对比

	融资家数	新　股	配　股	增　发
采矿业（家）	11	0	2	9
沪深两市总数（家）	370	0	13	357
占比（%）	2.97	—	15.38	2.52

资料来源：天相投资分析系统。

2013 年，采矿业有 11 家上市公司进行融资，其中 2 家配股，9 家增发。11 家融资公司中，1 家创业板，4 家沪市主板，6 家深市主板。

按行业大类划分，进行融资的 11 家公司中，有色金属矿采选业 6 家，煤炭开采和洗选业 2 家，黑色金属矿采选业 1 家，石油和天然气开采业 1 家，开采辅助活动 1 家。

2013 年采矿业上市公司融资情况明细见附录。

（四）行业内上市公司资产及业绩情况

表 4　　2013 年采矿业上市公司资产情况　　单位：亿元

指　标	2013 年	2013 年可比样本增长（%）	2012 年	2012 年可比样本增长（%）	2011 年
总资产	54265.44	9.54	49539.37	14.01	43768.85
流动资产	12730.40	3.36	12316.27	6.21	11798.45
占比（%）	23.46	-1.40	24.86	-1.83	26.96
非流动资产	41535.04	11.58	37223.09	16.85	31970.40
占比（%）	76.54	1.40	75.14	1.83	73.04
流动负债	16981.42	14.61	14816.98	9.87	13664.41
占比（%）	31.29	1.38	29.91	-1.13	31.22
非流动负债	9474.19	5.25	9001.59	33.03	6834.14
占比（%）	17.46	-0.71	18.17	2.60	15.61
归属于母公司股东权益	24748.23	7.35	23054.83	8.69	21249.17
占比（%）	45.61	-0.93	46.54	-2.28	48.55

资料来源：沪深交易所，天相投资分析系统。

表 5　　2013 年采矿业上市公司收入实现情况　　单位：亿元

指　标	2013 年	2013 年可比样本增长（%）	2012 年	2012 年可比样本增长（%）	2011 年
营业收入	61052.83	2.33	59661.69	10.68	54520.89
利润总额	3925.17	-2.93	4043.71	-9.47	4530.73
归属于母公司所有者的净利润	2763.87	-2.96	2848.06	-9.89	3216.16

资料来源：沪深交易所，天相投资分析系统。

（五）利润分配情况

2013 年，采矿业共有 50 家上市公司实施分红配股，50 家公司均实施了派息。其中，2 家公司既实施派息又实施了送股、转增。

（六）其他财务指标情况

1. 盈利能力指标

表 6　　**2013 年采矿业上市公司盈利能力情况**　　单位：%

指　标	2013 年	2013 年可比样本变动	2012 年	2012 年可比样本变动	2011 年
毛利率	20.00	−0.70	20.69	−2.58	23.08
净资产收益率	10.95	−1.27	12.23	−2.65	15.14
销售净利率	4.99	−0.28	5.27	−1.13	5.90
资产净利率	5.87	−0.89	6.76	−1.79	7.94

资料来源：沪深交易所，天相投资分析系统。

2. 偿债能力指标

表 7　　**2013 年采矿业上市公司偿债能力情况**

指　标	2013 年	2013 年可比样本变动	2012 年	2012 年可比样本变动	2011 年
流动比率	0.75	−0.08	0.83	−0.03	0.86
速动比率	0.45	−0.05	0.49	−0.03	0.53
资产负债率（%）	48.75	0.67	48.08	1.47	46.83

资料来源：沪深交易所，天相投资分析系统。

3. 营运能力指标

表 8　　**2013 年采矿业上市公司营运能力情况**　　单位：次

指　标	2013 年	2013 年可比样本变动	2012 年	2012 年可比样本变动	2011 年
存货周转率	12.02	−0.57	12.59	−0.99	10.56
应收账款周转率	19.24	−12.84	32.08	−6.22	38.54
流动资产周转率	4.88	−0.11	4.99	−0.20	5.18
固定资产周转率	3.52	−0.29	3.82	0.00	3.84
总资产周转率	1.18	−0.11	1.28	−0.05	1.35
净资产周转率	2.28	−0.16	2.44	0.00	2.47

资料来源：沪深交易所，天相投资分析系统。

三、重点细分行业介绍

表 9　　2013 年采矿业上市公司数量分布及市值情况

大　类	上市公司家数（家）	占行业内比重（%）	境内总市值（亿元）	占行业内比重（%）
煤炭开采和洗选业	26	40.00	5628.49	21.29
石油和天然气开采业	4	6.15	16945.64	64.11
黑色金属矿采选业	7	10.77	430.85	1.63
有色金属矿采选业	20	30.77	2394.75	9.06
开采辅助活动	8	12.31	1034.33	3.91

资料来源：沪深交易所，天相投资分析系统。

（一）煤炭开采和洗选业

1. 行业概况

煤炭开采和洗选业上市公司 26 家，占采矿业上市公司家数的 40.00%；市值 5628.49 亿元，占采矿业上市公司总市值的 21.29%。

2. 行业内上市公司发展情况

表 10　　2013 年煤炭开采和洗选业上市公司收入及资产增长情况　　单位：亿元

指　标	2013 年	2013 年可比样本增长（%）	2012 年	2012 年可比样本增长（%）	2011 年
营业收入	6771.92	-5.68	7179.75	15.55	7450.69
利润总额	922.20	-22.86	1195.53	-8.81	1393.85
归属于母公司所有者的净利润	605.17	-29.72	861.06	-6.53	983.48
总资产	12798.88	9.48	11690.38	19.36	10605.19
归属于母公司股东权益	5733.57	3.40	5544.96	13.31	5181.36

资料来源：沪深交易所，天相投资分析系统。

表 11　　2013 年煤炭开采和洗选业上市公司盈利能力情况　　单位：%

指　标	2013 年	2013 年可比样本变动	2012 年	2012 年可比样本变动	2011 年
毛利率	28.56	-0.85	29.41	-14.11	34.24
净资产收益率	10.52	-5.98	16.50	-18.24	20.18
销售净利率	10.42	-2.95	13.37	-2.84	13.20
资产净利率	5.76	-3.17	8.94	-2.47	10.23

资料来源：沪深交易所，天相投资分析系统。

表 12　　2013 年煤炭开采和洗选业上市公司偿债及营运情况

指　标	2013 年	2013 年可比样本变动	2012 年	2012 年可比样本变动	2011 年
资产负债率（%）	47.59	3.24	44.34	1.52	44.05
存货周转率（次）	18.34	-2.00	20.34	0.87	13.29
总资产周转率（次）	0.55	-0.68	1.23	0.52	0.78

资料来源：沪深交易所，天相投资分析系统。

（二）石油和天然气开采业

1. 行业概况

2013 年，石油和天然气开采业上市公司 4 家，占采矿业上市公司家数的 6.15%；市值 16945.64 亿元，占采矿业上市公司总市值的 64.11%。

2. 行业内上市公司发展情况

表 13　　2013 年石油和天然气开采业上市公司收入及资产增长情况　　单位：亿元

指　标	2013 年	2013 年可比样本增长（%）	2012 年	2012 年可比样本增长（%）	2011 年
营业收入	51591.41	3.31	50166.92	10.59	45169.11
利润总额	2782.91	7.85	2634.75	-9.80	2871.94
归属于母公司所有者的净利润	1995.33	11.02	1842.86	-11.82	2048.62
总资产	37545.55	9.21	35126.82	12.13	30663.67
归属于母公司股东权益	17209.54	8.31	16211.33	6.91	14867.26

资料来源：沪深交易所，天相投资分析系统。

表 14　　2013 年石油和天然气开采业上市公司盈利能力情况　　单位：%

指　标	2013 年	2013 年可比样本变动	2012 年	2012 年可比样本变动	2011 年
毛利率	19.08	-0.48	19.60	-2.41	22.01
净资产收益率	11.32	-0.03	11.75	-2.61	14.36
销售净利率	4.19	0.23	4.04	-0.97	5.01
资产净利率	6.02	-0.07	6.09	-1.67	7.76

资料来源：沪深交易所，天相投资分析系统。

表 15　　2013 年石油和天然气开采业上市公司偿债及营运情况

指　标	2013 年	2013 年可比样本变动	2012 年	2012 年可比样本变动	2011 年
资产负债率（%）	49.10	-0.20	49.47	1.54	47.93
存货周转率（次）	11.66	1.85	9.81	-0.59	10.40
总资产周转率（次）	1.43	-0.08	1.51	-0.04	1.55

资料来源：沪深交易所，天相投资分析系统。

（三）黑色金属矿采选业

1. 行业概况

2013 年，黑色金属矿采选业上市公司 7 家，占采矿业上市公司家数的 10.77%；市值 430.85 亿元，占采矿业上市公司总市值的 1.63%。

2. 行业内上市公司发展情况

表 16　　2013 年黑色金属矿采选业上市公司收入及资产增长情况　　单位：亿元

指　标	2013 年	2013 年可比样本增长（%）	2012 年	2012 年可比样本增长（%）	2011 年
营业收入	201.55	2.13	197.34	-65.05	23.41
利润总额	20.83	21.54	17.14	128.91	7.07
归属于母公司所有者的净利润	14.26	16.99	12.19	1807.59	5.32
总资产	486.59	13.93	427.09	6.99	55.75
归属于母公司股东权益	238.05	2.39	232.50	18.31	44.69

资料来源：沪深交易所，天相投资分析系统。

表 17　　2013 年黑色金属矿采选业上市公司盈利能力情况　　单位：%

指　标	2013 年	2013 年可比样本变动	2012 年	2012 年可比样本变动	2011 年
毛利率	29.04	0.46	28.59	12.72	45.10
净资产收益率	5.89	0.91	4.97	4.69	11.91
销售净利率	7.18	1.14	6.04	5.94	22.73
资产净利率	3.17	0.28	2.89	2.78	11.53

资料来源：沪深交易所，天相投资分析系统。

表 18　　2013 年黑色金属矿采选业上市公司偿债及营运情况

指　标	2013 年	2013 年可比样本变动	2012 年	2012 年可比样本变动	2011 年
资产负债率（%）	49.47	5.60	43.87	-5.11	12.36
存货周转率（次）	12.49	1.27	11.22	1.90	4.95
总资产周转率（次）	0.44	-0.48	0.92	-0.13	0.51

资料来源：沪深交易所，天相投资分析系统。

（四）有色金属矿采选业

1. 行业概况

2013 年，有色金属矿采选业上市公司 20 家，占采矿业上市公司家数的 30.77%；市值 2394.75 亿元，占采矿业上市公司总市值的 9.06%。

2. 行业内上市公司发展情况

表 19　　2013 年有色金属矿采选业上市公司收入及资产增长情况　　单位：亿元

指　标	2013 年	2013 年可比样本增长（%）	2012 年	2012 年可比样本增长（%）	2011 年
营业收入	2149.43	3.43	2078.06	20.09	1647.95
利润总额	116.35	−38.89	190.41	−14.14	198.18
归属于母公司所有者的净利润	76.39	−40.00	127.31	−11.65	128.50
总资产	2523.67	14.74	2199.52	18.58	1649.29
归属于母公司股东权益	1114.99	12.21	993.63	10.43	767.37

资料来源：沪深交易所，天相投资分析系统。

表 20　　2013 年有色金属矿采选业上市公司盈利能力情况　　单位：%

指　标	2013 年	2013 年可比样本变动	2012 年	2012 年可比样本变动	2011 年
毛利率	12.39	−3.51	15.90	−3.49	18.48
净资产收益率	6.90	−5.52	12.42	−3.92	16.75
销售净利率	4.14	−2.73	6.87	−2.80	7.80
资产净利率	3.77	−3.28	7.04	−3.12	8.87

资料来源：沪深交易所，天相投资分析系统。

表 21　　2013 年有色金属矿采选业上市公司偿债及营运情况

指　标	2013 年	2013 年可比样本变动	2012 年	2012 年可比样本变动	2011 年
资产负债率（%）	48.90	1.19	47.71	2.97	46.60
存货周转率（次）	8.49	0.27	8.22	−1.13	7.97
总资产周转率（次）	0.91	−0.98	1.89	0.84	1.14

资料来源：沪深交易所，天相投资分析系统。

（五）开采辅助活动

1. 行业概况

开采辅助活动上市公司 8 家，占采矿业上市公司家数的 12.31%；市值 1034.33 亿元，占采矿业上市公司总市值的 3.91%。

2. 行业内上市公司发展情况

表 22 2013 年开采辅助活动上市公司收入及资产增长情况 单位：亿元

指标	2013 年	2013 年可比样本增长（%）	2012 年	2012 年可比样本增长（%）	2011 年
营业收入	338.52	27.31	39.61	15.99	229.75
利润总额	82.88	37.55	5.88	5.45	59.69
归属于母公司所有者的净利润	72.72	44.77	4.64	–2.20	50.23
总资产	910.75	8.08	95.55	25.24	794.96
归属于母公司股东权益	452.08	14.64	72.41	22.20	388.49

资料来源：沪深交易所，天相投资分析系统。

表 23 2013 年开采辅助活动上市公司盈利能力情况 单位：%

指标	2013 年	2013 年可比样本变动	2012 年	2012 年可比样本变动	2011 年
毛利率	30.82	1.15	30.46	–1.02	34.06
净资产收益率	16.10	3.31	6.69	–1.26	12.93
销售净利率	21.71	2.67	12.48	–1.35	21.86
资产净利率	8.38	1.93	5.76	–1.67	6.57

资料来源：沪深交易所，天相投资分析系统。

表 24 2013 年开采辅助活动上市公司偿债及营运情况

指标	2013 年	2013 年可比样本变动	2012 年	2012 年可比样本变动	2011 年
资产负债率（%）	49.87	–3.14	22.59	0.59	50.78
存货周转率（次）	20.56	2.06	7.68	–1.81	10.08
总资产周转率（次）	0.39	–0.24	0.83	0.29	0.30

资料来源：沪深交易所，天相投资分析系统。

四、重点上市公司介绍

（一）中国神华

2013 年，公司实现主营业务收入 2837.97 亿元，较 2012 年同比增长 13.40%；实现净利润 557.07 亿元，同比持平；基本每股收益 2.30 元。2013 年，公司盈利能力小幅下降：毛利率 33.86%，同比下降 2.12 个百分点；净利润率 19.63%，同比下降 2.63 个百分点。公司资产负债率为 35.09%，同比上升 1.89 个百分点。

（二）中煤能源

2013 年，公司实现主营业务收入 823.16 亿元，较 2012 年同比下降 5.70%；实现利润总额 60.22 亿元，同比下降

55.10%；实现净利润42.96亿元，同比下降57.09%；基本每股收益0.27元。2013年，公司盈利能力下降：毛利率31.80%，同比下降4.37个百分点；净利润率5.22%，同比下降6.25个百分点。公司资产负债率为52.23%，同比上升7.01个百分点。

（三）兖州煤业

2013年，公司实现主营业务收入587.27亿元，同比下降1.59%；实现净利润2.99亿元，同比下降94.64%；基本每股收益0.26元。2013年公司盈利能力下降：毛利率22.33%，同比下降1.76个百分点；净利润率0.51%，同比下降8.85个百分点。公司资产负债率为66.14%，同比上升5.70个百分点。

审稿人：杨　晔　卢　平

撰稿人：张　顺

制造业

农副食品加工业

一、农副食品加工业总体概况

（一）行业整体运行情况

2013 年，尽管国内宏观经济增速有所放缓，但农副食品加工行业仍保持了较好的增长势头，行业整体运行态势良好，全行业规模以上企业 2.31 万家，资产总额 26676.39 亿元，较 2012 年增长 18.98%；实现营业收入 59497.12 亿元，同比增长 15.88%；实现利润总额 3105.32 亿元，同比增长 16.24%。行业总体盈利能力保持平稳，整体毛利率 11.05%，销售利润率 5.22%，均与 2012 年基本保持平齐。行业财务状况也保持相对稳定，截至 2013 年底，全行业的资产负债率达到 53.42%，同比下降 1.08 个百分点。

（二）细分行业运行概况

农副食品加工行业共分为 7 个细分子行业：谷物磨制业，饲料加工业，食用植物油加工业，制糖业，屠宰及肉制品加工业，水产品加工业，蔬菜、水果和坚果加工业。

2013 年，全国规模以上谷物磨制业企业 5843 家，资产总额 3932.64 亿元，同比增长 19.80%；全年实现营业收入 11511.34 亿元，同比增长 16.03%；实现利润总额 596.41 亿元，同比增长 17.57%；行业销售利润率 5.18%，较 2012 年同期上升 0.03 个百分点；资产负债率 41.60%，较 2012 年同期下降 1.88 个百分点。

2013 年，全国规模以上饲料加工业企业 3664 家，资产总额 3197.20 亿元，同比增长 17.02%；全年实现营业收入 9742.83 亿元，同比增长 14.46%；实现利润总额 481.38 亿元，同比增长 10.14%；行业销售利润率 4.94%，较 2012 年同期上升 0.03 个百分点；资产负债率 47.99%，较 2012 年同期下降 0.23 个百分点。

2013 年，全国规模以上食用植物油加工业企业 2204 家，资产总额 5449.39 亿元，同比增长 9.25%；全年实现营业收入 10407.11 亿元，同比增长 11.11%；实现利润总额 407.94 亿元，同比增长 18.12%；行业销售利润率 3.92%，较 2012 年同期上升 0.32 个百分点；资产负债率 68.80%，较

2012年同期下降0.63个百分点。

2013年，全国规模以上制糖业企业304家，资产总额1545.68亿元，同比增长11.17%；全年实现营业收入1181.30亿元，同比增长7.72%；实现利润总额52.26亿元，同比减少24.51%；行业销售利润率4.46%，较2012年同期下降1.91个百分点；资产负债率77.12%，较2012年同期上升3.98个百分点。

2013年，全国规模以上屠宰及肉制品加工业企业3693家，资产总额5357.15亿元，同比增长18.94%；全年实现营业收入12013.21亿元，同比增长14.48%；实现利润总额673.78亿元，同比增长18.42%；行业销售利润率5.61%，较2012年同期上升0.18个百分点；资产负债率49.14%，较2012年同期下降1.02个百分点。

2013年，全国规模以上水产品加工业企业2060家，资产总额2479.08亿元，同比增长14.09%；全年实现营业收入4910.56亿元，同比增长16.07%；实现利润总额281.82亿元，同比增长19.00%；行业销售利润率5.74%，较2012年同期上升0.29个百分点；资产负债率52.49%，较2012年同期上升0.04个百分点。

2013年，全国规模以上蔬菜、水果和坚果加工业企业3010家，资产总额2013.40亿元，同比增长18.02%；全年实现营业收入4427.63亿元，同比增长15.14%；实现利润总额334.01亿元，同比增长13.99%；行业销售利润率7.54%，较2012年同期下降0.16个百分点；资产负债率42.25%，较2012年同期上升0.44个百分点。

二、行业内上市公司发展概况

（一）行业内上市公司基本情况

表1　2013年农副食品加工业上市公司发行股票概况

门　类	A、B股总数	A股股票数	B股股票数	境内总市值（亿元）	流通A股市值（亿元）	流通B股市值（亿元）
农副食品加工业（家）	38	37	1	2858.30	1791.29	8.11
占沪深两市比重（%）	1.44	1.40	0.04	1.20	0.91	0.49

资料来源：沪深交易所，天相投资分析系统。

（二）行业内上市公司构成情况

表2　2013年农副食品加工业上市公司构成情况

门　类	沪　市			深　市			ST/*ST
	仅A股	仅B股	A+B股	仅A股	仅B股	A+B股	
农副食品加工业（家）	6	0	1	30	0	0	0/1
占行业内上市公司比重（%）	16.22	0.00	2.70	81.08	0.00	0.00	0/2.7

资料来源：沪深交易所，天相投资分析系统。

（三）行业内上市公司融资情况

表 3　　2013 年农副食品加工业上市公司与沪深两市融资情况对比

	融资家数	新　股	配　股	增　发
农副食品加工业（家）	8	0	0	8
沪深两市总数（家）	370	0	13	357
占比（%）	2.16	—	0.00	2.24

资料来源：天相投资分析系统。

2013 年，农副食品加工业有 8 家上市公司进行增发，其中，3 家沪市、1 家深市主板及 4 家中小板公司。

2013 年农副食品加工业上市公司融资情况明细见附录。

（四）行业内上市公司资产及业绩情况

表 4　　2013 年农副食品加工业上市公司资产情况　　单位：亿元

指　标	2013 年	2013 年可比样本增长（%）	2012 年	2012 年可比样本增长（%）	2011 年
总资产	1613.19	13.57	1420.46	22.79	1203.33
流动资产	819.83	10.30	743.28	16.03	—
占比（%）	50.82	-1.51	52.33	-3.05	—
非流动资产	793.35	17.16	677.18	31.19	—
占比（%）	49.18	1.51	47.67	3.05	—
流动负债	669.22	7.06	625.08	20.96	—
占比（%）	41.48	-2.52	44.01	-0.67	—
非流动负债	89.00	-1.23	90.11	39.84	—
占比（%）	5.52	-0.83	6.34	0.77	—
归属于母公司股东权益	794.92	22.14	650.85	23.39	557.39
占比（%）	49.28	3.46	45.82	0.22	—

资料来源：沪深交易所，天相投资分析系统。

表 5　　2013 年农副食品加工业上市公司收入实现情况　　单位：亿元

指　标	2013 年	2013 年可比样本增长（%）	2012 年	2012 年可比样本增长（%）	2011 年
营业收入	2587.04	11.70	2316.06	8.51	2216.50
利润总额	120.07	27.95	93.84	22.64	71.82
归属于母公司所有者的净利润	89.70	30.88	68.53	22.11	51.65

资料来源：沪深交易所，天相投资分析系统。

（五）利润分配情况

2013年，农副食品加工业共有25家上市公司实施了分红配股。8家上市公司实施送股或转增股，24家上市公司实施派息，其中，7家公司既实施了送股、转增又实施了派息。

（六）其他财务指标情况

1. 盈利能力指标

表6　2013年农副食品加工业上市公司盈利能力情况　单位：%

指　标	2013年	2013年可比样本变动	2012年	2012年可比样本变动	2011年
毛利率	12.19	0.69	11.50	1.46	11.11
净资产收益率	11.33	0.73	10.60	-0.39	9.27
销售净利率	3.74	0.52	3.23	0.26	2.33
资产净利率	6.38	0.58	5.80	-0.32	4.88

资料来源：沪深交易所，天相投资分析系统。

2. 偿债能力指标

表7　2013年农副食品加工业上市公司偿债能力情况

指　标	2013年	2013年可比样本变动	2012年	2012年可比样本变动	2011年
流动比率	1.23	0.04	1.19	-0.05	—
速动比率	0.72	0.01	0.72	-0.01	—
资产负债率（%）	47.00	-3.35	50.35	0.11	49.25

资料来源：沪深交易所，天相投资分析系统。

3. 营运能力指标

表8　2013年农副食品加工业上市公司营运能力情况　单位：次

指　标	2013年	2013年可比样本变动	2012年	2012年可比样本变动	2011年
存货周转率	8.20	-0.04	8.24	-0.79	9.05
应收账款周转率	48.22	3.11	45.11	-0.32	—
流动资产周转率	3.31	-0.04	3.35	-0.50	—
固定资产周转率	6.11	-0.51	6.62	-0.92	—
总资产周转率	1.71	-0.09	1.80	-0.27	2.10
净资产周转率	3.32	-0.30	3.62	-0.66	—

资料来源：沪深交易所，天相投资分析系统。

三、重点上市公司介绍

（一）新希望

新希望公司是中国最大的饲料生产企业，也是中国最大的农牧企业之一。2013年，受到养殖业务波动影响，公司实现营业收入693.95亿元，同比减少5.25%。不过，通过产品结构调整与成本管理，公司盈利能力仍有所提升，综合毛利率达到5.88%，同比上升0.52个百分点；销售净利率3.59%，同比上升0.59个百分点；实现归属于母公司所有者的净利润18.99亿元，同比增长11.2%。每股收益1.09元。

2013年末，公司的资产负债率达到43.23%，同比上升1.89个百分点。

（二）双汇发展

2013年，受益于产品结构升级，公司盈利能力明显提升。毛利率达到19.43%，同比上升1.44个百分点；销售净利率9.05%，同比上升1.31个百分点；净资产收益率30.44%，同比上升2.51个百分点。

2013年末，公司的资产负债率达到24.02%，同比下降0.78个百分点。

四、上市公司在行业中的影响力

2013年，农副食品加工业规模以上企业总资产达26676.39亿元，同比增长18.98%；行业内上市公司总资产为1613.19亿元，同比增长13.57%；上市公司总资产占行业总资产的6.05%，比2012年下降0.29个百分点。

2013年，农副食品加工业规模以上企业实现营业收入59497.12亿元，同比增长15.88%；其中，行业内上市公司营业收入2587.04亿元，同比增长11.70%；上市公司总收入占行业总收入的4.35%，比2012年下降0.16个百分点。

2013年，农副食品加工业规模以上企业实现利润总额3105.32亿元，同比增长16.24%；其中，上市公司利润总额为120.07亿元，同比增长27.95%，远高于行业水平；上市公司利润总额占行业总利润额的3.87%，比2012年提升0.36个百分点。总体来讲，上市公司盈利能力好于行业整体；但总资产及收入方面的影响力有所削弱。

审稿人：翟太煌　曹玲燕　刘小勇

撰稿人：罗　胤

食品制造业

一、食品制造业总体概况

（一）行业整体运行情况

2013 年，食品制造业凭借其大众消费品属性，持续受益于消费规模增长与产品结构升级，延续了近年来的平稳较快增长，行业景气指数持续锁定在 145 附近，并呈现高位运行态势。全行业规模以上企业 7531 家，资产总额 11275.51 亿元，实现营业收入 18164.99 亿元，实现利润总额 1550.04 亿元。行业总体盈利能力保持平稳，整体毛利率 21.07%、销售利润率 8.53%，均与 2012 年基本保持齐平。行业财务状况也保持相对稳定，截至 2013 年底，全行业的资产负债率达到 48.26%，同比下降 0.09 个百分点。

（二）细分行业运行概况

食品制造业共分为 6 个细分子行业：焙烤食品制造业、糖果巧克力及蜜饯制造业、方便食品制造业、调味品发酵制品业、乳制品制造业、罐头食品制造业。

2013 年，全国规模以上焙烤食品制造业企业 1194 家，资产总额 2202.95 亿元，同比增长 15.96%；全年实现营业收入 1130.97 亿元，同比增长 16.68%；实现利润总额 189.31 亿元，同比增长 19.64%；行业销售利润率 8.59%，较 2012 年同期上升 0.14 个百分点；资产负债率 41.16%，较 2012 年同期下降 1.95 个百分点。

2013 年，全国规模以上糖果巧克力及蜜饯制造业企业 723 家，资产总额 1557.25 亿元，同比增长 17.28%；全年实现营业收入 926.43 亿元，同比增长 14.90%；实现利润总额 153.67 亿元，同比增长 7.18%；行业销售利润率 9.87%，较 2012 年同期下降 0.83 个百分点；资产负债率 46.19%，较 2012 年同期上升 3.62 个百分点。

2013 年，全国规模以上方便食品制造业企业 1206 家，资产总额 1685.36 亿元，同比增长 13.00%；全年实现营业收入 3110.07 亿元，同比增长 10.73%；实现利润总额 233.47 亿元，同比增长 9.07%；行业销售利润率 7.51%，较 2012 年同期上升 0.05 个百分点；资产负债率 42.60%，较 2012 年同期下降 1.23 个百分点。

2013 年，全国规模以上调味品发酵制品业企业 1067 家，资产总额 1845.71 亿元，同比增长 19.93%；全年实现营业收入 2349.29 亿元，同比增长 12.46%；实现利润总额 196.92 亿元，同比增长 12.45%；行业销售利润率 8.38%，较 2012 年同期下降 0.01 个百分点；资产负债率 50.23%，较 2012 年同期上升 1.42 个百分点。

2013 年，全国规模以上乳制品制造业企业 658 家，资产总额 2056.90 亿元，同比增长 16.67%；全年实现营业收入 2831.59 亿元，同比增长 14.16%；实现利润总额 180.11 亿元，同比增长 12.70%；行业销售利润率 6.36%，较 2012 年同期下降 0.13 个百分点；资产负债率 54.28%，较 2012 年同期下降 0.66 个百分点。

2013 年，全国规模以上罐头食品制造业企业 830 家，资产总额 790.27 亿元，同比增长 7.99%；全年实现营业收入 1503.57 亿元，同比增长 16.69%；实现利润总额 84.42 亿元，同比增长 29.63%；行业销售利润率 5.61%，较 2012 年同期上升 0.17 个百分点；资产负债率 56.03%，较 2012 年同期下降 2.98 个百分点。

二、行业内上市公司发展概况

（一）行业内上市公司基本情况

表 1　　2013 年食品制造业上市公司发行股票概况

门　类	A、B 股总数	A 股股票数	B 股股票数	境内总市值（亿元）	流通 A 股市值（亿元）	流通 B 股市值（亿元）
食品制造业（家）	22	22	0	2497.98	1843.16	0.00
占沪深两市比重（%）	0.83	0.83	0.00	1.04	0.93	0.00

资料来源：沪深交易所，天相投资分析系统。

（二）行业内上市公司构成情况

表 2　　2013 年食品制造业上市公司构成情况

门　类	沪　市			深　市			ST/*ST
	仅 A 股	仅 B 股	A+B 股	仅 A 股	仅 B 股	A+B 股	
食品制造业（家）	10	0	0	12	0	0	0/0
占行业内上市公司比重（%）	45.45	0.00	0.00	54.55	0.00	0.00	0/0

资料来源：沪深交易所，天相投资分析系统。

（三）行业内上市公司融资情况

表 3　　2013 年食品制造业上市公司与沪深两市融资情况对比

	融资家数	新　股	配　股	增　发
食品制造业（家）	3	0	0	3
沪深两市总数（家）	370	0	13	357
占比（%）	0.81	—	0.00	0.84

资料来源：天相投资分析系统。

2013 年，食品制造业有 3 家上市公司进行增发，其中，2 家沪市、1 家深市。

2013 年食品制造业上市公司融资情况明细见附录。

（四）行业内上市公司资产及业绩情况

表 4　　2013 年食品制造业上市公司资产情况　　单位：亿元

指　标	2013 年	2013 年可比样本增长（%）	2012 年	2012 年可比样本增长（%）	2011 年
总资产	1133.06	21.29	934.18	10.40	1190.46
流动资产	527.02	36.14	387.13	-10.40	—
占比（%）	46.51	5.07	41.44	-9.62	—
非流动资产	606.04	10.78	547.05	32.10	—
占比（%）	53.49	-5.07	58.56	9.62	—
流动负债	480.23	19.52	401.78	9.56	—
占比（%）	42.38	-0.63	43.01	-0.33	—
非流动负债	68.20	-16.73	81.90	2.47	—
占比（%）	6.02	-2.75	8.77	-0.68	—
归属于母公司股东权益	565.59	30.36	433.89	12.52	613.85
占比（%）	49.92	3.47	46.45	0.87	—

资料来源：沪深交易所，天相投资分析系统。

表 5　　2013 年食品制造业上市公司收入实现情况　　单位：亿元

指　标	2013 年	2013 年可比样本增长（%）	2012 年	2012 年可比样本增长（%）	2011 年
营业收入	1148.18	15.36	995.32	13.09	1024.70
利润总额	69.69	20.59	57.79	7.07	144.54
归属于母公司所有者的净利润	60.36	30.74	46.17	3.40	108.48

资料来源：沪深交易所，天相投资分析系统。

（五）利润分配情况

2013 年，食品制造业共有 18 家上市公司实施了分红配股。7 家上市公司实施送股或转增股，17 家上市公司实施派息，其中，6 家公司既实施了送股、转增又实施了派息。

（六）其他财务指标情况

1. 盈利能力指标

表 6　　2013 年食品制造业上市公司盈利能力情况　　单位：%

指　标	2013 年	2013 年可比样本变动	2012 年	2012 年可比样本变动	2011 年
毛利率	29.30	-0.67	29.98	0.54	36.32
净资产收益率	10.40	0.14	10.26	-1.01	17.67
销售净利率	5.30	0.65	4.64	-0.47	10.59
资产净利率	5.88	0.69	5.19	-0.89	10.34

资料来源：沪深交易所，天相投资分析系统。

2. 偿债能力指标

表 7 2013 年食品制造业上市公司偿债能力情况

指　标	2013 年	2013 年可比样本变动	2012 年	2012 年可比样本变动	2011 年
流动比率	1.10	0.13	0.96	-0.21	—
速动比率	0.80	0.12	0.68	-0.17	—
资产负债率（%）	48.40	-3.37	51.78	-1.01	47.33

资料来源：沪深交易所，天相投资分析系统。

3. 营运能力指标

表 8 2013 年食品制造业上市公司营运能力情况 单位：次

指　标	2013 年	2013 年可比样本变动	2012 年	2012 年可比样本变动	2011 年
存货周转率	8.87	0.54	8.34	0.15	4.42
应收账款周转率	22.65	1.65	21.00	-1.04	—
流动资产周转率	2.51	0.08	2.43	0.08	—
固定资产周转率	3.26	-0.29	3.55	-0.31	—
总资产周转率	1.11	-0.01	1.12	-0.07	0.98
净资产周转率	2.22	-0.12	2.34	-0.16	—

资料来源：沪深交易所，天相投资分析系统。

三、重点上市公司介绍

伊利股份

伊利股份公司是中国规模最大、产品线最全的乳品企业，位列全球乳业 10 强，并成为目前唯一一家进入全球 10 强的亚洲乳品企业。2013 年，公司实现营业收入 477.79 亿元，较上年同期增长 13.78%；归属于上市公司股东的净利润为 31.87 亿元，较 2012 年同期增长 85.61%；实现基本每股收益 1.65 元。

受益产品结构升级与价格调整，公司在奶源大幅上涨背景下仍保持了较为稳定的盈利能力。虽然综合毛利率为 28.67%，较 2012 年下降了 1.06 个百分点；但得益于良好的费用控制，公司销售净利率升至 6.70%，同比上升 2.57 个百分点。

2013 年末，公司的资产负债率为 50.38%，同比下降达 11.64 个百分点。

四、上市公司在行业中的影响力

2013 年，食品制造业规模以上企业总资产达 11275.51 亿元，同比增长 16.87%；行业内上市公司总资产为 1133.06 亿元，同比增长 21.29%；上市公司总资产占行业总资产的10.05%，同比上升0.37个百分点，较2012年有所提升。

2013年，全行业实现营业收入18164.99亿元，同比增长15.83%；其中行业内上市公司营业收入1148.18亿元，同比增长15.36%；上市公司总收入占行业总收入的6.32%，比2012年下降0.03个百分点。

2013年，全行业实现利润总额1550.04亿元，同比增长18.19%；其中上市公司利润总额为69.69亿元，同比增长20.59%，略高于行业水平；上市公司利润总额占行业总利润额的4.50%，比2012年提升0.09个百分点。总体来讲，上市公司盈利能力好于行业整体；影响力稳中有升。

审稿人：翟太煌　曹玲燕　刘小勇

撰稿人：罗　胤

酒、饮料和精制茶制造业

一、酒、饮料和精制茶制造业总体概况

2013年，我国经济增速放缓，行业景气度下滑，对酒、饮料和精制茶制造行业盈利水平产生较大影响，行业内公司处于深度调整期；在消费恢复理性的情况下，行业内公司盈利增长进一步放缓。但是，行业整体在此环境下仍实现了收入和利润的增长，这种增长的来源更贴近真实消费，行业进入了大众需求主导的时代。

2013年，酒、饮料和精制茶制造业行业整体运行态势良好，全行业规模以上企业5529家，资产总额12779.01亿元，同比增长15.23%。2013年，行业合计实现营业收入15185.20亿元，同比增长12.05%；实现利润总额1653.56亿元，同比增长7.81%，较2012年下降23.97个百分点；行业毛利率为27.99%，较2011年上升0.29个百分点。行业财务状况基本保持稳定，截至2013年底，全行业的资产负债率达到46.88%。

二、行业内上市公司发展概况

（一）行业内上市公司基本情况

表1　2013年酒、饮料和精制茶制造业上市公司发行股票概况

门　类	A、B股总数	A股股票数	B股股票数	境内总市值（亿元）	流通A股市值（亿元）	流通B股市值（亿元）
酒、饮料和精制茶制造业（家）	38	35	3	4769.55	4487.14	64.94
占沪深两市比重（%）	1.44	1.33	0.11	1.99	2.27	3.90

资料来源：沪深交易所，天相投资分析系统。

（二）行业内上市公司构成情况

表 2　　2013 年酒、饮料和精制茶制造业上市公司构成情况

门　类	沪　市			深　市			ST/*ST
	仅 A 股	仅 B 股	A+B 股	仅 A 股	仅 B 股	A+B 股	
酒、饮料和精制茶制造业（家）	19	0	0	13	0	3	0/1
占行业内上市公司比重（%）	54.29	0.00	0.00	37.14	0.00	8.57	0/2.86

资料来源：沪深交易所，天相投资分析系统。

（三）行业内上市公司融资情况

表 3　　2013 年酒、饮料和精制茶制造业上市公司与沪深两市融资情况对比

	融资家数	新　股	配　股	增　发
酒、饮料和精制茶制造业（家）	2	0	0	2
沪深两市总数（家）	370	0	13	357
占比（%）	0.54	—	0.00	0.56

资料来源：天相投资分析系统。

2013 年，酒、饮料和精制茶制造业有 2 家上市公司进行增发，其中，1 家沪市公司、1 家深市公司。

2013 年酒、饮料和精制茶制造业上市公司融资情况明细见附录。

（四）行业内上市公司资产及业绩情况

表 4　　2013 年酒、饮料和精制茶制造业上市公司资产情况　　单位：亿元

指　标	2013 年	2013 年可比样本增长（%）	2012 年	2012 年可比样本增长（%）	2011 年
总资产	2667.70	6.09	2514.66	18.87	1667.43
流动资产	1715.09	3.04	1664.41	20.28	—
占比（%）	64.29	–1.90	66.19	0.78	—
非流动资产	952.61	12.04	850.25	16.20	—
占比（%）	35.71	1.90	33.81	–0.78	—
流动负债	744.42	–7.61	805.75	7.21	—
占比（%）	27.90	–4.14	32.04	–3.48	—
非流动负债	57.12	–16.28	68.23	–3.88	—
占比（%）	2.14	–0.57	2.71	–0.64	—
归属于母公司股东权益	1803.01	14.25	1578.18	26.28	972.11
占比（%）	67.59	4.83	62.76	3.68	—

资料来源：沪深交易所，天相投资分析系统。

表 5　　2013 年酒、饮料和精制茶制造业上市公司收入实现情况　　单位：亿元

指　标	2013 年	2013 年可比样本增长（%）	2012 年	2012 年可比样本增长（%）	2011 年
营业收入	1727.12	-1.31	1749.99	23.21	1170.44
利润总额	543.63	-10.79	609.40	43.98	335.70
归属于母公司所有者的净利润	386.76	-11.88	438.92	46.43	238.73

资料来源：沪深交易所，天相投资分析系统。

（五）利润分配情况

2013 年，酒、饮料和精制茶制造业共有 25 家上市公司实施分红配股。24 家上市公司实施派息，3 家上市公司实施送股或转增股，其中，2 家公司既实施了送股、转增又实施了派息。

（六）其他财务指标情况

1. 盈利能力指标

表 6　　2013 年酒、饮料和精制茶制造业上市公司盈利能力情况　　单位：%

指　标	2013 年	2013 年可比样本变动	2012 年	2012 年可比样本变动	2011 年
毛利率	60.54	-0.40	60.94	2.81	56.35
净资产收益率	21.53	-6.23	27.76	3.42	24.56
销售净利率	23.26	-2.77	26.03	3.86	20.40
资产净利率	15.51	-4.17	19.68	2.96	16.04

资料来源：沪深交易所，天相投资分析系统。

2. 偿债能力指标

表 7　　2013 年酒、饮料和精制茶制造业上市公司偿债能力情况

指　标	2013 年	2013 年可比样本变动	2012 年	2012 年可比样本变动	2011 年
流动比率	2.30	0.24	2.07	0.22	—
速动比率	1.51	0.10	1.41	0.14	—
资产负债率（%）	30.05	-4.71	34.76	-4.13	39.45

资料来源：沪深交易所，天相投资分析系统。

3. 营运能力指标

表 8　　2013 年酒、饮料和精制茶制造业上市公司营运能力情况　　单位：次

指　标	2013 年	2013 年可比样本变动	2012 年	2012 年可比样本变动	2011 年
存货周转率	3.08	-0.56	3.64	-0.10	1.66
应收账款周转率	72.09	-5.81	77.90	9.15	—

续表

指　标	2013 年	2013 年可比样本变动	2012 年	2012 年可比样本变动	2011 年
流动资产周转率	1.02	-0.13	1.15	-0.02	—
固定资产周转率	3.03	-0.41	3.44	0.22	—
总资产周转率	0.67	-0.09	0.76	0.00	0.79
净资产周转率	0.99	-0.21	1.19	-0.02	—

资料来源：沪深交易所，天相投资分析系统。

三、重点上市公司介绍

（一）贵州茅台

2013 年，贵州茅台实现营业收入 309.22 亿元，同比增长 16.88%；实现归属于母公司股东净利润 151.37 亿元，同比增长 13.74%；实现基本每股收益 14.58 元。其中，第四季度营业收入和归属于母公司股东净利润分别增长 37.74%、40.80%，超出市场预期。2013 年度公司每股派现 4.4 元（含税），每 10 股送 1 股红股。

2013 年，公司业绩增长主要来自两方面：一是 2012 年 9 月飞天茅台出厂价从 619 元提到 819 元，提价幅度约为 32%；二是茅台以 999 元价格吸纳了一批新经销商。预收款回升与批价稳定显示茅台基本面已企稳，年底公司预收款项达 30.45 亿元，较第三季度增长 10 亿元，较中报增加 22 亿元，呈逐渐提高的趋势。2013 年，公司期间费用率上升 2.35 个百分点，其中销售费用上升 1.35 个百分点，主要用于加大推广费用的投入。

（二）承德露露

2013 年，承德露露实现营业收入 26.33 亿元，同比增长 23.14%；实现归属于母公司股东净利润 3.34 亿元，同比增长 50.13%；实现基本每股收益 0.83 元。2013 年，每股派现 3.5 元（含税），每 10 股送红股 2.5 股。

2013 年，公司郑州产能释放，市场消化顺利，杏仁露与核桃露产品呈现快速增长。杏仁露及其他产品销量为 31 万吨，同比增长 22.4%；销售额 24.8 亿元，同比增长 22.2%，其中，果仁核桃露销售额约 1.25 亿元；纯核桃露销量为 1.85 万吨，同比增长 42.1%；销售额 1.5 亿元，同比增长 42.4%。

2013 年公司净利率 12.7%，同比提升 2.4 个百分点，创历史新高。原因在于：①受益于原料价格维持低位，毛利率保持稳定；②物流费用节省带来销售费用率下降：2013 年物流费 1 亿元，同比持平，带动销售费用率同比下降 1.5 个百分点；③经营改善使管理费用下降 0.8 个百分点。

四、上市公司在行业中的影响力

2013年，酒、饮料和精制茶制造业上市公司影响力进一步增强。酒、饮料和精制茶制造业行业中上市公司总资产2667.70亿元，同比增长6.09%。上市公司总资产占全行业的20.88%。

2013年，行业合计实现营业收入15185.20亿元，同比增长12.05%；上市公司营业收入1727.12亿元，较2012年可比样本减少1.31%。从公布情况来看，2013年酒、饮料和精制茶制造业上市公司营业收入增速较2012年收入增速下滑24.52个百分点，上市公司收入水平和盈利水平受经济下滑影响较大。行业实现利润总额1653.56亿元，同比增长7.81%。其中，上市公司实现利润总额543.63亿元，较2012年可比样本减少10.79%。行业2013年总体毛利率略微上升至27.99%，相比2012年上升0.29个百分点；上市公司平均毛利率60.54%，下降0.4个百分点。上市公司营业收入和营业利润低于行业水平，但毛利率远高于行业平均水平。

审稿人：孙卫党

撰稿人：刘琨磊

纺织业

一、纺织业总体概况

生产增速持续回落。根据国家统计局数据，2013年纺织工业增加值增速基本呈现逐月放缓趋势，全年同比增长8.7%，较2012年回落3.5个百分点。2013年，纺织行业生产增速总体减缓，从产品产量上看，主要大类产品产量增速普遍下降，化纤、纱、布、服装几类重点产量增幅均比2012年下降。根据国家统计局数据，2013年规模以上纺织企业化纤、纱、布和服装产量分别为4122万吨、3200万吨、683亿米和271亿件，同比分别增长7.9%、7.2%、4.6%和1.3%，增速分别较2012年同期下降3.3个、2.6个、7.0个和4.9个百分点。

内需增速较2012年回落。根据国家统计局数据，2013年，全国限额以上服装鞋帽、针纺织品零售额11.89万亿元，同比增长11.5%，增幅低于2012年同期6.5个百分点，低于全国社会消费品零售总额，增速1.6个百分点。

出口增速有所回升。根据海关月报数据，2013年1~12月，我国纺织品服装出口额为2920.8亿美元，同比增长11.2%，增幅较2012年同期提高了7.9个百分点，其中，纺织品出口1138.5亿美元，同比增长11.2%；服装出口1782.2亿美元，增长11.3%，增速分别高于上年同期7.9个和6.8个百分点。

投资增长基本平稳。2013年，纺织行业500万元以上项目固定资产投资新开工项目数为13718个，同比增加5.86%，投资实际完成额为9140.3亿元，同比增长17.29%，增速分别高于2012年同期2.7个和10.5个百分点。东部地区投资增长较快，2013年实际完成投资额同比增长19.2%，高于中西部地区投资增速4.6个百分点。

行业效益有所改善。2013年，全国3.9万户规模以上纺织企业实现主营业务收入63848.9亿元，同比增长11.5%，增速高于2012年同期0.9个百分点；实现利润总额3506.0亿元，同比增长15.8%，高于2012年同期8.1个百分点；销售利润率为5.5%，较2012年同期提高0.2个百分点。行业亏损面为11.5%，较2012年同期下降1.0个百分点，亏损企业亏损额同比减少0.8%。

二、行业内上市公司发展概况

（一）行业内上市公司基本情况

表1　　2013年纺织业上市公司发行股票概况

门　类	A、B股总数	A股股票数	B股股票数	境内总市值（亿元）	流通A股市值（亿元）	流通B股市值（亿元）
纺织业（家）	47	43	4	1250.55	1014.50	44.00
占沪深两市比重（%）	1.78	1.63	0.15	0.52	0.51	2.64

资料来源：沪深交易所，天相投资分析系统。

（二）行业内上市公司构成情况

表2　　2013年纺织业上市公司构成情况

门　类	沪　市			深　市			ST/*ST
	仅A股	仅B股	A+B股	仅A股	仅B股	A+B股	
纺织业（家）	15	0	2	24	0	2	0/1
占行业内上市公司比重（%）	34.88	0.00	4.65	55.81	0.00	4.65	0/2.33

资料来源：沪深交易所，天相投资分析系统。

（三）行业内上市公司融资情况

表3　　2013年纺织业上市公司与沪深两市融资情况对比

	融资家数	新　股	配　股	增　发
纺织业（家）	3	0	0	3
沪深两市总数（家）	370	0	13	357
占比（%）	0.81	—	0.00	0.84

资料来源：天相投资分析系统。

2013 年，纺织业有 3 家上市公司进行融资，其中，1 家为深市主板公司、2 家为中小板公司。

2013 年纺织业上市公司融资情况明细见附录。

（四）行业内上市公司资产及业绩情况

表 4　　2013 年纺织业上市公司资产情况　　单位：亿元

指　标	2013 年	2013 年可比样本增长（%）	2012 年	2012 年可比样本增长（%）	2011 年
总资产	1229.24	5.87	1161.14	7.91	1232.79
流动资产	626.16	2.24	612.42	8.15	—
占比（%）	50.94	-1.80	52.74	0.12	—
非流动资产	603.08	9.90	548.77	7.64	—
占比（%）	49.06	1.80	47.26	-0.12	—
流动负债	454.39	-0.09	454.80	3.45	—
占比（%）	36.96	-2.20	39.17	-1.69	—
非流动负债	116.89	26.38	92.49	23.51	—
占比（%）	9.51	1.54	7.97	1.01	—
归属于母公司股东权益	623.62	7.26	581.43	8.86	629.60
占比（%）	50.73	0.66	50.07	0.44	—

资料来源：沪深交易所，天相投资分析系统。

表 5　　2013 年纺织业上市公司收入实现情况　　单位：亿元

指　标	2013 年	2013 年可比样本增长（%）	2012 年	2012 年可比样本增长（%）	2011 年
营业收入	878.95	4.05	844.71	-1.06	1156.56
利润总额	55.41	79.37	30.89	-50.50	78.91
归属于母公司所有者的净利润	41.27	101.46	20.49	-55.82	56.81

资料来源：沪深交易所，天相投资分析系统。

（五）利润分配情况

2013 年，纺织业有 23 家上市公司实施了分红配股。23 家公司均实施派息，5 家上市公司实施送股或转增股，其中，5 家公司既实施了送股、转增又实施了派息。

（六）其他财务指标情况

1. 盈利能力指标

表 6　　2013 年纺织业上市公司盈利能力情况　　单位：%

指　标	2013 年	2013 年可比样本变动	2012 年	2012 年可比样本变动	2011 年
毛利率	16.95	1.47	15.47	-1.82	15.16
净资产收益率	6.57	3.10	3.47	-5.39	9.02
销售净利率	4.91	2.39	2.52	-3.31	4.91
资产净利率	3.61	1.71	1.90	-2.85	4.89

资料来源：沪深交易所，天相投资分析系统。

2. 偿债能力指标

表 7　　2013 年纺织业上市公司偿债能力情况

指　标	2013 年	2013 年可比样本变动	2012 年	2012 年可比样本变动	2011 年
流动比率	1.38	0.03	1.35	0.06	—
速动比率	0.81	-0.01	0.82	0.09	—
资产负债率（%）	46.47	-0.66	47.13	-0.68	46.16

资料来源：沪深交易所，天相投资分析系统。

3. 营运能力指标

表 8　　2013 年纺织业上市公司营运能力情况　　单位：次

指　标	2013 年	2013 年可比样本变动	2012 年	2012 年可比样本变动	2011 年
存货周转率	3.55	0.05	3.50	-0.27	4.40
应收账款周转率	11.85	-1.18	13.03	-2.31	—
流动资产周转率	1.42	-0.01	1.43	-0.14	—
固定资产周转率	2.46	0.00	2.46	-0.12	—
总资产周转率	0.74	-0.02	0.76	-0.06	1.00
净资产周转率	1.38	-0.06	1.44	-0.11	—

资料来源：沪深交易所，天相投资分析系统。

三、重点上市公司介绍

（一）罗莱家纺

2013年，公司实现营业收入252420.94万元，比2012年同期下降7.37%；实现利润总额39201.60万元，比2012年同期下降11.72%；归属于上市公司股东的净利润33215.47万元，比2012年同期下降13.07%。

电商业务独具罗莱特色，为保护加盟商利益，支持其持续盈利，罗莱主品牌坚持线上线下同款同价、同质同价。同时，电商渠道大力发展线上专营品牌LOVO。2013年"双11"活动中，电商零售额突破1.8亿元，LOVO品牌虽然仅创立短短几年，但在家纺类目位居第一，在天猫全品牌排名第四，刷新了"双11"有史以来家纺类目网购的销售纪录。

（二）鲁泰A

2013年，公司实现营业收入64.78亿元，营业利润11.70亿元，归属于上市公司股东的净利润9.99亿元、扣除非经常性损益的净利润9.29亿元，分别比2012年同期提高9.78%、52.37%、41.17%、38.55%。2013年，公司主营业务、主要利润来源及构成均未发生变化。2013年，公司在科研创新、管理升级、市场开拓、品牌建设、企业文化建设等方面获得了大幅提升。

科技创新是保证公司持续发展的不竭动力。2013年，公司"国家企业技术中心创新能力建设项目"通过了山东省发改委专家现场验收。在管理升级方面，公司以实施卓越绩效管理为基础，学习丰田精益化生产方式（TPS），努力推进鲁泰生产方式（LTPS），持续推动管理升级。在市场开拓方面，公司加大推进公司国际化的力度，坚持以品质和服务赢得客户的理念。在品牌建设方面，实施企业品牌战略，培育企业品牌文化。2013年，公司制定品牌发展规划并完善相关管理制度，进一步满足个性化、多元化的市场需求。

四、上市公司在行业中的影响力

2011~2013年，纺织行业整体总资产分别为19993.34亿元、19995.69亿元、21663.78亿元，其中，上市公司的总资产占行业整体的比重逐年下降，分别为6.17%、5.81%、5.67%。

2011~2013年，纺织行业整体利润总额分别为1956.81亿元、1700.03亿元、2022.71亿元，其中，上市公司的利润总额占行业整体的比重由2011年的4.03%，下降至2012年的1.82%，随后又提升至2013年的2.74%。

审稿人：翟太煌　曹玲燕　刘小勇

撰稿人：樊慧远

纺织服装、服饰业

一、纺织服装、服饰业总体概况

2013年，我国服装产业运行总体平稳，规模以上企业产量微增，增速趋缓；服装内销有所增长，但增速进一步放缓；出口实现较显著恢复性增长，但增幅前高后低，逐月趋缓；投资保持增长，东部仍是投资重点地区；规模以上企业效益增长，但盈利能力未见明显提升，从全行业口径来看，规模以上企业两极分化明显，中小企业运营依然艰难。

生产：全国产量基本稳定。2013年，由于经济因素及全球需求不振，我国服装产量增长乏力。其中，规模以上服装企业产量增速放缓明显，规模以下企业产量减少。东部地区作为主产区，产量占全国比重持续下降，产业进一步向中西部地区转移。

内销市场：规模扩大，增速放缓。2013年，我国服装内销市场规模继续扩大，但受经济减速影响，消费者消费意愿减弱、需求降低，内销增速放缓。从全年来看，2013年第一季度，服装内销增速承接2012年第四季度趋势，下降较为明显。随后几个季度，内销增速保持平稳，较以前年份，增速放缓明显。

外销市场：需求部分恢复，总体仍显疲弱，经济温和复苏促使市场需求部分恢复。2013年，我国服装出口金额和出口数量增速较2012年也均有较大幅度提高。同时，对发达市场出口依赖程度降低，出口地区布局更趋多元，出口单价持续提升等特征进一步凸显。

效益：基本平稳，增长缓慢。2013年，外销市场有所复苏，内销市场规模继续扩大，服装行业整体各主要效益指标增速基本平稳，缓慢增长，亏损面收窄。但全球经济不确定性仍存在，内外销市场需求总体依然疲弱，国内生产要素成本高企，服装企业运行压力进一步加大。规模以上企业效益两极分化明显，规模以下企业运行质量远逊于规模以上企业，压力较大。

投资：同比回升，行业景气企稳。2013年1~12月，服装行业规模以上企业投资同比有所回升。据国家统计局数据显示，2013年我国服装行业规模以上企业实际完成投资3127.14亿元，同比增长19.77%。施工项目7198个，同比增长3.67%；新开工项目5483个，同比增长6.24%；竣工项目5115个，同比增长4.28%。

二、行业内上市公司发展概况

（一）行业内上市公司基本情况

表 1　　2013 年纺织服装、服饰业上市公司发行股票概况

门　类	A、B 股总数	A 股股票数	B 股股票数	境内总市值（亿元）	流通 A 股市值（亿元）	流通 B 股市值（亿元）
纺织服装、服饰业（家）	28	28	0	1317.86	933.58	0.00
占沪深两市比重（%）	1.06	1.06	0.00	0.55	0.47	0.00

资料来源：沪深交易所，天相投资分析系统。

（二）行业内上市公司构成情况

表 2　　2013 年纺织服装、服饰业上市公司构成情况

门　类	沪　市			深　市			ST/*ST
	仅 A 股	仅 B 股	A+B 股	仅 A 股	仅 B 股	A+B 股	
纺织服装、服饰业（家）	8	0	0	20	0	0	0/0
占行业内上市公司比重（%）	28.57	0.00	0.00	71.43	0.00	0.00	0/0

资料来源：沪深交易所，天相投资分析系统。

（三）行业内上市公司融资情况

表 3　　2013 年纺织服装、服饰业上市公司与沪深两市融资情况对比

	融资家数	新　股	配　股	增　发
纺织服装、服饰业（家）	1	0	0	1
沪深两市总数（家）	370	0	13	357
占比（%）	0.27	—	0.00	0.28

资料来源：天相投资分析系统。

2013 年，纺织服装、服饰业有 1 家公司从中小板增发融资。

2013 年纺织服装、服饰业上市公司融资情况明细见附录。

（四）行业内上市公司资产及业绩情况

表 4　　2013 年纺织服装、服饰业上市公司资产情况　　单位：亿元

指　标	2013 年	2013 年可比样本增长（%）	2012 年	2012 年可比样本增长（%）	2011 年
总资产	1412.63	3.21	1368.65	7.37	1330.72
流动资产	923.39	2.26	902.97	3.09	—
占比（%）	65.37	-0.61	65.98	-2.74	—
非流动资产	489.24	5.06	465.68	16.77	—
占比（%）	34.63	0.61	34.02	2.74	—
流动负债	581.32	2.09	569.40	4.39	—
占比（%）	41.15	-0.45	41.60	-1.19	—
非流动负债	79.76	6.45	74.92	-7.64	—
占比（%）	5.65	0.17	5.47	-0.89	—
归属于母公司股东权益	731.25	3.63	705.65	13.36	471.09
占比（%）	51.77	0.21	51.56	2.72	—

资料来源：沪深交易所，天相投资分析系统。

表 5　　2013 年纺织服装、服饰业上市公司收入实现情况　　单位：亿元

指　标	2013 年	2013 年可比样本增长（%）	2012 年	2012 年可比样本增长（%）	2011 年
营业收入	867.58	5.61	821.46	9.93	545.37
利润总额	89.29	-10.15	99.37	-7.38	79.73
归属于母公司所有者的净利润	65.46	-14.22	76.31	-4.87	54.36

资料来源：沪深交易所，天相投资分析系统。

（五）利润分配情况

2013 年，纺织服装、服饰业共有 25 家上市公司实施分红配股。25 家上市公司均实施派息，8 家上市公司实施送股或转增股，其中，8 家公司既实施了送股、转增又实施了派息。

（六）其他财务指标情况

1. 盈利能力指标

表 6　　2013 年纺织服装、服饰业上市公司盈利能力情况　　单位：%

指　标	2013 年	2013 年可比样本变动	2012 年	2012 年可比样本变动	2011 年
毛利率	31.94	0.56	31.38	-0.38	34.37
净资产收益率	8.71	-1.99	10.70	-2.28	11.54
销售净利率	7.55	-1.89	9.44	-1.82	9.97
资产净利率	4.71	-1.16	5.86	-1.26	4.44

资料来源：沪深交易所，天相投资分析系统。

2. 偿债能力指标

表 7　　2013 年纺织服装、服饰业上市公司偿债能力情况

指　标	2013 年	2013 年可比样本变动	2012 年	2012 年可比样本变动	2011 年
流动比率	1.59	0.00	1.59	–0.02	—
速动比率	0.87	0.02	0.85	–0.01	—
资产负债率（%）	46.80	–0.28	47.08	–2.08	58.68

资料来源：沪深交易所，天相投资分析系统。

3. 营运能力指标

表 8　　2013 年纺织服装、服饰业上市公司营运能力情况　　单位：次

指　标	2013 年	2013 年可比样本变动	2012 年	2012 年可比样本变动	2011 年
存货周转率	2.07	0.08	1.99	–0.06	1.05
应收账款周转率	11.37	0.18	11.19	–1.50	—
流动资产周转率	0.95	0.03	0.92	–0.02	—
固定资产周转率	4.36	–0.18	4.53	–0.40	—
总资产周转率	0.62	0.00	0.62	–0.01	0.45
净资产周转率	1.18	–0.02	1.20	–0.09	—

资料来源：沪深交易所，天相投资分析系统。

三、重点上市公司介绍

森马服饰

森马服饰创建于 2002 年，是一家以虚拟经营为特色，以休闲服饰、儿童服饰为主导产品的企业集团，旗下拥有以森马品牌为代表的成人休闲服饰和以巴拉巴拉品牌为代表的儿童服饰两大品牌集群。森马品牌创立于 1996 年，定位于年轻、时尚、活力、高性价比的大众休闲服饰，产品主要面向 16~30 岁追求时尚、潮流的年轻人。

2013 年，公司持续推进阿米巴经营体制，优化组织机构及工作流程，加强内部审计，完善内控机制，积极处理存货，关闭不盈利门店，加大研发投入，改善供应链体系，提升产品能力，加强代理商的服务与合作，提升零售能力，加强电商投入，提升电商能力，通过代理、合资及自创方式发展新品牌，扩充业务范围及规模，实现了公司管理水平、竞争能力、经营业绩的全面提升。公司实现营业总收入 729371.76 万元，较 2012 年同期增长 3.26%；实现营业利润 123601.38 万元，同比增长 24.93%；实现归属于上市公司股东的净利润 90200.38 万元，同比增长 18.56%。截至 2013 年 12 月 31 日，公司总资产为

97.14亿元，归属于母公司所有者的净资产80.80亿元。

四、上市公司在行业中的影响力

2011~2013年，纺织服装、服饰行业整体总资产分别为7468.3亿元、9826.19亿元和11020.61亿元，其中，上市公司的总资产占行业整体的比重逐年下降，分别为17.82%、13.93%和12.82%。

2011~2013年，纺织服装、服饰行业整体营业收入分别为13214.41亿元、16833.88亿元和19250.91亿元，其中，上市公司的营收占行业整体的比重由2011年的4.13%，提升至2012年的4.88%，随后又下降至2013年的4.51%。

2011~2013年，纺织服装、服饰行业整体利润总额分别为951.98亿元、1017.4亿元和1141.09亿元，其中，上市公司的利润总额占行业整体的比重由2011年的8.38%，提升至2012年的9.77%，随后又下降至2013年的7.82%。

审稿人：翟太煌　曹玲燕　刘小勇

撰稿人：樊慧远

皮革、毛皮、羽毛及其制品和制鞋业

一、皮革、毛皮、羽毛及其制品和制鞋业总体概况

2013年，我国皮革、毛皮、羽毛及其制品和制鞋业在较为严峻的形势下总体运行平稳，基本上有效克服了宏观经济减速、外需增长缓慢、生产成本上升等多重外部压力，行业发展稳中显忧，除产量指标出现波动外，销售、利润、出口等指标均保持增长。

行业低速增长，运行稳中显忧。据中国轻工业信息中心和中国皮革协会联合发布的中轻皮革景气指数显示，近四年来，中轻皮革景气指数年度曲线有逐年下移、日益平滑的迹象，显示行业增速放缓，运行趋于平稳的同时下行压力加大，已经从稳定区间的上限向下限滑走。

生产增速趋缓，原料价格波动。2013年，全国规模以上制革行业轻革产量5.5亿平方米，同比下降23.7%。我国规模以上毛皮服装产量也出现下降，全年产量465万件，同比下降2.22%。皮革服装和皮面皮鞋的产量指标略有增长，其中，规模以上皮革服装产量6230万件，同比增长7%。产量下降主要受累于市场低迷及企业消化库存的影响，同时与制革密切相关的原料牛皮的市场供给不足，价格维持高位运行，加剧了制革产量下滑局面。

销售收入回落，利润增速加快。2013年，我国皮革主体行业完成销售收入11682.7亿元，同比增长10.6%。我国皮革

主体行业2013年度利润总额777.8亿元，同比增长13.4%。从销售利润率来看，2013年皮革主体行业销售收入利润率为6.7%，同比增长0.2个百分点。

出口降速延续。2013年我国皮革主体行业进出口顺差744.6亿美元，同比增长9%，占我国贸易总顺差的28.7%。其中，出口829.3亿美元，同比增长9%，增速回落0.8个百分点。2009年，皮革主体行业出口首次下降，在经历2010年、2011年的调整反弹后，行业出口增速近两年来持续下滑，已经不足10%，与2009年以前的水平（高于10%）相比仍略有下降。

二、行业内上市公司发展概况

（一）行业内上市公司基本情况

表1　　2013年皮革、毛皮、羽毛及其制品和制鞋业上市公司发行股票概况

门　类	A、B股总数	A股股票数	B股股票数	境内总市值（亿元）	流通A股市值（亿元）	流通B股市值（亿元）
皮革、毛皮、羽毛及其制品和制鞋业（家）	6	6	0	192.74	124.45	0.00
占沪深两市比重（%）	0.23	0.23	0.00	0.08	0.06	0.00

资料来源：沪深交易所，天相投资分析系统。

（二）行业内上市公司构成情况

表2　　2013年皮革、毛皮、羽毛及其制品和制鞋业上市公司构成情况

门　类	沪　市			深　市			ST/*ST
	仅A股	仅B股	A+B股	仅A股	仅B股	A+B股	
皮革、毛皮、羽毛及其制品和制鞋业（家）	3	0	0	3	0	0	0/0
占行业内上市公司比重（%）	50.00	0.00	0.00	50.00	0.00	0.00	0/0

资料来源：沪深交易所，天相投资分析系统。

（三）行业内上市公司融资情况

表3　　2013年皮革、毛皮、羽毛及其制品和制鞋业上市公司与沪深两市融资情况对比

	融资家数	新　股	配　股	增　发
皮革、毛皮、羽毛及其制品和制鞋业（家）	0	0	0	0
沪深两市总数（家）	370	0	13	357
占比（%）	0.00	—	0.00	0.00

资料来源：天相投资分析系统。

2013 年，皮革、毛皮、羽毛及其制品和制鞋业没有上市公司进行融资。

（四）行业内上市公司资产及业绩情况

表 4　　2013 年皮革、毛皮、羽毛及其制品和制鞋业上市公司资产情况　　单位：亿元

指　标	2013 年	2013 年可比样本增长（%）	2012 年	2012 年可比样本增长（%）	2011 年
总资产	139.00	1.81	136.53	51.35	86.49
流动资产	102.01	-7.73	110.56	53.73	—
占比（%）	73.39	-7.59	80.98	1.25	—
非流动资产	36.99	42.42	25.97	42.00	—
占比（%）	26.61	7.59	19.02	-1.25	—
流动负债	32.15	-17.81	39.11	45.66	—
占比（%）	23.13	-5.52	28.65	-1.12	—
非流动负债	8.34	191.89	2.86	-53.93	—
占比（%）	6.00	3.91	2.09	-4.78	—
归属于母公司股东权益	97.88	4.69	93.49	65.91	55.56
占比（%）	70.42	1.94	68.48	6.01	—

资料来源：沪深交易所，天相投资分析系统。

表 5　　2013 年皮革、毛皮、羽毛及其制品和制鞋业上市公司收入实现情况　　单位：亿元

指　标	2013 年	2013 年可比样本增长（%）	2012 年	2012 年可比样本增长（%）	2011 年
营业收入	90.33	-7.39	97.54	16.15	39.97
利润总额	9.80	-24.16	12.93	10.65	4.22
归属于母公司所有者的净利润	7.59	-24.69	10.08	7.17	3.46

资料来源：沪深交易所，天相投资分析系统。

（五）利润分配情况

2013 年，皮革、毛皮、羽毛及其制品和制鞋业共有 4 家上市公司实施了利润分配，分配方式均为派息。

（六）其他财务指标情况

1. 盈利能力指标

表 6　　2013 年皮革、毛皮、羽毛及其制品和制鞋业上市公司盈利能力情况　　单位：%

指　标	2013 年	2013 年可比样本变动	2012 年	2012 年可比样本变动	2011 年
毛利率	27.22	1.46	25.77	-0.51	26.17
净资产收益率	7.85	-2.99	10.84	-5.61	6.24
销售净利率	8.56	-1.94	10.50	-0.69	8.67
资产净利率	5.61	-3.43	9.04	-1.83	3.93

资料来源：沪深交易所，天相投资分析系统。

2. 偿债能力指标

表 7　　2013 年皮革、毛皮、羽毛及其制品和制鞋业上市公司偿债能力情况

指　标	2013 年	2013 年可比样本变动	2012 年	2012 年可比样本变动	2011 年
流动比率	3.17	0.35	2.83	0.15	—
速动比率	1.81	-0.05	1.86	0.27	—
资产负债率（%）	29.13	-1.61	30.74	-5.90	32.38

资料来源：沪深交易所，天相投资分析系统。

3. 营运能力指标

表 8　　2013 年皮革、毛皮、羽毛及其制品和制鞋业上市公司营运能力情况　　单位：次

指　标	2013 年	2013 年可比样本变动	2012 年	2012 年可比样本变动	2011 年
存货周转率	2.22	-0.70	2.92	-0.30	1.41
应收账款周转率	4.86	-1.08	5.94	-1.03	—
流动资产周转率	0.85	-0.22	1.07	-0.14	—
固定资产周转率	6.36	-2.51	8.87	0.03	—
总资产周转率	0.66	-0.20	0.86	-0.11	0.45
净资产周转率	0.94	-0.35	1.29	-0.30	—

资料来源：沪深交易所，天相投资分析系统。

三、重点上市公司介绍

奥康国际

2013 年，经济不景气造成的消费者信心不足给消费品市场需求带来一定压力，鞋业整体销售收入与利润出现较大波动；购物中心的兴建以及电子商务的发展，分流了传统街边店渠道客源，终端业绩水平有所下滑。公司积极推进组织变革，创新营销模式，寻求新的业绩增长点；创新研发机制，抓好产品源头；加快制造升级，提升产品竞争力；提升内部管理，做好服务终端。2013 年，公司实现营业收入 279620.90 万元，同比下滑 19.07%；实现归属于上市公司股东的净利润 27423.47 万元，同比下滑 46.57%。

四、上市公司在行业中的影响力

2011~2013 年，皮革、毛皮、羽毛及其制品和制鞋业整体总资产分别为 4260.1 亿元、5450.83 亿元、6094.77 亿元，其中，上市公司的总资产占行业整体的比重由 2011 年的 2.03%，提升至 2012 年的 2.50%，随后又下降至 2013 年的 2.28%。

2011~2013 年，皮革、毛皮、羽毛及其制品和制鞋业整体营业收入分别为 8747.22 亿元、11092.39 亿元、12493.09 亿元，其中，上市公司的营收占行业整体的比重由 2011 年的 0.46%上升至 2012 年的 0.88%，随后又下降至 2013 年的 0.72%。

2011~2013 年，皮革、毛皮、羽毛及其制品和制鞋业整体利润总额分别为 714.7 亿元、714.98 亿元、818.67 亿元，其中，上市公司的利润总额占行业整体的比重由 2011 年的 0.59%，上升至 2012 年的 1.81%，随后又提升至 2013 年的 1.20%。

审稿人：翟太煌　曹玲燕　刘小勇

撰稿人：樊慧远

木材加工及木、竹、藤、棕、草制品业

一、木材加工及木、竹、藤、棕、草制品业总体概况

2013 年，我国木材加工和木、竹、藤、棕、草制品业总资产达到 5110.50 亿元，同比增长 20.26%；行业销售收入为 12021.90 亿元，较 2012 年同期增长 17.41%；行业利润总额为 810.74 亿元，同比增幅为 19.03%。

根据国家统计局数据：截至 2013 年底，我国木材加工和木、竹、藤、棕、草制品业规模以上企业数量达 8766 家，其中 423 家企业出现亏损，行业亏损率为 4.83%。

从木材加工和木、竹、藤、棕、草制品业行业三费占销售收入的比重变化情况来看，2013 年行业三费占木材加工和木、竹、藤、棕、草制品业行业销售收入的 17.41%，占比较 2012 年略有增长。其中，销售费用比率以及财务费用比率均出现大幅度下滑，主要是由于行业规模不断扩大，行业竞争日益激烈促使企业不断提高效率，加强对各项支出的控制，最大可能地提高企业盈利能力。

从木材加工和木、竹、藤、棕、草制品业盈利能力来看，2013 年，木材加工和木、竹、藤、棕、草制品业销售毛利率、销售利润率以及资产报酬率比 2012 年略有下降，从三年来的发展情况来看，木材加工和木、竹、藤、棕、草制品业的盈利能力也是处于曲折上升的过程。从上面的分析中可以看出，三费有不断下降趋势，2011~2013 年，所占销售收入的比重处于缓慢下降趋势。

二、行业内上市公司发展概况

（一）行业内上市公司基本情况

表 1　　2013 年木材加工及木、竹、藤、棕、草制品业上市公司发行股票概况

门　类	A、B 股总数	A 股股票数	B 股股票数	境内总市值（亿元）	流通 A 股市值（亿元）	流通 B 股市值（亿元）
木材加工及木、竹、藤、棕、草制品业（家）	9	9	0	280.34	215.65	0.00
占沪深两市比重（%）	0.34	0.34	0.00	0.12	0.11	0.00

资料来源：沪深交易所，天相投资分析系统。

（二）行业内上市公司构成情况

表 2　　2013 年木材加工及木、竹、藤、棕、草制品业上市公司构成情况

门　类	沪　市			深　市			ST/*ST
	仅 A 股	仅 B 股	A+B 股	仅 A 股	仅 B 股	A+B 股	
木材加工及木、竹、藤、棕、草制品业（家）	3	0	0	6	0	0	0/0
占行业内上市公司比重（%）	33.33	0.00	0.00	66.67	0.00	0.00	0/0

资料来源：沪深交易所，天相投资分析系统。

（三）行业内上市公司融资情况

表 3　　2013 年木材加工及木、竹、藤、棕、草制品业上市公司与沪深两市融资情况对比

	融资家数	新　股	配　股	增　发
木材加工及木、竹、藤、棕、草制品业（家）	0	0	0	0
沪深两市总数（家）	370	0	13	357
占比（%）	0.00	—	0.00	0.00

资料来源：天相投资分析系统。

2013 年，木材加工及木、竹、藤、棕、　草制品业没有上市公司进行融资。

（四）行业内上市公司资产及业绩情况

表 4　　2013 年木材加工及木、竹、藤、棕、草制品业上市公司资产情况　　单位：亿元

指　标	2013 年	2013 年可比样本增长（%）	2012 年	2012 年可比样本增长（%）	2011 年
总资产	263.19	2.31	257.24	0.82	226.85
流动资产	129.48	1.05	128.14	–0.92	—
占比（%）	49.20	–0.61	49.81	–0.87	—
非流动资产	133.71	3.56	129.11	2.60	—
占比（%）	50.80	0.61	50.19	0.87	—
流动负债	108.19	4.47	103.57	0.75	—
占比（%）	41.11	0.85	40.26	–0.03	—
非流动负债	20.80	–16.77	24.99	4.07	—
占比（%）	7.90	–1.81	9.71	0.30	—
归属于母公司股东权益	125.56	3.38	121.46	0.71	107.16
占比（%）	47.71	0.49	47.22	–0.05	—

资料来源：沪深交易所，天相投资分析系统。

表 5　　2013 年木材加工及木、竹、藤、棕、草制品业上市公司收入实现情况　　单位：亿元

指　标	2013 年	2013 年可比样本增长（%）	2012 年	2012 年可比样本增长（%）	2011 年
营业收入	159.59	3.81	153.73	2.76	134.18
利润总额	7.23	57.61	4.59	–23.92	5.26
归属于母公司所有者的净利润	4.85	86.49	2.60	–40.60	3.61

资料来源：沪深交易所，天相投资分析系统。

（五）利润分配情况

2013 年，木材加工及木、竹、藤、棕、草制品业共有 7 家上市公司实施利润分配，分配方式均为派息。

（六）其他财务指标情况

1. 盈利能力指标

表 6　　2013 年木材加工及木、竹、藤、棕、草制品业上市公司盈利能力情况　　单位：%

指　标	2013 年	2013 年可比样本变动	2012 年	2012 年可比样本变动	2011 年
毛利率	20.69	0.34	20.34	–1.14	21.69
净资产收益率	4.56	1.63	2.93	–1.19	3.37
销售净利率	3.84	1.38	2.45	–1.08	2.69
资产净利率	2.35	0.88	1.47	–0.74	1.71

资料来源：沪深交易所，天相投资分析系统。

2. 偿债能力指标

表 7　2013 年木材加工及木、竹、藤、棕、草制品业上市公司偿债能力情况

指　标	2013 年	2013 年可比样本变动	2012 年	2012 年可比样本变动	2011 年
流动比率	1.20	-0.04	1.24	-0.02	—
速动比率	0.72	-0.05	0.77	0.00	—
资产负债率（%）	49.01	-0.96	49.98	0.28	49.64

资料来源：沪深交易所，天相投资分析系统。

3. 营运能力指标

表 8　2013 年木材加工及木、竹、藤、棕、草制品业上市公司营运能力情况　单位：次

指　标	2013 年	2013 年可比样本变动	2012 年	2012 年可比样本变动	2011 年
存货周转率	3.20	0.07	3.13	0.12	2.42
应收账款周转率	11.60	0.75	10.85	-2.13	—
流动资产周转率	1.24	0.04	1.19	-0.10	—
固定资产周转率	1.75	-0.08	1.83	0.02	—
总资产周转率	0.61	0.01	0.60	-0.03	0.63
净资产周转率	1.21	0.02	1.20	-0.12	—

资料来源：沪深交易所，天相投资分析系统。

三、重点上市公司介绍

丰林集团

2013 年，丰林集团完成了对亚洲创建（惠州）木业有限公司 75%股权的收购，收购后公司增加了刨花板业务，使公司的产品结构更加多元化和差异化，更好地适应了市场配套供应的能力要求，增强了公司整体竞争实力。营林造林业务同比砍伐收入增长 51%，营林造林业务实现的利润较 2012 年有所增加；纤维板产品平均销售单价有所提高，甲醛、尿素等化工原料采购成本下降，同比销售毛利率有所增长。在上述因素的综合影响下，2013 年公司实现营业收入 90315.70 万元，同比增长 5.34%；归属于母公司所有者的净利润 9069.23 万元，同比增长 29.06%；公司的经营性现金流情况良好，2013 年公司实现经营活动现金流量净额为 6621.75 万元；2013 年末营林造林面积 20.76 万亩。

审稿人：翟太煌　曹玲燕　刘小勇

撰稿人：樊慧远

家具制造业

一、家具制造业总体概况

2013年，家具制造业产销率为97.8%，较2012年同期下降0.3个百分点；出口交货值1518.0亿元，累计同比增长6.9%。其中：木质家具、竹藤家具制造行业产销率分别为97.8%和97.3%，分别较2012年同期下降0.2个和0.1个百分点；出口交货值分别为763.3亿元和29.6亿元，累计同比增长分别为8.0%、102.1%。

2013年，家具制造业主营业务收入6462.8亿元，累计同比增长14.3%；利润总额403.9亿元，累计同比增长14.0%；税金总额218.7亿元，累计同比增长17.2%。其中：木质家具、竹藤家具制造主营业务收入分别为4118.5亿元、113.7亿元，累计同比分别增长15.7%、50.2%；木质家具、竹藤家具制造利润总额分别为252.5亿元、7.5亿元，累计同比分别增长13.0%、71.8%；木质家具、竹藤家具制造税金总额分别为147.4亿元、5.4亿元，累计同比分别增长16.6%、89.1%。

二、行业内上市公司发展概况

（一）行业内上市公司基本情况

表1　　2013年家具制造业上市公司发行股票概况

门　类	A、B股总数	A股股票数	B股股票数	境内总市值（亿元）	流通A股市值（亿元）	流通B股市值（亿元）
家具制造业（家）	6	6	0	325.12	227.03	0.00
占沪深两市比重（%）	0.23	0.23	0.00	0.14	0.11	0.00

资料来源：沪深交易所，天相投资分析系统。

（二）行业内上市公司构成情况

表2　　2013年家具制造业上市公司构成情况

门　类	沪　市			深　市			ST/*ST
	仅A股	仅B股	A+B股	仅A股	仅B股	A+B股	
家具制造业（家）	3	0	0	3	0	0	0/0
占行业内上市公司比重（%）	50.00	0.00	0.00	50.00	0.00	0.00	0/0

资料来源：沪深交易所，天相投资分析系统。

（三）行业内上市公司融资情况

表 3　　2013 年家具制造业上市公司与沪深两市融资情况对比

	融资家数	新　股	配　股	增　发
家具制造业（家）	2	0	0	2
沪深两市总数（家）	370	0	13	357
占比（%）	0.54	—	0.00	0.56

资料来源：天相投资分析系统。

2013 年，家具制造业有 2 家上市公司进行增发融资，其中，1 家是沪市主板公司，另 1 家是中小板公司。

2013 年家具制造业上市公司融资情况明细见附录。

（四）行业内上市公司资产及业绩情况

表 4　　2013 年家具制造业上市公司资产情况　　单位：亿元

指　标	2013 年	2013 年可比样本增长（%）	2012 年	2012 年可比样本增长（%）	2011 年
总资产	214.88	8.83	197.45	13.33	176.89
流动资产	120.55	8.26	111.35	1.19	—
占比（%）	56.10	-0.29	56.39	-6.77	—
非流动资产	94.34	9.56	86.10	34.16	—
占比（%）	43.90	0.29	43.61	6.77	—
流动负债	73.91	23.67	59.76	30.81	—
占比（%）	34.40	4.13	30.27	4.04	—
非流动负债	4.12	-60.17	10.35	-17.42	—
占比（%）	1.92	-3.32	5.24	-1.95	—
归属于母公司股东权益（家）	135.81	7.52	126.31	9.10	118.86
占比（%）	63.20	-0.77	63.97	-2.48	—

资料来源：沪深交易所，天相投资分析系统。

表 5　　2013 年家具制造业上市公司收入实现情况　　单位：亿元

指　标	2013 年	2013 年可比样本增长（%）	2012 年	2012 年可比样本增长（%）	2011 年
营业收入	135.14	15.68	116.82	13.79	116.41
利润总额	15.00	46.73	10.22	-12.40	16.56
归属于母公司所有者的净利润	11.89	49.84	7.94	-15.37	13.94

资料来源：沪深交易所，天相投资分析系统。

（五）利润分配情况

2013 年，家具制造业共有 6 家上市公司实施分红配股。6 家上市公司均实施派息，1 家上市公司实施送股或转增股，其中，1 家公司既实施了送股、转增又实施了派息。

（六）其他财务指标情况

1. 盈利能力指标

表 6　　2013 年家具制造业上市公司盈利能力情况　　单位：%

指　标	2013 年	2013 年可比样本变动	2012 年	2012 年可比样本变动	2011 年
毛利率	33.18	1.61	31.56	-1.26	28.36
净资产收益率	8.64	2.38	6.26	-1.85	11.73
销售净利率	8.75	1.92	6.82	-2.34	11.98
资产净利率	5.73	1.44	4.29	-1.46	8.71

资料来源：沪深交易所，天相投资分析系统。

2. 偿债能力指标

表 7　　2013 年家具制造业上市公司偿债能力情况

指　标	2013 年	2013 年可比样本变动	2012 年	2012 年可比样本变动	2011 年
流动比率	1.63	-0.23	1.86	-0.55	—
速动比率	1.15	-0.15	1.30	-0.42	—
资产负债率（%）	36.31	0.81	35.51	2.09	32.70

资料来源：沪深交易所，天相投资分析系统。

3. 营运能力指标

表 8　　2013 年家具制造业上市公司营运能力情况　　单位：次

指　标	2013 年	2013 年可比样本变动	2012 年	2012 年可比样本变动	2011 年
存货周转率	3.88	0.30	3.57	-0.17	2.90
应收账款周转率	6.59	0.74	5.85	0.36	—
流动资产周转率	1.17	0.11	1.06	0.10	—
固定资产周转率	2.61	0.14	2.47	-0.14	—
总资产周转率	0.66	0.03	0.63	0.00	0.73
净资产周转率	1.02	0.06	0.96	0.01	—

资料来源：沪深交易所，天相投资分析系统。

三、重点上市公司介绍

索菲亚

2013年，受益于国内建材家居市场回暖、细分行业、定制衣柜行业整体保持增长的形势以及各项经营计划的落实，公司整体增长态势良好。2013年，公司实现营业收入17.83亿元，比上期增长45.78%；归属于上市公司股东的净利润2.45亿元，比上期增长41%。公司积极推进组织变革：继续补充现有销售渠道，持续深化销售网络。截至2013年12月31日，公司拥有经销商约650位，经销商专卖店约1200间（含在设计未开店的店数）；继续完善"索菲亚"的品牌建设，由"定制衣柜就是索菲亚"向"定制家·索菲亚"迈进，稳步推进公司中长期品牌发展战略。加快信息系统升级改造项目建设进度，完成分工厂ERP上线计划；坚持产品和技术开发、创新，完善产品系统，有力支撑店面销售；股权激励，造就持续动力：2013年第一次临时股东大会批准公司董事会实施《索菲亚家居股份有限公司限制性股票激励计划（草案）》。董事会在股东大会的授权下，向总共123名激励对象授予限制性股票（含预留部分限制性股票）。

四、上市公司在行业中的影响力

2011~2013年，家具制造业整体总资产分别为2951.98亿元、3278.95亿元、4039.11亿元，其中，上市公司的总资产占行业整体的比重由2011年的5.99%，提升至2012年的6.02%，随后又下降至2013年的5.32%。

2011~2013年，家具制造业整体营业收入分别为4946.76亿元、5438.90亿元、6462.75亿元，其中，上市公司的营收占行业整体的比重逐年下降，分别为2.35%、2.15%、2.09%。

2011~2013年，家具制造业整体利润总额分别为341.04亿元、344.66亿元、403.88亿元，其中，上市公司的利润总额占行业整体的比重由2011年的4.86%，下降至2012年的2.97%，随后又提升至2013年的3.71%。

审稿人：翟太煌　曹玲燕　刘小勇

撰稿人：樊慧远

造纸及纸制品业

一、造纸及纸制品业总体概况

（一）行业整体运行情况

2013 年，造纸及纸制品行业供过于求的产能过剩情况仍然较为严重。一方面，在前期投资惯性作用下产能继续增长，全年行业累计固定资产投资额高达 2632.87 亿元，同比增长 18.82%，增速较 2012 年上升 3.22 个百分点；另一方面，受宏观经济增速放缓影响，需求持续疲弱。在供需两方的夹击作用下，行业供需矛盾依然严峻，产品价格及盈利水平均处于历史较低水平，全行业规模以上企业 7213 家，实现营业收入 13471.58 亿元，同比增长 9.02%；实现利润总额 749.61 亿元，同比增长 10.43%；整体毛利率 13.73%，较 2012 年同期下降 0.22 个百分点；销售利润率 5.56%，较 2012 年同期下降 0.01 个百分点。不过，从景气态势上来看，2013 年造纸及纸制品业景气指数较 2012 年有所回升。

（二）细分行业运行概况

造纸及纸制品业共分为 3 个细分子行业：纸浆制造业、造纸业、纸制品业。

2013 年，全国规模以上纸浆制造业企业 61 家，资产总额 468.02 亿元，同比增长 7.03%；全年实现营业收入 177.00 亿元，同比增长 19.91%；实现利润总额–3.96 亿元；行业销售利润率–2.24%，较 2012 年同期下降 1.61 个百分点；资产负债率 67.92%，较 2012 年同期下降 0.69 个百分点。

2013 年，全国规模以上造纸业企业 2934 家，资产总额 9015.09 亿元，同比增长 8.02%；全年实现营业收入 7574.51 亿元，同比增长 5.91%；实现利润总额 373.93 亿元，同比增长 6.95%；行业销售利润率 4.94%，较 2012 年同期下降 0.04 个百分点；资产负债率 58.20%，较 2012 年同期下降 0.62 个百分点。

2013 年，全国规模以上纸制品业企业 4218 家，资产总额 3457.06 亿元，同比增长 15.37%；全年实现营业收入 5720.07 亿元，同比增长 13.11%；实现利润总额 379.63 亿元，同比增长 13.48%；行业销售利润率 6.64%，较 2012 年同期上升 0.12 个百分点；资产负债率 51.40%，较 2012 年同期下降 1.26 个百分点。

二、行业内上市公司发展概况

（一）行业内上市公司基本情况

表 1　　2013 年造纸及纸制品业上市公司发行股票概况

门　类	A、B 股总数	A 股股票数	B 股股票数	境内总市值（亿元）	流通 A 股市值（亿元）	流通 B 股市值（亿元）
造纸及纸制品业（家）	29	27	2	1009.73	800.43	19.99
占沪深两市比重（%）	1.10	1.02	0.08	0.42	0.40	1.20

资料来源：沪深交易所，天相投资分析系统。

（二）行业内上市公司构成情况

表 2　　2013 年造纸及纸制品业上市公司构成情况

门　类	沪　市			深　市			ST/*ST
	仅 A 股	仅 B 股	A+B 股	仅 A 股	仅 B 股	A+B 股	
造纸及纸制品业（家）	13	0	0	13	1	1	1/1
占行业内上市公司比重（%）	46.43	0.00	0.00	46.43	3.57	3.57	3.57/3.57

资料来源：沪深交易所，天相投资分析系统。

（三）行业内上市公司融资情况

表 3　　2013 年造纸及纸制品业上市公司与沪深两市融资情况对比

	融资家数	新　股	配　股	增　发
造纸及纸制品业（家）	4	0	0	4
沪深两市总数（家）	370	0	13	357
占比（%）	1.08	—	0.00	1.12

资料来源：天相投资分析系统。

2013 年，造纸及纸制品业有 4 家上市公司进行增发，其中，有 2 家沪市、1 家深市及 1 家中小板公司。

2013 年造纸及纸制品业上市公司融资情况明细见附录。

（四）行业内上市公司资产及业绩情况

表 4　　2013 年造纸及纸制品业上市公司资产情况　　单位：亿元

指　标	2013 年	2013 年可比样本增长（%）	2012 年	2012 年可比样本增长（%）	2011 年
总资产	1880.79	10.56	1701.13	3.20	1664.30
流动资产	763.65	11.22	686.64	–0.50	—
占比（%）	40.60	0.24	40.36	–1.50	—
非流动资产	1117.14	10.12	1014.50	5.86	—
占比（%）	59.40	–0.24	59.64	1.50	—
流动负债	803.69	18.86	676.16	–7.44	—
占比（%）	42.73	2.98	39.75	–4.57	—
非流动负债	374.29	–0.74	377.08	26.22	—
占比（%）	19.90	–2.27	22.17	4.04	—
归属于母公司股东权益	663.58	8.68	610.60	6.79	591.53
占比（%）	35.28	–0.61	35.89	1.21	—

资料来源：沪深交易所，天相投资分析系统。

表 5　　2013 年造纸及纸制品业上市公司收入实现情况　　单位：亿元

指　标	2013 年	2013 年可比样本增长（%）	2012 年	2012 年可比样本增长（%）	2011 年
营业收入	919.17	6.79	860.69	1.76	854.77
利润总额	18.01	–34.64	27.55	74.03	20.23
归属于母公司所有者的净利润	9.88	–61.64	25.74	165.55	13.20

资料来源：沪深交易所，天相投资分析系统。

（五）利润分配情况

2013 年，造纸及纸制品业共有 14 家上市公司实施分红配股。14 家上市公司均实施派息，3 家上市公司实施送股或转增股，其中，3 家公司既实施了送股、转增又实施了派息。

（六）其他财务指标情况

1. 盈利能力指标

表 6　　2013 年造纸及纸制品业上市公司盈利能力情况　　单位：%

指　标	2013 年	2013 年可比样本变动	2012 年	2012 年可比样本变动	2011 年
毛利率	16.43	1.59	14.84	–0.08	15.10
净资产收益率	1.45	–2.29	3.74	1.86	2.23
销售净利率	1.11	–1.71	2.81	1.44	1.54
资产净利率	0.57	–0.88	1.45	0.68	0.86

资料来源：沪深交易所，天相投资分析系统。

2. 偿债能力指标

表 7　　2013 年造纸及纸制品业上市公司偿债能力情况

指　标	2013 年	2013 年可比样本变动	2012 年	2012 年可比样本变动	2011 年
流动比率	0.95	-0.07	1.02	0.07	—
速动比率	0.68	-0.03	0.71	0.06	—
资产负债率（%）	62.63	0.72	61.91	-0.52	61.61

资料来源：沪深交易所，天相投资分析系统。

3. 营运能力指标

表 8　　2013 年造纸及纸制品业上市公司营运能力情况　　单位：次

指　标	2013 年	2013 年可比样本变动	2012 年	2012 年可比样本变动	2011 年
存货周转率	4.33	0.26	4.07	-0.54	3.89
应收账款周转率	7.28	-0.30	7.58	-0.89	—
流动资产周转率	1.27	0.02	1.25	-0.12	—
固定资产周转率	1.17	0.03	1.14	-0.11	—
总资产周转率	0.51	0.00	0.51	-0.05	0.56
净资产周转率	1.36	0.00	1.36	-0.05	—

资料来源：沪深交易所，天相投资分析系统。

三、重点上市公司介绍

太阳纸业

太阳纸业是中国最大的民营造纸企业、中国 500 强企业之一，位列世界造纸百强行列，主要从事铜版纸、白板纸、双胶纸以及白卡纸等高端纸品的生产和销售。2013 年，公司实现营业收入 108.95 亿元，同比增长 4.7%；实现归属于上市公司股东的净利润为 2.85 亿元，同比增长 61.4%；实现每股收益 0.25 元。

受高端产品增长带动，公司盈利能力明显提升。综合毛利率达到 16.94%，同比上升 3.39 个百分点；销售净利率 2.92%，同比上升 0.81 个百分点；净资产收益率 6.06%，同比上升 1.56 个百分点。

2013 年末，公司的资产负债率达到 65.25%，同比下降 5.38 个百分点。

审稿人：翟太煌　曹玲燕　刘小勇

撰稿人：罗　胤

印刷和记录媒介复制业

一、印刷和记录媒介复制业总体概况

（一）行业整体运行情况

2013年，印刷和记录媒介复制业投资规模稳步提升，全年累计固定资产投资额为1289.37亿元，同比增长22.03%。全行业规模以上企业4321家，资产总额4306.46亿元，同比增长12.48%；实现营业收入5291.30亿元，同比增长14.08%；实现利润总额420.08亿元，同比增长11.29%。不过，受到成本上行影响，行业总体盈利能力小幅下降，整体毛利率17.12%，较2012年同期下降1.19个百分点；销售利润率7.94%，较2012年同期下降0.42个百分点。从景气态势上来看，2013年印刷和记录媒介复制业景气指数较2012年进一步提升，至2013年第四季度已达140.60。

（二）细分行业运行概况

印刷和记录媒介复制业共分为3个细分子行业：印刷业、装订及印刷相关服务业、记录媒介复制业。

2013年，全国规模以上印刷业企业4142家，资产总额4136.20亿元，同比增长12.74%；全年实现营业收入5106.95亿元，同比增长14.07%；实现利润总额407.69亿元，同比增长11.43%；行业销售利润率7.98%，较2012年同期下降0.33个百分点；资产负债率47.20%，较2012年同期上升0.23个百分点。

2013年，全国规模以上装订及印刷相关服务业企业124家，资产总额80.09亿元，同比增长4.59%；全年实现营业收入120.16亿元，同比增长16.40%；实现利润总额8.88亿元，同比增长4.85%；行业销售利润率7.39%，较2012年同期下降4.19个百分点；资产负债率50.12%，较2012年同期上升21.39个百分点。

2013年，全国规模以上记录媒介复制业企业55家，资产总额90.17亿元，同比增长7.98%；全年实现营业收入64.19亿元，同比增长10.36%；实现利润总额3.50亿元，同比增长12.97%；行业销售利润率5.46%，较2012年同期上升0.54个百分点；资产负债率46.27%，较2012年同期上升0.19个百分点。

二、行业内上市公司发展概况

（一）行业内上市公司基本情况

表 1　　2013 年印刷和记录媒介复制业上市公司发行股票概况

门　类	A、B 股总数	A 股股票数	B 股股票数	境内总市值（亿元）	流通 A 股市值（亿元）	流通 B 股市值（亿元）
印刷和记录媒介复制业（家）	7	7	0	381.76	231.68	0.00
占沪深两市比重（%）	0.27	0.27	0.00	0.16	0.12	0.00

资料来源：沪深交易所，天相投资分析系统。

（二）行业内上市公司构成情况

表 2　　2013 年印刷和记录媒介复制业上市公司构成情况

门　类	沪　市			深　市			ST/*ST
	仅 A 股	仅 B 股	A+B 股	仅 A 股	仅 B 股	A+B 股	
印刷和记录媒介复制业（家）	2	0	0	5	0	0	0/0
占行业内上市公司比重（%）	28.57	0.00	0.00	71.43	0.00	0.00	0/0

资料来源：沪深交易所，天相投资分析系统。

（三）行业内上市公司融资情况

表 3　　2013 年印刷和记录媒介复制业上市公司与沪深两市融资情况对比

	融资家数	新　股	配　股	增　发
印刷和记录媒介复制业（家）	0	0	0	0
沪深两市总数（家）	370	0	13	357
占比（%）	0.00	—	0.00	0.00

资料来源：天相投资分析系统。

2013 年，印刷和记录媒介复制业无上市公司实施融资。

（四）行业内上市公司资产及业绩情况

表 4　　2013 年印刷和记录媒介复制业上市公司资产情况　　单位：亿元

指　标	2013 年	2013 年可比样本增长（%）	2012 年	2012 年可比样本增长（%）	2011 年
总资产	163.62	5.10	155.69	16.36	115.21
流动资产	88.63	8.20	81.92	-1.20	—

续表

指 标	2013 年	2013 年可比样本增长（%）	2012 年	2012 年可比样本增长（%）	2011 年
占比（%）	54.17	1.55	52.62	-9.35	—
非流动资产	74.99	1.66	73.77	44.98	—
占比（%）	45.83	-1.55	47.38	9.35	—
流动负债	60.00	-5.24	63.32	15.07	—
占比（%）	36.67	-4.00	40.67	-0.46	—
非流动负债	5.22	312.56	1.27	-68.16	—
占比（%）	3.19	2.38	0.81	-2.16	—
归属于母公司股东权益	91.79	10.89	82.77	22.94	55.67
占比（%）	56.10	2.93	53.17	2.85	—

资料来源：沪深交易所，天相投资分析系统。

表 5　　2013 年印刷和记录媒介复制业上市公司收入实现情况　　单位：亿元

指 标	2013 年	2013 年可比样本增长（%）	2012 年	2012 年可比样本增长（%）	2011 年
营业收入	86.64	8.37	79.95	10.97	56.69
利润总额	18.29	10.03	16.62	7.47	9.02
归属于母公司所有者的净利润	14.61	11.74	13.07	9.88	6.44

资料来源：沪深交易所，天相投资分析系统。

（五）利润分配情况

2013 年，印刷和记录媒介复制业共有 5 家上市公司实施了分红配股。5 家上市公司全部实施派息，1 家上市公司实施送股或转增股，其中，1 家公司既实施了送股、转增又实施了派息。

（六）其他财务指标情况

1. 盈利能力指标

表 6　　2013 年印刷和记录媒介复制业上市公司盈利能力情况　　单位：%

指 标	2013 年	2013 年可比样本变动	2012 年	2012 年可比样本变动	2011 年
毛利率	35.53	0.64	34.89	-1.24	31.61
净资产收益率	15.83	0.44	15.39	-2.13	11.57
销售净利率	17.98	0.44	17.54	-0.65	11.36
资产净利率	9.76	0.07	9.69	-0.78	5.95

资料来源：沪深交易所，天相投资分析系统。

2. 偿债能力指标

表 7　2013 年印刷和记录媒介复制业上市公司偿债能力情况

指　标	2013 年	2013 年可比样本变动	2012 年	2012 年可比样本变动	2011 年
流动比率	1.48	0.18	1.29	-0.21	—
速动比率	0.86	0.12	0.74	-0.15	—
资产负债率（%）	39.86	-1.62	41.48	-2.62	45.68

资料来源：沪深交易所，天相投资分析系统。

3. 营运能力指标

表 8　2013 年印刷和记录媒介复制业上市公司营运能力情况　单位：次

指　标	2013 年	2013 年可比样本变动	2012 年	2012 年可比样本变动	2011 年
存货周转率	2.41	0.10	2.31	-0.12	1.50
应收账款周转率	6.29	0.16	6.13	-0.06	—
流动资产周转率	1.02	0.05	0.97	-0.01	—
固定资产周转率	2.20	0.06	2.14	0.21	—
总资产周转率	0.54	-0.01	0.55	-0.02	0.52
净资产周转率	0.91	-0.05	0.96	-0.07	—

资料来源：沪深交易所，天相投资分析系统。

三、重点上市公司介绍

劲嘉股份

劲嘉股份是烟标印刷行业龙头企业，主要从事高端包装印刷品和包装材料的研究生产，主要产品有高技术和高附加值的烟标、高端知名消费品牌包装及相关镭射包装材料镭射膜和镭射纸等。2013 年，公司实现营业收入 21.37 亿元，同比微降 0.7%；归属于上市公司股东的净利润为 4.77 亿元，同比增长 10.2%；实现每股收益 0.67 元。

得益于并购项目的有效实施，公司盈利能力明显提升。毛利率达到 39.91%，同比上升 2.08 个百分点；销售净利率 23.22%，同比上升 1.62 个百分点；净资产收益率 18.20%，同比下降 1.01 个百分点。

2013 年末，公司的资产负债率达到 31.97%，同比下降 5.73 个百分点。

审稿人：翟太煌　曹玲燕　刘小勇

撰稿人：罗　胤

文教、工美、体育和娱乐用品制造业

一、文教、工美、体育和娱乐用品制造业总体概况

2013年，我国文教、工美、体育和娱乐用品制造业共有企业7198家，企业单位数较2012年小幅增长10.70%。在行业规模不断扩大、竞争日益激烈的背景下，行业整体毛利率稳中略升，企业主要通过不断提高效率、控制费用支出等提高盈利能力，全年行业内企业销售收入增速和利润总额增速均呈现上升态势。行业内仍以民营中小企业为主，产品表现出同质性强、创新性不足、品牌不突出等特点。龙头公司开始相继通过外延式并购等方式植入互联网因素，由传统制造企业向平台型企业跨界转型。

2013年，文教、工美、体育和娱乐用品制造业总资产为5916.07亿元，同比增长27.30%；实现营业收入12037.80亿元，同比增长23.92%；实现利润总额631.20元，同比增长25.81%；销售利润率达5.24%，较2012年上升0.08个百分点。其中，行业内共有6502家企业实现盈利，占全部企业数的90.33%，较2012年有微幅提升。行业资产负债率为52.95 %，基本与2012年持平。

二、行业内上市公司发展概况

（一）行业内上市公司基本情况

表1　2013年文教、工美、体育和娱乐用品制造业上市公司发行股票概况

门　类	A、B股总数	A股股票数	B股股票数	境内总市值（亿元）	流通A股市值（亿元）	流通B股市值（亿元）
文教、工美、体育和娱乐用品制造业（家）	10	10	0	484.94	227.11	0.00
占沪深两市比重（%）	0.38	0.38	0.00	0.20	0.11	0.00

资料来源：沪深交易所，天相投资分析系统。

（二）行业内上市公司构成情况

表2　2013年文教、工美、体育和娱乐用品制造业上市公司构成情况

门　类	沪　市			深　市			ST/*ST
	仅A股	仅B股	A+B股	仅A股	仅B股	A+B股	
文教、工美、体育和娱乐用品制造业（家）	0	0	0	10	0	0	0/0

续表

门类	沪市			深市			ST/*ST
	仅A股	仅B股	A+B股	仅A股	仅B股	A+B股	
占行业内上市公司比重(%)	0.00	0.00	0.00	100.00	0.00	0.00	0/0

资料来源：沪深交易所，天相投资分析系统。

（三）行业内上市公司融资情况

表3　　2013年文教、工美、体育和娱乐用品制造业上市公司与沪深两市融资情况对比

	融资家数	新股	配股	增发
文教、工美、体育和娱乐用品制造业（家）	1	0	0	1
沪深两市总数（家）	370	0	13	357
占比（%）	0.27	—	0.00	0.28

资料来源：天相投资分析系统。

2013年，文教、工美、体育和娱乐用品制造业有1家创业板公司进行增发融资。

2013年文教、工美、体育和娱乐用品制造业上市公司融资情况明细见附录。

（四）行业内上市公司资产及业绩情况

表4　　2013年文教、工美、体育和娱乐用品制造业上市公司资产情况　　单位：亿元

指标	2013年	2013年可比样本增长（%）	2012年	2012年可比样本增长（%）	2011年
总资产	150.99	16.55	129.55	21.10	95.05
流动资产	89.62	10.64	81.00	10.80	—
占比（%）	59.35	-3.17	62.52	-5.81	—
非流动资产	61.37	26.42	48.55	43.32	—
占比（%）	40.65	3.17	37.48	5.81	—
流动负债	31.38	20.67	26.01	55.69	—
占比（%）	20.79	0.71	20.08	4.46	—
非流动负债	10.15	824.51	1.10	-66.62	—
占比（%）	6.72	5.87	0.85	-2.23	—
归属于母公司股东权益	107.06	6.75	100.29	16.59	72.92
占比（%）	70.90	-6.51	77.41	-2.99	—

资料来源：沪深交易所，天相投资分析系统。

表 5　2013 年文教、工美、体育和娱乐用品制造业上市公司收入实现情况　单位：亿元

指　标	2013 年	2013 年可比样本增长（%）	2012 年	2012 年可比样本增长（%）	2011 年
营业收入	101.45	18.92	85.31	19.48	63.70
利润总额	10.62	2.41	10.37	14.23	6.17
归属于母公司所有者的净利润	8.77	2.53	8.55	11.69	5.29

资料来源：沪深交易所，天相投资分析系统。

（五）利润分配情况

2013 年，文教、工美、体育和娱乐用品制造业有 10 家上市公司实施分红配股。10 家上市公司均实施派息，2 家上市公司实施送股或转增股，其中，2 家公司既实施了送股、转增又实施了派息。

（六）其他财务指标情况

1. 盈利能力指标

表 6　2013 年文教、工美、体育和娱乐用品制造业上市公司盈利能力情况　单位：%

指　标	2013 年	2013 年可比样本变动	2012 年	2012 年可比样本变动	2011 年
毛利率	24.87	-1.88	26.75	-1.06	24.79
净资产收益率	8.16	-0.32	8.48	-0.30	7.26
销售净利率	8.81	-1.38	10.19	-0.52	8.31
资产净利率	6.37	-0.98	7.35	-0.25	5.92

资料来源：沪深交易所，天相投资分析系统。

2. 偿债能力指标

表 7　2013 年文教、工美、体育和娱乐用品制造业上市公司偿债能力情况

指　标	2013 年	2013 年可比样本变动	2012 年	2012 年可比样本变动	2011 年
流动比率	2.86	-0.26	3.11	-1.26	—
速动比率	2.05	-0.29	2.33	-0.98	—
资产负债率（%）	27.51	6.58	20.92	2.23	21.94

资料来源：沪深交易所，天相投资分析系统。

3. 营运能力指标

表 8　2013 年文教、工美、体育和娱乐用品制造业上市公司营运能力情况　单位：次

指　标	2013 年	2013 年可比样本变动	2012 年	2012 年可比样本变动	2011 年
存货周转率	4.45	-0.03	4.48	0.27	4.43
应收账款周转率	7.89	-0.56	8.45	-0.05	—
流动资产周转率	1.19	0.08	1.11	0.10	—
固定资产周转率	3.87	-0.56	4.44	0.02	—
总资产周转率	0.72	0.00	0.72	0.01	0.71
净资产周转率	0.96	0.06	0.90	0.00	—

资料来源：沪深交易所，天相投资分析系统。

三、重点上市公司介绍

星辉车模（2014 年更名为“互动娱乐”）

2010 年 1 月 20 日，星辉车模在创业板首次公开发行股票，发行价 43.98 元，募集资金总额 5.81 亿元，扣除发行费后实际募集 5.49 亿元。2014 年 3 月 25 日，公司正式更名为“互动娱乐”，代码不变。

2013 年，公司实现营业收入 22.19 亿元，同比增长 98.42%；实现利润总额 1.67 亿元，同比增长 26.32%；实现归属于母公司股东净利润 1.34 亿元，同比增长 25.17%；实现基本每股收益 0.56 元。

公司主营车模、婴童玩具、原材料等产品，同时积极发展以玩具和游戏为载体、内容和营销双重驱动的互动娱乐模式。2013 年，公司车模业务营业收入达到 53100.26 万元，同比增长 8.31%；婴童用品快速增长，实现营业收入 6091.07 万元，同比增长 103.64%。公司在巩固核心产品婴童车模的同时，不断拓宽产品线，加快儿童汽车安全座椅、儿童自行车的开发力度。渠道拓展方面，2013 年公司海外经销商客户从 2012 年底的 255 家增加到 368 家，其中，海外婴童业务客户增加 60 家、海外车模业务客户增加 53 家。截至 2013 年底，公司车模业务和婴童业务国内零售终端总数由 2012 年底的 4100 家增加至 5650 家。

在传统业务保持稳定的基础上，公司积极从玩具制造商向娱乐平台转型。2013 年，公司先后收购了手游开发商畅娱天下和酷果广告，并陆续取得了金庸、梁羽生和温瑞安相关作品的游戏改编权，同时拟通过重大资产重组收购天拓科技来强化网络游戏板块及产业化平台。公司拥有丰富的 IP 资源，既可以降低游戏创意和策划上的成本，又可以迅速吸引玩家、提升市场关注。三家子公司 2014 年合计业绩承诺 9300 万元，为 2013 年全年净利润的 70%，显著提升了公司的盈利能力。

四、上市公司在行业中的影响力

2013 年，文教、工美、体育和娱乐用品制造业全行业总资产为 5916.07 亿元，同比增长 27.30%；实现营业收入 12037.80 亿元，同比增长 23.92%；实现利润总额 631.20 亿元，同比增长 25.81%。行业内上市公司总资产为 150.99 亿元，可比样本同比增长 16.55%，占行业总资产的 2.55%，较 2012 年下降 0.24 个百分点；上市公司实现营业收入 101.45 亿元，可比样本同比增长 18.92%，占行业营业收入的 0.84%，较 2012 年下降 0.04 个百分点；上市公司实现利润总额 10.62 亿元，可比样本同比增长 2.41%；占行业利润总额的 1.68%，较 2012 年下降 0.39 个百分点。

2013 年，行业内企业数量较 2012 年有所上升，而上市公司数量不变，因此上市公司的总资产、营业收入和利润总额占比均有所下降。从经营情况来看，上市公司的总资产增速、营业收入增速和利润总额增速均不及行业总体水平，但上市公司毛利率水平远高于行业总体水平。上市公司在行业中具备品牌优势、技术优势和渠道优势，但以制造为主的传统盈利模式已日趋受阻，通过品牌优势和知识产权优势，开辟互联网渠道，向平台型企业转型是大势所趋。

审稿人：孙卫党

撰稿人：侯　迪

石油加工、炼焦及核燃料加工业

一、石油加工、炼焦及核燃料加工业总体概况

截至 2013 年底，全国规模以上石油加工、炼焦及核燃料加工行业企业数量为 2064 家，其中 508 家企业出现亏损，行业亏损率为 24.61%。石油加工、炼焦及核燃料加工行业资产合计 23276.40 亿元，同比增加 12.80%；实现销售收入 40679.77 亿元，同比增加 3.57%；完成利润总额 482.09 亿元。

二、行业内上市公司发展概况

（一）行业内上市公司基本情况

表1　　2013年石油加工、炼焦及核燃料加工业上市公司发行股票概况

门　类	A、B股总数	A股股票数	B股股票数	境内总市值（亿元）	流通A股市值（亿元）	流通B股市值（亿元）
石油加工、炼焦及核燃料加工业（家）	18	18	0	787.02	505.91	0.00
占沪深两市比重（%）	0.68	0.68	0.00	0.33	0.26	0.00

资料来源：沪深交易所，天相投资分析系统。

（二）行业内上市公司构成情况

表2　　2013年石油加工、炼焦及核燃料加工业上市公司构成情况

门　类	沪　市			深　市			ST/*ST
	仅A股	仅B股	A+B股	仅A股	仅B股	A+B股	
石油加工、炼焦及核燃料加工业（家）	10	0	0	8	0	0	0/0
占行业内上市公司比重（%）	55.56	0.00	0.00	44.44	0.00	0.00	0/0

资料来源：沪深交易所，天相投资分析系统。

（三）行业内上市公司融资情况

表3　　2013年石油加工、炼焦及核燃料加工业上市公司与沪深两市融资情况对比

	融资家数	新　股	配　股	增　发
石油加工、炼焦及核燃料加工业（家）	3	0	0	3
沪深两市总数（家）	370	0	13	357
占比（%）	0.81	—	0.00	0.84

资料来源：天相投资分析系统。

2013年，石油加工、炼焦及核燃料加工业有3家上市增发融资，均为沪市公司。

2013年石油加工、炼焦及核燃料加工业上市公司融资情况明细见附录。

（四）行业内上市公司资产及业绩情况

表 4　　2013 年石油加工、炼焦及核燃料加工业上市公司资产情况　　单位：亿元

指　标	2013 年	2013 年可比样本增长（%）	2012 年	2012 年可比样本增长（%）	2011 年
总资产	1561.21	-2.02	1593.36	11.51	649.63
流动资产	538.27	-6.37	574.87	16.73	—
占比（%）	34.48	-1.60	36.08	1.61	—
非流动资产	1022.95	0.44	1018.49	8.76	—
占比（%）	65.52	1.60	63.92	-1.61	—
流动负债	719.46	-9.01	790.67	24.33	—
占比（%）	46.08	-3.54	49.62	5.12	—
非流动负债	252.46	-3.53	261.69	20.93	—
占比（%）	16.17	-0.25	16.42	1.28	—
归属于母公司股东权益	549.03	9.06	503.44	-6.18	313.87
占比（%）	35.17	3.57	31.60	-5.96	—

资料来源：沪深交易所，天相投资分析系统。

表 5　　2013 年石油加工、炼焦及核燃料加工业上市公司收入实现情况　　单位：亿元

指　标	2013 年	2013 年可比样本增长（%）	2012 年	2012 年可比样本增长（%）	2011 年
营业收入	2259.34	12.36	2010.85	-4.32	1264.99
利润总额	29.44	扭亏为盈	-26.00	由盈转亏	13.50
归属于母公司所有者的净利润	22.44	扭亏为盈	-25.42	由盈转亏	8.88

资料来源：沪深交易所，天相投资分析系统。

（五）利润分配情况

2013 年，石油加工、炼焦及核燃料加工业有 3 家上市公司实施分红配股。3 家公司均实施派息，1 家公司实施送股或转增股，其中，1 家公司既实施了送股、转增又实施了派息。

（六）其他财务指标情况

1. 盈利能力指标

表 6　　2013 年石油加工、炼焦及核燃料加工业上市公司盈利能力情况　　单位：%

指　标	2013 年	2013 年可比样本变动	2012 年	2012 年可比样本变动	2011 年
毛利率	11.30	2.75	8.56	-3.11	10.32
净资产收益率	3.83	8.73	-4.90	-11.13	2.83
销售净利率	1.00	2.32	-1.32	-3.03	0.70
资产净利率	1.43	3.18	-1.75	-4.44	1.43

资料来源：沪深交易所，天相投资分析系统。

2. 偿债能力指标

表 7　2013 年石油加工、炼焦及核燃料加工业上市公司偿债能力情况

指　标	2013 年	2013 年可比样本变动	2012 年	2012 年可比样本变动	2011 年
流动比率	0.75	0.02	0.73	-0.05	—
速动比率	0.46	0.01	0.44	-0.06	—
资产负债率（%）	62.25	-3.79	66.05	6.40	49.52

资料来源：沪深交易所，天相投资分析系统。

3. 营运能力指标

表 8　2013 年石油加工、炼焦及核燃料加工业上市公司营运能力情况　单位：次

指　标	2013 年	2013 年可比样本变动	2012 年	2012 年可比样本变动	2011 年
存货周转率	10.41	0.29	10.12	-2.53	12.03
应收账款周转率	35.29	-3.89	39.17	-14.25	—
流动资产周转率	4.06	0.29	3.77	-0.83	—
固定资产周转率	3.14	0.26	2.89	-0.35	—
总资产周转率	1.43	0.10	1.33	-0.24	2.04
净资产周转率	4.00	0.40	3.60	-0.28	—

资料来源：沪深交易所，天相投资分析系统。

三、重点上市公司介绍

上海石化

2013 年，上海石化实现营业收入 1155.40 亿元，同比增加 24.14%，归属于母公司股东的净利润为 20.04 亿元，每股收益 0.19 元。从销售收入的构成来看，57.92%来自石油产品，同比上升 10.91 个百分点；16.17%来自中间石化产品，同比下降 3.34 个百分点；12.5%来自树脂及塑料，同比下降 3.43 个百分点；2.83%来自合成纤维，同比下降 0.76 个百分点。从各板块营业利润来看，公司的盈利主要来自石油产品。

公司全年加工原油 1566.78 万吨（包括来料加工 81.18 万吨），同比增长 39.97%。生产汽油、柴油、航空煤油等成品油 907.26 万吨，增长 54.33%，其中，生产汽油 287.15 万吨、柴油 493.12 万吨、航空煤油 126.99 万吨，分别增长 181.44%、22.43%和 52.89%。生产乙烯 95.33 万吨、丙烯 61.18 万吨，分别增长 4.22%和 21.29%，生产对二甲苯 93.92 万吨，增长 8.43%。生产塑料树脂及共聚物（不包括聚酯和聚乙烯醇）112.99 万吨，增长 3.90%。生产合纤原料 87.71 万吨，减少 13.64%，生产合纤聚合物 52.35 万吨，减少 17.70%，

生产合成纤维25.28万吨，增长0.48%。

四、上市公司在行业中的影响力

截至2013年底，石油加工、炼焦及核燃料加工行业总资产达23276.40亿元，上市公司占比由2012年的7.56%下跌至6.70%；行业全年实现主营业务收入40679.77亿元，上市公司占比由2012年的5.05%上涨至5.55%；行业全年实现利润总额482.09亿元，其中上市公司占比回升至6.11%。

2013年，面对复杂的国内外宏观经济形势，石油加工、炼焦及核燃料加工业克服重重困难，实现了预期增长目标。行业运行总体平稳，经济效益明显改善，产业转型升级稳步推进，投资结构继续优化，出口保持增长，市场供需基本稳定。

审稿人：林开盛

撰稿人：林开盛　马昕晔

化学原料及化学制品制造业

一、化学原料及化学制品制造业总体概况

2013年，我国规模以上（主营业务收入达到2000万元及以上）化学原料及化学制品企业数量为24211家，亏损企业达到2826家，亏损率为11.67%。行业累计总资产59604.98亿元，同比增长17.37%。实现销售收入76329.77亿元，同比增长14.48%。总利润4113.28亿元，同比增长11.65%。销售毛利率为13.71%，同比下降1.78个百分点。

二、行业内上市公司发展概况

（一）行业内上市公司基本情况

表1　　2013年化学原料及化学制品制造业上市公司发行股票概况

门　类	A、B股总数	A股股票数	B股股票数	境内总市值（亿元）	流通A股市值（亿元）	流通B股市值（亿元）
化学原料及化学制品制造业（家）	178	174	4	7852.70	5754.06	35.42
占沪深两市比重（%）	6.75	6.60	0.15	3.28	2.91	2.13

资料来源：沪深交易所，天相投资分析系统。

（二）行业内上市公司构成情况

表 2　　2013 年化学原料及化学制品制造业上市公司构成情况

门　类	沪　市			深　市			ST/*ST
	仅 A 股	仅 B 股	A+B 股	仅 A 股	仅 B 股	A+B 股	
化学原料及化学制品制造业（家）	54	1	2	117	0	1	1/6
占行业内上市公司比重（%）	30.86	0.57	1.14	66.86	0.00	0.57	0.57/3.43

资料来源：沪深交易所，天相投资分析系统。

（三）行业内上市公司融资情况

表 3　　2013 年化学原料及化学制品制造业上市公司与沪深两市融资情况对比

	融资家数	新　股	配　股	增　发
化学原料及化学制品制造业（家）	28	0	0	28
沪深两市总数（家）	370	0	13	357
占比（%）	7.57	—	0.00	7.84

资料来源：天相投资分析系统。

2013 年，化学原料及化学制品制造业共有 28 家上市公司进行了增发融资。

2013 年化学原料及化学制品制造业上市公司融资情况明细见附录。

（四）行业内上市公司资产及业绩情况

表 4　　2013 年化学原料及化学制品制造业上市公司资产情况　　单位：亿元

指　标	2013 年	2013 年可比样本增长（%）	2012 年	2012 年可比样本增长（%）	2011 年
总资产	8886.16	19.50	7434.02	18.73	6137.85
流动资产	3297.40	15.11	2863.56	7.03	—
占比（%）	37.11	-1.42	38.52	-4.21	—
非流动资产	5588.76	22.25	4570.57	27.46	—
占比（%）	62.89	1.42	61.48	4.21	—
流动负债	3539.19	25.86	2809.59	19.27	—
占比（%）	39.83	2.01	37.79	0.17	—
非流动负债	1656.05	27.92	1294.56	40.25	—
占比（%）	18.64	1.23	17.41	2.67	—
归属于母公司股东权益	3384.58	11.99	3022.57	10.87	2590.75
占比（%）	38.09	-2.55	40.66	-2.88	—

资料来源：沪深交易所，天相投资分析系统。

表 5　　2013 年化学原料及化学制品制造业上市公司收入实现情况　　单位：亿元

指　标	2013 年	2013 年可比样本增长（%）	2012 年	2012 年可比样本增长（%）	2011 年
营业收入	6063.72	18.67	5108.83	12.54	4283.37
利润总额	258.83	3.14	250.92	-29.71	299.91
归属于母公司所有者的净利润	179.16	0.30	178.59	-33.31	218.84

资料来源：沪深交易所，天相投资分析系统。

（五）利润分配情况

2013 年，化学原料及化学制品制造业有 35 家上市公司实施送股或转增股。

（六）其他财务指标情况

1. 盈利能力指标

表 6　　2013 年化学原料及化学制品制造业上市公司盈利能力情况　　单位：%

指　标	2013 年	2013 年可比样本变动	2012 年	2012 年可比样本变动	2011 年
毛利率	16.05	0.45	15.58	-2.10	18.76
净资产收益率	5.24	-0.84	6.07	-3.74	8.45
销售净利率	3.19	-0.77	3.96	-2.49	5.12
资产净利率	2.37	-0.58	2.95	-2.26	3.99

资料来源：沪深交易所，天相投资分析系统。

2. 偿债能力指标

表 7　　2013 年化学原料及化学制品制造业上市公司偿债能力情况

指　标	2013 年	2013 年可比样本变动	2012 年	2012 年可比样本变动	2011 年
流动比率	0.93	-0.09	1.02	-0.12	—
速动比率	0.68	-0.07	0.75	-0.10	—
资产负债率（%）	58.46	3.24	55.21	2.84	54.07

资料来源：沪深交易所，天相投资分析系统。

3. 营运能力指标

表 8　　2013 年化学原料及化学制品制造业上市公司营运能力情况　　单位：次

指　标	2013 年	2013 年可比样本变动	2012 年	2012 年可比样本变动	2011 年
存货周转率	7.44	0.22	7.22	-0.30	5.81
应收账款周转率	14.07	-0.96	15.05	-1.90	—
流动资产周转率	1.97	0.12	1.84	-0.05	—

续表

指　标	2013年	2013年可比样本变动	2012年	2012年可比样本变动	2011年
固定资产周转率	2.05	-0.11	2.16	-0.10	—
总资产周转率	0.74	0.00	0.75	-0.06	0.78
净资产周转率	1.73	0.11	1.62	-0.09	—

资料来源：沪深交易所，天相投资分析系统。

三、重点上市公司介绍

（一）浙江龙盛

浙江龙盛主要生产高强度、环保型分散、活性、酸性系列染料、助剂及化工中间体，是全球最大的分散染料生产基地，是国内染料行业的龙头企业。未来，染料和中间体业务将成为公司的支柱及发展重心。

2013年，公司实现营业总收入140.8亿元，同比增长84.15%，实现归属于母公司股东的净利润13.5亿元，同比增长62.49%，归属于上市公司股东的扣除非经常性损益的净利润11.5亿元，同比增长509.53%。

（二）湖北宜化

2013年，湖北宜化实现营业收入192.80亿元，同比下降0.37%。

2013年，公司主导产品聚氯乙烯、季戊四醇市场价格继续低位运行，尿素、磷酸二铵市场价格自第一季度起持续下滑。虽有湖北56万吨磷酸二铵和新疆30万吨聚氯乙烯两个新项目投入生产，但无奈行业萎靡，公司经营业绩较上年度出现大幅下降。

（三）华鲁恒升

2013年，华鲁恒升实现营业收入84.69亿元、利润总额5.77亿元、净利润4.90亿元，同比分别增长20.94%、8.51%和8.41%。基本每股收益0.51元，同比增长8.51%。

（四）盐湖股份

盐湖股份地处察尔汗盐湖，是国内钾肥企业龙头，在品牌、技术、规模、资源、管理等方面均具有较强的竞争优势。

2013年，公司实现营业收入80.94亿元，同比下降2.13%，扣非净利润为9.96亿元，同比下降-56.49%，每股收益0.66元，同比下降58.31%。2013年，公司生产氯化钾产品326.57万吨，销售氯化钾产品327.96万吨。

（五）万华化学

2013年，万华化学实现销售收入202.38亿元，同比增长26.95%；实现归属于母公司所有者的净利润28.91亿元，同比增长23.10%；每股收益1.34元，同比增长22.94%。2013年底公司资产总额为311.43

亿元，同比增长38.16%；净资产为96.78亿元；资产负债率为62.17%，同比下降5.84个百分点。

2013年，全球聚氨酯需求有所增长，但随着万华新增产能的释放，欧美、日韩等竞争对手提高开工率，中国MDI市场价格一路受压下滑。在这种情况下，公司坚持“利润与市场份额、短期与长期、国内与国外”三平衡的原则，通过实施灵活的销售策略，进一步巩固了在中国市场的领导者地位。

（六）江山股份

2013年，江山股份主产品之一的草甘膦受需求拉动及国家环保核查力度的加大等因素影响，1~9月草甘膦行业景气度较高，出口价格高位运行，10月以后出现下滑和波动。国内氯碱装置产能严重过剩，氯碱行业总体装置运行效率难以提高，2013年，烧碱市场延续震荡回落走势，液氯等产品价格持续低位运行。2013年，公司实现营业收入31.62亿元，同比增长5.14%；实现归属于上市公司股东的净利润3.02亿元，同比增长808.75%；实现销售毛利总额7.41亿元，平均销售毛利率为23.42%，同比提高10.84个百分点。主要是公司草甘膦产品实现毛利5.69亿元，同比增加4.08亿元，毛利率增加19.96%。

2013年，公司农药业务实现收入21.60亿元，同比增长22.80%，化工业务实现收入5.14亿元，同比减少22.80%，毛利率为26.90%。化工业务实现收入5.15亿元，同比下降21.02%，毛利率为4.73%；氯碱业务收入2.86亿元，同比减少17.64%。

（七）巨化股份

2013年，巨化股份实现营业收入97.36亿元，同比增长8.36%；实现归属于上市公司股东的净利润2.64亿元，同比下降58.56%，基本每股收益0.18元，同比降低55.0%。

2013年，公司生产经营继续受多方面严重不利因素影响。国内经济下行换挡，发达经济体经济复苏缓慢，新兴经济体经济下行，人民币持续升值，公司所处行业在经历2011年景气高峰后新增产能不断释放，加剧了公司产品市场供过于求矛盾，导致公司产品价格继续探底，全年因产品价格下跌减利10.87亿元。

四、上市公司在行业中的影响力

2013年，行业的资产规模、营业收入以及利润总额均稳步增长。截至2013年底，全行业总资产达59604.98亿元，上市公司占比由2012年的14.6%上升至14.8%；行业全年实现主营业务收入76329.77亿元，上市公司占比由2012年的7.60%上涨至7.94%；行业全年实现利润总额4113.28亿元，其中上市公司占比降至6.05%。

审稿人：邓　建

撰稿人：邓　建　马昕晔

医药制造业

一、医药制造业总体概况

根据国家统计局数据，2013年，我国医药制造业共有规模以上企业6525家，实现销售收入20592.93亿元，实现利润总额2071.67亿元。我国处于老龄化进程中，旺盛的诊疗需求可以支撑医药制造业收入长期增长。随着医疗体制改革逐渐深化，医药分开、医保控费的全面推行，行业收入增速受到一定压制。

根据国资委统计数据，2013年，我国医药工业净资产收益率、销售利润率分别为10.00%、29.40%，较2012年分别提升0.2个和4.3个百分点，行业盈利能力较2012年明显改善。

根据国资委统计数据，2013年我国医药工业技术投入比率为3.50%，与2012年持平，较2011年提升1.20个百分点。

二、行业内上市公司发展概况

（一）行业内上市公司基本情况

表1　　2013年医药制造业上市公司发行股票概况

门　类	A、B股总数	A股股票数	B股股票数	境内总市值（亿元）	流通A股市值（亿元）	流通B股市值（亿元）
医药制造业（家）	140	137	3	12244.15	10150.12	41.50
占沪深两市比重（%）	5.31	5.19	0.11	5.12	5.13	2.49

资料来源：沪深交易所，天相投资分析系统。

（二）行业内上市公司构成情况

表2　　2013年医药制造业上市公司构成情况

门　类	沪　市			深　市			ST/*ST
	仅A股	仅B股	A+B股	仅A股	仅B股	A+B股	
医药制造业（家）	48	0	2	86	0	1	0/4
占行业内上市公司比重（%）	35.04	0.00	1.46	62.77	0.00	0.73	0/2.92

资料来源：沪深交易所，天相投资分析系统。

（三）行业内上市公司融资情况

表 3　　2013 年医药制造业上市公司与沪深两市融资情况对比

	融资家数	新 股	配 股	增 发
医药制造业（家）	22	0	0	22
沪深两市总数（家）	370	0	13	357
占比（%）	5.95	—	0.00	6.16

资料来源：天相投资分析系统。

2013 年，医药制造业增发的 22 家公司中，有 11 家沪市、2 家深市主板、4 家中小板公司、5 家创业板公司。

2013 年医药制造业上市公司融资情况明细见附录。

（四）行业内上市公司资产及业绩情况

表 4　　2013 年医药制造业上市公司资产情况　　单位：亿元

指 标	2013 年	2013 年可比样本增长（%）	2012 年	2012 年可比样本增长（%）	2011 年
总资产	5270.16	17.77	4469.33	18.75	4526.24
流动资产	2874.82	12.60	2521.41	14.56	2784.60
占比（%）	54.55	-2.51	56.42	-2.07	61.52
非流动资产	2395.34	24.63	1948.01	24.67	1741.65
占比（%）	45.45	2.50	43.59	2.07	38.48
流动负债	1506.28	25.97	1202.90	15.89	1429.23
占比（%）	28.58	1.86	26.91	-0.67	31.58
非流动负债	531.92	19.48	428.77	44.83	320.43
占比（%）	10.09	0.14	9.59	1.73	7.08
归属于母公司股东权益	3041.27	13.49	2684.87	16.34	2620.44
占比（%）	57.71	-2.18	60.07	-1.25	57.89

资料来源：沪深交易所，天相投资分析系统。

表 5　　2013 年医药制造业上市公司收入实现情况　　单位：亿元

指 标	2013 年	2013 年可比样本增长（%）	2012 年	2012 年可比样本增长（%）	2011 年
营业收入	3345.78	19.25	2783.01	17.93	3178.40
利润总额	451.10	15.70	389.39	4.74	408.81
归属于母公司所有者的净利润	352.36	14.32	308.69	4.16	321.28

资料来源：沪深交易所，天相投资分析系统。

（五）利润分配情况

2013 年，医药制造业有 102 家上市公司实施了分红配股。29 家上市公司实施送股或转增股，100 家上市公司实施派息，其中，27 家公司既实施了送股、转增又实施了派息。

（六）其他财务指标情况

1. 盈利能力指标

表 6　　2013 年医药制造业上市公司盈利能力情况　　单位：%

指　标	2013 年	2013 年可比样本变动	2012 年	2012 年可比样本变动	2011 年
毛利率	40.51	0.96	40.22	1.59	32.45
净资产收益率	11.60	0.03	11.55	-1.29	12.26
销售净利率	11.21	-0.47	11.77	-1.44	10.11
资产净利率	7.69	-0.26	7.96	-1.11	7.90

资料来源：沪深交易所，天相投资分析系统。

2. 偿债能力指标

表 7　　2013 年医药制造业上市公司偿债能力情况

指　标	2013 年	2013 年可比样本变动	2012 年	2012 年可比样本变动	2011 年
流动比率	1.91	-0.23	2.10	-0.02	1.95
速动比率	1.44	-0.19	1.60	-0.03	1.49
资产负债率（%）	38.67	1.97	36.55	1.10	38.66

资料来源：沪深交易所，天相投资分析系统。

3. 营运能力指标

表 8　　2013 年医药制造业上市公司营运能力情况　　单位：次

指　标	2013 年	2013 年可比样本变动	2012 年	2012 年可比样本变动	2011 年
存货周转率	5.05	0.12	5.00	-0.08	3.73
应收账款周转率	7.22	-0.43	7.76	-0.32	7.34
流动资产周转率	1.23	0.06	1.18	0.02	1.27
固定资产周转率	3.49	-0.28	3.66	-0.02	4.50
总资产周转率	0.69	0.01	0.68	-0.01	0.78
净资产周转率	1.10	0.04	1.06	-0.01	1.28

资料来源：沪深交易所，天相投资分析系统。

三、重点上市公司介绍

（一）恒瑞医药

2013 年，恒瑞医药实现营业收入 62.03 亿元，同比增长 14.13%；实现归属于上市公司股东的净利润 12.38 亿元，同比增长 14.92%；每股收益 0.91 元。

2013 年，公司肿瘤药品保持增长，非肿瘤药品增长较快。其中，麻醉药品市场占有率保持第一，造影剂、特色输液销售额同比增长 40%以上。在研项目持续推进：阿帕替尼胃癌适应证已申报生产、肝癌完成Ⅱ期临床研究；聚乙二醇重组人粒细胞刺激因子申报生产；法米替尼完成鼻咽癌、晚期结直肠癌Ⅱ期临床研究；瑞格列汀全面展开Ⅲ期临床。国际化方面，2013 年来，曲唑片和加巴喷丁胶囊获批在美国销售，注射用环磷酸酰胺、吸入用七氟烷通过美国 FDA 现场检查。

（二）天士力

2013 年，天士力实现营业收入 110.98 亿元，同比增长 18.80%；实现归属于上市公司股东的净利润 11.00 亿元，同比增长 29.41%；每股收益 1.07 元。

2013 年，公司医药工业和医药商业稳步增长：医药工业实现销售收入 49.22 亿元，同比增长 25.12%；医药商业实行销售收入 60.73 亿元，同比增长 13.34%。毛利率较高的医药工业收入占比提升，导致净利润增速高于收入增速。2013 年，公司 33 个品种进入《国家基本药物目录》的品种。复方丹参滴丸稳步增长，销量过亿元产品中，穿心莲内酯滴丸、文飞、芪参益气滴丸、益气复脉冻干粉快速增长。复方丹参滴丸 FDA Ⅲ期临床试验项目继续进行，在美国等 9 个国家和地区开展临床工作。

（三）云南白药

2013 年，云南白药实现营业收入 158.15 亿元，同比增长 14.47%；实现归属于上市公司股东的净利润 23.21 亿元，同比增长 46.66%；每股收益 3.34 元。

2013 年，公司各事业部销售收入保持稳定增长：省医药公司实现销售收入 95.72 亿元，同比增长 14.56%；药品事业部实现销售收入 44.12 亿元，同比增长 15.63%；健康事业部实现销售收入 20.75 亿元，同比增长 17.87%；中药资源事业部实现销售收入 2.98 亿元，同比增长 43.07%。公司已形成药品、健康、医药商业、中药资源四大板块，在健康产业的发展中不断深化。

（四）复星医药

2013 年，复星医药实现营业收入 99.96 亿元，同比增长 36.18%；实现归属于上市公司股东的净利润 20.27 亿元，同比增长 29.61%；每股收益 0.90 元。

2013 年，公司心血管系统、中枢神经系统、血液系统、新陈代谢及消化道和抗感染等疾病治疗领域的主要核心产品销售继续快速增长。其中：心血管系统疾病治疗领域核心产品销售收入同比增长 31.05%；中枢神经系统疾病治疗领域核心产品销售收入同比增长89.94%；血液系统疾病核心治疗领域核心产品销售收入同比增长37.79%；新陈代谢及消化道疾病治疗领域核心产品销售收入同比增长15.64%；抗感染疾病治疗领域核心产品销售收入同比增长47.04%。2013年，公司共有15种制剂单品或系列销售过亿元。

（五）人福医药

2013年，人福医药实现营业收入60.10亿元，同比增长13.04%；实现归属于上市公司股东的净利润4.18亿元，同比增长2.90%；每股收益0.83元。

2013年，公司麻醉镇痛药、生育调节药、维吾尔药、血液制品等核心品种的销售规模继续扩大，对公司利润贡献增大。目前，公司麻醉镇痛药的研发生产主要由宜昌人福承担，2013年销售收入为13.63亿元，营业收入占比为22.68%；生育调节药的研发生产主要由葛店人福承担，2013年销售收入为3.96亿元，营业收入占比为6.58%；维吾尔药的研发生产主要由新疆维药承担，2013年销售收入2.21亿元，营业收入占比3.67%；血液制品的研发生产主要由中原瑞德承担，2013年销售收入1.42亿元，营业收入占比2.36%。

（六）丽珠集团

2013年，丽珠集团实现营业收入46.19亿元，同比增长17.12%；实现归属于母公司净利润4.88亿元，同比增长10.26%；每股收益1.65元。

2013年，公司主营业务继续快速增长。其中，促性激素药物实现收入6.06亿元，同比增长32.17%；中药制剂实现收入16.59亿元，同比增长11.73%；消化道药物实现收入3.59亿元，同比增长19.30%。核心品种参芪扶正注射液实现收入12.78亿元，同比增长26.00%，新产品鼠神经生长因子、艾普拉唑、亮丙瑞林保持高速增长。公司已建立了覆盖全国的营销网络，并拥有4000余人的队伍，营销管理继续强化。艾普拉唑针剂年内获得生产批件；注射用重组人源化抗肿瘤坏死因子α单克隆抗体获临床审批。

（七）益佰制药

2013年，益佰制药实现营业收入27.85亿元，同比增长23.63%；实现归属于上市公司股东的净利润4.29亿元，同比增长28.77%；每股收益1.19元。

2013年，处方药实现销售收入23.99亿元，同比增长30.47%。OTC实现销售收入1.91亿元，同比下降27.47%。医疗服务实现销售收入1.88亿元，同比增长26.35%。2013年，公司对处方药实施合伙人制的管理模式，加大现有产品的基层区域覆盖。2013年，抗肿瘤药品实现销售收入15.27亿元，同比增长25.92%；心脑血管药品实现销售收入5.68亿元，同比增长27.33%。2013年，公司毛利率同比上升0.68个百分点至82.16%，期间费用率下降0.82个百分点，盈利能力增强。

四、上市公司在行业中的影响力

2013年，医药制造业总资产规模18479.89亿元，同比增长19.85%；上市公司总资产规模5270.16亿元，同比增长17.77%。上市公司总资产占比28.52%，同比下降0.47个百分点。

2013年，医药制造业营业收入20592.93亿元，同比增长20.54%；上市公司营业收入3345.78亿元，同比增长19.25%；上市公司营业收入占比16.25%，同比下降0.04个百分点。2013年，医药制造业利润总额2071.67亿元，同比增长19.63%；上市公司利润总额451.10亿元，同比增长15.70%；上市公司利润总额占比21.77%，同比下降0.72个百分点。

综合以上指标得出分析，上市公司在行业中的影响力有所下降。

审稿人：毕子男

撰稿人：黄　彬

化学纤维制造业

一、化学纤维制造业总体概况

2013年，我国化学纤维制造业保持增长态势，累计生产化学纤维4113.68万吨，同比增长8.46%，其中，人造纤维390.41万吨，合成纤维3731.53万吨。合成纤维主要包括涤纶（3340.64万吨）、锦纶（211.28万吨）、腈纶（69.43万吨）等。2013年，全国规模以上化学纤维制造行业企业数量为1904家，化学纤维制造行业资产合计6248.77亿元，同比增加10.33%；实现销售收入7281.76亿元，同比增加8.05%；完成利润总额259.78亿元，同比增加15.32%。2013年，全国化学纤维制造业完成投资1030.44亿元，同比增加21.81%。

二、行业内上市公司发展概况

（一）行业内上市公司基本情况

表1　　2013年化学纤维制造业上市公司发行股票概况

门　类	A、B股总数	A股股票数	B股股票数	境内总市值（亿元）	流通A股市值（亿元）	流通B股市值（亿元）
化学纤维制造业（家）	24	24	0	908.08	665.71	0.00
占沪深两市比重（%）	0.91	0.91	0.00	0.38	0.34	0.00

资料来源：沪深交易所，天相投资分析系统。

（二）行业内上市公司构成情况

表 2　　2013 年化学纤维制造业上市公司构成情况

门　类	沪　市			深　市			ST/*ST
	仅 A 股	仅 B 股	A+B 股	仅 A 股	仅 B 股	A+B 股	
化学纤维制造业（家）	7	0	0	17	0	0	0/0
占行业内上市公司比重（%）	29.17	0.00	0.00	70.83	0.00	0.00	0/0

资料来源：沪深交易所，天相投资分析系统。

（三）行业内上市公司融资情况

表 3　　2013 年化学纤维制造业上市公司与沪深两市融资情况对比

	融资家数	新　股	配　股	增　发
化学纤维制造业（家）	1	0	0	1
沪深两市总数（家）	370	0	13	357
占比（%）	0.27	—	0.00	0.28

资料来源：天相投资分析系统。

2013 年，化学纤维制造业有 1 家公司（澳洋科技）进行增发。

2013 年化学纤维制造业上市公司融资情况明细见附录。

（四）行业内上市公司资产及业绩情况

表 4　　2013 年化学纤维制造业上市公司资产情况　　单位：亿元

指　标	2013 年	2013 年可比样本增长（%）	2012 年	2012 年可比样本增长（%）	2011 年
总资产	1417.01	5.02	1349.33	6.97	1215.00
流动资产	604.71	6.86	565.90	-4.07	—
占比（%）	42.68	0.74	41.94	-4.83	—
非流动资产	812.30	3.68	783.43	16.68	—
占比（%）	57.32	-0.74	58.06	4.83	—
流动负债	729.88	9.14	668.75	14.34	—
占比（%）	51.51	1.95	49.56	3.19	—
非流动负债	99.18	20.93	82.01	-9.66	—
占比（%）	7.00	0.92	6.08	-1.12	—
归属于母公司股东权益	529.14	-2.51	542.73	1.78	489.30
占比（%）	37.34	-2.88	40.22	-2.05	—

资料来源：沪深交易所，天相投资分析系统。

表 5　　2013 年化学纤维制造业上市公司收入实现情况　　单位：亿元

指　标	2013 年	2013 年可比样本增长（%）	2012 年	2012 年可比样本增长（%）	2011 年
营业收入	1573.98	7.25	1467.64	-5.49	1398.08
利润总额	1.23	-93.39	18.58	-74.35	61.01
归属于母公司所有者的净利润	-8.29	由盈转亏	15.35	-66.51	37.07

资料来源：沪深交易所，天相投资分析系统。

（五）利润分配情况

2013 年，化学纤维制造业有 5 家上市公司实施分红配股，其中，3 家上市公司实施派息，2 家上市公司实施送股或转增股。

（六）其他财务指标情况

1. 盈利能力指标

表 6　　2013 年化学纤维制造业上市公司盈利能力情况　　单位：%

指　标	2013 年	2013 年可比样本变动	2012 年	2012 年可比样本变动	2011 年
毛利率	4.91	0.12	4.80	-4.33	9.16
净资产收益率	-1.10	-4.02	2.92	-6.81	7.58
销售净利率	-0.41	-1.60	1.19	-2.48	2.65
资产净利率	-0.47	-1.81	1.34	-3.91	3.52

资料来源：沪深交易所，天相投资分析系统。

2. 偿债能力指标

表 7　　2013 年化学纤维制造业上市公司偿债能力情况

指　标	2013 年	2013 年可比样本变动	2012 年	2012 年可比样本变动	2011 年
流动比率	0.83	-0.02	0.85	-0.16	—
速动比率	0.61	0.02	0.59	-0.13	—
资产负债率（%）	58.51	2.87	55.64	2.08	55.19

资料来源：沪深交易所，天相投资分析系统。

3. 营运能力指标

表 8　　2013 年化学纤维制造业上市公司营运能力情况　　单位：次

指　标	2013 年	2013 年可比样本变动	2012 年	2012 年可比样本变动	2011 年
存货周转率	9.54	0.88	8.66	–1.83	8.93
应收账款周转率	40.50	0.36	40.15	–5.58	—
流动资产周转率	2.69	0.15	2.54	–0.54	—
固定资产周转率	2.98	–0.08	3.06	–0.77	—
总资产周转率	1.14	0.01	1.12	–0.30	1.33
净资产周转率	2.65	0.17	2.48	–0.51	—

资料来源：沪深交易所，天相投资分析系统。

三、重点上市公司介绍

（一）桐昆股份

2013 年，桐昆股份实现营业收入 221.38 亿元，同比增长 20.18%，实现利润总额 1.32 亿元，同比下降 63.07%；实现归属于母公司股东的净利润 7195 万元，同比下降 72.05%，实现每股收益 0.07 元，同比下降 74.07%。

公司主要从事涤纶长丝的生产和销售，主要产品为涤纶牵伸丝（FDY）、涤纶预取向丝（POY）、涤纶加弹丝（DTY）三大系列各种规格的涤纶长丝、PET 切片、纺丝油剂。涤纶预取向丝（POY）是公司 2013 年业绩的最大贡献者，销售收入占公司总收入的 55.49%。

（二）华峰氨纶

2013 年，华峰氨纶实现营业收入 23.72 亿元，同比上升 37.35%；利润总额 3.12 亿元，同比上升 1077.58%。实现归属于母公司股东的净利润 0.27 亿元，同比上升 1403.91%，实现每股收益 0.37 元，同比上升 1750%。

华峰氨纶主要从事氨纶的加工制造、销售、技术开发。目前具备氨纶产能 5.7 万吨（折 40D），规划新建 6 万吨差别化氨纶。氨纶产品的规格涵盖 15D~840D 不等，除常规产品外，还有耐氯氨纶、高透明氨纶、精编氨纶等，可满足各种不同客户的需求。公司产品差别化率能达到 50%，达到世界国家先进水平。

四、上市公司在行业中的影响力

2013 年，上市公司盈利能力整体欠佳。截至 2013 年底，全行业总资产达 6248.77 亿元，上市公司占比由 2012 年的 23.82%下降至 22.68%；行业全年实现营业收入 7281.76 亿元，上市公司营业收入占比由 2012 年的 21.78%下降至 21.62%；化学纤维制造业行业利润总额为 259.78 亿元，上市公司利润总额从2012年占全行业的8.25%下降到2013年的0.47%。

纺织化纤行业经历了长达三年之久的低迷期。未来，环保要求的提高可能制约很多小企业的开工，上市公司凭借先进的工艺和完善的环保设备可在行业中发挥更重要的作用。

审稿人：邓　建

撰稿人：邓　建　马昕晔

橡胶和塑料制品业

一、橡胶和塑料制品业总体概况

（一）行业整体运行情况

2013年，对于橡胶行业来说，是充满风险和挑战的一年。世界经济复苏无力，国际市场疲软，贸易保护主义严重；国内经济下滑、行业产能结构性过剩，自主创新能力弱，品牌竞争力不强，市场需求波动和理念滞后，产品价格下降，加之企业生产经营成本上升，节能减排、资源环保压力等十分沉重，无不对全行业构成严峻挑战。

据中国橡胶工业协会（以下简称“中橡协”）对轮胎、力车胎、胶管胶带、橡胶制品、胶鞋、乳胶、炭黑、废橡胶综合利用、橡胶机械模具、橡胶助剂、骨架材料11个分会重点会员企业统计，2013年橡胶工业总产值增长3.80%，销售收入增长2.73%。从全行业看，产值、销售收入仍保持1位数低位增长，但增幅平稳，下滑颓势基本得到遏制。

2013年，橡胶行业主要产品产量增幅较大，有橡胶价格及市场的原因，也有行业结构调整所然。一些企业停掉了落后产品，大力发展优势主导产品，技术含量和附加值较高、符合市场需求的高性能产品及品牌产品增长率上升为两位数。如子午线轮胎、电动自行车胎、强力输送带、钢编管等产品产量均为两位数增长；城镇化的推进，使胶鞋产品结构发生调整，农耕用鞋、作业用鞋量逐渐缩减，中国驰名商标和省级著名品牌产品受到追捧。此外，绿色轮胎产业化进程加快；轮胎模具市场向规模大、品种全、质量好、技术领先的企业集中。

2013年，全国橡胶工业销售收入达到9280亿元。2013年，全国消耗生胶830万吨，增长13.7%。其中，天然橡胶420万吨，增长21.7%；合成胶410万吨，增长6.49%。2013年，在国际市场微弱回升、橡胶原材料价格弱势波动的情况下，橡胶行业经济运行保持平稳，行业调结构、转方式，提高发展质量和效益取得进展。

据国家统计局统计数据显示，2013年，塑料制品规模以上企业13699个，塑料制品产量 6188.66 万吨，同比增长 8.02%，比 2012 年 8.99%的增长回落了 0.97 个百分点。其中，塑料薄膜产量为 1089.3 万吨；日用塑料制品产量为 471.6 万吨；塑料人造革、合成革产量为 347 万吨；纤维增强塑料制品产量 259.86 万吨；泡沫塑料产量为 146.5 万吨。据海关数据统计：2013 年中国塑料制品出口共计 896.4 万吨，同比增长 5.3%；出口金额 352.9 亿美元，同比增长 11.8%；出口平均单价为 3937 美元/吨，同比增长 6.2%。

2013 年，塑料制品规模以上企业主营业务收入累计完成 18686.44 亿元，同比增长 14.26%，增长幅度提高了 2.47 个百分点。实现利税 1676.75 亿元，同比增长 17.10%，增幅回落了 0.02 个百分点。其中：利润总额为 1123.18 亿元，同比增长 16.45%，增幅比 2012 年提高了 0.51 个百分点。行业资产总计 11701.68 亿元，同比增长 11.46%，增幅下降 1.57%。广东和浙江历来都是中国的塑料制造大省，2013 年这两个省全年的塑料制品产量约占全国塑料制品产量的 30%。山东年产量接近 500 万吨，占全国总量比重的 8.1%，进入塑料制造大省行列。

（二）细分行业运行概况

2013 年，我国塑料薄膜产量 1089.3 万吨，占塑料制品总产量的 17.6%，是塑料制品中产量增长较快的类别之一。2013 年，前五大塑料薄膜生产省份浙江、广东、江苏、山东和河南总产量占全国塑料薄膜产量的 68.8%，其中排名首位的浙江省占全国总产量的 31.3%。近几年，塑膜行业发展迅猛，2011 年国内塑料薄膜总产量为 843 万吨，2012 年总产量达到 970 万吨，增幅超过 15%，2013 年塑料薄膜总产量达 1089 万吨。快速扩产，令供求失衡的弊端日益显现。目前，农膜行业年产量超过 500 万吨，而实际需求量仅为产量的一半；再如包装行业产能最大的双向拉伸膜，BOPP 及 BOPET 近几年产能均已翻番，扩张步伐仍在继续，导致膜厂普遍亏损，中小企业生存环境日益恶化。在此背景下，塑膜行业将逐渐优胜劣汰，高端化、规模化及差异化是未来膜厂发展方向。

2013 年，我国纤维增强塑料制品行业处于前几年高速增长后的相对需求平缓阶段。160 家玻璃纤维增强热固性塑料制品生产企业总产量为 259.9 万吨，累计增长率-9.8%。从各省市的产量来看，产量排名第一的河南省增幅仅为 1.91%，而排名第二、第三的河北省和内蒙古自治区均有较大幅度的降低。山东省、贵州省、四川省虽然呈现了大幅度的同比上升，原因在于其基数偏低。

据国家统计局对全国 392 家规模以上玻璃纤维增强塑料制品生产企业 2013 年的经济效益统计数据显示：主营业务收入 721.6 亿元，与 2012 年同期 716.5 亿元相比增长 0.7%；利润 60.4 亿元，同期增长 4.6%；企业亏损面为 12.0%，与 2012 年 12.7%相比减小了 0.7%。

2013 年，我国日用塑料制品总产量为 471.6 万吨，同比增长 9.46%。产量排名前三的省份是广东、浙江和江苏，均维持了较为合理的增长。四川省、河南省和山东省日用塑料制品发展势头良好，增幅均在20%以上。另外，云南省、陕西省虽然呈现出较高的增幅，原因是其基数偏低。

2013年，主要原材料橡胶价格回落，使多年以来因橡胶原材料价格居高不下、企业生产经营难以为继的困境有所改善。协会统计的重点企业（不包括助剂、骨架）利税同比增长17%，利润增长18%；行业销售收入利润率达5.57%，提高0.74个百分点。但统计企业中仍有11%亏损，亏损额增长41%。炭黑和废橡胶综合利用行业的销售收入利润率低于2012年，其中炭黑利润负增长。之所以如此，主要是炭黑产品同质化比较严重，企业靠拼价格获得市场，则利润势必下降。因此，调整产品结构、企业转型升级、实现差异化发展已刻不容缓。

2013年，橡胶原材料价格的低迷波动态势，给轮胎等橡胶制品企业盈利创造了条件，同时也给产品销售价格带来不确定性，产品价格重心不断下移，企业利润增幅持续回落。迫于市场压力，轮胎产品2013年数次下调销售价格。根据对市场上4种载重子午胎和4种轿车子午胎零售价格的监测，2013年12月载重胎价格指数为91.50，减少8.57个基点；轿车子午胎价格指数为91.73，减少7.95个基点。

据中国橡胶协会对重点会员企业统计，2013年，行业出口交货值增长0.84%，增幅小于2012年。主要行业中，管带、助剂出口态势好于2012年，其他专业增幅小于2012年。轮胎出口量升价跌：出口量较2012年增长9.42%，出口率（量）为42.16%，增加0.14个百分点；出口值下降1.96%，出口率（值）为33.83%，减少1.39个百分点。

二、行业内上市公司发展概况

（一）行业内上市公司基本情况

表1　2013年橡胶和塑料制品业上市公司发行股票概况

门　类	A、B股总数	A股股票数	B股股票数	境内总市值（亿元）	流通A股市值（亿元）	流通B股市值（亿元）
橡胶和塑料制品业（家）	51	50	1	1861.98	1452.85	10.70
占沪深两市比重（%）	1.93	1.90	0.04	0.78	0.73	0.64

资料来源：沪深交易所，天相投资分析系统。

（二）行业内上市公司构成情况

表2　2013年橡胶和塑料制品业上市公司构成情况

门　类	沪　市			深　市			ST/*ST
	仅A股	仅B股	A+B股	仅A股	仅B股	A+B股	
橡胶和塑料制品业（家）	10	0	1	39	0	0	0/4
占行业内上市公司比重（%）	20.00	0.00	2.00	78.00	0.00	0.00	0/8

资料来源：沪深交易所，天相投资分析系统。

（三）行业内上市公司融资情况

表 3　　2013 年橡胶和塑料制品业上市公司与沪深两市融资情况对比

	融资家数	新　股	配　股	增　发
橡胶和塑料制品业（家）	7	0	0	7
沪深两市总数（家）	370	0	13	357
占比（%）	1.89	—	0.00	1.96

资料来源：天相投资分析系统。

2013 年，橡胶和塑料制品业共有 7 家上市公司进行增发融资。

2013 年橡胶和塑料制品业上市公司融资情况明细见附录。

（四）行业内上市公司资产及业绩情况

表 4　　2013 年橡胶和塑料制品业上市公司资产情况　　单位：亿元

指　标	2013 年	2013 年可比样本增长（%）	2012 年	2012 年可比样本增长（%）	2011 年
总资产	1617.61	7.77	1500.95	13.94	1393.04
流动资产	875.85	2.86	851.49	11.66	—
占比（%）	54.14	-2.59	56.73	-1.16	—
非流动资产	741.77	14.21	649.46	17.08	—
占比（%）	45.86	2.59	43.27	1.16	—
流动负债	599.96	1.95	588.51	8.13	—
占比（%）	37.09	-2.12	39.21	-2.11	—
非流动负债	185.20	23.11	150.43	15.45	—
占比（%）	11.45	1.43	10.02	0.13	—
归属于母公司股东权益	784.53	10.38	710.75	18.59	608.78
占比（%）	48.50	1.15	47.35	1.86	—

资料来源：沪深交易所，天相投资分析系统。

表 5　　2013 年橡胶和塑料制品业上市公司收入实现情况　　单位：亿元

指　标	2013 年	2013 年可比样本增长（%）	2012 年	2012 年可比样本增长（%）	2011 年
营业收入	1337.94	8.50	1233.07	1.06	1247.35
利润总额	71.97	2.12	70.48	-3.14	89.91
归属于母公司所有者的净利润	53.01	0.32	52.84	-7.43	74.76

资料来源：沪深交易所，天相投资分析系统。

（五）利润分配情况

2013 年，橡胶和塑料制品业共有 43 家上市公司实施分红配股。8 家上市公司实施送股或转增股，42 家上市公司实施派息，其中，7 家公司既实施了送股、转增又实施了派息。

（六）其他财务指标情况

1. 盈利能力指标

表 6　　2013 年橡胶和塑料制品业上市公司盈利能力情况　　单位：%

指　标	2013 年	2013 年可比样本变动	2012 年	2012 年可比样本变动	2011 年
毛利率	17.97	0.03	17.93	2.01	—
净资产收益率	6.72	-0.55	7.28	-2.01	—
销售净利率	4.18	-0.31	4.50	-0.40	—
资产净利率	3.59	-0.35	3.94	-0.99	—

资料来源：沪深交易所，天相投资分析系统。

2. 偿债能力指标

表 7　　2013 年橡胶和塑料制品业上市公司偿债能力情况

指　标	2013 年	2013 年可比样本变动	2012 年	2012 年可比样本变动	2011 年
流动比率	1.46	0.01	1.45	0.05	—
速动比率	1.04	0.00	1.03	0.07	—
资产负债率（%）	48.54	-0.69	49.23	-1.98	—

资料来源：沪深交易所，天相投资分析系统。

3. 营运能力指标

表 8　　2013 年橡胶和塑料制品业上市公司营运能力情况　　单位：次

指　标	2013 年	2013 年可比样本变动	2012 年	2012 年可比样本变动	2011 年
存货周转率	5.40	0.28	5.12	-0.43	—
应收账款周转率	6.36	-0.61	6.97	-1.50	—
流动资产周转率	1.55	0.02	1.53	-0.24	—
固定资产周转率	2.82	-0.08	2.90	-0.25	—
总资产周转率	0.86	-0.02	0.88	-0.13	—
净资产周转率	1.68	-0.08	1.76	-0.38	—

资料来源：沪深交易所，天相投资分析系统。

三、重点上市公司介绍

（一）康得新

康得新是中国最大的预涂膜生产商，中国首家具有自主知识产权的从事预涂技术研发和预涂膜生产的企业，在北京和张家港有生产基地，拥有6条预涂膜生产线，产品销往30多个国家和地区。通过ISO9001：2008国际质量体系认证及ISO14001：2004环境管理体系认证，以及欧盟RoHS认证，产品质量均达到国际先进水平。作为国内最早进入预涂膜生产企业，公司牢牢占据着国内高端市场，并和下游客户之间保持着良好的供货关系，“康得菲尔”品牌已经被国内外大多数客户以及经销商所熟知。

（二）金发科技

金发科技是一家主营化工新材料研发、生产和销售的国家级创新型企业，在中国的南部、东部、西南部、北部等地均设立了子公司和生产基地，是国内最大的改性塑料生产企业，也是全球改性塑料品种最为齐全的企业之一。依托国家级企业技术中心、国家工程实验室、企业研究院、院士工作站、博士后科研工作站、国家认可实验室等科研技术平台，公司自主培养出了国务院特殊津贴专家，会聚了包括院士、博士和资深材料专家在内的众多人才，拥有强大的研发和创新能力。通过持续的自主创新，公司开发了阻燃树脂、增强增韧树脂、塑料合金、功能母粒、全降解塑料、特种工程塑料等自主知识产权产品，广泛应用于汽车、通信、电子电气、建材、玩具、电动工具、航空航天等行业，并与众多国内外知名企业建立了战略合作伙伴关系。近年来，完全生物降解塑料、碳纤维及其复合材料等一批具有世界先进水平的新材料项目成功实现量产。金发科技逐步实现从改性塑料到化工新材料的成功升级，不断向产业高端和高附加值方向延伸。

审稿人：裘孝锋

撰稿人：王　强　胡　昂

非金属矿物制品业

一、非金属矿物制品业总体概况

非金属矿物制品业可进一步细分为水泥、石灰和石膏制造业，玻璃制造业，陶瓷制品制造业，耐火材料制品制造业和石墨及其他非金属矿物制品制造业等。

水泥、石灰和石膏制造分行业运营状况整体一般，企业亏损比例达21.38%；亏损企业平均亏损额达924.28万元，高于全行业平均水平。分行业产成品产量同比降低 2.16%；实现销售收入同比增长 8.02%。分行业资产负债率达 60.79%，高于行业平均水平，企业整体负债水平偏高。公司主营业务为水泥生产，上市公司有 20 家。2013 年，公司实现营业收入共计 1870.59 亿元，同比增长 21.93%；实现净利润共计 180.89 亿元，同比增长 34.6%。截至 2013 年末，公司总资产共计 4148.68 亿元，同比增长 10.8%，实现平均每股收益 0.73 元。

玻璃制造分行业有 16.72%的企业业绩亏损，亏损率较 2012 年有所降低。亏损企业平均亏损额为 1685.42 万元，高于全行业平均水平。分行业产成品产量同比大幅增长 24.96%；产品销售收入同比增长 17.39%；实现利润总额共计 895844.4 万元，同比增长 127.97%。主营业务为玻璃制造的上市公司有 12 家。2013 年，实现营业收入共计 342.95 亿元，同比增长 13.04%；实现净利润共计 45.48 亿元，同比增长 109.47%。截至 2013 年末总资产共计 666.08 亿元，同比增长 11.10%，实现平均每股收益 0.51 元。

陶瓷制品制造行业中 1879 家企业有 131 家亏损，企业亏损比率仅为 6.97%，低于全行业平均水平；亏损企业平均亏损额为 741.42 万元。分行业产成品总额同比增长 6.88%；实现产品销售收入共计 30009161 万元，同比增长 16.27%；实现利润总额共计 2489012.6 万元，同比增长 19.07%。主营业务为陶瓷制造的上市公司有 4 家。2013 年实现营业收入共计 38.23 亿元，同比增长 46.31%；整体扭亏并实现净利润共计 4.15 亿元。2013 年，平均实现每股收益 0.03 元。

耐火材料制品制造分行业企业亏损比例为 7.31%；亏损企业平均亏损额为 562.90 万元。分行业产成品价值同比降低 3.09%；实现销售收入同比增长 12.98%；实现利润共计 3842652.3 万元，同比增长 9.42%。主营业务为耐火防水材料的上市公司有 4 家。2013 年，实现营业收入共计 96.80 亿元，同比增长 25.53%；实现净利润共计 5.69 亿元，同比增长 34.66%。2013 年，实现平均每股收益 0.26 元。

石墨及其他非金属矿物制品制造分行业有 10.71%的企业业绩亏损，亏损企业平均亏损额为 886.16 万元。产成品价值同比增长 19.09%，实现产品销售收入同比增长 16.85%；实现利润总额共计 2938703.1 万元，同比增长 13.23%；分行业资产负债率为 49.61，与行业总水平相近。

分行业中，2013 年，水泥、石灰和石膏制造业和玻璃制造业整体运营状况相对较差，亏损率和平均亏损额水平较高且负债水平偏高；陶瓷制品制造业和耐火材料制品制造业运营状况相对较好，亏损比例较低且负债水平相对全行业也处于较低水平；石墨及其他非金属矿物制品制造业运营水平与行业总水平相近。

二、行业内上市公司发展概况

（一）行业内上市公司基本情况

表 1　　2013 年非金属矿物制品业上市公司发行股票概况

门　类	A、B 股总数	A 股股票数	B 股股票数	境内总市值（亿元）	流通 A 股市值（亿元）	流通 B 股市值（亿元）
非金属矿物制品业（家）	75	72	3	3782.97	2884.38	74.43
占沪深两市比重（%）	2.84	2.73	0.11	1.58	1.46	4.47

资料来源：沪深交易所，天相投资分析系统。

（二）行业内上市公司构成情况

表 2　　2013 年非金属矿物制品业上市公司构成情况

门　类	沪　市			深　市			ST/*ST
	仅 A 股	仅 B 股	A+B 股	仅 A 股	仅 B 股	A+B 股	
非金属矿物制品业（家）	26	0	2	43	0	1	1/2
占行业内上市公司比重（%）	36.11	0.00	2.78	59.72	0.00	1.39	1.39/2.78

资料来源：沪深交易所，天相投资分析系统。

（三）行业内上市公司融资情况

表 3　　2013 年非金属矿物制品业上市公司与沪深两市融资情况对比

	融资家数	新　股	配　股	增　发
非金属矿物制品业（家）	11	0	0	11
沪深两市总数（家）	370	0	13	357
占比（%）	2.97	—	0.00	3.08

资料来源：天相投资分析系统。

2013 年，非金属矿物制品业有 11 家公司进行增发融资，其中，3 家沪市、2 家深市、5 家中小板及 1 家创业板公司。

2013 年非金属矿物制品业上市公司融资情况明细见附录。

（四）行业内上市公司资产及业绩情况

表 4　　2013 年非金属矿物制品业上市公司资产情况　　单位：亿元

指　标	2013 年	2013 年可比样本增长（%）	2012 年	2012 年可比样本增长（%）	2011 年
总资产	6121.09	12.81	5426.77	13.41	4475.96
流动资产	2421.35	14.02	2124.20	8.30	—
占比（%）	39.56	0.42	39.14	-1.85	—
非流动资产	3699.74	12.03	3302.57	16.96	—
占比（%）	60.44	-0.42	60.86	1.85	—
流动负债	2341.50	14.20	2051.23	14.59	—
占比（%）	38.25	0.47	37.80	0.39	—
非流动负债	1083.51	5.69	1025.30	13.81	—
占比（%）	17.70	-1.19	18.89	0.07	—
归属于母公司股东权益	2416.85	14.36	2112.89	10.23	1854.19
占比（%）	39.48	0.54	38.93	-1.12	—

资料来源：沪深交易所，天相投资分析系统。

表 5　　2013 年非金属矿物制品业上市公司收入实现情况　　单位：亿元

指　标	2013 年	2013 年可比样本增长（%）	2012 年	2012 年可比样本增长（%）	2011 年
营业收入	2948.85	26.03	2338.77	-0.67	2300.39
利润总额	340.31	44.75	235.19	-43.59	407.98
归属于母公司所有者的净利润	246.53	44.56	170.61	-42.85	295.70

资料来源：沪深交易所，天相投资分析系统。

（五）利润分配情况

2013 年，非金属矿物制品业共有 54 家上市公司实施了分红配股。52 家上市公司实施派息，13 家上市公司实施送股或转增股，其中，11 家公司既实施了送股、转增又实施了派息。

（六）其他财务指标情况

1. 盈利能力指标

表 6　　2013 年非金属矿物制品业上市公司盈利能力情况　　单位：%

指　标	2013 年	2013 年可比样本变动	2012 年	2012 年可比样本变动	2011 年
毛利率	28.62	3.92	24.73	-6.15	29.93
净资产收益率	9.91	1.98	7.94	-7.48	15.95
销售净利率	9.06	1.09	7.98	-5.74	12.85
资产净利率	4.63	0.97	3.65	-3.88	7.38

资料来源：沪深交易所，天相投资分析系统。

2. 偿债能力指标

表 7　　2013 年非金属矿物制品业上市公司偿债能力情况

指　标	2013 年	2013 年可比样本变动	2012 年	2012 年可比样本变动	2011 年
流动比率	1.03	0.00	1.04	-0.06	—
速动比率	0.68	0.01	0.68	-0.05	—
资产负债率（%）	55.95	-0.73	56.69	0.46	55.32

资料来源：沪深交易所，天相投资分析系统。

3. 营运能力指标

表 8　　2013 年非金属矿物制品业上市公司营运能力情况　　单位：次

指　标	2013 年	2013 年可比样本变动	2012 年	2012 年可比样本变动	2011 年
存货周转率	3.79	0.44	3.34	-0.71	3.06
应收账款周转率	9.29	-0.09	9.38	-2.58	—
流动资产周转率	1.30	0.15	1.14	-0.25	—
固定资产周转率	1.27	0.13	1.14	-0.21	—
总资产周转率	0.51	0.05	0.46	-0.09	0.57
净资产周转率	1.17	0.12	1.05	-0.22	—

资料来源：沪深交易所，天相投资分析系统。

三、重点上市公司介绍

（一）海螺水泥（600585）

安徽海螺水泥股份有限公司成立于1997年9月1日。1997年10月21日在香港挂牌上市。公司主要从事水泥及商品熟料的生产和销售，是世界上最大的单一品牌供应商。海螺水泥下属100多家子公司，分布在省内基地和12个区域，横跨华东、华南和西部18个省、市、自治区以及印度尼西亚等国家。公司是国内能够提供抗硫酸盐水泥、中低热水泥和道路水泥等特种水泥的供应商，能够生产诸如核电水泥、无磁水泥等水泥产品。公司主要经营业务范围包括水泥及辅料，水泥制品生产，销售、出口、进口机械设备、仪器仪表、零配件等。

2013年，海螺水泥实现净利润938015.93万元，主营业务收入总额5526167.66万元，其中水泥生产部分营业收入5420061.2万元，占营业收入的98.08%。

海螺水泥2013年年报显示，经营毛利润率为33.01%，营业净利率为17.75%，加权净资产收益率18.05%。基本每股收益

1.77元，盈利能力指标相对2012年度有所提高。公司净利润增长率为48.7123%，净资产增长率为14.76%，总资产增长率为6.37%，发展能力指标相对2012年度有所提高。海螺水泥2013年年报显示货币资金持有量达1125593.61万元，较2012年度增加36.71%，各项运营指标相对稳定。2013年，海螺水泥资产负债比率为36.86%，相比行业平均资产负债率明显偏低。其资产负债表、利润表、现金流量表各项主要指标相对稳定。资产减值损失科目由于公司对个别落后生产线进行计提减值准备导致大幅提高。

（二）金隅股份（601992）

北京金隅集团有限责任公司是以“水泥及预拌混凝土—新型建材制造—房地产开发及商贸物流—物业投资与管理”为核心产业链，主业于香港H股和上海A股上市的大型国有控股产业集团，是国家重点支持的12家大型水泥企业之一及京津冀地区最大的水泥生产商和供应商，北京地区综合实力最强的房地产开发企业之一和开发最早、项目最多、体系最全的保障性住房开发企业，以及北京最大的投资性物业持有者和管理者之一。金隅股份的主要经营业务范围包括制造建筑材料、家具、建筑五金，木材加工，房地产开发，物业管理等。

截至2013年底，金隅股份总股数478464.03万股，在非金属矿物制造行业中排名第2位，实际流通A股126655.02万股，实际流通H股116938.24万股。北京集团控股股东为北京金隅集团有限责任公司，持有184485.24万股限售A股，这部分A股将于2014年3月3日上市流通。金隅股份2013年实现每股分红0.071元（税前），未增资扩股。金隅股份2013年发行2次短期融资券，发行规模分别为200000万元和100000万元；发行1次中期票据，发行规模为150000万元。

2013年，金隅股份实现主营业务收入4478975.93万元，实现营业利润998987.57万元，实现净利润321518.35万元。经营业务较为分散，其中，水泥、新型建筑材料和房地产开发营业收入占主营业务收入比例分别为29.3%、32.7%和33.38%。

在各项财务指标中，金隅股份偿债能力指标相比2012年变化不大，资产负债率为69.62%，相对行业平均水平偏高。运营能力指标整体同比变化不大，略有提高。盈利能力指标：2013年，金隅股份营业净利率为7.24%，总资产报酬率4.04%，相对2012年稍有下降。2013年，集团经营现金净流量为–55093.74，每股经营现金流量–0.13元，2013年第一季度季报显示亏损。此外，北京金隅2013年可供出售金融资产科目达到50540.43万元，是购买建信信托产品所致。金隅股份增加银行借款和发行债券使得筹资活动产生现金流量净额由–248447.85万元变为658761.63万元。另外，由于土地储备支出增加导致公司经营现金流量净额科目为负值。

（三）福耀玻璃（600660）

福耀集团（福耀玻璃工业集团股份有

限公司），1987年在中国福州注册成立，是一家专业生产汽车安全玻璃和工业技术玻璃的中外合资企业，是一家大型跨国工业集团。1993年，福耀集团股票在上海证券交易所挂牌，成为中国同行业首家上市公司。福耀集团是国内最具规模、技术水平最高、出口量最大的汽车玻璃生产供应商，主营业务范围包括生产汽车玻璃、装饰玻璃和其他工业技术玻璃及玻璃安装，开发、生产、经营特种优质浮法玻璃，生产销售玻璃塑胶包边总成，塑料橡胶制品等。

2013年，福耀玻璃实现汽车玻璃产品收入1091202.98万元，浮法玻璃产品223892.7万元。两项业务收入占公司总营业收入的96.26%。财务报表显示，2013年度福耀玻璃实现净利润191754.85万元，净利润增长率为25.76%。偿债能力指标相比2012年略有提高，运营能力指标相比2012年变化不大。福耀玻璃2013年营业净利率为16.67%，总资产报酬率16.31%，相对2012年有所提高。福耀玻璃2013年实现每股分红0.5元（税前），未增资扩股。福耀玻璃2013年发行2次债券，每次募集资金均为60000万元。

（四）方大炭素（600516）

方大炭素的前身兰州炭素厂始建于1965年，是辽宁方大集团实业有限公司控股的大型跨地区炭素企业，现已成为中国最大的民营炭素企业，是亚洲第一、世界前列的优质炭素制品生产供应基地，国内唯一新型炭砖生产基地。公司主营业务范围包括石墨及炭素制品生产加工、批发零售业务，本企业自产产品及技术出口业务，本企业生产所需原材料、机械设备、仪器仪表、零配件及技术的进口业务等。

2013年，方大炭素公司总股本171916.04万股，其中，有限售条件股份数量为18426.69万股，流通A股数量为153489.35万股。控股股东为辽宁方大集团实业有限公司，持有股份数量占公司总股本的46.23%。2013年年报显示，方大炭素公司资产负债率43.15%，低于行业平均水平。方大炭素2013年实际实现每股分红0.3元（税前），每股转增0.2股，转增股票于2013年3月20日上市。另外，方大炭素公司于2011年7月决定的非公开发行股票方案进展顺利，非公开增发股票已于2013年6月25日上市，增发价格为9.89元，实际发行量18426.69万股，募集资金182239.96万元。方大炭素公司于2013年1月22日和3月26日分别发行3年期公司票据，募集资金均为60000万元。

方大炭素2013年实现营业收入337344.92万元，其中炭素行业收入和采矿业收入占营业收入比重达94.99%。2013年，公司实现净利润23605.08万元，同比下降48.71%。公司偿债能力指标同比有所改善，运营能力指标同比下降。2013年，方大炭素营业净利率6.93%，总资产报酬率3.31%，营业收入增长率和营业利润增长率连续两年下降，盈利能力相对不乐观。公司吸收投资现金科目和筹资活动产生现金流量净额科目由于非公开发行股票收到现金而大幅上升。投资活动产生的现金流量科目由于本期构建固定资产支付现金及子公司上海方大公司购买交易性金融资产增大导致巨额负值。

审稿人：洪 亮

撰稿人：郝飞飞

黑色金属冶炼及压延加工业

一、黑色金属冶炼及压延加工业总体概况

2013年，我国黑色金属冶炼及压延加工业企业在经历2012年生产经营的阶段性触底之后，出现了一定程度的反弹，行业需求虽仍旧低迷，但较2012年同期已有所恢复。钢铁行业在2013年第一季度就扭亏为盈，并实现了全年盈利。但在行业产能持续投放之下，需求端力度不足的恢复并不足以逆转整个行业景气周期向下的趋势。钢价持续下跌，企业现金流状况不断恶化，虽然行业全年处于盈利水平，但行业基本面难言改善。2013年全年，我国黑色金属冶炼及压延加工业固定资产投资完成额5060.49亿元，同比下降2.10%。

整体来看，2013年，黑色金属冶炼及压延加工业共实现营业收入76316.93亿元，同比增长7.63%；实现利润总额1695.04亿元，同比增长37.87%。

从盈利能力看，2013年，黑色金属冶炼及压延加工业的毛利率为7.96%，同比上升1.05个百分点，行业盈利能力有所恢复。

2013年，黑色金属冶炼及压延加工业的财务状况继续走弱，截至2013年底，全行业的资产负债率为67.46%，同比增加0.10个百分点。

二、行业内上市公司发展概况

（一）行业内上市公司基本情况

表1 2013年黑色金属冶炼及压延加工业上市公司发行股票概况

门 类	A、B股总数	A股股票数	B股股票数	境内总市值（亿元）	流通A股市值（亿元）	流通B股市值（亿元）
黑色金属冶炼及压延加工业（家）	34	32	2	3213.50	2778.64	32.80
占沪深两市比重（%）	1.29	1.21	0.08	1.34	1.40	1.97

资料来源：沪深交易所，天相投资分析系统。

（二）行业内上市公司构成情况

表 2　　2013 年黑色金属冶炼及压延加工业上市公司构成情况

门　类	沪　市			深　市			ST/*ST
	仅 A 股	仅 B 股	A+B 股	仅 A 股	仅 B 股	A+B 股	
黑色金属冶炼及压延加工业（家）	21	0	1	9	0	1	0/2
占行业内上市公司比重（%）	65.63	0.00	3.13	28.13	0.00	3.13	0/6.25

资料来源：沪深交易所，天相投资分析系统。

（三）行业内上市公司融资情况

表 3　　2013 年黑色金属冶炼及压延加工业上市公司与沪深两市融资情况对比

	融资家数	新　股	配　股	增　发
黑色金属冶炼及压延加工业（家）	6	0	0	6
沪深两市总数（家）	370	0	13	357
占比（%）	1.62	—	0.00	1.68

资料来源：天相投资分析系统。

2013 年，黑色金属冶炼及压延加工业有 6 家公司增发融资，其中，5 家沪市、1 家深市。

2013 年黑色金属冶炼及压延加工业上市公司融资情况明细见附录。

（四）行业内上市公司资产及业绩情况

表 4　　2013 年黑色金属冶炼及压延加工业上市公司资产情况　　单位：亿元

指　标	2013 年	2013 年可比样本增长（%）	2012 年	2012 年可比样本增长（%）	2011 年
总资产	14085.14	7.70	13078.43	1.80	12477.88
流动资产	4977.56	5.46	4720.01	-5.83	—
占比（%）	35.34	-0.75	36.09	-2.92	—
非流动资产	9107.58	8.95	8359.25	6.69	—
占比（%）	64.66	0.74	63.92	2.93	—
流动负债	7713.31	10.56	6976.57	8.09	—
占比（%）	54.76	1.42	53.34	3.10	—
非流动负债	1607.18	2.87	1562.33	-12.05	—
占比（%）	11.41	-0.54	11.95	-1.88	—
归属于母公司股东权益	4445.58	4.31	4262.06	-1.68	4323.15
占比（%）	31.56	-1.03	32.59	-1.16	—

资料来源：沪深交易所，天相投资分析系统。

表 5　　2013 年黑色金属冶炼及压延加工业上市公司收入实现情况　　单位：亿元

指　标	2013 年	2013 年可比样本增长（%）	2012 年	2012 年可比样本增长（%）	2011 年
营业收入	12611.63	1.18	12464.24	-8.09	13477.56
利润总额	80.35	扭亏为盈	-63.41	由盈转亏	171.73
归属于母公司所有者的净利润	50.29	扭亏为盈	-84.68	由盈转亏	128.34

资料来源：沪深交易所，天相投资分析系统。

（五）利润分配情况

2013 年，黑色金属冶炼及压延加工业共有 14 家上市公司实施分红配股，其中，1 家上市公司实施送股或转增股，13 家上市公司实施派息。

（六）其他财务指标情况

1. 盈利能力指标

表 6　　2013 年黑色金属冶炼及压延加工业上市公司盈利能力情况　　单位：%

指　标	2013 年	2013 年可比样本变动	2012 年	2012 年可比样本变动	2011 年
毛利率	7.02	1.77	5.25	-1.87	7.20
净资产收益率	1.15	3.09	-1.94	-5.38	2.97
销售净利率	0.43	1.14	-0.71	-1.88	0.95
资产净利率	0.40	1.08	-0.68	-1.99	1.07

资料来源：沪深交易所，天相投资分析系统。

2. 偿债能力指标

表 7　　2013 年黑色金属冶炼及压延加工业上市公司偿债能力情况

指　标	2013 年	2013 年可比样本变动	2012 年	2012 年可比样本变动	2011 年
流动比率	0.65	-0.03	0.68	-0.10	—
速动比率	0.36	-0.03	0.39	-0.03	—
资产负债率（%）	66.17	0.88	65.29	1.22	63.54

资料来源：沪深交易所，天相投资分析系统。

3. 营运能力指标

表 8　　2013 年黑色金属冶炼及压延加工业上市公司营运能力情况　　单位：亿元

指　标	2013 年	2013 年可比样本变动	2012 年	2012 年可比样本变动	2011 年
存货周转率	5.97	0.13	5.83	-0.28	5.69
应收账款周转率	39.60	-6.25	45.85	-14.74	—
流动资产周转率	2.60	0.04	2.56	-0.34	—
固定资产周转率	2.08	-0.05	2.13	-0.21	—
总资产周转率	0.93	-0.03	0.96	-0.16	1.12
净资产周转率	2.71	-0.01	2.72	-0.31	—

资料来源：沪深交易所，天相投资分析系统。

三、重点上市公司介绍

（一）宝钢股份

宝钢股份是我国最大、最现代化的钢铁联合企业，在国际钢铁市场上属于世界级钢铁联合企业。公司专业生产高技术含量、高附加值的钢铁产品，公司采用国际先进的质量管理，主要产品均获得国际权威机构认可。在成为中国市场主要钢材供应商的同时，产品出口日本、韩国、欧美等 40 多个国家和地区。公司具有雄厚的研发实力，从事新技术、新产品、新工艺、新装备的开发研制，为公司积聚了不竭的发展动力。《世界钢铁业指南》评定宝钢股份在世界钢铁行业的综合竞争力为前三名，而且也是未来最具发展潜力的钢铁企业。

2013 年，公司实现营业收入 1896.88 亿元，同比下降 0.76%；毛利率同比上升 2.01 个百分点至 9.47%；营业利润 76.84 亿元，同比上升 147.19%；归属上市公司净利润 58.18 亿元，同比下降 43.33%；净资产收益率下降 4.06 个百分点至 5.26%，EPS 0.35 元，同比下降 0.25 元。2013 年末，公司资产负债率 47.03%，同比增加 1.77 个百分点。

（二）杭钢股份

杭钢股份是浙江省唯一的大型钢铁联合企业，自上市以来，全面推进现代企业制度建设，使公司在资产质量、盈利能力及抗市场风险能力等方面均得到大幅提高，产品结构、工艺结构得到持续优化，“棒、线、型、带”四大类别产品完成了“普转优”及部分产品“优转特”的结构优化升级，形成了以机械加工用钢、汽车用钢、标准件用钢及特色型材等优特钢品种为特色的产品序列，为公司持续稳健发展带来新的机遇。公司产品包括热轧圆钢、热轧带钢、热轧盘条、热轧型钢、热轧带肋钢筋等产品，广泛应用于机械加工、汽车和摩托车配件、标准件制造、日用五金、工程机械等行业。公司于 1997 年通过了

ISO9002 质量体系认证，2003 年通过了 ISO14001 环境管理体系认证，2008 年通过了职业健康安全管理体系认证，2009 年通过了 ISO9001 标准的 2008 版的转版。公司产品弹簧钢盘条顺利通过全国冶金产品实物质量金杯奖复评；轻轨 55Q、合金结构钢盘条荣获全国冶金产品卓越奖；CrMo 合金钢、A105 阀门钢获杭州市名牌产品称号，公司“古剑”牌钢材产品畅销国内外，享有良好信誉。

2013 年，公司实现营业收入 171.83 亿元，同比上升 0.29%；毛利率同比上升 1.29 个百分点至 3.14%；营业利润 0.66 亿元，同比上升 120.18%；归属于上市公司净利润 0.21 亿元，同比上升 105.44%；净资产收益率上升 12.17 个百分点至 0.62%，EPS 0.02 元，同比上升 0.47 元。截至 2013 年末，公司资产负债率 57.73%，同比增加 0.52 个百分点。

四、上市公司在行业中的影响力

2010 年以来，黑色金属冶炼及压延加工业上市公司对行业整体的影响呈现逐年下降趋势。2013 年，黑色金属冶炼及压延加工业总资产规模达到 62638.33 亿元，同比增长 10.26%；全行业上市公司资产总额为 14085.14 亿元，同比增长 7.70%；上市资产总额占行业资产总额的 22.49%，同比下降 0.53 个百分点，近 4 年占比不断降低。2013 年，全行业营业收入 76316.93 亿元，同比增长 7.63%，其中，上市公司实现营业收入 12611.63 亿元，同比增长 1.18%；上市公司总收入规模占全行业比重降低至 16.53%，为 4 年来最低值。2013 年，全行业实现利润总额 1695.04 亿元，同比增长 37.87%；其中上市公司利润总额为 80.35 亿元。

审稿人：胡　皓
撰稿人：华　立

有色金属冶炼和压延加工业

一、有色金属冶炼和压延加工业总体概况

2013 年，受世界经济复苏明显放缓、国内经济下行压力加大、境内外市场需求不振、市场供过于求的影响，有色金属行业整体处于景气度下滑周期。

产量增速稍有反弹。2013 年，我国 10 种有色金属产量为 4028.78 万吨，同比增长 9.91%，增幅上升 0.61 个百分点。其中，精炼铜、电解铝、铅、锌、锡、电解镍产

量分别为683.88万吨、2204.61万吨、447.51万吨、530.22万吨、158503.47万吨和278515.43万吨，同比增长分别为13.74%、12.04%、-8.22%、8.74%、-7.63%和2.33%，除精炼铜、锌和电解镍外，其他品种的增速均不同程度的回落。加工材方面，铜材和铝材产量分别为1498.70万吨和3962.42万吨，同比增长分别为24.36%和27.94%，铜材增幅增长17.20个百分点，铝材增幅增长17.28个百分点。

全年价格低位震荡。2013年，国内铜、铝、铅、锌现货年均价分别为53199.39元/吨、14493.95元/吨、14182.67元/吨和14886.97元/吨，同比分别下降7.06%、7.09%、7.35%、3.75%。国际市场LME 3月期铜、期铝、期锌、期铅平均价分别为7348.10美元/吨、1887.95美元/吨、1940.07美元/吨、2157.54美元/吨，同比分别下降7.65%、8.02%、1.53%、-3.25%。

2013年，我国有色金属冶炼和压延加工业固定资产投资额为5464.94亿元，同比增长21.85%，增速同比上涨1.30个百分点。

整体来看，2013年，我国有色金属冶炼和压延加工业实现营业收入46536.30亿元，同比增长14.39%；实现利润总额1445.44亿元，同比增长1.27%。

从盈利能力看，2013年，我国有色金属冶炼和压延加工业的毛利率为7.51%，同比下降1.02个百分点，行业盈利能力继续下降。

2013年，有色金属冶炼和压延加工业的财务状况比2012年更加严峻，截至2013年底，全行业的资产负债率为63.52%，同比升高0.26个百分点。

二、行业内上市公司发展概况

（一）行业内上市公司基本情况

表1　　2013年有色金属冶炼和压延加工业上市公司发行股票概况

门　类	A、B股总数	A股股票数	B股股票数	境内总市值（亿元）	流通A股市值（亿元）	流通B股市值（亿元）
有色金属冶炼和压延加工业（家）	51	51	0	3912.33	3198.23	0.00
占沪深两市比重（%）	1.93	1.93	0.00	1.64	1.62	0.00

资料来源：沪深交易所，天相投资分析系统。

（二）行业内上市公司构成情况

表2　　2013年有色金属冶炼和压延加工业上市公司构成情况

门　类	沪　市			深　市			ST/*ST
	仅A股	仅B股	A+B股	仅A股	仅B股	A+B股	
有色金属冶炼和压延加工业（家）	20	0	0	31	0	0	0/2
占行业内上市公司比重（%）	39.22	0.00	0.00	60.78	0.00	0.00	0/3.92

资料来源：沪深交易所，天相投资分析系统。

（三）行业内上市公司融资情况

表 3　　2013 年有色金属冶炼和压延加工业上市公司与沪深两市融资情况对比

	融资家数	新　股	配　股	增　发
有色金属冶炼和压延加工业（家）	11	0	0	11
沪深两市总数（家）	370	0	13	357
占比（%）	2.70	—	0.00	2.80

资料来源：天相投资分析系统。

2013 年，有色金属冶炼和压延加工业共有 11 家公司增发，其中，4 家沪市、4 家深市及 3 家中小板公司。

2013 年有色金属冶炼和压延加工业上市公司融资情况明细见附录。

（四）行业内上市公司资产及业绩情况

表 4　　2013 年有色金属冶炼和压延加工业上市公司资产情况　　单位：亿元

指　标	2013 年	2013 年可比样本增长（%）	2012 年	2012 年可比样本增长（%）	2011 年
总资产	7078.87	10.80	6389.06	14.52	5271.52
流动资产	3157.68	10.13	2867.21	8.07	—
占比（%）	44.61	–0.27	44.88	–2.68	—
非流动资产	3921.20	11.34	3521.85	20.37	—
占比（%）	55.39	0.27	55.12	2.68	—
流动负债	3322.60	10.57	3005.00	22.30	—
占比（%）	46.94	–0.10	47.03	2.99	—
非流动负债	1169.33	17.80	992.63	19.77	—
占比（%）	16.52	0.98	15.54	0.68	—
归属于母公司股东权益	2312.42	9.99	2102.39	1.95	2008.10
占比（%）	32.67	–0.24	32.91	–4.06	—

资料来源：沪深交易所，天相投资分析系统。

表 5　　2013 年有色金属冶炼和压延加工业上市公司收入实现情况　　单位：亿元

指　标	2013 年	2013 年可比样本增长（%）	2012 年	2012 年可比样本增长（%）	2011 年
营业收入	7594.89	11.40	6817.91	8.30	5894.89
利润总额	141.44	456.27	25.43	–91.06	267.62
归属于母公司所有者的净利润	114.28	扭亏为盈	–5.80	由盈转亏	174.65

资料来源：沪深交易所，天相投资分析系统。

（五）利润分配情况

2013 年，有色金属冶炼和压延加工业共有 33 家上市公司实施分红配股。33 家上市公司实施派息，5 家上市公司实施送股或转增股，其中，5 家公司既实施了送股、转增又实施了派息。

（六）其他财务指标情况

1. 盈利能力指标

表 6　　2013 年有色金属冶炼和压延加工业上市公司盈利能力情况　　单位：%

指　标	2013 年	2013 年可比样本变动	2012 年	2012 年可比样本变动	2011 年
毛利率	5.11	-0.75	5.86	-4.02	9.86
净资产收益率	4.32	4.48	-0.16	-10.02	8.70
销售净利率	1.47	1.53	-0.06	-3.65	2.96
资产净利率	1.66	1.72	-0.06	-4.41	3.55

资料来源：沪深交易所，天相投资分析系统。

2. 偿债能力指标

表 7　　2013 年有色金属冶炼和压延加工业上市公司偿债能力情况

指　标	2013 年	2013 年可比样本变动	2012 年	2012 年可比样本变动	2011 年
流动比率	0.95	0.00	0.95	-0.13	—
速动比率	0.59	0.06	0.53	-0.08	—
资产负债率（%）	63.46	0.89	62.57	3.67	57.81

资料来源：沪深交易所，天相投资分析系统。

3. 营运能力指标

表 8　　2013 年有色金属冶炼和压延加工业上市公司营运能力情况　　单位：次

指　标	2013 年	2013 年可比样本变动	2012 年	2012 年可比样本变动	2011 年
存货周转率	6.19	0.51	5.68	0.22	4.75
应收账款周转率	32.20	-8.16	40.36	-2.27	—
流动资产周转率	2.52	0.05	2.47	-0.07	—
固定资产周转率	3.45	-0.01	3.46	0.00	—
总资产周转率	1.13	-0.01	1.14	-0.07	1.20
净资产周转率	3.05	0.14	2.91	-0.05	—

资料来源：沪深交易所，天相投资分析系统。

三、重点上市公司介绍

（一）云海金属

云海金属专业从事镁及镁合金生产和回收；铝合金铸锭及铸棒生产和回收；镁、铝合金压铸件生产；中间合金和金属锶生产和销售的省级高新技术企业。目前，公司已经形成了“白云石开采—原镁冶炼—镁合金铸造—镁合金加工—镁合金回收”的完整镁产业链。金属锶和镁合金产销量居全球第一位。公司具有较强的研发能力，为江苏省科技创新百强企业，拥有“江苏省镁合金材料工程技术研究中心”、“江苏省先进金属材料重点实验室”，设立了“江苏省硕士研究生工作站”，培养了一批长期从事轻金属研究开发的工程技术人员。“十一五”期间先后承担了国家科技支撑计划项目课题，引领行业的节能减排和科技创新。拥有多项有自主知识产权的发明专利和实用新型专利。

2013 年，公司实现营业收入 37.20 亿元，同比增长 6.51%；毛利率下降至 8.25%；营业利润 0.18 亿元，同比下降 30.78%；归属于上市公司净利润 0.25 亿元，同比上升 27.77%；净资产收益率下降至 2.76%，EPS 0.09 元，同比上升 0.02 元。2013 年末，公司资产负债率 58.96%，同比增加 0.03 个百分点。

（二）中国铝业

中国铝业是中国最大的氧化铝生产商，是全球第二大氧化铝生产商，同时也是中国最大的原铝生产商。公司下设 10 个分公司和 1 个研究院，并拥有 12 个主要的控股子公司，企业信用等级被标准普尔评为 BBB+级。公司产品以氧化铝、电解铝为主，其控股股东中国铝业公司正在对上下游资源进行整合。公司于 2001 年 12 月 11 日、12 日分别在纽约证券交易所和香港联合交易所挂牌上市，在换股吸收合并山东铝业、兰州铝业后，公司又实现在上海证券交易所上市，成为在纽约、香港、上海三地上市的企业之一。

2013 年，公司实现营业收入 1730.38 亿元，同比增长 15.76%；毛利率同比上升 1.45 个百分点至 2.17%；营业利润-8.97 亿元，同比上升 90.93%；归属于上市公司净利润 9.48 亿元，同比上升 111.51%；净资产收益率上升 20.92 个百分点至 2.14%，EPS 0.07 元，同比上升 0.68 元。2013 年末，公司资产负债率 73.08%，同比增加 3.80 个百分点。

（三）赣锋锂业

赣锋锂业是专业从事于锂铷铯和锂电新材料系列产品研发、生产及销售的国际知名企业，经过 10 余年的快速发展，赣锋锂业已成为中国深加工锂产品行业的龙头企业，是全球最大的金属锂生产供应商，拥有特种无机锂、有机锂、金属锂及锂合金等系列产品。先后开发了金属锂（工业级、电池级）、碳酸锂（电池级）、氯化锂（工业级、催化剂级）、丁基锂、氟化锂（工业级、电池级）和锂电新材料系列等

30余项国家级和省级重点新产品，广泛应用于新医药、新材料、新能源领域，是国内锂系列产品品种最齐全、产品加工链最长、工艺技术最全面的专业生产商，产品远销美国、日本、韩国、中国台湾、欧盟及东南亚等国家和地区。公司已经申请国家专利38项，拥有非专利技术近百项，主持制定和修订国家标准3项，主持和参与制定行业标准9项，承担国家和省级以上科技攻关和新产品开发项目30余项。公司是江西省实施科技创新“六个一工程”创新示范型企业，拥有“江西省研究生教育创新基地（第二批）”，多次被评为“江西省优秀高新技术企业”。

2013年，公司实现营业收入6.86亿元，同比增长9.25%；毛利率同比上升1.49个百分点至23.23%；营业利润0.78亿元，同比上升10.73%；归属于上市公司净利润0.74亿元，同比上升6.43%；净资产收益率下降3.11个百分点至5.53%，EPS 0.49元，同比上升0.03元。2013年末，公司资产负债率25.34%，同比增加2.70个百分点。

四、上市公司在行业中的影响力

2013年，有色金属冶炼和压延加工业总资产规模达到31863.76亿元，同比增长17.42%；全行业上市公司资产总额为7078.87亿元，同比增长10.80%；上市资产总额占行业总资产额的22.22%，同比下降1.32个百分点，4年来占比首次下降。

上市公司利润总额在全行业的占比有所回升。2013年，全行业营业收入46536.30亿元，同比增长14.39%，其中，上市公司实现营业收入7594.89亿元，同比增长11.40%；上市公司总收入规模占全行业的比重为16.32%，同比下降0.44个百分点。2013年，全行业利润总额为1445.44亿元，同比增长1.27%，其中，上市公司利润总额为141.44亿元，在全行业的占比为9.79%，同比上升8.01个百分点。

审稿人：胡　皓

撰稿人：华　立

金属制品业

一、金属制品业总体概况

金属制品业包括结构性金属制品、金属工具、集装箱及金属包装器、不锈钢及类似日用金属制品等。2013年，全球经济复苏缓慢，我国处于经济转型初期，传统行业产能过剩严重，房地产开始逐步出清，工业整体形式呈现放缓的态势。但是，相比2012年，金属制品行业整体呈现触底反弹趋势。2013年，我国金属制品行业固定资产投资总额为7114.34亿元，同比增长

19.47%，增速同比上升 1.71 个百分点。

2013 年，金属制品业总资产 21390.04 亿元，同比增长 14.35%；实现营业收入 32842.94 亿元，同比增长 14.19%；实现利润总额 1878.31 亿元，同比增长 15.63%。从盈利能力看，2013 年，金属制品业的毛利率为 15.17%，同比提高 1.50 个百分点，行业盈利能力有所提升。

2013 年，金属制品业的财务状况优于 2012 年，截至 2013 年底，全行业的资产负债率为 53.43%，同比下降 1.15 个百分点。

二、行业内上市公司发展概况

（一）行业内上市公司基本情况

表 1　　2013 年金属制品业上市公司发行股票概况

门　类	A、B 股总数	A 股股票数	B 股股票数	境内总市值（亿元）	流通 A 股市值（亿元）	流通 B 股市值（亿元）
金属制品业（家）	43	42	1	1847.61	1308.65	8.00
占沪深两市比重（%）	1.63	1.59	0.04	0.77	0.66	0.48

资料来源：沪深交易所，天相投资分析系统。

（二）行业内上市公司构成情况

表 2　　2013 年金属制品业上市公司构成情况

门　类	沪　市			深　市			ST/*ST
	仅 A 股	仅 B 股	A+B 股	仅 A 股	仅 B 股	A+B 股	
金属制品业（家）	7	0	0	34	0	1	0/1
占行业内上市公司比重（%）	16.67	0.00	0.00	80.95	0.00	2.38	0/2.38

资料来源：沪深交易所，天相投资分析系统。

（三）行业内上市公司融资情况

表 3　　2013 年金属制品业上市公司与沪深两市融资情况对比

	融资家数	新　股	配　股	增　发
金属制品业（家）	8	0	0	8
沪深两市总数（家）	370	0	13	357
占比（%）	2.16	—	0.00	2.24

资料来源：天相投资分析系统。

2013 年，金属制品业有 8 家公司增发融资，其中，4 家沪市、1 家深市及 3 家中小板公司。

2013 年金属制品业上市公司融资情况明细见附录。

（四）行业内上市公司资产及业绩情况

表 4　　2013 年金属制品业上市公司资产情况　　单位：亿元

指　标	2013 年	2013 年可比样本增长（%）	2012 年	2012 年可比样本增长（%）	2011 年
总资产	2373.81	17.55	2062.56	9.78	1995.65
流动资产	1355.72	13.90	1224.22	4.70	—
占比（%）	57.11	-1.83	59.35	-2.88	—
非流动资产	1018.09	22.78	838.34	18.15	—
占比（%）	42.89	1.83	40.65	2.88	—
流动负债	996.01	28.99	801.37	8.75	—
占比（%）	41.96	3.72	38.85	-0.37	—
非流动负债	318.42	10.20	292.75	20.37	—
占比（%）	13.41	-0.89	14.19	1.25	—
归属于母公司股东权益	963.35	10.79	878.80	7.44	814.18
占比（%）	40.58	-2.47	42.61	-0.93	—

资料来源：沪深交易所，天相投资分析系统。

表 5　　2013 年金属制品业上市公司收入实现情况　　单位：亿元

指　标	2013 年	2013 年可比样本增长（%）	2012 年	2012 年可比样本增长（%）	2011 年
营业收入	2039.81	10.70	1879.85	-1.17	2165.10
利润总额	106.23	22.23	87.90	-29.68	112.15
归属于母公司所有者的净利润	75.55	19.89	63.48	-30.85	83.09

资料来源：沪深交易所，天相投资分析系统。

（五）利润分配情况

2013 年，金属制品业共有 35 家上市公司实施分红配股。35 家上市公司实施派息，11 家上市公司实施送股或转增股，其中，11 家公司既实施了送股、转增又实施了派息。

（六）其他财务指标情况

1. 盈利能力指标

表 6　　2013 年金属制品业上市公司盈利能力情况　　单位：%

指　标	2013 年	2013 年可比样本变动	2012 年	2012 年可比样本变动	2011 年
毛利率	14.20	-0.42	14.55	-1.02	13.23
净资产收益率	7.80	0.88	6.92	-3.91	10.21
销售净利率	4.05	0.45	3.56	-1.55	3.84
资产净利率	3.76	0.33	3.40	-2.25	4.52

资料来源：沪深交易所，天相投资分析系统。

2. 偿债能力指标

表 7 2013 年金属制品业上市公司偿债能力情况

指 标	2013 年	2013 年可比样本变动	2012 年	2012 年可比样本变动	2011 年
流动比率	1.36	-0.18	1.53	-0.06	—
速动比率	0.94	-0.09	1.00	-0.08	—
资产负债率（%）	55.37	2.83	53.05	0.88	55.52

资料来源：沪深交易所，天相投资分析系统。

3. 营运能力指标

表 8 2013 年金属制品业上市公司营运能力情况 单位：次

指 标	2013 年	2013 年可比样本变动	2012 年	2012 年可比样本变动	2011 年
存货周转率	4.96	0.06	4.76	-0.81	5.21
应收账款周转率	7.38	-0.48	7.93	-1.12	—
流动资产周转率	1.60	0.02	1.57	-0.19	—
固定资产周转率	3.83	-0.36	4.25	-0.89	—
总资产周转率	0.93	-0.03	0.95	-0.15	1.18
净资产周转率	2.02	0.03	2.01	-0.28	—

资料来源：沪深交易所，天相投资分析系统。

三、重点上市公司介绍

（一）久立特材

久立特材是国内不锈钢焊接管品种最全、规格组距最大的制造企业，主要生产工业用不锈钢无缝管和不锈钢焊接管，产品应用于石油、化工、天然气、电力设备制造、造船、机械制造、航空等。工业用不锈钢管产品先后取得中国、美国、英国、法国、德国、挪威等多国船级社工厂认证，开发的 UNS S30432 等超级奥氏体不锈钢无缝管先后通过中国机械工业联合会、全国锅炉压力容器标准化技术委员会的技术鉴定，被认定达到超超临界电站锅炉用耐温、耐压件有关技术和工艺标准；核电站用核级无缝管、焊接管通过了国家核安全局核安全与环境专家委员会的认证。“久立”商标被浙江省工商局认定为“浙江省著名商标”；“久立”牌工业用不锈钢管被认定为“浙江名牌产品”。

2013 年，公司实现营业收入 28.49 亿元，同比上升 7.09%；毛利率同比上升 2.74 个百分点至 22.52%；营业利润 2.59 亿元，同比上升 42.41%；归属于上市公司净利润 2.17 亿元，同比上升 40.22%；净资产收益率上升 2.48 个百分点至 12.16%，EPS 0.70 元，同比上升 0.20 元。截至 2013 年末，公司资产负债率40.06%，同比增加0.53个百分点。

（二）大西洋

大西洋主要产品有碳钢电焊条、纤维素电焊条、低合金钢电焊条、不锈钢电焊条、低温钢电焊条、钼及铬钼耐热钢电焊条、镍及镍合金电焊条、堆焊电焊条、铸铁电焊条；MAG、MIG和TIG的气体保护焊丝、埋弧自动焊丝和药芯焊丝；以及适用于埋弧焊和电渣焊的各种熔炼型、烧结型和陶质型焊剂。“大西洋”焊接材料被国内外用户广泛用于电站锅炉、压力容器、核工业、航天、桥梁、船舶、车辆、石油、化工、水电、火电、冶金、高层建筑、重型机械设备及海上钻井平台等重要工程，如举世闻名的长江三峡工程、黄河小浪底工程、大亚湾岭澳核电站、秦山核电站、田湾核电站、西气东输等工程。公司质量管理体系通过英国劳氏质量认证有限公司（LRQA）ISO9001认证。主要产品经中国船级社（CCS）、英国劳埃德船级社（LR）、美国验船协会（ABS）、法国船级社（BV）、德国苏埃德船级社（GL）、挪威船级社（DNV）、日本海事协会（NK）以及加拿大焊接局（CWB）认可。

2013年，公司实现营业收入21.86亿元，同比下降5.78%；毛利率同比上升2.62个百分点至14.31%；营业利润0.55亿元，同比上升22.89%；归属于上市公司净利润0.40亿元，同比上升39.70%；净资产收益率上升1.02个百分点至3.62%，EPS 0.19元，同比下降0.01元。截至2013年末，公司资产负债率44.19%，同比增加4.94个百分点。

四、上市公司在行业中的影响力

2013年，金属制品行业总资产规模达到21390.04亿元，同比增长14.35%；全行业上市公司资产总额为2373.81亿元，同比增长17.55%；上市公司资产总额占行业总资产的11.10%，同比增长0.07个百分点。

金属制品行业集中度较低，上市公司资产规模较小，目前行业内上市公司经营指标不足以反映行业整体的经营状况。2013年，全行业营业收入32842.94亿元，同比增长14.19%，其中，上市公司实现营业收入2039.81亿元，同比增长10.70%；上市公司总收入规模占全行业的比重为6.21%，为近4年来的最低水平。2013年，全行业利润总额为1878.31亿元，同比增长15.63%，其中，上市公司利润总额为106.23亿元，在全行业中的占比为5.66%，同比增长0.25个百分点。

审稿人：胡　皓

撰稿人：华　立

通用设备制造业

一、通用设备制造业总体概况

通用设备制造业是装备制造业中的基础性产业，为工业行业提供动力、基础加工等基础设备。通用设备制造业属于周期性较强的行业，受国家宏观经济政策影响明显。上一轮行业的高速增长期是2003~2008年，该阶段内，国内通用设备制造业产能扩张明显，在国家“四万亿”投资刺激下行业又有过一轮爆发式增长，导致全行业产能出现过剩，在市场需求量增长有限的情况下，企业新增订单减少。

2013年，全行业营业收入为42789.01亿元，较2012年增长15.87%；全行业利润总额为2867.05亿元，较2012年增长16.88%。通用设备制造业在高端领域的核心关键技术还被国外的同行所掌握，高端领域市场都采用进口产品。国内企业通过合资合作的方式，也在积极学习国外的先进工艺和技术，取得了一些成效，但是由于国外同行的技术保护等，突破尚需要一定的时间。

二、行业内上市公司发展概况

（一）行业内上市公司基本情况

表1　　2013年通用设备制造业上市公司发行股票概况

门　类	A、B股总数	A股股票数	B股股票数	境内总市值（亿元）	流通A股市值（亿元）	流通B股市值（亿元）
通用设备制造业（家）	102	95	7	4559.28	3460.98	91.37
占沪深两市比重（%）	3.87	3.60	0.27	1.91	1.75	5.49

资料来源：沪深交易所，天相投资分析系统。

（二）行业内上市公司构成情况

表2　　2013年通用设备制造业上市公司构成情况

门　类	沪　市			深　市			ST/*ST
	仅A股	仅B股	A+B股	仅A股	仅B股	A+B股	
通用设备制造业（家）	15	0	3	75	2	2	0/2
占行业内上市公司比重（%）	15.46	0.00	3.09	77.32	2.06	2.06	0/2.06

资料来源：沪深交易所，天相投资分析系统。

（三）行业内上市公司融资情况

表 3　　2013 年通用设备制造业上市公司与沪深两市融资情况对比

	融资家数	新　股	配　股	增　发
通用设备制造业（家）	14	0	0	14
沪深两市总数（家）	370	0	13	357
占比（%）	3.78	—	0.00	3.92

资料来源：天相投资分析系统。

2013 年，通用设备制造业有 14 家上市公司增发融资。

2013 年通用设备制造业上市公司融资情况明细见附录。

（四）行业内上市公司资产及业绩情况

表 4　　2013 年通用设备制造业上市公司资产情况　　单位：亿元

指　标	2013 年	2013 年可比样本增长（%）	2012 年	2012 年可比样本增长（%）	2011 年
总资产	5860.22	7.17	5473.15	6.17	2671.09
流动资产	4109.62	5.28	3906.09	1.14	—
占比（%）	70.13	-1.26	71.37	-3.55	—
非流动资产	1750.61	11.88	1567.07	21.20	—
占比（%）	29.87	1.26	28.63	3.55	—
流动负债	3047.22	6.48	2862.87	1.32	—
占比（%）	52.00	-0.33	52.31	-2.50	—
非流动负债	445.62	11.26	400.55	53.05	—
占比（%）	7.60	0.28	7.32	2.24	—
归属于母公司股东权益	2148.41	7.59	2000.39	6.04	1184.35
占比（%）	36.66	0.14	36.55	-0.04	—

资料来源：沪深交易所，天相投资分析系统。

表 5　　2013 年通用设备制造业上市公司收入实现情况　　单位：亿元

指　标	2013 年	2013 年可比样本增长（%）	2012 年	2012 年可比样本增长（%）	2011 年
营业收入	3187.50	5.63	3020.76	-0.64	2034.21
利润总额	180.32	-7.60	195.21	-16.96	147.62
归属于母公司所有者的净利润	112.33	-12.98	129.14	-27.84	118.88

资料来源：沪深交易所，天相投资分析系统。

（五）利润分配情况

2013 年，通用设备制造业共有 21 家上市公司实施了分红配股。12 家上市公司实施派息，11 家上市公司实施送股或转增股，其中，2 家公司既实施了送股、转增又实施了派息。

（六）其他财务指标情况

1. 盈利能力指标

表 6　　2013 年通用设备制造业上市公司盈利能力情况　　单位：%

指　标	2013 年	2013 年可比样本变动	2012 年	2012 年可比样本变动	2011 年
毛利率	21.04	1.22	19.82	-0.20	17.26
净资产收益率	6.09	-1.05	7.13	-2.65	10.04
销售净利率	4.52	-0.70	5.21	-1.44	5.84
资产净利率	2.55	-0.42	2.96	-1.23	5.17

资料来源：沪深交易所，天相投资分析系统。

2. 偿债能力指标

表 7　　2013 年通用设备制造业上市公司偿债能力情况

指　标	2013 年	2013 年可比样本变动	2012 年	2012 年可比样本变动	2011 年
流动比率	1.35	-0.02	1.36	0.00	—
速动比率	0.96	0.02	0.94	0.00	—
资产负债率（%）	59.60	-0.05	59.63	-0.26	53.09

资料来源：沪深交易所，天相投资分析系统。

3. 营运能力指标

表 8　　2013 年通用设备制造业上市公司营运能力情况　　单位：次

指　标	2013 年	2013 年可比样本变动	2012 年	2012 年可比样本变动	2011 年
存货周转率	2.66	0.17	2.49	-0.11	3.97
应收账款周转率	2.92	-0.13	3.05	-0.50	—
流动资产周转率	0.80	0.02	0.78	-0.06	—
固定资产周转率	3.73	-0.24	3.98	-0.67	—
总资产周转率	0.56	-0.01	0.57	-0.06	0.88
净资产周转率	1.39	-0.02	1.41	-0.21	—

资料来源：沪深交易所，天相投资分析系统。

三、重点上市公司介绍

（一）上海电气

2013年，面对错综复杂的外部经济环境，上海电气坚持在“困难中转型，在转型中发展”，报告期内公司实现营业收入人民币792.15亿元，较2012年同期增长2.77%；归属于母公司股东的净利润为人民币24.63亿元，较2012年同期减少9.48%。

新能源设备实现营业收入58.89亿元，比2012年同期减少10.9%，其中，风电产品营业收入同比增长14.1%，核电核岛营业收入同比减少26.6%；板块毛利率为9.4%，同比下降2.8个百分点。高效清洁能源设备，新接订单逾250亿元。高效清洁能源板块实现营业收入328.65亿元，比2012年同期减少8.6%，其中输配电业务同比增长7.6%，电站设备业务同比减少12.7%；板块毛利率为20.2%，与2012年同期基本持平；板块营业利润率为5.4%，比2012年同期下降3.1个百分点。工业装备实现营业收入254.67亿元，比2012年同期增长7.2%，其中电梯业务收入同比增长29%。现代服务业实现营业收入203.49亿元，比2012年同期增长3.8%；板块毛利率为10.8%，与2012年同期基本持平；板块营业利润率7.4%，比2012年同期上升2.8个百分点。

（二）东方电气

2013年，东方电气实现营业收入424亿元，同比增长11.32%；上市公司股东净利润23.49亿元，较2012年同期增长7.22%。公司完成发电设备备量3473.55万千瓦，同比增长6.5%，其中，水轮发电机696.5万千瓦，同比增长4.2%；汽轮发电机2704.1万千瓦，同比增长6.5%；风电机组72.95万千瓦，同比增长32.5%。电站锅炉2108.4万千瓦，同比增长2.1%；电站发电机3069.3万千瓦，同比增长18.3%。

（三）上海机电

面对2013年复杂的经济环境，上海机电的电梯业务依然保持了强劲的增长势头。2013年，上海三菱电梯合同承接数量同比继续保持增长，2013年电梯的产量突破7万台，继续创出历史新高。2013年，上海三菱电梯实现营业收入165.04亿元，同比增加29.02%；实现净利润18.74亿元，同比增加47.68%。2013年，高斯国际继续致力于对Vpak包装印刷机的推广，以争取扩大市场份额。同时，公司通过欧洲区重组，把高斯英国和高斯法国整合为一个销售及售后服务中心，管理欧洲、中东和非洲的业务，并结束了公司在法国的生产制造业务，这一举措大大降低了公司的盈亏平衡点。

（四）金风科技

2013年，金风科技实现营业收入1230847.66万元，较2012年同期增加98428.76万元，同比上升8.69%；实现营业利润47559.75万元，较2012年同期增加34195.73万元，同比上升255.88%；实现净利润 43363.51 万元，较 2012 年同期增加 26816.67 万元，同比上升 162.07%；实现归属于母公司净利润 42764.60 万元，较 2012 年同期增加 27459.22 万元，同比上升 179.41%。公司风力发电机组及零部件销售收入为 1130023.04 万元，较 2012 年同期上升 6.34%，实现对外销售容量 2923.25 MW，同比上升 13.16%。公司实现风电服务收入 59588.27 万元，较 2012 年增长 48.93%，主要得益于一站式服务、SCADA 平台以及运维服务的增长。

（五）沈阳机床

2013 年，在传统制造业进入薄利时代、中国机床工具行业的市场需求继续下滑的背景下，沈阳机床加快了由“工业制造商”向“工业服务商”战略转型的步伐，市场获取能力得到提升，经营效果明显，年度目标基本完成。全年实现销售收入 73.79 亿元，净利润 1909.16 万元。公司成立上海优尼斯工业设备销售有限公司。截至 2013 年末，公司已经建成 4S 店 31 家、U 渠道 165 家，形成了覆盖全国的营销网络体系。在合作启动的 11 月和 12 月间就洽谈了多个项目，完成签约千万元以上，有效构建起了公司的金融服务能力。经济型数控铣床 BRIO Miller 以高性价比赢得市场，荣获“2013 金属加工行业——荣格技术创新奖”，年产销量近千台。中德联合设计的全机能数控车床 VIVA T4，在汉诺威 EMO 展上亮相，受到高度关注。ASCA 重大型产品实现了“德国设计，中国制造”新模式，完成的三款重大型产品已拿到客户订单。

四、上市公司在行业中的影响力

2013 年，通用设备制造业上市公司总资产 5860.22 亿元，占全行业总量的 16.69%；营业收入 3187.50 亿元，占行业总量的 7.45%；利润总额 180.32 亿元，占行业总量的 6.29%。2011~2013 年，除去行业总资产占行业的比例有所增加外，通用设备制造业上市公司的营业收入和利润总额没有太大增长，维持在 8%以下。说明该行业在我国行业集中度还比较低，上市公司在全行业中的影响力还比较小。

在我国 36000 多家装备制造业企业中，大公司和企业集团数量少，而且规模也小，仅有少数几家企业进入世界 500 强。从规模经济理论的角度看，行业的发展是需要规模的，没有规模就没有竞争力，没有规模就没有利润。扩大企业规模的途径一般有两种：一是通过兼并收购，走外延扩张式道路；二是依靠企业自身积累滚动发展，走内涵式增长之路。在我国目前财力有限、难以大规模注入资金的情况下，装备制造业发展大企业集团的主要途径应该是通过资本的流动和重组，逐步解决国有经济布局过散、战线过长的状况，使国有资产从分散的中小企业向大型企业和特大企业集团集中，从低效的弱势企业向具有优势的龙头企业集中，力争在重组中培育和发展壮大一批具有相当竞争力的世界级大公司、大集团。

审稿人：王　娜

撰稿人：王　娜

专用设备制造业

一、专用设备制造业总体概况

（一）行业整体运行情况

2013 年，中国工程机械行业增速继续放缓。由于宏观经济的转型、行业市场的透支、竞争态势的加剧，工程机械企业正面临着前所未有的挑战。中国经济在转型，全球经济正向绿色增长的道路迈进，工程机械行业已进入效益与品质为王的时代。

2013 年，全行业营业收入为 32057.48 亿元，较 2012 年增加 20.76%；全行业营业利润为 2147.28 亿元，较 2012 年增加 13.92%。

总的来说，2013 年，我国经济结构没有发生明显变化，中国仍是世界制造业基地，大多数机械设备将在国内消化。但无论出口消费还是国内消费都已面临供给过剩的考验，目前固定资产投资增速放缓的趋势在短期内难以逆转。经济结构调整仍是一个长期而痛苦的转变过程，机械板块行情持续分化，宏观经济整体偏弱决定了传统机械行业将受到持续冲击，难以全面复苏。但由于高端机械装备受市场追捧，在目前宏观政策背景下，部分具有较强政策导向的农机、铁路设备等高成长性细分行业仍有价值潜力，机械行业整体面临企稳格局。

（二）细分行业运行概况

机械产品需求分化明显。与宏观经济关系最为紧密的子行业如工程机械、重型机械、煤炭机械等专用设备制造业，受下游投资放缓冲击较明显，相比之下，泵、压缩机等通用机械产品需求则更为多元，销量平稳。受益于国家政策扶持、全球产业转移、制造业升级的农业机械、铁路设备、海工装备、机器人等领域仍保持较高景气度，2013 年订单或销售形势良好。

工程机械。2011 年以前，专用机械产能扩张速度相对较快，尤其是与基建、房地产相关的工程机械，导致目前产能过剩问题严重，短期内供给增长而需求萎缩这一总体局面难以改善。从 2013 年房地产计划投资总额和土地购置面积两个指标来看，同比下滑幅度较大，影响到工程机械，未来形势不容乐观。但同时，受益于新型城镇化建设的拉动，市场对工程机械制造业的需求，尚能维持在一定水平。

农业机械。农机补贴力度加大，农机从中受益。2013 年，中央财政安排农机购置补贴资金 217.5 亿元，共补贴购置各类农业机械约 594 万台（套），受益农户达到 382 万户。在我国三大粮食作物中，小麦已基本实现全程机械化，2013 年，玉米和水稻全程机械化率分别为 71%和 65%，虽然增速很快，但水稻机插和玉米机收依然是两个薄弱环节，这部分还有一定潜力。

军工装备。在未来一段时期，国防建设将会作为重要任务之一，国防投入将会进一步加大。预计“十二五”期间，我国军费开支仍将继续保持10%~15%的增速，2015年将达到8000亿~10000亿元的规模。随着军民工业融合程度进一步加快，未来市场空间和想象空间依然较大。

铁路设备。随着铁路营运里程的增加，预计未来三年铁路总公司货车年采购量将继续保持增长。

二、行业内上市公司发展概况

（一）行业内上市公司基本情况

表1　2013年专用设备制造业上市公司发行股票概况

门　类	A、B股总数	A股股票数	B股股票数	境内总市值（亿元）	流通A股市值（亿元）	流通B股市值（亿元）
专用设备制造业（家）	131	128	3	7355.23	4933.63	57.22
占沪深两市比重（%）	4.97	4.85	0.11	3.08	2.49	3.44

资料来源：沪深交易所，天相投资分析系统。

（二）行业内上市公司构成情况

表2　2013年专用设备制造业上市公司构成情况

门　类	沪　市			深　市			ST/*ST
	仅A股	仅B股	A+B股	仅A股	仅B股	A+B股	
专用设备制造业（家）	31	0	3	94	0	0	1/1
占行业内上市公司比重（%）	24.22	0.00	2.34	73.44	0.00	0.00	0.78/0.78

资料来源：沪深交易所，天相投资分析系统。

（三）行业内上市公司融资情况

表3　2013年专用设备制造业上市公司与沪深两市融资情况对比

	融资家数	新　股	配　股	增　发
专用设备制造业（家）	16	0	0	16
沪深两市总数（家）	370	0	13	357
占比（%）	4.32	—	0.00	4.48

资料来源：天相投资分析系统。

2013年，专用设备制造业有16家公司进行增发融资。

2013年专用设备制造业上市公司融资情况明细见附录。

（四）行业内上市公司资产及业绩情况

表 4　　2013 年专用设备制造业上市公司资产情况　　单位：亿元

指　标	2013 年	2013 年可比样本增长（%）	2012 年	2012 年可比样本增长（%）	2011 年
总资产	7556.64	5.86	7111.87	14.69	7767.27
流动资产	5188.70	4.75	4930.97	14.16	—
占比（%）	68.66	-0.72	69.33	-0.32	—
非流动资产	2367.93	8.36	2180.91	15.91	—
占比（%）	31.34	0.72	30.67	0.32	—
流动负债	3060.33	4.51	2921.50	9.24	—
占比（%）	40.50	-0.52	41.08	-2.05	—
非流动负债	1000.76	12.64	888.46	42.61	—
占比（%）	13.24	0.80	12.49	2.45	—
归属于母公司股东权益	3308.04	4.51	3145.35	13.28	3209.76
占比（%）	43.78	-0.56	44.23	-0.55	—

资料来源：沪深交易所，天相投资分析系统。

表 5　　2013 年专用设备制造业上市公司收入实现情况　　单位：亿元

指　标	2013 年	2013 年可比样本增长（%）	2012 年	2012 年可比样本增长（%）	2011 年
营业收入	3773.50	-1.96	3831.10	-6.40	4097.82
利润总额	238.35	-31.92	349.76	-34.16	449.46
归属于母公司所有者的净利润	171.65	-34.99	263.76	-37.84	356.18

资料来源：沪深交易所，天相投资分析系统。

（五）利润分配情况

2013 年，专用设备制造业有 32 家上市公司实施送股或转增股，20 家上市公司实施派息，其中，2 家公司既实施了送股、转增又实施了派息。

（六）其他财务指标情况

1. 盈利能力指标

表 6　　2013 年专用设备制造业上市公司盈利能力情况　　单位：%

指　标	2013 年	2013 年可比样本变动	2012 年	2012 年可比样本变动	2011 年
毛利率	22.99	-0.58	23.60	-1.03	21.47
净资产收益率	5.45	-3.17	8.66	-6.86	11.10
销售净利率	5.05	-2.39	7.46	-3.55	8.69
资产净利率	2.59	-1.69	4.30	-3.86	5.33

资料来源：沪深交易所，天相投资分析系统。

2. 偿债能力指标

表 7　　2013 年专用设备制造业上市公司偿债能力情况

指　标	2013 年	2013 年可比样本变动	2012 年	2012 年可比样本变动	2011 年
流动比率	1.70	0.00	1.69	0.07	—
速动比率	1.29	0.01	1.28	0.08	—
资产负债率（%）	53.74	0.28	53.57	0.39	56.69

资料来源：沪深交易所，天相投资分析系统。

3. 营运能力指标

表 8　　2013 年专用设备制造业上市公司营运能力情况　　单位：次

指　标	2013 年	2013 年可比样本变动	2012 年	2012 年可比样本变动	2011 年
存货周转率	3.09	-0.22	3.30	-0.79	2.76
应收账款周转率	2.41	-0.57	2.98	-1.44	—
流动资产周转率	0.74	-0.08	0.83	-0.24	—
固定资产周转率	2.97	-0.56	3.52	-1.17	—
总资产周转率	0.51	-0.06	0.58	-0.16	0.61
净资产周转率	1.11	-0.13	1.23	-0.37	—

资料来源：沪深交易所，天相投资分析系统。

三、重点上市公司介绍

（一）中联重科

2013 年，中联重科实现营业收入约 385.42 亿元，实现归属于母公司股东的净利润约 38.39 亿元，经营活动产生的现金流量净额约 7.37 亿元。2013 年，公司重点产品市场占有率继续保持稳定：混凝土机械方面，长臂架泵车、搅拌车、车载泵、搅拌站的国内市场占有率均居行业第一；起重机械方面，塔机国内市场占有率稳居行业榜首，汽车起重机市占率保持稳定；环卫机械方面，洗扫车、扫路车国内市占率稳居行业第一。

（二）三一重工

三一重工主要从事工程机械的研发、制造、销售。2003 年 7 月首次公开发行股票并上市，公司产品组合为混凝土机械和路面机械。2007~2010 年，公司先后收购北京三一重机、三一重机、三一汽车起重机和湖南汽车，公司的产品组合扩大至混凝土机械、挖掘机械、汽车起重机械、履带起重机械、桩工机械、路面机械。2013 年，公司实现营业收入 373.28 亿元，同比下降 20.29 %；归属于上市公司股东的净利润 29.04 亿元，同比下降 48.94 %。受市场低迷影响，营业收入、利润等虽同比下滑，但主业产品市场地位稳固。2013 年，混凝土机械销售收入超过 190 亿元，稳居全球第一。挖掘机械销售收入超过 79 亿元，国内市场上已连续 34 个月蝉联销量冠军，市场占有率 14%，领先第二名 5.5 个百分点。旋挖钻机、沥青搅拌站、摊铺机等产品销售持续增长，稳居国内市场占有率第一。履带起重机 250 吨级以上产品市场占有率约 40%，行业第一；汽车起重机 50 吨及以上产品市场占有率行业第二。

（三）徐工机械

徐工机械是中国最具影响力工程机械品牌之一，拥有厚重的历史积淀，公司也是首家开拓国际市场的中国工程机械企业，在国内与国外市场，徐工品牌拥有广泛的品牌认可度。公司属于工程机械行业，主要从事工程起重机械、铲运机械、压实机械、混凝土机械、路面机械、消防机械、其他工程机械及工程机械备件的研发、制造和销售。2013 年，公司实现营业收入 269.95 亿元，同比下降 16.12%；实现归属于母公司所有者的净利润 15.09 亿元，同比下降 38.12%。

（四）振华重工

振华重工 1997 年上市，自 1998 年以来一直占据全球集装箱起重机订单排名的第一位。为谋求公司更好的发展，公司在巩固港口机械市场的同时，积极开拓大型钢结构及海上重型装备市场。目前，公司经营范围为：设计、建造、安装和承包大型港口装卸系统和设备、海上重型装备、工程机械、工程船舶和大型金属结构件及其部件、配件；船舶修理；自产起重机租赁业务，销售公司自产产品；可用整机运输专用船从事国际海运；钢结构工程专业承包。

2013 年，公司完成营业收入为 232.02 亿元，较 2012 年的 182.55 亿元，同比增长 27.10%，收入增加主要是报告期内公司调结构、转方式、拓市场、促增量，全力推进并实现重大突破，港口机械产品继续保持全球市场份额绝对领先地位，围绕公司的成套化、集成化与一体化产业，开拓自动码头市场取得巨大进展；实现海工业务的飞跃与进步，成功销售“振海 1 号”、“振海 2 号”钻井平台，中标烟台 5000 吨打捞起重船，出口平台抬升机构等，巩固海工中高端和配套市场；中标南京宁高 BT 项目，开辟了公司进入投融资市场的序幕。

（五）中材国际

2013 年，中材国际新签合同总额 320 亿元，同比增长 33%。报告期末在执行结转合同 471 亿元，同比增长 29%，未执行合同 94 亿元。新签合同中，水泥技术装备工程合同 311 亿元，同比增长 31%，其中，签订国内水泥工程合同 80 亿元，同比下降 17%；签订海外水泥工程及运营合同 231 亿元，同比增长 67%。公司新签订的海外项目呈现项目规模大、老客户新项目多、市场分布区域相对集中、项目生效情况好等特点。公司市场竞争力进一步提升，国际市场份额达45%（不含国内市场），连续六年居全球第一。

（六）天地科技

公司主营业务由煤机板块拓展为煤机板块和示范工程板块两部分，包括矿山自动化、机械化装备、煤炭洗选装备、矿井生产技术服务与经营、地下特殊工程施工以及煤炭生产与销售及物流贸易五大类。2013年，公司实现营业收入126.74亿元，较2012年减少12.8%；实现归属于母公司股东的净利润8.53亿元，较2012年减少24.86%。

四、上市公司在行业中的影响力

2013年，专用设备制造业上市公司总资产为7556.64亿元，占行业总体的25.52%；营业收入3773.50亿元，占行业总收入的11.77%；利润总额238.35亿元，占行业总利润的11.10%。从时间上来看，无论是总资产、营业收入还是利润总额，虽然数量有一些增长，但上市公司在全行业中的占比都呈现迅速下降的情况，说明该行业近几年扩张速度过快。由于上市公司的数量增加很少，所以经济总量的变化却不大。

审稿人：王　娜

撰稿人：王　娜

汽车制造业

一、汽车制造业总体概况

（一）行业整体运行情况

2013年，我国汽车产销量超过2150万辆，同比分别增长16.12%和13.87%至2296.09万辆和2198.41万辆。其中，乘用车销售1792.89万辆，同比增长15.70%；商用车销售405.52万辆，同比增长6.40%。从汽车整体销售增速来看，2013年汽车销售增速较2012年汽车提高了9.5个百分点，增速较快。2013年汽车销量增长主要靠SUV、MPV，SUV在2013年继续快速增长，全年实现销售284.51万辆，同比增长51.57%，对乘用车的增长贡献率达到39.77%；MPV全年销售达到129.93万辆，同比增长165.10%，对乘用车的增长贡献率达到了33.23%。

（二）细分行业运行概况

2013年，国内28个省份分布有汽车整车制造企业，拥有汽车整车企业逾130

多家，但92%的市场份额来自排名前12的汽车厂商，另有超过100家地方小型汽车生产商抢夺其余7%的市场销售份额。汽车产销重心呈现出向西部转移的发展趋势。我国汽车整车制造产业主要布局在东部沿海一带，近十几年来在四大区排名始终第一。2012年，东部地区的汽车产量占全国总产量的46.5%，相比2001年的31.8%有大幅提升，但是2005年之后，东部地区的产量份额有小幅下降的趋势。传统的汽车工业基地东北汽车产量的份额持续下滑，占全国总产量的13%，份额仅为加入世贸组织前2001年的一半，也不及2007年的15.7%。西部地区的汽车产量逐年提升，占全国产量的24.3%，比“入世”前2001年的份额提升了近5%。

2013年，我国汽车零部件行业将进入整合发展阶段。中国本土的汽车零部件生产企业数量众多，但大多规模较小、缺乏创新能力、开发手段相对落后、整体水平较差，在高新技术零部件方面，对于跨国公司的依赖程度很高。本土汽车零部件企业将在长期发展中寻找到自主化发展的机遇。

2013年，我国汽车服务业虽然取得了发展成绩，但与今后广大汽车用户的要求相比，与世界汽车服务业发达的国家相比，在服务项目的广度上、服务内涵上的深度上、服务质量的水准等方面还有很大的差距，整体上还处于初级阶段。

二、行业内上市公司发展概况

（一）行业内上市公司基本情况

表1　　2013年汽车制造业上市公司发行股票概况

门　类	A、B股总数	A股股票数	B股股票数	境内总市值（亿元）	流通A股市值（亿元）	流通B股市值（亿元）
汽车制造业（家）	83	77	6	7777.57	4913.73	242.80
占沪深两市比重（%）	3.15	2.92	0.23	3.25	2.48	14.60

资料来源：沪深交易所，天相投资分析系统。

（二）行业内上市公司构成情况

表2　　2013年汽车制造业上市公司构成情况

门　类	沪　市			深　市			ST/*ST
	仅A股	仅B股	A+B股	仅A股	仅B股	A+B股	
汽车制造业（家）	29	2	1	44	0	3	1/2
占行业内上市公司比重（%）	36.71	2.53	1.27	55.70	0.00	3.80	1.27/2.53

资料来源：沪深交易所，天相投资分析系统。

(三)行业内上市公司融资情况

表 3　　2013 年汽车制造业上市公司与沪深两市融资情况对比

	融资家数	新　股	配　股	增　发
汽车制造业(家)	9	0	0	9
沪深两市总数(家)	370	0	13	357
占比(%)	2.43	—	0.00	2.52

资料来源:天相投资分析系统。

2013 年,汽车制造业有 9 家上市公司增发融资。

2013 年汽车制造业上市公司融资情况明细见附录。

(四)行业内上市公司资产及业绩情况

表 4　　2013 年汽车制造业上市公司资产情况　　单位:亿元

指　标	2013 年	2013 年可比样本增长(%)	2012 年	2012 年可比样本增长(%)	2011 年
总资产	11408.62	15.55	9873.19	8.25	—
流动资产	6488.72	17.55	5519.84	3.64	—
占比(%)	56.88	0.97	55.91	-2.49	—
非流动资产	4919.90	13.01	4353.35	14.72	—
占比(%)	43.12	-0.97	44.09	2.49	—
流动负债	5383.55	20.35	4473.28	3.11	—
占比(%)	47.19	1.88	45.31	-2.26	—
非流动负债	938.44	22.98	763.09	18.71	—
占比(%)	8.23	0.50	7.73	0.68	—
归属于母公司股东权益	4555.96	10.91	4107.87	15.75	—
占比(%)	39.93	-1.67	41.61	2.69	—

资料来源:沪深交易所,天相投资分析系统。

表 5　　2013 年汽车制造业上市公司收入实现情况　　单位:亿元

指　标	2013 年	2013 年可比样本增长(%)	2012 年	2012 年可比样本增长(%)	2011 年
营业收入	12304.07	16.69	10544.53	2.42	—
利润总额	882.70	18.08	747.52	-11.98	—
归属于母公司所有者的净利润	607.38	30.58	465.13	-12.87	—

资料来源:沪深交易所,天相投资分析系统。

（五）利润分配情况

2013 年，汽车制造业共有 28 家上市公司实施分红配股。22 家上市公司实施派息，8 家上市公司实施送股或转增股，其中，2 家公司既实施了送股、转增又实施了派息。

（六）其他财务指标情况

1. 盈利能力指标

表 6　　2013 年汽车制造业上市公司盈利能力情况　　单位：%

指　标	2013 年	2013 年可比样本变动	2012 年	2012 年可比样本变动	2011 年
毛利率	15.79	–0.65	16.44	–0.74	—
净资产收益率	15.01	1.31	13.70	–3.93	—
销售净利率	6.20	0.18	6.02	–1.07	—
资产净利率	7.17	0.49	6.69	–2.36	—

资料来源：沪深交易所，天相投资分析系统。

2. 偿债能力指标

表 7　　2013 年汽车制造业上市公司偿债能力情况

指　标	2013 年	2013 年可比样本变动	2012 年	2012 年可比样本变动	2011 年
流动比率	1.21	–0.03	1.23	0.01	—
速动比率	1.00	–0.01	1.02	0.03	—
资产负债率（%）	55.41	2.38	53.04	–1.58	—

资料来源：沪深交易所，天相投资分析系统。

3. 营运能力指标

表 8　　2013 年汽车制造业上市公司营运能力情况　　单位：次

指　标	2013 年	2013 年可比样本变动	2012 年	2012 年可比样本变动	2011 年
存货周转率	11.89	1.49	10.40	–0.28	—
应收账款周转率	14.69	–0.36	15.05	–3.52	—
流动资产周转率	2.05	0.10	1.94	–0.17	—
固定资产周转率	6.68	0.19	6.49	–1.00	—
总资产周转率	1.16	0.05	1.11	–0.17	—
净资产周转率	2.53	0.13	2.40	–0.53	—

资料来源：沪深交易所，天相投资分析系统。

三、重点上市公司介绍

（一）上汽集团

2013年，上汽集团实现营业收入5633.46亿元，同比增长17.75%；营业利润401.79亿元，同比增长2.13%；归属于母公司净利润248.04亿元，同比增长19.53%；每股收益2.25元。

全年公司国产整车销售510.6万辆，同比增长13.7%。其中，乘用车396.1万辆，同比增长20.1%；商用车114.5万辆，同比下降3.9%。商用车销量结构中占比较高的微型商用车销量同比下降6%。

（二）长城汽车

长城汽车主要从事汽车生产及销售，并销售供生产皮卡车、SUV及轿车所用的主要汽车零部件业务。

2013年，公司售出整车770619辆，较2012年增长24.01%。皮卡车共销售136132辆，与2012年基本持平。SUV销售量达420302辆，较2012年增长50.13%。长城汽车的轿车销量达205451辆，较2012年增长3.11%。

2013年，公司实现营业收入567.84亿元，同比增长31.57%；营业利润97.13亿元，同比增长45.78%；归属于母公司所有者的净利润82.67亿元，同比增长45.24%；每股收益为2.72元。

（三）华域汽车

2013年，华域汽车实现营业收入693.24亿元，同比增长19.75%；营业利润70.74亿元，同比增长15.57%；归属于母公司净利润34.61亿元，同比增长11.50%；每股收益1.34元。

（四）长安汽车

长安汽车主营乘用车和商用车的开发、制造和销售。目前已经形成分布“五国九地”、各有侧重的全球研发体系，实现24小时全球协同设计。已建成混合动力实验室、零部件冲击试验室等，覆盖强度、地板、电气、发动机等国际公认的12个实验领域。

2013年，公司实现营业收入384.82亿元；营业利润31.31亿元；归属于母公司净利润35.06亿元；每股收益0.75元。

2013年，公司及下属合营企业、联营企业累计完成产销211万辆和212万辆，同比分别增长21.1%和20.7%，其中，长安自主品牌轿车业务实现销售汽车38.72万辆，同比增长67.89%。在中国汽车市场，公司取得了约9.64%的市场份额，同比提高了0.54个百分点，销量继续居于中国汽车业前4位。

四、上市公司在行业中的影响力

2013年，汽车行业上市公司总资产占行业总体规模的24.38%；营业收入占行业总体规模的20.32%；利润总额占行业总体规模的17.28%。与2012年相比，三项指标的绝对数量涨幅较大，且占行业总量的比例比较稳定。

从数据看出，汽车行业上市公司对全行业的影响较大，也比较稳定。例如每年的新车发布的数量、车型销售冠军都出自上市企业，如上汽集团。

审稿人：王　娜

撰稿人：王　娜

铁路、船舶、航空航天和其他运输设备制造业

一、铁路、船舶、航空航天和其他运输设备制造业总体概况

2013 年，我国 GDP 同比增长 7.7%，与 2012 年持平。经济增长动力不足，经济潜在增速呈缓慢下行态势。2013 年，我国工业增加值同比增长 9.7%，比 2012 年下降 0.3 个百分点。制约我国 2013 年工业增长的因素依然是出口和房地产。另外，经济结构转型也使得我国经济对工业的依赖正在逐渐减小。

从企业景气指数看，2013 年各季度铁路、船舶、航空航天和其他运输设备制造业的企业景气指数分别为 124.20、116.90、119.50、125.90，呈现“两头高、中间低”的走势。

从货物周转量数据看，2013 年，我国货物周转量总计 168164 亿吨/千米，比 2012 年下降 3.23%。其中，铁路货物周转量为 29174 亿吨/千米，同比略降 0.04%；公路货物周转量为 55738 亿吨/千米，同比下降 6.38%；水运货物周转量为 79188 亿吨/千米，同比下降 3.08%；民用航空货物周转量为 170 亿吨/千米，同比增长 3.91%。

从旅客周转量数据来看，2013 年，我国客运周转量为 27572 亿人/千米，比 2012 年下降 17.41%。其中，铁路客运周转量为 10596 亿人/千米，同比增长 7.99%；公路客运周转量为 11251 亿人/千米，同比下降 38.92%；水运客运周转量为 68 亿人/千米，同比下降 11.81%；民用航空客运周转量为 5657 亿人/千米，同比增长 12.56%。

二、行业内上市公司发展概况

（一）行业内上市公司基本情况

表 1　2013 年铁路、船舶、航空航天和其他运输设备制造业上市公司发行股票概况

门　类	A、B 股总数	A 股股票数	B 股股票数	境内总市值（亿元）	流通 A 股市值（亿元）	流通 B 股市值（亿元）
铁路、船舶、航空航天和其他运输设备制造业（家）	36	32	4	4549.26	3755.25	15.16
占沪深两市比重（%）	1.36	1.21	0.15	1.90	1.90	0.91

资料来源：沪深交易所，天相投资分析系统。

（二）行业内上市公司构成情况

表 2　　2013 年铁路、船舶、航空航天和其他运输设备制造业上市公司构成情况

门　类	沪　市			深　市			ST/*ST
	仅 A 股	仅 B 股	A+B 股	仅 A 股	仅 B 股	A+B 股	
铁路、船舶、航空航天和其他运输设备制造业（家）	17	0	2	12	1	1	0/1
占行业内上市公司比重（%）	51.52	0.00	6.06	36.36	3.03	3.03	0/3.03

资料来源：沪深交易所，天相投资分析系统。

（三）行业内上市公司融资情况

表 3　　2013 年铁路、船舶、航空航天和其他运输设备制造业上市公司与沪深两市融资情况对比

	融资家数	新　股	配　股	增　发
铁路、船舶、航空航天和其他运输设备制造业（家）	5	0	0	5
沪深两市总数（家）	370	0	13	357
占比（%）	1.35	—	0.00	1.40

资料来源：天相投资分析系统。

2013 年，铁路、船舶、航空航天和其他运输设备制造业有 5 家上市公司进行增发，其中，2 家沪市、1 家深市主板、1 家中小板及 1 家创业板公司。

2013 年铁路、船舶、航空航天和其他运输设备制造业上市公司融资情况明细见附录。

（四）行业内上市公司资产及业绩情况

表 4　　2013 年铁路、船舶、航空航天和其他运输设备制造业上市公司资产情况　　单位：亿元

指　标	2013 年	2013 年可比样本增长（%）	2012 年	2012 年可比样本增长（%）	2011 年
总资产	6397.89	11.08	5759.80	12.72	—
流动资产	4344.33	10.30	3938.72	8.20	—
占比（%）	67.90	–0.48	68.38	–2.85	—
非流动资产	2053.56	12.77	1821.08	23.90	—
占比（%）	32.10	0.48	31.62	2.85	—
流动负债	3356.87	10.70	3032.32	10.32	—

续表

指　标	2013 年	2013 年可比样本增长（%）	2012 年	2012 年可比样本增长（%）	2011 年
占比（%）	52.47	-0.18	52.65	-1.14	—
非流动负债	711.76	5.62	673.92	-0.20	—
占比（%）	11.12	-0.58	11.70	-1.51	—
归属于母公司股东权益	2128.50	12.49	1892.10	21.34	—
占比（%）	33.27	0.42	32.85	2.33	—

资料来源：沪深交易所，天相投资分析系统。

表 5　2013 年铁路、船舶、航空航天和其他运输设备制造业上市公司收入实现情况　单位：亿元

指　标	2013 年	2013 年可比样本增长（%）	2012 年	2012 年可比样本增长（%）	2011 年
营业收入	3666.17	4.12	3521.07	6.08	—
利润总额	208.05	13.56	183.21	-14.24	—
归属于母公司所有者的净利润	164.51	16.50	141.22	-15.95	—

资料来源：沪深交易所，天相投资分析系统。

（五）利润分配情况

2013 年，铁路、船舶、航空航天和其他运输设备制造业共有 26 家上市公司实施分红配股。4 家上市公司实施送股或转增股，26 家上市公司实施派息，其中，4 家公司既实施了送股、转增又实施了派息。

（六）其他财务指标情况

1. 盈利能力指标

表 6　2013 年铁路、船舶、航空航天和其他运输设备制造业上市公司盈利能力情况　单位：%

指　标	2013 年	2013 年可比样本变动	2012 年	2012 年可比样本变动	2011 年
毛利率	16.42	0.95	15.46	-0.45	—
净资产收益率	7.48	0.08	7.40	-3.29	—
销售净利率	4.75	0.44	4.31	-1.12	—
资产净利率	2.86	0.07	2.79	-1.42	—

资料来源：沪深交易所，天相投资分析系统。

2. 偿债能力指标

表 7　2013 年铁路、船舶、航空航天和其他运输设备制造业上市公司偿债能力情况

指　标	2013 年	2013 年可比样本变动	2012 年	2012 年可比样本变动	2011 年
流动比率	1.29	0.00	1.30	-0.03	—
速动比率	0.94	0.01	0.93	-0.02	—
资产负债率（%）	63.59	-0.75	64.35	-2.66	—

资料来源：沪深交易所，天相投资分析系统。

3. 营运能力指标

表 8　2013 年铁路、船舶、航空航天和其他运输设备制造业上市公司营运能力情况　单位：次

指　标	2013 年	2013 年可比样本变动	2012 年	2012 年可比样本变动	2011 年
存货周转率	3.21	-0.09	3.30	-0.49	—
应收账款周转率	3.55	-0.79	4.34	-1.70	—
流动资产周转率	0.89	-0.04	0.93	-0.17	—
固定资产周转率	3.32	-0.42	3.73	-0.89	—
总资产周转率	0.60	-0.04	0.65	-0.13	—
净资产周转率	1.67	-0.21	1.88	-0.30	—

资料来源：沪深交易所，天相投资分析系统。

三、重点上市公司介绍

（一）中国重工

2013 年，中国重工实现营业收入 512.69 亿元，同比下降 12.36%；利润总额 34.10 亿元，同比下降 22.58%；实现归属于母公司所有者的净利润 29.35 亿元，同比下降 17.94%；基本每股收益 0.20 元，加权平均净资产收益率 6.33%。

2013 年，公司收入和利润都有所下降，主要受国际船舶市场低迷影响，业务占比较大的民船业务收入下降 18%左右。军工军贸、海洋经济等业务的飞速发展，有效地缓解了船舶市场持续低迷的不利影响。2013 年，公司全年新增订单 1409.42 亿元，较 2012 年增长 134.19%，其中军工军贸与海洋经济产业的新接订单金额为 858.60 亿元，较 2012 年增长 449.35%。新接船舶制造及修理改装业务订单 263.6 亿元，同比增长 86.04%。截至 2013 年末，公司手持合同金额 1393.54 亿元。

2013 年，公司启动了以收购控股股东中船重工集团所属军工重大装备总装业务为核心的非公开发行股票事项，并在 2014 年完成本次非公开发行，注入了超大型水面舰船、大中型水面舰船、常规潜艇、大型登陆舰等军工重大装备总装业务及相关资产。

（二）航空动力

2013 年，航空动力全年实现营业收入 79.27 亿元，同比增长 11.59%；利润总额 3.87 亿元，同比增长 12.60%；实现归属于母公司所有者的净利润 3.30 亿元，同比增长 13.09%；基本每股收益 0.30 元，加权平均净资产收益率 7.61%。

公司主营业务三大板块中，航空发动机及衍生产品实现收入 397360 万元，同比增长 3.23%，公司通过采取扩大维修服务、扩大新产品销售份额等措施，确保航空发动机及衍生产品收入同比有所增长。航空零部件出口转包实现收入 145131 万元，同比减少 0.96%，公司在世界经济增长缓慢

的大环境下，围绕产品交付紧抓生产、强化管理，提升产品交付表现，保证了航空零部件出口转包业务的稳定发展。非航空产品及贸易实现收入240931万元，同比增长42.70%，公司利用品牌优势，大力争取新订单，拓宽产品市场。同时，加快新产品研发节奏，缩短非航空产品商业化进程，为公司非航空产品及贸易收入打下良好基础。其中公司下属子公司西安西航集团铝业有限公司2013年新投入一条铝制品生产线，铝制品当年销售收入同比2012年增长43586万元；公司下属子公司西安西航集团莱特航空制造技术有限公司当年国内贸易收入同比增加25924万元，西安商泰进出口有限公司当年国际、国内贸易同比增加5119万元。报告期内子公司营业收入大幅增长有效促进公司非航空产品及贸易板块收入大幅增长。

航空发动机及衍生产品方面，新产品处于科研试制阶段，研发周期较长，未出现重大变化或调整；出口转包产品方面，由于国际新型发动机研制速度不断加快，公司与之配套的新型航空零部件逐步投入生产，在今后几年将对公司收入起到促进作用；非航空产品方面，公司通过召开非航空产业发展工作会，明确产业未来发展方向，以国家产业政策扶持为导向，重点开发节能环保以及新能源产业相关产品。目前，公司部分非航产品已取得一定的进展：智能塔式抽油机项目已通过延长油田科技部的验收评审，并完成2台试验样机的销售与交付；园林式全封闭垃圾收集转运设备已交付客户正式运行；成品油罐清洗系统项目Ⅱ型机设计完成，目前已进入总装阶段；国产QJ280燃驱压缩机组项目已完成首台生产试制，转入试验试用阶段工作。

2013年，公司启动重大资产重组。本次重大资产重组采取发行股份购买资产的方式，由航空动力向中航工业、发动机控股、西航集团、贵航集团、黎阳集团、华融公司、东方公司、北京国管中心8家资产注入方定向发行股份，购买7家标的公司的股权及西航集团拟注入资产。7家标的公司股权分别为黎明公司100%股权、南方公司100%股权、黎阳动力100%股权、晋航公司100%股权、吉发公司100%股权、贵动公司100%股权和深圳三叶80%股权，西航集团拟注入资产为其拥有的与航空发动机科研总装、试车业务相关的资产以及负债。本次重组还将实施配套融资，即通过询价方式向不超过10名投资者定向发行股份募集配套资金，募集资金总额不超过本次交易总金额的25%。该重大资产重组在2014年完成。

审稿人：毕子男

撰稿人：赵　宇

电气机械及器材制造业

一、电气机械及器材制造业总体概况

（一）行业整体运行情况

根据国家统计局数据，2013 年全国规模以上电气机械及器材制造行业企业数量为 21368 家，行业总资产合计 46375.08 亿元，同比增长 10.70%。

根据国家统计局数据，2013 年电气机械及器材制造业实现营业收入 61018.14 亿元，同比增长 12.60%；实现利润总额 3451.73 亿元，同比增长 13.87%。2013 年，电气机械及器材制造行业毛利率为 14.57%，较 2012 年下滑了 0.52 个百分点。

根据国家统计局数据，2013 年，电气机械及器材制造业固定资产投资完成额累计 9165.08 亿元，同比增长 10.69%。

从国家统计局发布的细分行业的企业景气指数来看，2013 年电气机械及器材制造行业景气指数 139.30，较 2012 年 133.90 有所回升。

（二）细分行业运行概况

1. 电气设备类公司

电气机械及器材制造业主要涵盖电气设备类和家电类的公司。其中，电气设备类公司景气度与电力投资完成情况紧密相关。根据国家能源局统计，2013 年，全社会用电量 53223 亿千瓦时，同比增长 7.5%。新增发电装机容量 124738 万千瓦，同比增长 9.2%。其中：水电新增装机容量 28002 万千瓦，同比增长 12.3%；火电新增装机容量 86238 万千瓦，同比增长 5.7%；核电新增装机容量 1461 万千瓦，同比增长 16.2%；风电新增装机容量 7548 万千瓦，同比增长 24.5 万千瓦。

2013 年，全国发电设备累计平均利用 4511 小时，同比减少 68 小时；水电累计平均利用 3318 小时，同比减少 273 小时；火电累计平均利用 5012 小时，同比增加 30 小时；风电累计平均利用 2080 小时，同比增加 151 小时。

2013 年，电源工程投资完成 3717 亿元。其中，水电工程投资完成 1246 亿元；火电工程投资完成 928 亿元；核电工程完成 609 亿元。

2013 年，电网基本建设工程投资完成 3894 亿元。2013 年，发电新增设备容量 9400 万千瓦。其中，水电新增设备装机容量 2993 万千瓦；火电新增设备装机容量 3650 万千瓦。

2013 年，新增 220 千伏及以上变电装机容量 19631 万千伏安；2013 年，新增 220 千伏及以上线路长度 39534 千米。

2. 家电类公司

家电类公司景气度与房地产投资完成

情况紧密相关。2013年，全国房地产开发投资86013.38亿元，同比增长19.80%，增幅比2012年回升了3.60个百分点。

除了彩电出现负增长外，2013年家用电器生产量总体呈现稳定增长。2013年，累计生产彩电14026.95万台，同比增长-0.20%；生产空调14333.00万台，同比增长11.63%；生产家用电冰箱9340.54万台，同比增长10.63%；生产家用洗衣机7202.02万台，同比增长8.16%；生产冷柜2084.64万台，同比增长9.38%；生产家用燃气灶具3063.91万台，同比增长13.10%。

二、行业内上市公司发展概况

（一）行业内上市公司基本情况

表1　　2013年电气机械及器材制造业上市公司发行股票概况

门　类	A、B股总数	A股股票数	B股股票数	境内总市值（亿元）	流通A股市值（亿元）	流通B股市值（亿元）
电气机械及器材制造业（家）	158	153	5	9126.64	7132.04	41.83
占沪深两市比重（%）	5.99	5.80	0.19	3.82	3.60	2.51

资料来源：沪深交易所，天相投资分析系统。

（二）行业内上市公司构成情况

表2　　2013年电气机械及器材制造业上市公司构成情况

门　类	沪　市			深　市			ST/*ST
	仅A股	仅B股	A+B股	仅A股	仅B股	A+B股	
电气机械及器材制造业（家）	42	0	0	108	2	3	0/2
占行业内上市公司比重（%）	27.10	0.00	0.00	69.68	1.29	1.94	0/1.29

资料来源：沪深交易所，天相投资分析系统。

（三）行业内上市公司融资情况

表3　　2013年电气机械及器材制造业上市公司与沪深两市融资情况对比

	融资家数	新　股	配　股	增　发
电气机械及器材制造业（家）	27	0	0	27
沪深两市总数（家）	370	0	13	357
占比（%）	2.97	—	0.00	3.08

资料来源：天相投资分析系统。

2013年，电气机械及器材制造业有27家上市公司增发，其中，8家沪市主板公司、2家深市主板公司、5家创业板公司、12家中小板公司。

2013年电气机械及器材制造业上市公司融资情况明细见附录。

（四）行业内上市公司资产及业绩情况

表 4　2013 年电气机械及器材制造业上市公司资产情况　单位：亿元

指　标	2013 年	2013 年可比样本增长（%）	2012 年	2012 年可比样本增长（%）	2011 年
总资产	8428.44	14.67	7108.59	15.15	7410.03
流动资产	5880.72	14.96	4988.44	11.69	—
占比（%）	69.77	0.17	70.17	-2.18	—
非流动资产	2547.72	14.01	2120.15	24.21	—
占比（%）	30.23	-0.17	29.83	2.18	—
流动负债	4246.39	18.23	3409.28	13.96	—
占比（%）	50.38	1.52	47.96	-0.50	—
非流动负债	518.65	6.61	465.06	27.56	—
占比（%）	6.15	-0.47	6.54	0.64	—
归属于母公司股东权益	3375.88	16.62	2992.14	14.71	2651.40
占比（%）	40.05	0.67	42.09	-0.16	—

资料来源：沪深交易所，天相投资分析系统。

表 5　2013 年电气机械及器材制造业上市公司收入实现情况　单位：亿元

指　标	2013 年	2013 年可比样本增长（%）	2012 年	2012 年可比样本增长（%）	2011 年
营业收入	7218.57	17.47	5817.72	3.08	6362.27
利润总额	514.94	21.34	398.42	9.10	451.58
归属于母公司所有者的净利润	372.38	25.38	299.45	9.11	333.53

资料来源：沪深交易所，天相投资分析系统。

（五）利润分配情况

2013 年，电气机械及器材制造业有 30 家上市公司实施送股或转增股，124 家上市公司实施派息，其中，28 家公司既实施了送股、转增又实施了派息。

（六）其他财务指标情况

1. 盈利能力指标

表 6　2013 年电气机械及器材制造业上市公司盈利能力情况　单位：%

指　标	2013 年	2013 年可比样本变动	2012 年	2012 年可比样本变动	2011 年
毛利率	24.47	1.36	23.15	2.79	20.23
净资产收益率	11.61	1.00	10.12	-0.58	12.58
销售净利率	5.89	0.24	5.63	0.29	5.24
资产净利率	5.39	0.37	4.93	-0.51	4.89

资料来源：沪深交易所，天相投资分析系统。

2. 偿债能力指标

表 7　2013 年电气机械及器材制造业上市公司偿债能力情况

指　标	2013 年	2013 年可比样本变动	2012 年	2012 年可比样本变动	2011 年
流动比率	1.38	-0.04	1.46	-0.03	—
速动比率	1.12	-0.01	1.15	-0.01	—
资产负债率（%）	56.54	1.05	54.50	0.13	60.21

资料来源：沪深交易所，天相投资分析系统。

3. 营运能力指标

表 8　2013 年电气机械及器材制造业上市公司营运能力情况　单位：次

指　标	2013 年	2013 年可比样本变动	2012 年	2012 年可比样本变动	2011 年
存货周转率	6.46	0.65	5.68	-0.71	3.64
应收账款周转率	5.96	0.00	5.86	-1.05	—
流动资产周转率	1.31	0.06	1.23	-0.17	—
固定资产周转率	5.48	-0.18	5.65	-1.39	—
总资产周转率	0.91	0.03	0.88	-0.14	0.93
净资产周转率	2.08	0.07	1.92	-0.30	—

资料来源：沪深交易所，天相投资分析系统。

三、重点上市公司介绍

（一）格力电器

格力电器成立于 1991 年，经过 20 多年的发展已经成为全球最大的集研发、生产、销售、服务于一体的国有控股专业化空调企业。公司连续 12 年上榜美国《财富》杂志“中国上市公司 100 强”，是中国空调业唯一的“世界名牌”产品。2005 年至今，公司空调产销量连续 8 年领跑全球，用户超过 2.5 亿，其业务遍及全球 100 多个国家和地区。据《暖通空调资讯》统计，2013 年公司中央空调国内市场占有率为 15.7%，高出第二名 4.5 个百分点，连续两年排名第一。据《产业在线》统计，公司家用空调产销量连续多年排名第一，其中 2013 年产量、销量分别高出第二名 1199 万套（台）、1186.5 万套（台），市场份额进一步提高，行业龙头地位进一步巩固。

公司除坚持在家用空调领域的优势之外，积极在相关领域开展多元化，例如中央空调、空气能热水器、地（水）源热泵机组在供暖系统上的应用，为未来长期发展提供了更为确定的增长基石并设立了更高的竞争门槛。公司目前在全球拥有珠海、重庆、合肥、郑州、武汉、石家庄、芜湖以及巴西共8大生产基地，8万名员工；至今已开发出包括家用空调、商用空调在内的20大类、400个系列、7000多个品种规格的产品，家用空调年产能超过6000万台（套），商用空调年产能550万台(套)，领跑全球。

2013年，公司实现营业总收入1200.43亿元，较2012年同期增长19.91%；利润总额128.92亿元，较2012年同期增长47.12%；实现归属于上市公司股东的净利润108.71亿元，较2012年同期增长47.31%，基本每股收益3.61元/股，较2012年增长46.15%；取得了良好的经济效益。

（二）特变电工

特变电工上市时的主营业务为变压器、电线电缆产品的生产销售。随着公司的发展，公司主营业务除输变电产品的生产与销售外，还增加了输变电国际成套工程业务，多晶硅、太阳能硅片、逆变器的生产销售及光伏电站、风电系统集成业务。此外，公司天池能源的1000万吨/年南露天煤矿项目地面生产系统已建成，煤炭业务将成为公司的主营业务之一。

2013年，公司实现营业收入291.75亿元，同比增长43.54%；实现归属于上市公司股东的净利润13.28亿元，同比增长35.46%，每股收益0.42元。

（三）正泰电器

正泰电器是中国产销量最大的低压电器生产企业，专业从事配电电器、控制电器、终端电器、电源电器和电力电子等100多个系列、10000多种规格的低压电器产品的研发、生产和销售。公司在低压电器行业已有近25年的经营积淀，建立了经验丰富的管理、研发、生产及营销团队。

2013年，公司全年实现销售收入119.57亿元，同比增长11.71%；实现归属于母公司的净利润15.42亿元，同比增长22.21%；净资产收益率31.11%。

（四）许继电气

许继电气拥有行业最完整的产业链布局，业务产品横跨电网一二次、交直流领域，在配电自动化、特高压输电及新能源充电等领域位居行业前列，引领智能电网的快速发展。公司主营业务涵盖智能变配电系统、直流输电系统、智能中压供用电设备、智能电表、智能电源及应用系统、EMS加工服务。

公司的智能变配电系统包括变电和配电自动化及控制保护业务，是国内唯一一家可提供全方位配网自动化解决方案的供应商；直流输电系统包括特高压及柔性直流输电、光伏逆变器、风电交流器等业务，是国内唯一一家可提供特高压直流全面解决方案的供应商，产品覆盖换流阀、控制保护及直流场设备；智能中压供用电设备包括中压开关及轨交业务，许继电气在轨交领域的电力和牵引份额达70%；智能电源及应用系统包括充换电设备、电力电源等业务，许继电气在商用车充换电的份额达70%，乘用车近30%；EMS加工服务主要为电子设备代工业务。

2013年，公司实现营业收入71.55亿元，同比增长8.2%，实现净利润5.23亿元，同比增长57.5%，每股收益1.06元。分配方案为10送3转增2，派1元。

（五）平高电气

平高电气是全国高压开关行业首家通过中科院、科技部“双高”认证的高新技术企业，我国研制和生产高压、超高压、特高压开关及电站成套设备研发、制造基地，国家电工行业重大技术装备支柱企业。公司产品定位于高端、高可靠性、高技术含量，多品种、多层次高压开关，覆盖输变电、输配电所有电压等级。主要产品类别有72.5~1100kV SF6气体绝缘封闭式组合电器（GIS）、72.5~1100kV 敞开式SF6断路器、72.5~1100kV 高压隔离开关和接地开关，共计三大类15个系列90多个品种。生产能力达到每年产SF6气体绝缘封闭式组合电器（GIS）2000间隔、高压断路器2000台、隔离开关5000组。

2013年，公司实现营业收入38.18亿元，同比增长16.26%；实现净利润3.97亿元，同比增长192.41%；实现每股收益0.49元。

（六）思源电气

思源电气是国内知名的专业电力设备供应商，致力于为电力工业提供现代信息技术、新材料等高科技手段与传统电气结合的综合解决方案及产品。公司主要产品为高压开关、电力自动化设备、高压互感器、电力电容器、电抗器等，目前主要客户为国家电网公司和南方电网公司及其下属公司。公司依托技术创新和稳健经营，建立起具备完全自主知识产权的技术开发体系，获得了多项技术发明专利，拥有多项国家级重点新产品，主导产品及核心技术在国内处于领先地位。

2013年，公司新增销售订单50.56亿元，同比上升29.73%；实现营业收入33.86亿元，同比上升17.08%；实现净利润34675万元，同比上升39.65%；实现扣除非经常性损益后的净利润28030万元，同比上升49.01%。

（七）青岛海尔

青岛海尔主要从事电冰箱、空调器、电冰柜、洗衣机、热水器、洗碗机、燃气灶等家电及相关产品的生产经营，以及日日顺商业流通业务。公司在全球建立了29个制造基地，8个综合研发中心，19个海外贸易公司，全球员工总数超过6万人，已发展成为大规模的跨国企业集团。公司冰箱、洗衣机市场占有率位居行业第一。在智能家居集成、网络家电、数字化、大规模集成电路、新材料等技术领域，公司处于世界领先水平。

在国内市场，根据中怡康统计，2013年，海尔冰箱零售量份额为25.18%，位居行业第一；海尔洗衣机零售量份额为28.06%，位居行业第一；海尔空调零售量份额为12.64%，位居行业第三；海尔热水器份额为18.25%，位居行业第一。

在全球市场，根据世界权威市场调查机构欧睿国际（Euromonitor1）发布的全球家电市场调查结果显示：海尔大型家用电器 2013 年在全球市场的品牌零售量份额为 9.7%，第五次蝉联全球第一。按制造商排名，海尔大型家用电器 2013 年零售量占全球 11.6%的份额，首次跃居全球第一。同时，在冰箱、洗衣机、冷柜、酒柜分产品线市场，海尔全球市场占有率继续保持第一。

2013 年，公司实现收入 864.88 亿元，同比增长 8.30%；归属于母公司股东的净利润 41.68 亿元，同比增长 27.49%；盈利能力继续提升，毛利率达到 25.32%，同比提升 0.08 个百分点；归属于母公司股东的净利润率为 4.82%，同比提升 0.73 个百分点；经营活动产生的现金流量净额达到 65.10 亿元，同比增长 17.97%，持续保持良好的盈利质量。

四、上市公司在行业中的影响力

2013 年，上市公司对行业的引领作用有所提升。2013 年，电气机械及材料制造业总资产规模达到 46375.08 亿元，上市公司资产总额占行业总资产的 18.17%，提升了 0.7 个百分点。2013 年，全行业实现营业收入 61018.14 亿元，上市公司实现营业收入占比 11.83%，提升了 0.91 个百分点。2013 年，全行业实现利润总额 3451.73 亿元，上市公司实现利润总额占比 14.92%，提升了 1.55 个百分点。

审稿人：翟太煌　曹玲燕　刘小勇

撰稿人：梁玉梅

计算机、通信和其他电子设备制造业

一、计算机、通信和其他电子设备制造业总体概况

2013 年，计算机、通信和其他电子设备制造业各项经营指标较 2012 年大幅好转，尤其是盈利能力提升幅度较大。2013 年，行业总资产规模达到 50768.81 亿元，与 2012 年同期相比增长 12.54%；营业收入 77226.31 亿元，与 2012 年同期相比增长 11.65%；实现利润总额 3308.25 亿元，与 2012 年同期相比增长 20.48%。

二、行业内上市公司发展概况

（一）行业内上市公司基本情况

表 1　　2013 年计算机、通信和其他电子设备制造业上市公司发行股票概况

门　类	A、B 股总数	A 股股票数	B 股股票数	境内总市值（亿元）	流通 A 股市值（亿元）	流通 B 股市值（亿元）
计算机、通信和其他电子设备制造业（家）	219	211	8	13485.37	10240.76	65.20
占沪深两市比重（%）	8.30	8.00	0.30	5.64	5.17	3.92

资料来源：沪深交易所，天相投资分析系统。

（二）行业内上市公司构成情况

表 2　　2013 年计算机、通信和其他电子设备制造业上市公司构成情况

门　类	沪　市			深　市			ST/*ST
	仅 A 股	仅 B 股	A+B 股	仅 A 股	仅 B 股	A+B 股	
计算机、通信和其他电子设备制造业（家）	44	0	3	160	1	4	0/6
占行业内上市公司比重（%）	20.75	0.00	1.42	75.47	0.47	1.89	0/2.83

资料来源：沪深交易所，天相投资分析系统。

（三）行业内上市公司融资情况

表 3　　2013 年计算机、通信和其他电子设备制造业上市公司与沪深两市融资情况对比

	融资家数	新　股	配　股	增　发
计算机、通信和其他电子设备制造业（家）	44	0	0	44
沪深两市总数（家）	370	0	13	357
占比（%）	11.89	—	0.00	12.32

资料来源：天相投资分析系统。

2013 年，计算机、通信和其他电子设备制造业有 44 家公司增发，其中，12 家沪市、32 家深市（中小板公司 20 家）。

2013 年计算机、通信和其他电子设备制造业上市公司融资情况明细见附录。

（四）行业内上市公司资产及业绩情况

表 4　　2013 年计算机、通信和其他电子设备制造业上市公司资产情况　　单位：亿元

指　标	2013 年	2013 年可比样本增长（%）	2012 年	2012 年可比样本增长（%）	2011 年
总资产	10277.10	12.88	9098.11	10.17	9714.22
流动资产	6409.78	10.90	5776.68	6.21	4174.60
占比（%）	62.37	–1.11	63.49	–2.37	42.97
非流动资产	3867.33	16.32	3321.43	17.81	5539.62
占比（%）	37.63	1.11	36.51	2.37	57.03
流动负债	4312.05	11.33	3870.63	12.81	4272.77
占比（%）	41.96	–0.59	42.54	1.00	43.98
非流动负债	1249.24	26.34	988.67	7.02	774.51
占比（%）	12.16	1.29	10.87	–0.32	7.97
归属于母公司股东权益	4230.00	12.80	3746.84	9.35	3069.30
占比（%）	41.16	–0.03	41.18	–0.31	31.60

资料来源：沪深交易所，天相投资分析系统。

表 5　　2013 年计算机、通信和其他电子设备制造业上市公司收入实现情况　　单位：亿元

指　标	2013 年	2013 年可比样本增长（%）	2012 年	2012 年可比样本增长（%）	2011 年
营业收入	7630.57	12.02	6808.93	7.90	6295.24
利润总额	411.79	80.35	228.17	–39.57	335.57
归属于母公司所有者的净利润	316.10	105.87	153.40	–46.33	228.74

资料来源：沪深交易所，天相投资分析系统。

（五）利润分配情况

2013 年，计算机、通信和其他电子设备制造业上市公司中共有 79 家公司实施了分红配股。54 家上市公司实施送股或转增股，30 家上市公司实施派息，其中，5 家公司既实施了送股、转增又实施了派息。

（六）其他财务指标情况

1. 盈利能力指标

表 6　　2013 年计算机、通信和其他电子设备制造业上市公司盈利能力情况　　单位：%

指　标	2013 年	2013 年可比样本变动	2012 年	2012 年可比样本变动	2011 年
毛利率	19.83	1.68	18.14	–0.80	24.70
净资产收益率	7.34	3.29	4.05	–4.09	7.45
销售净利率	4.53	2.02	2.52	–2.52	3.63
资产净利率	3.57	1.59	1.98	–2.26	2.53

资料来源：沪深交易所，天相投资分析系统。

2. 偿债能力指标

表 7　　2013 年计算机、通信和其他电子设备制造业上市公司偿债能力情况

指　标	2013 年	2013 年可比样本变动	2012 年	2012 年可比样本变动	2011 年
流动比率	1.49	-0.01	1.49	-0.09	0.98
速动比率	1.18	0.00	1.18	-0.09	0.78
资产负债率（%）	54.11	0.71	53.41	0.68	51.96

资料来源：沪深交易所，天相投资分析系统。

3. 营运能力指标

表 8　　2013 年计算机、通信和其他电子设备制造业上市公司营运能力情况　　单位：次

指　标	2013 年	2013 年可比样本变动	2012 年	2012 年可比样本变动	2011 年
存货周转率	6.10	0.07	6.04	-0.35	6.43
应收账款周转率	4.79	-0.22	5.01	-0.55	6.55
流动资产周转率	1.25	0.04	1.21	-0.03	1.66
固定资产周转率	3.83	-0.12	3.95	-0.80	1.73
总资产周转率	0.79	0.00	0.78	-0.06	0.70
净资产周转率	1.70	0.03	1.67	-0.04	1.43

资料来源：沪深交易所，天相投资分析系统。

三、重点上市公司介绍

（一）立讯精密

2013 年，立讯精密实现销售收入 459165.67 万元，较 2012 年同期增长 45.90%；实现利润总额 54324.50 万元，较 2012 年同期增长 35.18%；归属于母公司所有者的净利润 33977.58 万元，较 2012 年同期增长 29.15%。

公司继续巩固传统产品市场的优势地位，顺应市场发展变化，通过自主创新，不断强化核心竞争力，通过垂直整合优势资源，实现原有产业的供应链自制，并在 FPC、天线、高频高速组件等产品线提高技术层级和经营规模，达到技术精进，成本持续降低，产品更具有竞争力。同时，扩大在手机、平板、可穿戴装置、超级本、智能家电、云终端网络装置等智能终端产品的市场份额，为公司带来新一轮的成长高峰。在汽车领域，仍然着眼于客户拓展和技术积累，以高起点开发市场，不断巩固公司在核心客户的竞争优势和在行业的竞争地位，为以后公司的长期发展奠定稳定基础。

（二）环旭电子

环旭电子是全球电子设计、制造及服务的 DMS 领导厂商。公司凭借着多年与全球主要领导品牌厂商的长期合作关系，在细分领域中保持领先地位。同时，保持既有的精中选优的策略，根据市场动态、客户需求以及电子科技的主流技术，结合公司多年积累的核心优势，锁定高成长性且具有一定市场规模的电子信息产业。

2013 年，公司实现营业收入 1427235 万元，相比 2012 年同期 1333529 万元，增加 93706 万元，同比增长 7.03%。营业成本 2013 年为 1257073 万元，相比 2012 年同期 1151622 万元，增加 105451 万元，同比增长 9.16%。

（三）三泰电子

三泰电子围绕虚拟金融服务建设与发展方向，聚焦资源，一方面着力巩固传统线下服务与技术平台，另一方面采用互联网思维，全力跨界创新线上线下服务入口，积极推动公司朝向移动互联及金融物联服务企业转型。

2013 年，公司经营业绩较快增长，实现营业总收入 898360698.79 元，同比增长 36.65%；实现利润总额 100507339.68 元，同比增长 43.67%；实现归属于上市公司股东的净利润 86570321.11 元，同比增长 52.80%。公司全力打造的 24 小时自助便民综合服务平台“速递易”业务已经进驻北京、上海、广州、深圳、成都、重庆等 10 余个城市，在 2013 年底完成布放 1200 个社区，已有超过 500 万个包裹通过“速递易”平安送达；新型金融线下自助服务终端平台替代传统的电子回单系统，实现较好的销售业绩，金融服务外包从低附加值的一般流程外包转向金融线下服务，协助支持银行服务营销，提升银行服务体验。

（四）同方国芯

同方国芯的主要业务为集成电路芯片设计与销售，包括智能卡芯片产品和特种集成电路产品，分别由北京同方微电子有限公司（以下简称同方微电子）和深圳市国微电子有限公司（以下简称国微电子）两个核心子公司承担。石英晶体元器件及蓝宝石衬底材料业务由晶体事业部承担。

2013 年，公司实现营业收入 91998.76 万元，较 2012 年同期增加 57.38%；归属于上市公司股东的净利润 27251.52 万元，较 2012 年同期增加了 92.90%。截至 2013 年 12 月 31 日，公司总资产 307801.31 万元，同比增长 12.95%；归属于上市公司股东的所有者权益 235177.19 万元，同比增长 18.55%。其中，集成电路业务实现营业收入 69130.40 万元，占公司营业收入的 75.14%；实现净利润 26630.69 万元。石英晶体业务实现营业收入 22570.51 万元，占公司营业收入的 24.53%，实现净利润 1448.64 万元。

（五）聚飞光电

聚飞光电专业从事 SMD LED 器件的研发、生产与销售，主营业务属于 LED 封装行业，按产品用途分，公司产品分为背光

LED和照明LED。背光LED主要应用于手机、电脑、液晶电视等电子产品；照明LED主要应用于室内和室外照明等领域。2013年，LED行业景气度回升，公司充分利用智能手机市场占有率不断提升、平板电脑销量增长、液晶电视厂家模组采购国产化比例不断提高、LED照明市场转旺所带来的商机，通过技术持续创新和精益管理，不断提高生产效率，取得了收入、净利润的较快增长。2013年，公司实现营业总收入75362.86万元，较2012年同期增长52.19%，实现净利润13093.57万元，较2012年同期增长43.06%。

四、上市公司在行业中的影响力

2013年，计算机、通信和其他电子设备制造业上市公司营业收入占行业收入比重20.24%；上市公司实现利润总额411.79亿元，与2012年同期相比增长80.35%，增速大幅超出全行业利润增速。综合来看，上市公司无论是营收增速还是利润增速均优于行业整体水平，上市公司经营质量高于行业整体水平。上市公司规模大，经营管理能力突出，无论技术还是规模，均处于行业领先位置。

随着行业兼并重组的不断推进，以及上市公司通过资本市场的融资渠道，上市公司规模不断扩张，规模优势、技术优势、资金优势、管理优势等进一步强化，上市公司对行业的引领作用进一步增强，推动行业整体成长。

审稿人：胡　岩

撰稿人：周小峰

仪器仪表制造业

一、仪器仪表制造业总体概况

2013年，中国仪器仪表行业受宏观经济增速下行影响较小，摆脱了2012年行业收入同比下降的困境，实现收入7681.88亿元，同比增长17.58%。2013年，中国仪器仪表行业实现利润总额647.16亿元，同比增长19.28%，利润率8.42%是自2000年以来的最高点。同时，行业出口交货值同比增长10.50%，出现回暖迹象，但出口交货值占行业收入比例进一步下降至15.60%。这表明国内仪器仪表产品需求转好程度要好于国际市场。

从费用情况看，2013年，仪器仪表行业期间费用总计815.24亿元，期间费用率为10.61%，同比下降0.27个百分点。其中，销售费用为266.27亿元，销售费用率为3.47%，同比下降0.07个百分点；管理费用为492.18亿元，管理费用率为6.41%，同比下降0.16个百分点；财务费用为56.78亿元，财务费用率为0.74%，同比下降 0.03 个百分点。

从偿债能力看，截至 2013 年 12 月 31 日，仪器仪表行业总资产为 6509.13 亿元，同比增长 12.07%；资产负债率为 47.44%，较 2012 年下降 0.86 个百分点。

二、行业内上市公司发展概况

（一）行业内上市公司基本情况

表 1　　2013 年仪器仪表制造业上市公司发行股票概况

门　类	A、B 股总数	A 股股票数	B 股股票数	境内总市值（亿元）	流通 A 股市值（亿元）	流通 B 股市值（亿元）
仪器仪表制造业（家）	25	24	1	755.66	359.03	4.23
占沪深两市比重（%）	0.95	0.91	0.04	0.32	0.18	0.25

资料来源：沪深交易所，天相投资分析系统。

（二）行业内上市公司构成情况

表 2　　2013 年仪器仪表制造业上市公司构成情况

门　类	沪　市			深　市			ST/*ST
	仅 A 股	仅 B 股	A+B 股	仅 A 股	仅 B 股	A+B 股	
仪器仪表制造业（家）	3	0	1	20	0	0	0/0
占行业内上市公司比重（%）	12.50	0.00	4.17	83.33	0.00	0.00	0/0

资料来源：沪深交易所，天相投资分析系统。

（三）行业内上市公司融资情况

表 3　　2013 年仪器仪表制造业上市公司与沪深两市融资情况对比

	融资家数	新　股	配　股	增　发
仪器仪表制造业（家）	2	0	0	2
沪深两市总数（家）	370	0	13	357
占比（%）	0.27	—	0.00	0.27

资料来源：天相投资分析系统。

2013 年，仪器仪表制造业有 2 家公司（广陆数测、安科瑞）增发融资。

2013 年仪器仪表制造业上市公司融资情况明细见附录。

（四）行业内上市公司资产及业绩情况

表 4　　2013 年仪器仪表制造业上市公司资产情况　　单位：亿元

指　标	2013 年	2013 年可比样本增长（%）	2012 年	2012 年可比样本增长（%）	2011 年
总资产	331.13	6.66	310.45	22.47	253.28
流动资产	235.64	-0.97	237.95	18.82	—
占比（%）	71.16	-5.48	76.65	-2.35	—
非流动资产	95.49	31.71	72.50	36.18	—
占比（%）	28.84	5.48	23.35	2.35	—
流动负债	88.31	-1.18	89.37	9.50	—
占比（%）	26.67	-2.11	28.79	-3.41	—
非流动负债	9.78	60.03	6.11	23.88	—
占比（%）	2.95	0.99	1.97	0.02	—
归属于母公司股东权益	225.04	7.67	209.00	28.62	165.11
占比（%）	67.96	0.64	67.32	3.22	—

资料来源：沪深交易所，天相投资分析系统。

表 5　　2013 年仪器仪表制造业上市公司收入实现情况　　单位：亿元

指　标	2013 年	2013 年可比样本增长（%）	2012 年	2012 年可比样本增长（%）	2011 年
营业收入	162.28	3.14	157.33	9.52	147.88
利润总额	23.23	9.73	21.17	16.19	12.79
归属于母公司所有者的净利润	19.48	8.85	17.89	14.09	10.56

资料来源：沪深交易所，天相投资分析系统。

（五）利润分配情况

2013 年，仪器仪表制造业共有 21 家上市公司实施分红配股。21 家上市公司实施派息，8 家上市公司实施送股或转增股，其中，8 家公司既实施了送股、转增又实施了派息。

（六）其他财务指标情况

1. 盈利能力指标

表 6　　2013 年仪器仪表制造业上市公司盈利能力情况　　单位：%

指　标	2013 年	2013 年可比样本变动	2012 年	2012 年可比样本变动	2011 年
毛利率	35.08	2.11	32.97	1.88	26.07
净资产收益率	8.52	0.07	8.45	-1.06	6.39
销售净利率	12.23	0.68	11.55	0.49	7.14
资产净利率	6.19	-0.26	6.44	-0.97	4.78

资料来源：沪深交易所，天相投资分析系统。

2. 偿债能力指标

表 7　　2013 年仪器仪表制造业上市公司偿债能力情况

指　标	2013 年	2013 年可比样本变动	2012 年	2012 年可比样本变动	2011 年
流动比率	2.67	0.01	2.66	0.21	—
速动比率	2.25	-0.01	2.26	0.25	—
资产负债率（%）	29.62	-1.13	30.75	-3.38	32.67

资料来源：沪深交易所，天相投资分析系统。

3. 营运能力指标

表 8　　2013 年仪器仪表制造业上市公司营运能力情况　　单位：次

指　标	2013 年	2013 年可比样本变动	2012 年	2012 年可比样本变动	2011 年
存货周转率	4.47	0.10	4.36	-0.28	3.43
应收账款周转率	2.53	-0.30	2.82	-0.49	—
流动资产周转率	0.69	-0.03	0.72	-0.14	—
固定资产周转率	4.20	-0.68	4.88	-0.42	—
总资产周转率	0.51	-0.05	0.56	-0.11	0.67
净资产周转率	0.72	-0.10	0.82	-0.24	—

资料来源：沪深交易所，天相投资分析系统。

三、重点上市公司介绍

金卡股份

2013 年，金卡股份实现营业收入 4.96 亿元，归属于母公司股东净利润 1.16 亿元，分别同比上升 39.31%、44.60%。全面摊薄的每股收益 1.29 元，净资产收益率 15.63%。

公司盈利能力逐步提升，全年销售净利率 23.82%，同比上升 1.21 个百分点。公司财务状况良好，2013 年资产负债率为 22.93%，比 2012 年的 21.17%略有上升。流动比率与速动比率分别为 2.96%、2.80%，同比分别降低了 0.93 个百分点、0.77 个百分点，但仍属于很好的水平。

目前，中国政府正在大力发展天然气能源的应用，阶梯气价政策也已推出。在天然气应用范围逐步扩大、民营资本进入天然气基础设施运营领域的双重背景下，公司的天然气智能表和加气站业务都有着很好的发展前景。

在天然气智能表产品方面，公司展开了“燃气表阀门参数自动检测技术研究”、“膜式燃气表压损与计量误差特性研究项目”、“超声波燃气表的研究和设计项目”、“温压补偿型智能流量计研究”、“金卡智能终端远程抄表软件 Android 版”、“极限温度条件下的膜表示值误差试验装置的研制”。知识产权方面：截至报告期末，公司获得授权知识产权90项，实用新型和发明专利共计38项、15项软件产品证书、37项软件著作权。产品技术的持续研发投入和多年耕耘天然气智能表市场的客户积累，让公司在下游需求将持续增长的背景下实现了智能表产品的稳健增长。

天然气加气站业务是公司通过资产并购进入的新领域，虽然与公司的智能表业务在技术上并无协同性，但是在产业链上却与公司原业务有着关联。公司充分借助政府高度重视节能减排、大力推行“低碳经济、绿色发展”的政策利好，紧紧抓住西气东输二三线天然气供应不断延伸和国家能源行业逐步放开的历史机遇，成功收购了石嘴山市华辰投资有限公司、克孜勒苏柯尔克孜自治州鼎盛热能有限公司、克州盛安车用天然气有限公司，为公司进军天然气运营行业奠定了基础。

四、上市公司在行业中的影响力

仪器仪表行业是工业现代化进程的推动力量，按照下游应用领域划分，工业自动化仪表是最大的应用领域，但中国企业在此领域并没有强大的领军者。处于各应用领域领先地位的上市公司中规模居前的是电工仪表企业，这与中国在仪器仪表领域每年较大的贸易逆差相呼应。

2013年，上市公司总资产占行业总资产比例在下降，营业收入和利润总额占比也分别同比下降了0.30个百分点、0.31个百分点。在仪器仪表行业上市公司数量逐渐增多的情况下，上市公司营业收入和利润总额占行业总体的比例却同比下降，表明我国仪器仪表行业上市公司虽然在行业内领先，但普遍规模偏小且影响力有限。

审稿人：毕子男

撰稿人：刘宏程

其他制造业

一、其他制造业总体概况

根据国家统计局数据，2013年其他制造业合计实现营业收入2307.84亿元，同比增长5.9%；实现利润总额124.80亿元，同比增长5.8%。从国家统计局发布的其他制造业景气指数来看，2013年其他制造业的景气指数为134.30，较2012年的131.20略有上升。

二、行业内上市公司发展概况

（一）行业内上市公司基本情况

表 1　　2013 年其他制造业上市公司发行股票概况

门　类	A、B 股总数	A 股股票数	B 股股票数	境内总市值（亿元）	流通 A 股市值（亿元）	流通 B 股市值（亿元）
其他制造业（家）	16	14	2	544.32	511.91	32.41
占沪深两市比重（%）	0.61	0.53	0.08	0.23	0.21	0.01

资料来源：沪深交易所，天相投资分析系统。

（二）行业内上市公司构成情况

表 2　　2013 年其他制造业上市公司构成情况

门　类	沪　市			深　市			ST/*ST
	仅 A 股	仅 B 股	A+B 股	仅 A 股	仅 B 股	A+B 股	
其他制造业（家）	1	0	1	11	0	1	0/0
占行业内上市公司比重（%）	7.14	0.00	7.14	78.57	0.00	7.14	0/0

资料来源：沪深交易所，天相投资分析系统。

（三）行业内上市公司融资情况

表 3　　2013 年其他制造业上市公司与沪深两市融资情况对比

	融资家数	新股	配股	增发
其他制造业（家）	3	0	0	3
沪深两市总数（家）	370	0	13	357
占比（%）	0.81	—	0.00	0.84

资料来源：天相投资分析系统。

2013 年，其他制造业有 3 家上市公司（1 家深市、2 家中小板公司）增发。

2013 年其他制造业上市公司融资情况明细见附录。

（四）行业内上市公司资产及业绩情况

表4　2013年其他制造业上市公司资产情况　单位：亿元

指　标	2013年	2013年可比样本增长（%）	2012年	2012年可比样本增长（%）	2011年
总资产	429.23	36.29	323.75	21.27	1207.98
流动资产	306.48	23.91	251.68	21.22	545.58
占比（%）	71.40	-7.14	77.74	-0.04	45.17
非流动资产	122.75	81.60	72.07	21.47	662.39
占比（%）	28.60	7.14	22.26	0.04	54.83
流动负债	182.20	30.31	140.74	30.17	542.33
占比（%）	42.45	-1.95	43.47	2.97	44.90
非流动负债	36.75	11.94	33.19	68.26	140.44
占比（%）	8.56	-1.86	10.25	2.86	11.63
归属于母公司股东权益	196.00	44.28	143.38	7.53	482.79
占比（%）	45.66	2.53	44.29	-5.66	39.97

资料来源：沪深交易所，天相投资分析系统。

表5　2013年其他制造业上市公司收入实现情况　单位：亿元

指　标	2013年	2013年可比样本增长（%）	2012年	2012年可比样本增长（%）	2011年
营业收入	694.36	39.08	500.54	28.62	1036.24
利润总额	31.48	57.76	20.42	-51.07	66.11
归属于母公司所有者的净利润	22.53	71.92	13.51	-61.30	53.16

资料来源：沪深交易所，天相投资分析系统。

（五）利润分配情况

2013年，其他制造业共有7家上市公司实施分红配股。2家公司实施送股或转增股，7家公司实施派息，其中，2家公司既实施了送股、转增又实施了派息。

（六）其他财务指标情况

1. 盈利能力指标

表6　2013年其他制造业上市公司盈利能力情况　单位：%

指　标	2013年	2013年可比样本变动	2012年	2012年可比样本变动	2011年
毛利率	9.59	-0.20	9.93	-6.31	16.24
净资产收益率	11.49	1.66	10.40	-0.61	11.01
销售净利率	3.74	0.70	3.11	-2.02	5.13
资产净利率	6.97	1.69	5.28	0.46	4.82

资料来源：沪深交易所，天相投资分析系统。

2. 偿债能力指标

表 7　　2013 年其他制造业上市公司偿债能力情况

指　标	2013 年	2013 年可比样本变动	2012 年	2012 年可比样本变动	2011 年
流动比率	1.68	-0.09	1.79	0.68	1.01
速动比率	0.80	0.18	0.65	0.08	0.57
资产负债率（%）	51.01	-3.81	53.72	-2.80	56.52

资料来源：沪深交易所，天相投资分析系统。

3. 营运能力指标

表 8　　2013 年其他制造业上市公司营运能力情况　　单位：次

指　标	2013 年	2013 年可比样本变动	2012 年	2012 年可比样本变动	2011 年
存货周转率	4.35	0.89	3.46	-0.57	4.03
应收账款周转率	22.20	0.47	21.58	10.86	10.72
流动资产周转率	2.51	0.29	2.18	0.12	2.06
固定资产周转率	15.04	-0.84	14.97	11.61	3.36
总资产周转率	1.87	0.13	1.69	0.75	0.94
净资产周转率	3.94	0.30	3.46	1.31	2.15

资料来源：沪深交易所，天相投资分析系统。

三、重点上市公司介绍

富奥股份

富奥股份是国内汽车零部件生产制造、销售的大型企业，主营业务为汽车零部件的生产与销售。利润的 60%来自一汽集团和参股子公司的配套零部件采购，业务涉及转向系统、悬架系统、涡轮增压、平台零件、汽车空调等多个领域。2013 年，公司实现营业收入 52.28 亿元，同比增长 8.27%；归属于母公司的净利润 5.43 亿元，同比增长 16.19%，每股收益为 0.44 元。

审稿人：毕子男

撰稿人：吕　梁

废弃资源综合利用业

一、废弃资源综合利用业总体概况

根据国家统计局数据，2013 年 1~12 月全国规模以上废弃资源综合利用业企业数量为 1274 家，行业资产合计 1561.07 亿元，同比增长 11.7%。

根据国家统计局数据，2013 年废弃资源综合利用业合计实现营业收入 3340.04 亿元，较 2012 年同比增长 12.7%；实现利润总额 132.08 亿元，同比降低 5.4%。2013 年废弃资源综合利用业毛利率 8.84%，较 2012 年下降 1.49 个百分点。

2013 年，废弃资源综合利用业投资规模稳步提升，我国废弃资源综合利用业累计固定资产投资额为 964.06 亿元，同比增长 33.80%。

从国家统计局发布的细分行业的企业景气指数来看，2013 年印刷和记录媒介复制业景气指数 108.40，较 2012 年的 117.6 有所回落。

二、行业内上市公司发展概况

（一）行业内上市公司基本情况

表 1　　**2013 年废弃资源综合利用业上市公司发行股票概况**

门　类	A、B 股总数	A 股股票数	B 股股票数	境内总市值（亿元）	流通 A 股市值（亿元）	流通 B 股市值（亿元）
废弃资源综合利用业（家）	1	1	0	77.23	77.23	0.00
占沪深两市比重（%）	0.04	0.04	0.00	0.03	0.04	0.00

资料来源：沪深交易所，天相投资分析系统。

（二）行业内上市公司构成情况

表 2　　**2013 年废弃资源综合利用业上市公司构成情况**

门　类	沪　市			深　市			ST/*ST
	仅 A 股	仅 B 股	A+B 股	仅 A 股	仅 B 股	A+B 股	
废弃资源综合利用业（家）	0	0	0	1	0	0	0/0
占行业内上市公司比重（%）	0.00	0.00	0.00	100.00	0.00	0.00	0/0

资料来源：沪深交易所，天相投资分析系统。

2013 年，废弃资源综合利用业仅有 1 家上市公司——格林美。

（三）行业内上市公司融资情况

2013 年，废弃资源综合利用业无上市公司进行融资。

（四）行业内上市公司资产及业绩情况

表 3　　2013 年废弃资源综合利用业上市公司资产情况　　单位：亿元

指　标	2013 年	2013 年可比样本增长（%）	2012 年	2012 年可比样本增长（%）	2011 年
总资产	77.37	21.83	63.50	61.66	—
流动资产	33.23	8.72	30.57	67.36	—
占比（%）	42.95	–5.18	48.13	1.64	—
非流动资产	44.13	33.99	32.94	56.71	—
占比（%）	57.05	5.18	51.87	–1.64	—
流动负债	30.10	27.18	23.67	109.76	—
占比（%）	38.91	1.64	37.27	8.55	—
非流动负债	20.74	38.84	14.94	147.91	—
占比（%）	26.81	3.28	23.53	8.18	—
归属于母公司股东权益	23.38	5.15	22.24	2.81	—
占比（%）	30.23	–4.79	35.02	–20.04	—

资料来源：沪深交易所，天相投资分析系统。

表 4　　2013 年废弃资源综合利用业上市公司收入实现情况　　单位：亿元

指　标	2013 年	2013 年可比样本增长（%）	2012 年	2012 年可比样本增长（%）	2011 年
营业收入	34.86	145.77	14.18	54.41	—
利润总额	1.81	13.08	1.60	20.18	—
归属于母公司所有者的净利润	1.44	7.04	1.35	11.69	—

资料来源：沪深交易所，天相投资分析系统。

（五）利润分配情况

2013 年，废弃资源综合利用业上市公司格林美既实施了送股、转增又实施了派息。

（六）其他财务指标情况

1. 盈利能力指标

表 5　　2013 年废弃资源综合利用业上市公司盈利能力情况　　单位：%

指　标	2013 年	2013 年可比样本变动	2012 年	2012 年可比样本变动	2011 年
毛利率	16.57	–9.25	25.82	–5.86	—
净资产收益率	6.35	0.55	5.79	0.33	—
销售净利率	4.83	–5.34	10.17	–2.91	—
资产净利率	2.39	–0.42	2.81	–1.30	—

资料来源：沪深交易所，天相投资分析系统。

2. 偿债能力指标

表 6　　2013 年废弃资源综合利用业上市公司偿债能力情况

指　标	2013 年	2013 年可比样本变动	2012 年	2012 年可比样本变动	2011 年
流动比率	1.10	-0.19	1.29	-0.33	—
速动比率	0.57	-0.21	0.78	-0.36	—
资产负债率（%）	65.72	4.92	60.79	16.73	—

资料来源：沪深交易所，天相投资分析系统。

3. 营运能力指标

表 7　　2013 年废弃资源综合利用业上市公司营运能力情况　　单位：次

指　标	2013 年	2013 年可比样本变动	2012 年	2012 年可比样本变动	2011 年
存货周转率	2.46	0.85	1.62	-0.19	—
应收账款周转率	10.15	1.53	8.62	-1.34	—
流动资产周转率	1.09	0.51	0.58	-0.10	—
固定资产周转率	1.61	0.77	0.84	-0.14	—
总资产周转率	0.49	0.22	0.28	-0.04	—
净资产周转率	1.36	0.75	0.61	0.04	—

资料来源：沪深交易所，天相投资分析系统。

三、重点上市公司介绍

格林美

格林美是再生资源行业和电子废弃物回收利用行业的龙头企业。业务包括钴镍粉及电池材料、电子废弃物、汽车拆解三大板块，拥有六大基地，为锂电池材料、电子废弃物处理、汽车拆解三领域龙头。

2013 年，公司实现营业收入 348602.8 万元，较 2012 年同期增长 206760.7 万元，增长 145.77%，实现利润总额 18104.09 万元，较 2012 年同期增加 2094.81 万元，增长 13.08%，归属于上市公司母公司净利润 14411.51 万元，较 2012 年同期增长 7.04%。2013 年，公司钴镍粉体销售 3055.60 吨，同比增长 2.04%；四氧化三钴销售 6798.13 吨，同比增长 88.46%；三元电池材料销售 800.63 吨，同比增长 53.13%；电积铜销售 9878.49 吨，同比增长 66.44%；塑木型材销售 12323.94 吨，同比上升 27.46%；碳化钨销售 1202.04 吨，同比上升 43.17%；电子废弃物业务实现销售收入 45225.08 万元，同比上升 139.18%。

四、上市公司在行业中的影响力

废弃资源综合利用行业内企业较为分散，格林美作为新进入电子废弃物领域的公司，最近几年业务成长迅速。作为唯一的行业内上市公司，在行业的影响力仍较小。2013 年，公司实现营业收入 34.86 亿元，占整个行业收入的 1.04%；2013 年，公司实现利润总额 1.81 亿元，占整个行业利润总额的 1.37%；2013 年，公司总资产 77.37 亿元，占整个行业总资产的 4.96%。

审稿人：翟太煌　曹玲燕　刘小勇

撰稿人：梁玉梅

电力、热力、燃气及水生产和供应业

一、电力、热力、燃气及水生产和供应业总体概况

2013年，在复杂的国内外经济环境下，我国电力、热力、燃气及水生产和供应业整体呈现稳中有升的发展态势，产能持续稳步增长，前几年受制于煤价维持高位的影响导致行业整体效益有所下降。后受益于经济环境整体好转，行业在2012年触底回升，2013年维持回暖走势，效益有所上升，但整体增速下滑。

2013年，电力、热力、燃气及水生产和供应业发展较为平稳，全国全口径发电量47130亿千瓦时，同比增长8.22%。全国发电量53976亿千瓦时，同比增长8.22%，增速比2012年提高了2.39个百分点。全国水电站水电发电量为8963亿千瓦时，同比增长5.00%，约占全部发电量的16.61%；火电发电量为41900亿千瓦时，同比增长7.00%，约占全部发电量的77.63%；核电发电量为1051.75亿千瓦时，同比增长13.52%，约占全部发电量的2.23%。

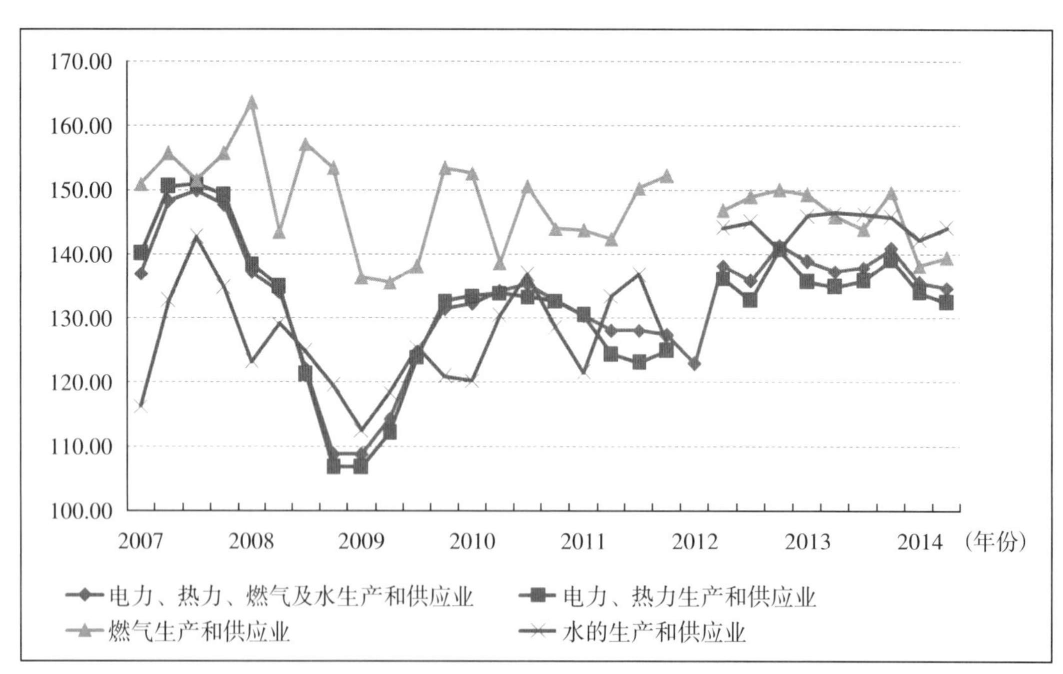

图1　电力、热力、燃气及水生产和供应业细分行业景气度指数走势

资料来源：国家统计局，天相投资分析系统。

2013年，第一产业用电量1014亿千瓦时，同比增长0.66%，占全社会用电量的1.91%；第二产业用电量39143亿千瓦时，同比增长6.96%，占全社会用电量的73.55%；第三产业用电量6273亿千瓦时，同比增长10.31%，占全社会用电量的11.79%；城乡居民生活用电量6793亿千瓦时，同比增长9.15%，占全社会用电量的12.76%。

从国家统计局发布的细分行业的企业景气度指数来看，水的生产和供应业景气度较2012年平均水平有所下降，燃气的生产和供应业水平与2012年基本持平，电力和热力的生产和供应业指数水平也在年中有较大幅度下降。

二、行业内上市公司发展概况

（一）行业内上市公司基本情况

表1　　2013年电力、热力、燃气及水生产和供应业上市公司发行股票概况

门　类	A、B股总数	A股股票数	B股股票数	境内总市值（亿元）	流通A股市值（亿元）	流通B股市值（亿元）
电力、热力、燃气及水生产和供应业（家）	84	79	5	8411.77	6214.41	188.23
占沪深两市比重（%）	3.18	2.99	0.19	3.52	3.14	11.31

资料来源：沪深交易所，天相投资分析系统。

（二）行业内上市公司构成情况

表2　　2013年电力、热力、燃气及水生产和供应业上市公司构成情况

门　类	沪　市			深　市			ST/*ST
	仅A股	仅B股	A+B股	仅A股	仅B股	A+B股	
电力、热力、燃气及水生产和供应业（家）	46	2	1	30	0	2	0/1
占行业内上市公司比重（%）	56.79	2.47	1.23	37.04	0.00	2.47	0/1.23

资料来源：沪深交易所，天相投资分析系统。

（三）行业内上市公司融资情况

表3　　2013年电力、热力、燃气及水生产和供应业上市公司与沪深两市融资情况对比

	融资家数	新　股	配　股	增　发
电力、热力、燃气及水生产和供应业（家）	14	0	1	13
沪深两市总数（家）	370	0	13	357
占比（%）	3.78	—	7.69	3.64

资料来源：天相投资分析系统。

2013年，电力、热力、燃气及水生产和供应业有14家上市公司进行融资，其中，13家（5家深市主板，8家沪市主板）公司增发，1家深市主板进行配股。

2013年电力、热力、燃气及水生产和供应业上市公司融资情况明细见附录。

（四）行业内上市公司资产及业绩情况

表4　　2013年电力、热力、燃气及水生产和供应业上市公司资产情况　　单位：亿元

指　标	2013年	2013年可比样本增长（%）	2012年	2012年可比样本增长（%）	2011年
总资产	22437.41	8.11	20263.51	12.22	17671.72
流动资产	3067.83	5.65	2807.42	9.19	2657.41
占比（%）	13.67	-0.32	13.85	-0.38	15.04
非流动资产	19369.58	8.51	17456.09	12.72	15014.31
占比（%）	86.33	0.32	86.15	0.38	84.96
流动负债	6344.09	5.97	5854.61	5.74	5525.94
占比（%）	28.27	-0.57	28.89	-1.77	31.27
非流动负债	8588.19	3.90	8121.86	13.16	7030.18
占比（%）	38.28	-1.55	40.08	0.33	39.78
归属于母公司股东权益	6075.67	14.91	5169.48	16.98	4224.81
占比（%）	27.08	1.60	25.51	1.04	23.91

资料来源：沪深交易所，天相投资分析系统。

表5　　2013年电力、热力、燃气及水生产和供应业上市公司收入实现情况　　单位：亿元

指　标	2013年	2013年可比样本增长（%）	2012年	2012年可比样本增长（%）	2011年
营业收入	7777.86	5.23	7085.02	12.86	6111.50
利润总额	1217.67	39.75	843.95	68.20	408.60
归属于母公司所有者的净利润	768.80	33.36	561.06	61.73	275.58

资料来源：沪深交易所，天相投资分析系统。

（五）利润分配情况

2013年，电力、热力、燃气及水生产和供应业共有46家上市公司实施分红送股。41家公司实施派息，9家公司实施送股及转增股本，其中，4家公司既送股、转增又实施派息。送股、转增及派息比例最高值分别为每股送1.50股（国中水务）和每股派息1.250元（伊泰B股）。

（六）其他财务指标情况

1. 盈利能力指标

表 6　　2013 年电力、热力、燃气及水生产和供应业上市公司盈利能力情况　　单位：%

指　标	2013 年	2013 年可比样本变动	2012 年	2012 年可比样本变动	2011 年
毛利率	25.58	4.48	21.41	5.71	14.49
净资产收益率	13.05	2.28	10.77	3.36	6.60
销售净利率	12.59	3.11	9.56	3.25	4.53
资产净利率	4.53	0.96	3.53	1.20	1.65

资料来源：沪深交易所，天相投资分析系统。

2. 偿债能力指标

表 7　　2013 年电力、热力、燃气及水生产和供应业上市公司偿债能力情况

指　标	2013 年	2013 年可比样本变动	2012 年	2012 年可比样本变动	2011 年
流动比率	0.48	0.00	0.48	0.02	0.48
速动比率	0.41	0.01	0.40	0.02	0.39
资产负债率（%）	66.55	–2.12	68.97	–1.44	71.05

资料来源：沪深交易所，天相投资分析系统。

3. 营运能力指标

表 8　　2013 年电力、热力、燃气及水生产和供应业上市公司营运能力情况　　单位：次

指　标	2013 年	2013 年可比样本变动	2012 年	2012 年可比样本变动	2011 年
存货周转率	16.73	1.52	15.40	–0.39	11.86
应收账款周转率	6.00	–3.61	9.54	–0.72	9.20
流动资产周转率	2.60	–0.05	2.63	–0.10	2.52
固定资产周转率	0.63	–0.04	0.66	0.00	0.65
总资产周转率	0.36	–0.02	0.37	0.00	0.36
净资产周转率	1.11	–0.12	1.22	–0.01	1.25

资料来源：沪深交易所，天相投资分析系统。

三、重点细分行业介绍

表 9　　2013 年电力、热力、燃气及水生产和供应业上市公司数量分布及市值情况

大　类	上市公司家数（家）	占行业内比重（%）	境内总市值（亿元）	占行业内比重（%）
电力、热力生产和供应业	60	74.07	6511.56	77.33
燃气生产和供应业	7	8.64	713.99	8.48
水的生产和供应业	14	17.28	1194.62	14.19

资料来源：沪深交易所，天相投资分析系统。

（一）电力、热力生产和供应业

表 10　　2013 年电力、热力生产和供应业上市公司收入及资产增长情况　　单位：亿元

指　标	2013 年	2013 年可比样本增长（%）	2012 年	2012 年可比样本增长（%）	2011 年
营业收入	7121.44	4.88	6497.29	13.23	5868.65
利润总额	1092.65	40.62	746.37	85.10	353.01
归属于母公司所有者的净利润	675.38	34.17	484.47	78.05	229.29
总资产	20460.44	7.15	18628.19	12.13	16884.75
归属于母公司股东权益	5172.58	14.78	4388.89	17.98	3833.80

资料来源：沪深交易所，天相投资分析系统。

表 11　　2013 年电力、热力生产和供应业上市公司盈利能力情况　　单位：%

指　标	2013 年	2013 年可比样本变动	2012 年	2012 年可比样本变动	2011 年
毛利率	25.71	4.69	21.32	6.13	13.92
净资产收益率	13.52	2.49	10.97	4.09	6.05
销售净利率	12.26	3.16	9.10	3.67	3.92
资产净利率	4.42	0.99	3.36	1.36	1.43

资料来源：沪深交易所，天相投资分析系统。

表 12　　2013 年电力、热力生产和供应业上市公司偿债及营运情况

指　标	2013 年	2013 年可比样本变动	2012 年	2012 年可比样本变动	2011 年
资产负债率（%）	68.43	–2.22	71.07	–1.65	72.25
存货周转率（次）	17.78	1.70	16.33	–0.14	12.54
总资产周转率（次）	0.36	–0.35	0.70	0.33	0.37

资料来源：沪深交易所，天相投资分析系统。

（二）燃气生产和供应业

表 13　　2013 年燃气生产和供应业上市公司收入及资产增长情况　　单位：亿元

指　标	2013 年	2013 年可比样本增长（%）	2012 年	2012 年可比样本增长（%）	2011 年
营业收入	459.60	5.73	421.07	10.56	132.36
利润总额	61.23	47.65	44.76	9.72	10.83
归属于母公司所有者的净利润	41.65	51.53	30.94	14.53	8.86
总资产	823.03	11.85	711.56	16.72	178.38
归属于母公司股东权益	369.77	12.55	328.18	11.80	79.87

资料来源：沪深交易所，天相投资分析系统。

表 14　　2013 年燃气生产和供应业上市公司盈利能力情况　　单位：%

指　标	2013 年	2013 年可比样本变动	2012 年	2012 年可比样本变动	2011 年
毛利率	16.19	2.37	14.28	2.16	16.47
净资产收益率	11.36	2.72	9.52	–0.04	11.09
销售净利率	11.11	3.10	9.08	–0.02	6.69
资产净利率	6.55	1.47	5.79	–0.09	5.63

资料来源：沪深交易所，天相投资分析系统。

表 15　　2013 年燃气生产和供应业上市公司偿债及营运情况

指　标	2013 年	2013 年可比样本变动	2012 年	2012 年可比样本变动	2011 年
资产负债率（%）	45.41	0.13	43.57	3.06	53.34
存货周转率（次）	30.21	4.60	27.80	2.58	15.72
总资产周转率（次）	0.59	–0.59	1.18	0.54	0.84

资料来源：沪深交易所，天相投资分析系统。

（三）水的生产和供应业

表 16　　2013 年水的生产和供应业上市公司收入及资产增长情况　　单位：亿元

指　标	2013 年	2013 年可比样本增长（%）	2012 年	2012 年可比样本增长（%）	2011 年
营业收入	196.82	18.09	166.67	4.84	110.49
利润总额	63.79	20.77	52.82	–8.53	44.75
归属于母公司所有者的净利润	51.77	13.39	45.65	–4.52	37.43
总资产	1153.94	24.92	923.75	10.61	608.59
归属于母公司股东权益	533.32	17.88	452.41	11.55	311.14

资料来源：沪深交易所，天相投资分析系统。

表 17　　2013 年水的生产和供应业上市公司盈利能力情况　　单位：%

指　标	2013 年	2013 年可比样本变动	2012 年	2012 年可比样本变动	2011 年
毛利率	42.62	-0.53	43.15	0.13	42.09
净资产收益率	9.21	-0.40	9.62	-1.49	12.03
销售净利率	27.91	-0.69	28.60	-2.65	33.88
资产净利率	5.29	-0.13	5.42	-1.03	6.55

资料来源：沪深交易所，天相投资分析系统。

表 18　　2013 年水的生产和供应业上市公司偿债及营运情况

指　标	2013 年	2013 年可比样本变动	2012 年	2012 年可比样本变动	2011 年
资产负债率（%）	48.34	1.99	46.35	-0.10	43.02
存货周转率（次）	3.99	0.44	3.55	-1.12	2.40
总资产周转率（次）	0.19	-0.17	0.36	0.15	0.19

资料来源：沪深交易所，天相投资分析系统。

四、重点上市公司介绍

深圳燃气

2013 年，深圳燃气实现营业收入 85.75 亿元，同比降低 4.39%；营业利润 8.04 亿元，同比增长 20.37%；归属于母公司的净利润为 7.07 亿元，比 2012 年同期增长 33.8%。摊薄每股收益 0.35 元。

2013 年，公司营业收入同比下降的原因主要是液化石油气批发销量下降大于管道燃气销量增加。液化石油气批发量为 42.06 万吨，较 2012 年的 59.81 万吨同比下降 29.68%，主要原因是珠三角各城市管道天然气快速发展对液化石油气市场造成较大冲击；管道燃气销量同比增加 20.69%，主要原因是公司加快燃气管道建设速度，加大市场营销力度。全年新建高压、次高压管线 58.27 千米，其中，深圳 9.71 千米，安徽 48.56 千米；新建市政中压管网 387.86 千米，其中，深圳 138.61 千米，异地（江西、安徽、广西等）249.25 千米。基本建成西气东输二线深圳配套工程——深圳市天然气高压输配系统，实现深圳市天然气供气“一张网”；公司大力发展工商业用户及天然气汽车加气业务，增加向深圳钰湖电力有限公司、深圳大唐宝昌燃气发电有限公司供应天然气，全年新增天然气汽车加气站 4 座。天然气批发量同比增加，主要原因是公司新建的乌审旗和宣城两座天然气液化工厂实现顺利投产。

五、上市公司在行业中的影响力

（一）上市公司资产在全行业占比略有下降

2013 年，电力、热力、燃气及水生产和供应业总资产规模已达到 11.24 万亿元，同比增长 12.36%；全行业上市公司资产总额为 2.2 万亿元，按可比样本计算同比增长 8.11%；上市资产总额占行业总资产的 19.96%，同比下降 0.29 个百分点，但也处于近年来的较高水平。

（二）上市公司营业收入在行业中占比下降，利润占比上升

2013 年，全行业营业收入 6.04 万亿元，同比增长 7.45%，其中，上市公司实现营业收入 0.78 万亿元，按可比样本计算同比增长 5.23%，略低于全行业水平；上市公司总收入规模占全行业比重达 12.87%，较 2012 年有所上升。2013 年全行业利润总额 4021.74 亿元，同比增长 42.36%，其中，上市公司利润总额为 1217.67 亿元，在全行业占比 30.28%，连续两年上升。

审稿人：任宪功

撰稿人：伊晓奕

建筑业

一、建筑业总体概况

2013年，在我国经济转型背景下，国内经济增速持续放缓，全年固定资产投资额同比增长19.3%。在此宏观经济形势下，我国建筑行业增速有所放缓。2013年，建筑业共完成经济产值15.9万亿元，较2012年增长16.1%；产生利润共计5575亿元，同比增长16.7%，；当年累计签订订单17.5万亿元，同比增长20.7%；全社会建筑业增加值达到3.9万亿元，同比增长9.9%，增速较2012年放缓1.2个百分点。尽管如此，建筑业总体上仍保持了稳健、较快增长。

截至2013年，我国共有建筑企业79528家，比2012年增加4248家。建筑从业人员的队伍不断壮大，从2003年的2414万人，增加到2013年的4499万人，其中，2013年较2012年增加232万人。

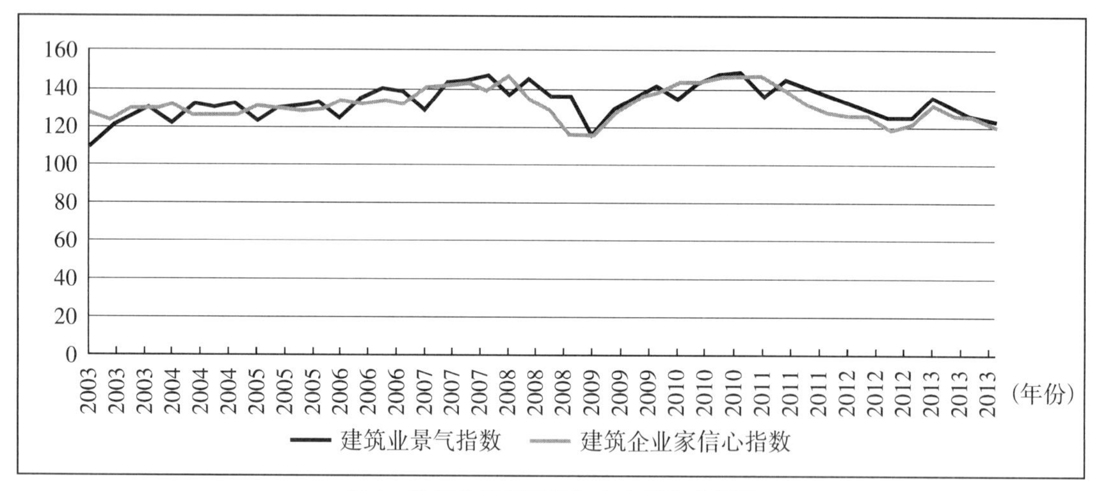

图1　建筑业景气指数和企业家信心指数

数据来源：Wind数据库。

尽管国际政治经济环境复杂多变，在国家强有力的政策支持下，我国建筑企业积极开拓海外市场，海外业务规模不断扩大，呈逐年上升趋势。2013年，我国对外承包工程业务完成营业额1371亿美元，同比增长17.6%；新签合同额1716亿美元，同比增长9.7%。通过多年的海外开拓，我国建筑企业已成为国际工程承包业市场上的重要力量。

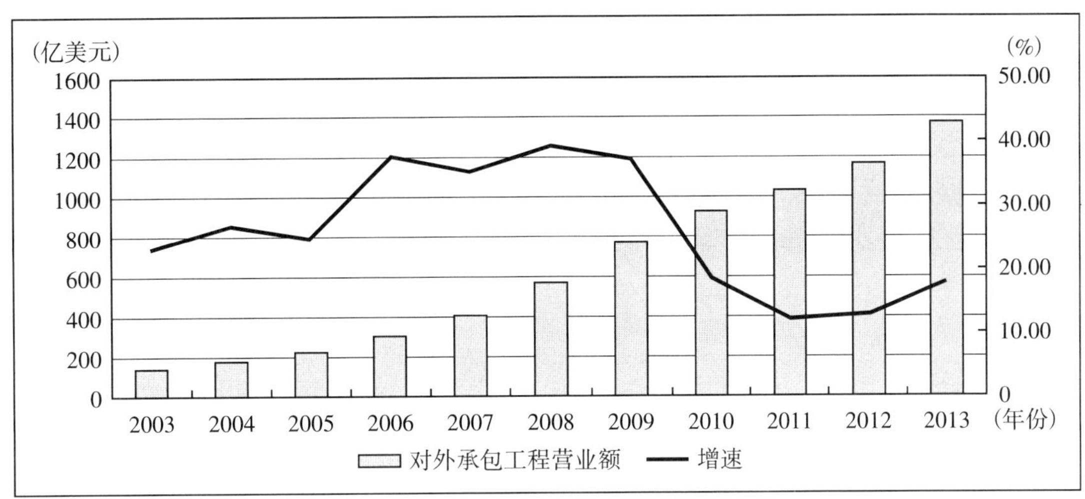

图 2 对外承包工程完成营业额及增速

数据来源：商务部。

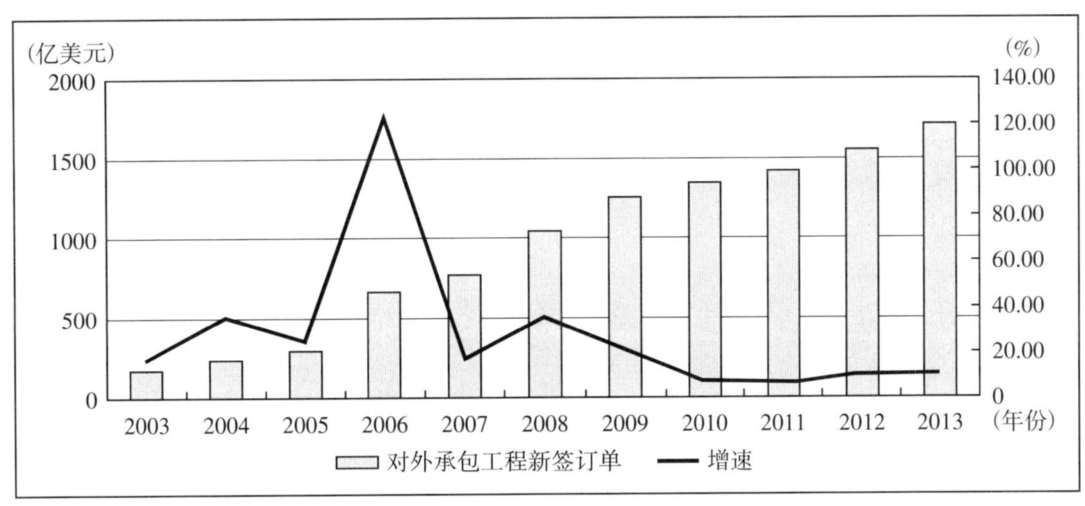

图 3 对外承包工程新签订单额及增速

数据来源：商务部。

建筑业根据提供建筑产品以及服务内容的不同，具体可以分为装饰装修业、建筑工程业（包括土木工程业和房屋建筑业）以及建筑安装业三个主要细分行业。各细分行业在 2013 年运行平稳，稳步增长。

2013 年，建筑装饰业共完成产值 9434 亿元，比 2012 年增加 1580 亿元，同比增加 20.1%。建筑工程业（包括土木工程建筑业和房屋建筑业）完成产值 141147 亿元，较 2012 年增加 20899 亿元，同比增长 17.4%。建筑安装业总产值为 13355 亿元，比 2012 年增加 2358 亿元，同比增长 21.4%。

二、行业内上市公司发展概况

（一）行业内上市公司基本情况

表 1　　**2013 年建筑业上市公司发行股票概况**

门　类	A、B 股总数	A 股股票数	B 股股票数	境内总市值（亿元）	流通 A 股市值（亿元）	流通 B 股市值（亿元）
建筑业（家）	63	62	1	6643.07	5069.31	4.23
占沪深两市比重（%）	2.39	2.35	0.04	2.78	2.56	0.25

资料来源：沪深交易所，天相投资分析系统。

（二）行业内上市公司构成情况

表 2　　**2013 年建筑业上市公司构成情况**

门类	沪　市			深　市			ST/*ST
	仅 A 股	仅 B 股	A+B 股	仅 A 股	仅 B 股	A+B 股	
建筑业（家）	30	1	0	32	0	0	0/0
占行业内上市公司比重（%）	47.62	1.59	0.00	50.79	0.00	0.00	0/0

资料来源：沪深交易所，天相投资分析系统。

（三）行业内上市公司融资情况

表 3　　**2013 年建筑业上市公司与沪深两市融资情况对比**

	融资家数	新　股	配　股	增　发
建筑业（家）	9	0	0	9
沪深两市总数（家）	370	0	13	357
占比（%）	2.43	—	0.00	2.52

资料来源：天相投资分析系统。

2013 年，建筑业有 9 家上市公司进行增发融资，其中，有 4 家沪市、1 家深市及 4 家中小板公司。

2013 年建筑业上市公司融资情况明细见附录。

（四）行业内上市公司资产及业绩情况

表 4　　2013 年建筑业上市公司资产情况　　单位：亿元

指　标	2013 年	2013 年可比样本增长（%）	2012 年	2012 年可比样本增长（%）	2011 年
总资产	38372.63	16.44	32954.37	20.08	23180.22
流动资产	28882.95	16.43	24806.41	20.16	17884.67
占比（%）	75.27	-0.01	75.28	0.05	77.15
非流动资产	9489.68	16.47	8147.96	19.82	5295.55
占比（%）	24.73	0.01	24.72	-0.05	22.85
流动负债	24027.71	15.36	20829.23	20.14	14760.80
占比（%）	62.62	-0.59	63.21	0.03	63.68
非流动负债	6963.52	24.07	5612.39	27.27	3778.37
占比（%）	18.15	1.12	17.03	0.96	16.30
归属于母公司股东权益	6325.45	12.66	5614.74	13.94	3995.09
占比（%）	16.48	-0.55	17.04	-0.92	17.23

资料来源：沪深交易所，天相投资分析系统。

表 5　　2013 年建筑业上市公司收入实现情况　　单位：亿元

指　标	2013 年	2013 年可比样本增长（%）	2012 年	2012 年可比样本增长（%）	2011 年
营业收入	30974.70	15.05	26923.81	9.77	21184.97
利润总额	1199.30	34.63	890.82	-2.61	735.98
归属于母公司所有者的净利润	792.21	34.40	589.42	-5.18	483.70

资料来源：沪深交易所，天相投资分析系统。

（五）利润分配情况

2013 年，建筑业上市公司有 14 家上市公司实施送股或转增股，50 家上市公司实施派息，其中，1 家公司既实施了送股、转增又实施了派息。

（六）其他财务指标情况

1. 盈利能力指标

表 6　　2013 年建筑业上市公司盈利能力情况　　单位：%

指　标	2013 年	2013 年可比样本变动	2012 年	2012 年可比样本变动	2011 年
毛利率	11.81	-0.05	11.86	0.21	11.45
净资产收益率	12.33	2.48	9.85	-2.35	12.13
销售净利率	2.94	0.56	2.38	-0.45	2.29
资产净利率	2.55	0.43	2.12	-0.67	2.30

资料来源：沪深交易所，天相投资分析系统。

2. 偿债能力指标

表7　　2013年建筑业上市公司偿债能力情况

指　标	2013年	2013年可比样本变动	2012年	2012年可比样本变动	2011年
流动比率	1.20	0.01	1.19	0.00	1.21
速动比率	0.68	-0.01	0.69	-0.08	0.78
资产负债率（%）	80.76	0.53	80.24	1.00	79.99

资料来源：沪深交易所，天相投资分析系统。

3. 营运能力指标

表8　　2013年建筑业上市公司营运能力情况　　单位：次

指　标	2013年	2013年可比样本变动	2012年	2012年可比样本变动	2011年
存货周转率	2.70	-0.33	3.03	-0.74	3.28
应收账款周转率	3.89	-2.16	6.04	-0.44	6.55
流动资产周转率	1.15	-0.03	1.18	-0.13	1.31
固定资产周转率	11.37	0.68	10.70	-0.17	12.10
总资产周转率	0.87	-0.02	0.89	-0.09	1.00
净资产周转率	4.46	0.05	4.41	-0.24	4.95

资料来源：沪深交易所，天相投资分析系统。

三、重点细分行业介绍

表9　　2013年建筑业上市公司数量分布及市值情况

大　类	上市公司家数（家）	占行业内比重（%）	境内总市值（亿元）	占行业内比重（%）
房屋建筑业	1	1.59	14.38	0.22
土木工程建筑业	46	73.02	5675.94	85.44
建筑安装业	1	1.59	39.14	0.59
建筑装饰和其他建筑业	15	23.81	913.61	13.75

资料来源：沪深交易所，天相投资分析系统。

（一）房屋建筑业

1. 行业概况

房屋建筑业指的是居民住宅、商业建筑、学校医院、港口码头等房屋建筑主体的施工，不包括工程前的主要准备工作。上市公司中大部分公司都有业务涉及房屋建筑业。2013年，房屋建筑业与土木工程建筑业共完成产值 141147 亿元。

2. 行业内上市公司发展情况

表 10　　2013 年房屋建筑业上市公司收入及资产增长情况　　单位：亿元

指　标	2013 年	2013 年可比样本增长（%）	2012 年	2012 年可比样本增长（%）	2011 年
营业收入	20.78	47.75	14.07	-2.67	—
利润总额	0.40	187.73	0.14	5.81	—
归属于母公司所有者的净利润	0.14	70.35	0.08	36.32	—
总资产	33.45	17.03	28.59	-7.48	—
归属于母公司股东权益	2.11	7.33	1.96	12.56	—

资料来源：沪深交易所，天相投资分析系统。

表 11　　2013 年房屋建筑业上市公司盈利能力情况　　单位：%

指　标	2013 年	2013 年可比样本变动	2012 年	2012 年可比样本变动	2011 年
毛利率	14.04	-6.36	20.40	0.87	—
净资产收益率	9.31	9.08	0.23	2.70	—
销售净利率	0.89	0.85	0.03	0.27	—
资产净利率	0.59	0.58	0.02	0.13	—

资料来源：沪深交易所，天相投资分析系统。

表 12　　2013 年房屋建筑业上市公司偿债及营运情况

指　标	2013 年	2013 年可比样本变动	2012 年	2012 年可比样本变动	2011 年
资产负债率（%）	94.09	1.03	93.06	-2.47	—
存货周转率（次）	3.62	0.70	2.92	-0.47	—
总资产周转率（次）	0.67	-0.31	0.98	0.49	—

资料来源：沪深交易所，天相投资分析系统。

（二）土木工程建筑业

1. 行业概况

土木工程建筑业指土木工程主体的施工活动，主要是指铁路、道路、隧道和桥梁工程建筑、水利和港口工程建筑、工矿工程建筑、架线和管道工程建筑以及公园、高尔夫球场等其他工程建筑，不包括主体工程施工前的土方挖运、拆除爆破等工程准备活动。土木工程建筑业是建筑业中最主要细分行业之一，产值在行业总产值中占比较大。上市公司大部分集中在这个细分领域内。

2. 行业内上市公司发展情况

表 13　　2013 年土木工程建筑业上市公司收入及资产增长情况　　单位：亿元

指　标	2013 年	2013 年可比样本增长（%）	2012 年	2012 年可比样本增长（%）	2011 年
营业收入	30159.24	14.79	26274.39	9.50	20823.86
利润总额	1157.95	35.29	855.91	-2.82	710.20
归属于母公司所有者的净利润	759.39	35.43	560.72	-5.71	463.24
总资产	37372.11	16.34	32122.58	19.86	22776.99
归属于母公司股东权益	6019.94	12.66	5343.69	14.12	3812.59

资料来源：沪深交易所，天相投资分析系统。

表 14　　2013 年土木工程建筑业上市公司盈利能力情况　　单位：%

指　标	2013 年	2013 年可比样本变动	2012 年	2012 年可比样本变动	2011 年
毛利率	11.69	-0.05	11.75	0.21	11.35
净资产收益率	12.43	2.60	9.83	-2.43	12.15
销售净利率	2.91	0.58	2.33	-0.45	2.22
资产净利率	2.52	0.44	2.08	-0.66	2.23

资料来源：沪深交易所，天相投资分析系统。

表 15　　2013 年土木工程建筑业上市公司偿债及营运情况

指　标	2013 年	2013 年可比样本变动	2012 年	2012 年可比样本变动	2011 年
资产负债率（%）	81.13	0.52	80.60	0.91	80.43
存货周转率（次）	2.66	-0.34	3.00	-0.74	3.25
总资产周转率（次）	0.87	-0.77	1.64	0.65	1.00

资料来源：沪深交易所，天相投资分析系统。

（三）建筑安装业

1. 行业概况

建筑安装指建筑物主体工程竣工后，建筑物内的各种设备的安装，包括建筑物主体施工中的敷设线路、管道的安装，以及铁路、机场、港口、隧道、地铁的照明和信号系统的安装，不包括工程收尾的装饰，如对墙面、地板、天花板、门窗等处理。2013 年，我国建筑安装业实现产值 13355 亿元，占建筑业总产值的 8.4%。

2. 行业内上市公司发展情况

表 16　　2013 年建筑安装业上市公司收入及资产增长情况　　单位：亿元

指　标	2013 年	2013 年可比样本增长（%）	2012 年	2012 年可比样本增长（%）	2011 年
营业收入	36.05	10.23	32.71	-1.21	—
利润总额	-1.74	由盈转亏	0.67	-19.85	—
归属于母公司所有者的净利润	-1.97	由盈转亏	0.30	-28.22	—
总资产	43.45	3.56	41.96	-3.15	—
归属于母公司股东权益	5.63	-26.01	7.61	3.89	—

资料来源：沪深交易所，天相投资分析系统。

表 17　　2013 年建筑安装业上市公司盈利能力情况　　单位：%

盈利能力指标	2013 年	2013 年可比样本变动	2012 年	2012 年可比样本变动	2011 年
毛利率	15.35	-1.90	17.24	-0.07	—
净资产收益率	-33.13	-36.92	3.79	-3.28	—
销售净利率	-5.84	-6.80	0.96	-0.73	—
资产净利率	-4.93	-5.67	0.74	-0.60	—

资料来源：沪深交易所，天相投资分析系统。

表 18　　2013 年建筑安装业上市公司偿债及营运情况

指　标	2013 年	2013 年可比样本变动	2012 年	2012 年可比样本变动	2011 年
资产负债率（%）	85.38	5.15	80.23	-1.50	—
存货周转率（次）	3.27	0.64	2.63	0.16	—
总资产周转率（次）	0.84	-0.71	1.56	0.77	—

资料来源：沪深交易所，天相投资分析系统。

（四）建筑装饰和其他建筑业

1. 行业概况

装修装饰指对新旧房屋及建筑物进行的内外装修装饰；对新建房屋及建筑物经过施工后，尚未完全达到使用标准，而进行的二次装修装饰；以及对原有房屋经使用若干年后进行的二次内外装饰，包括抹灰、门窗、玻璃、吊顶、隔断、饰面板（砖）、涂料、裱糊、刷浆、花饰等。2013 年，我国装饰装修行业完成总产值 9434 亿元，比 2012 年增加 20.1%，占建筑业总产值的 5.9%，是近几年增速较快的子行业。

其他建筑业指建筑业中除建筑工程、安装工程、装修以外的建筑工程，还包括房屋构筑物修理、非标准设备制造、总包企业向分包企业收取的管理费以及不能明确划分的施工活动。2013 年，其他建筑业产值为 4811 亿元，较 2012 年增长 18.6%，占总行业产值的 3.0%。

2. 行业内上市公司发展情况

表 19　2013 年建筑装饰和其他建筑业上市公司收入及资产增长情况　单位：亿元

指　标	2013 年	2013 年可比样本增长（%）	2012 年	2012 年可比样本增长（%）	2011 年
营业收入	758.62	25.88	602.65	24.54	—
利润总额	42.69	25.21	34.10	3.35	—
归属于母公司所有者的净利润	34.65	22.37	28.32	6.94	—
总资产	923.61	21.33	761.25	33.89	—
归属于母公司股东权益	297.77	13.88	261.47	10.62	—

资料来源：沪深交易所，天相投资分析系统。

表 20　2013 年建筑装饰和其他建筑业上市公司盈利能力情况　单位：%

指　标	2013 年	2013 年可比样本变动	2012 年	2012 年可比样本变动	2011 年
毛利率	16.32	-0.16	16.48	-0.29	—
净资产收益率	10.98	0.55	10.43	-0.64	—
销售净利率	4.62	-0.09	4.71	-0.89	—
资产净利率	4.16	-0.11	4.27	-1.36	—

资料来源：沪深交易所，天相投资分析系统。

表 21　2013 年建筑装饰和其他建筑业上市公司偿债及营运情况

指　标	2013 年	2013 年可比样本变动	2012 年	2012 年可比样本变动	2011 年
资产负债率（%）	65.45	1.21	64.24	7.31	—
存货周转率（次）	5.12	-0.06	5.18	-0.81	—
总资产周转率（次）	0.90	-0.68	1.58	0.58	—

资料来源：沪深交易所，天相投资分析系统。

四、重点上市公司介绍

（一）中国建筑

2013 年，中国建筑在《财富》杂志世界 500 强的排名为第 80 位，继续位居全球建筑企业第 1 位。

2013 年，公司业绩继续稳健增长，建筑业务新签合同额 12748 亿元，地产业务销售额 1426 亿元，同比分别增长 32.9%和 28.9%；实现营业收入 6810 亿元，归属上市公司股东净利润 204 亿元，同比分别增长 19.2%和 29.6%。分部分看，公司房屋建筑业务板块营业收入达到 4922 亿元，同比增长 15.1 %；基础设施业务板块营业收入达到 981 亿元，同比增长 23.8%；设计勘察业务板块营业收入达到 69 亿元，同比增长 10.0%。同期，公司房地产业务板块营业收入达到 887 亿元，同比增长 48.4%。

从分部利润看，2013 年公司利润结构保持稳定，高利润业务板块继续贡献较多利润。房地产开发与投资业务的分部毛利达到 299 亿元，占比达到 53.2%。基础设施建设与投资业务的分部利润占比达到 18.1%。

2013 年，由于公司利润结构优化，净利润率有所提高。2013 年，公司净利率为 3.0%，比 2012 年同期提升了 0.25 个百分点。

2013 年末，公司资产总额 7838 亿元，比 2012 年末增长 20.3%。其中，流动资产 6165 亿元，比 2012 年末增长 18.1%。非流动资产合计 1673 亿元，比 2012 年末增长 29.0%。负债总额 6192 亿元，比 2012 年增长 21.0%。其中，流动负债 4669 亿元，比 2012 年增长 21.1%。流动负债占负债总额的 75.4%。非流动负债 1523 亿元，比 2012 年增长 20.5%。归属于上市公司股东权益 1180 亿元，比 2012 年增长 15.9%。

2013 年，公司完成了 2013 年第五期非公开定向债务融资工具的发行工作。本期定向工具发行额为 30 亿元，期限为 3 年，单位面值为 100 元，发行票面利率为 5.34%；同期，公司完成了 2013 年度第一期短融资券的发行工作。本期短融资券发行额为 50 亿元，期限为 365 天，发行票面利率为 5.69%。公司拟将下属直营地产业务（包括房地产事业部、中国中建地产有限公司及中建国际建设有限公司）运营的房地产业务注入下属子公司中国海外发展（00688.HK）。

（二）中国铁建

中国铁建是中国乃至全球最具规模和实力的特大型建筑集团之一，一直是中国铁路基建行业领军者，2014 年《财富》世界 500 强企业排名第 80 位，中国企业 500 强排名第 6 位，2013 年全球最大 250 家工程承包商排名第 1 位。公司提供设计、施工、监理、运营和设备制造等一整套建筑相关服务，在承揽大型复杂基建项目时具明显竞争优势，铁路大型养路机械领域在中国居主导地位。

新签合同额创历史新高。2013 年，公司新签合同总额 8534.8 亿元，同比增长 8.13%。其中，新签海外合同额 800.0 亿元，占新签合同总额的 9.37%。截至 2013 年末，未完合同额 17437.7 亿元，同比增长 16.89%。

经营业绩大幅攀升。2013 年，公司营业收入再创历史新高，全年实现营业收入 5868 亿元，比 2012 年同期增长 21.2%，其中，工程承包板块实现营业收入 4680 亿元，比 2012 年同期增长 15.0%；全年实现净利润 103 亿元，同比增长 19.9%。公司继续大力发展非工程承包业务，其中勘察设计咨询业务、工业制造业务、物流与物资贸易业务分别营收 78 亿元、118 亿元、833 亿元。作为公司主业之一的房地产开发业务虽然起步晚，但发展较快，2013年实现销售收入247亿元，较2012年同期增长36.2%。

经济运行质量持续改善。公司全面实施精益化管理，科学设置组织架构，着力优化施工方案和资源配置，大力加强设备物资集中招标采购、资金集中管理、全面预算管理和责任成本管理，加强工程队和项目标准化建设，不断推进管理水平升级，实现了经济效益和经济运行质量的提升。2013年底与2012年底相比，公司总资产由4807亿元增加到5530亿元，归属于母公司权益由720亿元增加到810亿元。

2013年7月22日公司发行2013年度第一期超短期融资券30亿元，票据期限为270天；2013年8月22日公司发行2013年度第二期超短期融资券30亿元，票据期限为270天。2013年5月29日公司发行2013年度第一期短期融资券25亿元，票据期限为365天。2013年6月20日公司发行2013年度第一期中期票据100亿元，票据期限为7年。截至2013年12月31日，公司发行短期融资券本金余额为25亿元，发行中期票据本金余额为225亿元，发行超短期融资券本金余额为60亿元。

（三）金螳螂

金螳螂是中国建筑装饰行业的龙头公司，在行业内拥有较高的声誉。截至2014年底已连续12年荣获中国建筑装饰百强企业第一名，公司连续三年被美国《福布斯》杂志授予亚太地区最佳上市公司50强。

2013年，公司主营业务取得快速增长，新签合同产值达到242.38亿元，创历史新高；2013年，公司实现营业收入184亿元，同比增长32.08%；实现营业利润18.7亿元，同比增长40.74%；实现归属于上市公司净利润15.6亿元，同比增长40.68%，实现每股收益1.33元。2013年，公司承接了北京华尔道夫酒店、广州恒大中心、南京新金陵饭店、太原凯宾斯基酒店等精品工程。

公司注重研发创新，截至2013年底累计已获得专利242项（其中发明专利13项），软件著作权7项，“高新技术产品”认证4项，累计获得全国建筑装饰行业科技示范工程奖、科技创新成果奖406项，各项数据处于行业领先地位。

五、上市公司在行业中的影响力

上市建筑公司引领行业增长。建筑业的上市公司充分利用公众公司在品牌、公信力方面优势，依靠资本市场融资条件优势，在整个行业中始终处在排头兵的位置，具有较强代表性。2013年，建筑业上市公司共取得营业收入30975亿元，占建筑业总产值的19.5%，完成利润1199亿元，占行业总利润的21.5%。

上市建筑公司在细分领域普遍处于龙头地位。2013年，全球工程建设领域最权威的学术杂志《工程新闻记录》（ENR），对全世界工程建筑领域的重要建筑企业进行排名，选出营业收入排在全球前250名的工程公司，上榜的中国企业大部分为上市的建筑公司。其中，中国建筑、中国铁建、中国中铁三家上市建筑公司排在世界前三位。此外，在由中国建筑装饰协会组织开展的2013年中国建筑装饰行业百强企业评价活动中，金螳螂、亚厦股份、广田股份、洪涛股份分获前四名，宝鹰股份排名第六，充分证明了上市公司在行业中的领导地位。

表22　　2014年ENR 250家世界工程承包商排名（排名依据2013年收入）

公司名（股票简称）	2014年排名	2013年排名	总收入（百万美元）
中国建筑	1	3	97870
中国铁建	2	1	96195
中国中铁	3	2	88944
中国交建	4	6	54181
中国中冶	10	9	27256
上海建工	11	13	24820
中国水电	14	14	20674
中国化学	32	36	10119
葛洲坝	37	42	8922

数据来源：ENR官方网站。

表23　　中国建筑装饰协会发布的2013年装饰行业百强企业名单

排　序	公司名称	股票简称
1	苏州金螳螂建筑装饰股份有限公司	金螳螂
2	浙江亚厦装饰股份有限公司	亚厦股份
3	深圳广田装饰集团股份有限公司	广田股份
4	深圳市洪涛装饰股份有限公司	洪涛股份
4	深圳市深装总装饰工程工业有限公司	—
5	北京港源建筑装饰工程有限公司	—
5	深圳市科源建设集团有限公司	—
6	深圳市宝鹰建设集团股份有限公司	宝鹰股份
6	深圳市晶宫设计装饰工程有限公司	—
7	深圳市奇信建设集团股份有限公司	—
7	北京弘高建筑装饰工程设计有限公司	—
8	神州长城国际工程有限公司	—
8	深圳市建艺装饰集团股份有限公司	—
9	深圳市中装建设集团股份有限公司	—
9	远洋装饰工程股份有限公司	—
10	中建三局装饰有限公司	—

注：只列了序号前10以内的企业名单。
数据来源：中国建筑装饰协会。

审稿人：潘建平
撰稿人：夏　天

批发和零售业

一、批发和零售业总体概况

（一）行业整体运行情况

2013年，受我国GDP增长结构变化影响，社会消费品零售总额（以下简称“社消”）增速下降，批发零售行业景气度持续低位。从经济结构来看，按支出法核算我国GDP总量达58.6万亿元，同比增速7.7%，与2012年持平；最终消费支出29.2万亿元，占GDP比例为49.8%，消费占比相对2012年下降2个百分点；消费对GDP增长贡献率为50%，较2012年下降5.1个百分点，并落后于2013年投资贡献率4.4个百分点。经济总体运行平稳，但消费增长在GDP增长中的比重下降。从社消总额来看，2013年我国社会消费品零售总额名义增速13.1%，同比2012年下降1.2个百分点，社消名义增速自2010年起连续三年下降。从景气指数来看，2013年分季度行业景气指数同比分别下降14.6个百分点、7.5个百分点、5.0个百分点和8.9个百分点，行业景气指数连续两年下降。

（二）细分行业运行概况

根据商品在流通环节中的批发活动和零售活动，批发与零售业主要分为批发业和零售业两大类。

批发行业自20世纪90年代起进入了快速发展期，限额以上批发业企业销售额增速达到2008年的61.2%后开始不断下跌，2012年名义增速仅13.3%。随着新业态与新模式的迅速发展，传统批发业由于流通层级多、加价率高等原因，已跟不上时代步伐，正面临发展瓶颈。总体来说，经营方式落后、流通层级多等因素严重制约了我国批发业的成长。

2013年零售行业总额为23.8万亿元，名义同比增速13.1%，社消总额占GDP比例达40.6%。在2008年社会消费品零售总额的实际增速见顶之后，开始趋势性回落。2013年，零售行业实际增速为11.5%，低于2012年0.6个百分点。从消费结构看，我国最终消费占GDP比例（最终消费率）仍然明显偏低。2013年，最终消费率仅为49.8%，其中，居民消费占比72.6%，政府消费占比27.4%。

当前我国零售行业存在一些问题。基于渠道稀缺性的百货联销模式已经失效，未来面临线下零售散小低效和电商渠道快速崛起的双重压力，零售业转型是唯一的出路。

二、行业内上市公司发展概况

（一）行业内上市公司基本情况

表 1　　2013 年批发和零售业上市公司发行股票概况

门　类	A、B 股总数	A 股股票数	B 股股票数	境内总市值（亿元）	流通 A 股市值（亿元）	流通 B 股市值（亿元）
批发和零售业（家）	162	154	8	8281.40	7038.78	72.62
占沪深两市比重（%）	6.14	5.84	0.30	3.46	3.56	4.37

资料来源：沪深交易所，天相投资分析系统。

（二）行业内上市公司构成情况

表 2　　2013 年批发和零售业上市公司构成情况

门　类	沪　市			深　市			ST/*ST
	仅 A 股	仅 B 股	A+B 股	仅 A 股	仅 B 股	A+B 股	
批发和零售业（家）	88	0	4	58	0	4	1/1
占行业内上市公司比重（%）	57.14	0.00	2.60	37.66	0.00	2.60	0.65/0.65

资料来源：沪深交易所，天相投资分析系统。

（三）行业内上市公司融资情况

表 3　　2013 年批发和零售业上市公司与沪深两市融资情况对比

	融资家数	新　股	配　股	增　发
批发和零售业（家）	14	0	0	14
沪深两市总数（家）	370	0	13	357
占比（%）	3.78	—	0.00	3.92

资料来源：天相投资分析系统。

2013 年，批发和零售业有 14 家上市公司进行增发，其中有 9 家沪市主板、3 家深市主板和 2 家中小板公司。按行业大类划分，进行融资的 14 家公司中，批发业 7 家，零售业 7 家。

2013 年批发和零售业上市公司融资情况明细见附录。

（四）行业内上市公司资产及业绩情况

表 4　　2013 年批发和零售业上市公司资产情况　　单位：亿元

指　标	2013 年	2013 年可比样本增长（%）	2012 年	2012 年可比样本增长（%）	2011 年
总资产	12197.49	13.57	10823.27	13.37	8108.86
流动资产	8098.04	12.82	7252.12	11.18	5446.70
占比（%）	66.39	-0.44	67.00	-1.32	67.17
非流动资产	4099.45	15.07	3571.15	18.12	2662.16
占比（%）	33.61	0.44	33.00	1.32	32.83
流动负债	7096.75	13.10	6315.47	14.30	4676.98
占比（%）	58.18	-0.24	58.35	0.48	57.68
非流动负债	1020.06	35.55	771.00	13.55	586.79
占比（%）	8.36	1.36	7.12	0.01	7.24
归属于母公司股东权益	3701.56	10.22	3378.47	11.20	2596.22
占比（%）	30.35	-0.92	31.21	-0.61	32.02

资料来源：沪深交易所，天相投资分析系统。

表 5　　2013 年批发和零售业上市公司收入实现情况　　单位：亿元

指　标	2013 年	2013 年可比样本增长（%）	2012 年	2012 年可比样本增长（%）	2011 年
营业收入	19146.26	12.10	17179.29	11.69	13253.50
利润总额	503.83	15.36	442.17	-17.70	492.27
归属于母公司所有者的净利润	329.47	15.72	288.20	-19.50	332.56

资料来源：沪深交易所，天相投资分析系统。

（五）利润分配情况

2013 年，批发和零售业共有 106 家上市公司实施分红配股。104 家上市公司实施派息，8 家上市公司实施送股或转增股，其中，6 家公司既实施了送股、转增又实施了派息。

（六）其他财务指标情况

1. 盈利能力指标

表 6　　2013 年批发和零售业上市公司盈利能力情况　　单位：%

指　标	2013 年	2013 年可比样本变动	2012 年	2012 年可比样本变动	2011 年
毛利率	10.25	-0.26	10.52	-0.46	11.67
净资产收益率	9.03	0.38	8.71	-3.42	12.81
销售净利率	1.93	0.04	1.89	-0.74	2.51
资产净利率	3.21	0.04	3.19	-1.60	4.58

资料来源：沪深交易所，天相投资分析系统。

2. 偿债能力指标

表 7 2013 年批发和零售业上市公司偿债能力情况

指　标	2013 年	2013 年可比样本变动	2012 年	2012 年可比样本变动	2011 年
流动比率	1.14	-0.01	1.15	-0.03	1.16
速动比率	0.73	0.00	0.73	-0.03	0.74
资产负债率（%）	66.54	1.12	65.47	0.49	64.91

资料来源：沪深交易所，天相投资分析系统。

3. 营运能力指标

表 8 2013 年批发和零售业上市公司营运能力情况 单位：次

指　标	2013 年	2013 年可比样本变动	2012 年	2012 年可比样本变动	2011 年
存货周转率	6.91	-0.07	6.95	-0.61	6.61
应收账款周转率	14.29	-10.79	24.56	-4.27	34.08
流动资产周转率	2.51	0.00	2.49	-0.18	2.72
固定资产周转率	12.41	0.18	12.29	-1.13	12.38
总资产周转率	1.67	-0.02	1.69	-0.13	1.82
净资产周转率	4.91	0.06	4.85	-0.38	5.23

资料来源：沪深交易所，天相投资分析系统。

三、重点细分行业介绍

表 9 2013 年批发和零售业上市公司数量分布及市值情况

大　类	上市公司家数（家）	占行业内比重（%）	境内总市值（亿元）	占行业内比重（%）
批发业	70	45.45	3763.68	45.45
零售业	84	54.55	4517.58	54.55

资料来源：沪深交易所，天相投资分析系统。

（一）批发业

1. 行业概况

批发业是指批发商向批发、零售单位及其他企业、事业、机关批量销售生活用品和生产资料的活动，以及从事进出口贸易和贸易经纪与代理的活动。批发商可以对所批发的货物拥有所有权，并以本单位、公司的名义进行交易活动；也可以不拥有货物的所有权，而以中介身份做代理销售商；还包括各类商品批发市场中固定摊位的批发活动。

批发业景气度与全球贸易市场密切相关。自2008年全球金融危机之后，我国限额以上批发业企业营业收入2008~2013年复合增长率为25.1%，2010~2013年复合增长率为26.9%，收入增速基本稳定。而2008~2013年与2010~2013年业绩复合增长率分别为22.4%与17.8%，业绩增速明显下降。

2. 行业内上市公司发展情况

表10　2013年批发业上市公司收入及资产增长情况　单位：亿元

指　标	2013年	2013年可比样本增长（%）	2012年	2012年可比样本增长（%）	2011年
营业收入	10456.80	15.82	9127.46	11.93	7707.04
利润总额	216.16	47.98	151.48	-28.85	185.13
归属于母公司所有者的净利润	140.74	55.66	93.90	-32.10	117.75
总资产	5516.93	20.07	4676.44	13.66	3868.7
归属于母公司股东权益	1465.42	14.04	1304.99	7.96	1029.63

资料来源：沪深交易所，天相投资分析系统。

表11　2013年批发业上市公司盈利能力情况　单位：%

指　标	2013年	2013年可比样本变动	2012年	2012年可比样本变动	2011年
毛利率	5.10	0.03	5.13	-0.67	—
净资产收益率	9.61	2.31	7.46	-4.41	—
销售净利率	1.54	0.35	1.22	-0.77	—
资产净利率	3.19	0.70	2.54	-1.82	—

资料来源：沪深交易所，天相投资分析系统。

表12　2013年批发业上市公司偿债及营运情况

指　标	2013年	2013年可比样本变动	2012年	2012年可比样本变动	2011年
资产负债率（%）	69.54	1.65	67.96	1.26	—
存货周转率（次）	7.08	-0.09	7.09	-0.47	—
总资产周转率（次）	2.07	-1.86	3.90	1.71	—

资料来源：沪深交易所，天相投资分析系统。

（二）零售业

1. 行业概况

零售业指从工农业生产者、批发贸易业或居民购进商品，转卖给城乡居民作为生活消费和售给社会集团作为公共消费的商品流通企业。它是百货商店、超级市场、专门零售商店、品牌专卖店、售货摊等主要面向最终消费者的销售活动。

在经济放缓的背景下，我国零售业增

速明显回落。2013 年，我国限额以上零售企业共取得营业收入 11.1 万亿元，同比增长 18.6%，较 2012 年下降 0.8 个百分点，收入增速连续三年下降。

2. 行业内上市公司发展情况

表 13　　2013 年零售业上市公司收入及资产增长情况　　单位：亿元

指　标	2013 年	2013 年可比样本增长（%）	2012 年	2012 年可比样本增长（%）	2011 年
营业收入	8689.46	7.93	8051.84	11.41	5546.46
利润总额	287.67	-1.04	290.70	-10.38	307.15
归属于母公司所有者的净利润	188.73	-2.86	194.30	-11.57	214.82
总资产	6680.56	8.70	6146.83	13.16	4240.15
归属于母公司股东权益	2236.14	7.86	2073.47	13.34	1566.60

资料来源：沪深交易所，天相投资分析系统。

表 14　　2013 年零售业上市公司盈利能力情况　　单位：%

指　标	2013 年	2013 年可比样本变动	2012 年	2012 年可比样本变动	2011 年
毛利率	16.45	-0.17	16.62	-0.19	19.50
净资产收益率	8.63	-0.91	9.54	-2.76	13.71
销售净利率	2.38	-0.27	2.65	-0.70	3.87
资产净利率	3.23	-0.46	3.69	-1.44	5.77

资料来源：沪深交易所，天相投资分析系统。

表 15　　2013 年零售业上市公司偿债及营运情况

指　标	2013 年	2013 年可比样本变动	2012 年	2012 年可比样本变动	2011 年
资产负债率（%）	64.07	0.49	63.58	-0.11	60.77
存货周转率（次）	6.72	-0.06	6.79	-0.78	6.10
总资产周转率（次）	1.35	-1.27	2.62	1.09	1.49

资料来源：沪深交易所，天相投资分析系统。

四、重点上市公司介绍

（一）永辉超市

永辉超市股份有限公司是中国内陆第一家将生鲜农产品引进现代超市的流通企业，是福建省“流通及农业产业化”的龙头企业，被国家 7 部委誉为中国“农改超”开创者，被商务部列为“全国重点流通企业”、“双百市场工程”和“万村千乡市场工程”重点企业，被百姓誉为“民生超市、百姓永辉”。目前，集团已发展成为以零售业为龙头，以现代物流为支撑，以食品工业和现代农业为两翼，以实业开发为基础的大型企业集团，位列中国连锁百强企业45强。截至2013年末，公司共有292家门店，分布在全国8个省市，经营面积超过300万平方米。

在公司主营业务当中，生鲜农产品业务吸引了大量消费者，食品用品和服装业务的增长带动公司毛利率水平的提高。2013年，公司生鲜及加工业务毛利率12.4%，食品用品及服装业务毛利率分别为17.8%和30.7%。同时，食品用品收入增速25.3%，持续高于生鲜农产品收入增速，带动企业整体毛利率水平持续上升。

表16　　永辉超市2010~2013年财务指标

项目＼年份	2013	2012	2011	2010
营业收入（万元）	3054281.67	2468431.80	1773155.58	1231650.37
营业成本（万元）	2468191.08	1985902.59	1431820.62	996185.53
营业利润（万元）	80125.12	56800.87	58839.44	39170.47
利润总额（万元）	94546.22	66361.80	60278.58	39909.72
归属于母公司股东的净利润（万元）	72058.12	50211.62	46692.02	30553.57
毛利率（%）	19.19	19.55	19.25	19.12
净利率（%）	2.36	2.04	2.64	2.48
资产负债率（%）	54.40	59.45	56.98	42.25

资料来源：Wind资讯。

（二）友谊股份（2014年8月更名为"百联股份"）

上海友谊集团股份有限公司是百联集团有限公司下辖的核心企业，由原上海友谊集团股份有限公司于2011年吸收合并上海百联集团股份有限公司组建而成。友谊股份是国内一流的大型综合性商业股份制上市公司。公司以百货商店、连锁超市、购物中心、奥特莱斯为核心业务，旗下拥有一批享誉国内外的知名企业，如第一百货商店、永安百货、东方商厦、第一八佰伴等百货商店；百联南方、百联西郊、百联中环、百联又一城等购物中心；百联奥特莱斯广场、联华超市、华联超市、好美家等一批知名企业。截至2013年末，公司共有百货27家、购物中心15家、奥特莱斯4家、超市门店4637家，其中公司自有权益物业面积达130万平方米。

公司商业结构以百货、购物中心、奥特莱斯与超市等业态为主，其中购物中心业态与奥特莱斯符合未来发展趋势，过去几年高速增长。两种新业态面积占总建筑面积比重从2005年的37%提高到2013年的59%，逐渐成为公司收入与业绩的主要来源。

表 17　　友谊股份 2010~2013 年财务指标

项　目 \ 年　份	2013	2012	2011	2010
营业收入（万元）	5192597.66	4926286.57	4701515.76	3105242.20
营业成本（万元）	4081740.71	3849298.77	3634831.59	2425602.42
营业利润（万元）	172460.50	197375.34	251831.91	110624.45
利润总额（万元）	186474.44	213083.42	261899.51	112704.21
归属于母公司股东的净利润（万元）	103578.85	117037.96	139179.55	29798.39
毛利率（%）	21.39	21.86	22.69	21.89
净利率（%）	2.40	3.12	4.14	2.67
资产负债率（%）	60.92	61.18	63.04	76.10

资料来源：Wind 资讯。

（三）苏宁云商

苏宁云商集团股份有限公司是中国家电连锁零售行业的领先者，是国家商务部重点培育的“全国 15 家大型商业企业集团”之一，中国最大的商业零售企业。2009 年，公司收购日本 LAOX 公司、中国香港镭射电器，进入日本和中国香港市场，探索国际化经营道路。至此连锁网络覆盖海内外 600 多个城市，中国香港和日本东京、大阪地区，海内外销售规模 2300 亿元，员工总数 18 万人，先后入选《福布斯》亚洲企业 50 强、全球 2000 大企业中国零售业第一，中国民营企业前三强，品牌价值 956.86 亿元。截至 2013 年末，公司共有连锁门店 1626 家，其中内地 1585 家，中国香港地区 29 家，日本 12 家，国内连锁店面积合计 667.49 万平方米。

2013 年，公司确立“一体两翼互联网路线图”战略，全面互联网化转型。

表 18　　苏宁云商 2010~2013 年财务指标

项　目 \ 年　份	2013	2012	2011	2010
营业收入（万元）	10529222.90	9835716.10	9388858.00	7550473.90
营业成本（万元）	8927906.10	8088464.60	7610465.60	6204071.20
营业利润（万元）	18390.30	301360.30	644408.10	543194.80
利润总额（万元）	14438.60	324159.80	647322.60	540204.40
归属于母公司股东的净利润（万元）	37177.00	267611.90	482059.40	401182.00
毛利率（%）	15.21	17.76	18.94	17.83
净利率（%）	0.10	2.55	5.20	5.44
资产负债率（%）	65.10	61.78	61.48	57.08

资料来源：Wind 资讯。

五、上市公司在行业中的影响力

批发与零售业是我国市场化程度最高、竞争最激烈的行业。我国地域分布较广，渠道深度大，在商业区域代理格局下，上市公司区域格局明显。根据国家统计局2012年数据，年零售额500万元以上商业企业销售额占社会消费品零售总额比例不足50%，过半社销额分散在规模小、经营效率较低的商业中。据Euromonitor数据，2013年中国全体零售业企业前十名市场占有率仅为8.6%，行业集中度很低，且前10名中仅苏宁云商、百联股份（由友谊股份2014年更名）、大商股份为A股上市公司。在区域割据格局下，上市公司难以实现采购、仓储物流、IT系统等规模效应，制约供应链效率提升。行业并购洗牌以提升集中度是未来的发展趋势。

审稿人：赵雪芹

撰稿人：赵雪芹　周　羽　边潇男

交通运输、仓储和邮政业

一、交通运输、仓储和邮政业总体概况

（一）行业整体运行情况

2013 年，尽管国内外宏观经济形势仍旧不佳，但我国交通运输行业固定资产投资同比大幅增长，增速几乎是 2012 年增速的两倍，同时铁路、公路、水路和航空客货运量均实现了稳步增长。2013 年，全社会旅客运输量累计完成 401.9 亿人次，同比增长 5.63%，增速下滑，并创近四年来最低；全社会旅客运输周转量完成 36035.98 亿人·千米，同比增长 7.94%，增速较 2012 年回升 0.24 个百分点。

2013 年，全社会货运量累计完成 444 亿吨，同比增长 9.96%，增速较 2012 年回落 1.74 个百分点；全社会货运周转量累计完成 182977.54 亿吨·千米，同比增长 7.26%，增速较 2012 年回落 1.44 个百分点。

2013 年交通运输、仓储和邮政业固定资产投资完成 36194.14 亿元，同比增长 17.2%，增速较上年几近翻番。其中，铁路运输固定资产投资完成 6514.74 亿元，同比增长 6.3%，增速较 2012 年回升 3.91 个百分点；水上运输投资完成 2079.53 亿元，同比增长 3.54%，增速较 2012 年回升 1.41 个百分点；道路运输投资完成 20692.32 亿元，同比增长 18.47%，增速较 2012 年回升 11.89 个百分点；航空运输投资完成 1284.74 亿元，同比增长 14.3%，增速较 2012 年回落 15.87 个百分点。

（二）细分行业运行概况

2013 年，各细分行业景气不一，从不同的细分运输方式来看，公路旅客运输量完成 374.69 亿人次，同比增长 5.34%；公路旅客运输周转量完成 19705.61 亿人千米，同比增长 6.7%。铁路旅客运输量完成 21.06 亿人次，同比增长 10.75%；铁路旅客运输周转量完成 10595.62 亿人·千米，同比增长 7.98%。水路旅客运输量完成 2.62 亿人次，同比增长 1.77%；水路旅客运输周转量完成 76.26 亿人·千米，同比下滑 1.58%。航空旅客运输量完成 3.54 亿人次，同比增长 10.86%；航空旅客运输周转量完成 5658.49 亿人·千米，同比增长 12.59%。

2013 年，公路货运量完成 354.99 亿吨，同比增长 11.34%；公路货运周转量完成 67114.51 亿吨千米，同比增长 12.73%。铁路货运量完成 39.67 亿吨，同比增长 1.6%；铁路货运周转量完成 29173.89 亿吨千米，同比下降 0.05%。水路货运量完成

49.29亿吨，同比增长7.45%；水路货运周转量完成86520.56亿吨千米，同比增长5.89%。航空货运量完成557.64亿吨，同比增长2.31%；航空货运周转量完成168.58亿吨千米，同比增长2.86%。

2013年，全国港口完成货物吞吐量117.67亿吨，比2012年增长9.2%。其中，沿海港口完成75.61亿吨，内河港口完成42.06亿吨，比2012年分别增长9.9%和7.9%。全国港口完成集装箱吞吐量1.9亿TEU，比2012年增长7.2%。其中，沿海港口完成1.70亿TEU，内河港口完成2053万TEU，比2012年分别增长7.4%和5.3%。

二、行业内上市公司发展概况

（一）行业内上市公司基本情况

表1　　2013年交通运输、仓储和邮政业上市公司发行股票概况

门　类	A、B股总数	A股股票数	B股股票数	境内总市值（亿元）	流通A股市值（亿元）	流通B股市值（亿元）
交通运输、仓储和邮政业（家）	90	81	9	8277.17	7406.08	107.75
占沪深两市比重（%）	3.41	3.07	0.34	3.46	3.74	6.48

资料来源：沪深交易所，天相投资分析系统。

（二）行业内上市公司构成情况

表2　　2013年交通运输、仓储和邮政业上市公司构成情况

门　类	沪　市			深　市			ST/*ST
	仅A股	仅B股	A+B股	仅A股	仅B股	A+B股	
交通运输、仓储和邮政业（家）	53	0	5	21	2	2	0/3
占行业内上市公司比重（%）	63.86	0.00	6.02	25.30	2.41	2.41	0/3.61

资料来源：沪深交易所，天相投资分析系统。

（三）行业内上市公司融资情况

表3　　2013年交通运输、仓储和邮政业上市公司与沪深两市融资情况对比

	融资家数	新　股	配　股	增　发
交通运输、仓储和邮政业（家）	10	0	1	9
沪深两市总数（家）	370	0	13	357
占比（%）	2.70	—	7.69	2.52

资料来源：天相投资分析系统。

2013 年，交通运输、仓储和邮政业有 10 家上市公司通过配股或增发进行融资。增发的 9 家公司中，有 8 家沪市、1 家深市。

按行业大类划分，进行融资的 10 家公司中，道路运输业 2 家，水上运输业 4 家，航空运输业 2 家，仓储业 2 家。

2013 年交通运输、仓储和邮政业上市公司融资情况明细见附录。

（四）行业内上市公司资产及业绩情况

表 4　　2013 年交通运输、仓储和邮政业上市公司资产情况　　单位：亿元

指　标	2013 年	2013 年可比样本增长（%）	2012 年	2012 年可比样本增长（%）	2011 年
总资产	18364.48	7.50	17108.04	8.81	15380.84
流动资产	3923.13	7.50	3656.25	9.44	3235.37
占比（%）	21.36	0.00	21.37	0.12	21.04
非流动资产	14441.35	7.49	13451.79	8.64	12145.46
占比（%）	78.64	0.00	78.63	−0.12	78.96
流动负债	5046.95	16.78	4333.49	2.17	4097.22
占比（%）	27.48	2.18	25.33	−1.65	26.64
非流动负债	5608.45	4.49	5379.16	15.93	4592.86
占比（%）	30.54	−0.88	31.44	1.93	29.86
归属于母公司股东权益	7034.18	3.63	6787.83	7.55	6180.71
占比（%）	38.30	−1.43	39.68	−0.47	40.18

资料来源：沪深交易所，天相投资分析系统。

表 5　　2013 年交通运输、仓储和邮政业上市公司收入实现情况　　单位：亿元

指　标	2013 年	2013 年可比样本增长（%）	2012 年	2012 年可比样本增长（%）	2011 年
营业收入	7947.87	3.15	7718.76	7.94	6909.67
利润总额	649.03	−6.31	689.47	−11.98	757.81
归属于母公司所有者的净利润	411.22	−12.02	463.95	−12.20	511.29

资料来源：沪深交易所，天相投资分析系统。

（五）利润分配情况

2013 年，交通运输、仓储和邮政业共有 66 家上市公司实施分红配股。6 家上市公司实施送股或转增股（中储股份、恒基达鑫、现代投资、楚天高速、新宁物流、营口港），66 家上市公司实施派息，其中，6 家公司既实施了送股、转增，又实施了派息。送股比例及转增比例最高的是营口港（每股转增 2 股），派息比例最高的是营口港（每股派 0.529 元）。

（六）其他财务指标情况

1. 盈利能力指标

表6　　2013年交通运输、仓储和邮政业上市公司盈利能力情况　　单位：%

指　标	2013年	2013年可比样本变动	2012年	2012年可比样本变动	2011年
毛利率	16.43	-1.64	18.03	-1.69	19.84
净资产收益率	6.15	-0.95	7.05	-1.58	8.27
销售净利率	5.97	-0.85	6.76	-1.50	7.40
资产净利率	2.68	-0.53	3.18	-0.79	3.51

资料来源：沪深交易所，天相投资分析系统。

2. 偿债能力指标

表7　　2013年交通运输、仓储和邮政业上市公司偿债能力情况

指　标	2013年	2013年可比样本变动	2012年	2012年可比样本变动	2011年
流动比率	0.78	-0.07	0.84	0.06	0.79
速动比率	0.68	-0.07	0.75	0.03	0.72
资产负债率（%）	58.02	1.30	56.77	0.28	56.50

资料来源：沪深交易所，天相投资分析系统。

3. 营运能力指标

表8　　2013年交通运输、仓储和邮政业上市公司营运能力情况　　单位：次

指　标	2013年	2013年可比样本变动	2012年	2012年可比样本变动	2011年
存货周转率	17.85	-3.41	21.19	-5.61	22.15
应收账款周转率	11.59	-7.23	18.77	-1.16	20.31
流动资产周转率	2.10	-0.11	2.21	-0.02	2.22
固定资产周转率	0.87	-0.05	0.92	-0.03	0.93
总资产周转率	0.45	-0.02	0.47	-0.01	0.47
净资产周转率	1.05	-0.03	1.08	-0.01	1.08

资料来源：沪深交易所，天相投资分析系统。

三、重点细分行业介绍

表 9　　2013 年交通运输、仓储和邮政业公司数量分布及市值情况

大　类	上市公司家数（家）	占行业内比重（%）	境内总市值（亿元）	占行业内比重（%）
铁路运输业	3	3.61	1330.64	15.97
道路运输业	30	36.14	1606.60	19.28
水上运输业	30	36.14	3471.07	41.66
航空运输业	11	13.25	1638.13	19.66
装卸搬运和运输代理业	2	2.41	69.84	0.84
仓储业	7	8.43	215.98	2.59

资料来源：沪深交易所，天相投资分析系统。

（一）铁路运输业

1. 行业概况

2013 年，我国铁路营业里程达到 10.31 万千米，居世界第二位；其中高铁突破 1 万千米，居世界第一位。2013 年，全国铁路旅客发送量完成 21.06 亿人，同比增长 10.75%；全国铁路货运量完成 39.67 亿吨，同比增长 1.6%。

2. 行业内上市公司发展情况

表 10　　2013 年铁路运输业上市公司收入及资产增长情况　　单位：亿元

指　标	2013 年	2013 年可比样本增长（%）	2012 年	2012 年可比样本增长（%）	2011 年
营业收入	714.24	9.60	651.68	4.10	626.05
利润总额	183.16	7.39	170.55	–6.55	182.51
归属于母公司所有者的净利润	143.87	8.31	132.84	–5.16	140.06
总资产	1425.80	3.31	1380.08	5.80	1304.41
归属于母公司股东权益	1080.67	7.85	1002.05	9.10	918.51

资料来源：沪深交易所，天相投资分析系统。

表 11　　2013 年铁路运输业上市公司盈利能力情况　　单位：%

指　标	2013 年	2013 年可比样本变动	2012 年	2012 年可比样本变动	2011 年
毛利率	32.35	–0.87	33.22	–4.04	37.26
净资产收益率	13.28	0.06	13.23	–2.01	15.25
销售净利率	20.14	–0.24	20.38	–1.99	22.37
资产净利率	10.26	0.36	9.90	–0.69	10.58

资料来源：沪深交易所，天相投资分析系统。

表 12　　2013 年铁路运输业上市公司偿债及营运情况

指　标	2013 年	2013 年可比样本变动	2012 年	2012 年可比样本变动	2011 年
资产负债率（%）	24.04	-3.20	27.24	-2.30	29.54
存货周转率（次）	18.11	-0.47	18.58	-2.79	13.41
总资产周转率（次）	0.51	-0.44	0.94	0.47	0.47

资料来源：沪深交易所，天相投资分析系统。

（二）道路运输业

1. 行业概况

2013 年，全国营业性客车完成公路客运量 185.35 亿人次、旅客周转量 11250.94 人·千米。2013 年，全国营业性货运车辆完成货运量 307.66 亿吨、货物周转量 55738.08 亿吨·千米；平均运距 181.16 千米。

2. 行业内上市公司发展情况

表 13　　2013 年道路运输业上市公司收入及资产增长情况　　单位：亿元

指　标	2013 年	2013 年可比样本增长（%）	2012 年	2012 年可比样本增长（%）	2011 年
营业收入	781.28	9.67	712.41	9.91	150.43
利润总额	188.41	0.32	187.80	-4.84	39.95
归属于母公司所有者的净利润	139.52	1.57	137.36	-4.73	27.29
总资产	3391.55	10.25	3076.19	10.51	671.55
归属于母公司股东权益	1527.68	6.19	1438.64	6.47	286.74

资料来源：沪深交易所，天相投资分析系统。

表 14　　2013 年道路运输业上市公司盈利能力情况　　单位：%

指　标	2013 年	2013 年可比样本变动	2012 年	2012 年可比样本变动	2011 年
毛利率	36.38	-2.16	38.54	-3.55	41.50
净资产收益率	8.66	-0.56	9.22	-1.31	9.52
销售净利率	18.43	-1.72	20.15	-3.26	18.14
资产净利率	4.45	-0.45	4.90	-0.96	4.35

资料来源：沪深交易所，天相投资分析系统。

表 15　　2013 年道路运输业上市公司偿债及营运情况

指　标	2013 年	2013 年可比样本变动	2012 年	2012 年可比样本变动	2011 年
资产负债率（%）	50.99	1.61	49.38	1.13	52.02
存货周转率（次）	3.72	-1.41	5.13	-3.46	7.15
总资产周转率（次）	0.24	-0.22	0.46	0.21	0.24

资料来源：沪深交易所，天相投资分析系统。

（三）水上运输业

1. 行业概况

2013 年，全国完成水路客运量 2.35 亿人、旅客周转量 68.33 亿人·千米。2013 年，全国完成水路货运量 55.98 亿吨、货物周转量 79435.65 亿吨·千米；平均运距 1419.04 千米。在全国水路货运中，远洋运输完成货运量 7.12 亿吨、货运周转量 48705.37 亿吨·千米。

2. 行业内上市公司发展情况

表 16　　2013 年水上运输业上市公司收入及资产增长情况　　单位：亿元

指　标	2013 年	2013 年可比样本增长（%）	2012 年	2012 年可比样本增长（%）	2011 年
营业收入	2582.85	3.52	2495.07	10.90	1286.55
利润总额	68.58	-13.23	79.04	扭亏为盈	-102.91
归属于母公司所有者的净利润	-29.13	由盈转亏	10.75	扭亏为盈	-133.50
总资产	6458.05	2.34	6310.36	8.24	3318.89
归属于母公司股东权益	2458.69	-2.00	2508.80	3.96	1113.50

资料来源：沪深交易所，天相投资分析系统。

表 17　　2013 年水上运输业上市公司盈利能力情况　　单位：%

指　标	2013 年	2013 年可比样本变动	2012 年	2012 年可比样本变动	2011 年
毛利率	10.60	0.26	10.34	0.19	-1.96
净资产收益率	0.63	-0.90	1.53	0.68	-11.99
销售净利率	0.69	-1.06	1.75	0.73	-10.38
资产净利率	0.28	-0.44	0.72	0.30	-4.17

资料来源：沪深交易所，天相投资分析系统。

表 18　　2013 年水上运输业上市公司偿债及营运情况

指　标	2013 年	2013 年可比样本变动	2012 年	2012 年可比样本变动	2011 年
资产负债率（%）	55.99	1.31	54.68	1.64	60.93
存货周转率（次）	21.64	-0.04	21.67	-2.19	21.65
总资产周转率（次）	0.40	-0.39	0.79	0.38	0.40

资料来源：沪深交易所，天相投资分析系统。

（四）航空运输业

1. 行业概况

2013 年，全行业完成运输总周转量 671.72 亿吨·千米，比 2012 年增加 61.4 亿吨·千米，增长 10.06%，其中，旅客周转量 5656.76 亿人·千米，比 2012 年增加 631.02 亿人·千米，增长 12.56%；货邮周转量170.29亿吨·千米，比2012年增加6.4亿吨·千米，增长3.91%。

2013年，国内航线完成运输周转量461.05亿吨·千米，比2012年增加45.22亿吨·千米，增长10.87%，其中，港澳台航线完成14.23亿吨·千米，比2012年增加0.57亿吨·千米，增长4.17%；国际航线完成运输周转量210.68亿吨·千米，比2012年增加16.19亿吨·千米，增长8.32%。

2013年，全行业完成旅客运输量35396.63万人次，比2012年增加3460.58万人次，增长10.84%。国内航线完成旅客运输量32742万人次，比2012年增加3141.76万人次，增长10.61%，其中，港澳台航线完成904万人次，比2012年增加70.32万人次，增长8.43%；国际航线完成旅客运输量2655万人次，比2012年增加319.19万人次，增长13.67%。

2013年，全行业完成货邮运输量561.25万吨，比2012年增长2.98%。国内航线完成货邮运输量406.7万吨，比2012年增长4.68%，其中，港澳台航线完成19.9万吨，比2012年降低4.19%；国际航线完成货邮运输量154.5万吨，比2012年降低1.29%。

截至2013年底，民航全行业运输飞机期末在册架数2145架，比2012年增加204架。定期航班航线2876条，按不重复距离计算的航线里程为410.6万千米。

2. 行业内上市公司发展情况

表19　　2013年航空运输业上市公司收入及资产增长情况　　单位：亿元

指　标	2013年	2013年可比样本增长（%）	2012年	2012年可比样本增长（%）	2011年
营业收入	3446.72	-0.03	3447.77	5.60	3146.39
利润总额	194.42	-18.98	239.97	-24.47	275.39
归属于母公司所有者的净利润	146.67	-16.31	175.25	-28.80	214.32
总资产	6790.57	12.18	6053.29	9.05	5141.03
归属于母公司股东权益	1840.41	6.53	1727.67	12.70	1223.41

资料来源：沪深交易所，天相投资分析系统。

表20　　2013年航空运输业上市公司盈利能力情况　　单位：%

指　标	2013年	2013年可比样本变动	2012年	2012年可比样本变动	2011年
毛利率	14.09	-3.64	17.73	-2.00	18.92
净资产收益率	7.92	-2.47	10.39	-5.72	17.52
销售净利率	4.56	-1.03	5.59	-2.50	6.81
资产净利率	2.45	-0.87	3.32	-1.71	4.42

资料来源：沪深交易所，天相投资分析系统。

表 21　　2013 年航空运输业上市公司偿债及营运情况

指　标	2013 年	2013 年可比样本变动	2012 年	2012 年可比样本变动	2011 年
资产负债率（%）	70.76	1.41	69.35	-1.10	74.23
存货周转率（次）	62.41	-4.01	66.42	-6.45	57.70
总资产周转率（次）	0.54	-0.60	1.14	0.52	0.65

资料来源：沪深交易所，天相投资分析系统。

（五）装卸搬运和运输代理业

表 22　　2013 年装卸搬运和运输代理业上市公司收入及资产增长情况　　单位：亿元

指　标	2013 年	2013 年可比样本增长（%）	2012 年	2012 年可比样本增长（%）	2011 年
营业收入	100.28	9.63	91.47	5.19	1298.00
利润总额	2.94	3.92	2.83	-7.58	336.72
归属于母公司所有者的净利润	1.74	-3.03	1.80	-11.53	245.64
总资产	48.69	8.43	44.90	20.96	4525.29
归属于母公司股东权益	20.47	6.78	19.17	64.78	2448.80

资料来源：沪深交易所，天相投资分析系统。

表 23　　2013 年装卸搬运和运输代理业上市公司盈利能力情况　　单位：%

指　标	2013 年	2013 年可比样本变动	2012 年	2012 年可比样本变动	2011 年
毛利率	7.54	0.73	6.81	-0.39	34.91
净资产收益率	9.58	-0.53	10.11	-7.21	10.03
销售净利率	2.25	-0.20	2.45	-0.42	18.92
资产净利率	4.82	-0.64	5.46	-2.12	5.88

资料来源：沪深交易所，天相投资分析系统。

表 24　　2013 年装卸搬运和运输代理业上市公司偿债及营运情况

指　标	2013 年	2013 年可比样本变动	2012 年	2012 年可比样本变动	2011 年
资产负债率（%）	51.66	0.96	50.70	-10.59	42.54
存货周转率（次）	34.29	9.59	24.69	-1.14	10.42
总资产周转率（次）	2.14	-1.93	4.07	1.43	0.31

资料来源：沪深交易所，天相投资分析系统。

（六）仓储业

1. 行业概况

2013年，全国社会物流总额197.8万亿元，同比增长9.5%，增幅比2012年回落0.3个百分点；全国物流业增长值为3.9万亿元左右，同比增长8.5%，增幅比2012年同期回落0.6个百分点。2013年全国社会物流总费用约为10.2万亿元，同比增长8.5%。

2. 行业内上市公司发展情况

表25　　2013年仓储业上市公司收入及资产增长情况　　单位：亿元

指　标	2013年	2013年可比样本增长（%）	2012年	2012年可比样本增长（%）	2011年
营业收入	322.50	5.14	306.72	16.45	369.72
利润总额	11.52	−8.38	12.57	12.15	22.92
归属于母公司所有者的净利润	8.54	−9.28	9.41	10.12	15.38
总资产	249.83	14.11	218.95	13.96	368.51
归属于母公司股东权益	106.25	16.59	91.13	14.50	169.22

资料来源：沪深交易所，天相投资分析系统。

表26　　2013年仓储业上市公司盈利能力情况　　单位：%

指　标	2013年	2013年可比样本变动	2012年	2012年可比样本变动	2011年
毛利率	7.23	−0.96	8.18	−0.71	12.08
净资产收益率	8.01	−2.33	10.34	−0.14	9.09
销售净利率	2.78	−0.44	3.23	−0.10	4.16
资产净利率	3.83	−0.98	4.82	−0.25	4.33

资料来源：沪深交易所，天相投资分析系统。

表27　　2013年仓储业上市公司偿债及营运情况

指　标	2013年	2013年可比样本变动	2012年	2012年可比样本变动	2011年
资产负债率（%）	55.12	−1.16	56.28	−0.15	44.73
存货周转率（次）	17.65	0.26	17.39	2.48	14.86
总资产周转率（次）	1.38	−1.43	2.80	1.28	1.04

资料来源：沪深交易所，天相投资分析系统。

四、重点上市公司介绍

（一）营口港

营口港务股份有限公司是一家主要从事散杂货物装卸、堆存和运输服务的公司，主要涵盖金属矿石、非金属矿石、钢材、粮食、化肥、铝粉、固体化工、木片、毛豆油、淀粉等多个货种。目前，营口港有生产性泊位20个，泊位功能齐全，最大可接卸 15 万吨级船舶。

2013 年，营口港完成货物吞吐量 24495.80 万吨，比 2012 年增长 19.73%，其中集装箱 490.10 万 TEU，散杂货 13188.00 万吨。从货类来看，煤炭及制品、石油天然气及制品、金属矿石、钢铁、粮食等货种的吞吐量均有所增长，其中金属矿石仍占据最大货类的低位。

2013 年，公司实现总收入 36.87 亿元，利润总额 6.80 亿元，净利润为 5.35 亿元。2013 年，营口港主要货种市场份额得到进一步提升，内贸集装箱优势地位继续保持，海铁联运再创新高。2013 年，营口港货物吞吐量实现 25195.8 万吨，其中集装箱 490.10 万 TEU，为在"十二五"期间实现货物吞吐量达到 2.5~3 亿吨和集装箱吞吐量力争达到 500~600 万标准箱奠定了坚实的基础。同时，营口港散杂货定线船规模逐步扩大，2013 年新增定线班轮 2 条，目前已有 21 家船公司在营口港开设了 12 条内贸定线班轮航线，有效吸引了货源增量。另外，营口港集装箱集疏运能力持续提升，航线运力进一步增加，全年新开航线 10 条，加密 6 条。内外贸同船业务取得良好进展，船公司运输资质进一步规范，国外航线稳定运营，国内支线运营良好。

（二）飞马国际

深圳市飞马国际供应链股份有限公司是一家现代物流供应链服务商，专注于现代物流服务，在大宗货物国际采购、国际国内物流、企业整体供应链服务、专业交易市场建设和管理方面处于国内领先地位，并成为中国石油集团公司的长期战略服务商，在国家重点工程——"西气东输"项目服务过程中，获得中石油"西气东输优胜服务商"称号。

2013 年，飞马国际积极拓展能源资源行业供应链业务，实现营业收入 298.5 亿元，同比增长 103.72%；实现营业利润 1.31 亿元，同比增长 19.78%；实现利润总额 1.35 亿元，同比增长 20.06%，实现归属母公司股东净利润 1.11 亿元，同比增长 34.85%。尽管 2013 年外部经济环境仍持续疲软，但飞马国际业务规模、营业收入、总体业绩持续增长，保持了良好的发展态势。

（三）强生控股

上海强生控股股份有限公司是一家以出租车运营为主业务的上海本地公用事业龙头公司，主要经营出租汽车运营、汽车租赁、汽车服务、旅游、房地产开发等业务。强生控股拥有出租汽车近 13000 辆，约占上海出租汽车总量的 25%，是上海乃至中国最大的出租汽车经营商，也是我国首家通过 ISO9002 质量体系认证的出租汽车公司。强生控股旗下的强生汽车修理公司，是上海汽修行业知名品牌，规模位居上海汽修行业第一。

2013 年，强生控股实现营业收入 40.55 亿元，同比增长 6.33%，实现利润总额 2.6 亿元，实现归属上市公司股东净利润 1.7 亿元。2013 年，强生控股加大了整合力度，优化资产结构。出租汽车业持续推进出租汽车规模化经营、集约化管理。同时，稳步推进汽车租赁业团客业务整合，完成了广利租赁、空港租赁和巴士租赁外部股权的收购整合业务。汽车服务业与出租汽车公司同步调整汽车修理厂的布局。

（四）中信海直

中信海洋直升机股份有限公司（以下简称“中信海直”）是我国规模最大的通用航空企业，也是我国通用航空业首家且唯一的上市公司。中信海直主要从事为国内外用户提供海洋石油服务及其他通用航空业务。其业务遍布中国三大海域和全国主要城市。中信海直拥有亚洲最大的直升机队和一只技术精湛、训练有素、经验丰富的飞行员、机务人员和保障人员队伍，多次承担国家级的科学考察任务和救援工作，其中B-7951号直升机机组曾创造单机一次海上救起17人的记录。中信海直对未来的定位是：将保持和扩大直升机海上石油服务的发展优势，积极拓展陆上通用航空和航空维修业务，努力开发通用航空新业务，为中外客户提供优质安全的全方位服务。

2013年，中信海直共飞行31536小时33分，37730架次，同比分别增长16.19%和14.81%。中信海直全年无劫机、炸机事件；无空防事故，无飞行事故和地面事故；地面事故征候、机场、空管及油料原因事故征候万架次率均为0；通用航空事故征候万架次率为0.298。

2013年，中信海直完成营业收入11.87亿元，同比增长8.78%；利润总额2.69亿元，同比增长38.2%；归属母公司所有者净利润1.92亿元，同比增长34.55%；归属母公司所有者权益为24.27亿元，较期初增长23.66%。

（五）天津海运

天津市海运股份有限公司是一家主营业务为国际近洋集装箱班轮运输、国内沿海集装箱班轮运输及船务代理和货运代理业务的公司。公司拥有完善的国际近洋集装箱运输网络，经营及管理以天津、上海为基本港，至日本、韩国、中国香港和中国台湾等国家及地区的国际近洋直航班轮运输航线，并可通过二程船公司的中转，完成通往世界各地的集装箱运输服务；同时天津海运还经营以天津为基本港，至广州的国内沿海南北运输航线。

尽管2013年全球航运市场低迷、我国外贸进出口乏力，但天津海运适时调整并扩大现有运力，重开内贸航线，不断提升服务质量。2013年，天津海运完成营业收入3.35亿元，同比增长164.56%；内贸航线营业收入9104.84万元，同比增长14549.78%。

五、上市公司在行业中的影响力

整体上来看，交通运输、仓储和邮政业上市公司在行业内处于十分重要的地位，绝大多数上市公司是各细分行业中的龙头公司或是具有较强影响力的公司。因此，上市公司的发展基本上代表了我国交通运输、仓储和邮政行业的发展。

最具代表性的是航空运输行业，2013年中国国航、南方航空、东方航空和海南航空四家上市航空公司全年完成旅客运输量27482.06万人次，占全国旅客运输总量的77.64%。同时，四大航空公司的全年运输总周转量也占到了全国航空业运输总周转量的90%以上，在国内航空运输业中占据了绝对高的比例。另外，四大航空公司的机队规模在国内航空企业中占绝对优势。

从机场行业来看，2013年旅客吞吐量在1000万人次以上的机场共有24个，其中在国内上市的白云机场和上海机场旗下的浦东机场、虹桥机场位列2~4位。加上在香港上市的、旅客吐吞量排名第一的首都机场，北京、上海和广州这三大机场的旅客吞吐量占全部机场旅客吞吐量的29%。同时，这三家机场上市公司2013年货邮吞吐量也占到了全部机场货邮吞吐量的51.78%。

铁路运输方面，尽管我国铁路行业的上市公司较少。但目前已经上市的大秦铁路、广深铁路和铁龙物流均具有较强的代表性。大秦铁路是我国“西煤东运”战略中最重要的一个环节，并且具有世界先进的重载运输装备和技术体系。2013年，大秦铁路货物发送量占全国铁路货物发送总量的13.6%，煤炭发送量占全国铁路煤炭发送总量的19.8%，继续在全国铁路煤炭运输市场中占有重要地位。广深铁路也是铁路客运的代表，2013年完成旅客发送量9095.68万人次，货运发送量2034.43万吨，分别占全国旅客发送量的4.3%和0.5%，虽然所占比重不大，但在广深地区客运方面占据绝对的优势地位。另外，铁龙物流承担了全国铁路特种集装箱业务，是铁路物流方面的重要企业，也具有较强的代表性。

从道路运输业来看，国内公路的上市公司数量较多，其中大多数上市公司都处于我国“五横七纵”骨干网的主要组成区域，代表性较强。从水上运输业来看，国内排名前三的航运公司均已上市，其中，中国远洋和中海集运的集装箱船队在全面的排名已经升至前十，中国远洋也拥有全球第一大干散货船队，其在行业内的影响力和代表性较大。

审稿人：任宪功

撰稿人：李　骥

住宿和餐饮业

一、住宿和餐饮业总体概况

（一）行业整体运行情况

受国内外多种因素的共同影响，2013年中国住宿和餐饮业面临着严峻的发展形势。住宿和餐饮行业累计完成固定资产投资额为0.6万亿元，同比增长17.5%，增速比2012年下降了12.5个百分点，占全社会固定资产投资额44.7万亿元的1.3%，第三产业投资额24.2万亿元的2.5%。

2013年是住宿和餐饮业互联网发展的重要一年，尤其是移动无线互联时代的到来，给住宿和餐饮业发展带来质的变化。根据商务部典型企业调查显示，2012年典型企业的电子商务交易额同比增长25.2%，高峰时期约50.0%的酒店和30.0%的机票交易来自手机预订。科技改变生活，越来越多的消费者通过手机等移动客户端实现在线预订。这种消费需求的增长，推动了住宿和餐饮业面向移动互联网方向、从营销到产品的全面变革。

（二）细分行业运行概况

2013年，住宿业发展速度较慢。截至2013年底，住宿业全行业经营单位达51.2万家，比2012年增长2.8%。从业人数438.9万，同比下降1.1%，总营业额约0.5万亿元，同比下降2.3%。

2013年，餐饮业在外部市场环境和政策环境的双重冲击下，行业发展依然相对较慢。根据商务部餐饮行业统计数据显示，2013年全社会提供餐饮服务的企业共计239.9万家，餐饮企业就业人数1258.5万人，比2012年增长4.2%，增速继续保持在个位数。餐饮行业营业收入约2.6万亿元，比2012年增长9.0%。

二、行业内上市公司发展概况

（一）行业内上市公司基本情况

表1　　2013年住宿和餐饮业上市公司发行股票概况

门　类	A、B股总数	A股股票数	B股股票数	境内总市值（亿元）	流通A股市值（亿元）	流通B股市值（亿元）
住宿和餐饮业（家）	14	12	2	384.18	327.50	17.84
占沪深两市比重（%）	0.53	0.45	0.08	0.16	0.17	1.07

资料来源：沪深交易所，天相投资分析系统。

（二）行业内上市公司构成情况

表 2　2013 年住宿和餐饮业上市公司构成情况

门　类	沪　市			深　市			ST/*ST
	仅 A 股	仅 B 股	A+B 股	仅 A 股	仅 B 股	A+B 股	
住宿和餐饮业（家）	1	0	1	9	0	1	0/0
占行业内上市公司比重（%）	8.33	0.00	8.33	75.00	0.00	8.33	0/0

资料来源：沪深交易所，天相投资分析系统。

（三）行业内上市公司融资情况

表 3　2013 年住宿和餐饮业上市公司与沪深两市融资情况对比

	融资家数	新　股	配　股	增　发
住宿和餐饮业（家）	1	0	0	1
沪深两市总数（家）	370	0	13	357
占比（%）	0.27	—	0.00	0.28

资料来源：天相投资分析系统。

2013 年，住宿和餐饮业有 1 家中小板公司进行增发融资。

2013 年住宿和餐饮业上市公司融资情况明细见附录。

（四）行业内上市公司资产及业绩情况

表 4　2013 年住宿和餐饮业上市公司资产情况　单位：亿元

指　标	2013 年	2013 年可比样本增长（%）	2012 年	2012 年可比样本增长（%）	2011 年
总资产	262.36	15.90	226.37	15.42	150.32
流动资产	77.74	22.46	63.48	5.06	—
占比（%）	29.63	1.59	28.04	-2.77	—
非流动资产	184.63	13.37	162.85	20.01	—
占比（%）	70.37	-1.57	71.94	2.75	—
流动负债	94.84	43.51	66.09	24.53	—
占比（%）	36.15	6.95	29.19	2.13	—
非流动负债	36.02	20.70	29.84	28.82	—
占比（%）	13.73	0.55	13.18	1.37	—
归属于母公司股东权益	119.75	0.11	119.62	9.53	—
占比（%）	45.64	-7.20	52.84	-2.84	—

资料来源：沪深交易所，天相投资分析系统。

表 5　2013 年住宿和餐饮业上市公司收入实现情况　单位：亿元

指　标	2013 年	2013 年可比样本增长（%）	2012 年	2012 年可比样本增长（%）	2011 年
营业收入	98.77	-3.06	101.89	10.72	96.47
利润总额	5.88	-55.42	13.18	9.48	11.31
归属于母公司所有者的净利润	2.57	-72.15	9.24	8.34	8.17

资料来源：沪深交易所，天相投资分析系统。

（五）利润分配情况

2013 年，住宿和餐饮业共有 8 家公司实施分红配股。3 家上市公司实施送股或转增股，7 家上市公司实施派息，其中，2 家公司既实施了送股、转增又实施了派息。

（六）其他财务指标情况

1. 盈利能力指标

表 6　2013 年住宿和餐饮业上市公司盈利能力情况　单位：%

指　标	2013 年	2013 年可比样本变动	2012 年	2012 年可比样本变动	2011 年
毛利率	66.28	0.99	65.29	0.77	—
净资产收益率	2.12	-5.44	7.56	-0.20	—
销售净利率	2.82	-6.85	9.68	-0.43	—
资产净利率	1.14	-3.53	4.67	-0.29	—

资料来源：沪深交易所，天相投资分析系统。

2. 偿债能力指标

表 7　2013 年住宿和餐饮业上市公司偿债能力情况　单位：%

指　标	2013 年	2013 年可比样本变动	2012 年	2012 年可比样本变动	2011 年
流动比率	0.82	-0.14	0.96	-0.18	—
速动比率	0.56	-0.21	0.76	-0.17	—
资产负债率	49.88	7.47	42.40	3.53	—

资料来源：沪深交易所，天相投资分析系统。

3. 营运能力指标

表 8　2013 年住宿和餐饮业上市公司营运能力情况　单位：次

指　标	2013 年	2013 年可比样本变动	2012 年	2012 年可比样本变动	2011 年
存货周转率	5.21	-3.30	8.52	-2.03	—
应收账款周转率	12.27	-9.99	22.26	-4.82	—

续表

指　标	2013 年	2013 年可比样本变动	2012 年	2012 年可比样本变动	2011 年
流动资产周转率	1.40	–0.25	1.64	–0.02	—
固定资产周转率	1.22	–0.28	1.50	–0.03	—
总资产周转率	0.40	–0.08	0.48	–0.01	—
净资产周转率	0.75	–0.06	0.81	0.03	—

资料来源：沪深交易所，天相投资分析系统。

三、重点细分行业介绍

表 9　　2013 年住宿和餐饮业上市公司数量分布及市值情况

大　类	上市公司家数（家）	占行业内比重（%）	境内总市值（亿元）	占行业内比重（%）
住宿业	8	66.67	260.24	67.74
餐饮业	4	33.33	123.91	32.26

资料来源：沪深交易所，天相投资分析系统。

（一）住宿业

1. 行业概况

住宿业作为全国重要的服务性行业，2013 年继续对国民经济发展做出重要贡献。2013 年住宿业营业额占国内生产总值 56.9 万亿元的 0.9%，占第三产业增加值 26.2 万亿元的 1.9%，占全年社会消费品零售总额 23.4 万亿元的 2.2%。住宿业就业人口 438.9 万人，占全国总就业人口 7.8 亿人的 0.5%。从商务部典型企业数据来看，住宿业营业面积较 2012 年增长 5.8%，资产规模较 2012 年增长 1.7%，企业规模持续扩张。

2. 行业内上市公司发展情况

表 10　　2013 年住宿业上市公司收入及资产增长情况　　单位：亿元

指　标	2013 年	2013 年可比样本增长（%）	2012 年	2012 年可比样本增长（%）	2011 年
营业收入	59.40	4.94	56.60	13.73	59.38
利润总额	8.78	0.18	8.76	13.67	7.50
归属于母公司所有者的净利润	6.51	2.16	6.37	10.07	5.59
总资产	208.53	20.41	173.18	17.93	112.99
归属于母公司股东权益	92.48	3.91	89.00	11.54	74.09

资料来源：沪深交易所，天相投资分析系统。

表 11　　2013 年住宿业上市公司盈利能力情况　　单位：%

指　标	2013 年	2013 年可比样本变动	2012 年	2012 年可比样本变动	2011 年
毛利率	73.07	3.63	69.44	0.10	56.90
净资产收益率	6.33	–0.50	6.83	–0.22	7.54
销售净利率	10.87	–0.92	11.79	–0.76	9.41
资产净利率	3.38	–0.79	4.17	–0.23	5.01

资料来源：沪深交易所，天相投资分析系统。

表 12　　2013 年住宿业上市公司偿债及营运情况

指　标	2013 年	2013 年可比样本变动	2012 年	2012 年可比样本变动	2011 年
资产负债率（%）	51.10	7.48	43.62	3.91	26.77
存货周转率（次）	3.50	–2.26	5.76	–1.56	10.96
总资产周转率（次）	0.31	–0.34	0.65	0.30	0.53

资料来源：沪深交易所，天相投资分析系统。

（二）餐饮业

1. 行业概况

根据国家统计局发布数据，2013 年全国范围内餐饮活动收入实现约 2.6 万亿元，同比增长 9.0%，增速继续下跌至个位数，创 20 年以来的新低，且比 2012 年同期下降了 4.6 个百分点，降幅进一步扩大。2013 年，餐饮收入占社会消费品零售总额的比重为 10.8%，从比重来看已经连续 3 年下降；从增长速度来看，已经连续 4 年低于社会消费品零售总额增速，差距由 2012 年的 0.7 个百分点大幅扩大到 2013 年的 4.1 个百分点。高端餐饮行业发展情况更糟，2013 年限额以上企业餐饮收入约 0.8 万亿元，同比下降 1.8%，增幅水平比上年下降 14.7 个百分点，近 10 年来首次出现负增长。

2. 行业内上市公司发展情况

表 13　　2013 年餐饮业上市公司收入及资产增长情况　　单位：亿元

指　标	2013 年	2013 年可比样本增长（%）	2012 年	2012 年可比样本增长（%）	2011 年
营业收入	39.37	–13.06	45.29	7.18	37.09
利润总额	–2.90	由盈转亏	4.42	2.02	3.81
归属于母公司所有者的净利润	–3.93	由盈转亏	2.87	4.68	2.58
总资产	53.84	1.21	53.19	7.94	37.33
归属于母公司股东权益	27.27	–10.94	30.61	4.10	24.85

资料来源：沪深交易所，天相投资分析系统。

表 14　　2013 年餐饮业上市公司盈利能力情况　　单位：%

指　标	2013 年	2013 年可比样本变动	2012 年	2012 年可比样本变动	2011 年
毛利率	56.04	-4.07	60.11	1.27	60.89
净资产收益率	-12.42	-22.16	9.74	-0.02	10.39
销售净利率	-9.32	-16.36	7.04	-0.20	6.96
资产净利率	-6.85	-13.08	6.22	-0.47	7.26

资料来源：沪深交易所，天相投资分析系统。

表 15　　2013 年餐饮业上市公司偿债及营运情况

指　标	2013 年	2013 年可比样本变动	2012 年	2012 年可比样本变动	2011 年
资产负债率（%）	45.13	6.70	38.43	2.08	30.94
存货周转率（次）	19.83	-1.30	21.13	-0.77	8.35
总资产周转率（次）	0.74	-0.97	1.70	0.78	1.04

资料来源：沪深交易所，天相投资分析系统。

四、重点上市公司介绍

锦江股份

锦江股份是中国最大的住宿和餐饮业上市公司，主营业务涉及酒店管理、餐饮等，具有很高的品牌知名度。公司第一大股东为上海锦江国际酒店（集团）股份有限公司，2013 年末持股比例为 50.3%。公司实际控制人为上海市国资委。

2013 年，公司实现营业收入 26.8 亿元，同比增长 14.9%，其中经济型酒店营运及管理业务占比 89.8%，食品与餐饮业务占比 10.2%。归属于母公司净利润 3.8 亿元，同比增长 2.3%。每股收益 0.6 元，加权平均净资产收益率 8.9%。

2013 年，公司综合毛利率 88.8%，同比上升了 0.6 个百分点。销售费用率为 51.9%，同比上升 2.1 个百分点；管理费用率 21.6%，同比上升 0.7 个百分点；财务费用率 1.7，同比上升 1.4 个百分点。净利润率 14.2%，同比下降了 1.7 个百分点。2013 年末，公司资产负债率达到 38.2%，同比上升 17.4 个百分点。

五、上市公司在行业中的影响力

2013 年，住宿和餐饮业实现收入约 3.1 万亿元，同比增长 6.9%。住宿和餐饮业上市公司实现营业收入 98.77 亿元，同比下降 3.06%，实现收入占行业总体收入的比重为 0.3%，较 2012 年下降了近 0.1 个百分点。上市公司在行业中的影响力有所减弱。

审稿人：翟太煌　曹玲燕　刘小勇

撰稿人：刘伟杰

信息传输、软件和信息技术服务业

一、信息传输、软件和信息技术服务业总体概况

信息传输、软件和信息技术服务业是信息产业的支柱和灵魂，是国民经济和社会信息化的重要基础。作为国家战略性新兴产业的重要组成部分，信息传输、软件和信息技术服务业已经渗透到国民经济体系中的各个行业，改变着传统产业（如制造业、农业、服务业）以及社会管理等其他领域的生产、经营方式，提高了经济社会的运行效率。发展信息传输、软件和信息技术服务业，能够增强信息技术在国民经济中的渗透带动作用，为改造传统产业、加强两化融合提供有力的支撑。

我国市场规模庞大，正处于居民消费升级和信息化、工业化、农业现代化加快融合发展的阶段，增强信息基础设施建设对于创新信息服务业、推动产业转型、促进信息消费均有重要的意义。

2013 年，我国国民经济持续保持快速增长，为信息技术的投资和消费创造了良好的环境，行业总体保持景气的状态。

2013 年，全国电信业务总量累计完成 13954 亿元，比 2012 年同期增长 7.5%；电信主营业务收入累计完成 11689.1 亿元，比 2012 年同期增长 8.7%；全国广播影视总收入（含财政补助收入）3734.88 亿元，同比增长 7.41%；全年实现软件业务收入 3.06 万亿元。

二、行业内上市公司发展概况

（一）行业内上市公司基本情况

表 1　2013 年信息传输、软件和信息技术服务业上市公司发行股票概况

门　类	A、B 股总数	A 股股票数	B 股股票数	境内总市值（亿元）	流通 A 股市值（亿元）	流通 B 股市值（亿元）
信息传输、软件和信息技术服务业（家）	124	123	1	8792.79	6294.61	13.31
占沪深两市比重（%）	4.70	4.66	0.04	3.68	3.18	0.80

资料来源：沪深交易所，天相投资分析系统。

（二）行业内上市公司构成情况

表 2　　2013 年信息传输、软件和信息技术服务业上市公司构成情况

门　类	沪　市			深　市			ST/*ST
	仅 A 股	仅 B 股	A+B 股	仅 A 股	仅 B 股	A+B 股	
信息传输、软件和信息技术服务业（家）	24	0	1	98	0	0	0/1
占行业内上市公司比重（%）	19.51	0.00	0.81	79.67	0.00	0.00	0/0.81

资料来源：沪深交易所，天相投资分析系统。

（三）行业内上市公司融资情况

表 3　　2013 年信息传输、软件和信息技术服务业上市公司与沪深两市融资情况对比

	融资家数	新　股	配　股	增　发
信息传输、软件和信息技术服务业（家）	25	0	0	25
沪深两市总数（家）	370	0	13	357
占比（%）	6.76	—	0.00	7.00

资料来源：天相投资分析系统。

2013 年，信息传输、软件和信息技术服务业有 25 家公司融资，其中有 4 家沪市、14 家深市及 7 家中小板公司。

按行业大类划分，进行融资的 25 家公司中，电信、广播电视和卫星传输服务业 1 家、互联网和相关服务业 2 家、软件和信息技术服务业 22 家。

2013 年信息传输、软件和信息技术服务业上市公司融资情况明细见附录。

（四）行业内上市公司资产及业绩情况

表 4　　2013 年信息传输、软件和信息技术服务业上市公司资产情况　　单位：亿元

指　标	2013 年	2013 年可比样本增长（%）	2012 年	2012 年可比样本增长（%）	2011 年
总资产	8149.95	8.55	7508.65	14.45	—
流动资产	2310.01	16.65	1980.89	18.38	—
占比（%）	28.34	1.97	26.38	0.87	—
非流动资产	5839.94	5.65	5527.76	13.11	—
占比（%）	71.66	-1.97	73.62	-0.87	—
流动负债	3805.07	4.09	3656.25	38.83	—
占比（%）	46.69	-2.00	48.69	8.55	—
非流动负债	369.29	66.89	221.28	-59.08	—
占比（%）	4.53	1.58	2.95	-5.30	—
归属于母公司股东权益	2447.79	12.17	2182.46	11.49	—
占比（%）	30.03	0.97	29.07	-0.77	—

资料来源：沪深交易所，天相投资分析系统。

表5　　2013年信息传输、软件和信息技术服务业上市公司收入实现情况　　单位：亿元

指　标	2013年	2013年可比样本增长（%）	2012年	2012年可比样本增长（%）	2011年
营业收入	4492.99	20.64	3724.49	18.34	—
利润总额	305.24	22.89	248.06	16.82	—
归属于母公司所有者的净利润	182.21	17.67	154.52	7.26	—

资料来源：沪深交易所，天相投资分析系统。

（五）利润分配情况

2013年，信息传输、软件和信息技术服务业共有61家上市公司实施分红配股。43家上市公司实施送股或转增股，21家上市公司实施派息，其中，3家公司既实施了送股、转增，又实施了派息。

（六）其他财务指标情况

1. 盈利能力指标

表6　　2013年信息传输、软件和信息技术服务业上市公司盈利能力情况　　单位：%

指　标	2013年	2013年可比样本变动	2012年	2012年可比样本变动	2011年
毛利率	31.89	–0.21	32.10	0.98	—
净资产收益率	7.44	1.79	5.65	0.39	—
销售净利率	5.63	0.11	5.51	–0.15	—
资产净利率	3.23	0.31	2.92	0.09	—

资料来源：沪深交易所，天相投资分析系统。

2. 偿债能力指标

表7　　2013年信息传输、软件和信息技术服务业上市公司偿债能力情况

指　标	2013年	2013年可比样本变动	2012年	2012年可比样本变动	2011年
流动比率	0.61	0.07	0.54	–0.09	—
速动比率	0.53	0.06	0.47	–0.08	—
资产负债率（%）	51.22	–0.42	51.64	3.25	—

资料来源：沪深交易所，天相投资分析系统。

3. 营运能力指标

表8　　2013年信息传输、软件和信息技术服务业上市公司营运能力情况　　单位：次

指　标	2013年	2013年可比样本变动	2012年	2012年可比样本变动	2011年
存货周转率	15.61	0.30	15.31	–0.99	—
应收账款周转率	5.45	–3.35	8.80	–0.75	—

续表

指　标	2013年	2013年可比样本变动	2012年	2012年可比样本变动	2011年
流动资产周转率	2.09	0.06	2.04	0.02	—
固定资产周转率	1.09	0.12	0.98	0.06	—
总资产周转率	0.57	0.04	0.53	0.03	—
净资产周转率	1.18	0.12	1.06	0.09	—

资料来源：沪深交易所，天相投资分析系统。

三、重点细分行业介绍

表9　　2013年信息传输、软件和信息技术服务业上市公司数量分布及市值情况

大　类	上市公司家数（家）	占行业内比重（%）	境内总市值（亿元）	占行业内比重（%）
电信、广播电视和卫星传输服务	11	8.94	1809.69	20.50
互联网和相关服务	12	9.76	1391.07	15.76
软件和信息技术服务业	100	81.30	5626.76	63.74

资料来源：沪深交易所，天相投资分析系统。

（一）电信、广播电视和卫星传输服务

1. 行业概况

2013年，电信业务收入实现11689.1亿元，较2012年同比增长8.7%；电信业务总量实现13954亿元，同比增长7.5%。行业发展对话音业务的依赖持续减弱，非话音业务收入占比首次过半，达53.2%；移动数据及互联网业务收入对行业收入增长的贡献从2012年的51%猛增至75.7%。用户结构进一步优化，3G移动电话用户在移动用户中的渗透率达到32.7%，比2012年提高11.8个百分点；光纤接入FTTH/0用户占宽带用户总数的比重突破20%，达21.6%。融合业务发展逐渐成规模，截至12月末，IPTV用户和物联网终端用户分别达2842.5万户和3200.4万户。

2013年，全国电话用户净增10579万户，总数达到14.96亿户，增长7.6%。其中，移动电话用户净增11695.8万户，总数达12.29亿户。固定电话用户总数2.67亿户，比2012年减少1116.8万户。固定本地电话通话时长为3023.1亿分钟，同比下降15.2%。固定长途电话通话时长为590.5亿分钟，同比下降15.7%。固定本地电话和长途电话语音ARPU值（户月均收入贡献值）加速下滑，分别降至12.1元/月·户和5.0元/月·户，同比下降18.2%和8.3%。全国移动电话去话通话时长28987.7亿分钟，同比增长5.0%。其中，移动本地去话和长途通话时长分别增长4.8%和

5.8%，ARPU 值分别达 22.4 元/月·户、6.8 元/月·户，降低 10.1%、7.7%。

2013 年，基础电信企业固定互联网宽带接入用户净增 1905.6 万户，比 2012 年净增减少 612.6 万户，总数达 1.89 亿户。其中，2M 以上、4M 以上和 8M 以上宽带接入用户占宽带用户总数的比重分别达到 96.2%、78.8%、22.6%，比 2012 年分别提高 1.9 个、14.3 个、9.5 个百分点。互联网网民数净增 5358 万人，达 6.81 亿人，互联网普及率达到 45.8%，比 2012 年提高 3.7 个百分点。手机网民规模达到 5 亿人，比上年增加 8009 万人，网民中使用手机上网的人群占比由 2012 年的 74.5%提升至 81%。手机即时通信、手机搜索、手机视频、和手机网络游戏用户规模比 2012 年分别增长 22.3%、25.3%、83.8%、54.5%。电子商务应用在手机端应用发展迅速，手机在线支付用户在手机网民中占比由上年末的 13.2%上升至 25.1%。移动互联网流量达到 132138.1 万 GB，同比增长 71.3%，比 2012 年提高 31.3 个百分点。月户均移动互联网接入流量达到 139.4M，同比增长 42%。其中，手机上网是主要拉动因素，在移动互联网接入流量的比重达到 71.7%。移动互联网用户月户均 ARPU 值同比增长 47.1%，达到 20.4 元/月·户。

2013 年，互联网宽带接入端口数量达 3.6 亿个，比 2012 年净增 3864 万个，同比增长 34.0%。互联网宽带接入端口呈现“光进铜退”的态势，xDSL 端口比 2012 年减少 1111.7 万个，总数达到 1.47 亿个，占互联网接入端口的比重由 2012 年的 49.4%下降至 41%。光纤接入 FTTH/0 端口比 2012 年净增 4215.2 万个，达到 1.15 亿个，占互联网接入端口的比重由 2012 年的 22.7%提升至 32%。全国新建光缆线路 265.8 万千米，光缆线路总长度达到 1745.1 万千米，同比增长 17.9%，尽管比 2012 年同期回落 4.2 个百分点，仍保持着较快的增长态势。

2013 年，电信行业固定资产投资规模完成 3754.7 亿元，达四年来投资水平高点。移动投资仍是投资的重点，完成投资 1346.4 亿元，占全部投资的 35.9%。数据通信和传输投资比重逐步加大，其中，互联网及数据通信投资完成 511.7 亿元，占全部投资的比重由 2012 年的 11.6%提升到 13.6%；传输投资完成 951.9 亿元，同比增长 14.9%，占比提升到 25.4%。

2013 年，广播影视产业发展进入全面转型阶段，全国广播电视行业总收入达到 3734.88 亿元，广播电视广告收入达到 1387.01 亿元，同比增长 9.19%。电影产业规模继续保持高速增长，全年电影播映收入近 258 亿元，同比增长 28%，其中国产电影票房收入同比增长 54%。

2013 年，广播影视公共服务体系建设跨入全面升级新阶段。截至 2013 年底，广播、电视综合人口覆盖率分别达到 97.79% 和 98.42%。全国共有农服电影数字院线公司 249 条，完成影片订购 870 万场，观众共计约 15 亿人次。互联网对电影产业的影响体现在观影人次上。2013 年，全国电影观影人次为 6.1 亿，较 2012 年净增 1.5 亿，虽然观影人次增速连续两年下滑，但电影产业投资者的热情依然高涨，2013 年新建影院 903 家，远远超 2012 年的 507 家。

中国电影广告市场的快速崛起，创造了新的经济增长点，缓解了电影票房的压力。2013 年，中国电影广告市场规模达 28 亿元，同比增长 77%，其中植入广告占比从 2012 年的 28%增长到 36%。由于植入广告不受电影播映渠道的影响，未来中国电影广告市场发展空间巨大。

随着低空卫星体系建立和北斗专用卫星的发射，中国卫星传输服务在 2013 年开始了一个新的阶段。相比其他有线和无线传输方式，卫星传输服务具备覆盖范围广阔、传输距离远以及适应性强等特点，在广播、海洋、军事、应急通信领域方面起着不可替代的作用。未来，随着终端芯片和设备的普及，卫星定位、导航和数据通信服务将成为中国卫星传输业的一个重要领域。

2. 行业内上市公司发展情况

表 10　2013 年电信、广播电视和卫星传输服务上市公司收入及资产增长情况　单位：亿元

指　标	2013 年	2013 年可比样本增长（%）	2012 年	2012 年可比样本增长（%）	2011 年
营业收入	3215.98	18.35	2723.59	19.29	—
利润总额	164.29	35.21	122.09	49.98	—
归属于母公司所有者的净利润	58.88	23.96	47.78	37.15	—
总资产	5900.06	3.42	5714.35	13.07	—
归属于母公司股东权益	1083.47	9.62	991.83	6.94	—

资料来源：沪深交易所，天相投资分析系统。

表 11　2013 年电信、广播电视和卫星传输服务上市公司盈利能力情况　单位：%

指　标	2013 年	2013 年可比样本变动	2012 年	2012 年可比样本变动	2011 年
毛利率	30.53	0.13	30.42	1.66	—
净资产收益率	5.02	1.05	3.97	1.20	—
销售净利率	3.99	0.50	3.50	0.68	—
资产净利率	2.21	0.45	1.77	0.47	—

资料来源：沪深交易所，天相投资分析系统。

表 12　2013 年电信、广播电视和卫星传输服务上市公司偿债及营运情况

指　标	2013 年	2013 年可比样本变动	2012 年	2012 年可比样本变动	2011 年
资产负债率（%）	56.63	-1.40	58.02	3.90	—
存货周转率（次）	37.30	4.32	32.76	0.06	—
总资产周转率（次）	0.55	-0.40	0.95	0.49	—

资料来源：沪深交易所，天相投资分析系统。

（二）互联网和相关服务

1. 行业概况

根据工信部统计，2013年我国互联网经济市场营收规模为18881.1亿元，其中，PC互联网方面，中国网络购物市场（剔除移动购物）交易规模为16823.6亿元，同比增长35.7%；中国网络广告市场规模为1100.0亿元，同比增长46.1%；中国网络游戏（剔除移动游戏）市场规模为743.1亿元，同比增长27.4%；第三方互联网支付市场规模为168.9亿元，同比增速最快，为53.9%。移动互联网方面，同比增速最快的细分行业是移动搜索。移动搜索市场规模为45.5亿元，同比增长率达到264.1%。移动支付市场规模同比增速位居第二，为220.8%。总体看来，移动互联网主要细分行业的交易/营收规模同比增长率明显高于PC互联网主要细分行业，移动互联网在互联网经济中的渗透率进一步提升。

互联网信息服务业成长为国民经济中重要先导性产业，一批优秀的互联网企业不断成长壮大，政府在信息化推进领域的一系列政策方针和基础网络设施建设方面成效逐步释放，宽带普及和3G/4G移动网络建设等行动直接激发人们对互联网（特别是移动互联网）的使用。

2. 行业内上市公司发展情况

表13　2013年互联网和相关服务上市公司收入及资产增长情况　单位：亿元

指　标	2013年	2013年可比样本增长（%）	2012年	2012年可比样本增长（%）	2011年
营业收入	143.13	76.75	80.98	39.86	—
利润总额	18.56	15.94	16.01	27.04	—
归属于母公司所有者的净利润	16.20	15.48	14.02	33.00	—
总资产	330.20	30.80	252.45	33.34	—
归属于母公司股东权益	180.70	8.55	166.47	22.18	—

资料来源：沪深交易所，天相投资分析系统。

表14　2013年互联网和相关服务上市公司盈利能力情况　单位：%

指　标	2013年	2013年可比样本变动	2012年	2012年可比样本变动	2011年
毛利率	49.53	2.22	47.32	-5.17	—
净资产收益率	8.58	0.24	8.33	0.59	—
销售净利率	11.28	-6.08	17.36	-1.21	—
资产净利率	5.54	-0.82	6.36	0.00	—

资料来源：沪深交易所，天相投资分析系统。

表 15　　2013 年互联网和相关服务上市公司偿债及营运情况

指　标	2013 年	2013 年可比样本变动	2012 年	2012 年可比样本变动	2011 年
资产负债率（%）	43.00	9.82	33.18	6.53	—
存货周转率（次）	42.74	9.85	32.90	2.57	—
总资产周转率（次）	0.49	–0.15	0.64	0.30	—

资料来源：沪深交易所，天相投资分析系统。

（三）软件和信息技术服务业

1. 行业概况

2013 年我国软件和信息技术服务业增速持续低于 2012 年同期水平，呈现放缓态势，但年底略有回升，共实现软件业务收入 3.06 万亿元。

嵌入式系统软件明显波动，其他领域增速回升。嵌入式系统软件增长逐步加快的局面自下半年以来有所变化，受 2012 年同期增幅提高、基数增大等因素影响，1~11 月同比增长 18%，比 2012 年同期低 17.5 个百分点。同时，其他五个领域的收入增速都有所回升，其中软件产品增速回升 3.5 个百分点，数据处理和存储服务回升 2.4 个百分点，1~11 月增速均达到 26.8%，成为增长最快的领域；系统集成、信息技术咨询服务和 IC 设计服务分别比 1~10 月回升 1.7 个、1.8 个和 1.7 个百分点，同比增长 25.8%、26.3%和 20.2%。

产业规模稳步扩大。2013 年，全国规模以上软件和信息技术服务企业达 3.3 万家，共完成软件业务收入 3.06 万亿元，同比增长 23.4%。软件业务收入占电子信息产业的比重为 25%，比 2012 年提高 2.3 个百分点。内资软件企业超 3 万家，占全行业企业数的 90.7%，完成软件业务收入 2.3 万亿元，占全行业收入的 75.6%，同比增长 27.8%，高于全行业平均水平 4.4 个百分点。软件和信息技术服务业中小型企业占全部企业数的 91%，实现收入占全行业的 34%；大型企业（营业收入超过 1 亿元，从业人员超过 300 人）达 2800 家，实现全行业收入的 65%以上。

研发投入持续提升。2013 年，软件和信息技术服务业投入研发经费 2598 亿元，同比增长 19.5%，研发投入比（研发经费占主营业务收入比重）超过 6%。

产业转型持续推进。2013 年，随着软件业持续向服务化、网络化及平台化模式发展，数据处理和存储服务收入大幅增加，全年完成 5482 亿元，同比增长 31.9%，增速居全行业首位，占全行业收入比重 18%，比 2012 年提高 1.2 个百分点。

区域布局合理调整。东、中、西和东北地区的软件业占比分别为 74.8%、4.4%、10.3%和 10.5%，中西部及东北地区增长较快，总体比重较 2012 年上升 1.3 个百分点。江苏省、广东省和北京市的软件业规模仍居全国前三位，浙江、辽宁、山东、湖北、陕西、安徽等省市增速超过 30%。15 个中心城市软件业聚集效应明显，收入占全国的57%，比2012年提高2.4个百分点，同比增长27.6%，高出全国平均水平4.2个百分点。

2013年，实现软件业务出口收入469亿美元，同比增长19%，其中，外包服务出口105亿美元，同比增长6%。出口的主要国家为美国和日本，比重分别占12.4%和12.2%。

随着软件业竞争日趋激烈，2013年市场开拓费用、人本成本等明显增加，销售费用增长35.3%，管理费用增长28%，财务费用增长40.6%，其中利息支出增长25.2%，增幅均高于收入增长。本年应付职工薪酬达4706万元，同比增长25.5%，高出收入2.1个百分点，占主营业务收入的比重达到11.3%，比2012年提高0.4个百分点。软件和信息技术服务业回款速度明显下降，全行业应收账款达到2.6万亿元，同比增长143.5%，应收账款占主营业务收入比重达到62.8%。

2. 行业内上市公司发展情况

表16　　2013年软件和信息技术服务业上市公司收入及资产增长情况　　单位：亿元

指　标	2013年	2013年可比样本增长（%）	2012年	2012年可比样本增长（%）	2011年
营业收入	1133.88	22.44	919.92	14.11	—
利润总额	122.39	10.40	109.97	-7.07	—
归属于母公司所有者的净利润	107.13	14.80	92.72	-6.04	—
总资产	1919.69	23.84	1541.85	17.07	—
归属于母公司股东权益	1183.62	15.22	1024.16	14.58	—

资料来源：沪深交易所，天相投资分析系统。

表17　　2013年软件和信息技术服务业上市公司盈利能力情况　　单位：%

指　标	2013年	2013年可比样本变动	2012年	2012年可比样本变动	2011年
毛利率	33.51	-2.23	35.73	-0.54	—
净资产收益率	8.82	-0.23	9.00	-2.09	—
销售净利率	9.55	-0.87	10.41	-2.36	—
资产净利率	6.24	-0.48	6.70	-2.17	—

资料来源：沪深交易所，天相投资分析系统。

表18　　2013年软件和信息技术服务业上市公司偿债及营运情况

指　标	2013年	2013年可比样本变动	2012年	2012年可比样本变动	2011年
资产负债率（%）	35.99	4.88	31.02	1.49	—
存货周转率（次）	5.72	-0.13	5.83	-0.81	—
总资产周转率（次）	0.65	-0.54	1.19	0.50	—

资料来源：沪深交易所，天相投资分析系统。

四、重点上市公司介绍

（一）中国联通

中国联通是我国三大移动运营商之一，主营业务为电信业投资和移动通信服务。公司拥有覆盖全国、通达世界的现代通信网络，积极推进固定网络和移动网络的宽带化，为用户提供全方位、高品质信息通信服务。2009 年，联通集团已经建成了全球规模最大的 WCDMA 网络，覆盖全国县级及以上城市。同时，公司与 160 多家境外运营商建立业务合作关系，提供国际语音、国际专线、国际数据、国际互联网等各类国际产品服务。

2013 年，中国联通实现主营业务收入 2462.8 亿元，同比增长 13.6%；实现利润总额 102.92 亿元，同比增长 46.5%；实现归属于母公司所有者的净利润 34.43 亿元，同比增长 45.4%；实现每股盈利 0.162 元。

公司盈利得到进一步增强，净利润率达 3.388%，同比增加 23.6 个百分点；净资产收益率 4.68%，同比上升 42.68 个百分点。2013 年，公司整体毛利率基本与 2012 年持平为 30.2%。公司 2013 年销售费用同比增加 22.7%，管理费用基本与 2012 年持平，财务费用同比下降 13.68%。公司偿债压力有所减缓，截至 2013 年末，资产负债率为 58.3%，同比下降 0.77 个百分点。

从现金流角度看，公司 2013 年经营活动现金流净流入 833.6946 亿元，同比上涨 11.55%。

（二）人民网

公司由人民日报社、环球时报社、京华时报社、中国汽车报社、中国出版集团公司、中国电影集团公司、上海东方传媒集团有限公司联合发起创立，主要建设运行大型综合性网站——人民网及相关业务。主营业务为互联网广告业务、信息业务、移动增值业务、技术服务，覆盖 200 多个国家和地区。公司拥有包括互联网新闻信息服务许可证、电信与信息服务业务经营许可证、广播电视节目制作经营许可证、信息网络传播视听节目许可证、互联网出版许可证等多项准入门槛较高的互联网相关业务经营资质且具备独立的新闻采编权。

2013 年，人民网实现主营业务收入 10.28 亿元，同比增长 45.18%；实现利润总额 3.05 亿元，同比增长 35.9%；实现归属于母公司所有者的净利润 2.73 亿元，同比增长 29.75%；实现每股盈利 0.99 元。

公司盈利有所放缓，净利润率 26.5%，同比下降 3.2 个百分点；净资产收益率 11.9%，同比上升 2.1 个百分点。2013 年，公司整体毛利率比 2012 年下降 5.1 个百分点，达到 57.1%，主要由于营业成本增速快于营业收入。公司销售费用、管理费用和财务费用同比分别增加 25.75%、38.87% 和 9.89%。公司偿债压力有所增加，截至 2013 年末，资产负债率为 12.66%，同比上升 2.11 个百分点。

从现金流角度看，2013 年公司经营活动现金流净流入 6.52 亿元，同比上涨 28.85%。

（三）乐视网

乐视网是中国领先的视频领域跨平台服务提供商，中国最大的影视剧互联网发行门户及中国领先的3G手机电视门户。致力于世界最前沿“P2P+CDN”网络视频存储及分发应用技术和手机视频技术的研发与创新，为包括乐视网（www.letv.com）在内的全球企业和个人建立属于自己的视频网站提供最优良的技术服务。

2013年，乐视网实现主营业务收入23.61亿元，同比增长102.28%；实现利润总额2.464亿元，同比增长8.1%；实现归属于母公司所有者的净利润2.55亿元，同比增长31.32%；实现每股盈利0.32元。

公司盈利有所放缓，净利润率9.84%，同比减少6.43个百分点；净资产收益率18.19%，同比上升1.29个百分点。2013年，公司整体毛利率与2012年比下降9.1个百分点。公司销售费用、管理费用和财务费用同比分别增加45.6%、55.7%和175.3%。公司偿债压力有所增加，截至2013年末，资产负债率为58.6%，同比上升2.5个百分点。

从现金流角度看，2013年公司经营活动现金流净流入3.92亿元。

（四）中国软件（中软）

中软属于应用软件行业，主营应用软件和软件外包业务。作为国资委下属的少数几家大型国有软件服务企业，经过多年发展，中软成功打造了从操作系统、数据库、安全产品到应用系统的基础软件产业链，形成了较为完善的自主可控发展体系；先后承担了数千项国家重大工程项目，在全国税务、信访、安监、应急、政法、交通、金融、物流、能源、工商等国民经济重要领域拥有上万家客户群体；同时积极开展移动增值、智慧城市、云计算等新型服务业务。

2013年，公司实现主营业务收入29.8亿元，同比增长11.19%；实现利润总额1.11亿元，同比增长9.56%；实现归属于母公司所有者的净利润6373万元，同比增长9.79%；实现每股盈利0.28元。

公司盈利得到进一步增强，净利润率达3.58%，同比增加1.2个百分点；净资产收益率3.36%，同比下降1.21个百分点。2013年，公司整体毛利率基本与上年持平为38.07%。2013年公司销售费用基本与上年持平，管理费用同比减少19.66%，财务费用上升13.09%。公司偿债压力有所减缓，截至2013年末，资产负债率为48.97%，同比下降3.76个百分点。

从现金流角度看，公司2013年经营活动现金流净流入4.51亿元，同比上涨362.8%。

（五）北纬通信

北纬通信是一家专业的移动数据增值服务运营商及移动通信领域综合软、硬件系统产品提供商。公司通过与移动电信运营商合作，借助移动电信运营商的网络通道，通过短信、彩信、彩铃、手机上网和语音杂志等形式为用户提供丰富多彩的信息和娱乐服务。公司在全国拥有15家分支机构，成为国内为数不多的几家拥有强大本地团队和营销推广能力的全网移动增值服务提供商之一。

2013 年，北纬通信实现主营业务收入 2.813 亿元，同比增长 24.92%；实现利润总额 6704 万元，同比增长 36.95%；实现归属于母公司所有者的净利润 5630 万元，同比增长 22.86%；实现每股盈利 0.50 元。

公司盈利基本与 2012 年持平，净利润率达 20%；净资产收益率 10.39%，同比上升 1.28 个百分点。2013 年，公司整体毛利率基本比 2012 年上升 2.21 个百分点，达到 46.76%。公司 2013 年销售费用同比上升 52.3%，管理费用和财务费用同比减少 6.53%和 31.6%。公司偿债压力有所增加，截至 2013 年末，资产负债率为 6.06%，同比上升 2.92 个百分点。

从现金流角度看，公司 2013 年经营活动现金流净流入-7239.8 万元，同比下降 60.52%。

（六）网宿科技

网宿科技是一家互联网业务平台提供商，是知识和技术密集型的高新技术企业，自主研发了速通 VPN 企业互联平台系统、网宿 CDN 平台软件、网宿分布式海量存储软件、网宿服务质量监测软件等专有技术。其中，平台软件被中华人民共和国科学技术部认定为国家火炬计划项目、被中华人民共和国科学技术部联合中华人民共和国环境保护部、商务部、国家质量监督检验检疫总局认定为国家重点新产品。

2013 年，网宿科技实现主营业务收入 12.05 亿元，同比增长 47.89%；实现利润总额 2.66 亿元，同比增长 116.89%；实现归属于母公司所有者的净利润 2.37 亿元，同比增长 128.55%；实现每股盈利 1.48 元。

公司盈利得到进一步增强，净利润率达 19.68%，同比增加 7.05 个百分点；净资产收益率 20.83%，同比上升 8.91 个百分点。2013 年，公司整体毛利率提升 8.5 个百分点，达到 42.34%。2013 年，公司销售费用和管理费用同比增加 38.3%和 72.7%，财务费用基本与上年持平。公司偿债压力有所增加，截至 2013 年末，资产负债率为 18.19%，同比上升 6.8 个百分点。

从现金流角度看，公司 2013 年经营活动现金流净流入-4639 万元，同比下降 170%。

五、上市公司在行业中的影响力

2013 年，按照可比样本的测算口径，信息传输、软件和信息技术服务业国内上市公司营业收入占行业总收入的比重为 6.92%，占比仍然较低，且较 2012 年同期下降 1.81 个百分点。

按照细分行业看，3 个子行业中，电信、广播电视和卫星传输服务业上市公司在行业中收入规模占比有所上升，各细分子行业情况如下。

2013 年，电信、广播电视和卫星传输服务业国内上市公司收入占比为 19.23%，较 2012 年上升了 2.5 个百分点。目前，上市公司占行业收入比重正逐步提高，但是占有率仍然偏低，主要原因有两个方面：一是在通信行业中占据重要位置的中国移动、中国电信、华为均未在国内A股上市；二是外资企业（如爱立信等）也在国内占据一定的市场份额。行业在平稳发展过程当中，宽带化、移动化、数字化仍然是行业的主要趋势，随着4G、三网融合、北斗导航等产业的逐渐兴起，未来上市公司的影响力有望进一步增长。

2013年，软件和信息技术服务业国内上市公司收入占比为3.71%，较2012年上升了0.04个百分点。2013年，软件类上市公司整体盈利能力有所提高，软件外包出口等业务的利润率持续下滑，而国内兴起的去IOE化给国内的软件企业带来了前所未有的机遇，国外软件让渡出来的市场不断刺激国内公司创新与占有。上市公司占行业收入比例偏低的主要原因是行业内很多外资（包括台资）企业从事相关设备的组装业务，并未在国内上市；同时该行业产业链相对较长，且较分散，产业集中度较低。另外，该行业的主要企业（如联想电脑、神州数码）均未在国内上市。

2013年，互联网和相关服务业国内上市公司占比为1.74%，较2012年有较大下降。目前，互联网类上市公司行业占比较大下降，主要原因是2013年我国互联网经济快速增长，淘宝、京东商城等网络电商规模越来越大，增速远远超越现有上市公司的收入增速。同时，随着智能手机的普及以及无线宽带网络的建成，移动互联网已经逐步走向成熟，各种基于手机端的应用（如手游、在线阅读、视频等）爆发式的增长普及都给电商类和其他互联网创投公司开辟了一个又一个的新的业务领域，而上市公司依靠互联网传统业务的营收已经不能和现有互联网经济相匹配。同时，行业的龙头企业（如百度、腾讯等）公司在海外上市，使得国内上市公司在行业中的影响力仍然偏弱。

审稿人：任宪功

撰稿人：徐　勇

金融业

一、金融业总体概况

（一）行业整体运行情况

2013 年，全球工业生产和贸易疲软，价格水平回落，国际金融市场持续波动，世界经济增速继续小幅回落，呈现非均衡性、非同步性特征。

2013 年，金融市场各项改革和发展政策措施稳步推进，产品创新不断深化，规范管理进一步加强，金融市场对促进经济结构调整和转型升级的基础性作用进一步发挥。2013 年 7 月 20 日，中国人民银行决定全面放开金融机构贷款利率管制。一是取消金融机构贷款利率 0.7 倍的下限，由金融机构根据商业原则自主确定贷款利率水平；二是取消票据贴现利率管制，改变贴现利率在再贴现利率基础上加点确定的方式，由金融机构自主确定；三是对农村信用社贷款利率不再设立上限等。

金融市场运行总体平稳，2013 年末广义货币供应量（M_2）余额为 110.7 万亿元，比上年末增长 13.6%，增速回落 0.2 个百分点；狭义货币供应量（M_1）余额为 33.7 万亿元，增长 9.3%，增速提高 2.8 个百分点；流通中现金（M_0）余额为 5.9 万亿元，增长 7.2%。全部金融机构本外币贷款余额 76.63 万亿元，同比增长 13.9%。其中，人民币贷款余额 71.90 万亿元，同比增长 14.1%，回落 0.9 个百分点；外币贷款余额 7769 亿美元，同比增长 13.7%。2013 年末，全部金融机构本外币存款余额 107.06 万亿元，同比增长 13.5%。其中，人民币存款余额 104.38 万亿元，同比增长 13.8%，增速提高 0.4 个百分点；外币存款余额 4386 亿美元，同比增长 7.9%。社会融资继续较快增长，根据人民银行初步统计，2013 年全年社会融资规模为 17.29 万亿元，比 2012 年多 1.53 万亿元。其中，人民币贷款增加 8.89 万亿元，同比多增 6879 亿元；外币贷款折合人民币增加 5848 亿元，同比少增 3315 亿元；委托贷款增加 2.55 万亿元，同比多增 1.26 万亿元；信托贷款增加 1.84 万亿元，同比多增 5603 亿元；未贴现的银行承兑汇票增加 7751 亿元，同比少增 2748 亿元；企业债券净融资 1.80 万亿元，同比少增 4530 亿元；非金融企业境内股票融资 2219 亿元，同比少增 289 亿元。

2013 年，债券发行规模同比增加，公司信用类债券增速有所放缓；银行间市场成交量同比减少，银行间市场债券指数下降；货币市场利率中枢上移明显，国债收益率曲线整体平坦化上移。债券市场共发行人民币债券9.0万亿元，同比增加12.5%。其中，银行间债券市场累计发行人民币债券8.2万亿元，同比增加9.9%。2013年，银行间市场拆借、现券和债券回购累计成交235.3万亿元，同比减少10.7%。其中，银行间市场同业拆借成交35.5万亿元，同比减少24.0%；债券回购成交158.2万亿元，同比增加11.6%。银行间市场债券指数有所下降，交易所市场指数上升。其中，银行间债券总指数由年初的144.65点下降至年末的143.93点，下降0.72点，降幅0.49%；交易所市场国债指数由年初的135.84点升至年末的139.52点，上升3.68点，升幅2.71%。2013年，货币市场利率波动幅度加大，利率中枢上移明显。年内货币市场利率共发生两次较大波动：6月20日，7天质押式回购加权平均利率上升至11.62%，达到历史最高点；12月23日，7天质押式回购加权平均利率上升至8.94%，创下半年利率新高。

2013年，我国资本市场发生了深刻的变革，IPO全年处于暂停状态，证券市场则表现疲软，上证综指收报2115.98点，较年初的2289.51点下跌6.75%；深证成指收报8121.79点，较年初的9204.11点下跌10.91%，但沪深两市成交量同比却出现了较大幅度的增长，股票、基金市场单边交易量达到483515亿元，同比增长49.79%。沪深两市增发A股股票351只，合计筹资4147.91亿元，其中公开增发筹资80.42亿元，定向增发（现金认购）筹资2246.59亿元，定向增发（资产认购）1345.15亿元，配股筹资475.75亿元。沪深两市总市值23.91万亿元，流通市值19.96万亿元，分别比2012年底增加3.79%和9.87%。流通市值占总市值的83.48%，比2012年底上升了4.62个百分点。2013年，债券市场筹集资金4082.07亿元，较2012年大幅增长49.92%，其中公司债券市场规模稳步扩大，筹资金额3219.91亿元，较2012年增长30.26%。

2013年，期货市场活跃度继续提高，全国期货市场累计成交量为20.62亿手，同比增长42.15%；累计成交金额为267万亿元，同比增长56.3%。从各品种的成交量来看，排在前六位的分别是螺纹钢、豆粕、沪深300股指、玻璃、白银和菜籽粕，分别占全国期货市场总成交量的14.25%、9.39%、9.37%、9.03%、8.40%、7.77%。从国内四大交易所的整体成交情况来看，三大商品期货交易所和中国金融期货交易所的成交量和成交额均实现了较大增长。其中，中国金融期货交易所成交金额排名第一位，成交量和成交额同比增幅最大，分别达84.22%和85.92%。从成交金额看，上海期货交易所、郑州商品交易所、大连商品交易所和中国金融期货交易所四大交易所占比分别为22.59%、7.07%、17.63%和52.72%。

（二）细分行业运行概况

2013年，商业银行继续保持平稳运行，资产负债规模稳步增长，资本充足率和资产质量总体保持稳定，同时也面临流动性短期波动增多、信用风险有所上升等挑战。根据中国银监会数据，2013年末，银行业金融机构资产总额为151.4万亿元，比2012年末增长13.3%。商业银行不良贷款余额与不良贷款率均有所增加，而拨备覆盖率有所下降。商业银行不良贷款余额5921亿元，比2012年末增加993亿元；不良贷款率为1%，上升0.05个百分点；拨备覆盖率为282.7%，比2012年末下降了12.81个百分点。截至2013年底，商业银行加权平均核心一级资本充足率和一级资本充足率均为9.95%，较年初均上升0.14个百分点；加权平均资本充足率为12.19%，较年初下降0.29个百分点。面对2013年复杂的形势，中国人民银行坚持“总量稳定、架构优化”的调控方向，继续实施稳健的货币政策，灵活开展公开市场操作，创设短期流动性调节工具和常备借贷便利，保持银行体系流动性合理适度，维护货币市场总体稳定；引导金融机构盘活存量、用好增量，保持货币信贷和社会融资规模合理适度增长。2013年，中国银监会引发《中资商业银行行政许可事项实施办法》、《银行业金融机构董事（理事）和高级管理人员任职资格管理办法》3件部门规章；引发《中国银监会关于银行业服务实体经济的指导意见》等19件规范性文件，进一步完善了对于银行业的监管制度。

相较于2012年的低迷走势，2013年，中国保险业发展增速有所增加，全行业积极进取，开拓创新，行业发展呈现“稳中有进、进中向好”的良好态势。全国保险业务在2012年收入增幅跌至个位数后，2013年增速则重回“10”以上，全年实现保费收入1.72万亿元，同比增长11.2%，比2012年提高3.2个百分点，扭转了业务增速连续下滑的势头。其中，财产险业务继续保持较快增长，保费收入6212亿元，同比增长16.5%；人身险业务企稳回升，保费收入1.1万亿元，同比增长8.4%，比2012年提高3.9个百分点。2013年，全年的寿险业务原保险保费收入9425.14亿元，同比增长5.8%；健康险业务原保险保费收入1123.5亿元，同比增长30.22%；意外险业务原保险保费收入461.34亿元，同比增长19.46%。2013年，保险公司总资产达到82886.95亿元，较年初增长12.7%；保险资金运用余额为7.69万亿元，较年初增长12.15%。在资本市场持续低迷的情况下，全行业共实现投资收益3658.3亿元，投资收益率为5.04%，比2012年提高1.65个百分点，是近4年来的最好水平。

中国证券业协会数据显示，2013年115家证券公司全年实现营业收入为1592.41亿元，同比增加22.99%；实现净利润440.21亿元，同比增加33.68%。行业收入和利润的增长主要得益于融资融券等信用交易业务的快速发展。其中，代理买卖证券业务净收入759.21亿元，同比上升50.4%；证券承销与保荐业务及财务顾问业务净收入173.37亿元，同比下降18.6%；受托客户资产管理业务净收入70.30亿元，同比上升162.7%；证券投资收益（含公允价值变动）305.52亿元，同比上升5.3%；融资融券业务利息收入184.62亿元，同比上升251%；投资咨询业务净收入25.87亿元，同比上升125.7%。2013年，行业平均佣金率为0.079%，与上年的0.081%相比有所下降。截至2013年底，证券公司总资产为2.08万亿元，较2012年底增加20.93%；净资产为7538.55亿元，净资本为5204.58亿元，客户交易结算资金余额（含信用交易代理买卖证券款）5557.42亿元，托管证券市值15.36万亿元，受托管理资金本金总额5.20万亿元。融资融券等信用交易业务的快速发展是2013年证券行业发展最大的特征之一，截至2013年底，融资融券余额高达3465.27亿元，是2012年底该余额的3.87倍。其中，融资余额3434.70亿元，约占融资融券余额的99.12%；融券余额30.57亿元，约占0.88%。

根据中国信托业协会统计数据，截至2013年底，全行业68家信托公司管理的信托资产规模和实现的利润总额再创历史新高，分别达到10.91万亿元和568.61亿元，与2012年底相比，增速分别高达46.00%和28.82%。从信托财产来源看，单一资金信托占比69.62%，同比增加1.32个百分点；集合资金信托占比24.90%，同比减少0.3个百分点；管理财产信托占比5.49%，同比减少1.01个百分点。从信托功能看，融资类信托占比47.76%，同比减少1.11个百分点；投资类信托占比32.54%，同比减少3.3个百分点；事务管理类信托占比19.70%，同比增加4.42个百分点。从资金信托的投向看，工商企业占比28.14%，同比增加1.49个百分点；基础产业为25.25%，同比增加1.63个百分点；金融机构占比12.00%，同比增加1.79个百分点；证券市场占比10.35%，同比减少1.2个百分点；房地产占比10.03%，同比增加0.18个百分点；其他占比14.23%，同比减少3.89个百分点。

二、行业内上市公司发展概况

（一）行业内上市公司基本情况

表1　2013年金融业上市公司发行股票概况

门　类	A、B股总数	A股股票数	B股股票数	境内总市值（亿元）	流通A股市值（亿元）	流通B股市值（亿元）
金融业（家）	43	43	0	51159.84	48296.01	0.00
占沪深两市比重（%）	1.63	1.63	0.00	21.40	24.40	0.00

资料来源：沪深交易所，天相投资分析系统。

（二）行业内上市公司构成情况

表2　2013年金融业上市公司构成情况

门　类	沪　市			深　市			ST/*ST
	仅A股	仅B股	A+B股	仅A股	仅B股	A+B股	
金融业（家）	32	0	0	11	0	0	0/0
占行业内上市公司比重（%）	74.42	0.00	0.00	25.58	0.00	0.00	0/0

资料来源：沪深交易所，天相投资分析系统。

（三）行业内上市公司融资情况

表 3　　2013 年金融业上市公司与沪深两市融资情况对比

	融资家数	新　股	配　股	增　发
金融业（家）	5	0	2	3
沪深两市总数（家）	370	0	13	357
占比（%）	1.35	—	15.38	0.84

资料来源：天相投资分析系统。

2013 年，金融业有 5 家公司（招商银行、兴业银行、国海证券、兴业证券、山西证券）进行了融资。

2013 年金融业上市公司融资情况明细见附录。

（四）行业内上市公司资产及业绩情况

表 4　　2013 年金融业上市公司资产情况　　单位：亿元

指　标	2013 年	2013 年可比样本增长（%）	2012 年	2012 年可比样本增长（%）	2011 年
总资产	1029478.90	11.02	926700.34	15.74	800647.11
总负债	957530.16	10.85	863820.73	15.53	747228.53
归属于母公司股东权益	70493.91	13.33	62194.16	18.67	52404.33

资料来源：Wind 资讯，山西证券。

表 5　　2013 年金融业上市公司收入实现情况　　单位：亿元

指　标	2013 年	2013 年可比样本增长（%）	2012 年	2012 年可比样本增长（%）	2011 年
营业收入	41079.51	12.28	36541.71	13.80	32112.10
利润总额	16431.15	15.45	14213.02	13.40	12474.34
归属于母公司所有者的净利润	12510.66	15.21	10852.82	14.12	9511.51

资料来源：Wind 资讯，山西证券。

（五）利润分配情况

2013 年，金融业共有 41 家上市公司实施分红配股。41 家上市公司均实施派息，5 家上市公司实施送股或转增股，其中，5 家公司既实施了送股、转增又实施了派息。

三、重点细分行业介绍

表 6　　2013 年金融业上市公司数量分布及市值情况

大　类	上市公司家数（家）	占行业内比重（%）	境内总市值（亿元）	占行业内比重（%）
货币金融服务	16	37.21	36673.54	71.68
资本市场服务	19	44.19	7150.87	13.98
保险业	4	9.30	6790.04	13.27
其他金融业	4	9.30	545.39	1.07

资料来源：沪深交易所，天相投资分析系统。

（一）货币金融服务业

1. 行业概况

截至 2013 年底，我国货币金融服务业金融机构共有法人机构 3949 家，从业人员 355 万人，包括 2 家政策性银行及国家开发银行、5 家大型商业银行、12 家股份制商业银行、145 家城市商业银行、468 家农村商业银行、122 家农村合作银行、1803 家农村信用社、1 家邮政储蓄银行、4 家金融资产管理公司、42 家外资法人金融机构、1 家中德住房储蓄银行、68 家信托公司、176 家企业集团财务公司、23 家金融租赁公司、5 家货币经纪公司、17 家汽车金融公司、4 家消费金融公司、987 家村镇银行、14 家贷款公司以及 49 家农村资金互助社。

银行业金融机构资产增速稳中放缓。截至 2013 年底，银行业金融机构资产总额为 151.4 万亿元，比年初增加 17.7 万亿元，增长 13.3%；负债总额为 141.2 万亿元，比年初增加 16.2 万亿元，增长 13.0%。从机构类型看，资产规模较大的依次为：大型商业银行、股份制商业银行、农村中小金融机构和邮政储蓄银行，占银行业金融机构资产的份额依次为 43.3%、17.8% 和 16.2%。

存贷款继续平稳增长。截至 2013 年底，银行业金融机构本外币各项存款余额为 107.1 万亿元，比年初增加 12.7 万亿元，同比增长 13.5%。其中，居民储蓄存款余额为 45.2 万亿元，比年初增加 4.9 万亿元，同比增长 11.9%；单位存款余额为 54.2 万亿元，比年初增加 6.3 万亿元，同比增长 13.2%。本外币各项贷款余额为 76.6 万亿元，比年初增加 9.3 万亿元，同比增长 13.9%。其中，短期贷款余额为 31.2 万亿元，比年初增加 4.4 万亿元，同比增长 16.3%；中长期贷款余额为 41.0 万亿元，比年初增加 4.6 万亿元，同比增长 12.8%；个人消费贷款余额为 13.0 万亿元，比年初增加 2.5 万亿元，同比增长 24.3%；票据融资余额为 2.0 万亿元，比年初减少 888 亿元，同比减少 4.1%。

资本充足水平保持稳定。截至 2013 年底，商业银行加权平均核心一级资本充足率和一级资本充足率均为9.95%，较年初均上升0.14个百分点；加权平均资本充足率为12.19%，较年初下降0.29个百分点。按照2013年底资本充足率过渡期最低要求（8.5%），全部商业银行中仅1家农村商业银行的资本充足率水平未达标。

资产质量总体稳定。截至2013年底，银行业金融机构不良贷款余额为1.18万亿元，比年初增加1016亿元，不良贷款率为1.49%，同比下降0.07个百分点。其中，商业银行不良贷款余额为5921亿元，比年初增加993亿元，不良贷款率为1.00%，同比上升0.05个百分点。

风险抵补能力充足。截至2013年底，商业银行贷款损失准备金余额为1.67万亿元，比年初增加2175亿元；拨备覆盖率为282.7%，同比下降12.8个百分点；贷款拨备率2.83%，同比上升0.01个百分点。

利润增速稳中趋缓。2013年，银行业金融机构实现税后利润为1.74万亿元，同比增长15.4%；资本利润率为18.5%，同比下降0.52个百分点；资产利润率为1.2%，与2012年同期持平。其中，商业银行实现税后利润为1.42万亿元，同比增长14.5%；资本利润率为19.2%，同比下降0.68个百分点；资产利润率为1.3%，同比下降0.01个百分点。从利润来源看，63.6%为利息净收入，其次为手续费及佣金净收入。

流动性总体稳定。截至2013年底，银行业金融机构平均流动性比例为46.0%，同比下降1.76个百分点；存贷款比例为74.5%，同比上升1.01个百分点。商业银行人民币超额备付金率为2.5%，同比下降0.97个百分点。

2. 行业内上市公司发展状况

2013年，银行业上市公司继续保持稳定的经营，资产负债规模持续增长，经营利润增速有所放缓，资本充足率稳步上升，资产质量总体保持稳定。

表7　2013年货币金融服务业上市公司收入及资产增长情况　单位：亿元

指　标	2013年	2013年可比样本增长（%）	2012年	2012年可比样本增长（%）	2011年
营业收入	29117.82	12.15	25962.82	16.23	22338.33
利润总额	15150.85	12.65	13446.61	17.08	11484.83
归属于母公司所有者的净利润	11584.11	12.78	10269.28	17.36	8750.06
总资产	951375.30	10.75	859022.11	15.31	744953.81
归属于母公司股东权益	61001.43	14.62	53221.03	19.07	44696.25

资料来源：Wind资讯，山西证券。

表8　2013年货币金融服务业上市公司盈利能力情况　单位：%

指　标	2013年	2013年可比样本变动	2012年	2012年可比样本变动	2011年
净利差	2.47	–0.07	2.54	0.01	2.53
净息差	2.65	–0.10	2.75	–0.03	2.78

续表

指　标	2013 年	2013 年可比样本变动	2012 年	2012 年可比样本变动	2011 年
成本收入比率	31.03	-0.52	31.55	-0.56	32.11
ROAE	19.98	-0.65	20.63	-0.07	20.70
ROAA	1.28	0.00	1.28	0.01	1.27

资料来源：Wind 资讯，山西证券。

表 9　　2013 年货币金融服务业上市公司资本充足情况　　单位：%

指　标	2013 年	2013 年可比样本变动	2012 年	2012 年可比样本变动	2011 年
核心资本充足率	9.74	-0.49	10.23	0.44	9.79
资本充足率	12.15	-1.03	13.18	0.58	12.60

资料来源：Wind 资讯，山西证券。

表 10　　2013 年货币金融服务业上市公司资产质量情况

指标	2013 年	2013 年可比样本变动	2012 年	2012 年可比样本变动	2011 年
不良贷款余额（亿元）	4810.43	19.64	4020.83	8.74	3697.53
不良贷款率（%）	0.98	0.06	0.92	-0.05	0.97
贷款损失准备（亿元）	13217.36	12.64	11733.97	19.09	9853.06
拨备覆盖率（%）	274.76	-17.07	291.83	25.35	266.48

资料来源：Wind 资讯，山西证券。

（二）资本市场服务

1. 行业概况

2013 年，由于融资融券等创新业务的快速发展，证券业公司经营业绩有所提升。

截至 2013 年底，全国共有证券公司 115 家，与 2012 年相比增加了浙江浙商证券资产管理公司；115 家证券公司中，共有 19 家证券公司在沪、深证券交易所上市，共有 3 家证券公司在香港证券交易所上市，较 2012 年新增银河证券 1 家。

根据中国证券业协会的数据，截至 2013 年底，证券公司总资产规模合计 2.08 万亿元，同比扩大 20.93%，平均每家证券公司总资产为 180.87 亿元，比 2012 年末增长 19.88%；全部证券公司净资产规模合计 7538.55 亿元，同比增长 8.57%；净资本为 5204.58 亿元，同比增加 4.70%。从证券行业整体的杠杆倍数来看，由 2012 年的 1.61 倍扩大到了 2.02 倍。

2013 年，证券公司规模的集中度保持稳定，总资产、净资产和净资本三项指标的前五大证券公司的集中率基本保持一致的变化趋势，较 2012 年均略有下降，其中，净资本集中度的下降最为明显。2013 年，行业内总资产、净资产、净资本前五家证券公司的集中率分别为31.52%、33.07%和26.67%。

2013年，证券公司实现营业收入1592.41亿元，同比增加22.99%；实现净利润440.21亿元，同比增加33.68%；净利率为27.64%，同比回升0.63个百分点；行业净资产收益率（ROE）为5.84%，同比上升了1.10个百分点。从2013年证券公司的收入结构来看，经纪业务和自营业务在总收入中的占比分别为47.68%和19.19%，这两项传统业务的合计占比较2012年提升近5.53个百分点；融资融券业务占比提升到11.59%，比2012年上升了7.53个百分点，受托客户资产管理业务收入占比由2.07%上升至4.41%，投资咨询业务收入占比也由0.89%上升至1.62%。

截至2013年底，全国证券公司营业部共5785家，与2012年相比增加了522家。增长较快的区域集中在沿海地区，营业部密集的区域进一步增加了布局密度，江苏省、广东省、浙江省是增设营业部最多的区域，分别增加了82家、66家、55家；中部地区（如湖南省、河南省、陕西省等）网点扩张也较快；除港、澳、台三地外，西部地区营业部分布较为稀疏，且西藏、青海和宁夏三省（自治区）的营业部数量最少，分别仅有6家、16家和24家，西部地区与东部沿海的分布对比更加突出。从单体营业部的股票交易金额来看，经过2007年和2009年平均150亿元/家的股票交易金额的高峰之后，2009年以来总体呈现出下滑态势，显示出证券公司营业部之间的竞争较为激烈。

截至2013年底，证券公司注册从业人员数达到22.28万人，同比减少1.81万人，减幅高达7.51%。从业人员中，一般从业人员14.12万人，证券经纪业务营销人员3957人，证券经纪人4.64万人，证券投资咨询业务（分析师）2610人，证券投资咨询业务（投资顾问）2.53万人，保荐代表人2356人，投资主办人986人。与2012年相比，从业人员的结构变化较大，其中，一般从业人员较2012年减少2.39万人，减幅较大，经纪业务营销人员减少2233人；其他从业人员都呈现了扩张趋势，其中增幅最大的是证券经纪人，增加5285人，其后依次是证券投资咨询业务（投资顾问），增加2138人，投资主办人增加244人，保荐代表人增加202人，证券投资咨询业务（分析师）增加159人。

2. 行业内上市公司发展状况

截至2013年底，A股市场资本市场服务业上市公司共有19家。

表11　2013年资本市场服务业上市公司收入及资产增长情况　单位：亿元

指　标	2013年	2013年可比样本增长（%）	2012年	2012年可比样本增长（%）	2011年
营业收入	793.74	25.56	632.18	-15.19	745.37
利润总额	315.69	33.90	235.76	-30.71	340.27
归属于母公司所有者的净利润	241.40	32.47	182.23	-31.59	266.39

续表

指 标	2013 年	2013 年可比样本增长（%）	2012 年	2012 年可比样本增长（%）	2011 年
总资产	10912.23	30.52	8360.45	13.49	7366.48
归属于母公司股东权益	3938.46	5.82	3722.01	10.70	3362.17

资料来源：Wind 资讯，山西证券。

表 12 2013 年资本市场服务业上市公司盈利能力情况 单位：%

指 标	2013 年	2013 年可比样本变动	2012 年	2012 年可比样本变动	2011 年
净资产收益率	6.14	1.34	4.90	-3.02	7.92
总资产收益率	2.57	0.19	2.38	-0.95	3.33

资料来源：Wind 资讯，山西证券。

表 13 2013 年资本市场服务业上市公司偿债能力情况 单位：%

指 标	2013 年	2013 年可比样本变动	2012 年	2012 年可比样本变动	2011 年
权益比率	36.81	-8.26	45.07	-1.18	46.25
净资产负债率	27.94	7.74	20.20	6.05	14.15

资料来源：Wind 资讯，山西证券。

表 14 2013 年资本市场服务业上市公司营运能力情况

指 标	2013 年	2013 年可比样本变动	2012 年	2012 年可比样本变动	2011 年
总资产周转率（次）	0.08	0.00	0.08	-0.01	0.09

资料来源：Wind 资讯，山西证券。

（三）保险业

1. 行业概况

2013 年，面对错综复杂和极为困难的形势，保险业积极进取，开拓创新，行业发展呈现“稳中有进、进中向好”的良好态势。

业务增长平稳回升，全年实现保费收入 1.72 万亿元，同比增长 11.2%，比 2012 年提高 3.2 个百分点，扭转了业务增速连续下滑的势头。财产险业务继续保持较快增长，保费收入 6212 亿元，同比增长 16.5%。人身险业务企稳回升，保费收入 1.1 万亿元，同比增长 8.4%，比 2012 年提高 3.9 个百分点。

整体实力持续增强，保费规模全球排名第四位，与第三位已十分接近。保险公司总资产 8.3 万亿元，较年初增长 12.7%。净资产 8475 亿元，较年初增长 7%。利润总额达到 991.4 亿元，同比增长 112.5%。

保险公司整体实力不断增强，平安保险集团入选全球9家系统重要性保险机构。

保险经营风险得到有效防范，妥善应对集中满期给付和退保高峰的冲击，行业现金流保持充足，个别地区集中退保风险得到及时处置。保险保障基金余额468亿元，较年初增长22.5%，行业抵御风险的能力不断增强。

改革积极效应逐步显现，寿险费率市场化增强了市场活力，2013年8月改革启动以来，普通型人身险新单保费同比增长520%，增速创13年来新高。资金运用改革拓宽了投资渠道、优化了资产结构，企业债和另类投资等高收益资产占比较年初分别增加2个百分点和6.3个百分点。全行业实现投资收益3658.3亿元，收益率5.04%，比2012年提高1.65个百分点，是近4年来的最好水平。

服务能力不断提升，农业保险保费收入306.6亿元，同比增长27.4%，向3177万受灾农户支付赔款208.6亿元。承保主要农作物突破10亿亩，提供风险保障突破1万亿元。责任保险保费收入216.6亿元，为食品、环境、医疗等领域提供风险保障48.6万亿元。出口信用保险保费收入155.2亿元，向近4.5万家企业提供风险保障2.86万亿元，为稳定国家外需做出了贡献。大病保险在全国25个省的144个统筹地区全面推开，覆盖人口3.6亿人。在一系列重大灾害事故发生后，保险业全力以赴开展抗灾救灾、保险理赔。

2. 行业内上市公司发展状况

截至2013年底，A股市场共有4家保险公司，分别是中国人寿、中国平安、中国太保、新华保险。

表15　　2013年保险业经营情况表　　单位：万元

项目	金额
原保险保费收入	172222375.23
1. 财产险	62122577.83
2. 人身险	110099797.40
①寿险	94251414.16
②健康险	11234960.47
③人身意外伤害险	4613422.77
养老保险公司企业年金缴费	5887621.45
原保险赔付支出	62129030.29
1. 财产险	34391379.13
2. 人身险	27737651.16
①寿险	22531329.39
②健康险	4111271.11
③人身意外伤害险	1095050.66
业务及管理费	24595864.37
银行存款	226409772.33

续表

投资	542324291.55
资产总额	828869456.04
养老保险公司企业年金受托管理资产	24953391.99
养老保险公司企业年金投资管理资产	21675214.21

资料来源：中国保险监督管理委员会。

表 16　　2013 年保险业上市公司收入及资产增长情况　　单位：亿元

指　标	2013 年	2013 年可比样本增长（%）	2012 年	2012 年可比样本增长（%）	2011 年
营业收入	11089.75	11.67	9931.23	10.17	9014.46
利润总额	925.48	78.99	517.07	-19.48	642.13
归属于母公司所有者的净利润	666.02	70.25	391.21	-20.03	489.18
总资产	66226.35	11.90	59183.77	22.62	48267.14
归属于母公司股东权益	5413.20	5.57	5127.49	19.11	4304.99

资料来源：Wind 资讯，山西证券。

表 17　　2013 年保险业上市公司盈利能力情况　　单位：%

指　标	2013 年	2013 年可比样本变动	2012 年	2012 年可比样本变动	2011 年
收入净利率	6.75	2.11	4.64	-1.16	5.80
成本费用利润率	9.10	3.52	5.49	-2.17	7.66
净资产收益率	12.23	3.73	7.63	-3.73	11.36
保费收入利润率	8.05	3.04	5.01	-1.53	6.63

资料来源：Wind 资讯，山西证券。

表 18　　2013 年保险业上市公司偿债能力情况　　单位：%

指　标	2013 年	2013 年可比样本变动	2012 年	2012 年可比样本变动	2011 年
认可资产负债率	90.91	0.48	90.43	0.25	90.18
偿付能力充足率	200.34	-14.61	214.95	33.99	180.96

资料来源：Wind 资讯，山西证券。

表 19　　2013 年保险业上市公司资金运用效率情况　　单位：%

指　标	2013 年	2013 年可比样本变动	2012 年	2012 年可比样本变动	2011 年
保险资金运用率	64.86	-2.23	67.09	-0.42	67.51
资金运用盈利率	4.59	1.98	2.61	-0.74	3.35

资料来源：Wind 资讯，山西证券。

（四）其他金融业

1. 行业概况

其他金融业包含金融信托与管理、金融租赁、邮政储蓄、典当、其他未列明的金融活动等。

根据中国信托业协会公布的数据，2013 年，信托公司信托资产总规模为 10.91 万亿元，与 2012 年 7.47 万亿元相比，同比增长 46.00%。从信托财产来源看，单一资金信托占比 69.62%，同比增加 1.32 个百分点；集合资金信托占比 24.90%，同比减少 0.3 个百分点；管理财产信托占比 5.49%，同比减少 1.01 个百分点。从信托功能看，融资类信托占比 47.76%，同比减少 1.11 个百分点；投资类信托占比 32.54%，同比减少 3.3 个百分点；事务管理类信托占比 19.70%，同比增加 4.42 个百分点。从资金信托的投向看，工商企业占比 28.14%，同比增加 1.49 个百分点；基础产业为 25.25%，同比增加 1.63 个百分点；金融机构占比 12.00%，同比增加 1.79 个百分点；证券市场占比 10.35%，同比减少 1.2 个百分点；房地产占比 10.03%，同比增加 0.18 个百分点；其他占比 14.23%，同比减少 3.89 个百分点。2013 年，信托资产结构仍然以单一资金信托、融资信托与工商企业运用为主。

2013 年，信托行业固有资产总规模为 2871.41 亿元，与 2012 年 2282.08 亿元相比，同比增加 25.82%；平均每家固有资产 42.23 亿元，与 2012 年平均每家 34.58 亿元相比，同比增加 22.12%（2013 年 68 家，2012 年 66 家）。全行业实收资本总额为 1116.55 亿元，与 2012 年 980.00 亿元相比，同比增加 13.93%；平均每家实收资本为 16.42 亿元，与 2012 年平均每家 14.85 亿元同比增长 10.57%。2013 年，全行业所有者权益总额为 2555.18 亿元，每股净资产为 2.29 元，与 2012 年总额 2032.00 亿元和每股净资产 2.07 元相比，同比分别增加 25.75%和 10.63%；平均每家净资产 37.58 亿元，与 2012 年每家 30.79 亿元相比，同比增长 22.05%。

2013 年，信托公司全行业经营收入总额 832.60 亿元，平均每家 12.24 亿元，与 2012 年 638.42 亿元总额与每家 9.67 亿元相比，同比分别增长 30.42%和 26.58%；经营收入中，信托业务收入占比达到 73.44%，同比略减 0.48 个百分点。全行业实现利润总额 568.61 亿元，实现人均利润 305.65 万元，平均每家实现利润 8.36 亿元，与 2012 年 441.40 亿元利润总额、291.30 万元人均利润和平均每家 6.69 亿元相比，利润总额同比增加 28.82%，人均利润同比增加 4.93%，平均每家利润增长 24.96%。2013 年，全行业实现的净资产收益率为 22.25%，同比增加 0.53 个百分点。就已清算信托项目实现的平均年化综合信托报酬率和年化综合实际收益率而言，2013 年分别为 0.71%和 7.04%，相比 2012 年的 0.75%和 6.33%，信托公司实现的平均年化综合报酬率同比降低了 0.04 个百分点，但受益人实现的年化综合实际收益率则提高了 0.71 个百分点。

截至 2013 年底，全国在册运营的各

类融资租赁公司（不含单一项目融资租赁公司）共1026家，比年初的560家增加466家，增长83.2%。其中，金融租赁23家，增加3家；内资租赁123家，增加43家；外商租赁增加较多，达到约880家，比2012年增加420家。

截至2013年末，整个行业注册资金达到3060亿元，比2012年末的1890亿元增加1170亿元，增幅为61.9%。

截至2013年底，全国融资租赁合同余额约为21000亿元，比2012年底15500亿元增加约5500亿元，增长幅度为35.5%。其中，金融租赁约8600亿元，增长30.3%，业务总量约占全行业的40.9%；内资租赁约6900亿元，增长27.8%，业务总量约占全行业的32.9%；外商租赁约5500亿元，增长57.1%，业务总量约占全行业的26.2%。

2. 行业内上市公司发展状况

截至2013年底，A股市场其他金融业上市公司共4家：陕国投A、爱建股份、中航投资、安信信托。

表20　　2013年底全国融资租赁企业概况

指　标	2013年底企业数（家）	2012年底企业数（家）	2013年比上年增加（家）	企业数量增长（%）	企业数量所占比重（%）
金融租赁	23	20	3	15.0	2.2
内资租赁	123	80	43	53.8	12.0
外资租赁	880	460	420	91.3	85.8
总计	1026	560	466	83.2	100.0

资料来源：中国租赁联盟。

表21　　2013年底全国融资租赁企业注册资金　　单位：亿元，%

指　标	2013年底注册资金	2012年底注册资金	2013年比上年增加	注册资金增长率
金融租赁	769	622	147	23.6
内资租赁	551	364	187	51.4
外资租赁	1740	904	836	92.4
总计	3060	1890	1170	61.9

资料来源：中国租赁联盟。

表22　　2013年全国融资租赁业务发展概况　　单位：亿元，%

指　标	2013年底业务总量	2012年底业务总量	2013年比上年增加	2013年比上年增长	业务总量所占比重
金融租赁	8600	6600	2000	30.3	40.9
内资租赁	6900	5400	1500	27.8	32.9
外资租赁	5500	3500	2000	57.1	26.2
总计	21000	15500	5500	35.5	100.0

资料来源：中国租赁联盟。

表 23　　2013 年其他金融业上市公司收入及资产增长情况　　单位：亿元，%

指　标	2013 年	2013 年增长	2012 年	2012 年增长	2011 年
营业收入	78.20	26.26	53.39	141.14	22.14
利润总额	39.12	28.01	38.89	256.43	10.91
归属于母公司所有者的净利润	19.12	35.45	19.04	126.55	8.40
总资产	965.02	30.28	1040.76	341.41	235.78
归属于母公司股东权益	140.82	4.83	205.11	91.92	106.87

资料来源：Wind 资讯，山西证券。

表 24　　2013 年其他金融业上市公司盈利能力情况　　单位：%

指　标	2013 年	2013 年变动	2012 年	2012 年变动	2011 年
毛利率	50.22	-9.40	62.14	1.94	60.21
净资产收益率	18.10	4.14	6.83	-0.07	6.90
销售净利率	78.95	-1.84	35.66	-2.29	37.95
资产净利率	3.45	-2.37	1.83	-1.73	3.56

资料来源：Wind 资讯，山西证券。

表 25　　2013 年其他金融业上市公司偿债及营运情况

指　标	2013 年	2013 年变动	2012 年	2012 年变动	2011 年
资产负债率（%）	79.56	4.26	73.22	24.90	48.32
存货周转率（次）	25.63	5.27	53.54	37.52	16.02
总资产周转率（次）	0.09	-0.07	0.05	-0.04	0.09

资料来源：Wind 资讯，山西证券。

四、重点上市公司介绍

（一）中国银行

2006 年 6 月、7 月，中国银行先后在香港联交所和上海证券交易所成功挂牌上市，成为国内首家“A+H”股发行上市的中国商业银行。2013 年，中国银行再次入选全球系统重要性银行，成为新兴市场经济体中唯一连续 3 年入选的金融机构。

2013 年，中国银行全年实现营业收入 4075 亿元，同比增长 11.31%，其中利息净收入 2836 亿元，同比增长 10.36%，归属于母公司净利润 1569 亿元，同比增长 12.36%，每股收益 0.56 元。2013 年末，中国银行总资产 138743 亿元，比年初增长 9.41%，生息资产 132317 亿元，比年初增长 9.19%，总负债 129128 亿元，比年初增长 9.25%，付息负债 122573 亿元，比年初增长 8.61%，净资产 9615 亿元，比年初增长 11.60%，每股净资产 3.31 元。

2013年末，贷款总额为76078亿元，同比增加10.82%，年末贷款净额占生息资产比重为56.23%，与年初相比增加了0.85个百分点。年末集团贷款减值准备余额为1680亿元，比2012年末增加134亿元。不良贷款拨备覆盖率为229.35%，比2012年末下降6.95个百分点。重组贷款总额为81.06亿元，比2012年末下降24.12亿元。

2013年末，集团客户存款总额为100978亿元，同比增加10.07%。其中，人民币客户存款总额80911亿元，同比增长11.32%；外币客户存款总额折合3291亿美元，同比增加了8.54%。

（二）中国人寿

中国人寿保险（集团）公司及其子公司构成了我国最大的商业保险集团，是中国资本市场最大的机构投资者之一。中国人寿于2007年1月在A股市场上市，成为第一家在A股上市的保险业公司。

2013年，中国人寿实现净利润247.65亿元，同比增加123.9%，每股净利润为0.88元；公司2013年新业务价值213亿元，同比增长2.2%；期末内含价值3422亿元，比2012年末增长1.4%。2013年，中国人寿已赚保费为3248.13亿元，较2012年同期增长0.8%；首年保费较2012年同期下降8.8%，首年期交保费较2012年同期下降11.5%，首年期交保费占首年保费比重由2012年同期的36.11%下降至35.05%；10年期及以上首年期交保费较2012年同期增长12.2%，10年期及以上首年期交保费占首年期交保费比重由2012年同期的41.35%提升至52.40%；续期保费较2012年同期增长5.8%，续期保费占总保费的比重由2012年同期的55.83%提升至58.45%；短期意外险保费较2012年同期增长11.5%，短期意外险保费占短期险保费比重由2012年同期的57.98%提升至58.83%。截至2013年末，中国人寿有效保单数量较2012年底增长18.8%；保单持续率（14个月及26个月）分别达89.00%和88.00%；退保率为3.86%，较2012年同期上升了1.14个百分点。

2013年末，中国人寿投资资产达18487.44亿元，较2012年底增长3.2%；主要品种中定期存款配置比例由2012年底的35.80%升至35.93%，债券配置比例由2012年底的46.24%升至47.25%，股票、基金配置比例由2012年底的9.01%降低至7.50%。息类收入稳定增长，净投资收益率为4.54%；价差收入大幅增长，资产减值损失显著下降，总投资收益率为4.86%，包含联营企业投资收益在内的总投资收益率为4.95%。

（三）招商证券

招商证券股份有限公司（以下简称“招商证券”）的前身是招商银行证券业务部，1991年8月3日，经中国人民银行深圳经济特区分行以《关于同意招商银行证券业务部试营业的通知》批准，招商银行证券业务部注册成立。招商证券于2009年在上海证券交易所挂牌上市。

2013年，招商证券实现营业收入60.87亿元，同比增加30.45%；实现归属于上市公司股东的净利润22.30亿元，同比增加35.46%；基本每股收益0.4784元/股，同比增加35.46%；加权平均净资产收益率为8.44%，同比增加1.91个百分点。

2013年3月，公司在业内率先全面推出非现场开户业务，并全面支持见证与网上两种开户模式。2013年，招商证券实现经纪业务手续费净收入29.85亿元，同比增加65.73%。公司经纪业务市场占有率则继续维持扩大态势，2013年公司股基市场占有率为4.272%，较2012年4.025%上升6.14%。

招商证券投行业务全年完成股票及债券主承销总额337.94亿元，主承销家数25家。截至2013年末，招商证券累计8个保荐类项目通过中国证监会审核，52个保荐类项目在会审核，储备项目数在行业处于领先地位。为实现投资银行业务平衡发展的目标，2013年投资银行总部大力推动业务转型，积极开拓再融资、债券、资产证券化、市值管理、并购等非IPO业务，投行业务项目储备实现多元化，为将来提供全产品服务奠定基础。2013年，招商证券实现投资银行业务手续费净收入43315.34万元，同比下滑18.64%。

2013年，公司自营投资业务实现收入125624.58万元，相较2012年同期下降了8.28%。2013年，招商证券资产管理业务年内产品数量、规模、各项经营指标等均得到显著提升。截至2013年12月31日，公司资产管理业务受托资金规模为688.88亿份，同比增长260.21%。招商证券2013年实现资产管理业务手续费净收入23594.42万元，同比增加134.74%。

五、上市公司对行业的影响

2013年，金融业上市公司继续在全行业中保持领先地位。

货币金融服务业：16家A股银行业上市公司在货币金融服务业金融机构中地位占比很大。其中，包含国有五大商业银行、主要的股份制商业银行以及领先的城市商业银行。

资产规模方面，截至2013年底，银行业上市公司总资产为95.14万亿元，同比增长10.75%；归属于母公司股东权益达到6.10万亿元，同比增长14.62%。截至2013年底，银行业金融机构资产总额为151.4万亿元，比年初增加17.7万亿元，增长13.3%。上市公司总资产占全行业比重为62.84%，同比下降1.46个百分点。

盈利能力方面，银行业上市公司盈利规模在行业内占比仍较大。2013年，银行业上市公司全年共实现归属于母公司所有者的净利润1.16万亿元，同比增长12.78%，银行业金融机构2013年实现税后利润为1.74万亿元，同比增长15.4%，上市公司净利润占全行业比重约为66.67%，较2012年下降1.33个百分点。

资本市场服务业：目前证券行业净资本排名前十的证券公司中，已有包括海通证券、中信证券、广发证券、华泰证券、光大证券与招商证券共6家公司在A股上市，总体而言其表现在全行业中处于基本持平的地位。截至2013年底，券商A股上市共有19家。

2013年，资本市场服务业上市公司共实现主营业务收入793.74亿元，同比增长25.56%；实现利润总额315.69亿元，同比增长33.90%；实现归属于母公司所有者的净利润241.40亿元，同比提高32.47%。净资产收益率为6.14%，同比增加1.34个百分点；资产负债率为63.19%，同比上升8.26个百分点。根据中国证券业协会的数据，截至2013年底，证券公司总资产规模合计2.08万亿元，同比扩大20.93%。实现营业收入1592.41亿元，同比增加22.99%；实现净利润440.21亿元，同比增加33.68%；净利率为27.64%，同比回升0.63个百分点；行业净资产收益率（ROE）为5.84%，同比上升了1.10个百分点。

保险业：2013年，4家A股保险业上市公司（中国平安、新华保险、中国太保、中国人寿）继续保持着行业领先的地位。

2013年，保险业上市公司总资产为66226.35亿元，同比增长11.90%；归属于母公司股东权益为5413.20亿元，同比增长5.57%。2013年，保险业上市公司共实现营业收入11089.75亿元，同比增长11.67%；实现利润总额925.48亿元，同比增长78.99%；实现归属于母公司所有者的净利润666.02亿元，同比增长70.25%。截至2013年12月底，保险行业资产总额达到8.3万亿元，同比增长12.7%。2013年保险业实现原保险保费收入约1.72万亿元，同比增长11.2%。上市公司总资产占全行业比重为79.52%。

中国保监会网站公布数据显示，保费规模排名前三的财产险公司中，人保股份、平安财险、太保财险分别实现原保险保费收入2230.05亿元、1153.65亿元、816.13亿元，同比分别增长15.54%、16.78%、17.34%。人身险公司保费规模前五名的公司中，国寿股份、平安寿险、新华人寿、太保寿险、人保寿险分别实现原保险保费收入3267.20亿元、1460.91亿元、1036.40亿元、951.01亿元、752.73亿元，同比分别增长1.23%、13.45%、6.06%、1.76%、17.56%。

其他金融业：信托业、金融租赁业上市公司数量和规模均较小，不具有行业代表性。

审稿人：翟太煌　曹玲燕　刘小勇

撰稿人：李　彬

房地产业

一、房地产业总体概况

2013年，我国的房地产行业在长效机制的作用下保持高位理性，政府调控政策以预期管理为主，虽然在5月和11月经历波动，但行业整体销售仍保持较快增长。从行业规模上看，2013年地产行业完成销售收入8.14万亿元，同比增长26.33%，增速相比2012年上升了16.32个百分点；商品房销售面积13.06亿平方米，同比增长17.29%，增速相比2012年上升了15.52个百分点；全国商品房平均价格6237元，同比上涨7.70%，增速相比2012年下降了0.40个百分点。地产行业销售收入占我国GDP的比重为14.31%，同比上升1.91个百分点，房地产投资占全社会固定资产投资完成额的19.27%，同比上升了0.11个百分点，房地产行业在我国经济体系中仍然居于重要位置。

从房地产投资来看，开发投资中枢继续随着整体供求缺口的收窄而缓慢下行，2013年开发投资增速和新开工增长维持在合理的水平，竣工面积增速继续放缓。2013年，全国房地产完成投资8.60万亿元，同比2012年增长19.79%，增速上升3.60个百分点。房地产投资占全社会固定资产投资额的19.27%，同比上升了0.11个百分点；全国房地产开发企业土地购置面积为3.88亿平方米，同比上升8.82%，增速上升28.36个百分点；商品房施工面积66.56亿平方米，较2012年增长16.07%，增速上升2.92个百分点；房屋新开工面积20.12亿平方米，同比上升13.46%，增速上升20.73个百分点；房屋竣工面积10.14亿平方米，同比增长2.02%，增速下降5.33个百分点。

从价格上看，由于各地的供需数量和调控政策不同，全国城市的房价继续分化。根据国家统计局公布的70个大中城市住宅价格指数来看，2013年12月与2012年12月相比，新建商品住宅价格下降的城市有1个，上涨的城市有69个，没有城市价格持平；在12月同比价格上涨的城市中，“北上广深”的涨幅均超过了20%，其他27个城市的同比涨幅也超过了10%。与2012年同月相比，在70个大中城市中，二手住宅价格下降的城市有1个，上涨的城市有69个，同样没有城市价格持平；在12月同比价格上涨的城市中，“北上广深”的涨幅均超过了10%。

政策方面，政府思路由坚持调控转变

为市场化、差别化，并着力建设长效机制：从2月“新国五条”出台明确调控抑制投资需求，逐渐过渡到11月十八届三中全会《中共中央关于全面深化改革若干重大问题的决定》提出深化改革，保障行业长期健康发展；同时政府依然坚定市场化方向，构建以政府为主提供基本保障、以市场为主满足多层次需求的住房供应体系。此外，土地政策偏向结构性微调，引导部分三四线城市偏快的土地供应节奏，平衡土地供应。同时，政府继续保障民生，深化公积金改革，继续扩大保障房覆盖范围，强调分配公平、关注夹心层需求。从货币政策方面来看，2013年全年央行并未降息，个人住房贷款加权平均利率呈缓慢上行态势；政府依然执行严格的差异化住房信贷政策，并未放松二套房首付比例和三套以上房屋的贷款。

总体来说，差别化调控和长效机制确保了行业的稳定发展。政策干扰的减弱更有利于房地产公司的经营，但随着行业供给增加，区域市场和地产企业均出现了更为明显分化。市场从黄金十年的繁荣过渡到更加稳定的阶段，有利于稳定房价、促进民生，同时也为行业龙头的并购扩张提供了契机。

二、行业内上市公司发展概况

（一）行业内上市公司基本情况

表1　　2013年房地产业上市公司发行股票概况

门　类	A、B股总数	A股股票数	B股股票数	境内总市值（亿元）	流通A股市值（亿元）	流通B股市值（亿元）
房地产业（家）	150	135	15	9256.83	8001.33	332.64
占沪深两市比重（%）	5.69	5.12	0.57	3.87	4.04	20.00

资料来源：沪深交易所，天相投资分析系统。

（二）行业内上市公司构成情况

表2　　2013年房地产业上市公司构成情况

门　类	沪　市			深　市			ST/*ST
	仅A股	仅B股	A+B股	仅A股	仅B股	A+B股	
房地产业（家）	64	2	5	60	2	6	0/3
占行业内上市公司比重（%）	46.04	1.44	3.60	43.17	1.44	4.32	0/2.16

资料来源：沪深交易所，天相投资分析系统。

（三）行业内上市公司融资情况

表 3 2013 年房地产业上市公司与沪深两市融资情况对比

	融资家数	新 股	配 股	增 发
房地产业（家）	4	0	0	4
沪深两市总数（家）	370	0	13	357
占比（%）	1.08	—	0.00	1.12

资料来源：天相投资分析系统。

2013 年，房地产业共有 4 家上市公司增发融资，其中有 3 家沪市、1 家深市公司。

2013 年房地产业上市公司融资情况明细见附录。

（四）行业内上市公司资产及业绩情况

表 4 2013 年房地产业上市公司资产情况 单位：亿元

指 标	2013 年	2013 年可比样本增长（%）	2012 年	2012 年可比样本增长（%）	2011 年
总资产	29136.65	24.10	23560.87	21.35	18264.77
流动资产	25627.11	23.81	20756.68	22.05	16061.35
占比（%）	87.95	−0.21	88.10	0.51	87.94
非流动资产	3509.54	26.53	2799.58	16.17	2203.42
占比（%）	12.05	0.23	11.88	−0.53	12.06
流动负债	15542.49	21.70	12797.92	24.80	9644.93
占比（%）	53.34	−1.06	54.32	1.50	52.81
非流动负债	6180.67	39.87	4431.54	21.35	3512.70
占比（%）	21.21	2.39	18.81	0.00	19.23
归属于母公司股东权益	6076.51	13.47	5399.07	13.80	4371.56
占比（%）	20.86	−1.95	22.92	−1.52	23.93

资料来源：沪深交易所，天相投资分析系统。

表 5 2013 年房地产业上市公司收入实现情况 单位：亿元

指 标	2013 年	2013 年可比样本增长（%）	2012 年	2012 年可比样本增长（%）	2011 年
营业收入	7122.43	27.09	5639.24	28.03	4100.15
利润总额	1314.43	18.11	1127.13	17.43	892.10
归属于母公司所有者的净利润	842.45	16.20	735.65	15.55	586.71

资料来源：沪深交易所，天相投资分析系统。

（五）利润分配情况

2013年，房地产业上市公司中共有93家公司实施了分红配股。1家上市公司实施送股或转增股，85家上市公司实施派息，其中，7家公司既实施了送股、转增，又实施了派息。

（六）其他财务指标情况

1. 盈利能力指标

表6　　2013年房地产业上市公司盈利能力情况　　单位：%

指　标	2013年	2013年可比样本变动	2012年	2012年可比样本变动	2011年
毛利率	33.27	-4.07	37.45	-2.40	40.13
净资产收益率	13.00	0.01	13.07	0.23	13.42
销售净利率	13.53	-1.04	14.67	-1.39	14.31
资产净利率	3.66	-0.15	3.85	-0.26	3.59

资料来源：沪深交易所，天相投资分析系统。

2. 偿债能力指标

表7　　2013年房地产业上市公司偿债能力情况

指　标	2013年	2013年可比样本变动	2012年	2012年可比样本变动	2011年
流动比率	1.65	0.03	1.62	-0.04	1.67
速动比率	0.43	-0.01	0.44	0.02	0.42
资产负债率（%）	74.56	1.33	73.13	1.51	72.04

资料来源：沪深交易所，天相投资分析系统。

3. 营运能力指标

表8　　2013年房地产业上市公司营运能力情况　　单位：次

指　标	2013年	2013年可比样本变动	2012年	2012年可比样本变动	2011年
存货周转率	0.42	0.01	0.40	0.00	0.24
应收账款周转率	16.69	-12.78	28.18	-1.86	32.55
流动资产周转率	0.31	0.01	0.30	0.01	0.29
固定资产周转率	17.10	2.03	14.83	1.40	15.41
总资产周转率	0.27	0.01	0.26	0.01	0.25
净资产周转率	1.04	0.09	0.95	0.08	0.88

资料来源：沪深交易所，天相投资分析系统。

三、重点上市公司介绍

（一）万科 A

万科 A 为国内地产板块上市公司龙头，2013 年实现营业收入 1354.18 亿元，同比增长 31.33%；实现营业利润 242.61 亿元，同比增长 15.46%；实现净利润 151.2 亿元，同比增长 20.5%。每股收益为 1.37 元；每股净资产 6.98 元；净资产收益率 21.45%。

公司净利润的上升主要来自于其营业收入的显著上升，其中，结算面积 1231.0 万平方米，同比增长 36.9%；结算收入 1327.9 亿元，同比增长 30.7%；但公司的盈利能力有所下降，结算均价为 10787 元/平方米，同比下降 4.5%；销售毛利率为 31.47%，同比下降 5.09 个百分点；净利率 13.51%，同比下降 1.68 个百分点；净资产收益率 21.45%，与 2012 年持平；总资产收益率 4.27%，同比下降 0.37 个百分点。

公司的财务状况保持稳健。截至 2013 年末，公司的资产负债率为 78.00%，较 2012 年下降了 0.32 个百分点；公司净负债率 30.7%，较 2012 年上升了 7.2 个百分点，仍然保持在行业较低的水平。此外，公司继续保持良好的资金状况，截至 2013 年末持有货币资金 443.6 亿元，远高于短期借款和一年内到期的长期借款总额 326.2 亿元，经营性现金流的流入和流出总体仍然保持平衡，充裕的现金储备使公司能够灵活地应对市场变化。

2013 年，公司着重于提升专业能力和管理效率，促进公司发展由规模速度型向质量效益型转变。2013 年，公司共实现销售面积 1489.9 万平方米，销售金额 1709.4 亿元，同比分别增长 15.0%和 21.0%，销售金额再度刷新行业纪录。分区域看，公司在以珠三角为核心的广深区域实现销售面积 429.9 万平方米，销售金额 523.9 亿元；在以长三角为核心的上海区域实现销售面积 339.7 万平方米，销售金额 460.5 亿元；在以环渤海为核心的北京区域实现销售面积 405.4 万平方米，销售金额 454.0 亿元；在由中西部中心城市组成的成都区域实现销售面积 314.9 万平方米，销售金额 271.0 亿元。

（二）保利地产

保利地产作为国内地产板块开发类上市公司龙头之一，2013 年实现营业收入 923.56 亿元，同比增长 34.03%；实现净利润 107.47 亿元，同比增长 27.36%，公司保持了良好的增长态势。每股收益 1.51 元；每股净资产 7.25 元；净资产收益率 22.95%。

2013 年结算期内，公司结转项目较为积极。2013 年，公司房地产业务结算毛利率 31.25%，同比下降 3.99 个百分点；销售净利率 12.85%，同比下降 1.63 个百分点；净资产收益率 22.95%，同比上升 1.11 个百分点；总资产收益率 4.20%，同比下降 0.27 个百分点。

2013 年，公司的财务较为稳健。截至 2013 年末，公司的资产负债率为 77.97%，同比下降 0.22 个百分点；扣除预收账款后的真实资产负债率为 43.84%（扣除预收账款后的其他负债占总资产的比例)，同比上升1.7个百分点；公司有息负债991亿元，有息负债平均融资成本为7.03%。

2013年，公司实现房地产业务结转收入892.90亿元，同比增长34.65%；房地产结转面积870.8万平方米，同比增长36.91%。截至2013年末，公司总资产3139亿元，净资产692亿元，分别比2012年同期增长24.98%和62.88%。2013年，公司共实现销售回笼1112亿元，新增借款625亿元，净增借款191亿元，完成项目直接投资998亿元，期末资金余额338亿元。

公司销售业绩持续增长。全年累计实现销售签约面积1064.37万平方米，同比增长18.11%；实现销售签约金额1252.89亿元，同比增长23.15%，其中，中小户型产品占比达92.9%。销售签约均价11771元/平方米，与2012年基本持平。全年商业类产品（含商铺、写字楼、公寓等）销售签约额近140亿元，约占销售签约额的14%。报告期内，广东区域实现销售签约215亿元，华南、成都、北京三个区域实现销售签约超过100亿元，上海、武汉两个区域销售签约超过90亿元，天津、江苏、重庆三个区域实现销售签约超过50亿元。2013年公司市场占有率达1.54%，较2012年下降0.04个百分点。

（三）招商地产

招商地产是国内地产板块开发类龙头企业之一，2013年实现营业收入325.68亿元，同比增长28.74%；实现归属于母公司净利润42.02亿元，同比增长26.64%，公司实现了较快增长。每股收益2.45元；每股净资产15.56元；净资产收益率16.73%。

2013年，公司净利润增长主要来自于营业收入的驱动，其中，结算面积205.79万平方米，同比增长51.23%；房地产开发营业收入302.07亿元，同比增长30.63%。但公司的盈利能力有所下降，销售毛利率为28%，比2012年同比下降约4个百分点；净利率16.91%，比2012年持平；受益于高周转策略，公司净资产收益率16.73%，比2012年提高1.54个百分点；总资产收益率4.53%，与2012年持平。

公司财务状况保持稳定。截至2013年末，公司的资产负债率为70.97%，同比下降2.07个百分点；剔除预收款后的资产净负债率为42.98%，同比下降3.99个百分点。2012年期末，公司持有的货币资金为242.40亿元，同比增幅32.90%，远高于短期借款和一年内到期长期借款的总和105.81亿元；在确保具备充足的运营资金的同时，公司通过优化借款期限及招商置地的一系列资本运作，将全年资金综合成本控制在5.23%，同比下降0.76个百分点。

2013年，公司在未来五年实现“千亿收入、百亿利润”发展目标的基础上，继续秉承加快住宅开发和项目周转的策略，夯实规模基础。营业收入中，商品房销售收入302.07亿元，结算面积205.79万平方米，分别同比增长30.63%和51.23%；投资性物业租赁收入7.7亿元，累计出租面积达909.9万平方米，分别同比增长5.75%和3.88%；园区供电销售收入6.58亿元，售电82159万度，分别同比增长10.40%和

2.15%。地域方面，环渤海、长三角和珠三角占营业收入比重分别为29.29%、13.91%和43.60%。

2013年，公司新进入昆明、大连、宁波、南宁、杭州、烟台6个城市，通过招拍挂和收购结合的方式，新增低溢价率项目资源666万平方米，其中公司权益面积497万平方米。截至2013年末，公司已进驻全国25个城市，项目储备超1300万平方米。从结构看，二线重要城市的比重在逐步扩大，产品的结构也更趋合理，中长期战略布局逐渐形成。

（四）金地集团

金地集团为国内地产板块上市公司龙头，2013年实现营业收入348.36亿元，同比增长6.00%；实现营业利润62.69亿元，同比增长3.90%；实现归属于母公司净利润36.09亿元，同比下降2.92%。每股收益为0.81元；每股净资产6.51元；净资产收益率为13.11%。

2013年，公司销售稳步增长，但积极销售的同时盈利能力有所下降。结算期内公司房地产业务销售毛利率为26.04%，同比下降5.7个百分点；净利润率为12.95%，同比下降1.55个百分点；总资产收益率为3.90%，同比下降0.55个百分点；净资产收益率13.11%，同比下降2.24个百分点。

公司财务状况保持稳健。截至2013年末，公司资产负债率为69.31%，比2012年同期提高1.56个百分点；扣除预收账款后的真实资产负债率为44.88%，比2012年同期降低1.00个百分点。2013年，公司进一步调整改善了债务结构，综合融资成本维持在较低水平。年内金地商置完成了两次资本运作，分别进行了配售筹集股本金约7亿港币和12.7亿港币规模的注资，进一步打造了国际融资平台；报告期内公司持有货币资金186.10亿元，显著高于短期借款和一年内到期长期借款的总和118.29亿元，短期偿债压力不大。

2013年，公司在保证新开盘项目去化率同时，坚持去化库存，积极推售适销对路的首置首改产品；全年实现住宅业务签约销售金额450.4亿元，实现销售面积359.8万平方米，分别同比增长32%和25%。受益于城市深耕策略，公司进一步提升了所在城市的市场份额，以签约金额或者面积计算，公司在西安、沈阳的占有率分别为5.8%和4.26%，在南京、杭州、扬州超过或者接近3%，报告期内多个项目销售指标位居所在城市销售前列。

（五）金融街

金融街作为国内商务地产开发和持有龙头企业，2013年实现营业收入198.8亿元，同比增长15.4%；实现营业利润46.9亿元，同比增长31.2%；实现净利润28.9亿元，同比增长27.4%。每股收益为0.96元；每股净资产7.36元。

2013年，公司营业收入和盈利能力出现了双升。受到结算项目毛利较低和子公司并表影响，结算期内公司销售毛利率为37.53%，同比上升6.06个百分点；净利润率17.70%，同比上升2.05个百分点；净资产收益率为12.98%，同比提高1.52个百分点；总资产收益率为4.82%，同比提升0.66个百分点。

公司财务状况较为稳定。截至2013年末，公司的资产负债率为67.85%，同比下降2.1个百分点，资产负债率处于行业内较低的水平。公司通过加强销售回款、创新融资方式、拓宽融资渠道等多种方式融通资金，确保业务发展所需资金及现金流安全。

2013年，公司整体销售达到225亿元，创历史新高。其中，商务地产销售签约额约为149亿元，占比66.22%；住宅销售签约额约为76亿元，占比33.78%。地区分布方面，北京地区销售签约额约为161亿元，占比71%；天津地区销售签约额约为44亿元，占比20%；重庆地区销售签约额约为11亿元，占比5%；惠州地区销售签约额约为9亿元，占比4%。自持物业规模和收入稳步增长，自持总建筑面积约70万平方米，全年实现经营物业收入4.33亿元，出租物业收入6.73亿元，较2012年增长了约9.2%。

（六）荣盛发展

荣盛发展作为国内地产开发类上市公司二线龙头，2013年依然保持了高速增长。2013年公司实现营业收入191.7亿元，同比增长42.90%，营业利润40.8亿元，同比增长47.44%，归属于母公司所有者净利润29.1亿元，同比增长35.80%。截至2013年12月31日，公司总资产594.1亿元，同比增长46.74%；归属于上市公司股东的所有者权益109.6亿元，同比增长34.11%，每股净资产达到了5.79元。

公司在寻求规模增长的同时，保持了较高的盈利能力。2013年，公司净资产收益率达到30.51%，同比增长0.62个百分点，创公司历史新高。销售毛利率为35.42%，较同期略下降约1个百分点；销售净利润率为16.27%，较同期小幅上升0.1个百分点。公司2013年总资产收益率6.25%，与2012年基本持平。

2013年，公司不断拓宽融资渠道，创新融资方式，提升融资效率，在做好银行开发贷的前提下，积极利用与非银行金融机构合作以及股东委托借款等方式，全年实现融资总额136.22亿元。截至2013年末，公司资产负债率为78.99%，比2012年增长2.43个百分点。2013年末，公司所持有的货币资金为46.2亿元，比2012年末相比增加13.8%，公司短期借款和一年内到期长期借款的总和为102.6亿元，与2012年相比上升98.5个百分点，短期偿债压力有所加大。

2013年全年，公司较好地完成了年初制订的各项生产经营计划。实现开工面积612.96万平方米，完成年初计划的114.57%；竣工面积345.51万平方米，完成年初计划的103.09%；签约金额270亿元，完成年初计划的110.20%；销售回款245亿元，完成年初计划的104.26%；融资额136.22亿元，完成年初计划的152.46%；新增土地储备权益建筑面积574.64万平方米，完成年初计划的88.41%。

四、上市公司在行业中的影响力

2013年是行业高速增长的一年。2013年上半年延续了2012年下半年的热销趋势，行业流动性充裕，加之2012年上半年的基数较低，导致了行业销售增速达到了2009年以来的历史高位。2013年上半年，全国商品房销售金额同比增长达到43.2%。进入2013年下半年，随着按揭贷款利率的提升和房价的持续上涨，购房需求释放的速度受到抑制。加之2012年下半年基数的抬高，2013年全年全国商品房销售金额同比增长了26.3%，增速较半年度下降了16.9个百分点。

新一届政府上台之后，房地产行业的政策进入到相对稳定期。政府着眼长效调控机制的建立，打破过去“一刀切”的调控格局。行业的政策预期扰动有所降低，这客观上减少了房地产开发企业的经营难度，使得企业能够集中精力于经营层面而不是对赌政策。但整体上看，行业告别了总供求短缺的阶段。在这样的大背景下，房地产市场和房地产企业均呈现出差别化特征。

从需求端来看，在住房商品化过程进入到中后期以后，购房者对于地产企业提供的产品拥有了较高的辨别力。从之前的单纯看位置，到户型设计，再到品牌及后期的配套、物业服务，他们对产品有了更高层的要求。龙头企业随着开发经验的积累，已经形成了较强的品牌影响力和产品打造能力，能够更好地满足市场的差别化需求，龙头企业的产品溢价率也逐渐上升。

从供应端来看，城市规划更加合理，在土地出让环节地方政府也更多考虑板块的打造能力，地方政府也更加愿意引入龙头开发企业。

从融资环节看，上市公司融资渠道更为多样化，平均融资成本更低。资金的差别化，更多体现在土地获取能力上。在市场平稳的环境下，上市企业有更多机会和资源寻找合适的土地储备，提升市场占有率。

从管理方面看，上市公司企业治理结构、考核机制透明，开发经验更为丰富。规模效应体现在集中采购的成本的降低以及整体风险抵御能力较强。

从外部融资环境上看，政策逐渐对于监管难度较大的非标融资收紧，转而放松直接融资管制，这有利于有规模、有品牌的房地产企业实现超越行业的发展。

由于行业销售环境好转，小型房地产企业的销售难度和经营难度有阶段性降低。这导致龙头企业市场集中度阶段性止步不前。如万科2013年实现销售签约1709.4亿元，保利地产实现销售签约1252.9亿元，分别占到当年商品房销售额的2.10%和1.54%，较2012年均有小幅下降。从上市公司内部竞争结构来看，行业内前5规模的上市公司其营业收入占地产板块内上市公司总额的40.58%，归属于母公司所有者净利润占比39.08%，总资产占比37.20%，总负债占比38.24%，净资产占比34.14%。行业内前15规模的上市公司其营业收入占地产板块内上市公司总额的60.96%，归属于母公司所有者净利润占比60.82%，总资产占比57.30%，总负债占比58.91%，净资产占比52.61%。

整体来看，地产类上市企业在行业中处于“领头羊”位置，上市公司发展代表了行业发展的大方向，而龙头的作用更加凸显。

行业内重点上市公司财务占比如表9所示。

表9 行业内重点上市公司财务占比

	营业收入	归属于母公司所有者的净利润	总资产	总负债	净资产
行业内前5家上市公司（亿元）	3086.79	349.66	11432.29	8762.21	2670.08
前5家占行业内上市公司比重（%）	40.58	39.08	37.20	38.24	34.14
行业内前10家上市公司（亿元）	4121.74	471.74	15087.79	11599.36	3488.43
前10家占行业内上市公司比重（%）	54.19	52.72	49.09	50.62	44.61
行业内前15家上市公司（亿元）	4636.62	544.26	17613.18	13498.85	4114.33
前15家占行业内上市公司比重（%）	60.96	60.82	57.30	58.91	52.61
总额（亿元）	7606.07	894.81	30735.97	22915.57	7820.40

注：按总资产规模从大到小，前15家上市公司分别为万科A、保利地产、招商地产、金地集团、首开股份、华侨城、金融街、华夏幸福、中南建设、金科股份、荣盛发展、新湖中宝、世茂股份、华发股份、泛海控股。
资料来源：上市公司公告。

审稿人：陈　聪

撰稿人：陈　聪　付　瑜

租赁和商务服务业

一、租赁和商务服务业总体概况

（一）行业整体运行情况

近年来，租赁和商务服务业固定资产投资规模持续扩大。2013 年，租赁和商务服务业累计固定资产投资额为 5893.24 亿元，同比增长 25.38%。租赁和商务服务业就业人员规模及工资大幅增长，2013 年，租赁和商务服务业城镇单位就业人数 421.89 万人，同比增长 44.34%；就业人员工资总额 2629.38 亿元，同比增长 71.72%；就业人员平均工资 62538 元，同比增长 17.64%。

（二）细分行业运行概况

自 2007 年《金融租赁公司管理办法》出台后，我国的租赁业务逐渐恢复活力，进入蓬勃发展的新时期。截至 2013 年底，租赁业务总量达 2.1 万亿元，2007 年以来年复合增长率超过 110%。2013 年，我国租赁市场渗透率达到 4.8%，而发达国家在 15%~30%，因此，我国租赁行业发展空间仍巨大。

商务服务业属于现代服务业的范畴，包括企业管理服务、法律服务、咨询与调查、广告业、职业中介服务等行业，是符合现代服务业要求的人力资本密集行业，也是高附加值行业。目前，商务服务业已经成为拉动经济发展的重要力量，在政府调结构的政策背景下，未来商务服务业规模将持续扩大。

二、行业内上市公司发展概况

（一）行业内上市公司基本情况

表 1　　2013 年租赁和商务服务业上市公司发行股票概况

门　类	A、B 股总数	A 股股票数	B 股股票数	境内总市值（亿元）	流通 A 股市值（亿元）	流通 B 股市值（亿元）
租赁和商务服务业（家）	23	21	2	2125.68	1602.39	12.86
占沪深两市比重（%）	0.87	0.80	0.08	0.78	0.81	0.79

资料来源：沪深交易所，天相投资分析系统。

（二）行业内上市公司构成情况

表 2　　2013 年租赁和商务服务业上市公司构成情况

门类	沪市			深市			ST/*ST
	仅 A 股	仅 B 股	A+B 股	仅 A 股	仅 B 股	A+B 股	
租赁和商务服务业（家）	8	1	0	12	0	1	0/1
占行业内上市公司比重（%）	36.36	4.55	0.00	54.55	0.00	4.55	0/4.55

资料来源：沪深交易所，天相投资分析系统。

（三）行业内上市公司融资情况

表 3　　2013 年租赁和商务服务业上市公司与沪深两市融资情况对比

	融资家数	新　股	配　股	增　发
租赁和商务服务业（家）	6	0	0	6
沪深两市总数（家）	370	0	13	357
占比（%）	1.62	—	0.00	1.68

资料来源：天相投资分析系统。

2013 年，租赁和商务服务业有 6 家上市公司通过增发融资，其中：1 家沪市公司，5 家深市公司。6 家公司均属商务服务业。

2013 年租赁和商务服务业上市公司融资情况明细见附录。

（四）行业内上市公司资产及业绩情况

表 4　　2013 年租赁和商务服务业上市公司资产情况　　单位：亿元

指　标	2013 年	2013 年可比样本增长（%）	2012 年	2012 年可比样本增长（%）	2011 年
总资产	2068.89	41.79	1419.66	21.50	—
流动资产	975.11	45.39	654.36	1.70	—
占比（%）	47.13	1.17	46.09	-8.97	—
非流动资产	1093.78	38.72	765.30	45.76	—
占比（%）	52.87	-1.17	53.91	8.97	—
流动负债	931.63	49.00	607.84	12.17	—
占比（%）	45.03	2.18	42.82	-3.56	—
非流动负债	414.47	83.01	221.30	59.77	—
占比（%）	20.03	4.51	15.59	3.73	—
归属于母公司股东权益	641.63	20.00	517.98	19.27	—
占比（%）	31.01	-5.63	36.49	-0.68	—

资料来源：沪深交易所，天相投资分析系统。

表 5　　2013 年租赁和商务服务业上市公司收入实现情况　　单位：亿元

指　标	2013 年	2013 年可比样本增长（%）	2012 年	2012 年可比样本增长（%）	2011 年
营业收入	1443.24	31.31	1078.17	21.23	—
利润总额	111.11	33.43	77.65	36.61	—
归属于母公司所有者的净利润	77.64	39.41	51.39	38.10	—

资料来源：沪深交易所，天相投资分析系统。

（五）利润分配情况

2013 年，租赁和商务服务业共有 17 家上市公司实施分红配股。2 家上市公司实施送股或转增股，17 家上市公司实施派息，其中，2 家公司既实施了送股、转增又实施了派息。

（六）其他财务指标情况

1. 盈利能力指标

表 6　　2013 年租赁和商务服务业上市公司盈利能力情况　　单位：%

指　标	2013 年	2013 年可比样本变动	2012 年	2012 年可比样本变动	2011 年
毛利率	16.41	–0.93	16.82	2.24	—
净资产收益率	12.05	1.61	10.00	1.31	—
销售净利率	6.04	0.27	5.48	0.71	—
资产净利率	4.94	0.17	4.56	0.30	—

资料来源：沪深交易所，天相投资分析系统。

2. 偿债能力指标

表 7　　2013 年租赁和商务服务业上市公司偿债能力情况

指　标	2013 年	2013 年可比样本变动	2012 年	2012 年可比样本变动	2011 年
流动比率	1.05	–0.03	1.08	–0.11	—
速动比率	0.82	–0.03	0.86	–0.07	—
资产负债率（%）	65.06	6.69	58.40	0.17	—

资料来源：沪深交易所，天相投资分析系统。

3. 营运能力指标

表 8　　2013 年租赁和商务服务业上市公司营运能力情况　　单位：次

指　标	2013 年	2013 年可比样本变动	2012 年	2012 年可比样本变动	2011 年
存货周转率	8.22	0.46	8.05	–0.17	—
应收账款周转率	8.71	–5.37	14.04	0.21	—

续表

指　标	2013年	2013年可比样本变动	2012年	2012年可比样本变动	2011年
流动资产周转率	1.75	0.10	1.66	0.10	—
固定资产周转率	4.36	-1.43	5.88	-1.47	—
总资产周转率	0.82	-0.01	0.83	-0.06	—
净资产周转率	2.17	0.19	2.00	-0.13	—

资料来源：沪深交易所，天相投资分析系统。

三、重点细分行业介绍

表9　　2013年租赁和商务服务业上市公司数量分布及市值情况

大　类	上市公司家数（家）	占行业内比重（%）	境内总市值（亿元）	占行业内比重（%）
租赁业	1	4.55	100.4	4.75
商务服务业	21	95.45	2011.93	95.25

资料来源：沪深交易所，天相投资分析系统。

（一）租赁业

1. 行业概况

租赁主要分为经营性租赁和融资租赁。目前，国内租赁公司都以融资租赁业务为主，仅在服务行业上稍有差异。未来，随着竞争日趋激烈和白热化，租赁业务类型将逐步由融资租赁向经营性租赁转变，而租赁公司的运营模式也将由“债务融资型”向“资产投资型”转变。

当前，融资租赁市场发展迅猛。《2013年中国融资租赁蓝皮书》显示，2013年中国融资租赁业总体发展迅速。全国融资租赁合同余额达到2.10万亿元，比2012年底1.55万亿元增加0.55万亿元，增长幅度为35.5%。其中，金融租赁合同余额约0.86万亿元，同比增长30.3%，业务量约占全行业的40.9%。

2013年，融资租赁公司突破了1000家，达到1026家，比年初的560家增加466家，增长83.2%；其中，金融租赁23家，增加3家；内资租赁123家，增加43家；外资租赁达到约880家，增加约420家。融资租赁行业注册资金突破3000亿元大关，达到3060亿元，比2012年的1890亿元增加了1170亿元，增长61.9%。

2. 行业内上市公司发展情况

表 10　　2013 年租赁业上市公司收入及资产增长情况　　单位：亿元

指　标	2013 年	2013 年可比样本增长（%）	2012 年	2012 年可比样本增长（%）	2011 年
营业收入	63.76	155.90	24.92	133.18	27.47
利润总额	16.21	94.63	8.33	68.86	7.54
归属于母公司所有者的净利润	10.53	113.95	4.92	34.07	5.61
总资产	571.25	90.40	300.03	61.17	280.40
归属于母公司股东权益	56.60	−20.04	70.78	0.08	115.15

资料来源：沪深交易所，天相投资分析系统。

表 11　　2013 年租赁业上市公司盈利能力情况　　单位：%

指　标	2013 年	2013 年可比样本变动	2012 年	2012 年可比样本变动	2011 年
毛利率	49.33	−6.35	55.68	8.71	42.98
净资产收益率	15.91	9.32	6.59	2.28	4.87
销售净利率	20.92	−4.40	25.32	−9.05	20.43
资产净利率	3.06	0.47	2.60	−1.10	2.90

资料来源：沪深交易所，天相投资分析系统。

表 12　　2013 年租赁业上市公司偿债及营运情况

指　标	2013 年	2013 年可比样本变动	2012 年	2012 年可比样本变动	2011 年
资产负债率（%）	85.32	17.23	68.09	13.91	—
存货周转率（次）	—	—	—	—	—
总资产周转率（次）	0.15	0.04	0.10	0.00	—

资料来源：沪深交易所，天相投资分析系统。

（二）商务服务业

1. 行业概况

商务服务业是第三产业的重要组成部分，对我国经济发展的贡献度越来越大。我国正处于调结构的关键时期，为了加快产业结构升级，大力倡导发展中间投入少、附加值高的商务服务业。在国家政策的大力支持下，商务服务业发展前景广阔。

2. 行业内上市公司发展情况

表 13　　2013 年商务服务业上市公司收入及资产增长情况　　单位：亿元

指　标	2013 年	2013 年可比样本增长（%）	2012 年	2012 年可比样本增长（%）	2011 年
营业收入	1379.48	28.42	1053.25	19.86	—
利润总额	94.90	26.63	69.33	33.55	—
归属于母公司所有者的净利润	67.12	32.19	46.47	38.54	—
总资产	1497.64	29.20	1119.63	13.98	—
归属于母公司股东权益	585.03	26.10	447.21	23.00	—

资料来源：沪深交易所，天相投资分析系统。

表 14　　2013 年商务服务业上市公司盈利能力情况　　单位：%

指　标	2013 年	2013 年可比样本变动	2012 年	2012 年可比样本变动	2011 年
毛利率	14.89	-1.56	15.90	1.71	—
净资产收益率	11.55	0.39	10.66	1.04	—
销售净利率	5.35	0.03	5.01	0.60	—
资产净利率	5.55	0.30	5.02	0.69	—

资料来源：沪深交易所，天相投资分析系统。

表 15　　2013 年商务服务业上市公司偿债及营运情况

指　标	2013 年	2013 年可比样本变动	2012 年	2012 年可比样本变动	2011 年
资产负债率（%）	57.34	1.48	55.81	-3.19	—
存货周转率（次）	7.85	0.27	7.86	-0.34	—
总资产周转率（次）	1.04	-0.81	1.88	0.90	—

资料来源：沪深交易所，天相投资分析系统。

四、重点上市公司介绍

（一）渤海租赁

渤海租赁是国内唯一一家上市的租赁公司，主营业务涵盖市政基础设施租赁、电力设施和设备租赁、交通运输基础设施和设备租赁、新能源设施和设备租赁、金融租赁。2012 年，渤海租赁从海航集团收购香港航空租赁有限公司，将租赁业务扩展至全球飞机租赁市场。

2013 年，公司围绕基础设施、新能源及设备、飞机租赁等领域开展业务合作，逐步形成了以天津渤海租赁、皖江租赁、横琴国际租赁、香港航空租赁为核心的项目操作平台；在继续做大做强公司现有租赁业务的同时，积极推进公司全球化战略布局，加大境外资源整合力度，收购完成世界第六大集装箱公司Seaco100%的股权，在扩大了公司业务规模的同时业务领域得到了进一步拓展。

2013年，公司实现营业收入63.76亿元，同比增长16.58%；实现利润总额16.21亿元，同比增长94.63%；实现归属于母公司所有者的净利润10.53亿元，同比增长35.75%；每股收益0.83元。

2013年，公司盈利能力有所下滑。毛利率49.33%，同比下降6.35个百分点；销售净利率20.92%，同比下降4.40个百分点；净资产收益率18.60%，同比增加11.65个百分点。

2013年，公司负债水平大幅提高。公司的资产负债率达到85.32%，同比增加17.23个百分点。

（二）海宁皮城

海宁皮城是一家集商贸、金融、信息服务等为一体的全国最大的皮革专业市场，是华东地区最大的箱包交易区。公司主要从事“海宁中国皮革城”市场商铺及配套物业的销售、租赁。物业租赁及管理业务是公司最大的业务，2013年该业务收入同比增长61.12%，占营业收入比例为52.75%，较2012年提升10.38个百分点。

2013年，公司实现营业收入29.26亿元，同比增长29.40%；实现利润总额14.02亿元，同比增长44.14%；实现归属于母公司所有者的净利润10.39亿元，同比增长47.47%；每股收益0.93元。

2013年，公司盈利能力大大增强。毛利率71.59%，同比增长11.70个百分点；销售净利率35.93%，同比增长3.93个百分点；净资产收益率27.28%，同比增长3.05个百分点。

2013年，公司负债水平下降，偿债能力有所提升。2013年末，公司的资产负债率达到47.66%，同比下降3.68个百分点。流动比率为1.14，较2012年末提升0.29；速动比率为0.64，较2012年末提升0.06。

审稿人：翟太煌　曹玲燕　刘小勇

撰稿人：王德文

科学研究和技术服务业

一、科学研究和技术服务业总体概况

（一）行业整体运行情况

2013年，我国科学研究和技术服务业公共财政支出预算4906.53亿元，较2012年同比增长12.93%；我国科学研究和技术服务业公共财政支出决算5084.30亿元，较2012年同比增长14.19%。我国科学研究和技术服务业固定资产投资额3133.21亿元，较2012年同比增长26.56%。

（二）细分行业运行概况

科学研究和技术服务业分为研究和试验发展、专业技术服务业以及科技推广和应用服务业3个子行业。

其中，研究和试验发展行业方面，2013年全国共投入经费11846.60亿元，同比增长15.03%，占国内生产总值的2.08%，其中基础研究经费554.95亿元；专业技术服务业方面，截至2013年末，全国共有产品检测实验室30098个，同比增加1970个，其中国家检测中心556个，同比增加47个；科技推广和应用服务业方面，主要包括技术推广服务业、科技中介服务业以及其他科技推广和应用服务业。

二、行业内上市公司发展概况

（一）行业内上市公司基本情况

表1　　2013年科学研究和技术服务业上市公司发行股票概况

门　类	A、B股总数	A股股票数	B股股票数	境内总市值（亿元）	流通A股市值（亿元）	流通B股市值（亿元）
科学研究和技术服务业（家）	12	12	0	558.67	371.82	0.00
占沪深两市比重（%）	0.45	0.45	0.00	0.23	0.19	0.00

资料来源：沪深交易所，天相投资分析系统。

（二）行业内上市公司构成情况

表 2　　2013 年科学研究和技术服务业上市公司构成情况

门　类	沪　市			深　市			ST/*ST
	仅 A 股	仅 B 股	A+B 股	仅 A 股	仅 B 股	A+B 股	
科学研究和技术服务业（家）	1	0	0	11	0	0	0/0
占行业内上市公司比重（%）	8.33	0.00	0.00	91.67	0.00	0.00	0/0

资料来源：沪深交易所，天相投资分析系统。

（三）行业内上市公司融资情况

表 3　　2013 年科学研究和技术服务业上市公司与沪深两市融资情况对比

	融资家数	新　股	配　股	增　发
科学研究和技术服务业（家）	3	0	0	3
沪深两市总数（家）	370	0	13	357
占比（%）	0.81	—	0.00	0.84

资料来源：天相投资分析系统。

2013 年，科学研究和技术服务业有 3 家上市公司进行增发融资，其中 1 家沪市主板公司，2 家中小板公司。

按行业大类划分，进行融资的 3 家公司中，研究和试验发展业 1 家，专业技术服务业 2 家。

2013 年科学研究和技术服务业上市公司融资情况明细见附录。

（四）行业内上市公司资产及业绩情况

表 4　　2013 年科学研究和技术服务业上市公司资产情况　　单位：亿元

指　标	2013 年	2013 年可比样本增长（%）	2012 年	2012 年可比样本增长（%）	2011 年
总资产	211.35	14.56	184.50	23.22	—
流动资产	138.62	10.70	125.22	16.92	—
占比（%）	65.59	-2.28	67.87	-3.66	—
非流动资产	72.73	22.70	59.27	39.04	—
占比（%）	34.41	2.28	32.13	3.66	—
流动负债	75.31	5.46	71.41	31.23	—
占比（%）	35.63	-3.07	38.70	2.36	—
非流动负债	12.18	50.08	8.12	-7.90	—

续表

指 标	2013年	2013年可比样本增长（%）	2012年	2012年可比样本增长（%）	2011年
占比（%）	5.76	1.36	4.40	-1.49	—
归属于母公司股东权益	118.99	16.87	101.81	21.66	—
占比（%）	56.30	1.12	55.18	-0.71	—

资料来源：沪深交易所，天相投资分析系统。

表5　　2013年科学研究和技术服务业上市公司收入实现情况　　单位：亿元

指 标	2013年	2013年可比样本增长（%）	2012年	2012年可比样本增长（%）	2011年
营业收入	134.51	19.03	113.01	21.63	—
利润总额	15.97	24.38	12.84	20.29	—
归属于母公司所有者的净利润	13.03	25.84	10.35	21.30	—

资料来源：沪深交易所，天相投资分析系统。

（五）利润分配情况

2013年，科学研究和技术服务业共有11家上市公司实施分红配股。11家上市公司实施派息，5家上市公司实施送股或转增股，其中，5家公司既实施了送股、转增又实施了派息。

（六）其他财务指标情况

1. 盈利能力指标

表6　　2013年科学研究和技术服务业上市公司盈利能力情况　　单位：%

指 标	2013年	2013年可比样本变动	2012年	2012年可比样本变动	2011年
毛利率	25.83	-0.41	26.24	-0.18	—
净资产收益率	10.84	0.63	10.22	-0.17	—
销售净利率	9.99	0.49	9.49	-0.18	—
资产净利率	6.79	0.37	6.42	-0.48	—

资料来源：沪深交易所，天相投资分析系统。

2. 偿债能力指标

表7　　2013年科学研究和技术服务业上市公司偿债能力情况

指 标	2013年	2013年可比样本变动	2012年	2012年可比样本变动	2011年
流动比率	1.84	0.09	1.75	-0.21	—
速动比率	1.63	0.04	1.59	-0.25	—
资产负债率（%）	41.39	-1.71	43.10	0.88	—

资料来源：沪深交易所，天相投资分析系统。

3. 营运能力指标

表 8　　2013 年科学研究和技术服务业上市公司营运能力情况　　单位：次

指　标	2013 年	2013 年可比样本变动	2012 年	2012 年可比样本变动	2011 年
存货周转率	9.83	-2.46	12.29	-3.49	—
应收账款周转率	2.33	-1.41	3.74	-0.62	—
流动资产周转率	1.02	0.05	0.97	0.00	—
固定资产周转率	4.02	-0.34	4.36	-0.67	—
总资产周转率	0.68	0.00	0.68	-0.04	—
净资产周转率	1.18	0.00	1.18	-0.06	—

资料来源：沪深交易所，天相投资分析系统。

三、重点细分行业介绍

表 9　　2013 年科学研究和技术服务业上市公司数量分布及市值情况

大　类	上市公司家数（家）	占行业内比重（%）	境内总市值（亿元）	占行业内比重（%）
研究和试验发展	2	16.67	151.61	27.14
专业技术服务业	10	83.33	407.06	72.86

资料来源：沪深交易所，天相投资分析系统。

（一）研究和试验发展

1. 行业概况

研发和试验发展指在科学技术领域，为增加知识总量（包括人类文化和社会知识的总量），以及运用这些知识去创造新的应用进行的系统的创造性的活动，包括基础研究、应用研究、试验发展三类活动。

2013 年，全国共投入研究和试验发展经费 11846.60 亿元，同比增长 15.03%，占国内生产总值的 2.08%，其中基础研究经费 554.95 亿元。全年国家安排了 3543 项科技支撑计划课题，2118 项“863”计划课题。累计建设国家工程研究中心 132 个，国家工程实验室 143 个，国家认定企业技术中心达到 1002 家。

2013 年，受理境内外专利申请 237.7 万件，其中境内申请 221.0 万件，占 93.0%。受理境内外发明专利申请 82.5 万件，其中境内申请 69.3 万件，占 84.0%。全年授予专利权 131.3 万件，其中境内授权 121.0 万件，占 92.2%。授予发明专利权 20.8 万件，其中境内授权 13.8 万件，占 66.6%。截至 2013 年底，有效专利 419.5 万件，其中境内有效专利 352.5 万件，占 84.0%；有效发明专利 103.4 万件，其中境内有效发明专利 54.5 万件，占 52.7%。

2. 行业内上市公司发展情况

表 10　2013 年研究和试验发展上市公司收入及资产增长情况　单位：亿元

指　标	2013 年	2013 年可比样本增长（%）	2012 年	2012 年可比样本增长（%）	2011 年
营业收入	6.98	25.81	5.55	26.06	—
利润总额	1.33	14.26	1.17	1.11	—
归属于母公司所有者的净利润	1.01	24.04	0.82	14.64	—
总资产	22.93	16.62	19.66	90.10	—
归属于母公司股东权益	12.45	48.87	8.37	181.57	—

资料来源：沪深交易所，天相投资分析系统。

表 11　2013 年研究和试验发展上市公司盈利能力情况　单位：%

指　标	2013 年	2013 年可比样本变动	2012 年	2012 年可比样本变动	2011 年
毛利率	58.07	-4.34	62.41	-3.03	—
净资产收益率	7.89	-1.80	9.69	-13.26	—
销售净利率	16.00	-1.05	17.05	-4.59	—
资产净利率	5.24	-1.06	6.30	-3.59	—

资料来源：沪深交易所，天相投资分析系统。

表 12　2013 年研究和试验发展上市公司偿债及营运情况

指　标	2013 年	2013 年可比样本变动	2012 年	2012 年可比样本变动	2011 年
资产负债率（%）	38.28	-12.09	50.37	-9.52	—
存货周转率（次）	24.77	1.68	23.09	1.12	—
总资产周转率（次）	0.33	-0.24	0.56	0.11	—

资料来源：沪深交易所，天相投资分析系统。

（二）专业技术服务业

1. 行业概况

专业技术服务业包括气象服务、地震服务、海洋服务、测绘服务、技术检测、环境监测、工程技术与规划管理、工程管理服务、工程勘察设计、规划管理、其他专业技术服务等。

截至 2013 年末，全国共有产品检测实验室 30098 个，同比增加 1970 个，其中国家检测中心 556 个，同比增加 47 个。全国现有产品质量、体系认证机构 174 个，同比增加 1 个，已累计完成对 110949 个企业的产品认证；全年制定、修订国家标准 1870 项，其中新制定 1161 项；全国共有地震台站 1687 个，区域地震台网 32 个；全国共有海洋观测站 79 个；测绘地理信息部门公开出版地图 1585 种。

2. 行业内上市公司发展情况

表 13　　2013 年专业技术服务业上市公司收入及资产增长情况　　单位：亿元

指　标	2013 年	2013 年可比样本增长（%）	2012 年	2012 年可比样本增长（%）	2011 年
营业收入	127.54	18.68	107.46	21.41	—
利润总额	14.63	25.39	11.67	22.61	—
归属于母公司所有者的净利润	12.01	26.00	9.53	21.90	—
总资产	188.42	14.31	164.83	18.25	—
归属于母公司股东权益	106.54	14.01	93.45	15.77	—

资料来源：沪深交易所，天相投资分析系统。

表 14　　2013 年专业技术服务业上市公司盈利能力情况　　单位：%

指　标	2013 年	2013 年可比样本变动	2012 年	2012 年可比样本变动	2011 年
毛利率	24.06	-0.31	24.37	-0.11	—
净资产收益率	11.23	0.95	10.27	0.52	—
销售净利率	9.66	0.55	9.10	0.03	—
资产净利率	6.97	0.54	6.43	-0.23	—

资料来源：沪深交易所，天相投资分析系统。

表 15　　2013 年专业技术服务业上市公司偿债及营运情况

指　标	2013 年	2013 年可比样本变动	2012 年	2012 年可比样本变动	2011 年
资产负债率（%）	41.77	-0.46	42.24	1.32	—
存货周转率（次）	9.52	-2.49	12.00	-3.57	—
总资产周转率（次）	0.72	-0.58	1.30	0.57	—

资料来源：沪深交易所，天相投资分析系统。

四、重点上市公司介绍

电科院

电科院主要从事各类高低压电器的技术检测服务，主要包括输配电电器、核电电器、机床电器、船用电器、汽车电子电气、太阳能及风能发电设备等。公司是全国性的独立第三方综合电器检测机构，是电器检测行业的龙头企业之一。公司主要业务包括电器检测、环境检测和认证三类，其中电器检测仍是核心，2013 年收入占比为 94.65%。

2013 年，公司实现营业收入 4.77 亿元，同比增长 36.15%；利润总额 2.00 亿元，同比增长 21.30%；归属于上市公司股东的净利润 1.71 亿元，同比增长 20.73%。

2013 年，公司盈利能力有所下滑。毛

利率65.82%，同比下降4.74个百分点；销售净利率36.03%，同比下降4.46个百分点；净资产收益率13.22%，同比增加1.18个百分点。

2013年，公司负债水平提高，偿债能力稍有提升。2013年末，公司的资产负债率为49.98%，同比增加3.00个百分点。流动比率、速动比率均为0.80，较2012年末均上升0.06。

五、上市公司在行业中的影响力

研究与试验发展业上市公司共有2家，2013年共实现营业收入6.98亿元，仅占全国研究与试验发展经费的5.89%，对行业影响力很小。

专业技术服务业上市公司共有10家，而2013年全国共有产品检测实验室30098个，产品质量、体系认证机构174个，2012年共有法定计量技术机构3496个。与此相比，专业技术服务上市公司对行业影响力很小。

审稿人：翟太煌　曹玲燕　刘小勇

撰稿人：王德文

水利、环境和公共设施管理业

一、水利、环境和公共设施管理业总体概况

2013年，水利、环境和公共设施管理行业固定资产投资总额为29296亿元，比2012年增长27.16%，较全社会固定资产投资增长率高出7.56个百分点。其中，水利管理固定资产投资总额为5318.17亿元，比2012年增长21.25%；生态保护和环境治理固定资产投资总额为1416.03亿元，比2012年增长31.06%；公共设施管理固定资产投资总额为30863.54亿元，比2012年增长27.79%。

水利管理业包括防洪除涝设施管理、水资源管理、天然水收集与分配、水文服务和其他水利管理等。当前，我国水资源面临的形势十分严峻，水资源短缺、水污染严重、生态环境恶化等问题日益突出，已成为制约经济社会可持续发展的主要瓶颈。因此，加强水利建设是关系国计民生的关键问题。2012年，国务院发布《国务院关于实行最严格水资源管理制度的意见》（国发〔2012〕3号）以及相关的考核办法，确立了水资源开发利用控制红线、水效率控制红线和水功能区限制纳污红线，对我国水利事业的发展目标提出了明确要求。根据“十二五”规划，下一步水利产业发展的重点是加强水利基础设施建设，保障城乡供水安全，增强防洪抗灾能力。2013年，我国水利建设投资总共落实4397亿元，其中，中央投资1408亿元、地方投资2989亿元。

环境保护和生态治理是关系可持续发展的关键问题，也是国家“十二五”规划中的一个重点工作。2012年，国务院发布《“十二五”国家战略性新兴产业发展规划》，将节能环保产业列为“十二五”时期七大战略性新兴产业之一。随后，国务院及有关部门发布《“十二五”节能环保产业发展规划》、《节能减排“十二五”规划》、《关于环保系统进一步推动环保产业发展的指导意见》、《环保服务业试点工作方案》等一系列文件，并出台了大量细化措施，提出2015年我国节能环保产业总值达到4.5万亿元，增加值占国内生产总值的比重为2%左右的总体目标，进一步明确了相关产业的战略布局、重点领域和支持政策等。诸多支持性政策的出台，以及国家加大在环境保护、生态治理等方面的投入力度，使得生态保护和环境治理业面临前所未有的巨大发展机遇。

公共设施管理业包括市政设施管理、环境卫生管理、城乡市容管理、绿化管理、

公园和游览景区管理等。公共设施反映着一个国家的现代化水平，是提高人民生活水平、生命安全和身心健康的重要保障。为了提高公共设施供给的水平，政府正在推进该产业的市场化，扩大基本公共服务面向社会资本开放的领域，鼓励更多企业进入该产业，提高我国公共设施建设水平。

二、行业内上市公司发展概况

（一）行业内上市公司基本情况

表 1　2013 年水利、环境和公共设施管理业上市公司发行股票概况

门　类	A、B 股总数	A 股股票数	B 股股票数	境内总市值（亿元）	流通 A 股市值（亿元）	流通 B 股市值（亿元）
水利、环境和公共设施管理业（家）	27	26	1	2241.69	1440.51	11.72
占沪深两市比重（%）	1.02	0.99	0.04	0.94	0.73	0.70

资料来源：沪深交易所，天相投资分析系统。

（二）行业内上市公司构成情况

表 2　2013 年水利、环境和公共设施管理业上市公司构成情况

门　类	沪　市			深　市			ST/*ST
	仅 A 股	仅 B 股	A+B 股	仅 A 股	仅 B 股	A+B 股	
水利、环境和公共设施管理业（家）	5	0	1	20	0	0	0/0
占行业内上市公司比重（%）	19.23	0.00	3.85	76.92	0.00	0.00	0/0

资料来源：沪深交易所，天相投资分析系统。

（三）行业内上市公司融资情况

表 3　2013 年水利、环境和公共设施管理业上市公司与沪深两市融资情况对比

	融资家数	新　股	配　股	增　发
水利、环境和公共设施管理业（家）	6	0	1	5
沪深两市总数（家）	370	0	13	357
占比（%）	1.62	—	7.69	1.40

资料来源：天相投资分析系统。

2013 年，水利、环境和公共设施管理业有 6 家公司进行融资，其中 1 家配股，5 家增发（2 家深市主板，1 家中小板，2 家创业板）。

2013 年水利、环境和公共设施管理业上市公司融资情况明细见附录。

（四）行业内上市公司资产及业绩情况

表 4　2013 年水利、环境和公共设施管理业上市公司资产情况　单位：亿元

指　标	2013 年	2013 年可比样本增长（%）	2012 年	2012 年可比样本增长（%）	2011 年
总资产	1648.34	20.01	1266.34	17.28	—
流动资产	943.01	21.76	700.74	14.11	—
占比（%）	57.21	0.82	55.34	-1.54	—
非流动资产	705.32	17.75	565.60	21.47	—
占比（%）	42.79	-0.82	44.66	1.54	—
流动负债	664.00	44.70	431.56	26.03	—
占比（%）	40.28	6.87	34.08	2.37	—
非流动负债	221.66	-13.95	242.04	-2.14	—
占比（%）	13.45	-5.31	19.11	-3.79	—
归属于母公司股东权益	699.04	13.74	552.11	21.91	—
占比（%）	42.41	-2.34	43.60	1.65	—

资料来源：沪深交易所，天相投资分析系统。

表 5　2013 年水利、环境和公共设施管理业上市公司收入实现情况　单位：亿元

指　标	2013 年	2013 年可比样本增长（%）	2012 年	2012 年可比样本增长（%）	2011 年
营业收入	549.92	15.35	413.60	28.34	—
利润总额	131.89	21.26	97.30	25.52	—
归属于母公司所有者的净利润	90.78	13.08	71.86	25.11	—

资料来源：沪深交易所，天相投资分析系统。

（五）利润分配情况

2013 年，水利、环境和公共设施管理业有 21 家上市公司实施分红配股。20 家上市公司实施派息，7 家上市公司实施送股或转增股，其中，6 家公司既实施了送股、转增又实施了派息。

（六）其他财务指标情况

1. 盈利能力指标

表 6　2013 年水利、环境和公共设施管理业上市公司盈利能力情况　单位：%

指　标	2013 年	2013 年可比样本变动	2012 年	2012 年可比样本变动	2011 年
毛利率	45.28	2.33	45.76	-2.14	—
净资产收益率	13.06	0.13	12.84	0.54	—
销售净利率	18.11	0.30	18.40	-0.29	—
资产净利率	6.59	-0.02	6.49	0.28	—

资料来源：沪深交易所，天相投资分析系统。

2. 偿债能力指标

表 7　　2013 年水利、环境和公共设施管理业上市公司偿债能力情况

指　标	2013 年	2013 年可比样本变动	2012 年	2012 年可比样本变动	2011 年
流动比率	1.42	-0.27	1.62	-0.17	—
速动比率	0.59	-0.18	0.71	-0.05	—
资产负债率（%）	53.73	1.57	53.19	-1.43	—

资料来源：沪深交易所，天相投资分析系统。

3. 营运能力指标

表 8　　2013 年水利、环境和公共设施管理业上市公司营运能力情况　　单位：次

指　标	2013 年	2013 年可比样本变动	2012 年	2012 年可比样本变动	2011 年
存货周转率	1.13	-0.05	1.11	0.01	—
应收账款周转率	4.66	-4.58	12.25	-2.27	—
流动资产周转率	0.64	-0.02	0.63	0.02	—
固定资产周转率	1.91	0.07	1.83	0.27	—
总资产周转率	0.36	-0.01	0.35	0.02	—
净资产周转率	0.77	-0.02	0.76	0.03	—

资料来源：沪深交易所，天相投资分析系统。

三、重点细分行业介绍

表 9　　2013 年水利、环境和公共设施管理业上市公司数量分布及市值情况

大　类	上市公司家数（家）	占行业内比重（%）	境内总市值（亿元）	占行业内比重（%）
生态保护和环境治理业	9	34.62	1062.92	47.38
公共设施管理业	17	65.38	1180.39	52.62

资料来源：沪深交易所，天相投资分析系统。

（一）生态保护和环境治理业

1. 行业概况

生态保护业指对人类赖以生存的生态系统进行保护，使之免遭破坏，使生态功能得以正常的发挥的各种活动，主要包括自然保护区管理、野生动物保护，以及其他自然保护等类别。

环境治理业主要包括对水污染、大气污染、固体废物、危险废物、放射性废物

以及其他污染的治理。生态保护和环境治理是我国目前的一个工作重点。

2013 年，全国环境污染治理投资总额 9516.50 亿元，同比增长 15.30%，其中，城市环境基础设施建设投资总额 5222.99 亿元，同比增长 3.17%；工业污染源治理投资总额 867.66 亿元，同比增长 73.37%；建设项目“三同时”环保投资 3425.84 亿元，同比增长 27.34%。

2013 年，全国环境污染治理投资总额占 GDP 比重 1.67%，较 2012 年提升了 0.08 个百分点，但与发达国家的 2%~3%的比例仍有很大的差距。

2013 年，全国工业污染治理完成投资总额 867.66 亿元，同比增长 73.37%。其中，治理污水行业投资总额 124.88 亿元，同比增长-11.02%；治理废气投资总额 640.91 亿元，同比增长 148.69%；治理固体废物投资总额 14.05 亿元，同比增长-43.24%；治理噪声投资总额 1.76 亿元，同比增长 51.61%；治理其他投资总额 86.06 亿元，同比增长 12.52%。

2. 行业内上市公司发展情况

表 10　2013 年生态保护和环境治理业上市公司收入及资产增长情况　单位：亿元

指　标	2013 年	2013 年可比样本增长（%）	2012 年	2012 年可比样本增长（%）	2011 年
营业收入	131.07	9.27	70.76	30.25	—
利润总额	28.22	31.14	18.65	42.82	—
归属于母公司所有者的净利润	22.33	27.45	15.43	42.67	—
总资产	331.11	21.85	208.42	30.75	—
归属于母公司股东权益	200.44	11.35	144.94	41.70	—

资料来源：沪深交易所，天相投资分析系统。

表 11　2013 年生态保护和环境治理业上市公司盈利能力情况　单位：%

指　标	2013 年	2013 年可比样本变动	2012 年	2012 年可比样本变动	2011 年
毛利率	30.48	3.74	37.57	-0.21	—
净资产收益率	11.71	1.78	10.70	0.11	—
销售净利率	18.59	3.10	22.71	2.07	—
资产净利率	8.08	0.80	8.74	0.09	—

资料来源：沪深交易所，天相投资分析系统。

表 12　2013 年生态保护和环境治理业上市公司偿债及营运情况

指　标	2013 年	2013 年可比样本变动	2012 年	2012 年可比样本变动	2011 年
资产负债率（%）	37.18	6.00	27.97	-5.65	—
存货周转率（次）	7.03	-1.18	6.88	-0.41	—
总资产周转率（次）	0.43	-0.45	0.68	0.26	—

资料来源：沪深交易所，天相投资分析系统。

（二）公共设施管理业

1. 行业概况

公共设施是指为市民提供公共服务产品的各种公共性、服务性设施，根据《国民经济行业分类》标准，公共设施管理业按照管理对象可以分为市政设施管理、环境卫生管理、城乡市容管理、绿化管理、公园和游览景区管理5个细分行业。

2013年，旅游业总收入2.95万亿元，同比增长13.80%。国内旅游收入26276亿元，同比增长15.72%。境外旅游外汇收入516.64亿美元，同比增长3.27%。

2013年，国内旅游人数3.26亿人，同比增长10.31%。2013年，国内居民出境人数9819万人，同比增长18.04%；旅行社组织出境旅游人数3355.71万人，同比增长18.55%。

2013年，累计入境旅游接待人次12907.78万人，同比减少-2.51%。2013年，入境旅游外汇收入516.64亿美元，同比增长3.27%。入境游平均停留时间7.9天，同比增长5.33%；入境游人均每天花费225.96美元，同比增长6.21%。

2. 行业内上市公司发展情况

表13　2013年公共设施管理业上市公司收入及资产增长情况　单位：亿元

指　标	2013年	2013年可比样本增长（%）	2012年	2012年可比样本增长（%）	2011年
营业收入	418.85	17.39	342.85	27.95	—
利润总额	103.68	18.82	78.65	22.01	—
归属于母公司所有者的净利润	68.45	9.07	56.43	21.04	—
总资产	1317.22	19.56	1057.92	14.95	—
归属于母公司股东权益	498.60	14.73	407.17	16.13	—

资料来源：沪深交易所，天相投资分析系统。

表14　2013年公共设施管理业上市公司盈利能力情况　单位：%

指　标	2013年	2013年可比样本变动	2012年	2012年可比样本变动	2011年
毛利率	49.91	1.51	47.45	-2.51	—
净资产收益率	13.56	-0.55	13.56	0.80	—
销售净利率	17.96	-0.63	17.51	-0.79	—
资产净利率	6.22	-0.23	6.07	0.24	—

资料来源：沪深交易所，天相投资分析系统。

表15　2013年公共设施管理业上市公司偿债及营运情况

指　标	2013年	2013年可比样本变动	2012年	2012年可比样本变动	2011年
资产负债率（%）	57.89	0.55	58.16	-0.10	—
存货周转率（次）	0.90	-0.02	0.94	0.01	—
总资产周转率（次）	0.35	-0.30	0.65	0.33	—

资料来源：沪深交易所，天相投资分析系统。

四、重点上市公司介绍

（一）碧水源

碧水源于2010年4月在创业板上市，业务拓展模式上，一方面，公司专注于市政水处理，并潜心膜原料与膜组件研发生产；另一方面，在全国范围内开展与当地水务公司的合作，培育MBR市场在全国各地的应用，以建立合资公司的方式输出产品与技术，扩大业务规模与市场影响力。

公司稳定耕耘，在北京、云南、江苏、内蒙古、湖北、湖南、新疆、山东等省、市、自治区已有市场的基础上，2013年又通过投资设立广东海源环保科技有限公司成功进入华南水务市场，投资设立山西太钢碧水源环保科技有限公司成功进入山西水务市场，投资设立青岛水务碧水源科技发展有限公司成功进入青岛水务市场，投资设立吉林碧水源环保科技有限公司进入吉林市场，并通过增资北京京建水务投资有限责任公司、增资武汉三镇实业控股股份有限公司进一步加深已有市场的合作，继续延续独特的混合所有制“碧水源”模式，推动公司膜技术进入了新的区域水务市场，大大增加了公司的市场份额，为公司未来的快速发展奠定了坚实基础。

2013年，公司实现营业收入31.33亿元，同比增加76.87%，归属于上市公司股东净利润达到8.40亿元，同比增长49.33%，扣费后净利润7.99亿元，同比增长43.35%，每股收益0.94元。

（二）华侨城

经过10余年扩张，公司已经投资控股和参股了深圳东部华侨城、北京华侨城、上海华侨城、成都华侨城、武汉华侨城、泰州华侨城、云南华侨城等全国17处景区和公园，拥有国内数量最多、规模最大、效益最好的主题公园群，已经成长为国内主题公园的绝对龙头，且跟随集团步伐，公司以深圳珠三角为基地，以长三角、环渤海湾以及西南区域为战略布局区域的“1+3+N”战略格局基本形成。

2013年，公司实现营业收入281.6亿元，同比增长26.4%，归属于上市公司股东净利润44.1亿元，同比增长14.6%，实现EPS 0.61元。

2013年，公司实现结算收入281.6亿元，其中房地产、旅游和纸包装业务分别为204亿元、71亿元和8亿元，旅游业务收入占比25.2%，较2012年的22.4%提升2.8个百分点。2013年，公司实现房地产销售收入和结算收入分别为228亿元和204亿元，同比增长16%和24%。

审稿人：翟太煌　曹玲燕　刘小勇

撰稿人：梁玉梅

教　育

一、教育业总体概况

2013 年，我国教育业公共财政支出预算 23034.74 亿元，相比 2012 年同比增长 21.69%；教育业公共财政支出决算 22001.76 亿元，相比 2012 年同比增长 3.58%；教育业固定资产投资 5432.97 亿元，同比增长 17.78%。

2013 年，全国各级各类学校 519518 所，同比减少 3517 所。其中，高等教育院校 2788 所，同比减少 2 所；中等教育院校 80797 所，同比减少 865 所；初等教育院校 235369 所，同比减少 20031 所；工读学校 78 所，同比减少 1 所；特殊教育院校 1933 所，同比增加 80 所；学前教育机构 198553 所，同比增加 17302 所。

2013 年，全国教职工数 18373189 人，同比增加 271247 人。其中，高等教育院校 2381073 人，同比增加 29148 人；中等教育院校 7569100 人，同比减少 38843 人；初等教育院校 5538480 人，同比减少 57301 人；工读学校 2687 人，同比减少 19 人；特殊教育院校 55096 人，同比增加 1481 人；学前教育机构 2826753 人，同比增加 336781 人。

二、行业内上市公司发展概况

（一）行业内上市公司基本情况

表 1　　2013 年教育业上市公司发行股票概况

门　类	A、B 股总数	A 股股票数	B 股股票数	境内总市值（亿元）	流通 A 股市值（亿元）	流通 B 股市值（亿元）
教育（家）	1	1	0	20.91	20.91	0.00
占沪深两市比重（%）	0.04	0.04	0.00	0.01	0.01	0.00

资料来源：沪深交易所，天相投资分析系统。

（二）行业内上市公司构成情况

表 2　　2013 年教育业上市公司构成情况

门　类	沪　市			深　市			ST/*ST
	仅 A 股	仅 B 股	A+B 股	仅 A 股	仅 B 股	A+B 股	
教育（家）	1	0	0	0	0	0	0/0
占行业内上市公司比重（%）	100.00	0.00	0.00	0.00	0.00	0.00	0/0

资料来源：沪深交易所，天相投资分析系统。

2013 年，教育业仅有 1 家上市公司：新南洋。

（三）行业内上市公司融资情况

表 3　　2013 年教育业上市公司与沪深两市融资情况对比

	融资家数	新　股	配　股	增　发
教育（家）	0	0	0	0
沪深两市总数（家）	370	0	13	357
占比（%）	0.00	—	0.00	0.00

资料来源：天相投资分析系统。

2013 年，教育行业上市公司无融资情况。

（四）行业内上市公司资产及业绩情况

表 4　　2013 年教育业上市公司资产情况　　单位：亿元

指　标	2013 年	2013 年可比样本增长（%）	2012 年	2012 年可比样本增长（%）	2011 年
总资产	9.87	-2.25	10.09	-1.01	—
流动资产	3.66	6.55	3.43	-3.04	—
占比（%）	37.06	3.06	34.00	-0.71	—
非流动资产	6.21	-6.78	6.66	0.07	—
占比（%）	62.94	-3.06	66.00	0.71	—
流动负债	5.52	2.94	5.36	5.73	—
占比（%）	55.92	2.82	53.10	3.38	—
非流动负债	0.04	-50.12	0.09	359.57	—
占比（%）	0.44	-0.42	0.86	0.67	—
归属于母公司股东权益	3.51	-5.43	3.71	-9.34	—
占比（%）	35.55	-1.19	36.74	-3.38	—

资料来源：沪深交易所，天相投资分析系统。

表 5　　2013 年教育业上市公司收入实现情况　　单位：亿元

指　标	2013 年	2013 年可比样本增长（%）	2012 年	2012 年可比样本增长（%）	2011 年
营业收入	5.65	13.27	4.99	-5.75	—
利润总额	0.26	扭亏为盈	-0.46	由盈转亏	—
归属于母公司所有者的净利润	0.15	扭亏为盈	-0.50	由盈转亏	—

资料来源：沪深交易所，天相投资分析系统。

（五）利润分配情况

2013 年，教育业上市公司未实施分红配股。

（六）其他财务指标情况

1. 盈利能力指标

表 6　　2013 年教育业上市公司盈利能力情况　　单位：%

指　标	2013 年	2013 年可比样本变动	2012 年	2012 年可比样本变动	2011 年
毛利率	22.84	2.29	20.55	-3.56	—
净资产收益率	4.84	15.85	-11.01	-13.32	—
销售净利率	3.69	13.94	-10.25	-12.48	—
资产净利率	2.09	7.13	-5.04	-6.21	—

资料来源：沪深交易所，天相投资分析系统。

2. 偿债能力指标

表 7　　2013 年教育业上市公司偿债能力情况

指　标	2013 年	2013 年可比样本变动	2012 年	2012 年可比样本变动	2011 年
流动比率	0.66	0.02	0.64	-0.06	—
速动比率	0.47	0.00	0.47	-0.06	—
资产负债率（%）	56.36	2.40	53.96	4.06	—

资料来源：沪深交易所，天相投资分析系统。

3. 营运能力指标

表 8　　2013 年教育业上市公司营运能力情况　　单位：次

指　标	2013 年	2013 年可比样本变动	2012 年	2012 年可比样本变动	2011 年
存货周转率	5.66	0.20	5.46	-1.00	—
应收账款周转率	7.56	-1.88	9.44	0.03	—
流动资产周转率	1.59	0.16	1.43	-0.16	—
固定资产周转率	2.40	0.23	2.17	-0.33	—
总资产周转率	0.57	0.07	0.49	-0.03	—
净资产周转率	1.26	0.24	1.02	-0.06	—

资料来源：沪深交易所，天相投资分析系统。

三、重点上市公司介绍

新南洋

公司主营教育信息服务、精密机电产品和数字电视运营三大业务，其中教育信息服务业务是公司的核心业务，2013 年教育业务占到公司营业收入的 71.4%，较上年（69.1%）提升 2.3 个百分点。

公司是目前沪深两市教育行业唯一一家上市公司，第一大股东为上海交大产业投资管理（集团）有限公司，2013 年持股比例为 38.45%，实际控制人为中华人民共和国教育部。2013 年，公司计划发行股份并购上海昂立教育科技有限公司，当年该重组事项未获得中国证券监督管理委员会的核准。

2013 年，公司实现营业收入 5.65 亿元，同比增长 13.27%；实现利润总额 0.26 亿元，同比扭亏为盈；实现归属于母公司所有者的净利润 0.15 亿元，同比扭亏为盈；每股收益 0.09 元。

2013 年，公司盈利能力有所增强。毛利率 22.84%，同比增加 2.29 个百分点；销售净利率 3.69%，同比由负转正；净资产收益率 4.84%，同比由负转正。

2013 年，公司负债水平提高，偿债能力稍有提升。2013 年末，公司的资产负债率达到 56.36%，同比增加 2.40 个百分点。流动比率为 0.66，较 2012 年末提升 0.02；速动比率为 0.47，与 2012 年末持平。

审稿人：翟太煌　曹玲燕　刘小勇

撰稿人：王德文

卫生和社会工作

一、卫生和社会工作总体概况

2013年，我国卫生业公共财政支出预算8145.73亿元，较2012年同比增长10.86%；卫生业公共财政支出决算8279.90亿元，较2012年同比增长14.28%；2013年，全国卫生总费用达31668.95亿元，较2012年同比增长12.62%；人均卫生费用2327.37元，较2012年同比增长12.07%；我国卫生和社会工作固定资产投资（不含农户）3139.29亿元，同比增长19.95%。

截至2013年末，全国医疗卫生机构总数达974398个，相比2012年增加24101个。其中，医院24709个，基层医疗卫生机构915368个，专业公共卫生机构31155个。与2012年相比，医院增加1539个，基层医疗卫生机构增加2748个，专业公共卫生机构增加19072个。

截至2013年末，全国医疗卫生机构床位618.19万张，其中，医院457.86万张（占74.06%），基层医疗卫生机构134.99万张（占21.84%）。与2012年比较，床位增加45.71万张，其中，医院床位增加41.71万张，基层医疗卫生机构床位增加2.56万张。每千人口医疗卫生机构床位数由2012年的4.24张增加到2013年的4.55张。

截至2013年底，全国有2489个县（市、区）开展了新型农村合作医疗，参合人口达8.02亿人，参合率98.7%。2013年度新农合筹资总额达2972.48亿元，人均筹资370.6元。全国新农合基金支出2909.2亿元；补偿支出受益19.42亿人次，基金使用率达97.8%。

截至2013年底，全国社会服务事业费支出4276.5亿元，比2012年增长16.1%，占国家财政支出的比重约为3.1%，比2012年增长0.1个百分点。中央财政共向各地转移支付社会服务事业费为2149.7亿元，比2012年增长19.8%，占社会服务事业费比重为50.3%，比2012年增加1.6个百分点。社会服务事业基本建设施工项目19116个，全年完成投资总额292.8亿元，比2012年增长24.7%。

二、行业内上市公司发展概况

（一）行业内上市公司基本情况

表 1　　2013 年卫生和社会工作上市公司发行股票概况

门　类	A、B 股总数	A 股股票数	B 股股票数	境内总市值（亿元）	流通 A 股市值（亿元）	流通 B 股市值（亿元）
卫生和社会工作（家）	3	3	0	256.52	193.03	0.00
占沪深两市比重（%）	0.11	0.11	0.00	0.11	0.10	0.00

资料来源：沪深交易所，天相投资分析系统。

（二）行业内上市公司构成情况

表 2　　2013 年卫生和社会工作上市公司构成情况

门　类	沪　市			深　市			ST/*ST
	仅 A 股	仅 B 股	A+B 股	仅 A 股	仅 B 股	A+B 股	
卫生和社会工作（家）	1	0	0	2	0	0	0/0
占行业内上市公司比重（%）	33.33	0.00	0.00	66.67	0.00	0.00	0/0

资料来源：沪深交易所，天相投资分析系统。

（三）行业内上市公司融资情况

表 3　　2013 年卫生和社会工作上市公司与沪深两市融资情况对比

	融资家数	新　股	配　股	增　发
卫生和社会工作（家）	1	0	0	1
沪深两市总数（家）	370	0	13	357
占比（%）	0.00	—	0.00	0.00

资料来源：天相投资分析系统。

2013 年，卫生和社会工作仅有 1 家上市公司（爱尔眼科）增发融资。

2013 年卫生和社会工作上市公司融资情况明细见附录。

（四）行业内上市公司资产及业绩情况

表 4　2013 年卫生和社会工作上市公司资产情况　单位：亿元

指　标	2013 年	2013 年可比样本增长（%）	2012 年	2012 年可比样本增长（%）	2011 年
总资产	35.75	13.76	31.43	15.19	—
流动资产	19.00	19.57	15.89	-4.58	—
占比（%）	53.14	2.58	50.55	-10.47	—
非流动资产	16.75	7.81	15.54	46.14	—
占比（%）	46.86	-2.58	49.45	10.47	—
流动负债	6.75	15.36	5.85	43.62	—
占比（%）	18.89	0.26	18.63	3.69	—
非流动负债	0.08	11.47	0.07	-90.53	—
占比（%）	0.21	0.00	0.22	-2.41	—
归属于母公司股东权益	27.62	13.75	24.28	12.43	—
占比（%）	77.26	-0.01	77.26	-1.90	—

资料来源：沪深交易所，天相投资分析系统。

表 5　2013 年卫生和社会工作上市公司收入实现情况　单位：亿元

指　标	2013 年	2013 年可比样本增长（%）	2012 年	2012 年可比样本增长（%）	2011 年
营业收入	34.63	27.08	27.25	29.23	—
利润总额	5.55	24.89	4.45	14.89	—
归属于母公司所有者的净利润	4.10	22.74	3.34	17.56	—

资料来源：沪深交易所，天相投资分析系统。

（五）利润分配情况

2013 年，卫生和社会工作共有 2 家上市公司实施分红配股。1 家上市公司实施送股或转增股，2 家上市公司实施派息，其中，1 家公司既实施了送股、转增又实施了派息。

（六）其他财务指标情况

1. 盈利能力指标

表 6　2013 年卫生和社会工作上市公司盈利能力情况　单位：%

指　标	2013 年	2013 年可比样本变动	2012 年	2012 年可比样本变动	2011 年
毛利率	43.20	0.45	42.75	-6.69	—
净资产收益率	14.24	1.02	13.21	0.54	—
销售净利率	11.89	-0.48	12.37	-1.15	—
资产净利率	12.26	0.78	11.48	-0.20	—

资料来源：沪深交易所，天相投资分析系统。

2. 偿债能力指标

表 7 　　2013 年卫生和社会工作上市公司偿债能力情况

指 标	2013 年	2013 年可比样本变动	2012 年	2012 年可比样本变动	2011 年
流动比率	2.81	0.10	2.71	-1.37	—
速动比率	2.51	0.14	2.37	-1.41	—
资产负债率（%）	19.10	0.26	18.84	1.28	—

资料来源：沪深交易所，天相投资分析系统。

3. 营运能力指标

表 8 　　2013 年卫生和社会工作上市公司营运能力情况 　　单位：次

指 标	2013 年	2013 年可比样本变动	2012 年	2012 年可比样本变动	2011 年
存货周转率	17.23	0.27	16.97	-4.26	—
应收账款周转率	6.72	-5.47	12.19	-2.49	—
流动资产周转率	1.99	0.31	1.68	0.27	—
固定资产周转率	4.82	0.68	4.13	0.22	—
总资产周转率	1.03	0.10	0.93	0.06	—
净资产周转率	1.27	0.14	1.14	0.08	—

资料来源：沪深交易所，天相投资分析系统。

三、重点上市公司介绍

迪安诊断

迪安诊断主营业务为第三方医学诊断服务，主要向各级医疗卫生机构提供以医学诊断服务外包为核心业务的医学诊断服务整体解决方案。经过多年的发展，公司已形成具有迪安特色的“服务+产品”的一体化商业模式。公司市场覆盖长三角地区和环渤海地区，所出具的医学诊断报告被世界上几十个国家所认可。公司主要产品包括医学诊断服务和体外诊断产品，2013 年占业务收入比例分别为 60.98%和 39.02%。

2013 年，公司实现营业收入 10.15 亿元，同比增长 43.75%；实现利润总额 1.12 亿元，同比增长 52.40%；实现归属于母公司净利润 0.86 亿元，同比增长 43.04%；每股收益 0.72 元。

2013 年，公司盈利能力有所增强。毛利率 37.11%，同比增加 1.40 个百分点；销售净利率 8.87%，同比增加 0.46 个百分点；净资产收益率 14.93%，同比增加 3.11 个百分点。

截至 2013 年末，公司的资产负债率为 27.32%，同比增加 2.00 个百分点。

审稿人：翟太煌　曹玲燕　刘小勇

撰稿人：王德文

文化、体育和娱乐业

一、文化、体育和娱乐业总体概况

（一）行业整体运行情况

2013年是我国传媒行业井喷式增长的一年，总市值较2012年翻了一番。在宏观经济平稳调整的大背景下，受政策和产业内生成长性双重驱动，传媒行业表现出了大规模的行业产值提升能力；借助产业变革之力，广播、电视、电影和影视录音制作业爆发巨大潜力，全行业在变革浪潮的驱动下风生水起。

政策驱动、暖风频吹助力行业环境。2013年是我国文化创意企业“营改增”试点推进突飞猛进的一年，财税部出台了一系列重要政策法规文件，给文化创意企业带来了深远影响，尤其是中小型文化创意企业税负不断降低。2013年8月1日，我国在2012年“6+1”模式的基础上，增加“广播影视服务”，至此在文化创意领域已经被纳入“营改增”的具体行业包括：设计服务、商标著作权转让服务、知识产权服务、广告服务、会议展览服务、广播影视节目（作品）的制作服务、发行服务和播映（含放映）服务。根据《营业税改征增值税试点实施办法》（财税〔2013〕106号），年应征增值税销售额小于500万元的小规模纳税人适用3%的简易征收办法，这一政策对于数量巨大的小型文化创意企业而言可以直接带来减负40%的效果。此外，对于小微文化企业，自2013年8月1日起，对增值税小规模纳税人中月销售额不超过2万元的企业或非企业性单位，暂免征收增值税；对营业税纳税人中月营业额不超过2万元的企业或非企业性单位，暂免征收营业税。

需求驱动，消费升级助力行业成长。“十二五”规划鼓励社会资本进入和鼓励兼并收购的政策导向，将造成市场化媒体数目和规模分布、市场份额和市场集中度的重大改变。此外，由于人均教育文化娱乐服务消费加速增长，人均可支配收入增长、文化娱乐服务消费占比提升将成为双向驱动因素。

中国传媒产业的制度变迁与市场变迁在带来机遇的同时也遭遇到挑战，能够适应环境变化的传媒产业才能在变革中成长。从长远来看，传媒机构将逐步建立现代企业制度，形成符合传媒行业特点的公司治理结构。面对市场格局的变化，实施战略投资是最有前瞻性的举措，国内的典型案例是浙报集团上市后推出的“传媒梦工厂”。借壳上市后的浙报传媒并未把资金投向传统业务，而是选择了孵化新媒体的跨越战略。

中国传媒产业将保持高速增长势头，逐步发展成国民经济支柱性产业。当前传媒产业发展进入了在新的历史起点上取得突破性进展的新时期、新阶段。党中央、国务院相关部门以及各地党委、政府的高度重视，文化事业与文化产业“双轮驱动”的发展理念，文化体制改革的全面推进所提供的体制机制保障，不断增长的城乡居民文化消费需求，文化与科技的不断融合创新，都为我国文化产业持续高速增长提供了强劲动力。同时，产业集中度继续显著提高，形成国有、民营协调发展，大中小企业并存的良性发展的产业格局。而随着互联网、数字化媒体以及移动互联网的发展，传媒产业的发展领域将不断拓宽，内容和形式也将不断丰富。

（二）细分行业运行概况

国内文化、体育和娱乐行业主要分为三个大类：新闻和出版业，广播、电视、电影和影视录音制作业，文化艺术业。

1. 新闻和出版业

2013 年是我国报业发展史上的一个重要节点，虽然报业市场总体上保持稳定，但全行业承受的压力前所未有，创新改革的动力亦前所未有。2013 年既是中国报业发展的“问题凸显年”，又是报业发展的“机遇叠加年”。2013 年，我国主要大中城市报业发行量下滑 5%，而汽车、房地产等支柱广告投放量的减少使得报纸广告收入下滑 8%左右。加上国际油价、新闻纸和印刷成本居高不下，报业的盈利水平持续下降，面临亏损扩大的风险。然而，2013 年我国报业也在数字化转型、集团化建设、文化新兴业态扩展等领域取得了重要进展，涌现出一批纸媒网站经营扭亏的案例，比如青岛新闻网利用报纸原有品牌、新闻及资讯等内容优势，构建区域性的综合性互联网平台，为本土受众提供“一站式”信息服务。

总的来看，2013 年的中国出版业既坚守传承又不断创新。中国报业仍面临严峻的外部经济环境，未来较长时间内，仍将经历一场曲折而又艰难的“爬坡过坎期”，发展的核心在于调整报媒产业结构，加快创新和改革。

2. 广播、电视、电影和影视录音制作业

2013 年，广播行业生机与阻碍并存。虽然内有变革（各级电台主动开发网络播放平台、移动 APP 应用吸引听众）外有经济发展做后盾，文化产业平均增速超过15%，但是经济数据显示的成就并不能解决一切问题。国内传统媒体由于产权的市场化程度较低，许多问题矛盾甚于其他门类产业。2013 年，在国内经济和产业情势起伏调整之时，广播业需要应对媒介自身和社会环境的双重考验和变化。

电视产业总收入继续保持上升势头，移动多媒体发展增速，三网融合试点阶段结束，建构全媒体平台和模式已成为业界的一种共识和重要的实践行为及目标。内容生产制作随着媒体环境的变化而改变，媒体转型成为大势所趋。

2013年，中国一跃成为仅次于美国的全球第二大电影市场：全年电影票房突破200亿元，实现了电影产业化改革以来的又一次重大飞跃；国产影片市场份额高达58.65%，成为世界范围内少有的能够在本土市场上对抗好莱坞的国家；一系列中小成本、现实题材影片的崛起，有效地实现了对好莱坞大片的逆袭。影片质量显著提高，产业结构进一步调整，产品结构趋于合理，产能过剩有效化解，工业化水平不断提升。中国电影产业升级的强劲势头和张力，在2013年得到前所未有的爆发。但中国电影产业要进一步发展，也绝不能抱有侥幸心理。随着市场的日益成熟，当影院观影成为更多人的主要文化消费方式时，观众对影片质量的要求必然会越来越高，电影市场的文化泡沫将被逐渐挤掉。因此，国产影片只有不断提高质量，才能进一步巩固已经取得的市场地位。

3. 文化艺术业

近几年，文化艺术业快速发展带来的巨大空间，已经吸引了相当多科技型企业投身文化生产，且在数字产品生产、生产设备制造等领域取得可喜成果。但从总体上看，标准缺失、各自为战等情况仍普遍存在。为推动文化产业转变发展方式，实现“十二五”末文化产业成为国民经济支柱性产业的目标，在文化科技领域开展顶层设计、标准制定等工作迫在眉睫。

二、行业内上市公司发展概况

（一）行业内上市公司基本情况

表1　**2013年文化、体育和娱乐业上市公司发行股票概况**

门　类	A、B股总数	A股股票数	B股股票数	境内总市值（亿元）	流通A股市值（亿元）	流通B股市值（亿元）
文化、体育和娱乐业（家）	24	24	0	2724.25	1607.68	0.00
占沪深两市比重（%）	0.91	0.91	0.00	1.14	0.81	0.00

资料来源：沪深交易所，天相投资分析系统。

（二）行业内上市公司构成情况

表2　**2013年文化、体育和娱乐业上市公司构成情况**

门　类	沪　市			深　市			ST/*ST
	仅A股	仅B股	A+B股	仅A股	仅B股	A+B股	
文化、体育和娱乐业（家）	11	0	0	13	0	0	0/1
占行业内上市公司比重（%）	45.83	0.00	0.00	54.17	0.00	0.00	0/4.17

资料来源：沪深交易所，天相投资分析系统。

（三）行业内上市公司融资情况

表 3　2013 年文化、体育和娱乐业上市公司与沪深两市融资情况对比

	融资家数	新　股	配　股	增　发
文化、体育和娱乐业（家）	5	0	0	5
沪深两市总数（家）	370	0	13	357
占比（%）	1.35	—	0.00	1.40

资料来源：天相投资分析系统。

2013 年，文化、体育和娱乐业共有 5 家上市公司进行了增发融资。

2013 年文化、体育和娱乐业上市公司融资情况明细见附录。

（四）行业内上市公司资产及业绩情况

表 4　2013 年文化、体育和娱乐业上市公司资产情况　单位：亿元

指　标	2013 年	2013 年可比样本增长（%）	2012 年	2012 年可比样本增长（%）	2011 年
总资产	1136.85	24.59	912.48	21.98	—
流动资产	673.90	16.54	578.26	14.91	—
占比（%）	59.28	-4.09	63.37	-3.90	—
非流动资产	462.95	38.52	334.22	36.51	—
占比（%）	40.72	4.09	36.63	3.90	—
流动负债	321.98	18.74	271.18	18.18	—
占比（%）	28.32	-1.40	29.72	-0.96	—
非流动负债	75.01	63.35	45.92	154.36	—
占比（%）	6.60	1.57	5.03	2.62	—
归属于母公司股东权益	709.56	25.19	566.78	18.69	—
占比（%）	62.41	0.30	62.11	-1.72	—

资料来源：沪深交易所，天相投资分析系统。

表 5　2013 年文化、体育和娱乐业上市公司收入实现情况　单位：亿元

指　标	2013 年	2013 年可比样本增长（%）	2012 年	2012 年可比样本增长（%）	2011 年
营业收入	631.22	15.98	544.23	20.30	—
利润总额	93.33	31.63	70.90	16.01	—
归属于母公司所有者的净利润	77.84	27.36	61.12	18.96	—

资料来源：沪深交易所，天相投资分析系统。

（五）利润分配情况

2013年，共有20家文化、体育和娱乐业上市公司进行了利润分配：新华传媒每股税前派息0.02元；湖北广电每股税前派息0.08元；大地传媒每股税前派息0.15元；中视传媒每股税前派息0.06元；华闻传媒每股税前派息0.04元；时代出版每股税前派息0.21元；出版传媒每股税前派息0.04元；华谊兄弟每股税前派息0.1元；皖新传媒每股税前派息0.2元；华策影视每股税前派息0.04元；中南传媒每股税前派息0.2元；凤凰传媒每股税前派息0.1元；浙报传媒每股税前派息0.35元，同时以10：10进行股本转增；博瑞传播每股税前派息0.2元，同时以10：6进行股本转增；中文传媒华策影视每股税前派息0.2元，同时以10：8进行股本转增；天舟文化每股税前派息0.05元，同时以10：5进行股本转增；光线传媒每股税前派息0.1元，同时以10：10进行股本转增；华录百纳每股税前派息0.17元，同时以10：10进行股本转增；新文化每股税前派息0.5元，同时以10：10进行股本转增；美盛文化每股税前派息0.05元，同时以10：12进行股本转增。

（六）其他财务指标情况

1. 盈利能力指标

表6　　2013年文化、体育和娱乐业上市公司盈利能力情况　　单位：%

指　标	2013年	2013年可比样本变动	2012年	2012年可比样本变动	2011年
毛利率	31.58	–0.10	31.68	–0.80	—
净资产收益率	11.34	0.50	10.84	–0.18	—
销售净利率	13.29	1.43	11.86	–0.34	—
资产净利率	8.19	0.41	7.77	–0.83	—

资料来源：沪深交易所，天相投资分析系统。

2. 偿债能力指标

表7　　2013年文化、体育和娱乐业上市公司偿债能力情况

指　标	2013年	2013年可比样本变动	2012年	2012年可比样本变动	2011年
流动比率	2.09	–0.04	2.13	–0.06	—
速动比率	1.78	–0.03	1.80	–0.01	—
资产负债率（%）	34.92	0.17	34.75	1.66	—

资料来源：沪深交易所，天相投资分析系统。

3. 营运能力指标

表 8　　2013 年文化、体育和娱乐业上市公司营运能力情况　　单位：次

指　标	2013 年	2013 年可比样本变动	2012 年	2012 年可比样本变动	2011 年
存货周转率	6.63	0.40	6.23	-0.22	—
应收账款周转率	5.11	-3.82	8.93	-1.18	—
流动资产周转率	1.01	0.00	1.01	-0.06	—
固定资产周转率	4.30	-0.21	4.52	-0.41	—
总资产周转率	0.62	-0.04	0.66	-0.05	—
净资产周转率	0.95	-0.05	0.99	-0.07	—

资料来源：沪深交易所，天相投资分析系统。

三、重点细分行业介绍

表 9　　2013 年文化、体育和娱乐业上市公司数量分布及市值情况

大　类	上市公司家数（家）	占行业内比重（%）	境内总市值（亿元）	占行业内比重（%）
新闻和出版业	14	58.33	1599.6	57.50
广播、电视、电影和影视录音制作业	8	33.33	1132.83	40.72
文化艺术业	2	8.33	49.56	1.78

资料来源：沪深交易所，天相投资分析系统。

（一）新闻和出版业

1. 行业概况

根据《2013 年新闻出版产业分析报告》，2013 年全国出版、印刷和发行服务实现营业收入 18246.4 亿元，较 2012 年增加 1611.1 亿元，增长 9.7%；利润总额 1440.2 亿元，较 2012 年增长 9.3%。不包括数字出版的资产总额为 17207.7 亿元，增长 9.4%；所有者权益（净资产）为 9023.2 亿元，增长 10.5%。其中，出版图书 44.4 万种，较 2012 年增长 7.4%；出版期刊 32.7 亿册，较 2012 年下降 2.3%；出版报纸 482.4 亿份，与 2012 年基本持平；出版电子出版物 3.5 亿张，较 2012 年增长 33.7%。

2. 行业内上市公司发展情况

表 10　　2013 年新闻和出版业上市公司收入及资产增长情况　　单位：亿元

指　标	2013 年	2013 年可比样本增长（%）	2012 年	2012 年可比样本增长（%）	2011 年
营业收入	539.80	16.13	464.83	18.98	247.38
利润总额	67.58	27.18	53.14	8.71	26.76

续表

指　标	2013 年	2013 年可比样本增长（%）	2012 年	2012 年可比样本增长（%）	2011 年
归属于母公司所有者的净利润	57.44	22.68	46.82	10.47	25.99
总资产	886.35	23.41	718.20	11.86	412.22
归属于母公司股东权益	551.75	23.74	445.90	7.72	275.15

资料来源：沪深交易所，天相投资分析系统。

表 11　　2013 年新闻和出版业上市公司盈利能力情况　　单位：%

指　标	2013 年	2013 年可比样本变动	2012 年	2012 年可比样本变动	2011 年
毛利率	29.63	–0.50	30.13	–2.57	30.64
净资产收益率	10.89	0.29	10.60	0.07	9.45
销售净利率	11.71	0.91	10.80	–0.91	10.51
资产净利率	7.88	0.50	7.38	–0.94	7.22

资料来源：沪深交易所，天相投资分析系统。

表 12　　2013 年新闻和出版业上市公司偿债及营运情况

指　标	2013 年	2013 年可比样本变动	2012 年	2012 年可比样本变动	2011 年
资产负债率（%）	34.51	0.45	34.06	1.76	31.01
存货周转率（次）	7.27	0.63	6.64	–0.13	4.00
总资产周转率（次）	0.67	–0.62	1.29	0.58	0.69

资料来源：沪深交易所，天相投资分析系统。

（二）广播、电视、电影和影视录音制作业

1. 行业概况

根据《中国广播电影电视发展报告（2014）》，2013 年全国广播影视总收入（含财政补助收入）3734.88 亿元。其中，财政收入 437 亿元，同比增长 10.44%，占比 11.7%，同比降低 0.41 个百分点；创收收入 3242.77 亿元，同比增长 15.67%，增幅比上年降低了 2.56 个百分点，增长明显趋缓；广播电视广告收入达到 1387.01 亿元，同比增长 9.19%，增速比上年下降 3.93 个百分点；广播广告和电视广告的增速分别降至 2.74%和 6.97%；有线网络收入 754.91 亿元，同比增长 14.21%，增速比上年下降了 3.03 个百分点。电影产业持续高速增长，国产电影打响票房翻身仗。2013 年，电影生产总量达 824 部，其中故事片 638 部，产量有所回落，院线上映国产电影增加至 326 部，产能过剩调节成效初显。2013 年电影票房收入 217.69 亿元，同比增长 27.51%，其中国产电影票房收入 127.67 亿元，同比增长 54.32%，占总票房

收入的 58.65%。在 2013 年新增的近 47 亿元票房收入中，国产影片贡献率高达 96%，成为拉动电影市场规模扩大的主要力量。

2. 行业内上市公司发展情况

表 13　2013 年广播、电视、电影和影视录音制作业上市公司收入及资产增长情况　单位：亿元

指　标	2013 年	2013 年可比样本增长（%）	2012 年	2012 年可比样本增长（%）	2011 年
营业收入	88.93	15.21	77.19	29.68	83.97
利润总额	25.15	47.39	17.07	44.56	18.23
归属于母公司所有者的净利润	19.95	44.90	13.77	57.46	13.72
总资产	241.60	29.42	186.68	81.84	246.61
归属于母公司股东权益	151.25	32.34	114.29	84.95	113.37

资料来源：沪深交易所，天相投资分析系统。

表 14　2013 年广播、电视、电影和影视录音制作业上市公司盈利能力情况　单位：%

指　标	2013 年	2013 年可比样本变动	2012 年	2012 年可比样本变动	2011 年
毛利率	43.27	2.49	40.77	10.12	39.99
净资产收益率	13.27	1.27	12.01	−2.32	12.10
销售净利率	22.79	4.86	17.92	2.50	16.34
资产净利率	9.46	−0.10	9.56	−0.93	5.90

资料来源：沪深交易所，天相投资分析系统。

表 15　2013 年广播、电视、电影和影视录音制作业上市公司偿债及营运情况

指　标	2013 年	2013 年可比样本变动	2012 年	2012 年可比样本变动	2011 年
资产负债率（%）	36.82	−1.46	38.28	0.68	49.14
存货周转率（次）	4.32	−0.17	4.48	−0.32	1.98
总资产周转率（次）	0.42	−0.41	0.83	0.15	0.36

资料来源：沪深交易所，天相投资分析系统。

（三）文化艺术业

表 16　2013 年文化艺术业上市公司收入及资产增长情况　单位：亿元

指　标	2013 年	2013 年可比样本增长（%）	2012 年	2012 年可比样本增长（%）	2011 年
营业收入	2.48	12.07	2.21	0.36	—
利润总额	0.59	−14.68	0.70	62.62	—
归属于母公司所有者的净利润	0.44	−15.67	0.52	114.45	—
总资产	8.90	16.91	7.61	128.53	—
归属于母公司股东权益	6.57	−0.34	6.59	265.21	—

资料来源：沪深交易所，天相投资分析系统。

表17　　2013年文化艺术业上市公司盈利能力情况　　单位：%

指　标	2013年	2013年可比样本变动	2012年	2012年可比样本变动	2011年
毛利率	36.38	-4.23	40.61	-3.34	—
净资产收益率	6.48	-1.42	7.90	-5.58	—
销售净利率	17.61	-5.97	23.58	12.55	—
资产净利率	5.29	-4.25	9.54	2.30	—

资料来源：沪深交易所，天相投资分析系统。

表18　　2013年文化艺术业上市公司偿债及营运情况

指　标	2013年	2013年可比样本变动	2012年	2012年可比样本变动	2011年
资产负债率（%）	24.29	11.03	13.27	-32.56	—
存货周转率（次）	5.94	-3.34	9.27	-3.53	—
总资产周转率（次）	0.30	-0.28	0.58	-0.07	—

资料来源：沪深交易所，天相投资分析系统。

四、重点上市公司介绍

（一）华谊兄弟

华谊兄弟是国内最大的影视制作及艺人经纪服务企业之一，是国内领先的影视衍生产品运营商，也是国内较早建立集艺人经纪和影视制作与发行为一体的较为完整影视产业链的传媒企业之一。

2013年，公司实现营业收入20.14亿元，比2012年同期增长45.31%；利润总额为8.98亿元，比2012年同期增长180%；净利润为6.73亿元，比2012年同期增长179%；归属于公司普通股股东的净利润为6.65亿元，比2012年同期增长173%。

公司原有的主营业务为电影、电视剧、艺人经纪（包含音乐创作）和影院投资。其中，电影收入10.81亿元，同比增长76.42%；电视剧收入5.18亿元，同比增长36.13%，艺人经纪收入1.61亿元，同比下降30.11%（音乐相关业务并入艺人经纪及相关服务）；电影院收入为2.06亿元，同比上升60.62%。

电影业务方面，收入较2012年同期相比增长76.42%；电视剧业务收入较2012年同期相比增长36.13%，保持电视剧业务盈利能力的提升。公司艺人经纪及相关服务收入较2012年同期相比下降30.11%，其中，艺人代理服务收入较2012年同期相比下降26.33%；企业客户艺人服务收入较2012年同期相比下降78.97%。公司影院业务收入较2012年同期相比增长60.62%，主要是因为投入运营的影院为15家，较2012年同期增加2家，影院发展态势良好，收入稳定增长。

（二）光线传媒

光线传媒是国内最大的民营电视节目制作和运营商之一，国内最大的卫视节目独立制作商之一，建立了基本覆盖全国范围的电视节目联供网，是国内为数不多的通过建立节目联供网的方式实现节目整合运营的节目内容运营商，建立了娱乐资源整合运营平台。公司的电影业务经过近几年的快速发展，建立了专业的发行网络，是少数几家具有规模化发行能力的电影发行商之一，并已稳居国内电影行业的前三名。

2013 年，公司实现营业收入 9.04 亿元，比 2012 年同期下降 12.54%；实现营业利润 3.85 亿元，比 2012 年同期增长 3.69%；实现利润总额 4.06 亿元，比 2012 年同期增长 3.50%；归属于上市公司股东的净利润为 3.28 亿元，比 2012 年同期增长 5.71%。

公司的主营业务是电视节目和影视剧的投资制作和发行业务。电视节目包括常规电视栏目和在电视台播出的演艺活动。电视栏目、演艺活动和影视剧是公司的主要传媒内容产品。电视栏目和演艺活动是自主制作发行，通过节目版权销售或广告营销的方式实现收入；影视剧主要是投资和发行，少量参与制作，收入主要包括电影票房分账收入、电视剧播映权收入、音像版权等非影院渠道收入和衍生产品（贴片广告等）收入。2013 年，公司实现影视剧（包括电视剧和电影）收入 5.71 亿元，比 2012 年同期减少 11.47%；实现电视栏目收入 3.33 亿元，比 2012 年同期减少 1.77%。

公司报告期内栏目制作与广告收入较 2012 年下降 14.47%，主要是因为公司调整了战略方向，改变了与部分电视台的广告合作方式，收入与成本同时降低，整体栏目制作与广告的毛利及毛利率仍略有增长。公司报告期内电影收入较 2012 年下降 14.02%，整体电影收入虽有所下降，但单片毛利有所提高，毛利率基本保持稳定。报告期内电视剧收入较 2012 年增长 13.33%。

五、上市公司在行业中的影响力

随着我国工业化进程的深入，第三产业服务业迎来了快速发展的时代。传媒行业作为其中的佼佼者，在最近 10 年取得了长足的进步，按照这一发展趋势及宏观经济大势，相信其在未来中国经济中所占的比重将会日益提高。传媒行业的高速发展，得到了资本市场的关注和认可，已经有一大批优秀的传媒公司分别在主板和创业板上市融资。传媒行业的上市公司有两大特点：

（一）传媒行业上市公司在行业中数量占比较低

以新闻出版业为例，根据新闻出版总署发布的《2013 年新闻出版行业研究报告》，2013 年全国共有新闻出版单位 34.6 万家，较 2012 年降低 0.4%。而新闻出版业上市公司仅有 14 家，上市公司数量占比不到万分之一，占比较低。

上市公司数量占比如此之低，有历史原因，也有行业自身的原因。主要有三个方面：①以往国家对于传媒行业进行严格的资本管控，使得传媒企业上市异常艰难；②中国传媒企业数量众多，行业集中度低，规模普遍偏小，很难达到主板的上市要求；③创业板开通时间尚短。基于以上原因，我们预计，随着国家对于文化产业的大力推进、传媒行业的资本管控逐渐放开，我国传媒行业的上市公司数量有望进一步增长。

（二）传媒行业上市公司在行业中竞争优势显著

传媒行业上市公司数量占比虽低，但其竞争优势显著，这不仅体现在收入规模和盈利水平上，还体现在上市公司在行业中的品牌和口碑。

以影视领域为例，华谊兄弟制作能力位居领先地位，占据电影票发行行业市场份额第二名。2013 年，公司发行电影票房达到 30 亿元，占全国票房的 13.8%，国产电影票房的 23.5%，行业影响力可见一斑。同时，华谊也是内地实力雄厚的艺人经纪公司，旗下有众多一线明星。超一流明星阵容，不仅能在电视电影业务上发挥协同效应，而且进一步提升了公司的品牌效应，也确立了公司的行业地位。同时，公司一方面通过投资电影院、主题公园向下游产业链延伸，另一方面加强横向拓展，从参股掌趣到控股银汉，不断深入游戏业，打造综合性娱乐王国。公司能有如此快速的发展，与其在创业板顺利上市融资是分不开的。

光线传媒电影票房从 2008 年的 0.8 亿元增长至 2013 年的 23.27 亿元，占国产电影票房的比重亦从同期的 1.99% 增长至 2013 年的 19.34%，稳居民营前三，业内影响力不断提升；同时，同期位列国产票房前 50 的电影数量持续增长，公司扮演角色亦从发行为主变身为制作发行为主。

随着国家推进文化产业快速发展的政策导向，行业内上市公司数量占比有望进一步提高，其行业影响力也有望日益增强。

审稿人：张　骎

撰稿人：施　妍

综 合

一、综合业总体概况

综合行业与其他行业相比，其特点是公司业务比较繁杂，主营业务不十分突出。从行业内部来讲，其跨度较大，涉及房地产、商业、信息、医药、制作、物流、批发零售、公用事业、餐饮旅游等多种业务。

二、行业内上市公司发展概况

（一）行业内上市公司基本情况

表 1　　2013 年综合业上市公司发行股票概况

门 类	A、B 股总数	A 股股票数	B 股股票数	境内总市值（亿元）	流通 A 股市值（亿元）	流通 B 股市值（亿元）
综合业（家）	24	23	1	1509.68	1206.44	7.02
占沪深两市比重（%）	0.91	0.87	0.04	0.63	0.61	0.42

资料来源：沪深交易所，天相投资分析系统。

（二）行业内上市公司构成情况

表 2　　2013 年综合业上市公司构成情况

门 类	沪 市			深 市			ST/*ST
	仅 A 股	仅 B 股	A+B 股	仅 A 股	仅 B 股	A+B 股	
综合业（家）	15	0	1	7	0	0	1/2
占行业内上市公司比重（%）	65.22	0.00	4.35	30.43	0.00	0.00	4.35/8.7

资料来源：沪深交易所，天相投资分析系统。

综合业所涵盖上市公司数量为 23 家（其中 A、B 共存 1 家）。

（三）行业内上市公司融资情况

表 3　　2013 年综合业上市公司与沪深两市融资情况对比

	融资家数	新 股	配 股	增 发
综合业（家）	1	0	0	1
沪深两市总数（家）	370	0	13	357
占比（%）	0.27	—	0.00	0.28

资料来源：天相投资分析系统。

2013年，综合业有沪市主板公司（*ST联华）1家上市公司增发融资。

2013年综合业上市公司融资情况明细见附录。

（四）行业内上市公司资产及业绩情况

表4　2013年综合业上市公司资产情况　单位：亿元

指　标	2013年	2013年可比样本增长（%）	2012年	2012年可比样本增长（%）	2011年
总资产	1249.06	19.20	1004.78	8.59	3481.55
流动资产	515.19	1.40	474.09	4.61	1869.76
占比（%）	41.25	-7.24	47.18	-1.79	53.70
非流动资产	733.87	35.95	530.69	12.40	1611.79
占比（%）	58.75	7.24	52.82	1.79	46.30
流动负债	494.52	14.60	402.32	17.12	1481.74
占比（%）	39.59	-1.59	40.04	2.92	42.56
非流动负债	265.25	39.98	185.68	-12.55	550.92
占比（%）	21.24	3.15	18.48	-4.47	15.82
归属于母公司股东权益	419.42	14.11	358.27	16.70	1274.57
占比（%）	33.58	-1.50	35.66	2.48	36.61

资料来源：沪深交易所，天相投资分析系统。

表5　2013年综合业上市公司收入实现情况　单位：亿元

指　标	2013年	2013年可比样本增长（%）	2012年	2012年可比样本增长（%）	2011年
营业收入	353.15	22.46	251.15	-1.17	1399.74
利润总额	54.81	-11.83	61.18	16.28	157.10
归属于母公司所有者的净利润	39.50	-20.89	49.46	23.04	107.43

资料来源：沪深交易所，天相投资分析系统。

（五）利润分配情况

2013年，综合业有14家上市公司实施分红配股。13家上市公司实施派息，4家上市公司实施送股或转增股，其中，3家公司既实施了送股、转增又实施了派息。

（六）其他财务指标情况

1. 盈利能力指标

表 6　　2013 年综合业上市公司盈利能力情况　　单位：%

指 标	2013 年	2013 年可比样本变动	2012 年	2012 年可比样本变动	2011 年
毛利率	25.19	–0.21	27.52	–0.86	19.35
净资产收益率	9.22	–3.46	12.83	1.16	8.43
销售净利率	12.77	–6.00	21.30	4.33	7.68
资产净利率	3.93	–1.46	5.54	0.57	3.31

资料来源：沪深交易所，天相投资分析系统。

2. 偿债能力指标

表 7　　2013 年综合业上市公司偿债能力情况

指 标	2013 年	2013 年可比样本变动	2012 年	2012 年可比样本变动	2011 年
流动比率	1.04	–0.14	1.18	–0.14	1.26
速动比率	0.49	–0.09	0.59	–0.08	0.66
资产负债率（%）	60.83	1.56	58.52	–1.55	58.38

资料来源：沪深交易所，天相投资分析系统。

3. 营运能力指标

表 8　　2013 年综合业上市公司营运能力情况　　单位：次

指 标	2013 年	2013 年可比样本变动	2012 年	2012 年可比样本变动	2011 年
存货周转率	1.32	0.17	1.09	–0.14	1.43
应收账款周转率	5.37	–1.57	6.44	–0.37	14.60
流动资产周转率	0.69	0.11	0.54	–0.06	0.82
固定资产周转率	2.00	–0.53	2.26	–0.36	2.74
总资产周转率	0.31	0.02	0.26	–0.03	0.43
净资产周转率	0.77	0.06	0.64	–0.10	1.01

资料来源：沪深交易所，天相投资分析系统。

三、重点上市公司介绍

（一）复旦复华

复旦复华是复旦大学控股的上市公司，其前身为1984年创办的复旦大学科技开发公司。依托复旦大学雄厚的科研、技术、人才优势，公司在“发展高科技、实现产业化”的探索与实践中，成功确立了以软件开发、生物医药、园区房产为核心的科技产业体系。目前，已拥有中国重要的对日软件出口平台，具有科技创新能力的药品研发、生产、营销基地，以及广纳国内外高新技术企业的国家级高新技术园区。公司三大主营业务均为国家鼓励发展的重点产业，拥有良好的发展前景，三大产业在各自专注的领域中能够提供富有特色的产品和服务，在相关行业内具有较高知名度。

2013年，公司实现营业收入9.52亿元，同比增长9.73%；营业利润3889.1万元，同比下降34.16%；归属于上市公司股东的净利润3371.2万元，同比增长20.12%；归属于上市公司股东净资产5.94亿元，同比增长2.65%；基本每股收益0.098元。公司拟每10股派发现金红利1.00元。

药业：2013年，上海复旦复华药业有限公司营业收入为68001.06万元，同比增长47.33 %，占公司营业收入的71.46%。

软件：2013年，上海中和软件有限公司营业收入为22965.12万元，同比下降8.90%，占公司营业收入的24.13%。

（二）张江高科

张江高科技园区是国家批准的四个“国家自主创新示范区”之一，是“十二五”期间国家重点建设的内容。公司目前主要有四大业务板块：园区物业销售、园区物业租赁、通讯服务和投资业务。公司的园区物业销售和园区物业租赁目前主要依托张江高科技园区，以销售或者园区内的物业获取收益。公司的产品形式主要是研发办公楼，属于科技园区内相对高端的物业，公司“十一五”期间的发展主要依靠出售和租赁物业的模式。因此，公司的发展模式较一般房地产开发企业有所不同，更多的是与园区景气度相关联。

公司目前主要的开发区域是25平方千米的张江高科技园区，未来如果“一区十二园”的“大张江”方案获得批准，公司的区域拓展面积将扩大至290平方千米，公司的发展空间有很大提升。

2013年，公司实现营业收入191874万元，同比减少15.29%，营业利润48097万元，同比增加11.43%，归属于股东的净利润37250万元，同比增加0.66%。加权平均净资产收益率为5.58%，同比减少0.23个百分点。实现基本每股收益0.24元。公司利润分配方案是每10股派发现金红利0.80元（含税）。

审稿人：翟太煌　曹玲燕　刘小勇

撰稿人：梁玉梅

第四篇　上市公司地区篇

- 北京地区 · 天津地区 · 河北地区 · 山西地区 · 内蒙古地区
- 辽宁地区 · 吉林地区 · 黑龙江地区
- 上海地区 · 江苏地区 · 浙江地区 · 安徽地区 · 福建地区 · 江西地区 · 山东地区
- 河南地区 · 湖北地区 · 湖南地区 · 广东地区 · 广西地区 · 海南地区
- 重庆地区 · 四川地区 · 贵州地区 · 云南地区 · 西藏地区
- 陕西地区 · 甘肃地区 · 青海地区 · 宁夏地区 · 新疆地区
- 深圳地区 · 大连地区 · 宁波地区 · 厦门地区 · 青岛地区

北京地区

一、北京国民经济发展概况

表 1　2013 年北京国民经济发展概况　单位：亿元

指　标	1~3 月		1~6 月		1~9 月		1~12 月	
	绝对量	同比增长（%）	绝对量	同比增长（%）	绝对量	同比增长（%）	绝对量	同比增长（%）
地区生产总值（GDP）	4101	9.0	9113	9.2	13766	8.6	19501	9.5
全社会固定资产投资	—	—	—	—	—	—	—	—
社会消费品零售总额	—	—	—	—	—	—	—	—
规模以上工业增加值	—	9.1	—	8.5	—	8.3	—	8.0
规模以上工业企业实现利润	228	5.0	557	11.7	855	6.0	1255	3.1
居民消费价格指数（CPI）	1~3 月		1~6 月		1~9 月		1~12 月	
	3.8		3.1		3.1		3.1	

资料来源：国家统计局。

二、北京上市公司总体情况

（一）公司数量

表 2　2013 年北京上市公司数量　单位：家

公司总数	2013 年新增	股票类别			板块分布			
		仅 A 股	仅 B 股	（A+B）股	沪市主板	深市主板	中小板	创业板
219	2	218	0	1	99	29	38	53

资料来源：北京证监局，天相投资分析系统。

（二）行业分布

表 3

2013 年北京上市公司行业分布情况

所属证监会行业类别	家　数	占比（%）	所属证监会行业类别	家　数	占比（%）
农、林、牧、渔业	1	0.46	金融业	11	5.02
采矿业	11	5.02	房地产业	17	7.76
制造业	89	40.64	租赁和商务服务业	5	2.28
电力、热力、燃气及水生产和供应业	5	2.28	科学研究和技术服务业	1	0.46
建筑业	16	7.31	水利、环境和公共设施管理业	3	1.37
批发和零售业	14	6.39	教育	0	0.00
交通运输、仓储和邮政业	3	1.37	卫生和社会工作	0	0.00
住宿和餐饮业	2	0.91	文化、体育和娱乐业	3	1.37
信息传输、软件和信息技术服务业	38	17.35	综合	0	0.00
合　计	219	100.00			

资料来源：北京证监局，天相投资分析系统。

（三）股本结构及规模

表 4

2013 年北京上市公司股本规模在 10 亿股以上公司分布情况

股本规模（亿股）	公司家数	具体公司
1000≤	6	工商银行、建设银行、农业银行、中国石化、中国石油、中国银行
200≤~<500	6	光大银行、民生银行、中国建筑、中国人寿、中国中铁、中信银行
100≤~<200	14	大唐发电、华能国际、京东方 A、长江电力、中国北车、中国国航、中国交建、中国铝业、中国南车、中国神华、中国铁建、中国中冶、中国重工、中煤能源
50≤~<100	4	北京银行、华夏银行、三一重工、中国水电
20≤~<50	16	北辰实业、泛海建设、福田汽车、华锐风电、际华集团、金融街、金隅股份、京能电力、首创股份、首钢股份、首开股份、同方股份、新华保险、燕京啤酒、中国化学、中金黄金
10≤~<20	18	大北农、歌华有线、昊华能源、华北高速、华联股份、华业地产、江河创建、天地科技、同仁堂、万通地产、五矿发展、新华联、信达地产、中国国贸、中国卫星、中航电子、中科三环、中信国安

资料来源：沪深交易所，天相投资分析系统。

表 5

2013 年北京上市公司股权构成情况

股权性质 / 地域分布	央企国资控股	省属国资控股	地市国资控股	民营控股	其　他	合　计
北京市	84	31	0	100	4	219

资料来源：北京证监局。

（四）市值规模

截至 2013 年 12 月 31 日，北京 219 家上市公司境内总市值 74597.85 亿元，占全国上市公司境内总市值的 31.2%。其中，上交所上市公司 99 家，总股本 14452.17 亿股，境内总市值 65743.21 亿元，占上交所上市公司境内总市值的 43.49%；深交所上市公司 120 家，总股本 703.66 亿股，境内总市值 8854.64 亿元，占深交所上市公司境内总市值的 10.07%。

（五）资产规模

截至 2013 年 12 月 31 日，北京 219 家上市公司合计总资产 881919.09 亿元，归属于母公司股东权益 86464.98 亿元，与 2012 年相比，分别增长 9.78%、11.64%；平均每股净资产 4.15 元。

三、北京上市公司经营情况及变动分析

（一）总体经营情况

表 6　　2013 年北京上市公司经营情况

指　标	2013 年	2012 年	变动率（%）
家数	219	217	0.92
亏损家数	16	16	0.00
亏损家数比例（%）	7.31	7.37	–0.06
平均每股收益（元）	0.66	0.59	11.22
平均每股净资产（元）	4.15	3.84	8.07
平均净资产收益率（%）	15.79	15.49	0.30
总资产（亿元）	881919.09	803338.17	9.78
归属于母公司股东权益（亿元）	86464.98	77451.35	11.64
营业收入（亿元）	127040.82	117423.54	8.19
利润总额（亿元）	18403.59	16175.88	13.77
归属于母公司所有者的净利润（亿元）	13656.94	11994.95	13.86

资料来源：沪深交易所，天相投资分析系统。

（二）分行业经营情况

表 7　　2013 年北京上市公司分行业经营情况

所属行类	营业收入（亿元）	可比样本变动率（%）	归属于母公司所有者的净利润（亿元）	可比样本变动率（%）
农、林、牧、渔业	2.96	–41.22	0.54	–6.82
采矿业	55627.26	3.43	2476.65	3.60
制造业	8612.18	7.97	329.86	24.37

续表

所属行类	营业收入（亿元）	可比样本变动率（%）	归属于母公司所有者的净利润（亿元）	可比样本变动率（%）
电力、热力、燃气及水生产和供应业	2460.59	-1.89	259.15	15.57
建筑业	26062.84	14.92	653.57	42.12
批发和零售业	2784.81	26.58	24.95	50.55
交通运输、仓储和邮政业	1021.94	-2.13	42.69	-25.34
住宿和餐饮业	27.04	-18.60	-4.54	-274.28
信息传输、软件和信息技术服务业	468.61	16.78	58.27	15.67
金融业	28832.19	9.71	9668.52	14.17
房地产业	732.76	12.86	108.57	18.65
租赁和商务服务业	350.68	6.69	22.36	32.52
科学研究和技术服务业	3.26	26.47	1.16	28.22
水利、环境和公共设施管理业	40.61	74.98	10.52	51.65
教育	0.00	—	0.00	—
卫生和社会工作	0.00	—	0.00	—
文化、体育和娱乐业	13.08	-13.01	4.65	8.52
综合	0.00	—	0.00	—
合　计	127040.82	7.72	13656.94	13.27

资料来源：北京证监局，天相投资分析系统。

（三）业绩变动情况分析

1. 营业收入等变动分析

2013 年，北京 219 家上市公司实现营业收入 127040.82 亿元，较 2012 年增长 8.19%；营业利润 17889.68 亿元，增长 12.49%；利润总额 18403.59 亿元，增长 13.77%。扣除 6 家超级大盘股，北京上市公司平均营业总收入 262.48 亿元、平均净利润 19.01 亿元。

2. 盈利构成分析

从盈利构成看，2013 年北京上市公司利润来源主要是营业利润，其占利润总额的比重为 97.21%。投资收益占利润总额的比重为 10.01%，公允价值变动净收益占利润总额的比重为 0.04%，营业外收支净额占利润总额的比重为 2.79%。

3. 经营性现金流量分析

2013 年，北京有 155 家上市公司经营活动产生的现金流量净额为正，占 219 家上市公司的 70.78%，基本与 2012 年持平。

4. 业绩特点分析

（1）上市公司总体业绩持续增长。2013 年，北京上市公司总资产、归属于母公司股东权益、营业收入、归属于母公司所有者的净利润分别比 2012 年增长 9.78%、11.64%、8.19%、13.86%。北京上市公司总体业绩保持增长态势，归属于母公司所有者的净利润增幅有所提高。

（2）总体业绩状况受超级大盘股影响大。中国石油、中国石化、工商银行、农业银行、中国银行、建设银行6家公司总股本占北京上市公司总股本的72.32%，营业总收入占北京上市公司营业总收入的55.94%，归属于母公司股东的净利润占北京上市公司归属于母公司股东的净利润的73.02%。北京上市公司总体业绩情况受这6家大公司影响很大。

（3）亏损公司数量与2012年持平。北京2013年共有16家上市公司出现亏损，另有12家公司扣除非经常性损益后亏损，共计28家公司经营性亏损，亏损家数与2012年基本持平。

（4）亏损公司主要集中在主板市场。2013年北京亏损的16家公司中，上交所5家，深交所11家；扣除非经常性损益后亏损的12家公司中，上交所7家，深交所5家。经营性亏损的公司共计28家，其中，上交所主板公司12家，深交所主板公司7家，合计占北京主板上市公司的14.84%，中小板公司5家，创业板公司4家。

5. 利润分配情况

表8　　2013年北京上市公司现金分红情况

2013年分红公司家数			2013年分红金额		
家　数	变动率（%）	分红公司家数占地区公司总数比重（%）	金额（亿元）	变动率（%）	分红金额占归属于母公司所有者的净利润比重（%）
185	1.6	84.47	4724.78	13.28	34.60

资料来源：北京证监局。

四、北京上市公司并购重组情况

（一）并购重组基本情况

表9　　2013年北京上市公司并购重组基本情况

年　度	交易数目		交易总价值——合计（亿元）		交易总价值——平均（亿元）	
	已完成	未完成	已完成	未完成	已完成	未完成
2012	52	76	446.82	304.31	10.39	4.48
2013	74	64	1099.88	209.94	22.00	3.50

资料来源：Wind资讯。

（二）并购重组特点

2013年，北京上市公司并购重组整体交易数目较前两年略有增加，并购重组整体交易总价值与平均交易价值规模较2012年均有大幅增长，已完成交易数目、交易总价值及平均交易价值在整体中占比上升，较大规模的并购重组有所增加。

五、北京上市公司募集资金情况、使用情况

（一）募集资金总体情况

表 10　　2013 年北京上市公司募集资金情况

发行类型	代　码	简　称	募集资金（亿元）
首　发	—	—	0
	小　计		0
再融资（增发、配股）	000605.SZ	渤海股份	11.14
	000729.SZ	燕京啤酒	16.40
	000758.SZ	中色股份	18.01
	000882.SZ	华联股份	30.82
	002148.SZ	北纬通信	5.00
	002310.SZ	东方园林	15.81
	002368.SZ	太极股份	5.80
	002392.SZ	北京利尔	6.44
	002642.SZ	荣之联	5.62
	002649.SZ	博彦科技	4.00
	300038.SZ	梅泰诺	1.75
	300058.SZ	蓝色光标	19.36
	300071.SZ	华谊嘉信	2.17
	300157.SZ	恒泰艾普	3.51
	300166.SZ	东方国信	1.85
	300182.SZ	捷成股份	2.07
	300315.SZ	掌趣科技	5.17
	600056.SH	中国医药	3.04
	600100.SH	同方股份	14.54
	600195.SH	中牧股份	4.86
	600118.SH	中国卫星	14.49
	600206.SH	有研新材	5.87
	600405.SH	动力源	2.17
	600536.SH	中国软件	6.50
	600578.SH	京能电力	25.00
	601111.SH	中国国航	10.51
	601888.SH	中国国旅	25.58
	小　计		267.48

续表

发行类型	代　码	简　称	募集资金（亿元）
其他融资（公司债券、短期融资券、中期票据、次级债、金融债、境外发行债券）	000839.SZ	中信国安	15.00
	000882.SZ	华联股份	24.00
	002065.SZ	东华软件	10.00
	002066.SZ	瑞泰科技	2.00
	002310.SZ	东方园林	10.00
	002657.SZ	中科金财	2.40
	300070.SZ	碧水源	5.50
	300072.SZ	三聚环保	2.00
	300104.SZ	乐视网	2.00
	300117.SZ	嘉寓股份	0.50
	600008.SH	首创股份	5.00
	600011.SH	华能国际	315.00
	600016.SH	民生银行	213.67
	600028.SH	中国石化	100.00
	600100.SH	同方股份	6.00
	600361.SH	华联综超	15.00
	600410.SH	华胜天成	9.00
	600489.SH	中金黄金	6.00
	600588.SH	用友软件	5.00
	600900.SH	长江电力	140.00
	601088.SH	中国神华	150.00
	601101.SH	昊华能源	5.00
	601111.SH	中国国航	100.00
	601169.SH	北京银行	300.00
	601186.SH	中国铁建	185.00
	601288.SH	农业银行	195.25
	601299.SH	中国北车	160.00
	601390.SH	中国中铁	5.00
	601398.SH	工商银行	85.92
	601600.SH	中国铝业	230.00
	601618.SH	中国中冶	189.00
	601668.SH	中国建筑	80.00
	601669.SH	中国电建	121.00
	601766.SH	中国南车	115.00

续表

发行类型	代　码	简　称	募集资金（亿元）
其他融资（公司债券、短期融资券、中期票据、次级债、金融债、境外发行债券）	601800.SH	中国交建	70.00
	601818.SH	光大银行	13.34
	601857.SH	中国石油	200.00
	601898.SH	中煤能源	100.00
	601939.SH	建设银行	302.83
	601988.SH	中国银行	50.00
	601991.SH	大唐发电	110.00
	601992.SH	金隅股份	45.00
	601998.SH	中信银行	180.00
	小　计		3880.41
总　计			4147.89

资料来源：北京证监局。

（二）募集资金使用情况及特点

2013 年，北京辖区无公司首发上市，再融资（增发、配股）金额 267.48 亿元，同比下降 46.36%，其他融资（公司债券、短期融资券、中期票据、次级债、金融债、境外发行债券）3880.41 亿元，同比下降 27.37%，总计 4147.89 亿元，同比下降 31.31%。2013 年 IPO“暂停”，再融资及其他融资规模缩减，主要由于融资制度与监管政策有待完善，存在行政限制较多、灵活性与可预期性较低等问题，上市公司对融资渠道的利用与创新尚不充分，房地产及部分产能过剩行业的融资受到政策限制。

（三）募集资金变更情况

表 11　　2013 年北京上市公司募集资金使用项目变更情况

变更募集资金使用项目的公司家数	涉及金额（亿元）	募集资金总额（亿元）	占公司募集资金总额的比例（%）
9	8.97	100.46	8.93

资料来源：沪深交易所，北京证监局。

2013 年，辖区内有 9 家公司（掌趣科技、华联综超、二六三、北京利尔、华谊嘉信、蓝色光标、中国国旅、外运发展、华北高速）做出募集资金使用变更，涉及募集资金总额约 100.46 亿元，变更金额约 8.97 亿元，变更金额约占公司募集资金总额的 8.93%。仅有少量上市公司变更募集资金投向，涉及金额占比较小，多数上市公司能够按照原投资计划使用募集资金。

六、北京上市公司规范运作情况

（一）上市公司治理专项情况

2013年，北京证监局在行业分工和功能监管模式下，继续积极开展公司治理监管工作，以信息披露为抓手强化公司治理、承诺履行、现金分红等各专项工作，在现场检查中加大对公司治理的检查力度。规范上市公司及相关方承诺履行，依据《上市公司监管指引第4号——上市公司实际控制人、股东、关联方、收购人以及上市公司承诺及履行》，加强分类指导，关注国有上市公司承诺事项解决的难点问题，积极进行调研，加大追责力度，对未履行承诺的相关方依法采取监管措施；推动同业竞争问题的解决，强化清晰的、分阶段的信息披露；强化现金分红监管，按照《上市公司监管指引第3号——上市公司现金分红》的要求，加强对上市公司现金分红的跟踪分析和引导力度，在现场检查中关注公司现金分红情况，要求公司履行现金分红承诺并充分信息披露；打击和防控内幕交易，加强在现场检查中对内幕信息知情人登记制度的核查；配合证监会，联合国资委开展央企公司治理调研活动；与北京市国资委联合对市属上市公司治理状况调研，对辖区15家上市公司进行走访。

（二）审计情况及监管情况

截至2014年4月30日，北京全部上市公司披露了2013年报。2013年度报告审计过程中，有26家会计师事务所为北京上市公司提供审计服务。年报审计意见类型中，1家公司为保留意见，3家公司为带强调事项段的无保留意见，其他上市公司为标准无保留意见。披露内部控制审计报告的北京主板公司中有1家为否定意见，1家为带强调事项的无保留意见。2013年，北京有26家上市公司更换会计师事务所。

为保证上市公司财务信息披露的真实、准确和完整，提高上市公司审计报告质量，北京证监局进行了2013年年报审计监管工作，包括：充分准备，熟悉会计准则等业务知识，明确工作重点；加强对信息披露监管，加大现场检查力度；强化监管协作和培训交流，及时固化经验。

（三）信息披露情况

按照证监会简政放权的要求，落实信息披露为核心的监管模式，北京证监局以协作机制为支撑，提高信息披露的监管效率，对辖区上市公司信息披露违法违规行为及时采取监管措施，并依法移交稽查立案。加强与交易所在信息披露监管事项上的沟通和合作，依托交易所信息披露第一道防线，强化现场核查的基础职责，与交易所实行年报错位审核，加强审核信息交流分享，实现信息披露的形式审阅与重点审核的全覆盖。要求上市公司充分披露同业竞争、承诺履行等问题的现状、解决方案、实施进程等情况，对未充分披露承诺履行等问题的上市公司采取监管措施。

（四）证券市场服务情况

2013年，北京证监局全面拓展与市金融局、国资委、文资办、中关村管委会等部门的合作关系，积极开展联合调研，了解辖区企业产业特点和需求，配合做好挂牌上市企业后备资源摸底和拟上市公司培育；积极为北京拟上市公司提供服务，完善辅导验收工作程序；通过业务培训、搭建和专业机构对接平台等形式，引导企业多渠道、多方式参与资本市场；增强培训工作的计划性，开展分类、分主题、分批次的上市公司董事、监事、高管人员培训，以点带面推动合规，组织了并购重组、公司债、股权激励、财务信息披露等专题培训，并邀请经济学家解读宏观经济政策，通过多样化的培训形式，提升董监事履职水平和合规意识。

（五）其他

根据并购重组审核分道制的最新要求，北京证监局对辖区上市公司进行风险分类，依法及时出具监管意见；开展并购重组专题培训，支持辖区上市公司通过并购重组业务做大做强；加大对上市公司并购重组情况的跟踪监管，在现场检查中加强对业绩承诺、资产整合等重大事项的关注力度。

审稿人：陈 稹 孙 林

撰稿人：王 璟

天津地区

一、天津国民经济发展概况

表 1　　**2013 年天津国民经济发展概况**　　单位：亿元

指标	1~3 月		1~6 月		1~9 月		1~12 月	
	绝对量	同比增长（%）	绝对量	同比增长（%）	绝对量	同比增长（%）	绝对量	同比增长（%）
地区生产总值（GDP）	2916	12.9	6579	12.2	10223	11.3	14370	11.5
全社会固定资产投资	1610.91	18.6	5196.55	19.1	7963.86	17.2	10121.2	14.1
社会消费品零售总额	1062.85	13.0	2144.76	13.3	3288.93	13.5	4470.43	14.0
规模以上工业增加值	—	12.5	—	12.8	—	13.0	—	13.0
规模以上工业企业实现利润	396	14.2	786	17.3	1204	12.7	1993	2.7
居民消费价格指数（CPI）	1~3 月		1~6 月		1~9 月		1~12 月	
	2.5		2.7		3.3		3.8	

资料来源：国家统计局，天津市统计局。

二、天津上市公司总体情况

（一）公司数量

表 2　　**2013 年天津上市公司数量**　　单位：家

公司总数	2013 年新增	股票类别			板块分布			
		仅 A 股	仅 B 股	（A+B）股	沪市主板	深市主板	中小板	创业板
38	0	37	0	1	19	8	6	5

资料来源：天津证监局，天相投资分析系统。

（二）行业分布

表3　　2013年天津上市公司行业分布情况

所属证监会行业类别	家　数	占比（%）	所属证监会行业类别	家　数	占比（%）
农、林、牧、渔业	0	0.00	金融业	0	0.00
采矿业	2	5.26	房地产业	6	15.79
制造业	18	47.37	租赁和商务服务业	0	0.00
电力、热力、燃气及水生产和供应业	2	5.26	科学研究和技术服务业	1	2.63
建筑业	0	0.00	水利、环境和公共设施管理业	0	0.00
批发和零售业	4	10.53	教育	0	0.00
交通运输、仓储和邮政业	4	10.53	卫生和社会工作	0	0.00
住宿和餐饮业	0	0.00	文化、体育和娱乐业	0	0.00
信息传输、软件和信息技术服务业	0	0.00	综合	1	2.63
合　计	38	100.00			

资料来源：天津证监局，天相投资分析系统。

（三）股本结构及规模

表4　　2013年天津上市公司股本规模在10亿股以上公司分布情况

股本规模（亿股）	公司家数	具体公司
100≤~<200	1	*ST远洋
20≤~<50	2	海油工程、中海油服
10≤~<20	8	*ST国恒、创业环保、津滨发展、泰达股份、天房发展、天津港、天士力、一汽夏利

资料来源：沪深交易所，天相投资分析系统。

表5　　2013年天津上市公司股权构成情况

股权性质 / 地域分布	央企国资控股	省属国资控股	地市国资控股	民营控股	其　他	合　计
天津	8	18	0	11	1	38

资料来源：天津证监局。

（四）市值规模

截至2013年12月31日，天津38家上市公司境内总市值3589.88亿元，占全国上市公司境内总市值的1.5%，其中，上交所上市公司19家，总股本277.50亿股，境内总市值2610.07亿元，占上交所上市公司境内总市值的1.73%；深交所上市公司 19 家，总股本 110.41 亿股，境内总市值 979.8 亿元，占深交所上市公司境内总市值的 1.11%。

（五）资产规模

截至 2013 年 12 月 31 日，天津 38 家上市公司合计总资产 4887.04 亿元，归属于母公司股东权益 1539.92 亿元，与 2012 年相比，分别增长 7.89%、10.23%；平均每股净资产 3.54 元。

三、天津上市公司经营情况及变动分析

（一）总体经营情况

表 6　　2013 年天津上市公司经营情况

指　标	2013 年	2012 年	变动率（%）
家数	38	38	0.00
亏损家数	8	5	60.00
亏损家数比例（%）	21.05	13.16	7.89
平均每股收益（元）	0.33	0.03	985.17
平均每股净资产（元）	3.54	3.40	4.12
平均净资产收益率（%）	9.18	1.01	8.17
总资产（亿元）	4887.04	4529.55	7.89
归属于母公司股东权益（亿元）	1539.92	1397.05	10.23
营业收入（亿元）	2936.13	2676.46	9.70
利润总额（亿元）	220.17	74.29	196.36
归属于母公司所有者的净利润（亿元）	141.44	14.07	905.26

资料来源：沪深交易所，天相投资分析系统。

（二）分行业经营情况

表 7　　2013 年天津上市公司分行业经营情况

所属行类	营业收入（亿元）	可比样本变动率（%）	归属于母公司所有者的净利润（亿元）	可比样本变动率（%）
农、林、牧、渔业	0.00	—	0.00	—
采矿业	482.97	37.95	94.60	74.95
制造业	380.60	10.09	22.75	1.33
电力、热力、燃气及水生产和供应业	24.78	2.41	2.85	4.82
建筑业	0.00	—	0.00	—
批发和零售业	863.14	23.84	5.86	80.29
交通运输、仓储和邮政业	1067.54	−5.07	15.09	−119.26

续表

所属行类	营业收入（亿元）	可比样本变动率（%）	归属于母公司所有者的净利润（亿元）	可比样本变动率（%）
住宿和餐饮业	0.00	—	0.00	—
信息传输、软件和信息技术服务业	0.00	—	0.00	—
金融业	0.00	—	0.00	—
房地产业	104.78	-15.13	-0.19	-102.03
租赁和商务服务业	0.00	—	0.00	—
科学研究和技术服务业	3.61	20.30	0.07	-48.08
水利、环境和公共设施管理业	0.00	—	0.00	—
教育	0.00	—	0.00	—
卫生和社会工作	0.00	—	0.00	—
文化、体育和娱乐业	0.00	—	0.00	—
综合	8.70	3.68	0.40	-5.21
合　计	2936.13	9.70	141.44	905.26

资料来源：天津证监局，天相投资分析系统。

（三）业绩变动情况分析

1. 营业收入、毛利率等变动原因分析

2013 年，天津上市公司营业收入 2936.13 亿元，较 2012 年增加 259.67 亿元，增长率为 9.70%，主要是国机汽车、海油工程及中海油服营业收入分别大幅增长 127.64 亿元、79.56 亿元、53.29 亿元所致。营业成本 2572.02 亿元，较 2012 年增加 7.77%；毛利润 363.81 亿元，增加 25.46%；毛利率 9.88%，减少 0.95 个百分点。

2. 盈利构成分析

从盈利构成看，2013 年天津上市公司利润的主要来源是营业利润，为 212.27 亿元，其占利润总额的比重为 96.41%，比 2012 年下降了 7.32 个百分点。营业利润中，投资净收益占比达 58.84%。

3. 经营性现金流量分析

天津上市公司 2013 年经营活动现金流量净额为 73.21 亿元，较 2012 年同期增加 49.20%。虽然上市公司整体经营活动现金净流入有所增加，但天津上市公司现金流仍然普遍较为紧张，15 家公司经营活动净现金流量为负，较 2012 年度增加 4 家；21 家公司经营活动净现金流量同比下滑，较 2012 年度增加 1 家。

4. 业绩特点分析

一是收入稳步增长，净利润流略有波动。从单季度财务数据看，2013 年第一季度至第四季度，天津上市公司的营业收入稳步上涨，分别为 617.93 亿元、714.04 亿元、728.40 亿元和 875.76 亿元，其中，第四季度营业收入规模较第一季度上涨逾四成；归属于母公司股东的净利润在第二季度、第四季度出现一定幅度的波动，四个季度分别为 6.88 亿元、51.78 亿元、27.32 亿元和 55.46 亿元。

二是创业板公司业绩领先优势明显。2013 年，天津主板、中小板和创业板上市公司营业收入较上年增幅分别为 18.08%、16.82%和 37.73%，归属于母公司股东的净利润较上年增幅分别为 26.75%、26.09%和 24.20%。天津创业板上市公司的业绩表现最佳。2013 年，天津创业板上市公司每股收益 0.71 元，净资产收益率 12.39%，而同期主板、中小板公司的每股收益分别为 0.33 元和 0.23 元，净资产收益率分别为 9.76%和 4.58%。创业板公司业绩领先优势十分明显。

5. 利润分配情况

表 8　　2013 年天津上市公司现金分红情况

2013 年分红公司家数			2013 年分红金额		
家　数	变动率（%）	分红公司家数占地区公司总数比重（%）	金额（亿元）	变动率（%）	分红金额占归属于母公司所有者的净利润比重（%）
22	-8.33	57.89	39.44	38.39	27.88

资料来源：天津证监局。

四、天津上市公司并购重组情况

（一）并购重组基本情况

2013 年，天津上市公司中有天药股份、海油工程、中源协和 3 家公司完成并购重组工作，涉及金额 44.14 亿元。

（二）并购重组特点

2013 年，天津上市公司的并购重组以定向增发购买资产模式为主体，以股份支付为主要支付手段。并购重组家数较 2012 年（2 家）增加 50%。

五、天津上市公司募集资金情况、使用情况

（一）募集资金总体情况

表 9　　2013 年天津上市公司募集资金情况

发行类型	代　码	简　称	募集资金（亿元）
首　发	—	—	0
	小　计		0
再融资（增发、配股）	600488	天药股份	5.49
	600583	海油工程	35.00
	600645	中源协和	3.65
	小　计		44.14

续表

发行类型	代　码	简　称	募集资金（亿元）
其他融资（公司债券）	600535	天士力	4.00
	小　计		4.00
总　计			48.14

资料来源：天津证监局。

（二）募集资金使用情况及特点

2013年，天津共有13家上市公司使用募集资金，金额总计51.71亿元。

（三）募集资金变更情况

2013年，天津3家公司变更募集资金的使用项目。

六、天津上市公司规范运作情况

（一）上市公司治理专项情况

2013年，天津上市公司总体治理结构完善，运作规范。上市公司不断完善投资者保护机制，17家公司召开业绩说明会，有效拉近了与投资者之间的距离；22家公司在2013年年报中披露了现金分红方案，总额达39.44亿元，较2012年增加46.45%，远高于全国上市公司现金分红金额增幅。内幕交易防控专项活动中，各公司进一步增强对内幕信息有关法规、内幕交易危害性和违法后果的认识，在全面自查的基础上，不断完善工作制度，严格落实执行。内控规范有序推进，23家纳入内控实施范围的公司均按期披露了内控评价和审计报告。持续开展消除同业竞争活动，3家公司同业竞争问题得到解决。

（二）审计情况及监管情况

在天津上市公司2013年年报审计中，36家被出具标准无保留意见审计报告，1家上市公司被出具保留意见的审计报告，1家公司被出具无法表示意见。审计监管时，天津证监局按照“事前适当沟通、事中适度督导、事后检查问责”的全过程监管原则，同辖区全部上市公司年审机构签署《尽职承诺书》，要求审计机构和签字会计师在勤勉尽责等方面做出郑重承诺。年报会计监管过程中，切入重点公司、重点事项、重点环节现场督导审计执业，完成了7家公司的审计事中督导。现场检查时，对1家会计师事务所开展了审计执业质量的全面检查，对2家上市公司年审机构进行了延伸检查。

（三）信息披露情况

天津上市公司信息披露制度不断完善，披露意识不断增强，披露质量不断提高。37家上市公司在规定时间内披露了2013年年报，但也有1家公司未在规定期限内披露被立案稽查，个别公司还存在着信息披露不及时、信息披露与实际情况不一致等违法违规情况。

（四）证券市场服务情况

2013 年，天津证监局通过走访调研、组织座谈、问卷调查等形式，深入了解市场主体的需求，不断增强服务的针对性，先后调研上市公司 9 家，组织上市公司、拟上市公司和协会座谈会 2 次。组织召开上市公司规范运作培训班，邀请宏观经济专家和资本市场专业人士进行专题讲解，38 家上市公司董事长或总经理和董事、监事、高级管理人员及控股股东代表 190 余人全程参加。深入挖掘分析公司经营数据，撰写定期报告数据分析报告 2 份、年报分析系列报告 14 份，为政府决策提供参考。同时，发挥专业优势，强化同天津市金融办、科委、农委、民营办、滨海高新区等单位的沟通合作，共同推动包括科技型、民营企业在内的企业利用多层次资本市场实现做强做优。先后向天津市委市政府提交 5 份报告，反映 IPO 进展，提出建议。不断强化同天津市国资委、市金融办等部门的沟通联系，召开专门会议，共同研究防风险、促发展的具体措施。

审稿人：张海文　张文鑫　刘志军

撰稿人：刘艳玉

河北地区

一、河北国民经济发展概况

表 1　　2013 年河北国民经济发展概况　　单位：亿元

指　标	1~3 月		1~6 月		1~9 月		1~12 月	
	绝对量	同比增长（%）	绝对量	同比增长（%）	绝对量	同比增长（%）	绝对量	同比增长（%）
地区生产总值（GDP）	5312	8.0	13155	7.7	20947	7.0	28301	6.5
全社会固定资产投资	—	—	—	—	—	—	—	—
社会消费品零售总额	—	—	—	—	—	—	—	—
规模以上工业增加值	—	12.0	—	11.3	—	11.1	—	10.0
规模以上工业企业实现利润	414	25.4	989	13.6	1625	14.9	2561	11.5
居民消费价格指数（CPI）	1~3 月		1~6 月		1~9 月		1~12 月	
	3.2		2.9		2.9		2.8	

资料来源：国家统计局。

二、河北上市公司总体情况

（一）公司数量

表 2　　2013 年河北上市公司数量　　单位：家

公司总数	2013 年新增	股票类别			板块分布			
		仅 A 股	仅 B 股	（A+B）股	沪市主板	深市主板	中小板	创业板
48	0	46	1	1	18	15	10	5

资料来源：河北证监局，天相投资分析系统。

（二）行业分布

表 3　　2013 年河北上市公司行业分布情况

所属证监会行业类别	家　数	占比（%）	所属证监会行业类别	家　数	占比（%）
农、林、牧、渔业	1	2.08	金融业	0	0.00
采矿业	1	2.08	房地产业	3	6.25
制造业	35	72.92	租赁和商务服务业	0	0.00
电力、热力、燃气及水生产和供应业	2	4.17	科学研究和技术服务业	0	0.00
建筑业	0	0.00	水利、环境和公共设施管理业	0	0.00
批发和零售业	4	8.33	教育	0	0.00
交通运输、仓储和邮政业	1	2.08	卫生和社会工作	0	0.00
住宿和餐饮业	0	0.00	文化、体育和娱乐业	0	0.00
信息传输、软件和信息技术服务业	0	0.00	综合	1	2.08
合　计	48	100.00			

资料来源：河北证监局，天相投资分析系统。

（三）股本结构及规模

表 4　　2013 年河北上市公司股本规模在 10 亿股以上公司分布情况

股本规模（亿股）	公司家数	具体公司
100≤~<200	1	河北钢铁
20≤~<50	5	冀中能源、庞大集团、唐山港、新兴铸管、长城汽车
10≤~<20	7	华北制药、华夏幸福、冀东水泥、开滦股份、荣盛发展、三友化工、天威保变

资料来源：沪深交易所、天相投资分析系统。

表 5　　2013 年河北上市公司分地区股权构成情况

股权性质 / 地域分布	央企国资控股	省属国资控股	地市国资控股	民营控股	其　他	合　计
石家庄市	1	3	0	9	0	13
唐山市	0	1	3	1	2	7
秦皇岛市	0	0	0	2	0	2
邯郸市	1	0	0	2	0	3
邢台市	0	1	0	1	0	2
保定市	5	0	0	3	0	8
张家口市	0	1	0	0	0	1

续表

地域分布 \ 股权性质	央企国资控股	省属国资控股	地市国资控股	民营控股	其　他	合　计
承德市	0	0	0	2	0	2
沧州市	1	1	0	3	0	5
廊坊市	0	0	1	3	0	4
衡水市	0	0	1	0	0	1
合计	8	7	5	26	2	48

资料来源：河北证监局。

（四）市值规模

截至 2013 年 12 月 31 日，河北 48 家上市公司境内总市值 3887.82 亿元，占全国上市公司境内总市值的 1.63%，其中，上交所上市公司 18 家，总股本 182.56 亿股，境内总市值 1967.53 亿元，占上交所上市公司境内总市值的 1.30%；深交所上市公司 30 家，总股本 284.25 亿股，境内总市值 1920.29 亿元，占深交所上市公司境内总市值的 2.18%。

（五）资产规模

截至 2013 年 12 月 31 日，河北 48 家上市公司合计总资产 7376.49 亿元，归属于母公司股东权益 2129.55 亿元，与 2012 年相比，分别增长 17.29%、13.70%；平均每股净资产 4.43 元。

三、河北上市公司经营情况及变动分析

（一）总体经营情况

表 6　　2013 年河北上市公司经营情况

指　标	2013 年	2012 年	变动率（%）
家数	48	48	0.00
亏损家数	6	5	20.00
亏损家数比例（%）	12.50	10.42	2.08
平均每股收益（元）	0.37	0.31	18.43
平均每股净资产（元）	4.43	4.11	7.79
平均净资产收益率（%）	8.28	7.62	0.60
总资产（亿元）	7376.49	6289.23	17.29
归属于母公司股东权益（亿元）	2129.55	1872.89	13.70
营业收入（亿元）	4902.73	4418.43	10.96
利润总额（亿元）	249.87	202.44	23.43
归属于母公司所有者的净利润（亿元）	176.31	142.78	23.48

资料来源：沪深交易所，天相投资分析系统。

（二）分行业经营情况

表 7　　**2013 年河北上市公司分行业经营情况**

所属行类	营业收入（亿元）	可比样本变动率（%）	归属于母公司所有者的净利润（亿元）	可比样本变动率（%）
农、林、牧、渔业	10.27	79.54	0.91	380.36
采矿业	258.34	-14.09	11.84	-47.39
制造业	3415.65	8.95	81.48	1.30
电力、热力、燃气及水生产和供应业	94.30	29.57	13.84	4016.05
建筑业	0.00	—	0.00	—
批发和零售业	672.22	10.46	2.71	-139.96
交通运输、仓储和邮政业	45.50	15.16	8.88	37.46
住宿和餐饮业	0.00	—	0.00	—
信息传输、软件和信息技术服务业	0.00	—	0.00	—
金融业	0.00	—	0.00	—
房地产业	405.94	58.75	57.16	44.47
租赁和商务服务业	0.00	—	0.00	—
科学研究和技术服务业	0.00	—	0.00	—
水利、环境和公共设施管理业	0.00	—	0.00	—
教育	0.00	—	0.00	—
卫生和社会工作	0.00	—	0.00	—
文化、体育和娱乐业	0.00	—	0.00	—
综合	0.52	94.56	-0.51	-915.74
合　计	4902.73	10.96	176.31	23.48

资料来源：河北证监局，天相投资分析系统。

（三）业绩变动情况分析

1. 营业收入、毛利率等变动原因分析

2013 年，辖区上市公司营业收入总体较 2012 年增长 10.96%。但从营业收入来源结构上看，综合、农业、房地产、公用事业类上市公司营业收入增长强劲。而以冀中能源、开滦股份为代表的采矿业上市公司因煤炭滞销因素导致营业收入下降。

2. 盈利构成分析

2013 年，辖区上市公司共实现归属于母公司所有者的净利润 176.31 亿元，较 2012 年增长 23.48%，辖区上市公司平均净资产收益率为 8.28 %。从行业角度看，盈利构成中呈现了行业结构调整导致的分化效应，钢铁、水泥行业出现净利润继续下滑，净资产收益率仅为 1.87%。扣除钢铁、水泥行业外其他辖区上市公司整体净资产收益率为10.34%。从上市时间看，2010年以后新上市公司盈利能力较2010年前上市公司强，2010年以后上市的14家公司共实现净利润96.41亿元，净资产收益率达到16.30%；而2010年前上市的34家公司共实现净利润86.62亿元，净资产收益率仅为4.80%。

3. 经营性现金流量分析

2013年，辖区上市公司期末经营性现金流净值365.77亿元，较2012年期末增长约224.20%，其中31家上市公司现金流净值为正，现金流净值前三名依次为河北钢铁、庞大集团、长城汽车，最后三名为荣盛发展、华夏幸福、东旭光电。根据现金流情况看，房地产行业现金流依然吃紧，而近两年通过发行公司债补充流动资金的河北钢铁、庞大集团则现金流增长较快，说明公司债正成为上市公司补充现金流量的有效途径；长城汽车则因2013年旗下自主研发H6越野车销售火爆利润大增，体现了国内自主品牌汽车在消费终端的认可度。

4. 业绩特点分析

2013年，辖区上市公司业绩特点：水泥、钢铁、煤炭等传统行业连续下滑，汽车、房地产、中药生物制药等行业业绩提升较快，制造业部分细分行业上市公司业绩触底反弹。2010年后上市公司净资产收益率明显好于2010年前上市公司，说明中小企业通过资本市场资金支持和科技创新加速，盈利能力得到明显提升。

5. 利润分配情况

表8　2013年河北上市公司现金分红情况

2013年分红公司家数			2013年分红金额		
家　数	变动率（%）	分红公司家数占地区公司总数比重（%）	金额（亿元）	变动率（%）	分红金额占归属于母公司所有者的净利润比重（%）
33	6.45	68.75	52.65	28.98	29.86

资料来源：河北证监局。

四、河北上市公司并购重组情况

（一）并购重组基本情况

截至2013年12月31日，辖区重大和购重组事宜包括：

（1）*ST东热：2013年6月，公司和中国电力投资集团公司、中电投河北电力有限公司与各银行签订债务重组协议，同时公司发布非公开发行预案。通过向实际控制人中国电力集团有限公司和战略投资者发行股份募集资金用于偿还公司对中电投集团及中电投河北电力有限公司的债务。12月31日，公司非公开发行事宜完成。

（2）福成五丰：2013年6月，公司启动定向增发认购福成肥牛和福成食品两家关联公司重大资产重组事项。12月27日，公司完成收购标的股权和工商登记变更，公司资产重组完成。

（3）宝硕股份：2013 年 9 月，公司启动向控股股东新希望化工投资有限公司非公开发行股份募集资金建设新项目的事宜。截至 12 月 31 日，该方案正在证监会审核中。2013 年 11 月，公司与保定市政府签订土地收储协议，12 月收到政府土地补助款 5.9 亿元。

（二）并购重组特点

2013 年，河北上市公司重大并购重组呈现如下特点：①以 *ST 东热、*ST 宝硕启动重大资产重组方案或非公开发行方案为代表，辖区高风险公司风险得到有效化解，历史包袱得到清理，为以后公司发展打下了坚实基础。②产业整合意愿加强，以福成五丰为代表的部分上市公司开展了一系列产业整合。同时在此过程中，关联方资产被收购到上市公司体内，有效地减少了关联交易，避免了同业竞争，在增强上市公司盈利能力，延伸产业链条的同时，提高了上市公司规范运作能力。

五、河北上市公司募集资金情况、使用情况

（一）募集资金总体情况

表 9　　2013 年河北上市公司募集资金情况

发行类型	代　码	简　称	募集资金（亿元）
首　发	—	—	0
	小　计		0
再融资（增发、配股）	002409	同方国芯	1.30
	000778	新兴铸管	32.00
	600482	风帆股份	6.12
	600803	威远生化	7.10
	000413	宝石 A	50.39
	000958	*ST 东热	8.00
	小　计		104.91
其他融资（公司债券）	000709	河北钢铁	12.50
	000709	河北钢铁	37.50
	小　计		50.00
总　计			154.91

资料来源：河北证监局。

（二）募集资金使用情况及特点

2013 年，辖区上市公司通过发行股份募集资金及发行公司债券等形式，共募集资金 154.91 亿元。本年度募集资金用途呈现多样化，如新兴铸管、宝石 A、风帆股份通过再融资进行项目建设；*ST 东热再融资进行债务重组；同方国芯、威远生化

则为重大资产重组配套融资；河北钢铁通过发行公司债券补充流动资金缓解现金流压力。

（三）募集资金变更情况

恒天天鹅于2012年非公开发行股票募集资金5.79亿元，募投项目为新疆莫代尔纤维产业化项目，实施主体为新疆天鹅特种纤维有限公司（以下简称“新疆特纤”）。2013年，鉴于原建设地点奎屯仍不具备开工条件，根据发展战略及市场需求，公司对莫代尔募投项目进行部分变更，变更部分为实施方式、实施主体、投资金额和实施地点。其中，将实施方式由原“年产莫代尔纤维20000吨及棉浆粕50000吨”调整为“建设2万吨莫代尔生产项目”；实施主体由本公司控股子公司新疆天鹅特种纤维有限公司变更为新疆特纤与湖北金环股份有限公司（以下简称“湖北金环”）共同出资成立的恒天金环新材料有限公司实施，其中新疆特纤作为合资公司的出资人，以现金方式出资24000万元，占合资公司注册资本的60%；湖北金环作为合资公司的出资人，以现金方式出资16000万元，占合资公司注册资本的40%。实施地点由“新疆维吾尔自治区奎屯市—独山子石化工业园”调整为“湖北省襄阳市樊城区太平店镇湖北金环股份有限公司原厂区内”。

表10　　2013年河北上市公司募集资金使用项目变更情况

变更募集资金使用项目的公司家数	涉及金额（亿元）	募集资金总额（亿元）	占公司募集资金总额的比例（%）
1	5.79	5.79	100

资料来源：河北证监局。

六、河北上市公司规范运作情况

（一）上市公司治理专项情况

2013年，河北证监局先后在辖区上市公司中开展了防控内幕交易，募集资金管理及使用，实际控制人、大股东承诺事项等专项检查工作，有力地督促上市公司进一步完善内幕信息管理及募集资金管理使用制度，规范内幕信息知情人报备和募集资金使用流程，同时对辖区实际控制人、大股东承诺事项进行全面梳理，并督促其尽快履行。通过上述专项活动，为辖区上市公司提高规范运作，遵守诚信文化打下了坚实基础，推动上市公司治理水平更上新台阶。

（二）审计情况及监管情况

对辖区上市公司2013年年报进行审计的会计师事务所共有22家，除中兴财光华会计师事务所外，其余均为外埠事务所。48家上市公司在2013年年报审计中有14家更换了会计师事务所。48家上市公司中，46家上市公司审计报告为标准无保留意见，1家为带强调事项段无保留意见，1

家为保留意见。

河北证监局通过年报审计前发函提示要求，个别谈话提醒，事中现场督导，年报事后审核和年报专项检查等监管措施对审计机构进行了全面监管，其中结合日常监管关注重点，自主安排对4家上市公司进行了年报现场检查并对审计会计师事务所进行了延伸检查；另外按照会计部指定要求，对1家事务所年报审计业务进行了专项检查。

（三）信息披露情况

2013年，辖区上市公司信息披露情况总体较好，除个别公司以外，都能够按照相关法律法规依法进行信息披露，及时回应媒体质疑，合理处理投资者来电来访。但也存在极个别公司隐瞒重大诉讼进展的情况，直到监管部门收到信访举报责令改正后才进行披露。河北证监局已于2014年初对该公司立案调查，并于同年10月对公司及相关责任人进行了行政处罚。

（四）证券市场服务情况

截至2013年12月31日，注册地在河北的证券公司1家，为财达证券有限责任公司，注册资金221000万元，经营范围：证券经纪；证券投资咨询；与证券交易、证券投资活动有关的财务顾问；证券承销与保荐；证券自营；证券资产管理；融资融券；证券投资基金代销；代销金融产品；为期货公司提供中间介绍业务。注册地在河北的会计师事务所1家，为中兴财光华会计师事务所，该事务所2013年业务收入达到3.28亿元，在全国百强会计师事务所中排名列第17位。

2013年共有22家审计机构参与辖区上市公司年度报告审计项目。

2013年，在辖区从事承销保荐、财务顾问业务的证券公司主要为兴业证券、中信建投、中德证券、安信证券、华龙证券、中信证券、平安证券、国信证券、华西证券、中金证券。

审稿人：张　良

撰稿人：杜彦晖

山西地区

一、山西国民经济发展概况

表 1　　2013 年山西国民经济发展概况　　单位：亿元

指　标	1~3 月		1~6 月		1~9 月		1~12 月	
	绝对量	同比增长（%）	绝对量	同比增长（%）	绝对量	同比增长（%）	绝对量	同比增长（%）
地区生产总值（GDP）	2610	4.7	6017	4.0	9029	3.6	12602	4.0
全社会固定资产投资	678.9	16.8	3154.2	24.9	6721.2	25.7	11200.2	22.1
社会消费品零售总额	1165.1	13.1	2351.5	13.2	3598.7	13.4	4988.3	14
规模以上工业增加值	—	10.9	—	10.8	—	10.7	—	10.5
规模以上工业企业实现利润	111	-53.4	230	-50.8	315	-44.8	548	-32.1
居民消费价格指数（CPI）	1~3 月		1~6 月		1~9 月		1~12 月	
	2.9		2.9		3.2		3.2	

资料来源：国家统计局，山西省统计局。

二、山西上市公司总体情况

（一）公司数量

表 2　　2013 年山西上市公司数量　　单位：家

公司总数	2013 年新增	股票类别			板块分布			
		仅 A 股	仅 B 股	（A+B）股	沪市主板	深市主板	中小板	创业板
34	0	34	0	0	18	11	3	2

资料来源：山西证监局，天相投资分析系统。

（二）行业分布

表 3　　2013 年山西上市公司行业分布情况

所属证监会行业类别	家　数	占比（%）	所属证监会行业类别	家　数	占比（%）
农、林、牧、渔业	0	0.00	金融业	1	2.94
采矿业	6	17.65	房地产业	0	0.00
制造业	21	61.76	租赁和商务服务业	0	0.00
电力、热力、燃气及水生产和供应业	2	5.88	科学研究和技术服务业	0	0.00
建筑业	0	0.00	水利、环境和公共设施管理业	0	0.00
批发和零售业	2	5.88	教育	0	0.00
交通运输、仓储和邮政业	1	2.94	卫生和社会工作	0	0.00
住宿和餐饮业	0	0.00	文化、体育和娱乐业	1	2.94
信息传输、软件和信息技术服务业	0	0.00	综合	0	0.00
合　计	34	100.00			

资料来源：山西证监局，天相投资分析系统。

（三）股本结构及规模

表 4　　2013 年山西上市公司股本规模在 10 亿股以上公司分布情况

股本规模（亿股）	公司家数	具体公司
100≤~<200	1	大秦铁路
50≤~<100	1	太钢不锈
20≤~<50	6	潞安环能、山西证券、太原重工、西山煤电、阳泉煤业、漳泽电力
10≤~<20	6	安泰集团、大同煤业、兰花科创、山煤国际、通宝能源、永泰能源

资料来源：沪深交易所，天相投资分析系统。

表 5　　2013 年山西上市公司分地区股权构成情况

股权性质 / 地域分布	央企国资控股	省属国资控股	地市国资控股	民营控股	其　他	合　计
太原市	2	9	1	5	0	17
大同市	1	1	0	2	0	4
阳泉市	0	1	0	0	0	1
长治市	0	1	0	1	0	2
朔州市	0	0	0	0	0	0
晋城市	0	0	1	0	0	1
晋中市	0	0	0	2	0	2

续表

地域分布 \ 股权性质	央企国资控股	省属国资控股	地市国资控股	民营控股	其 他	合 计
运城市	1	1	0	1	0	3
忻州市	0	0	0	1	0	1
临汾市	0	2	0	0	0	2
吕梁市	0	1	0	0	0	1
合 计	4	16	2	12	0	34

资料来源：山西证监局。

（四）市值规模

截至 2013 年 12 月 31 日，山西 34 家上市公司境内总市值 3633.64 亿元，占全国上市公司境内总市值的 1.52%，其中，上交所上市公司 18 家，总股本 347.83 亿股，境内总市值 2517.80 亿元，占上交所上市公司境内总市值的 1.67%；深交所上市公司 16 家，总股本 179.04 亿股，境内总市值 1115.84 亿元，占深交所上市公司境内总市值的 1.27%。

（五）资产规模

截至 2013 年 12 月 31 日，山西 34 家上市公司合计总资产 5804.25 亿元，归属于母公司股东权益 2312.94 亿元，与 2012 年相比，分别增长 8.60%、7.73%；平均每股净资产 4.39 元。

三、山西上市公司经营情况及变动分析

（一）总体经营情况

表 6　　2013 年山西上市公司经营情况

指 标	2013 年	2012 年	变动率（%）
家数	34	34	0.00
亏损家数	7	5	40.00
亏损家数比例（%）	20.59	14.71	5.88
平均每股收益（元）	0.36	0.50	-27.96
平均每股净资产（元）	4.39	4.31	1.86
平均净资产收益率（%）	8.20	11.64	-3.44
总资产（亿元）	5804.25	5344.85	8.60
归属于母公司股东权益（亿元）	2312.94	2147.04	7.73
营业收入（亿元）	4100.31	4711.08	-12.96
利润总额（亿元）	277.05	356.49	-22.28
归属于母公司所有者的净利润（亿元）	189.78	249.84	-24.04

资料来源：沪深交易所，天相投资分析系统。

（二）分行业经营情况

表 7　　2013 年山西上市公司分行业经营情况

所属行类	营业收入（亿元）	可比样本变动率（%）	归属于母公司所有者的净利润（亿元）	可比样本变动率（%）
农、林、牧、渔业	0.00	—	0.00	—
采矿业	1021.34	-34.28	35.97	-62.44
制造业	1578.82	-2.41	13.14	-47.60
电力、热力、燃气及水生产和供应业	155.65	41.54	8.39	94.02
建筑业	0.00	—	0.00	—
批发和零售业	817.75	-14.72	2.75	-66.38
交通运输、仓储和邮政业	513.43	11.71	126.92	10.34
住宿和餐饮业	0.00	—	0.00	—
信息传输、软件和信息技术服务业	0.00	—	0.00	—
金融业	13.16	25.57	2.59	82.36
房地产业	0.00	—	0.00	—
租赁和商务服务业	0.00	—	0.00	—
科学研究和技术服务业	0.00	—	0.00	—
水利、环境和公共设施管理业	0.00	—	0.00	—
教育	0.00	—	0.00	—
卫生和社会工作	0.00	—	0.00	—
文化、体育和娱乐业	0.17	3.84	0.02	-28.16
综合	0.00	—	0.00	—
合　计	4100.31	-12.96	189.78	-24.04

资料来源：山西证监局，天相投资分析系统。

（三）业绩变动情况分析

1. 营业收入、毛利率等变动原因分析

2013 年，山西上市公司实现营业收入 4100.31 亿元，较 2012 年下降 12.96%；归属于母公司所有者的净利润 189.78 亿元，较 2012 年下降 24.04%；利润总额 277.05 亿元，较 2012 年下降 22.28%；营业成本 3358.92 亿元，下降 14.09%；毛利率 18.08%，增长 1.07 个百分点。总体来看，由于受到国内经济结构调整和经济下行压力，辖区上市公司营业收入及利润总额有所下降，但营业成本降幅大于营业收入降幅，导致毛利率略升。

2. 盈利构成分析

从盈利构成看，2013 年山西上市公司利润来源主要是当年营业利润 265.07 亿元，较 2012 年下降 23.98%，占利润总额比重为 95.68%。其中，山西上市公司投资净收益 37.87 亿元，较 2012 年增长 1.31%，占利润总额比重为13.67%；资产减值损失26.87亿元，较2012年增长72.04%，占利润总额比重为9.70%；营业外净收益、公允价值变动净收益对利润影响较少，营业外净收益占利润总额比重为4.33%，公允价值变动净收益为负。

3. 经营性现金流量分析

2013年，山西上市公司经营现金流量净额为272.64亿元，较2012年的314.79亿元下降13.39%，其中大秦铁路经营现金流量净额为147.60亿元，占所有公司的54.14%。34家上市公司中，20家经营现金流量净额为正，占比58.82%，低于上年70.59%的水平。

4. 业绩特点分析

（1）整体业绩水平。2013年，山西34家上市公司实现净利润189.78亿元，较2012年下降24.04%；每股收益0.36元，较2012年下降27.96%；净资产收益率8.20%，较2012年降低3.44个百分点；每股净资产4.39元，较2012年增长1.86%。

（2）板块情况。2013年，山西主板上市公司平均每股收益0.37元，净资产收益率8.38%，均低于全国平均水平。山西作为中西部地区，中小板、创业板上市公司不多（中小板3家，创业板2家），仅占山西上市公司家数的14.71%。中小板上市公司平均每股收益0.14元，净资产收益率4.83%，低于深交所中小板平均水平。创业板上市公司每股收益0.24元，净资产收益率3.96%，低于深交所创业板平均水平。

5. 利润分配情况

2013年，山西共有12家公司发放现金股利，较2012年减少36.84%，占山西上市公司总数的35.29%；派现总额74.41亿元，同比减少27.36%，分红金额占34家上市公司归属于母公司所有者的净利润的39.21%。

表8　　2013年山西上市公司现金分红情况

2013年分红公司家数			2013年分红金额		
家　数	变动率（%）	分红公司家数占地区公司总数比重（%）	金额（亿元）	变动率（%）	分红金额占归属于母公司所有者的净利润比重（%）
12	–36.84	35.29	74.41	–27.36	39.21

资料来源：山西证监局。

四、山西上市公司并购重组情况

（一）并购重组基本情况

2013年，山西共有3家公司实施了并购重组，涉及金额合计约34.96亿元，其中2家公司已完成并购重组，涉及金额33.83亿元，1家公司已收到证监会批文。从并购重组情况看，2家公司为发行股份购买资产，1家公司为现金收购和发行股份购买资产。

1. *ST漳电（000767）

*ST漳电向同煤集团发行股份购买同

煤集团持有的塔山发电60%股权、同华发电95%股权、王坪发电60%股权、大唐热电88.98%股权。交易资产最终交易价格24.14亿元。2013年3月11日办理完毕新增股份登记手续。增发完成后，同煤集团获得漳泽电力股份68001.28万股，占公司股份的33.94%，成为漳泽电力的控股股东。

2. 山西证券（002500）

山西证券向格林期货原股东支付现金和发行股份购买其持有的格林期货全部股权，同时以格林期货为存续公司吸收合并大华期货。格林期货承继和承接大华期货全部资产、负债、业务和人员。其中，向河南安融房地产开发有限公司发行66122351股股份，向郑州市热力总公司发行26401401股股份，向上海捷胜环保科技有限公司发行13200701股股份，向玺萌融投资控股有限公司发行13200700股股份。交易资产最终交易价格9.69亿元。2013年11月13日办理完毕新增股份登记手续。

3. 同德化工（002360）

同德化工向特定对象郑俊卿等10名自然人发行股份购买其合计持有的同德爆破45%股权。本次交易完成后，同德化工将持有同德爆破100%股权。交易资产最终交易价格为1.125亿元。2013年12月26日，公司收到中国证监会《关于核准山西同德化工股份有限公司向郑俊卿等发行股份购买资产的批复》（证监许可〔2013〕1632号）。

（二）并购重组特点

2013年，山西并购重组呈现较活跃的态势，并有以下特点：一是为摆脱经营困难，ST公司通过并购重组，注入优质资产，改善公司的经营状况，增强公司的盈利能力，提高公司竞争力，切实促进公司的可持续发展；二是以业务或行业整合为目标，充分发挥资本市场并购重组功能，实施产业布局优化，延伸产业链条，提高盈利能力，稳步推进公司战略目标的实现。

五、山西上市公司募集资金情况、使用情况

（一）募集资金总体情况

表9　　2013年山西上市公司募集资金情况

发行类型	代　码	简　称	募集资金（亿元）
首　发	—	—	0
	小　计		0
再融资（增发、配股）	600740	山西焦化	15.60（非公开发行）
	000767	漳泽电力	8.00（非公开发行）
	600495	晋西车轴	12.90（非公开发行）
	小　计		36.50

续表

发行类型	代码	简称	募集资金（亿元）
其他融资（公司债券、短期融资券、中期票据、次级债、金融债、境外发行债券）	002500	山西证券	10.00（公司债）
	600157	永泰能源	47.00（公司债）
	600546	山煤国际	10.00（中期票据）
	600169	太原重工	10.00（短期融资券）
	000825	太钢不锈	65.00（短期融资券）
	小计		142.00
总计			178.50

资料来源：山西证监局。

（二）募集资金使用情况及特点（注：此部分仅就再融资进行分析）

2013 年，山西共有 13 家公司使用募集资金 178.44 亿元。其中，153.89 亿元为 2013 年度募集的资金，占年度募集资金使用总额的 86.24%；24.55 亿元为以前年度募集的资金，占年度募集资金使用总额的 13.76%。上市公司使用 2013 年募集资金 153.89 亿元中，133.00 亿元为公司债券、短期融资券和中期票据，主要用于偿还债务及补充流动资金；20.89 亿元为定向增发融资，主要用于技术改造、购买相关资产和补充流动资金。

（三）募集资金变更情况

2013 年，山西有 3 家公司变更募集资金的使用项目，涉及金额 6.99 亿元，占该 3 家公司募集资金总额 20.91 亿元的 33.43%。募集资金变更程序合法，均经公司股东大会批准。变更的主要原因：一是受产业规划政策调整和市场竞争环境变化，有关公司对募集资金项目重新测算，变更原募集资金项目建设方式，并调整项目总投资；二是为提高募集资金的使用效率，避免产能及资源的浪费，实现公司效益最大化，因此决定调减募集资金使用金额。

表 10　　2013 年山西上市公司募集资金使用项目变更情况

变更募集资金使用项目的公司家数	涉及金额（亿元）	募集资金总额（亿元）	占公司募集资金总额的比例（%）
3	6.99	20.91	33.43

资料来源：山西证监局。

六、山西上市公司规范运作情况

（一）上市公司治理专项情况

现金分红工作是山西证监局2013年的一项重点工作。一是以年报分析为契机，全面了解辖区上市公司现金分红机制建设和程序履行情况。在2012年下发监管函、监管谈话等方式督促完善现金分红相关制度和决策程序的基础上，2013年重点关注辖区上市公司现金分红机制和决策程序实施情况。34家上市公司年报均按照监管要求披露了现金分红政策和实施情况，其中有12家公司实施了现金分红方案，不存在未按章程规定现金分红或有能力分红但不分红情形。二是以现场检查为抓手，深入核查辖区上市公司现金分红政策的落实情况。2013年被检查的上市公司披露现金分红政策及执行情况与实际情况相符，未发现存在现金分红方面的重大违法违规行为。

2013年是内控规范工作的推进年，山西证监局扎实推进上市公司内控规范实施工作。一是加强日常监管，督促符合披露条件的上市公司做好信息披露工作，并对报告中反映出的内控缺陷进行汇总分析，督促相关公司整改完善。二是加强现场检查，关注上市公司内控制度建设、自我评价和审计情况，并以问题为导向，重点关注内控体系实施情况，督促上市公司完善内控体系。三是加强培训，引导上市公司做好内控实施工作。

（二）审计情况及监管情况

2013年年报审计监管中，山西证监局主要采取事前部署安排、事中跟踪推进、事后检查总结的三阶段监管。一是召开审计、评估机构信息报备工作座谈会，将辖区内注册的审计、评估分支机构纳入监管范围，建立监管档案。二是及时约见年审会计师，进行一对一沟通，系统梳理审计风险；旁听审计师与独立董事、审计委员会的沟通；进一步加强与交易所的沟通与监管协作。三是加大现场检查力度，对10家公司、7家会计师事务所的年报审计工作和2家证券公司的持续督导工作进行了现场检查，督促中介机构归位尽责、实现借力监管，促进公司规范运作水平不断提高。

（三）信息披露情况

2013年，山西证监局充分发挥贴近一线的监管优势，坚持以信息披露为核心，进一步提高上市公司透明度。一是加大培训力度，将信息披露作为主要培训内容。二是强化公司公告事后审阅工作。三是加强年报分析比对工作，按照“披露一家、审核一家”的原则，对全部上市公司年报进行常规审核，同时对8家公司重点审核并与交易所审核情况进行分析比对，共下发问询函9份，关注问题疑点147个。四是将信息披露纳入现场检查范围。现场检查中对日常关注的信息披露疑点进一步核实，发现问题后立即督促公司整改。五是以媒体质疑和投资者信访为线索。关注到信息披露方面的质疑和投诉后，立即要求公司自查、澄清，发现问题一查到底。

（四）证券市场服务情况

2013年，山西证监局紧紧围绕“抓规范、保质量、防风险、促创新”工作目标，抓住强监管和促发展两条主线，积极稳妥推进改革创新，主动服务实体经济，辖区资本市场环境进一步改善，市场监管和服务发展工作取得新成效。

一是丰富直接融资新途径。2013年全省实现债券融资264亿元，完成年内债券融资100亿~150亿元目标近2倍。其中，企业债186亿元、公司债57亿元、城投债15.5亿元，中小企业私募债0.5亿元，资产支持证券5亿元。推动证券公司业务和产品创新。通过柜台交易市场融资、股权质押、定向资产管理业务、约定式购回等方式完成融资73.7亿元。推动山西取得中小企业私募债试点资格。

二是支持上市公司开展并购重组工作。支持漳泽电力与同煤集团完成重组，在有效化解漳泽电力暂停上市风险的同时，开创了全国煤电一体化先河。大力推动山西证券收购格林期货，公司业务布局更加全面。

三是建立股价异动及媒体关注、市场传言核查机制。山西证监局设立专岗负责监控股价异动及媒体关注、市场传言，并配套建立了监控专员与监管责任人的信息沟通机制，确保核查工作及时、准确。同时，下发《关于完善辖区上市公司媒体质疑处理机制有关事项的通知》，引导上市公司完善内生机制，通过召开发布会、改进信息披露、加强沟通交流等方式，从源头上减少媒体关注和市场传言。

四是健全信访举报事项核查机制。下发《关于进一步做好投资者关系管理的通知》，推动和引导上市公司建立健全投资者关系管理机制，做好投资者询问、投诉应对工作，争取得到投资者的理解和认同。同时，根据信访举报事项复杂程度，分别采取上市公司自查、中介机构核查及专项现场核查的分层次应对措施，提高监管效率。全年共处置信访举报21家次，组织专项现场核查3次，下发监管关注函3份，核查结果及时回复，投诉人基本满意。

（五）其他

一是推动山西中小企业私募债试点。山西省于2013年9月分别与深交所、上交所签订合作备忘录，正式成为中小企业私募债试点地区。11月1日山西金虎便利企业成功发行山西省第一单中小企业私募债3000万元。

二是利用金融创新支持县域经济发展。选择灵石、武乡、襄垣3个试点县设立规模25亿元的城镇化建设基金，已投向产业化、城镇化、“三农”等重点项目近4亿元，工作受到山西省委省政府领导的充分肯定，人民日报和新华社予以关注并进行了专题采访及报道。

三是推动组建山西股权交易中心。首批挂牌企业达到866家，创投基金与30多家挂牌企业形成合作意向，并与6家挂牌企业代表签署合作协议。

四是推动新三板挂牌融资工作。协助

中介机构推动山西省高新技术企业改组改制，组织政府相关部门、企业参加相关业务培训，3家企业提交挂牌融资申请。

五是指导山西焦煤、安泰集团、山西焦化等企业积极、稳妥探索利用期货市场套期保值功能对冲现货市场风险，部分焦炭类企业与期货交易所合作建立了期货交割仓库；指导朔州市山西天鹏农牧有限公司积极运用农业财政补贴参与期货套期保值。

六是积极开展调研活动，牵头承担或支持科技金融体系、资本市场发展、城镇化建设基金和中国（太原）煤炭交易中心开展煤炭现代交易市场体系建设省内4个课题研究工作。

七是继续实施“资本市场双千人工程”，接受三批52名地方干部挂职，完成了200余名在校学生系统培训，对全省119个县分管财政金融副县长和金融办、发改委主任举办三期“山西省资本运营服务县域经济发展专题研讨班”，为3个县金融办选派挂职干部，指导部分市县金融创新工作。

审稿人：孙春生

撰稿人：陈钰星

内蒙古地区

一、内蒙古国民经济发展概况

表 1　　2013 年内蒙古国民经济发展概况　　单位：亿元

指　标	1~3 月		1~6 月		1~9 月		1~12 月	
	绝对量	同比增长（%）	绝对量	同比增长（%）	绝对量	同比增长（%）	绝对量	同比增长（%）
地区生产总值（GDP）	2944	8.9	7088	6.2	11338	4.9	16832	5.3
全社会固定资产投资	—	—	—	—	—	—	—	—
社会消费品零售总额	—	—	—	—	—	—	—	—
规模以上工业增加值	—	12.0	—	11.6	—	12.2	—	12.0
规模以上工业企业实现利润	—	—	—	—	—	—	—	—
居民消费价格指数（CPI）	1~3 月		1~6 月		1~9 月		1~12 月	
	3.1		3.1		3.4		3.3	

资料来源：国家统计局。

二、内蒙古上市公司总体情况

（一）公司数量

表 2　　2013 年内蒙古上市公司数量　　单位：家

公司总数	2013 年新增	股票类别			板块分布			
		仅 A 股	仅 B 股	（A+B）股	沪市主板	深市主板	中小板	创业板
25	0	23	1	1	16	4	2	3

资料来源：内蒙古证监局，天相投资分析系统。

（二）行业分布

表 3　　2013 年内蒙古上市公司行业分布情况

所属证监会行业类别	家　数	占比（%）	所属证监会行业类别	家　数	占比（%）
农、林、牧、渔业	0	0.00	金融业	0	0.00
采矿业	4	16.00	房地产业	0	0.00
制造业	18	72.00	租赁和商务服务业	0	0.00
电力、热力、燃气及水生产和供应业	2	8.00	科学研究和技术服务业	0	0.00
建筑业	1	4.00	水利、环境和公共设施管理业	0	0.00
批发和零售业	0	0.00	教育	0	0.00
交通运输、仓储和邮政业	0	0.00	卫生和社会工作	0	0.00
住宿和餐饮业	0	0.00	文化、体育和娱乐业	0	0.00
信息传输、软件和信息技术服务业	0	0.00	综合	0	0.00
合　计	25	100.00			

资料来源：内蒙古证监局，天相投资分析系统。

（三）股本结构及规模

表 4　　2013 年内蒙古上市公司股本规模在 10 亿股以上公司分布情况

股本规模（亿股）	公司家数	具体公司
50≤~<100	1	包钢股份
20≤~<50	5	包钢稀土、内蒙华电、伊利股份、伊泰 B 股、亿利能源
10≤~<20	4	鄂尔多斯、露天煤业、内蒙君正、平庄能源

资料来源：沪深交易所，天相投资分析系统。

表 5　　2013 年内蒙古上市公司分地区股权构成情况

股权性质 地域分布	央企国资控股	省属国资控股	地市国资控股	民营控股	其　他	合　计
呼和浩特市	1	0	0	3	2	6
包头市	2	2	0	3	0	7
乌海市	0	0	0	2	0	2
赤峰市	1	0	0	2	0	3
通辽市	1	0	0	0	0	1
鄂尔多斯市	0	0	0	4	0	4
呼伦贝尔市	0	0	0	0	0	0
巴彦淖尔市	0	0	0	0	0	0

续表

股权性质 / 地域分布	央企国资控股	省属国资控股	地市国资控股	民营控股	其 他	合 计
乌兰察布市	0	0	0	1	0	1
阿拉善盟	1	0	0	0	0	1
合 计	6	2	0	15	2	25

资料来源：内蒙古证监局。

（四）市值规模

截至2013年12月31日，内蒙古25家上市公司境内总市值3038.1亿元，占全国上市公司境内总市值的1.27%，其中，上交所上市公司16家，总股本248.25亿股，境内总市值2657.45亿元，占上交所上市公司境内总市值的1.76%；深交所上市公司9家，总股本46.65亿股，境内总市值380.65亿元，占深交所上市公司境内总市值的0.43%。

（五）资产规模

截至2013年12月31日，内蒙古25家上市公司合计总资产3668.25亿元，归属于母公司股东权益1264.66亿元，与2012年相比，分别增长19.45%、24.40%；平均每股净资产4.03元。

三、内蒙古上市公司经营情况及变动分析

（一）总体经营情况

表6　2013年内蒙古上市公司经营情况

指 标	2013年	2012年	变动率（%）
家数	25	25	0.00
亏损家数	1	2	-50.00
亏损家数比例（%）	4.00	8.00	-4.00
平均每股收益（元）	0.43	0.63	-31.82
平均每股净资产（元）	4.03	4.00	0.75
平均净资产收益率（%）	10.67	15.65	-4.98
总资产（亿元）	3668.25	3070.97	19.45
归属于母公司股东权益（亿元）	1264.66	1016.61	24.40
营业收入（亿元）	1976.16	1862.31	6.11
利润总额（亿元）	171.02	219.44	-22.07
归属于母公司所有者的净利润（亿元）	134.93	159.09	-15.18

资料来源：沪深交易所，天相投资分析系统。

（二）分行业经营情况

表 7　　2013 年内蒙古上市公司分行业经营情况

所属行类	营业收入（亿元）	可比样本变动率（%）	归属于母公司所有者的净利润（亿元）	可比样本变动率（%）
农、林、牧、渔业	0.00	—	0.00	—
采矿业	106.27	-10.84	12.48	-46.90
制造业	1490.25	14.49	73.21	32.78
电力、热力、燃气及水生产和供应业	372.17	-14.49	48.20	-39.12
建筑业	7.47	18.96	1.04	-18.20
批发和零售业	0.00	—	0.00	—
交通运输、仓储和邮政业	0.00	—	0.00	—
住宿和餐饮业	0.00	—	0.00	—
信息传输、软件和信息技术服务业	0.00	—	0.00	—
金融业	0.00	—	0.00	—
房地产业	0.00	—	0.00	—
租赁和商务服务业	0.00	—	0.00	—
科学研究和技术服务业	0.00	—	0.00	—
水利、环境和公共设施管理业	0.00	—	0.00	—
教育	0.00	—	0.00	—
卫生和社会工作	0.00	—	0.00	—
文化、体育和娱乐业	0.00	—	0.00	—
综合	0.00	—	0.00	—
合　计	1976.16	6.11	134.93	-15.18

资料来源：内蒙古证监局，天相投资分析系统。

（三）业绩变动情况分析

1. 营业收入、毛利率等变动原因分析

2013 年，内蒙古上市公司实现营业收入 1976.16 亿元，较 2012 年增长 6.11%；归属于母公司所有者的净利润 134.93 亿元，较 2012 年下降 15.18%；营业利润 158.42 亿元，下降 23.05%；利润总额 171.02 亿元，较 2012 年下降 22.07%；毛利率 21.83%，下降 4.53 个百分点。总体来看，由于受宏观经济的影响，产品市场价格持续走低，内蒙古上市公司营业收入增幅小于营业成本增幅是毛利率下降的主要原因。

2. 盈利构成分析

2013 年，主营业务盈利仍是内蒙古上市公司盈利的主要来源，内蒙古上市公司当年实现营业利润 158.42 亿元，占利润总额的92.63%。其中，投资净收益占利润总额的比重达14.57%，公允价值变动净收益占利润总额的比重为0.39%；营业外收支净额占利润总额的比重为7.37%。

3. 经营性现金流量分析

2013年，内蒙古上市公司销售商品、提供劳务收到现金2051.91亿元，同比增长0.96%；20家上市公司经营现金流量净额为正，占25家上市公司的80.00%，高于2012年的76.00%。

4. 业绩特点分析

2013年，内蒙古上市公司共实现归属于母公司所有者的净利润134.93亿元，较2012年同期下降15.18%。25家企业中1家企业出现亏损，较2012年减少1家。其中，电力、热力、燃气及水生产和供应业的企业业绩较2012年同期大幅下滑，制造业企业的业绩较2012年同期呈增长态势。

5. 利润分配情况

表8　　2013年内蒙古上市公司现金分红情况

2013年分红公司家数			2013年分红金额		
家　数	变动率（%）	分红公司家数占地区公司总数比重（%）	金额（亿元）	变动率（%）	分红金额占归属于母公司所有者的净利润比重（%）
19	-5.00	76.00	50.64	12.16	37.53

资料来源：内蒙古证监局。

四、内蒙古上市公司并购重组情况

（一）并购重组基本情况

2013年，内蒙古有6家上市公司发生并购重组，共涉及资金453.76亿元。其中，2家公司在当期实施完毕，涉及金额89.76亿元；4家公司当期尚在实施中，涉及金额364.00亿元。

表9　　2013年内蒙古上市公司并购重组情况

序　号	公司名称	重组方式	涉及资金（亿元）	实施进展
1	亿利能源	定向增发	29.76	实施完成
2	包钢股份	定向增发	60.00	实施完成
3	包钢股份	定向增发	298.00	正在进行中
4	露天煤业	定向增发	20.00	正在进行中
5	远兴能源	定向增发并募集配套资金	42.01	正在进行中
6	蒙草抗旱	定向增发并募集配套资金	3.99	正在进行中
合　计			453.76	

资料来源：内蒙古证监局。

亿利能源于2010年启动并购重组，募集资金29.76亿元，用于收购东博煤炭100%股权项目、乌拉山煤炭集配物流项目及补充流动资金，2013年公司完成收购行为。

包钢股份于2011年3月启动并购重组，募集资金60亿元，用于收购控股股东下属的巴润矿业有限公司及白云鄂博铁西采矿权等矿业资源，2013年公司完成收购行为。

包钢股份于2013年12月拟通过非公开发行股票募集资金298.00亿元，用于收购包钢集团选矿相关资产、包钢集团白云鄂博矿综合利用工程项目选铁相关资产、包钢集团尾矿库资产及补充流动资金。截至2013年12月31日，该方案经董事会审议通过。

露天煤业于2013年10月拟通过非公开发行股份募集资金不超过20.00亿元，计划收购通辽霍林河坑口发电有限责任公司100%股权。截至2013年12月31日，该方案经股东大会审议通过。

远兴能源于2013年7月拟通过发行股份购买资产并募集配套资金不超过42.01亿元，主要用于购买中原化学100%股权及补充流动资金。截至2013年12月31日，该方案经董事会审议通过。

蒙草抗旱于2013年10月启动重大资产重组，拟发行股份并募集配套资金不超过3.99亿元，主要用于公司项目建设及补充工程营运资金。截至2013年12月31日，该方案经证监会并购重组委员会审核通过。

（二）并购重组特点

2013年，内蒙古6家上市公司的并购重组实施有如下特点：一是并购重组以定向增发购买资产模式为主体，以股份支付为主要支付手段；二是实施并购重组的目的基本相同，都是为了改善公司资产结构和产业布局，提升公司主业盈利能力和核心竞争力，优化公司治理结构，增强独立性。

五、内蒙古上市公司募集资金情况、使用情况

（一）募集资金总体情况

表10　　2013年内蒙古上市公司募集资金情况

发行类型	代　码	简　称	募集资金（亿元）
再融资（增发、配股）	600010	包钢股份	60.00
	600887	伊利股份	50.39
	600277	亿利能源	29.76
	000426	兴业矿业	10.00
	小　计		150.15

续表

发行类型	代　码	简　称	募集资金（亿元）
其他融资（公司债券、短期融资券、中期票据、次级债、金融债、境外发行债券）	600277	亿利能源	10.00
	600111	包钢稀土	10.00
	600010	包钢股份	25.00
	900948	伊泰B股	25.00
	小　计		70.00
总　计			220.15

资料来源：内蒙古证监局。

（二）募集资金使用情况及特点

2013年，内蒙古共有10家上市公司使用募集资金，金额总计173.55亿元。其中，169.93亿元为2013年募集的资金，占全年使用募集资金总额的97.91%；3.62亿元为2012年募集的资金，占年度使用募集资金总额的2.09%。上市公司使用的2013年新增募集资金中，70亿元为公司债及短期融资券融资，主要用于偿还债务及补充流动资金；99.93亿元为定向增发融资，主要用于公司主业技术改造或购买与主业相关的资产。

（三）募集资金变更情况

2013年，内蒙古辖区上市公司中仅有1家公司做出募集资金使用变更，变更的募集资金总额为3.74亿元，变更涉及金额0.90亿元，变更涉及金额占公司募集资金总额的24.06%。变更的主要原因为：募集资金项目用地存在权属纠纷，解决纠纷暂无明确时间安排，为规范募集资金的管理和使用，提高资金使用效率，提升盈利能力，公司结合实际经营情况，决定终止使用募集资金进行该项目的建设，待土地纠纷解决后，公司将以自有资金投资建设该项目。

表11　　2013年内蒙古地区上市公司募集资金使用项目变更情况

变更募集资金使用项目的公司家数	涉及金额（亿元）	募集资金总额（亿元）	占公司募集资金总额的比例（%）
1	0.90	3.74	24.06

资料来源：内蒙古证监局。

六、内蒙古上市公司规范运作情况

（一）上市公司治理专项情况

2013年，内蒙古证监局在完善公司治理监管工作中将解决同业竞争和关联交易作为核心工作，以强化实际控制人监管为着力点，以督促履行持续信息披露义务为监管抓手，通过对公司现场检查，约见公司高管、中介机构谈话，下发监管关注函、列席年报沟通会议等方式，对辖区存在同业竞争的公司保持监管高压，着力推动相关公司进行整改。2013 年，内蒙古辖区上市公司同业竞争和关联交易金额呈下降趋势，部分公司存在的历史遗留难题，也正在积极通过并购重组解决，上市公司独立性明显提高。

（二）审计情况及监管情况

截至 2014 年 4 月 30 日，内蒙古 25 家上市公司全部披露了 2013 年年报，上市公司 2013 年年报分别由 12 家会计师事务所进行审计。年报审计意见类型中，23 家公司的年报审计意见为标准无保留意见，1 家为带强调事项段的无保留意见，1 家为保留意见。此外，13 家上市公司披露了内部控制评价报告和审计报告，审计意见均为无保留意见。

2013 年，内蒙古证监局主要采取“事前部署安排、事中持续督导、事后检查总结”的方式认真开展年报监管工作。在年报审计监管中加强与交易所的监管协作，与年审会计师电话进行一对一的沟通，逐家梳理审计风险；对 13 家公司年报进行重点审核，12 家公司年报进行一般性审核，关注问题 62 项；下发监管关注函、问询函 10 份，约谈会计师 5 人次；实施现场检查 5 家次，延伸检查审计机构 5 家次，及时化解公司风险，切实提高公司规范运作水平。

（三）信息披露情况

2013 年，内蒙古证监局加强监管力度，鼓励公司进行差异化信息披露，强化信息披露质量监管，充分发挥贴近一线的监管优势，坚持以信息披露为核心，进一步提高上市公司透明度，内蒙古上市公司信息披露状况总体良好。25 家上市公司均在规定时间内披露了定期报告。但个别公司也存在信息披露不及时、信息披露违法违规的情况。2013 年，1 家公司因信息披露违法违规被采取行政监管措施并立案稽查。

审稿人：陈家琰　王鑫惠　韩永宁

撰稿人：袁慧娟

辽宁地区

一、辽宁国民经济发展概况

表1　　2013年辽宁国民经济发展概况　　单位：亿元

指标	1~3月		1~6月		1~9月		1~12月	
	绝对量	同比增长（%）	绝对量	同比增长（%）	绝对量	同比增长（%）	绝对量	同比增长（%）
地区生产总值（GDP）	5296	10.1	12335	9.9	19264	9.2	27078	9.2
全社会固定资产投资	—	—	—	—	—	—	—	—
社会消费品零售总额	—	—	—	—	—	—	—	—
规模以上工业增加值	—	11.1	—	10.7	—	9.7	—	9.6
规模以上工业企业实现利润	413	29.3	934	27.1	1502	39.1	2462	29.1
居民消费价格指数（CPI）	1~3月		1~6月		1~9月		1~12月	
	3.2		2.6		1.9		2.0	

资料来源：国家统计局。

二、辽宁上市公司总体情况

（一）公司数量

表2　　2013年辽宁上市公司数量　　单位：家

公司总数	2013年新增	股票类别			板块分布			
		仅A股	仅B股	（A+B）股	沪市主板	深市主板	中小板	创业板
41	-1	39	0	2	14	16	5	6

资料来源：辽宁证监局，天相投资分析系统。

（二）行业分布

表 3　　2013 年辽宁上市公司行业分布情况

所属证监会行业类别	家　数	占比（%）	所属证监会行业类别	家　数	占比（%）
农、林、牧、渔业	0	0.00	金融业	0	0.00
采矿业	0	0.00	房地产业	1	2.44
制造业	27	65.85	租赁和商务服务业	0	0.00
电力、热力、燃气及水生产和供应业	4	9.76	科学研究和技术服务业	0	0.00
建筑业	0	0.00	水利、环境和公共设施管理业	1	2.44
批发和零售业	3	7.32	教育	0	0.00
交通运输、仓储和邮政业	2	4.88	卫生和社会工作	0	0.00
住宿和餐饮业	0	0.00	文化、体育和娱乐业	1	2.44
信息传输、软件和信息技术服务业	2	4.88	综合	0	0.00
合　计	41	100.00			

资料来源：辽宁证监局，天相投资分析系统。

（三）股本结构及规模

表 4　　2013 年辽宁上市公司股本规模在 10 亿股以上公司分布情况

股本规模（亿股）	公司家数	具体公司
50≤~<100	1	*ST 鞍钢
20≤~<50	3	本钢板材、锦州港、营口港
10≤~<20	5	*ST 锌业、东软集团、金杯汽车、辽通化工、银基发展

资料来源：沪深交易所，天相投资分析系统。

表 5　　2013 年辽宁上市公司分地区股权构成情况

地域分布＼股权性质	央企国资控股	省属国资控股	地市国资控股	民营控股	其　他	合　计
沈阳市	3	2	6	9	1	21
鞍山市	1	0	0	4	0	5
抚顺市	0	0	1	0	0	1
本溪市	0	1	0	0	0	1
丹东市	0	0	0	1	0	1
锦州市	0	0	0	2	1	3
营口市	0	0	1	1	0	2

续表

地域分布 \ 股权性质	央企国资控股	省属国资控股	地市国资控股	民营控股	其他	合计
阜新市	0	0	0	1	0	1
辽阳市	0	0	0	1	0	1
铁岭市	0	0	1	0	0	1
朝阳市	0	0	1	0	0	1
盘锦市	1	0	0	0	0	1
葫芦岛市	1	0	0	1	0	2
合　计	6	3	10	20	2	41

注：凌钢股份（600231），注册地址：辽宁省凌源市钢铁路3号，实际控制人：朝阳市国有资产监督管理委员会。
资料来源：辽宁证监局。

（四）市值规模

截至2013年12月31日，辽宁41家上市公司境内总市值1819.86亿元，占全国上市公司境内总市值的0.76%，其中，上交所上市公司14家，总股本103.45亿股，境内总市值563.06亿元，占上交所上市公司境内总市值的0.37%；深交所上市公司27家，总股本209.66亿股，境内总市值1256.81亿元，占深交所上市公司境内总市值的1.43%。

（五）资产规模

截至2013年12月31日，辽宁41家上市公司合计总资产3455.97亿元，归属于母公司股东权益1368.65亿元，与2012年相比，分别增长0.61%、6.77%；平均每股净资产4.15元。

三、辽宁上市公司经营情况及变动分析

（一）总体经营情况

表6　　2013年辽宁上市公司经营情况

指　标	2013年	2012年	变动率（%）
家数	41	42	–2.38
亏损家数	8	4	100.00
亏损家数比例（%）	19.51	9.52	9.99
平均每股收益（元）	0.24	–0.10	–342.73
平均每股净资产（元）	4.15	4.01	3.49
平均净资产收益率（%）	5.84	–2.44	8.28
总资产（亿元）	3455.97	3434.91	0.61
归属于母公司股东权益（亿元）	1368.65	1281.90	6.77

续表

指　标	2013 年	2012 年	变动率（%）
营业收入（亿元）	2596.05	2555.40	1.59
利润总额（亿元）	92.72	–28.01	–431.03
归属于母公司所有者的净利润（亿元）	79.99	–31.23	–356.13

资料来源：沪深交易所，天相投资分析系统。

（二）分行业经营情况

表 7　　2013 年辽宁上市公司分行业经营情况

所属行类	营业收入（亿元）	可比样本变动率（%）	归属于母公司所有者的净利润（亿元）	可比样本变动率（%）
农、林、牧、渔业	0.00	—	0.00	—
采矿业	0.00	—	0.00	—
制造业	2303.37	1.21	58.13	–202.32
电力、热力、燃气及水生产和供应业	68.18	17.22	3.93	47.87
建筑业	0.00	—	0.00	—
批发和零售业	54.39	8.50	–1.83	689.86
交通运输、仓储和邮政业	55.32	19.99	6.66	5.09
住宿和餐饮业	0.00	—	0.00	—
信息传输、软件和信息技术服务业	78.28	7.31	4.64	–8.30
金融业	0.00	—	0.00	—
房地产业	6.37	–4.47	0.66	55.99
租赁和商务服务业	0.00	—	0.00	—
科学研究和技术服务业	0.00	—	0.00	—
水利、环境和公共设施管理业	16.86	20.74	7.09	12.14
教育	0.00	—	0.00	—
卫生和社会工作	0.00	—	0.00	—
文化、体育和娱乐业	13.28	4.72	0.70	3.34
综合	0.00	—	0.00	—
合　计	2596.05	2.35	79.99	–324.95

资料来源：辽宁证监局，天相投资分析系统。

（三）业绩变动情况分析

1. 营业收入、毛利率等变动原因分析

2013 年，辖区 41 家上市公司实现营业收入 2596.05 亿元，较 2012 年增长 1.59%；营业成本 2263.47 亿元，减少 1.5%；营业利润 32.44 亿元，增加 157.29%；利润总额 92.72 亿元，较 2012 年减少 431.03%；毛利率12.81%，增加2.74个百分点。总体来说，营业成本降低是毛利增加的主要原因。

2. 盈利构成分析

2013年，辖区上市公司利润主要来源为：营业利润32.44亿元，营业外收支净额60.28亿元（包括非流动资产处置利得2.90亿元、债务重组利得45.82亿元、政府补助11.56亿元）；投资收益11.61亿元；公允价值变动0.18亿元。

3. 经营性现金流量分析

2013年，辖区41家上市公司经营活动产生的现金流量净额183.33亿元，较2012年42家上市公司经营活动产生的现金流量净额54.93亿元增加了233.75%。其中，20家上市公司经营活动产生的现金流量净额为负，占辖区上市公司总数的48.78%。20家上市公司经营活动现金流净额比2012年度有所上升，其中，上升幅度超过100%的公司有9家。

4. 业绩特点分析

受经济形势回暖等因素影响，2013年辖区上市公司业绩情况较2012年整体好转，实现净利润合计81.99亿元。从净利润构成来看，非经营性损益对利润的影响较2012年有所减弱，公司主营盈利能力有所增强。从公司内部治理来看，公司严控成本，其中营业成本有所下降，所以2013年辖区上市公司毛利率较2012年增加2.74个百分点。

5. 利润分配情况

表8　2013年辽宁上市公司现金分红情况

2013年分红公司家数			2013年分红金额		
家　数	变动率（%）	分红公司家数占地区公司总数比重（%）	金额（亿元）	变动率（%）	分红金额占归属于母公司所有者的净利润比重（%）
25	13.64	60.98	14.69	79.80	18.36

资料来源：辽宁证监局。

四、辽宁上市公司并购重组情况

（一）并购重组基本情况

2013年，辖区共有5家上市公司开展并购重组工作，涉及金额44.14亿元，同比下降45.91%。其中，1家公司完成收购工作，1家公司终止重组事宜，3家公司仍在并购重组进程中。从涉及类型来看，2家公司通过收购方式进行，1家公司采取发行股份购买资产方式，1家公司通过收购加重组方式进行，1家公司拟进行资产收购。

（二）并购重组特点

从并购重组模式看，2013年，辽宁上市公司并购重组呈现多样化的特点，采用了收购、发行股份购买资产及配套募集资金等多种方式。

从并购重组目标看，2013 年，辖区并购重组按目标划分主要有四类：一是因集团政策性破产工作统一安排而受让上市公司股份，涉及金额约为 6.61 亿元；二是为巩固控制权而进行的收购，涉及金额 5.39 亿元；三是为化解退市风险进行并购重组；四是通过重组解决同业竞争，增强上市公司盈利能力。

五、辽宁上市公司募集资金情况、使用情况

（一）募集资金总体情况

表 9　　2013 年辽宁上市公司募集资金情况

发行类型	代　码	简　称	募集资金（亿元）
首　发	—	—	0
	小　计		0
再融资（增发、配股）	000410	沈阳机床	12.28
	600190	锦州港	14.54
	小　计		26.82
其他融资（公司债券、短期融资券、中期票据、次级债、金融债、境外发行债券）	002123	荣信股份	6.00（公司债）
	小　计		6.00
总　计			32.82

资料来源：辽宁证监局。

（二）募集资金使用情况及特点

2013 年，辽宁辖区有 15 家上市公司使用募集资金，共计 24.30 亿元。其中，12.08 亿元为 2013 年度募集的资金，12.22 亿元为以前年度募集的资金。

上述募集资金未使用完毕的 15 家公司中，通过资本市场募集资金总额 127.01 亿元，其中截至 2013 年底，累计使用募集资金 87.23 亿元，占全部募集资金总额的 68.68%。

（三）募集资金变更情况

报告期内 3 家公司变更募集资金使用项目，涉及金额 4.71 亿元，占 3 家公司募集资金总额的 15.27%，占本年度使用募集资金比例 19.38%，占全部募集资金总额比例 3.71%。

表 10　　2013 年辽宁上市公司募集资金使用项目变更情况

变更募集资金使用项目的公司家数	涉及金额（亿元）	募集资金总额（亿元）	占公司募集资金总额的比例（%）
3	4.71	30.85	15.27

资料来源：辽宁证监局。

六、辽宁上市公司规范运作情况

（一）上市公司治理专项情况

一是主板公司全面实施内控规范。通过培训服务、业务指导、现场检查和专项核查等多种方式督促辖区20家主板上市公司做好内控规范实施工作。二是深入推进公司治理建设。通过年报专项检查、持续监管意见核查环节对辖区公司治理运行情况进行检查和督促整改，加强以独立董事和专业委员会履职为重点的三会运作监管，并以解决同业竞争和减少关联交易为突破口推进公司治理历史遗留问题的解决。三是加强现金分红监管。以上市公司现金分红的决策过程、执行情况及信息披露等工作重点，督促公司切实履行现金分红政策，积极回报投资者。四是加强内幕交易防控。通过下发通知、会议要求等方式督促公司完善内幕交易防控制度和工作流程，并在现场检查中对内幕信息知情人登记等制度及执行情况进行重点检查，督促公司做好内幕交易防控工作。五是引导公司做好投资者管理工作。举办了辖区上市公司2013年网上集体接待日活动，辖区41家上市公司相关高管人员与投资者在网上展开了互动交流，有力地促进了辖区公司投资者关系管理水平的提高。

（二）审计情况及监管情况

截至2014年4月30日，辖区41家上市公司在法定期限内披露2013年度报告，共17家会计师事务所提供审计服务。年报审计意见类型中，3家为带强调事项段的无保留意见，其余均为标准无保留意见。

2013年，辽宁证监局着力从完善年报审计跟进和强化审计项目检查两方面加强监管。对17家会计师事务所的签字注册会计师进行逐一约谈，审阅了年报审计工作安排、总体审计策略和具体审计计划，并调阅了审计底稿；对12个审计项目进行检查，发现主要问题30多个，并及时提出整改要求，督促改正。

（三）信息披露监管情况

2013年，辖区上市公司发布定期报告164份，临时公告2930份。

一是加强信息披露事后监管。重点加强对公司信息披露真实性、准确性和完整性的事后监管：针对3家公司信息披露方面存在的问题，采取了警示函、责令公开说明的监管措施；对11家公司媒体质疑情况进行核实，督促4家公司发布澄清公告；对6家公司的26次信息披露信访投诉事项进行调查，及时上报调查报告，同时就部分存在重大问题的公司列入现场检查计划。通过落实责任、督促整改、强化问责机制、有力地促进了辖区公司信息披露和规范运作水平的提高。二是加强信息披露工作的交流与培训。召开年报监管座谈会，就提高信息披露质量突出要求，并要求沪深交易所相关人员对年报披露情况进行分析，对信息披露直通车的业务流程、操作步骤及注意事项进行讲解。三是做好直通车后信息披露衔接工作。针对信息披露直通车制度后公司信息披露责任增大的情况，下发《关于加强上市公司信息披露工作的通知》，要求辖区公司全面梳理信息披露相关制度，强化责任意识，切实做好直通车后信息披露工作。同时，开展辖区公司信息披露监管执法评估工作，为信息披露监管的市场化和法制化打好基础。

（四）证券市场服务情况

2013 年，辽宁证监局按照证监会统一部署，秉承保护投资者合法权益的宗旨，认真学习肖钢主席《保护中小投资者就是保护资本市场》的署名文章，结合辖区实际，把投资者保护工作有机融入监管工作各个领域，坚持日常监管与投保相结合，长期教育与重点推动相结合，规定动作与主动创新相结合，创造性地开展工作，拓展投资者保护工作的深度和广度。

一是确定重点，明确职责。根据证监会及局党委统一安排，按照《辽宁证监局投资者保护工作任务分解表》，制订了投资者保护工作方案，明确了工作责任和重点，制定了相应的考核机制和监督检查机制。

二是加强媒体引导。主动协调省委宣传部、省新闻出版局、广播电影电视局等主管部门，进一步规范辖区报刊、广播、电视资本市场报道行为。2013 年 3 月，召开了新闻媒体宣传工作座谈会，完善媒体沟通联络机制，加强日常沟通，联系和指导辖区媒体共同做好投资者舆论宣传工作。

三是举办形式多样的投资者教育活动。举办了辖区上市公司 2013 年网上集体接待日活动，辖区 41 家上市公司相关高管人员与投资者在网上展开了互动交流，有力地促进了辖区公司投资者关系管理水平的提高。

（五）以强化归位尽责为目标，发挥中介机构的积极作用

一是加强对会计师执业情况的监管。坚持上市公司年报审计签字会计师谈话制度，对 12 家会计师事务所的审计工作质量进行延伸检查，对发现的问题督促其整改。二是加大对持续督导的监管力度。对 6 家保荐机构和 1 家财务顾问的执业质量进行检查，发现持续督导方面问题 25 个，向保荐机构下发行政监管措施 1 份，向 2 家保荐机构下发监管函，要求其及时报送持续督导备案材料。

审稿人：金　萍

撰稿人：黄慧丽

吉林地区

一、吉林国民经济发展概况

表 1　　2013 年吉林国民经济发展概况　　单位：亿元

指　标	1~3 月		1~6 月		1~9 月		1~12 月	
	绝对量	同比增长（%）	绝对量	同比增长（%）	绝对量	同比增长（%）	绝对量	同比增长（%）
地区生产总值（GDP）	2166	9.8	4808	8.3	8015	8.6	12981	8.7
全社会固定资产投资	—	—	—	—	—	—	—	—
社会消费品零售总额	—	—	—	—	—	—	—	—
规模以上工业增加值	1448	12.0	-	11.3	4536	10.3	4952	9.6
规模以上工业企业实现利润	282	25.8	587	16.2	913	16.1	1230	5.9
居民消费价格指数（CPI）	1~3 月		1~6 月		1~9 月		1~12 月	
	3.0		2.8		3.1		2.7	

资料来源：国家统计局。

二、吉林上市公司总体情况

（一）公司数量

表 2　　2013 年吉林上市公司数量　　单位：家

公司总数	2013 年新增	股票类别			板块分布			
		仅 A 股	仅 B 股	（A+B）股	沪市主板	深市主板	中小板	创业板
39	1	38	0	1	18	14	6	1

资料来源：吉林证监局，天相投资分析系统。

（二）行业分布

表 3　　**2013 年吉林上市公司行业分布情况**

所属证监会行业类别	家　数	占比（%）	所属证监会行业类别	家　数	占比（%）
农、林、牧、渔业	0	0.00	金融业	1	2.56
采矿业	0	0.00	房地产业	4	10.26
制造业	26	66.67	租赁和商务服务业	0	0.00
电力、热力、燃气及水生产和供应业	2	5.13	科学研究和技术服务业	0	0.00
建筑业	0	0.00	水利、环境和公共设施管理业	0	0.00
批发和零售业	3	7.69	教育	0	0.00
交通运输、仓储和邮政业	1	2.56	卫生和社会工作	0	0.00
住宿和餐饮业	0	0.00	文化、体育和娱乐业	0	0.00
信息传输、软件和信息技术服务业	2	5.13	综合	0	0.00
合　计	39	100.00			

资料来源：吉林证监局，天相投资分析系统。

（三）股本结构及规模

表 4　　**2013 年吉林上市公司股本规模在 10 亿股以上公司分布情况**

股本规模（亿股）	公司家数	具体公司
20≤~<50	1	苏宁环球
10≤~<20	8	富奥股份、吉电股份、吉林高速、吉视传媒、顺发恒业、亚泰集团、一汽轿车、中科英华

资料来源：沪深交易所，天相投资分析系统。

表 5　　**2013 年吉林上市公司分地区股权构成情况**

股权性质 / 地域分布	央企国资控股	省属国资控股	地市国资控股	民营控股	其　他	合　计
长春市	5	4	6	4	1	20
吉林市	1	1	2	5	0	9
四平市	0	0	0	0	0	0
辽源市	0	0	0	2	0	2
通化市	0	0	1	5	0	6
白山市	0	0	0	0	0	0
松原市	0	0	0	0	0	0

续表

地域分布 \ 股权性质	央企国资控股	省属国资控股	地市国资控股	民营控股	其他	合计
白城市	0	0	0	0	0	0
延边州	0	0	0	2	0	2
合计	6	5	9	18	1	39

资料来源：吉林证监局。

（四）市值规模

截至 2013 年 12 月 31 日，吉林 39 家上市公司境内总市值 2216.38 亿元，占全国上市公司境内总市值的 0.93%，其中，上交所上市公司 18 家，总股本 119.65 亿股，境内总市值 865.22 亿元，占上交所上市公司境内总市值的 0.57%；深交所上市公司 21 家，总股本 133.51 亿股，境内总市值 1351.17 亿元，占深交所上市公司境内总市值的 1.54%。

（五）资产规模

截至 2013 年 12 月 31 日，吉林 39 家上市公司合计总资产 2723.64 亿元，归属于母公司股东权益 945.01 亿元，与 2012 年相比，分别增长 19.37%、14.93%；平均每股净资产 3.73 元。

三、吉林上市公司经营情况及变动分析

（一）总体经营情况

表 6　　2013 年吉林上市公司经营情况

指标	2013 年	2012 年	变动率（%）
家数	39	38	2.63
亏损家数	3	4	-25.00
亏损家数比例（%）	7.69	10.53	-2.84
平均每股收益（元）	0.27	0.21	29.31
平均每股净资产（元）	3.73	3.66	1.91
平均净资产收益率（%）	7.27	5.70	1.57
总资产（亿元）	2723.64	2281.72	19.37
归属于母公司股东权益（亿元）	945.01	822.25	14.93
营业收入（亿元）	1193.47	955.52	24.90
利润总额（亿元）	92.18	62.40	47.73
归属于母公司所有者的净利润（亿元）	68.74	46.90	46.58

资料来源：沪深交易所，天相投资分析系统。

（二）分行业经营情况

表 7　　2013 年吉林上市公司分行业经营情况

所属行类	营业收入（亿元）	可比样本变动率（%）	归属于母公司所有者的净利润（亿元）	可比样本变动率（%）
农、林、牧、渔业	0.00	—	0.00	—
采矿业	0.00	—	0.00	—
制造业	864.21	27.44	41.03	78.21
电力、热力、燃气及水生产和供应业	60.24	5.73	3.42	-294.57
建筑业	0.00	—	0.00	—
批发和零售业	108.06	15.75	1.25	-46.65
交通运输、仓储和邮政业	7.86	3.10	2.89	0.61
住宿和餐饮业	0.00	—	0.00	—
信息传输、软件和信息技术服务业	32.62	3.52	4.10	-3.81
金融业	17.67	47.22	4.80	218.77
房地产业	102.82	35.41	11.26	-23.01
租赁和商务服务业	0.00	—	0.00	—
科学研究和技术服务业	0.00	—	0.00	—
水利、环境和公共设施管理业	0.00	—	0.00	—
教育	0.00	—	0.00	—
卫生和社会工作	0.00	—	0.00	—
文化、体育和娱乐业	0.00	—	0.00	—
综合	0.00	—	0.00	—
合　计	1193.47	24.90	68.74	46.71

资料来源：吉林证监局，天相投资分析系统。

（三）业绩变动情况分析

1. 营业收入、毛利率等变动原因分析

2013 年，辖区 39 家上市公司共实现营业收入 1193.47 亿元，较 2012 年增长 24.90%；营业利润 78.91 亿元，增长 86.01%；归属于上市公司股东净利润 68.74 亿元，增长 46.58%。整体看，辖区上市公司主营业务盈利能力有较大提升，经营质量有明显改善。

2. 盈利构成分析

2013 年，辖区 31 家上市公司共实现投资收益 32.32 亿元，占归属于母公司所有者净利润的比重达 47.02%。39 家上市公司共确认非经常性损益 14.26 亿元，占归属于上市公司股东净利润的 20.74%，其中 35 家公司确认了政府补助收入，获得的政府补助金额占吉林上市公司盈利总额的 9.47%，政府补助超过 1000 万元的公司有 17 家。

3. 经营性现金流量分析

2013年，辖区上市公司经营活动产生的现金流量净额为49.07亿元，较2012年同期增加了17.28亿元，同比增长54.45%；现金及现金等价物净增加额为6.63亿元，较2012年同期增加22.87亿元，同比增长140.83%。同2012年相比，上市公司资金紧张状况得到一定程度缓解。其中，苏宁环球和吉电股份现金及现金等价物净增加额分别较2012年增加5.15亿元和20.09亿元，成为主要影响因素。

4. 业绩特点分析

36家盈利公司共实现净利润78.04亿元。24家公司净利润同比出现增长，其中，10家公司净利润增幅在100%以上，4家公司扭亏为盈。15家公司净利润同比出现下降，其中，8家公司下降幅度超过30%，2家公司由盈利转为亏损。从行业情况看，汽车制造业表现抢眼，医药制造业表现稳健，房地产业整体表现不佳，零售业涨势明显。

5. 利润分配情况

表8　　2013年吉林上市公司现金分红情况

2013年分红公司家数			2013年分红金额		
家　数	变动（%）	分红公司家数占地区公司总数比重（%）	金额（亿元）	变动率（%）	分红金额占归属于母公司所有者的净利润比重（%）
26	44.44	66.67	16.05	-7.65	23.35

资料来源：吉林证监局。

四、吉林上市公司并购重组情况

（一）并购重组基本情况

2013年，辖区有3家公司实施重大资产重组，涉及交易金额85.16亿元。截至2013年12月31日，2家公司完成重大资产重组，为原吉林制药重大资产出售及发行股份购买资产和原*ST盛润以新增股份换股吸收合并原富奥股份，涉及交易金额53.24亿元。

（二）并购重组特点

2013年，吉林辖区上市公司并购重组呈现出以下特点：一是交易金额较大，3家公司平均交易金额为28.39亿元；二是重组方式多样化，既有重大资产出售及发行股份购买资产，又有新增股份换股吸收合并；三是并购重组改变了上市公司财务指标，资产规模、资产负债结构、盈利能力得以改观。

五、吉林上市公司募集资金情况、使用情况

（一）募集资金总体情况

表 9　　2013 年吉林上市公司募集资金情况

发行类型	代码	简称	募集资金（亿元）
首发	—	—	0
	小计		0
再融资（增发、配股）	600333	长春燃气	4.87
	600360	华微电子	2.63
	600365	通葡股份	5.39
	600699	均胜电子	4.87
	000875	吉电股份	17.84
	002501	利源精制	14.49
	小计		50.09
其他融资（公司债券、短期融资券、中期票据、次级债、金融债、境外发行债券）	600881	亚泰集团	82.00
	601518	吉林高速	39.70
	601929	吉视传媒	5.00
	000686	东北证券	48.00
	小计		174.70
总计			224.79

资料来源：吉林证监局。

（二）募集资金使用情况及特点

2013 年，辖区共有 14 家上市公司使用首发、再融资项目募集资金，截至 2013 年末，累计共使用募集资金 105.95 亿元，占首发、再融资项目募集资金总额的 74.30%。从募集资金使用情况看，问题主要集中在未实现计划进度和预期收益两方面。其中，8 家公司募投项目不符合计划进度，9 家公司募投项目未实现预期收益。

（三）募集资金变更情况

2013 年，吉林辖区上市公司不存在变更募集资金使用项目的情况。

六、吉林上市公司规范运作情况

（一）上市公司治理专项情况

2013 年，吉林辖区上市公司继续深化公司治理建设，提升规范运作水平。

一是强化关联方披露管理，规范关联方行为。首先，全面梳理股权控制关系，纠正个别公司信息披露与实际不符问题。其次，加强业务指导，要求上市公司严格遵守《上市公司信息披露管理办法》相关规定，如实披露历史关联方和潜在关联方。最后，加大关联方资金往来监管力度，严厉查处关联方非经营性历史欠款问题和“期间占用、期末返还”行为。

二是巩固“解决同业竞争，规范关联交易”活动成果。按照“一司一策”的原则，督促相关公司通过资产重组彻底解决同业竞争问题。

三是积极推动上市公司及控股股东履行承诺。对辖区39家上市公司、控股股东和实际控制人承诺情况进行全面梳理，对未能完成履行承诺事项的公司逐一约谈，要求说明事实和原因并提供切实可行的解决方案。

（二）审计情况及监管情况

吉林证监局适应监管转型需要，立足辖区实际，在2013年年报审计监管中，积极探索过程监管、借力监管、事中事后监管协调统一的监管新路径，依托年报审计监管一点，联动上市公司、审计机构双翼，形成了监管部门、审计机构和上市公司多方共赢的良性监管格局。一是加强组织领导，推动工作深入开展。二是以风险为导向突出工作重点，强化事中监测。三是以会计、审计执业质量监管为抓手，强化事后问责。四是建立完善日常监管机制，强化持续监管。五是创新监管模式，全面提高监管效能。六是构建综合监管体系，强化外部监督约束力度。

（三）信息披露情况

吉林证监局适应监管转型需要，以信息披露为核心，加强日常监管。一是健全上市公司信息披露审核机制，制定上市公司临时公告审阅和定期报告审核分析制度。以上市公司信息日报为载体，开展临时公告审核和舆情监控，实现监管工作留痕和信息共享；完善定期报告审核工作底稿，提高审核工作质量。二是引导上市公司健全媒体质疑主动应对机制。要求上市公司制定并完善主动应对媒体质疑的快速反应工作制度和机制，对上市公司应对媒体质疑工作提出了明确的监管要求，推动上市公司提高媒体危机应对能力。三是强化舆情监测和处理工作。以互联网为依托，及时收集涉及上市公司的媒体信息，保持对媒体质疑的高度敏感和快速反应，建立搜集、问询、通报、澄清、检查的立体化媒体质疑处理机制。

（四）证券市场服务情况

2013年，吉林证监局积极开展投资者保护工作。

一是引导和督促公司完善分红政策，履行分红承诺。明确现金分红监管要求，对分红工作进行整体部署，并开展现金分红政策执行情况的监督检查。

二是推动上市公司加强投资者关系管理。举办业绩网上集体说明会，为投资者与上市公司搭建交流、沟通平台。全面排查上市公司投资者关系管理建设情况，并组织投资者代表与公司进行交流互动，增进投资者与上市公司之间的了解与信任。

三是强化内幕交易防控和打击力度。首先，从完善制度、加强宣传、扩大范围及落实责任等方面对公司加强内幕交易防控建设工作提出了具体要求，强化内控建设源头治理工作。其次，将上市公司内幕信息知情人登记制度建立和执行情况作为现场检查重要内容，并结合重大资产重组、再融资等敏感事项对上市公司内幕信息登记情况进行突击检查。最后，宣传内幕交易防控知识，提升政府部门及从业人员内幕交易防控意识。

审稿人：赵凤霞　张　煜

撰稿人：李振月

黑龙江地区

一、黑龙江国民经济发展概况

表 1　　2013 年黑龙江国民经济发展概况　　单位：亿元

指　标	1~3 月		1~6 月		1~9 月		1~12 月	
	绝对量	同比增长（%）	绝对量	同比增长（%）	绝对量	同比增长（%）	绝对量	同比增长（%）
地区生产总值（GDP）	2609	6.0	5545	2.4	8749	4.3	14383	5.0
全社会固定资产投资	—	—	—	—	—	—	—	—
社会消费品零售总额	—	—	—	—	—	—	—	—
规模以上工业增加值	—	8.7	—	8.4	3493	7.2	—	6.9
规模以上工业企业实现利润	—	—	—	—	—	—	—	—
居民消费价格指数（CPI）	1~3 月		1~6 月		1~9 月		1~12 月	
	3.3		1.7		1.9		2.1	

资料来源：国家统计局。

二、黑龙江上市公司总体情况

（一）公司数量

表 2　　2013 年黑龙江上市公司数量　　单位：家

公司总数	2013 年新增	股票类别			板块分布			
		仅 A 股	仅 B 股	（A+B）股	沪市主板	深市主板	中小板	创业板
31	0	30	0	1	23	5	2	1

资料来源：黑龙江证监局，天相投资分析系统。

（二）行业分布

表 3　　2013 年黑龙江上市公司行业分布情况

所属证监会行业类别	家　数	占比（%）	所属证监会行业类别	家　数	占比（%）
农、林、牧、渔业	2	6.45	金融业	1	3.23
采矿业	0	0.00	房地产业	1	3.23
制造业	18	58.06	租赁和商务服务业	0	0.00
电力、热力、燃气及水生产和供应业	3	9.68	科学研究和技术服务业	0	0.00
建筑业	1	3.23	水利、环境和公共设施管理业	0	0.00
批发和零售业	2	6.45	教育	0	0.00
交通运输、仓储和邮政业	1	3.23	卫生和社会工作	0	0.00
住宿和餐饮业	0	0.00	文化、体育和娱乐业	0	0.00
信息传输、软件和信息技术服务业	1	3.23	综合	1	3.23
合　计	31	100.00			

资料来源：黑龙江证监局，天相投资分析系统。

（三）股本结构及规模

表 4　　2013 年黑龙江上市公司股本规模在 10 亿股以上公司分布情况

股本规模（亿股）	公司家数	具体公司
50≤~<100	1	中国一重
10≤~<20	7	北大荒、东方集团、国中水务、哈药股份、华电能源、龙江交通、中航投资

资料来源：沪深交易所，天相投资分析系统。

表 5　　2013 年黑龙江上市公司分地区股权构成情况

股权性质 地域分布	央企国资控股	省属国资控股	地市国资控股	民营控股	其　他	合　计
哈尔滨市	7	2	4	9	0	22
齐齐哈尔市	2	0	0	0	1	3
鸡西市	0	0	0	0	0	0
鹤岗市	0	0	0	0	0	0
双鸭山市	0	0	0	0	0	0
大庆市	1	0	0	0	0	1
伊春市	0	0	0	1	0	1

续表

地域分布 \ 股权性质	央企国资控股	省属国资控股	地市国资控股	民营控股	其他	合计
佳木斯市	1	0	0	0	0	1
七台河市	0	0	0	1	0	1
牡丹江市	0	0	1	0	1	2
黑河市	0	0	0	0	0	0
绥化市	0	0	0	0	0	0
合计	11	2	5	11	2	31

资料来源：黑龙江证监局。

（四）市值规模

截至 2013 年 12 月 31 日，黑龙江 31 家上市公司境内总市值 1943.09 亿元，占全国上市公司境内总市值的 0.81%，其中，上交所上市公司 23 家，总股本 245.9 亿股，境内总市值 1526.6 亿元，占上交所上市公司境内总市值的 1.01%；深交所上市公司 8 家，总股本 25.81 亿股，境内总市值 416.49 亿元，占深交所上市公司境内总市值的 0.47%。

（五）资产规模

截至 2013 年 12 月 31 日，黑龙江 31 家上市公司合计总资产 2792.06 亿元，归属于母公司股东权益 861.34 亿元，与 2012 年相比，分别增长 16.93%、9.61%；平均每股净资产 3.17 元。

三、黑龙江上市公司经营情况及变动分析

（一）总体经营情况

表 6　　2013 年黑龙江上市公司经营情况

指标	2013 年	2012 年	变动率（%）
家数	31	31	0.00
亏损家数	5	4	25.00
亏损家数比例（%）	16.13	12.90	3.23
平均每股收益（元）	0.12	0.17	-27.60
平均每股净资产（元）	3.17	3.07	3.26
平均净资产收益率（%）	3.88	5.45	-1.57
总资产（亿元）	2792.06	2387.71	16.93
归属于母公司股东权益（亿元）	861.34	785.8	9.61
营业收入（亿元）	1125.89	1024.96	9.85
利润总额（亿元）	61.82	67.71	-8.70
归属于母公司所有者的净利润（亿元）	33.44	42.84	-21.94

资料来源：沪深交易所，天相投资分析系统。

（二）分行业经营情况

表 7　　2013 年黑龙江上市公司分行业经营情况

所属行类	营业收入（亿元）	可比样本变动率（%）	归属于母公司所有者的净利润（亿元）	可比样本变动率（%）
农、林、牧、渔业	98.23	-31.00	-4.12	293.54
采矿业	0.00	—	0.00	—
制造业	687.45	16.89	10.23	-58.91
电力、热力、燃气及水生产和供应业	119.54	-0.95	4.87	-556.99
建筑业	56.54	-13.06	0.17	-3.42
批发和零售业	86.11	25.69	10.77	7.16
交通运输、仓储和邮政业	4.48	7.69	2.37	92.74
住宿和餐饮业	0.00	—	0.00	—
信息传输、软件和信息技术服务业	11.15	-0.35	0.84	-22.71
金融业	53.40	247.04	8.44	16.90
房地产业	0.63	3.17	-0.27	-1347.89
租赁和商务服务业	0.00	—	0.00	—
科学研究和技术服务业	0.00	—	0.00	—
水利、环境和公共设施管理业	0.00	—	0.00	—
教育	0.00	—	0.00	—
卫生和社会工作	0.00	—	0.00	—
文化、体育和娱乐业	0.00	—	0.00	—
综合	8.36	-5.96	0.12	-49.95
合　计	1125.89	9.85	33.44	-21.94

资料来源：黑龙江证监局，天相投资分析系统。

（三）业绩变动情况分析

1. 营业收入、毛利率等变动原因分析

2013 年，辖区上市公司实现营业总收入共计 1125.89 亿元，较 2012 年增长 9.85%；营业利润共计 55.23 亿元，下降 0.81%；归属于母公司所有者的净利润共计 33.44 亿元，较 2012 年下降 21.94%；毛利率 2.6%，较 2012 年有所下降。营业收入与利润指标变动比率相反的主要原因为辖区资产减值损失大幅增加所致。

2. 盈利构成分析

总体来看，2013 年，辖区上市公司主要利润来源是营业利润，占利润总额的 89.34%，较 2012 年同期增长近 7 个百分点。31 家上市公司中完全依靠非经常性损益实现盈利（即非经常性损益占归属于母公司所有者的净利润的比例超过 100%）的有5家，非经常性损益占归属于母公司所有者的净利润的比例在50%~100%的有两家公司，比例在30%~50%的有1家公司。辖区上市公司共实现投资收益26.15亿元，占辖区归属于母公司所有者的净利润的78.2%，哈高科、东方集团、哈投股份3家公司将投资收益作为公司盈利或业绩增长的主要手段。

3. 经营性现金流量分析

截至2013年12月31日，辖区31家上市公司经营活动产生的现金流量净额总计为123.03亿元，同比增长85.34%。其中，25家上市公司经营现金流量净额为正，占辖区全部上市公司的80.65%，较上年同期增长近7个百分点。

4. 业绩特点分析

（1）经营业绩下滑，亏损面进一步增大。截至2013年12月31日，辖区上市公司实现归属于母公司所有者的净利润33.44亿元，较2012年下降21.94%；扣除非经常性损益的归属于母公司所有者的净利润23.45亿元，下降11.31%。2013年度，辖区5家公司亏损，占辖区公司总数的16.13%，亏损面较2012年度扩大3.23%；亏损金额10.85亿元，较2012年增长51.53%，其中，东安动力和北大荒合计亏损9.34亿元，占到亏损总额的86.08%。

（2）主营业务盈利水平下降，营业利润增幅首次下降。从经营成果看，2013年，辖区上市公司实现营业收入共计1125.89亿元，较2012年增长9.85%；营业利润55.23亿元，下降0.81%，为五年来首次下降。3家公司营业收入过百亿元，13家公司营业收入同比下降。受国内经济增速放缓的影响，辖区过半数公司营业利润同比下降。

5. 利润分配情况

表8　　2013年黑龙江上市公司现金分红情况

2013年分红公司家数			2013年分红金额		
家　数	变动率（%）	分红公司家数占地区公司总数比重（%）	金额（亿元）	变动率（%）	分红金额占归属于母公司所有者的净利润比重（%）
22	22.22	70.97	10	14.03	29.90

资料来源：黑龙江证监局。

四、黑龙江上市公司并购重组情况

（一）并购重组基本情况

2013年，黑龙江仅有1家公司完成重大资产重组，即哈飞股份，涉及金额44.26亿元，其中，33.20亿元为发行股份购买资产，11.06亿元募集配套资金。

（二）并购重组特点

2013年，黑龙江上市公司重大资产重组跌至最低点，仅有1家上市公司完成重大资产重组，而且重组支付手段单一，主要为非公开发行股份购买资产。

五、黑龙江上市公司募集资金情况、使用情况

（一）募集资金总体情况

表 9　　2013 年黑龙江上市公司募集资金情况

发行类型	代　码	简　称	募集资金（亿元）
首　发	—	—	0
	小　计		0
再融资（增发、配股）	600038	哈飞股份	11.06
	600178	国中水务	12.56
	601188	龙江交通	2.30
	小　计		25.92
其他融资（公司债券、短期融资券、中期票据、次级债、金融债、境外发行债券）	600726	华电能源	23.00
	小　计		23.00
总　计			48.92

资料来源：黑龙江证监局。

（二）募集资金使用情况及特点

2013 年，辖区股权募集资金共 25.92 亿元，扣除发行费用后，3 家公司使用募集资金 13.19 亿元，占本年度募集资金总额的 67.62%；8 家公司使用以前年度募集资金，共计 9.46 亿元。

（三）募集资金变更情况

辖区 1 家公司变更募集资金使用用途，即北大荒，原因为公司原计划的 3 个募投项目均无法达到预期收益，募投项目变更为“米糠深加工项目”和补充流动资金。

表 10　　2013 年黑龙江上市公司募集资金使用项目变更情况

变更募集资金使用项目的公司家数	涉及金额（亿元）	募集资金总额（亿元）	占公司募集资金总额的比例（%）
1	8.3	14.638	56.70

资料来源：黑龙江证监局。

六、黑龙江上市公司规范运作情况

（一）上市公司治理专项情况

2013年，黑龙江证监局多管齐下，积极推进各项专项工作，进一步夯实辖区上市公司治理水平。一是以公司自治为原则稳步推进现金分红工作；二是以诚信建设为依据推进履行公开承诺；三是以国有企业为依托全面推进内控体系的建设与实施；四是以惩防体系建设为重点推进防控内幕交易工作；五是以现场检查为抓手，推进上市公司规范运作。2013年，黑龙江证监局实施年报现场检查6家、全面检查1家、回访检查6家、专项核查14家次、公开承诺专项检查13家、财务顾问持续督导专项检查1家、处置2家公司重大风险隐患或违法违规行为；下发《行政监管措施决定书》8份，其中，对1家公司的公开承诺事项采取了责令公开说明的行政监管措施。

（二）审计情况及监管情况

2013年，黑龙江证监局以“问题导向”为原则，积极调整监管思路，确立审计监管工作基调，即“事前侧重重点公司风险提示；事中侧重关注公司风险预防；事后侧重问题公司风险揭示与化解”。2013年，对6家会计师事务所进行了延伸现场检查，对1家会计师事务所进行了专项检查，共发现问题61项，较2012年增长31.31%。

（三）信息披露情况

2013年，黑龙江证监局以信息披露监管为主线，以提高公司透明度为目标，不断规范上市公司信息披露行为，加强舆情监管，及时关注公司信息披露，对备受质疑的北大荒、金叶珠宝等情况及时做出反应，切实履行了监管职责。全年共计审阅上市公司定期公告和临时公告2200余份，对7家公司进行年报审核并与交易所审核情况比对分析，针对媒体质疑、市场传闻进行核查10家次，对1家公司信息披露违规行为采取了警示函的行政监管措施。

（四）证券市场服务情况

为了营造有序有效的证券市场环境，提高上市公司的运营效率，黑龙江证监局积极主动为证券市场的健康发展做好服务工作。2013年，黑龙江证监局加强上市公司相关人员培训力度，对上市公司累计培训58家次、130人次。本着保护中小投资者利益的宗旨，全年共办结中小投资者信访投诉42件。

审稿人：王　颖

撰稿人：运　巍

上海地区

一、上海国民经济发展概况

表 1　　2013 年上海国民经济发展概况　　单位：亿元

指　标	1~3 月		1~6 月		1~9 月		1~12 月	
	绝对量	同比增长（%）	绝对量	同比增长（%）	绝对量	同比增长（%）	绝对量	同比增长（%）
地区生产总值（GDP）	4938	7.5	10169	6.5	15474	7.7	21602	7.5
全社会固定资产投资	1000	10.3	2316	12.1	3754	14.6	5644	10.4
社会消费品零售总额	—	7.2	—	9.1	—	8.7	—	8.6
规模以上工业增加值	—	5.0	—	4.8	—	5.9	—	6.6
规模以上工业企业实现利润	533	6.3	1179	9.4	1805	7.4	2415	13.3
居民消费价格指数（CPI）	1~3 月		1~6 月		1~9 月		1~12 月	
	2.3		2.3		2.2		2.5	

资料来源：国家统计局，上海市统计局。

二、上海上市公司总体情况

（一）公司数量

表 2　　2013 年上海上市公司数量　　单位：家

公司总数	2013 年新增	股票类别			板块分布			
		仅 A 股	仅 B 股	（A+B）股	沪市主板	深市主板	中小板	创业板
201	-2	161	5	35	144	2	27	28

资料来源：上海证监局，天相投资分析系统。

（二）行业分布

表 3　　2013 年上海上市公司行业分布情况

所属证监会行业类别	家　数	占比（%）	所属证监会行业类别	家　数	占比（%）
农、林、牧、渔业	1	0.50	金融业	7	3.48
采矿业	3	1.49	房地产业	24	11.94
制造业	92	45.77	租赁和商务服务业	2	1.00
电力、热力、燃气及水生产和供应业	4	1.99	科学研究和技术服务业	3	1.49
建筑业	6	2.99	水利、环境和公共设施管理业	1	0.50
批发和零售业	18	8.96	教育	1	0.50
交通运输、仓储和邮政业	15	7.46	卫生和社会工作	0	0.00
住宿和餐饮业	1	0.50	文化、体育和娱乐业	3	1.49
信息传输、软件和信息技术服务业	16	7.96	综合	4	1.99
合　计	201	100.00			

资料来源：上海证监局，天相投资分析系统。

（三）股本结构及规模

表 4　　2013 年上海上市公司股本规模在 10 亿股以上公司分布情况

股本规模（亿股）	公司家数	具体公司
500≤~<1000	1	交通银行
200≤~<500	2	上港集团、中国联通
100≤~<200	7	宝钢股份、东方航空、浦发银行、上海电气、上海石化、上汽集团、中海集运
50≤~<100	2	海通证券、中国太保
20≤~<50	14	城投控股、东方明珠、方正科技、复星医药、光大证券、华域汽车、上海电力、上海建工、上海医药、申能股份、招商轮船、振华重工、中海发展、中化国际
10≤~<20	31	*ST 九龙、爱建股份、百视通、大名城、大智慧、大众公用、大众交通、光明乳业、海欣股份、航天机电、华丽家族、环旭电子、陆家嘴、氯碱化工、美邦服饰、强生控股、上海机场、上海机电、上实发展、申华控股、世茂股份、隧道股份、外高桥、新华传媒、仪电电子、友谊股份、豫园商城、张江高科、中国船舶、中华企业、紫江企业

资料来源：沪深交易所，天相投资分析系统。

表 5　　2013 年上海上市公司股权构成情况

地域分布＼股权性质	央企国资控股	省属国资控股	地市国资控股	民营控股	其他	合计
上海市	35	57	19	75	15	201

资料来源：上海证监局。

（四）市值规模

截至 2013 年 12 月 31 日，上海 201 家上市公司境内总市值 23901.86 亿元，占全国上市公司境内总市值的 10%，其中，上交所上市公司 144 家，总股本 3009.72 亿股，境内总市值 21488.94 亿元，占上交所上市公司境内总市值的 14.22%；深交所上市公司 57 家，总股本 152.11 亿股，境内总市值 2412.92 亿元，占深交所上市公司境内总市值的 2.74%。

（五）资产规模

截至 2013 年 12 月 31 日，上海 201 家上市公司合计总资产 136355.23 亿元，归属于母公司股东权益 18354.18 亿元，与 2012 年相比，分别增长 13.03%、7.53%；平均每股净资产 4.92 元。

三、上海上市公司经营情况及变动分析

（一）总体经营情况

表 6　　2013 年上海上市公司经营情况

指　标	2013 年	2012 年	变动率（%）
家数	201	203	-0.99
亏损家数	13	16	-18.75
亏损家数比例（%）	6.47	7.88	-1.41
平均每股收益（元）	0.54	0.50	8.20
平均每股净资产（元）	4.92	4.70	4.68
平均净资产收益率（%）	11.00	10.67	0.33
总资产（亿元）	136355.23	120635.4	13.03
归属于母公司股东权益（亿元）	18354.18	17069.14	7.53
营业收入（亿元）	29358.22	26283.69	11.70
利润总额（亿元）	2949.86	2646.95	11.44
归属于母公司所有者的净利润（亿元）	2018.73	1821.59	10.82

资料来源：沪深交易所，天相投资分析系统。

（二）分行业经营情况

表 7　　2013 年上海上市公司分行业经营情况

所属行类	营业收入（亿元）	可比样本变动率（%）	归属于母公司所有者的净利润（亿元）	可比样本变动率（%）
农、林、牧、渔业	8.16	-0.52	1.03	-19.94
采矿业	104.18	-12.87	2.40	-80.47
制造业	13637.90	12.21	502.62	17.59
电力、热力、燃气及水生产和供应业	452.02	4.44	39.46	40.35
建筑业	1316.49	10.58	36.18	10.50
批发和零售业	3098.15	4.70	61.94	14.82
交通运输、仓储和邮政业	2011.83	3.59	39.15	-67.62
住宿和餐饮业	26.84	14.92	3.77	2.25
信息传输、软件和信息技术服务业	3234.01	18.51	55.63	46.23
金融业	4737.09	14.07	1174.74	15.07
房地产业	473.41	24.53	80.58	13.10
租赁和商务服务业	39.82	-1.08	1.40	-20.09
科学研究和技术服务业	67.71	11.00	2.09	29.01
水利、环境和公共设施管理业	36.26	16.06	6.84	24.89
教育	5.65	13.27	0.15	-130.01
卫生和社会工作	0.00	—	0.00	—
文化、体育和娱乐业	35.70	4.67	2.42	-1.14
综合	73.00	129.16	8.32	106.77
合　计	29358.22	11.65	2018.73	10.59

资料来源：上海证监局，天相投资分析系统。

（三）业绩变动情况分析

1. 营业收入、毛利率等变动原因分析

2013 年，上海上市公司实现营业收入 29358.22 亿元，较 2012 年增长 11.70%；营业利润 2799.72 亿元，增长 16.76%；利润总额 2949.86 亿元，较 2012 年增长 11.44%；毛利率 15.97%，与 2012 年基本持平。投资收益增长较多是营业利润增幅大于营业收入增幅的主要原因。

2. 盈利构成分析

营业利润仍是上海上市公司盈利的主要来源，其占利润总额比重为 94.91%，高于 2012 年（90.59%）水平，其中投资收益为 881.33 亿元，占利润总额比重为 29.88%，较 2012 年（24.65%）有所上升。201 家上市公司共确认非经常性损益 159.83 亿元，占归属于上市公司股东净利润的 7.92%。

3. 经营性现金流量分析

2013年，上海上市公司经营性现金流量净额为6859.87亿元，高于2012年的4097.45亿元。201家上市公司中，154家经营性现金流量净额为正，占比76.62%，高于2012年的72.41%。其中，剔除金融类上市公司，上海194家上市公司经营性现金流量净额为2068.35亿元，高于2012年的1971.14亿元。

4. 业绩特点分析

（1）整体业绩稳步增长，经营情况总体良好。截至2013年底，上海上市公司总市值2.39万亿元，经济证券化率为110.65%，是全国经济证券化率42.07%的2.63倍。平均每股收益0.54元，同比增长8.20%；平均净资产收益率为11.00%，同比增加0.33个百分点。与全国平均水平相比，上海上市公司每股收益基本持平，但净资产收益率略低。

（2）市属国资控股上市公司继续领跑，民营控股上市公司业绩占比仍然较低。2013年，71家上海市属国资上市公司（含区县国资）共计实现营业收入1.66万亿元，同比增长12.92%；实现净利润1150亿元，同比增长20.80%，占上海上市公司净利润总额的56.90%；平均每股收益0.79元，净资产收益率13.34%，均高于上海上市公司平均水平。民营控股上市公司共计实现营业收入1206亿元，同比增长13.83%；实现净利润87亿元，较2012年增长25.98%，但是占上海上市公司净利润总额比例仍然较低，仅为4.30%。同时，平均每股收益（0.25元）、净资产收益率（7.62%）等重要业绩指标也低于上海上市公司平均水平。

（3）上市公司业绩分化明显，部分公司经营业绩持续下滑。2013年，金融保险业公司继续保持“领头羊”地位，共计实现净利润1174.74亿元，占上海上市公司净利润总额的58.19%。汽车制造业、医药制造业、计算机通信制造业、信息技术服务等多个主要行业业绩均有超过15%的增长，其中信息技术服务业成长性尤为突出，2012年和2013年净利润增幅分别达到36%和46%。

部分公司受行业周期、产能过剩等因素的影响，经营业绩大幅下降。如航运业的中海发展、招商轮船净利润连续两年下滑，2013年首亏；*ST超日因连续三年亏损，面临暂停上市风险；*ST钢构、S*ST中纺和*ST三毛因连续两年亏损，被实施退市风险警示。

5. 利润分配情况

2013年，上海共有152家公司提出现金分红方案，占上海201家上市公司的75.62%，较2012年分红家数（150家）增长1.33%。合计分红总额775.39亿元，占上海上市公司归属于母公司所有者的净利润的38.41%，较2012年分红金额（610.61亿元）增长27%。上海上市公司现金分红的家数和金额，在绝对数量和相对占比方面，均呈上升趋势。

表 8　　2013 年上海上市公司现金分红情况

2013 年分红公司家数			2013 年分红金额		
家　数	变动率（%）	分红公司家数占地区公司总数比重（%）	金额（亿元）	变动率（%）	分红金额占归属于母公司所有者的净利润比重（%）
152	1.33	75.62	775.39	26.99	38.41

资料来源：上海证监局。

四、上海上市公司并购重组情况

（一）并购重组基本情况

2013 年，上海共有 9 家上市公司完成并购重组，涉及金额 93 亿元。其中，有 5 家公司涉及非公开发行购买资产，家数占比 56%，金额 84.74 亿元，占比 91%；2 家公司涉及资产出售，金额 8.26 亿元，占比 9%；另有 2 家通过国有股份无偿划转方式实现了股权收购。

表 9　　2013 年上海上市公司并购重组基本情况

代　码	简　称	重组方式	涉及金额（亿元）
600517	置信电气	非公开发行购买资产	8.00
600613	永生投资	非公开发行购买资产	20.01
600617	*ST 联华	非公开发行购买资产	35.19
600634	ST 澄海	非公开发行购买资产	17.64
300236	上海新阳	非公开发行购买资产	3.90
600151	航天机电	重大资产出售	4.88
600816	安信信托	重大资产出售	3.38
600072	中船股份	收购（无偿划转）	0.00
600661	新南洋	收购（无偿划转）	0.00
总　计			93.00

资料来源：上海证监局。

（二）并购重组特点

2013 年，非公开发行股份成为上海上市公司并购重组的主要支付手段。此外，参与并购重组的上市公司主体更为多元化，实施并购重组的公司主要为民营控股上市公司，如已实施完毕的置信电气、永生投资、ST 澄海等。

五、上海上市公司募集资金情况、使用情况

（一）募集资金总体情况

表 10　　2013 年上海上市公司募集资金情况

发行类型	代　码	简　称	募集资金（亿元）
非公开发行（现金）	600115	东方航空	22.92
	600284	浦东建设	13.85
	002178	延华智能	3.40
	600500	中化国际	37.37
	600613	永生投资	5.00
非公开发行 H 股	600115	东方航空	12.91
再融资（增发、配股）	小　计		95.45
公司债	600021	上海电力	15.00
	600115	东方航空	48.00
	600619	海立股份	10.00
	002252	上海莱士	3.60
	600655	豫园商城	5.00
	601727	上海电气	20.00
	600837	海通证券	120.00
	600741	华域汽车	40.00
	002269	美邦服饰	8.00
可转债	600820	隧道股份	26.00
其他融资	小　计		295.60
总　计			391.05

资料来源：上海证监局。

（二）募集资金使用情况及特点

2013 年，上海共有 77 家公司使用募集资金，使用金额 501.16 亿元（包括 72.08 亿港元）。其中 381.52 亿元为 2013 年募集的资金，占全年使用募集资金总额的 76.13%；119.64 亿元为以前年度募集资金，占全年使用募集资金总额的 23.87%。

上海上市公司总体上对募集资金的管理较为规范，建立专户存储制度使用管理募集资金，变更募集资金严格履行程序。一是 2013 年当年募集资金使用进度较快，主要通过非公开发行、公司债方式募集，使用目的明确。二是以前年度募集资金，特别是个别首发上市公司的募集资金使用存在进度较慢，部分募投项目未达预期效

益等问题。三是部分公司募集资金余额较大，尚未有合适投资方向，为提高现金管理收益，选择购买保本型银行理财产品等。

（三）募集资金变更情况

2013年，上海有7家公司[①]变更募集资金的使用项目，涉及金额约为8.93亿元，占该7家公司募集资金总额（42.29亿元）的21.12%。募集资金变更程序合法，均经过公司股东大会批准。变更的原因主要包括：一是由于实际募集资金净额与募集资金计划筹集金额发生变化而调整募投项目及投入金额；二是根据拟投资项目的市场环境变化推迟或取消了有关募投项目，并改投其他项目；三是原承诺投资项目未能达到预期收益，为提高募集资金的使用效率，将剩余募集资金改投其他项目。

表11　　2013年上海上市公司募集资金使用项目变更情况

变更募集资金使用项目的公司家数	涉及金额（亿元）	募集资金总额（亿元）	占公司募集资金总额的比例（%）
7	8.93	42.29	21.12

资料来源：上海证监局。

六、上海上市公司规范运作情况

（一）上市公司治理专项情况

一是推动诚信体系建设。对上市公司承诺履行和规范情况进行核查，督促相关义务人切实按期履行和规范。将辖区公司承诺履行和监管措施情况集中录入证监会诚信档案系统，将上市公司资本运作与公司诚信记录相挂钩，构建“一处失信、处处受制”的诚信约束环境。二是持续推进上市公司“解决同业竞争、减少关联交易”活动，以证监会与国务院国资委联合发布《关于推动国有股东与所控股上市公司解决同业竞争、规范关联交易的指导意见》为契机，展开培训宣传。

（二）审计情况及监管情况

2013年，23家会计师事务所为上海201家上市公司提供了2013年年报审计服务。其中，194家公司的审计报告为标准无保留意见，6家公司的审计报告为带强调事项段无保留意见，1家公司的审计报告为无法表示意见。

2013年，上海证监局延续了以往年度走访沟通、审阅分析和检查回访等做法，紧抓事前、事中和事后每一个环节，切实做好年报审计和年报披露监管工作。在监管重心逐渐实现从事前、事中向事后转移的大背景下，现场走访会计师事务所时，进一步强调“把握边界、适度提示”的原

① 大江股份、神奇制药、上海普天、金安国纪、万达信息、科大智能和泰胜风能。

则，即在有效提示事务所防范审计执业风险的同时，避免因监管过度介入而影响注册会计师的职业判断。

（三）信息披露情况

2013 年，上海上市公司以开展内部控制规范和实施信息披露直通车为契机，进一步完善信息披露制度。上市公司能够通过交易所投资者关系互动平台、公司网站等多种途径，积极主动地与投资者进行交流，信息披露意识进一步增强。上海证监局坚持以信息披露监管为抓手，通过加强上市公司信息收集、分析以及监管协作，对重大媒体质疑事项及时反应与核查，妥善处置风险事项。

（四）证券市场服务情况

一是服务促进监管，推进企业上市。一方面，联合上海市区两级政府召开改制上市座谈会，开展联合培训，推动企业树立规范改制、正确上市的理念，2013 年参与培训、调研 12 次；另一方面，明确监管定位，严格辅导评估。加大现场检查力度，对存疑公司延长检查时间。

二是组织网络路演，搭建交流互动平台。2013 年，上海证监局以“我投资、我参与”为主题组织了上市公司大型网络路演活动，宝钢股份、中国太保等数十家上市公司积极参与。活动期间，专题页面点击量超 70 万次，投资者互动留言 3000 余条，三大证券报也进行了集中报道，有力增强了上市公司与投资者的良性互动，进一步营造了辖区成熟、理性的股权投资文化。

三是开展调研座谈，倾听投资者诉求心声。一方面，组织开展调查研究，对上海地区个人和机构投资者参与公司治理情况进行问卷调查，汇总分析 149 份来自投资者和上市公司的反馈意见，形成调研报告，提出多项加强投资者保护与完善公司治理的政策建议；另一方面，开门纳谏真诚沟通，举办辖区投资者保护工作座谈会，邀请个人和机构投资者代表参会，交流完善资本市场监管和加强投资者权益保护的举措。

审稿人：颜旭若　袁同济　张　浩

撰稿人：严　莹　盛峰英

江苏地区

一、江苏国民经济发展概况

表 1　　2013 年江苏国民经济发展概况　　单位：亿元

指　标	1~3 月		1~6 月		1~9 月		1~12 月	
	绝对量	同比增长（%）	绝对量	同比增长（%）	绝对量	同比增长（%）	绝对量	同比增长（%）
地区生产总值（GDP）	11881	9.2	27604	8.8	41934	8.1	59162	9.4
全社会固定资产投资	7839	20.0	16557	20.1	25511	20.0	35983	19.6
社会消费品零售总额	5139	12.8	10039	12.9	15055	13.1	20657	13.4
规模以上工业增加值	6826	11.4	14305	11.3	21698	11.5	29399	11.5
规模以上工业企业实现利润	1432	17.0	3183	17.4	4969	19.2	7834	13.8
居民消费价格指数（CPI）	1~3 月		1~6 月		1~9 月		1~12 月	
	1.8		2.2		2.5		2.9	

资料来源：国家统计局，江苏省统计局。

二、江苏上市公司总体情况

（一）公司数量

表 2　　2013 年江苏上市公司数量　　单位：家

公司总数	2013 年新增	股票类别			板块分布			
		仅 A 股	仅 B 股	（A+B）股	沪市主板	深市主板	中小板	创业板
235	-1	230	2	3	80	21	92	42

资料来源：江苏证监局，天相投资分析系统。

（二）行业分布

表 3　　2013 年江苏上市公司行业分布情况

所属证监会行业类别	家　数	占比（%）	所属证监会行业类别	家　数	占比（%）
农、林、牧、渔业	0	0.00	金融业	3	1.28
采矿业	0	0.00	房地产业	8	3.40
制造业	178	75.74	租赁和商务服务业	1	0.43
电力、热力、燃气及水生产和供应业	2	0.85	科学研究和技术服务业	2	0.85
建筑业	3	1.28	水利、环境和公共设施管理业	2	0.85
批发和零售业	15	6.38	教育	0	0.00
交通运输、仓储和邮政业	8	3.40	卫生和社会工作	0	0.00
住宿和餐饮业	1	0.43	文化、体育和娱乐业	1	0.43
信息传输、软件和信息技术服务业	7	2.98	综合	4	1.70
合　计	235	100.00			

资料来源：江苏证监局，天相投资分析系统。

（三）股本结构及规模

表 4　　2013 年江苏上市公司股本规模在 10 亿股以上公司分布情况

股本规模（亿股）	公司家数	具体公司
50≤~<100	4	华泰证券、宁沪高速、苏宁云商、仪征化纤
20≤~<50	7	*ST 长油、东吴证券、凤凰传媒、国电南瑞、南钢股份、南京银行、徐工机械
10≤~<20	20	东方市场、海润光伏、恒瑞医药、宏图高科、沪电股份、江淮动力、江苏阳光、金螳螂、栖霞建设、沙钢股份、四环生物、苏州高新、太极实业、威孚高科、维维股份、新城 B 股、洋河股份、中材国际、中南建设、综艺股份

资料来源：沪深交易所，天相投资分析系统。

表 5　　2013 年江苏上市公司分地区股权构成情况

地域分布＼股权性质	央企国资控股	省属国资控股	地市国资控股	民营控股	其　他	合　计
南京市	9	9	9	19	2	48
无锡市	0	0	6	31	2	39
徐州市	0	0	1	6	0	7
常州市	1	0	2	15	0	18
苏州市	1	0	6	47	11	65

续表

地域分布 \ 股权性质	央企国资控股	省属国资控股	地市国资控股	民营控股	其 他	合 计
南通市	0	0	2	19	2	23
连云港市	0	0	1	5	0	6
淮安市	0	0	0	0	0	0
盐城市	0	0	1	3	1	5
扬州市	1	1	3	3	0	8
镇江市	0	0	3	5	0	8
泰州市	1	0	0	3	1	5
宿迁市	0	0	1	2	0	3
合 计	13	10	35	158	19	235

资料来源：江苏证监局。

（四）市值规模

截至2013年12月31日，江苏235家上市公司境内总市值12200.76亿元，占全国上市公司境内总市值的5.1%，其中，上交所上市公司80家，总股本720.27亿股，境内总市值5478.47亿元，占上交所上市公司境内总市值的3.62%；深交所上市公司155家，总股本581.98亿股，境内总市值6722.29亿元，占深交所上市公司境内总市值的7.65%。

（五）资产规模

截至2013年12月31日，江苏235家上市公司合计总资产17034.94亿元，归属于母公司股东权益5372.87亿元，与2012年相比，分别增长15.24%、5.79%；平均每股净资产3.98元。

三、江苏上市公司经营情况及变动分析

（一）总体经营情况

表6　2013年江苏上市公司经营情况

指 标	2013年	2012年	变动率（%）
家数	235	236	-0.42
亏损家数	18	18	0
亏损家数比例（%）	7.66	7.63	0.03
平均每股收益（元）	0.28	0.34	-16.51
平均每股净资产（元）	3.98	4.09	-2.69
平均净资产收益率（%）	7.14	8.41	-1.27
总资产（亿元）	17034.94	14782.46	15.24

续表

指　标	2013 年	2012 年	变动率（%）
归属于母公司股东权益（亿元）	5372.87	5078.97	5.79
营业收入（亿元）	8475.82	7752.56	9.33
利润总额（亿元）	526.74	560.94	–6.10
归属于母公司所有者的净利润（亿元）	383.42	427.01	–10.21

资料来源：沪深交易所，天相投资分析系统。

（二）分行业经营情况

表 7　　2013 年江苏上市公司分行业经营情况

所属行类	营业收入（亿元）	可比样本变动率（%）	归属于母公司所有者的净利润（亿元）	可比样本变动率（%）
农、林、牧、渔业	0.00	—	0.00	—
采矿业	0.00	—	0.00	—
制造业	4477.32	4.49	204.43	–5.20
电力、热力、燃气及水生产和供应业	16.13	15.31	4.76	59.46
建筑业	374.06	34.86	27.10	23.84
批发和零售业	2524.20	13.54	30.26	–29.39
交通运输、仓储和邮政业	212.55	3.22	–27.14	–264.27
住宿和餐饮业	5.35	–11.85	0.72	–34.48
信息传输、软件和信息技术服务业	115.75	47.91	12.63	–9.30
金融业	192.44	17.37	70.91	19.99
房地产业	355.61	14.92	31.19	14.50
租赁和商务服务业	1.19	–21.16	0.10	–118.66
科学研究和技术服务业	21.04	37.61	3.57	26.02
水利、环境和公共设施管理业	8.19	13.89	0.98	–21.85
教育	0.00	—	0.00	—
卫生和社会工作	0.00	—	0.00	—
文化、体育和娱乐业	73.16	9.10	9.40	1.38
综合	98.85	0.68	14.50	15.35
合　计	8475.82	9.33	383.42	–10.12

资料来源：江苏证监局，天相投资分析系统。

（三）业绩变动情况分析

1. 营业收入、毛利率等变动原因分析

2013 年，江苏上市公司实现营业收入 8475.82 亿元，较 2012 年增长 9.33%；营业利润 465.94 亿元，下降 6.92%；利润总额 526.74 亿元，较 2012 年下降 6.10%；除南京银行、华泰证券、东吴证券 3 家金融业上市公司外，平均销售毛利率17.93%，较2012年略降0.61个百分点。总体来看，营业成本增幅略大于营业收入增幅是毛利率下降的主要原因。

2. 盈利构成分析

从盈利构成看，2013年，江苏上市公司利润主要来源是营业利润，为465.94亿元，占利润总额比重为88.45%，投资收益、公允价值变动损益、营业外收支对利润影响相对较小，分别占利润总额的17.81%、-0.93%、15.14%、3.60%。

3. 经营性现金流量分析

2013年，江苏上市公司经营活动产生净现金流量较2012年下降了62.90亿元，为344.33亿元。有169家上市公司经营现金流量净额为正，占江苏上市公司总数的71.92%，略低于2012年的75.42%。

4. 业绩特点分析

一是经营情况总体平稳，2013年江苏营业收入总额占全国的3.14%，营业收入总额较2012年增长9.33%，增速略低于全国总体水平，全年净利润占全国的2.26%，但净利润增幅明显低于全国总体水平。二是公司业绩分化明显，江苏占1/8的公司拥有近1/4的股本、1/2的总资产，实现了超过1/4的收入和1/2的利润，平均每股收益0.66元，远高于辖区总体平均水平。三是资产规模扩大，但资产负债率略有上升。2013年，江苏上市公司的资产总额同比增长15.24%，增速较2012年微降0.86个百分点，净资产同比增长5.75%，增速较2012年下降了7.21个百分点。2013年，江苏上市公司的平均资产负债率为66.73%，同比上升了2.98个百分点。四是毛利率保持平稳，但现金流依然偏紧。2013年，江苏上市公司毛利率同比略降，其中，125家公司毛利率高于20%，16家公司的毛利率超过50%。同时，企业将经营活动产生利润转化为现金净收入的能力有所下降，总体现金状况偏紧，经营和筹资活动现金净流入不足以支撑投资活动的现金需求。

5. 利润分配情况

表8　　2013年江苏上市公司现金分红情况

2013年分红公司家数			2013年分红金额		
家　数	变动率（%）	分红公司家数占地区公司总数比重（%）	金额（亿元）	变动率（%）	分红金额占归属于母公司所有者的净利润比重（%）
173	-11.73	73.62	135.07	-18.70	35.23

资料来源：江苏证监局。

四、江苏上市公司并购重组情况

（一）并购重组基本情况

2013年，受宏观经济影响，传统行业增速放缓甚至出现业绩下滑，上市公司产生并购重组内生需求。与此同时，中国证监会放松管制，大力提高并购重组的审核效率，国家和地方对并购重组政策支持力度也显著增强。在江苏证监局多期专题培训的推动下，江苏上市公司并购重组意识明显增强，并购重组呈现活跃态势。江苏共有23家上市公司涉及了并购或资产重组，合计金额达到435亿元，较2012年的13家上市公司、166.94亿元相比，分别增加了76.92%及160.48%。

上市公司通过并购重组实现多元化发展：有的在逆境中求出路，通过并购上下游企业或同行业企业实现发展壮大；有的为了避免业绩持续下滑或亏损，通过整体资产置换实现公司质量提升。

（二）并购重组特点

1. 板块分布多样化

进行并购重组的公司中，上交所主板为8家，占34.78%；中小板11家，占47.83%，此外深交所主板1家、创业板3家。从板块分布上看，主板和中小板合计占总数的86.96%，是江苏上市公司进行并购或资产重组的主力军。

2. 并购重组进展快速化

受益于证监会行政审批效率的提高，截至2013年底，上述上市公司中有7家已实施完成、4家处于审核中、1家审核通过待实施、2家停止审核、其余均处于停牌或预案公告阶段。2013年，完成并购资产重组的占30.43%，较2012年完成的3家（占比23.07%）有明显上升。

3. 支付手段单一化

从对价支付方式上看，采用发行股份购买资产（包括借壳）的有16家、无偿划转的有1家、现金收购3家、吸收合并3家，其中采用发行股份为对价支付方式的占69.57%，成为目前最主流的对价支付方式。

4. 重组目标多元化

从重组目的来看，延伸产业链或进行产业整合提升自身竞争力的有13家、借壳上市的有3家、解决同业竞争关联交易的有3家、谋求转型的有2家、要约收购增强控股地位的有1家、通过资产出售降低财务负担的有1家，其中以上市公司进行产业整合并做大做强为主要目的的占56.52%；借壳上市主要发生在陶瓷、传统电子和自动化制造业，以此向文化传媒、国防电子、建筑装饰等新兴行业或现代服务业转变。

五、江苏上市公司募集资金情况、使用情况

（一）募集资金总体情况

表9　　2013年江苏上市公司募集资金情况

发行类型	代　码	简　称	募集资金（亿元）
首发	—	—	0
	小　计		0
再融资（增发、配股）	600775	南京熊猫	13.20
	600794	保税科技	2.29
	600562	国睿科技	3.09

续表

发行类型	代　码	简　称	募集资金（亿元）
再融资（增发、配股）	600513	联环药业	0.49
	002002	鸿达兴业	8.36
	002009	天奇股份	7.46
	002089	新海宜	1.50
	002274	华昌化工	4.60
	002453	天马精化	4.79
	002464	金利科技	1.81
	002564	张化机	5.94
	300292	吴通通讯	1.38
	小　计		54.91
其他融资（公司债券、短期融资券、中期票据、次级债、金融债、境外发行债券）	600389	江山股份	3.50
	600510	黑牡丹	15.00
	600682	南京新百	2.00
	600794	保税科技	3.50
	601555	东吴证券	30.00
	601688	华泰证券	333.00
	000425	徐工机械	25.00
	002024	苏宁云商	35.00
	300215	电科院	2.30
	300169	天晟新材	1.90
	小　计		451.20
总　计			506.11

资料来源：江苏证监局。

（二）募集资金使用情况及特点

2013 年，江苏辖区有 140 家公司使用募集资金，总金额 182.13 亿元，其中 14 家公司的前次募集资金在 2013 年使用完毕，尚有 126 家公司未使用完毕。辖区上市公司募集资金使用进度情况整体较好，能按照预期投资计划使用，变更使用情况不多；受经济环境影响，部分上市公司募投项目未达到预期效益。

（三）募集资金变更情况

2013 年，江苏辖区有 24 家公司变更募集资金投资项目，涉及金额为 20.98 亿元，占该 24 家公司募集资金总额的 12.36%，变更原因主要是公司募集资金到位时间较长，原投资项目环境发生了较大变化，为提高资金使用效率进行了部分投资项目变更。

表 10　　2013 年江苏上市公司募集资金使用项目变更情况

变更募集资金使用项目的公司家数	涉及金额（亿元）	募集资金总额（亿元）	占公司募集资金总额的比例（%）
24	20.98	169.78	12.36

资料来源：江苏证监局。

六、江苏上市公司规范运作情况

（一）上市公司治理专项情况

2013 年，江苏证监局结合日常监管和年报审核情况，对辖区 235 家上市公司全面梳理公司治理及风险事项，制订详细监管计划书，重新确定各上市公司风险等级。针对在公司治理等方面高风险和次高风险的公司予以特别关注，制订严格的监管措施计划，绝大部分上市公司在年内开展了现场检查，对发现的问题积极采取监管措施，督促上市公司及时整改。对部分社会影响较大、公司治理情况较差的重点风险公司，江苏证监局多次与地方政府进行会商，通报公司相关风险情况，配合地方政府共同督促相关上市公司深入自查，切实整改。

（二）审计情况及监管情况

2013 年年报审计中，境内外共 25 家会计师事务所为江苏上市公司提供审计业务，出具了 821 份证券期货相关业务报告。其中，年度审计报告 238 份（含 3 份 H 股报告）、关联方资金往来专项说明 235 份、内控审计报告 94 份、管理意见书 31 份、募集资金见证报告等 223 份。在 2013 年年报审计意见类型中，标准无保留意见的审计报告 233 份（占 99.15%），无法表示意见的审计报告 2 份（占 0.85%）。2013 年，江苏辖区共有 11 家上市公司变更了审计机构，占上市公司总数的 4.68%。原因为提供审计服务的部门或团队加入其他会计师事务所，审计机构聘用时间达到连续服务最高年限，或借壳上市和筹划重大资产重组需要。

（三）信息披露情况

2013 年，辖区 235 家上市公司信息披露情况整体较好，证券交易所考核评级为 A、B 的有 213 家，占比 90.06%，评级为 C 的 20 家，占比 8.51%，评级为 D 的 1 家，占比 0.43%，*ST 长油因退市，交易所未给予评级，信息披露质量、市场透明度进一步提高。辖区上市公司信息披露仍存在以下问题：一是信息披露直通车的开通，部分上市公司业务操作不熟悉，存在格式、文字等方面的错误；二是部分上市公司临时信息披露不及时，存在定期报告替代临时公告的情形；三是个别上市公司未及时披露定期报告业绩预告和快报行为，上市公司信息披露质量仍需提高。

（四）证券市场服务情况

江苏证监局围绕“两维护、一促进”

的核心职责，以理念更新为提升抓手，以信息披露为监管重心，创新监管方式，提升服务水平。

一方面，将公司经营发展问题还权于投资者决策，将监管重心转移至信息披露是否真实、充分、及时，采取措施督促公司提高信息披露工作水平，同时将有限的监管资源聚焦重点公司和难点问题；另一方面，立足长期、全局利益，寓监管于服务之中，采取高管培训、座谈会、谈话提醒、短信提醒、编发法宣期刊等多种措施，及时向上市公司宣传法律法规。主动听取各方意见，主动送上规范知识，协助调查和打击涉嫌敲诈勒索和强迫交易的不良媒体、律师事务所和财经公关公司，为上市公司营造良好的市场和舆论环境，促进上市公司持续、稳定、健康发展。

审稿人：黄立新

撰稿人：涂储斌　陈　宇

张　磊　吴姬君

汪　浩　孟　奎

浙江地区

一、浙江国民经济发展概况

表 1　　2013 年浙江国民经济发展概况　　单位：亿元

指　标	1~3 月		1~6 月		1~9 月		1~12 月	
	绝对量	同比增长(%)	绝对量	同比增长(%)	绝对量	同比增长(%)	绝对量	同比增长(%)
地区生产总值（GDP）	7262	8.0	16954	7.4	26195	8.2	37568	8.6
全社会固定资产投资	—	—	—	—	—	—	—	—
社会消费品零售总额	—	—	—	—	—	—	—	—
规模以上工业增加值	2433	8.1	5475	8.9	8455	8.6	11701	8.5
规模以上工业企业实现利润	555	10.2	1380	14.2	2227	16.0	3386	16.8
居民消费价格指数(CPI)	1~3 月		1~6 月		1~9 月		1~12 月	
	1.9		2.0		2.3		3.0	

资料来源：国家统计局。

二、浙江上市公司总体情况

（一）公司数量

表 2　　2013 年浙江上市公司数量　　单位：家

公司总数	2013 年新增	股票类别			板块分布			
		仅 A 股	仅 B 股	(A+B) 股	沪市主板	深市主板	中小板	创业板
204	0	202	1	1	55	13	107	29

资料来源：浙江证监局，天相投资分析系统。

（二）行业分布

表 3　　**2013 年浙江上市公司行业分布情况**

所属证监会行业类别	家　数	占比（%）	所属证监会行业类别	家　数	占比（%）
农、林、牧、渔业	0	0.00	金融业	0	0.00
采矿业	0	0.00	房地产业	7	3.43
制造业	155	75.98	租赁和商务服务业	3	1.47
电力、热力、燃气及水生产和供应业	3	1.47	科学研究和技术服务业	1	0.49
建筑业	4	1.96	水利、环境和公共设施管理业	1	0.49
批发和零售业	12	5.88	教育	0	0.00
交通运输、仓储和邮政业	0	0.00	卫生和社会工作	2	0.98
住宿和餐饮业	0	0.00	文化、体育和娱乐业	5	2.45
信息传输、软件和信息技术服务业	10	4.90	综合	1	0.49
合　计	204	100.00			

资料来源：浙江证监局，天相投资分析系统。

（三）股本结构及规模

表 4　　**2013 年浙江上市公司股本规模在 10 亿股以上公司分布情况**

股本规模（亿股）	公司家数	具体公司
50≤~<100	2	新湖中宝、浙能电力
20≤~<50	2	海康威视、小商品城
10≤~<20	19	滨江集团、大华股份、东方通信、海宁皮城、华数传媒、华谊兄弟、景兴纸业、巨化股份、巨星科技、美都控股、荣盛石化、宋都股份、天马股份、万向钱潮、卧龙电气、向日葵、浙富股份、浙江龙盛、正泰电器

资料来源：沪深交易所，天相投资分析系统。

表 5　　**2013 年浙江上市公司分地区股权构成情况**

股权性质 / 地域分布	央企国资控股	省属国资控股	地市国资控股	民营控股	其　他	合　计
杭州市	4	4	5	58	6	77
温州市	0	0	1	10	0	11
嘉兴市	0	0	3	15	0	18
湖州市	0	0	0	9	1	10
绍兴市	0	0	4	33	0	37
金华市	0	0	2	14	2	18

续表

地域分布 \ 股权性质	央企国资控股	省属国资控股	地市国资控股	民营控股	其 他	合 计
衢州市	0	1	0	1	1	3
舟山市	0	0	0	0	1	1
台州市	0	0	4	22	1	27
丽水市	0	0	0	2	0	2
合 计	4	5	19	164	12	204

资料来源：浙江证监局。

（四）市值规模

截至 2013 年 12 月 31 日，浙江 204 家上市公司境内总市值 12783.14 亿元，占全国上市公司境内总市值的 5.35%，其中，上交所上市公司 55 家，总股本 515.53 亿股，境内总市值 4080.86 亿元，占上交所上市公司境内总市值的 2.70%；深交所上市公司 149 家，总股本 617.79 亿股，境内总市值 8702.28 亿元，占深交所上市公司境内总市值的 9.90%。

（五）资产规模

截至 2013 年 12 月 31 日，浙江 204 家上市公司合计总资产 9863.98 元，归属于母公司股东权益 4438.17 元，与 2012 年相比，分别增长 25.96%、19.23%；平均每股净资产 3.90 元。

三、浙江上市公司经营情况及变动分析

（一）总体经营情况

表 6　　2013 年浙江上市公司经营情况

指 标	2013 年	2012 年	变动率（%）
家数	204	204	0.00
亏损家数	7	14	-50.00
亏损家数比例（%）	3.43	6.86	-3.43
平均每股收益（元）	0.40	0.37	7.21
平均每股净资产（元）	3.90	4.00	-2.50
平均净资产收益率（%）	10.18	9.28	0.90
总资产（亿元）	9863.98	7831.3	25.96
归属于母公司股东权益（亿元）	4438.17	3722.48	19.23
营业收入（亿元）	6806.77	5539.24	22.88
利润总额（亿元）	607.43	452.73	34.17
归属于母公司所有者的净利润（亿元）	451.82	345.54	30.76

资料来源：沪深交易所，天相投资分析系统。

（二）分行业经营情况

表 7　　2013 年浙江上市公司分行业经营情况

所属行类	营业收入（亿元）	可比样本变动率（%）	归属于母公司所有者的净利润（亿元）	可比样本变动率（%）
农、林、牧、渔业	0.00	—	0.00	—
采矿业	0.00	—	0.00	—
制造业	4375.68	13.63	274.64	18.37
电力、热力、燃气及水生产和供应业	578.17	14.61	59.19	57.87
建筑业	216.89	25.06	11.51	85.15
批发和零售业	1047.05	13.44	22.82	32.92
交通运输、仓储和邮政业	0.00	—	0.00	—
住宿和餐饮业	0.00	—	0.00	—
信息传输、软件和信息技术服务业	113.42	12.79	8.33	40.31
金融业	0.00	—	0.00	—
房地产业	290.73	17.19	31.70	-28.06
租赁和商务服务业	72.67	15.02	21.12	30.21
科学研究和技术服务业	3.37	32.32	0.94	38.83
水利、环境和公共设施管理业	6.79	15.79	3.08	20.22
教育	0.00	—	0.00	—
卫生和社会工作	14.78	36.22	1.87	23.33
文化、体育和娱乐业	73.22	39.24	16.31	80.34
综合	13.99	10.94	0.33	-23.39
合　计	6806.77	14.44	451.82	21.03

资料来源：浙江证监局，天相投资分析系统。

（三）业绩变动情况分析

1. 营业收入、毛利率等变动原因分析

2013 年，辖区上市公司实现营业收入 6806.77 亿元，较 2012 年增长 22.88%；利润总额 607.37 亿元，较 2012 年增长 34.17%；归属于母公司所有者的净利润 451.82 亿元，较 2012 年增长 30.76%。在经历了 2012 年的净利润负增长后，上市公司盈利状况已明显改善。2013 年，亏损家数仅有 7 家，平均亏损 1.12 亿元，不仅亏损公司数量比 2012 年亏损 14 家减少了 50%，平均亏损额也下降了 13.52%。2013 年，36 家公司净利润增幅超过 50%，比 2012 年增加 10 家。

2. 盈利构成分析

2013 年，辖区整体业绩向好，除收入增长的因素外，投资收益增加、成本及费用下降等因素也对盈利改善有不同程度的贡献。2013 年，投资收益增长 66.01%，对盈利增长起到一定作用。从成本端看，2013 年工业品出厂价格指数（PPI）同比低于2012年，且全年保持稳定，一定程度缓解了公司成本压力。据统计，制造业公司营业成本增速的降低贡献了毛利率约0.64个百分点。值得注意的是，2013年应收账款周转天数为50.54天，比2012年同期增长4.74%，较2011年增长了24.61%。存货周转天数虽较2012年略有下降，但较2011年增长了14.39%。在当前宏观经济不确定性较大的情况下，上市公司利润增长的质量及其背后驱动因素的可持续性仍有待进一步观察。一是在整体净利润实现21%高增长的背后，有2个一级行业、9个制造业二级行业出现利润负增长，行业分化加剧的现象更加明显。二是消费升级带动的新兴行业保持较高增长态势。如文化、体育和娱乐业2012年和2013年净利润增幅分别为24.27%和80.34%；科学研究和技术服务业2012年和2013年净利润增幅分别为41.76%和38.83%；卫生和社会工作2012年和2013年净利润增幅分别为34.77%和23.33%。三是受技术创新和产业升级的驱动，制造业中的高端制造业业绩突出。计算机、通信和其他电子设备制造业、汽车制造业、电气机械及器材制造业利润均有较大幅度的增长。

3. 经营性现金流量分析

2013年，辖区上市公司经营活动现金净流入427.32亿元，较2012年降低17.52%，而上年同期为增长375.37%。有息负债金额2428.98亿元，较2012年增长28.18%。有息负债权益比0.55，较2012年上升6个百分点。对外担保金额128.95亿元，较2012年增长20.63%。房地产业资金压力更大，经营活动现金净流出12.11亿元。现金与短期有息负债比仅为0.54，短期偿债风险较大。

4. 业绩特点分析

一是2013年上市公司营业收入净利润总体增长，但上市公司净资产收益率却在下降，由2012年的9.28%降至2013年的8.12%。二是盈利能力下降的同时，上市公司库存和资产负债水平进一步提高。2013年，上市公司存货总额为2344.04亿元，同比增长13.59%，上市公司呈现被动加库存特征。资产负债率由2011年的48.74%上升到2013年的51.55%，上升了近3个百分点，去杠杆化压力增加。三是部分传统行业受制于产能过剩的持续存在，经营压力较大。2013年，专业设备制造业业绩下滑96.90%，两家公司亏损严重；通用设备制造业下滑21.14%，营业收入出现负增长。皮革、毛皮、羽毛及其制品和制鞋业与农副食品加工业也出现了亏损。四是受国际市场依然低迷，受外需持续疲软等因素的影响，2013年辖区上市公司出口收入927.82亿元，占收入比重13.56%，收入占比略有下降。从出口产品看，高新技术产品、服装皮革、化纤等当前出口商品集中的行业业绩增长趋势仍不容乐观。与此同时，汇率波动也成为上市公司面临的挑战，2013年汇兑收益较2012年大幅减少。

5. 利润分配情况

表 8　　2013 年浙江上市公司现金分红情况

2013 年分红公司家数			2013 年分红金额		
家　数	变动率（%）	分红公司家数占地区公司总数比重（%）	金额（亿元）	变动率（%）	分红金额占归属于母公司所有者的净利润比重（%）
172	5.52	84.31	159.90	24.20	35.39

资料来源：浙江证监局。

2013 年，在实施现金分红的上市公司中，约 50%的上市公司现金分红比例超过 30%；38 家公司分红总额超过了 1 亿元，其中 3 家公司分红总额超过了 10 亿元，浙能电力分红金额高达 18.21 亿元。连续五年辖区上市公司实施现金分红的家数占比 70%以上，且比例保持逐年增长。最近五年分红总额与上市公司净利润占比为 32%。

四、浙江上市公司并购重组情况

（一）并购重组基本情况

近年来，浙江上市公司并购重组取得了较好的成绩。2013 年，浙江辖区上市公司共实施并购重组 84 次，包含重大资产重组、发行股份购买资产以及通过购买或增资标的公司股权实现控股但未达“重大”标准的并购。所涉交易金额 322.47 亿元，交易家数和交易金额均比 2012 年大幅提升。

聚焦主业，实质性并购占据主流。产业升级型、市场扩张型、技术和人才引进型等旨在推动企业做优做强的并购重组占主导地位。出现了一批影响较大、金额较高的并购重组和吸收合并事件，如国内首单 B 转 A，浙能电力股份有限公司换股吸收合并浙江东南发电股份有限公司（B 股），涉及金额 59.29 亿元。浙报传媒收购盛大网络下的杭州边锋与上海浩方，涉及金额 34.9 亿元，标志着公司从纸媒向游戏等新媒体转型。2013 年，辖区上市公司积极开展股权融资，累计再融资金额 226.01 亿元。许多公司把公司发展和资本市场有机结合，实现了跨越式发展。

辖区创业板表现抢眼。2013 年辖区创业板有 6 家公司实施重大资产重组，2 家公司收购重要资产，整个创业板块受到投资者持续追捧。全国创业板、中小板市值前 20 名中，辖区各占 4 席，其中华谊兄弟和海康威视分别为创业板、中小板市值第一。大量机构投资者逐步参与公司治理，产生强大的外部压力，促进上市公司治理结构的完善和运营效率的提升。上市公司规范治理的示范效应将带动省内其他企业进一步夯实现代企业制度基础，提升全省经济健康发展的安全系数。

（二）并购重组特点

（1）并购重组类型日趋丰富多样，2013 年以来，浙江辖区涌现出以浙江龙盛、卧龙电气、美都控股等公司为代表的跨国并购；以康恩贝、亚厦股份等公司为代表的产业整合并购；以巨龙管业、华谊兄弟等公司为代表的产业转型并购等。形成了产业整合与产业转型并重、国内并购与海外并购齐飞的良好势头。

（2）并购重组方式不断创新。如浙能电力通过吸收合并东南发电的方式，开创了我国证券市场 B 股转 A 股新模式；通策医疗等公司通过产业基金探索实施并购重组；浙江龙盛通过购买海外标的公司的可转债的方式，实施低成本分步收购等。

（3）很多上市公司通过并购重组实现了跨越式发展。如近三年，浙能电力、华数传媒、卧龙电气、京新药业、华谊兄弟等 10 余家公司通过并购重组实现了业绩、市值双翻番，资产规模快速增长，显著提升了股东价值。

（4）推动企业转换经营机制。并购重组尤其是跨省、跨境的并购活动为公司董事会、经营层注入新生力量，为企业文化带来新气象。比如，浙江龙盛以 2200 万欧元收购国际印染业巨头德司达，卧龙电气以 20.89 亿元收购欧洲第三大电机生产商奥地利 ATB 公司，欧美企业的先进经验经过融合后有力带动了上市公司经营管理模式的转型升级。

五、浙江上市公司募集资金情况、使用情况

（一）募集资金总体情况

表 9　　2013 年浙江上市公司募集资金情况

发行类型	代　码	简　称	募集资金（亿元）
首　发	—	—	0
	小　计		0
再融资（增发、配股）	增　发		
	300025.SZ	华星创业	0.96
	002144.SZ	宏达高科	3.00
	000739.SZ	普洛药业	3.00
	002247.SZ	帝龙新材	3.29
	002196.SZ	方正电机	3.40
	002224.SZ	三力士	3.90
	600460.SH	士兰微	4.38
	600235.SH	民丰特纸	4.50
	002443.SZ	金洲管道	5.00
	601002.SH	晋亿实业	5.00
	002061.SZ	江山化工	6.50
	300256.SZ	星星科技	7.15
	000156.SZ	华数传媒	7.20
	600526.SH	菲达环保	7.52

续表

发行类型	代　码	简　称	募集资金（亿元）
再融资（增发、配股）	600677.SH	航天通信	7.72
	600521.SH	华海药业	7.75
	002266.SZ	浙富控股	8.90
	002236.SZ	大华股份	10.04
	600580.SH	卧龙电气	17.76
	600633.SH	浙报传媒	22.85
	配　股		
	600160.SH	巨化股份	16.67
	合　计		156.49
其他融资（公司债券、短期融资券、中期票据、次级债、金融债、境外发行债券）	公司债券		
	601233.SH	桐昆股份	13.00
	002126.SZ	银轮股份	5.00
	002010.SZ	传化股份	6.00
	002115.SZ	三维通信	4.00
	002214.SZ	大立科技	1.70
	600226.SH	升华拜克	3.00
	600668.SH	尖峰集团	3.00
	600987.SH	航民股份	2.50
	中期票据		
	600283.SH	钱江水利	2.00
	600352.SH	浙江龙盛	5.00
	600415.SH	小商品城	6.00
	短期融资券		
	600283.SH	钱江水利	2.00
	合　计		53.20
总　计			209.69

资料来源：浙江证监局。

（二）募集资金使用情况及特点

整体上看，浙江辖区上市公司募集资金使用情况良好。但是将上市后募投项目的实施现状与招股说明书中募投项目计划进行对照发现，募投项目在实施进度、实现的效益、项目的稳定性、资金匹配性方面仍存在一定的问题。

（1）部分项目未实现预期效益或效益无法计算。已实施完毕的 42 个募投项目中，仅 14 个项目实现预期效益，占比仅 33.33%；有 12 个项目未实现预期效益，占比 28.57%；有 10 个项目由于为建设研发中心、营销中心、补充营运资金等无法单独核算效益，占比 23.81%；仅三成的项目实现预期效益。由此可见大部分项目未能达到招股书的预计效益，当初的项目预计与实施情况存在较大差异，表明部分公司存在为上市融资而夸大募投项目盈利能力、误导投资者的情况。

（2）募投项目与募集资金不匹配。用募集资金置换先期投入的项目资金共175423.62万元，占募集资金计划投资项目金额的20.22%，即1/5的项目资金公司实际上可以不需上市融资即可自行解决。已实施完毕的募投项目中，有26个项目存在募集资金结余情况，结余金额共计45449.90万元，占投资总额的18.26%。由此得知，较大比例的项目所需资金公司可以自筹解决，且项目资金有较多结余，项目融资额度实际上超出了项目实际所需资金。由此引发了市场对于公司以募投项目为幌子，虚增项目所需资金，抬高发行价格、提高融资额度，然后通过置换、资金结余用于补充流动资金套现募集资金的质疑。

（三）募集资金变更情况

据统计，辖区实施变更的项目占比17.05%。实施变更的原因分析如下：①公司上市后变更募投项目，反映出当初规划募投项目实施的可行性存在问题；②大部分募投项目延期实施。截至2013年底，延期实施项目占全部项目数量的45.98%。大部分项目的延期实施，使公司错失了投资更好项目的机会，一定程度上造成了资金闲置、资源浪费，未及时发挥出资本市场资金服务实体经济发展的作用。

表10　2013年浙江上市公司募集资金使用项目变更情况

变更募集资金使用项目的公司家数	涉及金额（亿元）	募集资金总额（亿元）	占公司募集资金总额的比例（%）
13	29.52	173.17	17.05

资料来源：浙江证监局。

六、浙江上市公司规范运作情况

（一）上市公司治理专项情况

（1）加强完善公司治理。针对辖区上市公司以民营企业为主，内部控制相对薄弱，控股股东、实际控制人经常干预企业经营管理的特点，浙江证监局提出完善公司治理的重点在于健全控股股东、实际控制人的治理规范，进一步规范控股股东、实际控制人行为，保障公司独立主体地位，维护各类股东的平等权利。

（2）加强承诺履行。严格按照证监会第4号上市公司监管指引的要求，规范上市公司及相关各方及时履行承诺。督促承诺方做出承诺时，应就承诺的具体内容、履约方式及时间、履约能力分析等进行充分披露。凡是不履行承诺的主体，浙江证监局都将对其严格采取措施。

（二）审计情况及监管情况

（1）加强财务基础建设。一是督促上市公司加强财务内部控制，强化对关键环节和易发生风险领域的控制。二是引导上市公司加强财务信息保密管理，财务信息系统与大股东、实际控制人隔离，保障上市公司财务信息的独立性。三是加强财务核算及管理水平，防范上市公司财务风险，切实提高财务信息披露质量。

（2）加强规范关联交易。督促上市公司进一步规范关联交易决策机制，逐步降低关联交易的比重，重点关注关联交易决策、定价、信息披露是否到位。坚决打击控股股东、实际控制人通过关联交易直接或者间接转移、侵占上市公司资产的行为。

（三）信息披露情况

根据2013年交易所信息披露评价，辖区上市公司评价在B级以上的公司占辖区上市公司数量的95%以上，明显高于全国平均水平。这与浙江局注重信息披露监管分不开的。在日常监管中，浙江证监局将现行对同业竞争、关联交易、并购重组等方面的监管要求纳入信息披露监管。同时，进一步关注中小投资者的需求，健全信息披露异常情形问责机制，加大对财务信息的核查力度和上市公司敏感事件的动态监管力度，严肃查处上市公司信息披露违法违规行为。

（四）证券市场服务情况

近年来，浙江证监局顺应经济形势的发展要求，通过引导、扶持、监管三个着力点，努力推动辖区上市公司开展并购重组，助力浙江经济转型升级，提质增效。主要做法是：

（1）着力引导对接、建设并购重组的服务中枢：一是认真召开辖区并购重组大会，二是多次组织并购重组论坛，三是努力推进市场和监管的对接。

（2）着力扶持增效，优化并购重组的监管环境。

（3）着力监管执法，强化并购重组的规范基础。

（五）其他方面

上市公司社会贡献度不断提升。一是就业人数和员工薪酬双增长。截至2013年底，辖区上市公司员工总数59.84万人，同比增加8.66%。间接带动就业人口更是远远超过这一数据。上市公司职工薪酬支出合计519.99亿元，人均8.69万元，同比增长10.91%，不仅远高于全省城镇居民人均可支配收入水平，而且保持了较高的增长幅度。二是税收贡献能力不断增强。2013年，辖区上市公司合计支付各项税费371.80亿元，同比增长11.87%；剔除收到的税费返还68.12亿元，实际税费支出约为303.68亿元，同比增长14.42%。其中，上市公司合计所得税费用114.00亿元，近三年在全国企业所得税税收收入的占比一直稳定。

审稿人：蒋潇华　倪一帆

撰稿人：王　伟　叶志燕

安徽地区

一、安徽国民经济发展概况

表 1　　2013 年安徽国民经济发展概况　　单位：亿元

<table>
<tr><th rowspan="2">指　标</th><th colspan="2">1~3 月</th><th colspan="2">1~6 月</th><th colspan="2">1~9 月</th><th colspan="2">1~12 月</th></tr>
<tr><th>绝对量</th><th>同比增长（%）</th><th>绝对量</th><th>同比增长（%）</th><th>绝对量</th><th>同比增长（%）</th><th>绝对量</th><th>同比增长（%）</th></tr>
<tr><td>地区生产总值（GDP）</td><td>3652</td><td>11.0</td><td>8591</td><td>10.4</td><td>13614</td><td>8.8</td><td>19039</td><td>10.6</td></tr>
<tr><td>全社会固定资产投资</td><td>—</td><td>—</td><td>—</td><td>—</td><td>—</td><td>—</td><td>—</td><td>—</td></tr>
<tr><td>社会消费品零售总额</td><td>—</td><td>—</td><td>—</td><td>—</td><td>—</td><td>—</td><td>—</td><td>—</td></tr>
<tr><td>规模以上工业增加值</td><td>1982</td><td>15.2</td><td>4096</td><td>14.5</td><td>6145</td><td>13.7</td><td>8560</td><td>13.7</td></tr>
<tr><td>规模以上工业企业实现利润</td><td>271</td><td>5.9</td><td>583</td><td>15.1</td><td>950</td><td>27.0</td><td>1759</td><td>19.6</td></tr>
<tr><td rowspan="2">居民消费价格指数（CPI）</td><td colspan="2">1~3 月</td><td colspan="2">1~6 月</td><td colspan="2">1~9 月</td><td colspan="2">1~12 月</td></tr>
<tr><td colspan="2">2.1</td><td colspan="2">2.3</td><td colspan="2">2.6</td><td colspan="2">2.6</td></tr>
</table>

资料来源：国家统计局。

二、安徽上市公司总体情况

（一）公司数量

表 2　　2013 年安徽上市公司数量　　单位：家

<table>
<tr><th rowspan="2">公司总数</th><th rowspan="2">2013 年新增</th><th colspan="3">股票类别</th><th colspan="4">板块分布</th></tr>
<tr><th>仅 A 股</th><th>仅 B 股</th><th>（A+B）股</th><th>沪市主板</th><th>深市主板</th><th>中小板</th><th>创业板</th></tr>
<tr><td>77</td><td>-1</td><td>74</td><td>0</td><td>3</td><td>29</td><td>16</td><td>25</td><td>7</td></tr>
</table>

资料来源：安徽证监局，天相投资分析系统。

（二）行业分布

表 3　　2013 年安徽上市公司行业分布情况

所属证监会行业类别	家　数	占比（%）	所属证监会行业类别	家　数	占比（%）
农、林、牧、渔业	2	2.60	金融业	1	1.30
采矿业	2	2.60	房地产业	2	2.60
制造业	56	72.73	租赁和商务服务业	0	0.00
电力、热力、燃气及水生产和供应业	1	1.30	科学研究和技术服务业	0	0.00
建筑业	3	3.90	水利、环境和公共设施管理业	1	1.30
批发和零售业	3	3.90	教育	0	0.00
交通运输、仓储和邮政业	2	2.60	卫生和社会工作	0	0.00
住宿和餐饮业	0	0.00	文化、体育和娱乐业	2	2.60
信息传输、软件和信息技术服务业	2	2.60	综合	0	0.00
合　计	77	100.00			

资料来源：安徽证监局，天相投资分析系统。

（三）股本结构及规模

表 4　　2013 年安徽上市公司股本规模在 10 亿股以上公司分布情况

股本规模（亿股）	公司家数	具体公司
50≤~<100	2	海螺水泥、马钢股份
20≤~<50	3	国投新集、山鹰纸业、芜湖港
10≤~<20	10	国元证券、恒源煤电、华星化工、江淮汽车、铜陵有色、皖能电力、皖通高速、皖维高新、中鼎股份、中弘股份

资料来源：安徽证监局，天相投资分析系统。

表 5　　2013 年安徽上市公司分地区股权构成情况

股权性质 地域分布	央企国资控股	省属国资控股	地市国资控股	民营控股	其　他	合　计
合肥市	3	9	6	10	2	30
芜湖市	0	3	0	7	1	11
蚌埠市	2	1	0	0	0	3
淮南市	1	0	0	0	0	1
马鞍山市	1	1	1	5	0	8
淮北市	0	2	0	1	0	3

续表

地域分布＼股权性质	央企国资控股	省属国资控股	地市国资控股	民营控股	其　他	合　计
铜陵市	0	1	2	3	0	6
安庆市	0	0	1	1	0	2
黄山市	0	0	1	1	1	3
阜阳市	0	0	1	0	0	1
宿州市	0	0	0	1	0	1
滁州市	0	0	1	2	0	3
六安市	0	0	0	1	0	1
宣城市	0	0	0	3	0	3
池州市	0	0	0	0	0	0
亳州市	0	0	1	0	0	1
合　计	7	17	14	35	4	77

资料来源：安徽证监局。

（四）市值规模

截至 2013 年 12 月 31 日，安徽 77 家上市公司境内总市值 4671.8 亿元，占全国上市公司境内总市值的 1.95%，其中，上交所上市公司 29 家，总股本 325.58 亿股，境内总市值 2194.08 亿元，占上交所上市公司境内总市值的 1.45%；深交所上市公司 48 家，总股本 243.7 亿股，境内总市值 2477.72 亿元，占深交所上市公司境内总市值的 2.82%。

（五）资产规模

截至 2013 年 12 月 31 日，安徽 77 家上市公司合计总资产 6187.72 亿元，归属于母公司股东权益 2691.30 亿元，与 2012 年相比，分别增长 11.44%、12.70%；平均每股净资产 4.45 元。

三、安徽上市公司经营情况及变动分析

（一）总体经营情况

表 6　　2013 年安徽上市公司经营情况

指　标	2013 年	2012 年	变动率（%）
家数	77	78	-1.28
亏损家数	5	7	-28.57
亏损家数比例（%）	6.49	8.97	-2.48
平均每股收益（元）	0.39	0.35	11.43
平均每股净资产（元）	4.45	4.57	-2.59

续表

指 标	2013 年	2012 年	变动率（%）
平均净资产收益率（%）	8.79	7.61	1.18
总资产（亿元）	6187.72	5552.51	11.44
归属于母公司股东权益（亿元）	2691.30	2387.99	12.70
营业收入（亿元）	5072.11	4688.44	8.18
利润总额（亿元）	317.62	245.42	29.42
归属于母公司所有者的净利润（亿元）	236.46	181.70	30.14

资料来源：安徽证监局，天相投资分析系统。

（二）分行业经营情况

表 7　　2013 年安徽上市公司分行业经营情况

所属行类	营业收入（亿元）	可比样本变动率（%）	归属于母公司所有者的净利润（亿元）	可比样本变动率（%）
农、林、牧、渔业	21.60	-4.00	0.64	-30.13
采矿业	159.52	-11.33	3.24	-84.34
制造业	3810.01	9.05	173.12	69.55
电力、热力、燃气及水生产和供应业	125.68	64.39	10.96	285.79
建筑业	170.48	8.78	6.75	-15.70
批发和零售业	250.65	2.55	5.75	3.49
交通运输、仓储和邮政业	364.75	5.38	11.13	-2.86
住宿和餐饮业	0.00	—	0.00	—
信息传输、软件和信息技术服务业	20.49	41.78	3.50	40.99
金融业	19.85	29.64	6.64	63.29
房地产业	26.95	-45.74	3.77	-69.27
租赁和商务服务业	0.00	—	0.00	—
科学研究和技术服务业	0.00	—	0.00	—
水利、环境和公共设施管理业	12.94	-29.72	1.44	-40.08
教育	0.00	—	0.00	—
卫生和社会工作	0.00	—	0.00	—
文化、体育和娱乐业	89.20	31.51	9.52	17.47
综合	0.00	—	0.00	—
合 计	5072.11	8.25	236.46	30.72

资料来源：安徽证监局，天相投资分析系统。

（三）业绩变动情况分析

1. 营业收入、毛利率等变动原因分析

2013 年，安徽上市公司实现营业收入 5072.11 亿元，较 2012 年增长 8.18%；营业成本 4807.96 亿元，增长 6.95%；营业利润 270.43 亿元，增长 33.66%；利润总额 317.62 亿元，较 2012 年增长 29.42%；毛利率 5.62%，上升 1.12 个百分点。

2. 盈利构成分析

从盈利构成看，2013 年，安徽上市公司利润来源主要是营业利润，占利润总额的比重为 85.14%；营业外收支净额为 47.19 亿元，占利润总额的比重为 14.86%。投资净收益为 24.48 亿元，占利润总额的比重为 7.71%；公允价值变动损益为-1.12 亿元。

3. 经营性现金流量分析

2013 年，安徽上市公司 57 家经营现金流净额为正，占 77 家上市公司的 74.03%，低于 2012 年的 78.21%。其中，海螺水泥经营现金流净额最高，为 151.99 亿元；国元证券经营现金流净额最低，为-73.56 亿元。

4. 业绩特点分析

（1）整体业绩明显改善，总体规模稳步增长。2013 年，安徽 77 家上市公司实现归属于母公司所有者的净利润 236.46 亿元，较 2012 年增长 30.14%，有 11 家上市公司净利润同比增长在 50%以上。2013 年，亏损公司有 5 家，较 2012 年减少 2 家，亏损额合计 2.08 亿元。2013 年，安徽 77 家上市公司总资产达到 6187.72 亿元，同比增长 11.44%；平均净资产收益率 8.79%，较 2012 年增加 1.18 个百分点。

（2）行业经营分化明显，产业升级转型任重道远。2013 年，安徽 77 家上市公司分属 12 个行业，经营状况喜忧参半。在盈利增长的 6 个行业中，电力、制造业、金融业归属于母公司所有者的净利润增幅分别为 285.79%、69.55%、63.29%，但制造业二级行业中的白酒、有色金属冶炼和加工、化工行业利润却明显下降。在盈利下降的 6 个行业中，净利润降幅较大的分别为采矿业 84.34%、房地产业 69.27%。

2013 年，安徽 77 家上市公司综合销售毛利率超过 30%的上市公司仅有 19 家，家数占比为 24.68%，但其归属于母公司所有者的净利润总额（138.66 亿元）占比却达到 58.64%。销售毛利率低于 20%的公司达到 40 家，其中更有 15 家公司毛利率低于 10%。总体来看，低投入、低消耗、低污染、高产出、高质量、高效益的上市公司家数占比仍然较低。

（3）经营费用上升较快，少数公司负债水平较高。2013 年，安徽 77 家上市公司三项期间费用总额为 442.27 亿元，较 2012 年同期增加 41.69 亿元，同比增长 10.41%，三项期间费用占营业收入的比例由 2012 年同期的 8.54%增至 8.72%。其中，销售费用为 172.95 亿元，同比增长 16.72%；管理费用为 205.58 亿元，同比增长 13.54%；财务费用为 63.74 亿元，同比下降 9.74%。销售、管理费用的较快增长，表明在复杂的经济环境下，上市公司稳定或扩大产品市场份额的难度加大，同时也反映出上市公司经营费用的管控能力有待进一步加强。

2013 年，安徽有 8 家公司资产负债率超过 70%，其中，国通管业、芜湖港的负债率分别高达 103.61%、80.22%。此外，铜陵有色、国投新集、亚夏汽车等 7 家公司的资产负债率超过 65%。较高的负债水平，降低了公司的间接融资能力，也加大了公司的偿债风险。

(4) 应收账款增长较快，存货余额持续处在高位。截至 2013 年末，安徽 77 家上市公司应收账款余额为 355.68 亿元，较 2012 年末的 281.84 亿元增加 73.84 亿元，增长 26.20%。应收账款的较快增长显示企业资金回笼周期拉长、资金周转压力加大，同时，也进一步增加了上市公司坏账损失和资金占用风险。

截至 2013 年末，安徽 77 家上市公司存货余额为 772.68 亿元，较 2012 年末的 730.69 亿元增加 41.99 亿元，增长 5.75%。在存货周转率方面，77 家上市公司中，有 33 家公司存货周转率下降。存货仍然占用上市公司较多流动资金，上市公司资金周转仍面临较大压力。

5. 利润分配情况

表 8　　2013 年安徽上市公司现金分红情况

2013 年分红公司家数			2013 年分红金额		
家　数	变动率（%）	分红公司家数占地区公司总数比重（%）	金额（亿元）	变动率（%）	分红金额占归属于母公司所有者的净利润比重（%）
63	5.00	81.82	62.34	12.81	26.36

资料来源：安徽证监局。

四、安徽上市公司并购重组情况

（一）并购重组基本情况

2013 年，安徽共有 5 家上市公司完成实施并购重组工作，涉及金额合计约 92.63 亿元。涉及实际控制权变更的上市公司为 3 家。

华星化工。公司向上海华信石油集团有限公司发行 72868.5 万股，涉及金额 19.31 亿元。上海华信石油集团有限公司持有公司 60.78%的股份，成为公司的控股股东。公司实际控制人变更为苏卫忠、郑雄斌和孙晔。

泰复实业。公司向鲁地控股、北京正润、山东省国投、宝德瑞、山东地利发行股份购买其持有的鲁地投资 100%股权，涉及金额 18.05 亿元。山东鲁地投资控股有限公司持有公司 23.92%的股份，成为公司的控股股东。公司实际控制人变更为山东地质矿产勘查开发局。

山鹰纸业。公司向泰盛实业、吉顺投资、泰安投资、众诚投资、速丰投资及吴丽萍等 24 名自然人发行股份购买其拥有的吉安集团 99.85363%股份，同时通过非公开发行股份募集配套资金，涉及金额 39.66 亿元。福建泰盛实业有限公司持有公司 33.82%的股份，成为公司的控股股东。公司实际控制人变更为吴明武、徐丽凡。

盛运股份。通过非公开发行股份和支付现金相结合的方式，购买中科通用80.36%股权，涉及金额7.06亿元。公司的控股股东和实际控制人没有发生变化。

皖能电力。通过非公开发行股份方式募集资金，募投项目之一为收购皖能集团所持有的电燃公司80%股权、临涣中利50%股权及秦山二期2%股权，涉及金额8.55亿元。公司的控股股东和实际控制人没有发生变化。

（二）并购重组特点

2013年，安徽上市公司并购重组主要以定向增发为主，股份支付为主要支付手段。实施并购重组的目的主要是产业整合和整体上市，扩大市场份额，优化主业结构，减少关联交易，提高上市公司质量和业绩。通过市场化并购重组，5家上市公司的行业地位及盈利能力得到明显提升。2013年，实现归属于母公司股东的净利润合计16.49亿元，较2012年增长285.92%。

五、安徽上市公司募集资金情况、使用情况

（一）募集资金总体情况

表9　　2013年安徽上市公司募集资金情况

发行类型	代　码	简　称	募集资金（亿元）
首　发	—	—	0
	小　计		0
再融资（增发、配股）	600237	铜峰电子	7.56
	600552	方兴科技	10.00
	600990	四创电子	3.37
	600375	华菱星马	12.12
	600255	鑫科材料	9.08
	600567	山鹰纸业	39.66
	000409	泰复实业	18.05
	000153	丰原药业	2.97
	000543	皖能电力	16.95
	000980	金马股份	7.83
	002230	科大讯飞	17.53
	002018	华星化工	19.31
	002571	德力股份	5.36
	300090	盛运股份	7.06
	小　计		176.85

续表

发行类型	代　码	简　称	募集资金（亿元）
其他融资（公司债券、短期融资券、中期票据、次级债、金融债、境外发行债券）	600575	芜湖港	15.00
	000728	国元证券	50.00
	002347	泰尔重工	3.20
	小　计		68.20
总　计			245.05

资料来源：安徽证监局。

（二）募集资金使用情况及特点

2013年，安徽有17家上市公司完成融资，合计金额245.05亿元，其中，公司债65亿元，可转债3.20亿元。

2013年，安徽有48家上市公司使用募集资金，金额为96.96亿元。截至2013年底，募集资金余额114.88亿元。

（三）募集资金变更情况

2013年，安徽有5家公司变更募集资金的使用项目，涉及金额为7.47亿元。募集资金变更的原因主要是拟投资项目的投资环境发生变化，为提高募集资金的使用效率，将募集资金改投其他项目。以上募集资金变更事项均经过公司董事会、股东大会批准，变更程序合法。

表10　　2013年安徽上市公司募集资金使用项目变更情况

变更募集资金使用项目的公司家数	涉及金额（亿元）	募集资金总额（亿元）	占公司募集资金总额的比例（%）
5	7.47	32.60	22.92

资料来源：安徽证监局。

六、安徽上市公司规范运作情况

（一）上市公司治理专项情况

2013年，安徽上市公司持续扎实推进公司治理工作，夯实规范运作基础。纳入内控规范实施范围的37家上市公司，按照财政部、证监会联合发布的《关于2012年主板上市公司分类分批实施内部控制规范体系的通知》（财办会〔2012〕30号）的相关要求，全部制订了内控实施方案并予以公告。其中，35家国有控股的主板上市公司，除1家实施重大资产重组，其余34家均按时发布2012年内控审计报告及内控自我评价报告；另外2家民营主板上市公司在2013年新开展内控规范实施工作。在34家上市公司的内控审计报告中，31家被出具标准无保留审计意见，3家被出具带强调事项段的无保留意见。34家上市公司的内控自我评价结论均为无重大内控缺陷，内控程序得到有效执行且达到了内部控制目标。

（二）审计情况及监管情况

2013 年，在安徽注册的具有证券期货资格的审计与评估机构共有 20 家，其中，证券期货资格会计师事务所分所 16 家、证券期货资格资产评估事务所总所 1 家、证券期货资格资产评估事务所分所 3 家。

2013 年，安徽证监局积极履行监管职责，明确监管要求，强化现场检查，严守监管边界，警示违规责任，多举措开展审计与评估机构证券期货执业活动监管工作。一是对安徽国信资产评估有限责任公司实施了全面现场检查，并向公司下发《监管关注函》；二是做好专项检查工作。在年报期间，向 18 家上市公司的年报审计机构下发《年报审计监管备忘录》，提请做好监管关注事项的审计工作。同时，在对上市公司年报检查的过程中，延伸检查 11 家上市公司年报审计机构的执业质量情况。针对检查发现的问题，向 10 家上市公司审计机构下发监管关注函。

（三）信息披露情况

2013 年，安徽上市公司进一步完善信息披露机制和责任追究制度，信息披露质量进一步提高，在深圳证券交易所信息披露的评价考核中，良好率居全国前列。77 家上市公司均在规定时间内披露了定期报告，没有发生重大信息披露违规事件。其中，76 家公司的会计报表被审计机构出具无保留意见的标准审计报告，仅有 1 家公司的会计报表被审计机构出具了带强调事项段的无保留意见审计报告。在披露年度报告的同时，有 25 家上市公司主动披露了社会责任报告。社会责任报告内容涵盖员工福利、培训发展、安全生产、环保节能及社会公益等多个方面。社会责任报告披露家数逐年增加，表明安徽上市公司的社会责任意识日益增强。

（四）证券市场服务情况

2013 年，安徽证监局高度重视投资者保护工作，认真贯彻落实证监会关于投资者保护的工作部署，将投资者保护作为辖区监管工作的出发点和落脚点，创新手段、加强协作、全面推进、持续不断，取得了明显成效。一是持续开展上市公司“董监高”培训工作，强化上市公司规范运作意识。2013 年，有 189 名上市公司董事、监事和高管人员参加了培训，其中，上市公司董事长 9 人，总经理 8 人；二是相继开展“3·15 投资者保护日活动”、投保“夏季行动”（即中小投资者抽样问卷调查工作和召开中小投资者现场座谈会）、投资者走进上市公司、“法制宣传月活动”等活动，共编制、投放投保宣传材料 3 套 5 万多份，广宣产品 2 万多份；三是组织安徽上市公司开展年报业绩网上集体说明会，推动上市公司加强与投资者的互动交流，完善投资者关系管理。

审稿人：唐理斌

撰稿人：袁宏生　丁庆玥

福建地区

一、福建国民经济发展概况

表 1　　2013 年福建国民经济发展概况　　单位：亿元

指　标	1~3 月		1~6 月		1~9 月		1~12 月	
	绝对量	同比增长（%）	绝对量	同比增长（%）	绝对量	同比增长（%）	绝对量	同比增长（%）
地区生产总值（GDP）	3713	12.1	8855	10.9	13888	11.4	21760	10.4
全社会固定资产投资	—	—	—	—	—	—	—	—
社会消费品零售总额	—	—	—	—	—	—	—	—
规模以上工业增加值	2055	13.5	4298	13.2	6516	13.0	–	13.2
规模以上工业企业实现利润	357	17.2	752	18.8	1178	23.3	1959	10.1
居民消费价格指数（CPI）	1~3 月		1~6 月		1~9 月		1~12 月	
	2.1		1.8		2.6		3.4	

资料来源：国家统计局。

二、福建上市公司总体情况

（一）公司数量

表 2　　2013 年福建上市公司数量　　单位：家

公司总数	2013 年新增	股票类别			板块分布			
		仅 A 股	仅 B 股	(A+B) 股	沪市主板	深市主板	中小板	创业板
59	0	59	0	0	20	11	23	5

资料来源：福建证监局，天相投资分析系统。

（二）行业分布

表 3　　2013 年福建上市公司行业分布情况

所属证监会行业类别	家　数	占比（%）	所属证监会行业类别	家　数	占比（%）
农、林、牧、渔业	4	6.78	金融业	2	3.39
采矿业	1	1.69	房地产业	4	6.78
制造业	35	59.32	租赁和商务服务业	0	0.00
电力、热力、燃气及水生产和供应业	1	1.69	科学研究和技术服务业	0	0.00
建筑业	0	0.00	水利、环境和公共设施管理业	0	0.00
批发和零售业	6	10.17	教育	0	0.00
交通运输、仓储和邮政业	2	3.39	卫生和社会工作	0	0.00
住宿和餐饮业	0	0.00	文化、体育和娱乐业	0	0.00
信息传输、软件和信息技术服务业	4	6.78	综合	0	0.00
合　计	59	100.00			

资料来源：福建证监局，天相投资分析系统。

（三）股本结构及规模

表 4　　2013 年福建上市公司股本规模在 10 亿股以上公司分布情况

股本规模（亿股）	公司家数	具体公司
200≤~<500	1	紫金矿业
100≤~<200	1	兴业银行
20≤~<50	3	福建高速、福耀玻璃、兴业证券
10≤~<20	5	冠城大通、青山纸业、泰禾集团、阳光城、永辉超市

资料来源：沪深交易所，天相投资分析系统。

表 5　　2013 年福建上市公司分地区股权构成情况

股权性质 / 地域分布	央企国资控股	省属国资控股	地市国资控股	民营控股	其　他	合　计
福州市	1	8	1	17	2	29
泉州市	0	0	1	9	2	12
莆田市	0	0	0	1	0	1
三明市	0	1	2	1	0	4
漳州市	0	0	3	0	0	3
南平市	0	2	0	3	1	6

续表

股权性质 地域分布	央企国资控股	省属国资控股	地市国资控股	民营控股	其 他	合 计
龙岩市	0	0	2	1	0	3
宁德市	0	0	1	0	0	1
合 计	1	11	10	32	5	59

资料来源：福建证监局。

（四）市值规模

截至2013年12月31日，福建（不含厦门，下同）59家上市公司境内总市值5163.49亿元，占全国上市公司境内总市值的2.16%，其中，上交所上市公司20家，总股本504.99亿股，境内总市值3639.19亿元，占上交所上市公司境内总市值的2.41%；深交所上市公司39家，总股本155.75亿股，境内总市值1524.3亿元，占深交所上市公司境内总市值的1.73%。

（五）资产规模

截至2013年12月31日，福建59家上市公司合计总资产40525.12亿元，归属于母公司股东权益3371.29亿元，与2012年相比，分别增长13.98%、14.33%；平均每股净资产4.68元。

三、福建上市公司经营情况及变动分析

（一）总体经营情况

表6　　2013年福建上市公司经营情况

指 标	2013年	2012年	变动率（%）
家数	59	59	0.00
亏损家数	4	4	0.00
亏损家数比例（%）	6.78	6.78	0.00
平均每股收益（元）	0.74	0.80	-7.37
平均每股净资产（元）	4.68	4.86	-3.70
平均净资产收益率（%）	15.82	16.45	-0.63
总资产（亿元）	40525.12	35553.07	13.98
归属于母公司股东权益（亿元）	3371.29	2948.8	14.33
营业收入（亿元）	3239.66	2746.9	17.94
利润总额（亿元）	719.17	663.33	8.42
归属于母公司所有者的净利润（亿元）	533.31	484.99	9.96

资料来源：沪深交易所，天相投资分析系统。

（二）分行业经营情况

表 7　　2013 年福建上市公司分行业经营情况

所属行类	营业收入（亿元）	可比样本变动率（%）	归属于母公司所有者的净利润（亿元）	可比样本变动率（%）
农、林、牧、渔业	61.99	13.98	-1.17	-245.08
采矿业	497.72	2.80	21.25	-59.22
制造业	786.34	14.27	46.10	-1.28
电力、热力、燃气及水生产和供应业	16.78	35.70	0.61	9.44
建筑业	0.00	—	0.00	—
批发和零售业	434.78	17.48	9.87	53.78
交通运输、仓储和邮政业	46.03	10.49	6.16	18.71
住宿和餐饮业	0.00	—	0.00	—
信息传输、软件和信息技术服务业	30.28	8.84	4.03	36.55
金融业	1123.91	24.66	418.84	19.01
房地产业	241.84	45.06	27.62	50.77
租赁和商务服务业	0.00	—	0.00	—
科学研究和技术服务业	0.00	—	0.00	—
水利、环境和公共设施管理业	0.00	—	0.00	—
教育	0.00	—	0.00	—
卫生和社会工作	0.00	—	0.00	—
文化、体育和娱乐业	0.00	—	0.00	—
综合	0.00	—	0.00	—
合　计	3239.66	17.94	533.31	9.96

资料来源：福建证监局，天相投资分析系统。

（三）业绩变动情况分析

1. 营业收入、毛利率等变动原因分析

2013 年，福建辖区 59 家上市公司实现营业收入 3239.66 亿元，较 2012 年增长 17.94%；营业成本 1977.91 亿元，增长 17.32%；营业利润 709.53 亿元，增长 9.86%；利润总额 719.17 亿元，较 2012 年增长 8.42%；毛利率为 38.95%，增长 0.33 个百分点。总体来看，营业收入增幅高于营业成本增幅是毛利率提升的主要原因。

2. 盈利构成分析

从盈利构成看，2013 年，福建辖区上市公司利润来源主要是营业利润，其占利润总额的比重为 98.66%；投资净收益占利润总额的比重为 3.99%；公允价值变动净收益为-12.54 亿元，占利润总额的比重为 1.74%；营业外收支净额占利润总额比重为 1.34%。

3. 经营性现金流量分析

2013年，福建辖区38家上市公司经营现金流量净额为正，占59家上市公司的64.41%，低于2012年67.80%的水平。

4. 业绩特点分析

2013年，福建辖区上市公司总体发展形势良好，资产规模平稳增长，盈利水平有所提高。扣除兴业银行的影响因素，福建辖区上市公司的盈利能力出现一定程度的下降。具体情况如下：

（1）福建辖区上市公司资产规模总体增幅较大。截至2013年12月31日，福建辖区上市公司资产总额为40525.12亿元，较2012年同期增长13.98%；归属于母公司股东权益总额为3371.29亿元，较2012年同期增长14.33%。

（2）盈利能力总体保持增长，非银行企业盈利能力略有下降。2013年，福建辖区59家上市公司共实现营业收入3239.66亿元，同比增长17.94%；实现归属于母公司所有者的净利润533.31亿元，同比增长9.96%；平均净资产收益率15.82%，同比减少0.63个百分点；平均每股收益0.74元，同比下降7.37%。扣除兴业银行全年净利润412.11亿元，福建辖区58家非银行公司平均净利润为20896.55万元，与2012年同期的平均净利润相比下降了12.05%；平均每股收益为0.23元，同比下降17.86%，平均净资产收益率为8.83%，同比减少2.17个百分点。

（3）部分企业亏损严重。2013年，福建辖区上市公司亏损金额有所扩大，福建辖区59家上市公司中4家出现亏损，亏损总额为11.44亿元，比2012年同期增加76.82%。亏损主要是由于行业不景气、产品同质化严重、市场竞争激烈、自身经营不善以及变更主营业务等原因所导致。

（4）上市公司回报股东意识明显提高。2013年，福建辖区共有40家公司提出利润分配或资本公积金转增股本方案，占盈利公司家数的72.73%；发放现金股利家数为40家，占利润分配家数的100.00%；派发现金总额138.76亿元，占福建辖区公司归属于母公司所有者的净利润总额的26.02%。

5. 利润分配情况

表8　　2013年福建上市公司现金分红情况

2013年分红公司家数			2013年分红金额		
家数	变动率（%）	分红公司家数占地区公司总数比重（%）	金额（亿元）	变动率（%）	分红金额占归属于母公司所有者的净利润比重（%）
40	0.00	67.80	138.76	5.96	26.02

资料来源：福建证监局。

四、福建上市公司并购重组情况

（一）并购重组基本情况

2013 年，福建辖区部分上市公司并购重组活动较为活跃。据统计，全年共有 16 家上市公司进行各种类型的并购重组工作，涉及金额合计约 137.26 亿元，其中，10 家公司已完成，6 家公司已终止。

（二）并购重组特点

从并购重组分类情况看，已完成并购重组的 10 家上市公司当中，2 家公司变更实际控制人，涉及金额 12.24 亿元；7 家公司完成资产收购，涉及金额 104.98 亿元，1 家公司出售资产，涉及金额 3.66 亿元。从总体上看，福建辖区部分上市公司或通过变更实际控制人，改善公司治理结构；或通过收购资产进行扩张，进一步增强了持续发展能力；或通过出售股权或资产，优化了公司的资产结构，有效地解决了历史遗留问题。

五、福建上市公司募集资金情况、使用情况

（一）募集资金总体情况

表 9　　2013 年福建上市公司募集资金情况

发行类型	代　码	简　称	募集资金（亿元）
首　发	—	—	0
	小　计		0
再融资（增发、配股）	600592	龙溪股份	6.69
	601377	兴业证券	39.52
	600436	片仔癀	7.76
	601933	永辉超市	10.16
	小　计		64.12
其他融资（公司债券、短期融资券、中期票据、次级债、金融债、境外发行债券）	000753	漳州发展	1.50
	600592	龙溪股份	1.50
	000536	华映科技	2.50
	600660	福耀玻璃	6.00
	000753	漳州发展	2.00
	002299	圣农发展	4.00
	000536	华映科技	5.00
	002070	众和股份	2.00
	000993	闽东电力	2.50
	002029	七匹狼	5.00
	600660	福耀玻璃	6.00

续表

发行类型	代　码	简　称	募集资金（亿元）
其他融资（公司债券、短期融资券、中期票据、次级债、金融债、境外发行债券）	601377	兴业证券	18.00
	601899	紫金矿业	25.00
	002299	圣农发展	4.00
	小　计		85.00
总　计			149.12

资料来源：福建证监局。

（二）募集资金使用情况及特点

2013年，福建辖区共有31家上市公司使用募集资金，金额311.06亿元，其中，51.43亿元为2013年度募集的资金，占全年使用募集资金总额的16.53%；259.63亿元为以前年度募集的资金，占年度使用募集资金总额的83.47%。

（三）募集资金变更情况

2013年，福建辖区有2家上市公司变更募集资金的使用项目，涉及金额约为1.86亿元，占该2家公司募集资金总额12.18亿元的15.27%。募集资金变更程序合法，均经过公司董事会和股东大会批准。变更的原因包括：一是拟投资项目的投资环境发生改变，导致募投项目无法实施或进展缓慢；二是公司战略发展规划调整。

表10　　2013年福建上市公司募集资金使用项目变更情况

变更募集资金使用项目的公司家数	涉及金额（亿元）	募集资金总额（亿元）	占公司募集资金总额的比例（%）
2	1.86	12.18	15.27

资料来源：福建证监局。

六、福建上市公司规范运作情况

（一）上市公司治理专项情况

福建证监局以强化内生约束为基础，提升公司治理水平。创新推动建立健全证券违法违规行为内部问责机制，将外部监管要求转化为公司内部约束机制。2013年共有7家上市公司在收到行政监管措施后，对14名董事、监事、高级管理人员和12名中层干部启动内部问责，并采取通报批评、内部检讨、经济处罚等惩戒措施，起到了很好的警示教育作用。此外，福建证监局还推动上市公司进一步发挥独立董事和监事的作用，下发文件从保障知情权、提供履职保证、促进与投资者交流等11个方面要求上市公司积极配合独立董事和监事开展工作。

（二）审计情况及监管情况

2013年，11家会计师事务所承接了福建辖区59家上市公司的审计业务，其中华兴会计师事务所和致同会计师事务所共承接45家上市公司的审计业务。为有效发挥中介机构作用，福建证监局全年共延伸检查会计师事务所14家次，对3家审计机构进行专项检查，约谈年审会计师46人次，对23家上市公司的45个风险点向7家年审机构下发了7份风险提示函。检查中累计发现49项审计执业问题，对2家会计师事务所的年审会计师进行监管谈话并记入诚信档案，对2家会计师事务所执业的6个审计项目下发监管关注函。

（三）信息披露情况

福建证监局坚持以信息披露监管为核心。在2013年报审核中，共发现15家上市公司存在165项披露不规范问题，及时督促13家公司披露更正公告。全年共安排617人/天对12家上市公司进行年报现场检查，共发现210项问题，其中，财务会计问题61项，制度建设问题38项，信息披露问题36项，公司治理问题34项，向12家上市公司及相关股东、高管下发4份警示函、1份责令改正、1份监管谈话等行政监管措施，对1家上市公司的信息披露违规问题立案稽查。

（四）证券市场服务情况

福建证监局高度重视证券市场投资者保护工作。一是依法妥善处理信访事项，全年共处理20件信访举报，涉及15家上市公司的生产经营、信息披露、资产收购等方面问题，依法认定并向2家上市公司下发警示函。二是及时应对股价异动和媒体质疑，累计对119家（次）上市公司的媒体关注和市场传闻进行核查处理，及时督促相关上市公司迅速发布准确信息。三是在泉州地区开展内幕交易防控，现场发放宣传材料300本，12家上市公司及相关人员共280人参加展览，通过加强教育维护证券市场公平秩序。四是督导上市公司加强投资者关系管理，明确公司要通过严格执行累积投票制、扩大网络投票适用范围、搭建多渠道沟通平台等方式切实提高投资者的参与度，积极服务广大中小投资者。

（五）其他

福建证监局结合辖区日常监管情况，自主开展非经常性损益专项核查。通过对辖区59家上市公司年度营业外收入情况进行全面调查统计，将10家公司的20笔异常营业外收入项目作为重点核查对象。经过核查，累计发现4家上市公司共0.83亿元政府补助分类存在问题，3家上市公司共1.15亿元非经常性损益确认时点存在瑕疵，1家上市公司的征地款会计核算错误。经过督促，上述公司均已完成整改，有效地化解了风险。

审稿人：洪文志

撰稿人：王佳炜　朱智敏

江西地区

一、江西国民经济发展概况

表 1　　2013 年江西国民经济发展概况　　单位：亿元

指　标	1~3 月		1~6 月		1~9 月		1~12 月	
	绝对量	同比增长（%）	绝对量	同比增长（%）	绝对量	同比增长（%）	绝对量	同比增长（%）
地区生产总值（GDP）	2712.3	10.3	5901.6	10.2	9874.3	10.1	14338.5	10.1
全社会固定资产投资	1762.0	24.2	5600.9	22.0	9258.6	20.3	12450.8	20.0
社会消费品零售总额	1045.5	13.0	2066.1	13.1	3158.1	13.3	4551.1	13.6
规模以上工业增加值	1206.2	12.5	2443.1	12.7	3959.2	12.3	5755.5	12.4
规模以上工业企业实现利润	276	21.9	538	16.8	937	21.6	1757	36.7
居民消费价格指数（CPI）	1~3 月		1~6 月		1~9 月		1~12 月	
	2.2		2.1		2.7		3.2	

资料来源：国家统计局。

二、江西上市公司总体情况

（一）公司数量

表 2　　2013 年江西上市公司数量　　单位：家

公司总数	2013 年新增	股票类别			板块分布			
		仅 A 股	仅 B 股	（A+B）股	沪市主板	深市主板	中小板	创业板
32	−1	31	0	1	15	7	7	3

资料来源：江西证监局，天相投资分析系统。

（二）行业分布

表 3　　2013 年江西上市公司行业分布情况

所属证监会行业类别	家　数	占比（%）	所属证监会行业类别	家　数	占比（%）
农、林、牧、渔业	0	0.00	金融业	0	0.00
采矿业	1	3.13	房地产业	1	3.13
制造业	24	75.00	租赁和商务服务业	0	0.00
电力、热力、燃气及水生产和供应业	2	6.25	科学研究和技术服务业	0	0.00
建筑业	0	0.00	水利、环境和公共设施管理业	0	0.00
批发和零售业	1	3.13	教育	0	0.00
交通运输、仓储和邮政业	2	6.25	卫生和社会工作	0	0.00
住宿和餐饮业	0	0.00	文化、体育和娱乐业	1	3.13
信息传输、软件和信息技术服务业	0	0.00	综合	0	0.00
合　计	32	100.00			

资料来源：江西证监局，天相投资分析系统。

（三）股本结构及规模

表 4　　2013 年江西上市公司股本规模在 10 亿股以上公司分布情况

股本规模（亿股）	公司家数	具体公司
20≤~<50	2	赣粤高速、江西铜业
10≤~<20	2	方大特钢、新钢股份

资料来源：沪深交易所，天相投资分析系统。

表 5　　2013 年江西上市公司分地区股权构成情况

地域分布＼股权性质	央企国资控股	省属国资控股	地市国资控股	民营控股	其　他	合　计
南昌市	2	4	2	6	2	16
九江市	0	0	0	0	0	0
景德镇市	0	0	2	0	0	2
萍乡市	0	1	0	0	0	1
新余市	0	1	0	1	0	2
鹰潭市	0	1	0	1	0	2
赣州市	0	0	1	1	1	3
宜春市	0	0	0	2	0	2

续表

地域分布 \ 股权性质	央企国资控股	省属国资控股	地市国资控股	民营控股	其　他	合　计
上饶市	0	3	0	0	0	3
吉安市	0	0	0	0	0	0
抚州市	0	0	0	0	1	1
合　计	2	10	5	11	4	32

资料来源：江西证监局。

（四）市值规模

截至 2013 年 12 月 31 日，江西 32 家上市公司境内总市值 1794.15 亿元，占全国上市公司境内总市值的 0.75%，其中，上交所上市公司 15 家，总股本 122.15 亿股，境内总市值 977.5 亿元，占上交所上市公司境内总市值的 0.65%；深交所上市公司 17 家，总股本 72.44 亿股，境内总市值 816.65 亿元，占深交所上市公司境内总市值的 0.93%。

（五）资产规模

截至 2013 年 12 月 31 日，江西 32 家上市公司合计总资产 2918.71 亿元，归属于母公司股东权益 1221.11 亿元，与 2012 年相比，分别增长 9.59%、3.42%；平均每股净资产 5.86 元。

三、江西上市公司经营情况及变动分析

（一）总体经营情况

表 6　　2013 年江西上市公司经营情况

指　标	2013 年	2012 年	变动率（%）
家数	32	33	-3.03
亏损家数	3	3	0.00
亏损家数比例（%）	9.38	9.09	0.29
平均每股收益（元）	0.47	0.51	-6.88
平均每股净资产（元）	5.86	5.56	5.40
平均净资产收益率（%）	8.11	9.61	-1.50
总资产（亿元）	2918.71	2663.31	9.59
归属于母公司股东权益（亿元）	1221.11	1180.71	3.42
营业收入（亿元）	3707.01	3489.31	6.24
利润总额（亿元）	131.76	136.10	-3.19
归属于母公司所有者的净利润（亿元）	99.00	107.37	-7.79

资料来源：沪深交易所，天相投资分析系统。

（二）分行业经营情况

表 7　　2013 年江西上市公司分行业经营情况

所属行类	营业收入（亿元）	可比样本变动率（%）	归属于母公司所有者的净利润（亿元）	可比样本变动率（%）
农、林、牧、渔业	0.00	—	0.00	—
采矿业	174.35	3.93	2.48	-27.09
制造业	3011.87	9.29	76.32	-2.99
电力、热力、燃气及水生产和供应业	38.37	6.24	5.40	103.46
建筑业	0.00	—	0.00	—
批发和零售业	298.52	-8.40	0.27	-221.55
交通运输、仓储和邮政业	63.98	11.76	7.89	-39.17
住宿和餐饮业	0.00	—	0.00	—
信息传输、软件和信息技术服务业	0.00	—	0.00	—
金融业	0.00	—	0.00	—
房地产业	6.05	82.96	0.26	102.18
租赁和商务服务业	0.00	—	0.00	—
科学研究和技术服务业	0.00	—	0.00	—
水利、环境和公共设施管理业	0.00	—	0.00	—
教育	0.00	—	0.00	—
卫生和社会工作	0.00	—	0.00	—
文化、体育和娱乐业	113.87	13.83	6.37	25.78
综合	0.00	—	0.00	—
合　计	3707.01	7.57	99.00	-3.57

资料来源：江西证监局，天相投资分析系统。

（三）业绩变动情况分析

1. 营业收入、毛利率等变动原因分析

2013 年，辖区上市公司实现营业总收入 3707.01 亿元，较 2012 年增长 7.57%；营业总成本 3597.29 亿元，增长 6.53%。成本的上升大于收入的增长，致使毛利率下降了 0.27 个百分点，降至 2.96%。

2. 盈利构成分析

2013 年，辖区 32 家公司实现归属于母公司股东的净利润 99.00 亿元，虽低于 2012 年水平，但降幅较 2012 年已大幅收窄，说明辖区公司利润大幅下降的势头已出现扭转。非经常性损益 10.75 亿元，归属于母公司股东扣除非经常性损益后净利润 88.25 亿元。归属于母公司股东的净利润中，江西铜业、江铃汽车、赣粤高速和中文传媒 4 家公司 65.54 亿元，占辖区公司的 66.20%，集中度较高。

3. 经营性现金流量分析

2013 年，辖区上市公司经营活动产生的现金流量净额 159.95 亿元，同比下降 5.92%。尽管总额有所下降，但同比增长的公司有 14 家，占辖区公司总数 43.75%，增幅较大的公司有中江地产（8920.00%）、赣锋锂业（633.33%）、天音控股（311.34%）和江西水泥（83.94%）。

4. 业绩特点分析

一是增收不增利，营业总收入同比增长，但归属于母公司股东的净利润却同比下降。二是收入利润来源高度集中，“二八现象”明显，辖区 20%公司贡献了 80%的营业收入和利润。2013 年收入前七位的江西铜业、新钢股份、天音控股、江铃汽车、安源煤业、正邦科技、方大特钢营业总收入达 3065.76 亿元，占辖区公司营业总收入比重达 82.70%，其中仅江西铜业一家营业收入占比高达 47.45%；从利润贡献看，归属于母公司股东的净利润排名前七位的公司合计占归属于母公司股东的净利润总额的 80.77%。

5. 利润分配情况

表 8　　2013 年江西上市公司现金分红情况

2013 年分红公司家数			2013 年分红金额		
家　数	变动率（%）	分红公司家数占地区公司总数比重（%）	金额（亿元）	变动率（%）	分红金额占归属于母公司所有者的净利润比重（%）
27	3.85	84.38	41.38	-16.37	41.80

资料来源：江西证监局。

四、江西上市公司并购重组情况

（一）并购重组（股权转让）基本情况

2013 年，辖区上市公司除江中药业、中江地产间接控股股东发生变化，昌九生化发生控股股东股权变更及因控股股东股权拍卖导致的权益变动，江西长运因控股股东股权行政划转导致实际控制人变更外，无重大资产重组。

（1）江中药业。2013 年 12 月 31 日，江中药业公告，江西省国资委将所持公司控股股东江中集团 41.54%股权无偿划转给江西省省属国有企业资产经营（控股）有限公司（以下简称“省国控公司”）代持，省国控公司成为公司间接控股股东。公司的实际控制人不变。

（2）中江地产。2013 年 4 月 18 日，中江地产公告：江西省国资委将公司控股股东中江集团 48.815%国有股权无偿划转至江西中江控股有限责任公司（以下简称“中江控股”）。中江控股成为公司间接控股股东。公司实际控制人不变。

（3）昌九生化。2013 年 4 月 18 日，公司控股股东江西昌九化工集团有限公司（以下简称“昌九集团”）在江西省工商行政管理局完成工商变更手续，昌九集团的控股股东由江西省省属国有企业资产经营（控股）有限公司变更为赣州工业投资集团有限公司，实际控制人由江西省国资委变更为赣州市国资委。2013 年 7 月 6 日，受江西省赣州市中级人民法院委托，江西银海拍卖有限公司对公司控股股东昌九集团持有的价值 3.52 亿元及相关税收和费用的“昌九生化”股票进行了公开拍卖，拍卖成交了 1800 万股，占公司总股本的 7.459%，拍卖后江西昌九化工集团有限公司持本公司股份 4398 万股，占公司总股本的 18.225%。

（4）江西长运。2013 年 7 月，根据南昌市人民政府办公厅文件要求，江西长运集团有限公司（以下简称“长运集团”）整体划归南昌市国资委管理，由南昌市国资委代表南昌市政府履行出资人职责，南昌市交通运输局作为行业主管部门履行行业管理职责。划转完成后，南昌市国资委直接持有长运集团 100%的股权，通过长运集团间接控制江西长运 27.70%的股权，南昌市国资委成为江西长运的实际控制人。

（二）并购重组（股权转让）特点

2013 年，辖区股权变动主要呈现以下特点：

（1）全为国资控股公司。两家省属国资控股公司（江中药业、中江地产）；两家地市国资控股公司（昌九生化原为省国资控股公司，股权变动以后，现为地市国资控股公司；江西长运）。

（2）股权以行政划转为主，以市场交易为辅。江中药业股权和江西长运股权以行政划转的形式进行转让；昌九生化股权以市场交易形式进行转让。

五、江西上市公司募集资金情况、使用情况

（一）募集资金总体情况

表 9　　2013 年江西上市公司募集资金情况

发行类型	代　码	简　称	募集资金（亿元）
首　发	—	—	0
	小　计		0
再融资（增发、配股）	600561	江西长运	4.66
	600373	中文传媒	12.98
	000404	华意压缩	11.00
	002460	赣锋锂业	4.99
	小　计		33.63

续表

发行类型	代码	简称	募集资金（亿元）
其他融资（公司债券、短期融资券、中期票据、次级债、金融债、境外发行债券）	600269	赣粤高速	18.00（公司债券）
	600269	赣粤高速	32.00（中期票据）
	002157	正邦科技	5.50（公司债券）
	002378	章源钨业	2.00（短期融资券）
	002068	黑猫股份	2.00（短期融资券）
	600782	新钢股份	30.00（短期融资券）
	600373	中文传媒	4.00（短期融资券）
	小计		93.50
总计			127.13

资料来源：江西证监局。

（二）募集资金使用情况及特点

2013年，辖区18家上市公司累计使用募集资金46.46亿元。赣粤高速、华意压缩、江西长运、中文传媒4家公司共使用当年募集资金28.46亿元。博雅生物、华伍股份、赣锋锂业、江中药业、煌上煌、江西水泥、正邦科技、江特电机等14家公司2013年使用以前年度募集资金18亿元。

（三）募集资金变更情况

2013年，辖区恒大高新和联创光电2家公司对募投项目进行了变更，涉及募投项目3个，累计变更项目资金2.08亿元。

（1）恒大高新终止“非金属系列防磨抗蚀材料生产及防护、再造建设项目”实施，变更用途的募集资金总额为6834.28万元，使用该项目变更用途后的募集资金2750.00万~3300.00万元，用于与黑龙江省安达市仙浪科技有限公司共同出资设立新公司。

（2）联创光电将“半导体照明光源产业化项目”募集资金投资总额由9774.90万元调减为6550.00万元，同时将“半导体照明光源产业化项目”剩余募集资金（6550.00万元）变更为出资新设江西联融新光源协同创新有限公司，由新公司继续实施半导体照明光源产业化项目；将“半导体照明光源产业化项目”中的4180.00万元变更用于实施“高亮度超薄LED背光源及配套用导光板项目”。

表10　　2013年江西上市公司募集资金使用项目变更情况

变更募集资金使用项目的公司家数	涉及金额（亿元）	募集资金总额（亿元）	占公司募集资金总额的比例（%）
2	2.08	8.06	25.81

资料来源：江西证监局。

六、江西上市公司规范运作情况

（一）上市公司治理专项情况

一是扎实推进上市公司内控机制建设。对2012年辖区上市公司内控规范体系建设实施情况及时进行总结分析，及时下发有关通知，指导内控体系建设工作，规范内控审计机构执业；按季度调度内控阶段性实施情况报告，并组织相关人员参加内控知识竞赛答题活动。二是加强上市公司现金分红监管。2013年年报审核中将每家公司利润分配方案与其公司章程进行比照，对个别高比例现金分红公司进行重点跟进，约见公司相关负责人了解高分红方案出台的背景，并在现场核查中重点关注利润分配决策程序是否合规。三是持续关注承诺履行情况。及时对各公司承诺进展情况进行汇总更新，核实承诺履行情况是否属实，单独标示即将期满或可能触发承诺条件的承诺事项，并在日常监管和现场检查中重点关注。

（二）审计情况及监管情况

32家公司均如期披露2013年年报，除昌九生化因持续经营能力存在重大不确定性问题被会计师出具了带强调事项段的无保留意见外，其余均为标准无保留意见，占总数的96.88%。

2013年报告监管工作中，继续做好年报事前监管，侧重事中监管和事后检查，进一步突出重点，分类监管。一是向部分风险公司审计机构项目组下发监管备忘录，提示审计中应关注的重点问题，督促年审机构切实履行审计职责。二是做好年报审核工作，下发年报事后审核问询函7份。三是加大现场检查力度，突出检查效果。四是狠抓落实，对检查中发现公司和年审机构存在的问题，督促相关方认真整改，落实监管要求。

（三）信息披露情况

2013年，辖区上市公司发布临时公告2430份、定期公告128份，妥善处理媒体质疑56家次，督促相关上市公司及时披露澄清公告6份，对辖区公司16家次股价异动做到及时监管，处理投诉举报11件。关于媒体质疑，方大特钢、江西铜业等公司针对报道事项，及时进行了自查、核实或澄清；辖区投诉举报主要涉及投资者咨询电话无人接听、信息披露不及时等问题，在江西证监局监管督促下，方大特钢等公司均积极妥善处理相关问题。

（四）证券市场服务情况

开展“投资者走进上市公司”活动，组织投资者对2家公司进行现场调研，拓宽了投资者与上市公司面对面沟通渠道；联合深圳证券信息服务公司举办“江西上市公司投资者集体接待日暨投资者关系互动平台开通仪式”活动。活动期间，投资者向辖区上市公司提问3916个，公司对大部分问题进行了及时答复，实现了上市公司与投资者良好互动，有效提高了辖区上市公司投资者关系管理工作水平。

（五）其他

内幕交易打防工作。一是加强政府部门的宣传警示。江西证监局作为江西省打击和防控资本市场内幕交易工作协调小组牵头单位，年内编发工作简报1期，向各地市政府、各有关部门宣传有关内幕交易防控最新政策和案例，具有良好的宣传和警示作用。二是做好上市公司和社会公众的宣传教育。通过举办培训班，邀请专家讲解内幕交易案例，举办投资者见面会，举办内幕交易警示展等多种方式，做好上市公司及社会公众的宣传教育工作，强化防控工作氛围，从源头上杜绝内幕交易。三是以现场检查促进内幕交易防控工作。在上市公司现场检查中，将内幕信息登记备案工作执行情况作为重点检查内容，针对登记备案工作中的不足提出整改要求，进一步提高了上市公司及控股股东内幕信息传递、登记备案等工作的规范性。

审稿人：刘东贵

撰稿人：张　华

山东地区

一、山东地区国民经济发展概况

表 1　　2013 年山东国民经济发展概况　　单位：亿元

指　标	1~3 月		1~6 月		1~9 月		1~12 月	
	绝对量	同比增长（%）	绝对量	同比增长（%）	绝对量	同比增长（%）	绝对量	同比增长（%）
地区生产总值（GDP）	11076	9.8	25958	7.6	39602	9.3	54684	9.3
全社会固定资产投资	4967.75	20.1	15009.8	20	25092.05	20.1	35875.86	19.6
社会消费品零售总额	—	—	—	—	—	—	—	—
规模以上工业增加值	—	11.4	—	11.3	—	11.2	—	11.3
规模以上工业企业实现利润	1741	14.8	3893	12.1	6019	14.1	8508	14.3
居民消费价格指数（CPI）	1~3 月		1~6 月		1~9 月		1~12 月	
	2.1		2.1		2.3		2.5	

资料来源：国家统计局，山东省统计局。

二、山东上市公司总体情况

（一）公司数量

表 2　　2013 年山东上市公司数量　　单位：家

公司总数	2013 年新增	股票类别			板块分布			
		仅 A 股	仅 B 股	（A+B）股	沪市主板	深市主板	中小板	创业板
134	1	128	2	4	40	28	52	14

资料来源：山东证监局，天相投资分析系统。

（二）行业分布

表 3　　2013 年山东上市公司行业分布情况

所属证监会行业类别	家　数	占比（%）	所属证监会行业类别	家　数	占比（%）
农、林、牧、渔业	6	4.48	金融业	0	0.00
采矿业	7	5.22	房地产业	3	2.24
制造业	100	74.63	租赁和商务服务业	0	0.00
电力、热力、燃气及水生产和供应业	2	1.49	科学研究和技术服务业	1	0.75
建筑业	2	1.49	水利、环境和公共设施管理业	0	0.00
批发和零售业	5	3.73	教育	0	0.00
交通运输、仓储和邮政业	4	2.99	卫生和社会工作	0	0.00
住宿和餐饮业	0	0.00	文化、体育和娱乐业	0	0.00
信息传输、软件和信息技术服务业	1	0.75	综合	3	2.24
合　计	134	100.00			

资料来源：山东证监局，天相投资分析系统。

（三）股本结构及规模

表 4　　2013 年山东上市公司股本规模在 10 亿股以上公司分布情况

股本规模（亿股）	公司家数	具体公司
50≤~<100	2	华电国际、山东钢铁
20≤~<50	4	日照港、山东高速、万华化学、兖州煤业
10≤~<20	12	晨鸣纸业、歌尔声学、华泰股份、金晶科技、鲁商置业、鲁西化工、南山铝业、山东黄金、山东路桥、山推股份、太阳纸业、潍柴动力

资料来源：沪深交易所，天相投资分析系统。

表 5　　2013 年山东上市公司分地区股权构成情况

股权性质 地域分布	央企国资控股	省属国资控股	地市国资控股	民营控股	其　他	合　计
济南市	4	10	1	7	2	24
淄博市	0	5	2	14	0	21
枣庄市	0	0	0	0	0	0
东营市	0	0	0	3	1	4
烟台市	2	1	5	18	1	27
潍坊市	3	2	2	12	0	19
济宁市	1	3	0	2	0	6

续表

地域分布 \ 股权性质	央企国资控股	省属国资控股	地市国资控股	民营控股	其　他	合　计
泰安市	2	1	0	2	0	5
威海市	1	0	1	5	0	7
日照市	0	0	1	0	0	1
莱芜市	0	0	0	0	0	0
临沂市	0	0	0	2	2	4
德州市	0	1	0	4	0	5
聊城市	1	1	1	1	0	4
滨州市	0	0	3	4	0	7
菏泽市	0	0	0	0	0	0
合　计	14	24	16	74	6	134

资料来源：山东证监局。

（四）市值规模

截至 2013 年 12 月 31 日，山东 134 家上市公司境内总市值 7839.4 亿元，占全国上市公司境内总市值的 3.28%，其中，上交所上市公司 40 家，总股本 457.08 亿股，境内总市值 2753.85 亿元，占上交所上市公司境内总市值的 1.82%；深交所上市公司 94 家，总股本 420.14 亿股，境内总市值 5085.55 亿元，占深交所上市公司境内总市值的 5.78%。

（五）资产规模

截至 2013 年 12 月 31 日，山东 134 家上市公司合计总资产 11147.75 亿元，归属于母公司股东权益 3995.06 亿元，与 2012 年相比，分别增长 10.04%、6.18%；平均每股净资产 4.31 元。

三、山东上市公司经营情况及变动分析

（一）总体经营情况

表 6　　2013 年山东上市公司经营情况

指　标	2013 年	2012 年	变动率（%）
家数	134	133	0.75
亏损家数	10	14	–28.57
亏损家数比例（%）	7.46	10.53	–3.07
平均每股收益（元）	0.36	0.35	3.73
平均每股净资产（元）	4.31	4.32	–0.23
平均净资产收益率（%）	8.43	8.15	0.28

续表

指　标	2013 年	2012 年	变动率（%）
总资产（亿元）	11147.75	10130.22	10.04
归属于母公司股东权益（亿元）	3995.06	3762.57	6.18
营业收入（亿元）	6995.04	6534.42	7.05
利润总额（亿元）	456.82	400.58	14.04
归属于母公司所有者的净利润（亿元）	336.84	306.66	9.84

资料来源：沪深交易所，天相投资分析系统。

（二）分行业经营情况

表 7　　2013 年山东上市公司分行业经营情况

所属行类	营业收入（亿元）	可比样本变动率（%）	归属于母公司所有者的净利润（亿元）	可比样本变动率（%）
农、林、牧、渔业	51.44	0.76	0.19	-96.55
采矿业	1086.41	-4.31	31.73	-62.18
制造业	4421.38	8.74	204.74	37.38
电力、热力、燃气及水生产和供应业	695.27	11.18	41.72	187.37
建筑业	80.69	0.08	3.00	19.22
批发和零售业	312.70	11.61	9.21	3.95
交通运输、仓储和邮政业	233.90	5.97	37.47	5.22
住宿和餐饮业	0.00	—	0.00	—
信息传输、软件和信息技术服务业	8.76	22.27	0.04	-89.36
金融业	0.00	—	0.00	—
房地产业	69.57	32.98	4.77	-17.65
租赁和商务服务业	0.00	—	0.00	—
科学研究和技术服务业	5.86	28.94	1.22	32.91
水利、环境和公共设施管理业	0.00	—	0.00	—
教育	0.00	—	0.00	—
卫生和社会工作	0.00	—	0.00	—
文化、体育和娱乐业	0.00	—	0.00	—
综合	29.05	108.23	2.75	465.90
合　计	6995.04	7.00	336.84	9.55

资料来源：山东证监局，天相投资分析系统。

（三）业绩变动情况分析

1. 营业收入、毛利率等变动原因分析

一是营业收入上升幅度大于营业成本增长幅度，2013 年，辖区上市公司营业成本 5713.35 亿元，比 2012 年增加了 5.07%，毛利率为 18.32%，比 2012 年提高了 1.53 个百分点。二是期间费用增幅回落，对净利润的影响有限，2013年期间辖区上市公司费用总额781.93亿元，较2012年增加了69.15亿元，增幅为9.70%，其中财务费用金额为189.17亿元。

2. 盈利构成分析

从盈利构成看，2013年，山东辖区上市公司利润来源主要是营业利润，占利润总额比重为90.63%，较2012年提高7.41个百分比；同时，营业外收入净额有所下降，2013年，辖区上市公司营业外净收入42.80亿元，较2012年减少了24.26亿元，变动率为-36.18%；资产减值损失大幅增加，2013年，辖区上市公司资产减值损失63.96亿元，其中，资产减值损失上亿元的公司有9家。

3. 经营性现金流量分析

2013年，辖区102家上市公司经营活动产生的现金流量净额为正，占76.12%，低于2012年81.95%的水平。其中，经营活动产生的现金流量净额合计为632.90亿元，比2012年增长5.44%，同时高于2013年净利润金额。

4. 业绩特点分析

一是上市公司营业收入增速放缓，但整体业绩好转，2013年，营业收入较2012年的变动率为7.05%，低于2012年的14.22%的增速，同时，2013年归属于母公司所有者的净利润变动率为9.84%，整体业绩好转。二是亏损家数减少，2013年，辖区有10家公司亏损，较2012年减少4家，亏损公司净利润合计-29.06亿元。三是经营业绩行业分化加剧，农、林、牧、渔业和采矿业业绩继续大幅下滑，制造业和综合行业上市公司净利润变动率出现反弹，电力、热力、燃气及水生产和供应业受益于原材料价格低迷等因素，盈利持续向好。

5. 利润分配情况

按照实际分配的口径，2013年进行现金分红的家数为88家，分红总额108.70亿元，较2012年均有所上升。

2013年，辖区共有89家上市公司提出了2012年利润分配方案，其中，62家公司采用单纯现金分红方式，4家公司采取了单纯转股的方式，20家公司采用现金分红和转股相结合的方式，1家采用公司采用现金分红与送股相结合的方式，2家公司采用了现金分红、送股和转股相结合的方式。辖区共有6家公司提出了2013年中报利润分配方案，其中5家公司进行了现金分红。

表8　2013年山东上市公司现金分红情况

2013年分红公司家数			2013年分红金额		
家　数	变动率（%）	分红公司家数占地区公司总数比重（%）	金额（亿元）	变动率（%）	分红金额占归属于母公司所有者的净利润比重（%）
88	3.53	65.67	108.70	3.61	32.27

资料来源：山东证监局。

四、山东上市公司并购重组情况

（一）并购重组基本情况

2013年，山东辖区上市公司并购重组活跃程度较2012年有所下降。据统计，共有9家上市公司提出或实施对公司有重大影响的并购重组事项，其中，4家上市公司完成并购重组，涉及金额合计约15.83亿元；2家上市公司审核通过待实施，涉及金额合计约5.02亿元；1家上市公司提出重组预案后因条件不成熟终止实施；其他2家上市公司尚处于意向性阶段。从并购重组分类情况看，已实施完成的4家上市公司中，重大资产重组或发行股份购买资产类型3家，涉及金额为13.28亿元；要约收购1家，涉及金额约2.55亿元。

（二）并购重组特点

从并购重组规模来看，2013年，辖区上市公司实施完成以及审核通过待实施的并购重组规模为20.84亿元，较2012年下降215.38万元。其中，*ST轻骑与石油济柴为以前年度核准但于2013年实施的并购重组项目。

从并购重组类型来看，资产认购股份支付仍然是辖区上市公司并购重组的主要方式，但配套募集资金日益受到上市公司的青睐，如2013年发布预案的新华医疗、尤洛卡均提出了配套融资计划。

从并购重组目的来看，2013年，辖区上市公司并购重组活动可以分为如下四类：一是解决与控股股东的同业竞争问题，减少关联交易，提高上市公司的独立性，如鲁银投资；二是因业绩不佳，为降低退市风险而进行的资产整合，如*ST轻骑；三是为开拓新市场，扩张规模及提高上市公司盈利能力而进行的并购重组行为，如新华医疗、尤洛卡；四是为巩固控股股东的控制地位向全体股东发出部分要约，如银座股份。

表9　2013年山东上市公司并购重组情况

<table>
<tr><th>序号</th><th>公司</th><th>重组方式</th><th>涉及资金（亿元）</th><th>备注</th></tr>
<tr><td>1</td><td>*ST轻骑</td><td>股权转让+资产置换</td><td>5.9</td><td rowspan="4">实施完成</td></tr>
<tr><td>2</td><td>石油济柴</td><td>资产出售</td><td>3.2</td></tr>
<tr><td>3</td><td>银座股份</td><td>要约收购</td><td>2.55</td></tr>
<tr><td>4</td><td>新华医疗</td><td>定向增发购买资产+募集配套资金</td><td>4.18</td></tr>
<tr><td>5</td><td>鲁银投资</td><td>定向增发购买资产+资产置换</td><td>4.06</td><td rowspan="2">审核通过待实施</td></tr>
<tr><td>6</td><td>尤洛卡</td><td>定向增发及支付现金购买资产</td><td>0.96</td></tr>
<tr><td colspan="3">合计（亿元）</td><td colspan="2">20.84</td></tr>
<tr><td>7</td><td>山东黄金</td><td>定向增发购买资产+募集配套资金</td><td>129.84</td><td>取消</td></tr>
<tr><td>8</td><td>山东如意</td><td></td><td></td><td rowspan="2">筹划涉及公司重大事项停牌</td></tr>
<tr><td>9</td><td>鲁北化工</td><td></td><td></td></tr>
</table>

资料来源：山东证监局。

五、山东上市公司募集资金情况、使用情况

（一）募集资金总体情况

表 10　　2013 年山东上市公司募集资金情况

发行类型	代　码	简　称	募集资金（亿元）
首　发	—	—	0
	小　计		0
再融资（增发、配股）	600588	新华医疗	7.44
	002589	瑞康医药	6.00
	000680	山推股份	4.00
	002363	隆基机械	3.46
	002286	保龄宝	6.23
	002078	太阳纸业	10.02
	002359	齐星铁塔	3.66
	002339	积成电子	2.18
	小　计		42.99
其他融资（公司债券）	600547	山东黄金	20.00
	002490	山东墨龙	5.00
	002485	希努尔	4.00
	小　计		29.00
总　计			71.99

资料来源：山东证监局。

（二）募集资金使用情况及特点

2013 年，山东共有 61 家公司使用募集资金，金额 147.28 亿元。其中，52.81 亿元为 2013 年度募集的资金，占全年募集资金使用总额的 35.86%；94.47 亿元为以前年度募集资金，占年度募集资金使用总额的 64.14%。

（三）募集资金变更情况

2013 年，山东有 2 家公司变更募集资金的使用项目，涉及金额约为 9.43 亿元，占该 2 家公司募集资金总额（15.96 亿元）的 59.09%。募集资金变更程序合法，均经过公司股东大会批准。变更的原因主要包括：一是因市场环境发生较大变化，原募投项目可行性降低，为保证募集资金使用效益而进行变更。二是由于公司实际募集资金净额大幅低于原募投项目拟投入募集资金，项目建设资金缺口较大，公司对原募投项目进行了调整。

表 11　　2013 年山东上市公司募集资金使用项目变更情况

变更募集资金使用项目的公司家数	涉及金额（亿元）	募集资金总额（亿元）	占公司募集资金总额的比例（%）
2	9.43	15.96	59.09

资料来源：山东证监局。

六、山东上市公司规范运作情况

2013 年，山东证监局通过培训、专项调研、现场检查等方式不断推动辖区上市公司增强规范运作意识，进一步提高信息披露质量及公司治理水平。

一是大力督促上市公司保持现金分红政策的一致性和合理性，保证现金分红信息披露的真实性。各公司披露 2013 年报后，山东证监局第一时间了解到各公司分红预案制订的情况，并通过比对公司章程设定的条件进一步验证分红预案确定分红水平的合理性；了解相关决策是否合法合规，独立董事是否出具了明确意见，有无征询中小投资者意见等。总体来看，2013 年现金分红家数和现金分红金额两项指标均比 2012 年有所提高。辖区上市公司回报股东意识逐步增强，未出现如下情形：未按章程规定进行分红，有能力但不分红特别是连续多年不分红、分红比例偏低或不合理的大比例分红；定期报告或其他报告中未披露分红政策制订执行情况。

二是多措并举，有效解决同业竞争，减少关联交易。日常注意摸排辖区公司解决同业竞争、规范关联交易情况，以及年内是否有新增事项。针对山东钢铁向控股股东出租中厚板生产线、挂牌出售贸易公司等事项，及时了解情况，督促做好信息披露并要求中介机构发表明确意见。密切关注银座股份以受托经营方式解决同业竞争实施进度及效果，要求公司依法履行信息披露义务。督促鲁银投资实施重大资产置换，在剥离不良资产的同时，今后将大幅减少关联交易，并彻底解决与控股股东的同业竞争问题。

三是以信息披露为核心，不断提高上市公司透明度。在细致分析和深入核查的基础上，推动园城黄金、中鲁 B、山东矿机等多家公司按要求更正了定期报告财务数据，提升了相关公司财务信息披露的真实性和准确性。同时，注重发挥“公众监督”的作用，针对园城黄金、青鸟华光等数家公司检查发现的疑点、可能对公司业绩有较大影响且难以定性事项，坚持要求公司公开说明相关情况，及时充分揭示风险。对于较重要或形成市场热点的股价异动、媒体质疑或市场传闻，及时反应，督促约 30 家公司发布了澄清公告，有力维护了投资者的知情权。

四是从强化培训入手，促进公司形成有效治理和规范运作的良性机制。全年精心组织各类型培训 9 期，培训人员约 1100 名。针对监管政策变化，大面积修订了“会计法规文件汇编”、“规范运作读本”、

“内幕交易防控宣传册”，对于包括财务总监在内的重点培训项目，事先均从师资配备、课程设计、教材编印等方面进行了缜密论证筹划，较好地满足了特定受众需求。对个别有特定需求的上市公司，实施“送培训上门”。编发“上市公司监管信息快递”15期，宣讲鼓励现金分红、正确对待媒体监督、分道制实施等专题政策，受到各公司欢迎。各类参训人员“主动培训”意识的增强，在很大程度上促进了公司的有效治理。

审稿人：舒　萍

撰稿人：李宏杰　王真　王传起　颜　艳

河南地区

一、河南国民经济发展概况

表 1　　2013 年河南国民经济发展概况　　单位：亿元

<table>
<tr><th rowspan="2">指　标</th><th colspan="2">1~3 月</th><th colspan="2">1~6 月</th><th colspan="2">1~9 月</th><th colspan="2">1~12 月</th></tr>
<tr><th>绝对量</th><th>同比增长（%）</th><th>绝对量</th><th>同比增长（%）</th><th>绝对量</th><th>同比增长（%）</th><th>绝对量</th><th>同比增长（%）</th></tr>
<tr><td>地区生产总值（GDP）</td><td>6994</td><td>8.8</td><td>14557</td><td>7.6</td><td>23516</td><td>6.1</td><td>32156</td><td>7.9</td></tr>
<tr><td>全社会固定资产投资</td><td>—</td><td>—</td><td>—</td><td>—</td><td>—</td><td>—</td><td>—</td><td>—</td></tr>
<tr><td>社会消费品零售总额</td><td>—</td><td>—</td><td>—</td><td>—</td><td>—</td><td>—</td><td>—</td><td>—</td></tr>
<tr><td>规模以上工业增加值</td><td>—</td><td>11.1</td><td>—</td><td>11.1</td><td>—</td><td>11.6</td><td>—</td><td>11.8</td></tr>
<tr><td>规模以上工业企业实现利润</td><td>998</td><td>10.2</td><td>1972</td><td>10.1</td><td>3043</td><td>13.2</td><td>4411</td><td>13.4</td></tr>
<tr><td rowspan="2">居民消费价格指数(CPI)</td><td colspan="2">1~3 月</td><td colspan="2">1~6 月</td><td colspan="2">1~9 月</td><td colspan="2">1~12 月</td></tr>
<tr><td colspan="2">2.5</td><td colspan="2">2.7</td><td colspan="2">3.2</td><td colspan="2">3.0</td></tr>
</table>

资料来源：国家统计局。

二、河南上市公司总体情况

（一）公司数量

表 2　　2013 年河南上市公司数量　　单位：家

<table>
<tr><th rowspan="2">公司总数</th><th rowspan="2">2013 年新增</th><th colspan="3">股票类别</th><th colspan="4">板块分布</th></tr>
<tr><th>仅 A 股</th><th>仅 B 股</th><th>（A+B）股</th><th>沪市主板</th><th>深市主板</th><th>中小板</th><th>创业板</th></tr>
<tr><td>66</td><td>0</td><td>66</td><td>0</td><td>0</td><td>26</td><td>10</td><td>22</td><td>8</td></tr>
</table>

资料来源：河南证监局，天相投资分析系统。

（二）行业分布

表 3　　2013 年河南上市公司行业分布情况

所属证监会行业类别	家　数	占比（%）	所属证监会行业类别	家　数	占比（%）
农、林、牧、渔业	2	3.03	金融业	0	0.00
采矿业	4	6.06	房地产业	0	0.00
制造业	52	78.79	租赁和商务服务业	0	0.00
电力、热力、燃气及水生产和供应业	3	4.55	科学研究和技术服务业	0	0.00
建筑业	0	0.00	水利、环境和公共设施管理业	0	0.00
批发和零售业	2	3.03	教育	0	0.00
交通运输、仓储和邮政业	1	1.52	卫生和社会工作	0	0.00
住宿和餐饮业	0	0.00	文化、体育和娱乐业	1	1.52
信息传输、软件和信息技术服务业	1	1.52	综合	0	0.00
合　计	66	100.00			

资料来源：河南证监局，天相投资分析系统。

（三）股本结构及规模

表 4　　2013 年河南上市公司股本规模在 10 亿股以上公司分布情况

股本规模（亿股）	公司家数	具体公司
50≤~<100	1	洛阳钼业
20≤~<50	6	安阳钢铁、大有能源、平煤股份、双汇发展、中信重工、中原高速
10≤~<20	7	焦作万方、莲花味精、神火股份、宇通客车、郑煤机、郑州煤电、中孚实业

资料来源：沪深交易所，天相投资分析系统。

表 5　　2013 年河南上市公司分地区股权构成情况

股权性质 / 地域分布	央企国资控股	省属国资控股	地市国资控股	民营控股	其　他	合　计
郑州市	0	5	1	14	1	21
开封市	0	1	0	0	0	1
洛阳市	5	0	0	4	0	9
商丘市	0	0	1	1	0	2
安阳市	0	2	0	1	0	3
平顶山市	1	2	0	0	0	3

续表

地域分布＼股权性质	央企国资控股	省属国资控股	地市国资控股	民营控股	其　他	合　计
新乡市	0	0	1	1	0	2
焦作市	1	1	0	4	1	7
濮阳市	0	0	0	1	0	1
许昌市	1	0	0	4	0	5
漯河市	0	1	0	0	1	2
三门峡市	0	1	0	0	0	1
鹤壁市	0	0	0	0	0	0
周口市	0	1	0	1	0	2
驻马店市	0	0	0	0	0	0
南阳市	1	0	1	1	0	3
信阳市	0	0	1	1	0	2
济源市	1	0	1	0	0	2
合　计	10	14	6	33	3	66

资料来源：河南证监局。

（四）市值规模

截至2013年12月31日，河南66家上市公司境内总市值4439.04亿元，占全国上市公司境内总市值的1.86%，其中，上交所上市公司26家，总股本296.96亿股，境内总市值1699.37亿元，占上交所上市公司境内总市值的1.12%%；深交所上市公司40家，总股本190.42亿股，境内总市值2739.67亿元，占深交所上市公司境内总市值的3.12%。

（五）资产规模

截至2013年12月31日，河南66家上市公司合计总资产4646.83亿元，归属于母公司股东权益1929.82亿元，与2012年相比，分别增长9.74%、10.24%；平均每股净资产3.79元。

三、河南上市公司经营情况及变动分析

（一）总体经营情况

表6　　2013年河南上市公司经营情况

指　标	2013年	2012年	变动率（%）
家数	66	66	0.00
亏损家数	7	7	0.00
亏损家数比例（%）	10.61	10.61	0

续表

指　标	2013 年	2012 年	变动率（%）
平均每股收益（元）	0.28	0.28	1.01
平均每股净资产（元）	3.79	3.86	-1.81
平均净资产收益率（%）	7.47	7.20	0.27
总资产（亿元）	4646.83	4234.46	9.74
归属于母公司股东权益（亿元）	1929.82	1750.57	10.24
营业收入（亿元）	3365.90	3372.69	-0.20
利润总额（亿元）	192.55	170.69	12.81
归属于母公司所有者的净利润（亿元）	144.09	126.07	14.29

资料来源：沪深交易所，天相投资分析系统。

（二）分行业经营情况

表 7　　2013 年河南上市公司分行业经营情况

所属行类	营业收入（亿元）	可比样本变动率（%）	归属于母公司所有者的净利润（亿元）	可比样本变动率（%）
农、林、牧、渔业	36.24	6.83	-0.52	-116.86
采矿业	564.04	-7.26	30.78	-29.56
制造业	2633.42	2.46	102.82	40.45
电力、热力、燃气及水生产和供应业	57.46	2.88	3.61	-279.15
建筑业	0.00	—	0.00	—
批发和零售业	13.15	19.24	0.36	64.35
交通运输、仓储和邮政业	30.51	-23.17	3.95	-24.09
住宿和餐饮业	0.00	—	0.00	—
信息传输、软件和信息技术服务业	2.21	5.60	0.25	-41.39
金融业	0.00	—	0.00	—
房地产业	0.00	—	0.00	—
租赁和商务服务业	0.00	—	0.00	—
科学研究和技术服务业	0.00	—	0.00	—
水利、环境和公共设施管理业	0.00	—	0.00	—
教育	0.00	—	0.00	—
卫生和社会工作	0.00	—	0.00	—
文化、体育和娱乐业	28.85	27.02	2.85	44.74
综合	0.00	—	0.00	—
合　计	3365.90	0.66	144.09	14.57

资料来源：河南证监局，天相投资分析系统。

（三）业绩变动情况分析

1. 营业收入、毛利率等变动原因分析

2013 年，河南上市公司实现营业收入 3365.90 亿元，较 2012 年下降 0.20%；实现营业利润 161.61 亿元，较 2012 年增长 14.63%；实现利润总额 192.55 亿元，较 2012 年增长 12.81%。从毛利率看，河南 66 家上市公司整体毛利率为 16.60%，三年连续增长，较 2012 年的 15.33%增长了 1.27 个百分点；其中，11 家毛利率增长幅度超过 5%，49 家维持原有水平，6 家毛利率下降。

2. 盈利构成分析

2013 年，河南上市公司利润来源主要是营业利润，占利润总额的比重为 83.93%，其中，投资净收益 19.50 亿元，占利润总额的比重为 10.13%；公允价值变动净收益 0.31 亿元，占利润总额的比重为 0.16%；营业外收支净额 30.94 亿元，占利润总额的比重为 16.07%。

3. 经营性现金流量分析

河南上市公司 2013 年经营活动产生的现金流量净额合计 166.23 亿元，较 2012 年的 268.40 亿元减少 102.17 亿元，减少幅度为 38.07%，主要原因是受煤炭行业整体影响，大有能源、平煤股份的现金流量大幅减少。河南 51 家上市公司经营性现金流量净额为正，占 66 家上市公司的 77.27%。经营活动现金流量净额与净利润的比例为 115.37%，公司净利润的现金含量较高，资金流动性强。

4. 业绩特点分析

（1）业绩增长。2013 年，河南上市公司实现归属于母公司所有者净利润 144.09 亿元，较 2012 年增长 14.29%；按照整体法计算的每股收益为 0.28 元，较 2012 年增长 1.01%；按照整体法计算的净资产收益率为 7.47%，较 2012 年增长 0.27 个百分点。

（2）主板上市公司业绩好于中小板、创业板。河南主板上市公司平均每股收益 0.31 元，净资产收益率 7.99%；中小板上市公司平均每股收益 0.27 元，净资产收益率为 5.81%；创业板上市公司平均每股收益 0.27 元，净资产收益率为 5.66%。

5. 利润分配情况

表 8　2013 年河南上市公司现金分红情况

2013 年分红公司家数			2013 年分红金额		
家　数	变动率（%）	分红公司家数占地区公司总数比重（%）	金额（亿元）	变动率（%）	分红金额占归属于母公司所有者的净利润比重（%）
51	13.33	77.27	73.37	30.41	50.92

资料来源：河南证监局。

四、河南上市公司并购重组情况

（一）并购重组基本情况

2013 年，河南共有 20 家（次）上市公司实施并购重组再融资，涉及金额合计约 210.38 亿元，其中：并购重组 45.40 亿元，再融资 164.98 亿元。截至 2013 年底，仍有 15 家上市公司并购重组再融资方案正在履行决策程序或审批程序，涉及金额合计 202.18 亿元，其中：并购重组金额 63.24 亿元，再融资 138.94 亿元。

（二）并购重组特点

河南辖区上市公司并购重组再融资持续活跃，2013 年实施的 20 家次并购重组再融资中，非公开发行募集资金总额 78.98 亿元，公司债募集资金总额 86 亿元。2013 年，并购重组主要有以下特点：一是中小板、创业板并购重组活跃，3 家公司通过非公开发行股份购买资产，实现资产注入 18.70 亿元；二是上市公司通过并购重组解决同业竞争问题，天方药业被中国医药保健品股份有限公司采取换股吸收合并，涉及金额 26.7 亿元。一方面，上市公司通过并购重组再融资促进技术水平的提高，延长了产业链条，增强了公司的盈利能力和抗风险能力；另一方面，上市公司通过并购重组主动退市，解决了与控股股东上市公司之间存在的同业竞争问题。

五、河南上市公司募集资金情况、使用情况

（一）募集资金总体情况

表 9　　2013 年河南上市公司募集资金情况

发行类型	代　码	简　称	募集资金（亿元）
首　发	—	—	0.00
	小　计		0.00
再融资（增发、配股）	600285	羚锐制药	2.17
	000612	焦作万方	18.01
	600207	安彩高科	10.07
	600222	太龙药业	4.00
	600121	郑州煤电	6.00
	600595	中孚实业	10.00
	002321	华英农业	6.13
	002296	辉煌科技	7.14
	002358	森源电气	7.16
	002179	中航光电	8.30
	小　计		78.98

续表

发行类型	代　码	简　称	募集资金（亿元）
其他融资（公司债券、短期融资券、中期票据、次级债、金融债、境外发行债券）	601608	中信重工	18.00
	601038	一拖股份	15.00
	601666	平煤股份	45.00
	002179	中航光电	5.00
	002225	濮耐股份	3.00
	小　计		86.00
总　计			164.98

资料来源：河南证监局。

（二）募集资金使用情况及特点

2013年，河南共有41家上市公司使用募集资金共计100.73亿元，较2012年增长40.92%，其中，使用2013年募集资金52.76亿元，占当年募集资金净额的68.69%。主要特点：一是募集资金使用进度总体良好，部分公司有待加快，1家公司的募集资金尚未开始使用；二是闲置募集资金、超募资金多用于补充流动资金和偿还银行贷款。

（三）募集资金变更情况

2013年，河南有7家公司变更募集资金用途，涉及金额23.44亿元，占募集资金总额的比例为39.01%，募集资金变更后的投向和主营业务关联程度较高。变更原因：一是由于募集资金远远低于计划募集资金，无法满足募投项目资金需求而终止原募投项目的实施；二是由于原募投项目的可行性发生了重大变化而改变了募集资金用途。河南上市公司募集资金变更均履行了相应的审议程序，并按规定进行了信息披露。

表10　　2013年河南上市公司募集资金使用项目变更情况

变更募集资金使用项目的公司家数	涉及金额（亿元）	募集资金总额（亿元）	占公司募集资金总额的比例（%）
7	23.44	60.08	39.01

资料来源：河南证监局。

六、河南上市公司规范运作情况

（一）上市公司治理专项情况

河南证监局按照“一司一策”原则逐家分析原因，研究对策，督促存在同业竞争、关联交易问题的上市公司采取措施解决同业竞争、减少关联交易，督促向市场做出承诺的公司制订明确方案，积极履行相关承诺。一是发挥并购重组再融资工作小组作用，推动存在同业竞争、关联交易问题的上市公司通过并购重组、资产注入等方式实现整体上市。为推动解决中原环保同业竞争问题，河南证监局向公司发送监管关注函并抄送其控股股东和郑州市国资委，同时向郑州市人民政府发送正式公函。二是督促向市场做出承诺的公司认真履行承诺。在河南证监局的监管督促下，大地传媒及其控股股东为履行借壳上市时的承诺启动整体上市，以现金及发行股份购买资产方式购买中原出版传媒集团下属图书发行等业务的经营性资产，并募集了配套资金。

（二）审计情况及监管情况

河南证监局加强日常监管，提高监管透明度和依法行政水平。坚持以信息披露为核心，以年报监管为重点，强化审计机构监管，切实提高年报审计工作质量。完善上市公司风险分类监管，对河南上市公司整体风险情况进行摸底排查，在评估风险状况和分析风险产生原因的基础上，采取有针对性的防范风险和应对措施，推动上市公司规范运作。2013 年，河南证监局完成上市公司年报督导和现场检查 49 家（次），发现问题 233 个，通过现场和非现场检查发现并移交稽查线索 2 件；约谈上市公司年审会计师 46 家（次），组织工作督导和全面检查 19 家（次）；采取责令改正、责令公开说明等行政监管措施 16 家（次）。

（三）信息披露情况

河南证监局对上市公司披露的各类定期报告、临时报告均进行了认真审阅，并就有关问题或疑点事项及时采取监管措施。全年共审阅定期报告 260 件，临时报告 5369 件。河南 66 家上市公司均按时披露了 2013 年年报，63 家公司年报审计报告意见类型为标准无保留意见，莲花味精、大有能源、东方银星 3 家公司审计报告意见类型为保留意见。河南 36 家主板公司中，纳入 2013 年度内部控制实施范围的 29 家上市公司全部披露了内部控制自我评价报告，并进行了内部控制审计，其中 26 家公司的内控审计报告意见类型为标准无保留意见，风神股份、大有能源 2 家公司为否定意见，莲花味精 1 家公司为带强调事项段的无保留意见。

（四）证券市场服务情况

河南证监局加强诚信监管，推动上市公司提高诚信水平和透明度。完善诚信公约自律管理制度，以透明度为核心进一步提升上市公司诚信水平，持续推进河南上市公司诚信建设。河南证监局以履行《河南上市公司诚信公约》为抓手，开展“上市公司诚信公约阳光行”系列活动，累计组织活动 32 站，覆盖了全部签约上市公司，累计 1700 余人次（包括机构投资者、个人投资者、证券分析师、专家学者、媒体记者等）参加了现场活动，向签约上市公司提出问题 520 多个，均得到解答。“阳光行”活动激发了广大投资者，尤其是中小投资者关注自己所投资公司的热情，强化了市场各方特别是新闻媒体和投资者对上市公司的监督约束，起到了发动社会各方力量关注资本市场、关注上市公司的效果，促使河南上市公司的诚信水平和透明度不断提升，取得了较好的市场反响。

审稿人：花金钟

撰稿人：李 苗 李云龙

湖北地区

一、湖北国民经济发展概况

表 1　　2013 年湖北国民经济发展概况　　单位：亿元

指　标	1~3 月		1~6 月		1~9 月		1~12 月	
	绝对量	同比增长（%）	绝对量	同比增长（%）	绝对量	同比增长（%）	绝对量	同比增长（%）
地区生产总值（GDP）	4699	11.0	10949	10.8	17100	11.1	24668	10.9
全社会固定资产投资	—	—	—	—	—	—	—	—
社会消费品零售总额	—	—	—	—	—	—	—	—
规模以上工业增加值	2456	10.8	5033	10.7	7886	11.5	11160	11.8
规模以上工业企业实现利润	339	29.0	762	20.5	1279	23.4	2081	29.8
居民消费价格指数（CPI）	1~3 月		1~6 月		1~9 月		1~12 月	
	2.8		2.6		3.0		2.8	

资料来源：国家统计局。

二、湖北上市公司总体情况

（一）公司数量

表 2　　2013 年湖北上市公司数量　　单位：家

公司总数	2013 年新增	股票类别			板块分布			
		仅 A 股	仅 B 股	（A+B）股	沪市主板	深市主板	中小板	创业板
84	0	80	2	2	37	26	10	11

资料来源：湖北证监局，天相投资分析系统。

（二）行业分布

表 3 **2013 年湖北上市公司行业分布情况**

所属证监会行业类别	家 数	占比（%）	所属证监会行业类别	家 数	占比（%）
农、林、牧、渔业	0	0.00	金融业	1	1.19
采矿业	1	1.19	房地产业	6	7.14
制造业	54	64.29	租赁和商务服务业	0	0.00
电力、热力、燃气及水生产和供应业	3	3.57	科学研究和技术服务业	0	0.00
建筑业	3	3.57	水利、环境和公共设施管理业	2	2.38
批发和零售业	9	10.71	教育	0	0.00
交通运输、仓储和邮政业	3	3.57	卫生和社会工作	0	0.00
住宿和餐饮业	0	0.00	文化、体育和娱乐业	2	2.38
信息传输、软件和信息技术服务业	0	0.00	综合	0	0.00
合 计	84	100.00			

资料来源：湖北证监局，天相投资分析系统。

（三）股本结构及规模

表 4 **2013 年湖北上市公司股本规模在 10 亿股以上公司分布情况**

股本规模（亿股）	公司家数	具体公司
100≤~<200	1	武钢股份
20≤~<50	4	东风汽车、葛洲坝、湖北能源、长江证券
10≤~<20	6	航天电子、华远地产、九州通、三安光电、天茂集团、长江传媒

资料来源：沪深交易所，天相投资分析系统。

表 5 **2013 年湖北上市公司分地区股权构成情况**

股权性质 / 地域分布	央企国资控股	省属国资控股	地市国资控股	民营控股	其 他	合 计
武汉市	12	5	7	16	5	45
黄石市	3	0	0	2	1	6
十堰市	0	0	0	1	0	1
荆州市	2	0	0	3	1	6
宜昌市	0	0	4	2	0	6
襄阳市	4	0	0	3	1	8
鄂州市	0	0	0	3	0	3

续表

股权性质 / 地域分布	央企国资控股	省属国资控股	地市国资控股	民营控股	其 他	合 计
荆门市	0	0	0	2	0	2
黄冈市	0	0	1	0	0	1
孝感市	0	0	1	0	1	2
潜江市	0	0	1	2	0	3
仙桃市	0	0	0	1	0	1
合 计	21	5	14	35	9	84

资料来源：湖北证监局。

（四）市值规模

截至 2013 年 12 月 31 日，湖北 84 家上市公司境内总市值 4895.82 亿元，占全国上市公司境内总市值的 2.05%，其中，上交所上市公司 37 家，总股本 345.95 亿股，境内总市值 2575.84 亿元，占上交所上市公司境内总市值的 1.7%；深交所上市公司 47 家，总股本 236.26 亿股，境内总市值 2319.98 亿元，占深交所上市公司境内总市值的 2.64%。

（五）资产规模

截至 2013 年 12 月 31 日，湖北 84 家上市公司合计总资产 6902.86 亿元，归属于母公司股东权益 2259.07 亿元，与 2012 年相比，分别增长 8.77%、8.13%；平均每股净资产 3.82 元。

三、湖北上市公司经营情况及变动分析

（一）总体经营情况

表 6　　2013 年湖北上市公司经营情况

指 标	2013 年	2012 年	变动率（%）
家数	84	84	0.00
亏损家数	13	6	116.67
亏损家数比例（%）	15.48	7.14	8.34
平均每股收益（元）	0.19	0.22	-15.00
平均每股净资产（元）	3.82	3.75	1.87
平均净资产收益率（%）	4.89	5.79	-0.90
总资产（亿元）	6902.86	6346.23	8.77
归属于母公司股东权益（亿元）	2259.07	2089.14	8.13
营业收入（亿元）	4452.05	4114.68	8.20
利润总额（亿元）	180.58	181.55	-0.53
归属于母公司所有者的净利润（亿元）	110.56	120.93	-8.58

资料来源：沪深交易所，天相投资分析系统。

（二）分行业经营情况

表 7　　2013 年湖北上市公司分行业经营情况

所属行类	营业收入（亿元）	可比样本变动率（%）	归属于母公司所有者的净利润（亿元）	可比样本变动率（%）
农、林、牧、渔业	0.00	—	0.00	—
采矿业	22.09	-16.31	0.65	88.17
制造业	2509.41	5.19	70.19	7.65
电力、热力、燃气及水生产和供应业	197.29	11.27	15.08	87.24
建筑业	646.77	12.74	11.15	-29.44
批发和零售业	760.91	10.77	14.74	7.04
交通运输、仓储和邮政业	35.88	-13.46	-41.99	161.46
住宿和餐饮业	0.00	—	0.00	—
信息传输、软件和信息技术服务业	0.00	—	0.00	—
金融业	30.48	33.33	10.06	47.27
房地产业	165.34	27.02	18.89	10.71
租赁和商务服务业	0.00	—	0.00	—
科学研究和技术服务业	0.00	—	0.00	—
水利、环境和公共设施管理业	30.27	21.94	6.17	27.14
教育	0.00	—	0.00	—
卫生和社会工作	0.00	—	0.00	—
文化、体育和娱乐业	53.62	17.92	5.62	10.97
综合	0.00	—	0.00	—
合　计	4452.05	8.20	110.56	-8.57

资料来源：湖北证监局，天相投资分析系统。

（三）业绩变动情况分析

1. 营业收入变动原因分析

2013 年，湖北 84 家上市公司实现营业收入总额 4452.05 亿元，比 2012 年增长 8.20%。其中，金融业、房地产业等行业的 62 家上市公司营业收入的增长使湖北上市公司营业收入总额实现增长，而交通运输业、采矿业等行业的 22 家上市公司营业收入的减少拉低了湖北上市公司营业收入总额的增长率。

2. 盈利构成分析

2013 年，湖北 84 家上市公司实现利润总额 180.58 亿元，比 2012 年减少 0.53%。其中，投资净收益和营业外收入贡献较大，分别实现 32.10 亿元和 46.70 亿元，占利润总额的比例分别为 17.78%和 25.86%。

3. 经营性现金流量分析

2013 年，湖北 84 家上市公司经营活动现金净流量 259.24 亿元，比 2012 年增加

4.43 亿元，增长 1.74%。其中，59 家公司经营活动现金净流量为净流入，占湖北上市公司总家数的 70.24%。44 家公司经营活动现金净流量同比增加，占湖北上市公司总家数的 52.38%。

4. 业绩特点分析

湖北上市公司 2013 年整体业绩特点：一是整体盈利水平下降，湖北 84 家上市公司 2013 年实现归属于母公司所有者的净利润 110.56 亿元，比 2012 年的 120.93 亿元减少 8.58%，二是亏损公司家数增加，湖北 84 家上市公司 2013 年亏损家数为 13 家，而 2012 年湖北上市公司亏损家数为 6 家；三是部分公司亏损严重，2013 年湖北上市公司亏损超过 1 亿元的有 6 家，其中，*ST 凤凰亏损金额达到 45.15 亿元。

5. 利润分配情况

表 8　　2013 年湖北上市公司现金分红情况

2013 年分红公司家数			2013 年分红金额		
家　数	变动率（%）	分红公司家数占地区公司总数比重（%）	金额（亿元）	变动率（%）	分红金额占归属于母公司所有者的净利润比重（%）
49	0.00	58.33	44.71	24.26	40.44

资料来源：湖北证监局。

四、湖北上市公司并购重组情况

（一）并购重组基本情况

2013 年，湖北有 13 家上市公司进行了重大资产重组，其中光讯科技、武汉控股、鼎龙股份、洪城股份 4 家公司完成发行股份购买资产，涉及金额 67.8 亿元。祥龙电业实施重大资产出售，避免暂停上市风险。

（二）并购重组特点

2013 年，湖北上市公司并购重组特点：一是湖北上市公司并购重组行为活跃，湖北 2013 年进行重大资产重组的上市公司家数占全国重组上市公司比例超过 10%；二是并购重组成为提升公司质量的主要方式，辖区武汉控股通过重组置入排水公司股权，鼎龙股份通过重组置入硒鼓生产公司股权，做大做强主业。洪城股份通过重组实现医药资产借壳上市，彻底改善公司质量。

五、湖北上市公司募集资金情况、使用情况

（一）募集资金总体情况

表 9　　2013 年湖北上市公司募集资金情况

发行类型	代　码	简　称	募集资金（亿元）
首　发	—	—	0
	小　计		0

续表

发行类型	代　码	简　称	募集资金（亿元）
再融资（增发、配股）	航天电子	配股	13.73
	襄阳轴承	增发	5.47
	东湖高新	增发	3.07
	长江传媒	增发	11.71
	人福医药	增发	10.25
	光讯科技	增发	0.75
	武汉控股	增发	7.60
	鼎龙股份	增发	0.91
	博盈投资	增发	15.00
	小　计		68.49
其他融资（公司债券、短期融资券、中期票据、次级债、金融债、境外发行债券）	—	—	0
	小　计		0
总　计			68.49

资料来源：湖北证监局。

（二）募集资金使用情况及特点

2013年，航天电子等9家上市公司共使用当年募集资金32.84亿元。一是用于补充流动资金或置换已预先投入自筹资金的投入较快，2013年航天电子、东湖高新、长江传媒、光讯科技、博盈投资5家公司共投入8.88亿元用于补充流动资金，人福医药用9.85亿元募集资金置换已预先投入的自筹资金。二是使用闲置募集资金暂时补充流动资金或购买理财产品。航天电子使用7.25亿元闲置募集资金暂时补充流动资金，长江传媒使用6亿元闲置购买理财产品。

（三） 募集资金变更情况

表10　　2013年湖北上市公司募集资金使用项目变更情况

变更募集资金使用项目的公司家数	涉及金额（亿元）	募集资金总额（亿元）	占公司募集资金总额的比例（%）
2	3.13	22.97	13.63

资料来源：湖北证监局。

六、湖北上市公司规范运作情况

（一）上市公司治理专项情况

在湖北证监局的持续推动和督导下，湖北辖区上市公司规范运作水平不断提高。一是现金分红专项工作开展以来，湖北上市公司分红比例稳步提高，现金分红公司家数持续增加，中珠控股、汉商集团等多家公司改变了多年未分红的局面。湖北上市公司分红机制逐步完善，按照证监会要求，修订完善公司章程，更加兼顾公司分红与发展的平衡，进一步维护中小投资者的合法权益。二是推进上市公司实施内部控制规范体系活动中，湖北证监局组织辖区上市公司开展内控规范实施专题沙龙活动，开展多样化学习模式，为辖区上市公司做好内控规范体系实施工作奠定良好基础。

（二）审计情况及监管情况

众环海华会计师事务所等 15 家审计机构对辖区 84 家上市公司 2013 年度报告进行审计，其中 82 家上市公司财务报告被审计机构出具标准无保留审计意见，武昌鱼、*ST 凤凰 2 家公司被出具带强调事项段的无保留审计意见。湖北 44 家上市公司披露 2013 年内部控制审计报告，其中 42 家内部控制审计结论为标准无保留意见，*ST 凤凰、武汉控股 2 家公司为带强调事项的无保留意见。

湖北证监局在 2013 年报审计监管中，一是加强组织建设，成立年报监管功能小组，确保监管效果。二是以风险导向为原则，分类做好年报审计监管。湖北证监局从上市公司和审计机构两个维度，确定 10 个审计项目为重点监管对象，实施监管聚焦。集中约谈众环海华、大信、中勤万信等在辖区执业较多的 3 家审计机构，对其 25 个审计项目进行风险提示。三是认真总结，积极上报国创高新交易行为实质重于形式等 5 个监管案例和大信所华灿光电项目等 3 个现场检查线索。四是严格执法，对众环海华精伦电子 2012 年、2013 年报审计签字会计师采取出具警示函行政监管措施，对 5 个审计项目下发监管关注函。

（三）信息披露情况

2013 年，湖北证监局强化信息披露监管核心职责，一是持续开展定期报告和临时报告审核工作，对辖区 84 家上市公司 336 份定期报告和 5000 余份临时公告进行审核，其中对湖北 84 家上市公司的年度报告进行深入分析研究，划分风险类别，为分类监管奠定基础。二是加大对信息披露违规行为的打击力度，2013 年，湖北证监局对辖区上市公司信息披露违规行为实施行政监管措施 7 项，其中责令改正 1 家、监管谈话 1 次、出具警示函 5 份，其中移交立案稽查 1 家。

（四）证券市场服务情况

湖北证监局在做好辖区资本市场监管的同时，不断强化服务意识，为推进辖区资本市场健康发展开展了多项工作。一是指导辖区上市公司建立湖北上市公司协会，自律监管取得重大突破。二是举办湖北上市公司投资者网上接待日活动，构建上市公司与投资者互动平台，推进辖区上市公司切实加强投资者关系管理工作。三是湖北证监局局领导带队，深入上市公司进行调研，为辖区新上市、媒体关注较多等公司的信息披露等工作进行把脉诊治，提出指导意见，进一步推进上市公司提升规范运作水平。

审稿人：刘兴兵

撰稿人：袁　劲　董志刚　李世飞

湖南地区

一、湖南国民经济发展概况

表 1　　2013 年湖南国民经济发展概况　　单位：亿元

指　标	1~3 月		1~6 月		1~9 月		1~12 月	
	绝对量	同比增长（%）	绝对量	同比增长（%）	绝对量	同比增长（%）	绝对量	同比增长（%）
地区生产总值（GDP）	4659	10.4	10922	10.2	16914	10.3	24502	10.6
全社会固定资产投资	—	—	—	—	—	—	—	—
社会消费品零售总额	—	—	—	—	—	—	—	—
规模以上工业增加值	—	10.6	—	10.3	—	11.4	—	11.6
规模以上工业企业实现利润	283	5.1	598	4.8	942	13.7	1585	19.8
居民消费价格指数（CPI）	1~3 月		1~6 月		1~9 月		1~12 月	
	1.5		1.9		3.2		3.5	

资料来源：国家统计局。

二、湖南上市公司总体情况

（一）公司数量

表 2　　2013 年湖南上市公司数量　　单位：家

公司总数	2013 年新增	股票类别			板块分布			
		仅 A 股	仅 B 股	（A+B）股	沪市主板	深市主板	中小板	创业板
71	−2	71	0	0	19	22	19	11

资料来源：湖南证监局，天相投资分析系统。

（二）行业分布

表 3　　2013 年湖南上市公司行业分布情况

所属证监会行业类别	家　数	占比（%）	所属证监会行业类别	家　数	占比（%）
农、林、牧、渔业	4	5.63	金融业	1	1.41
采矿业	1	1.41	房地产业	2	2.82
制造业	44	61.97	租赁和商务服务业	0	0.00
电力、热力、燃气及水生产和供应业	3	4.23	科学研究和技术服务业	0	0.00
建筑业	0	0.00	水利、环境和公共设施管理业	3	4.23
批发和零售业	4	5.63	教育	0	0.00
交通运输、仓储和邮政业	2	2.82	卫生和社会工作	1	1.41
住宿和餐饮业	1	1.41	文化、体育和娱乐业	2	2.82
信息传输、软件和信息技术服务业	3	4.23	综合	0	0.00
合　计	71	100.00			

资料来源：湖南证监局，天相投资分析系统。

（三）股本结构及规模

表 4　　2013 年湖南上市公司股本规模在 10 亿股以上公司分布情况

股本规模（亿股）	公司家数	具体公司
50≤~<100	2	方正证券、中联重科
20≤~<50	1	华菱钢铁
10≤~<20	5	电广传媒、嘉凯城、岳阳林纸、中航动控、中南传媒

资料来源：沪深交易所，天相投资分析系统。

表 5　　2013 年湖南上市公司分地区股权构成情况

股权性质 / 地域分布	央企国资控股	省属国资控股	地市国资控股	民营控股	其　他	合　计
长沙市	6	12	2	19	0	39
岳阳市	3	0	1	4	0	8
常德市	0	1	0	2	0	3
张家界市	0	0	1	0	0	1
益阳市	0	0	0	3	0	3
湘潭市	1	1	1	1	0	4
娄底市	0	0	0	0	0	0
怀化市	0	1	0	1	0	2

续表

地域分布 \ 股权性质	央企国资控股	省属国资控股	地市国资控股	民营控股	其他	合计
湘西州	1	0	0	0	0	1
邵阳市	0	0	0	0	0	0
永州市	0	1	0	0	0	1
衡阳市	1	0	0	0	0	1
郴州市	0	0	1	0	0	1
株洲市	3	0	2	2	0	7
合计	15	16	8	32	0	71

资料来源：湖南证监局。

（四）市值规模

截至 2013 年 12 月 31 日，湖南 71 家上市公司境内总市值 3928.02 亿元，占全国上市公司境内总市值的 1.64%，其中，上交所上市公司 19 家，总股本 157.23 亿股，境内总市值 1134.38 亿元，占上交所上市公司境内总市值的 0.75%；深交所上市公司 52 家，总股本 290.05 亿股，境内总市值 2793.64 亿元，占深交所上市公司境内总市值的 3.18%。

（五）资产规模

截至 2013 年 12 月 31 日，湖南 71 家上市公司合计总资产 4709.33 亿元，归属于母公司股东权益 1822.18 亿元，与 2012 年相比，分别减少 2.84%、0.54%；平均每股净资产 3.95 元。

三、湖南上市公司经营情况及变动分析

（一）总体经营情况

表 6　　2013 年湖南上市公司经营情况

指标	2013 年	2012 年	变动率（%）
家数	71	72	-1.39
亏损家数	6	9	-33.33
亏损家数比例（%）	8.45	12.5	-4.05
平均每股收益（元）	0.28	0.3	-6.67
平均每股净资产（元）	3.95	3.84	2.86
平均净资产收益率（%）	6.97	9.3	-2.33
总资产（亿元）	4709.33	4847.07	-2.84
归属于母公司股东权益（亿元）	1822.18	1832.03	-0.54
营业收入（亿元）	2816.92	3188.29	-11.65
利润总额（亿元）	161.63	219.18	-26.26
归属于母公司所有者的净利润（亿元）	127.09	170.32	-25.38

资料来源：沪深交易所，天相投资分析系统。

（二）分行业经营情况

表 7　　2013 年湖南上市公司分行业经营情况

所属行类	营业收入（亿元）	可比样本变动率（%）	归属于母公司所有者的净利润（亿元）	可比样本变动率（%）
农、林、牧、渔业	46.35	15.19	3.57	89.00
采矿业	51.21	8.28	2.05	-61.85
制造业	1804.47	0.55	69.87	17.17
电力、热力、燃气及水生产和供应业	98.92	-5.33	2.95	-12.09
建筑业	0.00	—	0.00	—
批发和零售业	455.08	2.48	10.49	17.28
交通运输、仓储和邮政业	19.76	2.83	5.50	-18.92
住宿和餐饮业	17.81	8.26	1.19	16.81
信息传输、软件和信息技术服务业	58.96	21.56	4.61	-26.70
金融业	34.42	47.60	11.06	96.65
房地产业	112.77	44.99	0.60	-48.18
租赁和商务服务业	0.00	—	0.00	—
科学研究和技术服务业	0.00	—	0.00	—
水利、环境和公共设施管理业	13.72	-0.51	1.65	-15.67
教育	0.00	—	0.00	—
卫生和社会工作	19.85	21.02	2.23	22.25
文化、体育和娱乐业	83.61	15.96	11.31	17.87
综合	0.00	—	0.00	—
合　计	2816.92	3.63	127.09	12.02

资料来源：湖南证监局，天相投资分析系统。

（三）业绩变动情况分析

1. 营业收入、毛利率等变动原因分析

2013 年，湖南上市公司共实现营业收入 2816.92 亿元，平均水平 39.68 亿元。上市公司收入规模与家数成反比，六成的公司收入规模集中在 20 亿元以下，小部分巨头公司拉高了整体平均数据。增速上保持“两头小中间大”的特征，大多数公司保持了平稳增长，但是受行业环境影响，中联重科、酒鬼酒等辖区龙头公司的收入出现大幅下滑，对辖区整体收入数据造成较大影响。

2. 盈利构成分析

2013 年，湖南上市公司合计实现归属于母公司股东的净利润 127.09 亿元，较 2012 年下降 25.38%，连续两年出现下滑；整体净资产收益率为 6.97%，较 2012 年减少 2.33 个百分点，低于全国净资产收益率的平均水平。共有 65 家公司盈利，6 家公司亏损，亏损数同比减少 3 家。天一科技、株冶集团成功摘帽，暂无被风险警示公司。

3. 经营性现金流量分析

湖南上市公司 2013 年度整体经营现金流量净额为 130.17 亿元。其中，17 家公司经营活动现金流量净额为负，较 2012 年度增加 3 家；43 家公司经营活动现金流量净额同比下滑，较 2012 年度增加 13 家。尤其值得关注的是，方正证券、湘电股份、湘邮科技 3 家公司的经营活动现金流量净额连续三年为负。

4. 业绩特点分析

（1）部分公司主业长期亏损，持续经营风险较大。2013 年，湖南上市公司非经常损益合计为 37.97 亿元，同比增加 18.47%（增加 5.92 亿元），非经常性损益占净利润比例达 23.79%，同比上升了 5.35 个百分点。有 20 家公司扣除非经常性损益后为亏损，占辖区公司总数的 26.67%，同比增加 2 家。说明部分公司在主业低迷的情势下，依靠政府补贴、资产处置等手段调节利润、改善业绩的动机持续增强。有 10 家公司连续三年扣非后净利润为负，经营风险较大。

（2）负债增速适度放缓，资产结构逐步优化。截至 2013 年 12 月 31 日，湖南上市公司负债总额 3201.41 亿元，同比增加 261.15 亿元，增幅 8.86%。整体资产负债率为 59.35%，下降 0.81 个百分点，略低于全国上市公司整体资产负债率，辖区整体资产负债率连续三年缓慢下降，资产负债结构逐步优化。

（3）板块分化差异明显，创业板公司成长加速。

表 8　　三大板块主要指标对比表

板　块	年　度	平均营业收入（亿元）	营业收入增长率（%）	平均毛利率（%）	平均净利润（亿元）	净利润增长率（%）	高新技术企业占比（%）
主板	2013	62.3	-1.91	26.8	2.98	-9.19	37.21
	2012	63.52	-4.07	27.24	3.28	-32.24	
中小板	2013	24.43	9.43	29.18	1.14	-5.12	70.00
	2012	22.32	10.85	29.95	1.20	-11.40	
创业板	2013	6.08	16.75	37.83	0.74	-0.65	83.33
	2012	5.21	22.08	39.85	0.75	8.43	

资料来源：湖南证监局。

如表 8 所示，三大板块的营收增长率、平均毛利率、净利润增长率等呈现明显由高至低的阶梯状分布，创业板公司表现出较好的成长性，营业收入同比增幅较大，净利润保持基本稳定，业绩优势十分明显。

5. 利润分配情况

表 9　2013 年湖南上市公司现金分红情况

2013 年分红公司家数			2013 年分红金额		
家　数	变动率（%）	分红公司家数占地区公司总数比重（%）	金额（亿元）	变动率（%）	分红金额占归属于母公司所有者的净利润比重（%）
42	0.00	59.15	35.35	-44.98	27.81

注：2013 年分红金额下降的原因系剔除了三一重工的分红金额。
资料来源：湖南证监局。

四、湖南上市公司并购重组情况

2013 年，湖南共有 2 家上市公司完成并购重组，涉及金额 43.98 亿元。金健米业通过引进战略投资者实现了主业升级；江南红箭通过收购控股股东优质资产提升盈利能力。上市公司通过并购重组，实现业务升级拓展，提高上市公司质量，成为并购重组的主要特点。

五、湖南上市公司募集资金情况、使用情况

（一）募集资金总体情况

表 10　2013 年湖南上市公司募集资金情况

发行类型	代　码	简　称	募集资金（亿元）
首　发	—	—	0
	小　计		0
再融资（增发、配股）	002251	步步高	12.08
	600390	金瑞新材	4.05
	600458	时代新材	12.68
	000738	中航动控	16.22
	000519	江南红箭	13.23
	600599	熊猫烟花	3.96
	600127	金健米业	4.00
	000917	电广传媒	52.97
	600731	湖南海利	4.28
	002297	博云新材	6.29
	小　计		129.76
其他融资（公司债券、短期融资券、中期票据、次级债、金融债、境外发行债券）	002277	阿友股份	6.00
	000548	湖南投资	1.00
	600963	岳阳林纸	15.00
	000428	华天酒店	5.00
	601901	方正证券	33.00
	小　计		60.00
总　计			189.76

资料来源：湖南证监局。

（二）募集资金使用情况及特点

2013年，湖南共有38家上市公司使用募集资金，使用募集资金总额84.86亿元，占全年募集资金的44.72%；41家上市公司存在募集资金，募集资金余额140.8亿元，占全部募集资金的33.56%。

（三）募集资金变更情况

2013年，湖南有12家上市公司变更募集资金的使用项目，涉及金额20.23亿元。上述12家公司募集资金均履行了相关审议程序，通过公司股东大会批准。变更的原因主要包括：一是市场形势及产能需求发生变化；二是拟投资项目的投资环境发生变化；三是原承诺投资项目不能达到预期收益。

表11　2013年湖南上市公司募集资金使用项目变更情况

变更募集资金使用项目的公司家数	涉及金额（亿元）	募集资金总额（亿元）	占公司募集资金总额的比例（%）
12	20.23	419.55	4.82

资料来源：湖南证监局。

六、湖南上市公司规范运作情况

（一）上市公司治理专项情况

1. 重点推动解决同业竞争和减少关联交易

2013年，开展重点公司后续检查，对已解决同业竞争问题的华天酒店、物产中拓进行专项复核，并针对物产中拓控股股东未完全落实解决承诺的情况，下发监管意见函，要求其限期整改到位。对于因涉及央企整合问题暂时难以解决同业竞争的株冶集团、华银电力，主动协调公司及其控股股东加强与相关主管机关沟通，推动公司制订解决方案。

2. 稳步推进内部控制规范工作

对4家主板公司的内控规范工作和内控审计情况进行了专项检查，发现重点问题15个，并下发监管意见函。辖区71家上市公司均披露了年度内控自我评价报告，除万福生科评价结论为内控失效外，其余公司均披露不存在重大内控缺陷；34家主板公司与4家中小板公司披露了内控审计报告，21家公司披露了内控鉴证报告，6家主板公司因涉及重大资产重组等事项未进行内控审计。

加强上市公司现金分红监管。制订《上市公司现金分红监管工作规程》，将上市公司现金分红决策程序、分红实施情况、分红信息披露情况等列入上市公司现场检查的必查内容；对中联重科、现代投资等6家优秀公司进行重点宣传，形成了良好的示范效应和舆论氛围。

全面开展保荐机构持续督导问核。2013年对6家上市公司持续督导项目进行了现场检查，对8家创业板上市公司持续督导项目进行了非现场问核，涉及6家保荐机构和1家独立财务顾问，共发现各类问题92个。

（二）审计情况及监管情况

建立了监管责任人限时初审、会计专业人员重点复核、分管副处长总体把关的三级审核机制，对71家公司年报进行审计分析，共下发年报问询函11份，关注问题140余个，出具年报审核意见表14份，记录重点问题124个。对13家上市公司的年报审计机构执业情况进行检查，共计发现执业质量问题四大类100个，根据现场检查情况，约见审计人员谈话30余次，下发监管意见函12份，要求其限时整改。

（三）信息披露情况

2013年，共审核辖区定期报告216件、临时公告2886件，编写专报223期，关注和处理舆论报道1100余篇、信访举报33件、股价异动40余家次。对山河智能、南岭民爆、中联重科、*ST株冶、科力远5家公司的信访投诉，中联重科持续媒体质疑、汉森制药“槟榔门”、华天酒店股价异动等重大媒体关注事项进行了专项核查18次，对大康牧业等6家公司股价异动采取稽查提前介入的措施。

审稿人：郑武生

撰稿人：李　平

广东地区

一、广东国民经济发展概况

表 1　　2013 年广东国民经济发展概况　　单位：亿元

指　标	1~3 月		1~6 月		1~9 月		1~12 月	
	绝对量	同比增长（%）	绝对量	同比增长（%）	绝对量	同比增长（%）	绝对量	同比增长（%）
地区生产总值（GDP）	12613	9.6	28466	8.6	44472	9.3	62164	8.9
全社会固定资产投资	—	—	—	—	—	—	—	—
社会消费品零售总额	—	—	—	—	—	—	—	—
规模以上工业增加值	5158	8.9	11562	9.1	18164	8.7	25647	8.7
规模以上工业企业实现利润	885	16.3	2197	27.0	3558	29.2	5855	26.3
居民消费价格指数（CPI）	1~3 月		1~6 月		1~9 月		1~12 月	
	2.1		2.1		2.8		2.9	

资料来源：国家统计局。

二、广东上市公司总体情况

（一）公司数量

表 2　　2013 年广东上市公司数量　　单位：家

公司总数	2013 年新增	股票类别			板块分布			
		仅 A 股	仅 B 股	（A+B）股	沪市主板	深市主板	中小板	创业板
183	–2	177	2	4	32	40	76	35

资料来源：广东证监局，天相投资分析系统。

（二）行业分布

表 3　　2013 年广东上市公司行业分布情况

所属证监会行业类别	家　数	占比（%）	所属证监会行业类别	家　数	占比（%）
农、林、牧、渔业	2	1.09	金融业	1	0.55
采矿业	2	1.09	房地产业	11	6.01
制造业	130	71.04	租赁和商务服务业	3	1.64
电力、热力、燃气及水生产和供应业	10	5.46	科学研究和技术服务业	0	0.00
建筑业	3	1.64	水利、环境和公共设施管理业	0	0.00
批发和零售业	5	2.73	教育	0	0.00
交通运输、仓储和邮政业	8	4.37	卫生和社会工作	0	0.00
住宿和餐饮业	1	0.55	文化、体育和娱乐业	0	0.00
信息传输、软件和信息技术服务业	6	3.28	综合	1	0.55
合　计	183	100.00			

资料来源：广东证监局，天相投资分析系统。

（三）股本结构及规模

表 4　　2013 年广东上市公司股本规模在 10 亿股以上公司分布情况

股本规模（亿股）	公司家数	具体公司
50≤~<100	5	TCL 集团、保利地产、广发证券、广汽集团、南方航空
20≤~<50	6	*ST 韶钢、格力电器、广州发展、金发科技、康美药业、粤电力 A
10≤~<20	16	白云机场、白云山、宝新能源、德豪润达、东莞控股、冠豪高新、海大集团、梅雁吉祥、美的集团、韶能股份、生益科技、宜华木业、银泰资源、粤高速 A、中远航运、珠海中富

资料来源：沪深交易所，天相投资分析系统。

表 5　　2013 年广东上市公司分地区股权构成情况

股权性质 / 地域分布	央企国资控股	省属国资控股	地市国资控股	民营控股	其　他	合　计
广州市	5	7	16	30	2	60
珠海市	1	0	5	14	1	21
汕头市	0	0	1	18	2	21
韶关市	1	0	1	1	0	3
佛山市	1	2	1	16	1	21
江门市	0	0	1	5	0	6

续表

股权性质 地域分布	央企国资控股	省属国资控股	地市国资控股	民营控股	其　他	合　计
湛江市	1	0	0	1	0	2
茂名市	0	0	0	1	0	1
肇庆市	0	1	2	2	0	5
惠州市	0	0	0	3	1	4
梅州市	0	0	0	7	0	7
汕尾市	0	0	0	0	0	0
河源市	0	0	0	0	0	0
阳江市	0	0	0	1	0	1
清远市	0	0	0	1	0	1
东莞市	0	0	1	10	1	12
中山市	0	0	2	8	0	10
潮州市	0	0	0	1	0	1
揭阳市	0	0	0	6	0	6
云浮市	0	0	0	1	0	1
合　计	9	10	30	126	8	183

资料来源：广东证监局。

（四）市值规模

截至2013年12月31日，广东183家上市公司境内总市值为12933.33亿元，占全国上市公司境内总市值的5.41%，其中，上交所上市公司32家，总股本454.42亿股，境内总市值3626.79亿元，占上交所上市公司境内总市值的2.4%；深交所上市公司151家，总股本844.45亿股，境内总市值9306.54亿元，占深交所上市公司境内总市值的10.59%。

（五）资产规模

截至2013年12月31日，广东183家上市公司合计总资产17220.43亿元，归属于母公司股东权益5847.44亿元，与2012年相比，分别增长18.64%和12.34%；平均每股净资产4.29元。

三、广东上市公司经营情况及变动分析

（一）总体经营情况

表 6　　2013 年广东上市公司经营情况

指　标	2013 年	2012 年	变动率（%）
家数	183	185	-1.08
亏损家数	12	10	20.00
亏损家数比例（%）	6.56	5.41	1.15
平均每股收益（元）	0.50	0.39	29.15
平均每股净资产（元）	4.29	4.02	6.72
平均净资产收益率（%）	11.74	9.71	2.03
总资产（亿元）	17220.43	14514.46	18.64
归属于母公司股东权益（亿元）	5847.44	5205.25	12.34
营业收入（亿元）	9967.70	8247.96	20.85
利润总额（亿元）	952.47	712.23	33.73
归属于母公司所有者的净利润（亿元）	686.41	505.53	35.78

资料来源：沪深交易所，天相投资分析系统。

（二）分行业经营情况

表 7　　2013 年广东上市公司分行业经营情况

所属行类	营业收入（亿元）	可比样本变动率（%）	归属于母公司所有者的净利润（亿元）	可比样本变动率（%）
农、林、牧、渔业	24.69	45.16	-1.07	-51.29
采矿业	35.48	88.55	6.30	532.24
制造业	6506.85	19.10	387.56	50.39
电力、热力、燃气及水生产和供应业	618.48	9.07	67.67	63.89
建筑业	120.88	26.50	7.93	33.26
批发和零售业	187.41	3.34	9.27	-10.45
交通运输、仓储和邮政业	1146.93	-0.84	34.10	-17.89
住宿和餐饮业	3.17	-3.68	0.34	11.14
信息传输、软件和信息技术服务业	61.81	45.83	5.30	-6.45
金融业	82.08	17.73	28.13	28.34
房地产业	1083.92	35.69	130.42	29.62
租赁和商务服务业	93.81	9.08	9.93	11.94

续表

所属行类	营业收入（亿元）	可比样本变动率（%）	归属于母公司所有者的净利润（亿元）	可比样本变动率（%）
科学研究和技术服务业	0.00	—	0.00	—
水利、环境和公共设施管理业	0.00	—	0.00	—
教育	0.00	—	0.00	—
卫生和社会工作	0.00	—	0.00	—
文化、体育和娱乐业	0.00	—	0.00	—
综合	2.19	7.79	0.53	24.20
合　计	9967.70	17.24	686.41	39.11

资料来源：广东证监局，天相投资分析系统。

（三）业绩变动情况分析

1. 营业收入、毛利率等变动原因分析

2013 年，广东上市公司实现营业收入 9967.70 亿元，较 2012 年增长 20.85%；实现利润总额 952.47 亿元，较 2012 年增长 33.73%；实现归属于母公司所有者的净利润 686.41 亿元，较 2012 年增长 35.78%；实现平均每股收益 0.50 元，较 2012 年增长 29.15%；平均净资产收益率 11.74%，较 2012 年增长 2.03 个百分点；毛利率 22.91%，基本与上年持平。

2. 盈利构成分析

从盈利构成情况来看，2013 年，上市公司利润来源主要是营业利润，金额为 862.59 亿元，占利润总额的 90.56%；投资净收益占利润总额的比重为 18.59%。营业外收支净额为 89.88 亿元，占利润总额的比重为 9.44%。

3. 经营性现金流量分析

2013 年，广东上市公司经营活动产生的现金净流入为 667.31 亿元，较 2012 年下降 13.65%。其中，有 143 家上市公司经营活动产生的现金流量为正，占辖区 183 家上市公司的 78.14%，较 2012 年下降 3.48 个百分点；40 家上市公司经营性现金流量为负，占比 21.86%，较 2012 年增加 3.48 个百分点。

4. 业绩特点分析

2013 年，广东上市公司经营情况呈现以下特点：一是上市公司整体业绩持续向好发展。总资产、营业收入、净利润等经营指标与 2012 年相比，分别增长 18.64%、20.85%和 35.78%，平均每股收益、平均每股净资产也较 2012 年分别增长 29.15%和 6.72%。二是沪深主板上市公司的龙头支柱作用日益强化。上海、深圳主板的广东上市公司实现净利润共计 568.72 亿元，约占广东上市公司净利润总额的 82.85%。从排位上看，广东上市公司 2012 年净利润贡献前十位的企业均为主板大型上市公司，共实现净利润 426.26 亿元，约占广东上市公司净利润总额的 62.10%。三是不同行业之间的经营情况差别仍较大。2013 年，制造业、交通运输业和房地产业的上市公司分别实现营业收入 6506.85 亿元、1146.93 亿元和1083.92亿元，占比分别为65%、12%和11%，其他行业上市公司实现的营业收入合计只占12%。2013年，除交通运输、仓储和邮政业以及住宿和餐饮业外，广东其他行业的上市公司均实现了不同程度的营业收入增长，其中增长幅度最大的为采矿业，同比增长88.55%，其次是信息传输、软件和信息技术服务业，农、林、牧、渔业，同比分别增长45.83%和45.16%。

5. 利润分配情况

表8　2013年广东上市公司现金分红情况

2013年分红公司家数			2013年分红金额		
家　数	变动率（%）	分红公司家数占地区公司总数比重（%）	金额（亿元）	变动率（%）	分红金额占归属于母公司所有者的净利润比重（%）
148	0	80.87	181.82	10.29	36.59

资料来源：广东证监局。

四、广东上市公司并购重组情况

（一）并购重组基本情况

2013年，广东上市公司并购重组活动保持活跃状态，共有10家上市公司实施并完成并购重组，分别是白云山、佳都科技、美的集团、万家乐、锦龙股份、佛塑科技、银泰资源、路翔股份、嘉应制药和达华智能，涉及金额共计437.06亿元，交易金额再创新高，为2012年交易额的2.53倍。并购后上市公司质量有所提升，这10家公司平均总资产、净资产、营业收入、净利润同比分别增长27.32%、96.05%、23.60%和83.10%，远远高于广东上市公司的总体水平。

（二）并购重组特点

整体来看，2013年广东上市公司并购重组呈现以下特点。一是以整体上市和产业整合为目的的并购重组逐渐增多。继粤电力、粤传媒、广州发展等公司顺利完成整体上市后，2013年，广州药业换股吸收合并另一上市公司白云山、美的集团换股吸收合并美的电器均成功实现了整体上市。二是以现金或定向增发购买资产的方式成为并购重组的主要模式。在10家已经完成并购重组的上市公司中，以发行股份购买资产方式的有8家，以现金购买资产的方式有2家，这两种并购重组方式已成为广东上市公司并购重组的主要模式。三是板块和行业覆盖面较为广泛。已经实施并购重组的上市公司涵盖了资本市场的主要板块，其中，上海主板2家、深圳主板5家、中小板3家。按照证监会上市公司行业分类标准，包括有制造业、采矿业、电力、热力、燃气及水生产和供应业等传统行业，也有信息传输、软件和信息技术服务业等新兴产业。

五、广东上市公司募集资金情况、使用情况

(一) 募集资金总体情况

表 9　　2013 年广东上市公司募集资金情况

发行类型	代　码	简　称	募集资金（亿元）
首　发	—	—	0
	小　计		0
再融资（增发、配股）	000507	珠海港	5.07
	000576	广东甘化	8.14
	000601	韶能股份	5.66
	000717	*ST 韶钢	15.00
	000893	东凌粮油	5.92
	000973	佛塑科技	1.89
	000975	银泰资源	23.13
	002035	华帝股份	1.20
	002101	广东鸿图	2.30
	002192	路翔股份	3.53
	002198	嘉应制药	4.05
	002311	海大集团	7.77
	002345	潮宏基	6.72
	002425	凯撒股份	5.40
	002512	达华智能	3.68
	600332	白云山	4.22
	600499	科达洁能	0.68
	600728	佳都科技	12.73
	小　计		117.09
其他融资（公司债券、短期融资券、中期票据、次级债、金融债、境外发行债券）	000539	粤电力	12.00
	000776	广发证券	120.00
	002005	德豪润达	8.00
	002060	粤水电	4.70
	002212	南洋股份	6.50
	002292	奥飞动漫	5.50
	002387	黑牛食品	2.70
	002420	毅昌股份	3.00

续表

发行类型	代 码	简 称	募集资金（亿元）
其他融资（公司债券、短期融资券、中期票据、次级债、金融债、境外发行债券）	002425	凯撒股份	5.40
	002511	中顺洁柔	8.30
	002663	普邦园林	7.00
	300093	金刚玻璃	2.30
	600589	广东榕泰	7.50
	601238	广汽集团	40.00
	小 计		232.90
总 计			349.99

资料来源：广东证监局。

（二）募集资金使用情况及特点

2013 年，广东共有 114 家上市公司使用募集资金，金额为 220.36 亿元。其中，79.67 亿元为 2013 年募集资金，占全年募集资金使用总额的 36.15%；140.69 亿元为 2012 年度募集资金，占全年募集资金使用总额的 63.85%。

2013 年，广东上市公司使用募集资金呈现以下特点。一是主板公司家数相对较少但金额较大。24 家主板公司使用募集资金 88.49 亿元，公司数量占 21.05%，但使用金额占比高达 40.16%。二是中小板和创业板公司变更募集资金用途的情况较多，有 12 家中小板公司、5 家创业板公司变更了募集资金使用用途。

（三）募集资金变更情况

2013 年，广东辖区有 18 家公司变更募集资金的使用项目，涉及金额约为 21.86 亿元，占该 18 家公司募集资金总额（204.11 亿元）的 10.71%。募集资金变更的程序合法。变更的原因主要包括：一是拟投资项目的实施客观环境和可行性发生变化；二是公司已与其他公司建立良好合作关系，为避免重复投资而变更募投项目；三是原投资项目因未达到预期收益，将剩余募集资金改投其他项目；四是为提高募集资金使用效率，结合未来业务发展的需要对募投项目进行调整。

表 10　　2013 年广东上市公司募集资金使用项目变更情况

变更募集资金使用项目的公司家数	涉及金额（亿元）	募集资金总额（亿元）	占公司募集资金总额的比例（%）
18	21.86	204.11	10.71%

资料来源：广东证监局。

六、广东上市公司规范运作情况

（一）上市公司治理专项情况

2013年，广东证监局坚持不懈地推进公司治理监管工作，持续提高上市公司质量。一是按照中国证监会关于“推进部分改制上市公司整体上市，从根本上解决同业竞争，减少关联交易”的工作部署，推动两家公司实现整体上市，为公司提高规范运作水平奠定了基础。二是要求公司报送《公司治理自查对照分析情况表》，安排专人逐家审核、分析，推动上市公司不断提高公司治理水平。三是将公司治理列为年报审核和现场检查的一项重点内容，持续推进公司治理监管工作。四是积极推动公司实施股权激励方案，举办股权激励经验交流会，完善公司治理机制。五是开展规范上市公司关联交易专项活动，加大未披露关联方及关联交易的核查力度。

（二）审计情况及监管情况

2013年，25家会计师事务所为广东183家上市公司提供了2013年年报审计服务。为增强年报审计监管的针对性，广东证监局要求会计师事务所在审计进场前提交会计师审计执业备案表和具体审计计划。在此基础上，广东证监局结合日常监管掌握的情况，向29家上市公司年报审计机构下发了年报审计重点事项关注函，提请有关会计师事务所对被审计对象关联交易、重大投资、收入与成本确认、政府补助会计核算、会计政策变更、非流动资产处置损益等问题予以重点关注。

（三）信息披露情况

2013年，广东上市公司基本能够按照信息披露的有关法律法规，依法履行信息披露义务，在指定信息披露报纸和网站真实、准确、完整、及时地披露公司动态信息，保障信息使用的公平、公正。

（四）证券市场服务情况

2013年，广东证监局坚决贯彻“两维护、一促进”的核心职责，强化保护投资者尤其是中小投资者的合法权益。一是持续加强现金分红监管工作，在年报审核中重点关注公司现金分红情况的披露，在现场检查中将公司分红政策落实和执行情况作为必检项目。二是按照信访投诉的有关工作要求，适度引进稽查手段，通过约谈、要求中介机构核查、现场核查等方式对信访投诉事项进行核查，对发现的违规问题予以严肃处理，切实保护投资者的合法权益。三是积极推动公司加强投资者关系管理，开展投资者关系管理专项检查工作，开展以“构建和谐投资者关系”为主题的上市公司投资者关系管理月活动，多层次、全方位推动上市公司做好投资者关系管理工作。

（五）其他

2013年，广东证监局积极创新上市公司监管方式方法，推动监管重心向事中、事后转移，着力提升监管工作的有效性。一是在监管模式改革试点的基础上，全面推行功能监管模式，将监管人员分为现场检查和综合协调两大部分，突出以监管执法带动日常监管工作的开展。二是通过完善上市公司分类监管、强化外围调查取证、督促中介机构归位尽责等途径，不断改进监管方式方法，提高监管工作效能。三是承办上市公司监管系统后续开发工作，顺利完成上市公司监管信息系统在中国证监会及36个派出机构的全面推行工作。四是全面清理广东辖区上市公司规范性文件，大幅精简了审核备案事项。

审稿人：程才良　黄王侯　温科银

撰稿人：唐国强　陈嘉明　李赐芬

广西地区

一、广西国民经济发展概况

表 1　　2013 年广西国民经济发展概况　　单位：亿元

指　标	1~3 月		1~6 月		1~9 月		1~12 月	
	绝对量	同比增长（%）	绝对量	同比增长（%）	绝对量	同比增长（%）	绝对量	同比增长（%）
地区生产总值（GDP）	2779	9.1	5810	9.0	9007	8.6	14378	10.3
全社会固定资产投资	—	—	—	—	—	—	—	—
社会消费品零售总额	—	—	—	—	—	—	—	—
规模以上工业增加值	—	14.2	—	12.9	—	12.7	—	12.9
规模以上工业企业实现利润	127	32.3	280	25.7	445	35.9	874	16.7
居民消费价格指数（CPI）	1~3 月		1~6 月		1~9 月		1~12 月	
	1.8		1.3		2.5		3.3	

资料来源：国家统计局。

二、广西上市公司总体情况

（一）公司数量

表 2　　2013 年广西上市公司数量　　单位：家

公司总数	2013 年新增	股票类别			板块分布			
		仅 A 股	仅 B 股	（A+B）股	沪市主板	深市主板	中小板	创业板
30	0	30	0	0	12	12	6	0

资料来源：广西证监局，天相投资分析系统。

（二）行业分布

表 3　　**2013 年广西上市公司行业分布情况**

所属证监会行业类别	家数	占比（%）	所属证监会行业类别	家数	占比（%）
农、林、牧、渔业	1	3.33	金融业	1	3.33
采矿业	0	0.00	房地产业	1	3.33
制造业	21	70.00	租赁和商务服务业	0	0.00
电力、热力、燃气及水生产和供应业	2	6.67	科学研究和技术服务业	0	0.00
建筑业	0	0.00	水利、环境和公共设施管理业	1	3.33
批发和零售业	1	3.33	教育	0	0.00
交通运输、仓储和邮政业	2	6.67	卫生和社会工作	0	0.00
住宿和餐饮业	0	0.00	文化、体育和娱乐业	0	0.00
信息传输、软件和信息技术服务业	0	0.00	综合	0	0.00
合　计	30	100.00			

资料来源：广西证监局，天相投资分析系统。

（三）股本结构及规模

表 4　　**2013 年广西上市公司股本规模在 10 亿股以上公司分布情况**

股本规模（亿股）	公司家数	具体公司
20≤~<50	3	桂冠电力、国海证券、柳钢股份
10≤~<20	3	恒逸石化、柳工、中恒集团

资料来源：沪深交易所，天相投资分析系统。

表 5　　**2013 年广西上市公司分地区股权构成情况**

股权性质 地域分布	央企国资控股	省属国资控股	地市国资控股	民营控股	其　他	合　计
南宁市	1	2	2	3	2	10
崇左市	0	0	0	0	0	0
柳州市	0	2	2	0	0	4
来宾市	0	0	0	0	0	0
桂林市	0	1	1	3	0	5
梧州市	0	0	0	2	0	2
贺州市	0	0	1	0	0	1
玉林市	0	0	0	1	0	1

续表

地域分布＼股权性质	央企国资控股	省属国资控股	地市国资控股	民营控股	其 他	合 计
贵港市	0	1	0	0	0	1
百色市	0	0	0	0	0	0
钦州市	0	0	0	0	0	0
河池市	1	0	0	0	0	1
北海市	0	1	0	4	0	5
防城港市	0	0	0	0	0	0
合 计	2	7	6	13	2	30

资料来源：广西证监局。

（四）市值规模

截至 2013 年 12 月 31 日，广西 30 家上市公司境内总市值 1367.25 亿元，占全国上市公司境内总市值的 0.57%，其中，上交所上市公司 12 家，总股本 98.17 亿股，境内总市值 480.88 亿元，占上交所上市公司境内总市值的 0.32%；深交所上市公司 18 家，总股本 99.58 亿股，境内总市值 886.37 亿元，占深交所上市公司境内总市值的 1.01%。

（五）资产规模

截至 2013 年 12 月 31 日，广西 30 家上市公司合计总资产 1905.29 亿元，归属于母公司股东权益 643.19 亿元，与 2012 年相比，分别增长 12.97%和 16.83%；平均每股净资产 3.25 元。

三、广西上市公司经营情况及变动分析

（一）总体经营情况

表 6　　2013 年广西上市公司经营情况

指 标	2013 年	2012 年	变动率（%）
家数	30	30	0.00
亏损家数	3	5	–40.00
亏损家数比例（%）	10.00	16.67	–6.67
平均每股收益（元）	0.20	0.14	42.94
平均每股净资产（元）	3.25	2.99	8.70
平均净资产收益率（%）	6.15	4.81	1.34
总资产（亿元）	1905.29	1686.55	12.97
归属于母公司股东权益（亿元）	643.19	550.55	16.83
营业收入（亿元）	1268.35	1245.79	1.81
利润总额（亿元）	51.12	36.29	40.87
归属于母公司所有者的净利润（亿元）	39.57	26.47	49.50

资料来源：沪深交易所、天相投资分析系统。

（二）分行业经营情况

表 7

2013 年广西上市公司分行业经营情况

所属行类	营业收入（亿元）	可比样本变动率（%）	归属于母公司所有者的净利润（亿元）	可比样本变动率（%）
农、林、牧、渔业	13.50	15.28	0.57	-32.81
采矿业	0.00	—	0.00	—
制造业	1025.72	1.17	23.20	77.38
电力、热力、燃气及水生产和供应业	71.68	-23.63	2.80	-24.61
建筑业	0.00	—	0.00	—
批发和零售业	28.95	9.60	0.17	-73.66
交通运输、仓储和邮政业	98.97	32.22	7.72	115.53
住宿和餐饮业	0.00	—	0.00	—
信息传输、软件和信息技术服务业	0.00	—	0.00	—
金融业	18.19	24.60	3.09	131.52
房地产业	6.90	26.35	1.91	-27.95
租赁和商务服务业	0.00	—	0.00	—
科学研究和技术服务业	0.00	—	0.00	—
水利、环境和公共设施管理业	4.44	-11.52	0.11	-82.60
教育	0.00	—	0.00	—
卫生和社会工作	0.00	—	0.00	—
文化、体育和娱乐业	0.00	—	0.00	—
综合	0.00	—	0.00	—
合　计	1268.35	1.81	39.57	49.49

资料来源：广西证监局，天相投资分析系统。

（三）业绩变动情况分析

1. 营业收入、毛利率等变动原因分析

2013 年，广西上市公司实现营业收入合计 1268.35 亿元，较 2012 年增长 1.81%；平均净资产收益率 6.15%，较 2012 年增长 1.34 个百分点；整体销售毛利率达到 13.90%，比 2012 年提高 1.24 个百分点。2013 年广西上市公司收入规模和收益率水平均高于 2012 年，主要是制造业企业经营状况整体好于 2012 年所致。

2. 盈利构成分析

从盈利构成看，2013 年，广西上市公司利润来源构成中，主要是营业利润，占比为 72.65%，其中，投资净收益占利润总额比重为 21.77%，公允价值变动净收益为负。

3. 经营性现金流量分析

2013 年，广西上市公司经营活动产生

的现金流量净额为62.40亿元，较2012年大幅增长139.26%。其中，22家上市公司经营现金流量净额为正，占30家上市公司的73.33%，其余8家上市公司经营现金流量净额为负。

4. 业绩特点分析

2013年，广西上市公司利润总额51.12亿元，较2012年增长40.87%；归属于母公司所有者的净利润39.57亿元，较2012年增长49.50%。经营情况呈现以下特点：一是在营业收入与2012年基本持平的情况下，上市公司整体业绩同比大幅增长。二是制造业和交通运输业大型上市公司业绩有所好转，制造业板块公司贡献归属于母公司所有者的净利润23.20亿元，较2012年增加77.38%，交通运输业贡献归属于母公司所有者净利润的7.72亿元，较2012年增加115.53%，成为2013年广西上市公司净利润的主要来源。三是农、林、牧、渔和批发零售等传统行业业绩有所下降，归属于母公司所有者的净利润较2012年分别减少32.81%和73.66%。

5. 利润分配情况

表8　2013年广西上市公司现金分红情况

2013年分红公司家数			2013年分红金额		
家　数	变动率（%）	分红公司家数占地区公司总数比重（%）	金额（亿元）	变动率（%）	分红金额占归属于母公司所有者的净利润比重（%）
18	5.88	60.00	15.91	13.72	40.21

资料来源：广西证监局。

四、广西上市公司并购重组情况

（一）并购重组基本情况

2013年，广西共有11家上市公司先后启动行业并购或资产重组，占广西上市公司总数的33%。有2家公司完成重大资产重组，分别实现了整体上市和双主业发展；另外，多家上市公司通过资产收购和行业并购，进一步拓展了上下游产业链和业务范围，资产质量和盈利能力得到显著提升。

（二）并购重组特点

2013年，广西上市公司并购重组呈现以下特点：横向收购和纵向整体上市式重组有所增加，借壳式重组有所减少，但存在部分重组事项停牌周期过长，个别重组流产遭受媒体质疑等问题。以北海港为平台的北部湾“三港整合”作为截至目前广西资本市场交易额最大的一笔并购重组完成交割，成功实现北部湾地区北海、钦州及防城港三个地级市三大重要港口的整体上市。广陆数测增发股份并支付现金跨行业收购1家数字电视公司，五洲交通现金收购2家有色金属企业，开创了广西上市公司跨行业双主业发展的先河。

五、广西上市公司募集资金情况、使用情况

（一）募集资金总体情况

表 9　　2013 年广西上市公司募集资金情况

发行类型	代　码	简　称	募集资金（亿元）
首　发	—	—	0
	小　计		0
再融资（增发、配股）	000716	南方食品	4.50
	002175	广陆数测	2.67
	000750	国海证券	32.56
	000582	北部湾港	51.82
	小　计		91.55
其他融资（公司债券、短期融资券、中期票据、次级债、金融债、境外发行债券）	600368	五洲交通	20.00
	600236	桂冠电力	20.00
	小　计		40.00
总　计			131.55

资料来源：广西证监局。

（二）募集资金使用情况及特点

2013 年，广西共有 12 家公司使用募集资金，金额合计 99.15 亿元，其中，88.66 亿元为 2013 年募集的资金，占年度使用募集资金总额的 89.42%。受 2013 年 IPO 审核暂停影响，上述资金中仅有 6.78%是以 2012 年度首发募集资金存量，再融资资金占比达到 93.22%。

（三）募集资金变更情况

2013 年，广西共有 4 家公司存在募集资金使用变更情况，涉及金额合计 7.26 亿元。其中，3 家公司涉及首发募投项目的变更，1 家公司涉及再融资募投项目的变更。其中，2 家公司为 2013 年度首次变更募投项目，另外 2 家公司非首次变更。

表 10　　2013 年广西上市公司募集资金使用项目变更情况

变更募集资金使用项目的公司家数	涉及金额（亿元）	募集资金总额（亿元）	占公司募集资金总额的比例（%）
4	7.26	47.89	15.16

资料来源：广西证监局。

六、广西上市公司规范运作情况

（一）上市公司治理专项情况

2013年，广西证监局采取多项抓手，引导市场主体不断提高规范运作的自觉意识，广西上市公司规范性得以切实提高。一是督促30家上市公司全面建立了统一规范的内部问责制度，通过强化上市公司内部约束机制，严格落实个人过错责任追究，提高董事、监事和高级管理人员的法律意识和责任意识。二是督促上市公司及其股东、关联方切实履行承诺，提高上市公司诚信度。三是督促辖区上市公司依法合规完成现金分红，年度现金分红公司比例达到历史最高。四是继续推动上市公司分类分批实施企业内控规范体系工作。

（二）审计情况及监管情况

为切实提高广西上市公司信息披露质量，2013年，广西证监局加强上市公司年报监管和对审计机构的监管。一是开展年报审核，重点审核6家上市公司年报，发现风险疑点33个。二是强化年报现场监管，全年对9家上市公司开展年报现场检查，延伸检查会计师事务所7家次，发现会计师事务所执业问题12个。三是加强事中事后监管，年报期间约谈上市公司的审计负责人10家（次），向2家会计师事务所下发监管关注函，提示审计风险，确保审计结论和审计意见客观、公正。四是加强资产评估业务监管，将资产评估作为上市公司重大资产重组核查的重要内容，加大检查力度，对评估机构违规行为采取监管措施。五是指导上市公司及其审计机构开展年度内控自我评价和审计。

（三）信息披露情况

广西证监局通过关注媒体、网络平台等市场舆情反应，加强信息披露监管，形成对上市公司治理、财务信息、重大事项等的持续跟踪，有效识别了上市公司风险源，为现场监管奠定了基础。2013年，共审核分析上市公司公告等信息2500余份，对5家上市公司媒体质疑事项开展现场核查，核实疑点问题，督促公司尽早回应，及时平复了市场质疑。

（四）推动地方资本市场发展情况

2013年，在广西证监局的推动下，辖区多层次资本市场建设取得了可喜成绩。一是推动自治区政府与沪深证券交易所签署中小企业私募债合作备忘录，广西成为全国中小企业私募债试点省区。2013年，有1家企业成功发行私募债，募集资金2亿元，实现辖区中小企业私募债发行为零的突破。二是抓住新三板全国扩容的机遇，推动辖区中小企业创造条件对接新三板。三是推动自治区政府加快区域性股权交易市场建设进程。四是积极推动拟上市企业规范发展，全年新增2家辅导备案企业，1家IPO申报企业，在审企业达到9家。

（五）其他

妥善处置南方食品涉嫌“实物分红”事件。2013年，广西上市公司南方食品在A股历史上首次向股东派发实物，并引起多家公司效仿，引发了市场关于其涉嫌“实物分红”的热议。事后，广西证监局迅速对南方食品派发实物是否属于实物分红的法律依据、会计处理、税费缴纳以及派发情况等进行了核查，查实该行为不满足分红的一般特征，建议证监会对其合法性予以认可，及时平息了市场质疑。

审稿人：周海东

撰稿人：孙晓光

海南地区

一、海南国民经济发展概况

表 1　　2013 年海南国民经济发展概况　　单位：亿元

指　标	1~3 月		1~6 月		1~9 月		1~12 月	
	绝对量	同比增长（%）	绝对量	同比增长（%）	绝对量	同比增长（%）	绝对量	同比增长（%）
地区生产总值（GDP）	735	12.6	1517	10.6	2225	9.8	3146	10.2
全社会固定资产投资	473	32.2	1200	25.5	1871	25.2	2725	27.0
社会消费品零售总额	246	13.9	475	14.0	707	14.1	972	14.0
规模以上工业增加值	119	6.4	241	7.7	353	5.9	510	6.3
规模以上工业企业实现利润	26	4.2	58	2.4	83	–5.8	111	–10.4
居民消费价格指数（CPI）	1~3 月		1~6 月		1~9 月		1~12 月	
	1.9		2.3		2.9		4.0	

资料来源：国家统计局。

二、海南上市公司总体情况

（一）公司数量

表 2　　2013 年海南上市公司数量　　单位：家

公司总数	2013 年新增	股票类别			板块分布			
		仅 A 股	仅 B 股	（A+B）股	沪市主板	深市主板	中小板	创业板
26	0	23	0	3	8	13	3	2

资料来源：海南证监局，天相投资分析系统。

（二）行业分布

表 3　　2013 年海南上市公司行业分布情况

所属证监会行业类别	家　数	占比（%）	所属证监会行业类别	家　数	占比（%）
农、林、牧、渔业	3	11.54	金融业	0	0.00
采矿业	2	7.69	房地产业	5	19.23
制造业	8	30.77	租赁和商务服务业	0	0.00
电力、热力、燃气及水生产和供应业	0	0.00	科学研究和技术服务业	0	0.00
建筑业	1	3.85	水利、环境和公共设施管理业	0	0.00
批发和零售业	1	3.85	教育	0	0.00
交通运输、仓储和邮政业	3	11.54	卫生和社会工作	0	0.00
住宿和餐饮业	1	3.85	文化、体育和娱乐业	1	3.85
信息传输、软件和信息技术服务业	1	3.85	综合	0	0.00
合　计	26	100.00			

资料来源：海南证监局，天相投资分析系统。

（三）股本结构及规模

表 4　　2013 年海南上市公司股本规模在 10 亿股以上公司分布情况

股本规模（亿股）	公司家数	具体公司
100≤~<200	1	海南航空
20≤~<50	1	海南橡胶
10≤~<20	3	海马汽车、华闻传媒、正和股份

资料来源：沪深交易所，天相投资分析系统。

表 5　　2013 年海南上市公司分地区股权构成情况

地域分布 \ 股权性质	央企国资控股	省属国资控股	地市国资控股	民营控股	其　他	合　计
海口市	3	5	2	11	3	24
三亚市	0	0	0	2	0	2
合　计	3	5	2	13	3	26

资料来源：海南证监局。

（四）市值规模

截至 2013 年 12 月 31 日，海南有 26 家上市公司境内总市值 1737.98 亿元，占全国上市公司境内总市值的 0.73%，其中，上交所上市公司 8 家，总股本 194.74 亿股，境内总市值 860.97 亿元，占上交所上市公司境内总市值的 0.57%；深交所上市公司 18 家，总股本 106.11 亿股，境内总市值 877.01 亿元，占深交所上市公司境内总市值的 1%。

（五）资产规模

截至 2013 年 12 月 31 日，海南 26 家上市公司合计总资产 1932.46 亿元，归属于母公司股东权益 730.06 亿元，与 2012 年相比，分别增长 15.34%和 9.57%；平均每股净资产 2.43 元。

三、海南上市公司经营情况及变动分析

（一）总体经营情况

表 6　　2013 年海南上市公司经营情况

指　标	2013 年	2012 年	变动率（%）
家数	26	26	0.00
亏损家数	4	4	0.00
亏损家数比例（%）	15.38	15.38	0.00
平均每股收益（元）	0.13	0.15	-12.29
平均每股净资产（元）	2.43	2.84	-14.44
平均净资产收益率（%）	5.42	5.22	0.20
总资产（亿元）	1932.46	1675.42	15.34
归属于母公司股东权益（亿元）	730.06	666.27	9.57
营业收入（亿元）	811.51	686.16	18.27
利润总额（亿元）	59.54	53.92	10.42
归属于母公司所有者的净利润（亿元）	39.58	34.76	13.87

资料来源：沪深交易所，天相投资分析系统。

（二）分行业经营情况

表 7　　2013 年海南上市公司分行业经营情况

所属行类	营业收入（亿元）	可比样本变动率（%）	归属于母公司所有者的净利润（亿元）	可比样本变动率（%）
农、林、牧、渔业	138.69	7.04	2.23	-39.89
采矿业	26.31	-23.47	0.26	-82.31
制造业	252.22	79.66	7.53	49.29
电力、热力、燃气及水生产和供应业	0.00	—	0.00	—
建筑业	2.04	-38.89	-0.25	-1595.64
批发和零售业	10.37	35.89	0.33	-76.09

续表

所属行类	营业收入（亿元）	可比样本变动率（%）	归属于母公司所有者的净利润（亿元）	可比样本变动率（%）
交通运输、仓储和邮政业	318.10	4.41	22.10	30.90
住宿和餐饮业	0.24	-26.48	-0.02	-203.45
信息传输、软件和信息技术服务业	2.06	6.72	0.13	-46.14
金融业	0.00	—	0.00	—
房地产业	24.00	4.41	2.00	-39.33
租赁和商务服务业	0.00	—	0.00	—
科学研究和技术服务业	0.00	—	0.00	—
水利、环境和公共设施管理业	0.00	—	0.00	—
教育	0.00	—	0.00	—
卫生和社会工作	0.00	—	0.00	—
文化、体育和娱乐业	37.50	-8.45	5.27	95.59
综合	0.00	—	0.00	—
合　计	811.51	18.27	39.58	13.89

资料来源：海南证监局，天相投资分析系统。

（三）业绩变动情况分析

1. 营业收入、毛利率等变动原因分析

2013 年，海南上市公司实现营业收入 811.51 亿元，较 2012 年增长 18.27%；营业利润 47.95 亿元，增长 4.93%；利润总额 59.54 亿元，较 2012 年增长 10.42%；毛利率 19.04%，下降 2.51 个百分点。总体来看，营业收入、营业利润、利润总额均有小幅增长，营业成本增幅超过营业收入增幅是毛利率下降的主要原因。

2. 盈利构成分析

从盈利构成看，2013 年，海南上市公司利润来源主要是营业利润，其占利润总额的比重为 80.53%，与 2012 年（80.04%）基本持平。2013 年，海南上市公司资产减值损失为 4.42 亿元，占利润总额的比重为 7.42%；投资收益为 22.65 亿元，占利润总额的比重为 38.03%；营业外收支净额为 11.60 亿元，占利润总额的比重为 19.48%。

3. 经营性现金流量分析

2013 年，海南上市公司经营性现金流量净额为 109.00 亿元，略高于 2012 年的 104.73 亿元。26 家上市公司中，19 家上市公司经营性现金流量净额为正，占 26 家上市公司的 73.08%，略高于 2012 年的 65.38%。

4. 业绩特点分析

（1）盈利能力略有增强。2013 年，海南 26 家上市公司中 12 家公司盈利上升，14 家公司盈利下降，盈利下降公司数量较 2012 年减少 12.5%。2013 年，海南上市公司平均每股收益为 0.13 元，较 2012 年下降 12.29%；平均净资产收益率为 5.42%，较 2012 年增长 0.20 个百分点。上述数据显示，2013 年海南上市公司盈利能力略有增强。

(2) 非经常性损益数额仍然较大，部分公司依靠非经常性损益实现盈利。2013 年，海南上市公司确认非经常性损益 24.18 亿元，较 2012 年增加 7.57 亿元。华闻传媒、海南航空、海南橡胶和中海海盛 4 家公司存在巨额非经常性损益，合计占辖区非经常性损益总额的 67.37%。海南橡胶、中海海盛、珠江控股和海虹控股 4 家公司主要通过非经常性损益实现盈利。

(3) 股东投资回报率明显降低。2013 年，海南实现盈利的 22 家上市公司中，有 13 家公司进行了现金分红、公积金转增股本，占盈利公司家数的 59.09%。其中，现金分红的公司 10 家，现金分红加转增股本的公司 3 家。现金分红总金额为 4.61 亿元，较 2012 年下降 62.64%。

(4) 经营业绩两极分化较明显。2013 年，海南航空、华闻传媒、海马汽车、中钨高新、海南橡胶 5 家公司贡献了辖区上市公司 82.02%的净利润，其中，海南航空的净利润占了辖区上市公司净利润总额 53.20%。此外，大东海净资产低于 1 亿元，盈利能力较差，可持续经营能力堪忧。

5. 利润分配情况

表 8　　2013 年海南上市公司现金分红情况

2013 年分红公司家数			2013 年分红金额		
家　数	变动率（%）	分红公司家数占地区公司总数比重（%）	金额（亿元）	变动率（%）	分红金额占归属于母公司所有者的净利润比重（%）
13	0.00	50.00	4.61	-62.64	11.65

资料来源：海南证监局。

四、海南上市公司并购重组情况

2013 年，海南共有 2 家上市公司通过定向增发购买资产的方式进行了并购重组工作，均取得实质性进展，涉及金额合计约 58.97 亿元。中钨高新通过向湖南有色金属股份有限公司非公开发行股份，购买其持有的株洲硬质合金集团有限公司 100%股权、自贡硬质合金有限责任公司 80%股权；华闻传媒通过向华路型材、上海长喜等特定对象非公开发行股份的方式，购买华商传媒及其 8 家附属公司的少数股东权益和澄怀科技 100%股权。

五、海南上市公司募集资金情况、使用情况

（一）募集资金总体情况

表 9 2013 年海南上市公司募集资金情况

发行类型	代 码	简 称	募集资金（亿元）
首 发	—	—	0
	小 计		0
再融资（增发、配股）	000657	中钨高新	27.47
	000793	华闻传媒	31.50
	小 计		58.97
其他融资（公司债券、短期融资券、中期票据、次级债、金融债、境外发行债券）	002596	海南瑞泽	2.80（公司债券）
	000793	华闻传媒	7.00（中期票据）
	000566	海南海药	5.00（短期融资券）
	600221	海南航空	30.48（境外发行债券）
	小 计		45.28
总 计			104.25

资料来源：海南证监局。

（二）募集资金使用情况及特点

2013 年，海南 10 家公司使用募集资金 49.95 亿元。其中，使用 2013 年募集资金 32.44 亿元，占全年使用募集资金总额的 64.94%；使用以 2012 年度募集资金 17.51 亿元，占全年使用募集资金总额的 35.06%。

（三）募集资金变更情况

2013 年，海南共有 2 家公司变更募集资金使用项目，涉及金额约为 3 亿元，占 2 家公司 12.53 亿元募集资金总额的 23.94%。募集资金变更经过公司法定程序股东大会批准，履行了相应的信息披露义务。募集资金变更的主要原因：拟投资项目的市场环境发生变化，为提高募集资金使用效率，将募集资金改投其他项目。

表 10 2013 年海南上市公司募集资金使用项目变更情况

变更募集资金使用项目的公司家数	涉及金额（亿元）	募集资金总额（亿元）	占公司募集资金总额的比例（%）
2	3	12.53	23.94

资料来源：海南证监局。

六、海南上市公司规范运作情况

（一）上市公司治理专项情况

1. 加强学习培训，提高思想认识

海南证监局于2013年11月中旬对海南全部上市公司董事、监事、高级管理人员、年报审计签字注册会计师和相关保荐机构人员进行集中培训，培训内容紧扣资本市场发展和上市公司监管重点及热点，包括讲解稽查执法、财务会计、并购重组、信息披露等相关知识，通报辖区上市公司日常监管、年报监管和现场检查中发现的问题，提出完善辖区上市公司治理机制及增强公司董监高人员责任意识和履职能力的明确要求等。培训结束后，安排参训人员统一参加测试，测试相关法规知识的掌握情况，进一步提升培训的针对性和实效性，提高董监高人员的业务能力，增强规范意识。

2. 督促指导海南上市公司实施内控规范体系

按照财政部、证监会《关于2012年主板上市公司分类分批实施企业内部控制规范体系的通知》（财会办〔2012〕30号）要求，海南辖区2013年纳入内控规范体系实施范围的上市公司有10家，其中，国有控股主板上市公司8家，民营主板上市公司2家。海南证监局通过制订工作方案、下发工作通知和指引、组织内控实务培训和考察交流等方式，积极督导，有效推动了海南上市公司内控规范体系的顺利实施。总体来看，10家上市公司均已按照要求，在披露2013年报的同时披露了内部控制评价报告和内部控制审计报告。

（二）审计情况及监管情况

海南26家上市公司在2012年的年报审计意见中，25家为标准无保留意见，1家为带强调事项段的无保留意见。海南证监局结合日常监管及年报审核中发现的问题，对4家上市公司的财务状况、治理水平、内控状况、信息披露情况、现金分红情况、投资者保护情况进行了全面梳理和现场检查，同时延伸检查了会计师事务所。针对现场检查中发现的问题，海南证监局对公司采取了下发监管警示函或监管关注函等监管措施；针对年报审计执业存在的问题，及时约谈会计师事务所负责人和相关签字注册会计师，要求其严格执行《中国注册会计师审计准则》及证监会关于上市公司年报审计的相关规定，加强会计师事务所内部质量控制与复核，切实提高年报审计执业质量。

（三）信息披露情况

海南证监局将上市公司信息披露作为日常监管工作的核心，及时审阅上市公司信息披露公告、关注涉及上市公司的投诉举报及媒体报道等事项，充分掌握公司的动态情况。同时，加强“三点一线”监管协作，将临时公告及定期报告审核、现场检查、专项核查发现的问题及时报告中国证监会上市部，并抄报交易所提请关注，增强监管的协调性及一致性，合理配置监管资源，提升监管效率。

（四）证券市场服务情况

1. 加强投资者保护工作

2013年5月，海南证监局联合深圳证券信息公司、海南上市公司协会在海南省海口市举办了“海南辖区上市公司2012年度业绩网上集体说明会暨投资者关系互动平台开通仪式”活动，进一步推动上市公司加强与投资者沟通交流。2013年11月，海南证监局举办“走进上市公司”投资者保护主题活动，并联合深圳证券交易所所在辖区举办“践行中国梦·走进上市公司”投资者保护专项活动，引导中小投资者充分行使知情权和决策参与权，强化股东责任意识与自我保护意识。积极参与公司治理。此外，海南证监局积极督促上市公司完善投资者关系管理工作，提升公司治理水平，完善利润分配决策程序，树立主动服务投资者、回报投资者的责任意识，2013年，辖区有22家上市公司实现盈利，进行现金分红的公司有13家，占盈利公司家数的59.09%。

2. 积极培育上市公司后备资源

海南证监局认真做好拟上市公司辅导备案及验收工作，为拟上市公司提供咨询和指导。2013年，海南证监局受理3家公司辅导备案，对7家拟上市公司进行实地考察、调研和指导，接待了9家拟上市公司及其保荐人的汇报或咨询。此外，海南证监局积极开展公司上市的宣传培训，提供政策咨询，主动联系海南省金融办、海南省农业厅等单位推荐拟上市公司，于2013年5月与海南省农业厅共同举办了“海南农业企业融资培训班”，并多次与沪深交易所联合举办走进拟上市公司的调研活动，参加海南省金融办组织召开的重点后备上市企业座谈会，了解企业经营情况、存在的困难和问题及上市工作安排。通过开展上述工作，开拓了企业的视野，推进了海南企业改制上市的步伐和辖区资本市场的发展。

3. 推动中小企业私募债试点工作

自沪深交易所相机开展中小企业私募债券的试点工作以来，海南证监局积极推动海南省政府与沪深交易所正式签署《中小企业私募债业务试点合作备忘录》，并联合海南省金融办举办“海南中小企业私募债培训会”，解读中小企业私募债券相关政策。此外，海南证监局还组织有融资需求的中小企业进行座谈，对中小企业私募债在发行和承销过程中可能会遇到的实际困难和问题进行现场释疑，加深海南中小企业对中小企业私募债券的理解，拓宽海南中小企业的融资渠道，更好地服务实体经济的发展。

审稿人：周四波　程绪兰
贺　玲　杨　柳
撰稿人：胡才华　李胜兵

重庆地区

一、重庆国民经济发展概况

表 1　　2013 年重庆国民经济发展概况　　单位：亿元

指　标	1~3 月		1~6 月		1~9 月		1~12 月	
	绝对量	同比增长（%）	绝对量	同比增长（%）	绝对量	同比增长（%）	绝对量	同比增长（%）
地区生产总值（GDP）	2726	8.0	5841	10.0	8637	5.9	12657	10.5
全社会固定资产投资	1694.8	20.9	4531.16	21.3	7634.32	20.7	11205.03	19.5
社会消费品零售总额	1101.69	13.3	2190.36	13.5	3279.04	13.5	4511.77	14
规模以上工业增加值	—	13.4	1712	13.8	—	13.5	—	13.6
规模以上工业企业实现利润	104	27.1	268	39.8	429	44.1	878	44.4
居民消费价格指数（CPI）	1~3 月		1~6 月		1~9 月		1~12 月	
	2.7		2.4		3.2		2.3	

资料来源：国家统计局。

二、重庆上市公司总体情况

（一）公司数量

表 2　　2013 年重庆上市公司数量　　单位：家

公司总数	2013 年新增	股票类别			板块分布			
		仅 A 股	仅 B 股	（A+B）股	沪市主板	深市主板	中小板	创业板
37	0	35	1	1	18	12	3	4

资料来源：重庆证监局，天相投资分析系统。

（二）行业分布

表 3　　2013 年重庆上市公司行业分布情况

所属证监会行业类别	家　数	占比（%）	所属证监会行业类别	家　数	占比（%）
农、林、牧、渔业	0	0.00	金融业	1	2.70
采矿业	1	2.70	房地产业	4	10.81
制造业	20	54.05	租赁和商务服务业	0	0.00
电力、热力、燃气及水生产和供应业	3	8.11	科学研究和技术服务业	0	0.00
建筑业	0	0.00	水利、环境和公共设施管理业	2	5.41
批发和零售业	2	5.41	教育	0	0.00
交通运输、仓储和邮政业	2	5.41	卫生和社会工作	0	0.00
住宿和餐饮业	0	0.00	文化、体育和娱乐业	0	0.00
信息传输、软件和信息技术服务业	2	5.41	综合	0	0.00
合　计	37	100.00			

资料来源：重庆证监局，天相投资分析系统。

（三）股本结构及规模

表 4　　2013 年重庆上市公司股本规模在 10 亿股以上公司分布情况

股本规模（亿股）	公司家数	具体公司
20≤~<50	4	西南证券、长安汽车、重庆钢铁、重庆水务
10≤~<20	4	建新矿业、金科股份、力帆股份、宗申动力

资料来源：沪深交易所、天相投资分析系统。

表 5　　2013 年重庆上市公司分地区股权构成情况

股权性质 / 地域分布	央企国资控股	省属国资控股	地市国资控股	民营控股	其　他	合　计
重庆市	9	8	4	12	4	37

资料来源：重庆证监局。

（四）市值规模

截至 2013 年 12 月 31 日，重庆有 37 家上市公司境内总市值为 2806.30 亿元，占全国上市公司境内总市值的 1.17%，其中，上交所上市公司 18 家，总股本 188.28 亿股，境内总市值 1365.08 亿元，占上交所上市公司境内总市值的 0.9%；深交所上市公司 19 家，总股本 130.71 亿股，境内总市值 1441.22 亿元，占深交所上市公司境内总市值的 1.64%。

（五）资产规模

截至 2013 年 12 月 31 日，重庆 37 家上市公司合计总资产 3569.55 亿元，归属于母公司股东权益 1154.75 亿元，与 2012 年相比，分别增长 23.66%和 18.28%；平均每股净资产 3.55 元。

三、重庆上市公司经营情况及变动分析

（一）总体经营情况

表 6　　2013 年重庆上市公司经营情况

指　标	2013 年	2012 年	变动率（%）
家数	37	37	0.00
亏损家数	4	3	33.33
亏损家数比例（%）	10.81	8.11	2.70
平均每股收益（元）	0.28	0.31	-9.47
平均每股净资产（元）	3.55	3.36	5.65
平均净资产收益率（%）	7.90	9.34	-1.44
总资产（亿元）	3569.55	2886.50	23.66
归属于母公司股东权益（亿元）	1154.75	976.30	18.28
营业收入（亿元）	1774.59	1574.81	12.69
利润总额（亿元）	104.19	104.85	-0.63
归属于母公司所有者的净利润（亿元）	91.28	91.19	0.10

资料来源：沪深交易所，天相投资分析系统。

（二）分行业经营情况

表 7　　2013 年重庆上市公司分行业经营情况

所属行类	营业收入（亿元）	可比样本变动率（%）	归属于母公司所有者的净利润（亿元）	可比样本变动率（%）
农、林、牧、渔业	0.00	—	0.00	—
采矿业	6.70	3639.48	2.82	-1594.16
制造业	1069.21	12.00	34.69	-10.83
电力、热力、燃气及水生产和供应业	66.13	9.66	20.36	1.82
建筑业	0.00	—	0.00	—
批发和零售业	348.25	6.09	8.39	15.34
交通运输、仓储和邮政业	16.05	-10.18	3.52	18.22
住宿和餐饮业	0.00	—	0.00	—
信息传输、软件和信息技术服务业	3.15	21.87	1.01	16.76

续表

所属行类	营业收入（亿元）	可比样本变动率（%）	归属于母公司所有者的净利润（亿元）	可比样本变动率（%）
金融业	19.64	54.90	6.30	84.09
房地产业	208.98	42.37	12.05	-23.81
租赁和商务服务业	0.00	—	0.00	—
科学研究和技术服务业	0.00	—	0.00	—
水利、环境和公共设施管理业	36.49	-29.17	2.13	0.57
教育	0.00	—	0.00	—
卫生和社会工作	0.00	—	0.00	—
文化、体育和娱乐业	0.00	—	0.00	—
综合	0.00	—	0.00	—
合　计	1774.59	12.69	91.28	0.10

资料来源：重庆证监局、天相投资分析系统。

（三）业绩变动情况分析

1. 营业收入、毛利率等变动原因分析

截至2013年末，重庆37家上市公司全年共实现营业收入1774.59亿元，较2012年增长12.69%；实现归属于母公司所有者的净利润91.28亿元，较2012年增长0.10%；有33家公司实现盈利，占重庆公司总数的89.19%。总体销售毛利率20.25%，较2012年增长0.43个百分点。总体来看，2013年，重庆上市公司总体保持平稳运营态势，收入规模逐年扩大，营业利润、毛利率均有所增长。

2. 盈利构成分析

从盈利构成看，2013年，重庆上市公司利润主要来源于主营业务，扣除非经常性损益的净利润占利润总额比重为86.35%。非经常性损益占净利润的比例大幅降低，从2012年的39.78%下降到2013年的13.65%，非经常性损益金额从2012年的36.28亿元下降到2013年的12.57亿元。从上述指标可以看出，重庆上市公司在净利润与2012年基本持平的情况下，盈利质量有所改善。

3. 经营性现金流量分析

2013年，重庆上市公司经营活动产生的现金流量净额为19.74亿元，较2012年大幅下降（2012年为117.41亿元）。究其原因，主要是房地产公司的开发投入增加，以及相关公司的政府补助减少和证券公司融出资金增加。

4. 业绩特点分析

（1）业绩分化明显。2013年，重庆37家上市公司中有4家亏损，33家盈利。其中，盈利的前5名公司合计实现净利润77.81亿元，占重庆盈利上市公司总体净利润的65.06%；盈利低于1亿元的公司多达14家，占重庆公司总数的37.84%；4家亏损公司的亏损总额高达-27.53亿元，绩优公司和绩差公司两极分化明显。

(2) 行业差距较大。重庆上市公司主要集中在医药、汽车摩托车、房地产、电力4个行业板块，其中，医药行业上市公司2013年营业收入较2012年增长3.26%，净利润、每股收益同比分别增长34.84%和31.62%；汽车摩托车行业总体资产规模最大，2013年末达907.73亿元，该行业上市公司2013年营业收入较2012年增长19.88%，净利润、每股收益分别增长82.15%和89%；房地产行业资产负债率最高，平均资产负债率79.46%，房地产上市公司2013年营业收入较2012年增长42.37%，净利润、每股收益分别下降23.81%和25.74%，毛利率下降24.03%。与其他行业相比，电力、自来水生产供应业上市公司财务结构最为稳健，资产负债率39.33%，资产、收入规模平稳增长，2013年营业收入较2012年增长9.66%，净利润下降1.82%。

5. 利润分配情况

表8　　2013年重庆上市公司现金分红情况

2013年分红公司家数			2013年分红金额		
家　数	变动率（%）	分红公司家数占地区公司总数比重（%）	金额（亿元）	变动率（%）	分红金额占归属于母公司所有者的净利润比重（%）
27	0	72.97	36.63	8.50	40.13

资料来源：重庆证监局。

四、重庆上市公司并购重组情况

（一）并购重组基本情况

2013年，重庆3家上市公司完成并购重组。建新矿业完成非公开发行股票购买东升庙矿业股权，恢复持续经营能力；重庆钢铁非公开发行股票购买资产并募集配套资金，完成与控股股东重钢集团的资产整合；莱美药业非公开发行股票购买莱美禾元股权并募集配套资金。

（二）并购重组特点

2013年，重庆辖区上市公司并购重组活跃，主要方式为发行股份购买资产。总体来看，重庆上市公司并购重组呈现三个特点：一是通过重大资产重组，恢复持续经营能力，化解高风险上市公司退市风险，股票恢复上市，如建新矿业重组ST朝华。二是与控股股东资产整合，彻底解决同业竞争、关联交易等历史遗留问题，如重庆钢铁发行股份购买控股股东重钢集团相关资产。三是收购上下游企业，延伸产业链，提升公司业务规模和盈利水平，提升市场竞争力和抗风险能力，如莱美药业收购莱美禾元。

五、重庆上市公司募集资金情况、使用情况

（一）募集资金总体情况

表 9　　2013 年重庆上市公司募集资金情况

发行类型	代　码	简　称	募集资金（亿元）
首发	—	—	0
	小　计		0
再融资（增发、配股）	002004	华邦颖泰	9.20
	600847	万里股份	7.00
	600729	重庆百货	6.16
	300006	莱美药业	4.50
	601005	重庆钢铁	82.68
	000688	建新矿业	21.69
	小　计		131.23
其他融资（公司债券、短期融资券、中期票据、次级债、金融债、境外发行债券）	601158	重庆水务	15.00
	600369	西南证券	54.00
	600279	重庆港九	3.00
	600106	重庆路桥	4.50
	002004	华邦颖泰	4.00
	300006	莱美药业	1.20
	小　计		81.70
总　计			212.93

资料来源：重庆证监局。

（二）募集资金使用情况及特点

2013 年，重庆有 15 家上市公司使用了募集资金，金额总计 41.86 亿元。2013 年，资金成本较高，资金在传统生产制造行业的收益率较低，部分有暂时闲置募集资金的上市公司将资金投向金融领域，以获取更高的投资回报。一种形式是直接投资金融企业，另一种形式是投资购买金融产品。

（三）募集资金变更情况

2013 年，重庆有 3 家上市公司变更募集资金用途，涉及金额 2.74 亿元，占公司募集资金总额的比例为 10.11%。变更募集资金的主要原因是受国家行业政策和市场竞争环境变化的影响，导致项目可行性发生变化，上述募集资金变更均按规定履行了相关程序。

表 10　　2013 年重庆上市公司募集资金使用项目变更情况

变更募集资金使用项目的公司家数	涉及金额（亿元）	募集资金总额（亿元）	占公司募集资金总额的比例（%）
3	2.74	27.10	10.11

资料来源：重庆证监局。

六、重庆上市公司规范运作情况

（一）上市公司治理专项情况

2013 年，重庆证监局加强对辖区上市公司的监管，重庆上市公司在独立性、内控建设等方面进一步提升，整体公司治理水平进一步提高。一是继续执行公司新任董事、高管谈话制度，当面提示“董监高”行为规范，预防常见的信息披露、关联交易等问题。二是“一司一策”推动解决同业竞争规范关联交易等问题，推动重庆钢铁通过整体上市解决同业竞争和关联交易。三是推动上市公司加大现金分红力度，经督促，重庆上市公司均按照规定修订公司章程中的分红条款。2013 年，重庆上市公司分红水平有所提升。四是有序推进公司内控建设，重庆上市公司内控评价工作质量有所提高。重庆 37 家上市公司中，24 家主板公司全部按期披露内部控制自我评价报告和审计报告，此外，还有 9 家公司自愿披露了 2013 年内部控制评价情况，其中 4 家公司由注册会计师出具了内部控制鉴证报告。

（二）审计情况及监管情况

重庆 37 家上市公司均按时披露了 2013 年度报告和审计报告。其中，35 家公司的审计报告为标准无保留意见，1 家公司的审计报告为带强调事项段无保留意见，1 家公司的审计报告为保留意见。为提高年报审计监管的前瞻性，重庆证监局提前向辖区上市公司及年报审计机构下发《关于做好重庆辖区上市公司 2013 年年报工作的通知》，召开年报工作会议，逐家约谈审计机构，通报监管关注问题。对于重点类审计项目，开展现场督导，列席会计师与独立董事和公司审计委员会的沟通会。2013 年，重庆证监局对 8 家上市公司进行了年报现场检查，对 5 家公司和 1 家中介机构采取行政监管措施 6 次，对市场主体规范运作具有警示作用。

（三）信息披露情况

2013 年，重庆证监局贯彻以投资者需求为导向的信息披露监管理念，加强对上市公司所属行业动态跟踪分析，针对行业新情况，督促相关公司主动向投资者揭示风险事项，将投资者权益保护落到实处。2013 年，重庆上市公司主动披露的信息数量增加，投资者保护意识增强。如《药品生产质量管理规范（2010）》规定，药品生产企业应在 2013 年 12 月 31 日前达到新版 GMP 要求，未达要求的企业不得继续生产。对此，重庆 8 家医药类上市公司率先披露新版GMP认证情况，及时披露认证进展及其影响。上市公司信息披露直通车业务正式实施以来，重庆上市公司积极参加培训，认真按照直通车业务规则办理信息披露事宜，信息披露效率有所提高。

（四）证券市场服务情况

为进一步推动上市公司做好投资者关系管理工作，提高规范运作水平，重庆证监局通过举办培训会、交流会、网上接待日等活动，增强上市公司规范运作意识，增强保护投资者权益意识。一是联合深圳证券信息有限公司、重庆上市公司协会举办了以“了解投资者、服务投资者”为主题的投资者网上集体接待日活动，提高上市公司透明度。二是联合重庆上市公司协会连续举办上市公司董事、监事、高管人员培训班，邀请有关专家就上市公司关注的并购重组、信息直通车、公司债券融资等热点问题进行讲解。三是指导重庆上市公司协会召开重庆上市公司董事会秘书工作交流会，交流工作经验，进一步提高信息披露工作质量。四是指导重庆上市公司协会组织内幕交易警示教育巡展，做好防控内幕交易的宣传教育工作。

审稿人：邹新京

撰稿人：朱成云　纪跃华

四川地区

一、四川国民经济发展概况

表 1　　2013 年四川国民经济发展概况　　单位：亿元

指　标	1~3 月		1~6 月		1~9 月		1~12 月	
	绝对量	同比增长（%）	绝对量	同比增长（%）	绝对量	同比增长（%）	绝对量	同比增长（%）
地区生产总值（GDP）	5437	10.0	11655	9.9	19139	9.1	26261	10.1
全社会固定资产投资	—	—	—	—	—	—	—	—
社会消费品零售总额	—	—	—	—	—	—	—	—
规模以上工业增加值	—	11.8	—	11.9	—	11.0	—	11.1
规模以上工业企业实现利润	499	12.3	953	12.3	1396	14.7	2168	1.2
居民消费价格指数（CPI）	1~3 月		1~6 月		1~9 月		1~12 月	
	2.7		2.4		3.0		3.1	

资料来源：国家统计局。

二、四川上市公司总体情况

（一）公司数量

表 2　　2013 年四川上市公司数量　　单位：家

公司总数	2013 年新增	股票类别			板块分布			
		仅 A 股	仅 B 股	（A+B）股	沪市主板	深市主板	中小板	创业板
90	0	90	0	0	36	24	23	7

资料来源：四川证监局，天相投资分析系统。

（二）行业分布

表 3　　2013 年四川上市公司行业分布情况

所属证监会行业类别	家　数	占比（%）	所属证监会行业类别	家　数	占比（%）
农、林、牧、渔业	0	0.00	金融业	1	1.11
采矿业	3	3.33	房地产业	1	1.11
制造业	62	68.89	租赁和商务服务业	0	0.00
电力、热力、燃气及水生产和供应业	7	7.78	科学研究和技术服务业	0	0.00
建筑业	4	4.44	水利、环境和公共设施管理业	1	1.11
批发和零售业	4	4.44	教育	0	0.00
交通运输、仓储和邮政业	2	2.22	卫生和社会工作	0	0.00
住宿和餐饮业	0	0.00	文化、体育和娱乐业	1	1.11
信息传输、软件和信息技术服务业	4	4.44	综合	0	0.00
合　计	90	100.00			

资料来源：四川证监局，天相投资分析系统。

（三）股本结构及规模

表 4　　2013 年四川上市公司股本规模在 10 亿股以上公司分布情况

股本规模（亿股）	公司家数	具体公司
50≤~<100	1	攀钢钒钛
20≤~<50	7	*ST 二重、川投能源、东方电气、四川成渝、四川长虹、五粮液、兴蓉投资
10≤~<20	10	阳煤化工、国栋建设、国金证券、宏达股份、泸州老窖、鹏博士、四川路桥、新希望、兴蓉投资、中铁二局

资料来源：沪深交易所，天相投资分析系统。

表 5　　2013 年四川上市公司分地区股权构成情况

股权性质 地域分布	央企国资控股	省属国资控股	地市国资控股	民营控股	其　他	合　计
成都市	6	5	4	29	3[①]	47
自贡市	0	1	1	2	0	4
攀枝花市	1	0	0	0	0	1
泸州市	1	0	1	0	0	2

① 水井坊外资控股，银河磁体、硅宝科技无实际控制人。

续表

地域分布 \ 股权性质	央企国资控股	省属国资控股	地市国资控股	民营控股	其　他	合　计
德阳市	1	0	1	2	0	4
绵竹市	0	0	0	0	0	0
绵阳市	1	0	2	5	1①	9
广元市	0	0	0	0	0	0
遂宁市	3	0	1	2	0	6
内江市	0	0	1	0	0	1
乐山市	0	0	1	3	1②	5
南充市	0	0	0	2	0	2
眉山市	0	0	0	1	0	1
宜宾市	0	0	3	1	0	4
广安市	0	0	1	0	0	1
达州市	0	0	0	0	0	0
雅安市	0	0	0	1	0	1
巴中市	0	0	0	0	0	0
资阳市	0	0	0	0	0	0
甘孜藏族自治州	0	0	0	0	0	0
阿坝藏族羌族自治州	1	0	0	0	0	1
凉山彝族自治州	1	0	0	0	0	1
合　计	15	6	16	48	5	90

资料来源：四川证监局。

（四）市值规模

截至 2013 年 12 月 31 日，四川 90 家上市公司境内总市值 5511.32 亿元，占全国上市公司境内总市值的 2.31%，其中，上交所上市公司 36 家，总股本 321.21 亿股，境内总市值 2303.53 亿元，占上交所上市公司境内总市值的 1.52%；深交所上市公司 54 家，总股本 340.5 亿股，境内总市值 3207.8 亿元，占深交所上市公司境内总市值的 3.65%。

（五）资产规模

截至 2013 年 12 月 31 日，四川 90 家上市公司合计总资产 6920.94 亿元，归属于母公司股东权益 2607.41 亿元，与 2012 年相比，分别增长 9.90%和 9.73%；平均每股净资产 3.85 元。

① 四川双马外资控股。
② 乐山电力无实际控制人。

三、四川上市公司经营情况及变动分析

（一）总体经营情况

表 6　　2013 年四川上市公司经营情况

指　标	2013 年	2012 年	变动率（%）
家数	90	90	0.00
亏损家数	17	7	142.86
亏损家数比例（%）	18.89	7.78	11.11
平均每股收益（元）	0.33	0.43	-23.26
平均每股净资产（元）	3.85	3.80	1.32
平均净资产收益率（%）	8.46	11.32	-2.86
总资产（亿元）	6920.94	6297.44	9.90
归属于母公司股东权益（亿元）	2607.41	2376.13	9.73
营业收入（亿元）	5051.74	4638.36	8.91
利润总额（亿元）	317.31	376.50	-15.72
归属于母公司所有者的净利润（亿元）	220.53	269.00	-18.02

资料来源：沪深交易所，天相投资分析系统。

（二）分行业经营情况

表 7　　2013 年四川上市公司分行业经营情况

所属行类	营业收入（亿元）	可比样本变动率（%）	归属于母公司所有者的净利润（亿元）	可比样本变动率（%）
农、林、牧、渔业	0.00	—	0.00	—
采矿业	166.31	-1.24	5.26	-38.90
制造业	3327.58	4.66	155.36	-23.79
电力、热力、燃气及水生产和供应业	87.84	7.45	19.62	30.70
建筑业	1113.44	14.92	12.63	-17.14
批发和零售业	130.63	6.27	2.56	-27.40
交通运输、仓储和邮政业	75.07	65.51	10.79	-14.70
住宿和餐饮业	0.00	—	0.00	—
信息传输、软件和信息技术服务业	109.40	252.21	6.22	165.30
金融业	15.47	0.83	3.17	15.49
房地产业	1.78	-18.58	0.39	43.01
租赁和商务服务业	0.00	—	0.00	—

续表

所属行类	营业收入（亿元）	可比样本变动率（%）	归属于母公司所有者的净利润（亿元）	可比样本变动率（%）
科学研究和技术服务业	0.00	—	0.00	—
水利、环境和公共设施管理业	8.26	-13.16	1.14	-39.52
教育	0.00	—	0.00	—
卫生和社会工作	0.00	—	0.00	—
文化、体育和娱乐业	15.97	18.28	3.38	18.29
综合	0.00	—	0.00	—
合　计	5051.74	8.91	220.53	-18.02

资料来源：四川证监局，天相投资分析系统。

（三）业绩变动情况分析

1. 营业收入、毛利率等变动分析

2013 年，四川上市公司实现营业总收入 5051.74 亿元，较 2012 年增长 8.91%；营业成本 4125.43 亿元，较 2012 年增长 11.14%；销售费用、管理费用和财务费用合计 567.82 亿元，较 2012 年增长 15.68%；营业利润 304.22 亿元，较 2012 年减少 12.08%；毛利率 18.34%，较 2012 年下降 1.02 个百分点。总体来看，营业成本增幅大于营业收入增长幅度，导致毛利率小幅下降，成本费用大幅上涨致使营业利润现下滑趋势。

2. 盈利构成分析

从盈利构成看，2013 年，四川上市公司利润来源主要是营业利润，其占利润总额比重为 95.87%；营业外收益对利润影响很小。归属于母公司股东的净利润在 5 亿元以上的公司共 11 家，分别是五粮液、泸州老窖、东方电气、新希望、川投能源、四川成渝、科伦药业、兴蓉投资、四川路桥、攀钢钒钛和四川长虹，占四川公司归属于母公司的净利润总额的 97.20%。4 家白酒企业归属于母公司的净利润下降 37.64 亿元，*ST 二重亏损 32.07 亿元，对整体经营成果影响较大。

3. 经营性现金流量分析

2013 年，四川 66 家上市公司经营现金流量净额为正，占 90 家上市公司 73.33%，低于 2012 年 72.22%的水平。

4. 业绩特点分析

（1）每股收益下降明显。2013 年，四川上市公司实现归属母公司所有者净利润 220.53 亿元，较 2012 年下滑 18.02%；平均每股收益 0.33 元，低于 2012 年的 0.43 元；平均净资产收益率 8.46%，低于 2012 年的 11.32%。

（2）板块存在差异。主板上市公司 2013 年平均每股收益 0.33 元，净资产收益率 8.99%（2012 年为 0.44 元，12.18%），业绩较 2012 年大幅下滑；中小板平均每股收益 0.38 元，净资产收益率 6.99 %（2012 年为 0.44 元，7.66%），较 2012 年小幅下降；创业板上市公司抗风险能力较弱，2013 年平均每股收益-0.12 元，净资产收益率-4.13%（2012年为0.18元，5.17%），总体未能实现盈利。

5. 利润分配情况

2013年，四川共有56家公司提出利润分配或资本公积金转增股本方案，发放现金股利家数55家。派现总额派现金总额84.17亿元，占四川盈利公司归属于母公司所有者净利润的30.50%，较2012年降低5.68个百分点。白酒类上市公司现金分红依然较为突出，五粮液、泸州老窖分红金额分别为26.57亿元和17.53亿元，分红金额占四川上市公司分红总额的52.40%。

表8　　2013年四川上市公司现金分红情况

2013年分红公司家数			2013年分红金额		
家　数	变动率（%）	分红公司家数占地区公司总数比重（%）	金额（亿元）	变动率（%）	分红金额占归属于母公司所有者的净利润比重（%）
55	-9.84	61.11	84.17	-13.53	30.50

资料来源：四川证监局。

四、四川上市公司并购重组情况

（一）并购重组基本情况

2013年，四川共有12家公司开展重大并购事项。1家公司（聚友网络）完成重大资产重组，2家公司（天齐锂业、华润锦华）重大资产重组（含非公开发行收购）申请上报中国证监会审核，另有9家公司停牌筹划重大重组（卫士通、和邦股份、西部资源、川化股份、迪康药业、成飞集成、三泰电子、四川圣达、鹏博士）。

（二）并购重组特点

一是通过并购重组实现脱胎换骨。聚友网络通过实施资产重组、债务重组与股改同步进行的方案，有效解决了公司债务负担，并注入了镍钴矿产，使公司基本面发生根本性变化，2013年公司股票恢复上市。二是通过并购重组实现跨国并购。天齐锂业拟非公开发行股票，拓展上游矿产资源，收购全球最大的锂精矿供应商泰利森公司股权，解决其原料供应问题。三是通过并购重组拓展业务。鹏博士以现金购买长城宽带50%股权，有利于加速公司宽带业务布局，实现业务整合优势互补。

五、四川上市公司募集资金情况、使用情况

（一）募集资金总体情况

表9　　2013年四川上市公司募集资金情况

发行类型	代　码	简　称	募集资金（亿元）
首　发	—	—	0
	小　计		0

续表

发行类型	代　码	简　称	募集资金（亿元）
再融资（增发、配股）	000598	兴蓉投资	18.17
	000888	峨眉山	4.80
	002023	海特高新	4.13
	002246	北化股份	5.55
	002628	成都路桥	7.00
	600039	四川路桥	23.40
	600438	通威股份	5.87
	600880	博瑞传播	10.60
	600979	广安爱众	5.40
	小　计		84.92
其他融资（公司债券）	600039	四川路桥	15.00
	300028	金亚科技	1.50
	603077	和邦股份	4.00
	600139	西部资源	6.00
	002422	科伦药业	11.00
	小　计		37.50
总　计			122.42

资料来源：四川证监局。

（二）募集资金使用情况及特点

2013 年，四川上市公司募集资金主要通过再融资、发行公司债券实现，合计融资 122.42 亿元。从募集资金用途分析，一是新建项目；二是实施技改；三是收购资产；四是补充流动资金、归还银行贷款。从募集资金使用进度看，部分公司有所延迟，但总体符合募投项目计划安排。

（三）募集资金变更情况

2013 年，共有 4 家公司变更募集资金使用项目，涉及金额 1.75 亿元，占上述公司募集资金总额的 6.03%。变更的主要原因有：利君股份、雅化集团、硅宝科技募投项目市场前景发生变化，行业市场格局和政策调整，项目审批存在不确定性等因素，终止实施；四川九洲从新建厂房改为租赁，节约资金，并根据市场环境变化，调整具体建设内容。

表 10　　2013 年四川上市公司募集资金使用项目变更情况

变更募集资金使用项目的公司家数	涉及金额（亿元）	募集资金总额（亿元）	占公司募集资金总额的比例（%）
4	1.75	29.03	6.03%

资料来源：四川证监局。

六、四川上市公司规范运作情况

（一）上市公司治理专项情况

一是股权分置改革取得显著进展。辖区3家未股改公司中，聚友网络（现更名为华泽钴镍）已经完成股改；华塑控股已披露股改方案并报深圳证券交易所。二是内部控制工作稳步实施。2013年，辖区有76家公司披露内控自评报告，其中31家公司进行了内控审计。三是消除同业竞争问题得以推进。相关各方加强沟通协作，推进泸天化、川化股份及其控股股东履行消除同业竞争的承诺。四是监事会在提高公司治理方面取得较好的效果。四川省上市公司协会下设的监事会专业委员会积极开展工作，制定了《四川省上市公司监事会工作指引（试行）》，定期对辖区公司监事会主席进行培训，增强了沟通认识；部分公司监事会在督促公司治理问题整改中也发挥了监督作用。

（二）审计情况及监管情况

2013年，辖区90家公司均按期披露了财务报表审计报告。从审计意见类型看，标准意见审计报告86份，非标意见审计报告4份。其中，攀钢钒钛、宏达股份、阳煤化工被出具带有强调事项段的无保留意见，强调事项段均针对投资项目持续经营能力的不确定性；科伦药业因财务报告流程中有关完整识别关联方关系的内部控制存在重大缺陷，被出具保留意见。

四川证监局制定了《上市公司年报审计监管工作指引》，细化工作流程，并结合辖区实际明确了强化会计师事务所责任、利用专家工作、细化工作底稿等针对性工作安排。在年报审计监管期间，针对发现的上市公司会计问题、会计师事务所审计执业问题，分别采取了监管措施。

（三）信息披露情况

信息披露履行情况总体较好，绝大多数公司能够按照相关法规要求，如实反映经营成果、重大事项以及面临的风险，能够及时针对媒体质疑履行核查及澄清义务；主动性信息披露意识不断增强，在监管引导以及维护公司形象等因素的合力推动下，各公司在法定披露义务之外，以投资者需求为导向，自愿披露公司的各种信息。从信息披露直通车的推进情况看，各公司运行保持平稳，信息披露效率不断提高。

（四）证券市场服务情况

上市公司投资者保护意识日益增强。创新开展了“董秘值班周”、“投资者关系管理及舆情培训”、“投资者集体接待日”、“投资者走进上市公司”等活动。各公司均建立投资者咨询电话值守机制，进一步强化与投资者互动交流，部分公司在审议重大事项时，还会主动征询中小股东意见。

上市公司财务规范基础不断提高。在对四川上市公司财务基础情况进行了摸排，有利于各公司查找自身存在的不足，并对照整改提高；召开财务总监专题培训会，各公司财务总监通过沟通和交流，达成了不断提高财务信息质量的共识。

四川省上市公司协会努力发挥自律组织作用，维护证券市场秩序。由四川省上市公司协会牵头，开展了“投资者保护月”系列活动，各上市公司纷纷响应，积极参与各项投保活动，投资者反映较好。

审稿人：王战平　李　金

撰稿人：刘　佳　林振超　李铁军

任　思　李君倩　刘　斌

贵州地区

一、贵州国民经济发展概况

表 1　　2013 年贵州国民经济发展概况　　单位：亿元

指标	1~3 月		1~6 月		1~9 月		1~12 月	
	绝对量	同比增长（%）	绝对量	同比增长（%）	绝对量	同比增长（%）	绝对量	同比增长（%）
地区生产总值（GDP）	1232	15.0	3250	16.4	5111	16.1	8007	17.7
全社会固定资产投资	—	—	—	—	—	—	—	—
社会消费品零售总额	—	—	—	—	—	—	—	—
规模以上工业增加值	—	14.8	—	13.9	—	13.9	—	13.6
规模以上工业企业实现利润	89	41.1	192	-1.0	304	-3.1	477	2.4
居民消费价格指数（CPI）	1~3 月		1~6 月		1~9 月		1~12 月	
	2.5		2.5		2.6		2.5	

资料来源：国家统计局。

二、贵州上市公司总体情况

（一）公司数量

表 2　　2013 年贵州上市公司数量　　单位：家

公司总数	2013 年新增	股票类别			板块分布			
		仅 A 股	仅 B 股	（A+B）股	沪市主板	深市主板	中小板	创业板
21	0	21	0	0	10	5	5	1

资料来源：贵州证监局，天相投资分析系统。

（二）行业分布

表 3　　2013 年贵州上市公司行业分布情况

所属证监会行业类别	家　数	占比（%）	所属证监会行业类别	家　数	占比（%）
农、林、牧、渔业	0	0.00	金融业	0	0.00
采矿业	1	4.76	房地产业	1	4.76
制造业	16	76.19	租赁和商务服务业	0	0.00
电力、热力、燃气及水生产和供应业	1	4.76	科学研究和技术服务业	0	0.00
建筑业	0	0.00	水利、环境和公共设施管理业	0	0.00
批发和零售业	1	4.76	教育	0	0.00
交通运输、仓储和邮政业	0	0.00	卫生和社会工作	0	0.00
住宿和餐饮业	0	0.00	文化、体育和娱乐业	0	0.00
信息传输、软件和信息技术服务业	1	4.76	综合	0	0.00
合　计	21	100.00			

资料来源：贵州证监局，天相投资分析系统。

（三）股本结构及规模

表 4　　2013 年贵州上市公司股本规模在 10 亿股以上公司分布情况

股本规模（亿股）	公司家数	具体公司
10≤~<20	3	贵州茅台、盘江股份、中天城投

资料来源：沪深交易所，天相投资分析系统。

表 5　　2013 年贵州上市公司分地区股权构成情况

股权性质 / 地域分布	央企国资控股	省属国资控股	地市国资控股	民营控股	其　他	合　计
贵阳市	8	1	1	4	0	14
遵义市	0	2	0	1	0	3
六盘水市	0	1	0	0	0	1
安顺市	0	0	1	1	0	2
黔南州	0	0	0	1	0	1
合　计	8	4	2	7	0	21

资料来源：贵州证监局。

（四）市值规模

截至 2013 年 12 月 31 日，贵州 21 家上市公司境内总市值为 2387.06 亿元，占全国上市公司境内总市值的 1%，其中，上交所上市公司 10 家，总股本 64.94 亿股，境内总市值 1850.08 亿元，占上交所上市公司境内总市值的 1.22%；深交所上市公司 11 家，总股本 46.84 亿股，境内总市值 536.98 亿元，占深交所上市公司境内总市值的 0.61%。

（五）资产规模

截至 2013 年 12 月 31 日，贵州 21 家上市公司合计总资产 1899.87 亿元，归属于母公司股东权益 840.57 亿元，与 2012 年相比，分别增长 19.68%和 14.71%；平均每股净资产 7.52 元。

三、贵州上市公司经营情况及变动分析

（一）总体经营情况

表 6

2013 年贵州上市公司经营情况

指　标	2013 年	2012 年	变动率（%）
家数	21	21	0.00
亏损家数	2	0	—
亏损家数比例（%）	9.52	0.00	9.52
平均每股收益（元）	1.65	1.58	4.21
平均每股净资产（元）	7.52	6.71	12.07
平均净资产收益率（%）	21.90	23.49	-1.59
总资产（亿元）	1899.87	1587.51	19.68
归属于母公司股东权益（亿元）	840.57	732.80	14.71
营业收入（亿元）	899.98	795.34	13.16
利润总额（亿元）	256.33	238.41	7.52
归属于母公司所有者的净利润（亿元）	184.06	172.17	6.90

资料来源：沪深交易所，天相投资分析系统。

（二）分行业经营情况

表 7

2013 年贵州上市公司分行业经营情况

所属行类	营业收入（亿元）	可比样本变动率（%）	归属于母公司所有者的净利润（亿元）	可比样本变动率（%）
农、林、牧、渔业	0.00	—	0.00	—
采矿业	57.84	-26.62	4.80	-68.09
制造业	692.70	12.53	168.35	12.05

续表

所属行类	营业收入（亿元）	可比样本变动率（%）	归属于母公司所有者的净利润（亿元）	可比样本变动率（%）
电力、热力、燃气及水生产和供应业	10.17	-42.57	-0.99	-172.39
建筑业	0.00	—	0.00	—
批发和零售业	61.98	34.25	0.52	108.66
交通运输、仓储和邮政业	0.00	—	0.00	—
住宿和餐饮业	0.00	—	0.00	—
信息传输、软件和信息技术服务业	1.52	0.75	0.56	-35.86
金融业	0.00	—	0.00	—
房地产业	75.76	113.16	10.81	146.60
租赁和商务服务业	0.00	—	0.00	—
科学研究和技术服务业	0.00	—	0.00	—
水利、环境和公共设施管理业	0.00	—	0.00	—
教育	0.00	—	0.00	—
卫生和社会工作	0.00	—	0.00	—
文化、体育和娱乐业	0.00	—	0.00	—
综合	0.00	—	0.00	—
合　计	899.98	13.16	184.06	6.91

资料来源：贵州证监局，天相投资分析系统。

（三）业绩变动情况分析

1. 营业收入、毛利率等变动原因分析

2013 年，贵州上市公司营业收入较 2012 年增长 13.16%，增长态势保持平稳，其中，贵州茅台、中天城投营业收入分别增加 44.66 亿元和 40.22 亿元，合计占贵州上市公司 104.64 亿元营业收入增加额的 81.12%。贵州上市公司总体毛利率 50.18%，上升 0.85 个百分点，与 2013 年度基本持平。

2. 盈利构成分析

2013 年，贵州上市公司非经常性损益 2.38 亿元，仅占归属母公司股东净利润 184.06 亿元的 1.29%，与 2012 年度的 5.35%相比下降 4.06 个百分点。

3. 经营性现金流量分析

2013 年，贵州上市公司经营活动现金流入 1084.93 亿元，增长 27.49%；经营活动现金流出 929.6 亿元，增长 32.95%；经营活动现金净流入 155.33 亿元，增长 2.35%；久联发展等 5 家上市公司经营活动现金净流入为负数（且均连续两年为负数），减少 2 家。

4. 业绩特点分析

一是业绩总体平稳增长，但营业收入增速（13.16%）明显高于归属母公司股东净利润增速（6.90%）和经营活动现金净流入增速（2.35%）。二是盈利主要来源于主营业务，非经常性损益仅占归属母公司股东净利润的 1.29%，并呈现下降趋势。三是收益质量高，经营活动现金净流入与归属母公司股东净利润之比达 0.84，但与 2012 年的 0.88 相比有所下降。四是贵州茅台继续一枝独秀，2013 年实现归属母公司股东净利润 151.37 亿元，占贵州上市公司归属母公司股东净利润总额 184.06 亿元的 82.24%，比 2012 年的 77.3%上升 4.93 个百分点，此外贵州茅台还以 14.58 元的基本每股收益雄冠 A 股。

5. 利润分配情况

表 8　　2013 年贵州上市公司现金分红情况

2013 年分红公司家数			2013 年分红金额		
家　数	变动率（%）	分红公司家数占地区公司总数比重（%）	金额（亿元）	变动率（%）	分红金额占归属母公司股东净利润比重（%）
16	-15.79	76.19	58.34	28.01	31.69

资料来源：贵州证监局。

四、贵州上市公司募集资金情况、使用情况

（一）募集资金总体情况

表 9　　2013 年贵州上市公司募集资金情况

发行类型	代　码	简　称	募集资金（亿元）
首　发	—	—	0
	小　计		0
再融资（增发、配股）	600992	贵绳股份	4.60
	小　计		4.60
其他融资（公司债券、短期融资券、中期票据、次级债、金融债、境外发行债券）	002037	久联发展	6.00
	小　计		6.00
总　计			10.60

资料来源：贵州证监局。

（二）募集资金使用情况及特点

2013 年，贵州 10 家上市公司合计使用募集资金 11.56 亿元，变更募集资金 8.15 亿元，尚未使用募集资金 20.77 亿元。募集资金使用特点：一是变更比例超过 30%，考虑以 2012 年度变更因素，实际变更比例更高。二是在建项目未达到计划投资进度和已投产项目未达到预计收益的现象大量存在。三是多途径提高募集资金使用效率的意识明显增强。即在不影响募投项目投资进度的前提下，经履行必要审批程序后，

采取动用尚未使用募集资金暂时补充流动资金、购买理财产品等措施，多途径提高募集资金使用效率。

（三）募集资金变更情况

表 10　　2013 年贵州上市公司募集资金使用项目变更情况

变更募集资金使用项目的公司家数	涉及金额（亿元）	募集资金总额（亿元）	占公司募集资金总额的比例（%）
2	8.15	24.67	33.04

资料来源：贵州证监局。

五、贵州上市公司规范运作情况

（一）上市公司治理专项情况

2013 年，贵州证监局以“打造诚信贵州板块”为主体，以签订“诚信公约”为约束，以“中天杯诚信知识竞赛”和有奖征文活动为载体，以“诚信宣传教育”为导向，以“强化领导、强化教育、强化措施、强化激励、强化约束、强化自律、强化监管”为抓手，深入开展贵州上市公司“诚信年”建设活动。通过“诚信年”建设活动，贵州上市公司“三会”运作更加规范、内部控制更加健全、约束机制完善，诚信创造价值、失信付出代价的意识更加深入人心。

（二）审计情况及监管情况

2013 年，共有 11 家会计师事务所为贵州 21 家上市公司提供 2013 年报审计服务，出具审计报告 21 份，其中无留意见 20 份、无法表示意见 1 份；出具内控审计报告 17 份，全为标准无保留意见。

贵州证监局年报审计监管开展的主要工作。

（1）以“实”为先，事前突出基础夯实。一是认真组织学习年报审计监管政策法规，结合实际制订年报审计监管工作方案；二是梳理上市公司潜在风险点和重大错报风险领域，据以区分重点类审计监管项目和一般类审计监管项目，并采取不同的监管措施；三是及时审阅会计师事务所年报审计计划，关注重点审计风险领域和重要性水平确定、计划实施审计程序、审计项目组人员构成及胜任能力。

（2）以“质”为本，事中突出质量提升。一是督促年审会计师认真做好与上市公司审计委员会、独立董事的充分沟通，确保潜在风险点和重大错报风险领域的确定更加准确；二是密切关注审计工作进展，重点跟踪年审会计师审计计划执行及调整、重大会计处理分歧解决及影响等有关情况，并采取约见谈话等监管措施，督促年审会计师归位尽职，提高审计质量；三是对重点类审计项目进行事中现场督导，督促会计师事务所在上市公司年报披露后 5 个工作日内向贵州证监局报送年报审计总结并及时审阅审，据以梳理重点问题，为现场检查明确问题导向。

（3）以“效”为基，事后突出问题导向，主要是在事前、事中监管的基础上，集中监管力量和资源，对重点类审计监管项目进行有针对性的现场检查，扭转面面俱到与面面不到等传统做法的弊端，切实查深查透，突出检查实效，并将检查过程中的一些有效做法制度化、程序化。同时，在相关专项检查中对年报审计事前事中监管发现的问题或疑点进行重点关注，发现了一些审计工作不到位的情况。

（4）以“度”为要，合理把握监管边界。一是严格区分会计责任、审计责任和监管责任，坚持监管工作不影响审计工作的独立性、坚持不提前询问审计结论、坚持不代替会计师事务所进行专业判断；二是及时对年报审计监管过程中的重大问题加强与证监会会计部、上市部的汇报沟通及与交易所的监管协作，寻求指导与支持，据以采取恰当监管措施，确保监管工作到位而不越位；三是充分发挥贵州证监局会计专业小组作用，对年报审计监管重大争议问题深入研讨，形成一致意见并以恰当方式向年审会计师充分提示风险，督促年审会计师采取切实措施提高审计质量。

（三）信息披露情况

贵州证监局适应监管转型新形势，严格按照法律法规规定，强化上市公司信息披露监管，尤其重点关注实施信息披露直通车后出现的各种问题，进一步提高上市公司透明度。一是及时审阅上市公司信息公告（全年处理信息公告984份），对存在的疑点或问题及时采取电话询问、约见谈话、现场检查等措施进行核实。二是加强与上市部、交易所的沟通联系，及时互通信息，实现监管联动。三是高度重视媒体质疑和信访举报，全年妥善处理上市公司媒体质疑和信访举报12起。四是将上市公司信息披露作为现场检查的重要内容，并对违规信息披露保持高压监管态势。如对国创能源现场检查中发现的信息披露违规，及时采取约见公司董事长谈话、下发监管关注函等措施进行处理。

（四）证券市场服务情况

（1）采取督促中介机构勤勉尽职、提供政策咨询、协调解决实际问题、及时出具持续监管意见等措施，积极推动上市公司再融资和并购重组。2013年，贵州上市公司再融资再掀高潮，黔轮胎、贵绳股份、益佰制药非公开发行获证监会核准（预计募集资金33亿元，其中贵绳股份成功募集资金4.6亿元）；久联发展成功发行6亿元公司债；信邦制药重大资产重组、振华科技非公开发行申请获证监会受理。

（2）全力做好上市资源培育和服务工作。一是赴市、州开展市场培育专题调研，走访水城矿业、好一多乳业等拟上市或后备上市企业并掌握其最新情况，与贵州省经信委联合组织“百位专家进企业”会诊活动，为企业改制上市把脉献策。二是深入分析贵州后备上市资源现状，向贵州省委、省政府上报的《关于贵州省上市后备资源培育与引进工作情况的报告》，得到了省领导的充分肯定，省委书记批示“省金融办等有关部门要结合实际，认真抓好落实”。三是督促、指导 IPO 申请企业及中介机构，按照证监会财务核查要求，认真完成自查工作。四是结合工作实际和实践发展，修订辅导监管工作规程，完善辅导监管工作指引，不断提高辅导监管针对性、有效性和规范性。

审稿人：杨　光　温丽萍

撰稿人：计　刚

云南地区

一、云南国民经济发展概况

表 1　　2013 年云南国民经济发展概况　　单位：亿元

指　标	1~3 月		1~6 月		1~9 月		1~12 月	
	绝对量	同比增长（%）	绝对量	同比增长（%）	绝对量	同比增长（%）	绝对量	同比增长（%）
地区生产总值（GDP）	2260	13.5	4641	11.4	7546	12.6	11721	13.7
全社会固定资产投资	—	—	—	—	—	—	—	—
社会消费品零售总额	—	—	—	—	—	—	—	—
规模以上工业增加值	—	14.9	1582	13.6	2465	12.2	3471	12.3
规模以上工业企业实现利润	122	25.4	245	17.1	384	17.8	549	8.1
居民消费价格指数（CPI）	1~3 月		1~6 月		1~9 月		1~12 月	
	2.9		2.9		3.5		3.2	

资料来源：国家统计局。

二、云南上市公司总体情况

（一）公司数量

表 2　　2013 年云南上市公司数量　　单位：家

公司总数	2013 年新增	股票类别			板块分布			
		仅 A 股	仅 B 股	（A+B）股	沪市主板	深市主板	中小板	创业板
28	0	28	0	0	12	8	7	1

资料来源：云南证监局，天相投资分析系统。

（二）行业分布

表 3　　2013 年云南上市公司行业分布情况

所属证监会行业类别	家　数	占比（%）	所属证监会行业类别	家　数	占比（%）
农、林、牧、渔业	2	7.14	金融业	1	3.57
采矿业	1	3.57	房地产业	2	7.14
制造业	17	60.71	租赁和商务服务业	0	0.00
电力、热力、燃气及水生产和供应业	1	3.57	科学研究和技术服务业	0	0.00
建筑业	0	0.00	水利、环境和公共设施管理业	2	7.14
批发和零售业	1	3.57	教育	0	0.00
交通运输、仓储和邮政业	0	0.00	卫生和社会工作	0	0.00
住宿和餐饮业	0	0.00	文化、体育和娱乐业	0	0.00
信息传输、软件和信息技术服务业	1	3.57	综合	0	0.00
合　计	28	100.00			

资料来源：云南证监局，天相投资分析系统。

（三）股本结构及规模

表 4　　2013 年云南地区上市公司股本规模在 10 亿股以上公司分布情况

股本规模（亿股）	公司家数	具体公司
20≤~<50	1	美好集团
10≤~<20	6	驰宏锌锗、太平洋、锡业股份、云铝股份、云南铜业、云天化

资料来源：沪深交易所，天相投资分析系统。

表 5　　2013 年云南上市公司分地区股权构成情况

地域分布 \ 股权性质	央企国资控股	省属国资控股	地市国资控股	民营控股	其　他	合　计
昆明市	2	11	2	3	2	20
曲靖市	0	2	1	0	0	3
文山州	1	0	0	0	0	1
保山市	0	0	0	1	0	1
丽江市	0	0	1	0	0	1
普洱市	0	0	0	1	0	1
临沧市	0	0	0	1	0	1
合　计	3	13	4	6	2	28

资料来源：云南证监局。

（四）市值规模

截至 2013 年 12 月 31 日，云南 28 家上市公司境内总市值 2058.11 元，占全国上市公司境内总市值的 0.86%，其中，上交所上市公司 12 家，总股本 81.61 亿股，境内总市值 651.64 亿元，占上交所上市公司境内总市值的 0.43%；深交所上市公司 16 家，总股本 106.99 股，境内总市值 1406.47 元，占深交所上市公司境内总市值的 1.60%。

（五）资产规模

截至 2013 年 12 月 31 日，云南 28 家上市公司合计总资产 2886.55 亿元，归属于母公司股东权益 776.90 亿元，与 2012 年相比，分别增长 24.53%和 20.56%；平均每股净资产 4.09 元。

三、云南上市公司经营情况及变动分析

（一）总体经营情况

表 6　　2013 年云南上市公司经营情况

指　标	2013 年	2012 年	变动率（%）
家数	28	28	0.00
亏损家数	3	8	-62.50
亏损家数比例（%）	10.71	28.57	-17.86
平均每股收益（元）	0.12	0.08	52.14
平均每股净资产（元）	4.09	3.73	9.65
平均净资产收益率（%）	2.98	2.13	0.85
总资产（亿元）	2886.55	2317.87	24.53
归属于母公司股东权益（亿元）	776.90	644.40	20.56
营业收入（亿元）	2237.82	1424.67	57.08
利润总额（亿元）	35.24	22.82	54.41
归属于母公司所有者的净利润（亿元）	23.13	13.75	68.19

资料来源：沪深交易所，天相投资分析系统。

（二）分行业经营情况

表 7　　2013 年云南上市公司分行业经营情况

所属行类	营业收入（亿元）	可比样本变动率（%）	归属于母公司所有者的净利润（亿元）	可比样本变动率（%）
农、林、牧、渔业	6.95	49.58	0.30	-127.06
采矿业	180.78	49.03	5.89	69.44
制造业	1907.48	59.14	8.22	202.50

续表

所属行类	营业收入（亿元）	可比样本变动率（%）	归属于母公司所有者的净利润（亿元）	可比样本变动率（%）
电力、热力、燃气及水生产和供应业	20.32	18.80	1.30	-8.70
建筑业	0.00	—	0.00	—
批发和零售业	17.91	-35.31	0.75	-27.48
交通运输、仓储和邮政业	0.00	—	0.00	—
住宿和餐饮业	0.00	—	0.00	—
信息传输、软件和信息技术服务业	21.56	18.05	0.09	48.36
金融业	4.86	-7.49	0.75	5.83
房地产业	64.27	202.18	3.72	-3.04
租赁和商务服务业	0.00	—	0.00	—
科学研究和技术服务业	0.00	—	0.00	—
水利、环境和公共设施管理业	13.69	30.26	2.11	30.64
教育	0.00	—	0.00	—
卫生和社会工作	0.00	—	0.00	—
文化、体育和娱乐业	0.00	—	0.00	—
综合	0.00	—	0.00	—
合 计	2237.82	57.08	23.13	68.15

资料来源：云南证监局，天相投资分析系统。

（三）业绩变动情况分析

1. 营业收入、毛利率等变动原因分析

2013 年，云南 28 家上市公司共实现营业收入 2237.82 亿元，较 2012 年增长 57.08%。制造类企业除个别公司外，毛利率整体下滑。主要原因是云南上市公司传统周期性行业数量较多，行业经营状况与外部宏观经济环境高度正相关，且抗周期经营能力普遍不强，导致经营业绩易随经济周期发生大幅波动。

2. 盈利构成分析

2013 年，云南 25 家上市公司盈利，3 家上市公司亏损。实现归属于母公司所有者的净利润 23.13 亿元，同比增长 68.19%，但主业盈利能力不容乐观。28 家上市公司在扣除政府补贴、出售资产等非经常性损益后的净利润为-22.63 亿元，同比下降 1067%，反映出云南上市公司存在自身调节能力和抗风险能力不足等问题。

3. 经营性现金流量分析

2013 年，云南上市公司经营活动产生的现金流量净额为 77.58 亿元，比 2012 年经营活动产生的现金流量净额 32.07 亿元增长 141.9%，主要原因：一是云南上市公司营业收入增长迅速，同比增长 57.08%；二是占云南上市公司营业收入近一半的有色金属类上市公司主要产品属于大宗商品，变现能力较强，回款较快。

4. 业绩特点分析

一是上市公司增收不增利特征显著，部分上市公司在利用资本市场迅速扩张规模，做大体量，资产和营业收入大幅增长的同时，经营利润并未同步增长。2013年，10家上市公司净利润同比出现下降；10家公司主营业务亏损，依靠政府补助、资产处置收益等非经常性损益项目实现盈利。二是板块分化进一步加剧。2013年有色金属板块实现营业收入占云南上市公司总体收入的50%，但利润整体亏损20.79亿元，与2012年盈利5.72亿元的情况相比亏损严重。2013年生物制药板块实现营业收入仅占云南上市公司总体收入的9%，但2013年生物制药板块实现净利润26亿元，较2012年净利润增加6.04亿元，同比增长30.24%。

5. 利润分配情况

表8　　2013年云南上市公司现金分红情况

2013年分红公司家数			2013年分红金额		
家　数	变动率（%）	分红公司家数占地区公司总数比重（%）	金额（亿元）	变动率（%）	分红金额占归属于母公司所有者的净利润比重（%）
16	-5.88	57.14	12.01	8.88	51.92

资料来源：云南证监局。

2013年，云南上市公司年报披露预计分红家数为16家，较2012年的17家减少1家，下降5.88%，分红的公司比例为57.14%。除亏损公司没有分红外，部分公司因累计未分配利润为负，不符合分红的条件；部分微利公司及资金紧缺的公司也没有进行分红。

四、云南上市公司并购重组情况

（一）并购重组基本情况

2013年，云南共有3家上市公司实施重大资产重组，交易价格合计为150.75亿元。其中，云天化向云天化集团、云投集团、江磷集团、工投集团、云铜集团、冶金集团及金星化工发行股份购买其合法持有或有权处置的云天化国际100%的股份、磷化集团100%的股权、天安化工40%的股权、三环中化60%的股权、联合商务86.8%的股权、天达化工70.33%的股权以及云天化集团直属资产，并向中国信达以发行股份和支付现金4000万元的方式购买其合法持有的天达化工29.67%的股权，交易价格合计为137.88亿元。罗平锌电向泛华矿业发行股份购买其持有的向荣矿业和德荣矿业100%的股权，交易价格为6.3亿元。云南旅游向世博旅游集团发行股份购买其持有的世博出租100%股权、云旅汽车100%股权、花园酒店100%股权、酒店管理公司100%股权，交易价格合计为6.57亿元。

（二）并购重组特点

2013 年，云南上市公司并购重组的交易总额为 150.75 亿元，其中，属于国企整合的并购交易金额为 144.45 亿元，占比 95.82%；市场化并购的交易金额为 6.3 亿元，占比为 4.18%。云南上市公司并购重组主要以国企整合为主，市场化并购所占的份额较小。

五、云南上市公司募集资金情况、使用情况

（一）募集资金总体情况

表 9　　2013 年云南上市公司募集资金情况

发行类型	代　码	简　称	募集资金（亿元）
首　发	—	—	0
	小　计		0
再融资（增发、配股）	600459	贵研铂业	7.17
	600497	驰宏锌锗	35.68
	000960	锡业股份	40.77
	600096	云天化	137.48
	600422	昆明制药	7.00
	000948	南天信息	1.23
	600792	云煤能源	9.00
	002114	罗平锌电	6.30
	002059	云南旅游	6.57
	小　计		251.20
其他融资（公司债券、短期融资券、中期票据、次级债、金融债、境外发行债券）	600422	昆明制药	1.50
	600792	云煤能源	2.50
	002033	丽江旅游	0.90
	300142	沃森生物	10.00
	000807	云铝股份	4.00
	小　计		18.90
总　计			270.10

资料来源：云南证监局。

（二）募集资金使用情况及特点

上述公司通过增发、配股等形式募集资金 270.085 亿元，主要用于项目投资、股权收购、偿还银行借款及补充流动资金。

（三）募集资金变更情况

云天化原计划将 1.19 亿万元投入珠海富华复合材料有限公司的股权收购及年产 30000 吨无碱玻璃纤维池窑拉丝生产线技

术改造项目，后将该部分资金用途变更为永久补充流动资金。

表 10　　2013 年云南上市公司募集资金使用项目变更情况

变更募集资金使用项目的公司家数	涉及金额（亿元）	募集资金总额（亿元）	占公司募集资金总额的比例（%）
1	1.19	18.56	6.41%

资料来源：云南证监局。

六、云南上市公司规范运作情况

（一）上市公司治理专项情况

上市公司及其关联方承诺履行专项监管工作基本完成。截至 2014 年 6 月 30 日，云南辖区 28 家上市公司中，除云南白药和美好集团 2 家公司无未履行完毕承诺外，其余 26 家上市公司按照《关于进一步做好上市公司实际控制人、股东、关联方、收购人以及上市公司承诺及履行监管工作的通知》要求，均在规定时限前专项披露了截至 2013 年底公司及相关主体关于承诺履行情况的公告。

（二）审计情况及监管情况

截至 2014 年 4 月 30 日，云南 28 家上市公司如期披露了 2013 年年报，除 *ST 景谷被出具保留意见外，其余上市公司均被出具标准无保留意见。云南证监局认真组织开展辖区上市公司 2013 年年报监管工作，出具年报审核表 28 份，在年报审核和与交易所进行比对的基础上，选取业绩波动较大、信息披露不规范和报告期内撤销退市风险警示的 8 家上市公司进行了年报专项检查。

（三）信息披露情况

云南辖区上市公司未出现信息披露严重违规情况。

（四）证券市场服务情况

云南证监局以融资监管为杠杆推动云南上市公司规范水平和质量的提高。以并购重组为抓手，提高并购重组质量，提升公司持续盈利能力，推动上市公司做优做强。2013 年，云南上市公司并购重组金额达 150.75 亿元，创历史新高。通过并购重组，云天化、云南旅游等上市公司的资产质量有所提升，为公司进一步做优做强打下了良好基础。

审稿人：王广幼

撰稿人：杨　锐　白云飞　严　野

西藏地区

一、西藏国民经济发展概况

表 1　　2013 年西藏国民经济发展概况　　单位：亿元

指标	1~3 月		1~6 月		1~9 月		1~12 月	
	绝对量	同比增长（%）	绝对量	同比增长（%）	绝对量	同比增长（%）	绝对量	同比增长（%）
地区生产总值（GDP）	153	15.2	330	14.8	576	15.4	808	16.1
全社会固定资产投资	—	—	—	—	—	—	876	30.6
社会消费品零售总额	—	—	—	—	—	—	293.2	15.2
规模以上工业增加值	—	15.8	—	15.1	—	14.0	—	12.2
规模以上工业企业实现利润	–1	–229.0	2	36.3	6	–22.3	7	–45.1
居民消费价格指数（CPI）	1~3 月		1~6 月		1~9 月		1~12 月	
	2.4		3.4		4.2		4.2	

资料来源：国家统计局。

二、西藏上市公司总体情况

（一）公司数量

表 2　　2013 年西藏上市公司数量　　单位：家

公司总数	2013 年新增	股票类别			板块分布			
		仅 A 股	仅 B 股	（A+B）股	沪市主板	深市主板	中小板	创业板
10	0	10	0	0	6	2	2	0

资料来源：西藏证监局，天相投资分析系统。

（二）行业分布

表 3　　2013 年西藏上市公司行业分布情况

所属证监会行业类别	家　数	占比（%）	所属证监会行业类别	家　数	占比（%）
农、林、牧、渔业	0	0.00	金融业	0	0.00
采矿业	1	10.00	房地产业	1	10.00
制造业	5	50.00	租赁和商务服务业	0	0.00
电力、热力、燃气及水生产和供应业	0	0.00	科学研究和技术服务业	0	0.00
建筑业	1	10.00	水利、环境和公共设施管理业	1	10.00
批发和零售业	1	10.00	教育	0	0.00
交通运输、仓储和邮政业	0	0.00	卫生和社会工作	0	0.00
住宿和餐饮业	0	0.00	文化、体育和娱乐业	0	0.00
信息传输、软件和信息技术服务业	0	0.00	综合	0	0.00
合　计	10	100.00			

资料来源：西藏证监局，天相投资分析系统。

（三）股本结构及规模

表 4　　2013 年西藏上市公司股本规模在 10 亿股以上公司分布情况

股本规模（亿股）	公司家数	具体公司
20≤~<50	1	梅花集团
10≤~<20	1	海思科

资料来源：沪深交易所，天相投资分析系统。

表 5　　2013 年西藏上市公司分地区股权构成情况

地域分布＼股权性质	央企国资控股	省属国资控股	地市国资控股	民营控股	其　他	合　计
拉萨市	0	2	1	7	0	10

资料来源：西藏证监局。

（四）市值规模

截至 2013 年 12 月 31 日，西藏 10 家上市公司境内总市值 718.66 亿元，占全国上市公司境内总市值的 0.30%，其中，上交所上市公司 6 家，总股本 47.24 亿股，境内总市值 338.47 亿元，占上交所上市公司境内总市值的 0.22%；深交所上市公司 4 家，总股本 22.26 亿股，境内总市值 380.19 亿元，占深交所上市公司境内总市值的 0.43%。

（五）资产规模

截至 2013 年 12 月 31 日，西藏 10 家上市公司合计总资产 412.82 亿元，归属于母公司股东权益 172.28 亿元，与 2012 年相比，分别增长 8.97%和 22.05%；平均每股净资产 2.48 元。

三、西藏上市公司经营情况及变动分析

（一）总体经营情况

表 6　　2013 年西藏上市公司经营情况

指　标	2013 年	2012 年	变动率（%）
家数	10	10	0.00
亏损家数	0	2	-100.00
亏损家数比例（%）	0.00	20.00	-20.00
平均每股收益（元）	0.20	0.22	-7.23
平均每股净资产（元）	2.48	2.40	3.33
平均净资产收益率（%）	8.23	9.28	-1.05
总资产（亿元）	412.82	378.83	8.97
归属于母公司股东权益（亿元）	172.28	141.16	22.05
营业收入（亿元）	164.83	153.01	7.73
利润总额（亿元）	17.94	16.66	7.66
归属于母公司所有者的净利润（亿元）	14.18	13.10	8.28

资料来源：沪深交易所，天相投资分析系统。

（二）分行业经营情况

表 7　　2013 年西藏上市公司分行业经营情况

所属行类	营业收入（亿元）	可比样本变动率（%）	归属于母公司所有者的净利润（亿元）	可比样本变动率（%）
农、林、牧、渔业	0.00	—	0.00	—
采矿业	7.19	40.80	0.20	-115.79
制造业	117.61	6.74	12.87	-3.72
电力、热力、燃气及水生产和供应业	0.00	—	0.00	—
建筑业	17.45	6.41	0.05	-111.52
批发和零售业	14.02	14.81	0.27	-11.06
交通运输、仓储和邮政业	0.00	—	0.00	—
住宿和餐饮业	0.00	—	0.00	—
信息传输、软件和信息技术服务业	0.00	—	0.00	—

续表

所属行类	营业收入（亿元）	可比样本变动率（%）	归属于母公司所有者的净利润（亿元）	可比样本变动率（%）
金融业	0.00	—	0.00	—
房地产业	6.77	-9.45	0.72	-29.03
租赁和商务服务业	0.00	—	0.00	—
科学研究和技术服务业	0.00	—	0.00	—
水利、环境和公共设施管理业	1.78	9.73	0.08	-30.24
教育	0.00	—	0.00	—
卫生和社会工作	0.00	—	0.00	—
文化、体育和娱乐业	0.00	—	0.00	—
综合	0.00	—	0.00	—
合　计	164.83	7.73	14.18	8.32

资料来源：西藏证监局，天相投资分析系统。

（三）业绩变动情况分析

1. 营业收入、毛利率等变动原因分析

2013 年，西藏上市公司实现营业收入 164.83 亿元，较 2012 年增长 7.73%；平均毛利率为 33.83%，增长 0.83 个百分点。营业收入增加主要是辖区公司梅花生物、西藏矿业、海思科等产销增加。因营业成本随营业收入同比增长，毛利润变化幅度不大。

2. 盈利构成分析

2013 年，西藏上市公司实现营业利润 13.63 亿元，同比增长 8.52%；营业外收支净额 4.31 亿元，同比增长 5.12%；利润总额 17.94 亿元，较 2012 年增长 7.66%；净利润 14.98 亿元，同比增长 10.96%；归属于上市公司所有者的净利润 14.18 亿元，同比增长 8.28%。营业利润占利润总额的 75.98%，辖区公司盈利主要来自主业利润。

3. 经营性现金流量分析

2013 年，西藏上市公司经营性活动现金流量净额为 22.33 亿元，较 2012 年增长 19.16%，平均每家公司经营性活动现金流量净额 2.23 亿元。6 家公司经营性现金流量净额较 2012 年有所增长，其中，西藏城投、西藏药业、西藏天路、海思科经营性现金流量分别较 2012 年增加 4.14 亿元、2.23 亿元、1.81 亿元和 1.03 亿元，增幅相对较大，其他公司经营性现金流量净额较 2012 年小幅减少。10 家公司中，8 家公司现金流量净额为正，西藏矿业和西藏城投为负。

4. 业绩特点分析

2013 年，西藏辖区上市公司全部实现盈利，但是上海主板上市的公司整体盈利能力下降，除西藏天路扭亏为盈外，其余 5 家公司盈利同比下滑明显；深圳主板上市公司业绩增幅明显，西藏矿业扭亏为盈，西藏发展净利润同比增加 160.29%；中小板上市公司盈利同比均有所增长，盈利能力较强，2家中小板公司净利润为7.30亿元，占西藏上市公司净利润的48.73%。

5. 利润分配情况

表8 2013年西藏上市公司现金分红情况

2013年分红公司家数			2013年分红金额		
家 数	变动率（%）	分红公司家数占地区公司总数比重（%）	金额（亿元）	变动率（%）	分红金额占归属于母公司所有者的净利润比重（%）
7	0.00	70	7.66	-26.06	54.02

资料来源：西藏证监局。

四、西藏上市公司并购重组情况

2013年，西藏辖区上市公司无并购重组事项。

五、西藏上市公司募集资金情况、使用情况

（一）募集资金总体情况

表9 2013年西藏上市公司募集资金情况

发行类型	代 码	简 称	募集资金（亿元）
首 发	—	—	0
	小 计		0
再融资（增发、配股）	600873	梅花生物	24.53
	小 计		24.53
其他融资（公司债券、短期融资券、中期票据、次级债、金融债、境外发行债券）	—	—	0
	小 计		0
总 计			24.53

资料来源：西藏证监局。

（二）募集资金使用情况及特点

2013年3月，梅花生物通过非公开发行股票募集资金24.53亿元，截至2013年12月31日，募集资金已全部投入使用，但公司募集资金项目并未达到计划进度和收益预期。

（三）募集资金变更情况

无变更募集资金使用项目的情况。

六、西藏上市公司规范运作情况

（一）上市公司治理专项情况

监管机构在2013年从现场检查抓起，持续加强对辖区上市公司治理建设的监管力度，先后开展了年报现场检查，同业竞争、关联交易专项治理，内控建设督导和检查，《内幕信息知情人登记管理制度》执行情况检查，信访投诉举报事项查处，上市公司承诺履行监管等工作，及时发现问题，督促公司整改，有效促进了辖区上市公司治理水平的进一步提高。

（二）审计情况及监管情况

2013年，西藏辖区上市公司年报审计意见均为标准无保留意见。2013年，监管机构共对辖区6家公司采取了监管措施，其中：下发监管函24份，约见谈话5家16人次，责令整改2家（次），责令公开说明1家（次），移交立案稽查1家次。同时要求部分审计机构报备审计计划、审计策略、审计总结等，切实保障监管成效，提高上市公司质量。

（三）信息披露情况

2013年，西藏辖区监管机构进一步完善以“信息披露为核心的监管体系”，充分借助监管协作机制，不断加强信息披露日常监管工作，通过监管和培训工作，西藏上市公司整体信息披露水平得到了一定的提高。但也存在公司信息披露义务人意识不强，公司制度不健全，导致公司信息披露违规而被实施监管措施的情况。如西藏天路控股股东发生变化，公司未及时披露；西藏药业实际控制人发生变更，公司未及时披露。

（四）证券市场服务情况

2013年，西藏辖区监管机构持续加强对上市公司董监高、关联方和主要股东的法律法规现场培训和非现场培训工作，培训内容涵盖法律法规、年报准则、会计监管风险提示、年报监管政策、并购重组改革、信息披露政策等，培训人数达到了百余人次。同时，监管机构创新培训方式，在传统授课培训方式的基础上，采取了经验交流现场会、座谈会等方式，丰富培训形式，增强培训效果。此外，监管机构加强对后备企业的培育工作，联合地方政府和交易所，以培训宣讲资本市场法规和功能，提升认识，解放思想；以调研推动企业改制上市，解决问题，促进规范，共同推进辖区资本市场发展，促进上市公司不断提升质量，提高辖区企业利用资本市场发展的能力。

（五）其他

2013年，监管机构将上市公司分红作为一项重点工作，通过专项核查、公司自查、评估考核以及制度完善等手段，认真落实专项工作，辖区上市公司投资者汇报意识显著增强；为进一步加强辖区资本市场诚信建设，2013年，监管机构在拉萨召开“西藏自治区资本市场诚信建设年”活动启动大会，将2013年和2014年定为西藏自治区资本市场“诚信建设年”，在此期间，将开展一系列的诚信建设专项活动；监管机构在进一步将日常监管常态化的同时，完善风险评估标准和风险预警指标，形成风险评估和预警体系，初步建立了以问题为导向的监管体制。

审稿人：索朗顿珠

撰稿人：赵其新

陕西地区

一、陕西国民经济发展概况

表 1　　2013 年陕西国民经济发展概况　　单位：亿元

指　标	1~3 月		1~6 月		1~9 月		1~12 月	
	绝对量	同比增长（%）	绝对量	同比增长（%）	绝对量	同比增长（%）	绝对量	同比增长（%）
地区生产总值（GDP）	3069	11.4	6778	10.8	10579	10.6	16045	11.0
全社会固定资产投资	—	—	—	—	—	—	—	—
社会消费品零售总额	—	—	—	—	—	—	—	—
规模以上工业增加值	1598	13.5	3443	13.0	5217	13.3	7259	13.1
规模以上工业企业实现利润	416	6.1	894	1.0	1293	1.5	1973	-0.5
居民消费价格指数（CPI）	1~3 月		1~6 月		1~9 月		1~12 月	
	2.8		3.0		3.2		3.2	

资料来源：国家统计局。

二、陕西上市公司总体情况

（一）公司数量

表 2　　2013 年陕西上市公司数量　　单位：家

公司总数	2013 年新增	股票类别			板块分布			
		仅 A 股	仅 B 股	（A+B）股	沪市主板	深市主板	中小板	创业板
39	0	39	0	0	18	11	4	6

资料来源：陕西证监局，天相投资分析系统。

（二）行业分布

表 3　　　　2013 年陕西上市公司行业分布情况

所属证监会行业类别	家　数	占比（%）	所属证监会行业类别	家　数	占比（%）
农、林、牧、渔业	0	0.00	金融业	2	5.13
采矿业	3	7.69	房地产业	0	0.00
制造业	23	58.97	租赁和商务服务业	0	0.00
电力、热力、燃气及水生产和供应业	1	2.56	科学研究和技术服务业	0	0.00
建筑业	1	2.56	水利、环境和公共设施管理业	2	5.13
批发和零售业	2	5.13	教育	0	0.00
交通运输、仓储和邮政业	0	0.00	卫生和社会工作	0	0.00
住宿和餐饮业	2	5.13	文化、体育和娱乐业	0	0.00
信息传输、软件和信息技术服务业	1	2.56	综合	2	5.13
合　计	39	100.00			

资料来源：陕西证监局，天相投资分析系统。

（三）股本结构及规模

表 4　　　　2013 年陕西地区上市公司股本规模在 10 亿股以上公司分布情况

股本规模（亿股）	公司家数	具体公司
50≤~<100	1	中国西电
20≤~<50	2	金钼股份、中航飞机
10≤~<20	5	航空动力、陕鼓动力、陕国投 A、陕天然气、西部证券

资料来源：沪深交易所，天相投资分析系统。

表 5　　　　2013 年陕西上市公司分地区股权构成情况

股权性质 / 地域分布	央企国资控股	省属国资控股	地市国资控股	民营控股	其　他	合　计
西安市	6	7	6	10	0	29
咸阳市	0	1	0	1	0	2
宝鸡市	0	3	0	2	0	5
汉中市	1	0	0	0	0	1
铜川市	0	0	1	0	0	1
杨凌示范区	0	1	0	0	0	1
合　计	7	12	7	13	0	39

资料来源：陕西证监局。

（四）市值规模

截至2013年12月31日，陕西39家上市公司境内总市值2207.05亿元，占全国上市公司境内总市值的0.92%，其中，上交所上市公司18家，总股本162.87亿股，境内总市值1183.77亿元，占上交所上市公司境内总市值的0.78%；深交所上市公司21家，总股本113.48亿股，境内总市值1023.29亿元，占深交所上市公司境内总市值的1.16%。

（五）资产规模

截至2013年12月31日，陕西39家上市公司合计总资产1987.57亿元，归属于母公司股东权益968.40亿元，与2012年相比，分别增长7.44%和7.94%；平均每股净资产3.50元。

三、陕西上市公司经营情况及变动分析

（一）总体经营情况

表6　　2013年陕西上市公司经营情况

指　标	2013年	2012年	变动率（%）
家数	39	39	0.00
亏损家数	4	5	-20.00
亏损家数比例（%）	10.26	12.82	-2.56
平均每股收益（元）	0.15	0.16	-6.10
平均每股净资产（元）	3.50	3.48	0.57
平均净资产收益率（%）	4.29	4.54	-0.25
总资产（亿元）	1987.57	1849.92	7.44
归属于母公司股东权益（亿元）	968.40	897.14	7.94
营业收入（亿元）	941.19	876.42	7.39
利润总额（亿元）	52.18	45.15	15.57
归属于母公司所有者的净利润（亿元）	41.52	40.73	1.94

资料来源：沪深交易所，天相投资分析系统。

（二）分行业经营情况

表7　　2013年陕西上市公司分行业经营情况

所属行类	营业收入（亿元）	可比样本变动率（%）	归属于母公司所有者的净利润（亿元）	可比样本变动率（%）
农、林、牧、渔业	0.00	—	0.00	—
采矿业	92.09	0.91	2.74	-56.18
制造业	608.81	7.18	22.77	521.70

续表

所属行类	营业收入（亿元）	可比样本变动率（%）	归属于母公司所有者的净利润（亿元）	可比样本变动率（%）
电力、热力、燃气及水生产和供应业	40.58	6.70	3.38	0.66
建筑业	49.99	11.22	1.86	19.62
批发和零售业	74.65	10.30	1.85	3.83
交通运输、仓储和邮政业	0.00	—	0.00	—
住宿和餐饮业	12.33	2.18	0.61	129.91
信息传输、软件和信息技术服务业	20.32	17.85	1.37	–2.22
金融业	19.61	43.25	5.87	54.66
房地产业	0.00	—	0.00	—
租赁和商务服务业	0.00	—	0.00	—
科学研究和技术服务业	0.00	—	0.00	—
水利、环境和公共设施管理业	19.69	–1.13	0.93	7.90
教育	0.00	—	0.00	—
卫生和社会工作	0.00	—	0.00	—
文化、体育和娱乐业	0.00	—	0.00	—
综合	3.12	–11.89	0.13	–99.27
合　计	941.19	7.39	41.52	1.94

资料来源：陕西证监局，天相投资分析系统。

（三）业绩变动情况分析

1. 营业收入、毛利率等变动原因分析

2013 年，陕西上市公司实现营业收入 941.19 亿元，归属于母公司所有者的净利润 41.52 亿元，增长幅度分别为 7.39%和 1.94%，均低于全国平均水平；实现每股收益 0.15 元，较 2012 年下降 6.10%。39 家上市公司平均毛利率为 20.42%，与 2012 年的 20.72%基本持平，低于全国水平；平均净资产收益率为 4.29%，略低于 2012 年的 4.54%，且低于全国水平。

2. 盈利构成分析

2013 年，陕西上市公司利润来源主要是营业利润，占利润总额的比重为 88.19%，较 2012 年的 72.91%大幅增长；39 家上市公司投资收益合计为 10.23 亿元，资产减值损失为 8.83 亿元，营业外收入为 8.14 亿元，分别占利润总额的 19.61%、16.92%和 15.60%。

3. 经营性现金流量分析

2013 年，陕西上市公司经营、投资、筹资性现金净流量分别为 45.94 亿元、–81.67 亿元和 38.59 亿元，受新股发行暂停影响，筹资性现金净流量较 2012 年大幅下降。总现金流量剔除汇率变动影响后为净流入 2.31 亿元，较 2012 年下降 17.20%。39 家上市公司中，18 家现金流量为正，21

家为负。其中，中国西电现金净流入24.84亿元，西部证券现金净流出16.95亿元，分别是现金净流入和流出最多的公司。

4. 业绩特点分析

2013年，陕西上市公司经营情况呈现以下特点：一是整体业绩呈现稳定发展态势，总资产、营业收入和利润总额均实现同比增长，分别较2012年增长7.44%、7.39%和15.57%。二是整体经营风险得到控制，39家上市公司中有4家亏损，为秦岭水泥、建设机械、秦川发展和宝德股份，亏损家数与2012年相比减少1家，其中，宝德股份为连续两年亏损。三是总体盈利能力不强的状况尚未得到改善，39家上市公司平均毛利率为20.42%，低于全国平均水平，而销售费用、管理费用和财务费用占营业收入的比例分别为4.08%、9.16%和1.33%，均高于全国平均水平，经营管理水平亟待改善。

5. 利润分配情况

表8　2013年陕西上市公司现金分红情况

2013年分红公司家数			2013年分红金额		
家　数	变动率（%）	分红公司家数占地区公司总数比重（%）	金额（亿元）	变动率（%）	分红金额占归属于母公司所有者的净利润比重（%）
26	30.00	66.67	18.26	−27.25	43.98

资料来源：陕西证监局。

四、陕西上市公司并购重组情况

（一）并购重组基本情况

2013年，陕西共有5家上市公司启动并购重组交易构成重大资产重组，拟置入资产金额合计125.37亿元，无拟置出资产。截至2013年底，秦川发展重组申请材料获得中国证监会受理；航空动力、中航电测重组事项尚未完成内部审议程序；通源石油因故向中国证监会申请撤回重组相关申请文件；易食股份因筹划重大资产重组停牌，尚未披露重组预案。

除上述构成重大资产重组的并购重组交易外，还有部分上市公司通过现金方式开展小型并购。西安民生为解决与控股股东海航商业之间的同业竞争问题，完成了对海航商业下属汉中世纪阳光商厦有限公司和西安兴正元购物中心有限公司部分股权的收购。西安饮食在西安产权交易中心通过公开挂牌竞拍，完成了对关联方西安旅游全资子公司西安秦颐餐饮管理有限公司全部股权的收购。

（二）并购重组特点

2013年，陕西上市公司并购重组主要有以下特点：一是4家上市公司重组方案均为收购控股股东、实际控制人下属企业。二是中航工业集团下属上市公司并购重组活跃，继2012年中航飞机完成重组后，又有2家上市公司启动重组工作。三是募集配套资金成为流行趋势，除通源石油外，其余公司重组方案中均募集配套资金。四是通源石油成为陕西首家启动重大资产重组的创业板上市公司，也是首家进行海外并购的上市公司。

五、陕西上市公司募集资金情况、使用情况

（一）募集资金总体情况

表 9　　2013 年陕西上市公司募集资金情况

发行类型	代　码	简　称	募集资金（亿元）
首　发	—	—	0
	小　计		0
再融资（增发、配股）	601179	中国西电	33.83
	600343	航天动力	10.00
	600984	建设机械	5.23
	000721	西安饮食	2.61
	小　计		51.67
其他融资（公司债券、短期融资券、中期票据、次级债、金融债、境外发行债券）	000564	西安民生	6.00（公司债券）
	000837	秦川发展	4.50（公司债券）
	002267	陕天然气	5.00（短期融资券）
	000516	开元投资	4.00（短期融资券）
	002149	西部材料	4.00（私募债）
	小　计		23.50
总　计			75.17

资料来源：陕西证监局。

（二）募集资金使用情况及特点

2013 年，陕西有 21 家上市公司合计使用募集资金 64.28 亿元。其中，中国西电使用募集资金 13.43 亿元，是 2013 年陕西省使用募集资金最多的上市公司。截至 2013 年底，陕西有 18 家上市公司募集资金仍有结余，合计达到 62.75 亿元。其中，金钼股份募集资金余额为 17.86 亿元，是截至 2013 年底陕西省募集资金余额最多的上市公司。

（三）募集资金变更情况

2013 年，陕西变更募集资金使用项目的上市公司共有 4 家。中国西电调整全部 21 个募投项目中的 10 个项目；坚瑞消防将“年产 20000 台 S 型气溶胶自动灭火装置生产和研发基地建设项目”等两个募投项目的计划完成时间延长 24 个月；启源装备调整“电工专用设备生产扩建项目”等两个募投项目的投资预算，并将部分项目的计划完成时间延长 9~12 个月；通源石油

终止全部4个募投项目中涉及总部服务基地、研发办公楼建设、营销总部建设等内容，并将4个项目的计划完成时间延长6个月。

表10　　2013年陕西上市公司募集资金使用项目变更情况

变更募集资金使用项目的公司家数	涉及金额（亿元）	募集资金总额（亿元）	占公司募集资金总额的比例（%）
4	25.61	122.14	20.97%

资料来源：陕西证监局。

六、陕西上市公司规范运作情况

（一）上市公司治理专项情况

（1）在现金分红专项工作中，陕西39家上市公司均依照公司章程制定利润分配方案，现金分红政策得到了有效执行，进一步树立了回报股东的意识。宝光股份和坚瑞消防两家公司在陕西证监局的督导下，及时对不符合公司章程规定的利润分配方案进行了调整。2013年，26家上市公司共进行现金分红18.26亿元。

（2）在承诺履行专项工作中，陕西上市公司按照陕西证监局《关于做好公开承诺履行有关工作的通知》（陕证监发〔2013〕60号）文件要求，对自身及股东等有关各方的公开承诺履行情况进行了全面梳理和专项披露，强化了上市公司公开及相关方等承诺主体的责任。

（二）审计情况及监管情况

2013年，11家会计师事务所向陕西39家上市公司提供了2013年年报审计服务。39家公司中，38家公司审计报告为标准无保留意见类型，占比97.44%，高于2012年的94.87%。*ST彩虹因持续经营能力存在不确定性，被审计机构出具带强调事项段的无保留意见审计报告。

内控审计方面，22家主板公司、2家中小板公司和1家创业板公司聘请了审计机构进行内部控制审计，并按期披露了内部控制审计报告。25家公司中，24家内控审计意见为标准无保留意见，标准股份因2013年并购的一家子公司未被包括在本年度内部控制自我评价和审计范围内，被审计机构出具了带强调事项段的内控审计报告。

按照“由经营风险防控向违规风险防控转变”的理念，陕西证监局以上市公司损害中小投资者权益为首要风险，采取年报三级审核机制。审核期间，针对关注到的问题及可疑线索，向上市公司下发《监管关注函》10份、《监管询问函》17份，向审计机构下发核查函4份，督促8家公司发布年报更正公告、6家公司发布会计差错调整等更正公告，提高了上市公司年报质量。

（三）信息披露情况

2013年，陕西上市公司总体上能够按

照信息披露法律法规及相关规定，依法履行信息披露义务，但部分公司信息披露仍然存在问题，4家上市公司、1家保荐机构及相关责任人因信息披露违规被陕西证监局采取行政监管措施，通源石油因信息披露违规被陕西证监局立案调查。

（四）证券市场服务情况

2013年，陕西证券市场服务实体经济取得新进展，在企业发行上市工作中，“西部企业上市绿色通道”发挥了积极作用。截至2013年底，陕西共有2家企业首发并上市申请通过中国证监会核准待发行，6家企业申请进入中国证监会审核程序，18家企业在陕西证监局辅导备案，上市资源培育的梯次格局进一步巩固。为推动上市公司通过并购重组做大做强，陕西证监局还对4家披露了重组预案的公司进行了实地核查，并分别出具了“快速审核”、“正常审核”以及“审慎审核”的监管意见，体现了扶优限劣的监管导向。

为了对上市公司的规范发展做好服务引导工作，陕西证监局联合陕西上市公司协会举办了两期上市公司董事、监事及高管人员培训班，共计480余人参加培训。同时，组织了再融资、并购重组、内幕交易防控等多种主题的培训、观摩以及关于上市公司董事会秘书、财务总监如何履职的座谈活动，增强市场主体的规范发展意识。

（五）其他

2013年，陕西39家上市公司在陕西证监局倡导和陕西上市公司协会发起下，共同签署了《陕西上市公司诚信公约》，强化了遵规守法、诚实守信的经营理念。

审稿人：王　微

撰稿人：汤文浩

甘肃地区

一、甘肃国民经济发展概况

表 1　　2013 年甘肃国民经济发展概况　　单位：亿元

指　标	1~3 月		1~6 月		1~9 月		1~12 月	
	绝对量	同比增长（%）	绝对量	同比增长（%）	绝对量	同比增长（%）	绝对量	同比增长（%）
地区生产总值（GDP）	1065	5.2	2350	9.2	4160	9.3	6268	10.9
全社会固定资产投资	590	31.0	3679	31.9	6236	30.8	6407	27.1
社会消费品零售总额	494	13.0	1012	13.2	1557	13.6	2140	14.0
规模以上工业增加值	457	14.4	960	12.4	1498	11.6	2045	11.5
规模以上工业企业实现利润	40	20.3	121	18.3	206	20.0	287	7.5
居民消费价格指数（CPI）	1~3 月		1~6 月		1~9 月		1~12 月	
	2.8		3.1		3.5		3.2	

资料来源：国家统计局，甘肃省统计局。

二、甘肃上市公司总体情况

（一）公司数量

表 2　　2013 年甘肃上市公司数量　　单位：家

公司总数	2013 年新增	股票类别			板块分布			
		仅 A 股	仅 B 股	（A+B）股	沪市主板	深市主板	中小板	创业板
25	1	25	0	0	12	7	4	2

资料来源：甘肃证监局，天相投资分析系统。

（二）行业分布

表 3　　2013 年甘肃上市公司行业分布情况

所属证监会行业类别	家　数	占比（%）	所属证监会行业类别	家　数	占比（%）
农、林、牧、渔业	2	8.00	电力、热力、燃气及水生产和供应业	2	8.00
采矿业	3	12.00	批发和零售业	2	4.00
制造业	15	64.00	房地产业	1	4.00
合　计	25	100.00			

资料来源：甘肃证监局，天相投资分析系统。

（三）股本结构及规模

表 4　　2013 年甘肃上市公司股本规模在 10 亿股以上公司分布情况

股本规模（亿股）	公司家数	具体公司
50≤~<100	2	国投电力、酒钢宏兴
10≤~<20	2	方大炭素、亚盛集团

资料来源：沪深交易所，天相投资分析系统。

表 5　　2013 年甘肃上市公司分地区股权构成情况

股权性质 / 地域分布	央企国资控股	省属国资控股	地市国资控股	民营控股	其　他	合　计
兰州市	3	5	1	6	0	15
嘉峪关市	0	1	0	1	0	2
白银市	0	1	0	1	0	2
天水市	0	0	0	1	0	1
武威市	0	0	0	2	0	2
酒泉市	0	0	1	1	0	2
陇南市	0	0	0	1	0	1
合　计	3	7	2	13	0	25

资料来源：甘肃证监局。

（四）市值规模

截至 2013 年 12 月 31 日，甘肃 25 家上市公司境内总市值 1568.52 亿元，占全国上市公司境内总市值的 0.66%，其中，上交所上市公司 12 家，总股本 204.34 亿股，境内总市值 999.24 亿元，占上交所上市公司境内总市值的 0.66%；深交所上市公司 13 家，总股本 56.59 亿股，境内总市值 569.28 亿元，占深交所上市公司境内总市值的 0.65%。

（五）资产规模

截至 2013 年 12 月 31 日，甘肃 25 家上市公司合计总资产 3208.95 亿元，归属于母公司股东权益 764.58 亿元，与 2012 年相比，分别增长 16.19%和 34.68%；平均每股净资产 2.93 元。

三、甘肃上市公司经营情况及变动分析

（一）总体经营情况

表 6　　2013 年甘肃上市公司经营情况

指　标	2013 年	2012 年	变动率（%）
家数	25	24	4.17
亏损家数	4	2	100.00
亏损家数比例（%）	16.00	8.33	7.67
平均每股收益（元）	0.17	0.25	-32.35
平均每股净资产（元）	2.93	3.14	-6.69
平均净资产收益率（%）	5.77	8.02	-2.25
总资产（亿元）	3208.95	2761.86	16.19
归属于母公司股东权益（亿元）	764.58	567.7	34.68
营业收入（亿元）	1621.88	1186.06	36.75
利润总额（亿元）	83.92	66.49	26.21
归属于母公司所有者的净利润（亿元）	44.13	45.54	-3.09

资料来源：沪深交易所，天相投资分析系统。

（二）分行业经营情况

表 7　　2013 年甘肃上市公司分行业经营情况

所属行类	营业收入（亿元）	可比样本变动率（%）	归属于母公司所有者的净利润（亿元）	可比样本变动率（%）
农、林、牧、渔业	42.12	-0.21	3.98	22.88
采矿业	41.68	-8.07	4.56	-1.24
制造业	1164.28	46.36	-9.09	-156.53
电力、热力、燃气及水生产和供应业	299.40	17.72	36.33	162.81
建筑业	0.00	—	0.00	—
批发和零售业	28.36	1.51	2.00	68.69
交通运输、仓储和邮政业	0.00	—	0.00	—
住宿和餐饮业	0.00	—	0.00	—

续表

所属行类	营业收入（亿元）	可比样本变动率（%）	归属于母公司所有者的净利润（亿元）	可比样本变动率（%）
信息传输、软件和信息技术服务业	0.00	—	0.00	—
金融业	0.00	—	0.00	—
房地产业	46.05	29.75	6.36	-11.42
租赁和商务服务业	0.00	—	0.00	—
科学研究和技术服务业	0.00	—	0.00	—
水利、环境和公共设施管理业	0.00	—	0.00	—
教育	0.00	—	0.00	—
卫生和社会工作	0.00	—	0.00	—
文化、体育和娱乐业	0.00	—	0.00	—
综合	0.00	—	0.00	—
合　计	1621.88	35.07	44.13	-4.33

资料来源：甘肃证监局，天相投资分析系统。

（三）业绩变动情况分析

1. 营业收入、毛利率等变动原因分析

2013 年，甘肃上市公司实现营业收入 1621.88 亿元，较 2012 年增长 36.75%；营业利润 78.32 亿元，较 2012 年增长 30.49%；利润总额 83.92 亿元，较 2012 年增长 26.21%；平均毛利率为 16.93%，较 2012 年下降 0.73 个百分点。营业收入增长的主要原因是酒钢宏兴、国投电力、祁连山、华天科技等公司增长幅度较大，其中，酒钢宏兴营业收入 945.70 亿元，占 25 家上市公司的 58.31%，较 2012 年增加 153.37 亿元。

2. 盈利构成分析

从盈利构成看，2013 年，甘肃上市公司利润来源主要是营业利润，其占利润总额比重为 93.33%，较 2012 年增长 3.06 个百分点。营业外收支净额占利润总额的比重则下降至 6.67%。其中，长城电工利润来源主要依赖于政府补助，占其利润总额的 49.58%。

3. 经营性现金流量分析

2013 年，甘肃上市公司经营活动产生的现金流量净额为 165.45 亿元，较 2012 年增长 28.41%。甘肃 16 家上市公司经营现金流量净额为正，占 25 家上市公司的 64%，低于 2012 年 79.17%的水平。

4. 业绩特点分析

2013 年，甘肃上市公司实现归属母公司所有者净利润 44.13 亿元，较 2012 年下降 3.09%；平均每股收益 0.17 元，较 2012 年下降 32.35%；平均净资产收益率 5.77%，较 2012 年下降 2.25 个百分点。甘肃上市公司平均每股收益和平均净资产收益率远低于全国平均水平。

甘肃上市公司整体业绩和盈利水平有所下降，业绩两极分化，亏损面进一步扩大，与全国的差距逐步拉大。国投电力、祁连山、上峰水泥、独一味、中核钛白和海默科技6家公司实现的归属母公司所有者净利润较2012年增长超过100%，其中，国投电力2013年因水电产能逐步释放，实现归属母公司所有者净利润33.05亿元，较2012年增长213.61%，占25家上市公司的74.89%。酒钢宏兴受钢铁行业因素影响，2013年经营业绩大幅下滑，遭遇上市以来首次亏损，亏损额达23.38亿元。皇台酒业、莫高股份业绩大幅下滑，由盈利变为亏损；敦煌种业业绩大幅提升，实现扭亏为盈；三毛派神亏损继续扩大。

5. 利润分配情况

表8　2013年甘肃上市公司现金分红情况

2013年分红公司家数			2013年分红金额		
家　数	变动率（%）	分红公司家数占地区公司总数比重（%）	金额（亿元）	变动率（%）	分红金额占归属于母公司所有者的净利润比重（%）
17	21.43	68.00	16.78	29.58	38.02

资料来源：甘肃证监局。

四、甘肃上市公司并购重组情况

2013年，甘肃共有5家上市公司实施并购重组，进一步实现了资源优化配置，提高了上市公司质量。其中，铜城集团完成重大资产出售及发行股份购买资产22.07亿元，实现脱胎换骨，成功转型为水泥生产企业，公司简称变更为“上峰水泥”，并于2013年4月26日恢复上市。中核钛白实施了重整计划提出的重大资产重组方案，发行股份购买资产6.34亿元并募集配套资金2.11亿元，解决了公司的生存和发展问题。靖远煤电通过定向增发，注入控股股东靖煤集团优质资产29.65亿元，实现了靖煤集团主业整体上市。刚泰控股完成重大资产出售及发行股份购买资产25.75亿元并配套募集资金8.58亿元，公司主营业务由贸易转型为矿业资源开发利用，增强了核心竞争力。兰州民百非公开发行股份购买资产6.27亿元，将公司业务范围拓展至省外。

五、甘肃上市公司募集资金情况、使用情况

（一）募集资金总体情况

表9　2013年甘肃上市公司募集资金情况

发行类型	代　码	简　称	募集资金（亿元）
首　发	—	—	0
	小　计		0

续表

发行类型	代 码	简 称	募集资金（亿元）
再融资（增发、配股）	002145	中核钛白	2.11
	600192	长城电工	5.49
	600307	酒钢宏兴	80.58
	600516	方大炭素	18.22
	600687	刚泰控股	8.58
	小 计		114.98
其他融资（公司债券、短期融资券、中期票据、次级债、金融债、境外发行债券）	002185	华天科技	4.61
	小 计		4.61
总 计			119.59

资料来源：甘肃证监局。

（二）募集资金使用情况

2013 年，甘肃共有亚盛集团、长城电工、酒钢宏兴、敦煌种业、莫高股份、方大炭素、祁连山、刚泰控股、国投电力、蓝科高新、华天科技、中核钛白、佛慈制药及海默科技 14 家公司使用募集资金，合计金额 103.89 亿元。截至 2013 年底，酒钢宏兴、祁连山、国投电力、中核钛白、海默科技募集资金全部使用完毕，其他公司尚未使用募集资金余额合计 34.89 亿元。

（三）募集资金变更情况

2013 年，甘肃上市公司基本能够按照承诺的募集资金投资项目使用募集资金，只有亚盛集团、海默科技变更 3 个募集资金投资项目的部分募集资金。

表 10　　2013 年甘肃上市公司募集资金使用项目变更情况

变更募集资金使用项目的公司家数	涉及金额（亿元）	募集资金总额（亿元）	占公司募集资金总额的比例（%）
2	2.51	15.74	15.95

资料来源：甘肃证监局。

六、甘肃上市公司规范运作情况

（一）上市公司治理专项情况

2013 年，甘肃上市公司“解决同业竞争、减少关联交易”专项活动继续深入推进，部分重点公司解决了同业竞争问题，取得了较好的效果。靖远煤电通过定向增发，实现控股股东靖煤集团主业整体上市，彻底解决了同业竞争，减少了关联交易。国投电力收购了控股股东三个同业竞争项目的股权，解决了同业竞争。祁连山控股股东2010年承诺5年内将水泥业务整合为一个发展平台，以彻底解决同业竞争。

（二）审计情况及监管情况

甘肃25家上市公司共聘请了8家会计师事务所对其2013年财务报告进行审计，25家公司年报审计报告类型全部为标准无保留意见。2013年纳入内部控制实施范围的13家主板上市公司均被出具了标准无保留意见的内部控制审计报告。甘肃证监局通过事前约谈签字会计师，事中列席沟通会、对重点公司进行年报审计现场督导，事后认真审核公司年报等多种监管方式，积极开展年报审计监管工作。

（三）信息披露情况

甘肃25家上市公司均建立健全了信息披露事务管理制度及内幕信息知情人登记管理制度，各公司信息披露工作基本能够做到及时、准确、完整。甘肃证监局不断强化信息披露监管，对突发信息、重大信息、媒体质疑、股价异动等事项，第一时间与公司及相关各方沟通，跟踪关注事项进展，完善信息披露快速反应机制。对中核钛白未及时披露股东占用上市公司资金事项启动专项核查，及时采取行政监管措施。

（四）证券市场服务情况

2013年，甘肃证监局围绕“两维护、一促进”的核心职责，不断强化服务意识，全力推动上市公司规范发展，切实保护中小投资者的合法权益，有力促进了甘肃资本市场的稳定健康发展。一是将高风险公司作为重点监管对象，积极协调各方力量，防范和化解铜城集团、中核钛白重大风险。截至2013年底，甘肃没有一家“ST”类上市公司，上市公司整体风险水平为历年来最低。二是支持上市公司通过并购重组和再融资做优做强，提升公司盈利能力和核心竞争力。三是鼓励上市公司建立持续、清晰、透明的现金分红政策和决策机制，督促上市公司进行现金分红，积极回报投资者。

审稿人：王玉宝

撰稿人：刘荣华

青海地区

一、青海国民经济发展概况

表 1　　2013 年青海国民经济发展概况　　单位：亿元

指　标	1~3 月		1~6 月		1~9 月		1~12 月	
	绝对量	同比增长（%）	绝对量	同比增长（%）	绝对量	同比增长（%）	绝对量	同比增长（%）
地区生产总值（GDP）	357	10.8	889	11.4	1432	10.3	2101	11.5
全社会固定资产投资	117	25.5	892	28.2	1833	27.9	2285	26.4
社会消费品零售总额	117	12.7	241	13.0	386	13.4	544	14.3
规模以上工业增加值	—	11.3	—	11.4	—	12.0	—	12.6
规模以上工业企业实现利润	28	-14.6	65	-12.1	84	-23.6	141	-7.2
居民消费价格指数（CPI）	1~3 月		1~6 月		1~9 月		1~12 月	
	5.1		4.9		4.4		4.0	

资料来源：国家统计局，青海省统计局。

二、青海上市公司总体情况

（一）公司数量

表 2　　2013 年青海上市公司数量　　单位：家

公司总数	2013 年新增	股票类别			板块分布			
		仅 A 股	仅 B 股	（A+B）股	沪市主板	深市主板	中小板	创业板
10	0	10	0	0	7	2	1	0

资料来源：青海证监局，天相投资分析系统。

（二）行业分布

表 3　　**2013 年青海上市公司行业分布情况**

所属证监会行业类别	家　数	占比（%）	所属证监会行业类别	家　数	占比（%）
农、林、牧、渔业	0	0.00	金融业	0	0.00
采矿业	2	20.00	房地产业	0	0.00
制造业	8	80.00	租赁和商务服务业	0	0.00
电力、热力、燃气及水生产和供应业	0	0.00	科学研究和技术服务业	0	0.00
建筑业	0	0.00	水利、环境和公共设施管理业	0	0.00
批发和零售业	0	0.00	教育	0	0.00
交通运输、仓储和邮政业	0	0.00	卫生和社会工作	0	0.00
住宿和餐饮业	0	0.00	文化、体育和娱乐业	0	0.00
信息传输、软件和信息技术服务业	0	0.00	综合	0	0.00
合　计	10	100.00			

资料来源：青海证监局，天相投资分析系统。

（三）股本结构及规模

表 4　　**2013 年青海上市公司股本规模在 10 亿股以上公司分布情况**

股本规模（亿股）	公司家数	具体公司
20≤~<50	1	西部矿业
10≤~<20	2	*ST 贤成、盐湖股份

资料来源：沪深交易所，天相投资分析系统。

表 5　　**2013 年青海上市公司分地区股权构成情况**

股权性质 地域分布	央企国资控股	省属国资控股	地市国资控股	民营控股	其　他	合　计
西宁市	0	4	0	3	1	8
海东市	0	0	0	1	0	1
格尔木市	0	1	0	0	0	1
合　计	0	5	0	4	1	10

资料来源：青海证监局。

（四）市值规模

截至 2013 年 12 月 31 日，青海 10 家上市公司境内总市值 747.6 亿元，占全国上市公司境内总市值的 0.31%，其中，上交所上市公司 7 家，总股本 64.7 亿股，境内总市值 359.59 亿元，占上交所上市公司境内总市值的 0.24%；深交所上市公司 3 家，总股本 25.13 亿股，境内总市值 388.01 亿元，占深交所上市公司境内总市值的 0.44%。

（五）资产规模

截至 2013 年 12 月 31 日，青海 10 家上市公司合计总资产为 1186.78 亿元，归属于母公司股东权益 377.74 亿元，与 2012 年相比，分别增长 13.58%和 3.05%；平均每股净资产 4.21 元。

三、青海上市公司经营情况及变动分析

（一）总体经营情况

表 6　　2013 年青海上市公司经营情况

指　标	2013 年	2012 年	变动率（%）
家数	10	10	0.00
亏损家数	2	3	-33.33
亏损家数比例（%）	20.00	30.00	-10.00
平均每股收益（元）	0.23	0.14	64.29
平均每股净资产（元）	4.21	4.08	3.19
平均净资产收益率（%）	5.52	3.35	64.78
总资产（亿元）	1186.78	1044.93	13.58
归属于母公司股东权益（亿元）	377.74	366.56	3.05
营业收入（亿元）	557.24	487.91	14.21
利润总额（亿元）	28.60	17.15	66.76
归属于母公司所有者的净利润（亿元）	20.85	29.47	-29.25

注：600381 *ST 贤成追溯年报，故 2012 年数据有所更新。
资料来源：沪深交易所、天相投资分析系统。

（二）分行业经营情况

表 7　　2013 年青海上市公司分行业经营情况

所属行类	营业收入（亿元）	可比样本变动率（%）	归属于母公司所有者的净利润（亿元）	可比样本变动率（%）
农、林、牧、渔业	0.00	—	0.00	—
采矿业	258.41	27.04	3.73	588.52
制造业	298.83	5.04	17.12	-40.79
电力、热力、燃气及水生产和供应业	0.00	—	0.00	—
建筑业	0.00	—	0.00	—
批发和零售业	0.00	—	0.00	—

续表

所属行类	营业收入（亿元）	可比样本变动率（%）	归属于母公司所有者的净利润（亿元）	可比样本变动率（%）
交通运输、仓储和邮政业	0.00	—	0.00	—
住宿和餐饮业	0.00	—	0.00	—
信息传输、软件和信息技术服务业	0.00	—	0.00	—
金融业	0.00	—	0.00	—
房地产业	0.00	—	0.00	—
租赁和商务服务业	0.00	—	0.00	—
科学研究和技术服务业	0.00	—	0.00	—
水利、环境和公共设施管理业	0.00	—	0.00	—
教育	0.00	—	0.00	—
卫生和社会工作	0.00	—	0.00	—
文化、体育和娱乐业	0.00	—	0.00	—
综合	0.00	—	0.00	—
合　计	557.24	14.21	20.85	–29.24

资料来源：青海证监局，天相投资分析系统。

（三）业绩变动情况分析

1. 营业收入、毛利率等变动原因分析

2013 年，青海上市公司实现营业总收入 557.24 亿元，较 2012 年增长 14.21%；营业利润 28.49 亿元，较 2012 年下降 30.58%；利润总额 28.60 亿元，较 2012 年增长 66.76%；毛利率 18.36%，较 2012 年下降 2.57 个百分点。营业收入增幅低于营业成本增幅是毛利率下降的主要原因。

2. 盈利构成分析

2013 年，青海上市公司利润来源主要是营业利润，其占利润总额的 99.62%。实现归属于母公司所有者的净利润 20.85 亿元，其中，归属于母公司股东的扣除非经常性损益的净利润 11.32 亿元，非经常性损益 9.53 亿元，非经常性损益占归属于母公司所有者净利润的 45.71%。青海上市公司主营业务及盈利构成主要分布为氯化钾的开发与生产（占辖区净利润总额的 50.46%），青稞酒的生产与销售（占辖区净利润总额的 17.89%），铜、铅、锌等基本金属的采选、冶炼，铁矿、煤矿、特殊钢材、普通钢材的冶炼及压轧，数控机床、线缆产品的制造，明胶、医药的生产与销售等。

3. 经营性现金流量分析

2013 年，青海上市公司经营活动现金流量净额为 23.90 亿元，较 2012 年下降 33.78%，经营活动现金流量为负的公司，由 2012 年的 3 家增加到了 5 家，反映出企业在经营过程中普遍出现资金紧张的情况。

4. 业绩特点分析

一是资产负债率高。2013 年，青海上

市公司净资产较2012年略有增长，但负债增长幅度大于资产增长幅度，盐湖股份、西宁特钢以及远东电缆资产负债率分别为66.53%、79.39%和68.83%，负债程度较高。二是经营业绩继续下滑。2013年，西宁特钢、广誉远分别亏损3795万元和2540万元；盐湖股份因为其盐湖综合开发利用项目2013年亏损11.97亿元，加之2013年钾肥市场销售价格进一步下降，公司净利润较2012年下降16.86亿元，同比下降61.26%。由于盐湖股份对青海上市公司总体业绩影响较大，其2013年净利润的大幅下降，给辖区上市公司的整体盈利水平带来较大影响。三是营业收入增速放缓，辖区多家上市公司出现增收不增利甚至亏损的情况，主要原因：一是受国内经济增速放缓等因素影响，上市公司盈利空间普遍收窄。二是辖区上市公司大多为传统制造类工业企业，受经济结构调整、经济转型升级影响，企业不能很快适应发展。

5. 利润分配情况

表8　2013年青海上市公司现金分红情况

2013年分红公司家数			2013年分红金额		
家　数	变动率（%）	分红公司家数占地区公司总数比重（%）	金额（亿元）	变动率（%）	分红金额占归属于母公司所有者的净利润比重（%）
5	0.00	50	4.69	-56.04	22.49

资料来源：青海证监局。

四、青海上市公司并购重组情况

2013年度，青海辖区上市公司未发生并购重组。

五、青海上市公司募集资金情况、使用情况

（一）募集资金总体情况

表9　2013年青海上市公司募集资金情况

发行类型	代　码	简　称	募集资金（亿元）
首　发	—	—	0
	小　计		0
再融资（增发、配股）	—	—	0
	小　计		0
其他融资（公司债券、短期融资券、中期票据、次级债、金融债、境外发行债券）	000792	盐湖股份	50.00
	小　计		50.00
总　计			50.00

资料来源：青海证监局。

（二）募集资金使用情况及特点

2013年，青海上市公司累计使用募集资金52.23亿元，其中，2.23亿元为以前年度存量募集资金，占全年使用募集资金总额的4.27%；50亿元为2013年新增募集资金，占全年使用募集资金总额的95.73%。

上市公司使用的2013年新增募集资金50亿元为盐湖钾肥发行公司债用于偿还银行贷款及补充流动资金。2013年使用的以前年度存量募集资金2.23亿元分别为：青海明胶使用募集资金5000万元收购柳州市宏升胶原蛋白肠衣有限公司；青青稞酒使用募集资金1.64亿元，用于优质青稞原酒酿造技术改造项目、优质青稞酒陈化老熟和包装技术改造项目、营销网络与物流配送建设项目及投资设立西藏天佑德青稞酒业有限责任公司；西部矿业使用募集资金902万元支付10万吨/年电锌氧压浸出项目款。

贤成矿业2011年非公开发行募集资金15.04亿元，因公司募集资金的使用涉嫌违法违规事项，募集资金账户被法院冻结，2013年公司进行破产重整，重整期间募投项目建设全面停止。除贤成矿业外，其他上市公司募集资金使用较为规范，针对个别上市公司募投项目建设缓慢，较计划进度差距较大，募投资金补充流动资金时间较长等问题，青海证监局加强募集资金监管工作，制定和下发了《关于青海上市公司进一步加强上市公司募集资金管理和使用的监管意见》，要求辖区上市公司定期报送募集资金使用台账，加强对保荐机构和审计机构的督导。

（三）募集资金变更情况

2013年度，青海辖区上市公司未出现变更募集资金用途的情况。

六、青海上市公司规范运作情况

（一）上市公司治理专项情况

2013年，青海上市公司治理水平不断强化，规范运作意识进一步提升。青海证监局在上市公司治理监管方面主要做了以下工作：一是督促公司及其关联方切实履行承诺。对各上市公司承诺履行情况进行了调查摸底并及时汇总，在公司自查的基础上对广誉远、青青稞酒、青海华鼎、金瑞矿业如期履行完毕的承诺事项进行专项检查。二是继续开展解决同业竞争与关联交易专项活动。针对西部矿业与关联方西藏珠峰关联交易事项、金瑞矿业与关联方桥头铝电关联交易事项下发监管函，要求公司持续关注关联交易制度的建立健全及执行情况，防范大股东经营性占用的风险。三是继续推动上市公司内控规范体系建设工作。在年报现场检查中，对已经完成内控规范体系建设公司的自评工作和审计工作进行检查；要求各公司定期向青海证监局报送内控工作进展情况简报，向辖区上市公司总结推广内控工作经验，通过内控体系建设进一步规范公司治理。

（二）审计情况及监管情况

青海上市公司2013年年报分别由7家会计师事务所进行审计，年报审计意见类型中，除*ST贤成的年报审计意见为带强调事项段的无保留意见，其余9家上市公司年报的审计意见均为标准无保留。

2013年年报审计监管中，青海证监局主要采取“事前部署安排、事中持续督导、事后检查总结”三阶段监管，坚持对年报编制、审计及披露工作实施全程跟踪，重点以现场检查为切入点，不断完善工作方式方法，最大程度提高监管的效率和效果，积极推动会计师事务所审计执业质量和上市公司年报信息披露质量的提升。

（三）信息披露情况

2013年，青海证监局充分发挥贴近一线的监管优势，坚持以信息披露为核心，进一步提高上市公司透明度。通过加强定期报告、临时报告审核及现场检查，强化信息披露质量监管；通过加强舆情监测及快速反应，及时发现并妥善处置媒体质疑；通过加强市场传闻与股价异动的联动监管，完善公司信息披露流程及内幕信息知情人登记制度。通过多措并举、积极主动的监管，促进上市公司严格履行信息披露义务，提高信息披露质量。全年开展现场检查和专项核查6家（次），股价异动及媒体关注、市场传言核查6次，采取监管措施4件，下发监管函43份。

（四）证券市场服务情况

进一步挖掘和培育上市资源，完善多层次资本市场体系。加强与地方政府部门、交易所、中介机构的沟通联系，及时发现优质企业；强化调研、宣传和培训力度，走进企业介绍多层次资本市场、宣讲新三板知识；建立上市、挂牌后备企业数据库，分类进行培育指导，做好重点跟踪和协调服务，帮助企业解决实际困难；支持上市公司通过定向增发、配股、发行公司债等方式进行再融资，提高核心竞争力。切实发挥资本市场为实体经济服务的作用，促进地方经济持续快速发展。

强化投资者保护工作，提振市场信心。2013年，青海证监局以“诚信建设年”及“投资者保护年”专项活动为载体，丰富投资者教育的内容和方式。发挥媒体优势，与当地媒体单位签订《广播电视证券节目监管合作备忘录》，扩大宣传教育覆盖面；开展投资者调查和教育保护专项工作，举办青海上市公司网上业绩说明会，为中小投资者提供低成本、便捷、高效的沟通渠道。加强上市公司诚信建设工作，组织开展征文演讲、签订诚信公约等活动，切实提高辖区上市公司诚信水平。

审稿人：梁世鹏　肖雪维

撰稿人：董琳琳

宁夏地区

一、宁夏国民经济发展概况

表 1　　2013 年宁夏国民经济发展概况　　单位：亿元

指　标	1~3 月		1~6 月		1~9 月		1~12 月	
	绝对量	同比增长（%）	绝对量	同比增长（%）	绝对量	同比增长（%）	绝对量	同比增长（%）
地区生产总值（GDP）	416	7.7	1008	8.3	1758	9.5	2565	10.2
全社会固定资产投资	—	—	—	—	—	—	—	—
社会消费品零售总额	—	—	—	—	—	—	—	—
规模以上工业增加值	194	9.7	413	11.0	648	12.2	907	12.5
规模以上工业企业实现利润	23	33.7	55	21.3	92	43.3	139	30.0
居民消费价格指数（CPI）	1~3 月		1~6 月		1~9 月		1~12 月	
	3.3		3.9		3.3		3.1	

资料来源：国家统计局。

二、宁夏上市公司总体情况

（一）公司数量

表 2　　2013 年宁夏上市公司数量　　单位：家

公司总数	2013 年新增	股票类别			板块分布			
		仅 A 股	仅 B 股	(A+B) 股	沪市主板	深市主板	中小板	创业板
12	0	12	0	0	4	7	1	0

资料来源：宁夏证监局，天相投资分析系统。

（二）行业分布

表 3　　**2013 年宁夏上市公司行业分布情况**

所属证监会行业类别	家　数	占比（%）	所属证监会行业类别	家　数	占比（%）
农、林、牧、渔业	0	0.00	金融业	0	0.00
采矿业	0	0.00	房地产业	0	0.00
制造业	11	91.67	租赁和商务服务业	0	0.00
电力、热力、燃气及水生产和供应业	0	0.00	科学研究和技术服务业	0	0.00
建筑业	0	0.00	水利、环境和公共设施管理业	0	0.00
批发和零售业	1	8.33	教育	0	0.00
交通运输、仓储和邮政业	0	0.00	卫生和社会工作	0	0.00
住宿和餐饮业	0	0.00	文化、体育和娱乐业	0	0.00
信息传输、软件和信息技术服务业	0	0.00	综合	0	0.00
合　计	12	100.00			

资料来源：宁夏证监局，天相投资分析系统。

（三）股本结构及规模

表 4　　**2013 年宁夏上市公司股本规模在 10 亿股以上公司分布情况**

股本规模（亿股）	公司家数	具体公司
10≤~	0	

资料来源：沪深交易所，天相投资分析系统。

表 5　　**2013 年宁夏上市公司分地区股权构成情况**

地域分布＼股权性质	央企国资控股	省属国资控股	地市国资控股	民营控股	其　他	合　计
银川市	2	1	0	5	0	8
石嘴山市	2	0	0	1	0	3
吴忠市	0	0	0	0	0	0
固原市	0	0	0	0	0	0
中卫市	1	0	0	0	0	1
合　计	5	1	0	6	0	12

资料来源：宁夏证监局。

（四）市值规模

截至2013年12月31日，宁夏12家上市公司境内总市值为356.99亿元，占全国上市公司境内总市值的0.15%，其中，上交所上市公司4家，总股本11.60亿股，境内总市值99.85亿元，占上交所上市公司境内总市值的0.07%；深交所上市公司8家，总股本33.31亿股，境内总市值257.14亿元，占深交所上市公司境内总市值的0.29%。

（五）资产规模

截至2013年12月31日，宁夏12家上市公司合计总资产426.65亿元，归属于母公司股东权益166.83亿元，与2012年相比，分别增长10.09%和2.70%；平均每股净资产3.71元。

三、宁夏上市公司经营情况及变动分析

（一）总体经营情况

表6

2013年宁夏上市公司经营情况

指　标	2013年	2012年	变动率（%）
家数	12	12	0.00
亏损家数	4	0	—
亏损家数比例（%）	33.33	0	—
平均每股收益（元）	0.09	0.28	-68.64
平均每股净资产（元）	3.71	3.64	1.92
平均净资产收益率（%）	2.36	7.71	-5.35
总资产（亿元）	426.65	387.55	10.09
归属于母公司股东权益（亿元）	166.83	162.45	2.70
营业收入（亿元）	243.94	218.80	11.49
利润总额（亿元）	6.80	15.06	-54.88
归属于母公司所有者的净利润（亿元）	3.94	12.52	-68.50

资料来源：沪深交易所，天相投资分析系统。

（二）分行业经营情况

表7

2013年宁夏上市公司分行业经营情况

所属行类	营业收入（亿元）	可比样本变动率（%）	归属于母公司所有者的净利润（亿元）	可比样本变动率（%）
农、林、牧、渔业	0.00	—	0.00	—
采矿业	0.00	—	0.00	—
制造业	177.89	12.02	1.93	-80.88

续表

所属行类	营业收入（亿元）	可比样本变动率（%）	归属于母公司所有者的净利润（亿元）	可比样本变动率（%）
电力、热力、燃气及水生产和供应业	0.00	—	0.00	—
建筑业	0.00	—	0.00	—
批发和零售业	66.05	10.09	2.01	-16.88
交通运输、仓储和邮政业	0.00	—	0.00	—
住宿和餐饮业	0.00	—	0.00	—
信息传输、软件和信息技术服务业	0.00	—	0.00	—
金融业	0.00	—	0.00	—
房地产业	0.00	—	0.00	—
租赁和商务服务业	0.00	—	0.00	—
科学研究和技术服务业	0.00	—	0.00	—
水利、环境和公共设施管理业	0.00	—	0.00	—
教育	0.00	—	0.00	—
卫生和社会工作	0.00	—	0.00	—
文化、体育和娱乐业	0.00	—	0.00	—
综合	0.00	—	0.00	—
合　计	243.94	11.49	3.94	-68.50

资料来源：宁夏证监局，天相投资分析系统。

（三）业绩变动情况分析

1. 营业收入、毛利率等变动原因分析

2013 年，宁夏辖区上市公司共实现营业总收入 243.94 亿元，较 2012 年增长 11.49%；营业成本 198.23 亿元，增长 9.44%；营业利润 2.1 亿元，下降 63.84%；利润总额 6.80 亿元，较 2012 年下降 54.88%；毛利率 23.06%，较 2012 年上升 2.26 个百分点。

2. 盈利构成分析

从盈利构成看，2013 年，宁夏上市公司利润来源主要是营业利润，其占利润总额的比重为 30.88%；12 家公司归属于母公司所有者的净利润为 3.94 亿元，较 2012 年下降 68.50%。

3. 经营性现金流量分析

2013 年，辖区上市公司经营活动产生的现金流量净额为 7.33 亿元，其中半数公司经营活动产生的现金流量净额为负数，表明部分企业经营现金流量不足，需加大应收账款催收力度。

4. 业绩特点分析

2013 年，在宁夏经济发展处于转型调整期、面临多重困难的背景下，辖区公司作为经济建设的主力军，积极应对挑战，改善经营，不断做优做强，总体收入稳步上升。从业绩表现来看，辖区公司经营业绩整体下滑，两极分化加剧，部分公司主业盈利能力和持续发展能力不足，具体表现在上市公司亏损面有所扩大，亏损额有所增加，增收不增利的现象显著。美利纸业、银星能源、西北轴承和大元股份4家公司合计亏损5.97亿元，对辖区公司2013年整体业绩形成较大拖累。以上公司亏损主要是产品市场竞争力不强，毛利率过低所致。可以看出，随着市场发展，辖区公司业绩两极分化加剧的现象更加明显，部分传统制造业受制于产能过剩的影响，经营状况持续恶化，发展能力不足的问题仍然比较突出。为此，应进一步推动绩差公司改善资产质量、尽快实现主业转型升级，摆脱经营困境。

5. 利润分配情况

表8　　2013年宁夏上市公司现金分红情况

2013年分红公司家数			2013年分红金额		
家　数	变动率（%）	分红公司家数占地区公司总数比重（%）	金额（亿元）	变动率（%）	分红金额占归属于母公司所有者的净利润比重（%）
6	20.00	50.00	3.14	143.17	31.69

资料来源：宁夏证监局。

四、宁夏上市公司并购重组情况

（一）并购重组基本情况

2013年，宁夏上市公司并购重组再融资活动较为活跃。据统计，共有3家上市公司进行并购重组工作，其中：1家上市公司已完成定向增发募集资金1.78亿元；1家上市公司定向增发购买股权方案证监会已审核通过，涉及金额2.35亿元；1家上市公司定向增发购买资产及配套融资方案已报证监会审核。从并购重组分类情况来看，发行股份购买股权类型为1家，涉及金额2.35亿元；定向增发购买资产及配套融资2家，涉及金额18.86亿元。另外，有1家公司已完成破产重整，资产重组工作正在进行中。

（二）并购重组特点

2013年，宁夏上市公司并购重组特点主要表现为：

（1）并购重组规模较小，占全国并购重组规模比重较低，与周边省份相比并购重组融资规模排位较后。

（2）并购重组模式方面，一是以定向增发为代表的并购重组模式成为主体，全部为向上市公司控股股东及其他特定投资者定向发行股份购买股权及配套融资；二是公司重组均未发生控制权变更情况。

（3）并购重组实现的目标和取得的效果方面，一是并购重组直接融资方式，使上市公司资产负债率显著下降，资产结构得到优化，财务状况得以改善，有效地提高了上市公司的偿债能力和抗风险能力；二是借助并购重组募集资金的合理使用，减少上市公司与控股股东及其所属公司之间关联方交易，有利于增强上市公司的独立性，保持上市公司健全有效的法人治理结构，从而更有利于维护中小股东利益；三是借助并购重组夯实主业，持续发展能力得到提升，进一步增强了上市公司核心竞争力。

五、宁夏上市公司募集资金情况、使用情况

（一）募集资金总体情况

表 9　　2013 年宁夏上市公司募集资金情况

发行类型	代　码	简　称	募集资金（亿元）
首　发	—	—	0
	小　计		0
再融资（增发、配股）	000595	西北轴承	1.78
	小　计		1.78
其他融资（公司债券、短期融资券、中期票据、次级债、金融债、境外发行债券）	—	—	0
	小　计		0
总　计			1.78

资料来源：宁夏证监局。

（二）募集资金使用情况及特点

2013 年，宁夏共有青龙管业、东方钽业、中银绒业及西北轴承 4 家公司使用募集资金，金额 3.72 亿元。

2013 年，仅 1 家公司（西北轴承）募集资金 1.78 亿元，全部用于补充营运资金。扣除各项费用实际补充营运资金 1.72 亿元外，其余当年全部使用完毕。

2013 年，使用以 2012 年度募集资金 1.94 亿元。包括青龙管业使用 2010 年募集资金 2733.13 万元，其中以 1543.65 万元投入新疆阜康青龙管业有限公司项目，使用 1189.48 万元购买银川经济技术开发区红墩子工业园区土地；中银绒业使用 2011 年募集资金 3345.06 万元，主要用于羊绒制品国内市场营销体系建设项目；东方钽业使用 2011 年募集资金 13297.18 万元，主要用于承诺投资项目年产 3000 吨钛和钛合金高技术产业化示范工程项目、60 吨/年一氧化铌高技术产业化项目、铌和铌基材料高新技术产业化示范工程项目和极大规模集成电路用靶材高新技术产业化示范工程项目。

为规范募集资金的管理和使用，提高募集资金的使用效率，保护中小投资者的利益，辖区上市公司结合公司实际情况，制定了《募集资金管理制度》，进一步加强了对募集资金的管理。在募集资金的管理和使用方面，公司严格按照法律法规和公司制度的规定，与保荐机构、银行签订《募集资金三方监管协议》，开设募集资金

专用账户，对募集资金实行专户存储制度，并对募集资金的使用执行严格的审批程序，以保证专款专用。总体上，辖区上市公司基本能够按照募集资金项目的计划使用募集资金，变更程序严格。但个别公司的募集资金管理存在不足，主要表现为募集资金使用计划制订不够严谨，对市场和政策变化预计不足。

（三）募集资金变更情况

2013 年，宁夏有 1 家公司（青龙管业）变更募集资金的使用项目，涉及金额约为 1477.21 万元，占该公司募集资金总额（8.75 亿元）的 1.69%，主要是鉴于募集资金投资项目——钢丝网骨架增强塑料（聚乙烯）复合管技改项目的市场条件已发生较大变化，决定终止对该项目的继续投资。募集资金变更程序合法，变更的原因是根据市场环境的变化和公司发展需要，调整投资方式，提高募集资金的使用效率和效果。

表 10　　2013 年宁夏上市公司募集资金使用项目变更情况

变更募集资金使用项目的公司家数	涉及金额（亿元）	募集资金总额（亿元）	占公司募集资金总额的比例（%）
1	0.15	8.75	1.69

资料来源：宁夏证监局。

六、宁夏上市公司规范运作情况

（一）上市公司治理专项情况

2013 年，宁夏证监局深入开展“遵章程、守制度、明权责、讲规范”公司治理专项活动，全面提升上市公司规范运作水平；积极督促公司解决同业竞争，规范关联交易；开展上市公司及相关方承诺履行专项活动，督促辖区公司对实际控制人、股东、关联方、收购人以及自身在首次公开发行股票、再融资、股改、并购重组以及公司治理专项活动等过程中做出的资产注入、股权激励、解决产权瑕疵等各项承诺事项进行全面梳理并进行集中解决；督促上市公司加强内幕信息管理，严格执行内幕信息知情人登记管理制度。2013 年，辖区公司治理水平进一步提升，上市公司及其控股股东规范运作意识增强，独立性、承诺履行等历史遗留问题进一步得到解决；上市公司内部控制规范体系运行平稳、执行有效，实施范围不断扩大，全面提升了公司的经营管理水平及风险防范和应对能力，并为进一步提高信息披露质量发挥了积极作用。

（二）审计情况及监管情况

2013 年，辖区公司年报分别由信永中和会计师事务所银川分所、瑞华会计师事务所、中天运会计师事务所、中兴财光华、立信及希格玛 6 家会计师事务所审计。

2013年，有3家公司被年审会计师出具非标审计意见报告（保留意见1家，带强调事项段的无保留意见2家）。宁夏证监局积极加强与会计部、沪深交易所的监管协作，进一步完善辖区会计师事务所与资产评估机构内部治理、健全质量控制体系、提升执业水平。一是贯彻风险导向监管理念，扎实推进年报审计监管工作，增强监管的针对性和有效性。二是启动监管约谈机制和审计督导机制，督导审计机构提高年报审计质量。三是加强对新换会计师事务所的审计监管，督促其严把审计执业质量关。四是加大会计师事务所执业质量检查力度，强化年报审计责任。

（三）信息披露情况

2013年，辖区公司在信息披露、公司治理、内部控制和投资者回报等方面取得较大进步，规范化程度进一步提高，投资者合法权益进一步得到保护。年报编制和披露质量、年报及摘要的可读性和非财务信息的披露与往年相比都有明显提高。各公司以体现投资价值为导向，强化了投资者关心事项的披露，年报披露涵盖了经营业绩、公司治理、内控规范体系实施、利润分配、社会责任等；现金分红比例呈现逐年增长的势头，部分公司连续多年现金分红。通过及时、有效的信息披露，公司重大风险得到充分揭示和有效化解。

（四）证券市场服务情况

为进一步创新投资者关系管理新形式，宁夏证监局与深圳证券信息有限公司于2013年4月26日下午举办“宁夏上市公司2012年度集体业绩说明会”活动。上市公司高管与投资者通过网络在线交流形式，对公司治理、发展战略、经营状况、融资计划、股权激励、可持续发展等投资者所关心的问题进行“一对多”形式的沟通与交流，取得了良好的效果。此外，宁夏证监局联合宁夏上市公司协会组织开展“理性价值投资走进上市公司”专题活动，为投资者深入了解上市公司、理性价值投资、促进上市公司贴近投资者、加强投资者关系管理发挥了积极作用。

审稿人：金国斌

撰稿人：王海燕　陈　玲

缑丽萍　李东升

新疆地区

一、新疆国民经济发展概况

表 1　　2013 年新疆国民经济发展概况　　单位：亿元

指　标	1~3 月		1~6 月		1~9 月		1~12 月	
	绝对量	同比增长（%）	绝对量	同比增长（%）	绝对量	同比增长（%）	绝对量	同比增长（%）
地区生产总值（GDP）	1157	10.3	2771	11.1	5451	10.8	8360	12.0
全社会固定资产投资	—	—	—	—	—	—	—	—
社会消费品零售总额	—	—	—	—	—	—	—	—
规模以上工业增加值	618	10.3	1297	11.4	2044	12.1	2896	12.9
规模以上工业企业实现利润	194	5.6	413	-1.4	634	9.4	795	-5.5
居民消费价格指数（CPI）	1~3 月		1~6 月		1~9 月		1~12 月	
	4.4		4.2		3.9		3.3	

资料来源：国家统计局。

二、新疆上市公司总体情况

（一）公司数量

表 2　　2013 年新疆上市公司数量　　单位：家

公司总数	2013 年新增	股票类别			板块分布			
		仅 A 股	仅 B 股	（A+B）股	沪市主板	深市主板	中小板	创业板
39	0	39	0	0	21	6	9	3

资料来源：新疆证监局，天相投资分析系统。

（二）行业分布

表 3　　2013 年新疆上市公司行业分布情况

所属证监会行业类别	家　数	占比（%）	所属证监会行业类别	家　数	占比（%）
农、林、牧、渔业	5	12.82	金融业	1	2.56
采矿业	1	2.56	房地产业	0	0.00
制造业	23	58.97	租赁和商务服务业	1	2.56
电力、热力、燃气及水生产和供应业	2	5.13	科学研究和技术服务业	0	0.00
建筑业	3	7.69	水利、环境和公共设施管理业	0	0.00
批发和零售业	2	5.13	教育	0	0.00
交通运输、仓储和邮政业	0	0.00	卫生和社会工作	0	0.00
住宿和餐饮业	0	0.00	文化、体育和娱乐业	0	0.00
信息传输、软件和信息技术服务业	0	0.00	综合	1	2.56
合　计	39	100.00			

资料来源：新疆证监局，天相投资分析系统。

（三）股本结构及规模

表 4　　2013 年新疆地区上市公司股本规模在 10 亿股以上公司分布情况

股本规模（亿股）	公司家数	具体公司
50≤~<100	1	广汇能源
20≤~<50	4	宏源证券、金风科技、特变电工、中粮屯河
10≤~<20	3	渤海租赁、青松建化、中泰化学

资料来源：沪深交易所，天相投资分析系统。

表 5　　2013 年新疆上市公司分地区股权构成情况

股权性质 / 地域分布	央企国资控股	省属国资控股	地市国资控股	民营控股	外资控股	其　他	合　计
乌鲁木齐市	6	2	6	7	1	1	23
克拉玛依市	0	0	1	1	0	0	2
石河子市	0	0	4	0	0	0	4
库尔勒市	1	0	1	0	0	0	2
昌吉市	1	0	0	2	0	0	3
博乐市	0	0	1	0	0	0	1
阿克苏市	0	0	1	1	0	0	2
阿拉尔市	0	0	1	0	0	0	1
伊犁哈萨克自治州	0	0	1	0	0	0	1
合　计	8	2	16	11	1	1	39

资料来源：新疆证监局。

（四）市值规模

截至2013年12月31日，新疆39家上市公司境内总市值为2605.27亿元，占全国上市公司境内总市值的1.09%，其中，上交所上市公司21家，总股本193.60亿股，境内总市值1466.65亿元，占上交所上市公司境内总市值的0.97%；深交所上市公司18家，总股本139.81亿股，境内总市值1138.62亿元，占深交所上市公司境内总市值的1.30%。

（五）资产规模

截至2013年12月31日，新疆39家上市公司合计总资产4009.24亿元，归属于母公司股东权益1267.42亿元，与2012年相比，分别增长23.96%和12.09%；平均每股净资产3.75元。

三、新疆上市公司经营情况及变动分析

（一）总体经营情况

表6　　2013年新疆上市公司经营情况

指　标	2013年	2012年	变动率（%）
家数	39	39	0.00
亏损家数	3	6	-50.00
亏损家数比例（%）	7.69	15.38	-7.69
平均每股收益（元）	0.22	0.20	10.50
平均每股净资产（元）	3.75	4.24	-11.56
平均净资产收益率（%）	5.90	4.77	1.13
总资产（亿元）	4009.24	3234.28	23.96
归属于母公司股东权益（亿元）	1267.42	1130.71	12.09
营业收入（亿元）	1756.54	1382.92	27.02
利润总额（亿元）	106.55	78.54	35.66
归属于母公司所有者的净利润（亿元）	74.79	53.89	38.79

资料来源：沪深交易所，天相投资分析系统。

（二）分行业经营情况

表7　　2013年新疆上市公司分行业经营情况

所属行类	营业收入（亿元）	可比样本变动率（%）	归属于母公司所有者的净利润（亿元）	可比样本变动率（%）
农、林、牧、渔业	28.78	-32.57	0.18	-81.55
采矿业	3.97	-3.99	0.10	-10.84
制造业	1331.89	26.73	35.40	79.03

续表

所属行类	营业收入（亿元）	可比样本变动率（%）	归属于母公司所有者的净利润（亿元）	可比样本变动率（%）
电力、热力、燃气及水生产和供应业	33.83	7.16	3.54	9.99
建筑业	98.37	50.28	2.02	-8.47
批发和零售业	106.70	14.61	3.24	-25.49
交通运输、仓储和邮政业	0.00	—	0.00	—
住宿和餐饮业	0.00	—	0.00	—
信息传输、软件和信息技术服务业	0.00	—	0.00	—
金融业	41.19	24.96	12.27	41.45
房地产业	0.00	—	0.00	—
租赁和商务服务业	63.76	155.90	10.53	113.95
科学研究和技术服务业	0.00	—	0.00	—
水利、环境和公共设施管理业	0.00	—	0.00	—
教育	0.00	—	0.00	—
卫生和社会工作	0.00	—	0.00	—
文化、体育和娱乐业	0.00	—	0.00	—
综合	48.05	29.34	7.51	-22.09
合　计	1756.54	27.02	74.79	38.79

资料来源：新疆证监局，天相投资分析系统。

（三）业绩变动情况分析

1. 营业收入、毛利率等变动原因分析

2013 年，新疆上市公司实现营业收入 1756.54 亿元，较 2012 年增长 27.02%；营业利润 84.09 亿元，较 2012 年上升 58.75%；归属于母公司所有者净利润 74.79 亿元，较 2012 年上升 38.79%；毛利率 20.95%，较 2012 年上升 3.19 个百分点。总体来看，营业收入增幅大于营业成本增幅是毛利率上升的主要原因。

2. 盈利构成分析

从盈利构成看，2013 年，新疆上市公司利润来源主要是营业利润，其占利润总额比重为 78.92%，投资收益占利润总额比重为 28.03%；公允价值变动净收益为-2.28 亿元，营业外收支净额占利润总额比重为 21.08%。

3. 经营性现金流量分析

2013 年，新疆 39 家上市公司中 34 家上市公司经营性现金流量净额为正，占比为 87.18%，高于 2012 年的 82.05%。新疆上市公司现金流量增加趋势明显，经营性现金流量由 91.76 亿元增加至 184.77 亿元；22 家上市公司经营性现金流量均出现不同程度的增加。

4. 业绩特点分析

（1）每股收益。2013 年，新疆上市公司实现归属于母公司所有者的净利润74.79亿元，较2012年上升38.79%，每股收益0.22元，高于2012年的0.20元；净资产收益率5.90%，高于2012年的4.77%。

（2）板块业绩情况。2013年，新疆主板上市公司平均每股收益0.20元，净资产收益率6.46%；中小板上市公司平均每股收益0.34元，净资产收益率4.18%；创业板上市公司平均每股收益0.30元，净资产收益率6.78%。

5. 利润分配情况

表8　　2013年新疆上市公司现金分红情况

2013年分红公司家数			2013年分红金额		
家　数	变动率（%）	分红公司家数占地区公司总数比重（%）	金额（亿元）	变动率（%）	分红金额占归属于母公司所有者的净利润比重（%）
26	8.33	66.67	25.76	-24.55	34.44

资料来源：新疆证监局。

四、新疆上市公司并购重组情况

（一）并购重组基本情况

2013年，新疆1家上市公司围绕主业转型、优化产业链、巩固行业地位、做大做强开展并购重组事项。

渤海租赁向控股股东发行约2.16亿股和非公开发行约2.89亿股，并以81亿元的价格收购了控股股东海航集团有限公司控制的全球第六大集装箱租赁公司Seaco SRL100%的股权。渤海租赁通过此次并购将业务范围拓展至集装箱租赁业务，丰富了公司业务结构，增强了企业盈利能力，进一步整合了控股股东的租赁业务，消除了潜在的同业竞争。

（二）并购重组特点

2013年，新疆上市公司开展并购重组主要有以下几个特点：一是定向增发是公司开展并购重组的主要模式。二是注重产业整合，拓展公司业务范围，提升公司盈利能力。公司通过并购重组从控股股东获得优质资源，加强或者变更了主业，增强了市场竞争力，消除潜在同业竞争。三是以并购重组为契机，打造企业的海外发展平台，实现跨越式发展。公司通过海外并购，巩固了国内行业地位，提升了公司的影响力。

五、新疆上市公司募集资金情况、使用情况

（一）募集资金总体情况

表 9　　2013 年新疆上市公司募集资金情况

发行类型	代　码	简　称	募集资金（亿元）
再融资（增发、配股）	600737	中粮屯河	47.71
	000813	天山纺织	5.89
	600419	天润乳业	0.69
	600509	天富热电	18.87
	002092	中泰化学	15.99
	002100	天康生物	3.49
	002302	西部建设	23.82
	002524	光正集团	3.60
	000415	渤海租赁	15.00
	小　计		135.06
其他融资（公司债券、短期融资券、中期票据、次级债、金融债、境外发行债券）	000415	渤海租赁	35.00
	600256	广汇能源	10.00
	000877	天山股份	6.00
	600545	新疆城建	4.00
	002092	中泰化学	5.00
	600778	友好集团	5.00
	小　计		65.00
总　计			200.06

资料来源：新疆证监局。

（二）募集资金使用情况及特点

2013 年，新疆上市公司通过再融资募集资金 135.06 亿元，其中有 8 家公司使用 2013 年募集的资金（其中主板上市公司 5 家，中小板上市公司 3 家），金额 94.36 亿元，占 2013 年再融资总额的 70%，募集资金已投入项目 7 个。募集资金使用具有以下特点：一是有 4 家公司募集资金主要用于并购重组，未设立单独募投项目。二是受市场环境影响，部分上市公司募投项目进展缓慢或处于暂停状态。

（三）募集资金变更情况

2013，新疆有 3 家公司变更募集资金使用项目 4 个，涉及金额约为 0.79 亿元，占募集资金总额的 6.42%。募集资金变更程序合法，经过了公司股东大会批准。变

更原因主要是由于市场环境和政策发生变化，募投项目无法实现预期收益，上市公司对相关项目做出调整。

表 10　　2013 年新疆上市公司募集资金使用项目变更情况

变更募集资金使用项目的公司家数	涉及金额（亿元）	募集资金总额（亿元）	占公司募集资金总额的比例（%）
3	0.79	12.29	6.43

资料来源：新疆证监局。

六、新疆上市公司规范运作情况

（一）上市公司治理专项情况

2013 年，新疆上市公司通过建章立制，人员培训等方式，进一步完善内部控制规范体系。在此基础上，新疆证监局开展内控专项检查工作，引导上市公司将内控建设落到实处、形成实效，不留盲区和死角。上市公司现金分红回报股东的意识和力度明显提高，有 25 家上市公司实施 2012 年现金分红，现金分红总额为 31.46 亿元，占辖区 2012 年归属于上市公司股东净利润的比例为 58.38%，高于全国平均水平。新疆上市公司不断完善公司治理结构，充分利用股权激励等形式，提升公司核心竞争力。

（二）审计情况及监管情况

2013 年，新疆 7 家上市公司变更了年报审计机构，共有 13 家会计师事务所参与年报审计。1 家公司年报审计为带强调事项段的无保留意见，其余 38 家均为标准无保留意见。

2013 年年报审计监管中，新疆证监局继续做好先报事前监管，将监管重点向事中事后转移，召开年报工作会议，开展公司年报现场检查等方式加大年报审计监管力度。调取会计师事务所审计工作底稿，对会计师职业质量进行延伸检查，并约谈相关人员，督促年审会计师事务所进一步提高职业质量。

（三）信息披露情况

2013 年，新疆上市公司信息披露质量不断提高。39 家上市公司全部在规定时间内披露了 2013 年年报，及时发布业绩预告；32 家公司披露了内部控制审计报告；37 家公司披露了内控自我评价报告。同时，各上市公司临时公告总体上能按规定及时、准确、完整地披露，并能积极应对媒体和市场的质疑，及时发布核查公告或澄清公告。

（四）证券市场服务情况

1. 发挥监管职能，化解市场风险

新疆证监局积极跟踪 *ST 中基破产重整情况，指导公司开展有效措施，恢复经营能力、化解退市风险；加强对上市公司内幕信息管理，引导上市公司规范高级人员股票买卖行为；提高事后监管力度，及时对上市公司违规行为采取行政监管措施并记入诚信档案，降低上市公司违规意图。

2. 加强培训工作，夯实市场基础

2013 年，新疆证监局举办了 2 次上市公司高管培训，培训 75 家（次）381 人次；组织上市公司高级财务人员，进行财务内控专项培训，共 15 家 15 人次；联合深交所对辖区上市后备企业开展 2 次专项培训，共培训 230 人次。

3. 做好市场培育，推动企业上市

截至 2013 底，新疆地区共有 29 家拟上市公司在新疆证监局备案；5 家拟上市公司向中国证监会申报上市首发申请材料。

4. 保护投资者权益，维护市场公平

新疆证监局及时处理针对上市公司的信访投诉，累计处理投诉、举报事项 12 件；组织辖区上市公司开展投资者网上接待日活动；引导上市公司完善投资者关系管理，充分发挥“投资者关系管理平台”的作用，开展“投资者走进上市公司”活动。

5. 发挥自律组织作用，促进市场发展

2013 年，新疆上市公司协会发挥下设的董事长联席会议、董秘专业委员、财务总监专业委员会的作用，对上市公司并购重组、上市公司财务内控等事项进行了经验交流，提高上市公司高级管理人员的履职能力。

审稿人：马春艳

撰稿人：黄孚曙　耿思琦

深圳地区

一、深圳国民经济发展概况

表 1　　2013 年深圳国民经济发展概况　　单位：亿元

指　标	1~3 月		1~6 月		1~9 月		1~12 月	
	绝对量	同比增长（%）	绝对量	同比增长（%）	绝对量	同比增长（%）	绝对量	同比增长（%）
地区生产总值（GDP）	2751	9.0	6014	9.5	10083	9.7	14500	10.5
全社会固定资产投资	361	10.8	1001	11.3	1688	12.5	2501	14.0
社会消费品零售总额	1001	8.5	2046	9.0	3172	9.6	4434	10.6
规模以上工业增加值	1158	5.1	2568	8.7	4073	8.6	5695	9.6
规模以上工业企业实现利润	—	—	—	—	—	—	—	—
居民消费价格指数（CPI）	1~3 月		1~6 月		1~9 月		1~12 月	
	2.5		2.4		2.5		2.7	

资料来源：国家统计局，深圳市统计局。

二、深圳上市公司总体情况

（一）公司数量

表 2　　2013 年深圳上市公司数量　　单位：家

公司总数	2013 年新增	股票类别			板块分布			
		仅 A 股	仅 B 股	（A+B）股	沪市主板	深市主板	中小板	创业板
184	0	164	1	19	13	61	69	41

资料来源：深圳证监局，天相投资分析系统。

（二）行业分布

表 3　　2013 年深圳上市公司行业分布情况

所属证监会行业类别	家　数	占比（%）	所属证监会行业类别	家　数	占比（%）
农、林、牧、渔业	0	0.00	金融业	5	2.72
采矿业	0	0.00	房地产业	17	9.24
制造业	104	56.52	租赁和商务服务业	6	3.26
电力、热力、燃气及水生产和供应业	3	1.63	科学研究和技术服务业	1	0.54
建筑业	7	3.80	水利、环境和公共设施管理业	2	1.09
批发和零售业	10	5.43	教育	0	0.00
交通运输、仓储和邮政业	8	4.35	卫生和社会工作	0	0.00
住宿和餐饮业	3	1.63	文化、体育和娱乐业	0	0.00
信息传输、软件和信息技术服务业	16	8.70	综合	2	1.09
合　计	184	100.00			

资料来源：深圳证监局，天相投资分析系统。

（三）股本结构及规模

表 4　　2013 年深圳上市公司股本规模在 10 亿股以上公司分布情况

股本规模（亿股）	公司家数	具体公司
200≤~<500	1	招商银行
100≤~<200	2	万科 A、中信证券
50≤~<100	4	广深铁路、华侨城 A、平安银行、中国平安
20≤~<50	9	比亚迪、金地集团、南玻 A、深高速、深圳能源、招商证券、中集集团、中金岭南、中兴通信
10≤~<20	17	*ST 成霖、大族激光、华联控股、健康元、农产品、深康佳 A、深深房 A、深圳机场、深圳燃气、深振业 A、盐田港、长城电脑、长城开发、招商地产、兆驰股份、中国宝安、中粮地产

资料来源：沪深交易所，天相投资分析系统。

表 5　　2013 年深圳上市公司分地区股权构成情况

股权性质 / 地域分布	央企国资控股	省属国资控股	地市国资控股	民营控股	其　他	合　计
深圳市	25	1	24	125	9	184

资料来源：深圳证监局。

（四）市值规模

截至 2013 年 12 月 31 日，深圳 184 家上市公司境内总市值 19314.72 亿元，占全国上市公司境内总市值的 8.08%，其中，上交所上市公司 13 家，总股本 569.55 亿股，境内总市值 6993.29 亿元，占上交所上市公司境内总市值的 4.63%；深交所上市公司 171 家，总股本 1108.53 亿股，境内总市值 12321.43 亿元，占深交所上市公司境内总市值的 14.02%。

（五）资产规模

截至 2013 年 12 月 31 日，深圳 184 家上市公司合计总资产 114733.88 亿元，归属于母公司股东权益 12352.15 亿元，与 2012 年相比，分别增长 18.49%和 18.00%；平均每股净资产 6.79 元。

三、深圳上市公司经营情况及变动分析

（一）总体经营情况

表 6　　2013 年深圳上市公司经营情况

指　标	2013 年	2012 年	变动率（%）
家数	184	184	0.00
亏损家数	10	17	-41.18
亏损家数比例（%）	5.43	9.24	-3.81
平均每股收益（元）	0.92	0.77	19.79
平均每股净资产（元）	6.79	6.26	8.47
平均净资产收益率（%）	13.58	12.29	1.29
总资产（亿元）	114733.88	96826.5	18.49
归属于母公司股东权益（亿元）	12352.15	10468.18	18.00
营业收入（亿元）	15519.04	13046.08	18.96
利润总额（亿元）	2427.13	1869.58	29.82
归属于母公司所有者的净利润（亿元）	1677.94	1286.06	30.47

资料来源：沪深交易所，天相投资分析系统。

（二）分行业经营情况

表 7　　2013 年深圳上市公司分行业经营情况

所属行类	营业收入（亿元）	可比样本变动率（%）	归属于母公司所有者的净利润（亿元）	可比样本变动率（%）
农、林、牧、渔业	0.00	—	0.00	—
采矿业	0.00	—	0.00	—
制造业	4761.32	8.48	204.65	126.48

续表

所属行类	营业收入（亿元）	可比样本变动率（%）	归属于母公司所有者的净利润（亿元）	可比样本变动率（%）
电力、热力、燃气及水生产和供应业	220.36	-4.45	22.13	71.72
建筑业	257.25	23.34	10.24	15.34
批发和零售业	1043.81	35.14	22.85	169.33
交通运输、仓储和邮政业	259.99	4.48	38.18	0.34
住宿和餐饮业	5.99	-15.76	0.50	121.14
信息传输、软件和信息技术服务业	83.78	17.54	7.18	-12.25
金融业	5696.26	21.49	1026.02	21.27
房地产业	2370.95	25.68	285.65	28.32
租赁和商务服务业	467.29	79.04	9.80	51.22
科学研究和技术服务业	7.77	26.05	1.50	27.09
水利、环境和公共设施管理业	297.39	24.92	46.17	12.15
教育	0.00	—	0.00	—
卫生和社会工作	0.00	—	0.00	—
文化、体育和娱乐业	0.00	—	0.00	—
综合	46.88	4.60	3.09	87.97
合　计	15519.04	18.89	1677.94	30.45

资料来源：深圳证监局，天相投资分析系统。

（三）业绩变动情况分析

1. 营业收入、毛利率等变动原因分析

2013 年，深圳上市公司共实现营业收入 15519.04 亿元，较 2012 年增长 18.96%，高于 2012 年增幅。实现归属于母公司所有者的净利润（以下简称净利润）1677.94 亿元，较 2012 年增长 30.47%。

2013 年，除金融行业以外，其他 179 家公司毛利率为 23.08%，同比下降 0.85 个百分点。其中，房地产行业受到宏观调控影响，毛利率 32.76%，为近五年来最低水平。剔除金融业和房地产业后，其他 162 家公司营业收入 7451.83 亿元，同比增长 15.00%，营业成本 5961.53 亿元，同比增长 14.93%，毛利率 20.00%，与 2012 年同期基本持平，仍处在 2008 年以来的较低水平，企业人工、资金成本及税费等经营负担仍然较重，实体经济增长的内生动力尚待增强。

2. 盈利构成分析

从盈利构成看，2013 年，深圳上市公司利润来源主要是营业利润，占利润总额的比重为 94.19%，而营业外收支净额占利润总额的比重为 5.81%，均与 2012 年基本持平。在营业利润中，投资净收益占利润总额的比重为 31.23%，较 2012 年上升了 5.4 个百分点；公允价值变动净收益占利润总额的比重为3.36%，较2012年大幅上升了2.8个百分点。

3. 经营性现金流量分析

2013年，金融、房地产业经营现金流量下降明显，分别下降了43.68%和124.33%。受此影响，深圳上市公司经营活动现金流较2012年下降43.65%。扣除金融房地产业后，其他上市公司的经营活动现金净流量为451.59亿元，同比增长10.34%。

4. 业绩特点分析

2013年，深圳上市公司业绩反弹，但风险与机遇并存，呈现出三个特点：一是实体经济呈现复苏迹象，但由于规模较大的公司业绩企稳回暖不明显，增长的内生动力尚待增强。2013年，除金融房地产业以外，深圳辖区营业收入超百亿元的公司有15家，这15家公司合计实现营业收入4798.55亿元，占金融房地产业以外公司总额的比重为66.70%，但从扣非后的净利润来看，上述15家公司仅为60.05亿元，不足2010年132.50亿元的一半，而其他规模较小的公司为161.42亿元，略高于2010年的156.28亿元。可见，规模较大的公司业绩仍处于较低水平，规模较小的公司业绩已恢复到2010年水平。二是金融公司业绩虽保持快速增长态势，但净资产收益率有所下降，前期扩张风险可能逐步显现。2013年，深圳上市银行的净资产收益率由2012年的22.42%下降到20.21%，高于全国上市银行同期0.7个百分点的降幅；银行资产减值损失大幅攀升，平安银行和招商银行资产减值损失增幅分别居全国16家银行类上市公司第一和第二位。三是房地产公司业绩增幅回落明显，资金链可能面临风险。2013年，房地产公司净利润同比增幅24.49%，创五年来第二低增幅；资产负债率为74.01%，与2012年基本持平，但货币资金余额，同比下降了2.45%，为五年来首次下降；存货余额持续攀升，同比增幅21.58%，略高于2012年20.65%的增幅。

5. 利润分配情况

表8 2013年深圳上市公司现金分红情况

2013年分红公司家数			2013年分红金额		
家　数	变动率（%）	分红公司家数占地区公司总数比重（%）	金额（亿元）	变动率（%）	分红金额占归属于母公司所有者的净利润比重（%）
139	-4.14	75.54	401.27	0.80	23.91

资料来源：深圳证监局。

从分红形式来看，支付现金股利的公司有139家，转增股本的有39家，分配股票股利的有4家。

四、深圳上市公司并购重组情况

（一）并购重组基本情况

2013 年，深圳上市公司共完成 5 宗重大资产重组。

3 宗是以支付现金或支付现金及发行股份的方式收购标的方，其中 1 宗是深圳市信维通信股份有限公司以现金收购莱尔德香港控股有限公司所持有的英资莱尔德无线通信技术（北京）有限公司 100%股权；1 宗是深圳市宇顺电子股份有限公司以发行股份和支付现金的方式收购 19 名法人和自然人股东持有的深圳市雅视科技股份有限公司 100%股权；1 宗是深圳能源集团股份有限公司通过发行股份和支付现金的方式吸收合并 2 家法人股东持有的深能管理公司。

2 宗“借壳上市”，1 宗是深圳市太光电信股份有限公司以发行股份的方式吸收合并神州数码信息服务股份有限公司，同时发行股份募集配套资金 2 亿元；1 宗是深圳成霖洁具股份有限公司通过资产置换和发行股份购买深圳市宝鹰建设控股集团股份有限公司（以下简称宝鹰股份）的大股东古少明持有的宝鹰股份的股份，发行股份购买其他 9 名股东持有的宝鹰股份的全部股份，并非公开发行股份募集本次重组的配套资金 8 亿元。

（二）并购重组特点

2013 年，深圳上市公司的重大资产重组活跃，完成数量较 2012 年上升，且有多项并购重组事项正在进行中。从并购类型上看，并购重组类型更为复杂；从交易规模上看，并购重组事项的规模增大；从上市公司控股股东性质分析，多数为民营控股公司；从上市公司所属板块来看，2 家主板公司，2 家中小板公司，1 家创业板公司，所属板块较为均衡。

五、深圳上市公司募集资金情况、使用情况

（一）募集资金总体情况

表 9　　2013 年深圳上市公司募集资金情况

发行类型	代　码	简　称	募集资金（亿元）
首　发	—	—	0
	小　计		0
再融资（增发、配股）	000001	平安银行	147.82
	000021	长城开发	6.92
	000027	深圳能源	103.94
	000045	深纺织	9.91
	000061	农产品	17.13
	000070	特发信息	1.39

续表

发行类型	代码	简称	募集资金（亿元）
再融资（增发、配股）	000078	海王生物	5.88
	000555	神州信息	32.15
	002047	宝鹰股份	18.63
	002106	莱宝高科	17.42
	002137	实益达	1.48
	002183	怡亚通	6.32
	002197	证通电子	5.24
	002243	通产丽星	7.12
	002289	宇顺电子	14.01
	002341	新纶科技	7.00
	002456	欧菲光	15.00
	002618	丹邦科技	6.00
	600036	招商银行	275.25
	小计		698.61
其他融资（公司债券、短期融资券、中期票据、次级债、金融债、境外发行债券）	000012	南玻	11.00
	000022	深赤湾	10.00
	000026	飞亚达	4.00
	000027	深圳能源	20.00
	000066	长城电脑	5.00
	000999	华润三九	5.00
	002055	得润电子	0.10
	002121	科陆电子	2.80
	002163	*ST 三鑫	3.00
	002170	芭田股份	5.40
	002482	广田股份	11.00
	002594	比亚迪	30.00
	300197	铁汉生态	2.50
	600030	中信证券	700.00
	600036	招商银行	45.01
	600999	招商证券	387.00
	601139	深圳燃气	24.00
	小计		1265.81
总计			1964.42

资料来源：深圳证监局。

（二）募集资金使用情况及特点

2013 年，辖区内没有 IPO 项目，通过增发、配股等项目进行再融资的 19 家公司共筹资 698.61 亿元，再融资家数比 2012 年相比增加 16 家，融资金额增加 680.54 亿元，再融资规模较 2012 年增长较大。再融资所融资金共有募集资金项目 64 个（公司债、短期融资券、中期票据等募集资金无指定使用项目，故未统计）。

（三）募集资金变更情况

2013 年，深圳有 15 家上市公司变更募集资金投向。相比 2012 年，变更家数、变更涉及金额分别增加了 12 家和 12.30 亿元。变更的募集资金新投资 19 个项目，其中 6 个项目为永久性补充流动资金，4 个项目为新设立公司、注资增资等，另有 9 个项目仍为投资与上市公司主营业务相关的项目。

表 10　　2013 年深圳上市公司募集资金使用项目变更情况

变更募集资金使用项目的公司家数	涉及金额（亿元）	募集资金总额（亿元）	占公司募集资金总额的比例（%）
15	12.30	116.94	10.52

资料来源：深圳证监局。

六、深圳上市公司规范运作情况

（一）上市公司治理专项情况

深圳证监局为进一步推动机构投资者更好地参与公司治理，2013 年 5 月，联合中国投资者保护基金公司举办了“机构投资者参与上市公司治理”研讨会，围绕机构投资者参与上市公司治理的现状、经验与做法、存在的问题及国际经验借鉴等议题展开深入探讨，对如何推动我国机构投资者在完善上市公司治理方面发挥更大的作用积极建言献策。

2013 年，深圳证监局走访了 20 家拟上市公司，对 25 家拟上市公司出具了辅导验收报告。

（二）审计情况及监管情况

2013 年，深圳 184 家上市公司均按时披露了 2012 年年报，其中有 171 家公司被出具无保留意见的审计报告，有 2 家公司为保留意见，有 9 家公司为带强调事项段的无保留意见，有 1 家公司为无法表示意见。

深圳证监局对披露 2012 年年报的 183 家上市公司实施年报监管。在年报监管期间，共约谈 34 家公司共计 99 人次，约谈会计师共计 74 家（次）140 人次，现场监管 21 家（次），向 6 家公司的年审项目组下发了审计监管备忘录，及时通报日常监管关注的问题，督促会计师勤勉尽责。年报披露后，审阅 184 家上市公司 2012 年年报并撰写年报审阅小结，对 12 家公司进行了年报现场检查。针对现场检查、年报审阅和日常监管发现的问题，有 2 家公司移交立案稽查，6家公司下发监管意见；同时重新评估184家上市公司的风险分类情况，有10家公司调高风险级别，12家调低风险级别。

（三）信息披露情况

2013年，深圳证监局共审阅上市公司各类公告14142条，及时处理了长园集团股东违背承诺提前减持股票事项、生命人寿违规举牌金地集团和农产品事项、零七股份关联交易事项、“海砂事件”等一系列重大事项，及时进行现场核查，采取相关监管措施揭示风险。针对核查中发现的有关当事人存在的不规范情形，下发警示函、监管意见4份，督促公司做好信息披露和投资者沟通工作，有效揭示和化解风险。

（四）证券市场服务情况

1. 积极开展投资者保护工作

2013年，深圳证监局联合深交所开展“走进深圳上市公司”活动，组织约600名投资者走进13家上市公司，与公司面对面沟通，深入了解公司情况。

2013年9月，深圳证监局联合深圳上市公司协会、深圳证券信息有限公司共同举办了“深圳上市公司投资者关系互动平台启动暨网上集体接待日”活动，辖区183家上市公司536人参加了本次活动，共收到来自全国各地的投资者提问15002次，公司现场共回答10978个问题。

此外，深圳证监局针对出现的群访、专业上访、对信访事项提起行政诉讼等情况，妥善应对，积极主动地处理、疏导，有效地化解了风险。

2. 加大内幕交易防控力度

2013年，深圳证监局积极探索创新，开展了一系列内幕交易防控工作。一是联合深圳广电集团和华强文化科技集团制作4部内幕交易防控系列公益短片，拓展内幕交易防控宣传的力度和覆盖面。二是组织形式多样的上市公司内幕交易防控培训，2013年3月，组织召开“深圳上市公司内幕交易防控专项工作会议”。此外，还对深圳市广电集团、赛格集团、华侨城集团、特发集团、深赤湾、深康佳等内幕交易防控重点单位的“董监高”和其他关键人员进行了专门现场培训。三是加强政府部门内幕交易防控，完善内幕交易综合防控体系，2013年5月，推动深圳市政府召开了“深圳市政府内幕交易防控工作会议”，市政府所有可能涉及内幕信息的14个部门以及10个区政府相关负责人共计120余人参会。此外，针对部分政府部门或履行一定社会管理职能的部门要求上市公司提供未公开信息的情况，深圳证监局会同深圳市政府办公厅走访了相关单位，推动其完善内幕交易防控机制。

3. 加强交流和培训，提高上市公司规范运作水平

2013年，深圳证监局先后组织上市公司、拟上市公司和中介机构开展上市公司经验交流、并购重组、财务会计基础、内幕交易防控等多种培训交流会，参与各项培训和交流的上市公司及中介机构共计1571人次，有助于提升深圳上市公司、拟上市公司、中介机构的规范意识和业务

能力。

4. 主动调研，推动公司做大做强

2013 年，深圳证监局对资本市场服务实体经济展开多项调研，多次对深圳文化产业、战略性新兴产业的相关单位进行现场走访，并听取有关单位的意见和建议，对近三年上市公司并购重组开展梳理、分析，对于如何促进上市公司并购重组，推动公司利用资本市场做大做强提出政策建议。

审稿人：黄　山

撰稿人：刘辉珲　汪丹霓

大连地区

一、大连国民经济发展概况

表 1　　2013 年大连国民经济发展概况　　单位：亿元

指　标	1~3 月		1~6 月		1~9 月		1~12 月	
	绝对量	同比增长（%）	绝对量	同比增长（%）	绝对量	同比增长（%）	绝对量	同比增长（%）
地区生产总值（GDP）	1620	9.3	3728	9.3	5511	9.0	7651	9.0
全社会固定资产投资	513	24.2	2870	22.8	5276	22.1	6478	15.2
社会消费品零售总额	584	12.1	1179	12.6	1836	13.0	2527	13.6
规模以上工业增加值	—	12.6	—	12.1	—	11.0	3244	10.2
规模以上工业企业实现利润	—	—	—	—	—	—	—	—
居民消费价格指数（CPI）	1~3 月		1~6 月		1~9 月		1~12 月	
	3.0		2.7		2.5		2.5	

资料来源：国家统计局。

二、大连上市公司总体情况

（一）公司数量

表 2　　2013 年大连上市公司数量　　单位：家

公司总数	2013 年新增	股票类别			板块分布			
		仅 A 股	仅 B 股	（A+B）股	沪市主板	深市主板	中小板	创业板
27	0	24	2	1	13	5	7	2

资料来源：大连证监局，天相投资分析系统。

（二）行业分布

表 3　　2013 年大连上市公司行业分布情况

所属证监会行业类别	家　数	占比（%）	所属证监会行业类别	家　数	占比（%）
农、林、牧、渔业	2	7.41	金融业	0	0.00
采矿业	0	0.00	房地产业	2	7.41
制造业	11	40.74	租赁和商务服务业	0	0.00
电力、热力、燃气及水生产和供应业	2	7.41	科学研究和技术服务业	1	3.70
建筑业	0	0.00	水利、环境和公共设施管理业	1	3.70
批发和零售业	5	18.52	教育	0	0.00
交通运输、仓储和邮政业	2	7.41	卫生和社会工作	0	0.00
住宿和餐饮业	0	0.00	文化、体育和娱乐业	0	0.00
信息传输、软件和信息技术服务业	0	0.00	综合	1	3.70
合　计	27	100.00			

资料来源：大连证监局，天相投资分析系统。

（三）股本结构及规模

表 4　　2013 年大连上市公司股本规模在 10 亿股以上公司分布情况

股本规模（亿股）	公司家数	具体公司
100≤~<200	1	国电电力
20≤~<50	1	大连港
10≤~<20	4	大连控股、辽宁成大、铁龙物流、亿城股份

资料来源：沪深交易所，天相投资分析系统。

表 5　　2013 年大连上市公司分地区股权构成情况

股权性质 / 地域分布	央企国资控股	省属国资控股	地市国资控股	民营控股	其　他	合　计
大连市	2	2	8	13	2	27

资料来源：大连证监局。

（四）市值规模

截至 2013 年 12 月 31 日，大连 27 家上市公司境内总市值为 1523.89 亿元，占全国上市公司境内总市值的 0.64%，其中，上交所上市公司 13 家，总股本 259.52 亿股，境内总市值 1026.94 亿元，占上交所上市公司境内总市值的 0.68%；深交所上市公司14家，总股本56.95亿股，境内总市值496.95亿元，占深交所上市公司境内总市值的0.57%。

（五）资产规模

截至2013年12月31日，大连27家上市公司合计总资产3876.48亿元，归属于母公司股东权益1035.30亿元，与2012年相比，分别增长10.46%和7.45%；平均每股净资产3.13元。

三、大连上市公司经营情况及变动分析

（一）总体经营情况

表6　2013年大连上市公司经营情况

指　标	2013年	2012年	变动率（%）
家数	27	27	0.00
亏损家数	1	2	-50.00
亏损家数比例（%）	3.70	7.41	-3.71
平均每股收益（元）	0.33	0.31	7.19
平均每股净资产（元）	3.13	3.14	-0.32
平均净资产收益率（%）	10.63	9.91	0.72
总资产（亿元）	3876.48	3509.34	10.46
归属于母公司股东权益（亿元）	1035.30	963.53	7.45
营业收入（亿元）	1560.02	1430.95	9.02
利润总额（亿元）	176.47	143.10	23.32
归属于母公司所有者的净利润（亿元）	110.09	95.53	15.24

资料来源：沪深交易所，天相投资分析系统。

（二）分行业经营情况

表7　2013年大连上市公司分行业经营情况

所属行类	营业收入（亿元）	可比样本变动率（%）	归属于母公司所有者的净利润（亿元）	可比样本变动率（%）
农、林、牧、渔业	31.54	5.81	2.59	-2.67
采矿业	0.00	—	0.00	—
制造业	191.92	-8.44	6.90	-19.84
电力、热力、燃气及水生产和供应业	669.81	18.86	62.83	24.34
建筑业	0.00	—	0.00	—
批发和零售业	497.32	3.90	22.52	19.62
交通运输、仓储和邮政业	112.63	28.59	11.04	3.94

续表

所属行类	营业收入（亿元）	可比样本变动率（%）	归属于母公司所有者的净利润（亿元）	可比样本变动率（%）
住宿和餐饮业	0.00	—	0.00	—
信息传输、软件和信息技术服务业	0.00	—	0.00	—
金融业	0.00	—	0.00	—
房地产业	30.14	6.92	2.58	28.97
租赁和商务服务业	0.00	—	0.00	—
科学研究和技术服务业	4.17	-13.17	0.22	52.04
水利、环境和公共设施管理业	2.52	20.71	0.33	158.52
教育	0.00	—	0.00	—
卫生和社会工作	0.00	—	0.00	—
文化、体育和娱乐业	0.00	—	0.00	—
综合	19.98	-25.04	1.08	-46.07
合　计	1560.02	9.02	110.09	15.24

资料来源：大连证监局，天相投资分析系统。

（三）业绩变动情况分析

1. 营业收入、毛利率等变动原因分析

2013 年，大连上市公司实现营业收入 1560.02 亿元，较 2012 年增长 9.02%；营业利润 168.31 亿元，较 2012 年增长 25.52%；利润总额 176.47 亿元，较 2012 年增长 23.32%；毛利率 22.96%，较 2012 年上升 1.4 个百分点。营业收入变动原因为国电电力、大连港两家公司营业收入增幅分别达到 19%和 50%；营业收入增幅略大于营业成本增幅是毛利率略有上升的主要原因。

2. 盈利构成分析

2013 年，大连上市公司中有 26 家实现盈利，1 家亏损；扣除非经常性损益后共 22 家上市公司实现盈利。利润主要来源于营业利润，其占利润总额的比重为 95.38%。其中，投资收益占利润总额的比重为 18.55%，营业外收支净额占利润总额的比重为 4.61%。

3. 经营性现金流量分析

2013 年，大连 27 家上市公司经营活动产生的现金流量净额为 281.66 亿元，较 2012 年增长 18.47%。其中 24 家上市公司为正，占 27 家上市公司的 88.89%。经营活动产生现金流量净额的前 3 名分别是国电电力、大商股份和大连港。

4. 业绩特点分析

（1）业绩集中度较高。2013 年，大连前 5 家上市公司实现净利润即占大连上市公司整体利润水平的 88%，前 10 家上市公司实现净利润占大连上市公司整体利润水平的 95.52%。

（2）主板公司业绩稳步增长，创业板公司业绩变动较大。2013 年，大连主板上市公司实现归属于母公司股东的净利润101.3亿元，同比增长17.37%；中小板上市公司实现归属于母公司股东的净利润8.29亿元，同比下降8.40%；创业板上市公司实现归属于母公司股东的净利润0.5亿元，同比增长194.12%。

5. 利润分配情况

2013年，大连共有20家上市公司提出利润分配方案，占27家上市公司的74.07%，占大连盈利上市公司家数的76.92%；派发现金股利家数为20家，占利润分配家数的100%；派发现金总额33.33亿元，占大连上市公司归属于母公司所有者净利润的30.28%。

表8　2013年大连上市公司现金分红情况

2013年分红公司家数			2013年分红金额		
家　数	变动率（%）	分红公司家数占地区公司总数比重（%）	金额（亿元）	变动率（%）	分红金额占归属于母公司所有者的净利润比重（%）
20	-9.09	74.07	33.33	-5.53	30.28

资料来源：大连证监局。

四、大连上市公司并购重组情况

2013年，大连有2家上市公司运作重大资产重组相关事项，但均因被股东大会否决而最终未能实施。

五、大连上市公司募集资金情况、使用情况

（一）募集资金总体情况

表9　2013年大连上市公司募集资金情况

发行类型	代　码	简　称	募集资金（亿元）
首发	—	—	0
	小　计		0
再融资（增发、配股）	600795	国电电力	40.00
	小　计		40.00
其他融资（公司债券、短期融资券、中期票据、次级债、金融债、境外发行债券）	600739	辽宁成大	20.00
	000881	大连国际	3.00
	600795	国电电力	30.00
	600125	铁龙物流	7.50
	小　计		60.50
总　计			100.50

资料来源：大连证监局。

（二）募集资金使用情况及特点

2013 年，大连共有 8 家上市公司使用募集资金，金额为 24.18 亿元。其中，国电电力 2013 年使用募集资金 19.01 亿元，占大连上市公司 2013 年使用募集资金总额的 78.62%。

（三）募集资金变更情况

2013 年，大连 8 家使用募集资金的上市公司无变更募集资金使用项目的情况。

六、大连上市公司规范运作情况

（一）上市公司治理专项情况

2013 年，大连上市公司进一步强化规范运作意识，不断深化公司治理，取得一定成效。一是深入推进内部控制规范体系建设工作，按要求披露了内部控制评价报告和经会计师事务所审计的内控审计报告。同时，仍一定程度上存在内控建设流于形式、缺乏标准等问题。二是扎实开展财务信息质量专项整治活动，目前上市公司自查阶段已经结束，力争通过一至两年的持续努力，进一步提高上市公司的财务信息质量和披露水平。三是不断完善股东回报规划和现金分红政策和机制。2013 年，大连上市公司现金分红家数占上市公司总数的 74%，现金分红金额占归属于母公司所有者净利润的 30%，回报投资者已成为许多公司极为重要的股权文化。四是通过董监事和高管培训、董秘例会、违法违规案例警示会等渠道，上市公司治理、规范运作意识不断增强。五是深入推进解决同业竞争、减少关联交易工作。大连证监局按照“一司一策”原则，通过走访调研、座谈交流、加强与国资部门沟通等方式，逐家研究解决方案，传达监管要求，相关上市公司积极通过并购重组、整体上市等方式解决同业竞争、减少关联交易，已取得初步成效。

（二）审计情况及监管情况

2013 年，10 家会计师事务所参与了大连 27 家上市公司的审计业务，审计意见类型均为标准无保留意见。在年报审计过程中，大连证监局在中国证监会统一部署下，全程跟踪、强化监管。审计机构进场前，召开专题会议提出监管要求，明确相关责任；审计过程中，保持与会计师的“一对一”沟通，关注重点公司，及时提示风险；年报披露后，在全面审核的基础上对重点公司开展现场检查。年报监管过程中，大连证监局累计关注问题 60 余个，对 16 家公司出具年报监管问询函，现场督导 5 次，约见谈话 9 次，与年审会计师沟通 28 人次，对 6 家公司进行了年报现场检查，对 3 家公司采取了行政监管措施。

（三）信息披露情况

总体而言，大连上市公司能够及时履行信息披露义务，但也存在信息披露遗漏或披露不充分等情形，信息披露的规范性和有效性仍有待提高。如部分公司关联交易、关联担保披露不及时，对信息披露规则的理解存在偏差，个别公司年报信息披露数据存在错误等。

（四）证券市场服务情况

一是支持、推动上市公司全面主动加强投资者关系管理。大连证监局在认真研究、分析的基础上，确定以“推动上市公司建立多层次、多元化、立体化的投资者关系管理网络”为目标，鼓励、支持上市公司探索、创新投资者关系管理模式，在合规的基础上扩大信息披露的内容和范围，加强主动信息披露，强化与投资者的互动交流，不断提高上市公司透明度。

二是试点推广“投资者委员会”模式。证券营业部投资者委员会是大连证监局倡议、券商营业部推动、投资者自愿成立的自律性组织，是投资者自我服务、自我教育、自我维权的投资者保护补充方式，这一模式在宣传证券法规政策、引导理性投资、加强互动交流、缓解社会矛盾等方面已取得了积极成效。

三是支持上市公司再融资。充分发挥大连上市公司协会融资促进委员会平台优势，通过组织各种形式的培训、论坛、座谈等形式，帮助上市公司及时了解资本市场最新动态和监管创新业务，积极主动为上市公司搭建融资平台，指导、支持多家公司解决发展过程中的资金困难。

审稿人：滕兆滨

撰稿人：曲孝生

宁波地区

一、宁波国民经济发展概况

表 1　　2013 年宁波国民经济发展概况　　单位：亿元

指标	1~3 月		1~6 月		1~9 月		1~12 月	
	绝对量	同比增长（%）	绝对量	同比增长（%）	绝对量	同比增长（%）	绝对量	同比增长（%）
地区生产总值（GDP）	1384	8.3	3259	8.4	5024	8.4	7129	8.1
全社会固定资产投资	716	21.9	1745	20.4	2584	18.6	3423	18.0
社会消费品零售总额	585	11.8	1185	12.5	1849	13.2	2636	13.1
规模以上工业增加值	505	7.1	1073	7.9	1654	8.0	2291	8.0
规模以上工业企业实现利润	117	39.1	291	36.0	467	38.6	665	25.0
居民消费价格指数（CPI）	1~3 月		1~6 月		1~9 月		1~12 月	
	2.0		2.0		2.0		2.3	

资料来源：国家统计局。

二、宁波上市公司总体情况

（一）公司数量

表 2　　2013 年宁波上市公司数量　　单位：家

公司总数	2013 年新增	股票类别			板块分布			
		仅 A 股	仅 B 股	（A+B）股	沪市主板	深市主板	中小板	创业板
42	0	42	0	0	22	1	12	7

资料来源：宁波证监局，天相投资分析系统。

（二）行业分布

表 3　　2013 年宁波上市公司行业分布情况

所属证监会行业类别	家数	占比（%）	所属证监会行业类别	家数	占比（%）
农、林、牧、渔业	0	0.00	金融业	1	2.38
采矿业	0	0.00	房地产业	3	7.14
制造业	27	64.29	租赁和商务服务业	0	0.00
电力、热力、燃气及水生产和供应业	1	2.38	科学研究和技术服务业	0	0.00
建筑业	4	9.52	水利、环境和公共设施管理业	0	0.00
批发和零售业	4	9.52	教育	0	0.00
交通运输、仓储和邮政业	2	4.76	卫生和社会工作	0	0.00
住宿和餐饮业	0	0.00	文化、体育和娱乐业	0	0.00
信息传输、软件和信息技术服务业	0	0.00	综合	0	0.00
合　计	42	100.00			

资料来源：宁波证监局，天相投资分析系统。

（三）股本结构及规模

表 4　　2013 年宁波上市公司股本规模在 10 亿股以上公司分布情况

股本规模（亿股）	公司家数	具体公司
100≤~<200	1	宁波港
20≤~<50	2	宁波银行、雅戈尔
10≤~<20	2	宁波富达、荣安地产

资料来源：沪深交易所，天相投资分析系统。

表 5　　2013 年宁波上市公司分地区股权构成情况

地域分布 \ 股权性质	央企国资控股	省属国资控股	地市国资控股	民营控股	其　他	合　计
宁波市	0	3	3	34	2	42

资料来源：宁波证监局。

（四）市值规模

截至 2013 年 12 月 31 日，宁波 42 家上市公司境内总市值为 2037.2 亿元，占全国上市公司境内总市值的 0.85%，其中，上交所上市公司 22 家，总股本 252.57 亿股，境内总市值 1216.12 亿元，占上交所上市公司境内总市值的 0.80%；深交所上市公司20家，总股本93.35亿股，境内总市值821.08亿元，占深交所上市公司境内总市值的0.93%。

（五）资产规模

截至2013年12月31日，宁波42家上市公司合计总资产7417.72亿元，归属于母公司股东权益1331.73亿元，与2012年相比，分别增长18.19%和7.24%；平均每股净资产3.85元。

三、宁波上市公司经营情况及变动分析

（一）总体经营情况

表6　　2013年宁波上市公司经营情况

指　标	2013年	2012年	变动率（%）
家数	42	42	0.00
亏损家数	2	5	-60.00
亏损家数比例（%）	4.76	11.90	-7.14
平均每股收益（元）	0.41	0.34	19.69
平均每股净资产（元）	3.85	3.65	5.48
平均净资产收益率（%）	10.57	9.21	1.36
总资产（亿元）	7417.72	6276.01	18.19
归属于母公司股东权益（亿元）	1331.73	1241.82	7.24
营业收入（亿元）	1442.62	1236.25	16.69
利润总额（亿元）	185.21	155.57	19.05
归属于母公司所有者的净利润（亿元）	140.77	114.37	23.08

资料来源：沪深交易所，天相投资分析系统。

（二）分行业经营情况

表7　　2013年宁波上市公司分行业经营情况

所属行类	营业收入（亿元）	可比样本变动率（%）	归属于母公司所有者的净利润（亿元）	可比样本变动率（%）
农、林、牧、渔业	0.00	—	0.00	—
采矿业	0.00	—	0.00	—
制造业	590.73	11.93	41.73	50.12
电力、热力、燃气及水生产和供应业	7.73	-24.02	1.43	107.86
建筑业	383.06	20.86	7.24	-3.20
批发和零售业	101.69	-4.10	4.09	14.29
交通运输、仓储和邮政业	124.57	41.17	28.46	11.34

续表

所属行类	营业收入（亿元）	可比样本变动率（%）	归属于母公司所有者的净利润（亿元）	可比样本变动率（%）
住宿和餐饮业	0.00	—	0.00	—
信息传输、软件和信息技术服务业	0.00	—	0.00	—
金融业	127.61	23.40	48.47	19.15
房地产业	107.23	28.19	9.36	8.93
租赁和商务服务业	0.00	—	0.00	—
科学研究和技术服务业	0.00	—	0.00	—
水利、环境和公共设施管理业	0.00	—	0.00	—
教育	0.00	—	0.00	—
卫生和社会工作	0.00	—	0.00	—
文化、体育和娱乐业	0.00	—	0.00	—
综合	0.00	—	0.00	—
合　计	1442.62	16.69	140.77	23.08

资料来源：宁波证监局，天相投资分析系统。

（三）业绩变动情况分析

1. 营业收入、毛利率等变动原因分析

2013 年，宁波上市公司实现营业收入 1442.62 亿元，较 2012 年增长 16.69%；营业利润 181.14 亿元，增长 25.82%；利润总额 185.21 亿元，较 2012 年增长 19.05%；毛利率 10.48%。总体来看，上市公司外部经营环境的改善和公司经营规模的扩张是各项指标增长的主要原因。

2. 盈利构成分析

从盈利构成看，2013 年，宁波上市公司利润主要来源于营业利润，其占利润总额的比重为 97.80%。其中，投资净收益占利润总额的比重为 16.87%，公允价值变动净收益为负，营业外收支净额占利润总额的比重为 2.20%。

3. 经营性现金流量分析

2013 年，宁波 33 家上市公司经营活动产生的现金流量净额为正，占 42 家上市公司的 78.57%，略低于 2012 年 80.95%的水平。

4. 业绩特点分析

（1）每股收益低于全国平均水平。2013 年，宁波上市公司实现归属母公司所有者净利润 140.77 亿元，较 2012 年增长 23.08%；每股收益 0.41 元，比 2012 年增加 0.07 元，低于全国平均每股收益水平；平均净资产收益率 10.57%，较 2012 年增加 1.36 个百分点，低于 2013 年全国平均净资产收益率。

（2）板块业绩情况。2013 年，宁波主板上市公司平均每股收益 0.29 元，净资产收益率 9.04%；中小板上市公司平均每股收益 0.93 元，净资产收益率 15.36%；创业板上市公司平均每股收益0.27元，净资产收益率5.8%。

5. 利润分配情况

2013年，宁波辖区共有38家上市公司实施利润分配或资本公积金转增股本方案，相比2012年增加5家，占宁波辖区公司家数的90.48%，占盈利公司家数40家的95%，高于2012年89.19%的比例；发放现金股利家数为38家，占利润分配家数的100%；派现金总额48.79亿元，占宁波公司2013年归属于母公司所有者的净利润的34.66%。

表8　　2013年宁波上市公司现金分红情况

2013年分红公司家数			2013年分红金额		
家　数	变动率（%）	分红公司家数占地区公司总数比重（%）	金额（亿元）	变动率（%）	分红金额占归属于母公司所有者的净利润比重（%）
38	15.15	90.48	48.79	5.79	34.66

资料来源：宁波证监局。

四、宁波上市公司并购重组情况

（一）并购重组基本情况

2013年，宁波辖区共有宁波海运（600798）和天邦股份（002124）两家上市公司开展了并购重组交易活动。其中，浙江省能源集团有限公司在协议收购宁波海运集团有限公司（宁波海运原控股股东）51%的股权和履行了法定要约收购义务之后，成为宁波海运实际控制人；截至2013年底，天邦股份以自有资金收购艾格菲实业［Agfeed Industries，Inc（BVI）］，并拟非公开发行股票募集资金置换先期投入资金。截至2014年10月10日，公司非公开发行股票申请已获证监会有条件通过。

（二）并购重组特点

2013年，宁波辖区上市公司并购重组呈现出以下特点：①交易方式更加多样；②交易更多着眼于增强上市公司主业和市场竞争力，发生的两起并购中，交易双方主营业务均趋于一致；③产生的经济社会效益明显，通过并购，交易双方实现了优势互补，拥有规模、管理等诸多优势的企业得以进入资本市场，经济效益和社会效益得以更好发挥。

五、宁波上市公司募集资金情况、使用情况

（一）募集资金总体情况

表9　　2013年宁波上市公司募集资金情况

发行类型	代　码	简　称	募集资金（亿元）
首　发	—	—	0
	小　计		0

续表

发行类型	代码	简称	募集资金（亿元）
再融资（增发、配股）	601789	宁波建工	1.66（增发）
	002119	康强电子	0.93（增发）
	小计		2.59
其他融资（公司债券、短期融资券、中期票据、次级债、金融债、境外发行债券）	601018	宁波港	10.00（公司债）
	002586	围海股份	3.00（公司债）
	600982	宁波热电	3.00（公司债）
	小计		16.00
总计			18.59

资料来源：宁波证监局。

（二）募集资金使用情况及特点

2013 年，宁波共有 20 家上市公司使用募集资金，金额为 20.68 亿元。其中，2.17 亿元为 2013 年募集的资金，占全年使用募集资金总额的 10.49%；18.51 亿元为 2012 年募集的资金，占全年使用募集资金总额的 89.51%。

（三）募集资金变更情况

2013 年，宁波有 6 家上市公司变更募集资金的用途，涉及金额约为 12.05 亿元，占 6 家公司募集资金总额 51.44 亿元的 23.42%，相较 2012 年比例数 24.91%下降 1.49 个百分点。募集资金变更程序合法，均经过公司股东大会批准。综合来看，变更的原因主要包括：一是拟投资项目的市场环境发生比较重大的变化；二是原承诺投资项目因各种原因未能或者预计不能达到预期收益，为提高募集资金的使用效率，将剩余募集资金改投其他项目或调整投资结构。

表 10　　2013 年宁波上市公司募集资金使用项目变更情况

变更募集资金使用项目的公司家数	涉及金额（亿元）	募集资金总额（亿元）	占公司募集资金总额的比例（%）
6	12.05	51.44	23.42

资料来源：宁波证监局。

六、宁波上市公司规范运作情况

（一）上市公司治理专项情况

2013 年，宁波证监局着眼于公司治理内生机制建设，重点从四个方面促进辖区上市公司进一步完善公司治理结构，以推动公司规范运行。

一是以开展诚信建设活动促进上市公司完善治理。在辖区上市公司中开展了以“诚信合规、诚信披露”为主题的实践活动，通过宣传教育、自查自纠、建章立制、行业自律等一系列活动，推动辖区上市公司建立诚信建设的长效机制，将诚信理念内化为企业文化，不断完善公司法理。结合辖区上市公司诚信建设活动开展情况，宁波证监局以刊发简报、召开经验交流会等形式，及时交流和推广公司诚信建设先进经验，指导上市公司协会开展诚信建设征文活动。同时，推进公司股权文化建设，举办投资者网上集体见面会，建立健全投资者网络互动平台。

二是督促上市公司严格履行承诺。通过现场检查，督促辖区1家上市公司控股股东严格履行承诺事项，妥善解决同业竞争问题。对辖区上市公司承诺事项履行情况进行了收集整理和专项核查，督促各上市公司切实履行承诺事项，树立诚实守信的良好形象。

三是着眼于长效机制建设，继续加强现金分红的监管。①在年报审核中将现金分红情况与上市公司的章程进行核对；②在现场检查中重点对现金分红决策程序的规范性进行核查；③采取多种方式增强大股东、实际控制人的回报理念。

四是稳步推进规范运作基础工作。2013年，宁波辖区共有12家上市公司纳入内部控制规范体系实施范围，总体比例为29%。12家公司均在年报披露的同时披露了2013年内部控制评价报告和内部控制审计报告，审计报告结论均为标准无保留意见。

（二）审计情况及监管情况

宁波辖区42家上市公司均按时披露了2013年度报告和审计报告。其中，40家公司的审计报告为标准无保留意见，2家公司的审计报告为带强调事项段的无保留意见。

为切实做好上市公司财务审计和其他监管工作，提高定期报告特别是年报的披露质量，宁波证监局积极探索监管方式转型下的审计监管工作新方法、新举措，做到事前加强调研跟踪，找准监管重点；事中制定年报审核工作流程，统一分析模版，规范审核流程；事后制定检查和监管措施指引，明确监管尺度，严格执法。2013年，宁波证监局共对辖区10家上市公司进行了现场检查，对7家创业板公司保荐机构持续督导工作进行了现场检查或问核，检查中发现需整改问题95个，对1家公司高管人员存在的问题提请立案稽查，对3家公司存在的问题采取4项行政监管措施，下发监管意见函或关注函共9份。

（三）信息披露情况

2013年，宁波证监局积极开展信息披露与股价异动联动监管，及时关注公司股价走势、媒体报道和市场传闻，做到快速反应、快速联动、快速化解。全年共处置股价异动、媒体关注及市场传闻82次，审核定期报告和临时报告共计3057次。通过主动监管，督促上市公司不断提高信息披露质量，努力为投资者提供真实、及时的市场信息。

（四） 证券市场服务情况

2013年，宁波证监局围绕更好的服务

监管中心工作、服务中小投资者、服务辖区资本市场的目标，重点在机制建设、宣传服务、专题活动等方面做好证券市场服务工作。一是以服务中小投资者为宗旨做实服务工作；二是以健全工作机制为保障布局服务工作；三是以教育实践活动为契机推进服务工作；四是以落实诚信建设行动纲要为着力点做细服务工作；五是以日常监管为抓手落实服务工作。全年共组织开展了10次拟上市公司、11次上市公司“董监高”专题培训；组织上市公司开展好网上集体接待投资者工作，并联合深圳证券交易所在辖区举办了“认识你的股东，走进上市公司”专项活动，促进了上市公司与投资者的良好互动；妥善处理了亿晶光电大股东承诺变更等一批市场热点、焦点事件。通过这些工作，引导市场经营主体提高对投资者权益保护工作的认识，为投资者营造了公开、透明的资本市场环境。

审稿人：陆钱松

撰稿人：郭　锐

厦门地区

一、厦门国民经济发展概况

表 1　　2013 年厦门国民经济发展概况　　单位：亿元

指　标	1~3 月		1~6 月		1~9 月		1~12 月	
	绝对量	同比增长（%）	绝对量	同比增长（%）	绝对量	同比增长（%）	绝对量	同比增长（%）
地区生产总值（GDP）	530	10.8	1273	11.3	2056	10.4	3018	9.4
全社会固定资产投资	270	19.6	628	8.8	932	1.2	1337	1.1
社会消费品零售总额	232	3.6	479	7.4	716	9.5	975	10.5
规模以上工业增加值	—	—	—	—	—	—	—	—
规模以上工业企业实现利润	—	—	—	—	—	—	—	—
居民消费价格指数（CPI）	1~3 月		1~6 月		1~9 月		1~12 月	
	101.7		101.4		101.8		102.3	

资料来源：国家统计局，厦门统计局。

二、厦门上市公司总体情况

（一）公司数量

表 2　　2013 年厦门上市公司数量　　单位：家

公司总数	2013 年新增	股票类别			板块分布			
		仅 A 股	仅 B 股	（A+B）股	沪市主板	深市主板	中小板	创业板
29	1	28	1	0	11	4	8	6

资料来源：厦门证监局，天相投资分析系统。

（二）行业分布

表 3　　2013 年厦门上市公司行业分布情况

所属证监会行业类别	家数	占比（%）	所属证监会行业类别	家数	占比（%）
农、林、牧、渔业	0	0.00	金融业	0	0.00
采矿业	1	3.45	房地产业	1	3.45
制造业	15	51.72	租赁和商务服务业	1	3.45
电力、热力、燃气及水生产和供应业	0	0.00	科学研究和技术服务业	1	3.45
建筑业	0	0.00	水利、环境和公共设施管理业	0	0.00
批发和零售业	4	13.79	教育	0	0.00
交通运输、仓储和邮政业	2	6.90	卫生和社会工作	0	0.00
住宿和餐饮业	0	0.00	文化、体育和娱乐业	0	0.00
信息传输、软件和信息技术服务业	3	10.34	综合	1	3.45
合　计	29	100.00			

资料来源：厦门证监局，天相投资分析系统。

（三）股本结构及规模

表 4　　2013 年厦门上市公司股本规模在 10 亿股以上公司分布情况

股本规模（亿股）	公司家数	具体公司
20≤~<50	1	建发股份
10≤~<20	1	厦门国贸

资料来源：沪深交易所，天相投资分析系统。

表 5　　2013 年厦门上市公司股权构成情况

股权性质／地域分布	央企国资控股	省属国资控股	地市国资控股	民营控股	其　他	合　计
厦门市	0	1	8	19	1	29

资料来源：厦门证监局。

（四）市值规模

截至 2013 年 12 月 31 日，厦门 29 家上市公司境内总市值为 1223.32 亿元，占全国上市公司境内总市值的 0.51%，其中，上交所上市公司 11 家，总股本 82.06 亿股，境内总市值 699.02 亿元，占上交所上市公司境内总市值的 0.46%；深交所上市公司 18 家，总股本 44.50 亿股，境内总市值 524.29 亿元，占深交所上市公司境内总市值的 0.6%。

（五）资产规模

截至2013年12月31日，厦门29家上市公司合计总资产2129.51亿元，归属于母公司股东权益555.69亿元，与2012年相比，分别增长24.89%和13.15%；平均每股净资产4.39元。

三、厦门上市公司经营情况及变动分析

（一）总体经营情况

表6　　2013年厦门上市公司经营情况

指　标	2013年	2012年	变动率（%）
家数	29	28	3.57
亏损家数	4	0	—
亏损家数比例（%）	13.79	0	13.79
平均每股收益（元）	0.47	0.46	2.27
平均每股净资产（元）	4.39	4.10	7.07
平均净资产收益率（%）	10.72	11.19	-0.47
总资产（亿元）	2129.51	1705.1	24.89
归属于母公司股东权益（亿元）	555.69	491.13	13.15
营业收入（亿元）	2815.55	2450.79	14.88
利润总额（亿元）	102.23	88.80	15.13
归属于母公司所有者的净利润（亿元）	59.54	54.94	8.38

资料来源：沪深交易所，天相投资分析系统。

（二）分行业经营情况

表7　　2013年厦门上市公司分行业经营情况

所属行类	营业收入（亿元）	可比样本变动率（%）	归属于母公司所有者的净利润（亿元）	可比样本变动率（%）
农、林、牧、渔业	0.00	—	0.00	—
采矿业	20.38	48.79	1.06	584.74
制造业	511.06	0.64	7.43	-54.40
电力、热力、燃气及水生产和供应业	0.00	—	0.00	—
建筑业	0.00	—	0.00	—
批发和零售业	1841.65	17.16	36.41	30.96
交通运输、仓储和邮政业	60.34	46.65	7.69	24.59
住宿和餐饮业	0.00	—	0.00	—
信息传输、软件和信息技术服务业	9.82	9.49	1.10	-19.96

续表

所属行类	营业收入（亿元）	可比样本变动率（%）	归属于母公司所有者的净利润（亿元）	可比样本变动率（%）
金融业	0.00	—	0.00	—
房地产业	0.10	-84.41	-0.07	-280.92
租赁和商务服务业	354.02	20.60	2.41	110.20
科学研究和技术服务业	17.72	35.45	2.26	16.58
水利、环境和公共设施管理业	0.00	—	0.00	—
教育	0.00	—	0.00	—
卫生和社会工作	0.00	—	0.00	—
文化、体育和娱乐业	0.00	—	0.00	—
综合	0.47	1237.62	1.23	597.72
合　计	2815.55	14.88	59.54	8.04

资料来源：厦门证监局、天相投资分析系统。

（三）业绩变动情况分析

1. 营业收入、毛利率等变动原因分析

2013 年，厦门上市公司实现营业收入 2815.55 亿元，较 2012 年增长 14.88%；归属于母公司所有者的净利润 59.54 亿元，较 2012 年增长 8.38%；从行业看，4 家批发和零售业企业运营稳中向好，保持了良好的发展态势，而 15 家制造业类上市公司整体净利润大幅下滑，表明制造业经营状况受宏观经济影响较大。29 家上市公司平均毛利率为 9.55% ，较 2012 年下降 0.26 个百分点。从板块来看，主板毛利率 9.15%，较 2012 年上升 0.68 个百分点，中小板毛利率 22.55%，较 2012 年上升 1.06 个百分点，创业板毛利率 45.44%，与 2012 年基本持平。

2. 盈利构成分析

从盈利构成看，2013 年，厦门上市公司利润来源主要是营业利润，共计 93.27 亿元，占利润总额的比重为 91.23%，相比 2012 年下降 19.74 个百分点。其中，投资收益 17.43 亿元，占利润总额的比重为 17.05%，相比 2012 年上升 6.18 个百分点。

3. 经营性现金流量分析

2013 年，厦门上市公司经营活动产生的现金流量净额为-9.67 亿元，同比下降 110.17%，经营活动产生的现金流量净额也由正转负。2013 年，厦门 21 家上市公司经营活动产生的现金流量净额为正，占 29 家上市公司的 72.41%，低于 2012 年 78.57%的水平。

4. 业绩特点分析

一是中小板业绩下滑较大。2013 年，厦门中小板公司归属于上市公司股东的净利润较 2012 年下降 35.13%，主板、创业板公司归属于上市公司股东的净利润较 2012 年分别增长 14.74%和 7.07%。二是业绩分化明显。2013 年，厦门 29 家上市公司中有 4 家公司亏损，其余 25 家公司均实现盈利。其中，盈利前 3 名的公司合计实现归属于上市公司股东的净利润 40.95 亿元，占厦门上市公司净利润总额的 68.77%；盈利低于 1 亿元的公司共有 13 家，占厦门上市公司总数的 44.83%。此外，4 家公司的亏损总额共计 11.82 亿元，公司业绩两极分化明显。

5. 利润分配情况

表 8　　2013 年厦门上市公司现金分红情况

2013 年分红公司家数			2013 年分红金额		
家　数	变动率（%）	分红公司家数占地区公司总数比重（%）	金额（亿元）	变动率（%）	分红金额占归属于母公司所有者的净利润比重（%）
21	-8.70	72.41	17.28	19.67	29.02

资料来源：厦门证监局。

四、厦门上市公司并购重组情况

2013 年，厦门有 3 家上市公司筹划重大资产重组工作。具体为：银润投资 2013 年 3 月与赣州晨光稀土筹划重大资产重组事项，银润投资拟以拥有的除海发大厦一期相关资产及负债以外全部资产及负债与晨光稀土全体股东持有的晨光稀土 100%股份进行资产置换。截至 2013 年 12 月 31 日，该重组申请已被证监会受理，尚未审批。三维丝拟以现金及发行股份的方式购买北京洛卡环保技术有限公司 90%的股权，但该重组方案未获股东大会表决通过。三五互联及子公司天津三五通讯拟以非公开发行股份及支付现金方式购买福州中金在线网络股份有限公司 100%股权，由于涉及本次重大资产重组的资产评估等工作不能按期完成，无法在规定的时间内召开董事会审议正式重大资产重组方案并发出股东大会通知，三五互联于 2013 年 10 月终止上述重组事宜。

五、厦门上市公司募集资金情况、使用情况

（一）募集资金总体情况

表 9　　2013 年厦门上市公司募集资金情况

发行类型	代　码	简　称	募集资金（亿元）
首　发	—	—	0
	小　计		0
再融资（增发、配股）	600711	盛屯矿业	14.63
	小　计		14.63

续表

发行类型	代 码	简 称	募集资金（亿元）
其他融资（公司债券、短期融资券、中期票据、次级债、金融债、境外发行债券）	000701	厦门信达	4.00
	600755	厦门国贸	8.00
	600549	厦门钨业	6.00
	600153	建发股份	5.00
	600711	盛屯矿业	2.00
	小 计		25.00
总 计			39.63

资料来源：厦门证监局。

（二）募集资金使用情况及特点

2013 年，厦门有 16 家公司使用募集资金，共使用募集资金 13.99 亿元，占 16 家公司募集资金总额的 14%。厦门上市公司使用募集资金呈现如下特点：一是各公司均按要求建立了募集资金使用制度，公司募集资金使用程序符合规范要求；二是募集资金使用进度整体情况良好，但部分公司存在因项目可行性发生重大变化，导致募集资金使用进度和效益不符合预期的情况。

（三）募集资金变更情况

2013 年，厦门有 3 家公司变更募集资金使用项目，涉及金额 4.41 亿元。主要涉及以下几种情况：一是募集资金投资项目的变更；二是募集资金投资项目实施地点的变更；三是将募集资金用于补充流动资金等。

表 10　2013 年厦门上市公司募集资金使用项目变更情况

变更募集资金使用项目的公司家数	涉及金额（亿元）	募集资金总额（亿元）	占公司募集资金总额的比例（%）
3	4.41	22.84	19.31

资料来源：厦门证监局。

六、厦门上市公司规范运作情况

（一）上市公司治理专项情况

2013 年，厦门上市公司在厦门证监局的督导下扎实推进公司治理工作，夯实规范运作基础。一是采取切实有效的措施解决同业竞争问题，提高了上市公司的独立性。二是对上市公司的股东、关联方以及上市公司履行承诺情况进行全面自查，并披露自查结果接受监督，提高上市公司的诚信意识。三是积极落实现金分红政策要求，细化现金分红政策和机制，制定股东回报计划，提高了回报投资者的意识；四是扎实开展规范上市公司财务会计基础工作专项活动，通过自查自纠、专项检查和整改提高三个阶段，健全上市公司的财务会计管理机制，提高了上市公司信息披露的规范化水平。

（二）审计情况及监管情况

2013 年，厦门 29 家上市公司分别由 8 家会计师事务所提供审计服务，除厦华电子为带强调事项段的无保留意见外，其他上市公司 2013 年财务报告均为标准无保留审计意见。大多数年审会计师事务所基本能够按照审计准则实施必要的审计程序，获取充分适当的审计证据，独立、客观、公正地发表审计意见。厦门证监局将“严监管、重督导、强培训、深合作、开思路”的工作要求贯穿于年报监管的事前、事中和事后各个工作环节，切实做好年报审计监管工作。共向 22 家上市公司年审机构下发《年报审计监管备忘录》，确定审计工作重点事项 115 个，列席上市公司年审沟通会 11 次，对 7 家上市公司及其中介机构年报审计情况进行了现场检查，对立信会计师事务所厦门分所进行了专门检查，有效推动了辖区执业审计机构提高执业质量。

（三）信息披露情况

总体而言，厦门上市公司信息披露工作基本能够做到及时、准确、完整。一些受市场高度关注的公司，在厦门证监局的督导下，信息披露质量明显提高。个别公司的信息披露仍存在一些不足，如从事理财产品投资未按要求履行信息披露义务；关联方披露不完整、关联交易披露不及时，年报信息数据披露错误等。

（四）证券市场服务情况

2013 年，厦门证监局全面贯彻落实中国证监会的各项决策部署，牢牢把握服务实体经济发展这一主线，结合辖区实际情况，不断加强和改进监管工作，全力推动厦门资本市场稳定健康发展。一是积极宣传资本市场融资政策，支持上市公司再融资；二是积极宣讲 IPO 及“新三板”相关政策，加强辅导监管，培育上市公司后备资源；三是持续做好高管培训工作，通过举办辖区上市公司“董监高”培训班、IPO 在审企业 2012 年财务报告专项检查工作会议等方式，累计培训 570 人次，引导上市公司、拟上市公司及其高管人员诚信自律、规范发展。

审稿人：王瑞媛　刘向阳

撰稿人：伊　韬　王　颖

青岛地区

一、青岛上市公司总体情况

（一）公司数量

表 1　　2013 年青岛上市公司数量　　单位：家

公司总数	2013 年新增	股票类别			板块分布			
		仅 A 股	仅 B 股	(A+B) 股	沪市主板	深市主板	中小板	创业板
19	-1	19	0	0	8	2	5	4

资料来源：青岛证监局，天相投资分析系统。

（二）行业分布

表 2　　2013 年青岛上市公司行业分布情况

所属证监会行业类别	家　数	占比（%）	所属证监会行业类别	家　数	占比（%）
农、林、牧、渔业	0	0.00	金融业	0	0.00
采矿业	0	0.00	房地产业	0	0.00
制造业	17	89.47	租赁和商务服务业	0	0.00
电力、热力、燃气及水生产和供应业	0	0.00	科学研究和技术服务业	0	0.00
建筑业	0	0.00	水利、环境和公共设施管理业	0	0.00
批发和零售业	1	5.26	教育	0	0.00
交通运输、仓储和邮政业	0	0.00	卫生和社会工作	0	0.00
住宿和餐饮业	0	0.00	文化、体育和娱乐业	0	0.00
信息传输、软件和信息技术服务业	1	5.26	综合	0	0.00
合　计	19	100.00			

资料来源：青岛证监局，天相投资分析系统。

（三）股本结构及规模

表 3　　2013 年青岛上市公司股本规模在 10 亿股以上公司分布情况

股本规模（亿股）	公司家数	具体公司
20≤~<50	1	青岛海尔
10≤~<20	3	海信电器、汉缆股份、青岛啤酒

资料来源：沪深交易所，天相投资分析系统。

表 4　　2013 年青岛上市公司分地区股权构成情况

股权性质 / 地域分布	央企国资控股	省属国资控股	地市国资控股	民营控股	其　他	合　计
青岛市	1		5	12	1	19

资料来源：青岛证监局。

（四）市值规模

截至 2013 年 12 月 31 日，青岛 19 家上市公司境内总市值为 1637.22 亿元，占全国上市公司境内总市值的 0.68%，其中，上交所上市公司 8 家，总股本 68.28 亿股，境内总市值 1178.63 亿元，占上交所上市公司境内总市值的 0.78%；深交所上市公司 11 家，总股本 47.63 亿股，境内总市值 458.60 亿元，占深交所上市公司境内总市值的 0.52%。

（五）资产规模

截至 2013 年 12 月 31 日，青岛 19 家上市公司合计总资产 1586.61 亿元，归属于母公司股东权益 641.70 亿元，与 2012 年相比，分别增长 12.92%和 14.07%；平均每股净资产 5.24 元。

二、上市公司经营情况及变动分析

（一）总体经营情况

表 5　　2013 年青岛上市公司经营情况

指　标	2013 年	2012 年	变动率（%）
家数	19	20	-5.00
亏损家数	1	1	0.00
亏损家数比例（%）	5.26	5.00	0.26
平均每股收益（元）	0.78	0.73	6.70
平均每股净资产（元）	5.24	5.00	4.80
平均净资产收益率（%）	14.86	14.66	0.20
总资产（亿元）	1586.61	1405.04	12.92

续表

指　标	2013 年	2012 年	变动率（%）
归属于母公司股东权益（亿元）	641.70	562.53	14.07
营业收入（亿元）	1822.40	1685.91	8.10
利润总额（亿元）	134.27	117.77	14.01
归属于母公司所有者的净利润（亿元）	95.38	82.48	15.64

资料来源：沪深交易所，天相投资分析系统。

（二）分行业经营情况

表 6　　2013 年青岛上市公司分行业经营情况

所属行类	营业收入（亿元）	可比样本变动率（%）	归属于母公司所有者的净利润（亿元）	可比样本变动率（%）
农、林、牧、渔业	0.00	—	0.00	—
采矿业	0.00	—	0.00	—
制造业	1812.55	10.40	92.98	19.31
电力、热力、燃气及水生产和供应业	0.00	—	0.00	—
建筑业	0.00	—	0.00	—
批发和零售业	4.82	-0.72	0.04	-92.40
交通运输、仓储和邮政业	0.00	—	0.00	—
住宿和餐饮业	0.00	—	0.00	—
信息传输、软件和信息技术服务业	5.03	13.96	2.36	-8.88
金融业	0.00	—	0.00	—
房地产业	0.00	—	0.00	—
租赁和商务服务业	0.00	—	0.00	—
科学研究和技术服务业	0.00	—	0.00	—
水利、环境和公共设施管理业	0.00	—	0.00	—
教育	0.00	—	0.00	—
卫生和社会工作	0.00	—	0.00	—
文化、体育和娱乐业	0.00	—	0.00	—
综合	0.00	—	0.00	—
合　计	1822.40	10.37	95.38	17.60

资料来源：青岛证监局，天相投资分析系统。

（三）业绩变动情况分析

1. 营业收入、毛利率等变动原因分析

2013 年，青岛辖区 19 家上市公司实现营业收入 1822.40 亿元，较 2012 年增长 8.10%；营业利润 117.12 亿元，较 2012 年增长 12.32%；实现归属于母公司股东的净利润 95.38 亿元，较 2012 年增长 15.64%，均较2012年同期有较大增长。平均毛利率32.92%，较2012年略增0.37个百分点。在复杂多变的宏观经济环境下，辖区上市公司基本面扎实，整体运营稳健，行业内龙头企业业绩平稳增长，区域经济带动作用显著；大部分公司能够聚焦主业，通过并购做大做强，通过重组甩开历史包袱，进一步增强企业发展内生动力；少数公司积极寻求战略转型升级，不断改善持续盈利能力。辖区上市公司质量进一步提高，整体投资价值回报明显领先全国平均水平。

2. 盈利构成分析

2013年，辖区上市公司除1家因重组并亏损外，其余18家均实现了盈利。辖区上市公司主要利润来源为营业利润，占利润总额的87.26%，其中，投资收益占利润总额的比重为7.69%。非经常性损益金额合计14.21亿元，同比增长20.22%，其占净利润的比重为12.89%。

3. 经营性现金流量分析

2013年，辖区上市公司实现经营活动现金净流量138.26亿元，同比增长27.31%。辖区经营活动现金流量整体较稳健，仅有2家上市公司经营活动现金净流量为负。

4. 业绩特点分析

（1）辖区整体经营业绩稳健增长。2013年，辖区上市公司营业收入、归属于母公司股东净利润、每股收益分别较2012年同期增长8.10%、15.64%和6.70%，辖区整体经营业绩稳健增长，并显示出较强的持续增长能力。

（2）资产负债结构稳健，去库存压力减缓。截至2013年底，辖区19家上市公司平均资产负债率为44.48%，同比下降1.91%。其中，仅有1家公司资产负债率超过70%。有息负债比重下降尤为明显，平均比重为30.17%，较2012年大幅下降。2013年，辖区上市公司采取了较为稳健的资产管理策略，期末存货及预付账款占用资金同比下降，去库存压力明显减缓。

（3）利润贡献集中度水平仍较。2013年，辖区利润贡献呈明显的二八分布，其中，青岛海尔、青岛啤酒和海信电器3家净利润合计额占辖区净利润总额的比重达到了80%，利润贡献集中度水平仍维持高位。

（4）产业转型升级动作频繁。2013年，辖区多家上市公司或响应政府产业规划，投资新项目，促进产品升级；或迎合互联网经济发展形势，建设网络平台，拓展产品领域；或强强联合，跨界战略合作，不断完善配套基础设施建设，创新商业模式，均积极寻求产业转型升级，不断增强持续发展能力。

5. 利润分配情况

2013年，辖区共有13家上市公司提出现金股利分配议案，总计派发现金股利28.25亿元，同比增幅14.84%，占辖区上市公司2013年合计净利润的29.62%。此外，辖区还有2家公司采用公积金转增股本的方式进行了利润分配。

表7　　2013年青岛上市公司现金分红情况

2013年分红公司家数			2013年分红金额		
家　数	变动率（%）	分红公司家数占地区公司总数比重（%）	金额（亿元）	变动率（%）	分红金额占归属于母公司所有者的净利润比重（%）
13	0.00	68.42	28.25	14.84	29.62

资料来源：青岛证监局。

三、青岛上市公司并购重组情况

（一）并购重组基本情况

2013年，辖区共有10家上市公司借助资本市场实施并购交易20起，涉及金额16.58亿元。截至2013年底，实施完成16起，交易金额12.65亿元；4起仍在实施中，预计交易金额3.93亿元。上述交易均以现金支付。

此外，辖区另有1家上市公司通过资本市场实施重大资产重组，通过资产置换剥离不良资产消除同业竞争、置入优质化工装备资产实现整体上市消除关联交易。

（二）并购重组特点

一是收购整合力度加大，并呈现国际化、市场化等特点，产业链整合成效明显。2013年以来，辖区上市公司并购重组事项明显增多，如赛轮股份，通过收购金宇实业、沈阳和平、北美轮胎销售网络国马集团，已经呈现出橡胶轮胎行业整合者的角色；华仁药业通过收购洁晶药业，快速切入新药新品；特锐德通过收购四川、辽宁、山西等一系列电力装备厂商，完善了产品链，核心竞争力进一步提高；软控股份通过收购抚顺伊科思、高性能橡胶材料技术等举措，快速切入高端橡胶新材料领域，着力实现从产品链到产业链的转型升级。

二是产业转型升级迈出新步伐，资本市场优化资源配置功能日益显现。2013年，辖区上市公司并购重组仍以行业内上下游产业链整合为主，但也出现了部分跨行业并购重组实例，并取得了较好的整合实效。如青岛金王收购悠客，积极推动线上、线下共赢模式创新；海立美达收购湖北海立田股份有限公司，着力调整产品结构，迈出产品升级新步伐；*ST黄海重大资产重组顺利完成，充分发挥资本市场资源配置作用，彻底解决了历史遗留问题，上市公司质量明显提升。

三是支付方式仍以现金为主，追求高效。2013年，辖区并购交易均以现金支付方式完成，且交易完成数量达到全部交易的80%，反映了辖区并购重组热情的继续高涨和较高的实施效率。

四、青岛上市公司募集资金情况、使用情况

（一）募集资金总体情况

表 8　　2013 年青岛上市公司募集资金情况

<table>
<tr><th>发行类型</th><th>代　码</th><th>简　称</th><th>募集资金（亿元）</th></tr>
<tr><td rowspan="2">首　发</td><td>—</td><td>—</td><td>0</td></tr>
<tr><td colspan="2">小　计</td><td>0</td></tr>
<tr><td rowspan="2">再融资（增发、配股）</td><td>000739</td><td>普洛股份</td><td>3.00</td></tr>
<tr><td colspan="2">小　计</td><td>3.00</td></tr>
<tr><td rowspan="2">其他融资（公司债券、短期融资券、中期票据、次级债、金融债、境外发行债券）</td><td>300208</td><td>恒顺电气</td><td>2.00</td></tr>
<tr><td colspan="2">小　计</td><td>2.00</td></tr>
<tr><td colspan="3">总　计</td><td>5.00</td></tr>
</table>

资料来源：青岛证监局。

（二）募集资金使用情况及特点

2013 年，辖区共有 11 家上市公司使用募集资金，金额合计 15.12 亿元；已累计投入的募集资金金额占募集资金总额的比重为 83.91%。2013 年，辖区上市公司使用和管理募集资金较规范，募集资金使用进度总体良好；同时，受宏观经济及监管环境影响，公司融资需求较为迫切。

（三）募集资金变更情况

2013 年，辖区共有 4 家上市公司变更募集资金用途，涉及金额 1.4 亿元，占 4 家募集资金总额的比重为 3.51%。4 家公司募集资金变更程序合法，均经公司股东大会审议批准。辖区多数上市公司按照所申报的项目和计划进度使用募集资金。

表 9　　2013 年青岛上市公司募集资金使用项目变更情况

变更募集资金使用项目的公司家数	涉及金额（亿元）	募集资金总额（亿元）	占公司募集资金总额的比例（%）
4	1.4	39.86	3.51

资料来源：青岛证监局。

控制水平。

五、青岛上市公司规范运作情况

（一）上市公司治理专项情况

2013年，青岛证监局按照“一司一策”的原则，通过一系列监管组合拳，力促公司不断提高规范运作水平。

在推进解决公司历史遗留问题方面，青岛证监局指导*ST黄海借助资本市场实施并购重组，彻底消除了同业竞争及关联交易；督导澳柯玛及时过户清欠资产，解决了困扰公司多年的控制权瑕疵。

在推进解决同业竞争、规范关联交易方面，青岛证监局对辖区少数上市公司关联交易持续上升趋势保持关注；结合专项检查工作，关注公司有关解决同业竞争、减少关联交易的承诺履行情况；督导公司及时回收关联方欠款，化解违规资金占用风险，推动公司不断提高规范运作水平。

在促进公司三会一层规范运作方面，青岛证监局一方面结合现场检查工作，加强了对公司三会一层规范运作的监管力度；另一方面创新性地对辖区独立董事履职情况开展调研，指导并培训独立董事聘任工作，督导1家公司按照相关规定增补了独立董事。

在推进内部控制规范体系实施方面，一是下发通知，适时组织培训规范引导。二是强化内部控制信息披露监管。三是结合现场检查，加大监管执法力度，通过系统化全过程监管，推动辖区有效提高内部控制水平。

（二）审计情况及监管情况

2013年，辖区19家上市公司由7家会计师事务所提供审计服务，并全部出具了标准无保留意见的审计报告。2013年，青岛证监局共列席上市公司年报审计三方沟通会19家（次），结合年报现场检查，强化中介机构延伸监管；针对重大媒体质疑，督促中介机构尽职调查；针对执业质量低下问题，通过下发提醒关注函、限期整改通知书，要求其补充审计证据，完善审计程序；适时约见年审会计师，要求其强化内控审计力量等，督导辖区年审机构不断提高执业质量。

（三）信息披露情况

2013年，青岛证监局积极贯彻落实以信息披露为核心的监管理念，通过制定或修订相关工作指引或手册，进一步统一工作标准，对上市公司信息披露行为实施动态监管；通过实施信息披露量化风险分类监管，推进并购重组分道制制度建设；通过全面及时掌握公司舆情报道，完善舆情响应机制，针对媒体质疑公司业绩及实际控制人承诺履行情况等事项，加大现场检查和非现场核查力度，全面排查风险，切实提高上市公司信息披露质量和主动性。此外，青岛证监局高度重视并加强与会机关和交易所的监管信息沟通与交流，强化监管协作。辖区上市公司信息披露质量进一步提升，对舆论热议事项均做到了及时、审慎的信息解释和澄清，未引发社会不良后果，在信息披露质量评价等活动中，取得了较好成绩，公众认可度较高。

（四）证券市场服务情况

青岛证监局秉持监管与服务并举的监管理念，多措并举营造有序高效的证券市场环境，促进资本市场持续健康发展。

青岛证监局不断完善信访投诉处置机制，健全投资者保护工作机制，通过连续举办投资者教育百日讲坛等活动，有效提升辖区上市公司及证券期货经营机构的投资者保护及回报意识，并积极推动将投资者教育纳入国民教育体系。

不断完善自律组织构架，促进上市公司自律监管。2013 年，青岛证监局指导青岛市上市公司协会成立了董秘和财务总监两个专业委员会，为协会更好地开展规范、自律、发展等工作搭建了专业化的沟通平台；利用《青岛上市公司》内部刊物，在辖区上市公司董事、监事、高管等范围内印发交流警醒案例、规范心得，做到提醒到位。

适时召开重大违规案例专题通报会，通报辖区内个别上市公司信息披露瑕疵和违规问题，要求辖区公司吸取教训、防微杜渐；紧贴市场实际，针对公司发展需求，加强对公司并购重组及规范发展等方面的培训。

拟上市公司辅导与培育方面，除完成 4 家拟上市企业的辅导验收工作外，青岛证监局广泛调研，深入挖掘可上市资源；坚持服务理念，完善辅导机制；实现拟上市企业名单信息公开；建立健全备案企业沟通交流机制，切实提高拟上市公司质量，增强资本市场活力。

（五）其他

青岛证监局按照监管转型要求，不断加强日常监管手段与稽查手段的有机结合，密切监管协作，着力提升监管执法水平；调整优化上市公司财务风险预警模型，调研境外投资、灾害风险、高官亲属买卖股票、公司债偿付等风险情况，督导公司严格执行内幕信息知情人登记制度，加大高风险及被稽查、调查公司现场核查力度，加强风险研判能力，推动公司提高透明度，力争信息披露风险最小化。

审稿人：韩汝俊

撰稿人：叶向辉　王　强　宿伟娜

第五篇　上市公司治理篇

- 南方航空：突出发挥独立董事作用
- 工商银行：独立董事实践案例
- 中联重科：多措并举　保障独立董事履职权利
- 招商证券：独立董事制度建设案例
- 民生银行：监事会实践案例
- 兴业银行：独立董事制度建设案例
- 北汽福田：有效制衡　构建“福田特色”监事会实践
- 西山煤电：监事会实践案例
- 兴业矿业：独立董事制度建设案例
- 金发科技：切实践行独立董事制度充分发挥独立董事作用

南方航空：突出发挥独立董事作用

中国南方航空股份有限公司（以下简称南方航空）成立于1995年，是中国最大的航空运输企业之一，主要从事国内、地区和国际航空客、货运输业务。公司1997年7月在国际资本市场发行H股并在纽约证券交易所和中国香港联合交易所上市交易，2003年7月在上海证券交易所发行A股并上市。截至2013年12月31日，南方航空第一大股东中国南方航空集团公司直接持有公司42.27%的股份，通过直接及间接方式共持有公司53.12%的股份，公司实际控制人为国有资产监督管理委员会。南方航空作为先在境外上市，之后回归A股的上市公司，在建立、执行独立董事制度方面形成了一些特色做法。

一、独立董事制度建立时间早

1995年成立的南方航空为了有效规范公司治理，改善国企的经营机制，并力争在国际资本市场融资，于1997年H股上市前就聘任了两名独立董事，建立起了独立董事制度，并以此为起点不断发展和完善独立董事制度。公司在2003年回归A股之前独立董事制度就已完全建立并规范运作。目前，南方航空有4名独立董事，占董事会12名董事比例的1/3，现在公司已经通过修改公司章程，拟将董事会人数增加1~13人，主要目的也是增补独立董事1人，使独立董事在董事会中所占比例超过1/3，并丰富独立董事的专业背景，进一步提高独立董事在公司治理中的作用。

二、公司独立董事制度满足三地上市要求

南方航空作为纽约、中国香港和上海三地上市公司，需同时满足三地监管要求。除法律、法规及上市规则的要求之外，公司在2008年制定了《独立董事工作制度》，对独立董事的任职要求、聘任解聘、权利义务、保障机制、工作程序等提出了明确而严格的要求。此外，还结合三地上市要求，不断修订董事会各委员会的工作细则及工作制度，确保独立董事工作制度紧跟监管要求，适应公司发展需要，将独立董事制度落到实处。为满足三地监管要求，南方航空独立董事对公司严格要求，对外部审计师、财务顾问等中介机构严格要求，对自身更是严格要求，始终保持独立公正，并勤勉尽责，帮助南方航空不断提升公司治理水平、规范运作水平和经营管理水平。

三、充分发挥独立董事的价值

南方航空选聘独立董事不仅为了改善公司治理，满足监管要求，更是为了公司战略发展，力争在维护股东利益的同时为股东创造更大利益。公司独董刘长乐先生，其作为凤凰卫视董事局主席，具有国际化经营和国际品牌建设的宝贵经验，在履行独立董事职务的同时，大力推动了南方航空国际化事业的发展。独立董事贡华章先生，作为原中石油集团的总会计师，为董事会和高管介绍了中石油集团的财务管理经验，帮助公司提升财务管理水平。独立董事谭劲松先生，作为中山大学管理学院教授，多次就公司财务状况及风险控制等问题向董事会提出专业建议。独立董事宁向东先生，作为清华大学公司治理研究中心主任，在董事会上专题讲解国内外宏观经济形势和公司治理方面的先进经验。独立董事魏锦才先生是民航业资深人士，经常与董事、高管讨论民航业发展状况及竞争态势，介绍其他竞争对手的主要动向，为公司发展出谋划策。此外，发挥独立董事的“专业性”，让独立董事通过授课或开展讲座等方式分享他们的专业知识，帮助董事会科学决策，改善公司经营管理。这几年公司先后开展了财务管理与资金管控、品牌建设、宏观经济形势分析等多次专题讲座。

四、为独立董事履职创造良好条件

南方航空不断创造条件，帮助独立董事发挥他们的独特作用。首先是保证独立董事的“知情权”，通过发送资本市场日报等，让独立董事了解资本市场和航空业动态、公司经营情况和券商对南方航空的投资评级。邀请境内外法律、财务等顾问，对独立董事进行专题培训。公司积极安排独立董事体验南方航空的服务，参观公司经营场所和分支机构，了解公司经营运作，更好地发挥董事会的决策职能。其次是注重发挥主要由独立董事组成的董事会专业委员会的作用，保证独立董事的“决策参与权”，通过审计委员会、薪酬与考核委员会及提名委员会，对财务审计、高管任免、薪酬考核及股权激励、关联交易等重大事项进行讨论和表决。此外，独立董事还对重大经营决策，如对外投资、对外担保、资本运作、利润分配等发表意见，帮助公司规范运作、降低经营风险，维护股东和公司利益。

（广东证监局供稿）

工商银行：独立董事实践案例

独立董事制度是我国上市公司治理制度的重要组成部分。独立董事有助于增强董事会的独立性和专业性，确保公司战略和重大事项的科学决策及其有效执行，有效防止“一股独大”和“内部人控制”的问题，保护中小股东合法权益和公司整体利益。

股改上市以来，工商银行高度重视独立董事在公司治理中的地位，通过增选独立董事、改进独立董事遴选机制、完善独立董事制度体系、鼓励独立董事发表专家意见、建立健全专门委员会工作组机制、协助独立董事积极开展调研和参加培训等方式，充分发挥独立董事的独特作用，促进工商银行逐步形成“决策科学、监督有效、运行稳健”的公司治理机制。

一、注重多样性，优化遴选机制，选任高素质独立董事，持续提升董事会的独立性和专业性

结构合理的高素质独立董事队伍是董事会高效运作和科学决策的基础。

股改上市以来，工商银行不断增选独立董事，持续提升董事会的独立性。目前，工商银行董事会由16名董事组成，包括执行董事4名，非执行董事12名，其中，独立董事6名。在董事会中，独立董事占比超过1/3，达到了相关监管指引的要求。同时，将具有相应专长的董事配置到相关的董事会专门委员会，独立董事担任5个董事会专门委员会的主席，在审计委员会、提名委员会、薪酬委员会和关联交易控制委员会4个委员会中，独立董事人数占成员半数以上。工商银行董事会及其专门委员会具有较强的独立性和专业性，不仅有利于保护中小投资者的利益，也有利于充分发挥各委员会的专家顾问角色，这种结构设计在境内外上市公司中处于领先地位。

在选任独立董事时，工商银行严把准入关，充分考虑候选人的专长、素质、经历、责任感和独立性，并力求实现独立董事来源和背景的多样性，以及董事会成员在政策理论水平、知识结构和实践经验等方面的互补性。工商银行独立董事均具有丰富的金融、经济或财务方面的工作经历，在现任和原任独立董事中，有的曾长期在政府部门或监管机构担任领导职务，有的拥有多年的国际大型金融机构经营管理经验。

二、完善制度体系，建立健全董事履职评价制度，促使独立董事勤勉尽责履职

股改上市以来，工商银行不断加强独立董事制度建设，在公司章程对独立董事专门规定的基础上，以独立董事工作制度为主体，以公司章程、董事会议事规则、董事会各专门委员会工作规则、推荐与提名董事候选人规则、董事履职评价规则等相关规定为补充，构建了较为完善的独立董事制度体系。

工商银行公司章程第8章单辟“独立董事”一节，用12个条款专门规定了独立董事的定义、任职资格、选任与辞任、工作时间、职责、法律责任等内容。[1]这是工商银行独立董事制度的基础性规定，其中特别强调了独立董事勤勉尽责履职的要求。例如，第124条规定，独立董事每年为工商银行工作的时间不得少于15个工作日，每年亲自出席董事会会议的次数应不少于董事会会议总数的2/3。第129条规定，独立董事连续3次未亲自出席董事会会议的，或者连续2次未亲自出席会议亦未委托其他独立董事出席的，或者1年内亲自参加董事会会议的次数少于董事会会议总数的2/3的，董事会、监事会有权提请股东大会予以罢免。在实践中，工商银行独立董事认真出席董事会及各专门委员会会议，研究工商银行发展战略和经营管理重要事项，积极与管理层沟通、交流看法，多次开展实地调研，为工商银行的发展、改革和创新建言献策。

根据相关法律法规和监管要求的规定，并结合公司治理运作实际，近年来，依据公司章程基本规定，对独立董事相关制度条款作了进一步详细规定，并增加了独立董事评价等条款，从而使独立董事制度规定更为全面具体、更富实际操作性。例如，为促使独立董事勤勉尽职履职，独立董事工作制度第24条规定：“股东大会审议的独立董事评价报告应当至少包括独立董事参加董事会会议的次数、历次参加董事会会议的主要情况、独立董事提出的反对意见及董事会所做的处理情况等内容。”在实践中，工商银行每位独立董事均按规定分别向股东大会提交详尽的个人年度述职报告。

工商银行公司章程的其他条款以及董事会议事规则、董事会各专门委员会工作规则、推荐与提名董事候选人规则、董事履职评价规则等制度的相关规定，适用于包括独立董事在内的全体董事，也属于工商银行独立董事制度中不可或缺的重要内容。例如，公司章程第114条规定，董事（包括独立董事）应接受监事会对其履行职责的监督，如实向监事会提供有关情况和资料，不得妨碍监事会或者监事行使职权。推荐与提名董事候选人规则具体规定了董事候选人（包括独立董事候选人）的推荐主体、推荐方式、资格审查和提名等程序。

---

① 详见《工商银行公司章程》第8章第2节第120~131条。

在实践中，工商银行严格执行了独立董事履职监督、候选人推荐与提名等方面的规定。

董事履职评价制度是检视董事履职绩效并加以改进的重要机制，工商银行一直注重探索完善包括独立董事在内的董事履职评价制度。2011年，工商银行董事会制定了《董事会对董事履职评价规则（试行）》，监事会制定了《监事会对董事会、高级管理层及其成员履职评价规则（试行）》，从遵守法律法规、履行忠实义务、勤勉义务、履职能力和独立性等方面对董事（包括独立董事）进行履职评价。董事会通过董事自评、互评等环节开展年度董事履职评价工作，形成年度董事会对董事履职评价报告，并提交监事会。监事会结合日常监督情况、访谈情况、董事履职报告、董事自评和互评及年度董事会对董事履职评价报告，经过监事会评议形成监事会对董事的年度履职评价结果，并向年度股东大会汇报。工商银行是第一家按照银监会要求制定董事履职评价制度并开展履职评价工作的上市银行。这与前述独立董事个人年度述职报告制度相结合，构成了较为有效的独立董事履职评价制度。

三、探索专门委员会工作组机制，协助独立董事积极开展调研，不断增强独立董事履职能力

为有效地发挥董事会各专门委员会对董事会的专业支持作用，根据董事会专门委员会工作规则，工商银行在同业中首创性地建立专门委员会工作组制度，由董事会办公室牵头行内相关部门，设立了6个专门委员会工作组，作为各专门委员会的决策支持中心、研究辅助机构和日常沟通桥梁，为各专门委员会提供信息收集、研究支持、日常联络等服务支持工作。工作组自2010年成立以来，致力于积极为各专门委员会董事（包括独立董事）履职创造条件。例如，经过认真酝酿和准备，在各位独立董事的建议、支持和关心下，工商银行连续两年（2011年、2012年）召开了董事会战略研讨会，注重突出董事会抓大事、抓方向、抓战略的职能发挥；各位独立董事对会议倾注了很高的热情，对工商银行未来的发展战略进行了深入的交流和探讨，提出了许多具有宝贵价值的意见和建议，对工商银行下一步的工作给予了启发和指导。

根据董事会工作需要，结合经济金融发展形势及工商银行重点工作，工商银行独立董事围绕工商银行分支机构人力资源管理、信贷风险管控、地方政府融资平台贷款管理等主题，选择具有代表性的总行业务部室和境内外分支机构开展了专项调研，加深对外部经济金融环境和工商银行经营管理情况的了解，提出了许多重要的、建设性的意见和建议，增进了董事会与管理层的沟通和交流，推动了工商银行改革创新。同时，部分独立董事还抽出宝贵时间，应邀列席管理层重要会议，主动与业务部门进行座谈，听取有关专题讲座，增进对工商银行经营管理情况的了解，专业素质、业务水平和履职能力得到进一步提

升。例如，许善达独立董事在金融危机持续蔓延的情况下，密切关注宏观经济形势对工商银行经营情况的影响，在与业务部门、境内外机构等进行深入座谈和调研后，连续两年围绕“人民币国际化”这一主题撰写了数万字的研究课题，并在国家权威经济金融杂志上发表，体现了较高的政策理论水平和丰富的经营管理实践经验。

工商银行独立董事积极履职、尽职尽责，充分发挥多年来在公司治理方面的研究经验，为工商银行引入先进的公司治理理念方面发挥了重要作用。例如，工商银行股改后的第一届董事会成员钱颖一董事曾以“公司治理与组织架构”为题，以视频方式向全行在职高级管理人员授课。通过开展上市银行经营管理培训讲座，促进了工商银行从理念上转变管理方式，迅速适应上市公司的各项要求。

四、培育“和而不同”的董事会文化，鼓励独立董事发表专业独立意见，促进董事会提高战略决策和监督水平

董事会是公司治理的核心。加强董事会建设，增强董事会科学高效的决策能力和监督能力，是解决工商银行可持续发展战略、完善风险管理、建立健全科学的薪酬激励机制等公司治理问题的治本之道。工商银行独立董事由与金融业密切相关的多元化知识结构、经历、背景和资源的社会专业人士所构成，对董事会研究审议的重要事项从不同角度、不同视野持有不同看法是正常的。董事会内部运作也注重营造，初步形成了“和而不同”的文化氛围，董事个人均可“知无不言、言无不尽”，在会上进行充分沟通和交流。

工商银行鼓励独立董事对战略发展方向和长期发展利益的重大事项决策发表专业意见。例如，审计委员会的独立董事建议工商银行须进一步提升审计层次和审计价值，支持和服务于董事会确定的提升全行竞争力战略的全面实施；风险管理委员会的独立董事建议管理层在金融危机持续蔓延的情况下，尤其重视贷款质量变化、外币债券投资情况、内部控制有效性及系统性风险的防范，通过加强信贷管理、改进内部控制、开展压力测试等多种方式对可能出现的风险做好充分的准备等。

工商银行独立董事积极关注企业经营发展过程中与各利益相关方的相互作用与影响，注重维护中小投资者的利益。例如，在研究增资扩股等问题时，涉及大股东和中小股东之间的利益冲突，针对公司大股东是税收利益享有人的特点，部分独立董事建议董事会在必要时对各方利益予以权衡。同时，建议工商银行引导中小股东理性投资，重视中小股东的维权，积极回应各方期望与需求，不断健全完善治理机制等方面切实加强对中小股东的保护。此外，工商银行独立董事还一直十分重视信息披露和企业社会责任方面的工作。工商银行独立董事深知公司信息披露工作的重大意义，严格按照法律法规、监管要求和公司章程的规定，在董事会决策过程中，认真审议工商银行定期报告、内控自我评估报

告、企业社会责任报告等重大报告，强调坚持“真实、准确、完整、及时”的原则，建议工商银行适度提高信息披露的主动性，及时准确地将工商银行信息知会广大投资者和利益相关人士，对于涉及工商银行发展战略和日常经营管理的敏感信息，建议工商银行准确把握信息披露的尺度和时机，注意加强与监管机构及同业的主动沟通和交流，避免误导投资者，树立良好的市场形象。工商银行独立董事也十分关注企业社会责任的履行，积极支持工商银行培育“诚信、人本、稳健、创新、卓越”的企业价值观和从经济、环境、社会三个层面构建立体式的社会责任体系，并建议工商银行通过不同渠道加强对社会责任的大力宣传，积极参评有关奖项，充分展现工商银行的优秀企业形象，努力赢得国内外社会各界更多赞誉。

自股改上市以来，工商银行已成长为全球市值最大的银行，在改革提速和业务发展过程中，董事会频繁召开会议，对多项重大经营事项做出决策。独立董事虽兼任境内外多项社会职务，但却十分重视履行独立董事职责，坚持亲自参加董事会会议，会议出席率近 100%，并对每项议题进行认真研究，积极为加强公司治理机制建设、风险管理、内部控制、维护中小投资者权益和持续提高股东回报等建言献策，体现了高度的责任心和良好的专业素养。

中联重科：多措并举 保障独立董事履职权利

中联重科股份有限公司（以下简称中联重科）于1992年9月在湖南长沙创立，2000年10月在深圳证券交易所上市，2010年12月在香港联交所上市，是中国工程机械首家A+H股上市公司。公司主导产品是混凝土机械、起重机械、土方机械等重大高新技术装备，其中混凝土机械和起重机械均居全球前二位。公司第一大股东是湖南省国资委，公司属于国有参股公司，无控股股东及实际控制人。

一、独立董事实践要点分析

1. 健康均衡的股权结构，确保独立董事的选聘公平

湖南省国资委是公司的第一大股东，持股16.19%；战略投资者弘毅投资持股7.08%；管理层持股7.16%；其他股东持股比例不超过2%。合理分散且相对均衡的股权结构一方面有利于凝聚股东一致的利益目标，共同支持公司发展，实现全体股东利益的最大化，另一方面有利于独立董事的选聘公平。

中联重科7名独立董事分别由湖南省国资委提名1人、弘毅投资提名1人、管理层提名1人，其他4名独立董事由董事会提名，并经股东大会以累积投票制选举产生。健康均衡的股权结构，使得在独立董事的选聘方面，能够达成一致的标准，即主要考察独立董事的独立性、专业能力、协调组织能力等，从而最大限度地确保选聘公平。

2. 整体上市，全透明的财务、信息呈报体系，确保独立董事的知情权

2007年，中联重科通过反向收购母公司原建设部长沙建设机械研究院的资产，实现整体上市。随着母公司的注销，公司所有的交易都是按照市场交易进行，没有渠道进行关联交易和利益输送。同时，整体上市使得公司的管理要求更加规范，信息披露，尤其是财务报表体系全透明呈现。一方面，投资者能全面、准确地一览公司的价值和风险，保障了投资者的公平权益；另一方面，确保了独立董事的知情权，独立董事对公司经营和财务状况明察秋毫，为其更好地履行各项职责提供了必要条件。

2010年，公司的H股IPO从经公司内部审批、中国证监会及香港联交所审批，到H股成功上市，历时仅半年时间。公司的再融资审批及实施之所以能顺畅地通过，归根结底是源于公司一贯优秀的治理结构和整体上市的全透明体系，赢得了独立董事、监管部门及投资者的高度认可。

3. 独立的专家型董事会，确保独立董事的话语权

中联重科已建立了独立的专家型董事会：7 名董事会成员中，独立董事为 4 人，占比超过半数；非执行董事 5 人、占比超过 2/3；董事会 4 个专业委员会也都以独立董事或非执行董事占绝大多数；4 名独立董事分别是会计、管理、人力资源和战略方面的专家。这种治理结构为独立董事的话语权以及公司高效科学的决策提供了保证，并给股东持续创造了良好的价值回报。同时，公司 4 名独立董事在履行职责方面勤勉、尽责，除了履行法定职责外，独立董事还利用自己的专业知识和经验，对公司的外部动态予以高度关注。

2009 年，外界出现了质疑中联重科收购 CIFA 的负面报道，引起资本市场波动。独立董事在获悉后，当即要求公司董事会就此进行讨论，并做出解释。公司董事会召开会议，向独立董事详细解释了有关情况，获得了独立董事的支持，并在独立董事的建议和意见下，对负面报道作了相关妥善处理，有力地维护了公司在资本市场的形象及公信力。

4. 完善的内控机制体系，确保独立董事的监控权

中联重科的内控工作萌芽于企业成立伊始，并随着企业的壮大而不断成长。从内控管理历程来看，中联重科的内控管理始终置于董事会尤其是独立董事的监控下，已建立起包括风控、审计、督察、法务、持续改进、信息化、经济责任考核、财务、人力资源管理、招投标十大体系在内的全方位内控与风险管理体系，加强对公司运行的有效监控。

在公司内控建设方面，独立董事发挥了重要作用，其监控权得到有效确保。董事会审计委员会由 2 名独立董事、1 名非执行董事组成，每年至少召开 4 次会议，检查公司内控工作进展，评价公司内控建设成果，指引内控实施方向并制订进一步实施方案，从而全程监控公司内控运行，确保公司的持续健康发展。审计委员会对公司的定期报告进行审议，公司财务线、风控线、经济责任委员会及审计部等有关负责人必须现场回答委员的问题。然后，由身为财务专家的独立董事在董事会上对财务报告发表意见。尤其是在中联重科，甚至连财务分析报告的格式都是按独立董事的要求做成，以确保独立董事的监控权得到落实。

二、关于独立董事实践工作的建议

1. 继续完善公司治理架构，进一步强化独立董事在公司董事会中的话语权，督察公司管理层决策、经营，维护好全体股东的合法权益

独立董事的话语权主要表现在：

（1）投票权。公司将坚持独立董事在董事会席位中占据多数的架构设计及规范的全透明的财务、信息呈报体系，从根本上保障独立董事的知情权和话语权，远离“一家独大”、“内部人控制”、“橡皮图章”、“暗箱操作”等问题。

（2）影响力。独立董事地位超然，其意见代表全体股东尤其是中小股东的公平利益，且均是行业领域专家，影响重大，可以说独立董事无小事。公司将严格按照有关法律法规，规范决策及执行程序，事前征求独立董事意见，事中尊重其意见，事后贯彻其意见，确保独立董事的影响力“落地成钉”。

2. 继续健全董事会专门委员会工作机制，进一步强化公司独立董事专业服务及独立监督的职能，为公司决策提供专业支持和有效监察

董事会专门委员会从审计、薪酬与考核、提名、战略与投资等重大决策方面为公司提供专业支持及独立监察，为公司的长远健康发展保驾护航，这既是监管部门法规的外部约束，也是公司自身发展的内在需求。公司将继续依法全面开展董事会各专门委员会工作，指定公司内部相关业务部门配合，建立健全相应的工作记录档案，为其行使职责创造良好条件。

3. 继续加强内控体系建设手段，进一步强化独立董事对公司运行的有效监控，保证公司的发展质量

（1）内控管理深入化。继续由公司分管内控专项工作的副总裁及内控总监，协同配合独立董事开展公司内部控制工作，采取多种措施，使内控管理的理念深入全体员工的内心，使内控管理的方法与其他管理方法深度结合，使内控体系的抗风险、防风险能力向纵深发展，它使公司的持续发展打上有效内控的烙印。

（2）内控管理信息化。搭建公司内控与风险管理信息化平台，提高独立董事监控工作的效率，使公司的风险信息的收集、传递与反馈实现及时、准确，使风险评估流程实现沟通充分、有效，使风险的提示实现及时、分层与系统。

（3）内控管理精细化。在既有的内控体系框架下，强化独立董事的监控及指引地位，协同有关董事会专门委员会，搭建多个内部控制的子系统，如战略风险控制系统、法律风险控制系统、财务风险控制系统等，使每个子系统都能够在更加具体的领域内实现更加精细的控制，使每个流程所具备的潜力得以充分发挥。

招商证券：独立董事制度建设案例

招商证券股份有限公司（以下简称招商证券、公司）成立于1991年，主营业务为证券经纪、投资银行、资产管理、基金管理、证券自营、直接投资等。

二十多年来公司与中国资本市场相伴成长，稳健经营，创新发展，由一家证券业务部成长为拥有近千亿元总资产，经营跨越境内外，业务横跨证券、基金、期货多领域，业务能力、人均创利能力和综合实力居前的证券行业佼佼者和公众公司。2009年11月，招商证券成功IPO并在上海证券交易所上市，代码为600999。招商证券现已成为中证100、上证180、沪深300、新华富时中国A50等多个指数的成分股。

公司实际控制人为招商局集团有限公司。招商局集团有限公司通过其子公司深圳市集盛投资发展有限公司、深圳市招融投资控股有限公司、招商局轮船股份有限公司间接持有本公司股份45.88%。

在独立董事工作机制方面，公司建立了独立董事履职保障机制，增强董事会决策的独立性和效率；建立了独立董事关联交易决策和监督机制，既提升了决策知情权，又强化了关联交易全程、无缝隙的监督，从而有效防控利益冲突交易的发生。

一、独立董事履职保障机制

公司在董事会引入独立董事来完善董事会治理，提高董事会决策质量和监督职能。公司为此建立了独立董事履职保障的完整机制，既能让独立董事严格履职来消除可能的利益冲突，确保董事会决策的独立性，又能让独立董事强化知情权来降低信息不对称，提升董事会决策的效率。

1. 独立董事结构设计

鉴于证券公司风险经营、资本经营的特点，公司对独立董事的选任特别注重专业性，并形成独立董事专业分布上的协调与均衡。公司要求5名独立董事的专业结构涵盖财会、金融、管理、法律等多领域，其中至少有1名会计专业人士、1名法律专业人士，以形成多元化、多视角的决策和监督体系。例如，公司目前5名独立董事包括了财会、金融领域境内外精英和法律专业的专家，他们能充分发挥自己的履职能力，尽到监督的职责。

2. 独立董事知情权和调查权的制度安排

公司授予独立董事的信息知情权和调查权包括以下内容：独立董事除了通过参加历次董事会会议及专业委员会会议了解

公司经营管理情况外，还通过公司每月发送的《董监事通讯》、《资本市场创新与监管动态》及各类专题报告等，及时获取公司的经营管理状况及行业其他相关信息；通过电子邮件或电话的形式与公司保持日常联系，不时提出有关问题及要求提供相关资料；定期与其他董事、高管及某些中层管理人员、业务人员等进行交流；听取公司年度审计情况、创新业务的专题汇报；开展对公司总部、各分支机构以及子公司的定期现场调研；聘请中介机构出具审计报告、独立财务顾问报告或咨询报告，作为其发表独立意见的依据。

信息知情权和调查权是独立董事履行决策和监督职权的基础。公司在实践中较有特色的做法包括独立董事年报审核工作机制和独立董事创新业务、重要业务指导机制。

（1）独立董事年报审核工作机制。公司董事会秘书负责协调独立董事与公司管理层、年审会计师事务所的沟通，公司财务部负责配合相关沟通工作，积极为独立董事在年报编制和披露中履职创造便利条件。独立董事年报审核工作机制包括了管理层汇报和实地考察、年报审计机构进场前的见面会、年报初审后的见面会及董事会审核年报前的监督四个环节。

第一，公司管理层在会计年度结束后4个月内，向独立董事汇报公司本年度的经营情况和投资、融资活动等重大事项的情况，并安排独立董事对公司有关重大问题的实地考察。

第二，公司财务总监在年报审计师进场审计前向每位独立董事书面提交本年度审计工作安排及其他相关资料；独立董事听取公司财务总监对公司本年度财务状况和经营成果的汇报后，在年审会计师事务所进场审计前，与年审注册会计师沟通审计工作小组的人员构成、审计计划、风险判断、风险及舞弊的测试和评价方法、本年度审计重点。

第三，独立董事在年审注册会计师出具初步审计意见后和召开董事会会议审议年报前，与年审注册会计师见面，充分沟通审计过程中发现的问题。

第四，独立董事在审计年报的董事会召开前，审查董事会召开的程序、必备文件及能够做出合理准确判断的资料信息的充分性；如发现与召开董事会相关规定不符或判断依据不足的情形，独立董事将提出补充、整改和延期召开董事会的意见，未获采纳时可拒绝出席董事会，并要求公司披露其未出席董事会的情况及原因。

以上四个环节构成了独立董事监督公司年报工作的完整机制，与公司定期报告内控机制相配合，确保信息披露的真实性和准确性。

（2）独立董事创新业务、重要业务指导机制。公司独立董事高度关注公司业务的效益和风险管理，一方面在业务开展前主动进行业务指导和风险预判，另一方面在业务开展中提供相关评价和建议。

第一，业务开展前的业务指导和风险预判。证券公司步入创新发展新阶段后，创新产品和工具层出不穷，为更好地开展创新并控制风险，公司会在新业务设计完善阶段召开新业务汇报会，由公司管理层和业务骨干向独立董事汇报业务准备、重要技术环节、风险应对等事项；独立董事则借助境内外经营管理经验和专业知识，对汇报事项提出质询和建议，指导公司从满足发展战略的需要出发，借鉴移植境内外经验成果，在产品设计中科学配置各种资源要素，优化提升流程与细节，最大限度地通过新产品新业务提升效益、改善客户服务。

第二，业务开展中的评价与建议。公司独立董事通过各类业务专题报告会和每季度风险管理委员会来评估重要业务、新业务的绩效、风险管理并提出相关建议。例如，独立董事听取股指期货套保交易、固定收益业务汇报之后，高度评价期指套保业务的盈利模式，并建议公司在后续发展中着力解决资金紧张和净资本紧张的“瓶颈”问题。同时，展开固定收益套利策略、交易策略的探讨互动，提示利率风险、信用风险、流动性风险、股票市场波动风险、操作风险和合规风险等一系列风险的管理。再如，独立董事在季度风险管理委员会上通过审议风险评估报告，主动发现固定收益产品尤其城投债的流动性风险和信用风险，要求公司完善固定收益产品的内部评级机制，防控外部评级失灵引发的信用风险，同时研究固定收益产品的流动性折扣，严格防范流动性风险发生。

公司独立董事的业务知情权和专业性、能动性发挥，起到了决策辅助和纠偏功能，对于公司业务发展符合利益最大化的战略导向更是起到了重要的作用。

3. 独立董事投保董事责任险

独立董事履行监督和决策职能承担了较大的责任和风险。为了激励独立董事合法、合理、积极主动地履行职责，公司为包括独立董事在内的全体董监事及高级管理人员投保责任险，保险公司为独立董事履行职责时的不当行为而遭受的人民币1亿元以内的赔偿请求所导致的损失承担赔偿责任，其中投保的不当行为包括独立董事违反职责、过失、错误陈述、误导性陈述、遗漏、违反授权或其他行为。

公司实践表明，董事责任险解决了独立董事履职所带来的人力资本增值与其所面临的风险和责任严重不对称的问题，为独立董事履职解除了后顾之忧，并正面激励着独立董事积极主动参与公司的重大决策和监督事项，从而有助于公司运营利益的最大化。

二、独立董事关联交易决策和监督机制

在现行的法律体系下，独立董事应尽职履行相关特殊职权，尤其要强化以关联交易为代表的利益冲突交易的监督。为提升独立董事关联交易决策质量，公司一方面建立关联交易决策信息系统，增强独立董事掌握信息和资料的能力（见表1），提升决策知情权；另一方面保证独立董事团队作为一个整体在关联交易决策上的独立性，有效防控不公平的利益冲突交易。

表1　独立董事的职权和需掌握的信息

独立董事特殊职权	需要独立董事同意
重大关联交易应由独立董事认可后，提交董事会审议；独立董事做出判断前，可以聘请中介机构出具独立财务顾问报告，作为其判断的依据	重大关联交易、聘用或解聘会计师事务所，应由1/2以上独立董事同意后，方可提交董事会讨论
向董事会提议聘用或解聘会计师事务所 向董事会提请召开临时股东大会 提议召开董事会 独立聘请外部审计机构和咨询机构 可以在股东大会召开前公开向股东征集投票权	经1/2以上独立董事同意后，独立董事可独立聘请外部审计机构和咨询机构，对公司的具体事项进行审计和咨询，相关费用由公司承担

1. 构建关联交易决策信息系统

公司自主研发了与日常业务相结合的关联交易管理信息系统，加强关联交易信息的自动采集、积累和分析，实现了关联交易统计报表自动化。在此基础上，公司董事会办公室及时将重大关联交易事项向独立董事报告，确保独立董事在第一时间知晓关联交易事项的具体情况。

2. 形成独立董事关联交易决策流程

公司根据法律和公司章程的要求，在独立董事不占董事会绝大多数的情况下，赋予独立董事关联交易决策过程中相对多数的权力，甚至是独立董事否决权，这包括：董事会决策前，重大关联交易应由1/2以上独立董事同意后，方可提交董事会讨论，超过1/2以上的独立董事反对，就被否决；独立董事做出判断前，可以聘请中介机构出具独立财务顾问报告，作为其判断的依据；董事会决策中，独立董事就重大关联交易事项做出独立的、专业的分析判断，并监督关联董事回避表决，确保关联交易符合公司和全体股东的利益。

3. 确立关联交易定价审核方法

公司与关联方之间的关联交易主要为相互提供对价的关联交易和共同投资关联交易两类。公司独立董事在长期实践中，运用可行的方法体系，形成了这两类关联交易定价的审核方法。

对于相互对价关联交易，独立董事通过运用定价考察方法来审核定价的公允性，定价方法顺位如表2所示：

表2　定价方法顺位

有政府定价	适用政府定价
有政府指导价	在政府指导价的范围内确定合理价格
有可比的独立第三方市场价格	适用可比的独立第三方市场价格
无可比的独立第三方市场价格	参考关联方与独立于关联方的第三方发生的非关联交易价格
没有可参考价格	参考合理的构成价格（合理成本费用+合理利润）

由于公司与关联方之间的相互对价交易均为正常市场交易条件下的交易，存在可比的市场交易价格，因而，公司独立董事主要依据市场价格水平来审核定价公允性。例如，关联方招商银行（以下简称招行）对公司提供关联贷款，独立董事同意公司按同期人民银行贷款基准利率向招行支付利息；招行对公司提供的客户保证金第三方存管服务，独立董事同意公司按市场利率向招行支付第三方存管服务费；招行代销公司集合理财产品并提供托管服务，独立董事同意公司按市场价格向招行支付代销及托管费；公司向关联方博时基金、招商基金出租交易席位，独立董事同意公司参考市场交易量，按市场佣金水平收取佣金；公司代销关联方博时基金、招商基金的基金产品，独立董事同意公司参考代销规模，按市场价格收取代销佣金。

对于共同投资关联交易，独立董事主要通过考察关联投资对公司现有财务状况和经营成果有无重大影响，关联投资是否有利于公司优化业务结构、拓宽利润来源、合理高效运作，关联投资是否导致同业竞争等要素来审核公司在关联投资中出资额度的合理性。

4. 建立关联交易持续监控机制

公司独立董事不仅按事件驱动法、在交易发生阶段审核关联交易，并且还遵循内控的要求，在交易持续和终结阶段进行持续监控。独立董事与公司财务总监建立了相互信息沟通渠道，独立董事每季度均要严格审阅公司与关联方之间的资金往来情况，了解是否存在关联方资金占用、转移公司资金、资产及其他资源的情况，如果发现异常情况，将迅速提请董事会采取制止措施。

综上所述，在以上四大机制的支撑下，公司不仅关联交易信息披露运作良好，更重要的是，独立董事通过顺畅信息渠道和管理层工作配合，能高效地做出独立的、专业的关联交易决策判断，并对关联交易事项保持全程、无缝隙的监督。

民生银行：监事会实践案例

中国民生银行股份有限公司（以下简称民生银行）成立于1996年，是国内首家且规模最大的由非国有企业成立的全国性股份制商业银行，于2000年和2009年分别在上海证券交易所（A股股票代码600016）和香港联交所（H股股票代码01988）两地挂牌上市。

一、监事会运行情况

民生银行监事会作为公司法人治理组织体系的重要监督机构，在实践中不断探索创新，积极履行法律法规及本行《公司章程》赋予的职责，并注重强化监督实效，为维护银行、股东利益、促进银行健康发展发挥了重要的作用。

1. 健全组织机构，为监事会履职提供保障

民生银行第6届监事会于2012年4月10日完成换届，由9名监事组成，包括股东监事3名、外部监事2名、职工监事4名、专职主席1名、副专职主席2名。其中，股东监事均为股东公司推选的总裁、监事长等高管人员，具有丰富的从业经历和管理经验；职工监事为银行资深高管人员，不仅熟悉银行经营管理情况，还具有丰富的金融理论知识和银行管理经验；尤其是2名独立董事均是财务会计领域的资深人士和专家，在审核公司年度财务报告，监督检查公司财务活动方面发挥了专家引导作用。

监事会下设监督委员会、提名委员会，监督委员会主要负责履行监事会对经营活动及治理管控的各项监督职能；提名委员会主要负责监事选任、评价及对董事高管的履职监督等方面工作。监事会设立了专门的办事机构——监事会办公室，并根据监事会职责设置监督检查、履职评价、政策研究3个处室，还配备了10余名工作人员，负责协助监事会开展日常监督工作。健全完善的组织机构和专业高素质人员为监事会开展监督工作提供了有力的保障。

2. 创新监督理念，实现监督与服务并举

民生银行监事会的工作思路与职能定位与民生银行的整体发展轨迹一致，可以分为两个阶段：第一届至第三届监事会（1996~2006年）的主导思想是：依法合规履行职责，逐步摸索和完善监事会监督工作。第四届、第五届监事会（2006~2012年）的主导思想是：找准自身定位、创新工作方式、提高监督效果。

近年来，监管部门不断加强公司治理监管，推进监事会在公司治理中发挥重要的监督作用。民生银行第6届监事会（2012

年4月至今）按照该行《公司章程》赋予的职责和监管要求，围绕银行整体战略和发展情况，确立了“一个履行、两个服务”的指导思想，即“有效履行监督职责”,“服务银行整体发展、服务银行战略落实”的工作指导思想。其旨在依法履行监督职责的基础上，为实现银行的稳健和可持续发展，维护股东利益和员工利益发挥更积极的作用。同时，监事会加强与董事会和高级管理层的沟通与交流，形成既相互制衡、各负其责、各司其职，又相互支持、共谋发展的良好机制。进一步明确监事会监督职责，构建审慎、合规、协调的制衡体系。

3. 加强制度建设，完善监事会运作机制

一是根据法律法规和监管意见，进一步厘清与董事会、管理层的职责边界。通过聘请中介机构开展公司治理标准化建设项目，明确界定“三会一层”的职责边界；通过制定和修订各项规章制度和工作细则，完善监事会制度体系。目前，监事会已制定各类制度15项，其中有7项制度正在修订中，另外，根据银监会2012年颁布的《商业银行监事会工作指引》，正在拟定监事会监督检查办法和财务、风险、内控监督实施细则4项制度。二是优化工作流程，对监事会的议事规则、工作流程和工作方法进行调整和细化，使各项监督工作有的放矢、重点突出，进一步提高监事会的议事效率和监督水平。三是通过会议和其他形式，丰富监事会的工作内容，提高监事会的议事效率和工作质量。四是主动列席董事会及董事会专门委员会会议和管理层重要会议，认真监督会议议程和决策的合法合规性及科学性，适时提出监督意见和建议，积极履行会议议事和监督职能。

4. 强化战略决策监督，提高监督的权威性

从2012年开始，民生银行监事会将监督公司战略决策的科学性和有效性作为重点工作之一，组织对公司重大战略决策进行评估。通过对董事会战略决策效果及经营层执行力进行评估，对公司及时调整战略和深化改革，推动公司战略转型发挥了重要作用。

2012年，监事会组织对全行小微金融战略进行评估。此次评估工作是对本行自2009年实施小微战略以来第一次全面、详细、完整的监督和评估，也是民生银行监事会在建行以来开展的最大规模的调研评估活动。监事会牵头组成五个评估组，由全体监事、监事会办公室和行内相关部门人员共80余人参加，为期2个月，对全行32家分行进行了全覆盖评估，组织召开各类会议160余次、走访市场89个、调研小微客户400多家、个人访谈千余人次、汇总的案例和资料达到120余万字。监事会将《评估报告》通报董事会和经营管理层，针对小微战略实施过程中存在的问题提出建设性意见和建议，对小微战略转型和健康发展起到积极有效的监督和推动作用。

2013年，监事会组织对四大行业金融事业部制改革战略进行评估。此次评估的重点内容为能源、地产、冶金、交通四大行业金融事业部成立5年以来的改革发展情况，主要包括经营绩效、业务发展、风险管理、运营管理和品牌建设等内容。监

事会组织全体监事及监事会办公室人员，由监事会主席和副主席分别带队，组成3个评估组，从经营运行、风险管理、产品开发、资源配置等多维度，以及事业部总部、分部、总行职能部门、落地分行、区域客户、当地监管机构等多角度，对事业部改革战略进行了全面、客观的评估。评估工作现场历时2个月，共组织召开事业部访谈86次，分行访谈28次，总行职能部门访谈21次，拜访监管机构14次，累计访谈人数1002人次，走访客户37个，现场评估的分部机构覆盖率近50%，贷款规模覆盖率达71%，形成6万余字的报告材料。监事会《评估报告》全面分析总结了事业部改革以来的发展情况、改革成效，指出事业部改革发展过程中面临的关键性问题及其深层次原因，并提出针对性强的建议，对公司进一步深化事业部改革发挥了重要的监督和促进作用。

5. 加强财务和风险监督，提高监督的有效性

针对银行财务、内控、风险管理等重要事项和重大风险问题，民生银行监事会通过组织开展日常监督及专项检查、审计、调查、调研等现场监督方式，加强对银行经营管理重点问题和重大风险的监督检查。例如，加强对新设机构、事业部及附属机构内部控制情况的调研和评估；加大对全行系统性风险和重点风险领域的检查、调查，如重点关注全行盈利结构变化及资产业务风险，政府融资平台贷款、小微贷款资产质量及迁徙情况；加强流动性风险管理监督，持续监督本行流动性风险管理政策及流动性指标是否达到监管要求等。

近几年来，监事会组织开展的专项检查、调查和审计项目达20余项，内容涉及银行重大固定资产投资管理、信贷资产抵质押物管理、市场风险、表外业务等重大事项或风险问题。监事会出具的审计、检查、调查报告均通报董事会和经营管理层，并要求对相关问题进行关注和整改，对促进银行依法合规经营、提高经营管理水平发挥了积极作用。例如，监事会通过组织对银行××大厦工程项目进行专项审计，提出重大工程项目管理不规范、基建工程财务管理比较薄弱等问题，引起董事会和高管层的高度重视，相关部门认真整改，重新修订了重大工程项目招投标管理办法等制度，并设立基建财务专岗，完善科目分类，对本行加强重大工程项目管理和基建财务管理起到了有力的督促作用。

6. 深化董事和高管履职监督，实行量化评价

民生银行监事会根据履职监督评价办法及实施细则，为每位董事建立履职档案，半年度对董事履职做出中期总结，并根据情况向董事会或个别董事发出提示函。例如，对于个别董事亲自出席董事会会议或发表意见较少、个别独立董事到本行工作时间不足的问题，及时向董事会和个别董事发出提示函，提示其保证充足的时间和精力，更加关注银行发展战略和经营管理情况，更好履行公司章程赋予的职责，并将其纳入监事会对董事年度履职监督评价的范围。年末，采取主客观评价相结合的方式，对董事年度履职情况进行量化评价

（评价总分 100 分）。在以董事履职档案为基础的客观评价（权重 70%）中加重对董事参与董事会决策、审议会议议案和发言情况及参加调研、课题研究等内容的评价力度，同时，细化主观评价（权重 30%）中董事自评、互评的评价指标体系，通过主、客观结合与量化评价，对董事年度履职情况分为合格、基本合格和不合格，提高了监事会履职监督的力度和效果。

同时，监事会也十分重视加强对高管层履行本行职务合法合规性和勤勉尽职情况的履职监督评价工作。其主要通过列席经营层重要会议，审阅行内重要文件材料，组织专项检查、离任审计和考察调研等方式，了解和监督公司经营管理、风险控制和高管人员分管工作情况；年末，组织开展高管人员年度履职情况自评、互评和测评（所有经营机构对高管人员测评），形成对高管层年度履职情况监督评价报告，并作为年终高管层尽职评价的重要参考依据。

7. 加强监事会自身建设，提高监事履职能力

民生银行监事会一贯重视加强自身建设，通过以下措施不断提高监事的履职能力：一是认真学习监管部门关于银行公司治理及监事会工作的新要求、新规定，对国家经济金融政策和监管法规进行学习研讨，加深对监事会职责和工作重点的理解认识。例如，组织监事集中对银监会颁布的《商业银行监事会工作指引》和《商业银行公司治理指引》进行研讨学习，领会《商业银行监事会工作指引》规定，明确监事会职责权限。二是组织监事参加上市公司监事业务培训及监事履职能力培训，邀请监管部门和外部专家举办新资本协议、公司年报分析、金融形势预测等专题讲座，丰富监事信息来源，开拓工作思路，进一步提升监事的履职能力和水平。三是定期编印《监事会通讯》，及时将重要经济政策、监管信息、监事会动态及本行面临的重大风险等信息，整理印发给监事、董事和高管层，实现风险提示与信息交流。四是加强对监事履职情况的考核评价，通过对每位监事年度履职尽责情况进行自评和互评，评出优秀、良好、合格和不合格的不同级别，进一步提升监事的勤勉尽责意识和履职效果。

二、监事会工作特色

为了更加有效地履行监督职责，充分发挥监事会在公司治理中的作用，民生银行监事会将监督工作融入公司日常工作之中，与公司经营发展紧密结合，并在工作理念、履职方法、组织结构和人员配备方面不断创新和完善，逐步形成了一套与公司自身情况相契合的监督模式和工作特色。

1. 不断创新的监督理念

根据我国《公司法》规定股份有限公司应设立监事会，民生银行《公司章程》规定监事会依法行使监督职权，但监事会如何有效履行监督职责，与董事会、高级管理层统筹协作、各尽其责，一直是公司治理中被关注和热议的课题。民生银行监事会经过多年的实践探索，逐步明晰确定监事会的职能定位，立足于监督与服务并重，

突出注重实效的监督思路，将孤立的、形式上的监督，转变为综合的、实质上的监督，寓监督于服务中的模式，给监事会监督工作赋予新的内涵，使监督与促进公司发展、与推进战略转型、与实现股东利益和员工利益最大化有机地结合起来，产生了良好的实际效果。

2. 灵活多样的监督方式

民生银行监事会在监督工作过程中突出重点、注重实效，采取多种方式对董事、高管履职行为和银行经营管理重点、热点、敏感问题进行监督，包括调阅资料、审阅报告、问卷调查等日常监测以及组织现场检查、调查、调研、审计和评估等监督活动，提高监督的针对性和有效性。近年来，民生银行监事会通过组织开展关于银行财务管理、业务风险、市场风险等方面的检查、调查，深入了解银行经营发展中存在的问题与风险状况，提出的意见和建议，得到董事会和管理层的高度重视并认真研究改进，起到了较好的监督作用与促进效果。另外，监事会通过对董事的任职资格和条件提出独立的意见和建议；根据履职活动记录及时向董事会和个别董事发出监督提示函；对公司更换会计师事务所提出建议等，为进一步完善公司治理，发挥了有效的监督作用。

3. 有效的整合监督资源

由于监事会未配备大规模的团队，因而，为充分有效履行监督职责，民生银行监事会联合本行内审等部门及监管部门和外部审计机构等各方面监督资源，互相配合，完成日常监督和对特定事项的监督检查工作。例如，监事会调动本行内审、零售、法律、财务、人力等部门人员联合开展小微战略评估工作，进一步拓展了监督工作的深度和广度。另外，还接受监管部门委托，对重大关联交易等进行专项调查，使内外部监督形成合力，共同保障银行依法合规经营。同时，监事会通过制定与董事会、经营管理层信息交流制度，定期向董事会、经营管理层相关部门调阅监督所需信息资料，包括有关会议材料、业务报告、会计报表和重大事件说明等信息资料，以保证监事会享有充分的知情权。通过加强行内外沟通，扩展多方位信息，使监事会履职获得多方的支持和协作。

4. 健全高效的组织机构

目前，我国上市公司监事会普遍存在“形似而神不至”，监事会监督作用发挥不够充分的现象，除制度设计等客观因素外，监事会履职能力不足也是重要原因之一。民生银行监事会认识到随着公司治理水平的不断提升，以及监事会各项工作的深入，对监事自身的执业操守、履职能力和水平提出了更高的要求。因此，应选任高素质、高水平的监事。民生银行现任监事均为各自领域的专家或资深高管人员，外部监事专业化、专家化，监事会主席专职化，为监事会有效发挥监督作用提供了重要的人员和组织保障。同时，通过完善考核评价制度、方法、流程，继续加强对监事履职的考核和评价工作，促进监事的工作自觉性和积极性，提高监事会整体工作效率和质量。另外，配备较为充足且专业水平强、素质高的工作人员，使监事会各项职责能够真正落地，并得以高效实施，为监事会高效开展各项工作提供了有力支持。

三、思考与建议

近年来，随着监管部门对商业银行监事会作用发挥的重视和推动，民生银行监事会也在完善公司治理，促进银行健康发展，提高监事会监督效果方面有了新的发展和突破。但是，我们也感到实际工作中还存在一些困难和不足，针对我国公司治理现状和监事会工作特点，提出以下几点思考和建议：

一是监事会制度体系有待完善统一。1992 年 5 月，《股份有限公司规范意见》首次涉及监事会制度；1993 年 12 月，《公司法》专门设立章节，对监事会的职责进行规定；2002 年 1 月，《上市公司治理准则》进一步明确上市公司监事会职责；2002 年 6 月，中国人民银行出台了《股份制商业银行公司治理指引》，结合银行业的特点，对监事会职责作了具体规定；2005 年 12 月，《公司法》修订，补充细化了监事会相关规定；2012 年 12 月，银监会《商业银行监事会工作指引》，首次针对商业银行监事会工作发布专项制度，该指引对监事会组织架构、职责权利、监督内容和方法做出了明确规定。

从上述监事会制度发展沿革看出，不同时期、不同监管机构、针对不同的适用主体，对监事会职权和工作内容的规定并不一致，如《股份制商业银行公司治理指引》规定建立、健全以监事会为核心的监督机制，监事会对董事和高级管理层成员进行离任审计，而其他制度中并未有此类规定。由于监管机构多、制度规定不统一，各公司在实际工作中难以把握标准，因而，建议银监会、证监会、证交所等监管机构进一步完善统一对上市公司监事会职责和工作内容的相关规定和要求，使政策法规更具规范性和可操作性。

二是监事会职权需要进一步厘清。现行公司治理结构设置中，监事会与独立董事存在职能重叠和交叉。根据《公司法》规定，监事会主要职权包括财务监督及对董事、高级管理人员履职行为进行监督。按照证监会发布的《上市公司治理准则》，独立董事尤其是主要由独立董事组成的董事会审计委员会的主要职责也包括审核公司财务。同时，证监会《关于在上市公司建立独立董事制度的指导意见》还赋予独立董事特别职权，包括对“提名、任免董事”、“聘任或解聘高级管理人员”、“董事、高级管理人员的薪酬”发表独立意见，与监事会对董事和高级管理人员的监督职责亦有重叠。

职能交叉，权责不清，容易导致重复监督，加大公司治理成本。建议明晰监事会与独立董事的职责划分，可以从以下几方面界定：第一，角色不同，独立董事是董事会的内部成员，监事会则为公司治理组织体系中的监督机构，负责对董事会及董事履职的合法合规性进行监督，即包括对独立董事履职行为的监督。第二，作用不同，独立董事以专家角度和独立身份参与公司重大事项决策，提高董事会决策的透明度和科学性，监事会则重点对董事和高级管理人员履职行为进行监督及对公司经营决策、风险管理和内部控制等进行监督检查并督促整改，发挥监督与制衡作用。第三，侧重点不同，独立董事和监事会均要维护公司整体利益，而独立董事尤其要关注中小股东的合法权益不受损害，监事会更要维护全体股东和职工的合法权益。

三是监事会问责权利尚需明确。《公司法》赋予监事会罢免、召集临时股东大会、诉讼等权利，对于监事会日常监督工作中发现的一些问题，如何进行问责，法律法规尚缺乏明确规定，不利于监事会监督作用的有效发挥。建议相关法规制度中进一步明确监事会的问责权利及监督结果的应用形式。第一，对于监事会监督过程中发现的问题或需要提出意见或建议的，以监事会“监督意见书”、“提示函”及“整改建议”等形式通报董事会或经营管理层，要求相关部门进行整改，并跟踪监督整改情况。第二，对董事会和高级管理层及其成员在重要财务决策和执行等方面存在问题，或对年度履职评价为不称职的董事、高管人员，监事会应责令纠正，或提出更换建议，必要时上报股东大会或监管机构。第三，将监事会专项检查、审计、评估结果及履职监督评价报告作为对董事和高级管理人员尽职考核与选聘、续聘或解聘的重要参考依据，使监事会的监督问责权利真正落到实处。

兴业银行：独立董事制度建设案例

兴业银行成立于1988年8月，是经国务院、中国人民银行批准成立的首批全国性股份制商业银行之一，注册资本107.86亿元。兴业银行于2003年引进恒生银行、国际金融公司、新加坡政府直接投资公司3家境外战略投资者；2007年1月首次公开发行人民币普通股（A股）10.01亿股，募集资本金近160亿元，并于2007年2月5日在上海证券交易所挂牌上市，成为一家公开上市的全国性股份制商业银行。

兴业银行2004年开始引入独立董事制度，迄今为止已有3届。在董事会实际运作中，独立董事在公司治理中切实发挥了作用，一方面丰富了董事会人员构成，使公司决策更加科学民主；另一方面把董事会的监督职能分离，使董事会对管理层及业务执行的监督和董事会内部的相互制衡得到加强。

一、独立董事制度运作情况

1. 独立董事遴选和成员结构

在独立董事推荐机制上，该行章程和《董事提名与选举办法》对独立董事的独立性、学识、经验、能力和专业结构等资质条件均有明确规定，同时注重提高中小股东在独立董事选聘过程中的发言权，在选聘独立董事前通过有关媒体、证券交易所及兴业银行网站公开征集独立董事候选人，全部独立董事候选人均须事先由董事会提名委员会进行资质审查。

考虑监管政策和股东结构等因素，着眼提高公司治理运行质量和效率，兴业银行确定董事会规模为15人，其中独立董事占1/3。5名独立董事均由董事会提名，不存在已提名董事的股东再提名独立董事的情况。在专业结构上，兴业银行独立董事既有经济、金融专业人士，也有法律、会计专业人士；在职业结构上，既有职业经理人，也有资深专家学者；在地域结构上，既有来自境内一线和二线城市的董事，也有来自境外的董事。各位董事的经济金融从业经验均在10年以上，具备良好的履职能力。这种成员结构，可以确保董事会在决策过程中，既能放眼国际银行业发展局势，又能根植国内时势和该行实际情况，促进银行长远发展。

2. 独立董事相关制度建设

兴业银行引入独立董事制度以来，不仅按照法规和监管要求制定了完备的正式制度，同时也积极研究公司治理规律，不断建立和完善各项支持性制度和非正式制度，形成了较完备的制度体系和成熟的董事会运作方案。

(1) 议事规则：强调程序与质量。该行制定了详尽的董事会专门委员会工作规则。严格执行会议通知程序、会议提案程序、会议召集程序、会议讨论规则、会议投票规则，并建立会议记录制度。根据需要，会议形式可采用现场会议、电话会议、通信表决的形式。为使董事有充足的时间审阅议案，有充分的材料理解议案内容，该行确保会议文件在会前5天发送给各位董事，并畅通董事在审阅议案过程中的信息反馈渠道。

董事会专门委员会决议采取记名投票或举手表决方式，每一董事享有1票表决权。除决议事项之外，还根据工作需要和董事的要求安排一些议题的听取，方便董事了解相关信息。

专门委员会运作强调在董事会授权之下的独立性，由委员会主任委员根据委员会工作计划自行决定会议召开时间和议程，董事会及董事长不予干预。董事会审议议题均须先经由专门委员会充分讨论并审议通过。每次董事会会议前，各专门委员会主任委员均须向董事会汇报委员会召开情况，并将审议通过后的议案提交董事会审议。

(2) 执行制度：强化监督、持续跟踪、定期反馈。该行十分重视公司治理传导机制建设，高建平董事长要求："建立清晰有效、完整规范的公司治理传导机制，促进最高权力层、决策层、监督层、管理层、执行层、操作层等全行各层级制度体系、运行机制的全面衔接，确保公司治理的理念、精神和原则切实有效地传导到全行经营管理的各个方面。"该行在此方面做了大量工作。

为健全董事会决策传导机制，该行在董事会和委员会现场会议结束后，由专职秘书整理完整的会议记录，送各董事和委员审阅后签名，同时视会议议题和董事发表意见等情况，编发董事会会议纪要或印发董事会意见传导函等形式传导会议精神。会议纪要印发全行，内容要体现对全行经营管理工作的指导意义。董事会意见传导函印发相关责任部门，是董事提出的对兴业银行发展具有一定指导意义的意见。相关责任部门要认真落实传导事项，并将落实情况或落实计划提交董事会办公室，董事会办公室负责对传导事项持续进行跟踪，并将落实情况以"董事会意见反馈函"的形式报董事会或相关委员会。

(3) 健全信息沟通制度，董事与管理层间沟通有效。"信息是科学决策的基础和依据。"鉴于多数董事并非在兴业银行专职工作，为了便于他们掌握经营动态，该行制定了《董事会及其委员会与高级管理层信息通报制度》，为董事勤勉履职提供了重要保证。目前，该行根据财务、风险、经营等各类信息报告的生成频率，或按月或按季向董事寄发各种参考材料，董事认真审阅并将其疑问向管理层反馈，运作良好。

(4) 建立调研制度，现场掌握情况。该行董事会2004年建立调研制度，根据形势和热点就相关重点业务领域开展专题调研，深化对业务条线和基层机构经营的理解，提高科学决策的能力，同时加强对经营管理的监督指导，促进经营管理水平的提升。调研制度之初建立，实源自当时董事会审议并购佛山商行一事，由于董事会未能就一些关键问题达成共识，因而此次会议只确定了“成本锁定、风险总控”的基本原则，并要求在实地调研后再做决定。通过此次调研，使董事会进一步明确了并购目的、谈判主体和职工安置等若干问题，为推进董事会科学决策发挥了重要作用。自此以后，董事会每年都会组织调研十余次，调研主题涉及经营管理、业务转型、重大投资等各方面，成为董事会日常工作的重要内容之一。在历次调研中，独立董事均有较高的出席率，有力地促进了独立董事对经营情况的实际了解，确保决策和监督质量。

（5）完善董事会学习制度，提升董事专业知识。要使董事把握现代商业银行发展趋势和最新行业发展动态，并在会议上对内容广泛的议题提出独立、客观和具有建设性的意见或建议，必不可少的一个环节是通过组织学习培训，提高董事履职水平。

1）制订年度学习与培训计划，认真组织落实。该行董事会每年年初，均根据宏观形势发展变化和全年业务发展重点，有针对性地制订专门的学习、培训计划，由董事会秘书带领董事会办公室组织落实。

2）加强法律法规学习，规范董事履职行为。金融是经济的命脉，我国商业银行的经营行为必须顺应国家宏观政策取向。为此，该行在收到中国银监会、中国证监会等监管规章时，会第一时间转发董事学习，必要时会请政策制定部门的专家来行授课。同时，董事会定期组织董事交流学习法律、财务、管理等方面的专业知识，积极参加中国证监会、上海证券交易所和中国银监会等监管部门组织的有关培训，规范董事履职行为。

3）自行组织专题培训，提高董事决策能力。该行十分重视提高董事的履职能力与水平，每年都会有针对性地自行组织开展董事培训。比如，聘请麦肯锡为董事和监事就公司治理、风险管控等专业领域问题进行培训，邀请王国刚、巴曙松等专家董事讲解宏观经济形势及应对策略等，提高董事的专业能力和决策的宏观视野、战略视野、国际视野。2011 年 5 月，组织董事和监事到新加坡开展为期 10 天的商业银行高层专题培训班，取得了很好的效果。

3. 董事会专门委员会运作

专门委员会制度是改善和规范商业银行公司治理的重要制度安排。该行在构建专门委员会过程中，既融合了国际先进治理理念，保持较高的独立性，又十分注重切合国内实际，保证较强的操作性。目前，董事会下设执行委员会、风险管理委员会、审计与关联交易控制委员会、提名委员会、薪酬与考核委员会 5 个委员会。每个委员会由 5 名董事组成，其中后 3 个委员会独立董事占多数，且除执行委员会之外的 4 个委员会的主任委员均由独立董事担任。董事会下设 5 个委员会中至少都有 1 名董事来自境外，与各位委员一起分享国际银行业的成熟经验与做法，在其中发挥了积极作用。

近几年来，3 个公司治理类专门委员会的实际运作都取得了明显进步，会议频次和议事范围逐渐增加，在公司治理体系中尤其是在监督和制衡方面发挥了越来越重要的作用。

董事会提名委员会负责研究董事、高级管理层成员的选任程序和标准并提出建议、广泛搜寻合格的董事和高级管理层成员的人选、对董事候选人和高级管理层成员人选的任职资格及条件进行初步审核并向董事会提出建议。近几年，提名委员会本着高度负责的态度，以事业发展为出发点，积极负责地对议案内容提出意见和建议，充分发挥参谋决策职能，对于优化董事会和高级管理团队的人员和结构发挥了重要作用。

二、独立董事制度运作实例——审计与关联交易控制委员会主导2011年度会计师事务所选聘

1. 改聘会计师事务所的背景

新一届审计与关联交易控制委员会成立不久，财政部发布《金融企业选聘会计师事务所招标管理办法》（财金〔2010〕169号），对金融企业选聘会计师事务所的资质和选聘程序提出了一些新要求。按照该办法，该行在2001~2010年连续聘请的国际会计师事务所、安永会计师事务所、福建华兴会计师事务所均已不能满足继续聘任要求，需要改聘新的会计师事务所。

2. 决定改聘事务所并确定选聘原则

董事会审计与关联交易控制委员会于2011年1月底召开的第二次会议上，重点对改聘会计师事务所事项进行了讨论。会议决定立即启动2011年度年审会计师事务所选聘工作：一是明确只聘请一家会计师事务所，按中国会计准则为兴业银行提供2011年度财务报告审计和2011年半年度财务报告审阅。二是成立9名成员的专家库直接组成评标委员会，成员由独立董事3名（原则上由审计与关联交易控制委员会成员出任），董事会秘书，计划财务部人员2名，审计部、风险管理部和董事会办公室人员各1名担任，监察部和行政后勤部可派员监督。三是在综合考虑有关资质要求和行业排名等因素后，邀请符合财政部规定的4家国际和国内知名会计师事务所招标。四是明确招标采取现场讲标、评标的方式，当场开标并确定推荐名单。

3. 组织现场评标，确定中标事务所

按照审计与关联交易控制委员会确定的选聘原则，总行计划财务部会同董事会办公室随后即开展了选聘会计师事务所的各项准备工作，制定了公正合理的评标方案，并向4家国际和国内知名会计师事务所邀请招标。2011年2月底，评标委员会在总行组织现场讲标和评标，9名评标委员以背对背的方式在各事务所讲标结束后给出分数，行政后勤部（负责大宗采购业务）、监察部各派出1名代表组成监督委员会，审查评标方案并对招投标全过程进行监督。最后，经过严谨认真的审核评议，根据各事务所的综合评分，审计与关联交易控制委员会决定聘请德勤华永会计师事务所为兴业银行2011年度会计师事务所，要求计划财务部在其评标方案报价基础上与其进一步就审计服务内容和报价谈判后，

形成议案报送董事会审议并最终获股东大会批准。整个选聘过程公开、公正、透明，赢得了全行上下及参与招投标的各家会计师事务所的赞许。

董事会审计与关联交易控制委员会主任委员李若山，作为此次选聘事务所的主要牵头人，在此次选聘事务所工作结束后颇有感慨。他说："选聘事务所，表面看似简单，按文件操作就可以了。但是，实际上很复杂，一则对这样的大业务，市场潜规则非常多；二则会计师事务所的选择关系到报表的话语权在谁手上，许多公司会从不同角度给审计委员会施加压力，希望找一家听话或者有关系的事务所，给报表的表达与披露有一定的主动性。但是，兴业银行董事会及监事会除了提醒在选聘过程中，关闭上交手机这些细节外，没有做出任何明示或暗示，完全相信审计委员会能够公平地选出符合治理结构要求的会计师事务所，这让我彻底信服了。兴业银行确实是一家名副其实的、符合证监会与上交所要求的、有规范治理结构的上市银行。"

4. 加强沟通，督导会计师事务所勤勉履职

董事会审计与关联交易控制委员会十分重视与会计师事务所的沟通工作，每年委员会均与会计师事务所在年度审计前、中、后和半年报表审阅过程中进行多轮（次）沟通，就审计过程发现的问题和遇到的困难寻求解决办法、结合形势发展和银行经营特点对审计重点予以调整部署等。2011年委员会在选聘会计师事务所时，董事会审计与关联交易控制委员会即在选聘办法中对会计师事务所提出了若干要求。在德勤华永会计师事务所获聘为该行提供2011年审计服务后，审计与关联交易控制委员会在2011年7月首次就其开展半年报审阅情况与其进行了沟通，在肯定其工作成果（如在人员配备、审阅范围、前期投入等方面均能达到承诺函和业务约定书要求，能把握宏观经济形势和监管政策要点突出重点业务进行审阅等）的同时，进一步提出做好半年报审阅工作的几点要求。比如，要对兴业银行涉及工业和信息化部2011年工业行业淘汰落后产能企业名单中的企业贷款进行风险评估；要重点关注资金业务审计、IT事项的审计；要对完善信贷资产减值操作和表外信贷资产预计负债的计提方法提出更明确合理的建议方案。会后，董事会办公室以《董事会意见传导函》形式将有关意见向相关责任部门传导，并持续跟踪督促其有效落实。

5. 经验总结

透过此案例，折射出公司治理建设的几个特色：

（1）民主决策的会议氛围。在董事会和委员会会议过程中，十分注重营造讨论充分和民主决策的氛围，使各位董事能够充分、独立地发表意见。会前未达成共识的重要议案不急于提请董事会审议，会上仍有分歧的议案暂缓进行表决，同时创造条件让董事积极参与论证。"兴业银行董事会的会议氛围很好"，这是中国银监会银行监管二部肖远企主任参会后对该行董事会的评价。

（2）专业化的董事成员配备。"董事要

懂事”是监管部门对选聘董事的要求。该行在选聘董事和各委员会成员配备过程中，要求董事具备良好的专业能力和从业经验，要保证有充足的时间和精力履行职责。以审计与关联交易控制委员会为例，5位成员中：主任委员为国内知名会计专家、教授，1位具有高级会计师职称，3位具有10年以上银行业从业经验。

（3）良好的委员会工作机制。董事会的相关决议事项应当先提交相应的专门委员会进行审议，由该委员会向董事会提出审议意见，但除董事会依法做出明确授权外，委员会的审议意见不能取代董事会的表决意见。

（4）顺畅的公司治理传导机制。在董事会和委员会现场会议结束后，视会议议题和董事发表意见等情况，编发董事会会议纪要或印发董事会意见传导函等形式传导会议精神。董事会办公室负责对传导事项持续进行跟踪，并将落实情况以“董事会意见反馈函”的形式报董事会或相关委员会。

（5）完善的基础工作和服务保障。董事会办公室负责董事会和委员会会议的组织、筹备和记录，是董事会及各委员会的常设秘书机构。为有效做好服务工作，董事会秘书和董事会办公室负责人可通过列席全行层面的重大会议、专题会议和行长办公会议等多种方式，全面了解经营管理重要事项。董事会办公室要为各委员会配备专职秘书人员，承担会议组织、材料准备、协调督办等职能，确保各委员会的职责落到实处。

三、分析与建议

2001年我国引入了英、美、法系“一元制”公司治理结构下的独立董事制度，作为独立董事制度的延伸，《上市公司治理准则》对董事会专门委员会制度进行了具体规定，要求上市公司董事会按照股东大会的有关决议，设立战略、审计、提名、薪酬与考核等专门委员会，其中审计、提名、薪酬与考核委员会独立董事占多数，并且要由独立董事出任主任委员。从国内外实践和该行经验来看，独立董事制度要切实发挥作用，需要在以下三方面做好工作：

1. 遴选合格的独立董事

独立董事制度发挥作用的假设条件是，社会拥有一群能够超越物质利益诉求的精英人士，他们能够从社会利益和广大中小股东的利益出发，以自己的声誉和良知作为抵押，凭着自己高深的专业知识和经验，热心参与公众上市公司的治理。因此，一个合格的独立董事需要具备三个的方面条件：独立性、专业性和责任心。董事最大的美德是独立，独立允许他或她从一个完全自由和客观的角度挑战管理决策、估价公司绩效。专业性能为董事会带来有价值的外部视野，能为董事会的决策增加价值。在独立性和专业性之外，非常重要的一点就是独立董事必须是有精英意识的人，有强烈的责任感、使命感。如果所聘请的独立董事不能具备这个美德，那么，独立董事制度就必然庸俗化，起不到应有的作用。

2. 建立完备的制度支持体系

公司治理制度既包括遵循法律法规制定的法定制度，也包括公司根据具体情况和发展需要自行制定的支持性制度，还包括惯例、共同认知等非正式制度。法定制度各家公司大同小异，支持性制度和非正式制度反映各家公司对公司治理的认识和实践探索，各家公司往往差别较大。不仅要建立成文的正式制度，还要通过公司治理研究、探索和实践来逐步完善各项支持性制度和非正式制度。

我国的现代企业制度是舶来品，缺乏社会文化环境和法律制度基础的支持，企业对于按照现代公司治理原则建设一套有效制衡的公司治理体系缺乏足够动力，客观上需要监管机构强制推动。首先，监管机构指定的各项引导性文件无法规定太细致，原因是公司是一种自治组织，监管文件太细的话会损害公司自治原则；其次，公司具体情况千差万别，也无法指定通行的操作细则。这样，在监管机构只能提供正式制度供给的时候，上市公司可能会因为缺乏支持性制度和非正式制度支持，从而导致公司治理“形似而神不似”，使独立董事制度运作效果大打折扣。

3. 加强专门委员会运作实效

现代公司董事会内部，通常有两类委员会：一类是公司治理类的委员会，成员以独立董事为主，主要执行董事会的监控职能，目的在于规范运作。另一类是公司管理类的委员会，主要执行董事会的战略和管理职能。公司治理类的专门委员会是独立董事制度的延伸，通常包括审计委员会、薪酬与考核委员会、提名与公司治理委员会。委员会运作成效是独立董事发挥作用的关键。因此，要加强专门委员会制度的建设。

为此，首先，要对委员会有足够的授权，以审计委员会为例，审计委员会不仅要对财务报告负责，还要对企业的合规性、内部控制负责。因为，财务报告是公司经营的一个综合反映和结果，审计委员会职责的有效履行，需要其深入到与财务有关的公司经营的各个方面。其次，要为委员会运作创造便利的运作条件，如审计委员会要独立运作，不受公司管理层的制约；审计委员会是监控会计师事务所的唯一机构，并能够有效监督内部审计机构运作；审计委员会要增加会议频次，并且有灵活的会议形式；审计委员会需要有充分的信息来源，能够获取公司全面的经营信息；公司需要为审计委员会的运作提供支持和有效的决策传导。

北汽福田：有效制衡　构建“福田特色”监事会实践

一、公司的特殊成立模式成就有效制衡的治理架构

1996 年，通过资本运营手段有效整合社会分散资源，100 家国有资产跨地区重组并得到盘活和优化组合，共同发起成立了福田汽车公司，从而实现了存量调整和增量投入相结合、企业生产经营与金融资本运作相结合、投资主体多元化。“百家法人造福田”被传为一时佳话。

1998 年，得益于成立模式的特殊，福田汽车实现整体上市。反映在公司治理上，控股股东、独立董事、战略中小股东、经理层（职业经理人）4 种力量有效制衡，监事会独立监督，不存在控股股东集权、控权现象，也不存在内部人控制、侵权现象，各方股东的合法权益得到有效平衡和保障。

合理、高效的公司治理使得福田汽车得以在上市 14 年间融资 6 次，募集资金 100.3 亿元，资本贡献率超过 60%，为公司的发展提供了强有力的资金支持。

二、具有“福田特色”的监事会实践介绍

1. 结构合理、杜绝“一言堂”的福田汽车监事会队伍

福田汽车监事会由 7 名监事组成，其中职工代表监事 3 名、大股东代表监事 1 名、中小战略股东代表监事 3 名。科学的成员配置，为监事会独立监督、检查的工作职能奠定了良好的工作基础。在福田汽车监事会，没有“一股独大”、“一言堂”的现象发生。

监事会成员配置合理，不仅配置了绝对代表职工利益的职工代表监事，同时还包含汽车相关领域的业内人士、财务审计方面的专家，共同组成了功能齐全、相互制衡的监事会团队。此外，本届监事会成员平均年龄为 47 岁，在国内上市公司监事会的队伍年龄偏大的普遍现象中，福田汽车的监事会队伍平均年龄占有绝对优势。

2. 设置监事会办公室和监事会秘书

（1）专门设立监事会办公室，独立部门全力保障监事会规范履职。福田汽车的《监事会议事规则》规定：

1）监事会设监事会办公室，处理监事

会日常事务。

2）监事长领导监事会办公室工作，并可以指定监事会办公室工作人员协助其处理监事会日常事务。

多年来监事会办公室在独立组织监事会审议关联交易、重大投融资等公司重大决策事项上发挥了重要的辅助、支持作用，极大地提升了监事会的工作效率。

（2）率先聘任监事会秘书，专人负责，有效保证监事会高效履职。2008 年，福田汽车监事会依照北京证监局下发的《关于提高辖区上市公司质量的指导意见》的精神，根据公司实际情况，为进一步规范监事会办公室的运作，由监事会聘任了监事会秘书，在制度规定上明确由专人负责监事会办公室，以更好地协助公司监事长处理监事会日常事务。

监事会秘书就任以来，积极、主动列席股东大会、董事会，出席监事会，监督检查会议程序的合法性和审议流程的合规性，并听取股东和董事、监事的意见和建议；多次组织监事会事业部调研及同行业公司交流、学习，同时，以更加规范的标准和严谨的工作态度来要求监事会办公室的日常工作，以“监办无小事”为指导方针，从一点一滴提升监事会的监督检查水平。

3. 持续改进、富有创新性的制度建设

（1）满足监管部门的要求，制定制度，持续改进，确保最大程度发挥监事会作用。福田汽车根据监管部门的要求，以及自身的实际情况，制定了《监事会议事规则》、《监事行为规范》，分别从监事会的运作流程及监事履职要求等方面，进行了制度的规定，使得监事会做到有章可依、规范运作。

在实际运作中，监事会秘书领导下的监事会办公室严格依照规章制度开展工作，确保最大限度地发挥监事会的作用。

（2）曾独创监事会管理制度，发表独立审核意见，充分保障公司利益因素。为了更好地发挥监事会的作用，在监管层尚无明确要求的背景下，为了更好地发挥监事会监督职能，尤其是保护股东利益，监事会曾富有创新性地制定了《监事发表独立意见的管理办法》，同时更好地激发了监事的履职意愿，形成了年度《监事会工作要点》。

福田汽车的《监事发表独立意见的管理办法》中明确规定：

1）公司变更募集资金投资项目时，监事会应对变更募集资金投资项目发表独立意见。

2）公司向关联方累计购买量占当期采购量 5%以上的，或向关联方累计销售占当期总销售收入 5%以上的，监事应对关联交易公允性发表独立意见。

3）监事应对公司章程对关联交易决策程序的规定发表独立意见。

4）在公司变更会计政策和会计估计前，公司监事会应切实履行监督职能，对董事会的决议提出专门意见，并形成决议。

近年来，公司监事会鉴于关联交易等相关事项对公司、股东利益影响重大，决定直接由监事会审议，以决议的方式履行监督职责。

4.“独立监督、内外兼修、一线检查”的多元性监事会实践

独立召开监事会/沟通会。福田汽车监事会每年均独立召开年度监事会，审议年度重要事项。每一次的实体监事会均由监事会办公室独立组织会务，监事及监事会秘书出席，监事会独立审议并表决，形成独立的决议并公告。会议的全过程均不受董事会、经理层等的干扰。此外，监事会还独立召开沟通会，通过座谈、互访等多种方式，增加监事间的关系，提高团队的凝聚力。

独立审议议案，发表独立审核意见。在关联交易、投融资、定期报告等重大事项上，福田汽车监事会主动提升业务水平，不仅仅停留在出具审核意见的层面上，还主动要求对议案进行审核监督，形成决议，以求最大限度地发挥独立监督检查的职能。

独立监督，主动进行监督管理。监事会除了积极履行以上例行的监督检查职能外，还主动进行监督管理，督促董事会、经理层贯彻执行决议。

5. 充分利用外部监督机构的交流平台，保持良好的沟通渠道

福田汽车的监事会除了保持高频次的内部监督检查活动、外部同行业监事会业务交流活动以外，还保持了与外部监督机构的良好关系，经常参加外部监管部门组织的一些业务座谈等活动，积极利用好外部监督机构这一便利的学习交流平台。

例如，赵景光监事长在8月曾接受北京市国资委监事会的邀请，参加了北京地区的上市公司监事会座谈，并做了关于福田汽车监事会建设的专项介绍，取得了业内人士的认可。福田汽车监事会在诸如此类的外部交流活动中，不仅可以将自身的工作经验进行分享，同时还借外部监督机构提供的交流平台，和监管部门的资深人士、其他上市公司的监事们有更加深入的交流、沟通，有助于提升资深的业务水平。

6. 监事会、党委、纪检、工会——相互渗透，有机联结，齐力提升监督检查机制

作为国有控股但又依托于现代企业制度而设立运营的福田汽车来说，具有多重的管理职能和社会责任。如大多数国有控股企业一样，福田汽车不仅拥有健全法人治理架构下的监事会设置，同时还设有党委、纪检和工会等组织。三个组织机构分别在党委建设、纪检督察和职工利益维护方面各有工作侧重点，作为处于公司组织架构上层的监事会，聘任了党委副书记/纪检书记、工会主席作为职工代表监事，维护公司和员工的切实利益不受侵害。

此外，每年公司党委、纪检和工会还召开联席会议，通过无障碍的沟通渠道，某些业务互通，联席办公，形成了相互渗透，有机联结，齐力提升公司的监督检查机制。

7. 独立审议年度内控报告，把关公司内控管理

内部控制制度设计，提交监事会审议年度内控报告。

福田汽车的《董事会内部控制制度》中明确规定，监事会须独立审议审计部牵头形成的《年度内部控制自我评估报告》，对

公司内控制度实施的适当性、合法性、有效性进行评估和分析，并可根据实际情况和需求，对体系内的内部控制情况进行监督检查，以促进公司实现可持续性内部控制改进机制，更好地做到防范风险，维护公司利益的目的。

8. 勤勉负重、绝不懈怠——监事会工作状态与作风

福田汽车从山东小城诸城走进政治、文化中心北京；从农用车起步的小工厂到销量全球第一的商用车龙头企业，在辉煌业绩的背后，是由福田汽车决策层和管理层高瞻远瞩的决策和转化落地的管理成效而来的。因此，这就注定了福田汽车的董事会是一个高强度、高节奏的管理机构，监事会作为董事会背后的有力推手，自然担起了高效监督的重任。在日常工作中，福田汽车的监事会已渐渐形成了绝不懈怠、日臻完善的工作作风。

案例：2011 年以来监事会日常工作统计

（1）勤勉尽责，积极参会。2011 年至今，公司召开了实体监事会 2 次（其中异地 1 次），董事会 2 次（其中异地 1 次），通信监事会 13 次，股东大会 8 次。7 名监事均能积极出席监事会、列席股东大会和董事会，出勤率平均高达 90%以上，即使有个别监事因客观原因未能亲自参会，也都提前认真审核了议案，并提出投票意见。

（2）多次独立发表专业审核意见。

1）对关联交易发表意见的情况。2011 年至今，监事会对收购北京拖拉机部分生产性资产、设立铸造公司、与戴姆勒合资项目等关联交易议案均发表了独立审核意见，为确保公司合法、合规运营，降低交易风险起到了积极的作用。

2）对其他重大事项发表意见的情况。督促公司有效地执行落实《信息披露事务管理制度》的各项要求，确保相关信息披露的及时性和公平性，以及信息披露内容的真实、准确、完整，保护投资者的合法权益。

监督、审查年度报告是否客观、真实地反映了公司财务状况和经营成果，并独立发表审核意见。

（3）独立撰写上年度工作报告和下年度工作要点。每一年度，福田汽车的监事会需向股东大会提交上一年度的《监事会工作报告》，对上一年度的工作进行回顾总结，由监事长代表监事会向股东大会作汇报，由全体股东审议和问询。此外，监事会还独立召开年度监事会，除了商讨上一年度的《监事会工作报告》以外，还需制订下一年度《监事会工作要点》，提出下一年度的工作方向和重点工作项目，切实发挥监事会的监督职能。

9.“不唯上，只唯实”，奖罚分明的激励机制

不论是在企业管理还是在法人治理上，福田汽车深知，仅有个体的自我约束和提升是不够的，还必须辅以有效的奖惩机制作为基础。可以说，“服务＋管理”这一“胡萝卜＋大棒”式的工作理念和方法，恰是福田汽车监事会充分发挥其作用的绝好

配置。

案例：福田特色的“缺勤扣钱”、“管理+服务”的监事激励机制

为充分调动监事勤勉尽责，监事会办公室制定了详细的细则规定，在充分尊重每位监事的基础上，坚持平等、规范管理，对其进行严格的考核管理，对未按要求履行职责的监事扣减津贴。

监事考核制度设计，奖励与惩罚，不唯上，只唯实。

《福田汽车监事行为规范》规定：

（1）对未亲自出席会议的监事予以负激励，每缺席1次负激励300元。

（2）监事在一年之内累计2次未亲自参加董监事会，由监办做出书面报告；累计3次，由监办以书面形式报告监事长。

（3）监事连续2次不亲自出席监事会、股东大会或职工代表大会予以撤换。与此相对应的是，监事会办公室为监事会提供了“全心无忧服务”。

为了保障监事在履职过程中不存在任何的障碍，监事会办公室总是在每一次的实体会议或汇报会召开之前，安排好每位监事的吃、住、行等一系列外围工作，以最大的努力，保障监事在履职中“全程无忧”。

三、抛砖引玉——关于中国监事会运作的建议

福田汽车的监事会虽然在工作中摸索、积累了一些经验，但是中国监事会建设的提升还有较长的路要走。在此分享几点关于监事会建设和发展的建议。

1. 明确界定监事会和独立董事的职责

为了防止出现监事会与独立董事职责的交叉、重复现象，避免双方出现“搭便车”的行为，应科学、合理界定独立董事和监事会的职责职权。

2. 固化生产一线调研检查机制

固化监事会的调研检查监督机制，通过亲临生产/管理一线，全面、真实地了解上市公司的生产经营实况，从而保障公司切实做到了转化、落实公司股东大会、董事会的决策事项，维护公司的权益。建议可通过制度建设和实操细则两个层面分别对调研检查监督机制进行完善和优化。

3. 探索独立监事制度

对监事会进行改造，全面引入独立监事制度。但是，需要注意，独立监事与独立董事应有明确的职能分工。独立监事在监事会中应当是强势群体。独立监事既可由上市公司直接聘任，也可由与上市公司没有业务关联与财产关联的会计师事务所和审计师事务所委派。如果在独立监事以外再引入债权人监事，那么监事会的监督功能就将得到大大强化，并且将对董事会形成强有力的制约作用。

西山煤电：监事会实践案例

山西西山煤电股份有限公司（以下简称公司）是西山煤电集团公司的控股子公司，经山西省人民政府批准，由西山煤电（集团）有限责任公司、太原西山劳动服务公司、山西庆恒建筑（集团）有限公司、太原杰森木业有限公司、太原佳美彩印包装有限公司五家股东共同发起，于1999年4月26日注册成立。2000年6月20日经中国证券监督管理委员会批准，首次向社会公众发行人民币普通股28800万股，2000年7月26日在深圳证券交易所挂牌上市。公司煤炭资源品种齐全，煤质优良，其中焦煤、肥煤为世界稀缺资源，产品畅销全国20多个省、市、自治区，并出口到日本、韩国、德国、印度、巴西、西班牙等国家。

一、监事会基本情况

依照《公司法》、《公司章程》规定设立监事会，基本情况如下：

1. 人员构成

监事会成员由股东代表与职工代表组成，其中股东代表由股东提名后，经股东大会选举产生；职工代表由公司职工代表大会民主选举产生；监事会主席由全体监事选举产生。目前，监事会由7名监事构成。其中，设监事会主席1名，由西山煤电集团公司纪委书记担任；另外3名股东代表监事分别由西山煤电集团公司副总经理、组织人事处处长和审计处处长担任；3名职工代表监事分别由集团公司工会副主席、企管处（政研室）处长和劳模代表担任。监事会所有成员都具有大学本科以上学历。

2. 议事规则

（1）会议召开时间。根据公司实际情况，公司监事会每季度召开1次会议，全年至少召开4次监事会会议，主要议题是审议定期报告。监事会会议由董事会秘书协助召开，在会议召开前，提前将会议材料提交全体监事。

（2）会议召开方式和条件。监事会会议通常以现场方式召开，紧急情况下，有时也采取传真方式进行表决。监事会会议有全体监事的1/2以上出席方可举行。

（3）会议审议程序。按照有关议程，参加会议的监事对事项进行逐项审议，充分发表意见，对会议需要做出决议的内容逐项进行表决。同时，公司有关负责人也在现场接受质询。

（4）会议决议方式。监事会会议的表决实行1人1票，以举手、记名投票和传真方式进行。监事会形成决议均需经出席会议的监事过半数同意并签字。

（5）会议记录内容。监事会会议主要包括会议届次和召开的时间、地点、方式；会议通知的发出情况；会议召集人和主持人；会议出席情况；关于会议程序和召开情况的说明；会议审议的提案、每位监事对有关事项的发言要点和主要意见、对提案的表决意向；每项提案的表决方式和表决结果等内容。

（6）会议决议公告和档案保存。监事会决议公告事宜由董事会秘书负责，在每次监事会会议上要通报上次会议已经形成决议的执行情况。监事会会议档案，包括会议通知和会议材料、会议签到簿、表决票、经与会监事签字确认的会议记录、决议记录、决议公告等，由董事会秘书或公司档案室负责保存。监事会会议资料的保存期限为10年。

3. 职权范围

根据《公司法》有关规定，结合公司实际情况，在公司章程中明确了监事会的职责、职权范围。其主要包括：对董事会编制的公司定期报告进行审核并提出书面审核意见；检查公司财务；对董事、高级管理人员执行公司职务的行为进行监督，对违反法律、行政法规、公司章程或者股东大会决议的董事、高级管理人员提出罢免建议；当董事、高级管理人员的行为损害公司利益时，要求董事、高级管理人员予以改正；提议召开临时股东大会，在董事会不履行《公司法》规定的召集和主持股东大会职责时召集和主持股东大会；向股东大会提出提案；发现公司经营情况异常，可以进行调查，必要时，可以聘请会计师事务所、律师事务所等专业机构协助其工作等内容。

二、监事会运行情况

近年来，监事会严格按照《公司法》、《证券法》、《公司章程》及《议事规则》等相关要求，认真履行法律法规赋予的职责，紧紧围绕公司改革发展中心，不断加强监事会建设，积极开展工作，有效地发挥了监督职能，促进了公司持续健康稳定发展。

1. 注重监事素质提升

为更好发挥监督职能，公司把监事素质提升作为一项重点工作来抓，不断提高履职尽责能力。一是严把监事入口关，推荐工作经验丰富、熟悉公司化运作、懂法律会管理、责任心强的人员担任监事。二是组织监事参加公司或上级举办的各项政治学习，提高思想政治觉悟。三是有计划地派送监事参加各类脱产学习培训，系统学习掌握企业战略管理、企业运作管理与信息化、人力资源、财务管理、资本运营、税收等业务知识。四是积极派送监事参加“深交所”、山西证监局等单位组织的证券业务培训。对于监管部门组织的各种业务培训，公司都组织所有监事积极参加。通过参加培训，能够尽快提高监事们的业务素质和水平，尽快适应新形势下对于公司的监管需要。多年来，公司的监事分别取得各监管部门或交易所的各种培训合格证书，各监事都能结合自身的知识结构和工作性质，从各自岗位、不同角度发挥监事职能，保障了监事会作用的发挥。

2. 严格财务监督检查

为了加强对公司财务运行情况的监管，每月末，财务部门将财务和经营主要报表及有关信息送达各位监事，便于监事会动态了解和掌握上市公司经营运行状况，对发现的不正常情况及时提出质询。监事会不定期组织财务、审计等部门人员，对公司财务状况和经营成果进行监督、抽查和审核。监督的主要内容包括：董事会提交的落实股东大会有关事项的决议，开展的各项经营管理工作，财务收支预算的执行等情况。同时，还对照会计师事务所出具的公司财务报表审计报告进行核实，对公司财务收支预算进行详细分析，提出独立意见。

每个报告期结束，董事会审议相关定期报告前，公司监事会都要认真审议议案，核对材料，必要时还亲自到现场核实、论证。将监事会的监督职能介入公司的定期财务报告环节，是公司监事会发挥职责的重点。通过监事会对于定期财务报告的介入、检查、核实和督促把关，使公司监事会“对董事会编制的公司定期报告进行审核并提出书面审核意见；检查公司财务”的职能落到实处，既发挥了监事会对公司经营行为的监督检查职能，也最大限度地保障了公司的合法合规经营。

3. 做好重大决策监督

对重大决策事项的监督，是履行监事会职能的一项重要内容。一是通过参加公司领导班子会、总经理办公会等，及时掌握各类重大事项的决策和执行情况，做好公司经营管理的日常监督检查。二是不定期到公司各单位、各部门调研，了解董事会和经理层落实股东大会决议的实施过程和结果，发现问题时与董事会及时沟通，提出整改意见建议。三是通过列席董事会会议，了解公司经营计划、财务收支决算预算、重大投资、重点工程建设以及重要人事任免等重大事项的决策过程，在规范程序、依法决策、民主决策中确保了公司科学发展。

公司的所有重大事项决策，都必须通过监事会的监督环节。通过规定监事会参加或列席公司的重大会议，先从程序上、制度上保证了监事会参与公司重大决策、对重大决策提供意见和建议的权利。在具体执行中公司也认真落实，在做出关系到公司重大决策时，都要求公司监事会认真审核相关议案，同时发表独立意见。公司董事会与管理层都认真分析、听取监事会意见，使公司的所有重大决策都真正做到民主决策、科学决策。

4. 发挥协同监督作用

监事会注重与公司纪委、审计、财务、工会等部门联合开展工作，努力提高监督成效。一是将企务公开、党风廉政建设目标管理等工作要求，融入企业重点工程项目招投标、财务预决算等全过程，建立公开透明的运作流程。二是建立完善工作绩效评价机制，民主评议领导班子成员，通过集体述职、个别谈话、填写测评表等方式评价董事会、经理层的履职情况。三是在一些重大事项运作过程中，以设立意见箱、召开职工座谈会、设立举报电话等形式收集了解职工的意见，不断改进和深化监督工作，实现多形式、多角度的监督。

从公司监事会成员的配置上来看，由股东单位推荐的纪委、组织部门、审计部门和企管部门及工会部门的负责人出任公司监事人选。这也是公司监事会实践工作中的特色之一。这种配置首先从工作职责与其本人担任的部门职责密切相关，而且与监事的职责有重合的部分。这样有利于监事从自身职业和部门分工的角度快速介入公司的监督职责，而且也有利于公司监事会在涉及监督职能与各部门的监督职责遇到重复或重叠时，合理地分配职责划分，合理地处置监督能力，避免重复监督，避免资源浪费。在多年的实践中，效果良好。

5. 规范公司运行机制

公司坚持实行股东大会、董事会、监事会和经理层“三会一层”的法人治理结构。“三会一层”各司其职、规范运作，各机构分别制定议事规则，明确决策、执行、监督等方面的职责权限，努力形成科学有效的职责分工和制衡机制。监事会是公司监督机构，对股东大会负责，向股东大会报告工作，接受股东大会监督。在每次重大决策前，董事会都主动与监事会及时沟通交流。股东大会、董事会、监事会在各自依法履行职能的过程中形成了工作合力，维护了公司和股东、员工的利益。

根据财政部、证监会等五部委联合发布的《企业内部控制基本规范》和《企业内部控制配套指引》有关要求，结合公司实际，建立健全了覆盖各环节的内部控制制度，保障了公司业务活动的正常进行。公司内部控制组织机构完整，设置科学，董事会各专业委员会部门及人员配备齐全，保证了公司内部控制重点活动的执行及监督充分有效。

6. 积极协调外部关系

公司召开股东会、董事会、监事会讨论重大事项时，都要邀请山西证监局的领导列席会议，认真听取他们对会议及议案的意见和建议，规范操作程序。在做好投资者关系管理工作方面，监事会有关成员积极参与解答投资者疑问，介绍公司的发展战略、生产经营状况、重大项目的进展情况等方面的内容，使投资者更加深入地了解公司情况，支持公司发展。

公司设立独立董事制度，聘请了4名独立董事，他们分别具有法律、财务和行业管理等职业经历或经验。公司监事会与独立董事能够共享信息与资源，相互交换信息、通报情况。独立董事和监事会通过联合调研检查、分工协作，加强对公司决策、经营管理、财务活动等重大事项的过程监督检查，增强了监督检查的实效。

兴业矿业：独立董事制度建设案例

内蒙古兴业矿业股份有限公司（以下简称公司）前身是成立于1975年的赤峰市煤气热力总公司，最初经营民用液化气，1981年开始经营城市集中供热业务。1994年，经赤峰市经济体制改革委员会赤体改发〔1993〕13号文批准，并经赤体改发〔1994〕9号文批准，由赤峰富龙公用（集团）有限责任公司（原名赤峰市煤气热力经营总公司）独家发起，以定向募集方式设立赤峰富龙热力股份有限公司。1994年2月，公司在内蒙古自治区工商行政管理局登记注册。2007年9月，公司名称由赤峰大地基础产业股份有限公司变更为赤峰富龙热电股份有限公司，2008年底启动与内蒙古兴业集团股份有限公司的重大资产重组。重组完成后，上市公司的主营业务由原来的城市供热、供电转化成为有色金属资源的采选和冶炼，2011年12月22日，经自治区工商局及深交所核准，公司名称及证券简称正式变更为“内蒙古兴业矿业股份有限公司”和“兴业矿业”。一直以来，公司都致力于完善法人治理结构和切实维护中小股东的权益，为了达到这一目标，实现公司的可持续发展，进一步促进公司规范运作，改善董事会结构，强化对内部董事及经理层的约束和监督，使董事会的各项决策更加有效，公司在独立董事工作实践过程中，认真执行相关法律、法规及中国证监会颁布的《关于上市公司建立独立董事制度的指导意见》、《中国上市公司治理准则》的规定，以完善公司的法人治理结构和切实维护上市公司和广大中小投资者利益为目标，以构建科学合理的独立董事制度体系为主线，对独立董事的选聘机制、工作机制和激励机制进行了不断的丰富、完善和优化。

一、优化独立董事的选聘机制

公司根据《关于上市公司建立独立董事制度的指导意见》和《中国上市公司治理准则》，在《公司章程》和《独立董事制度》中对独立董事人选的范围（如职业倾向和知识结构）、任职资格条件、选聘主体、选聘产生程序等问题做出了明确、具体的规定，并在实际执行中重点通过以下措施来保障独立董事的独立性和适当性。

1. 切实充分地发挥中小股东权利，保障独立董事的独立性

保护中小投资股东的合法权益是独立董事工作的基本目标，因此独立董事的选聘应充分发挥广大中小股东的权利，由此产生的独立董事才能有效保证其独立性，真正切实维护中小投资者的合法权益，监督和制约大

股东，抑制和克服大股东“一股独大”、“一股独霸”的现象，完成其应尽的使命。公司在历届独立董事的选聘过程中均能充分征求中小股东的意见，按照相关制度的要求严控选聘主体的任职条件，并在股东大会中通过现场投票与网络投票相结合的方式切实有效地使中小股东能够真正地参与其中。除此之外，在表决过程中采取累积投票制，其目的也在于充分发挥中小股东的权利，使中小股东选出代表自己利益的独立董事，避免大股东垄断全部董事的选任。

2. 合理确定独立董事的人数、专业及构成，保障独立董事的适当性

独立董事的人数、专业及构成的合理性是保障独立董事顺利履行职责、切实发挥其应有作用，改善董事会结构，完善公司法人治理结构的重要条件。公司按照国家法律、法规及有关监管规定的要求设立独立董事，在《公司章程》和《独立董事制度》中规定公司董事会成员中应当有1/3以上是独立董事，由会计专家、经济管理专家、法律专家、技术专家等人员出任，其中至少有1名为会计专业人士和1名法律专业人士，且独立董事应在董事会提名与治理委员会、薪酬与考核委员会和审计与法律委员会成员中占多数并担任主席，其中审计与法律委员会中至少有1名独立董事是会计专业人士。

二、改善独立董事的工作机制

1. 有效发挥独立董事在公司治理中的作用，切实保障独立董事顺利开展工作

为了充分有效地发挥独立董事在公司治理中的作用，公司重点从构建科学合理的独立董事制度体系入手，用明确的规则来保证独立董事行使职权的权威性与必然性，分别在《公司章程》、《董事会议事规则》、《独立董事制度》、《董事会战略与投资委员会工作细则》、《董事会提名与治理委员会工作细则》、《董事会审计与法律委员会工作细则》、《董事会薪酬与考核委员会工作细则》和《独立董事年报工作制度》中对独立董事的职权、义务等方面做出了明确的规定和说明，为独立董事独立开展工作，提供了必要的制度保障。

在提供制度保障的同时，公司还为独立董事履行职责创造了良好的实施环境。首先，公司确保独立董事享有与其他董事同等的知情权、调查权，并为独立董事履行职责提供必需的工作条件，由公司董事会秘书为独立董事履行职责提供协助，如介绍情况、提供材料等。在独立董事行使职权时，公司有关人员均应积极配合，不得拒绝、阻碍或隐瞒，不得干预其独立行使职权。其次，公司为独立董事提供适当的津贴，且独立董事聘请中介机构的费用及其他行使职权时所需的费用均由公司承担。

2. 完善独立董事与审计机构之间的工作联系，加强其与审计与法律委员会的工作衔接

审计与法律委员会的主要成员是独立董事，独立董事能否真正独立、勤勉工作，直接关系到审计委员会制度的实施效果。公司在拟聘会计师事务所时，分别由独立董事及审计与法律委员会对公司拟聘的会

计师事务所是否具备证券、期货相关业务资格，以及为公司提供年报审计的注册会计师（以下简称年审注册会计师）的从业资格进行检查，并发表独立意见和审议意见。

公司在年审注册会计师出具初步审计意见后和召开董事会会议审议年报前，至少安排一次每位独立董事与年审注册会计师的见面会，沟通审计过程中发现的问题，独立董事履行见面的职责。

三、丰富独立董事的激励机制

独立董事与公司其他高级管理人员一样，都是公司价值的创造者和人力资本的支出者，其不仅要有丰富的知识、经验、高水平的能力作底蕴，还必须对其在公司董事会中所发表的意见负法律责任，承受一定的风险。因此，要使独立董事充分履行其职责就必须建立科学的激励机制，对其进行有效的激励、评价和问责，只有这样才能促使其更加勤勉尽责地为公司发展及维护广大中小投资者利益发挥作用。

公司在重大资产重组实施完成后由于主营业务的改变，根据当地薪酬水平并结合公司实际情况于 2011 年度股东大会审议通过了《关于调整部分董事年度薪酬的议案》，其中独立董事的年度薪酬由 5.3 万~6.5 万元调整为 15 万元，其目的也是使独立董事的薪酬能够达到合理水平。

另外，公司对于独立董事的评价主要采取自评和互评的方式进行，独立董事除履行董事的职权外，还要对相关重大事项发表事前认可说明和独立意见。评价内容主要是独立董事是否能够按照《公司法》等相关法律、法规和《公司章程》及《独立董事制度》的规定履行独立董事的职权，发挥独立作用。

除此之外，公司还致力于明确独立董事的问责方式。公司在相应的制度中对独立董事的失误责任及追究做出了明确说明，《独立董事制度》中规定独立董事应当在董事会决议上签字并对董事会的决议承担责任。董事会决议违反法律、法规或者公司章程，致使公司遭受损失的，独立董事负赔偿责任。但是，经证明在表决时曾表明异议并记载于会议记录的，可免除责任；独立董事连续 3 次不能亲自出席董事会会议，视为不能履行职责，董事会应当建议股东大会予以撤换；任职尚未结束的独立董事，对因其擅自离职或不履行职责而使公司造成损失的，应承担赔偿责任。在《独立董事年报工作制度》中规定，公司年度报告编制和审议期间，独立董事负有保密义务。在年度报告披露前，应严防泄露内幕消息、内幕交易等违法违规行为发生。

总之，在以往的工作中公司致力于完善和优化公司法人治理结构，切实维护公司的整体利益和全体股东的合法权益，对独立董事制度体系进行了不断的修订和补充，为独立董事履行职权创造了良好的环境，独立董事在公司治理中的作用也因此得到了有效的保障。

金发科技：切实践行独立董事制度 充分发挥独立董事作用

金发科技股份有限公司（以下简称金发科技）成立于1993年5月，主营化工新材料的研发、生产和销售，公司于2004年6月在上海证券交易所挂牌上市。截至2013年12月31日，公司总股本为26.34亿股，其中控股股东自然人袁志敏先生及其一致行动人共持有公司27.16%的股份。

金发科技自2004年首发公开发行募集4.92亿元后，分别于2007年、2012年实施公开发行，共募集资金40.10亿元，2008年发行公司债10亿元，并已开展了两期股权激励计划。金发科技借助资本市场加快自身发展，不断壮大公司实力，规范公司管理，这与其良好的公司治理密不可分，其中独立董事制度的建立和执行是公司治理不可或缺的部分。金发科技按相关法律法规要求制定并执行独立董事制度，同时，又结合公司实际，建立健全独立董事选聘机制、独立董事接受股东质询机制，以及建设独立董事与监事会共享资源库，充分发挥出独立董事在公司治理和经营管理方面的作用，取得了显著成效。

一、建立健全独立董事选聘机制

（一）采用就近原则，便于独立董事全面勤勉履职

金发科技坚持以本土化、有效性、务实性、创新性原则指导公司管理工作，包括独立董事选聘工作。公司选聘的独立董事主要考虑就近服务原则，在珠三角地区选聘合适的独立董事人选，便于独立董事切实履行职责和日常沟通和联系，切实提高独立董事履职的实效。

（二）建立独立董事人才数据库

金发科技属于传统制造业，对独立董事的专业性有较高的要求，因此，公司通过中国塑料协会等独立第三方建立了切合公司实际的独立董事专家数据库。保证选聘的独立董事除满足法律、财务审计专业知识外，更多地向化工新材料行业的专家、学者、教授倾斜，为公司牢固树立行业龙头地位提供智力支持，同时也保证了公司不断往专业化、高精尖化方向发展，一心一意谋主业、聚焦化工新材料行业。该数

据库适时进行更新和补充完善，候选专家人才广泛涵盖了财会、审计、经济、法律、高分子材料、改性塑料等专业领域，为公司选聘合适的专业独立董事奠定了基础，保证了质量。

（三）建立了适当的约束和考核机制

金发科技对独立董事勤勉尽责情况进行绩效考核，与独立董事津贴挂钩。例如，独立董事出席公司会议率，应出席而未亲自出席的将扣减个人独立董事津贴，并作为换届选举时能否续聘的参考依据之一，以促进独立董事勤勉尽责。另外，公司组织全体独立董事定期参加监管部门举办的独立董事后续培训，及时更新独立董事的法律法规等知识，参加培训情况纳入独立董事的考评体系。

（四）建立责任合同签订机制

公司与新选聘的独立董事，均须签订《聘任合同》，明文约定对方的权、责、利关系，督促彼此严格遵守契约精神。

二、建立独立董事接受股东质询机制

公司建立独立董事出席公司股东大会制度，明确要求独立董事应该亲自出席股东大会，并在股东大会特别年度股东大会上接受股东的质询，回答股东的提问。特别是公司审议重大决策议案、关联交易、投融资项目等时，独立董事更要接受股东的质询，发表专业化的独立意见。独立董事接受股东质询的工作机制成为常态化、规范化后，独立董事在公司规范运作、经营管理方面发挥了越来越重要的作用。

三、构建公司独立董事与监事会共享资源库

由于监事会与独立董事会都以维护股东和公司利益为目标，有着共同关注的事项和问题，因而，公司对监事会与独立董事公司采取信息资源共享的模式，既加强相互之间的定期沟通和交流，相互协作，共同发挥作用，探索内部监督的新方法、新途径，不断提高独立董事和监事会的监督质量，又不断提高对独立董事和监事会的监督绩效考核，真正起到内部制衡、提升管理、规范运作的作用。

通过以上举措，公司独立董事的服务意识和专业服务精神稳步提高。最近三年来，公司独立董事累计出席董事会和股东大会 144 人次，出席率 100%，其中亲自出席 132 人次，亲自出席率达到 91.67%，独立董事对相关议案发表了独立意见，为完善公司法人治理结构和维护中小股东权益发挥了重要作用。

（广东证监局供稿）

第六篇　上市公司并购重组篇

- **2013年上市公司并购市场综述**
- **依托资本市场　实施战略重组**

  ——漳泽电力与同煤集团重组开启煤电一体化先河
- **山鹰纸业重大资产重组案例解析**
- **西部建设解决同业竞争重大资产重组案例**
- **广州药业吸收合并白云山案例**
- **助推产业升级　服务实体经济**

  ——重庆钢铁重大资产重组案例
- **鲁银投资重大资产重组评析**
- **美的集团整体上市案例**
- **天山纺织改善经营，实现双主业重大资产重组案例**
- **大地传媒整体上市案例**
- **神州信息借壳*ST太光案例**
- **天舟文化重大资产重组案例**
- **远东股份重大资产重组案例**

2013 年上市公司并购市场综述

一、概述

近年来，中国并购市场在政策及经济环境的双重影响下发展迅速。2013 年是中国并购市场的又一重要里程碑，中国并购市场继续成为全球并购市场中较为活跃的地区之一，全年披露的并购交易总金额为 4496 亿美元，创下了新的历史最高水平，披露交易宗数为 3329 宗。在并购市场总体快速发展的同时，中国上市公司并购也在蓬勃发展，在中国的经济社会中扮演着越来越重要的角色。2013 年中国上市公司全年经披露的并购总交易额为 2180 亿美元，披露交易宗数为 2425 宗，交易金额约占总体市场份额的 48.5%（见图 1 和图 2）。

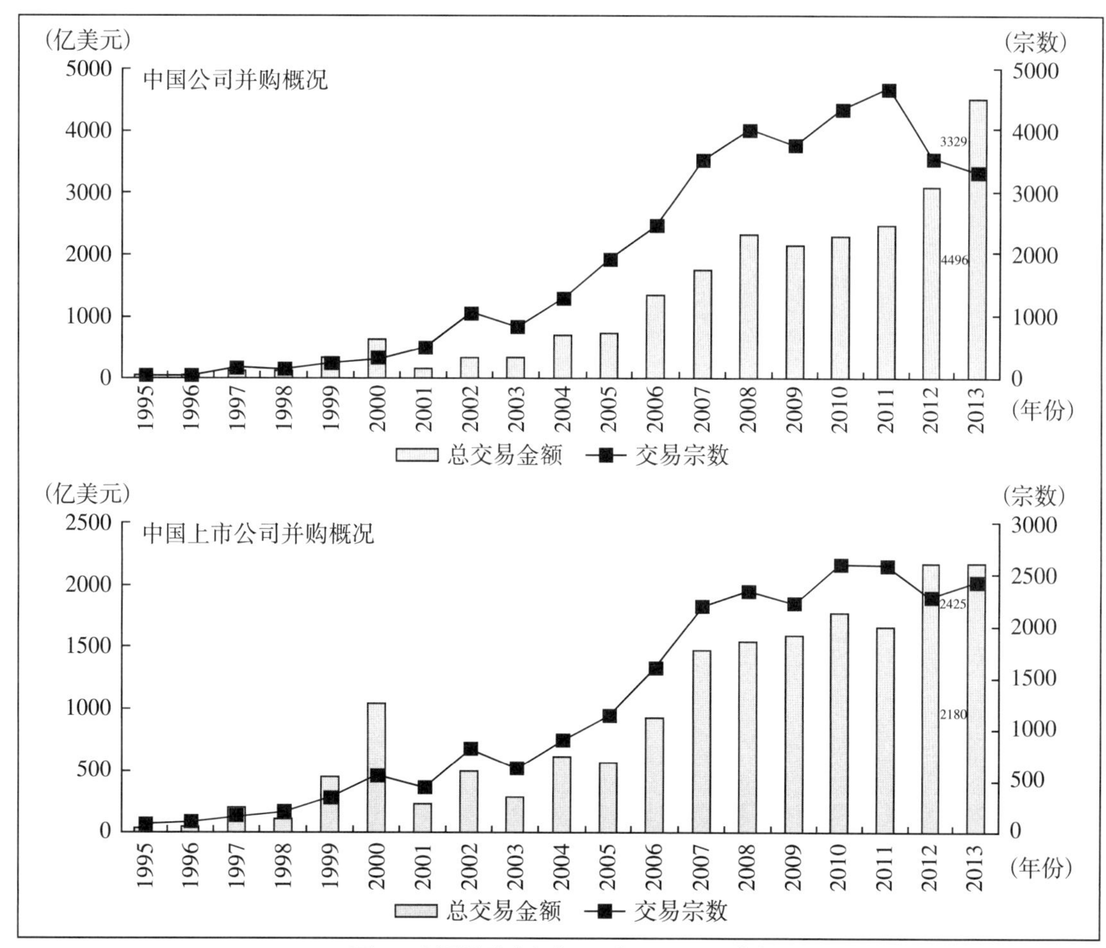

图 1　中国并购市场概况（1995~2013 年）

资料来源：Dealogic。

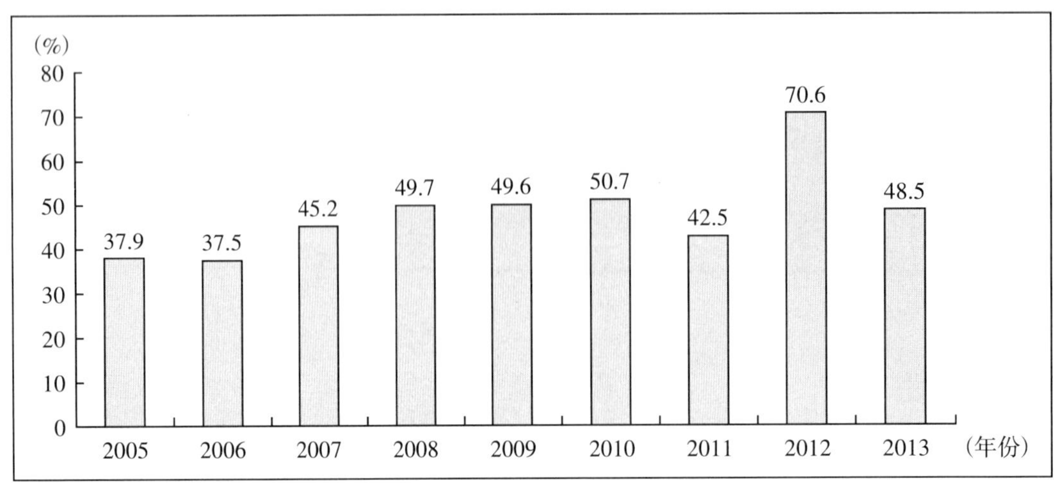

图 2　中国上市公司并购交易金额占中国企业并购交易金额的比重变化（2005~2013 年）

资料来源：Dealogic。

按交易金额来计，涉及中国上市公司的前十大并购交易中（不含关联交易），油气行业占据 2 席，电子行业占据 4 席，食品饮料占据 2 席，纺织和医疗各占 1 席。十大交易中有 6 宗是 100%全资股权收购，1 宗为控股权收购，3 宗为非控制性股权的收购，其中 2013 年 5 月，双汇国际 71 亿美元收购史密斯菲尔德食品公司 100%的股份是 2013 年中国上市公司最大并购交易（见表 1）。

表 1　2013 年前十大中国上市公司并购交易

排名	宣布日期	目标方			收购方		交易金额（亿美元）	收购股比（%）
		公司	性质	行业	公司	性质		
1	2013-05	史密斯菲尔德食品公司	外资	食品饮料	双汇国际	合资	71.0	100.00
2	2013-11	阿帕奇公司埃及油气资产	外资	油气	中国石油化工集团公司	国企	31.0	33.33
3	2013-08	海澜之家	民营	纺织	凯诺科技	民企	20.9	100.00
4	2013-07	91 无线	民营	电子	百度	民营	19.0	100.00
5	2013-07	展讯通信有限公司	民营	电子	清华紫光股份有限公司	国企	17.8	100.00
6	2013-06	布劳斯 LNG 项目	外资	油气	中国石油天然气集团公司	国企	16.3	10.20
7	2013-06	雅士利	民营	食品饮料	内蒙古蒙牛乳业股份有限公司	国企	14.4	100.00
8	2013-09	搜狗	民营	电子	腾讯	民营	4.5	36.50
9	2013-01	壹人壹本	民营	电子	同方股份有限公司	国企	2.3	100.00
10	2013-05	以色列 Alma Lasers 公司	外资	医疗	复星医药股份有限公司	民企	2.2	95.20

资料来源：Dealogic。

二、上市公司并购的特点

1. 并购主体上市地分布

按照上市公司上市地划分，中国上市公司的并购交易可分为A股主板上市公司、中小板上市公司、创业板上市公司、香港H股上市公司、其他海外上市公司的并购交易。不同上市地点的资本市场环境、监管框架、股东来源、资本环境均有所区别，上市公司受到不同上市环境的影响，并购交易也表现出不同的特点。

2013年，A股主板市场和香港H股市场目前仍是中国企业上市的主流市场，中国资本市场的并购交易也相应集中在这两个市场。2013年A股主板所涉及的并购交易金额合计超过中国并购交易总交易规模的41.4%，交易宗数更是占据主导地位，达49.4%。而香港H股市场所涉及的并购交易金额达到总交易规模的45.8%，交易宗数占24.5%。

值得注意的是，中小板和创业板市场所涉及的并购交易规模虽然较小，合计金额仅占5.2%，但宗数占全部交易的19.1%，成为并购交易发生较为活跃的板块之一（见图3）。

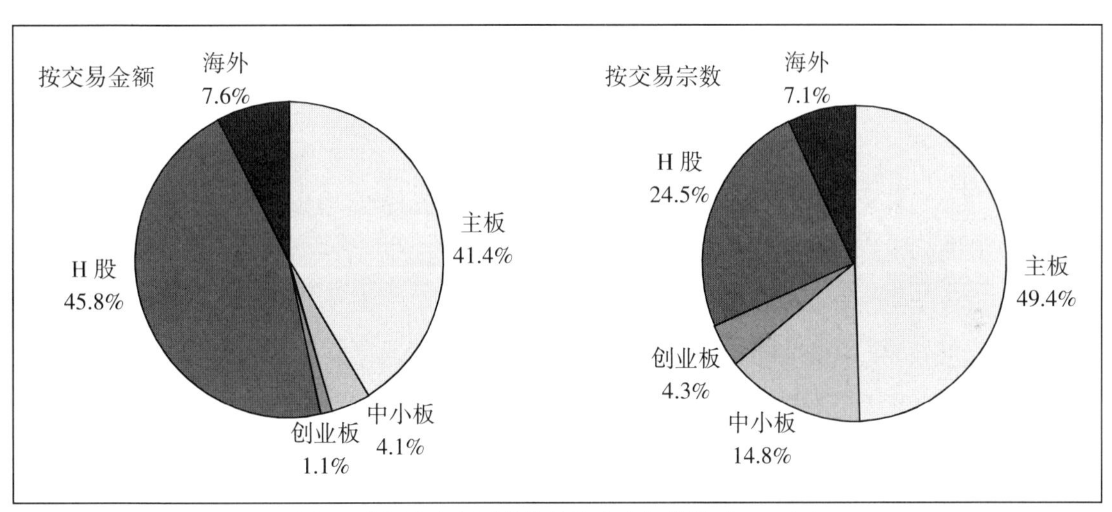

图3 中国上市公司并购按资本市场分类（2013年）

注：涉及在A股及香港、海外等多地上市公司的交易，记为A股上市公司交易；涉及在香港、海外等多地上市公司的交易，记为H股上市公司交易。

资料来源：Dealogic。

2. 并购目标行业分布

分行业看，金融、矿业、油气、地产及能源是中国并购市场保持增长的驱动力，2013年中国上市公司并购中的48%集中于这五大板块。继2012年交易总额在各行业中排名第一后，资源类的并购交易在2013年继续保持活跃，其中大型交易包括中国石油化工集团公司以31.0亿美元收购阿帕奇公司埃及油田资产33.33%的股份以及中国石油天然气集团公司以16.3亿美元收购布劳斯LNG项目10.20%的股份。此外，金融行业的并购活动也非常活跃，2013年达到487亿美元，同比增长193%（见图4）。

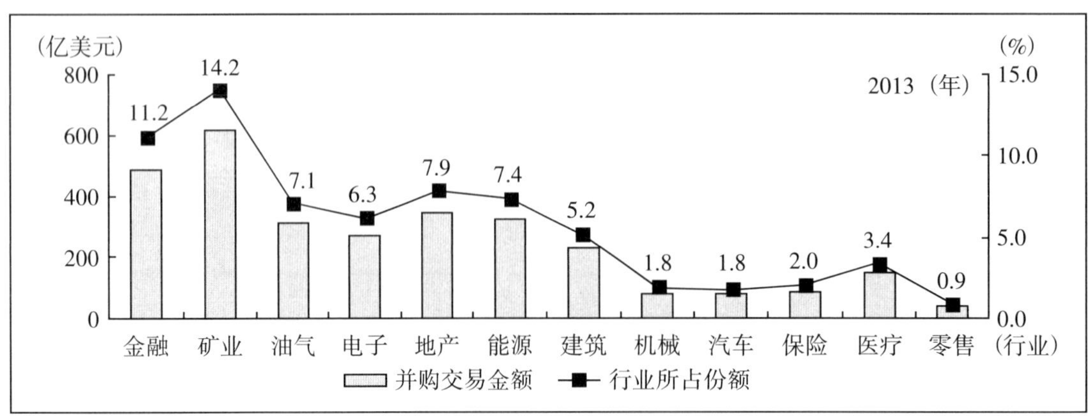

图 4 中国上市公司并购按行业分布(2013 年)

资料来源:Dealogic。

3. 并购交易规模分布

从平均单笔交易来看,保险行业虽然在 2013 年总交易额为 86 亿美元,远小于金融、矿业、地产等行业,但是仅包含 21 宗交易,平均单笔交易高达 4.1 亿美元,为平均单笔交易额最大的行业。

由于中国油气行业集中度较高,因此涉及并购交易的金额往往较大,从平均单笔并购金额看,油气行业平均每笔涉及金额 3.9 亿美元,其中中国石油化工集团公司以 31.0 亿美元收购阿帕奇公司埃及油田资产 33.33%的股份以及中国石油天然气集团公司以 16.3 亿美元收购布劳斯 LNG 项目 10.20%的股份都是年度规模前十大的收购交易(见图 5)。

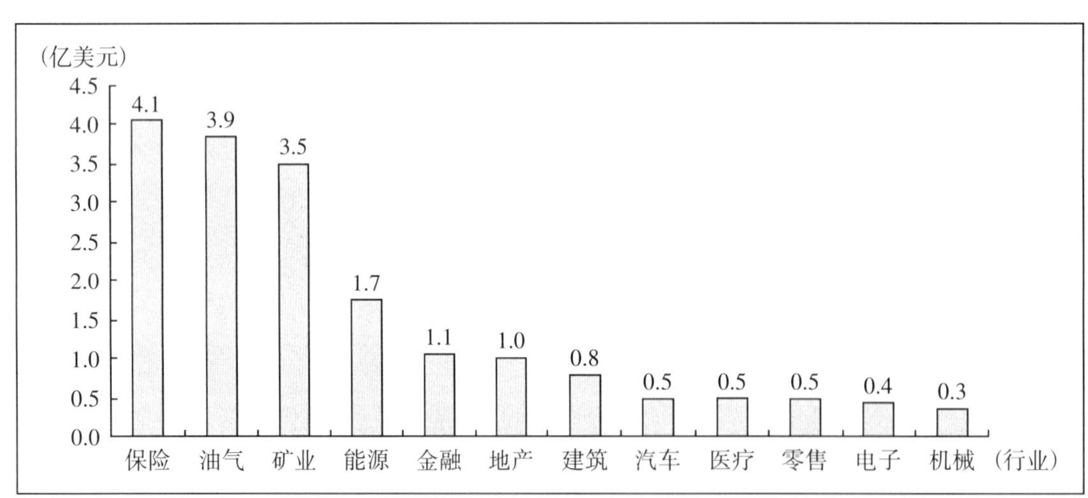

图 5 中国上市公司平均单笔并购额按行业排名(2013 年)

资料来源:Dealogic。

2013 年中国上市公司共完成了 2055 宗交易金额低于 1 亿美元的并购交易,平均每宗交易金额为 2175 万美元,占全部交易宗数的 84.7%;交易金额介于 1~5 亿美元的并购交易共有 297 宗,占全部交易宗数的 12.2%,交易金额大于 5 亿美元的 73 宗并购交易仅占全部交易宗数的 3.0%，但是合计交易金额约占整个市场交易规模的一半（见图 6）。

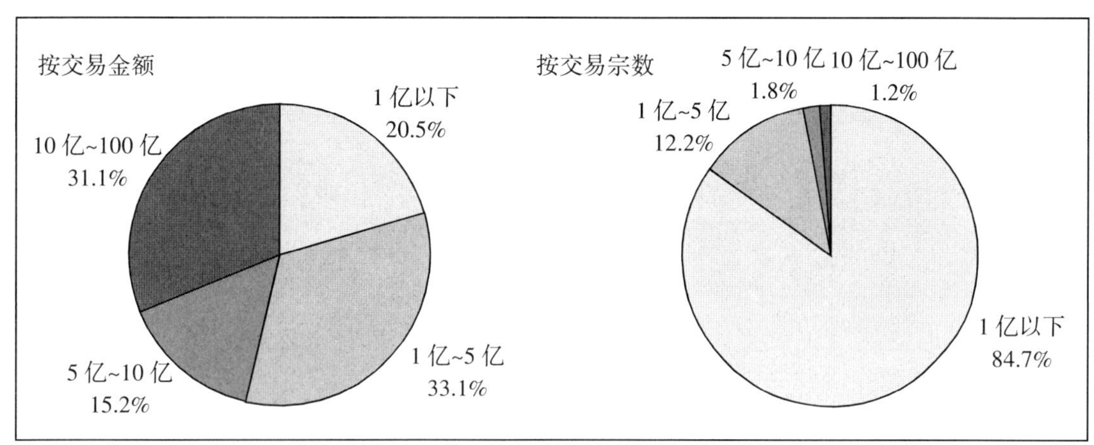

图 6　中国上市公司单笔交易并购额所在区间分布（2013 年）

资料来源：Dealogic。

4. 并购交易的类型

数据显示，2013 年境内并购交易总额占比较 2012 年显著上升，从 57.9%升至 80.0%，境内并购交易宗数为 2020 宗。外资入境并购交易总额占比以及中资海外并购交易总额占比均有不同程度的下降，其中外资入境并购交易总额占比从 2012 年的 13.5%降至 2013 年的 3.2%，而中资海外并购交易总额占比从 2012 年的 28.7%降至 2013 年的 16.8%（见图 7）。

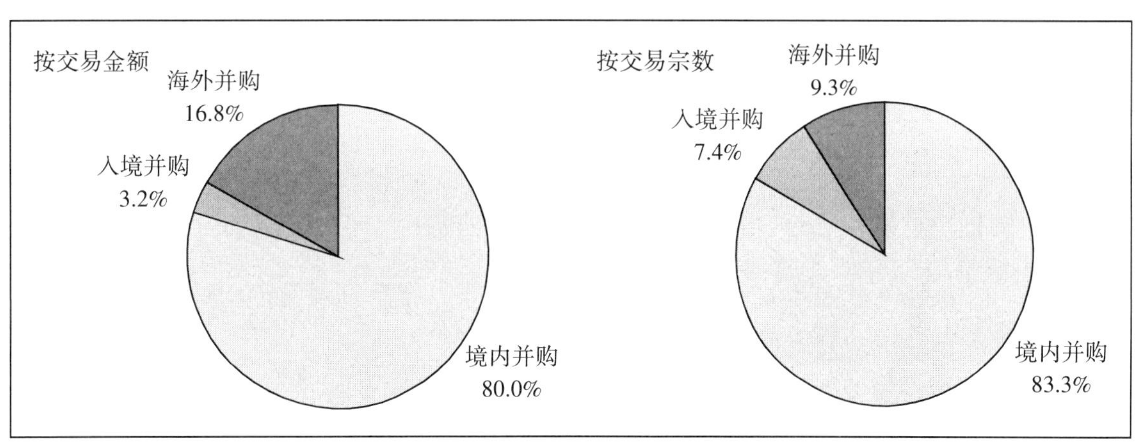

图 7　中国上市公司并购交易类型分布（2013 年）

资料来源：Dealogic。

目前境内并购仍然是中国上市公司并购交易的主要类型，2010~2012 年境内并购交易宗数基本稳定在 2500 宗左右。2013 年，虽然境内并购交易宗数下降至 2020 宗，但交易金额达 1743.04 亿美元，较 2012 年大幅上升 43%。与境内并购市场跨越式增长相比，中资海外并购与外资境内并购的交易规模及交易宗数均较2012年有不同程度的下降（见图8）。

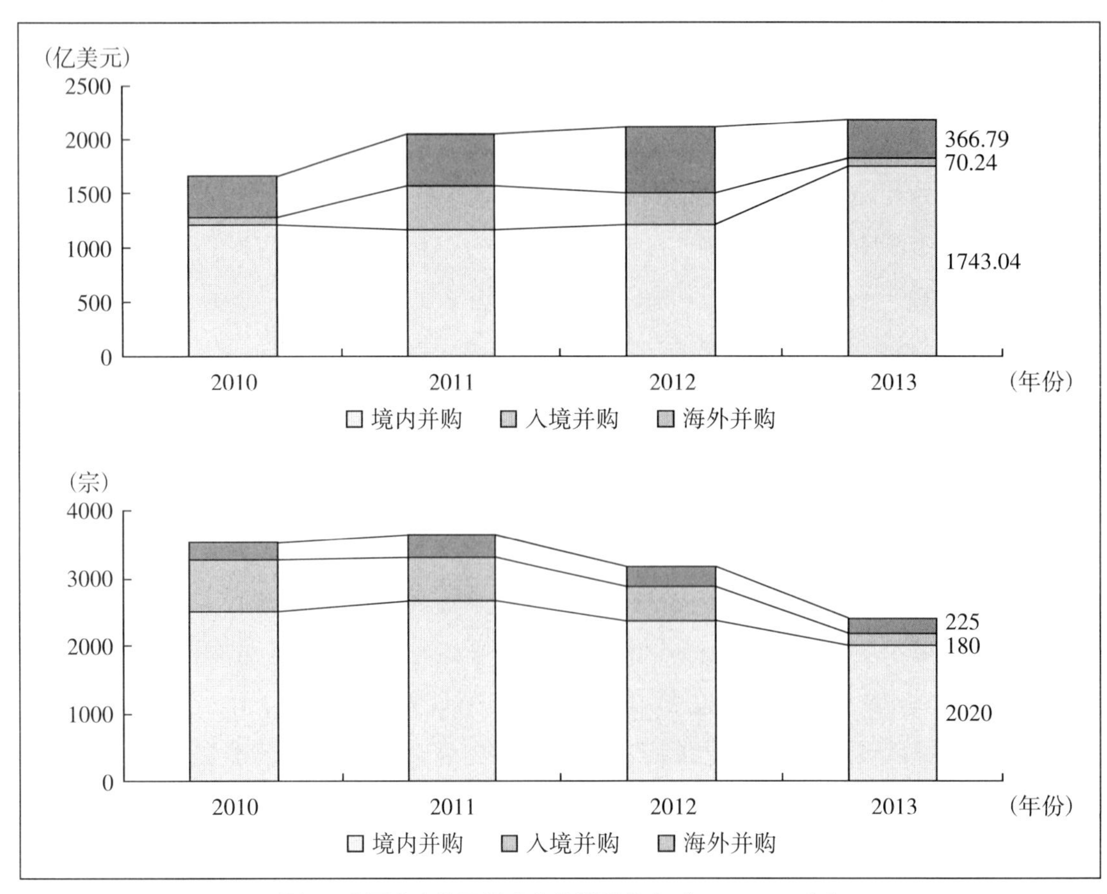

图8 中国上市公司并购交易类型分布（2010~2013年）

资料来源：Dealogic。

分行业看，能源、地产、金融、电子是中国中资境内并购市场最活跃的四个行业，2013年中国上市公司中资境内并购中的63.9%集中于这四大板块。国内金融行业进一步深化行业整合，主要集中于商业银行、投资公司等子板块。随着央行连续加息、政府实行政策调控，国内房地产企业面临融资成本上升、回款不畅带来的资金压力，国内大型房地产企业在此背景下的逆势扩张加速了行业整合。电子行业正在进入加速整合阶段，互联网巨头公司正纷纷出击，加速产业整合（见图9）。

油气行业连续多年是海外并购最为活跃的板块。2013年油气行业中资海外并购交易总额达240亿美元，占整个中国上市公司海外并购市场规模的57.0%，在国内能源供应增长停滞不前、政府和投资者要求油气公司增加储量的背景下，中国大型油企加快了海外油气资源收购的步伐。金融行业中资海外并购规模达45亿美元，随着国内金融市场的逐渐成熟，金融企业走出去的战略定位越加明显，通过并购交易与国外优秀金融企业联合，有利于加速中资金融企业国际化的步伐，朝着世界一流金融企业的目标奋斗（见图10）。

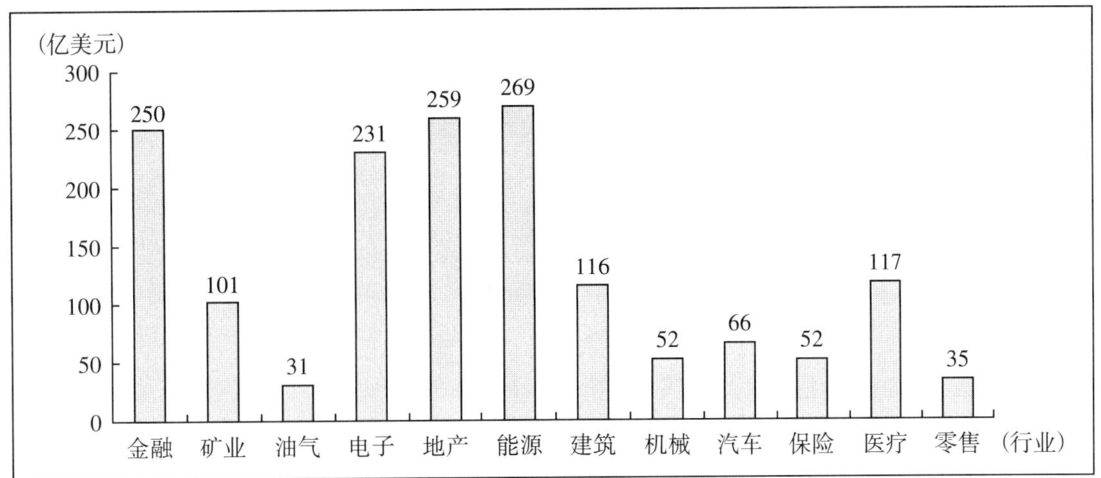

图9 中国上市公司境内并购按行业分布（2013年）

资料来源：Dealogic。

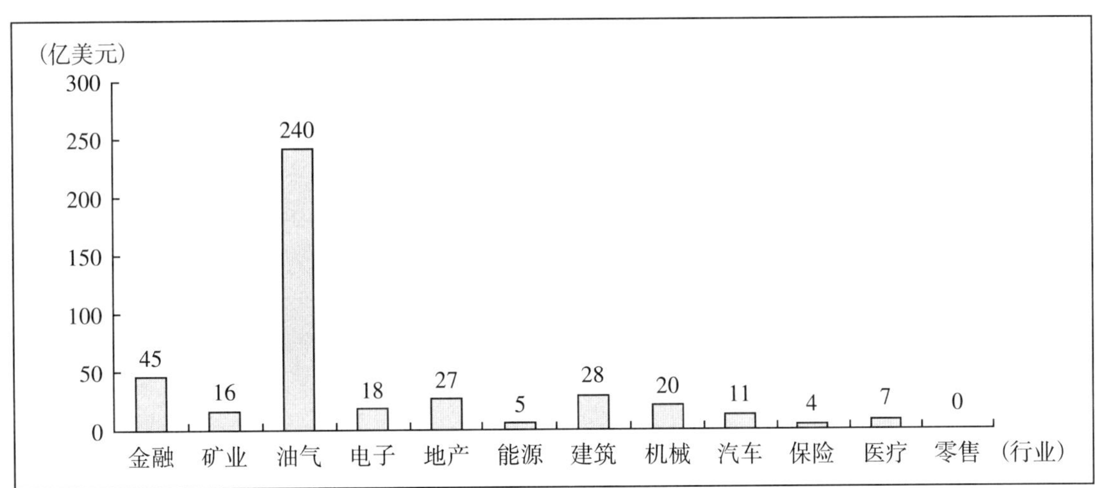

图10 中国上市公司海外并购按行业分布（2013年）

资料来源：Dealogic。

2013年中国并购市场外资入境并购交易完成金额按行业分布来看，金融、地产、医疗行业分别以55亿美元、19亿美元以及18亿美元占据前三名，占比分别为53.7%、18.7%以及17.8%。此外，外资对于国内建筑、电子、油气等行业也较为青睐。随着中国市场的进一步开放及中国本土企业的成长，未来将有更多优秀的境内上市公司成为外资并购的理想标的（见图11）。

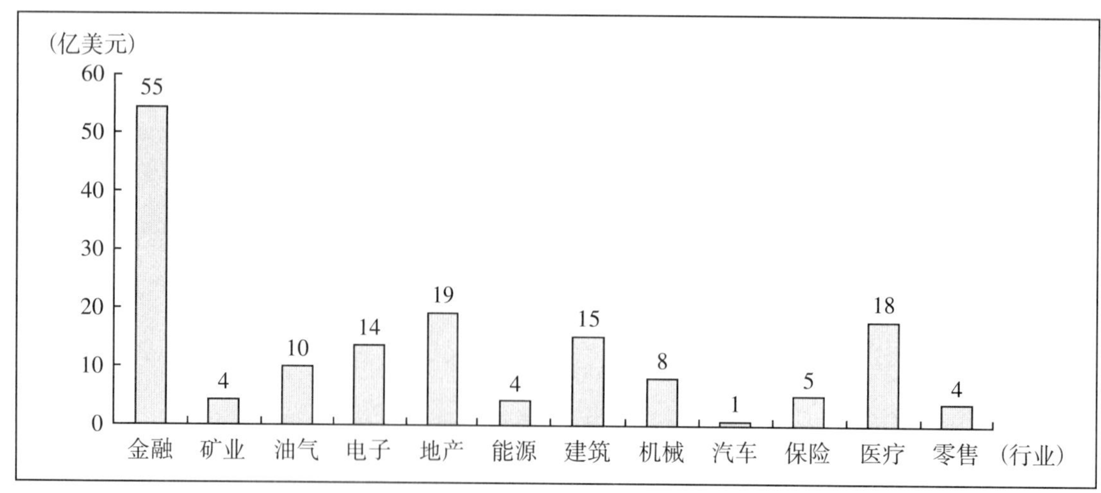

图 11　中国上市公司外资入境并购按行业分布（2013 年）

资料来源：Dealogic。

三、并购市场发展趋势

1. 并购市场规模不断发展，在全球市场中的地位越来越重要

2013 年，在国内 IPO 市场暂停的背景下和并购鼓励政策频出的刺激下，促使当年并购市场宣布交易规模达到近 7 年来的最大值，并购市场繁荣程度可见一斑。另据路透数据显示，2013 年中国并购市场在全球市场中占据的份额也更为可观，成为亚洲企业并购合计规模最大的国家，超过占据榜首两年之久的日本。而且并购的热点领域已经不仅仅局限于传统的自然资源，而是进一步拓展到食品消费与金融等新兴行业。当前，全球并购热潮正从发达国家向亚洲、拉美等高增长地区转移，随着中国经济的发展以及欧债危机等国际经济形势的变化，中国并购市场在全球范围内的重要性将会在可预计的未来得到进一步体现。

2. 并购基金运作持续升温，第三方产业并购成为市场主流

2013 年，我国资本市场中各类并购基金取得了较快发展，包括产业基金、券商系并购基金、二级市场并购基金、上市公司控股参与的并购基金、国际化控股型并购基金、外资并购基金以及其他类型并购基金。其中，券商和产业资本为典型代表。各类产业基金服务于产业上下游、境内外、民企、国企之间的整合，为并购项目提供资金支持；券商通过参与地方政府主导的并购基金、直投部门作为管理公司设立基金参与并购整合的方式、依托其证券资质背景及专业的财务顾问服务为并购基金的募资和 PE 退出提供了良好的渠道、也促使了并购交易的完成。

而在信贷市场资金偏紧的环境下，上市公司积极利用融资优势，迅猛带动第三方产业并购，逐渐成为上市公司并购重组的市场主流。例如，医药行业中优势企业借助新版 GMP 认证到期接近大限，通过收编规模较小的企业，改善产品结构，提升

市场占有率；以电子信息、机械设备为代表的行业通过横向并购以丰富产品线，提高盈利水平；以数字新媒体（TMT）产业为代表的行业通过纵向收购向上下游拓展、延伸产业链、进入细分行业。部分传统行业上市公司积极通过发行股份收购TMT企业，实现整体业务转型。互联网行业三大巨头百度、阿里巴巴、腾讯利用现金流优势，频繁收购中小企业，开始加紧战略布局。2013年通过中国证监会审核的并购重组项目中，第三方产业并购排名第一，占比38.4%。

3. 国家鼓励重点行业兼并重组，推动并购市场繁荣

2013年，并购重组分道制审核正式推出，差异化的审核安排促进了并购重组效率的提高，进一步优化了并购的市场环境。2014年3月，国务院出台《关于进一步优化企业兼并重组市场环境的意见》，这是继2010年国务院《关于促进企业兼并重组的意见》号召通过并购重组提高行业集中度、2013年十二部委《关于加快推进重点行业企业兼并重组的指导意见》助推九大行业并购整合之后，国务院对兼并重组的又一重大鼓励政策，从行政审批、交易机制、金融支持、支付手段等全链条进行梳理革新，市场化力度较以往更加明显。将发挥市场在资源配置中的决定性作用，加快建立公平开放透明的市场规则，有利于进一步完善企业兼并重组的市场体系。

2014年4月8日，发改委公布《境外投资项目核准和备案管理办法》，其中对于地方企业实施的中方投资额3亿美元以下境外投资项目由地方发改委部门备案即可，备案时间大大缩短；目前商务部正在对《外国投资者对上市公司战略投资管理办法》进行修订，其征求意见稿中对境外换股并购导致的外国投资者持有上市公司股份比例、外国投资者资产规模限制已经取消，体现了对境内、外企业跨境并购表示支持的政策思想。

4. 国企改革引发并购整合潮

中共十八届三中全会提出积极发展混合所有制，为全面深化国有企业改革定下基调。2013年，上海和广东的国企改革率先动作，随后国企改革在北京、山东、天津以及新疆等全面铺开，新一轮国企改革将带动大范围的并购重组活动。分地区看，上海、广东、安徽、贵州、重庆等地先后公布了地方国企改革方案，包括混合所有制比重增加、打造国有资本运营公司、集团整体上市、向战略性新兴产业转移等内容。在各地区国企改革中，数量较多的国有产业集团有望实现整体上市或者核心资产上市，许多上市公司将进行资产重组，注入优质资产。分领域看，电力、医疗、电信等几个传统的民生领域将积极引进民营资本，国企将通过部分股权出售，引入外部投资者，为国企经营模式和发展注入新活力。在混合所有制背景下，某些国有垄断行业如军工、金融和铁路也将加大引入民营资本试点。

从国企自身特点来看，自身资质较好的国企将利用与民营资本的股权混合，改善公司治理结构以及逐渐市场化，盈利能力和效率会进一步提升；部分国企将利用

行业整合机会，加快从传统行业向新兴行业战略转型；一些国资将逐步退出部分不具备竞争优势行业，而优势民营企业可以通过产权交易方式吸纳相关资产。

5. 支付手段将出现更多创新，交易设计更加灵活自主

目前，国内资本市场并购中可以使用现金、股权、资产、债权、可转债以及混合支付手段。随着市场中值得借鉴的经典案例增多，国内并购交易的支付手段越来越成熟，通过混合支付的方式以契合不同的交易规模、上市公司状况、交易对方需求等多方面因素。预计在相关配套政策的鼓励下，并购融资工具和并购支付手段将进一步丰富，同时随着并购基金的发展，企业利用并购基金过桥贷款、国际借款等多种支付方式及其组合参与并购，有利于国内资本市场逐步完善交易制度、实现交易各方的良好对接。

随着政策的进一步打开和市场规则的完善，我国并购重组在股份发行价格确定、股份限售规定、配套资金的募集、标的资产的业绩承诺方面将逐渐向市场化靠拢，由重组参与各方在公平、有效、透明的市场中自主决策、有效调动企业积极性、提高资源配置效率。预计修订中的《上市公司重大资产重组办法》将对定价机制进行改革，交易主体将对交易价格有更强的自主定价空间。取消业绩承诺的强制要求后，企业可以根据自身经营情况，做出最合适的安排。预计未来随着我国资本市场的进一步透明化、竞争化，在政策的积极指导作用下，依托多种金融工具、资本平台，我国的并购交易规模将再创新高，产业结构将得到进一步优化，并购重组市场的将越发高效活跃。

（中国上市公司协会并购融资委员会供稿）

依托资本市场　实施战略重组

——漳泽电力与同煤集团重组开启煤电一体化先河

山西漳泽电力股份有限公司（以下简称漳泽电力或公司）以资本市场为纽带，发挥上市公司融资平台，借助资本市场规则，运用资本运营手段，开启了全国通过资本市场实施煤电一体化资源整合协调发展的先河，成为全国煤炭、电力资源转型持续发展的典型案例。

一、资产重组的背景

近年来，由于电力体制改革不到位，电、煤价格联动机制严重失衡，火电企业普遍入不敷出，导致多次出现全国大范围"电荒"。漳泽电力与同煤集团重组，正值全国煤、电矛盾加剧、国家积极寻求解决办法之际，正值"充分发挥资本市场推动企业重组的作用，促进加快转变经济发展方式和调整经济结构"的政策机遇，也正值山西省建设"资源型经济转型综合配套改革试验区"，大力实施转型跨越发展的重要历史性时期。在此背景下，漳泽电力与大同煤矿集团有限责任公司（以下简称同煤集团）拉开了重组序幕。

漳泽电力原是中国电力投资集团公司（以下简称中电投集团，国家五大发电集团之一）控股的一家上市公司（持47975.82万股，占总股本的36.24%），1997年6月在深圳证券交易所（以下简称深交所）上市，总装机容量378.85万千瓦，发电资产主要分布在山西南部。由于国家政策原因和行业分工不同，漳泽电力没有自己的煤炭资源，在煤炭价格持续攀升中，企业经营成本不断推高，公司连续出现巨额亏损。2008年亏损11.85亿元、2010年亏损7.4亿元、2011年亏损7.8亿元，2012年起被深交所冠以"*ST"。企业经营陷入困境，公司股票面临暂停上市风险。

为了尽快摆脱经营困境，漳泽电力在控股股东中电投集团的支持下，积极向省政府汇报，寻求帮助和解决问题的路径。根据我国积累已久的电、煤矛盾和漳泽电力自身实际情况，山西政府明确指出：解决漳泽电力脱困的有效办法必须从问题的根源——煤炭供应入手，而解决煤炭供应的最好办法就是搞"煤电联营、煤电一体化"。在山西省委省政府的支持下，漳泽电力与同煤集团开始了艰辛的重组之路。

二、资产重组整体方案及进展情况

（一）资产重组的整体方案

本次重组方案为：“定向增发+股权无偿划转+配套融资”三部分。既有市场行为，又有计划审批方式，方案比较复杂，创造了多项“第一”：开创了地方国有煤炭企业重组中央电力企业的第一例；开创了重大资产重组并配套融资的第一例；开创了修改重组方案并重新锁定股价不受停牌间隔3个月影响的第一例等。

定向增发：漳泽电力向同煤集团非公开发行股份，同煤集团以其拥有大唐热电88.98%股权、塔山发电60%股权、同华发电95%股权、王坪发电60%股权注入漳泽电力。双方根据评估确认的标的资产交易价格241404.53万元，以3.55元/股发行价格实施定向增发。增发完成后，同煤集团获得漳泽电力股份68001.28万股，占公司总股份的33.94%，成为漳泽电力的控股股东。

股份无偿划转：中电投集团和山西国际电力分别将其持有漳泽电力的18500万股和11413万股（合计29913万股，占总股本22.60%、占本次交易完成后总股本13.27%）无偿划转给山西省国资委。山西省国资委将上述股份再全权委托给同煤集团管理，并在一年之内以增加资本金的方式注入同煤集团。

配套融资：漳泽电力向不超过10名特定投资者发行股份募集配套资金，募集资金额不超过本次交易金额的25%，即不超过8亿元。

重组后的漳泽电力总股本不超过225373.78万股，同煤集团将持有97914.28万股，占总股本的43.45%。

（二）资产重组的进展情况

2011年3月下旬，在山西省政府的主导下，确定公司重大资产重组对象为同煤集团。2012年8月22日，资产重组方案正式上报中国证监会；11月29日，重组方案获得证监会无条件通过；12月27日，中电投集团及山西国际电力无偿划转股份过户到山西省国资委；2013年1月30日，本次重组所涉4家标的电厂资产完成交割、股权过户等手续；2月1日，漳泽电力办理了本次新增股份68001.28万股的登记手续。至此，本次交易方案的重大资产重组部分已实施完成。3月28日，漳泽电力向7名特定对象发行股份25000万股。4月3日，本次重大资产重组的配套资金8亿元募集到位。4月23日，公司本次非公开发行的25000万股在深交所上市。至此，本次交易方案全部实施完毕。

三、重组实施后的效果

本次重组后，不论是漳泽电力的资产规模、市场占有率、资产结构、发展空间，还是经营业绩、持续发展能力都有显著提升，抵御市场风险能力不断增强。

股权结构。重组后，漳泽电力总股本

增加至 22.53 亿股，而同煤集团及其一致行动人将持有 9.79 亿股，占发行后总股本的 43.45%，成为公司第一大股东，控制力进一步巩固。同时，也有利于依托上市公司平台，实现同煤集团的“煤炭做强、电力做大、资本做活、贸易做实”的发展目标。

资产规模。重组后，漳泽电力装机容量由 378.85 万千瓦增加到 692.85 万千瓦；资产总额由 120 亿元增加到 290 亿元（截至 2013 年 9 月 30 日），净资产由 3 亿元增加到 44.9 亿元（截至 2013 年 9 月 30 日）。

财务结构。重组后，漳泽电力流动资产占总资产的比重由 15%提升至 24%（截至 2013 年 9 月 30 日），增强了上市公司资产的流动性；资产负债率由 97%下降到 84.5%（截至 2013 年 9 月 30 日）。公司财务结构更加稳健，偿债能力大幅增强。

盈利能力。重组后，漳泽电力的盈利能力大幅提升，2013 年前三季度实现净利润 2.27 亿元，净资产收益率在 5%以上。随着重组完成后大型发电项目的建成投入运营和重组效应的释放，公司盈利水平将进一步提升。

四、本次重组成功的经验

漳泽电力本次重组集“股份无偿划转、定向增发、配套融资”为一体，是证监会《上市公司重大资产重组管理办法》和《上市公司收购管理办法》实施以来第一家重大资产重组并配套融资获证监会重组委无条件通过的上市公司。本次重组之所以能够取得成功，主要得益于以下几点。

（一）公司管理层对政策机遇、市场机遇和现实机遇的敏锐洞察和准确把握

第一，2008 年以来，国务院陆续出台了多项支持并购重组的政策措施，明确要求充分发挥资本市场推动企业重组的作用，促进加快转变经济发展方式和调整经济结构。证监会也把积极推动并购重组列为工作重点，并就利用资本市场推进并购重组工作做出了诸多具体安排。第二，股权分置改革基本完成后，我国资本市场基础性制度缺陷得以解决，上市公司股权实现了全流通，明确的定价机制使得上市公司股权价值得以重估，大股东与流通股股东利益更加趋同，为推动企业通过资本市场开展并购重组提供了重要驱动。特别是经过 2008 年金融危机的冲击和市场深幅调整以来，并购重组价格相对低廉，为并购重组创造了良好契机。第三，近年来全国煤、电矛盾不断加剧，国家正在积极寻求破解之策。加之，山西省正在积极推进“资源型经济转型综合配套改革试验区”建设，为创新破解煤电矛盾提供了广阔空间。

漳泽电力管理层在准确把握政策机遇、市场机遇和现实机遇的基础上敏锐地洞察到：只有从煤、电矛盾的根源入手，依托资本市场，通过与煤炭企业重组，调整资产结构、进行战略转型、走煤电一体化运营的路子，才能彻底摆脱企业的经营困境。

（二）各级政府部门的大力支持

本次重组是在政府主导、企业自愿的

基础上，通过行政手段和市场运作两种方式进行。山西省委省政府明确把本次重组列为山西省资源转型发展项目之一，并列为实施“山西资源转型发展综合配套改革试验区”的重点试点项目。在重组过程中，山西省政府多次召开专题会议，并积极协调中央有关部门共同研究解决制约重组进展的重大问题，对推进漳泽电力与同煤集团成功重组发挥了重要保障作用。

（三）重组方案设计科学，切合企业实际

首先，重组双方在产业结构和产业链上趋于一致，有着共同的长远利益和强烈的合作愿望。重组前同煤集团因缺乏专业管理团队，旗下4个电厂的运行和维护均采取外委形式管理，导致成本费用居高不下。而漳泽电力有着长期从事火电行业的管理运营经验和大量后续储备项目。此外，同煤集团为漳泽电力燃煤供应提供了稳定的煤源保障，有助于扭转漳泽电力连年亏损的困境，并恢复上市公司的融资功能。在设计重组方案时，重组双方始终把握“煤电联营，坑口发电”这一主题，希望通过煤电联营、煤电一体化运作减少燃煤运输中间环节、强化精细化管理来提升企业效益。

其次，方案设计中将漳泽电力重组前的两个法人股东部分股份无偿划转给同煤集团，既有利于提升未来控股股东的绝对控制力，又有利于重组工作的整体推进和今后的资本运作。

最后，调整方案兼顾了投资者利益。由于原重组方案中注入的两座煤矿未满足证监会同一控制人下持续经营3年以上的相关规定，重组双方及时对重组方案进行了调整。尽管调整后的重组方案剔除了两座煤矿，但重新锁定了发行价格，并增加了8亿元的配套融资，大大缓解了公司营运资金不足的压力。同时，同煤集团还承诺：漳泽电力是同煤集团唯一电力发展平台，集团公司将大力扶持，待两个煤矿具备条件后及时注入上市公司，大股东的郑重承诺稳定了投资者的信心。

（四）加强投资者关系管理，确保重组方案获得市场广泛认同

重组方案调整后，广大投资者对方案调整的缘由、煤电一体化的认识、重新锁价、年内能否扭亏、公司发展模式、盈利预测等方面的不理解，加之，退市新规的出台，致使漳泽电力股票连续3日跌停。面对这一严峻形势，公司充分利用各种舆论媒体宣传重大资产重组的必要性；举行“网上路演”，重组双方高管及时解答了投资者关心的183个问题；邀请市场有影响力的投资机构、基金经理、行业分析师、财经媒体召开投资者现场交流会，通过面对面沟通和现场考察，彻底打消原有的各种疑虑和困惑。此外，公司主动出击，专程前往北京、上海、深圳拜访重点机构投资者，征求他们对重组方案的意见和建议，从感情上拉近投资者的距离。最终，在两大法人股东回避表决的情况下，公司重大资产重组调整方案高票获得股东大会通过。

此外，本次重组之所以能够取得成功，

并如此高效（漳泽电力与同煤集团的重组从确定调整方案到证监会并购重组委无条件审核通过仅耗时 6 个月），除前述诸多因素外，还与漳泽电力自身的规范运作密不可分。

五、几点启示

（1）漳泽电力与同煤集团重组不仅为破解我国煤、电矛盾探索了一种解决模式，而且为下一步央企与地方政府全面深化战略合作起到了良好示范作用。

（2）树立“资源向资本转变”意识，牢牢把握“证监会鼓励优质资源向上市公司集中”的政策机遇，依托资本市场，实施战略重组，打破资源藩篱，解决资源的合理流动，盘活存量，带动产业链再造。

（3）上市公司规范运作有助于提升并购重组审核效率，特别是并购重组审核分道制实施后，上市公司要更加注重夯实规范运作基础，练好内功，争取进入豁免/快速审核通道，为企业快速发展赢得有利时机。

（山西证监局供稿）

山鹰纸业重大资产重组案例解析

一、重组背景

安徽山鹰纸业股份有限公司（以下简称山鹰纸业或公司）是国家大型一档造纸工业企业，是安徽重点扶持发展的大型骨干企业之一。公司于2001年12月18日在上海证券交易所挂牌上市，股票简称“山鹰纸业”，股票代码“600567”。借助资本市场融资平台，公司通过公开增发、非公开增发及发行可转换债券等方式取得公司发展所需资金，扩大了公司规模。但是近年来行业扩张速度加快，尤其是行业龙头玖龙纸业在短短几年内将产能迅速扩张至上千万吨，行业竞争越发激烈。根据中国造纸协会发布的行业排名，公司2010~2012年行业排名、净利润呈现下降的趋势，其中行业排名由2010年的第11名下降至2012年第14名（见表1），(归属于股东的）净利润由2010年的盈利18489万元下降至2012年亏损2798万元（见图1）。

表1　山鹰纸业2009~2012年行业排名

年　份	行业排名
2010	11
2011	14
2012	14

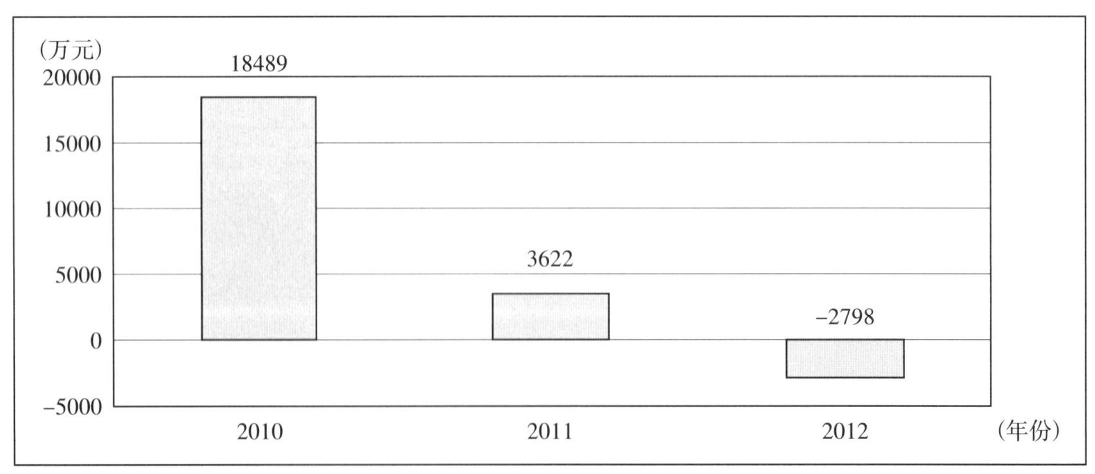

图1　山鹰纸业2010~2012年归属于股东的净利润

针对我国造纸工业具有国际竞争力的大型企业集团和骨干企业数量少、小企业、弱势企业多、行业规模效益水平低的现状，《造纸行业“十二五”规划》提出，将按照优势互补、自愿结合的原则，整合造纸资源，推进企业战略重组，支持国内企业通过兼并、联合、重组整合等多种形式，形成若干跨地区、跨行业、跨所有制、跨国别的具有国际竞争力的综合性大型骨干制浆造纸企业和企业集团。证监会也提出了推动市场化的并购重组，引导优质资产向行业龙头集中的监管政策。在此政策背景下，为提高核心竞争力和影响力，公司于2013年利用资本市场平台，以市场化方式与吉安集团进行了战略重组。

二、重组方案主要内容及重组过程

（一）重组方案主要内容

2013年公司通过发行股份购买资产的方式进行重大资产重组，购买了独立第三

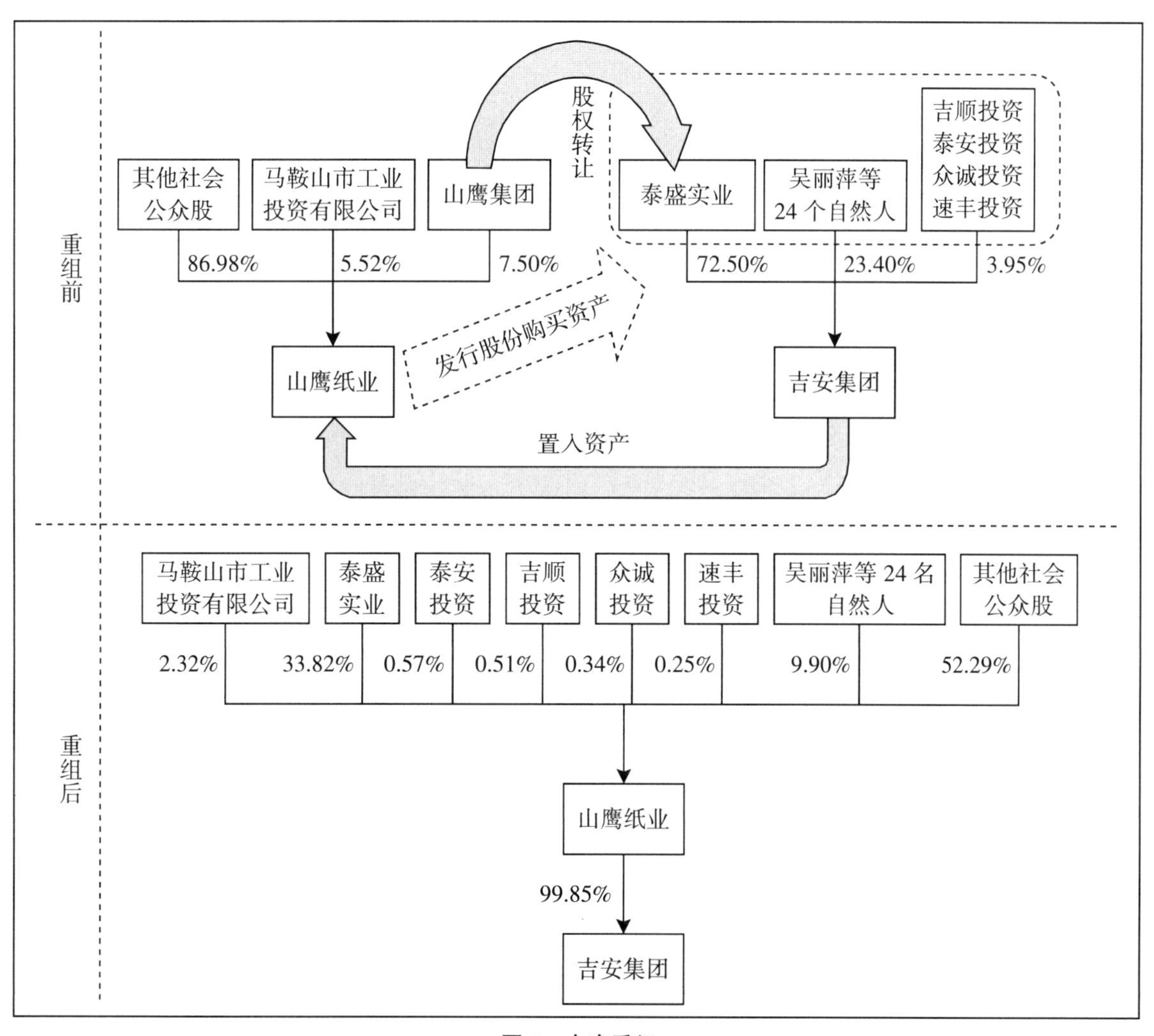

图1　方案重组

方吉安集团有限公司（以下简称吉安集团）99.85%股权。具体方案如下。

（1）福建泰盛实业有限公司（以下简称泰盛实业）以261757834.80元现金协议收购公司原控股股东马鞍山山鹰集团有限公司（以下简称山鹰集团）持有的本公司118980834股存量股份，占当时公司总股本7.50%。

（2）公司以非公开发行1590716423股股份的方式向泰盛实业等29方购买其拥有的吉安集团99.85%股份。

（3）公司通过询价的方式向符合条件的不超过10名（含10名）特定对象非公开发行股份募集配套资金，金额不超过本次交易总金额的25%。

为保障公司中小股东利益，公司与交易对方签署了《业绩补偿协议》，若2013~2015年吉安集团实际实现的净利润合计数小于同期承诺净利润合计数，则由泰盛实业等29方向上市公司按比例进行补偿。在补偿期限届满时，公司对标的资产进行减值测试，如期末发生减值迹象，泰盛实业等29方将另行补偿股份。

重组前公司实际控制人是马鞍山市政府。重组后，泰盛实业成为上市公司控股股东，吴明武、徐丽凡夫妇成为上市公司实际控制人。

（二）重组过程

（1）2012年10月8日，公司发布公告，公司正在筹划重大事项，自当日起停牌。

（2）2012年12月20日，公司召开五届第七次董事会，审议并通过了本次重大资产重组预案。公司与交易对方签署相关《框架协议》和《股份转让协议》。12月21日，公司股票复盘。

（3）2013年3月12日，公司召开五届第八次董事会，审议通过了发行股份购买资产并配套融资暨关联交易相关议案。公司与交易对方签订了《发行股份购买资产协议》和《业绩补偿协议》。

（4）2013年3月28日，公司召开2013年第一次临时股东大会，审议通过了发行股份购买资产并配套融资暨关联交易相关议案。3月29日，公司向证监会报送重大资产重组申请材料。

（5）2013年4月28日，证监会受理公司重大资产重组申请。5月16日，证监会向公司下发重大资产重组反馈意见。

（6）2013年6月14日，证监会重组委审议通过公司重大资产重组申请。7月18日，公司取得重组审核批文。8月10日，公司完成股份发行及相关资产过户工作。

三、重组成效

（一）通过并购实现规模迅速扩张

通常企业实现规模扩张的途径包括内生式发展或外延式发展，一般来说外延式发展速度快、效果明显。本次重组公司通过并购吉安集团这种外延式发展实现了公司规模迅速扩展，公司造纸生产能力从90万吨提升至225万吨，行业排名也从第14名上升至第6名，纸箱生产能力从6亿平方米提升至10亿平方米。

（二）通过并购实现公司产业链延伸

吉安集团是目前国内少数拥有废纸收购渠道、包装原纸生产、纸板、纸箱生产的企业之一。通过与吉安集团的重组，公司实现了向上游国外废纸收购网络的延伸，产业链的向前延伸，可以使公司及时、准确、全面地掌握废纸和原纸的市场价格信息，既有利于公司建立稳定的采购渠道、避免原材料短缺风险，又有利于公司适时调整原材料和产品的定价策略，更好地做好成本控制。

（三）通过并购完善公司产业布局

吉安集团的原纸业务均具有一定的区域优势，其最佳销售半径正好覆盖上海、浙江、江苏等地区，该区域制造业密集，箱板纸、瓦楞原纸的需求量大，且废纸产生量大，也是良好的原料市场。另外，吉安集团纸箱业务在全国几大经济圈均有布局，毗邻国内各大重要客户，具有为客户提供一体化包装服务的便利条件。本次重组进一步完善了公司产业布局，为公司销售收入持续增长奠定了良好基础。

（四）通过并购改善公司盈利能力

吉安集团机器设备自动化程度高，吨纸平均综合能耗、平均取水量较低，其年产 60 万吨高档轻涂白面牛卡纸生产线是国内最为先进的造纸生产线之一。随着吉安集团资产注入，公司资产质量得到提升，盈利能力显著改善，营业收入从 2012 年的 41.43 亿上升至 2013 年的 65.78 亿元，归属于股东的净利润也从 2012 年的亏损 2798 万元变为 2013 年盈利的 20787 万元，收入和利润均实现大幅提升。

四、重组意义

（一）本次重组体现了市场化重组的监管理念

公司与标的公司作为两家造纸企业，既跨地区又跨所有制，但整个重组过程由企业自主决策，在标的资产定价、盈利预测补偿、职工安置等方面，均遵循市场化运作，最终实现公司产权和控制权的顺畅转让。相关政府部门在重组过程中积极引导和鼓励企业自主、自愿参与兼并重组，避免了违背企业意愿的“拉郎配”，充分尊重企业主体地位，有效调动了企业的积极性。

（二）本次重组体现了优化资源配置的监管理念

通过重组，两家企业的优势资源得到有效整合，公司产品实现了数量型向质量型、少品种向多品种的两个转变，促进了产业结构调整，符合推动市场化并购重组，引导优质资产向行业龙头集中，并真正为我国经济转型升级、结构调整、盘活存量服务的监管思路。

（三）本次重组体现了高效透明的监管理念

此次重组从证监会受理重组申请到最

终审核通过仅仅一个半月时间（包括反馈意见时间），审核效率大幅提高，且审核过程全程公示，既体现了公正、透明、严谨、高效的监管原则，也体现了在简政放权背景下，加强事中事后监管，提升监管效能的内在要求。

（安徽证监局供稿）

西部建设解决同业竞争重大资产重组案例

中建西部建设股份有限公司（以下简称公司或西部建设）于2013年完成重大资产重组，通过向实际控制人所属企业发行股份购买与公司主业相关的混凝土资产，公司盈利水平和核心竞争力迅速提升，一跃成为资产规模最大、业务范围最广、技术实力最强的专业混凝土上市公司，同时也彻底解决了与实际控制人之间的同业竞争问题，优化了公司的治理结构。

一、重组各方情况

（一）西部建设概况

西部建设于2001年10月经新疆维吾尔自治区人民政府批准以发起方式设立，公司主营业务为商品混凝土的生产和销售。2009年11月，公司在深圳证券交易所挂牌上市，股票简称“西部建设”，股票代码“002302”，是国内首家以商品混凝土为主营业务的上市公司。公司的控股股东为中建新疆建工集团有限公司（以下简称新疆建工），2011年1月11日，中国建筑工程总公司以3亿元现金向新疆建工完成增资成为新疆建工控股股东，西部建设的实际控制人由新疆维吾尔自治区国有资产监督管理委员会并更为中国建筑工程总公司。

重组实施前，截至2012年12月31日，西部建设的总资产为30.51亿元，净资产为11.88亿元；2012年度实现营业收入21.19亿元，实现归属于上市公司股东净利润1.1亿元。

（二）交易对方概况

本次交易是公司向中建股份、中建一局、中建二局、中建三局、中建四局、中建五局、中建六局及中建八局发行股份购买资产，同时向不超过10名投资者发行股份募集配套资金，募集资金总额不超过本次交易总额的25%。因此，本次上市公司发行股份购买资产所涉交易对方为：中建股份、中建一局、中建二局、中建三局、中建四局、中建五局、中建六局及中建八局。

中建股份为公司实际控制人中国建筑工程总公司在上海证券交易所上市的子公司，证券简称“中国建筑”，证券代码“601668”，是中国最大的建筑房地产综合企业集团、中国最大的房屋建筑承包商、是发展中国家和地区最大的跨国建筑公司以及全球最大的住宅工程建造商。中建一局、中建二局、中建三局、中建四局、中建五局、中建六局及中建八局为中建股份的全资子公司。

二、相关背景及重组过程

（一）重组背景

2010年6月，为了响应国家号召，参与新疆跨越式发展的建设进程，把握新疆区域经济的发展机遇，并实现中央企业与地方国企优势互补，中建总公司与新疆人民政府签署了《重组协议》。中建总公司通过无偿划转及增资的方式持有新疆建工85%的股权，成为新疆建工的绝对控股股东，从而间接控制上市公司西部建设。该交易于2010年12月获中国证监会以《关于核准中国建筑工程总公司公告西部建设股份有限公司收购报告书并豁免其邀约收购义务的批复》（证监许可〔2010〕1941号）的核准。

中建总公司持有新疆建工85%股权后，中建股份在商混业务领域与西部建设产生同业竞争问题。2012年3月15日，为了解决中建股份与中建总公司在建筑业务的同业竞争问题，中建股份与中建总公司签署《收购协议》，由中建股份以现金方式收购新疆建工85%的股权，成为新疆建工的绝对控股股东，从而间接控制上市公司西部建设。中建股份拟通过本次商混业务资产注入西部建设的交易彻底解决中建股份与西部建设之间在商混业务领域的同业竞争问题。

（二）重组方案

本次重组包括以下两项交易。

1. 发行股份购买资产

（1）公司向中建股份发行股份购买其持有的中建商混40.80%股权，向中建三局发行股份购买其持有的中建商混40.80%股权，向中建一局发行股份购买其持有的中建商混1.29%股权，向中建二局发行股份购买其持有的中建商混1.29%股权，向中建四局发行股份购买其持有的中建商混5.60%股权，向中建五局发行股份购买其持有的中建商混10.23%股权。

（2）公司向中建六局发行股份购买其持有的天津新纪元100%股权。

（3）公司向中建八局发行股份购买其持有的山东建泽55%股权。

2. 非公开发行股票募集配套资金。

在本次交易获得中国证监会核准后，公司将通过询价方式向除本次交易对方之外的不超过10名符合条件的特定对象非公开发行股票募集配套资金，募集配套资金总额不超过本次交易总额的25%。本次募集的配套资金将用于补充公司流动资金，并提高重组效率。

（三）重组过程

西部建设于2012年3月启动发行股份购买资产并募集配套资金的重大资产重组工作，重组方案经2012年9月13日召开的第四届二十九次董事审议通过，并于2012年10月9日取得公司股东大会的批准；2013年1月21日公司发行股份购买资产并募集配套资金暨关联交易事项获得证监会重组委审核通过，2013年3月21日，公司完成重组标的资产的股权过户手续及相关工商变更登记事宜，新增股份于2013年4月8日在深圳证券交易所上市；2013年11月公司启动了本次重大资产重组之募集配套资金工作，公司控股股东新疆建工全额认购本次非公开发行股份，2014年1月14日，公司非公开发行股份募集配套资金新增股份在深圳证券交易所上市，至此，公司重大资产重组工作圆满结束。

三、重大资产重组成效及意义

（一）扩大上市公司规模，增强盈利能力

本次交易前，公司的经营区域主要集中在新疆地区。本次拟收购的商品混凝土企业经营区域包括天津、湖北、贵州、湖南、四川及山东等省市。本次交易完成后，公司将从区域性的企业一跃成为全国性的商品混凝土生产、销售企业，业务规模将得到显著扩大。

重组完成后，截至2013年12月31日，公司资产总额为89.82亿元，较重组前2012年末增加59.31亿元，净资产34.36亿元，较重组前2012年末增加22.48亿元；2013年度实现营业收入86.14亿元，较重组前一年度增长64.95亿元，实现归属于上市公司股东净利润4.07亿元，较重组前一年度增长2.97亿元。

（二）增强公司在商混业务领域的技术优势

本次交易标的公司之一中建商混拥有专门的研发中心，已经获得多项与混凝土业务相关的专利，这些专利在新产品开发、泵送工艺的提升以及生产成本的降低方面发挥作用。相关专利的应用包括："混凝土产品高性能化及利用绿色原材料生产高性能混凝土"、"聚羧酸母液合成工艺的破解"以及"超缓凝高保塑自密实混凝土的应用技术"等。

本次交易完成后，公司将借助收购标的的技术优势，进一步提升工艺水平、降低成本、丰富产品结构。

（三）解决西部建设与中建股份在商品混凝土业务领域的同业竞争问题，公司规范运作水平进一步提高

本次交易前，中建股份除西部建设外，另外拥有从事商品混凝土业务下属单位，包括中建商混、山东建泽、天津新纪元。

本次交易后，中建商混、山东建泽及天津新纪元三家从事商品混凝土生产、销售的企业将进入西部建设，公司将成为中建股份唯一的商品混凝土业务平台，西部建设与中建股份的同业竞争问题将得到彻底有效的解决，公司主业商品混凝土业务的完整性和独立性得到明显改善，公司治理结构得到进一步优化，规范运作水平显著提高。

（新疆证监局供稿）

广州药业吸收合并白云山案例

2011年11月7日，广州药业股份有限公司（以下简称广州药业）和广州白云山制药股份有限公司（以下简称白云山）股票停牌，广州医药集团有限公司（以下简称广药集团）正式启动整体上市工作。2012年12月21日，广州药业吸收合并白云山获得证监会核准，并于2013年7月实施完毕。广药集团依托其控股的上市公司广州药业换股吸收合并另一家上市公司白云山，同时增发股份购买广药集团其他医药经营资产，在整合优势资源、发挥资产协同效应、增强企业实力、规范运作等方面取得了显著成效。

一、重组各方基本情况

（一）广州药业基本情况

广州药业是由广药集团将其属下的8家中药制造企业及3家医药贸易企业重组后，以生产经营性资产投入发起设立的股份有限公司，主要从事中成药、预包装食品、西药及医疗仪器的批发、零售及进出口业务。公司于1997年10月在香港H股上市，2001年2月在上交所A股上市。截至2012年12月31日，公司股本总数81090万股，控股股东广药集团持有股份39083万股，占总股本的48.2%。截至2012年底，广州药业总资产62.35亿元，净资产40.97亿元，2012年实现营业收入和净利润分别为82.29亿元和3.95亿元。

（二）白云山基本情况

白云山是一家以制药为主业的企业，主要经营范围为研制、生产、销售中西成药、化学原料药、外用药、儿童用药、保健药。公司于1993年11月在深圳证券交易所主板挂牌上市。截至2012年12月31日，公司股本总数46905万股，控股股东广药集团持有股份16690万股，占总股本的35.58%。截至2012年底，白云山总资产34.99亿元，净资产16.67亿元，2012年实现营业收入和净利润分别为43.11亿元和3.49亿元，净资产收益率为23.18%。

二、重组方案

广药集团的重大资产重组主要包括广州药业以新增A股股份换股方式吸收合并白云山和广州药业向广药集团发行A股股份购买资产两部分。

（一）广州药业换股吸收合并白云山

广州药业新增A股股份换股吸收合并

白云山，换股价格以广州药业首次审议本次重大资产重组相关事宜的董事会决议公告日前 20 个交易日的 A 股股票交易均价为基础经除权、除息调整后确定，为 12.10 元/股；白云山的换股价格以白云山首次审议本次重大资产重组相关事宜的董事会决议公告日前 20 个交易日的 A 股股票交易均价为基础经除权、除息调整后确定，为 11.50 元/股，由此确定白云山与广州药业的换股比例为 1：0.95，即每股白云山之股份换 0.95 股广州药业的 A 股股份。白云山总股本为 469053689 股，因换股吸收合并，广州药业将新增 445601005 股 A 股股份，占重组完成后新广州药业总股本 1291340650 股的 34.51%。交易完成后，白云山将注销法人资格，其全部资产、负债、权益、业务和人员将并入广州药业。为充分保护被吸收合并方白云山股东的利益，广州药业和白云山一致确认白云山除广药集团及其关联企业以外的全体股东享有现金选择权。

（二）广州药业向广药集团发行股份购买资产

广州药业向广药集团发行 A 股股份作为支付对价，收购广药集团拥有或有权处置的房屋建筑物、388 项商标、保联拓展有限公司 100%的股权和广州百特医疗用品有限公司 12.5%的股权。拟购买资产以资产评估值为作价依据，合计为 42155.97 万元，发行价格与换股价相同，为 12.10 元/股。根据拟购买资产的作价及发行价格，广州药业发行 A 股股份数量合计为 34839645 股，占重组完成后新广州药业总股本 1291340650 股的 2.70%。

三、成效与评价

（一）上市公司市值规模大幅增长，实现了国有资产的保值增值

据统计，实施重大资产重组停牌前一个交易日，广州药业和白云山两家上市公司的股票总市值合计仅约为 160 多亿元。而截至 2013 年 7 月底，广州药业吸收合并白云山后，在股票市场整体下行的情况下，广州药业的股票总市值接近 460 亿元，比整体上市前两家上市公司的股票总市值涨幅接近 3 倍，有效实现了国有资产的保值增值，凸显了投资者对国有资产整合重组的高度认可。实现整体上市后的新广州药业（已更名为白云山），由于市值规模增大、市场代表性增强、投资性趋好，从 2013 年 7 月 1 日起，广州药业股票被中证指数公司纳入沪深 300 指数样本股。

（二）上市公司实力显著增强，实现区域性龙头向全国性龙头企业的转变

作为广州市市属第二大国有企业，广药集团旗下有广州药业和白云山两家上市公司以及其他众多的医药企业，但由于原来一直分散经营管理，医药资源优势没能得到很好的整合发挥。实现整体上市后，新广州药业集中了广药集团的医药类经营资产，成为继上海医药之后医药行业第二家整体上市的综合性医药企业，成为 A 股

中最大的医药类上市公司之一。通过整体上市，新广州药业整体实力显著增强，实现了区域性龙头向全国性龙头企业的转变。实现整体上市后的广州药业（已更名为白云山）2013 年业绩实现了持续稳健增长，全年实现营业收入和净利润分别达 176.08 亿元和 9.80 亿元，同比分别增长了 114.63% 和 148.10%。

（三）上市公司规范运作的基础更加扎实

广药集团整体上市前，控股广州药业、白云山两家上市公司及其直属企业，共计拥有近 30 家企业。由于控股关系复杂，使得广州药业和白云山之间长期存在同业竞争、关联交易等问题，集团内部资源优势难以有效发挥和共享，严重制约了公司的扩张发展。广药集团整体上市后，通过广州药业吸收合并白云山，广药集团主要医药资产注入上市公司的方式，彻底解决了集团内部的同业竞争和关联交易问题，从源头上消除了内部机制的制约和束缚，为公司进一步提高规范运作水平、借助资本市场实现快速发展奠定了坚实基础。

（四）首次跨沪深港三地交易所进行资产整合，为其他上市公司跨地区重组起到了良好示范作用

作为国内首例涉及沪、深、港三地交易所的上市公司资产重组，广药集团整体上市工作具有监管部门多、利益博弈复杂、协调难度大等特点。本次重组要面对市场有关白云山大量涉及“三旧”改造土地价值低估、上市公司壳资源损失等种种质疑。同时，要满足沪、深、港三地交易所不同的信息披露要求，又要协调三家交易所保持信息披露步调一致以保护不同投资者利益等问题。面对上述种种困难，在各级政府有关部门、证券监管部门、三地交易所和公司的共同努力下，广药集团的整体上市工作实现了完美收官，为其他上市公司跨地区重组起到了良好的示范作用。

（广东证监局供稿）

助推产业升级 服务实体经济

——重庆钢铁重大资产重组案例

2013 年 11 月 6 日，中国证券监督管理委员会正式核准重庆钢铁股份有限公司（以下简称重庆钢铁或上市公司）向重庆钢铁（集团）有限责任公司（以下简称重钢集团）发行股份购买资产并募集配套资金的重大资产重组事宜。本次重组在淘汰落后产能、实现产业结构升级的基础上，彻底解决了重庆钢铁资产完整性问题，进一步提升了上市公司的资产规模及产能，丰富了产品结构，优化了财务结构，在提升上市公司整体经营能力、推动上市公司持续健康发展方面取得了积极效果。

一、重庆钢铁及重钢集团基本情况

（一）重庆钢铁基本情况

重庆钢铁成立于 1997 年 8 月，同年 10 月在香港联合交易所有限公司上市发行 H 股，2007 年 2 月在上海证券交易所上市发行 A 股。截至 2014 年第一季度，重庆钢铁总资产 491 亿元、总股本 44.36 亿股，主营钢铁生产、销售业务，是国内最大的中厚钢板生产商之一。

（二）重钢集团基本情况

重钢集团为重庆钢铁的控股股东，其历史最早可追溯至 1890 年 4 月清朝湖广总督张之洞创建的汉阳铁厂。目前，重钢集团为重庆市国有资产监督管理委员会（以下简称重庆市国资委）旗下的国有独资公司，现有子公司 19 家，其中全资子公司 10 家，控股子公司 9 家。重钢集团资产总额达 720 亿元，是重庆市属最大的国有工业集团，经营项目包括从事授权范围内的资产经营、投资、产权交易，生产、销售金属材料、机械产品及通用零部件等（见图 1）。

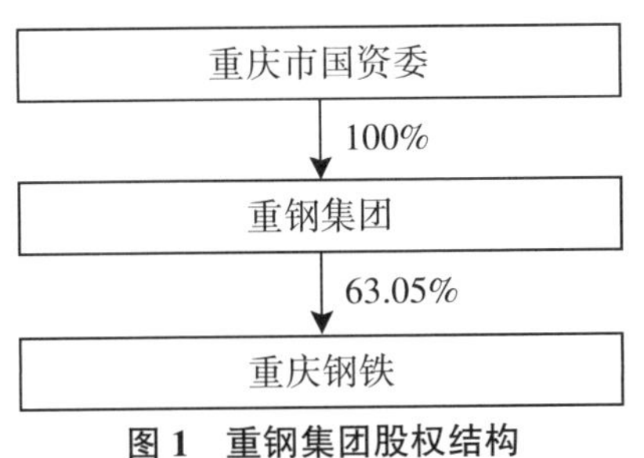

图 1 重钢集团股权结构

二、重组基本情况

（一）重组背景

为改善重庆市区环境，优化产业布局，在重庆市政府统一部署下，重钢集团于2007年启动了环保搬迁工程。但是，环保搬迁也给重庆钢铁带来了巨大压力，上市公司自身的资金实力难以支撑；同时，上市公司在2011年第四季度关停老区生产并搬迁至长寿新区后，不再拥有完整的钢铁生产线，重钢集团已建成的钢铁生产设施也存在与上市公司构成潜在同业竞争风险。2012年3月31日重钢集团委托上市公司无偿授权使用资产的所有协议均已到期，后续也无法继续授权上市公司无偿使用，正是在这种背景下，重庆钢铁启动了本次重大资产重组。

（二）重组方案

重庆钢铁以发行19.96亿股A股普通股份（发行价为3.14元/股）、承接104.63亿元负债及支付2.05亿元现金相结合的方式作为支付对价，购入重钢集团在重庆市长寿区经济技术开发区内投建的钢铁生产相关资产及配套公辅设施（标的资产交易价格以资产基础法评估值扣减重庆钢铁老区固定资产减损额后确定为169.37亿元），同时向不超过10名投资者发行股份募集配套资金20亿元用于补充上市公司流动资金。

三、重组完成后的积极效果

（一）淘汰落后产能，实现节能减排

环保搬迁完成后，重庆钢铁长寿新区环保设施从原来的79套增加到103套，所有设施高效运转，环保设施同步运行率从92.5%提高到98.2%，废水污染物综合排放合格率从88.4%提高到95.9%，废气污染物综合排放合格率指标从90.2%提高到96.7%，新区环境质量较搬迁前得到显著改善（见表1）。

表1　　重庆钢铁搬迁前后主要污染物排放量比较

污染因子	搬迁前（t/a）	搬迁后（t/a）	污染物削减量（t/a）	削减率（%）
SO_2	15037.57	5970.48	9067.09	60.3
烟（粉）尘	10033.22	3526.6	6506.62	64.85
废水量	1512.74×10^4	169.87×10^4	1342.84×10^4	88.77
COD	1080.92	85.732	995.188	92.07
石油类	54.06	4.86	49.2	91.01
氨氮	40.92	0.631	40.289	98.46
综合指标	**搬迁前（%）**	**搬迁后（%）**	**提升率（百分点）**	
环保设施同步运行率	92.5	98.2	5.7	
废水污染物综合排放合格率	88.4	95.9	7.5	
废气污染物综合排放合格率	90.2	96.7	6.5	

重庆钢铁长寿新区通过二次能源高效回收发电，有效降低了电能的对外依存度，自发电供给率达70%，处于国内领先水平；全系统高效用能和减排结构优化调整技术的开发应用、先进的全厂水系统和水资源的高效循环利用以及固体渣做到全量处理和资源化利用，使得长寿新区在节能减排方面走在了行业前列，吨钢综合能耗（608kgce）、吨钢新水消耗（3.8m³/t）、工业废水排放（0.3m³/t）等多项指标达到清洁生产国内先进、领先或行业领先水平，符合国家产业政策要求及行业发展的最新趋势（见表2）。

表2　　重庆钢铁长寿新区生态型工厂指标

类　别	指标名称	指标值	综合评判
物耗指标	焦比（kg/t）	360	
	钢铁原料消耗（kg/t）	1066	
	板带比（%）	100	
	吨钢综合能耗（kgce）	608	国内先进
	转炉煤气回收（m^3/t）	105	
	自发电供给率（%）	70	国内领先
清洁生产指标	水循环利用率（%）	97.5	
	吨钢新水消耗（m^3/t）	3.8	国内先进
	含铁尘泥利用率（%）	100	处于行业领先
	高炉水渣利用率（%）	100	
	炼钢渣利用率（%）	100	处于行业领先
	氧化铁屑综合利用率（%）	100	处于行业先进
	工业废水排放（m^3/t）	0.3	处于行业领先
	COD排放（kg/t）	0.02	
	烟/粉尘排放（kg/t）	0.6	
	SO_2排放（kg/t）	0.99	
绿　化	绿化率（%）	32	

（二）技术升级换代，产品结构优化

重庆钢铁长寿新区钢铁生产基地通过集成铁水预处理、转炉少渣冶炼、双联炼钢工艺、炉外精炼和减少铸造过程中对钢水的污染等先进技术，整体厂区实现了流程科学、总图优化、物流顺畅和用地节约的目标，奠定了包括造船用钢、海洋平台用钢、锅炉及压力容器用钢、桥梁用钢、汽车用钢、高层建筑结构钢、耐候钢、耐磨钢、冷轧原料卷、硅钢原料卷等为重点的一系列精品品牌产品的生产基础。

通过本次重组，既实现了重庆钢铁产能的提升，又优化了公司产品结构。环保

搬迁前，重庆钢铁在重庆大渡口老区的主要产品为2700mm中板和型棒线产品，生产能力约为年产钢300万吨左右。环保搬迁及本次重组完成后，重庆钢铁在长寿新区的生产规模得到进一步提升，生产能力将达到年产钢约600万吨，同时主要产品也增加为1780mm薄板、2700mm中板、4100mm中厚板和型棒线产品（见表3）。

表3　重庆钢铁重组前后主要产量对比　单位：万吨

年　份	2013	2012
焦炭产量	270	235
生铁产量	551	513
钢产量	559	522
钢材（坯）产量	517	471

（三）解决同业竞争，实现整体上市

在长寿新区的建设过程中，重钢集团为了尽量降低本次环保搬迁对上市公司生产经营的压力，由其承担了长寿新区的投资和建设的主要工作，焦化、烧结、炼铁、炼钢等钢铁前端生产环节及原料堆场、码头、铁路专用线等配套公辅设施均由重钢集团投建，上市公司仅参与了轧钢等末端生产环节的投资和建设。通过本次重组，重钢集团将优质资产注入重庆钢铁，上市公司资产规模扩大至491亿元，较重组前增长57.88%，拥有了长寿新区完整的钢铁产业链及配套设施，保证了上市公司主营业务资产的完整性。同时，随着相关资产的注入，由于经营性资产不完整导致的重钢集团与上市公司间关联交易及潜在同业争论问题也得到化解。

（四）缓解资金压力，优化财务结构

通过重组，实现了重庆钢铁资产的完整性和在资本市场的再融资，改善了企业的财务状况。截至2012年12月31日，上市公司资产负债率已高达86.52%。本次重组完成后，上市公司的资产负债率直接降低至78.32%；在完成20亿元配套资金的募集后，公司的资产负债率进一步降低至75.21%。重组后公司资产负债率大幅降低，在一定程度上缓解了财务压力。

重庆钢铁长寿新区在立足自主开发、合理引进的基础上，坚持自主集成与创新，大量应用了自主知识产权技术及国产装备，利用先进的配套设施，使项目投资大幅降低，减轻了公司的成本压力。同时，长寿新区创新钢铁制造流程（循环经济）的设计、投资和建设，每年将为上市公司节约14亿~15亿元左右的成本。

（五）把握行业机遇，夯实发展基础

重庆钢铁在行业处于低谷的环境下完成本次重组收购，通过加速对有关资产的整合，提高管理和经营效率，上市公司有望在未来行业反转时迅速抓住有利时机，提升公司盈利水平，为股东创造更多价值。

环保搬迁的完成，使长寿新区生产基地无论在装备技术水平、生产工艺和环保节能方面，均处于行业领先水平，为上市公司未来发展奠定了基础。而本次重大资产重组完成后，重钢集团实现了资产证券化，企业资产管理将从实物形态转向价值形态，增强了重钢集团对重庆钢铁的控制力，集团持有重庆钢铁股份由46%上升到63%。同时，通过定向增发，引进战略投资者，更有利于重钢集团和重庆钢铁持续健康发展。2013年，重钢集团被工信部纳入全国首批45家符合国家钢铁行业规范条件企业，并成为全国唯一获“节能中国十大贡献单位”称号的钢铁企业。

（重庆证监局供稿）

鲁银投资重大资产重组评析

一、重大资产重组有关背景

2003年，鲁银投资与控股股东莱钢集团之间实施了重大资产置换，置入带钢生产线及莱芜钢铁集团粉末冶金有限公司控股权，置出山东省齐鲁资产管理有限公司43.69%股权及3962.97万元应收款项。该资产置换完成后，公司带钢生产线（带钢分公司）的日常经营与莱钢集团及附属单位之间产生了持续的关联交易，包括采购原材料钢坯、备品备件、煤气、水电、氧气、运输服务和销售带钢、废钢等，关联交易数额较大。同时，鲁银投资与控股股东莱钢集团之间的同业竞争等问题也受到监管部门的关注。

2011年，原上市公司济南钢铁股份有限公司换股吸收合并原上市公司莱钢股份有限公司时，山东钢铁集团有限公司（以下简称山钢集团）做出承诺：鉴于鲁银投资从事的窄钢带业务与上市公司主营业务同属钢铁类业务，将在本次重组完成之日起5年之内依据相关法律法规，妥善解决相关问题，使重组后的济南钢铁成为山钢集团内钢铁主业唯一上市平台。因此，山钢集团履行其解决同业竞争问题承诺，也是引发本次交易的重要背景。

此外，近年来随着钢材价格持续走低，钢铁全行业盈利能力下滑明显，鲁银投资带钢生产线业务盈利水平也呈现持续下降——2011年度、2012年度及2013年1~6月，带钢分公司实现净利润分别为1578万元、-309万元和-1654万元，严重侵蚀了上市公司利润。受宽带产品的冲击以及产能过剩的影响，预计未来有亏损甚至较大亏损的可能性。因此，将不良资产剥离出上市公司，也是本次交易的重要考量。

二、重大资产重组方案概述

鲁银投资以其拥有的带钢分公司部分存货、全部非流动资产和预收账款（以下简称置出资产）与控股股东莱芜钢铁集团有限公司（以下简称莱钢集团）持有的莱商银行股份有限公司（以下简称莱商银行）4.98%股权（以下简称置入资产）的等价部分进行资产置换，资产置换交易额为222.93万元；上市公司向莱钢集团发行股份购买置入资产价值超出置出资产价值的差额部分，差额部分为40433.76万元。发行价格为5.65元/股，发行股份数量7156.41万股，全部向莱钢集团发行。方案实施前后，上市公司的股权结构（见图1）。

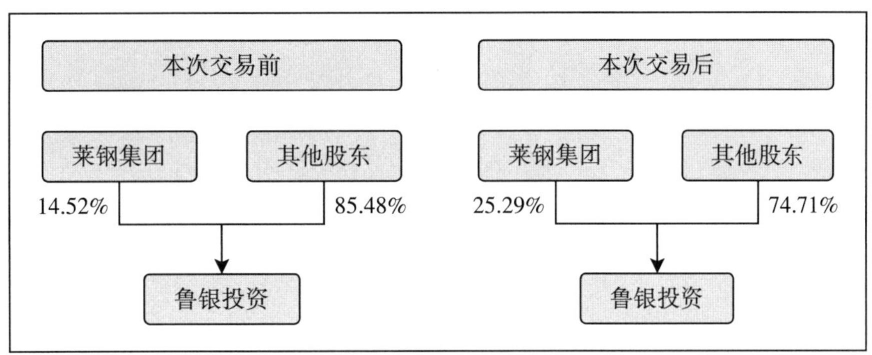

图 1 上市公司的股权结构对比

2013 年 12 月 18 日，证监会以“证监许可〔2013〕1600 号”《关于核准鲁银投资集团股份有限公司重大资产重组及向莱芜钢铁集团有限公司发行股份购买资产的批复》，核准本次重组事项。项目主要工作的各时点（见图 2）。

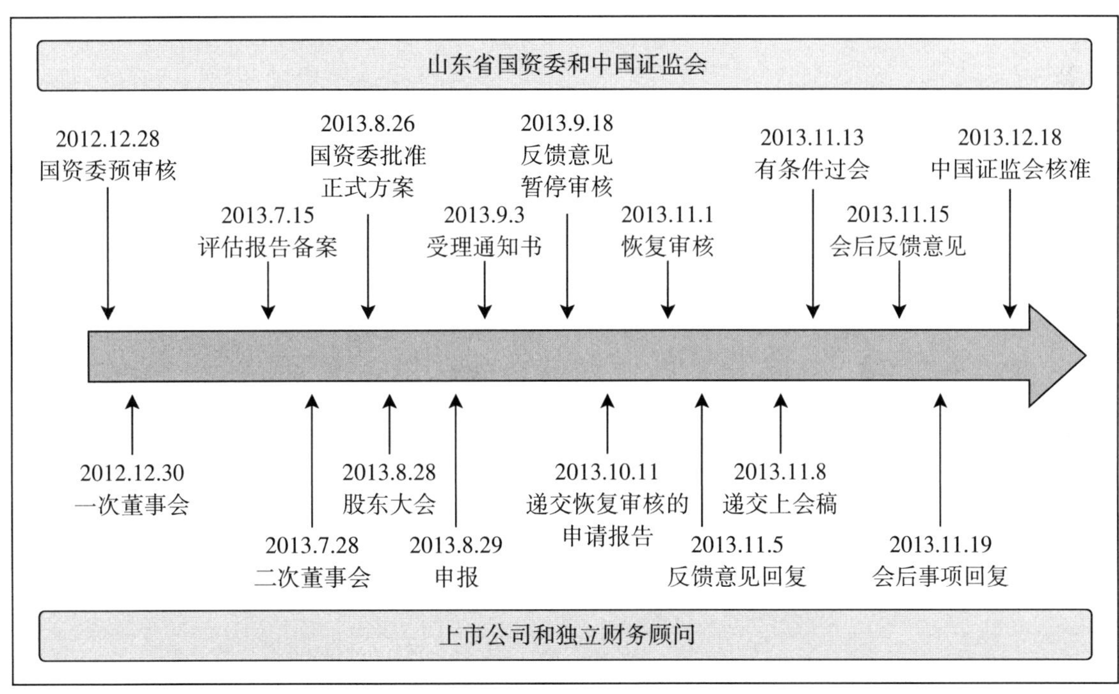

图 2 项目主要工作时点

三、交易方案述评

（一）实施重组的意义

第一，符合上市公司的未来发展战略。2010 年，鲁银投资按照“置换、整合、培育、提升”总体思路，确定了今后置换带钢产业和“3 + 1”的产业整合规划：“3”是指整合、培育、提升三大产业（带钢产业、粉末冶金及制品产业、矿业资源产业），“1”是指发挥投资功能，重点投资参股金融、文化行业；以最终打造实业与金融并举的发展格局。本次重大资产重组完成后，带钢产业从上市公司置出，鲁银投资不再从事钢铁业务；鲁银投资的业务构成将以股权投资为主，成为投资于金融、房地产开发、粉末冶金及制品、矿山开采、羊绒纺织、贸易等产业的综合性上市公司。莱钢集团将优质金融资产整合至鲁银投资，强化了鲁银投资作为股权投资平台的定位，有利于实现鲁银投资旗下金融资产的规模效应和协同效应，与上市公司产业整合规划和发展战略相吻合。

第二，有利于提高上市公司资产质量，增强上市公司独立性。如前所述，本次交易置出的是盈利能力持续下滑的钢铁业务，置入的是盈利能力较好的商业银行股权，有利于提高上市公司资产质量、改善公司财务状况和增强持续盈利能力。同时，重组完成后鲁银投资的钢铁业务将进入控股股东莱钢集团，有利于消除钢铁行业的同业竞争，减少与莱钢集团及附属单位之间的采购、销售等关联交易，有利于鲁银投资在人员、采购、生产、销售等方面保持独立。

第三，强化了控股股东控制权。本次交易通过向控股股东发行股份购买资产，莱钢集团对鲁银投资的持股比例由原有的14.52%提高到25.29%，有利于公司控制权的长期稳定。

（二）从置入资产看中小投资者权益保护

莱钢集团原持有莱商银行20.29%股权，但无法全部置入上市公司——根据《上市公司重大资产重组管理办法》（2011年修订），置入莱商银行20.29%的股权将构成莱商银行的“借壳”上市；迄今未有城市商业银行“借壳上市”先例。此外，受让莱商银行5%以上股权还将涉及银监部门审批，审批过程复杂。综合考虑上述因素，为尽可能消除重组不确定因素，加快重组推进，交易双方最后确定本次交易向鲁银投资置入莱商银行的股权份额为4.98%。

尽管置入莱商银行股权比例较小，鲁银投资按成本法核算获取的投资收益较少，但公司按照持有股份拥有的股权价值较高，且金融行业的发展前景优于钢铁行业。从长远来看，本次交易在止住潜在“出血点”即剥离盈利能力低下的带钢业务同时，有利于增强公司的独立性、持续盈利能力及抗风险能力，促进公司未来规范运作和可持续发展。从保护全体股东尤其是中小股东利益角度看，尽管交易置入资产即莱钢集团持有的莱商银行股权为数额较小的参股权，而非更大比例之股权，虽难言“尽善尽美”，但依然是各方在平衡政策要求和重组愿望下所做的务实安排，可谓“没有最好，但有更好”。进一步考虑到莱钢集团即便作为大股东仍无法控制莱商银行的自主经营，为公平稳妥起见，莱钢集团就盈利预测补偿采用了现金补偿方式。制定依据是：置入的莱商银行股权作价公允，考察期限为三年，即补偿期间为2012年11~12月、2013年、2014年和2015年四个会计期间。由于本次置入资产定价是基于对莱商银行未来业绩及分红的预测，因此本次补偿要求三年后再重新做一次作价公允性复核和考察。若发现作价出现减值，则对减值额以现金方式进行补偿。此外，根据本次重组莱商银行每年不低于25%的股利分配水平的评估假设，为进一步保护中小股东利益，根据重组委会后意见函要求，莱钢集团和鲁银投资分别做出承诺："本公司保证充分利用本公司在莱商银行的影响力和投票权，推动莱商银行明确和落实现金分红机制，并在每年确定年度利润分配时，提议并促成不低于25%的股利分配假设目标的实现，并投赞成票。"

2013年8月28日，公司2013年第三次临时股东大会上，非关联股东同意本次交易方案各项内容的比例均在89.5%以上。股东的表决情况和后续股票的涨跌情况①都表明本次重组得到了大多数股东的理解和支持。

四、对重组事项的有关思考

（一）交易方案设计力求维护上市公司利益

带钢分公司虽资产质量不佳，但自2011年以来平均年营业收入高达约30亿元；考虑到上市公司开展其他业务需要不菲的资金投入，带钢分公司的货币性资产对上市公司的意义不容小觑。因此，在构思重组方案时，上市公司会同中介机构有意识地设计为"置出带钢分公司部分存货、全部非流动资产和全部预收账款"，从而在带钢分公司留下净额为2.3亿元货币性资产，为上市公司拓展优势业务赢得了巨额的货币资金。此外，为方便置出资产交割，双方在《重大资产置换及发行股份购买资产协议》作了明确约定，自评估基准日至置出资产交割日，置出资产经营所产生的盈利或亏损均由莱钢集团享有或承担，其他原因引起的置出资产变动净额由双方根据聘请的具有证券从业资格的审计机构出具的审计报告以现金结算。以上，实际都为其他市场主体类似重大资产置换方案设计提供了经验借鉴。

（二）相关部门审批周期较长影响重组进程

本项目从启动（停牌）到取得核准文件，前后历时14个月。尽管鲁银投资和独立财务顾问等中介机构积极作为，严格控制项目进程，但仍有一多半的时间系在山钢集团和省国资部门走程序，耗费了上市公司等大量精力。究其原因，在于鲁银投资是山钢集团的孙公司，在山钢集团中层级较低，并引致沟通效率相对低下。在评估报告备案、本重组方案向国资部门沟通汇报过程中，均需要向莱钢集团、山钢集团和国资委多个部门同时沟通和汇报，通常一个问题的沟通需要多个部门的理解和同意，导致整个项目周期较长，影响了市

① 2013年9月18日，本次重组被暂停审核，鲁银投资于2013年9月23日发布公告，公告当日鲁银投资股票下跌6.21%；2013年11月1日，本次重组恢复审核，鲁银投资于2013年11月2日发布公告，公告后的第一个交易日（2013年11月4日），股票涨停。

场效率。因此，不失一般性，为便利国有控股上市公司的资本运作，国资部门和大型国有控股集团需在减少审批环节、提高服务意识、提升审核效率与透明度方面进一步下功夫。

（山东证监局）

美的集团整体上市案例

从 2012 年 8 月 27 日发布停牌公告、2013 年 4 月 1 日披露换股吸收合并方案，到 2013 年 9 月 18 日换股吸收合并方案实施完毕，美的集团股份有限公司（以下简称美的集团）吸收合并广东美的电器股份有限公司（以下简称美的电器）历时一年多。美的集团通过本次换股吸收合并，从产业角度将集团内部上下游、服务业合成一个整体，达到“一个美的、一个体系、一个标准”的战略目标，实现资产的整体上市及资源共享。

一、美的集团和美的电器的基本情况

（一）美的集团基本情况

美的集团成立于 2000 年 4 月，经历数次股权变更及增资后，2012 年 8 月，美的集团整体改制变更为股份有限公司，注册资本为 10 亿元，控股股东为佛山市顺德区美的投资控股有限公司（以下简称美的控股），持股 59.85%，实际控制人为何享健。美的集团旗下分为四大业务板块，分别为大家电、小家电、机电及物流，其中大家电板块的主要运营主体为美的电器。吸收合并前，截至 2012 年 6 月 30 日，美的集团的总资产和净资产分别为 979.32 亿元和 304.47 亿元，2012 年上半年实现营业收入 578.24 亿元，净利润 33.68 亿元。

（二）美的电器基本情况

美的电器是 1992 年 8 月 10 日以定向募集方式设立的股份有限公司，并于 1993 年 11 月 12 日在深圳证券交易所上市。截至 2012 年 6 月 30 日，美的电器总股本为 3384347650 股，控股股东美的集团持股 41.17%。截至 2012 年 6 月 30 日，美的电器总资产和净资产分别为 652.35 亿元和 253.36 亿元，2012 年上半年实现营业收入 389.90 亿元，净利润 24.02 亿元。

二、换股吸收合并方案

美的集团以换股方式吸收合并其控股的上市公司美的电器，实现美的集团的整体上市，即美的集团向美的电器除美的集团外的所有换股股东发行股票交换该等股东所持有的美的电器股票。其中，美的集团所持美的电器股票不参与换股、也不行使现金选择权，并且该等股票在本次交易完成后予以注销。本次交易完成后，美的电器的法人资格将被注销，美的集团作为存续公司将承继及承接美的电器的全部资产、负债、业务、人员、合同及其他一切权利与义务。

本次吸收合并，美的集团的发行价格为 44.56 元/股，美的电器的换股价格为 15.36 元/股（除息后），较定价基准日前 20 个交易日的美的电器股票交易均价 9.46 元/股溢价 62.37%。换股比例为 0.3447∶1，即 1 股美的电器股份换取 0.3447 股美的集团发行股份。美的集团因本次吸收合并将发行 686323389 股股份，全部用于吸收合并美的电器，本次吸收合并交易规模达 306 亿元，为《上市公司重大资产重组管理办法》实施以来首例纯非上市公司换股吸收合并 A 股上市公司的交易。为充分保护美的电器全体股东特别是中小股东权益，由美的控股担任现金选择权提供方，向美的电器异议股东提供现金选择权。2013 年 9 月 18 日，美的集团在深圳证券交易所上市，同日美的电器退市，美的集团换股吸收合并美的电器正式完成。

三、成效与评价

（一）实现产业链整合，提升公司整体实力

通过本次交易，美的集团 2012 年营业收入达 167.65 亿美元，成为全球最大的白色家电上市公司之一，并成为全产业链、全产品线的白电生产企业。大家电、小家电业务均衡发展，避免单产品线周期波动风险，同时公司在采购、仓储、销售、研发及财务方面形成有效协同机制，进一步提高公司的核心竞争力和国际经营能力。据美的集团年报显示，按备考利润表（即假设本次换股吸收合并于 2012 年 1 月 1 日）完成，2013 年公司实现营业收入 1209.75 亿元和净利润 73 亿元，同比分别增长 17.91%和 37.60%，扭转 2012 年美的电器业绩下滑的趋势。

（二）创新采用定价发行机制，获得市场高度认可

本次合并涉及多方投资者的利益，包括美的集团控股股东、战略投资者、管理层股东以及美的电器机构投资者、中小股东等，保障及平衡各方股东利益的关键是合并双方的估值定价是否能够公允。与以往国内 IPO 采用询价机制不同，美的集团创新性地采用了定价发行方式，在与各方股东充分沟通的基础上，综合考虑了可比公司情况、公司市场地位、资产质量、盈利能力、竞争优势等多方面因素，并参考可比公司估值水平，最终确定一个高于市场同类换股吸收合并案例的换股溢价率。2013 年 4 月 22 日，美的电器股东大会审议通过了本次交易，赞成票数高达出席会议所有非关联股东所持表决权的 98.91%；美的集团上市后股价亦一直稳定在发行价附近。相比一般的重大资产重组，本次交易采取了更为市场化的定价方式，获得中小股东及市场的高度认可。

（三）主动增加盈利补偿承诺，充分保护投资者利益

由于合并方案采取以市盈率为依据的

定价发行方式，未聘请资产评估机构采取收益现值法、假设开发法等基于未来收益预期的估值方法对拟购买资产进行评估并作为定价参考，依规定不需与上市公司签订盈利预测补偿协议。考虑到进一步保护投资者的利益，2013 年 6 月 16 日，美的控股及 7 名自然人股东与美的集团签署《盈利预测补偿协议》，就本次重组完成后美的集团 2013 年可能未实现的利润差额进行现金补偿，补偿范围既包括美的集团未上市的小家电、物流和电机资产的预测利润，也包括了已上市大家电资产的扩大后上市公司备考盈利预测，以此形成对美的集团 2013 年盈利更为全面的保障。根据 2013 年度备考利润表，美的集团实现利润 82.97 亿元，高于盈利预测数 2.68 亿元，完成了相关盈利目标。

（四）实现首例非上市公司发行 A 股吸收合并上市公司

本次合并是自 2008 年《上市公司重大资产重组管理办法》颁布以来，首例由非上市公司发行 A 股换股吸收合并上市公司的交易，在实现公司上市、解决关联交易的同时，不涉及新的融资或股东套现，未对资本市场构成任何资金压力，成为一种市场可参考的新 IPO 模式。合并方案涉及首次公开发行及上市公司重大资产重组两项操作，操作上无先例可循。通过本次交易，监管机构（譬如证监会、交易所及登记公司）相应明确了此类交易的审核、操作程序，为以后类似交易创造了条件，发挥了良好的示范作用。

（广东证监局供稿）

天山纺织改善经营，实现双主业重大资产重组案例

新疆天山毛纺织股份有限公司（以下简称公司、上市公司或天山纺织）作为新疆本土纺织服装产业龙头，已扎根新疆34年，作为新疆唯一以毛纺织业务为主营业务的上市公司，在经过多年的发展，积累了一定的生产、管理经验。随着公司2013年重大资产重组实施后，逐步实现向矿业企业转型，从而增加了新的盈利点，为公司股东创造了新的价值。同时，公司也继续保留了毛纺织业务，开启了以毛纺织业务和矿业为主营业务的双主业经营模式。现将公司2013年重大资产重组情况简要说明如下。

一、重大资产重组基本情况

（一）重组各方情况介绍

（1）天山纺织基本情况：天山纺织于1980年成立，是中国毛纺织业第一家中外合资企业。1995年，公司改制为股份有限公司，1998年4月经中国证监会批准发行股票，同年5月公司股票在深交所挂牌上市，证券代码000813。公司主营羊绒纱、羊绒衫、羊毛衫及混纺衫的生产和销售（主要品牌有“天山”、“GTS”、“SS”牌）。截至2012年底，公司总股本为3.63亿股，总资产为5.9亿元，负债1.79亿元，实现营业收入2.6亿元，实现净利润-0.14亿元。

（2）交易对方基本情况：本次重大资产重组的交易方为新疆凯迪矿业有限公司（以下简称凯迪矿业），公司控股股东新疆凯迪投资有限公司（以下简称凯迪投资）控股子公司，经营范围为矿业投资；矿产品、矿山机械零配件的加工、销售等业务。在本次重组前，凯迪矿业持有交易标的新疆西拓矿业有限公司（以下简称西拓矿业）50%的股权。青海雪驰科技技术有限公司持有交易标的西拓矿业25%的股权（以下简称青海雪驰）。青海雪驰为一人有限责任公司，股东为王憬瑜。

（3）交易标的西拓矿业基本情况：西拓矿业主要从事矿产的勘探及开发，其核心资产为在哈密黄土坡矿区拥有2个面积合计约70.24平方公里的铜多金属矿探矿权以及1个面积为2.021平方公里的采矿权，即黄土坡矿区I矿段铜锌矿采矿权。矿山目前已建成年设计处理矿石量50万吨的选矿厂一座。矿山于2012年1月底全面试生产，2012年11月，矿山已经取得正常生产经营所需的项目立项、环保验收批复、排污许可证、安全生产许可证等相关

批准和资质证照，并正式投产。

（二）本次重大资产重组背景及目的

天山纺织属毛纺织行业，主营羊绒纱、羊绒衫、羊毛衫及混纺衫的生产和销售，产品主要销往美国、欧洲、中国香港等地区，多年来以生产加工作为企业的中心环节。近年来，由于设备老化、人民币升值，企业劳动力成本上升等因素，外销难度加大，企业逐渐开始建立内销体系，但仍然步履艰难。与同行业鄂尔多斯等公司相比，天山纺织的问题集中体现在销售额小、销售毛利率低，深层次原因则在于天山纺织长期以生产加工作为公司运营的核心，缺乏强有力的品牌运作与国内成熟的销售渠道，在日益激烈的竞争中，错过了转型为国内品牌公司的机遇期。公司主要依靠自身生产产品的高质量为国外公司贴牌和进行国内中低端市场的竞争，维持公司运转，无法为股东创造更高的价值。

2009 年 7 月，在新疆维吾尔自治区党委、政府的领导下，自治区国资委、自治区金融工作办公室、乌鲁木齐市国资委共同提出本公司的重组方案，并由凯迪投资具体贯彻实施。本次重组的最终目的，是通过本次重组，公司在保留原纺织资产的同时，注入优质矿产资源，实现公司的业务转型和升级。通过资本市场与自身资源的有效嫁接与资源的协同效应，实现控股股东凯迪投资、上市公司、中小股东三方共同获益的目的。

二、本次重大资产重组方案及过程

天山纺织以非公开发行股份的方式向西拓矿业原股东凯迪矿业和青海雪驰收购两公司合计持有的西拓矿业 75%的股权，交易价格为 588862821.83 元。其中：对凯迪矿业发行 69359578 股购买其持有的西拓矿业 50% 的股权，该部分股权作价 392575214.55 元；对青海雪驰发行 34679789 股购买其持有的西拓矿业 25%的股权，该部分股权作价 196287607.28 元。凯迪矿业与青海雪驰承诺本次新增股份的锁定期为上市之日起 36 个月内或上市之日至盈利补偿最终决算时点二者较长者。在锁定期满后，按中国证监会及深交所的有关规定执行。重组完成后，天山纺织将直接持有西拓矿业 75%的股权，凯迪矿业和青海雪驰将成为天山纺织的股东（见图 1 和图 2）。

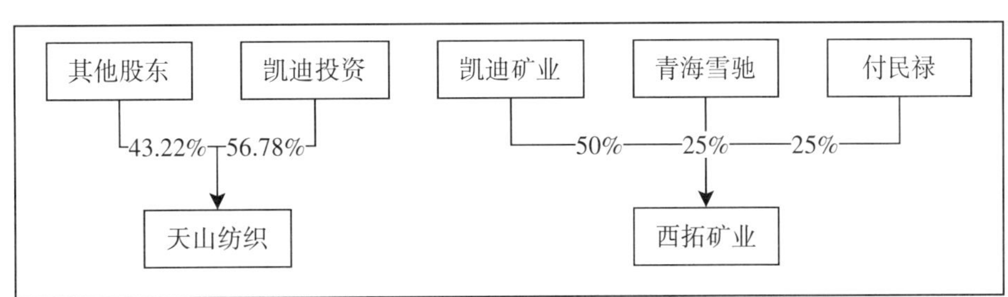

图 1　重组前上市公司和标的公司西拓矿业的股权结构

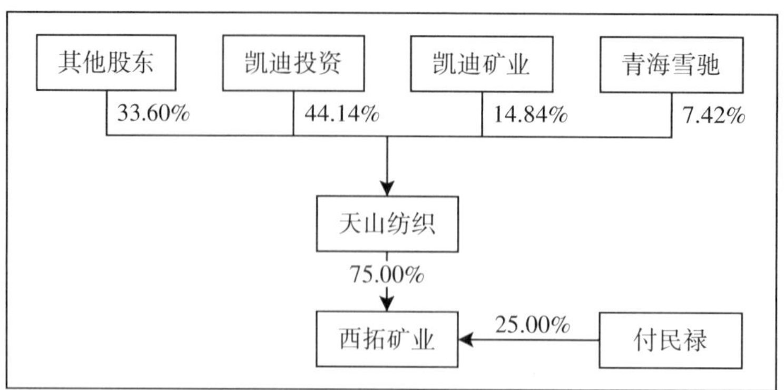

图 2　重组完成后上市公司和标的公司西拓矿业的股权结构

本次重大资产重组完成后，天山纺织的控股股东仍为凯迪投资，实际控制人为新疆维吾尔自治区国有资产监督管理委员会。

三、本次重大资产重组的成效及意义

2013 年 7 月，公司收到中国证券监督管理委员会下发的《关于核准新疆天山毛纺织股份有限公司向新疆凯迪矿业投资股份有限公司等发行股份购买资产的批复》（证监许可〔2013〕1013 号）文件，核准天山纺织本次重大资产重组方案。2013 年 10 月，本次重大资产重组工作实施完毕。本次重大资产重组的成功实施开启了公司发展新模式，为这个在新疆经营了 30 多年的老企业注入了新鲜血液和活力。

（一）开创双主业模式，提高企业盈利能力，为上市公司及其股东创造更多价值

在本次重组前，公司的主要业务为毛纺织业务，虽然近年来公司的管理团队本着对公司和股东负责的原则，对内严格控制费用、压缩成本，对外积极巩固和开拓新客户，但由于受劳动力成本及原材料成本逐年上升，市场竞争加剧等不利因素影响，公司无法摆脱整体经济环境和纺织行业周期性波动的影响。受国际金融危机的影响，公司盈利水平近几年出现较大波动。经过重组后，一方面，公司通过适度多元化发展，进而降低上市公司业绩的周期性波动风险，改善其盈利能力和财务状况，提升公司的可持续发展能力，截至 2013 年底，公司总资产达到 19 亿元，实现营业收入 5.6 亿元，实现净利润 0.26 亿元；另一方面，公司在巩固毛纺织业务现有国际国内市场的基础上，稳步推进公司由以生产加工为主的传统模式向以品牌和渠道经营为主的品牌商模式转型，树立自主品牌，做精做优毛纺织产业，进一步提高上市公司的整体价值并为股东带来更好的回报。

（二）搭建优质矿业资源平台，公司未来发展初显广阔前景

公司完成资产重组后，成为凯迪投资旗下唯一的矿产资源整合上市平台，根据

采矿权评估报告，本次注入公司的黄土坡铜锌多金属矿将每年为公司带来较为丰厚的利润。2013 年，公司实现扭亏为盈，其中西拓矿业实现净利润 1.3 亿元。随着西拓矿业探矿力度的不断加大，初步显示出较好的找矿前景，公司未来矿业发展前景广阔。

（三）有效利用新疆区位及矿产资源优势，做大做强矿业产业

新疆地处亚欧大陆腹地，地域辽阔，拥有丰富的矿产资源，远景找矿潜力巨大，凯迪投资作为新疆维吾尔自治区国资委管理下的投资企业，能够持续为公司创造收购优良矿业资产的机会。凯迪投资已做出承诺，一旦凯迪投资遇有矿业类资产投资机会，将优先把该机会让与上市公司。随着公司不断地发展，新疆地缘区位及矿产资源优势将进一步凸显，为公司做大做强矿业产业奠定了坚实的基础。

（四）进一步完善公司治理结构，多管齐下实现重组价值最大化

公司重大资产重组完成后，公司同时经营毛纺织业务和矿业业务，其将面临双主业管理存在的诸多问题。借此契机，公司将进一步深化内部管理机制改革，从整体层面上统一规划人事安排，做到财务统一调度，为纺织板块和矿业板块提供人事、财务、管理等多方面的支持，更加规范公司治理结构和规范运作，通过内控建设的不断深入和完善，实现双主业协同发展的局面，使本次重大资产重组的价值最大化。

随着中央对新疆经济的不断支持，召开了第二次中央新疆工作座谈会，会议提出了要加快新疆对外开放步伐，着力打造丝绸之路经济带核心区，公司将迎来新的一轮发展机遇，并将按照“新规划、新战略、新目标和新要求”做精做优毛纺织业，巩固现有国际国内市场，扩大市场份额，使公司毛纺织业又快又好地发展。同时公司将充分利用上市公司投融资平台的便利性，积极获取探矿权，抓住收购优良矿业资产的机会，做大做强矿业产业，提升企业价值。

（新疆证监局供稿）

大地传媒整体上市案例

2014年9月，中原大地传媒股份有限公司（以下简称“上市公司”或“大地传媒”）通过非公开发行购买资产实现了中原出版传媒投资控股集团有限公司（以下简称“出版集团”或“集团”）主业整体上市。整体上市解决了集团与上市公司的同业竞争、关联交易等问题，为上市公司进一步做大做强奠定了基础；不仅对推动河南的文化企业发行上市、促进文化产业改革发展具有重要的示范带动意义，对于推动河南国有控股上市公司通过整体上市完善公司治理也具有借鉴参考意义。

一、公司重大资产重组暨整体上市方案申报及实施情况

2011年12月，出版集团参与焦作鑫安科技股份有限公司（借壳前上市公司原名）的破产重整，将出版、印刷、物供三个板块业务注入了上市公司，通过上市公司非公开发行股票购买资产实现了借壳上市。出版集团承诺借壳上市成功即股票恢复上市之日起的两年内，将全省新华书店发行系统及其他相关业务注入上市公司，实现集体主业整体上市，彻底解决同业竞争、关联交易等问题。2013年5月，出版集团履行承诺，正式启动集团整体上市工作。2013年12月，在经过评估审计、规范土地房产产权手续、妥善安排三退人员福利计划、履行国资委报批和股东大会审议程序等大量的基础工作后，上市公司向中国证监会报送重大资产重组申请材料并获受理。重组方案主要内容为：上市公司以现金及发行股份购买资产的方式购买出版集团下属的图书发行等业务的经营性资产29.58亿元，同时向不超过10名其他特定投资者发行股份募集配套资金9.86亿元。2014年5月，中国证监会并购重组委审核通过公司重组方案。2014年9月22日，公司完成非公开发行股份登记、验资和资产交割等全部手续。

二、出版集团整体上市成功的主要经验

（一）切实履行公开承诺，维护上市公司及大股东的诚信形象

2011年，为确保河南文化产业第一股借壳焦作鑫安尽快上市，出版集团和拟上市主体曾做出17项承诺，这些承诺涉及规范和减少关联交易、避免与上市公司同业竞争等多个方面。其中，实现全产业链整体上市是所有承诺的核心，也是集团和上

市公司向社会公众做出的公开郑重承诺。出版集团充分认识到履行承诺、维护自身诚信形象对于集团和上市公司利用资本市场持续发展的重要意义，下定决心，克服各种困难，按期提出了集团全产业链整体上市方案，得到了市场和监管部门认可。讲诚信、按期兑现承诺是公司整体上市方案能够获批并顺利实施的基础。

（二）合理设计重大资产重组方案，确保拟上市资产质量

（1）科学设计拟上市资产和业务的管理架构。全省发行及相关业务拟进入上市公司的标的公司共有 132 家，其中 128 家为市、县新华书店。为确保未来上市公司对全省发行系统的规范管理，重组方案对 128 家市、县新华书店出资人进行了变更，由中原出版传媒集团变更为河南省新华书店发行集团，使上市公司管理单位由 132 家变为 4 家，极大地提高了运作效率，避免了管理单位众多带来的诸多问题。

（2）认真清理规范拟上市资产的产权手续。全省发行及相关业务纳入上市范围的土地、房屋资产数量庞大、情况复杂，出版集团对 1114 宗土地和 1280 处房产进行了梳理，在一年时间内完成了 663 宗土地、846 宗房产的确权进入拟上市范围，确保了优质资产全部装入上市公司。

（3）做好人员分流安置，维护和谐稳定大局。上市公司聘请精算机构对“三类人员”费用进行了多次精算，一次性从注入上市公司的净资产中计提 3.93 亿元支付“三类人员”进入上市公司后的相关费用；清退、解除劳动关系 176 人，剥离非主业人员 283 人。既维护了各单位经营管理的稳定，又妥善分流了人员，保持了队伍的精干高效。

（三）相关部门和监管机构的大力支持和协调

出版集团由省直事业单位改制而来，受历史、体制等因素的影响，其资产和业务要满足上市条件需要规范的问题多，协调的难度大。尤其是在本次重组方案中，拟进入上市公司的全省 132 家新华书店的改制确权、股权移交、组织架构精简合并等工作，相关政府部门的大力支持和协调帮助发挥了重要作用。其间，对于郑州市新华书店的双重领导、纳入重组上市范围存在较大阻力和障碍等问题，最终得益于省市领导的高度重视和多次批示协调而得以解决，确保了本次重组注入资产及业务的完整。为了推动公司整体上市，河南证监局积极履行监管职责，多次到公司检查督导，对公司存在的问题采取责令改正监管措施，并指出公司规范运作和信息披露问题的根源主要是由于集团非整体上市导致上市公司独立性不足、与集团“五分开”不彻底、同业竞争、关联交易等公司治理缺陷所致，因此，要督促出版集团切实履行借壳上市时的承诺，实现整体上市。地方政府和监管部门的大力推动和监管督导是公司整体上市工作得以顺利完成的重要保障。

三、出版集团整体上市的重要意义

（一）提升上市公司治理水平，促进出版集团进一步转变经营机制，健全现代企业制度

通过本次重大资产重组，出版集团实现了出版、物供、印刷、发行全产业链的整体上市，彻底消除了与上市公司的同业竞争，关联交易大幅减少，本次整体上市后，集团与上市公司之间的关联交易额度由之前每年十几亿元锐减至几千万元，有利于进一步健全上市公司法人治理结构，强化其规范经营的基础。集团主业全部进入上市公司后，不仅使其各项资产的产权更加规范明晰，而且由于上市公司严格的规范运作和信息披露要求，促使集团内各经营单位进一步转变机制、加强内部控制和财务管理，不断提升公司整体运营质量。

（二）提高上市公司的资产和市值规模，有利于上市公司借助资本市场进一步做大做强

本次重大资产重组，注入上市公司30亿元经营性资产，并通过资本市场直接融资近10亿元，大大增强了上市公司的资本实力。整体上市后上市公司市值（以2014年9月30日A股收盘价计）达到119亿元，较重组方案公告前增加了近两倍。资本和市值规模的提高有利于上市公司进一步通过资本市场并购重组和再融资延伸产业链，提高持续经营能力和综合竞争实力，实现做大做强文化产业的目标。

（三）对河南省其他文化企业改制上市具有积极的示范带动作用

大地传媒是河南省第一家，也是唯一一家文化传媒类上市公司。其成功借壳进入资本市场继而又实现整体上市，具有重要的示范意义，将带动河南省更多的文化传媒经营单位关注和利用资本市场，积极转企改制并上市，建立健全现代企业制度，增强经营活力，进一步促进河南省文化体制改革和文化产业的繁荣发展。

河南证监局
审稿人：花金钟
撰稿人：马小曼

神州信息借壳 *ST 太光案例

2013 年 8 月初，*ST 太光公告重组方案，神州信息拟借壳 *ST 太光上市。在该消息刺激下，*ST 太光的股价开始一路飙涨，并以超过 130%的涨幅成为 2013 年不可不提的牛股。随着 2013 年 12 月 26 日 *ST 太光一纸新增股份上市公告书的发布，这场重组终于赶在年底画上句号。2013 年神州信息借壳 *ST 太光，不仅是国内资本市场上第一单境外上市公司通过分拆业务回归 A 股的案例，而且以复杂却不失精巧的交易方案为后来者提供了优质范本。

一、本次交易背景

（一）*ST 太光已被实施“退市风险警示”，面临被终止上市的风险，启动重大资产重组已迫在眉睫

*ST 太光因 2012 年经审计的净资产为负值，股票交易于 2013 年 5 月 2 日被深圳证券交易所实施“退市风险警示”。根据《深圳证券交易所股票上市规则（2012 年修订）》的有关规定，若 *ST 太光 2013 年末经审计净资产仍为负值，*ST 太光股票将被暂停上市；若 *ST 太光 2014 年末经审计净资产仍为负值，*ST 太光股票将被终止上市。

资产重组前 *ST 太光的主营业务为电子产品贸易业务。截至 2012 年末，*ST 太光的净资产为-13753.30 万元，2012 年度 *ST 太光的净利润为-829.61 万元，依靠 *ST 太光自身实力已无法扭转亏损与净资产为负值的局面。*ST 太光为改变现状，避免因退市带来的严重后果，引进资产质量良好、盈利能力较强及行业发展前景较好的重组方，启动重大资产重组已迫在眉睫。

（二）神州信息资产质量良好，盈利能力较强，核心竞争力突出，行业地位显著，拥有较强的可持续发展能力，具备在国内市场上市的强烈意愿

神州信息是香港上市公司神州数码控股有限公司（00861.HK）旗下专业的整合 IT 服务商。神州信息是目前国内规模最大、最具品牌影响力的整合信息技术服务提供商之一，在金融、电信、政府及制造等行业，IT 服务市场占有率均名列前茅，位列“2013 中国方案商百强”第一名。神州信息是神州数码智慧城市战略的重要承载者，以客户为中心，以服务为导向，为行业客户提供应用软件开发、专业技术服务、系统集成、金融自助设备等服务，以帮助客户打造卓越的竞争优势，提升业务价值。

神州信息成立于 2008 年，是神州数码

分拆出的优质资产，分拆后业务、资产、财务、机构和人员均保持了独立性。2011年、2012年的营业收入分别为60.43亿元、78.33亿元，归属于母公司的净利润分别为1.81亿元和3.08亿元。各项财务指标已经远远超过境内IPO的标准。从公司战略发展的角度来看，神州信息有寻求直接融资平台，并在国内市场上市的强烈意愿。而2013年IPO暂停，国内一级市场处于严冬期，神州信息从IPO的漫长队伍中抽身，拟定了借壳上市的目标。

二、本次交易方案设计

神州信息增资扩股过程中，引入了中新创投和华亿投资两家PE基金，其中华亿投资是一家注册在以色列的有限合伙企业，持有神州信息2.93%的股份。由于外资股东的存在，如果*ST太光以新增股份方式作为支付华亿投资持有股份的对价，本次重组将面临外国战略投资者的问题。

*ST太光因2012年经审计的净资产为负值，股票交易于2013年5月2日被深圳证券交易所实施“退市风险警示”。根据《深圳证券交易所股票上市规则（2012年修订)》的有关规定，若公司2013年末经审计净资产仍为负值，公司股票将被暂停上市，若公司2014年末经审计净资产仍为负值，公司股票将被终止上市。因此本次重组必须在上市公司被暂停上市之前实施完成，项目运作时间较为紧迫。神州信息借壳案例不仅涉及证监会、国资委和商务部三个部委，地方层面还涉及多级政府部门协调。

此外由于是港股上市公司分拆上市，还需香港联交所的确认，其程序方案创新点多，审批环节复杂，加剧了上述时间紧迫的状况。

鉴于以上三点，本次交易具体方案如下：

1. 交易方案

*ST太光以每股9.44元的价格向神州信息全部股东发行股份，吸收合并神州信息并向上市公司控股股东申昌科技定向发行股份募集配套资金2亿元，以募集配套资金支付本次交易并购整合费用。吸收合并完成后，神州信息全部资产、负债、业务、人员并入*ST太光，神州信息予以注销（见图1）。

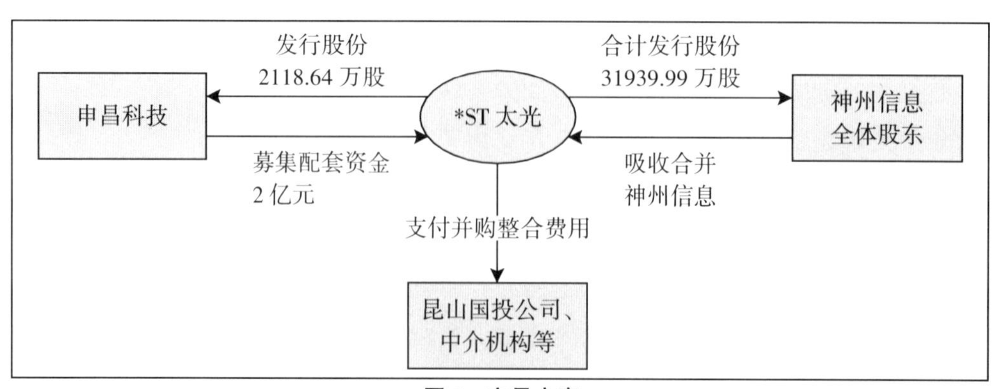

图1 交易方案

2. 估值定价

根据经江苏省国资委核准的具有证券期货相关业务从业资格的中同华出具的中同华评报字（2013）第 260 号《资产评估报告》的评估结果，本次评估采用资产基础法（标的资产母公司为资产基础法，其主要经营性控股子公司采用收益法）、市场法两种方式对标的资产进行评估。截至评估基准日 2013 年 4 月 30 日，神州信息资产基础法评估价值为 301513.50 万元，市场法评估价值为 333000.00 万元。

本次评估中对为控股型公司的神州信息母公司采用资产基础法进行评估，对神州信息控股的主要经营性子公司均采用收益法进行评估，神州信息整体资产仍以收益法作为主要评估方法。本次评估以资产基础法的评估值 301513.50 万元作为标的资产价值的评估结果。

3. 对价支付方式

*ST 太光以新增股份方式作为支付神码软件、天津信锐、中新创投、华亿投资、南京汇庆合计持有的神州信息 100%股份的吸收合并对价。其中，向神码软件发行 194770055 股新股，向天津信锐发行 59510588 股新股，向中新创投发行 52956503 股新股，向华亿投资发行 9358417 股新股，向南京汇庆发行 2804331 股新股。

4. 业绩承诺

根据 *ST 太光与重组方于 2013 年 8 月 1 日签署的《盈利预测补偿协议》，重组方承诺收益法评估资产 2013 年度、2014 年度、2015 年度经审计的扣除非经常性损益后的归属于母公司所有者的净利润分别不低于人民币 19494.84 万元、21926.81 万元、24558.00 万元（以下合称“预测利润数”）。

5. 现金选择权

为充分保护 *ST 太光异议股东的利益，在本次合并过程中将由现金选择权提供方向 *ST 太光的异议股东提供现金选择权。现金选择权提供方将在太光电信审议本次交易临时股东大会召开前确定。

在本次吸收合并方案获得中国证监会核准后，太光电信将确定实施本次现金选择权的股权登记日。太光电信将向在 *ST 太光股东大会表决本次合并方案时投出有效反对票，并且持续持有代表该反对权利的股票，直至现金选择权股权登记日的异议股东派发现金选择权。取得现金选择权的异议股东在现金选择权申报期内可以进行申报登记行权。在股东大会股权登记日之后买入或者先卖出后又买入的股东，太光电信将不向其派发现金选择权。

获得现金选择权的异议股东在现金选择权申报期内，有权以 9.44 元/股的价格将其持有的全部或部分有权行使现金选择权的股份申报现金选择权。对于 *ST 太光异议股东持有的已经设定了质押、其他第三方权利或被司法冻结的股份，未经合法程序取得质权人、第三方或有权机关相关的书面同意或批准，不得行使现金选择权。

如在 *ST 太光审议本次合并方案的首次董事会决议公告日至 *ST 太光异议股东现金选择权实施日期间，发生除权、除息的事项，则现金选择权价格将作相应调整。

太光电信将在本次交易获得中国证监

会核准后另行公告异议股东现金选择权方案的实施细则（包括但不限于申报方式、申报期等）。

在《吸收合并协议》生效后，现金选择权提供方应当于现金选择权实施日受让成功申报行使现金选择权的异议股东所持有的 *ST 太光股份，并按照 9.44 元/股的价格向异议股东支付相应的现金对价。

三、本次交易的实施过程

神州信息借壳上市全过程涉及 12 项内部决策程序和 8 项外部审批程序，历经香港联交所审核、地方省政府及地方国资委审核、商务部批复和证监会审核，仅凭项目审核的复杂程度，本次交易已经让市场观察者印象深刻（见图 2）。

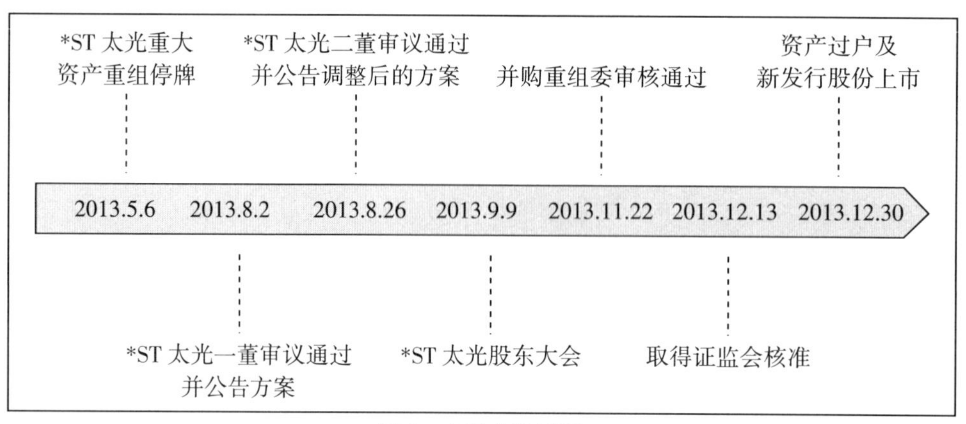

图 2　交易实施过程

本次重组能在 7 个月内取得必要的批准和授权并实施完成，整个过程天时、地利、人和缺一不可。2013 年为中国证监会深化并购重组改革的关键年度，证监会在审核神州信息案例中，采取了跨部门的平行审批机制，不再将对外投资、外资审查作为证监会并购重组行政许可的前置条件。

2013 年 11 月 22 日，本次交易获得并购重组委审核通过。2013 年 11 月 30 日，中国证监会发布通知，明确借壳上市条件和 IPO 标准等同。监管政策的这一变化是神州信息项目的交易双方以及中介机构未提前预料的。而本次借壳上市赶在了通知发布之前过会，虽然只是巧合，却让市场观察者们看到了与时间赛跑的意义。

四、本次交易的重要意义

本次交易在促进经济结构转型、产业整合、公司发展等多个方面都具有重要意义。

（一）改善上市公司的财务状况，提高上市公司盈利能力，使上市公司主营业务突出，获得可持续经营能力

*ST 太光自 2007 年以来已无主业，以从关联方采购电子产品并对外销售为日常业务。截至 2012 年末，*ST 太光的净资产

为-13753.30万元，2012年度*ST太光的净利润为-829.61万元，依靠*ST太光自身实力已无法扭转亏损与净资产为负值的局面。*ST太光通过本次交易将承继神州信息全部资产、负债及相关业务，上市公司将被打造成为一家在国内软件和信息技术服务业具有领先优势的龙头上市企业，并继续致力于为金融、通信、政府以及制造业等行业用户提供IT规划与咨询、解决方案设计与实施、行业应用软件开发和测试、系统集成与运维、外包服务等全生命周期的整合IT服务。上市公司将在行业软件、服务及信息化基础设施等领域不断以信息化手段提升政府社会管理水平和基本公共服务水平，助推中国城市化建设进程。

本次交易完成后，上市公司的行业变更为软件和信息技术服务业，使上市公司太光主营业务突出。与此同时，上市公司的资产质量、财务状况、盈利水平及可持续发展能力均得到了彻底改变，并从根本上解决上市公司长远发展所面临的无主业问题，切实保护上市公司及全体股东特别是中小股东的利益。本次交易将有助于创造上市公司、股东、债权人、企业员工、重组方等多方面利益共赢的局面。

2012年末上市公司净资产为-1.38亿元，当年的归母净利润为-829.61亿元。2013年末，神州信息净资产约为19.02亿元，当年实现归母净利润约为2.55亿元。截至2014年10月25日，上市公司的市值接近160亿元，为市场投资者带来丰厚的回报。

（二）神州信息借助资本市场平台加速发展，积极践行数字化中国使命

神州信息是国内最早进入信息技术服务行业的企业之一，也是目前国内规模最大、最具品牌影响力的整合信息技术服务提供商之一。神州信息经过多年发展，秉承“以客户为中心，以服务为导向”理念，构建了全面服务于行业客户的业务布局和组织体系，为金融、电信、政府、制造、军队、能源等行业客户提供涵盖应用软件开发、专业技术服务、系统集成、金融自助设备等的整合IT服务，有效促进了“工业化、城市化、信息化”融合，在推进信息化建设的同时普惠市民。

神州信息作为神州数码的重要子公司，是神州数码数字化中国使命的积极践行者，是神州数码智慧城市战略的重要承载者。为传承神州数码数字化中国的使命，十余年来，神州信息通过业务模式创新和推广技术产品的应用为中国信息化建设注入强劲动力，以服务产品化、解决方案、产品研发交付以及资源整合四大能力为依托，搭建了完善的整合IT服务体系。作为中国信息化建设事业的见证者、推动者和领先者，神州信息承担了智慧城市战略下总体规划咨询、智慧城市平台建设（包括IaaS部分的设备提供、PaaS平台搭建、SaaS应用软件开发）等业务。

神州信息借壳上市完成后，作为国内信息技术服务领域的龙头上市公司，在资本市场的帮助下，将进一步提升品牌影响力，拓宽融资渠道，完善公司治理结构，

实现快速发展，为数字化中国注入强劲的推动力。

五、方案亮点

（一）港股分拆回归A股

由于不同市场的投资者偏好不同，长期以来H股和A股市场存在估值差异，同行业的公司在H股上市的发行市盈率普遍低于A股市场，A+H股上市公司的两地股价也存在偏差，H股的估值一般会低于A股。H股市场中主体业务位于境内的优质公司众多，而且多数公司拥有回归A股融资的意愿，而采取行动的公司却寥寥无几。神州信息借壳上市，为众多跃跃欲试的上市公司做了一次表率。

2013年7月12日，神州数码向香港联交所递交信函，申请分拆控股子公司神州信息在A股借壳上市。香港联交所出于对上市公司股东的利益考虑，对神州数码的分拆申请进行了几轮提问。香港联交所主要关注的重点问题包括：拟分拆集团与保留集团的独立性、是否存在同业竞争、关联交易定价的公允性、保留集团是否仍具备上市地位等。

经过充分的交流，神州数码的分拆申请于2013年8月30日获得相关联交所的确认函，确认神州数码可继续进行分拆神州信息上市事宜。

从证券市场的监管者角度，始终欢迎优质的上市公司登陆A股，神州信息借壳上市释放了一个强烈的市场信号。红筹架构、母公司在境外、涉及境外VC和PE，通过神州信息借壳上市案例，市场观察者们看到这些问题不再是公司在A股上市的拦路虎。

（二）采取吸收合并方式借壳

经过十几轮的会议讨论，独立财务顾问为神州信息借壳设计了吸收合并方案，即*ST太光吸收合并神州信息，并同时向上市公司原控股股东募集配套资金以支付本次交易的并购整合费用。重大资产重组最常规的方式一般是由上市公司发行股份购买资产（非上市公司），由上市公司作为母公司控股非上市公司，而本次交易选择的是难度较高的吸收合并。

A股市场的借壳上市从来都是一次交易双方翻山越岭的旅途，而财务顾问就是借壳旅途的向导，交易方案的设计就犹如本次旅途的路线指南，直接决定了未来的方向。

后来的实践证明，以吸收合并的方式，避免了交易完成后上市公司母公司仍然是无实际经营业务的壳公司，且可以避免《外国投资者对上市公司战略投资管理办法》对于外国战略投资者“首次投资完成后取得的股份比例不低于该公司已发行股份的百分之十”的规定，在并购重组审核中得到了监管层的认可。

（三）监管层试行并联式审核

2013年是并购重组监管进一步向市场化改革的一年，神州信息借壳案例涉及证监会、国资委和商务部三个部委，方案创新特点多，审批环节复杂，得到了监管部门的高度重视。经过和监管层的充分沟通，本次交易争取到证监会和商务部平行审核流程，为交易进程节约了 2 个月的时间。

神州信息项目直接受益于这项审批制度的变革。在获得商务部原则性批复前，证监会受理了本次重大资产重组，两大部委几乎在同一时间审核本次重组事项。在 2013 年 11 月 5 日取得商务部批复之后，神州信息项目回复了证监会的反馈意见，并在当月顺利过会。

2014 年初，国务院发布《关于进一步优化企业兼并重组市场环境的意见》，提出“优化企业兼并重组相关审批流程，推行并联式审批，避免互为前置条件”。在 2013 年试行并联审核的基础上，证监会于 2014 年 10 月 24 日正式施行上市公司并联审批方案。

（中国上市公司协会并购融资委员会供稿）

天舟文化重大资产重组案例

一、重大资产重组基本情况

（一）重组各方情况

天舟文化股份有限公司（以下简称“天舟文化”）前身为湖南天舟科教文化拓展有限公司，成立于2003年8月18日，2010年12月在深圳证券交易所创业板上市，股票代码300148。公司主营图书、报纸、期刊、电子出版物总发行；文化用品、办公用品、文教科研仪器、工艺品、文化艺术品的销售；电化教学仪器智能化综合布线；设计、制作、发布户外广告；文化项目策划；书刊项目的设计、策划；著作权代理；教育、教学软件及信息系统的开发；教育咨询。截至2013年6月30日，天舟文化总股本15210.00万股，总资产62430.20万元，负债8965.60万元，净资产53464.60万元。2011年、2012年、2013年1~6月上市公司归属于母公司股东净利润分别为3318.22万元、1900.10万元、822.45万元。本次交易前，公司控股股东为湖南天鸿投资集团有限公司，实际控制人为自然人肖志鸿。

本次重组向上市公司注入的资产为北京神奇时代网络有限公司（以下简称“神奇时代”）100%股权，重组的交易对方为神奇时代全体股东（见图1）。

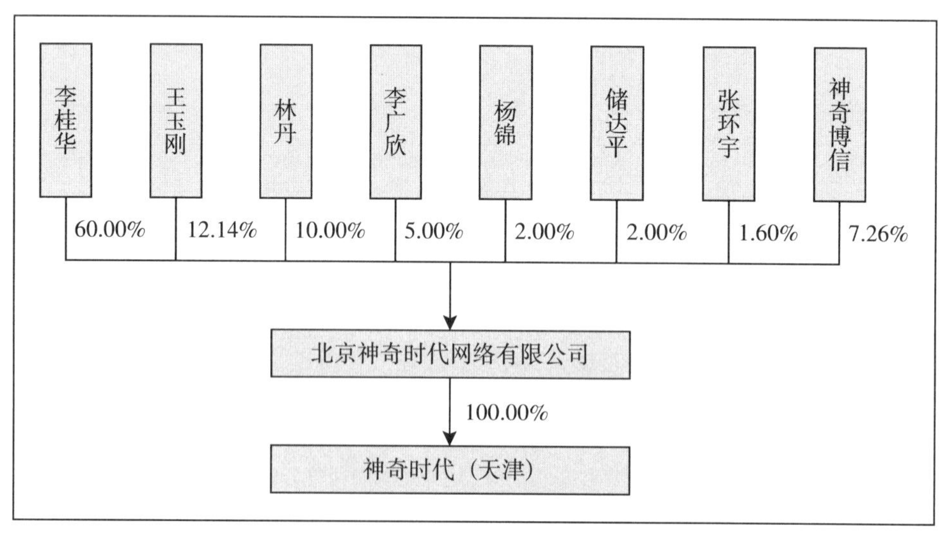

图1 交易对方与注入资产的股权关系

神奇时代的主营业务为移动网游戏的开发与运营。作为移动网游戏开发商，神奇时代自设立以来主要开发的游戏产品为《忘仙》、《三国时代》、《潜龙》、《最游记》等。交易对方中，李桂华持有神奇时代60.00%的股份，为神奇时代的控股股东、实际控制人。

（二）重组背景

从上市公司角度看，天舟文化为我国首家民营图书出版发行上市企业，经过多年积累与发展，公司已成为民营图书策划发行业的龙头企业之一，在图书市场具有较强的品牌影响力，并建立了以“品牌化运作、跨媒介推广、全流程整合”为核心的经营模式。公司拥有70项注册商标和1000多部原创作品的著作权；自主开发的英语学习辅导品牌“红魔”商标已成为“中国驰名商标”；自主策划的图书——《命运》和自主打造的原创新童话——《冒险小王子》等获得了国内多项大奖。

从重组方角度看，近年来，随着智能手机终端的普及，中国移动网游戏市场迎来了良好的发展机遇，发展势头迅速，其市场规模与用户规模持续快速增长，移动网游戏市场正处于持续快速增长的阶段。而神奇时代作为专业的移动网游戏开发和运营商，在行业内拥有较高的市场知名度，正处于快速发展阶段，经营业绩呈现快速增长的态势，未来神奇时代营业收入和利润仍将快速增长。

因此本次重组属于文化企业强强联合，一方面，上市公司可以丰富现有文化产品体系，大幅提高公司整体盈利能力和抵御市场风险的能力；另一方面，通过双方的整合可明显提升公司在文化产业的综合实力和增强持续经营能力。这有利于从根本上保护上市公司及其股东特别是中小股东的利益。

二、重组方案设计及实施

（一）方案概要

天舟文化拟通过向特定对象发行股份和支付现金相结合的方式，购买由李桂华、王玉刚、林丹、李广欣、杨锦、储达平、张环宇和神奇博信所持有的神奇时代合计100%股权。神奇时代在评估基准日的评估价值为125413.31万元，经各方协商，本次交易标的资产的交易对价为125400.00万元，其中通过非公开发行股份支付的对价部分为89180.00万元，采取现金支付的对价部分为36220.00万元。本次交易完成后，神奇时代将成为天舟文化的全资子公司。

同时，为提高本次交易的绩效，天舟文化拟向不超过10名其他特定投资者发行股份募集配套资金，募集资金总额不超过41800.00万元。按募集配套资金上限测算，募集配套资金的总额不超过本次交易总额（本次交易对价125400万元+本次募集资金总额41800.00万元）的25%，主要用于支付本次交易中的现金对价部分。

1. 发行股份购买资产

按照《上市公司重大资产重组管理办法》第四十四条规定，上市公司发行股份的价格不得低于本次发行股份购买资产的董事会决议公告日前20个交易日公司股票交易均价；董事会决议公告日前20个交易日公司股票交易均价=决议公告日前20个交易日公司股票交易总额/决议公告日前20个交易日公司股票交易总量。据此计算，天舟文化定价基准日前20个交易日的股票交易均价为12.74元/股。

2. 发行股份募集配套资金

本次向其他特定投资者募集配套资金的发行价格按照《上市公司证券发行管理办法》、《上市公司非公开发行股票实施细则》等相关规定，该价格不低于定价基准日前20个交易日公司股票交易均价的90%，即11.47元/股，最终发行价格通过询价的方式确定。

按照《上市公司重大资产重组管理办法》第十一条规定，本次交易构成重大资产重组。

（二）有关承诺安排

1. 盈利预测补偿承诺

鉴于评估机构采取收益现值法对神奇时代股权进行资产评估并作为本次交易的定价依据，业绩补偿义务人（即神奇时代原股东）承诺：神奇时代在承诺期（即业绩补偿义务人做出的就神奇时代100%股权交割后其净利润实现目标所承诺的期间，即指2013年度、2014年度和2015年度）实现的净利润不低于标的资产《评估报告》中的各年净利润预测数：标的资产经审计机构专项审计的2013年度、2014年度和2015年度净利润分别不低于8615.01万元、12010.11万元和15014.92万元。

如果在承诺期内，神奇时代各年度实际实现的净利润低于业绩承诺，则业绩补偿义务人可以选择以下两种方式中的一种向天舟文化进行补偿：

（1）业绩补偿义务人以其本次交易获得的天舟文化股份补偿，不足补偿部分由其以现金方式向天舟文化进行补偿。

（2）或以现金方式向天舟文化补偿，不足补偿部分由其以本次交易获得的天舟文化股份向天舟文化进行补偿。

若神奇时代承诺期的累计净利润超过承诺期限内各年的承诺净利润数总和，超过部分的30%奖励给神奇时代经营管理团队，具体经营管理团队范围及具体分配方案由神奇时代董事会制订，报天舟文化备案。但承诺期内神奇时代因股权收购等资本性并购而产生的利润不计入上述的“累计净利润”。

2. 股份锁定期的安排

根据重组管理办法的规定及交易实际，本次交易完成后，李桂华于本次交易获得的天舟文化19156986股的股份自股份登记日起12个月内不得转让；于本次交易获得的天舟文化16000000股的股份自股份登记日起24个月内不得转让；于本次交易获得的天舟文化4000000股的股份自股份登记日起36个月内不得转让。

王玉刚于本次交易获得的天舟文化849800股的股份自股份登记日起36个月

内不得转让，转让限制期满后在上市公司及其控股子公司任职期间每年转让的股份数量不超过剩余股份的25%。

林丹于本次交易获得的天舟文化的9843014股的股份自股份登记日起12个月内不得转让。

李广欣于本次交易获得的天舟文化3500000股的股份自股份登记日起36个月内不得转让。

杨锦于本次交易获得的天舟文化1400000股的股份自股份登记日起36个月内不得转让。

储达平于本次交易获得的天舟文化1400000股的股份自股份登记日起36个月内不得转让。

张环宇于本次交易获得的天舟文化1120000股的股份自股份登记日起36个月内不得转让。

神奇博信于本次交易获得的天舟文化5082000股的股份自股份登记日起36个月内不得转让。

（三）交易进程回顾

表1 交易进程

关键时点	工作进展
2013年7月2日	天舟文化停牌
2013年7月3日	选聘各中介，制订重组初步计划，安排预案阶段工作
2013年8月23日	天舟文化召开董事会会议，审议并通过了《关于公司发行股份及支付现金购买资产并募集配套资金方案的议案》、《关于公司与李桂华、王玉刚、林丹、李广欣、杨锦、储达平、张环宇及神奇博信签署附条件生效的〈天舟文化股份有限公司发行股份及支付现金购买资产协议〉和〈业绩承诺与补偿协议〉的议案》及其他与本次重组相关的议案
2013年9月11日	天舟文化召开临时股东大会，审议并通过了《关于公司发行股份及支付现金购买资产并募集配套资金方案的议案》、《关于公司与李桂华、王玉刚、林丹、李广欣、杨锦、储达平、张环宇及神奇博信签署附条件生效的〈天舟文化股份有限公司发行股份及支付现金购买资产协议〉和〈业绩承诺与补偿协议〉的议案》等与本次重组相关的议案
2014年3月3日	天舟文化召开董事会会议，审议并通过了《关于公司发行股份及支付现金购买资产并募集配套资金方案调整的议案》、《关于公司与李桂华、王玉刚、林丹、李广欣、杨锦、储达平、张环宇及神奇博信签署附条件生效的〈天舟文化股份有限公司发行股份及支付现金购买资产协议之补充协议〉的议案》等与本次重组相关的议案
2014年3月19日	并购重组审核委员会审核《天舟文化发行股份及支付现金购买资产并募集配套资金》事项获得无条件通过
2014年4月18日	中国证监会做出《关于核准天舟文化股份有限公司向李桂华等发行股份购买资产并募集配套资金的批复》，对本次重组做出了核准
2014年4月28日	本次交易的标的资产过户，神奇时代股东变更为天舟文化，持股比例为100%
2014年5月16日	募集配套资金，完成验资
2014年5月20日	本次非公开发行购买资产并配套募集资金涉及的新增股份已在中国登记结算有限责任公司预登记完成

三、重组实施成效

（一）上市公司盈利状况获得彻底改善，中小股东受益明显

本次注入资产后神奇时代盈利能力增强，其竞争优势和核心竞争力将为上市公司所获取。交易完成后，根据天舟文化2014年三季报，与2013年三季报相比，上市公司盈利状况获得较大改善，营业收入规模大幅度提升，每股收益、每股净资产显著提高，上市公司盈利情况得到较大改善，符合上市公司及全体股东的利益。

（二）优化上市公司产业结构，促进公司的可持续性发展

在本次交易前，天舟文化主要从事青少年读物的出版发行业务，对传统媒介的依赖程度较高。天舟文化通过对神奇时代的收购，借助双方在文化创意策划方面的优势，公司与神奇时代在新产品的开发设计、内容创新上可以相互借鉴、相互利用、相互促进，进一步打造“线上游戏、线下图书”新模式；发挥双方在优势资源方面的协同效应，可快速培育自身的数字出版新媒体业务板块，从而实现公司产业结构优化与整体战略布局，增强公司的盈利能力，促进公司的可持续性发展。

四、一点思考：关于轻资产公司并购交易产生的商誉及减值会计处理

根据《企业会计准则第20号——企业合并》，在非同一控制下的企业合并中，购买方对合并成本大于合并中取得的被购买方可辨认净资产公允价值份额的差额，应当确认为商誉。本次交易中，公司拟购买神奇时代100%股权构成非同一控制下的企业合并，并且天舟文化为购买神奇时代股权所支付的对价大于神奇时代账面可辨认净资产，故两者之间的差额确认为商誉，体现在天舟文化的合并财务报表中。根据《企业会计准则第8号——资产减值》，因企业合并所形成的商誉和使用寿命不确定的无形资产，无论是否存在减值迹象，每年都应当进行减值测试，而对于商誉减值部分将计入当期损益。资产减值损失一经确认，在以后会计期间不得转回。

根据会计师出具的备考审计报告，此次重组涉及的商誉为125163.30万元，占上市公司备考总资产197052.65万元的64%。会计准则需要对合并商誉每年进行一次减值测试，测试需要计量商誉所属的未来现金流入单元的公允价值，而目前我国的资本市场远不如成熟的西方市场发达，新会计准则引进了公允价值这一计量属性，虽然代表社会大多数公众的价值判断，但是由于对未来现金流量公允价值的把握在实际操作中难度很大，不可避免地存在一定的主观因素，能否最大限度地排除这种主

观性因素导致的会计信息的失真，对商誉减值测试的准确性有很大的影响。如果因主观判断引起了商誉的减值，将会导致上市公司某一年因商誉的大幅减值直接影响上市公司的业绩，造成上市公司二级市场股价的大幅波动，损害中小投资者的利益，影响重组的实效。

随着我国资本市场对于轻资产公司并购重组交易案例的增多，并购对象产生的商誉的确认及减值测试标准亟待规范。

（中国上市公司协会并购融资委员会供稿）

远东股份重大资产重组案例

一、重大资产重组基本情况

（一）重组各方情况

远东实业股份有限公司（以下简称远东股份）成立于1985年6月，1997年1月在深圳证券交易所挂牌上市，股票代码000681。公司主营动漫设计、系统集成等，截至2013年底，公司总股本19875万股，总资产20859.54万元，负债3942.08万元，净资产16917.46万元。2011~2013年归属于上市公司股东的净利润分别为562.93万元、648.92万元、445.87万元。本次交易前，远东股份实际控制人为姜放。

本次交易中，公司拟向廖道训、吴玉瑞、吴春红、柴继军、姜海林、陈智华、袁闯、李学凌、高玮、梁世平、黄厄文、谢志辉、秦弦、马文佳、王广平、张向宁、喻建军等17名自然人发行股份购买其合计持有的华夏视觉（北京）图像技术有限公司100%股权、北京汉华易美图片有限公司100%股权。本次交易完成后，公司将持有华夏视觉100%股权、汉华易美100%股权。交易对方中，廖道训、吴玉瑞、吴春红、柴继军、姜海林、陈智华、袁闯、李学凌、高玮、梁世平等为一致行动人，交易完成后，廖道训等10名一致行动人取得公司实际控制权。

（二）重组背景

从上市公司角度看，公司原主营业务为服装加工生产，因连续三年亏损，公司股票自2009年3月24日起被实施暂停上市。2012年6月，公司完成收购和增资艾特凡斯并恢复上市后，拓展了公司在文化领域的业务范围，持续经营能力和稳定盈利能力得到增强，然而与A股其他文化类上市公司相比，公司现有资产和业务的总体规模仍然较小，公司的核心竞争力、抗风险能力和综合实力仍然有待进一步提升。为增强核心竞争力、抗风险能力和综合实力，公司在文化领域积极寻求其他优质文化类资产进行收购重组，进一步提升公司的可持续发展能力。

从行业角度看，自中共十七大以来，全社会对文化产业的地位、作用和功能的认识逐渐取得了共识。为推动文化产业的长期繁荣，国务院、中共中央宣传部、文化部、国家发改委等有关部门相继出台了一系列产业政策，促进了文化产业与经济、政治和社会的协调发展。目前，我国文化产业正处于大调整、大发展、大繁荣的关键时期，国家在支持文化企业发展方面已打造了极好的政策环境，为公司在文化领域实现跨越式发展提供历史性机遇。

从交易标的资产看，本次交易的标的公司属于文化创意产业，其业务主要基于互联网技术，对创意类视觉素材（图片、视频等）、编辑类视觉素材（图片、视频等）等数字产品进行交易并提供相关的增值服务。视觉素材行业主要受互联网、创意行业以及传媒业的发展影响，其中与广告、创意设计、广电、报纸杂志、互联网新媒体等行业的发展紧密相关，随着这些下游行业的快速发展，视觉素材行业的容量将迅速扩大，行业发展已进入高速增长阶段。标的公司渴望公司利用资本市场平台进一步做大做强，保障公司持续发展壮大。

二、重组方案设计及实施

（一）方案概要

本次重组方案为：公司拟向廖道训、吴玉瑞、吴春红、柴继军、姜海林、陈智华、袁闯、李学凌、高玮、梁世平、黄厄文、谢志辉、秦弦、马文佳、王广平、张向宁、喻建军等17名自然人发行股份购买其合计持有的华夏视觉100%股权、汉华易美100%股权。本次交易完成后，公司将持有华夏视觉100%股权、汉华易美100%股权。

1. 交易方案示意图

交易完成前上市公司股权结构（见图1）。

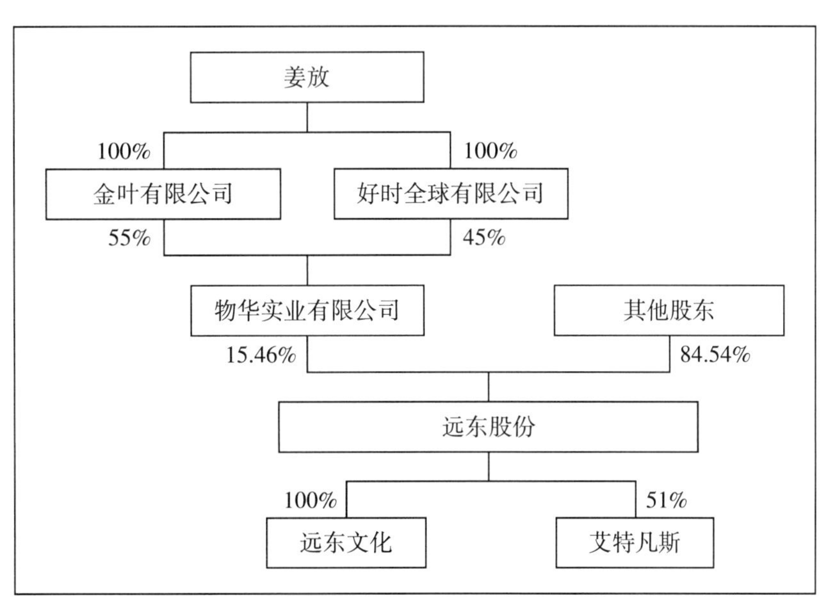

图1　交易完成前上市公司股权结构

交易完成后上市公司股权结构图（见图2）。

2. 标的资产作价及溢价情况

本次交易采用收益法和资产基础法对华夏视觉100%股权、汉华易美100%股权进行评估，评估机构采用收益法评估结果作为华夏视觉100%股权、汉华易美100%股权的最终评估结论。以2013年6月30

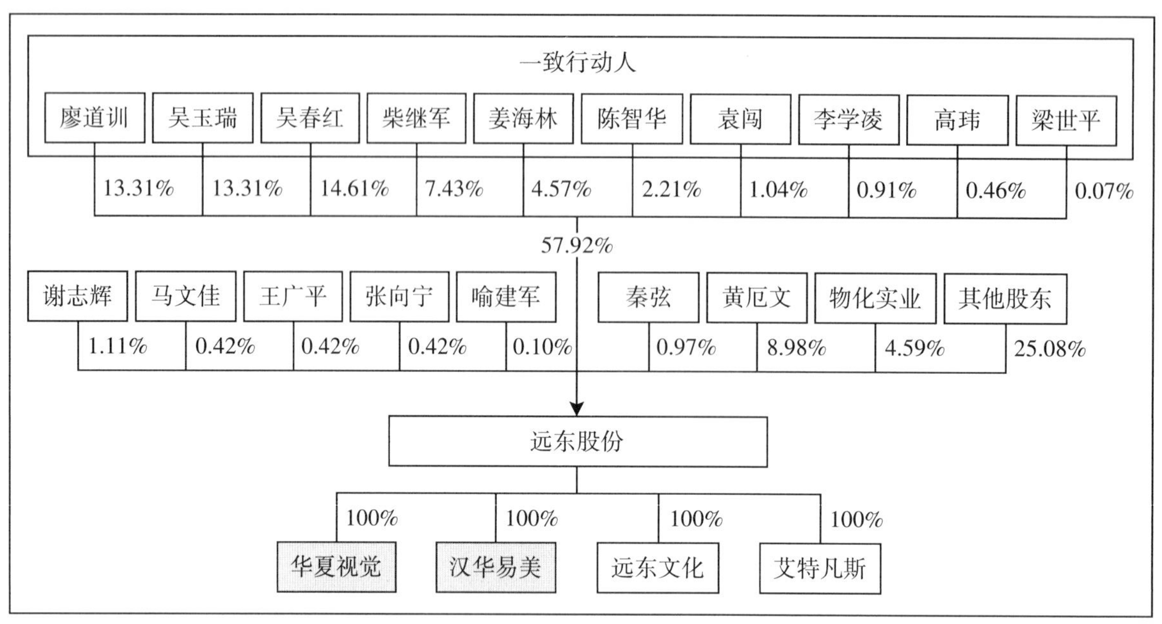

图 2　交易完成后上市公司股权结构

日为基准日，华夏视觉 100%股权评估值为 120556 万元、汉华易美 100%股权评估值为 128257 万元，评估值合计为 248813 万元，相对于标的资产模拟合并报表的账面净资产 14903.13 万元的增值率为 1569.54%。交易各方确认华夏视觉 100%股权、汉华易美 100%股权的交易价格为 248813 万元。

（二）有关承诺安排

1. 盈利预测补偿承诺

廖道训等 17 名自然人对盈利预测承诺，对上市公司的利润补偿期间为 2014 年、2015 年、2016 年、2017 年、2018 年。标的资产（华夏视觉、汉华易美）2014 年、2015 年、2016 年、2017 年、2018 年经审计的扣除非经常性损益后的归属于母公司净利润（合并计算）分别不低于 11487.38 万元、16328.02 万元、22341.27 万元、27741.00 万元和 32856.00 万元，补偿期间每年实际净利润数未达到当年度承诺净利润数的，廖道训等 17 名自然人应向公司进行股份补偿，由公司以人民币 1 元的总价回购廖道训等 17 名自然人当年应补偿的股份数量并注销该部分回购股份。

2. 股份锁定期的安排

根据重组管理办法的规定及交易实际，廖道训、吴玉瑞、吴春红、柴继军、姜海林、陈智华、袁闯、李学凌、高玮、梁世平 10 名一致行动人在本次发行中所认购的远东股份的股票自上市之日起 60 个月内不进行任何转让；黄厄文、谢志辉、秦弦、马文佳、王广平、张向宁、喻建军 7 名自然人在本次发行中所认购的远东股份的股票自上市之日起 36 个月内不进行任何转让。

（三）交易进程回顾

表 1 交易进程

关键时点	工作进展
2013 年 8 月 15 日	选聘各中介，制订重组初步计划，安排预案阶段工作
2013 年 8 月 15 日	公司与廖道训等 17 名自然人签署了《发行股份购买资产的框架协议》及《发行股份购买资产的利润补偿协议》
2013 年 8 月 15 日	公司第七届董事会第十六次会议审议通过《远东实业股份有限公司向特定对象发行股份购买资产暨关联交易预案》等议案，并于 2013 年 8 月 17 日公告
2013 年 9 月 22 日	华夏视觉分别召开股东会和董事会，审议并通过公司全体股东将其所持华夏视觉 100%股权转让给远东股份；同日，汉华易美分别召开股东会和董事会，审议并通过公司全体股东将其所持汉华易美 100%股权转让给远东股份
2013 年 9 月 24 日	公司与廖道训等 17 名自然人签署了《发行股份购买资产的框架协议的补充协议》及《发行股份购买资产的利润预测补偿协议的补充协议》
2013 年 9 月 24 日	本次交易的具体方案经公司第七届董事会第十七次会议审议通过
2013 年 10 月 15 日	本次交易的具体方案经公司 2013 年第一次临时股东大会审议通过
2014 年 1 月 13 日	公司与廖道训等 17 名自然人签署了《发行股份购买资产的利润预测补偿协议的补充协议二》
2014 年 2 月 19 日	远东股份发行股份购买资产获得中国证券监督管理委员会的核准，取得证监许可［2014］221 号《关于核准远东实业股份有限公司向柴继军等发行股份购买资产的批复》，核准公司向柴继军等 17 名自然人合计发行 471236736 股股份购买相关资产
2014 年 3 月 4 日	注标的资产已变更登记至远东股份名下，双方已完成了华夏视觉 100%股权、汉华易美 100%股权的过户事宜，相关工商变更登记手续已办理完毕，华夏视觉、汉华易美成为远东股份的全资子公司
2014 年 3 月 28 日	远东股份已就本次增发股份向中国证券登记结算有限责任公司深圳分公司提交相关登记材料。经确认，本次增发股份将于该批股份上市日的前一个交易日日终登记到账，并正式列入上市公司的股东名册

三、重组实施成效

（一）上市公司盈利状况获得彻底改善，中小股东受益明显

本次重组注入华夏视觉 100%股权、汉华易美 100%股权。交易完成后，公司主营业务将新增收益较高、发展迅速的视觉素材销售和增值服务业务，主业突出。根据上市公司 2014 年三季报，与 2013 年底相比，资产质量、财务状况、盈利能力得到了显著改变，总资产、营业收入规模较大幅度提升，每股收益、每股净资产显著提高，股价也有大幅上升，符合上市公司及全体股东的利益。

（二）在国家政策环境支持的大背景下，有利于文化企业跨越式发展

我国文化产业正处于大调整、大发展、大繁荣的关键时期，国家在支持文化企业发展方面已打造了极好的政策环境，为公司（特别是标的公司）在文化领域实现跨越式发展提供历史性机遇。

（三）标的企业通过借壳上市，有利于增强国际竞争和产业资源整合的能力

本次交易的标的公司属于文化创意产业，其业务主要基于互联网技术，对创意类视觉素材（图片、视频等）、编辑类视觉素材（图片、视频等）等数字产品进行交易并提供相关的增值服务。

标的公司在视觉素材行业内，在内容、平台、技术、维权、管理、团队等方面具有较为明显的优势，在国内同行企业中处于领先地位，借壳上市的完成，使得标的公司提高了国际竞争和产业资源整合的能力。

（中国上市公司协会并购融资委员会供稿）

大事记

2013年大事记

1月4日 中国证监会公布《非上市公众公司监督管理办法》配套规则——《非上市公众公司监管指引第1号——信息披露》、《非上市公众公司监管指引第2号——申请文件》和《非上市公众公司监管指引第3号——章程必备条款》，即日起施行。

1月7日 深圳证券交易所发布《深圳证券交易所创业板行业信息披露指引第1号——上市公司从事广播电影电视业务》和《深圳证券交易所创业板行业信息披露指引第2号——上市公司从事药品、生物制品业务》，分别对上市公司从事广播电影电视业务和药品、生物制品业务的信息披露进行规范与细化。

1月7日 上海证券交易所发布《上海证券交易所上市公司现金分红指引》，即日起施行。

1月14日 深圳证券交易所发布《深圳证券交易所中小企业板上市公司公开谴责标准》，明确中小板上市公司公开谴责的认定标准，进一步提高上市公司监管透明度，即日起施行。

1月16日 全国中小企业股份转让系统揭牌仪式在北京举行。

1月31日 深圳证券交易所发布的《关于调整融资融券标的股票范围的通知》即日起施行，融资融券标的股票范围调整为：符合《实施细则》第3.2条规定，按照加权评价指标从大到小的排序，并综合考虑个股及市场情况选取出的200只股票。

1月31日 上海证券交易所发布的《关于调整融资融券标的证券范围的通知》即日起施行，融资融券标的股票范围调整为：符合《实施细则》第二十四条规定条件，按照加权评价指标从大到小排序，并综合考虑个股及市场情况选取出的300只股票。

1月31日 中国证监会公布《全国中小企业股份转让系统有限责任公司管理暂行办法》，即日起施行。

2月1日 深圳证券交易所发布的《深圳证券交易所上市公司信息披露直通车业务指引》即日起施行。

2月8日 全国中小企业股份转让系统有限责任公司发布《全国中小企业股份转让系统业务规则（试行）》以及配套文件，即日起实施。

2月26日 中国海洋石油有限公司宣布完成收购加拿大尼克森公司的交易，收购尼克森的普通股和优先股的总对价约为151亿美元。

3月1日 中国证监会公布《关于实施〈人民币合格境外机构投资者境内证券投资试点办法〉的规定》，即日起施行。

3月15日 中国证监会公布《证券公司

资产证券化业务管理规定》，允许符合具备证券资产管理业务资格等条件的证券公司申请设立专项计划、发行资产支持证券，即日起施行。

3月15日 中国证券业协会发布《证券公司开立客户账户规范》，放开非现场开户限制，明确证券公司不仅可以在经营场所内为客户现场开立账户，也可以通过见证、网上及证监会认可的其他方式为客户开立账户。

3月17日 中国证监会宣布中央决定，肖钢任中国证监会党委书记、主席。

3月18日 深圳证券交易所印发《关于上市公司限售股份、解除限售存量股份参与融资融券交易相关问题的通知》。

3月19日 人力资源和社会保障部、中国银监会、中国证监会、中国保监会联合发布《关于扩大企业年金基金投资范围的通知》，明确企业年金基金投资范围扩大至商业银行理财产品、信托产品、基础设施债券投资计划、特定资产管理计划和股指期货等。

3月25日 中国证监会公布《公开发行证券的公司信息披露编报规则第20号——创业板上市公司季度报告的内容与格式（2013年修订）》，即日起施行。

3月29日 上海证券交易所发布《上海证券交易所上市公司募集资金管理办法（2013年修订）》，即日起实施。

4月1日 上海证券交易所发布《上海证券交易所上市公司以集中竞价交易方式回购股份业务指引（2013年修订）》，即日起实施。

4月8日 深圳证券交易所发布《深圳证券交易所上市公司信息披露工作考核办法（2013年修订）》，即日起施行。

4月15日 中国证监会公布《公开发行证券的公司信息披露内容与格式准则第3号——半年度报告的内容与格式（2013年修订）》与《公开发行证券的公司信息披露编报规则第13号——季度报告内容与格式特别规定（2013年修订）》，即日起施行。

4月22日 深圳证券交易所发布《深圳证券交易所资产证券化业务指引》，即日起施行。

5月10日 中国证监会通报万福生科涉嫌欺诈发行及相关中介机构违法违规案。

5月13日 中国证监会公开对云南绿大地生物科技股份有限公司赵国权、胡虹等12名责任人的行政处罚决定书。

5月24日 上海证券交易所与中国证券登记结算有限责任公司共同制定发布《股票质押式回购交易及登记结算业务办法（试行）》，即日起施行。

5月24日 深圳证券交易所与中国证券登记结算有限责任公司共同发布《股票质押式回购交易及登记结算业务办法（试行）》，即日起施行。

5月30日 深圳前海股权交易中心正式开业。

6月6日 中国证监会就《中国证监会关于进一步推进新股发行体制改革的意见（征求意见稿）》，向社会公开征求意见。

6月28日 中国证监会公布《公开发行证券的公司信息披露内容与格式准则第31号——创业板上市公司半年度报告的内容

与格式》，即日起施行。

7月1日 上海证券交易所发布的《上海证券交易所上市公司信息披露直通车业务指引》即日起实施，调整信息披露监管模式，减少事前形式审核，将工作重点转向于集中并整合现有监管资源，对违规行为进行事后重点监管。

7月1日 国务院办公厅发布《关于金融支持经济结构调整和转型升级的指导意见》，提出继续执行稳健的货币政策，合理保持货币信贷总量；引导、推动重点领域与行业转型和调整等10条指导意见。

7月6日 中国和瑞士在北京正式签署中国—瑞士自由贸易协定，这是中国与欧洲大陆国家签署的首个自贸协定。协定生效后，瑞方将对中方99.7%的出口立即实施零关税，中方将对瑞方84.2%的出口最终实施零关税，加上部分降税产品，大大超过一般自贸协定的降税水平。

7月20日 经国务院批准，中国人民银行即日起全面放开金融机构贷款利率管制：一是取消金融机构贷款利率0.7倍的下限，由金融机构根据商业原则自主确定贷款利率水平；二是取消票据贴现利率管制，改变贴现利率在再贴现利率基础上加点确定的方式，由金融机构自主确定；三是对农村信用社贷款利率不再设立上限；四是为继续严格执行差别化的住房信贷政策，促进房地产市场健康发展，个人住房贷款利率浮动区间暂不作调整。

8月5日 深圳证券交易所发布的《深圳证券交易所交易规则（2013年修订）》即日起施行。

8月16日 光大证券在进行ETF申赎套利交易时，因程序错误，其所使用的策略交易系统以234亿元巨量申购180ETF成分股，实际成交达72.7亿元，引起沪深300、上证综指等大盘指数和多只权重股短时间大幅波动。

8月20日 国资委与中国证监会联合印发《关于推动国有股东与所控股上市公司解决同业竞争 规范关联交易的指导意见》，以进一步规范国有股东与所控股上市公司关系，推动解决同业竞争、规范关联交易，促进国有经济和证券市场健康发展。

9月11日 中国重工披露公司非公开发行预案，拟注入超大型水面舰船、大型水面舰船、军用舰艇等军工重大装备总装业务及相关资产，开军工重大总装资产证券化之先河。

9月16日 深圳证券交易所发布的《关于扩大融资融券标的证券范围的通知》，扩大融资融券标的证券范围，即日起施行。

9月29日 中国（上海）自由贸易试验区正式挂牌。

10月7日 上海证券交易所发布了《上海证券交易所上市公司信息披露工作评价办法（试行）》，即日起施行。

10月8日 中国证监会并购重组审核分道制正式实施。上海证券交易所、深圳证券交易所分别发布《关于配合做好并购重组审核分道制相关工作的通知》，即日起施行。

10月18日 全球首个实行实物交割的铁矿石期货合约在大连商品交易所挂牌交易，标志着“中国版”铁矿石期货正式起航。

11月6日 中国证监会和中国银监会联合发布的《关于商业银行发行公司债券补充资本的指导意见》即日起施行。

11月9日 11月9~12日，中国共产党第十八届中央委员会第三次全体会议在北京召开，全会通过《中共中央关于全面深化改革若干重大问题的决定》，提出健全多层次资本市场体系，推进股票发行注册制改革，多渠道推动股权融资，发展并规范债券市场，提高直接融资比重。

11月14日 光大证券公告，收到中国证监会《行政处罚决定书》。因“8·16事件”涉嫌利用内幕信息进行交易共计被处罚5.23亿元。相关4位责任人每人罚款60万元，并予以市场禁入，董秘则被处罚20万元。

11月30日 中国证监会下发《关于在借壳上市审核中严格执行首次公开发行股票上市标准的通知》，明确借壳上市条件与IPO标准等同，不允许在创业板借壳上市，即日起施行。

11月30日 国务院发布《关于开展优先股试点的指导意见》。

11月30日 中国证监会公布《上市公司监管指引第3号——上市公司现金分红》，即日起施行。

11月30日 中国证监会发布《关于进一步推进新股发行体制改革的意见》，这是逐步推进股票发行从核准制向注册制过渡的重要步骤。

12月1日 国家税务总局发布的《关于纳税人资产重组有关增值税问题的公告》即日起施行。

12月2日 中国证监会发布《首次公开发行股票时公司股东公开发售股份暂行规定》，这是新股发行体制改革的一项重要配套措施。

12月6日 中国证监会发布《关于首次公开发行股票并上市公司招股说明书财务报告审计截止日后主要财务信息及经营状况信息披露指引》、《关于首次公开发行股票并上市公司招股说明书中与盈利能力相关的信息披露指引》。

12月10日 12月10日至13日，中央经济工作会议在北京举行。

12月13日 中国证监会公布《证券发行与承销管理办法》，落实新股发行体制改革要求，改革和规范定价与配售方式，进一步提高新股发行的市场化程度，即日起施行。

12月13日 深圳证券交易所和中国证券登记结算有限责任公司联合制定并发布《深圳市场首次公开发行股票网上按市值申购实施办法》及《深圳市场首次公开发行股票网下发行实施细则》，即日起施行。

12月13日 国务院发布《关于全国中小企业股份转让系统有关问题的决定》，对全国股份转让系统的定位、市场体系建设、行政许可制度改革、投资者管理、投资者权益保护及监管协作等进行了原则性规定。

12月17日 上海证券交易所发布《上海证券交易所证券异常交易实时监控细则》，即日起实施。

12月23日 中国证监会公布《公开发行证券的公司信息披露解释性公告第4

号——财务报表附注中分步实现企业合并相关信息的披露》、《公开发行证券的公司信息披露解释性公告第5号——财务报表附注中分步处置对子公司投资者至丧失控制权相关信息的披露》，即日起实施。

12月25日 国务院办公厅发布《关于进一步加强资本市场中小投资者合法权益保护工作的意见》。

12月26日 为贯彻落实《国务院关于全国中小企业股份转让系统有关问题的决定》，中国证监会发布《关于修改〈非上市公众公司监督管理办法〉的决定》、《股东人数超过200人的未上市股份有限公司申请行政许可有关问题的审核指引》、《公开转让说明书》、《公开转让股票申请文件》、《定向发行说明书和发行情况报告书》、《定向发行申请文件》以及中国证监会关于实施行政许可工作的公告等7项配套规则。

12月27日 上海证券交易所发布《上海证券交易所证券发行上市业务指引(2013年修订)》，即日起施行。

12月27日 中国证监会发布《关于进一步加强保荐机构内部控制有关问题的通知》，指出保荐机构应建立健全公司内部问核机制，进一步完善关于问核的具体制度，明确问核内容、程序、人员和责任。

12月28日 上海证券交易所发布的《上海证券交易所股票上市规则（2013年修订)》、《上海证券交易所退市整理期业务实施细则（2013年修订)》、《上海证券交易所退市公司重新上市实施办法（2013年修订)》即日起施行。

12月30日 深圳证券交易所发布《深圳证券交易所上市公告书内容与格式指引(2013年12月修订)》，即日起施行。

12月31日 上海证券交易所发布《上市公司日常信息披露工作备忘录 第七号新股发行上市后相关主体承诺履行等事项的信息披露规范要求》，即日起施行。